LES

RELATIONS COMMERCIALES ET

ENTRE

LA FRANCE

ET

LES CÔTES DE L'OCÉAN PACIFIQUE

(COMMENCEMENT DU XVIIIᵉ SIÈCLE)

PAR

E. W. DAHLGREN

TOME PREMIER

LE COMMERCE DE LA MER DU SUD

JUSQU'A LA PAIX D'UTRECHT

PARIS (VIᵉ)

LIBRAIRIE ANCIENNE HONORÉ CHAMPION, ÉDITEUR

5, Quai Malaquais, 5

—

1909

LES RELATIONS COMMERCIALES ET MARITIMES

ENTRE

LA FRANCE

ET

LES CÔTES DE L'OCÉAN PACIFIQUE

(COMMENCEMENT DU XVIIIᵉ SIÈCLE)

TOME PREMIER

LE COMMERCE DE LA MER DU SUD

JUSQU'A LA PAIX D'UTRECHT

LES

RELATIONS COMMERCIALES ET MARITIMES

ENTRE

LA FRANCE

ET

LES CÔTES DE L'OCÉAN PACIFIQUE

(COMMENCEMENT DU XVIIIe SIÈCLE)

PAR

E. W. DAHLGREN

TOME PREMIER

LE COMMERCE DE LA MER DU SUD
JUSQU'A LA PAIX D'UTRECHT

PARIS (VIe)

LIBRAIRIE ANCIENNE HONORÉ CHAMPION, ÉDITEUR

5, Quai Malaquais, 5

1909

A

MA MEILLEURE COLLABORATRICE

A MA FEMME

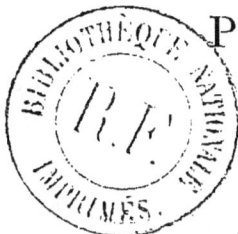

PRÉFACE

Plusieurs années avant que j'eusse l'honneur de prendre comme chef la direction de la Bibliothèque Royale de Stockholm, mon attention avait été attirée par un manuscrit appartenant à cette bibliothèque et portant le titre suivant :

Av Nom de Dieu. *Journal du Voyage du Pérou en Chine, et retour en France, repassant par le Pérou et Chily, dans le vaisseau le S¹-Antoine, du port de 300 thonneaux, armé de 44 canons, et 150 hommes d'Esquipage, et appartenant aux particuliers de France, commandé par Mr de Frondat.*

Le voyage décrit dans le manuscrit avait commencé à Pisco, sur la côte du Pacifique de l'Amérique du Sud, le 22 mars 1708. De Pisco on s'était dirigé, à travers l'Océan, vers Canton, en Chine, d'où l'on refit la traversée en passant cette fois par la partie septentrionale de l'Océan Pacifique, en Californie. On longea ensuite la côte occidentale de l'Amérique jusqu'à la ville de Concepcion, au Chili, où la narration s'arrête à la date du 22 janvier 1711. Le document ne nous renseigne point sur le voyage du navire de France au Pérou ni, comme le promet le titre, sur le retour des parages sud-américains en France.

Lorsque, poussé par mon très vif intérêt pour l'histoire de la géographie et des voyages d'exploration, je me mis à étudier ce manuscrit, je n'avais d'abord l'intention que d'y consacrer un court article de revue. Les recherches que je fis à cet effet dans la littérature imprimée de nos jours ne donnèrent pas un bien grand résultat : le capitaine Frondat et son voyage semblaient même entièrement oubliés dans leur patrie.

J'eus plus de succès en m'adressant à la littérature du xvIII° siècle : les indications que j'en tirais suppléèrent d'abord aux lacunes de mon manuscrit : elles fournirent les principales dates pour la seconde partie du voyage et pour le retour en France du navire ; elles montrèrent en outre que cette expédition, loin d'avoir été négligée par les contemporains, avait joué un rôle dans les discussions relatives à un certain nombre de questions géographiques et cartographiques qui intéressaient vivement les savants du xvIII° siècle. Il ressortait enfin de ces indications que le voyage du navire le *Saint-Antoine* n'était point un fait isolé. Ce vaisseau était un des nombreux bâtiments qui, pendant les vingt premières années du xvIII° siècle, entretinrent la communication entre la France et les dépendances espagnoles des côtes du Pacifique. Certes, ces entreprises maritimes n'ont point enrichi la géographie de découvertes nouvelles de grande importance. Mais, à mesure que je pénétrais plus avant dans mon sujet, il devenait évident que le commerce français de la mer du Sud avait un autre intérêt, bien plus grand : je m'apercevais que ce commerce, aux points de vue économique, financier, voire politique, avait joué un rôle qui n'a pas encore été étudié et signalé et qui partant me paraît mériter d'être plus amplement élucidé.

Les notices éparses que je parvenais à réunir, donnaient cependant une image trop fragmentaire d'un sujet que je m'étais pris à embrasser d'un intérêt toujours grandissant. A moins de pouvoir compléter mes études par des recherches dans les archives françaises, j'estimais qu'il ne valait guère la peine de présenter les résultats de mon enquête, et j'avais presque abandonné l'idée d'une publication, lorsque, grâce à une subvention de l'Académie Suédoise des Sciences, j'eus l'occasion de passer une partie de l'été de 1896 à Paris. Le peu de temps que j'avais à ma disposition ne me permettait pas d'étendre mes recherches au-delà des documents gardés aux archives du Service hydrographique de la marine. Les journaux et les cartes que j'y trouvais m'ont fourni une riche contribution à l'histoire des voyages proprement dits ; me trouvant ainsi en possession de matériaux qui, au point de vue géographique, m'ont semblé assez satisfaisants, je n'hésitai plus à publier une étude. Mon ouvrage parut en 1900 en suédois, en un volume intitulé : « *De franska sjöfärderna till Söderhafvet i början af adertonde seklet* » (Les navigations françaises à la mer du Sud au commencement du xviii⁰ siècle). Il fut publié par la Société Suédoise d'Anthropologie et de Géographie, et forma le tome XIII de sa revue *Ymer*.

La principale partie de cet ouvrage comprend la relation du voyage de Frondat au Pérou et du Pérou en Chine, son retour à travers la partie septentrionale de l'Océan Pacifique en Californie, son second séjour au Pérou et au Chili, et enfin son retour en France. En une série de digressions dans les domaines de la géographie et de la cartographie, j'ai exposé, comme une espèce de commentaire au récit du voyage, les connaissances qu'on possédait à cette époque des contrées visitées au cours de la navigation, ainsi que la façon dont s'était formée cette connaissance depuis les temps anciens, ce qui m'a semblé justifier la qualification d'« étude de géographie historique » que j'ai donnée à mon ouvrage. J'ai en outre rendu compte des autres voyages français à l'Océan Pacifique sur lesquels j'avais pu réunir des renseignements, et, autant que me le permettaient les sources dont je disposais, j'ai essayé de démontrer l'importance de ces expéditions et leurs résultats pour l'histoire économique et politique.

Mon ouvrage eut le bonheur de trouver un accueil fort bienveillant tant dans mon pays qu'à l'étranger : la Société de Géographie de Paris m'a fait l'honneur de m'attribuer le prix Jomard de l'année 1901. Cependant, presque tous les critiques ont exprimé le regret de voir mon étude publiée en suédois et l'espoir de la voir traduite en une autre langue qui la rendît plus accessible aux personnes qui s'y intéresseraient en dehors du pays de l'auteur. Je reçus aussi de façon privée des exhortations dans le même sens. Quelque plaisir que j'eusse eu à répondre à ces souhaits, il ne m'en paraissait pas moins évident qu'une simple traduction de mon livre aurait risqué de ne point satisfaire les exigences de la science moderne. Sous plusieurs rapports essentiels mon exposé était incomplet, et, en le présentant au grand public, j'aurais sans doute encouru le reproche de n'avoir pas suffisamment mis à contribution le riche contenu des archives françaises. Mes autres occupations et les frais qu'aurait entraîné un séjour prolongé à l'étranger semblaient d'abord m'interdire tout espoir de pouvoir entreprendre les études nécessaires ; mais, les difficultés économiques levées par l'intervention de quelques amis bienveillants, la question du temps fut résolue grâce à un congé assez long accordé par mon gouvernement. Je ne sais cependant si j'aurais osé profiter de l'occasion favorable qui se présentait, si j'avais pu prévoir l'étendue du travail où je m'engageais. Cinq mois de l'année 1903 passés à Paris, coupés par quelques petits voyages à Saint-Malo et à Londres, se trouvèrent insuffisants pour explorer les sources abondantes des archives et des bibliothèques ; et malgré trois séjours ultérieurs assez longs à Paris, d'où j'ai rapporté des copies d'environ quatre mille documents, en entier ou en extraits, je ne me flatte point d'avoir épuisé tous les matériaux. J'ai surtout le regret de n'avoir pu étendre mes investigations aux archives d'Espagne. Les manuscrits espagnols du British Museum à Londres que j'ai parcourus et la foule de documents espagnols trouvés à Paris dans les archives, particulièrement pour la période de 1701 à 1709, suppléeront, j'espère, à ce défaut, et empêcheront mon exposé de paraître fait d'un point de vue trop exclusivement français.

Le volume, longuement préparé, que je présente ici, mène l'histoire des relations de la France avec les côtes de l'Océan Pacifique jusqu'à l'année 1713, c'est-à-dire à l'époque où la paix d'Utrecht sembla provoquer une interruption complète de ces rapports. Le voyage qui m'inspira l'idée de cet ouvrage n'est pas décrit ici : un volume suivant en rendra compte ainsi que des autres entreprises maritimes dont l'importance a également été d'ouvrir au commerce français avec l'Extrême-Orient une voie nouvelle à travers l'Océan Pacifique. A cet exposé se rattachera l'histoire du commerce français de la mer du Sud après la conclusion de la paix d'Utrecht : j'y montrerai comment, après un nouvel et bref épanouissement, ce commerce languit et finalement cessa.

Dans l'ouvrage présent ce ne sera plus le point de vue géographique-historique qui dominera. Ce qu'ici je me propose d'exposer, c'est l'importance pour le commerce français de ces navigations à la mer du Sud du commencement du xviiie siècle, et le rôle qu'elles jouèrent pour les finances tant de France que d'Espagne.

Je rendrai compte des négociations interminables qu'elles provoquèrent entre les deux pays, et je chercherai à démontrer comment
l'objet de ces négociations, le commerce français de la mer du
Sud, en vint à être une question d'intérêt mondial grâce à son
influence sur la guerre de la succession d'Espagne et la paix qui la
termine. Si, sous ces rapports, on estimait que ma contribution à
l'histoire de l'époque méritait quelque attention, j'aurais atteint
mon but et je pourrais espérer que quelqu'un de mieux préparé
que moi et plus capable de discerner sous cet amas écrasant de
détails les motifs conducteurs, reprît le sujet et l'élucidât d'une
façon nette et complète.

Mon travail m'a fait contracter des dettes de gratitude que je ne
pourrai jamais acquitter, à peine puis-je les énumérer. En premier
lieu je me fais un devoir de témoigner ma gratitude pour l'accueil
que j'ai toujours reçu en France. Si j'avais appréhendé que mon
choix d'un sujet qui intéresse principalement l'histoire de France
ne fût considéré comme un empiètement sur un domaine réservé
aux recherches de la science française, ma crainte s'est dès le
début montrée mal fondée. Loin d'opposer de la mauvaise volonté
ni même de l'indifférence à l'étranger inconnu, les autorités
comme les personnes privées ont toujours à mon égard fait preuve
de la plus grande prévenance : les collections des bibliothèques et
des archives ont été mises à mon entière disposition ; partout où
j'ai demandé des renseignements et des conseils, on m'en a
donné sans restrictions, et j'ai pu constater que la sympathie en
laquelle la France de Louis XIV tenait ma patrie, lorsque, loin de
la scène des événements que je retracerai, la Suède livra le combat qui clôt sa brève épopée, a survécu, reportée jusqu'au plus
modeste de ses fils.

En adressant mes remerciements aux personnes privées, je tiens
à nommer d'abord mon ami, M. Gabriel Marcel, conservateur adjoint à la Bibliothèque Nationale. C'est toujours à lui que j'ai eu
recours pour des services et des conseils, c'est son amitié qui m'a
réconforté lorsque le travail m'a paru accablant et que j'ai douté
de mon pouvoir de le mener à bout : je puis dire, en vérité, que
sans son encouragement mon livre n'aurait jamais été écrit.

Ma gratitude va ensuite à M. Léon Vignols, de Rennes. Nous fîmes connaissance lorsque j'eus appris qu'il s'occupait du même sujet que moi et avait l'intention de publier un livre. Mais nous ne sommes pas devenus concurrents : M. Vignols, qui avait renoncé à son projet, mit à ma disposition toutes ses collections avec une libéralité qui dans ces conditions n'a guère d'analogue. Grâce à ses copies des archives de Bretagne, je n'ai pas eu à trop regretter que la brièveté du temps m'ait empêché de faire plus ample connaissance avec ces archives.

Parmi ceux qui se sont intéressés à mon travail, je tiens à citer M. Gabriel Monod, de l'Institut, et M. E.-T. Hamy, de l'Institut, qui, tous les deux, m'ont procuré l'occasion inestimable de publier dans des revues scientifiques les prémices de mes recherches. M. Henri Froidevaux, l'éminent connaisseur de l'histoire coloniale de la France, a bien voulu prendre la peine de parcourir une grande partie de mon travail et porter un jugement que personne n'était plus compétent pour formuler. Le même service m'a été rendu par M. Philippe Sagnac, professeur à l'Université de Lille, dont j'apprécie à juste titre les travaux sur l'histoire économique de France et qui m'a fourni dans ces travaux tant d'indications précieuses. M. Charles de La Roncière, bibliothécaire à la Bibliothèque Nationale, m'a non seulement guidé dans le département des manuscrits de cette bibliothèque, mais secouru d'une foule de renseignements puisés dans la riche expérience qu'il a acquise comme historien de la marine française.

Je voudrais encore remercier les employés des bibliothèques et des archives dont parfois pendant des mois j'ai journellement requis les services. Je tiens à nommer tout particulièrement MM. les archivistes aux Archives Nationales Léon Gauthier, Léon Le Grand, Jules Viard et Lucien Broche, actuellement archiviste de l'Aisne ; aux Archives du Ministère des affaires étrangères, M. Louis Farges, qui m'a témoigné une amabilité toute spéciale, et M. Georges Espinasse ; aux Archives du Ministère des Colonies, M. Tantet ; au Service hydrographique de la marine, M. Buteux ; aux Archives du Port de Saint-Servan, M. Rognon de Mestadier, administrateur de la marine de cette ville.

Parmi mes compatriotes, j'ai aussi trouvé de l'intérêt pour mon travail et des encouragements. Mes remerciements s'adressent en premier lieu à trois personnes qui ne sont plus : d'abord à mon maître et ami regretté Adolf Nordenskiöld, également célèbre par ses expéditions arctiques et par ses travaux excellents sur l'histoire de la géographie, ouvrages pour lesquels j'ai eu l'honneur d'être son collaborateur ; à M. Carl von Friesen, ministre de l'instruction publique, qui, en me communiquant l'avis de ma nomination comme chef à la Bibliothèque Royale, m'avertit par la même occasion de la prolongation du congé qui me permit d'exécuter en 1903 les principaux travaux préparatoires de cet ouvrage ; à M. Henrik Akerman, qui, comme envoyé de Suède à Paris, non seulement me procura l'accès des collections françaises, mais y fit même personnellement des recherches pour mon compte.

Le gouvernement de mon pays a droit à ma reconnaissance pour une subvention qui m'a défrayé d'une partie des dépenses de la publication de cet ouvrage. Envers les personnes privées dont les libéralités ont rendu possibles mes recherches, ma gratitude n'est pas moins vive, bien qu'il ne me soit point permis de les nommer. Je ne crois cependant pas être indiscret en inscrivant ici le nom de deux personnes dont les démarches m'ont valu ces subventions privées : mes amis le professeur A.-G. Nathorst et M. Axel Lagrelius, directeur du Service lithographique de l'État-Major. M. Lagrelius m'a fourni les illustrations qui ornent mon ouvrage, et m'a en outre rendu des services si grands que j'ai tout lieu de le compter aussi au nombre de ceux dont l'aide seule m'a mis en état d'exécuter mon travail.

Je déplore de ne pas être assez maître de la langue française pour pouvoir moi-même présenter mon ouvrage sous sa forme présente. Mais j'ai eu l'heureuse chance de rencontrer en ma compatriote Mademoiselle Thekla Hammar une collaboratrice qui possède à fond la langue française. Je ne saurais la remercier assez de l'intérêt que pendant notre travail commun elle a montré pour sa tâche, de l'intelligence avec laquelle elle s'est mise au courant d'un sujet qui au commencement lui était complètement étranger, et de la façon habile dont elle a su exprimer ma pensée. Par son intermédiaire j'ai pu, dans les cas où la transposition en français présentait des difficultés, compter sur les conseils de MM. André

Bellessort et Lucien Maury, écrivains distingués, dont les conseils ont été d'autant plus précieux que de longs séjours dans ma patrie leur ont rendu familières la langue et la littérature suédoises. Enfin M. Camille Maury s'est chargé de la correction de mes épreuves, en leur donnant une retouche finale. S'il n'en est pas moins visible que ce travail n'est point sorti d'une plume française, les défauts ne sont pas imputables aux personnes qui m'ont aidé : il faut les mettre au compte de l'auteur qui a répugné à voir sa pensée revêtir une forme trop différente de celle qu'il lui avait donnée dans sa propre langue.

Il me reste encore à remercier mon éditeur, M. Honoré Champion, de l'amabilité qu'il m'a témoignée à tous les égards.

E. W. DAHLGREN.

Stockholm, 1er Décembre 1908.

LIVRE PREMIER

CAUSES GÉNÉRALES DU DÉVELOPPEMENT

DU

COMMERCE FRANÇAIS DANS LA MER DU SUD

LE MILIEU. LES PRÉCURSEURS

La Casa de la Contratacion.

CHAPITRE PREMIER

RÉGLEMENTATION DU COMMERCE DES INDES

Introduction. — Les lois des Indes. — L'administration des colonies espagnoles. — Le Conseil des Indes. — Les vice-rois et leurs subordonnés. — Les communications entre l'Espagne et l'Amérique. — La Casa de la Contratacion. — Le Consulat de Séville. — La navigation des Indes. — Les flottes et les galions. — La foire de Portobello. — Avisos, Azogues et Navios de registro. — Revenu que les rois d'Espagne ont tiré des Indes. — Les impôts. — L'or et l'argent; le quinto. — Quantité de métaux précieux produite dans l'Amérique espagnole.

Sur la pierre tombale de la cathédrale de Séville qui couvre les restes de Ferdinand, fils de Christophe Colomb, on lit cette célèbre inscription :

A Castilla y a Leon
Nuevo mundo dió Colon.

Le cadeau d'un nouveau monde, sanctionné par un jugement papal, n'avait guère, du vivant du grand explorateur, rapporté autre chose que de vagues espérances à la double couronne d'Espagne, nouvellement réunie sur la tête de leurs Majestés Catholiques. Colomb avait fait miroiter de l'or devant les imaginations pour soutenir le courage de ses compagnons et pour exciter ses protecteurs à de nouvelles mises à ce jeu de hasard auquel il les avait engagés ; l'or, avec la vive imagination du méridional, il croyait le trouver dans chaque pierre de cette terre nouvelle que foulait son pied. Mais le métal précieux tardait à apparaître. Quelques lamelles d'or, portées comme ornements par les indigènes sauvages, des grains d'or péniblement extraits des sables, tel fut le maigre butin des premiers conquistadores, et encore ces pauvres sources tarirent-elles bientôt : en peu d'années les îles et les côtes des Indes Occidentales furent pour l'Espagne une possession presque sans valeur.

Cependant la soif de l'or poussa les aventuriers espagnols toujours plus avant, vers des buts inconnus. Leurs espérances les plus hardies semblent s'être réalisées, après que Cortez au Mexique et Pizarro au Pérou furent entrés en rapports avec des tribus de haute culture qui savaient apprécier et, bien qu'avec des méthodes imparfaites, utiliser les richesses que possédaient ces pays. Le trésor de Montezuma, la rançon qu'on extorqua d'Atahualpa, roi des Incas, le butin gagné à la prise de Cuzco, capitale du Pérou, voilà les premières sommes de quelque importance qui d'Amérique furent expédiées en Europe. Encore plus grand fut le bénéfice après que les Espagnols eux-mêmes eurent commencé d'exploiter les mines du Mexique et du Pérou. La découverte de Potosi (1545) ouvrit à l'Espagne la plus riche des mines d'argent du monde.

Le don d'un monde nouveau fait par le premier explorateur était devenu une réalité : les royaumes de Castille et de Léon étaient entrés en possession d'un bien qui provoquait la jalousie de toutes les autres nations.

A mesure que grandissait la valeur des nouvelles colonies, la nécessité se fit pressante de régler leurs rapports avec la métropole, d'assurer leur défense et enfin de leur donner un gouvernement. Une administration fut établie pour les possessions espagnoles, plus complète et en ses détails plus logiquement étudiée, qu'aucun autre système de ce genre appliqué par les nations européennes à cette première période de leur expansion coloniale.

Le principe directeur de ce système fut d'assurer à l'Espagne seule tout le profit des colonies, ou plutôt à la Castille et au Léon, car, dit la reine Isabelle la Catholique en son testament, « les îles et la terre ferme de la mer Océan furent découvertes et conquises aux frais de mes dits royaumes et par les habitants d'iceux. »

On a souvent cité la politique coloniale de l'Espagne comme un exemple repoussant de particularisme national, d'exclusivisme étroit et d'inflexible prohibitisme. Si nous en considérons les résultats, ces reproches sont sans contredit justifiés, mais l'équité demande qu'on reconnaisse que les autres nations colonisatrices se sont également efforcées, avec non moins de jalousie, de sauvegarder et d'enclore leurs possessions transmarines au moyen de frontières infranchissables. Le système espagnol, dans sa forme définitive, fut de son temps bien plutôt regardé avec admiration, et s'il ne fut pas plus généralement imité, c'est un fait qu'il ne faut guère attribuer à l'intelligence des imperfections de ce système.

Celles-ci provenaient essentiellement de la méthode de centralisation qu'on voulait réaliser : on entendait gouverner les dépendances éloignées de la même façon que les provinces espagnoles, et on ne laissait point de marge à l'autonomie des colonies et à l'activité spontanée des colons. Mais la cause principale de la déchéance du système était que toute cette construction si grande et si compliquée qu'on avait travaillé à élever, n'était point proportionnée aux forces économiques du peuple espagnol ni à la puissance politique de la monarchie. Dans la concurrence pacifique, l'Espagne tirait la courte paille, et lorsque, dans la lutte autour des droits litigieux, on faisait appel aux armes, elle se voyait forcée de se soumettre aux exigences d'ennemis victorieux.

A peine le bruit de la nouvelle découverte se fut-il répandu en Europe, que des rivaux firent leur apparition sur cette scène que l'Espagne avait pensé se réserver. Dès avant la fin du XVe siècle, des navires anglais, français et portugais traversèrent secrètement l'Atlantique pour prendre leur part des trésors du Nouveau Monde (1). La rivalité des nations européennes autour de ces trésors joue dans l'histoire des siècles suivants un rôle toujours plus actif. Nous n'avons pas ici à suivre ce développement dans sa répercussion sur les événements mondiaux, sur la guerre et la paix et, surtout, sur l'expansion coloniale. Ce n'est qu'*une* phase de cette lutte que nous voulons présenter en décrivant le commerce français de la mer du Sud. Nous rappellerons dès maintenant qu'il ne s'agissait pas d'une lutte armée, lorsque la France se présentait comme la première concurrente, mais qu'à cette époque l'Espagne et la France étaient unies en une alliance des plus intimes. Il n'en existait pas moins entre elles une grave opposition d'intérêts.

Avant de commencer à traiter notre véritable sujet, nous étudierons rapidement quels étaient ces intérêts. Il nous faudra à cette fin exposer la façon dont était organisé le commerce de l'Espagne avec l'Amérique et les voies que suivait ce commerce, les influences perturbatrices qui, vers la fin du xviie siècle, menaçaient de renverser cette organisation et, enfin, les circonstances qui engagèrent la France à y intervenir.

*
* *

Depuis l'époque de Ferdinand et d'Isabelle, les rois d'Espagne n'avaient cessé de prodiguer des lois et des règlements relatifs à l'administration des colonies américaines. Ces dispositions se complétaient et se modifiaient, répétaient et ratifiaient parfois des prescriptions antérieures, ou encore les abrogeaient complètement ; si bien que peu à peu l'ensemble des lois en vint à former un immense chaos, où l'on ne pouvait se retrouver qu'avec une peine extrême (2). Aussi la nécessité d'une codification s'était-elle imposée de bonne heure ; après de longs travaux préparatoires, cette codification fut enfin achevée en 1680.

---

(1) Voir : Henry Harrisse, *The Discovery of North America,* Paris et Londres, 1892, p. 125-131.
(2) Diego Barros Arana, *Historia jeneral de Chile,* t. V, Santiago, 1885, p. 343.

C'est la célèbre *Recopilación de las leyes de Indias,* ratifiée par le roi Charles II, le 18 mai de cette année, et imprimée l'année suivante (1681).

Le principe fondamental sur lequel se basaient ces lois, c'est que le roi d'Espagne et non la nation espagnole, était l'unique et absolu propriétaire de toute l'Amérique, de son sol et de ses habitants, de ses mines et de ses mers, en vertu de la donation que le pape Alexandre VI en avait faite aux rois catholiques et à leurs successeurs (1).

Le roi exerçait son droit de décision dans le Conseil d'État, *el Despacho,* mais préalablement il demandait l'avis de quantité de Conseils, dont le principal, pour les affaires purement espagnoles et pour les questions de la monarchie en général, était le Conseil de Castille. Une fonction analogue pour toutes les affaires qui concernaient l'Amérique incombait au Conseil des Indes *(el Consejo real y supremo de las Indias).* Tout d'abord, les Conseils ne possédaient qu'une compétence consultative, mais le développement historique avait augmenté leur pouvoir ; le roi n'était plus absolu que de nom : « le Conseil d'État n'était qu'une ombre » ; toutes les questions se décidaient en réalité dans les Conseils consultatifs, « où elles se traitaient par écrit et avec une sage lenteur (2) », — forme de gouvernement dont les conséquences étaient particulièrement graves pour les colonies éloignées, dont les affaires, jusque dans les plus infimes détails, devaient attendre la décision de la métropole.

Le Conseil des Indes, d'abord établi en 1524, avait reçu son organisation définitive en 1542. Il se composait d'un président et de huit conseillers lettrés, dont le nombre augmenta par la suite, et d'une foule de fonctionnaires supérieurs et inférieurs ; parmi ceux-ci étaient deux secrétaires, un pour chacune des deux

---

(1) Barros Arana, *ibid.,* p. 345.
(2) G. Desdevises du Dézert, *L'Espagne de l'ancien régime. Les Institutions,* Paris, 1899, p. 59. Ce que cet auteur dit sur le Conseil des Indes *(ibid.,* p. 95-102) n'est applicable que partiellement à l'époque dont nous nous occupons, car il étudie principalement l'état des choses tel qu'il se présente à la fin du XVIIIᵉ siècle, lorsque les réformes tentées par les rois de la maison de Bourbon avaient, sur bien des points, transformé l'administration espagnole. L'abbé de Vayrac dans son exposé du Conseil des Indes *(Etat présent de l'Espagne,* t. III, Paris, 1718, p. 335-352) ne traite guère que la partie formelle de son organisation et de ses fonctions.

grandes vice-royautés en lesquelles était partagée l'Amérique espagnole. La compétence du Conseil s'étendait à toutes les branches du gouvernement, aux affaires ecclésiastiques, civiles et militaires. Il fonctionnait aussi comme tribunal de dernier ressort, examinait toutes les lois avant qu'elles fussent soumises au roi, publiait les résolutions royales et en surveillait l'exécution. Tous les hauts fonctionnaires des colonies et une grande partie des fonctionnaires subalternes étaient nommés sur la proposition du Conseil, et celui-ci correspondait directement, non seulement avec les vice-rois, mais avec tous les fonctionnaires subordonnés, voire avec des personnes privées.

Certes, il est dit que la conversion des Indiens devait être le principal souci du Conseil (1), mais, comme il était également dit que la condition nécessaire pour la propagation de l'évangile et pour l'exaltation de la sainte foi catholique était le maintien de communications réglées avec la métropole, le Conseil devait s'employer de toutes les manières à entretenir ces rapports, qui, en outre, assureraient de grands profits, tant au commerce des particuliers, qu'aux finances du roi (2).

Cette addition indique déjà que le but principal que devait poursuivre l'administration coloniale était le développement des intérêts économiques, et cela se trouve confirmé dans le reste du contenu des lois des Indes. Comme nous nous bornerons entièrement à ces intérêts, nous signalerons seulement que l'activité si diverse du Conseil des Indes embrassait le commerce et la navigation, les monnaies et la levée des impôts, et enfin, tâche d'une importance considérable, l'exploitation des mines et l'utilisation de leurs produits.

L'autorité locale des colonies était exercée en dernier ressort par les deux vice-rois, dont l'un, résidant à Mexico, avait sous sa domination la Nouvelle Espagne, le Guatemala, la Nouvelle-Galicie, les îles des Indes Occidentales et les Philippines ; l'autre, siégeant à Lima, gouvernait le Pérou, le Chili, la Tierra-Firme, la Nouvelle-Grenade et le territoire de La Plata, c'est-à-dire tout le continent sud-américain, à l'exception du Brésil portugais et de la

(1) *Recopilación,* lib. II, tit. 2, ley VIII
(2) *Ibid.,* ley XXVIII.

Guyane, où les Hollandais, les Français et les Anglais avaient de bonne heure fondé des colonies (1).

Les vice-rois avaient, d'après la teneur des lois, l'autorité la plus vaste, embrassant toutes les branches de l'administration des colonies, mais en réalité leur situation était analogue à celle du monarque, qui n'était que nominalement absolu. Ce fait provenait du système d'espionnage jaloux dont ils étaient l'objet de la part du gouvernement central. A leurs côtés on avait placé une *audiencia* royale, espèce de tribunal, mais dont les membres, outre leur qualité de juges, avaient celle de conseillers des vice-rois dans les questions politiques et administratives, et qui, grâce à leur droit de correspondre directement avec le Conseil des Indes, exerçaient une influence considérable. Presque indépendants des vice-rois, certains domaines étaient administrés par des capitaines-généraux ; ceux-ci tenaient leurs mandats directement des autorités de la métropole et correspondaient avec elles. Défense expresse était même faite au vice-roi de Lima de s'ingérer dans l'activité de son subordonné, le capitaine-général du Chili, à moins toutefois qu'il ne s'agît de questions de la dernière importance (2). Comme d'autre part la brièveté de leurs fonctions — six ans au plus — diminuait leur autorité, on peut dire des plus indépendants d'entre eux qu'ils règnaient plutôt en dépit qu'en vertu des lois, et que leur activité, en bien comme en mal, résultait de l'impossibilité pour la lointaine métropole de régler et de contrôler leurs actes.

Des vice-rois dépendaient les capitaines-généraux qui, dans les grandes provinces, étaient aussi présidents, chacun de son audiencia ; l'administration inférieure était exercée par des *gobernadores, corregidores* et *alcaldes majores*, dont les fonctions dans les districts ou les villes qui leur étaient confiés étaient en principe fixées d'après le même modèle que celles des vice-rois. Les assesseurs de l'audiencia, appelés *oidores*, avaient, outre d'autres charges, celle de visiter tous les trois ans le district qui relevait de leur audiencia, afin de se rendre compte de l'état et

(1) Ce n'est qu'au xviiie siècle que cet immense territoire fut divisé par l'établissement de vice-royautés indépendantes à Santa Fé de Bogotá (1739) et à Buenos-Aires (1776).
(2) *Recopilación*, lib. III, tit. 3, ley XXX.

des besoins de la population et de contrôler l'activité des fonctionnaires (1). En outre, avec l'assentiment du roi, des inspec-
tions extraordinaires pouvaient être ordonnées tant par le Conseil
des Indes que par les audiencias (2). Les *jueces visitadores*,
envoyés à cet effet, avaient une très vaste autorité. Il n'est pas
jusqu'aux vice-rois eux-mêmes qui ne fussent soumis à leur
enquête.

L'administration des finances exigeait un appareil non moins
compliqué, avec un règlement des plus détaillés pour la perception des impôts ; pour le versement des revenus dans les *caxas
reales* et pour les payements à effectuer par ces mêmes caisses ;
pour la reddition des comptes et la révision dans les *contadurias
de cuentas*. Partout on avait établi un système de surveillance et
de contrôle mutuels, dont cependant l'efficacité se trouvait dimi-
nuée sinon annihilée par le fait que la décision, même pour les
détails, était dans les mains des autorités centrales à Madrid.

Pour maintenir le principe que les Indes étaient réservées à
l'Espagne seule, les communications entre les colonies et la
métropole étaient rigoureusement réglées. Personne, Espagnol ni
étranger, ne pouvait se rendre aux Indes sans une autorisation
spéciale ; les infractions à cette loi étaient punies de confiscation
des biens et d'exil (3) ; sous peine de la même punition, un
étranger n'avait pas le droit d'y faire le commerce (4) ; quiconque faisait des affaires avec un étranger était puni de la perte
de la vie et de ses biens (5).

On maintenait avec une sévérité particulière l'interdiction de
tout rapport avec des corsaires étrangers : faire du commerce
àvec eux, leur fournir des armes ou des vivres, tous ces délits
étaient frappés de la peine de mort ; les autorités devaient les
poursuivre avec une rigueur extrême ; les punitions devaient
être immédiatement exécutées et sans appel (6). Tout navire
étranger dans les ports américains était considéré comme cor-

(1) L'instruction pour les *oidores visitadores* se trouve dans la *Recopilación*, lib. II,
tit. 31.
(2) *Recopilación*, lib. II, tit. 34.
(3) *Ibid.*, lib. IX, tit. 26, ley I.
(4) *Ibid.*, lib. IX, tit. 27, ley I.
(5) *Ibid.*, lib. IX, tit. 27, ley VII.
(6) *Ibid.*, lib. III, tit. 13, ley VIII.

saire ; c'est dire que toute navigation directe entre ces ports et d'autres pays que l'Espagne était exclue. La défense pour les étrangers d'entrer en Amérique sans autorisation présuppose certes que de pareilles autorisations pouvaient être données, mais elles étaient dans tous les cas rigoureusement personnelles, et les nombreuses réserves et mesures de précaution qui les accompagnaient, comme par exemple la condition de confesser la foi catholique, prouvent que ces autorisations n'étaient que des cas d'exception très rares (1). Au début étaient considérés comme étrangers tous ceux qui n'étaient pas Castillans, mais par la suite on leur assimilait en droit les habitants des royaumes d'Aragon et de Navarre, tandis que les Portugais, même après que le Portugal eut été uni à l'Espagne, continuaient à être traités en étrangers ; aucune situation d'exception ne fut jamais accordée aux sujets espagnols de Flandre et d'Italie.

Le trafic et le commerce légaux avec les Indes étaient l'objet d'une législation à part, qui, d'une très grande importance pour notre sujet, a besoin d'être retracée en ses traits principaux.

Dès 1503, Ferdinand et Isabelle avaient pour la direction et la surveillance de ce commerce établi une autorité spéciale, la *Casa de la Contratacion* à Séville.

« Le caractère originel de cette institution subit bientôt un changement. Elle avait été établie sous forme de factorerie, de bourse privilégiée ou dépôt avec monopole pour le commerce des Indes, des îles Canaries et de la Barbarie ; elle faisait fonction d'agence pour les expéditions et les flottes qui partaient pour le Nouveau Monde, et elle administrait les revenus que le roi puisait à cette source. Elle se transforma ensuite en un tribunal avec la plus vaste juridiction ; on lui confiait d'importantes branches des finances de l'État et la surchargeait d'autres affaires, tant administratives que judiciaires, jusqu'aux questions de guerre et de marine ; bref, son activité s'étendait à tout ce qui concernait les Indes. Au fait la Casa de la Contratacion était comparable au

---

(1) Une exception à l'édit de 1602, qui expulsait tous les étrangers et toutes les personnes suspectes au point de vue religieux, fut faite plus tard en faveur de ceux qui exerçaient des métiers mécaniques utiles à la société, ainsi que pour ceux qui servaient comme soldats, à condition bien entendu qu'on sauvegardât « l'intégrité de notre sainte foi catholique ». *Recopilación*, lib. IX, tit. 27, leyes IX, X et XI.

ministère des Colonies de nos jours, à une direction générale des affaires d'outremer, bien que subordonnée au Conseil des Indes (1). »

Cette multiplicité de tâches nécessitait aussi une organisation extrêmement complexe. En qualité de chef de la Casa siégeait un président, ayant à ses côtés trois *jueces oficiales* et trois *oidores*. De ces premiers l'un était *tesorero*, l'autre *contador* et le troisième *factor*. Ensemble ils formaient l'une des deux Chambres entre lesquelles les fonctions étaient réparties, la *Sala de gobierno;* les oidores, qui devaient être lettrés *(letrados)*, formaient, avec l'adjonction d'un *fiscal,* la seconde Chambre ou la *Sala de justicia.* La première de ces Chambres instruisait toutes les affaires qui concernaient le commerce de l'Amérique ainsi que la perception et l'administration des fonds d'État qui en provenaient ; la seconde Chambre jugeait dans toutes les affaires civiles et criminelles, qui avaient quelque rapport avec le commerce et la navigation ; en certains cas ses jugements pouvaient être attaqués et le Conseil des Indes saisi en dernière instance.

Le président était personnellement responsable de la direction des affaires et de l'observation des lois et règlements, mais n'avait voix pour la décision des questions judiciaires que s'il était lettré, ce qui n'était point obligatoire. On avait commis à la garde du tesorero tout ce qui était bien public, l'or, l'argent, les perles et les pierres précieuses, les caisses particulières établies à des fins spéciales. Tous les objets de valeur étaient conservés dans des coffres *(arcas),* dont les trois juges officiels avaient chacun une clef. Le contador, assisté d'une armée de copistes, s'occupait particulièrement de la comptabilité, pour laquelle les prescriptions les plus détaillées existaient. Enfin le factor recevait toutes les marchandises à destination des Indes ou qui en arrivaient,

---

(1) J. Piernas Hurtado, *La Casa de la Contratacion de las Indias* (dans la revue espagnole *La Lectura,* 1907). Pour l'historique de cette institution, nous renvoyons à ce très intéressant article qui fournit des indications précieuses sur les matériaux disséminés dans les archives espagnoles et nécessaires à la connaissance des rapports entre l'Espagne et l'Amérique. L'auteur se plaint, très justement, de ce que ces matériaux énormes restent presque inexplorés. Les principales sources imprimées pour la connaissance de l'organisation et du fonctionnement de la Casa de la Contratacion sont : *Norte de la Contratacion de las Indias Occidentales* par D. Joseph de Veitia Linage (Sevilla, 1672) ; et *Recopilación de las leyes de las Indias,* lib. IX.

veillait à la vente de ces dernières et au monnayage de l'or et de l'argent, et avait en outre à sa charge le détail important de faire expédier le vif-argent requis pour la production des métaux précieux dans les mines du Nouveau Monde.

En qualité de tribunal criminel, la Casa devait poursuivre, examiner et juger tous les délits contre les personnes et les propriétés qui se commettaient pendant la navigation vers les Indes ou de retour. Chaque voyageur, depuis qu'il mettait le pied à bord du navire jusqu'au moment où il débarquait, était soumis à sa juridiction. Au civil, elle connaissait surtout des affaires qui avaient quelque rapport avec les finances de l'État *(la real hacienda)* ; les deux Chambres, dont la compétence d'ailleurs n'était pas très tranchée, coopéraient pour ces affaires : ainsi, dans certains cas, le président avait droit de décider à quelle Chambre serait renvoyée une question.

La Casa avait aussi un pouvoir exécutif et pouvait à ce sujet exiger l'assistance des autorités, en Espagne comme aux Indes. Elle avait son propre *alguacil con vara de justicia,* qu'elle pouvait envoyer, pour l'exécution de ses sentences, non seulement à Séville, mais aussi en d'autres villes d'Espagne, notamment aux ports de Sanlucar, Cadix et Santa Maria ; personne n'avait le droit d'empêcher ni de déranger celui-ci dans l'accomplissement de ses fonctions.

En outre, la Casa possédait un certain pouvoir législatif, en ce sens qu'elle pouvait porter des arrêts et des ordonnances, à condition qu'ils fussent soumis au Conseil des Indes. Enfin elle devait, à titre d'autorité consultative, surveiller tout ce qui avait rapport à l'administration et au commerce des Indes, et présenter des propositions de modifications et de réformes au roi, à qui toutes les affaires de grande importance devaient être remises, et à qui devait être fait un rapport général annuel.

Afin de ne point laisser de marge à la partialité et aux intérêts privés lors de l'instruction des affaires, on avait édicté des mesures de précaution très circonstanciées. Aucun des fonctionnaires, « depuis le président jusqu'au dernier subordonné », n'avait le droit de participer, soit directement, soit indirectement, au commerce des Indes, et cela sous peine de destitution et de confiscation de la moitié de ses biens ; aucun ne pouvait recevoir en dépôt de l'or, de l'argent ni des marchandises ; toute vente d'autorisation de voyage aux Indes était interdite (1) ; il n'était même pas permis d'écrire des lettres de recommandation pour des particuliers auprès des autorités des Indes ; et personne n'avait le droit d'accepter des présents de quelque genre que ce fût. En cas de transgression des lois interdisant le commerce, la punition était, pour les fonctionnaires des grades inférieurs, outre celle déjà mentionnée, un exil de dix ans ; le même châtiment frappait les commerçants ou autres convaincus de complicité. Si, contre toute vraisemblance, le président lui-même était coupable, le roi s'était réservé le droit d'une punition extrajudiciaire.

Lors de la fondation de la Casa de la Contratacion, son siège fut fixé à Séville. Le monopole qu'obtenait ainsi cette ville, suscita bientôt la jalousie des autres villes. En 1529, la permission fut accordée à quelques autres ports d'expédier des navires aux Indes, mais, comme les marchandises n'en devaient pas moins être enregistrées à Séville, et qu'au retour il n'était permis aux navires de toucher à aucun autre port, cette concession était sans effet, et les privilèges de Séville restaient de fait intacts. Cadix était toujours sa rivale la plus redoutable, et cette ville eut un allié contre lequel les ressources du temps ne pouvaient lutter : l'embouchure du Guadalquivir à Sanlucar de Barrameda s'ensablait de plus en plus, et il devenait enfin impossible pour des navires de fort tonnage de remonter le fleuve jusqu'à Séville. Il fut donc nécessaire de permettre aux navires des Indes de mouiller à Cadix en cas d'urgence, et on dut y établir une espèce de succursale de la Casa de la Contratacion, nommée *el Juzgado de Indias de Cadiz*, chargée d'y percevoir la douane et d'exercer les fonctions qui ne pouvaient être remplies à distance. A la fin une *real cedula* du 4 juillet 1680 stipula expressément que l'expédition des flottes des Indes, à l'aller comme au retour, pouvait être faite à Cadix ou à Séville ; pendant l'époque dont nous nous occuperons particulièrement, Cadix était devenu l'unique

---

(1) Veitia Linage avoue que cette interdiction était de son temps tombée en désuétude. *Norte de la Contratacion*, I, p. 36.

lieu d'entrepôt pour le commerce des Indes, et enfin le siège d'administration pour ce commerce, depuis qu'en 1725, la Casa de la Contratacion y eut été transférée (1).

Si la tâche principale de la Casa de la Contratacion fut de sauvegarder les intérêts de l'État dans l'administration et le commerce des Indes, elle avait cependant, comme nous l'avons vu, parmi ses fonctions celle de veiller aux intérêts privés qui en dépendaient. En cette qualité, la Casa n'était pourtant pas seule à prendre des décisions : elle avait à ses côtés une autorité chargée de régler les intérêts réciproques des particuliers. C'était *el Consulado* de Séville, institution dont par la suite nous aurons souvent l'occasion de parler.

Le Consulat de Séville tire son origine du temps de Charles V. En une real cedula du 23 août 1543 on lit : « Étant considéré notre intérêt royal et pour maintenir, en vue du bien public, le commerce des Indes ; considérant l'utilité, prouvée par l'expérience, des corporations de marchands dirigées par des consuls, nous autorisons par la présente les chargeurs *(cargadores)* qui font le commerce sur nos Indes et qui sont domiciliés à Séville à se réunir annuellement à la Casa de la Contratacion afin d'élire parmi eux un prieur et un consul, lesquels doivent être choisis parmi les plus expérimentés et les plus habiles d'entre lesdits chargeurs, et qui seront chargés d'exercer l'autorité qui incombe à ces charges ; et sera ledit Consulat nommé la *Universidad de los cargadores a las Indias*. »

Une série d'arrêtés ultérieurs complétaient cette ordonnance. Les commerçants choisissaient d'abord trente électeurs et ceux-ci à leur tour le prieur et le consul. Le prieur remplissait sa fonction pendant un an, le consul pendant deux, c'est-à-dire celui qui la première année était consul adjoint était premier consul l'année suivante ; le but de cet arrangement était de maintenir la continuité. Pour les assister les mêmes électeurs avaient à nommer cinq députés, et parmi ceux-ci, également pour la conti-

(1) Une translation partielle avait eu lieu dès 1717. Après que la liberté du commerce des Indes eut été décrétée en 1778, la Casa de la Contratacion devint inutile, mais elle subsista pourtant jusqu'en 1790, date où elle fut abolie par un décret royal du 18 juin ; elle finit par être complètement dissoute l'année suivante (1791).

nuité, des places devaient toujours être réservées aux prieurs et aux consuls sortant de charge. Un conseiller lettré leur était adjoint pour les questions judiciaires, et enfin le Consulat avait l'autorisation, pour la garde de ses droits auprès du Conseil des Indes, d'entretenir un ou plusieurs délégués à Madrid.

Les lois espagnoles, particulièrement détaillées dans toutes les questions de forme, sont loin de préciser avec la même exactitude les fonctions des institutions dont elles veulent régler l'activité. Le bref exposé que voici de la compétence du Consulat, tiré du rapport d'un agent français (1), en donnera peut-être une idée. Le rapport dit que « le Consulat a droit de connaître en première instance des procès et différends concernant : 1) les marchandises que l'on envoie aux Indes et celles que l'on en rapporte ; 2) les sociétés que les négociants forment entre eux sur ce sujet ; 3) les contestations qui surviennent entre les propriétaires des marchandises et les facteurs ; 4) les ventes en troques et les incidences sur les assurances. » Nous ajouterons, que le Consulat était chargé de décider sur les questions de faillite, et que dans de pareilles affaires on avait droit d'appeler de son jugement au Conseil des Indes ; qu'en affaires criminelles le Consulat pouvait, en plus d'une indemnité, condamner à la perte des droits de commerçant, mais que dans les autres cas il devait remettre la cause entre les mains de la Casa de la Contratacion ; et enfin qu'en matière civile le plaignant pouvait en appeler à l'un des juges officiels de la Casa, lequel, assisté par deux d'entre les chargeurs choisis par lui, était autorisé à examiner l'affaire et à prononcer l'arrêt final, dont on ne pouvait pas faire appel. Le code écrit renvoie quelquefois à certaines coutumes qui n'en devaient pas moins subsister comme par le passé (2). Sans la connaissance de ces coutumes nous ne saurions nous rendre un compte exact de la situation importante du Consulat. Le rapporteur français, que nous avons déjà cité, ajoute quelque chose que nous ne retrouvons nulle part dans les lois écrites, c'est que « lorsque le roi d'Espagne

---

(1) Mémoire de la création du Consulat de Séville et de la nomination des officiers qui la composent, envoyé au secrétaire d'État de la marine par M. Daubenton, le 19 mars 1704. Arch. Nat. Marine, B⁷ 231, f. 302.

(2) *Recopilación*, lib. IX, tit. 6, ley LVII.

ordonne qu'on fasse partir la flotte pour la Nouvelle Espagne, on fait part de cette résolution au Consulat afin qu'il propose le nombre, la grandeur et le port des bâtiments dont elle devra être composée ». C'est probablement en conséquence de cette disposition que le Consulat peu à peu s'était arrogé le droit de décider sur l'extension du commerce et de la navigation des Indes, en l'étendant ou le limitant à son gré, en un mot d'en faire un monopole pour un petit nombre restreint de maisons de commerce de Séville.

A Mexico et à Lima existaient aussi des consulats, en principe organisés sur le même modèle que celui de Séville ; de leur jugement on pouvait appeler aux audiencias de ces villes.

Si nous passons maintenant à l'exposition de la façon don était réglée la communication entre l'Espagne et ses colonies américaines, nous trouverons un système non moins curieux, basé sur les prescriptions les plus circonstanciées. Cette institution, entretenue au moyen de *la flota y los galeones*, ces deux caravanes maritimes qu'on a accoutumé d'unir sous le nom populaire de « flottes d'argent », est en ses traits principaux assez généralement connue (1). Comme dans la suite nous aurons souvent à y renvoyer, un exposé un peu plus explicite ne sera peut-être pas déplacé ici.

Vers le milieu du XVIᵉ siècle, au cours des guerres presque permanentes dans lesquelles l'Espagne était engagée, la traversée de l'Océan était devenue de moins en moins sûre. Alors qu'auparavant on avait permis à tout navire qui avait accompli les formalités nécessaires, de partir seul et à n'importe quel moment, depuis qu'il était devenu d'un usage établi que les navires se réunissaient en escadres pour se protéger mutuellement, on décréta, le 18 juillet 1561, qu'aucun voyage ne pourrait s'effectuer qu'en flotte ; que les flottes partiraient à des époques fixes, et qu'elles seraient escortées par des bâtiments de guerre. Simultanément on stipula qu'annuellement deux escadres devaient partir d'Espagne, l'une pour Vera-Cruz dans la Nouvelle Espagne,

(1) Voir entre autres Paul Leroy-Beaulieu, *De la colonisation chez les peuples modernes*. 6ᵉ éd., t. I, Paris, 1908, p. 27 et suivantes.

l'autre à destination de la Tierra-Firme, c'est-à-dire les côtes des républiques actuelles de Vénézuela, de Colombie et de Panama, avec Portobello comme point terminus. Plus tard la coutume s'établit que les deux escadres naviguassent de conserve. Les bâtiments de guerre s'appelaient galions, et comme l'escadre de la Tierra-Firme en vint peu à peu à se composer exclusivement de bâtiments de guerre, elle reçut le nom de *los galeones* (1), tandis que l'autre escadre était nommée *la flota de Nueva España*. L'ensemble des voyages de la flotte et des galions composait la *Carera de Indias* ou la navigation des Indes.

En premier lieu le président et les membres de la Casa de la Contratacion étaient responsables du maintien de cette navigation dans les règles qui lui étaient fixées. Ils devaient personnellement veiller à l'achat et à l'armement des navires, à leur départ et à leur retour. Les vaisseaux de guerre en particulier étaient l'objet de leur surveillance, tandis qu'ils partageaient avec le Consulat les soins de l'armement et du chargement des navires marchands. Originairement les bâtiments de guerre ne devaient point transporter de marchandises, mais par la suite on fit diverses exceptions à cette règle. Ainsi les métaux précieux devaient pour le retour être embarqués uniquement sur les vaisseaux de guerre.

Le commandement en chef de chaque escadre était confié au *capitan general* ou au général comme on l'appelait ordinairement. Il était nommé par le roi, et après avoir prêté serment devant le Conseil des Indes, il avait à se présenter à la Casa de la Contratacion pour ensuite, de concert avec les membres de la Casa, voir à remplir toutes les formalités qui devaient précéder le départ. Il désignait l'un des navires la *capitana*, à bord duquel il commandait lui-même en chef ; son second était l'*almirante*, qui hissait son pavillon à bord de la *almiranta* ; après eux venait le capitaine de l'infanterie de la marine, *el gobernador del tercio*, qui s'embarquait sur un des galions. Les capitaines à bord des autres galions étaient nommés par le général. Un poste particulièrement important était celui occupé par le *veedor*, qui répondait des

---

(1) « Desde 1649 empezaron a llamarse galeones las flotas de Tierra Firme. » Rafael Antunez y Acevedo, *Memorias historicas sobre la legislacion y gobierno de los Españoles con sus colonias en las Indias Occidentales*, Madrid, 1797, p. 103.

fournitures et des munitions navales, des vivres, etc. Parmi les nombreux fonctionnaires civils nous citerons les *contadores*, *proveedores*, *escribanos* et les *maestres de plata*, qui avaient soin de l'or et de l'argent. Parmi les troupes on distinguait les *artilleros*, soldats munis de diplômes et examinés par l'*artillero major* de Séville. La navigation était confiée à des pilotes et à des *maestres*, de qui on exigeait également un examen devant la Casa de la Contratacion, auprès de laquelle étaient établis, pour enseigner la navigation et pour examiner les instruments nautiques, un *piloto major* et deux *cosmógrafos*. Enfin, tous les propriétaires de navires et tous les gens de mer, tant officiers qu'équipages, qui prenaient part à la navigation des Indes, formaient une corporation, *la Universidad de los mareantes*, organisée à peu près sur le même modèle que le Consulat. Aidé par les chefs de cette association, le général y devait, à l'exclusion de tous les étrangers, choisir les équipages de la flotte et des galions (1).

Au début, il était défendu de se servir pour la navigation des Indes d'autres vaisseaux que de ceux qui étaient construits dans des chantiers andalous, mais, lorsque la tradition de la construction navale s'y fut perdue, on dut permettre l'emploi de navires bâtis ailleurs, en réservant toutefois la préférence aux navires andalous. Les navires acquis et l'époque du voyage décidée, une série de formalités minutieusement fixées commençaient. Les navires ne devaient pas subir moins de trois visites différentes. A la première, on s'assurait qu'ils étaient en état de tenir la mer, on vérifiait leur capacité et donnait des ordres sur leur approvisionnement de vivres et d'armes. La seconde visite avait lieu lorsque les navires avaient arrimé, et elle visait à constater que toutes les prescriptions relatives à l'équipage, à l'armement et à la cargaison avaient été observées. La troisième enfin, qui se faisait immédiatement avant le départ, avait pour but de contrôler les deux précédentes, notamment de s'assurer qu'il n'y eût point à bord de marchandises qui ne fussent enregistrées par la Casa, et qu'aucun étranger sans autorisation en règle ne se fût glissé parmi les passagers et les équipages. Les visites étaient opérées par les

(1) Sur l'origine et les fonctions de cette corporation voir : Manuel de la Puente y Olea, *Los trabajos geográficos de la Casa de Contratación*, Sevilla, 1900, p. 364-368.

juges de la Contratacion ou par des *visitadores* spéciaux, désignés par ceux-ci, et à la dernière, en particulier, le général devait être présent.

Non moins minutieux était le règlement pour la navigation même. La tête du convoi était tenue par la capitana, précédée d'un petit voilier rapide chargé de reconnaître la voie ; la dernière en file suivait la almiranta, et, entre ces deux, le reste de l'escadre était rangé en ordre de bataille avec les vaisseaux de guerre au vent pour pouvoir au besoin accourir au secours des navires marchands. Au moins une fois par jour, l'amiral devait « parler » avec le général pour ensuite reprendre sa place à l'arrière-garde. Un navire spécial, une patache, était détaché pour transmettre aux autres capitaines les ordres du commandant en chef. Une prudence extrême était recommandée pendant la première partie du voyage, jusqu'à ce qu'on fût à la hauteur des îles Canaries, et, avant ce moment, une nouvelle visite des navires, des cargaisons et des équipages devait être faite par le général ou, à sa place, par l'amiral. Si, lors de cette visite suprême, on tombait sur des marchandises non enregistrées ou sur des passagers non autorisés, particulièrement des étrangers, ceux-ci devaient être déclarés prisonniers et, à la première occasion, renvoyés en Espagne, où un châtiment les attendait ; les marchandises devaient être confisquées.

Le départ d'Espagne fut fixé, après bien des changements, pour les galions à la fin de mars et pour la flotte au commencement d'avril. Au cours du xviie siècle l'usage s'établit, pour faciliter leur mutuelle défense, de leur faire traverser l'Atlantique de conserve, sous le commandement suprême du général des galions. Lorsque cette escadre réunie avait atteint la Dominique dans les Indes Occidentales, la flotte était détachée et, après une escale à Porto-Rico, elle poursuivait son voyage jusqu'à sa destination, Vera-Cruz, avec les marchandises pour la Nouvelle Espagne (1).

_____

(1) Une escadre spéciale composée de six à huit voiles, appelée l'*armada de Barlovento*, était entretenue périodiquement aux Indes Occidentales afin de protéger ces parages contre les corsaires (voir : Veitia Linage, *op. cit.*, t. II, p. 88-96). Vers la fin du xviie siècle, cette escadre était en un très mauvais état ; elle n'existait guère que sur le papier. Voir : Mémoire sur l'Armadille de Barlovento, 1702 (Arch. Nat. Marine, B⁷ 226).

Les galions de leur côté continuaient leur route jusqu'à la Tierra-Firme. Ils envoyaient une patache à l'île Margarita et à Rio de la Hacha, pour chercher les perles qu'on pêchait dans ces parages et pour rejoindre ensuite les autres navires à Carthagène, première station des galions. De là un aviso partait pour Portobello, tandis qu'un messager apportait à Lima par la voie de terre la nouvelle de l'arrivée de l'escadre. C'était le signal qu'on attendait pour expédier de Callao l'*Armada del mar del Sur*, qui transportait l'argent du Pérou à Panama, où des caravanes de mules recevaient le métal monnayé et non monnayé, pour le porter à travers les hauteurs de l'isthme jusqu'à Portobello. Lorsqu'après deux mois de relâche à Carthagène, les galions à leur tour arrivaient, on voyait s'établir pour quelques semaines en cet endroit désert une foire, dont le débit grandiose a donné lieu à des récits presque fabuleux. Le moine irlandais Thomas Gage, qui visita l'endroit en 1637, raconte qu'il avait vu au marché public des monceaux de lingots d'argent comme des amas de pierres (1), et le célèbre navigateur William Dampier relate, en 1685, bien qu'avec une exagération manifeste, que la seule part du roi qu'on embarquait à Portobello sur les galions montait d'habitude à 24 millions de piastres, sans compter les sommes énormes appartenant à des marchands particuliers (2). C'est par de tels récits que la foire de Portobello avait acquis sa réputation d'être la plus riche du monde.

La foire ne pouvait durer que trente jours au maximum, et le général devait, si possible, abréger ce temps, non seulement dans l'intérêt des affaires pour presser le retour, mais afin de diminuer pour les marchands et les hommes d'équipage les risques du climat malsain. Les galions y perdaient souvent le tiers, parfois la

---

(1) *Nouvelle relation contenant les voyages de Thomas Gage dans la Nouvelle Espagne*, t. II, Amst., 1694, p. 294.

(2) *A new Voyage round the World, by Captain William Dampier*, 4th ed., Londres, 1699, vol. I, p. 184. — Don Manuel Colmeiro prétend que l'ensemble des affaires faites à la foire de Portobello monta à 20, 30, voire 40 millions de pesos *(Historia de la economia politica en España*, t. II, Madrid, 1863, p. 404). Plus modéré et partant plus digne de foi nous semble un récit de 1640 : « Es la mayor feria del mundo, en donde en menos de 15 dias se despachan, emplean, venden y compran mas de 6 o 7 millones en varias mercadurias ». Relacion historica y geografica de la Provincia de Panama por Don Juan Requejo Salcedo *(Colección de libros y documentos referentes á la historia de America*, t. VIII, Madrid, 1908, p. 78).

moitié de leurs équipages : aussi Portobello avait reçu la dénomination de « tombeau des Espagnols », et Gage, qui y vit plus de
cinq cents décès, a proposé le nom de « Porto malo », comme
plus approprié que « Porto bello ».

La foire terminée, les galions retournaient à Carthagène pour y
charger les produits que pendant ce temps on y avait réunis ; de
là ils faisaient voile pour la Havane où ils rejoignaient la flotte de
retour de Vera-Cruz, et enfin, les deux escadres se mettaient en
route ensemble pour le retour, en passant par le canal de Bahama
et à travers l'Atlantique. Après une escale à Terceira dans
l'archipel des Açores, faite dans le but de s'assurer que les parages
européens étaient libres de corsaires, le voyage se terminait à
Cadix ou à Sanlucar, où les vaisseaux de retour étaient reçus par
les fonctionnaires de la Casa de la Contratacion, et où, après des
visites et autres formalités, ils faisaient la livraison de leurs chargements et licenciaient leurs équipages. Le voyage entier, si tout
s'était bien passé, avait demandé environ un an (1). Lorsque le
commerce des Indes était à son apogée, la flotte et les galions ont
compté, dit-on, environ cinquante navires d'un port de 27.500 tonneaux (2).

Le besoin de communications plus fréquentes et plus faciles
avec l'Amérique s'était cependant fait sentir de bonne heure et
avait nécessité certaines exceptions à la réglementation que nous
venons de retracer.

La consommation de vif-argent dans les mines américaines ne
pouvait être satisfaite par l'importation au moyen de la flotte et
des galions. Encore après la découverte des mines de Huancavelica
du Pérou (1567), Almaden en Espagne était le principal lieu de
production du vif-argent; pour en transporter une plus grande
quantité en Nouvelle Espagne, on avait accoutumé, dans l'intervalle entre les départs des flottes, d'y expédier deux bâtiments de
guerre (*azogues*), qui cependant n'étaient point autorisés à appor-

---

(1) Pour la navigation même on calculait pour la flotte 58 jours d'aller et pour les
galions 52 à 54 jours ; le retour demandait pour ces derniers 80 à 85 jours. Voir :
Rumbo que llevan a Indias y el que trahen los Galeones y Flotas y demas navios que
van de España para quellas Provincias (Arch. Nat. Marine, B⁷ 228, f. 234).

(2) Alvarez Osorio, *Extension politica y economica* (1686), d'après Colmeiro, *op. cit.*, II,
p. 404.

ter d'autres marchandises. Les ordres du gouvernement aux colonies se transmettaient par des *avisos*, qui, pas plus que les précédents, n'avaient le droit de charger de marchandises ni de métaux précieux. Des avisos accompagnaient la flotte et les galions, pour s'en retourner, dès l'arrivée à Vera-Cruz et à Portobello, porter cette bonne nouvelle en Espagne. On jugeait nécessaire également d'avoir des avisos pour envoyer le courrier en sens inverse : tous les ans, deux devaient partir pour la Nouvelle Espagne et deux pour la Tierra-Firme. En considération de leur utilité pour le commerce, le Consulat de Séville était chargé des frais qu'ils causaient (1). Enfin, nous ajouterons que la communication avec Buenos-Aires était entretenue au moyen de navires dits *navios de registro*, qui tenaient leur nom des autorisations spéciales qu'on leur expédiait et qu'on enregistrait. Leurs voyages étaient indépendants de ceux des galions ; pour empêcher qu'ils n'occasionnassent un trafic illicite par la voie de terre avec le Chili et le Pérou, diverses mesures prohibitives étaient prises.

Après que la communication entre l'Espagne et l'Amérique eut ainsi été réglée pendant la seconde moitié du xvie siècle, elle subsista en principe telle que nous l'avons décrite pendant près de deux cents ans, bien que périodiquement interceptée et exposée à des perturbations graves, que nous exposerons en un chapitre suivant. D'abord les rapports incommodes avec le Pérou à travers l'isthme de Panama se trouvèrent impossibles à entretenir ; les voyages des galions cessèrent d'eux-mêmes et furent enfin (1748) entièrement abolis et les galions remplacés par des navios de registro qui firent le tour du cap Horn. Puis les flottes disparurent à leur tour : la dernière arriva à Vera-Cruz en janvier 1778, et, le 12 octobre de la même année, le commerce des Indes fut déclaré libre par la *ordenanza del comercio libre* du roi Charles III.

*

* *

Le but que visait toute cette législation si étendue, était, comme nous l'avons déjà dit, d'assurer à l'Espagne, et à l'Espagne seule,

---

(1) Antunez y Acevedo, *op. cit.*, p. 112-120.

les richesses du Nouveau Monde. En quoi consistaient donc ces richesses ? C'est ce que nous essaierons de montrer en consacrant quelques mots aux sources dont elles découlaient ; peut-être, en se rendant compte des bénéfices qu'on en tirait, comprendra-t-on l'importance du commerce des Indes, tant pour les finances espagnoles et pour la nation d'Espagne, que pour les autres nations qui rivalisaient pour partager ces richesses avec l'Espagne.

Le système espagnol d'imposition — si l'on peut qualifier de système l'ensemble hétérogène d'impôts qui avaient surgi à différentes époques pour remplir le besoin toujours grossissant de l'État — ne s'était pas laissé complètement appliquer dans les colonies. Quelques-unes d'entre les formes d'impôts propres à la métropole avaient cependant été adoptées aussi pour les colonies. Le plus ancien de ces impôts fut l'*alcabala* : c'était une taxe sur la valeur de tous les objets vendus, revendus ou échangés ; c'était au surplus le moins rationnel de tous (1). En Espagne, cette taxe s'élevait à 10 % ; en Amérique, d'après le texte de la loi, à seulement 2 % (2), mais, au commencement du xviie siècle, elle fut doublée, au moins pour le Pérou, par l'autorité usurpée d'un vice-roi plus tard ratifiée par le roi d'Espagne.

Le plus important en second lieu des impôts importés d'Espagne était l'*almojarifazgo*, droit de douane de 5 % sur la valeur de toutes les marchandises à l'exportation de Séville pour l'Amérique, et de 10 % sur les mêmes marchandises à leur importation dans les ports américains (3). A un transport ultérieur de ces marchandises, l'almojarifazgo s'élevait dans chaque port à 5 % de la valeur toujours accrue que les marchandises, après une nouvelle évaluation, étaient estimées avoir gagnée, mode d'imposition qui tout naturellement dans les colonies les plus éloignées avait pour conséquence un renchérissement disproportionné des produits européens. En douane d'exportation *(salida)* des Indes on perce-

---

(1) « Il n'était pas de trafic si misérable qui ne fût guetté par le commis de l'alcabala. Un même objet, dix fois vendu et revendu, acquittait dix fois l'alcabala. » Desdevises du Dézert, *op. cit.*, t. II, p. 376.

(2) *Recopilación*, lib. VIII, tit. 13, ley XIV.

(3) Ces 10 % devaient être payés d'après une nouvelle évaluation de la valeur accrue que les marchandises avaient acquise en Amérique, et non d'après leur valeur lors de l'exportation. Voir : Antunez y Acevedo, *op. cit.*, p. 214.

vait 2 °/₀ et demi, et en importation *(entrada)* en Espagne 15 °/₀ ;
même pour le commerce entre les colonies leurs propres produits
étaient imposés et de salida et d'entrada ; sous le nom d'*aduanas*
enfin on percevait des taxes spéciales dans les places appelées
puertos secos sur les frontières entre les provinces de La Plata et le
Pérou, tandis que toute communication avec le Brésil portugais
était interdite. Les impôts ci-dessus cités étaient parfois donnés à
ferme à des corporations ou à des particuliers, et lorsque ceux-ci,
comme il arrivait maintes fois, ne pouvaient satisfaire à leurs
engagements, le gouvernement se voyait forcé de recouvrer les
taxes par ses propres fonctionnaires, ce qui, le plus souvent, donnait un résultat encore plus mauvais.

Parmi les revenus que l'Espagne tirait des Indes, nous citerons
encore le *tribut* payé par les Indiens ; la *media annata*, c'est-à-dire
la moitié des bénéfices de la première année de tous les postes ; les
tercias reales de los diezmos, part du roi dans les dîmes de l'église ;
les monopoles *(estancas)* sur le vif-argent, le sel, le poivre et les
cartes à jouer, — on y comprenait aussi le papier timbré *(papel
sellado)* — ; le droit sur les fonctions vénales *(venta de oficios)* (1),
etc., etc.

Une forme d'imposition particulière à l'Espagne était la *bula de
la Santa Cruzada*. C'était une bulle papale que le roi d'Espagne,
depuis l'année 1509, avait l'autorisation de vendre pour une
période de six ans, afin de procurer des ressources pour la guerre
contre les infidèles, en réalité pour se ménager un revenu d'État
permanent. Celui qui achetait un exemplaire imprimé de cette
bulle avait l'autorisation de boire du lait les jours maigres ou de
faire gras le samedi et quatre jours par semaine en carême.
Certes, l'acquisition des bulles n'était pas obligatoire, mais « celui
qui n'en achetait pas passait pour mauvais chrétien, et s'exposait
à toutes les chicanes qu'une pareille réputation pouvait attirer à
un Espagnol » (2). La Cruzada fut ainsi un véritable impôt, et,

---

(1) La liste des fonctions vénales *(Recopilación,* lib. VIII, tit. 20, ley I) ne comprend
que des emplois inférieurs, comme ceux d'*alguaciles,* d'*escribanos, receptores, tesoreros,*
etc., mais il est hors de doute que les emplois supérieurs aussi, voire celui de vice-roi,
étaient acquis uniquement moyennant des espèces sonnantes, souvent d'un montant
très considérable, payées au roi, et que ces bénéfices étaient comptés comme une contribution importante aux revenus d'État.

(2) Desdevises du Dézert, *op. cit.,* t. II, p. 373 ; cf. *ibid.,* p. 409-412.

encore à la fin du xviiie siècle, elle constituait un des revenus les plus considérables de l'État espagnol.

Mais de tous les revenus que l'Espagne tirait du Nouveau Monde, le plus important c'est celui qui provenait des métaux précieux.

« Nous ordonnons à tous les vice-rois, présidents et gouverneurs de consacrer une attention toute particulière aux mines déjà découvertes et d'encourager par tous les moyens la recherche et l'exploitation de nouvelles mines, car la richesse et la surabondance d'argent et d'or sont le levier principal d'où l'un comme l'autre de nos royaumes tirent leur force », lit-on dans une ordonnance royale de l'année 1595 (1). Mais les mines n'étaient généralement pas la propriété de l'État : elles appartenaient à des particuliers ou bien elles leur étaient données à ferme. C'était donc d'une imposition sur la production privée que l'État tirait ses revenus.

L'impôt s'élevait, sous le nom de *quinto*, à un cinquième de la production totale (2). L'objet de cette imposition n'était pas seulement les métaux précieux, mais tous les produits des mines, le fer, le cuivre, etc. ; de plus les perles, les pierres précieuses et l'ambre. En comparaison de l'or et de l'argent, les autres produits étaient cependant au point de vue financier de peu d'importance ; alors que l'or, au début, avait été du plus grand rapport, peu à peu, à mesure que la production en diminuait, et que les mines d'argent toujours plus nombreuses étaient découvertes, l'argent en vint à prendre le premier rôle. L'argent était extrait des minerais principalement par amalgamation. Le premier produit de ce procédé, appelé pignes (*piñas*), constituait un métal d'aloi fort inégal, et, sous cette forme, l'exportation hors de la mine en était interdite. Sous la surveillance de fonctionnaires spéciaux, il fallait le refondre en barres ou lingots, lesquels, lorsque le quinto royal avait été retranché, étaient munis des coins légaux ; alors seulement le métal était livré à la libre disposition des proprié-

(1) *Recopilación*, lib. VIII, tit. 11, ley I.
(2) Au fait, on payait depuis le 1er janvier 1579 jusqu'au 19 juillet 1736 d'abord un et demi p. 100 de *cobos* et puis le quinto des 98 piastres 4 réaux restant ; après la dernière date on ne payait, en plus de cobos, que le demi-quint, ou de 100 piastres, 11 piastres 3 réaux. Humboldt, *Essai polit. sur le royaume de la Nouvelle Espagne*, t. IV, Paris, 1811, p. 175 et 177.

taires. En général le quinto semble avoir été perçu lors du
monnayage du métal aux hôtels des monnaies à Mexico, à Santa
Fé et à Potosi, où un droit particulier, droit de seigneuriage, était
acquitté, mais une obligation générale de faire frapper en Amérique le métal obtenu ne semble pas avoir existée (1).

Si l'on veut se faire une conception juste de l'importance économique qu'eut pour les nations d'Europe l'accès du Nouveau
Monde ; si l'on veut apprécier le rôle que les trésors qu'on en
tirait jouèrent dans la politique universelle, il importerait grandement de pouvoir fixer avec quelque certitude le montant des
sommes que le commerce des Indes, depuis son début, a rapportées
à l'Espagne et au Portugal, pays qui regardaient ce commerce
comme un monopole exclusif. A cet effet, il aurait naturellement
fallu considérer non seulement les revenus d'État dont nous
venons, quant à l'Espagne, d'indiquer les sources principales,
mais aussi les sommes bien plus importantes que rapportait le
commerce privé.

Comme on le sait, Alexandre von Humboldt fut le premier à
essayer de remplacer les données incertaines et non critiques des
temps anciens, relatives à la production des métaux précieux du
Nouveau Monde, par une évaluation basée sur des fondements
scientifiques : ses investigations constituent dans ce domaine
l'ouvrage classique auquel, dans la plupart des cas, il faut recourir
pour juger de cette question difficile (2). Par la suite, les calculs
de Humboldt ont été soumis à un examen nouveau, corrigés et
complétés par l'économiste allemand Adolf Soetbeer (3).

Si nous faisons l'extrait des résultats obtenus par ces auteurs
pour la période qui seule nous intéresse, à savoir l'époque qui

(1) Soetbeer dit (*Edelmetall-Production*, p. 53) qu'au Mexique tout l'or et l'argent des
mines devait être livré au monnayage, sous peine d'une punition sévère. Depuis qu'en
1683 un hôtel des monnaies eut été établi à Lima, toute exportation du Pérou d'argent
en barres fut défendue (*Memorias de los vireyes*, t. II, Lima, 1859, p. 154). Une ordonnance de ce genre ne se retrouve point dans les lois des Indes. Seulement après
l'importation en Espagne, l'or et l'argent non monnayés devaient être portés aux hôtels
des monnaies.
(2) *Essai politique sur le royaume de la Nouvelle Espagne*, t. III et IV, Paris, 1811.
(3) *Edelmetall-Production und Werthverhältniss zwischen Gold und Silber seit der Ent-
deckung Amerika's bis zur Gegenwart*, Gotha, 1879 (Ergänzungsheft N° 57 zu « Petermann's
Mittheilungen »).

va de la découverte de l'Amérique à 1700, nous trouverons que Humboldt a estimé l'importation d'or et d'argent de l'Amérique espagnole en Europe à 12.146 millions de francs (1), tandis que, selon Soetbeer, toute la production de métaux précieux pendant la même période aurait monté à 14.573 millions de francs (2). Si énormes soient-ils, ces chiffres sont cependant surpassés par bon nombre de données anciennes ; qu'ils demeurent, en dépit de toute la rigueur critique, purement approximatifs, c'est dans la nature même de la chose, et ces auteurs eux-mêmes le font remarquer.

Ces derniers temps, en vue, à ce qu'il semble, d'atténuer le contraste criant de la pauvreté de l'Espagne et des richesses énormes qui lui ont passé inutilement entre les mains, on s'est efforcé en Espagne d'ébranler l'autorité, jusque-là incontestée, de ces deux auteurs. On a prétendu que Humboldt aussi bien que Soetbeer se seraient rendus coupables de très grosses exagérations, et on a renvoyé, pour une conception plus juste, aux comptes publics qui restent inexplorés dans les archives espagnoles. Jusqu'ici, ce ne sont pourtant que des calculs embrassant de courtes périodes qui ont été extraits de cette source (3), et les renseignements sur l'ampleur des matériaux semblent justifier l'assertion que leur exploration demanderait le travail « de nombreuses mains ou de nombreuses vies ». Comme résultat des investigations on ne pourra pourtant attendre que des informations sur les revenus

(1) 2.342 millions de piastres (*op. cit.*, t. IV, p. 259). D'après les tableaux de Humboldt on ne peut calculer la production d'or et d'argent par périodes ; il l'estime pour les trois siècles, de 1492 à 1803, à 4.851.200.000 piastres, qu'il évalue en livres tournois à 5,25 livres la piastre.

(2) 11.803.740.000 marcs allemands (*op. cit.*, les tableaux, p. 107-109).

(3) F. de Laiglesia, *Los caudales de Indias en la primera mitad del siglo XVI*, Madrid, 1904 ; J. Piernas Hurtado, dans *La Lectura*, mai 1907, p. 1-16. — Le professeur Alexandre Supan (*Die territoriale Entwicklung der europäischen Kolonien*, Gotha, 1906, p. 41) a fait le rapprochement des données de Laiglesia pour la période de 1509-1555 et de celles de Soetbeer de 1521 à 1560 ; il trouve une différence considérable. Il l'eût trouvée plus considérable encore, s'il ne lui était pas arrivé de commettre quelques fautes de calcul assez fâcheuses. Les sommes qu'il a additionnées ne sont point des sommes absolues, mais des moyennes annuelles, et il les a tirées dans Laiglesia des colonnes qui tendent à montrer la valeur actuelle (*valor actual*) de l'argent, calcul dont s'est prudemment abstenu Soetbeer. Même si les calculs avaient été exacts, la comparaison n'en est pas moins négligeable, car les chiffres qu'avance Soetbeer se rapportent au métal produit en Amérique, tandis que ceux de Laiglesia ont trait aux revenus du roi d'Espagne tirés d'Amérique et enregistrés à Séville, — valeurs évidemment incommensurables.

que l'État espagnol a tirés des colonies, peut-être aussi des dates plus exactes relatives à l'importation des métaux précieux ; quant à l'étendue de la production entière, nous en resterons probablement réduits à une évaluation approximative, et il est un facteur qui bien certainement nous échappera toujours, à savoir le calcul des sommes qui furent soustraites à l'enregistrement et à l'imposition. Sur l'extension de cette fraude, des opinions très contraires ont été émises. Nous reviendrons sur cette question de la fraude, qui, à l'époque que nous étudions, avait probablement atteint son plus haut degré.

Quelque importance que nous attribuions aux essais de calcul des richesses du Nouveau Monde, celles-ci n'ont guère qu'un intérêt théorique pour notre sujet. A une époque où la recherche critique était encore dans l'enfance, et où d'ailleurs les matières lui faisaient complètement défaut, l'opinion générale exerçait une domination souveraine. Et, mieux que les chiffres exacts, l'imagination populaire retenait et transmettait des récits comme celui-ci, par exemple : qu'on aurait pu, avec les trésors importés à Séville, paver toutes les rues de cette ville de plaques d'or et d'argent (1) ; que les barres d'argent jamais comptées formaient des piles à la foire de Portobello ; ou bien, qu'à Potosi, on refondait chaque semaine une quantité d'argent telle que le quinto royal montait de 3o.ooo à 4o.ooo pesos.

La légende des trésors que transportaient à leur retour ces « flottes d'argent », transmise de bouche en bouche à travers l'Europe entière et grossie en conséquence, confirmait les relations fantastiques des richesses des Indes. Arracher ces richesses des mains de leur propriétaire légal ou, à tout le moins, les partager avec celui-ci, fut une des tâches de la politique européenne ; c'est l'histoire de cette politique que nous nous sommes proposé d'élucider dans une de ses manifestations.

(1) Alonso Morgado, *Historia de Sevilla* (1587), d'après Laiglesia, *op. cit.*, p. 8.

CHAPITRE II

LA FRAUDE

Impuissance des lois des Indes. — La décadence de l'Espagne. — Désordre de la navigation des Indes. — L'industrie de l'Espagne ruinée. — Les métaux précieux passent à l'étranger. — Abus du Consulat de Séville. — Retard des flottes et des galions. — La contrebande à leurs départs de Cadix. — L'état des navires et des équipages. — Les metedores. — L'indult. — La situation en Amérique. — La fraude du quinto. — Nécessité des réformes.

Même sans la connaissance préalable du développement authentique des événements, quiconque étudie les lois des Indes ne saurait se défendre de l'impression qu'elles portent en elles le témoignage de leur impuissance. Comme un trait général nous avons signalé cet esprit de méfiance que révèlent les prescriptions minutieuses, relatives à la surveillance réciproque, dont les mesures des autorités devaient être l'objet, aux contrôles et aux contrôles des contrôles. Ajoutez encore que le législateur n'a jamais jugé suffisant un arrêté général, pour défini et circonstancié qu'il fût : ordres, défenses, menaces de punition se répètent à l'infini pour chaque cas particulier, sans pouvoir toutefois parer à toutes les éventualités, et, ainsi, loin de renforcer, diminuent l'effet qu'on espérait produire. On ne saurait expliquer cette façon d'agir que par l'expérience d'un manque de loyauté foncier, de plus en plus difficile à réprimer. Au fait, le système de colonisation espagnole n'aura guère, à aucune époque de son existence, répondu à l'image qu'on serait tenté de s'en forger, si l'on en jugeait d'après la teneur des lois qui le réglementaient.

Nous n'entrerons pas dans les raisons fondamentales de ce fait : nous laisserons de côté les facteurs qui résultent du caractère même du peuple espagnol, de l'organisation de la société espagnole et de l'évolution historique de la monarchie d'Espagne. Nous nous contenterons de rappeler que la fondation du domaine colonial coïncide avec l'époque la plus florissante de l'Espagne sous les rois catholiques Ferdinand et Isabelle, mais que l'Espagne, après avoir atteint sous le règne de Philippe II l'apogée de sa puissance politique, subit une période de décadence, qui continua pendant tout le xviiᵉ siècle et qui, à la fin de ce siècle, sous le dernier roi des Habsbourg, laissa la monarchie comme une proie sans défense aux projets de démembrement des puissances étrangères. A la faiblesse extérieure correspondait une faiblesse intérieure : la décadence s'étendait à l'industrie et au commerce et, avant tout, aux finances — le possesseur des trésors des Indes était complètement dénué. Tout effort pour opérer une amélioration se heurtait à l'indolence des gouvernants et à la résistance passive des gouvernés, là où les deux ne s'entendaient pas par hasard pour favoriser les intérêts des particuliers aux dépens du bien public.

La déchéance de l'Espagne et les raisons de cette déchéance ont été assez souvent décrites pour que nous n'insistions pas. Comment les choses se présentaient aux yeux d'un étranger, qui venait de voir son propre pays, grâce à un coup de force extraordinaire, se hausser au rang des grandes puissances, cela ressort d'un passage d'une lettre écrite par le diplomate suédois Carl Tungel (1). Celui-ci, qui séjournait à Madrid pendant la régence de Marianne d'Autriche pour son fils mineur Charles II, ne trouve pas de termes assez forts pour exprimer son étonnement de la lenteur et de l'inertie universelles en Espagne. Lorsqu'on demandait à quelqu'un, dit-il, d'où venait que les ordres du roi étaient si mal obéis ou si manifestement méprisés, on répondait très ouvertement qu'il n'y en avait d'autre raison que « mal gobierno ». Les efforts de tous tendaient plus vers les avantages privés que vers le bien public, et chacun essayait de s'arroger plus de pouvoir qu'il ne lui en revenait de droit. Il n'était point rare que la reine sur une même affaire fût forcée d'expédier non pas trois ou quatre, mais bien dix ordres avant d'être obéie ; aussi disait-on « *que la*

_____

(1) Lettre au gouvernement suédois, 7 mai 1668. Arch. Nat. suédoises, div. Hispanica.

Reyna de España puede todo y no puede nada — que la reine
d'Espagne pouvait tout et ne pouvait rien. »

Si les abus étaient grands dans la métropole, ils étaient pires
encore aux colonies. Déjà les grandes distances y rendaient
la faible autorité du gouvernement encore plus faible. Ajoutez
diverses circonstances qui au xviie siècle menaçaient de boule-
verser de fond en comble la communication réglée de l'Espagne
avec ses possessions américaines. Pendant les guerres presque
incessantes où était engagée l'Espagne, il lui devenait de plus en
plus difficile de tenir tête à ses ennemis sur mer. Les Anglais et les
Hollandais s'élevèrent rapidement au rang des premières puissances maritimes du monde, et bientôt la France entra victorieusement en lice contre eux pour s'emparer des richesses du
Nouveau Monde. Les ports américains furent coup sur coup ran-
çonnés pas des flottes ennemies, et les mers étaient infestées de
hardis corsaires qui avidement les parcouraient à l'affût des
« flottes d'argent » dont, de temps à autre, ils parvenaient à s'emparer. Aux Antilles négligées par l'Espagne les étrangers prenaient
pied, et, en peu de temps, la Jamaïque pour les Anglais, Curaçao
pour les Hollandais, et la Martinique pour les Français, devinrent
des points d'appui d'où des attaques ennemies pouvaient être
dirigées contre le continent américain et d'où un trafic de contrebande toujours grossissant était entretenu avec les colonies espagnoles. A cause des rencontres fréquentes qui en résultaient, et
des représailles sanglantes dont on usait de part et d'autre, il se
produisit peu à peu aux Indes Occidentales, indépendamment de
la situation politique en Europe, un état de guerre, où des sujets
de toutes les nations maritimes s'unissaient en une lutte exaspérée
contre l'ennemi commun, les Espagnols. C'est ainsi que surgirent
ces associations de pirates, dont les membres sont connus sous
les noms de « boucaniers » ou de « flibustiers ». Entre les dangers
qui, de tous côtés, menaçaient la puissance coloniale d'Espagne,
celui que constituaient ces pirates, fut le plus funeste et le plus
difficile à combattre.

Les perturbations, provoquées par toutes ces causes, frappaient
en premier lieu la communication maritime entre l'Espagne et

l'Amérique. La flotte et les galions ne pouvaient plus partir aux époques fixées ; parfois, des années se passaient sans qu'on put les expédier, et la communication se bornait à l'envoi d'avisos ou de « vaisseaux de vif-argent » dont d'ailleurs les voyages ne furent pas beaucoup plus réguliers (1). Le résultat fut que les revenus que l'Espagne pensait tirer d'Amérique rentraient fort inégalement, et qu'aux colonies il y eut parfois une pénurie de produits européens qui eût forcé les habitants à satisfaire à leurs besoins par la voie de la contrebande, même s'ils avaient eu des scrupules à y recourir. Ceci n'était d'ailleurs nullement le cas : « Nul peuple ne s'est adonné à la contrebande avec plus de passion que l'Espagnol, parce que nulle part les risques n'étaient moindres et les bénéfices plus considérables (2). » Le trafic illicite ne se limitait point à celui pour lequel les nations étrangères servaient d'intermédiaires aux Indes Occidentales ; il s'insinua dans tout le commerce des Indes : la fraude, érigée en système, régnait depuis les mines du Pérou jusque dans la douane à Cadix.

Le rigoureux système prohibitif constituait en lui-même un attrait suffisant, mais comment ne pas adresser aux rois d'Espagne le reproche qu'en fait de contravention, ils prêchaient d'exemple à l'égard des lois qu'ils avaient faites eux-mêmes ? La disette financière devint permanente en Espagne, du jour où Charles V eut engagé le pays dans sa politique qui englobait toute l'Europe. Pour les guerres en Flandre, en Allemagne, en Italie, il fallait de l'argent que les revenus ordinaires n'arrivaient point à procurer. Déjà à la date du 17 septembre 1538, Charles ordonne qu'on saisisse à Séville tous les trésors venus des Indes avec la dernière flotte, quels qu'en fussent les propriétaires (3). La nécessité urgente de se procurer de l'argent pour la guerre contre les Turcs, exigeait cette mesure. D'autres mesures analogues se répétèrent par la suite, mais les promesses royales de dédommagement tardèrent à être

(1) Antunez y Acevedo (*op. cit.* Append., p. xxi-xxxiii) énumère les dates pour les voyages des flottes et des galions de 1580 jusqu'à la fin du xviiᵉ siècle. Il montre que dans la dernière moitié du xviiᵉ siècle vingt-deux flottes seulement étaient arrivées à Vera-Cruz et que les galions pour la Tierra-Firme n'avaient été expédiés que dix-sept fois.

(2) Desdevises du Dézert, *L'Espagne de l'ancien régime. Les institutions*, p. 386.

(3) Barros Arana, *Historia jeneral de Chile*, t. II, Santiago, 1884, p. 243.

remplies ou ne le furent jamais. Rien d'étonnant par conséquent à ce que les propriétaires missent tout en œuvre afin de sauver leurs biens en évitant l'enregistrement à Séville ; ils y réussissaient d'ailleurs on ne peut mieux.

A mesure que le gouvernement s'affaiblissait, la fraude, à titre d'unique défense à opposer à l'avidité royale, perdit de son importance ; cependant d'autres circonstances survinrent qui en firent, pouvons-nous dire, une presque nécessité pour la durée du commerce des Indes.

La découverte du Nouveau Monde aurait dû, ce semble, ouvrir des perspectives infinies, non seulement au commerce de l'Espagne, mais à son industrie, sauvegardée comme elle l'était par ce système de protectionnisme qui constituait le principe fondamental des lois des Indes. Différentes opinions ont été émises sur l'industrie espagnole du xvie siècle. D'aucuns l'ont présentée comme fort considérable, voire même, pour la fabrication des soieries et des draps, comme la première en Europe (1). D'autres voient là une exagération sensible et font valoir que, même si des progrès assez estimables peuvent être signalés sous Ferdinand et Isabelle, et sous Charles V, l'Espagne, comme pays industriel, n'a jamais occupé une place prépondérante (2). On trouvera également des opinions très divergentes sur l'industrie en Amérique : selon quelques auteurs, le gouvernement d'Espagne l'aurait favorisée si efficacement que, déjà peu de temps après la conquête du Mexique, on y trouvait de nombreuses fabriques (3) ; selon d'autres, il était défendu d'en fonder sous peine d'une punition sévère et cela pour empêcher la concurrence avec l'industrie de la métropole (4).

Quoi qu'il en soit, il n'en reste pas moins certain que l'industrie

(1) Konrad Hæbler, *Die wirtschaftliche Blüte Spaniens im 16. Jahrhundert und ihr Verfall*, Berlin, 1888, p. 57 et suivantes.

(2) M. J. Bonn, *Spaniens Niedergang während der Preisrevolution des 16. Jahrhunderts*, Stuttgart, 1896, p. 77.

(3) Alfred Zimmermann, *Die europäischen Kolonien*, Bd. I, Berlin, 1896, p. 427.

(4) Bernardo Ulloa, *Rétablissement des manufactures et du commerce d'Espagne*, Amst., 1753, p. 206. Ce que l'auteur dit là n'est pourtant pas tout à fait exact : une défense de ce genre n'existe point dans les lois des Indes ; mais on citerait de nombreux exemples où le gouvernement essayait, de façon indirecte, de mettre obstacle à l'établissement de manufactures dans les colonies, et faisait des difficultés pour accorder les autorisations nécessaires. Cf. Humboldt, *op. cit.*, t. IV, p. 288.

espagnole n'a jamais pu, même à l'époque de son épanouissement relatif, satisfaire à la fois les besoins de la métropole et ceux des colonies. Cela fut encore moins le cas après que, au xviie siècle, l'industrie comme tout le reste fut tombée en décadence complète. L'Espagne fut de plus en plus à la merci de l'importation étrangère : le gouvernement se vit forcé de favoriser cette importation pour pouvoir fournir des marchandises à la consommation des colonies. Le commerce des Indes tomba peu à peu aux mains des étrangers, et l'appoint de l'Espagne se réduisit principalement aux deux produits de l'Andalousie, le vin et l'huile, dont on s'efforçait d'assurer le débit en interdisant en Amérique la plantation des vignes et la culture des oliviers (1). L'or et l'argent allèrent à l'étranger en payement des marchandises que l'Espagne ne pouvait plus produire, et lorsque, pour mettre une entrave à ce mouvement, on réitéra et renforça les interdictions d'exportation des métaux précieux, ces défenses se trouvèrent être inapplicables ; on avait le choix de fermer les yeux sur la fraude ou de réformer foncièrement l'ordre établi pour le commerce des Indes. L'esprit opiniâtrement conservateur des Espagnols n'hésita point à opter pour la première de ces alternatives ; les efforts tentés par une puissance étrangère, la France, pour leur persuader de choisir la seconde alternative, constitueront l'un des objets principaux de l'exposé suivant.

Si maintenant nous considérons comment, dans ces conditions générales, le commerce des Indes se présentait vers la fin du

---

(1) L'interdiction de la viticulture se retrouve dans la *Recopilación*, livre IV, tit. 17, ley XVIII. Une exception à cette règle fut accordée par le roi, *por usar de benignidad y clemencia*, aux habitants du Pérou, à condition que sur le rendement des vignes on payât une taxe annuelle de 2 %. Le vin du Pérou ne devait non plus être vendu aux autres colonies (*ibid.*, tit. 18, leyes XV et XVIII). La *Recopilación* fait défense d'employer les Indiens à la culture des oliviers (livre VI, tit. 13, ley VI ; cf. Juan de Solorzano, *Política Indiana*, Madrid, 1736, t. I, p. 96). M. Desdevises du Dézert (*op. cit. La richesse et la civilisation*, p. 43) mentionne une défense de la culture du lin et du chanvre, mais il est possible que les autorités qu'il cite aient en ce sens interprété l'absence de pareilles cultures qui était réelle en effet. Une ordonnance royale du 13 juin 1545, ratifiée par un arrêté ultérieur du 12 janvier 1777, recommande au contraire aux vice-rois d'*encourager* la culture du lin et du chanvre, et de voir à enseigner aux Indiens à filer et à tisser le lin (*Recopilación*, l. IV, tit. 18, ley XX). A ce sujet il y a peut-être lieu de rappeler les paroles de Humboldt : « Dans ces colonies, comme partout ailleurs, il ne faut pas confondre l'esprit des lois avec la politique de ceux qui les exercent. »

xvıı° siècle, nous aurons un tableau qui diffère fort de celui que nous ont tracé la teneur et l'esprit des lois des Indes.

Ceux qui, en premier lieu, étaient intéressés au commerce des Indes, c'étaient les marchands de Séville, en raison du monopole qu'ils détenaient de fait sinon de droit. Nous avons déjà signalé qu'ils exerçaient leurs droits et veillaient à leurs intérêts au moyen d'une représentation spéciale, le Consulat. En celui-ci s'étaient peu à peu concentrés tout le pouvoir et toute l'influence, et les mémoires du temps sont unanimes à accuser cette autorité d'être le véritable foyer de tous les abus qui régnaient ; « Le Consulat consiste en quatre ou cinq particuliers qui manient le commerce suivant leurs fins particuliers ; les galions et les flottes sortent quand bon leur semble et reviennent quand il leur plaît ; ils ont des gens dans les Indes qui s'emparent de tous les fruits ; en un mot, il n'y a que ces cinq particuliers qui s'enrichissent, et cela aux dépens et à la ruine des négociants (1). »

C'était le droit de régler le commerce privé qui avait mis dans les mains du Consulat ce pouvoir arbitraire. Comme ses membres fournissaient la plus grande partie des marchandises, soit en qualité de propriétaires ou bien de commissionnaires pour d'autres, il était de leur intérêt de maintenir les prix aussi élevés que possible. Informés par leurs agents en Amérique de l'état du marché, ils empêchaient le départ des flottes et des galions, jusqu'à ce qu'ils fussent avertis que les produits, expédiés antérieurement, étaient écoulés ; parfois, ils envoyaient aux Indes leurs vaisseaux privés sous prétexte d'expédier des avisos et en dépit de l'interdiction pour ceux-ci d'emporter des marchandises ; ils avaient même l'audace de négliger carrément des décrets royaux qui fixaient l'époque des expéditions commerciales (2). Ils en usaient de même lors du retour des navires : le consul de France à Cadix rapporte, en 1701, que le Consulat de Séville, « composé de Biscayens », retardait illicitement le déchargement des navires, « pour mieux connaître les propriétaires des

(1) Extrait d'une lettre du sieur Fenel, marchand français à Séville, du 12 décembre 1702. Arch. Nat. Marine, B⁷ 226.
(2) Mémoire sur l'état présent du commerce et de la navigation d'Espagne dans les Indes, février 1704 (Arch. Nat. Marine, B⁷ 231, f. 231) ; Observations sur le commerce des Indes Occidentales espagnoles, 1709 (Aff. Et. Esp. Corr. pol. 197, f. 314).

effets et favoriser ceux de leurs pays au préjudice des Espagnols (1) ».

Contre ces abus, toutes les mesures de contrôle stipulées dans les lois demeuraient impuissantes. Les membres du Consulat « volaient sur le public pour s'enrichir, pour acheter la protection des Grands, du Conseil des Indes, et se maintenir indépendants de l'autorité royale », dit un mémoire contemporain, et l'on va jusqu'à prétendre qu'ils s'étaient, de par un contrat passé avec le roi, fait exempter de tout compte à rendre (2). Même si cette dernière assertion ne saurait guère être véridique, il n'en reste pas moins évident que le roi n'était plus en possession d'agir avec la rigueur nécessaire, du moment qu'il était tombé dans la dépendance du Consulat pour lui avoir laissé avancer comme un emprunt, dans son embarras financier, le revenu escompté du commerce des Indes (3).

Le Consulat, d'autre part, et en raison de circonstances que nous avons déjà exposées, était dans la dépendance des commerçants étrangers. « Les Français, les Anglais, les Hollandais, les Hambourgeois, les Génois et les Flamands se sont depuis longtemps introduits dans le commerce des Indes ; ils n'ont pu jusqu'à présent y avoir qu'une part indirecte et sous le nom des Espagnols, mais cette part est devenue si grande, que les Espagnols ne sont presque plus que les commissionnaires de tous ces étrangers (4). » Le Consulat même avoue que les Espagnols n'étaient intéressés que pour un sixième dans les chargements des flottes et des galions (5) ; tout le reste était au compte des étrangers.

(1) Pontchartrain à Du Casse, 12 oct. 1701. Arch. Nat. Marine, B² 156, f. 116.
(2) Mémoire de ce qui s'est fait à l'occasion du départ des galions et de la flotte, du 3 février 1706. Aff. Et. Esp. Corr. pol. 157, f. 177. — « Les officiers du Conseil des Indes tolèrent ou dissimulent les abus, soit par malice, crainte et ignorance, soit par des intérêts particuliers qui les engagent à tenir des démarches très criminelles, mais encore à soutenir les affreuses iniquités du Consulat de Séville, par les pensions considérables qu'ils en reçoivent. » Mémoire de févr. 1704, cité plus haut.
(3) « Comme Sa Majesté Catholique paye pour ces emprunts 12 °/₀ d'intérêt par an jusqu'au retour des flottes et galions et la délivrance des effets, ce qui monte à des sommes considérables, il leur est avantageux de prolonger ce retour ; aussi ils mettent tout en usage et agissent avec chaleur pour le faire différer le plus qu'il leur est possible, malgré le grand préjudice que le public en reçoit. » Mémoire de févr. 1704.
(4) Mémoire touchant le commerce des Indes Occidentales par Cadix (1691). Aff. Et. Esp. Mém. et doc. 80, f. 22.
(5) Mémoire pour servir de réponse à la lettre que le prieur du Consulat de Séville a écrite au roi d'Espagne le 8 juin 1704 sur le commerce des Français dans les Indes. Arch. Nat. Marine, B⁷ 232, f. 325.

L'interdiction pour ces derniers de participer directement au commerce, ne faisait que provoquer de nouvelles prévarications, que le Consulat avait de fortes raisons pour favoriser et que les fonctionnaires royaux étaient incapables de combattre.

Déjà l'importation à Cadix se faisait en grande partie en contrebande, afin d'éviter la douane qui montait à 23 °/₀ de la valeur des objets. Lorsqu'un navire étranger arrivait à Cadix, un garde était envoyé à bord pour empêcher le débarquement des marchandises sans acquit, mais comme les capitaines n'étaient point tenus de recevoir ce garde sans un billet de la part du consul de leur nation, l'expédition de ces billets se faisait attendre aussi longtemps que possible, afin de laisser aux marchands le temps de débarquer leurs marchandises en fraude. Et lorsqu'enfin le garde se présentait, la contrebande n'en continuait pas moins librement, tout au contraire, puisqu'elle pouvait alors se faire avec d'autant plus de sécurité : on donnait au garde deux écus pour chaque ballot de toile et quatre écus pour chaque ballot de soierie qu'il faisait passer en fraude. Pour la forme on déclarait une petite partie de la cargaison, et à la douane on n'ouvrait d'ailleurs que les ballots de toile et de soierie et point du tout ceux qui contenaient d'autres marchandises. Aux époques du départ des flottes et des galions, la fraude était encore plus facile et plus simple : on ne déchargeait pas à terre les marchandises ; on les transbordait tout simplement, de nuit, directement sur les navires en partance pour l'Amérique.

Quant à l'interdiction sévère de la participation des étrangers au commerce des Indes, on eut tôt fait d'apprendre comment l'éluder. Les commerçants étrangers « choisissaient parmi les Espagnols naturels quelque ami fidèle qui leur prêta son nom pour signer leurs connoissements et leurs factures et pour faire aux douanes les déclarations des marchandises qu'ils voulaient envoyer sous son nom (1). » Du meilleur accord avec cet « ami fidèle », la fraude se faisait ensuite de la façon décrite, mais les risques étaient

_____

(1) Ainsi le marchand italien Francesco Carletti, qui, en 1594, se rendit aux Indes Occidentales, se servit comme intermédiaire d' « una dama sivigliana maritata a Cesare Baroncini pisano, dalla quale mi fu data procura e piena facoltà d'amministrare questo negocio como suo agente. » *Viaggi di Francesco Carletti da lui raccontati in dodici ragionamenti* e novamente editi da Carlo Gargiolli. Firenze, 1878, p. 5.

gros, car les affaires se basaient exclusivement sur la confiance mutuelle, et si cette confiance était trahie, ou si le commissionnaire se trouvait incapable de faire face à ses engagements, il n'était point possible d'en appeler au tribunal, qui, avec plaisir, aurait profité de l'occasion pour saisir les effets et les déclarer confisqués.

Tant aux fonctionnaires de la Casa de la Contratacion qu'aux capitaines et aux équipages des galions, il était strictement défendu de prendre aucune part personnelle au commerce des Indes, mais, à l'égal de tant d'autres, cette stipulation était devenue lettre morte. Au début les places de commandement étaient données à des officiers de marine capables et méritants, « mais depuis plus de trente ans on ne les a vues que *beneficiadas,* comme disent les Espagnols, et pour mieux dire achetées par ceux qui donnaient le plus ou qui avaient le plus de faveur, quoiqu'ils n'eussent ni service, ni capacité, ni d'expérience pour la navigation, » lit-on dans un mémoire du temps (1). Les sommes que les généraux en particulier payaient au roi pour leur nomination étaient considérables (2) ; ils ne pouvaient ainsi éviter de s'endetter, et pour s'acquitter ils étaient forcés de se ménager des revenus. Faire du commerce à leur propre compte était un moyen tout indiqué, ou bien de fermer les yeux sur celui des autres. Les galions embarquaient des marchandises jusqu'à ne pouvoir plus être qualifiés de vaisseaux de guerre, mais de « vaisseaux marchands remplis et chargés jusqu'aux entreponts et par conséquent hors d'état de

(1) Nouveaux mémoires touchant le Mexique ou la Nouvelle Espagne, recueillis sur les lieux par M. de Monségur, capitaine de vaisseau du Roi Catholique, pendant les années 1707 et 1708. Bibl. Nat. Ms. fr. 24.228, p. 301.
(2) « Celui que le roi choisit pour être général des galions, lui avance 80 ou 100.000 écus, qu'on lui rend aux Indes, avec un gros intérêt. » *Relation du voyage d'Espagne* (par la marquise d'Aulnoy, 1679), t. III, La Haye, 1693, p. 68. — « Sa Majesté Catholique nomme les officiers généraux et les capitaines, mais sous des conditions de lui avancer des sommes de 100 à 150.000 piastres, payables aux Indes avec 8 °/. d'intérêt, chacun plus ou moins suivant leurs dignités ou leur protection. » Mémoire sur la résolution prise par le roi d'Espagne de faire partir les galions, 1703. Arch. Nat. Marine, B⁷ 230. — « Le général emprunte ces sommes de plusieurs négociants de Cadix et de Séville à raison de 30 ou 40 °/. seulement pour les voyages, depuis les départs des galions jusqu'au jour de leur retour, et 12 °/. par an pour l'avance, depuis le jour qu'on emprunte ces sommes jusqu'à celui du départ de la flotte, de sorte que bien souvent la prime des 220 ou 230 mille écus qu'ils empruntent monte quelquefois à 60 ou 70 °/. » Mém. sur la décadence du commerce d'Espagne, 28 mars 1680. Aff. Et. France. Mém. et doc., 1992, p. 79.

combattre en cas de rencontre d'ennemis (1) » ; et des commerçants se faisaient enrôler comme soldats ou comme matelots afin
de pouvoir personnellement surveiller leurs marchandises et
d'éluder la clause qui exigeait une autorisation spéciale pour le
voyage aux Indes. Les députés de la Casa de la Contratacion se
rendaient certes à Cadix lors du départ des navires, pour procéder
aux visites obligatoires, mais ils n'avaient garde d'inspecter les
endroits où ils soupçonnaient qu'on avait mis des marchandises ;
quant aux gardes qu'ils faisaient poster tant dans les ports qu'à
bord des navires, « les marchands trouvaient le secret, avec
de l'argent, d'aveugler et les juges de la Contratacion et ces
gardes ».

Il est bien évident que les bénéfices tirés par le roi du commerce
des Indes devaient dans ces conditions éprouver un préjudice
considérable. La principale des charges imposées au transport
même était appelée *averia*, et, à l'origine, elle avait pour but de
payer les frais des bâtiments d'escorte. A cet effet, l'averia était
répartie, après le calcul des dépenses pour chaque voyage, au pro-
rata de la valeur des marchandises qu'on transportait, mais comme
cet arrangement suscita du mécontentement, l'averia fut fixée à
un tant pour cent de cette valeur. Afin d'empêcher la malversa-
tion lors du recouvrement opéré par la Casa de la Contratacion,
ce recouvrement fut transmis à ferme au Consulat, mesure qui
n'était point faite pour atténuer le mal : la part la plus lourde des
frais pour les expéditions retomba sur le Trésor, et le Consulat eut
en mains un nouveau moyen d'imposer arbitrairement le commerce. Le transport était d'ailleurs aggravé par bon nombre
d'autres charges, comme l'almojarifazgo, l'almirantazgo, etc.,
ainsi que par un fret excessif. La tentation de commettre des
fraudes n'en était qu'accrue, en même temps que les plaintes provoquées par le poids qui opprimait le commerce augmentaient
de violence.

La désorganisation de la navigation des Indes s'étendait aussi

---

(1) Mémoire, 1703. — John Campbell, qui écrit en 1747, dit que les galions étaient
construits sur un modèle qui n'était guère employé qu'en Espagne ; la raison pour
laquelle on continuait de s'en servir était que ce type ménageait le plus de place aux
marchandises. *The Spanish Empire in America*, by an English Merchant, Londres, 1747,
p. 280.

aux navires et aux équipages. « On peut dire hardiment et sans rien hasarder contre la vérité, dit un officier de marine espagnol (1), que les bâtiments qui servent pour composer les flottes ne sont que les plus mauvais de tous ceux qui naviguent sur la mer : à grandes varangues plates, chargés d'œuvres mortes, qui leur donnent plus de port à la vérité, mais aussi un grand volume qui les rend lourds, mauvais de voile et pour bien naviguer. » Les officiers étaient plutôt des commerçants que des marins et sans aucune expérience de la navigation, qu'ils confiaient à des pilotes et à des maîtres, le plus souvent « très ignorants ». Les équipages n'étaient composés que de mauvais matelots indisciplinés, « en sorte qu'on ne pourrait s'imaginer, à moins de l'avoir expérimenté, combien ils étaient arrogants, insolents et difficiles à gouverner tant pour la guerre que pour la seule navigation ». En guise de conclusion, ce même officier résume son jugement en disant qu'on pouvait affirmer, « sans passion ni exagération qu'il n'y a rien de plus pitoyable que de voir le désordre et la confusion avec laquelle se faisait la navigation des Espagnols, de manière que le plus souvent on ne vît pas revenir la moitié de leurs navires ; la plupart étaient pris sans défense d'honneur, et les autres périssaient ou faisaient naufrage par leurs mauvaises manœuvres ».

C'est à de tels moyens de transport, si misérables et si mal régis, qu'on confiait le soin d'apporter en Espagne les trésors immenses des Indes. Nous verrons maintenant comment les choses se passaient lors du retour de la flotte et des galions.

Lorsque les navires, après un séjour, généralement prolongé

---

(1) Jean de Monségur, natif de Siboure près de Saint-Jean-de-Luz, était entré au service de l'Espagne comme capitaine de vaisseau en 1701. On lui confia, en 1707, le commandement d'un aviso, sur lequel il partit de Cadix pour Vera-Cruz, mais arrivé à la hauteur de Saint-Domingue, il fut attaqué par deux corsaires hollandais et, après un combat de trois heures, forcé de se rendre. Dangereusement blessé, il fut mis à terre sur une côte inhabitée ; enfin, « après des travaux et des peines infinies », il arriva à la ville de Mexico, où il demeurait toute une année. De retour à Madrid en 1709, il présenta au roi d'Espagne le mémoire cité plus haut, et dont une copie fut envoyée au comte de Pontchartrain, secrétaire d'État de la marine. Plus tard d'autres copies furent « répandues entre les mains de plusieurs personnes de distinction. » C'était sans doute ce dévoilement des misères des colonies espagnoles qui lui attira le mécontentement du gouvernement. L'ambassadeur à Madrid, le duc de Saint-Aignan, rapporte, le 10 août 1716, que M. de Monségur avait été conduit au château de Ségovie, « accusé d'avoir écrit contre le gouvernement. »

bien au delà du terme fixé, dans les ports des Indes Occidentales,
arrivaient enfin à Cadix, le président de la Casa de la Contratacion,
accompagné des juges, se rendait incontinent à bord du vaisseau
amiral. On édictait une défense sous peine de mort pour quiconque mettrait pied à terre ou débarquerait des marchandises
avant que les formalités fixées fussent remplies. La déclaration
devait être faite de toutes les marchandises contenues à bord ; l'or
et l'argent devaient être livrés à la Casa de la Contratacion, et le
métal non monnayé porté aux hôtels des monnaies. Il va sans dire
que la fraude florissait autant lors du retour qu'au départ. « Les
déclarations des effets qui sont sur les flottes ou sur les galions ne
vont jamais à plus de la moitié de ce qu'ils contiennent », dit un
auteur déjà cité (1), « et les juges de la Contratacion qui sont eux-
mêmes sur les bords, les gardes qu'ils y laissent quand ils en
sortent, et les officiers des galions pour de l'argent qu'on leur
donne, favorisent la sortie qui se fait de tout le reste et surtout
de l'or et de l'argent non monnayés ». Les officiers des galions,
profitant de leur situation privilégiée, ne déclaraient généralement rien de leurs biens, mais les marchands ne pouvaient pas
entièrement se soustraire à cette obligation. L'or et l'argent
une fois entrés à Cadix, il restait à les faire passer à bord des
navires étrangers qui attendaient en rade. Nous détachons la
description suivante de la source que nous venons de citer :

« Les étrangers pour le compte desquels les effets sont venus, se servent
de jeunes gentilshommes espagnols qu'on appelle *metedores*. Ce sont
des cadets des meilleures maisons du pays qui n'ont pas de biens. Les
marchands leur donnent 1 °/₀ de toutes les marchandises qu'ils leur
sauvent, et moyennant ce profit ils vont prendre les barres d'or et d'argent qui sont entrées à Cadix et les jettent de dessus les remparts sur le
bord de la mer, où d'autres metedores, qui se tiennent là exprès, les
reprennent, et selon le chiffre qui est marqué sur le ballot, ils le portent
dans la chaloupe de celui à qui il appartient. On gagne pour cela le gouverneur, le major et l'alcade de Cadix, aussi bien que les sentinelles qui
sont sur les remparts et qui voient tout cela sans en rien dire. Ces metedores remportent d'ordinaire à chaque retour des flottes 2.000 ou 3.000 pistoles, qu'ils vont dépenser à Madrid, où ils sont connus de tout le
monde pour faire ce métier-là. »

(1) Mémoire touchant le commerce des Indes Occidentales par Cadix, 1691.

L'auteur de ce récit ajoute cette réflexion qu'on est étonné que les Espagnols, qui professent plus de respect pour leur roi que les autres nations, s'imputent à honneur de le tromper, alors qu'il « fallait compter qu'un Espagnol serait déshonoré et déchiré par ses compatriotes, s'il avait manqué de foi aux marchands avec lesquels il s'était engagé (1). »

Des abus aussi ouvertement commis ne pouvaient bien certainement pas passer inaperçus du gouvernement de Madrid. Les conséquences d'ailleurs se faisaient cruellement sentir par une diminution constante des revenus de l'État. Comme on ne pouvait ni n'osait empêcher la fraude (2), on se voyait forcé, dans l'intérêt des finances, de recourir à des mesures extraordinaires. Sous le nom d'*indult*, on imposait au commerce des Indes une taxe destinée à couvrir les revenus légaux manquants. On exigeait cet indult de la flotte et des galions non seulement à leur départ de Cadix et à leur arrivée aux Indes, mais aussi à leur retour en Espagne. Le mémoire de 1691, cité plusieurs fois déjà, mentionne que les galions payaient, avant de sortir d'Espagne, 400.000 écus et aux Indes autant, les flottes 200.000 écus avant le départ et autant aux Indes ; au retour à Cadix les indults sur les galions et les flottes furent imposés « suivant les nécessités pressantes de l'État ». L'ensemble des indults perçus pour l'année 1691 se serait élevé à 2.400.000 écus (piastres). Des galions reve-

---

(1) La marquise d'Aulnoy, qui en principe rapporte la même chose au sujet de ces *metedores*, dit que « c'est un commerce si sûr que l'on n'en voit point qui manquent de parole. » On aurait pu les punir pour « les friponneries qu'ils font au roi », mais on aurait de cette façon porté au commerce un préjudice plus fort que le bénéfice (*Relation du voyage d'Espagne*, t. III, p. 104). La contrebande se poursuivit d'ailleurs à Cadix bien au delà de l'époque dont nous nous occupons. Le duc Des Cars relate une affaire de contrebande qui rappelle fortement celles que nous avons décrites et à laquelle, comme officier à bord d'un vaisseau de guerre français, il dut, en 1768, participer contre son gré. *Mémoires du duc Des Cars*, t. I, Paris, 1890, p. 85-89.

(2) Les membres du Conseil des Indes n'étaient pas les moins intéressés à la continuation des abus : « Les flottes et les galions apportent aussi des sommes très considérables pour Messieurs du Conseil et pour ceux qui ont quelque intrigue à la cour ; ce sont les Péruviens et les Mexicains qui les leur remettent lorsqu'ils prétendent quelque charge, quelque habit de chevalerie ou qu'ils aspirent à quelque emploi ; cependant le roi seul est le plus mal partagé de tous... En l'année 1676, lorsque les galions arrivèrent en Espagne riches de plus de 30 millions d'écus, il n'y eut presque rien pour le compte du roi en argent comptant. » Mémoire sur la décadence du commerce d'Espagne, 1680. Aff. Et. France, Mém. et doc. 1992, f. 79.

nus en 1695, on aurait exigé de 5 à 6 millions de piastres (1).

Mais on ne s'arrêta pas même à ces sommes considérables. Le recouvrement de l'indult était confié au Consulat, et la façon scandaleuse dont celui-ci exerçait sa fonction semble avoir comblé la mesure des accusations qu'on lui adressait (2). Il ne se contentait point de la somme fixée par le gouvernement, mais il exigeait jusqu'au double, d'après ce qu'on prétendait, et pour la répartition on procédait avec le plus parfait sans-gêne. Les affaires auxquelles les membres du Consulat étaient intéressés, furent presque exemptes d'impôts, tandis que les marchands qui ne pouvaient compter sur la protection du Consulat, se trouvaient exposés à une véritable extorsion. Celle-ci frappait principalement les marchands étrangers, non seulement parce que ceux-ci avaient en réalité la plus grande part au commerce, mais parce que le nouvel arrêté donnait aux Espagnols une occasion excellente d'atteindre la concurrence, tant haïe, des étrangers. Ceux-ci ne pouvaient compter sur aucun secours de la part des autorités, car saisir les tribunaux à ce sujet, cela aurait impliqué un aveu d'infraction à la défense légale pour les étrangers de participer au commerce des Indes, et aurait entraîné une conséquence plus dure encore : la confiscation. Les autorités étaient d'ailleurs entièrement à la merci du Consulat qui ne rendait jamais compte de sa gestion. Un fait significatif pour la disposition d'esprit que suscitait la manière d'agir du Consulat, est qu'on croyait voir la vengeance

(1) Mémoire de M. Daubenton, 14 août 1704. Arch. Nat. Marine, B⁷ 232, f. 325.
(2) Nous constatons que même à une époque ultérieure, lorsqu'on avait fait au moins un effort pour briser le pouvoir du Consulat, la situation pour les personnes intéressées à ce commerce n'avait point changé ; cela ressort d'un document de 1708 (quelques-uns d'entre les anciens fonctionnaires du Consulat étaient à ce moment cités devant les tribunaux). Le gouverneur du port où la flotte qu'on attendait devait venir mouiller, était chargé, avant de permettre à personne de débarquer, de convoquer à bord du vaisseau-amiral une junte des députés et des intéressés qui devaient venir avec la flotte ; de déclarer qu'il était nécessaire de rembourser Sa Majesté des frais qu'elle avait faits et de contribuer aux frais de la guerre ; de demander à cet effet qu'il fût « délivré un million d'écus au roi et que l'on pourvît encore au payement de ce qui serait dû aux gens de mer et de guerre des vaisseaux la capitana et l'almiranta et aux dépenses du commerce ». Si les marchands y acquiesçaient de bon gré, on les laisserait librement disposer de leurs effets en argent et en or, et on leur « remettait la peine de confiscation sur les barres qui n'avaient point payé les droits aux Indes ». En cas de refus, les récalcitrants seraient réduits à l'obéissance par des moyens qu'on jugeait à propos. Voir : Instruction secrète qui a été donnée par le roi d'Espagne aux commandants à Cadix, en Galicie et dans la province de Guipuzcoa sur la manière dont ils doivent se conduire à l'arrivée de la flotte de la Nouvelle Espagne dans les ports de l'une de ces provinces. Aff. Et. Esp. Corr. pol. 180, f. 38.

divine dans les malheurs qui frappaient les personnes que n'avait pu atteindre la punition des hommes. Don Lorenzo Lopez de Ezeyza, qui, en qualité de prieur au Consulat, avait causé de grosses pertes aux intéressés dans les galions revenus en 1695, mourut sans confession ni absolution, et il fut suivi en peu de jours par un ami et complice, à qui, sur le lit de mort, il avait déclaré qu'aucun espoir de salut ne leur restait. Un autre prieur, don Ramon de Torrezar, mourut soudain de désespoir, parce que le roi avait nommé à sa place un homme honnête et indépendant pour assister à la répartition des effets provenant de la flotte qui arrivait à Vigo en 1702 (1).

L'état d'insécurité du commerce des Indes l'aurait infailliblement bientôt tué, si les grands risques n'eussent été contrebalancés par des bénéfices énormes. La menace de confiscation des biens et de punition corporelle était toujours suspendue au-dessus de la tête des marchands étrangers et les frappait aussi parfois, en dépit de toutes les précautions, mais, en général, tout allait bien tant qu'ils pouvaient se fier à l'honnêteté de leurs commissionnaires espagnols. Mais eux aussi semblent, à leur tour, avoir subi l'influence de cet état général de licence et avoir succombé à la tentation ; car, vers la fin du XVIIᵉ siècle, nous entendons parler de plus en plus fréquemment de pertes causées par une trahison de confiance. Tout contribuait à rendre urgente la nécessité d'ouvrir l'accès de l'Amérique au commerce direct des nations étrangères. Mais tant que l'Espagne y opposait une résistance opiniâtre, ce commerce ne pouvait se faire que par la voie de la contrebande. Le trafic que les Anglais et les Hollandais faisaient dans les Indes Occidentales sous le nom de commerce à la longueur ou *de la pique* (2), prenait des proportions énormes — pendant les années 1696-1703 plus de 24 millions de piastres auraient été de cette façon illicitement exportés de la Colombie actuelle (3) — et nous

---

(1) Mémoire de M. Daubenton, 14 août 1704.

(2) On l'appelait ainsi parce qu'il se faisait de la rade, les navires étrangers n'osant point entrer au port même. La contrebande en Espagne passait sous le nom de *pasar por alto.*

(3) Manifiesto por don Bartolomé Antonio Garrote, capitan de mar y de guerra, oct. 1705. Antunez y Acevedo, *op. cit.* App. p. XIX. — « Les Hollandais ont expédié nouvellement quatre navires pour les Indes espagnoles... qui sont estimés plus de 3.600.000 livres, ce qui leur produira un profit du triple par les retours. » Mémoire de

verrons que la France trouva sur les côtes du Pacifique un champ propice pour des entreprises analogues.

Auprès des fonctionnaires coloniaux ces contrebandiers trouvaient un concours aussi obligeant que celui offert par les autorités de la métropole à leurs confrères d'Europe. En outre ils étaient reçus à bras ouverts par les habitants des colonies, qui saisissaient avec empressement cette occasion de pourvoir à leurs besoins à bien meilleur marché qu'au moyen du transport, si peu régulier et si coûteux, fait par la flotte et les galions.

Les documents contemporains abondent en description de l'état de corruption qui régnait dans l'Amérique espagnole, et tous corroborent les accusations de vénalité et de gestion arbitraire adressées aux fonctionnaires du haut en bas de l'échelle. Vice-rois, gouverneurs, corregidores, tous achetaient leurs places moyennant de fortes sommes, puis se rendaient en Amérique pour s'enrichir durant le court espace de temps que durait leur passage au pouvoir. « Ils regardent le temps de leur charge comme un jubilé, qui ne leur doit arriver qu'une fois dans la vie, à la fin duquel on se moquera d'eux, s'ils n'ont fait leur fortune (1). »

M. de la Chipaudière Magon, 3 juin 1705. Arch. Nat. Marine, B⁷ 230. — Une autre source évalue à 1.500 millions l'argent exporté en fraude du Pérou pendant les quatre-vingts ans qui suivirent la conquête de la Jamaïque par les Anglais. Mémoire concernant le commerce d'Espagne dans ses royaumes du Pérou et du Mexique. Aff. Et. France, Mém. et doc. 1990.

(1) Frezier, *Relation du voyage de la mer du Sud*, Paris, 1716, p. 197. Cf. Extrait d'une lettre espagnole écrite à Sa Majesté Catholique par don Sancho de Cabrera y Andrade, à Lima le 22 nov. 1704 (Arch. Nat. Marine, B⁷ 230). Ce document est intitulé : « Mémoire au sujet des vice-rois qui doivent être envoyés dans la suite au Pérou », et porte en marge l'annotation suivante : « Curieux à lire à cause des désordres affreux qui règnent à cette époque dans toutes les parties de l'administration fiscale, civile et judiciaire des Indes ». — Pour servir d'exemples nous ajoutons les relations suivantes : « En 1696, le comte de la Monclova, vice-roi du Pérou, étant venu selon la coutume à Callao pour l'embarquement qui devait aller à Panama, François Colmenarez, un des trésoriers de Sa Majesté qui le suivait, étonné de la prodigieuse quantité d'argent qu'il voyait dans les magasins, et du peu qui avait été payé au roi d'Espagne, il en voulut faire le calcul, ce qui se fait aisément en comptant seulement les caisses parce que l'on en sait la valeur ; et comparant l'un avec l'autre il trouva que le roi avait été trompé de plus de deux tiers de ses droits. Il le dit au vice-roi, à qui l'avis parut fort mauvais, parce qu'il était payé pour n'y avoir point d'égard. Colmenarez insista, et le vice-roi n'ayant pu refuser la permission d'ouvrir les caisses, les deux premières que l'on ouvrit se trouvèrent sujettes à confiscation. Le vice-roi sachant bien que la plupart des autres étaient dans le même cas, il fit sortir tout le monde des magasins, et après avoir pour la forme tenu une espèce de conseil assez précipité, il publia un édit portant qu'il était impossible d'ouvrir toutes les caisses suspectes de fraude sans retarder de beaucoup l'embarquement et sans causer par conséquent un très grand préjudice aux galions qui attendaient depuis longtemps à Carthagène, et qu'il était

La révision légale de la gestion d'un fonctionnaire sortant de charge, que les lois ordonnaient sous le nom de *residencia*, était tombée à n'être qu'une vaine formalité, où l'argent aplanissait toutes les difficultés et faisait taire les doléances des opprimés (1). Quant aux visites auxquelles on procédait quelquefois lorsque les abus étaient par trop flagrants, elles ne donnaient en général aucun résultat, ou bien l'on s'entendait pour faire traîner en longueur, indéfiniment, l'instruction de l'affaire, fournissant à l'accusé de nombreuses occasions de se servir des échappatoires de la loi pour se soustraire à la responsabilité (2).

Ce qui nous intéresse tout particulièrement, c'est de considérer comment tous ces abus affectèrent l'administration des mines et l'impôt mis sur leurs produits. Les évaluations, moyennant lesquelles on a essayé de fixer le montant de la production de métaux précieux de l'Amérique, se sont en grande partie basées sur les données relatives aux sommes qu'a rapportées le quinto royal. Pour arriver à des sommes totales, on a dû suppléer les quantités d'or et d'argent frauduleusement soustraites à cette imposition, et à ce sujet des opinions fort divergentes ont été exprimées. Parmi les auteurs anciens dont les données, générale-

plus à propos de finir cette affaire en obligeant tout le commerce du Pérou de donner une somme au roi pour récompense des droits que l'on avait fraudés. Cela fut aussitôt exécuté ; on reçut donc pour le roi une somme fort modique, on en donna une plus forte au vice-roi, et l'argent fut embarqué sans empêchement... En 1698, que tout était à craindre en ce pays-là de la part de la France, les garnisons de Panama et de Portobello se trouvèrent si dépourvues de toutes sortes de vivres, qu'elles ne subsistèrent durant plus de six mois que des farines qui leur étaient apportées par des Anglais de la Jamaïque. Ce fut aussi dans cette même année que les soldats et les matelots destinés à conduire l'argent de Lima à Panama, s'étant mutinés faute de payement, ils abandonnèrent les vaisseaux du port de Callao, et le vice-roi fut obligé d'envoyer à Carthagène, c'est-à-dire à plus de 400 lieues de là, emprunter trois cents hommes des galions d'Europe. Cet exemple seul suffit pour faire voir dans quel désordre l'avarice et la mauvaise conduite des vice-rois ont jeté ces provinces. » Mémoire sur l'état présent du commerce de l'Amérique, 1701. Aff. Et. Esp. Corr. pol. 94, f. 364.

(1) Un compte-rendu des formalités des *residencias* est donné par M. F. Depons, qui cependant borne ses éloges sur cette institution « uniquement à la sagesse de la loi », et « abandonne la critique de ses effets à ceux qui connaissent les égards que le séduisant Plutus obtient sans cesse de la faible Thémis. » *Voyage à la partie orientale de la Terre-ferme*, t. II, Paris, 1806, p. 28.

(2) M. Barros Arana cite un exemple caractéristique d'une enquête qui, sur l'ordre du vice-roi, fut instruite, en 1681, contre l'audiencia de Santiago de Chili et qui prit cette tournure inattendue : que le visiteur lui-même, en vertu d'une créance feinte, fut mis en état d'accusation et finalement mourut dans la prison où les oïdores de qui il exigeait les comptes l'avaient fait enfermer. *Hist. jeneral de Chile*, t. V, p. 337-339.

ment exagérées, ont été repoussées par la critique moderne, nous citerons Antonio de Herrera, qui affirme que seulement un tiers de l'argent extrait à Potosi aurait payé le quinto (1), et Geronimo de Ustariz, qui évalue la partie de la production totale des colonies espagnoles qu'on parvenait à soustraire à la taxe à plus du double de la partie déclarée (2). Humboldt, qui a fait de cette question l'objet d'une investigation particulière (3), réduit considérablement ces chiffres. Il estime à 816 millions de piastres le total de l'or et de l'argent non enregistrés pendant la période entière qu'il a examinée, soit de 1492 à 1803, ce qui constitue environ 17 °/₀ de la production qu'il a présupposée; mais pour Potosi en particulier il évalue l'argent non quinté à un quart du produit total, à cause de l'énorme contrebande au commencement de l'exploitation. Mais même ces chiffres de Humboldt paraissent exagérés à Soetbeer, qui cependant les considère comme plus plausibles que nombre d'autres (4), avancés de nos jours et qui surpassent même ceux des anciens auteurs. Se ralliant en principe à Humboldt, il se borne à évaluer la quantité de l'argent non enregistré produit à Potosi à des chiffres différents pour les différentes périodes (5).

Il est évident qu'une évaluation de la fraude reposerait sur une base encore moins stable que l'évaluation des produits enregistrés des mines ou des revenus que le roi d'Espagne en tirait. Il est également évident que la fraude a varié d'étendue à différentes époques (6). Notons que Humboldt faisait ses observations personnelles à une époque où les conditions s'étaient essentiellement améliorées dans l'Amérique espagnole ; pour qui les eût vues un siècle plus tôt, l'impression aurait probablement été tout autre. Sans prétendre contester la justesse de la conclusion de Humboldt, il nous paraît que la fraude des métaux précieux, à la fin du xvii°

---

(1) *Historia gen. de los hechos de los Castellanos en las islas y tierra firme del Mar Oceano,* dec. VII, lib. II, cap. 15.

(2) *Théorie et pratique du commerce et de la marine,* Paris, 1753, p. 11.

(3) *Op. cit.,* t. IV, p. 242-243.

(4) M. Vincente de Ballivian y Roxas (1872 ; cité par Soetbeer) estime qu'à peine un quart de l'argent extrait des mines de Potosi payait le quinto.

(5) D'une moitié au début, cette quantité aurait baissé, après 1736, à un cinquième du produit véritable. *Op. cit.,* p. 75.

(6) Cf. Soetbeer, *op. cit.,* p. 11.

et au commencement du xviii° siècle, doit plutôt être calculée d'après les chiffres les plus élevés que d'après les plus bas de ceux qui ont été avancés.

De toutes les plaintes contemporaines au sujet de l'état misérable des finances espagnoles, celles que provoquait la perte du quinto sont les plus véhémentes et les plus fréquentes. Les étrangers au moins n'hésitaient point à signaler les causes de ce fait : « Les pignes (le métal non quinté) sortent des minières, traversent de longs pays, et passent enfin dans les vaisseaux négociants à la côte, parce que les marchands payent au gouverneur tant pour cent, le corregidor paye au juge de confiscation, et celui-ci peut-être encore aux gens du vice-roi », rapporte l'ingénieur Frezier qui avait observé la chose de près (1). La preuve la plus frappante de l'étendue de la fraude nous est fournie par le commerce français dans ces pays au commencement du xviii° siècle. Les sommes énormes que les Français exportaient du Pérou, consistaient en grande partie en argent non enregistré. Nous reviendrons plus tard sur des circonstances qui s'y rapportent, et ici nous nous bornerons à citer comme exemple que de tout l'argent, évalué à sept millions de livres, que rapportaient en France trois vaisseaux revenus en 1705, près de la moitié, ou 3.327.979 livres, consistait en métal non monnayé (pignes, barres et vaisselle), et que le capitaine d'un autre navire avait, en 1710, en quelques jours, échangé au Pérou toute sa provision de piastres, montant à près de 280.000 livres, contre des piñas ; il aurait pu échanger plus encore, car il y avait abondance de métal non enregistré interdit à l'exportation. Un autre témoignage sur la façon dont le roi d'Espagne perdait sa part légale des produits miniers, nous est laissé par Humboldt, qui, d'après des sources officielles, donne des tableaux sur les droits royaux payés sur l'argent extrait des mines de Potosi (2). On y voit que ces droits depuis 1650 vont en diminuant progressivement, pour atteindre leur minimum en 1712, au moment même où le commerce français de la mer du Sud fut à son plein épanouissement. L'explication de ce fait ne saurait guère être cherchée uniquement en une baisse de la pro-

(1) *Op. cit.*, p. 197.
(2) *Op. cit.*, t. IV, p. 174-176.

duction, mais dans la fraude du quinto, particulièrement pendant
la période où cette fraude était favorisée par l'exportation française.

Peut-être faudra-t-il concéder qu'il y a dans le tableau que nous
avons tracé de l'administration coloniale et du commerce des
Indes un certain nombre de traits exagérés — ils proviennent pour
la plupart de sources françaises et d'une époque où la France,
soucieuse d'introduire des réformes en Espagne, avait intérêt à
dépeindre l'état des choses sous des couleurs aussi sombres que
possible ; en principe la description n'en est pas moins assez
juste. Du côté espagnol, pas même de la part du Consulat de
Séville, on ne semble guère avoir tenté de réfuter sérieusement
les accusations que l'étranger adressait au système colonial d'Espagne. On n'en était pas moins persuadé de la nécessité de son
maintien. La seule et unique cause du mal était, croyait-on,
l'intrusion des étrangers dans le commerce des Indes (1), et l'on
ne se reconnaissait point d'autre défaut que l'irrégularité et la
rareté des expéditions des flottes et des galions ; une modification à ce sujet ramènerait l'ordre que voulaient établir les lois des
Indes. A qui considérait la situation sans être aveuglé par des
préjugés nationaux, la situation se présentait tout autre : il ne
pouvait pas ne pas voir que la faute en était à l'ordre légal lui-
même, et que celui-ci avait besoin d'être réformé radicalement.
C'est l'avis qu'ont soutenu énergiquement les hommes d'État et
les commerçants français, à l'époque où les intérêts de la France
et de l'Espagne étaient étroitement liés. Nous étudierons par la
suite les tentatives de réformes qui résultèrent de cette conception ; leur origine et leur échec final ont des rapports intimes
avec l'histoire du commerce de la mer du Sud au commencement du xviiie siècle.

(1) Cf. *Reflexiones imparciales sobre la humanidad de los Españoles en las Indias, contra
los pretendidos filósofos y politicos, para ilustrar las historias de MM. Raynal y Robertson,
por el abate don Juan Nuix*, Madrid, 1782, p. 85 et suivantes.

CHAPITRE III

LA MER DU SUD A LA FIN DU XVII° SIÈCLE

La mer du Sud et la mer du Nord. — La découverte de l'Océan Pacifique. — La connaissance de ses côtes et de ses îles vers la fin du xvii° siècle. — La vice-royauté du
Pérou : le détroit de Magellan, les archipels de la Patagonie occidentale, le Chili,
le Pérou, le Panama. — Produits et commerce de ces pays. — Consommation de
marchandises européennes. — Le luxe. — La vice-royauté de la Nouvelle Espagne :
le Guatemala, le Mexique, la Nouvelle Galicie, la Californie. — Le trafic des galions
entre Acapulco et Manille. — Les corsaires anglais et hollandais dans la mer du
Sud. — Les flibustiers. — La navigation des Indes interrompue.

Atteindre la côte occidentale de l'Asie en mettant le cap droit
sur l'ouest à travers l'océan, voilà ce que s'était proposé Christophe Colomb, et il est sans doute descendu au tombeau avec la
ferme conviction que les pays découverts par lui appartenaient
aux Indes. Amiral des Indes : il réclamait ce titre comme un héritage
pour ses descendants, et le nom des *Indes* demeura la dénomination officielle des possessions coloniales de l'Espagne.

Qu'un espace immense séparât ces dépendances et les Indes
véritables, on n'en avait aucune notion exacte, avant que Vasco
Nuñez de Balboa, le 25 septembre 1513, des hauteurs de l'isthme
de Darien, pour la première fois aperçût « un océan jusque-là
ignoré des habitants de l'Europe, l'Afrique et l'Asie ». Les indigènes qui lui en avaient signalé l'existence et qui avaient excité
son désir de le découvrir par leurs récits d'énormes masses d'or,
lui en avaient indiqué le chemin, le doigt tourné vers le sud. Le
nouvel océan reçut donc le nom de *la mer du Sud*, ce qui par
contrecoup fit appeler l'océan Atlantique *la mer du Nord*. Encore au
xviii° siècle ces dénominations étaient les plus usitées ; aussi avons-
nous jugé bon de les garder dans cette étude.

Nous allons maintenant, dans un aperçu rapide, examiner quelles connaissances on avait au début du XVIIIe siècle de l'océan Pacifique, pour consacrer ensuite quelques mots à la côte occidentale de l'Amérique, où tendaient toutes les entreprises maritimes décrites en cet ouvrage.

Dans les premiers temps qui suivirent Balboa, la limitation et vers l'est et vers l'ouest de cet océan qu'il avait découvert fut assez rapidement fixée ; avant la fin du XVIe siècle, la côte occidentale de l'Amérique était connue depuis l'embouchure du détroit de Magellan jusqu'à la Californie ; de même, on avait presque entièrement achevé la reconnaissance de l'archipel des Indes Orientales ainsi que des côtes de la Chine et du Japon méridional. Mais les frontières du sud-ouest, comme celles du nord et du sud, restaient à découvrir. Et elles demeureront inconnues encore longtemps après l'époque dont nous nous occuperons. On n'avait aussi que des renseignements fort incomplets sur ce monde d'îles innombrables qui remplit tout le midi de cet océan.

Lors de la première circumnavigation, *Fernão de Magalhães* avait, du 28 novembre 1520 au 6 mars 1521, traversé en ligne diagonale ce vaste espace, sans y trouver, fait curieux, plus de deux petites îles inhabitées, lesquelles lui parurent si peu hospitalières qu'il les baptisa « les îles Infortunées ». Ce n'est qu'à l'île Guam, l'île des Voleurs *(Isla de Ladrones)* comme il la dénomma, que le grand navigateur trouva des hommes ainsi que des vivres pour son équipage menacé de mourir de faim. Les peines et les souffrances qu'il avait subies pendant plus de trois mois de cette longue navigation dépassaient l'imagination, au point que lui et ses compagnons ne croyaient pas possible que jamais personne n'oserait renouveler cette entreprise téméraire. Mais lorsque le seul des navires de Magellan qui termina ce tour du monde et atteignit l'Europe, y eut apporté une cargaison des riches épices de ces pays, de nouveaux aventuriers se présentèrent, tout prêts à renouveler l'invraisemblable exploit et, par le détroit que Magellan venait d'ouvrir au sud de l'Amérique, à s'élancer vers le pays des épices, l'objet des plus ardentes convoitises, les Moluques.

Cependant ces voyages ne furent que d'une très médiocre utilité pour la connaissance de l'océan Pacifique. Le premier successeur de Magellan, Loaysa, ne trouva pendant son expédition (1526) qu'une petite île, à laquelle il donna le nom de *Saint-Bartolomé.*

Mais les tempêtes, le froid et les courants du détroit de Magellan rendaient l'entrée du Grand Océan trop difficile aux navigateurs de cette époque : les voyages vers l'ouest trouvèrent un point de départ plus commode sur la côte du Mexique, conquis par Cortez. Lorsque l'Espagne, par une convention à l'amiable avec le Portugal, eut cédé, en 1529, ses droit aux Moluques, cette route perdit de son importance, et ce ne fut que vers 1540 que les Espagnols renouèrent les communications maritimes entre les parties orientale et occidentale de l'océan, et cette fois dans l'intention de coloniser le groupe d'îles, découvert déjà par Magellan et qui plus tard reçut le nom de *Philippines.*

Toutes ces traversées souffraient cependant d'un inconvénient considérable : grâce au courant équatorial et aux vents alizés, on arrivait à faire relativement bien le chemin du Mexique vers l'ouest, mais les vents et les courants paralysaient le retour. Les essais réitérés de ramener à une latitude plus au sud les voiliers aux lourdes manœuvres essuyaient toujours le même échec : il fallait retourner au point de départ, les Moluques, où les Portugais confisquaient les bâtiments et faisaient prisonniers les équipages. Au cours de ces retours manqués on toucha à quelques points de la côte septentrionale de la Nouvelle-Guinée, et on découvrit plusieurs des îles de la Micronésie.

Mais voici qu'en 1565 un navire espagnol trouva la route à travers l'océan Pacifique de l'ouest à l'est. Ce navire était conduit par le pilote Andres Urdaneta, qui avait participé déjà au voyage de Loaysa et qu'on avait persuadé de quitter le refuge de sa vieillesse, un couvent mexicain des Augustins, pour servir de guide à l'expédition de Miguel Legazpi aux Philippines. Urdaneta avait eu l'heureuse idée qu'à une latitude plus au nord on trouverait, régnant sur l'hémisphère occidental comme sur l'oriental, des vents d'ouest. Quand Legazpi eut réussi dans son entreprise de fonder aux Philippines une possession durable pour la couronne d'Espagne, Urdaneta dirigea le navire qui devait en porter la nouvelle au Mexique vers les 40 degrés de latitude Nord, et comme ses prévisions se réalisèrent, il put parcourir en 130 jours le chemin jusque-là vainement cherché à Acapulco. Ce succès avait frayé pour des siècles la route à travers la partie septentrionale de l'océan Pacifique.

Les explorateurs évitaient généralement toute la mer comprise au sud de l'équateur. Les Portugais avaient atteint leur but aux îles des Épices et la force leur manquait pour étendre leurs possessions d'au-delà ; quant aux Espagnols, les inépuisables mines du Mexique et du Pérou satisfaisaient leur soif de l'or et les détournaient des aventures qui avaient séduit les premiers conquistadores. Le siècle des grandes découvertes touchait à son terme, et on ne songeait pas encore à chercher de nouveaux trésors dans le vaste espace inconnu qui s'étendait par delà le Nouveau Monde. La notion d'un grand continent méridional, la *Terra Australis incognita* des vieilles cartes, était tombée du domaine purement théorique des savants géographes dans le domaine public où elle éveillait l'espoir de bénéfices immenses. Cet espoir grandit encore, lorsque Alvaro de Mendaña, en 1568, eût découvert un groupe d'îles vastes et bien peuplées, dont l'intérieur montagneux semblait offrir plus de chances aux chercheurs de métal précieux que les basses îles de corail, qu'on avait jusque-là explorées dans ces parages. Il est vrai qu'on n'y releva que d'insignifiantes traces d'or, mais comme la découverte de Mendaña avait reçu — on ne sait pourquoi — le nom qu'elle a conservé d'*îles Salomon*, on assimilait ces nouvelles terres au « pays d'Ophir » d'où le roi de Judée importait l'or pour le temple de Jérusalem.

Lors d'une nouvelle expédition, en 1595, Mendaña découvrit les îles Marquises et l'archipel de la Santa Cruz, mais pas plus lui que le pilote Pedro Fernandez de Quiros qui, après sa mort, avait pris le commandement, ne purent retrouver les îles Salomon et leurs trésors supposés. Le second voyage de de Quiros, en 1605, clôt à jamais les entreprises espagnoles dans ces contrées. Le résultat de cette expédition fut aussi médiocre que celui des précédentes. On vit pour la première fois les Nouvelles-Hébrides et un certain nombre d'autres îles, mais les îles Salomon demeurèrent introuvables ; le résultat géographique le plus important de l'expédition fut la découverte du détroit qui sépare la Nouvelle-Hollande de la Nouvelle-Guinée, détroit baptisé du nom du sous-commandant de Quiros, Torres, qui en fit heureusement la traversée.

Les voyages des autres nations européennes dans l'océan Pacifique commencèrent avec les pirateries de Francis Drake (1598), mais, sauf une seule exception, ni les voyageurs hollandais ni les Anglais ne tentèrent de nouvelles routes. Ce furent les capitaines hollandais Schouten et Le Maire qui, les premiers, se risquèrent hors de cette route accoutumée qui passait le long de la côte occidentale de l'Amérique jusqu'au Mexique et de là en ligne directe traversait la partie la plus vide de l'océan. Leur route diagonale de l'Amérique du Sud à la Nouvelle-Guinée leur fit découvrir plusieurs terres inconnues, mais cela ne compte guère en comparaison de la voie maritime autour du cap Horn (1616) que nous leur devons. Deux voyages plus importants pour la connaissance de l'océan Pacifique, ce sont les deux expéditions hollandaises qui y pénétrèrent au cours du xvii° siècle par un chemin opposé à celui que nous avons indiqué.

Abel Tasman partit de Batavia en 1642. Il toucha à la côte de la Tasmanie, qui porte son nom, découvrit la côte occidentale de la Nouvelle-Zélande et paracheva le tour d'Australie — sans toutefois toucher à ses côtes — en parcourant les archipels de Tonga et de Fidji. Presque simultanément (1643) une expédition partit de Batavia dans la direction du nord-est, sous le commandement de Martin Gerritsz Vries, qui longea toute la côte est du Japon et pénétra dans la mer Ochotsk, entre deux des Kouriles les plus au sud. L'exploration incomplète de ces deux îles, qui reçurent les noms de *Stalen Land* et de *Compagnie Land*, fut cause d'une erreur cartographique qui n'a pas été sans importance dans l'histoire ultérieure des découvertes.

Si nous considérons le résultat de ce travail d'exploration de deux cents ans dans l'océan Pacifique, tel que le résumaient les géographes au commencement du xviii° siècle et tel qu'ils le fixaient sur les mappemondes, ce qui d'abord attire notre attention c'est qu'on n'y voit aucune trace de la côte orientale de l'Australie, et que la partie boréale de l'océan, au nord du Japon, est occupée et remplie par cette Compagnie Land que nous avons mentionnée et qui s'étend avec des proportions gigantesques jusqu'à la côte de l'Amérique, séparée par l'imaginaire détroit d'Anian dont la forme varie, mais qui, dès le temps de Mercator, se retrouve sur toutes les cartes. Si maintenant nous regardons l'autre côté, vers l'est, nous y voyons d'abord la Californie représentée comme une île, tandis que la côte occidentale de l'Amérique paraît à peu près exacte. Au sud apparaissent souvent les contours de cette Terre Australe inconnue qui, selon le goût personnel du cartographe, a reçu une extension plus ou moins grande. Enfin le plus grand désordre règne dans la région des îles de la Polynésie. Il faut l'attribuer non seulement à l'état incomplet des découvertes, mais à l'incertitude où l'on était de la situation des îles découvertes. Les ressources dont disposaient les navigateurs de cette époque pour observer les longitudes étaient en effet si primitives que des erreurs montant jusqu'à 10° et 20° et au delà n'étaient point rares.

Cette conception des vieux géographes dont nous avons rendu compte, la mappemonde hollandaise dont nous reproduisons ici une partie, nous en donne l'image caractéristique. Cette carte nous permet aussi de suivre dans leurs grandes lignes les plus importants des anciens voyages d'exploration (1).

Un des compagnons de Balboa, au moment où celui-ci prit possession de la mer du Sud au nom de son monarque, fut Francisco Pizarro. Ce ne fut que onze ans plus tard que Pizarro réussit enfin à réaliser le plan de Balboa de conquérir le riche pays d'or au sud, le Pérou. Le royaume des Incas succomba rapi-

(1) Est-il nécessaire de rappeler que les lignes de route tracées sur la carte ne sont *qu'à peu près* exactes ? Les fautes les plus considérables se rencontrent dans l'indication du voyage de Magellan et de la première expédition de Mendaña. L'itinéraire de Magellan traverse un groupe d'îles découvertes bien plus tard, appelées sur la carte les Nouvelles Philippines (les Carolines actuelles), au lieu de traverser les Ladrones. Quant au voyage de Mendaña, les îles Salomon sont marquées sur la carte à deux endroits différents. L'erreur proviendrait de Dudley (*Arcano del mare*, 1646), qui probablement s'appuie sur Antonio de Herrera (*Descripción de las Indias Occidentales*, Madrid, 1601, p. 78). Celui-ci affirme que les îles Salomon étaient situées à une distance de 800 lieues de Lima ; le premier explorateur lui-même fixe la distance à 1.400 lieues.

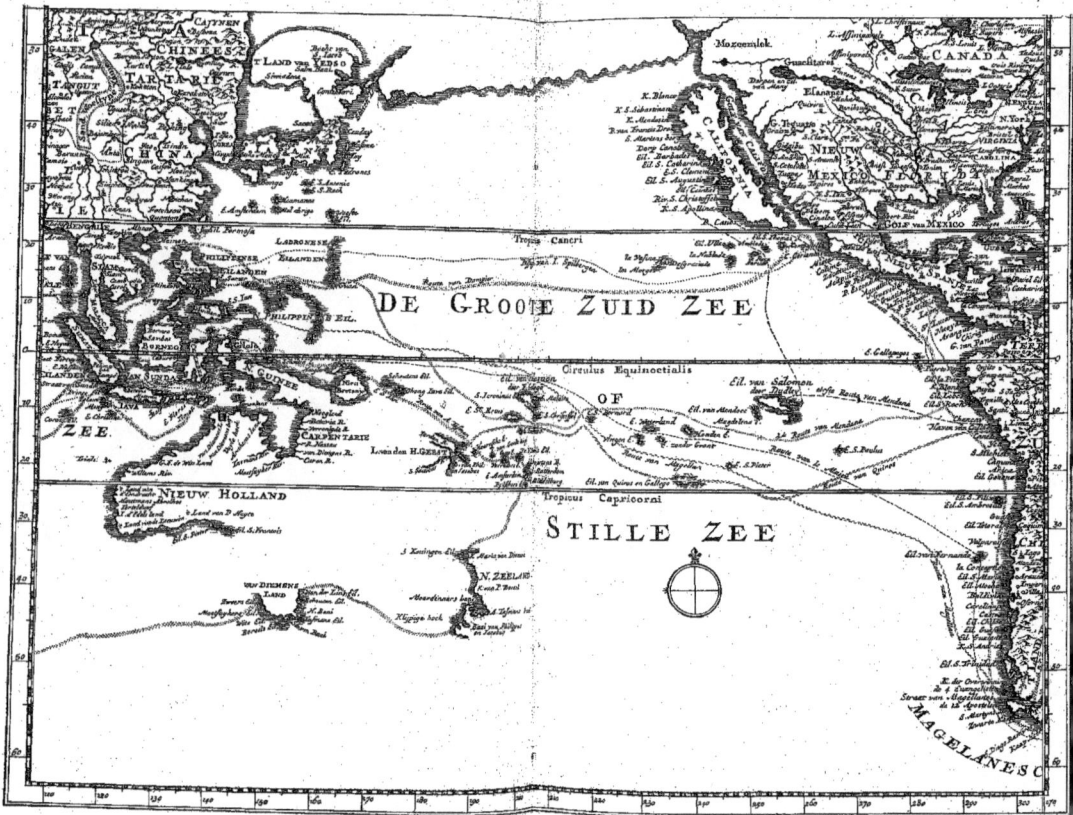

CARTE DE LA MER DU SUD AU COMMENCEMENT DU XVIIIe SIÈCLE.

D'après *Platte Kaart van de geheele Weld*, te Amsterdam by R. et G. Wetstein.

dement sous les coups des conquérants espagnols dont la domination s'étendit peu à peu sur les tribus d'Indiens indépendants,
qui, plus au sud, habitaient le Chili. Les Espagnols ne rencontrèrent aucune sérieuse résistance armée dans leur marche en
avant jusqu'au moment où ils se heurtèrent contre les belliqueux
Araucans. A l'intérieur du pays on occupa les hauts plateaux
qui avaient constitué le noyau même de l'ancien royaume du
Pérou, et les déserts montagneux des Andes prirent une grande
importance à cause des mines d'argent qu'on y découvrit. Mais
plus loin, vers l'est, on se heurta à un nouvel obstacle, aux forêts
vierges des tropiques sur les versants des Cordillères ; là seulement, où vers le sud succèdent aux forêts les plaines de La Plata,
des colonies se fondèrent : le Tucuman et la Mendoza. Les chemins qui, par les passages élevés des montagnes, réunissaient
ces colonies au Chili, continuaient jusqu'à Buenos-Aires et
formaient à travers le continent des voies de communication
extrêmement incommodes et partant peu employées. Au nord
une autre route, encore moins fréquentée, menait de Carthagène
à Quito et à Guayaquil.

De ce vaste territoire ainsi limité, les Espagnols firent en 1544
un royaume indépendant, gouverné par un vice-roi qui résidait
dans la ville de Lima, bâtie en 1535. Ce vice-royaume comprenait
donc toute la côte occidentale de l'Amérique du Sud, depuis le
détroit de Magellan jusqu'au Panama. Tout au sud, l'empire
espagnol n'était pourtant que nominal : certes, le détroit de
Magellan avait été solennellement proclamé possession espagnole ;
il avait été exploré dans toute son étendue par Juan Ladrillero
(1558) et par les frères Nodal (1619) ; Sarmiento de Gamboa avait
essayé, au cours de deux voyages (1580 et 1584), d'y fonder des
colonies, voire des forts, pour empêcher les nations étrangères de
pénétrer dans la mer du Sud, mais ces tentatives avaient miséra-
blement échoué. L'archipel de la Patagonie occidentale était
encore moins connu ; des missionnaires y séjournaient parfois
parmi les tribus sauvages d'Indiens nomades, mais il n'y avait
nulle part d'abitations permanentes ; les colonies les plus méri-
dionales de .sp .gnols se trouvaient sur la grande île de Chiloé,
et ces terri   es .e servaient guère qu'à fournir du bois qu'on

venait y chercher dans les grandes forêts pour construire des maisons et des navires dans les régions plus au nord.

Si les Espagnols parvinrent à se maintenir à Chiloé parce qu'elle était une île, il n'en fut pas de même pour les contrées les plus voisines de la terre ferme. Les attaques incessantes des Araucans les avaient forcés d'abandonner plusieurs des villes fondées à l'extrême sud du Chili. Une seule possession leur restait : Valdivia, mais cette ville n'avait de communication que par mer avec le reste du pays. C'était un poste militaire avancé, dont on usait aussi pour y déporter les criminels de tout le vice-royaume ; la ville, qui ne dépendait point administrativement du Chili, était placée sous le gouvernement direct du vice-roi de Lima.

Séparée de Valdivia par un territoire que les Espagnols avaient dû laisser aux mains des Araucans indépendants, Concepcion, le port le plus important du Chili, ne couvrait point le même emplacement que la ville actuelle du même nom : elle était située plus au nord, sur l'emplacement du Penco actuel, sur la rive sud de la large baie qui offre le meilleur abri contre le perpétuel vent du sud. Les Indiens avaient plus d'une fois dévasté Concepcion ; l'audiencia royale du Chili avait été transférée à Santiago, mais la ville était encore le siège d'un évêché, tandis que l'administration civile était confiée à un *corregidor*, qui parfois comme *maestre de campo* réunissait en sa personne le commandement militaire des troupes destinées à la défense des frontières. La campagne environnante était très fertile : l'agriculture y avait atteint un certain développement, et, plus encore, l'élevage ; de nombreux troupeaux de bétail, de chevaux et de chèvres paissaient sur les vastes herbages ; les animaux étaient élevés dans les fermes (*estancias*) dont le pays était parsemé, ou reçus des tribus indiennes indépendantes avec qui l'on commerçait et qui les amenaient par les défilés des Cordillères des Pampas de La Plata. Aussi l'agriculture et le bétail étaient les principales ressources de la population : huit à dix navires de 400 à 500 tonneaux transportaient annuellement du blé de Concepcion à Callao, et pour le Pérou on expédiait également de grandes quantités de peaux, de graisse et de viande séchée ou fumée. On s'occupait aussi de la viticulture, mais les Européens s'habituaient malaisément à ces vins obtenus par des procédés étranges (1).

Si nous remontons la côte vers le nord, nous ne rencontrons guère de ville digne d'être mentionnée avant Valparaiso, qui est maintenant si connue, mais qui, au début du xviii° siècle, simple bourgade, n'avait point encore gagné le titre de ville. Cependant, comme c'était le port de la capitale Santiago, on l'avait fortifiée ; mais au pied d'une forteresse peu redoutable s'élevait une centaine de pauvres maisons : sur 150 familles on comptait à peine 30 familles de blancs. Malgré tout, on aurait déjà pu deviner l'essor commercial que cette ville était destinée à prendre : bien que ses environs fussent déserts et incultes, c'était de Valparaiso qu'on exportait la plus grande partie des produits agricoles du Chili. Frezier put voir, au cours de huit mois (1712-1713), trente navires en partir, chargés des céréales récoltées dans les plaines qui entouraient Santiago et dans la vallée de la rivière d'Aconcagua (2). Pour les denrées, le Chili tenait presque à sa merci le Pérou, qui sacrifiait l'agriculture à l'exploitation minière. A Quillota, près de Valparaiso, on cultivait aussi le chanvre et on fabriquait assez de cordes pour tous les vaisseaux qui faisaient la navigation sur la côte du Pacifique.

Les ports les plus au nord du Chili de cette époque étaient Coquimbo ou la Serena, Huasco et Copiapo. Le premier avait quelque importance comme lieu d'exportation d'un district où, grâce à une quantité d'eau suffisante, l'agriculture et la viticulture étaient rendues possibles ; les habitants des deux autres, d'ailleurs peu nombreux, ne devaient de vivre qu'aux maigres ruisseaux qui, à certaines époques de l'année, descendaient des Cordillères et leur apportaient une eau parcimonieuse. Ce qui faisait la valeur de ces trois places, c'étaient les filons d'or, de cuivre et de soufre trouvés dans leur voisinage. Plus au nord s'étendait le désert d'Atacama, entièrement dénué d'eau, dont les riches ressources en salpêtre, devenues de nos jours un objet de litige entre les républiques sud-américaines, n'étaient pas encore appréciées.

(1) Frezier, *Relation du voyage de la mer du Sud*, Paris. 1716, p. 68-70.
(2) *Op. cit.*, p. 106.

Le vaste territoire qui, d'une autorité presque indépendante, était gouverné par le capitaine-général siégeant à Santiago, comprenait donc tout le Chili actuel, sauf les parties que cette république a de nos jours conquises sur la Bolivie et sur le Pérou.

Le pays n'en avait pas moins déçu les espérances des conquérants espagnols : l'or et le cuivre s'y rencontraient, mais en petite quantité, et on y avait vainement cherché des mines d'argent comparables à celles du Pérou. Le Chili était par conséquent regardé comme une terre pauvre, et le gouvernement colonial d'Espagne le négligeait : toute sa population était évaluée au commencement du xviii° siècle à environ 80,000 personnes (1), et les revenus royaux ne suffisaient même pas à payer l'administration du pays : on était obligé d'avoir recours, et pour un appoint considérable, à l'opulent Pérou. Son commerce insignifiant comprenait les produits bruts que nous avons mentionnés, et l'industrie se bornait à la fabrication des ustensiles de ménage et des articles de vêtements les plus indispensables. Tous les articles de provenance européenne faisaient cruellement défaut, et les prix extraordinairement surélevés, qu'ils atteignaient, les réservaient aux gens riches, dont le luxe tranchait sur la misère générale de la population.

Si, maintenant, nous passons en revue le Pérou proprement dit, nous noterons d'abord, après avoir traversé les déserts qui le séparaient du Chili, quelques ports assez insignifiants, Cobija et Iquique, à cette époque habités par de pauvres indigènes pêcheurs qui y menaient une existence précaire, petits ports promis à une importance qu'on était loin de soupçonner et cela grâce à leur situation écartée qui allait les faire rechercher avec prédilection des contrebandiers français. Un peu plus considérable était alors Arica, bien que cette place n'offrît point d'avantages naturels. Du côté de la mer ce n'était guère qu'une rade mal abritée, et le sol stérile ne permettait quelques cultures de peu d'étendue que grâce à une irrigation artificielle et aux couches de

(1) Barros Arana, *Historia jeneral de Chile*, t, V, p. 290.

guano d'une petite île voisine de la côte. Ajoutez qu'Arica, plus
que toutes les autres places, était exposée à ces poussées souter-
raines qui, le long de toute la côte occidentale de l'Amérique du
Sud, provoquent de fréquentes vibrations. Plusieurs fois détruite
par des tremblements de terre, Arica n'était au début du
xviiiᵉ siècle qu'un village occupé par environ 150 habitants, où
les familles de blancs étaient peu nombreuses. Mais c'est à Arica
que débouchaient les chemins les plus courts des riches districts
miniers de l'intérieur du pays, La Paz, Oruro, Chuquisaca, et
avant tout Potosi. Par des chemins extrêmement pénibles, à dos
de mules, en caravanes, on y envoyait l'argent de ces mines ;
c'est également d'Arica que les habitants des contrées monta-
gneuses, froides et stériles, faisaient venir tout ce qu'il leur
fallait, non seulement de marchandises européennes, mais de
vivres. Tant que les galions arrivaient régulièrement à Portobello,
c'était encore d'Arica que partait l'armadille de la mer du Sud
qui servait d'intermédiaire dans le commerce du Pérou avec le
reste du monde.

Des circonstances analogues faisaient l'importance des autres
villes de la côte. Ainsi l'insignifiant Ilo était le port de Cuzco,
l'ancienne capitale du Pérou, pour les mines de Puno, et pour
l'Arequipa et Moquegua, situées dans des contrées qui-vivaient
principalement de la culture des vignes. De Pisco, qui était un
peu plus grand, on exportait les vins produits à Ica et le vif-argent
des mines de Huancavelica.

Non loin de Pisco, en montant vers le nord, nous rencontrons
la ville la plus grande du littoral de la mer du Sud, Callao, port
de la capitale de Lima, située à deux lieues de la côte. Là, la
population espagnole s'était concentrée autour du siège principal de l'administration : Callao comptait 400 à 600 familles, et
Lima 8 à 9.000 (1). Les deux villes étaient fortifiées, mais les vagues
de la mer menaçaient de détruire les remparts de Callao, et les
murs de Lima semblaient ne pouvoir résister qu'aux surprises
des Indiens. A Callao stationnait la flotte de guerre du vice-
royaume, composée de trois petits bâtiments. Le palais du vice-

(1) Frezier, *op. cit.*, p. 180 et 195.

roi, les nombreuses églises et couvents donnaient à Lima une
beauté imposante qui en faisait une ville unique parmi les villes
de l'Amérique du Sud. Par Lima et par Callao passaient les chemins d'exportations pour les mines du nord du Pérou dont Cerro
de Pasco était la principale. Les places sur la côte au nord de
Callao, Trujillo, Payta et Tumbez, n'avaient que peu d'importance. De Payta à Lima un chemin longeait la côte, sinon carros-
sable, du moins praticable pour les chaises à porteurs, et par
lequel le vice-roi faisait son entrée dans sa capitale.

Près de Guayaquil, port de la province de Quito, le pays chan-
geait entièrement d'aspect ; au rivage aride et sec succédait la
forêt vierge des tropiques, et l'exploitation des mines cessait en
même temps d'être la principale source de revenus. Les environs
de Quito pouvaient même se vanter d'une certaine industrie : on
y fabriquait des bayettes et d'autres étoffes grossières qui, en dépit
des mauvais moyens de communication, s'étaient répandues dans
la population pauvre par tout le Pérou. Les principaux produits
du littoral étaient le cacao et le quinquina. Seule, la culture du
cacao donnait de l'importance à la côte au nord de Guayaquil ;
cette partie de la côte, qui appartenait à la Tierra-Firme, était très
peu peuplée. La province la plus septentrionale de celles qui
obéissaient au vice-roi de Lima, était le Panama. Le nom miri-
fique, *Castilla del Oro*, dont les premiers conquérants avaient
baptisé cette province, avait bientôt cessé d'être mérité : dès 1607
on avait, dit-on, abandonné le travail des mines d'or, dont la
production ne payait pas les frais d'exploitation (1), et la valeur
du duché de Veragua, donné en majorat à la famille de Colomb,
était tombée à l'état de simple titre que portaient encore ses héritiers. Le Panama n'avait d'autre valeur que d'être le lieu de transit
entre la mer du Sud et la mer du Nord.

Le Pérou était, à cette époque, la colonie sans contredit la plus
importante de l'Espagne. Il produisit la plus grande partie des
métaux précieux dont l'utilisation était le véritable but de la politique coloniale espagnole. Tout l'intérêt de la population tournait

(1) Descripcion de Panama, año 1607. *Colección de libros y documentos referentes a la
historia de América*, t. VIII, Madrid, 1908, p. 159.

autour de l'exploitation des mines et de ce qui s'y rapportait : travail des mineurs, extraction, refonte et monnayage du métal, transport des matières requises à cet effet, et ravitaillements énormes de ces milliers de gens dans des contrées qui ne donnaient rien que de l'argent. A Potosi, situé à une altitude de plus de 4.000 m. au-dessus de la mer, dans un pays où pas un arbre, pas un buisson ne poussaient, une ville s'était élevée, la plus populeuse de toute l'Amérique du Sud : plus de cent mille Indiens étaient d'une façon directe ou indirecte employés à l'exploitation de ses mines, et Potosi possédait, après Lima, le plus grand nombre d'habitants blancs.

L'abondance du métal précieux et la facilité d'acquérir de grandes richesses avaient marqué la vie de toute la population. Une magnificence extraordinaire et un gaspillage fou caractérisaient les colons espagnols. Mais le pays lui-même ne produisait rien qui pût étancher une telle soif de jouissance ; tous les articles de luxe et souvent aussi les choses les plus nécessaires à l'existence devaient être importés d'Europe par la voie coûteuse et hasardeuse du commerce des Indes. Fournir à la consommation du Pérou, c'était un des objets capitaux de ce commerce ; et comme l'Espagne n'était point en état de fabriquer les marchandises nécessaires, le commerce des Indes tomba bientôt aux mains des étrangers. Nous l'avons déjà constaté indirectement, puisque les galions de Cadix chargeaient au compte de ces étrangers ; nous essaierons de montrer par la suite comment, à une certaine époque, l'importation directe à la mer du Sud devint un intérêt français. Quelques mots sur la nature de cette importation ne seront peut-être pas déplacés.

Elle embrassait en premier lieu tout ce qui concernait l'habillement. La fabrication des tissus magnifiques où les anciens Péruviens étaient passés maîtres, avait cessé ; on ne cultivait guère de coton au Pérou et pas de lin ; la fine laine de *vicuña* n'était point travaillée au pays même mais exportée en Europe. Seulement à Quito et dans quelques contrées du Chili, les femmes indiennes tissaient des étoffes grossières que les métis et les nègres même regardaient comme au-dessous de leur dignité de porter. La soie et la toile qui composaient la toilette des Européens,

étaient exclusivement de fabrication étrangère. Les hommes
s'habillaient, dit Frezier (1), « à la Française, mais le plus souvent en habits de soie, avec un mélange bizarre de couleurs
vives ». Le brocart et d'autres tissus brochés d'or et d'argent
étaient très généralement portés. Les basses classes de la société
luttaient de magnificence avec les hautes classes : « tous donnent dans le plus grand luxe, relate Antonio de Ulloa (2), et
l'on peut dire, sans exagération, que les étoffes qui se fabriquent
dans les pays, où l'industrie invente tous les jours quelque chose
de nouveau, ne brillent nulle autre part autant qu'à Lima. »
Quoique les prix des vêtements fussent incomparablement plus
élevés ici qu'en Espagne, on n'en portait pas moins les plus précieux « avec plaisir et ostentation, sans même en avoir le soin que
semble exiger leur cherté. »

Le luxe des hommes n'était cependant rien en comparaison de
celui des femmes. Les voyageurs européens, qui ont décrit les us
et coutumes au Pérou vers le commencement du XVIII° siècle, consa-
crent des chapitres entiers, accompagnés d'illustrations, à la
toilette curieuse et coûteuse des dames péruviennes où entraient
la soie, les brocarts d'or, la toile la plus fine et, avant tout, les
dentelles — les dentelles de Brabant les plus raffinées, « les autres
étant regardées comme trop communes ». « Elles sont insatiables
pour les perles et les pierreries, pour les bracelets, pendants
d'oreilles et autres attirails », ajoute Frezier, qui raconte avoir vu
« des dames qui avaient pour 60,000 piastres de bijoux sur le
corps ». Des ordonnances royales contre le luxe essayaient d'y
mettre un frein, mais il ne paraît guère qu'il y ait eu d'amélioration, car quelque vingt ans après Frezier, Ulloa se trouve incité à
déclarer : « Si l'on se représente une de ces femmes toute vêtue
de dentelles au lieu de linge, et des plus riches étoffes, toute brillante de perles et de diamants, on n'aura pas de peine à croire que,
lorsqu'elle est dans ses plus beaux atours, elle ait sur son corps
pour la valeur de 30 à 40 mille écus. »

Les églises et les prêtres rivalisaient de luxe avec les femmes.

(1) *Op. cit.*, p. 237.
(2) *Voyage historique de l'Amérique méridionale,* par G. Juan et A. de Ulloa, Amsterdam,
1752, t. I, p. 445.

Et ce luxe, les processions et les fêtes religieuses donnaient de nombreuses occasions de l'étaler. Les trésors d'or, d'argent et de pierreries des églises et des couvents étaient prodigieux ; les vêtements sacerdotaux étaient toujours en étoffes d'or ou d'argent et en tissus des plus nouveaux et des plus précieux parmi ceux qu'apportaient les flottes ; les autels et les images des saints resplendissaient d'ornements aussi riches que bizarres. Dès 1630 la cathédrale de Lima pouvait disputer de magnificence avec les plus splendides églises de l'Espagne (1). Ulloa en est impressionné ; il dit : « en aucune ville du monde le culte divin ne se fait avec plus de décence et de pompe, et la majesté suprême de Dieu ne peut être plus révérée que par le zèle catholique des habitants de Lima », mais le Français Frezier, qui regardait les choses d'un goût plus sûr, ne pouvait s'empêcher de regretter les sommes immenses dépensées dans « ces galimatias dorés ».

L'intérieur des maisons, meubles et ustensiles, était plus simple ; pourtant on se servait presque exclusivement de vaisselle plate ; ainsi un voyageur anglais qui, en 1795, allait de Valparaiso à Santiago s'aperçut, à sa vive surprise, que la pauvre population de la campagne employait, pour l'usage quotidien, des ustensiles d'argent (2). L'emploi de meubles, tapis, cristaux, vitres de fenêtres européens ne devint plus généralement répandu que lorsque les Français commencèrent à importer ces articles.

Même pour les produits plus grossiers on était entièrement à la merci de l'importation étrangère. Comme toute l'activité se concentrait autour de l'exploitation de l'or et de l'argent, on négligeait les ressources naturelles de fer et de cuivre. Certes, le besoin de canons qu'exigeait la fortification de Callao força de produire du cuivre chilien ; on extrayait du minerai de fer, du sel et du soufre pour les mêler au minerai d'argent afin d'en tirer l'argent ; mais le fer et l'acier pour instruments et construction de navires, etc., étaient importés de la Biscaye ; le fer de Suède même se fraya un chemin jusqu'aux marchés du Nouveau Monde. La consommation de cire, de papier et de cartes à jouer avait aussi

(1) *Relaciones geográficas de Indias publ. el Ministerio de Fomento, Peru*, t. I, Madrid, 1881, append. I, p. LIX.
(2) George Vancouver, *A Voyage of Discovery to the North Pacific Ocean*, t. III, Londres, 1798, p. 414.

son importance, surtout ces deux derniers articles, car, dit un contemporain, « outre que les Espagnols sont très prolixes dans leurs écritures, ils consomment une quantité infinie de papier pour ces petits rouleaux où ils enveloppent le tabac haché pour le fumer », et à l'égard des cartes, « la consommation est aussi très grande car les Espagnols aiment le jeu (1). »

On voit par ces exemples que les côtes de la mer du Sud offraient un débouché merveilleux aux produits européens. Les difficultés de l'approvisionnement et la surélévation qui en résultait inspiraient déjà une forte tentation d'ouvrir ces contrées à la concurrence étrangère. Depuis que, vers la fin du xviie siècle, l'importation avait complètement cessé, les intérêts des étrangers et des colons concouraient à renverser le règlement légal au moyen duquel l'Espagne s'efforçait d'enrayer la concurrence et de s'assurer la seule jouissance de l'or et de l'argent du Nouveau Monde.

Ce qui a été dit plus haut du Pérou, on peut également et en principe l'appliquer à l'autre grande vice-royauté, la Nouvelle Espagne ou le Mexique, toutefois avec cette différence essentielle que ce pays, penchant vers l'Atlantique, avait peu d'intérêts à sauvegarder sur la côte du Pacifique auquel il tournait le dos. Les produits du Mexique, parmi lesquels, outre l'or et l'argent, nous mentionnerons la cochenille et l'indigo, passaient de Vera-Cruz à Cadix par la voie des flottes. Le transport incommode par terre jusqu'à un port éloigné rendait la côte mexicaine occidentale très insignifiante au point de vue économique. Comme ce ne sont que ces contrées qui nous intéressent ici, nous nous contenterons de compléter en quelques mots l'aperçu que nous avons donné des colonies espagnoles situées sur ce littoral.

A la frontière de la province du Panama commençait le territoire gouverné par le vice-roi du Mexique. Les petites républiques actuelles de l'Amérique centrale obéissaient au gouverneur et à l'audiencia de Guatemala. Passé l'isthme de Tehuantepec, on entrait dans le Mexique proprement dit. Le littoral était extrê-

---

(1) Mémoire de M. de Monségur (1708). Bibl. Nat., mss. fr. 24.228, p. 206.

mement peu peuplé ; toutes les places d'une certaine importance, Léon, San-Salvador, Guatemala, Colima, étaient situées à
quelque distance de la côte. Sur la partie sud-est, riche en ports
naturels, Realejo et Sonsonate seuls s'étaient développés, petites
villes de mer d'ailleurs peu considérables ; sur le rivage ouvert et
peu accessible du Mexique il n'existait qu'un véritable port, le
célèbre Acapulco. Les produits du pays étaient l'indigo, le cacao
et le maïs, mais plus au nord l'élève de bétail l'emportait : autour
de la baie de Banderas, sur la frontière entre le Mexique et la
Nouvelle-Galicie, d'énormes troupeaux paissaient. Cette dernière
province constituait la possession extrême de l'Espagne, dans cette
direction ; au delà s'étendait la Californie, dont la côte jusqu'au cap
Mendocino (40° 50' lat. N.) avait été explorée par une série d'expéditions maritimes, mais le reste du pays était presque inconnu ;
seule, la pêche des perles dans le golfe de Californie attirait
de temps à autre quelque visite passagère. Ce fut seulement vers
la fin du xviie siècle que les missionnaires jésuites firent des efforts
pour s'établir définitivement sur la presqu'île de Californie.

*
* *

Toute la côte de l'Amérique sur le Pacifique n'avait d'autre
communication avec l'Europe que le trafic qu'entretenaient à
travers l'Atlantique les flottes et les galions. Mais elle avait aussi
une communication vers l'ouest, avec l'Asie, communication qui
dans l'histoire des colonies espagnoles a joué un très grand rôle.
On comptait les Philippines comme appartenant aux Indes Occidentales, depuis qu'en 1565 cet archipel avait été définitivement
accaparé par l'Espagne. Afin de persuader les colons d'aller s'y
installer, on leur accorda l'autorisation de faire le commerce avec
le Mexique, et ce commerce fut de bonne heure réglé d'après une
législation spéciale. Les fonctionnaires royaux, les plus notables
d'entre les colons et, enfin, les ordres religieux de Manille avaient
la permission d'expédier annuellement, à bord d'un vaisseau
royal, équipé exprès à cet effet, des marchandises d'une valeur
rigoureusement fixée à Acapulco. La cargaison était divisée en un
certain nombre de lots (balotas, ballots) que les possesseurs de

l'autorisation vendaient à des commerçants qui, de cette façon, se procuraient le droit, pour un certain prix, lequel variait selon les conjonctures, de transporter leurs marchandises sur ce marché lointain. La valeur de la cargaison, qui consistait surtout en produits de la Chine et des Indes Orientales, par exemple, étoffes de coton et de soie, porcelaines, cire, épices, était légalement fixée à la somme de 250.000 piastres (1), mais ainsi que tous les autres règlements par lesquels le gouvernement espagnol prétendait régler le commerce et la communication dans ses dépendances coloniales, cette loi semblait faite exprès pour fournir l'occasion à tous ceux qui devaient s'y soumettre de se procurer des avantages illégaux. En réalité, le galion espagnol, *nao de China* comme on l'appelait généralement, embarquait pour une somme bien supérieure à celle qu'imposait le règlement. On ne semble même pas avoir craint d'empiéter par avarice sur l'espace réservé pour les provisions d'eau, nécessaires à ce long voyage. La valeur de la cargaison de retour d'Acapulco à Manille, consistant alors presque exclusivement en argent, pouvait monter à un demi-million de piastres, mais cette somme était bien dépassée. L'Espagne envoyait par le Mexique aux Philippines les fonctionnaires et les soldats qui y étaient requis, et, avant tout, les missionnaires qui devaient catéchiser cette colonie et pousser jusqu'en Chine. Ordinairement un si grand nombre de prêtres suivaient ces expéditions qu'on avait accoutumé de dire que le galion à son retour à Manille était chargé de « plata y fraïles » — argent et moines (2).

Les restrictions stipulées dans la loi prouvent que ce ne fut point sans de graves appréhensions qu'on se vît forcé d'autoriser cette nouvelle voie commerciale. Elle ouvrait le marché américain aux produits de l'Asie qui entraient en concurrence avec ceux de l'Europe. Cette concurrence, si elle n'était pas limitée, risquait d'entraîner de graves conséquences pour le débit des produits européens. Et chose plus grave encore, la Chine et le Japon n'acceptaient en échange que de l'argent sonnant ; l'or et l'argent

(1) *Recopilación*, lib. IX, tit. 45, ley VI.
(2) Humboldt, *op. cit.*, t. IV, p. 409.

menaçaient donc de se déverser dans un canal qui ne les ramènerait pas aux Trésors royaux de l'Espagne. En 1707 on évaluait à
3 millions de piastres la quantité d'argent qui, ainsi détournée,
était perdue pour la métropole (1), et de nos jours on a évalué
l'exportation totale d'argent par Acapulco durant les 250 ans de
1571 à 1821 à 400 millions de piastres (2). Cet état de choses
causa de temps à autre de graves soucis aux autorités espagnoles,
qui s'efforçaient d'y remédier par de nouvelles restrictions. C'est
ainsi qu'on espérait compenser cette perte en prescrivant que sur
le chargement de retour des Philippines un tiers au moins consisterait en or (3), et en essayant de limiter la consommation des
produits asiatiques au seul Mexique. A cet effet on interdisait le
commerce de marchandises chinoises entre le Mexique et le Pérou,
et, cette mesure étant restée insuffisante, tout commerce entre les
deux vice-royaumes (4). On comprenait cependant de bonne heure
que la seule mesure vraiment efficace serait de faire cesser les
expéditions des galions entre Manille et Acapulco ; les réclamations en ce sens augmentaient de force au commencement du
xviiie siècle ; mais le gouvernement d'Espagne reculait devant une
mesure aussi radicale. Il se borna à prohiber, en 1718, l'importation de marchandises asiatiques, limitant ainsi le commerce aux
matières brutes (5). L'effet n'en resta pas moins nul ; aussi cette
loi prohibitive fut-elle abrogée en 1734, et en 1774 on autorisa de
nouveau le commerce entre le Mexique et le Pérou. Comme un
dernier vestige de ce système de répression où l'Espagne avait

---

(1) *Mémoires par* M. de Monségur, ch. XLVI. Cet auteur donne un « Compte du
produit de la cargaison du galion le *Saint-François-Xavier*, du port de 1.000 tonneaux,
venu de Manille à Acapulco au commencement du mois de janvier 1707 » ; on y voit
que la valeur totale de la cargaison montait à 4 millions de piastres.

(2) Berthold Laufer, *The Relations of the Chinese to the Philippine Islands* (*Smithsonian
Miscellaneous Collections*, vol. L, Washington, 1907, p. 277). Le galion qui, en 1743, fut
pris par lord Anson, portait en son bord, 1.313.483 piastres et 35.683 onces d'argent en lingots. M. de Pagès relate que le galion sur lequel, en 1768, il partit d'Acapulco, apportait 3 millions de piastres ; et Humboldt estime, en 1804, la quantité de métaux précieux exportée aux îles Philippines, année moyenne, à un million, souvent à
1.300.000 piastres. Au nombre des histoires fantastiques, notons le récit du palais bâti
par l'empereur de Chine avec des barres d'argent importées du Pérou. G. Phillips,
Two Mediæval Fuhkien Trading Ports (*Toung Pao*, vol. VI, 1895, p. 457).

(3) *Recopilación*, lib. IX, tit. 45, ley XLIV.

(4) *Ibid.*, leyes LXIX et LXXVIII.

(5) Geronimo de Ustariz, *Théorie et pratique du commerce et de la marine*, Paris, 1753,
p. 135. Cf. H. H. Bancroft, *History of the Pacific States of North America*, vol. VI, San
Francisco, 1888, p. 633.

voulu enserrer le commerce de ces colonies, les voyages des galions sur l'océan Pacifique subsistèrent encore pendant quelque temps : le dernier galion partit pour Acapulco en 1811 et revint à Manille en 1815 (1).

* * *

Par leur situation écartée du reste du monde, les colonies espagnoles des côtes de la mer du Sud végétaient et languissaient, à peu près indifférentes aux variations de la politique européenne jusque vers la fin du XVIIᵉ siècle. Le bruit qui courait de leurs immenses richesses attirait certes de temps en temps quelque corsaire étranger dans ces parages lointains. Le premier de ces perturbateurs fut Francis Drake qui, le 5 décembre 1578, fit son apparition à Valparaiso et qui, ensuite, sur les côtes du Chili, du Pérou et de l'Amérique centrale capturait un certain nombre de vaisseaux espagnols, où il fit un riche butin qu'il rapporta sans encombre en Angleterre. Ce fut le deuxième circumnavigateur après Magellan. Son exploit fut répété huit ans plus tard (1587) par Thomas Cavendish, qui conduisit une expédition de piraterie analogue le long de la côte occidentale de l'Amérique. Elle se termina par la prise, près de la Californie, du galion qui revenait de Manille ; lui aussi, sa circumnavigation achevée, il regagna son pays. Moins heureux fut alors Richard Hawkins, dont le navire, dans le port d'Atacama, le 2 juillet 1594, tomba aux mains des Espagnols, et qui par une longue captivité de plusieurs années, d'abord à Lima, puis en Espagne, paya son intrusion dans la mer du Sud.

Ce revers découragea les Anglais de continuer leurs courses ; ces voyages furent repris par les Hollandais sans grand succès au début. De toute la flotte, qui sous les ordres de Jacob Mahu et de Simon de Cordes quittait la Hollande en 1598, quatre navires seulement atteignirent la côte du Chili, et de ces quatre l'un dut se rendre aux Espagnols et les autres, pour éviter le même sort, se virent obligés de cingler vers l'ouest et de se sauver à travers

(1) J. Mallat, *Les Philippines*, t. II, Paris, 1846, p. 294.

l'océan (1). Une autre expédition qui, la même année (1598), quittait la Hollande, n'eut pas beaucoup plus de chance ; le seul dommage qu'on fit aux Espagnols fut de leur prendre un navire et de piller quelques magasins de Valparaiso ; seul, le chef de l'expédition Olivier Van Noort, réussit, après quelques autres exploits de piraterie aux Philippines, à revenir en Europe par le cap de Bonne-Espérance. Pendant quelques années, la paix régna dans la mer du Sud, jusqu'en 1615, époque où Joris Spilbergen y pénétra avec une escadre qui n'avait pas moins de cinq voiliers. Quoiqu'il eût vaincu la flotte du vice-roi au sud de Callao, il ne fit de descentes qu'à certains endroits, se contentant de capturer les navires qu'il rencontrait et finissant par mettre le cap sur les Philippines et les Moluques. L'entreprise, connue sous le nom du « voyage de la flotte de Nassau » et commandée par Jacob l'Hermite, puis, après sa mort, par Hugo Schapenham, fit courir un danger autrement sérieux aux possessions espagnoles. Le but qu'on se proposait n'était ni plus ni moins que la conquête du Pérou ; une escadre de onze bâtiments, avec 294 canons et 1.600 hommes d'équipage, partit à cet effet en 1623 de Hollande. On réussit bien à entrer dans la mer du Sud par le chemin découvert huit ans plus tôt, autour du cap Horn, et à atteindre Callao après une courte escale à l'île Juan Fernandez, mais la prise de cette ville échoua ; après avoir capturé et brûlé un certain nombre de navires et incendié la ville de Guayaquil, la grande escadre quitta comme elle était venue Acapulco qu'on n'avait point non plus réussi à surprendre, et se dirigea vers les Moluques. Le même insuccès attendait, en 1643, le plan des Hollandais qui envoyèrent à la conquête du Chili une expédition commandée par Hendrick Brouwer. Son entreprise se borna à une prise de possession facile et d'ailleurs peu durable de l'île de Chiloé, mais toutes les tentatives des Hollandais pour s'emparer de Valdivia, en ce moment aux mains des Indiens révoltés, durent être abandonnées ; car les Indiens, qui avaient bien vite compris qu'ils n'avaient pas à attendre un meilleur traitement de ces nouveaux maîtres que des Espagnols, se

(1) L'un de ces trois navires, conduit par le pilote anglais William Adams, acheva sa course au Japon ; l'autre, sous Balthasar de Cordes, aux Moluques ; le sort du troisième est inconnu.

montrèrent peu sûrs ; ils empêchèrent le ravitaillement de la ville, et la flotte hollandaise s'en retourna à Pernambuco où elle avait été armée et équipée.

Il nous reste à signaler la visite du capitaine John Narborough à Valdivia en 1670. Il était envoyé d'Angleterre pour engager des rapports commerciaux avec les colonies espagnoles, et, afin d'en examiner les chances de succès, il devait pousser une reconnaissance le long de la côte occidentale d'Amérique jusqu'en Californie. Il avait des ordres exprès de s'abstenir d'hostilités, mais il n'est pas impossible qu'il y ait eu sous roche le projet d'accaparer quelque territoire pour le compte de l'Angleterre. Toujours est-il que les Espagnols l'accueillirent avec une extrême méfiance et que quelques-uns de ses hommes furent faits prisonniers à Valdivia ; sans pouvoir les délivrer, il dut même, dès cette première rencontre avec les maîtres légitimes du pays, renoncer à l'accomplissement de son plan et retourner en Angleterre.

Le dommage matériel que ces entreprises avaient occasionné aux Espagnols avait certes dans plusieurs cas été très considérable, mais il n'est pourtant nullement comparable à celui que, par exemple, les pirateries des Barbaresques avaient fait au commerce de la Méditerranée. Malgré le mauvais état des mesures de défense dans les colonies espagnoles, les invasions avaient toujours été assez passagères ; leurs suites n'étaient point en rapport avec la terreur extrême qu'elles avaient provoquée près des autorités et du peuple. La puissance coloniale de l'Espagne, sur la mer du Sud, n'avait point subi de perte territoriale, alors que, du côté de l'Atlantique, l'Angleterre, la Hollande et la France avaient étendu leur empire aux dépens de l'Espagne.

Mais, sur la fin du XVII° siècle, une série d'événements se produisit qui, d'une façon bien plus grave que par le passé, rompit le calme où cette paix de plus de trente ans avait endormi les colonies espagnoles sur la côte du Pacifique.

Aux Indes Occidentales, les flibustiers étaient devenus une puissance tantôt tolérée, tantôt plus ou moins ouvertement appuyée par les gouvernements d'Angleterre et de France et par les autorités que ces deux pays avaient établies dans les colonies qu'ils avaient fondées, le plus souvent à l'aide de ces mêmes flibustiers. Un semblant de légitimité couvrait leurs exploits de corsaires, grâce aux lettres de marque expédiées par la puissance qui, pour le moment, était en guerre avec l'Espagne (1). Lorsque le traité passé en 1670 entre l'Espagne et l'Angleterre menaça de mettre obstacle à leurs pirateries, les flibustiers s'unirent dans un effort commun ; sous le commandement d'un de leurs principaux chefs, Henry Morgan, on réunit une flotte de trente-sept voiliers avec 2.000 hommes d'équipage ; on s'empara d'un fort à l'embouchure de ce Rio Chagres célèbre dans l'histoire du canal de Panama, et, après avoir traversé à pied la langue de terre, on prit d'assaut la riche ville de Panama, qui fut saccagée et détruite de la façon la plus cruelle. Cette fois, les hordes sauvages des flibustiers ne poursuivirent pas leur avantage sur la côte de la mer du Sud ; mais le riche butin qu'on y avait à gagner attirait toujours, et après quelques petites tentatives manquées, ce téméraire exploit fut renouvelé neuf ans plus tard (1680). Les Espagnols réussirent certes cette fois à repousser l'attaque contre la ville reconstruite ; mais les flibustiers, qui s'étaient rendus maîtres de quelques navires, entreprirent une croisière le long de la côte du Pérou, pillant les villes et capturant comme une proie facile des navires marchands sans défense. L'océan Pacifique leur semblait un champ d'activité plus lucratif que les Indes Occidentales, où les gouvernements d'Europe commençaient à surveiller plus rigoureusement le respect des traités, et où la complaisance de fonctionnaires avides de gain exigeait comme paiement une part trop lourde du butin. Tant par voie de mer autour du cap Horn, que par terre, à travers l'isthme de Darien, les flibustiers accouraient, vers 1680 et les années suivantes, à la mer du Sud, et de leurs refuges dans l'île Juan Fernandez, dans l'archipel des Galapagos, etc., ils faisaient des incursions sur la côte et la ravageaient cruellement. La proie qu'ils guettaient surtout, c'est-à-dire la flotte d'argent du Pérou et le galion de Manille, leur échap-

(1) Sur la façon dont ces commissions ou lettres de marque étaient expédiées même en temps de paix et sur l'usage qu'on en faisait, on lit des choses curieuses dans la relation des voyages de Dampier (*A new Voyage round the World*, vol. I, Londres, 1699, p. 192).

pait pourtant toujours, et, pour la plupart d'entre eux, le bénéfice n'aura guère compensé leurs sacrifices. Rassasiés de pillages et de meurtres, d'aucuns s'en retournaient sur le chemin de l'ouest, en suivant l'ancienne route des Espagnols par Guam et les Philippines (1) ; d'autres doublaient le cap Horn ; d'autres encore emportaient par terre avec des difficultés et des peines inouïes leurs trésors ramassés, les traînant à travers l'Amérique centrale, où ils marquaient leur passage par de nouveaux crimes.

Comme les bénéfices ne remplissaient point leurs espérances, et que, d'autre part, les Espagnols firent la paix avec les tribus des Indiens qui jusque-là avaient aidé leurs ennemis au travers des forêts de l'isthme de Darien, les exploits des flibustiers sur la côte occidentale de l'Amérique cessaient, et, passé 1690, l'océan Pacifique fut à peu près délivré d'eux. Du côté de l'Atlantique, où leurs méfaits avaient repris plus que jamais pendant la guerre 1688-97, ils furent également contraints, au cours des dernières années du siècle, d'en finir avec leurs brigandages. Il faut en premier lieu attribuer la cause de ce changement à la rivalité des puissances européennes, qui, après la paix de Ryswick, s'efforcèrent à l'envi de gagner la faveur de l'Espagne ; elles espéraient pouvoir, lors du changement de règne attendu, exercer de l'influence sur la succession, et dans ce dessein, elles commencèrent à mettre sérieusement à exécution des mesures contre les flibustiers. Ceux d'entre eux qui ne voulurent point reprendre des métiers pacifiques ou qui, pendant la guerre qui bientôt se ralluma, ne trouvèrent point d'emploi dans la piraterie légalisée en qualité de corsaires, se dispersèrent à travers les mers et les océans.

Lorsque, enfin, elles eurent pu reprendre haleine après la terreur causée par les attaques des flibustiers, les colonies espagnoles jouirent pendant les dernières années du siècle d'une courte période de paix. Mais leurs rapports avec la métropole s'étaient singulière-

(1) Ainsi le capitaine John Eaton avec le vaisseau le *Nicholas* de Londres (1684) et le capitaine Swan avec *the Cygnet* (1686). Celui-ci était accompagné par le célèbre William Dampier qui, fort habilement, a relaté les expériences de ces voyages avec les flibustiers dont il s'efforce de dissimuler le vrai caractère de pirates sous le nom de *the Privateers*.

ment relâchés. L'Espagne elle-même était descendue au dernier
degré de sa déchéance, et les Indes étaient là comme un trésor
oublié, qui ne semblait qu'attendre qu'une main hardie se tendît
pour le saisir. C'est à ce moment que Louis XIV commença d'intervenir dans les affaires espagnoles : pendant quelque temps les
intérêts de l'Espagne et de la France furent intimement liés. Nous
considérons dans la suite les conséquences qui en découlèrent
pour les colonies espagnoles, et particulièrement pour celles qui
étaient situées sur les côtes de la mer du Sud.

CHAPITRE IV

LES INTÉRÊTS DE LA FRANCE DANS LE COMMERCE DES INDES.
LES PRÉCURSEURS DES FRANÇAIS DANS LA MER DU SUD.

La participation des Français au commerce des Indes. — Les marchandises : toiles, draps, soieries, etc. — Les retours. — Le corps des marchands français à Cadix. — Rôle de la marine française dans la protection du commerce. — Projets français pour entrer dans la mer du Sud aux xvi° et xvii° siècles. — Les premiers voyageurs français dans cette mer. — Les flibustiers français : Raveneau de Lussan, Massertie. — Expédition de J.-B. de Gennes.

En France, le commerce avec l'Espagne était considéré comme un des plus importants, sinon le plus important de tous. Mais, dit un auteur contemporain, « ce serait peu de chose que le commerce d'Espagne, si celui des deux vastes empires du Pérou et du Mexique, et de tant d'autres régions du Nouveau Monde, où cette monarchie étend sa domination... ne l'avait rendu un des plus riches et des plus profitables de l'Europe (1). » En admettant que les bruits qui couraient sur les richesses des Indes fussent exagérés, l'expérience n'en avait pas moins démontré que le commerce des Indes était extraordinairement lucratif. Et il l'était d'autant plus selon les conceptions économiques du temps, que les Indes recevaient des produits industriels et donnaient en échange des espèces sonnantes (2). Le commerce des Indes représentait donc bien l'idéal du mercantilisme en fait d'échange commercial, pour le pays qui avait le bonheur de régir ce commerce. L'Espagne

(1) Savary des Bruslons, *Dictionnaire universel de commerce*, éd. in-fol., t. 1, p. 237.
(2) « Que nous conservions et que nous augmentions ce qui nous reste de nos manufactures, principalement celles qui s'envoient en Espagne, et d'Espagne aux Indes, comme étant l'aimant qui nous attire un argent et un or nouveau. » Mémoire de M. Mesnager, 3 décembre 1700. *Correspondance des Contrôleurs généraux des finances*, publ. par A. M. de Boislisle, t. II, Paris, 1883, p. 478.

n'en avait su garder que le semblant, laissant la réalité en proie à la rivalité jalouse des étrangers.

Selon un mémoire de 1691 déjà cité (1), les étrangers, c'est-à-dire les Français, les Anglais, les Hollandais, les Hambourgeois, les Génois et les Flamands, envoyaient à Cadix, à tous les départs des flottes et des galions, des marchandises pour une valeur de 50 millions de livres ; environ un tiers de ces produits restait en Espagne, les deux autres tiers passaient aux Indes (2). La part de l'Espagne dans les chargements des flottes et des galions se bornait à environ 2.500.000 livres. L'auteur que nous citons évalue la part des différentes nations aux « retours des Indes » de la façon qui suit : les Français 13 ou 14 millions, les Anglais 6 ou 7, les Hollandais 10, les Hambourgeois 4, les Génois 11 ou 12, et les Flamands environ 6 millions de livres (3). Et il ajoute qu'on « ne saurait guère savoir précisément quel est le profit que nos négociants font sur ces marchandises ; on peut pourtant compter que ce qu'ils en débitent en Espagne rapporte au moins 12 ou 15 p. 100, et ce qu'ils envoient à leurs risques aux Indes va à 40 et jusqu'à 50 p. 100. » D'autres auteurs estiment encore plus considérable la part de la France dans le commerce des Indes, et chiffrent à une somme encore plus élevée les bénéfices qu'on en tirait (4). Le manque de données statistiques ne nous permet pas de présenter

(1) Aff. Et. Esp. Mém. et doc. 80, f. 22.

(2) M. Patoulet, auteur d'un *Mémoire sur le commerce de Cadix et des Indes*, évalue, en 1686, l'exportation annuelle de la France pour Cadix à environ 18 ou 19 millions de piastres ; en Espagne on consommait, « quand il n'y avait point de peste, de famine ou de guerre », pour 4 à 5 millions de ces marchandises, le reste passait aux Indes, sur les galions et sur la flotte. Aff. Et. France, Mém. et doc. 1992, f. 149.

(3) Les galions qui en 1682 arrivaient à Cadix, apportaient 22.808.977 piastres. De ce montant on exportait pour la France 2 1/2 millions, pour l'Angleterre 2 1/2, pour la Hollande 3 1/2 et pour Gênes 4 1/2, ensemble 13 millions de piastres. Mais on pense aussi que « plusieurs de nos marchands ont remis bonnes parties d'argent pour Angleterre et Hollande, disant que l'argent y rend quelques choses davantage qu'en France ». État de ce qui a été chargé sur les galions navires marchands arrivés à Cadix le 1ᵉʳ sept. 1682 (Aff. Et. France, Mém. et doc. 1992, f. 139) ; Mémoire de l'argent embarqué dans la baie de Cadix après l'arrivée des galions jusques aujourd'hui 19 oct. 1682 (*Ibid.*, f. 145).

(4) « On a presque toujours estimé que, dans le retour des flottes des Indes, il y en avait près du tiers pour les Français, et que, des deux autres tiers, il en revenait encore beaucoup dans le royaume par les autres nations qui ont besoin de marchandises de France. » Mémoire de M. Desmaretz, 1686. *Corr. des Contrôleurs gén. des finances*, t. I, Paris, 1874, p. 545.

des chiffres exacts, mais toutes les autorités sont d'accord pour affirmer que, de toutes les nations qui participaient au commerce des Indes, les Français étaient les plus intéressés et fournissaient à l'Espagne la plus grande quantité de marchandises : « Les Français ont un si grand avantage sur les autres nations par la fertilité de la terre, la grande quantité de chanvre et de lin qu'elle produit, et par leur industrie, qui produit les plus belles et les meilleures manufactures (1). »

Parmi ces manufactures, les toiles de Bretagne et de Normandie occupaient la première place. On considérait cette industrie comme particulièrement utile à la France, non seulement parce qu'elle se basait uniquement sur une matière brute du pays même, mais aussi parce que ses produits étaient pour la plupart destinés au marché étranger. Ainsi, par exemple, on estimait le commerce des toiles préférable à celui des draps que l'on consommait en France : « Les toiles attirent l'argent, parce qu'elles sont transportées aux lieux mêmes d'où il vient (2). » Les principaux centres de production pour les toiles destinées à l'Espagne et aux Indes étaient Rouen, Quintin, Laval, Morlaix, Coutances, Rennes et Cambrai, et on en fabriquait de toutes les qualités, depuis les plus fines, les batistes de Cambrai et les Quintins qu'on employait pour des rabats et des manchettes d'hommes et pour les garnitures de tête des femmes, jusqu'aux plus grossières, les toiles à voiles, qui, sous le nom de noyales, étaient fabriquées dans les environs de Rennes. Les qualités moyennes étaient pourtant les plus importantes pour l'exportation : les toiles de coffre de Rouen, les crés de Morlaix et les laizes de Laval dont on se servait pour les chemises, les serviettes, etc.

L'industrie des toiles françaises était au début on peut dire sans concurrents sur le marché de Cadix ; avant que les longues guerres entre la France et l'Espagne eussent donné aux Hollandais l'occasion de rivaliser avec les Français, l'exportation pour

---

(1) Instruction au marquis de Villars, ambassadeur à Madrid, 15 mai 1679. *Lettres, instructions et mémoires de Colbert*, publ. par Pierre Clément, t. II, Paris, 1863, p. 701.
(2) *État de la France... extrait des mémoires dressez par les Intendans du Royaume... par* M. le comte de Boulainvilliers, t. II, Londres, 1727, p. 13.

l'Espagne des toiles françaises montait, année moyenne, à près de 8 millions de livres (1). L'exportation pour les Indes était toujours considérable : des seules toiles de Rouen, il passait ordinairement sur les galions pour environ 2.400.000 livres, et sur la flotte pour 1.800.000 livres (2). Les noyales donnaient lieu annuellement à un commerce de 300.000 à 400.000 livres du temps de Colbert (3). Un commerçant de Saint-Malo envoya à lui seul, en 1691, sur la flotte du Mexique pour près de 500.000 livres de toiles de Rouen et de Bretagne (4), et il demanda pour cette exportation l'appui du gouvernement, car, dit-il, « il est d'une si grande importance de soutenir ce commerce, tant parce qu'il décharge le royaume de nos manufactures, y apporte l'argent, qu'il convient encore d'entretenir l'Espagne et les Indes dans l'usage de nos toiles et ne les mettre pas, en les privant, dans la nécessité de s'accoutumer à celles de Hambourg et d'ailleurs, où ils s'étudient autant qu'ils peuvent à les contrefaire, afin de s'attirer un commerce aussi utile et précieux. »

Après les toiles, les draps venaient au second rang sur le marché d'Amérique (5). Les régions principales pour l'industrie de la draperie étaient les Flandres, la Picardie, la Normandie et la Champagne. Comme articles particuliers d'exportation en Espagne on cite les draps d'Abbeville, de Sedan et d'Elbeuf, les serges et les ras d'Amiens, de Beauvais, de Reims et de Châlons, ainsi que les bouracans des fabriques de ces mêmes villes et d'ailleurs (6).

(1) Savary des Bruslons, Dict. de commerce, t. I, p. 238.
(2) Ibid., t. III, p. 430.
(3) E. Levasseur, Hist. des classes ouvrières et de l'industrie en France avant 1789, 2ᵉ éd., t. II, Paris, 1901, p. 328.
(4) Corresp. des Contr. gén., t. I, nᵒ 892.
(5) M. Ph. Sagnac prétend que « de toutes les industries textiles, si importantes en France à partir du xviiᵉ siècle, celle de la draperie était la première, laissant loin derrière elle la fabrique de soies, de toiles, etc. » (Revue d'histoire moderne et contemporaine, t. XI, 1907, p. 24). Je n'ai point lieu de douter de la justesse de ce jugement à l'égard du commerce et de l'industrie de la France en général, mais il n'en reste pas moins que tous les documents que j'ai eus sous les yeux donnent aux toiles la première place parmi les articles d'exportation pour les Indes ; il y en a qui ne mentionnent pas même les draps dans l'énumération de ces articles.
(6) Etat des marchandises de France qui se chargent sur les flottes et galions, joint à une lettre de M. de la Chipaudière Magon au Contrôleur général, 26 avril 1705 (Arch. Nat., G⁷ 185) ; Mémoire du sieur Partyet, consul de Cadix, touchant le commerce, 28 novembre 1716 (Arch. Nat. Marine, B⁷ 268). C'est de ce Mémoire que Savary des Bruslons a tiré — sans d'ailleurs le citer — le contenu principal de son étude sur le commerce de Cadix (Dictionnaire de commerce, t. I, p. 243).

Malheureusement la production française de laine ne pouvait subvenir au besoin de matière brute pour cette industrie : l'importation de la fine laine de Castille en particulier était considérable, et dans le bilan commercial de la France la valeur de cette laine contrebalançait les bénéfices des produits manufacturés. La concurrence avec les draps d'Angleterre et de Hollande était en outre dure à supporter pour l'industrie française ; même lorsque la guerre de la succession d'Espagne eut fermé les ports espagnols à ces deux pays, les commerçants français durent consentir à fournir l'Espagne et les Indes de draps manufacturés par leurs ennemis. Les draps de Séville continuaient certes à être les plus recherchés, même à une époque où leur fabrication n'était plus que l'ombre de ce qu'elle avait été jadis; néanmoins les draps français étaient un des principaux articles pour le commerce des Indes (1).

En troisième lieu venaient, selon une source déjà citée (2), les soieries de Tours et de Lyon, comme les pannes, les velours, les brocards, les ras, les moires, les serges de soie, les taffetas et les satins. Ajoutez encore les draps d'or et d'argent et les galons des mêmes métaux. Jusqu'à l'époque de la paix d'Utrecht, les manufactures de Lyon dominaient sans contredit le marché espagnol: l'industrie des soies de Séville et de Grenade avait perdu toute importance, mais, en Amérique, l'importation accrue de soieries chinoises par les Philippines donnait lieu à une concurrence qui inquiétait très vivement les fabricants français. Il arrivait même que les soies chinoises prenaient le chemin du Mexique et parvenaient jusqu'en Espagne, ce qui semblait d'autant plus grave qu'on venait d'ouvrir en France le commerce direct avec la Chine et qu'on avait compté sur l'Espagne pour y trouver le principal débouché des marchandises chinoises auxquelles on voulait, dans l'intérêt des fabriques françaises, fermer l'accès de la France.

Parmi les articles d'habillement il faut encore citer les dentelles de Flandre, de Lorraine et d'Auvergne, les chapeaux de castor, les bas de laine et de soie, etc. ; ajoutez encore toutes sortes de mer-

_____

(1) Sur cette question voir l'article cité plus haut par M. Ph. Sagnac : *L'industrie et le commerce de la draperie en France à la fin du xviiᵉ siècle et au commencement du xviiiᵉ.*
(2) Mémoire du consul Partyet.

ceries et de quincailleries. Enfin les papiers de toutes espèces constituaient un important article d'exportation de la France en Espagne (1).

L'importation à Cadix et aux ports voisins de toutes ces marchandises se faisait surtout sur des navires de Bretagne et de Normandie, spécialement de Saint-Malo. Le nombre des bâtiments qui s'occupaient de ce commerce n'était pourtant pas très considérable : on dit que ceux de Saint-Malo ne surpassaient pas le nombre de quinze frégates par an, ce qui probablement s'explique par le fait que les marchandises précieuses ne demandaient que peu de place.

Le fret de retour de ces vaisseaux consistait principalement en argent, mais aussi en un certain nombre de marchandises précieuses et d'un débit assuré : cuirs, cochenille, indigo, bois de campêche, laines. Le passage suivant d'un mémoire de 1697 nous semble très caractéristique des circonstances dans lesquelles le commerce se faisait :

« Les retours des galions et de la flotte de la Nouvelle Espagne n'arrivent ordinairement à Saint-Malo qu'après dix-huit mois à deux ans à compter du départ des cargaisons que les négociants ont envoyées à Cadix, et ils ne sont pas toujours égaux, dépendant de la quantité des marchandises qu'ils ont envoyées et du débit qu'elles ont eu aux Indes, mais il s'en est vu (des années) qui ont été jusques à 12 millions de livres en espèces ou en matières ; avant la guerre (de la ligue d'Augsbourg), ils étaient presque toujours de 6 à 7 millions de livres, sans compter dans le courant de l'année plusieurs des vaisseaux de Saint-Malo qui passaient à Cadix au retour de la Méditerranée et qui en rapportaient, les uns 100.000, les autres 200.000 piastres, ce qui faisait des sommes considérables au bout de l'année. Les négociants des principales villes du royaume, telles que Paris, Lyon, Tours, Rouen, Marseille et Bordeaux, y sont non seulement intéressés, mais aussi les étrangers (2)... »

(1) Cf. l'énumération des « Marchandises dont les Espagnols font la cargaison de leurs vaisseaux pour l'Amérique. » Savary des Bruslons, Dict. de commerce, t. I, p. 482.
(2) Mémoire de la province de Bretagne dressé par M. Nointel, cité d'après un article par M. Théodoric Legrand, intitulé : Apuntes sobre el comercio de Bretaña con España y las posesiones de Ultramar a fines del siglo XVII, segun un documento francés inédito (Revista de Archivos, Bibliotecas y Museos, t. X, Madrid, 1907, p. 345). Cet auteur omet de dire que ce mémoire, ainsi que les autres que présentaient simultanément tous les intendants du royaume, est publié, en résumé, par le comte de Boulainvilliers. Le passage cité se retrouve, en substance, dans l'État de la France de ce dernier (édition de Londres, 1727, t. II, p. 76).

Parmi les autres villes françaises qui prenaient part au commerce de Cadix, nous citerons Bayonne, dont les navires portaient en Espagne du goudron, du brai, des rames, des planches et autres marchandises nécessaires à la navigation, mais ces marchandises, qu'on qualifie « d'objets peu considérables », ne semblent guère avoir été transportées jusqu'aux Indes. Le commerce de Marseille était, à cet égard, autrement important : les navires de cette ville apportaient à Cadix « des soieries, des tissus et des galons d'or et d'argent de Lyon, des quincailleries du Forez, des toiles de coton blanches et peintes, du papier de toute sorte, du riz de Levant, du café, des liqueurs et des eaux de senteur et de la reine d'Hongrie, de Marseille et de Montpellier, des tapis de Turquie, et enfin toutes sortes de merceries et de drogues d'apothicairerie, tant de France que de Levant » (1). Les navires de Saint-Malo étaient eux aussi intéressés à ce commerce, qui parfois rapportait des sommes considérables (2).

En raison du manque de communications réglées, il était jadis très souvent nécessaire que le marchand en personne ou un de ses agents accompagnât et rapportât ses marchandises. La réglementation étrange établie pour le commerce des Indes rendait encore plus indispensable que les commerçants français fissent surveiller leurs intérêts sur place par des commissionnaires particuliers. Il en résultait que nombre de commerçants français s'établissaient à Séville, à Cadix et dans d'autres villes espagnoles, ou bien qu'on y installait des succursales des maisons de commerce françaises. Surtout à Cadix, les marchands français étaient en très grand nombre : ils formaient une corporation avec ses syndics, et leurs intérêts se discutaient dans des assemblées, sous la présidence du consul de France qui avait droit à une certaine rétribution de ses compatriotes. Auprès des autorités espagnoles les intérêts des étrangers étaient surveillés par un « juge conservateur », chargé

(1) Mémoire de Partyet.
(2) « Les matières d'or et d'argent apportées par les navires de Saint-Malo, depuis l'arrivée de la flotte des Indes à Cadix, montent à 1.800.000 livres pour la France et à 205.000 livres pour Gênes ; mais ces dernières sont restées à Marseille... » M. Lebret, intendant en Provence, au Contrôleur général. 18 février 1689. *Corresp. des Contr. gén.*, t. I, n° 665.

à laquelle on nommait l'un des hommes les plus haut placés de l'Espagne. Le gouvernement de France avait toujours à cœur de protéger ses sujets établis en Espagne, de maintenir leurs droits, d'exiger un dédommagement pour les torts subis par eux, d'empêcher qu'on ne visitât les navires français, etc. Des conflits qui naissaient à ce sujet donnaient souvent lieu à de longues négociations diplomatiques.

Afin de protéger le commerce et d'appuyer les réclamations, on avait souvent recours à la marine de guerre française. Dans l'instruction donnée en 1679 au marquis de Villars, nommé ambassadeur à Madrid, on lit (1) :

« Et comme, sur l'exécution de tous les points contenus en la présente instruction, Sa Majesté est persuadée qu'il faut toujours qu'outre les raisons de justice, d'équité et l'exécution des traités, les Espagnols connaissent qu'elle est toujours en état de se faire faire raison par sa puissance, lorsqu'ils ne la veulent pas faire, Sa Majesté veut que ledit marquis de Villars soit informé qu'elle tiendra toujours en mer de fortes escadres de vaisseaux, sur les côtes de son royaume et d'Espagne, et même dans les îles de l'Amérique et dans le golfe du Mexique, lesquelles paraîtront souvent, soit aux rades de Cadix, lors du départ ou du retour des galions, soit sur leur route, lorsqu'ils partiront des ports de l'Amérique, afin que Sa Majesté puisse prendre les résolutions qu'elle estimera nécessaires au bien de son service. »

Si ces mesures de précaution éveillaient des craintes chez les Espagnols, on devait certes les tranquilliser en assurant qu'elles ne visaient nullement à des hostilités contre l'Espagne. Mais comme d'autre part la participation des Français au commerce des Indes constituait une infraction aux lois espagnoles, la présence des vaisseaux de guerre français à Cadix lors du départ et du retour des galions était bien, en réalité, une contrainte, dont on usait en faveur de la fraude. Sous la protection des canons français, on embarquait sur les galions des marchandises françaises, et on favorisait l'exportation d'argent si sévèrement interdite (2). On allait

(1) *Lettres de Colbert*, t. II, p. 704.
(2) « Le Roi ayant été informé par les marchands de son royaume qui font le commerce d'Espagne que la flotte des Indes doit arriver à Cadix le mois prochain et qu'elle est chargée d'une quantité considérable de barres d'argent pour leur compte, Sa Majesté veut envoyer deux de ces vaisseaux de guerre à la barre de Cadix pour en favoriser l'embarquement. » Lettre de Colbert à Colbert de Terron, intendant à Rochefort,

d'ailleurs encore plus loin : en pleine paix, on menaçait, si les autorités espagnoles mettaient obstacle au commerce français secret, d'interrompre à main armée la navigation espagnole vers l'Amérique. Il ne paraîtra peut-être pas déplacé de citer un exemple de cette façon d'agir, tiré d'un exposé historique inédit des rapports commerciaux entre la France et l'Espagne (1) :

« Sa Majesté ayant eu avis, en 1683, que le marquis de Monclova avait ordre de se saisir à Cadix de tous les effets qui se trouveraient appartenir aux Français dans les galions à leur retour des Indes, elle voulut que le comte de Vauguyon déclarât au duc de Medinaceli, premier ministre, qu'elle avait jusqu'alors ordonné aux commandants de ses vaisseaux d'assister et de secourir ceux que le roi catholique employait à la navigation de la Nouvelle Espagne et défendre aux flibustiers de faire aucune course sur eux, mais que, si l'on prétendait rompre le commerce que les Français avaient jusqu'alors fait à Cadix, ainsi que les autres nations de l'Europe, on devait s'attendre que, comme il n'y avait point de paix établie au-delà de la Ligne, il lui serait facile de troubler la navigation des bâtiments espagnols en Amérique. Ces ordres ne furent point exécutés parce que le roi d'Espagne se contenta d'une somme de 500.000 écus, qu'il leva par forme d'indult sur les marchandises nouvellement apportées des Indes, sans rechercher à qui elles appartenaient. Il est vrai, qu'après la rupture qui survint cette même année entre la France et l'Espagne, le roi catholique, qui avait reçu l'indult de 500.000 écus, permit à la Contratacion de Séville de s'en rembourser sur les marchandises qui se trouveraient appartenir aux Français, et que la plupart des commissionnaires espagnols persistant à leur garder fidèlement le secret, on prit l'expédient de confisquer au Mexique toutes les marchandises des manufactures de France, mais après la conclusion de la trève signée à Ratisbonne en 1684, le Roi, sans avouer que les marchandises confisquées appartinssent à ses sujets, demanda hautement qu'elles fussent rendues aux commissionnaires espagnols, faisant observer qu'aucun Espagnol ne voudrait plus acheter à crédit ni en argent comptant des marchandises de France pour les Indes, s'il se voyait exposé à les perdre sous le prétexte qu'elles appartiendraient à des Français, et que c'était rompre en effet le commerce que les sujets de Sa Majesté faisaient en Espagne sous la foi des traités. Ces raisons, soutenues par deux escadres que le Roi envoya à Cadix, dé-

---

16 août 1669. *Ibid.*, t. II, p. 483. — Sur l'envoi d'escadres françaises à Cadix dans le même dessein, voir aussi : *Ibid.*, t. II, p. 502, 522, 711 ; t. III, p. 181, 472, 497 ; *Corresp. des Contr. gén.*, t. II, n° 34.

(1) Négociations entre la France et l'Espagne au sujet de leur commerce réciproque, depuis l'année 1659 jusqu'en 1716. Aff. Et. Esp. Mém. et doc. 153, f. 15. Sur l'origine de l'affaire en question voir aussi le Mémoire de M. Patoulet (1686), §§ 35-38. Aff. Et. France, Mém. et doc. 1993, f. 166.

termina le roi catholique à faire rendre aux commissionnaires des Français en Espagne les 500.000 écus que l'on avait éxigé. »

*
* *

Les intérêts commerciaux de la France, tels que nous les avons ici représentés, s'étendaient exclusivement à la participation au commerce par la voie de la flotte et des galions. Les nombreux obstacles qui entravaient ce commerce, non seulement pour les Espagnols eux-mêmes, mais encore plus pour les marchands étrangers, avaient, depuis une époque très reculée, fait souhaiter de voir ouvrir des voies de communication directes avec les marchés américains. Nous avons déjà signalé en passant comment ce souhait s'était réalisé grâce à des conquêtes étrangères sur la côte atlantique de l'Amérique, et par l'ouverture d'un commerce de contrebande très étendu dans les Indes Occidentales. L'Espagne avait un peu mieux réussi à protéger ses colonies sur les côtes du Pacifique contre l'intrusion des étrangers. Les expéditions anglaises et hollandaises vers ces parages dont nous avons jusqu'ici rendu compte, n'avaient point mené à une prise de possession durable ni même à des rapports commerciaux réguliers.

Nous n'avons, par contre, à mentionner aucune tentative française pour engager des rapports de commerce avec ces contrées. Seulement il ne faut point voir dans ce fait une preuve qu'on n'aurait pas de bonne heure jeté les regards de ce côté. Mais l'activité française s'était bornée à la participation des particuliers à des entreprises étrangères ; les projets faits en France même, les expéditions qu'on y avait équipées n'avaient point eu de résultat.

Déjà l'équipage de la flotte de Magellan, composé d'hommes de nationalités diverses, ne comptait pas moins de dix-neuf Français(1). Nous trouverons parmi eux des hommes natifs de Montpellier, de La Rochelle, du Croisic, de Saint-Malo, de Rouen, etc., mais aucun des compagnons français de Magellan ne revint en Europe avec Sebastian de Elcano. Nous possédons les indices d'un plan qui tendait à trouver, avec des vaisseaux du roi de France, un passage nord-ouest, pour entrer dans cet océan que Magellan venait·

(1) Antonio Pigafetta, *Magellan's Voyage around the World*, ed. by James Alexander Robertson, vol. I, Cleveland, 1906, p. 204.

de traverser : je parle des renseignements sommaires sur le voyage de Giovanni de Verrazano en 1524. Des essais tentés pour persuader l'un des pilotes de Magellan, Leone Pancaldo, de suivre les traces du grand explorateur et de montrer aux Français le chemin des îles des Épices, échouèrent contre les intrigues des Portugais (1).

Si, après cela, le gouvernement français abandonna pour long-temps l'idée de pénétrer dans la mer du Sud, il n'y a guère de doute que des particuliers, défiant l'interdiction des Espagnols, aient réussi à trouver l'accès des côtes de cet océan. Nous citerons l'exemple de ce Pierre Olivier Malherbe qui vers 1592 se rendit au Mexique et qui de là passa au Pérou, où il vécut quelques années, visitant entre autres places, Potosi. Ses descriptions fantastiques des masses d'or qu'il aurait vues dans ces pays ne permettent guère malheureusement d'avoir confiance en sa véracité ; il en est de même du récit relatif à la continuation de ses voyages. En quittant Lima, il aurait navigué sur un navire à destination des îles Salomon, mais aurait été poussé par des tempêtes, et à cause de l'ignorance des pilotes, jusqu'au détroit de Magellan ; il aurait ensuite atteint les Philippines — voyage ignoré de tous les documents espagnols et qui n'a assurément jamais eu lieu. Nous n'avons pas de raison pour examiner si Malherbe mérite plus de confiance quand il raconte la suite de son voyage, qui l'aurait mené par Canton et Malacca aux Indes Orientales, où il séjourna pendant plusieurs années, pour enfin, son tour du monde achevé, se présenter à Paris en 1609 et faire à Henri IV des propositions allé-chantes de conquêtes faciles dans les riches pays qu'il avait visi-tés (2). De la même époque à peu près sont les voyages en Amérique d'un autre Français, Vincent Le Blanc. Son récit ne prouve pas avec certitude qu'il soit allé plus loin qu'au Mexique, et ce qui y est dit sur le Pérou, le Chili et le détroit de Magellan est peut-être ajouté par l'éditeur de cette relation de voyage (3).

---

(1) Charles de La Roncière, *Histoire de la marine française*, t. III, Paris, 1906, p. 274.

(2) Voir : Ch. de La Roncière, *Le premier voyage français autour du monde* (*La Revue hebdomadaire*, 7 septembre 1907, p. 22-36).

(3) *Les voyages fameux du sieur Vincent Le Blanc, Marseillois, qu'il a faits depuis l'aage de douze ans iusques à soixante aux quatre parties du Monde...* redigez par Pierre Bergeron, Paris, 1649.

C'est du temps de Henri IV que datent les premiers essais faits pour étendre le commerce français aux Indes Orientales par la fondation de Compagnies (1). Ces tentatives furent reprises par Richelieu et réalisées par Colbert : nous en reparlerons dans un chapitre suivant dans la mesure où elles intéressent le commerce français dans la mer du Sud.

De temps en temps, nous trouvons des allusions qui prouvent que la France jetait des regards avides sur les colonies espagnoles des côtes de cette mer, ou projetait d'y faire de nouvelles découvertes. En 1670, Louis XIV accorda à un Hollandais, Laurent van Heemskerk, la concession « de tous les pays qu'il a découverts ou découvrira, entrant dans les mers de l'Amérique septentrionale au-dessus du Canada, même au-dedans desdites mers, et du côté de celle du Sud (2). » L'année suivante on délibéra sur une proposition d'un certain capitaine Poulet, qui s'était offert à « tenter la découverte de la communication de la mer du Sud et de celle du Nord par le détroit de Davis ou par celui de Magellan (3) » ; en 1672 le roi fixe une « bonne récompense » pour celui qui découvrirait un passage dans la mer du Sud du côté du Canada, attendu qu'il « n'y avait rien de plus important pour ce pays-là et pour le service de Sa Majesté (4). » Un habitant du Béarn dont le nom est inconnu aurait, paraît-il, présenté à Colbert « un plan pour enlever le Pérou aux Espagnols et y établir la domination française (5) » ; un projet semblable fut soumis à Louis XIV par un aventurier espagnol, qui se présente sous le nom de don Balthazar Pardo de Figueroa, mais qui avoue être venu d'Amérique en France « ayant changé de nom et de surnom pour pouvoir avec plus de sûreté et de secret se présenter aux pieds du roi. » Dans la description fantastique que ce don Balthazar donne de ses propres aventures, il raconte entre autres choses que, bravant les défenses des autorités espagnoles,

(1) Sur les idées émises à cette époque en France pour trouver le passage du nord-ouest et même percer l'isthme de Panama, voir l'article de M. Ch. de La Roncière : *Les routes de l'Inde ; le passage par les pôles et l'isthme de Panama au temps de Henri IV* (*Revue des questions historiques*, N. S. t. XXXII, 1904, p. 157-209).

(2) Colbert à Colbert de Croissy, ambassadeur à Londres, 2 mai 1670. *Lettres de Colbert*, t. III : 1, p. 239.

(3) Colbert à M. Talon, intendant au Canada, 11 février 1671. *Ibid.*, t. III : 2, p. 517.

(4) Colbert au même, 4 juin 1672. *Ibid.*, t. III : 2, p. 540.

(5) *Correspondance des Contrôleurs gén. des finances*, t. I, n° 1116, note.

il avait épousé une « dame » qui descendait des vieux rois des Incas et qu'il était ainsi devenu l'héritier légitime de leurs droits ; que, dans les hautes fonctions qu'il avait remplies, il avait toujours essayé de protéger la population indigène contre l'oppression des Espagnols ; aussi le peuple reconnaissant lui avait-il offert la couronne royale des provinces du Chili et du Paraguay. Il avait cependant compris que, malgré l'armée de 60.000 hommes qu'on avait mise à sa disposition, il n'avait point de chance de secouer le joug espagnol, à moins qu'on ne pût s'assurer de l'appui de quelque puissance européenne ; c'est cet appui qu'il venait demander au roi de France : avec une flotte peu nombreuse et quelques centaines de soldats, il promettait qu'on conquerrait sans difficulté toute l'Amérique du Sud. Le plan détaillé mais assez confus qu'il projette à cette fin, et qui, en réalité, se propose de capturer les navires espagnols dans la mer du Sud et d'accaparer leurs riches cargaisons, ne semble certes pas fait pour trouver un bon accueil auprès de Louis XIV et de ses ministres, à moins toutefois qu'on ne voie une preuve du contraire dans le fait que sa demande de faire traduire en français son plan écrit en espagnol, fut agréée : cette traduction est gardée parmi les papiers de Colbert (1).

Il n'en reste pas moins certain qu'aucun de ces projets plus ou moins réalisables ne fut jamais mis à exécution. Pendant tout le xviie siècle, nous n'avons pas un seul exemple de navire français, parti de France, qui ait pénétré dans la mer du Sud — à moins d'ajouter foi au dire de l'Espagnol don Francisco de Seixas y Lovera. Celui-ci raconte qu'un navire de Rouen, sous le commandement de Jean-Baptiste de la Feuillade, aurait en 1667, de retour des Moluques, fait naufrage près de l'embouchure ouest du détroit de Magellan ; avec les épaves du navire, le capitaine aurait construit une petite frégate « pour sauver ses gens et le plus

(1) Mémoire présenté à Louis XIV par D. Balthazar Pardo de Figueroa, pour l'engager à entreprendre la conquête du Pérou (sans date). *Archives des voyages...* par H. Ternaux-Compans, t. II, Paris, 1841, p. 241-296. — M. Barros Arana prétend qu'il suffit de parcourir rapidement ce mémoire pour voir qu'à part quelques traits généraux il ne contient qu'un tissu de mensonges qui ne saurait imposer à quiconque a la moindre connaissance de ces pays, de leur géographie et de leur histoire (*Historia jen. de Chile*, t. V, p. 129). En dépit de ce jugement, il nous semble indéniable que le mémoire contient diverses choses qui témoignent de renseignements pris sur place.

précieux de sa cargaison (1). » Seixas raconte encore qu'une escadre, composée de trois navires français, aurait en 1675 traversé le détroit de Le Maire et serait revenue par l'est de la Terre des États (2). Mais la source d'où sont tirés ces renseignements est trop sujette à caution pour que nous puissions nous y fier, lorsqu'ils ne sont pas confirmés par ailleurs.

Nous n'avons pas pu non plus découvrir des rapports entre les plans que nous venons de citer et les entreprises qu'on tenta bientôt après. L'idée de ces entreprises est sûrement due aux récits des expéditions des flibustiers dans la mer du Sud.

Dès le xvıᵉ siècle, des corsaires français avaient fait des visites dans les Indes Occidentales, causant aux Espagnols des pertes considérables (3) ; pendant le siècle suivant ils formaient, avec les Anglais, la majorité des bandes audacieuses et effrénées des flibustiers. Parmi leurs capitaines français, Pierre le Grand, Montbars, François l'Olonnois et d'autres se sont fait remarquer par la hardiesse de leurs exploits. La bande qui transporta la scène de la guerre sur les côtes de la mer du Sud, faisant voile de Panama en 1680, se composait principalement d'Anglais. En 1685 cette bande

---

(1) *Théâtre Naval Hydrographique, des flux et reflux, des courans des Mers, Détroits, Archipels et Passages aquatiques du Monde...* Dédié à S. A. S. Mgr le Comte de Toulouse... par son auteur, Don Francisco de Seixas y Lovera, Paris, 1704, p. 115. — James Burney (*A Chronol. History of the Voyages in the South Sea*, t. III, Lond., 1813, p. 269) qui cite ce même récit qu'il tire de l'édition espagnole de l'ouvrage de Seixas, ne doute pas de sa véracité ; il considère le récit comme très curieux en ce sens qu'il contiendrait les premières indications sur l'apparition d'un navire français dans la mer du Sud. Même don Martin Fernandez Navarrete prend les relations de Seixas au sérieux (*Disertacion sobre la historia de la nautica*, Madrid, 1846, p. 311-320).

(2) *Descripcion geographica, y derrotero de la region austral magellanica...* por el Capitan Don Francisco de Seixas y Lovera, Madrid, 1690, f. 26 vᵒ. — L'auteur de ces deux ouvrages ne dit pas seulement qu'il a fait lui-même de longs voyages dans l'Océan Pacifique ; il mentionne aussi d'autres voyages faits par des capitaines hollandais et anglais, et il s'appuie sur des livres imprimés, en indiquant même la page, livres que malheureusement personne autre que lui n'a jamais vus. Voici un trait caractéristique de la véracité de l'auteur : en 1699 il aurait découvert dans le Honduras une mine de pierre d'aimant « dont, dit-il, la vertu attractive était si grande que m'y étant présenté, mon épée sortit de mon fourreau. » Après avoir essayé en Espagne — en vain ce semble — de faire accueillir ses projets de découvertes, il s'adressa à la France, où on lui trouva « beaucoup de connaissance des affaires des Indes. » Les ouvrages non imprimés qu'il énumère dans le prologue de son Théâtre Naval, se retrouvent aux Archives du Ministère des Aff. Étr., Esp. Mém. et doc. Il mourut à Versailles, probablement en 1705 ; sa veuve, doña Damiana de Cueva, reçut pendant quelques années une pension annuelle de 200 livres ; en 1717 elle pétitionne pour qu'on la lui rende.

(3) Voir : Gabriel Marcel, *Les corsaires français au xvıᵉ siècle dans les Antilles* (Compte rendu du Congrès intern. des Américanistes, 12ᵉ session, tenue à Paris en 1900, p. 63-89).

d'Anglais fut renforcée par une troupe nombreuse de Français commandés par les capitaines Grogniet et L'Escuyer. Il n'était
cependant pas facile de maintenir la bonne entente entre les deux
nationalités ; souvent séparée par suite de luttes intestines, la bande
des flibustiers s'unissait pour piller des villes sans défense. Le
plus grand butin qu'ils firent fut la conquête de Guayaquil en
avril 1687. Les cruautés commises là et ailleurs sont relatées
tout au long par un partisan français, Raveneau de Lussan ; il
décrit aussi la retraite des flibustiers, chargés de butin, à travers
l'Amérique centrale jusqu'à la côte de l'Atlantique (1), où ils arrivèrent en février 1688. Quelques bandes moins nombreuses restèrent encore longtemps sur les côtes du Pacifique. A l'un de ces
groupes de flibustiers, dont les aventures sont en général très
peu connues, nous consacrerons quelques mots.

Nous voyons dans un manuscrit de la Bibliothèque nationale (2)
que le 19 mai 1686 un navire français se trouvait dans la « baie de
Panama » — probablement dans quelque port de la côte atlantique
de l'isthme, peut-être Portobello. Le nom du navire n'est pas
mentionné, celui du capitaine non plus, mais la preuve que
c'était un simple forban, c'est que, dans le port même, le navire
fut attaqué par deux bâtiments de guerre anglais. Ceux-ci
coulèrent un navire anglais qui s'était joint aux Français pour
faire des affaires en commun. Les assaillants se retirèrent à la mort
d'un de leurs capitaines. Le caractère corsaire de l'expédition se
trouve confirmé par les faits suivants. Le 15 juillet on fit voile
pour la « côte de Boston » afin de se ravitailler ; en route, on captura des navires de différentes nationalités, et à l'île Saint-Pierre
on rencontra des pêcheurs de Saint-Malo qui — cédant sans doute
à la force — partagèrent leurs approvisionnements avec le corsaire
français. De là, on cingla vers le Brésil : en route, nouvelles

---

(1) *Journal du voyage fait à la mer du Sud avec les Flibustiers de l'Amérique*,
Paris, 1705.

(2) Fonds fr. n° 385, publié par M. E. Ducéré sous le titre : *Journal de bord d'un Flibustier (1686-1693)*, Bayonne, 1894. Sauf un avant-propos très bref, tous les com-
mentaires manquent ; les noms de lieux sont souvent écorchés à être méconnaissables.
Le manuscrit est accompagné d'environ soixante cartes et plans très grossiers, avec des
notes explicatives. Un autre manuscrit (Fonds fr. n° 386), probablement de la même
époque, contient un routier de l'océan Pacifique, intitulé : « Routes chencralles en
quoy sécrit la navigation de la mer du Sud ».

rencontres avec des navires étrangers, descente à terre sur la côte de Guinée, combats avec les nègres, prise de quelques navires négriers portugais dont la cargaison noire fut tout entière vouée à la mort en manière de représailles pour venger les camarades tués en descendant à terre ; enfin convaincus que leurs victimes « n'étaient point de la même nation que les autres », les corsaires se contentèrent pourtant de ravir aux Portugais « leurs rafraîchissements avec dix nègres pour nous servir. » Après une courte escale à l'île Sainte-Anne sur la côte du Brésil, on atteignit l'embouchure du détroit de Magellan le 10 mars 1687, et un mois plus tard on pénétra dans la mer du Sud.

Sur la côte sud-américaine, qu'on longea sur toute son étendue, on ne fit que trois descentes à terre à des endroits dont les noms sont impossibles à identifier avec certitude (1), et le butin se borna à deux petits voiliers, quelques vivres et une caravane de mules chargées de drap, dont malheureusement on ne put emporter qu'une faible partie.

Arrivés à l'île Coiba, le 20 juillet, les corsaires s'apprêtaient à entrer dans la baie de Panama, espérant pouvoir s'y joindre à des compatriotes qui auraient pris le chemin de terre ordinaire des flibustiers pour la mer du Sud, c'est-à-dire à travers l'isthme de Darien, mais au lieu de compatriotes on rencontra, surprise désagréable, la flotte de guerre du Pérou, composée de trois vaisseaux. A la vue de cet ennemi très supérieur en nombre, les Français, qui ne comptaient que quarante et un hommes, se préparaient à vendre leurs vies aussi cher que possible et à faire sauter leur navire, mais l'issue fut plus heureuse qu'on n'eût osé l'espérer : après un combat qui dura un jour entier, les Français se tirèrent d'affaire avec un homme mort et un blessé.

Les corsaires reprirent leur course le long des côtes de l'Amérique centrale et de la Nouvelle Espagne ; à divers endroits on débarqua à terre des détachements pour faire de vastes reconnaissances à l'intérieur du pays ; toujours cernés par des troupes de cavaliers espagnols, ces détachements avaient peu de succès

---

(1) « Le port de Vettes » qu'on décrit comme inhabité, manquant d'eau et de bois, est probablement situé dans la Patagonie occidentale ; « Casmu » est sans doute Huasco et « la rivière de Tombo » la Valle de Tambo.

dans leurs efforts pour rafler des approvisionnements dont on avait un besoin extrême. C'est seulement après avoir atteint la Valle de Banderas, le 4 novembre, qu'on put ravitailler le navire en faisant la chasse aux troupeaux de bétail qui y paissaient. Après avoir quitté cet endroit, on rencontra, le 15 décembre, une petite barque dans laquelle se trouvaient six Français à demi morts de faim (1). Ceux-ci appartenaient à un parti de flibustiers qui, quelque temps auparavant, s'était séparé du capitaine Grogniet, pour se mettre à l'affût du galion de Manille sous la pointe méridionale de la Californie. Ayant échoué dans cette tentative, ils avaient entrepris une expédition sur le continent, mais, en cours de route, six hommes dans une barque avaient été séparés de leurs camarades. Un peu plus loin on trouva ceux-ci près de l'embouchure d'une lagune, appelée sur les cartes modernes Laguna Tecapan. Leur nombre doublé, les corsaires français se mirent en route pour surprendre une ville, Acaponeta, située dans l'intérieur du pays ; ils ne réussirent cependant pas à l'atteindre. Dans les hameaux par où ils passaient, ils firent prisonniers hommes et femmes pour forcer leurs compatriotes à leur fournir des vivres en rançon. La plus belle proie fut un Père jésuite. Lorsque ceux qui l'avaient pris retournèrent avec lui auprès de leurs camarades affamés, il y eut une telle joie « qu'il y en avait qui avant ne pouvaient remuer qui furent un gros quart d'heure à sauter et à remercier Dieu d'aussi bon cœur que s'ils eussent pris le roi d'Espagne propre. » On dut malheureusement attendre longuement le paiement de la rançon ; le pauvre jésuite fit de vains essais pour s'enfuir, et nous n'insisterons pas sur tous les méfaits que les flibustiers exercèrent pour forcer les autorités récalcitrantes à racheter les prisonniers. Trois mois après, la famine obligea enfin les pirates à se contenter d'une rançon de vivres et à renoncer à la somme d'argent considérable qu'ils avaient d'abord exigée.

(1) Ce ne fut point la première rencontre de nos flibustiers avec des compatriotes. Le 17 sept. 1687 ils avaient aperçu dans un petit port près de Tehuantepec une escadre de 5 à 6 navires ; ces navires avaient mis à l'eau un petit bateau qui cependant, à cause d'une forte houle, ne put rejoindre le corsaire qui courait des bordées devant le port. On supposa que c'était une flotte française, ce qui était d'ailleurs exact ; c'était cette escadre à bord de laquelle se trouvait Raveneau de Lussan ; il mentionne en effet cette rencontre ratée qu'il place à la date du 26 sept. (op. cit., p. 355). La différence de date s'explique par le fait que les deux partis comptaient l'un d'après le style nouveau, l'autre d'après le vieux style.

Ils passèrent quelques mois dans la baie de La Paz sur la presqu'île de Californie afin de réparer leur navire et ensuite, après une expédition avortée qui avait pour but de prendre la ville de Sinaloa, ils reprirent la mer, s'enfonçant vers le nord dans le golfe de Californie. Le 19 septembre 1688, par 28° de latitude Nord, on vit le golfe se rétrécir au point qu'aucun passage de ce côté ne semblait possible — nous concluons qu'ils s'étaient égarés dans le canal entre la grande île Tiburon et la terre ferme — ; on commença à mettre en doute que la Californie fût une île comme le voulaient les géographes du temps et on résolut de rebrousser chemin. L'auteur du journal a très certainement raison lorsqu'il suppose qu'aucun navire avant lui n'est remonté aussi haut, et il déconseille à tout le monde de renouveler l'essai ; « ils courent grand risque, dit-il, de s'y perdre et d'y mourir de faim parce que c'est une méchante côte. » De fait, il se passa treize ans avant que sa découverte de la vraie nature de la Californie fût confirmée par le Père Kino, et encore plus longtemps avant que cette découverte fût généralement reconnue par les géographes.

Pendant le voyage de retour, les flibustiers renouvelèrent la tentative de surprendre Acaponeta et, cette fois, ils eurent plus de succès : la ville fut prise ; le gouverneur et plusieurs des habitants les plus notables furent faits prisonniers ; on fixa une forte somme comme rançon. C'est en vain qu'un navire fut expédié d'Acapulco pour combattre les pirates. La torture exercée sur les malheureux prisonniers, de nouveaux meurtres, rien ne put extorquer la rançon demandée ; le gouverneur se noya en essayant de prendre la fuite ; finalement, on dut se contenter de la somme que le mari « d'une dame de qualité » paya pour sa femme, et on relâcha les autres prisonniers. Après un assez long séjour aux îles Galapagos et une croisière sur la côte du Pérou, où l'on captura un navire chargé de marchandises précieuses, à destination de Lima, on s'en retourna avec cette prise aux Galapagos. Le vieux navire, qui ne pouvait plus tenir la mer, y fut brûlé, et le nouveau vaisseau baptisé le *Saint-François*. Une partie seulement de l'équipage s'y embarqua ; les autres, préférant tenter la fortune sur une autre voie, partirent dans une barque. C'est sur cette séparation, et à la date du 8 juin 1690, que finit la première partie du journal que nous avons suivi.

La seconde partie du journal reprend à la même date ; mais l'auteur n'est plus anonyme : c'est un certain Massertie. On ne risquerait guère de se tromper en le désignant comme l'auteur du premier tome également; ce qui est certain, c'est qu'il a pris part aux événements qui y sont relatés. Il est à supposer que la séparation qui eut lieu dans l'archipel des Galapagos ne fut pas des deux côtés entièrement volontaire ; une de ces querelles si fréquentes parmi les flibustiers aura probablement éclaté, peut-être une mutinerie, et le capitaine destitué, le commandement du vaisseau aura passé aux mains de Massertie. C'est en qualité de capitaine qu'il relate les événements suivants.

La pieuse invocation « Au nom du Père et du Fils et du Saint-Esprit, Amen ! » qui ouvre cette seconde partie du journal pourrait faire croire à un changement de caractère de l'expédition, mais ce n'est nullement le cas. Bien que le journal se borne au récit des simples faits, il devient manifeste que les trois ans et demi que les flibustiers passèrent encore dans la mer du Sud ne furent qu'une piraterie ininterrompue : nous n'entendrons parler que de prises de navires, de descentes à terre et de déprédations sur les côtes du Chili et du Pérou. « Cependant ils remportaient peu de butin, dit un autre voyageur français, tant par la mauvaise conduite de leur troupe mal disciplinée, que parce qu'ils trouvaient les marchandises trop embarrassantes pour des gens qui n'ont point de retraite ; ils se contentaient de les rançonner, et lorsqu'ils y pouvaient prendre pour cinq à six mois de vivres, ils se retiraient au large dans quelque île, où ils passaient le temps à la chasse et à la pêche, et après y avoir consommé leurs vivres, ils retournaient à la côte (1). » Les points de retraite où les corsaires se retiraient pour réparer leurs navires, panser leurs blessures et partager la proie, étaient surtout l'archipel des Tres Marias, les

_____

(1) *Relation du voyage de M. de Gennes au détroit de Magellan*, par le Sr Froger, Paris, 1699, p. 106. — Cet ouvrage auquel nous reviendrons dans la suite donne un aperçu rapide des entreprises de ces flibustiers. Nous ne connaissons qu'un document espagnol confirmant ces récits : c'est une lettre du corregidor de Coquimbo du 22 avril 1692, où il raconte qu'un navire de pirates avait fait une descente à Huasco (Barros Arana, *op. cit.*, t. V, p. 269). A la même date Massertie note dans son journal : « Envoyé le canot de guerre à terre, avec 50 hommes, dans la rivière de Cospe ».

Galapagos, et l'île Juan Fernandez. C'est à cette dernière île que Massertie revint le 29 décembre 1692 avec un équipage fort éprouvé. Plusieurs hommes moururent à terre, et, las des peines et des périls, les survivants résolurent de repasser dans la mer du Nord. On fit donc le partage définitif du butin qui montait de 8 à 9.000 livres par personne. Mais il y en eut qui ne s'en contentèrent pas ; Massertie dit à ce sujet : « notre quartier-maître avec vingt-deux hommes ont demandé notre grand canot de guerre pour rester en cette mer. » Le récit de Froger que nous venons de citer nous apprend les raisons de cette résolution : les hommes qui restaient avaient perdu au jeu tout le profit de tant d'années et préféraient tenter une nouvelle expédition de corsaires, plutôt que de s'en retourner les mains vides.

Massertie, de son côté, partit de Juan Fernandez le 1er février 1693 « pour faire route pour le détroit de Magellan » ; mais il ne put résister, lui non plus, au désir de tenter la fortune une dernière fois. Au cours d'une croisière de onze mois le long de la côte du Pérou, on fit huit nouvelles prises ; on échangea l'ancien navire le *Saint-François* contre une de ces prises, le *Rosaire* ; le 19 août seulement on appareilla des Galapagos, et on se mit en route, définitivement cette fois, pour le retour. Le 1er décembre on reconnut le détroit de Magellan qu'on traversa en dix-sept jours ; après une escale au Brésil et à Cayenne, on découvrit, le 3 septembre 1694, l'île d'Yeu sur la côte de la patrie. Le jour suivant on entra au port de La Rochelle « où, dit le journal, nous avons échoué en la digue au proche de la patache (la Pallice ?), sur le sable où le navire s'est crevé et entièrement perdu. »

Les flibustiers avaient de bonnes raisons pour s'attendre à des revendications sérieuses lors de leur retour. Certes la paix en Europe n'était point considérée comme une obligation « au-delà de la ligne », mais la politique n'en exigeait pas moins qu'on montrât quelques égards envers les Espagnols. Des amnisties avaient été promulguées de temps à autre pour pousser les forbans à abandonner leur métier, mais. cette mesure étant insuffisante, on avait été forcé de frapper de grands coups. Or, au moment où Massertie revit sa patrie, celle-ci était engagée dans une nouvelle guerre avec l'Espagne L'expérience des flibustiers pouvait donc être utile : aussi semblent-ils n'avoir rien omis pour faire valoir cette expérience et le parti qu'on pourrait en tirer.

Nous avons déjà montré le rôle que les trésors du Nouveau Monde jouèrent dans les conceptions générales du temps ; les récits fantastiques des flibustiers donnèrent un aliment nouveau aux imaginations. Ils ne parlaient que d'or, d'argent et de pierres précieuses ; ils dépeignaient en termes enthousiastes toutes les ressources naturelles des colonies espagnoles, particulièrement du Pérou ; on les écoutait avidement lorsqu'ils exposaient la facilité avec laquelle on arracherait ces trésors des mains des Espagnols indolents et inaptes à la guerre. Il suffira de citer un exemple.

Dans un mémoire (1), sans doute basé sur les racontars des flibustiers, on trouve exposé un projet d'expédition à la mer du Sud. Cette expédition trouverait des points d'appui dans les nombreuses îles le long de la côte, d'où les Espagnols avaient été chassés par les corsaires français et anglais, depuis Chiloé, « la plus belle de toutes ces îles », au sud, jusqu'à la Californie au nord, « la plus grande île qui soit au monde ». Toutefois, il importait avant tout de trouver trois îles « que les Espagnols se donnaient un grand soin de tenir cachées et d'en ôter la connaissance non seulement aux étrangers, mais encore à leurs gens. » Aussi, toutes les cartes où s'étaient trouvées marquées ces îles avaient-elles été détruites ; cependant, quelque temps auparavant, on en avait retrouvé une entre les mains d'un pilote espagnol. Cette carte s'était par la suite perdue « par le peu de cas qu'en firent des gens qui, n'en connaissant pas l'importance, la jugèrent inutile ». Heureusement « un particulier plus curieux que les autres » avait eu le temps d'examiner cette carte ; il avait fait la remarque à l'égard de ces trois îles « qu'elles étaient en figure de trépied, situées à 250 lieues ou environ de terre, par les 16° 30' de lat. S., et que ces mots latins étaient écrits auprès : *hic vspiant insulas esse auro divites nonulli volunt* ». Des recherches faites par ce même « particulier curieux » avaient démontré

---

(1) Mémoire des établissements espagnols dans la mer du Sud (sans date). Arch. du Service hydrogr. de la Marine, vol. 80², pièce 5, p. 68.

que quelques Espagnols qui du Pérou s'étaient secrètement rendus à ces îles avaient, à leur retour, été arrêtés, et leurs notes avaient été détruites ; un navire anglais qui, au cours d'une visite accidentelle à ces îles, y avait trouvé de l'or, avait par la suite disparu. L'auteur ajoute à ces renseignements cette remarque fantasque :

« La forme qu'elles font d'un trépied par leur situation donne lieu de penser que ce trépied d'or dont l'on a parlé antérieurement, qui fut trouvé à la mer, contesté par différents peuples et enfin adjugé par l'oracle au plus sage des hommes, en peut être la figure, et que, si celui-ci est le réel, nous avons bien plus réellement pour le posséder un plein droit et sans contestation le plus sage des hommes et le plus puissant des rois. »

Qu'un pareil récit, qui, de nos jours, serait regardé comme un conte de nourrice, ne fût point à cette époque considéré comme tel, nous en avons la preuve dans le fait que le plus grand géographe du temps, Guillaume Delisle, marque les îles du Trépied sur plusieurs de ses cartes (1).

Or, grâce aux flibustiers, ces secrets seraient enfin découverts ; au moins indirectement, grâce à eux, de vastes perspectives s'ouvriraient au commerce français.

Après cette petite incursion dans le domaine de la fantaisie, le mémoire cité revient à des réflexions un peu plus sensées et ajoute :

« Il faut savoir que la plupart de nos corsaires, étant réduits par la paix à cultiver la terre pour vivre, ne pourraient jamais s'accoutumer à

(1) Ce n'était pas un grand secret qui fut ainsi divulgué : les trois îles figurent pour la première fois sur la grande mappemonde de Gerhard Mercator de 1567 et portent l'inscription suivante : « Hic vspiam longius intra mare in parallelo portus Hacari dicunt nonnulli Indi et Christiani esse insulas grandes et publica fama divites auro » (*portus Hacari* n'est autre que Rio Acari sur la côte du Pérou entre Lima et Arica). De Mercator les îles passèrent à Abraham Ortelius dont l'Atlas de 1570 les reproduit avec textuellement la même inscription que nous avons trouvée dans le mémoire et dont le sens devient ainsi très clair. Plus tard nous trouvons ces îles sous des noms variés : *Insulæ incognitæ* (Rumold Mercator, 1587), *Tres Isles* (Joh. Janssonius, 1641), *Isles dont parle Herrera* (Delisle, Hémisphère méridional, 1714). Le nom d'*Iles du Trépied* a été repris par Delisle sur sa mappemonde (1720), sa carte de l'Amérique (1722) et son Hémisphère occidental (1724). Dans un *Mémoire de questions* dressé vers l'an 1705 pour un certain M. des Landes qui allait dans l'Amérique espagnole, on enjoignit à celui-ci de se renseigner « si l'on avait quelque connaissance des îles du Trépied, si quelqu'un y avait été et de leur situation ». Arch. du Serv. hydr. Mss Delisle, vol. 115XII, 40. Le conte antique du trépied auquel il est fait allusion, se retrouve chez Diogène Laerce, lib. I, 28.

mener cette vie pénible et que pour continuer leur libertinage ordinaire
avec plus d'assurance, ils ne trouveront point d'endroit plus propre à cet
effet que la mer du Sud, où l'on doit compter qu'ils se jetteront tous afin
d'avoir une pleine liberté d'agir comme ils voudraient et de vivre dans
l'indépendance. Les Espagnols, à qui ces forbans seront beaucoup à
charge et qui ne pourront jamais s'en débarrasser, seront enfin obligés
d'avoir recours à la puissance du Roi pour arrêter ces courses. Par l'envoi
de quelques vaisseaux de guerre en cette mer, on les réduirait pour lors
à souffrir que l'on y fît le commerce ; on aurait les moyens faciles d'y
former quelques établissements qui donneraient de quoi s'occuper dans
le temps de la paix... commerce que l'on pourrait porter plus loin dans
les suites, même jusqu'aux Grandes Indes, si l'on voyait jour à cette
entreprise. »

Très certainement Massertie n'appartenait pas à ceux qui pourraient se faire à la vie tranquille, à « cultiver la terre ». La libre
existence du corsaire l'attirait, et son plan d'une nouvelle expédition trouva un sol bien préparé dans l'esprit de ses compatriotes.
Il s'adressa à un officier de la marine française, de Gennes (1)
« qu'il savait être fort entreprenant ». Celui-ci se rendit à Paris
et présenta le projet à la Cour : « Les propositions de M. de Gennes
furent reçues avec tout le succès qu'il pouvait en espérer : le Roi
lui fournit des vaisseaux à son choix, et la nouveauté du voyage eut
tant de crédit que plusieurs personnes de la première qualité se
firent un plaisir de s'intéresser dans son armement ; il trouva
quantité de jeunes gens qui, poussés également par la curiosité de
voir de si beaux pays et par l'occasion d'y faire quelque fortune,
s'offrirent avec empressement de faire la campagne (2). » L'exposé
que de Gennes lui-même fait du plan et de l'origine du voyage
mérite, ce nous semble, d'être reproduit en entier (3) :

« Lorsque j'eus l'honneur de demander les vaisseaux le *Soleil-d'Afrique*
et le *Séditieux* pour armer en course, ce n'était pas dans le dessein de
monter moi-même ces bâtiments, mais d'en donner le commandement à

---

(1) Jean-Baptiste de Gennes, volontaire 1673, lieutenant de frégate 1680, lieutenant
de vaisseau 1685, capitaine de vaisseau 1691, gouverneur de Saint-Christophe aux
Antilles le 31 mars 1698, créé comte d'Oyac par lettres patentes du mois de juillet 1698,
mort 1705 à Plymouth. Ed. Frain, *Tableaux généalogiques... de plusieurs familles établies
à Vitré et paroisses environnantes*, t. II, Vitré, 1892, p. 35.
(2) Froger, *op. cit.*, p. 109.
(3) D'après une lettre signée de sa main et sans date qui se trouve aux Arch. du
Ministère des Colonies. C. F. « Compagnie de la mer du Sud. »

un homme de confiance qui m'avait été présenté par des gens qui voulaient aussi s'intéresser en cet armement ; mais ayant été informé depuis que le Roi souhaitait que je commandasse moi-même les bâtiments, et n'ayant d'ailleurs rien tant à cœur que de faire quelque chose agréable à Sa Majesté, je me suis déterminé non seulement à prendre ce parti, mais aussi à suivre, sous le bon plaisir du Roi, toute l'étendue du premier projet de l'homme qui m'avait été présenté pour cette course et qui devait commander cet armement.

« Le sieur Massertie (1), qui est l'homme dont je veux parler, natif de Bordeaux et d'une bonne famille de bourgeoisie de ce lieu-là, est peut-être le seul en France qui ait passé et repassé deux fois par les détroits de Magellan et Le Maire, et ait parcouru fort exactement presque toutes les côtes de la mer du Sud. Il avait été dans ces mers il y a dix ou douze ans lorsque les flibustiers y furent par terre par l'isthme de Panama, mais à son dernier voyage, dont il est revenu depuis environ cinq mois, il a été par le détroit de Magellan, dont il a rapporté des cartes et des relations très exactes, et est revenu par le sud de l'île del Fuego, que l'on nommait autrefois le détroit Le Maire, mais où en effet il n'y a qu'une vaste mer dont les limites du côté du sud sont inconnues (2).

« Cet homme avec un de ses amis, persuadés l'un et l'autre que la mer du Sud était un des meilleurs endroits du monde pour la course, résolurent d'armer deux bâtiments pour aller vers ce pays-là, savoir une frégate de 24 pièces et un brûlot, dans la vue de surprendre dans quelque rade deux ou trois mauvais navires de guerre espagnols, afin de leur ôter toutes leurs ressources et d'être absolument les maîtres ; mais le hasard voulut qu'un coup de vent les sépara avant que d'être rendus au détroit, ce qui obligea le sieur Massertie, après avoir cherché longtemps et inutilement son camarade, à prendre le parti de poursuivre son voyage tout seul et de remettre en frégate le brûlot qu'il commandait.

« Il passa environ six années (3) dans la mer Pacifique, pendant lequel temps il fit plus de cinquante prises qu'il fut obligé d'abandonner après en avoir ôté les meilleurs effets, n'ayant pas d'équipage pour les amariner ; il donna chasse et obligea deux fois deux des navires de guerre espagnols à rentrer dans les ports sous leurs batteries, et enfin brûla son navire et se mit sur celle de ses prises qui convenait le mieux à son peu d'équipage. C'est sur ce bâtiment qu'il est revenu à La Rochelle. Tous les ancres en étaient de fonte, aussi bien que généralement tous les rouets

(1) Le nom s'écrit aussi parfois Macerti et Macerty. Comme on le voit par le document que nous citons, la supposition de quelques auteurs d'après lesquels Massertie aurait été un Irlandais du nom de MacCarthy est erronée.
(2) En comparant ce récit que de Gennes fait des voyages de Massertie au propre journal du corsaire, nous constaterons de nombreuses inexactitudes. Ainsi Massertie n'a point doublé le cap Horn ni traversé le détroit de Le Maire.
(3) Le texte original porte « six mois », ce qui est une erreur.

de poulies et de palans, ce qui fait voir que le métal est là fort commun. Tous les officiers mariniers ont eu chacun 30.000 livres pour leur part, et les simples matelots et volontaires 15.000 livres, comme nous l'avons su d'original du maître de la Monnaie de La Rochelle, à qui quelques-uns d'eux ont négocié leurs effets.

« Le premier projet de cet homme fut de me proposer de demander trois navires pour retourner dans la mer du Sud, persuadé que, si on pouvait avoir en ces endroits trois ou quatre navires de guerre français, on serait à lieu de tout entreprendre et de dépouiller les Espagnols de tous les meilleurs effets... Quoique cela me parût très vraisemblable, je n'osai cependant le proposer à la Cour, croyant que quelque raison de commerce aurait empêché que l'on n'eût permis de traverser celui des Espagnols, dont les Malouins tiraient autrefois des effets considérables. Aussi je me retranchai à demander deux vaisseaux seulement pour aller vers les îles et côtes de la Nouvelle Espagne, que cet homme connaissait à fond. Cependant ayant résolu de monter les vaisseaux moi-même, et ayant été assuré que le Roi n'a plus aucune mesure à garder du côté du commerce, je me suis déterminé à aller moi-même dans la mer du Sud avec l'homme en question, si Sa Majesté me le veut permettre, espérant que, si Sa Majesté veut bien favoriser un peu le dessein, il se trouvera des occasions de rendre des services considérables, de traverser toutes les mesures des Espagnols et d'en rapporter au Roi des sommes considérables.

« On ne peut prendre jamais une meilleure conjoncture pour exécuter ce dessein, les Espagnols devant envoyer cette année la flotte des galions à Carthagène. Or tout le monde sait que la plupart des mines sont du côté de la mer du Sud, et que tout ce qui s'en peut tirer le long de la côte s'embarque sur des petits bâtiments pour passer à Panama, où est le rendez-vous général, et ensuite être porté par terre à Portobello : ainsi il est constant que, si on peut se trouver là un peu de bonne heure, il y a lieu d'espérer que l'on empêchera que rien ne se rende à Panama. Ainsi on se persuade de rendre par ce moyen inutile le voyage de la flotte des galions, et de rapporter une bonne partie des effets qui leur étaient destinés. Si même le Roi le juge à propos, je m'offre de choisir le long de cette côte un des meilleurs et plus avantageux ports, dans le voisinage des mines, et d'y bâtir un fort que l'on laissera en partant absolument hors d'insulte et qui pourra servir de retraite aux vaisseaux du Roi, si Sa Majesté juge à propos d'y en renvoyer et de déposséder absolument par la suite les Espagnols de ces pays-là, ce qui paraît très facile, pouvant même compter entièrement sur la bonne volonté des Indiens, qui sont accablés par la tyrannie espagnole et ont le cœur encore rempli des cruautés qui ont été exercées sur eux par cette nation.

« Mais pour réussir à ce dessein, il faudrait que Sa Majesté eût la bonté de joindre un navire de 50 canons ou environ aux deux que nous armons à nos dépens, afin d'être en état de tout entreprendre et d'être les maîtres absolus de la mer et de pouvoir insulter tous les lieux maritimes. Si le projet est agréable au Roi, j'aurai l'honneur de donner un petit mémoire de ce qui sera nécessaire pour cette expédition, comme de quelque augmentation de poudre, des canons de fer pour mettre à terre, qui serviront de lest aux vaisseaux, quelques bombes et de petits mortiers, des fusées d'artifice, beaucoup d'outils pour travailler à terre, des pelles et plusieurs autres choses de peu de conséquence, mais très nécessaires ; comme aussi un dessinateur pour m'aider à faire une carte exacte de toutes les côtes et de tous les lieux par où on passera. »

Bien que de Gennes eût obtenu sans difficulté tous les vaisseaux et tout l'armement qu'il demandait, son voyage n'en fut pas moins manqué (1). Il partit de La Rochelle, le 3 juin 1695, avec une escadre de six navires. Dès le début, des dissentiments semblent avoir existé entre le chef de l'expédition et l'un de ses capitaines, de la Rocque, qui commandait à bord du navire le *Séditieux*. Ce dernier se rendit, contre ses ordres, à Madère, où, d'après ce que prétend de Gennes, il « resta douze jours à se divertir et à faire des illuminations », tandis que le reste de l'escadre l'attendait avec inquiétude à Gorée sur la côte d'Afrique. Les vaisseaux enfin réunis, on se rendit à l'embouchure de la rivière de Gambie. Les Anglais y possédaient un petit fort, fondé pour protéger leur commerce avec les nègres. De Gennes somma le commandant de se rendre. Cette sommation fut d'abord repoussée, mais lorsque les Français se préparèrent à l'attaque, le commandant anglais trouva bon de céder et capitula, après quoi on mina le fort et le fit sauter. Le principal butin consistait en esclaves noirs, qu'on envoya à Cayenne sur l'un des vaisseaux, tandis que les autres bâtiments de l'escadre poursuivaient leur route, le 24 août. Au cours de la navigation le scorbut commença à faire rage parmi les équipages, ce qui força de Gennes à retourner d'abord à Gorée, puis à relâcher aux îles du Cap Vert. Sur la route qu'il convenait de suivre ensuite, les avis étaient partagés : dans le conseil de bord qu'on convoqua, l'opinion de de Gennes dut céder le pas à celle soutenue par de

_____

(1) Le voyage est décrit dans l'ouvrage déjà cité de Froger, ingénieur volontaire sur le vaisseau le *Faucon Anglais*. Nous complétons cette description à l'aide de deux lettres écrites par de Gennes, l'une sans date de Bahia, l'autre du 26 septembre 1696 de Cayenne. Arch. Col. C. F.

la Rocque que le commandant en chef accuse par la suite d'avoir été « la seule et unique cause du manque de réussite du voyage. » Ce n'est que le 26 novembre qu'on atteignit la côte du Brésil, où l'on fit des escales à l'île Sainte-Anne, à Rio-de-Janeiro, et à Ilha Grande ; enfin, le 11 février 1696, on put embouquer le détroit de Magellan.

Là, commença une navigation pénible contre les vents et les courants qui obligèrent les marins français à se réfugier successivement dans toutes les baies du détroit, pour y attendre des circonstances plus favorables. On souffrit du froid, de la pluie, de la grêle, de la neige et de violentes tempêtes. Après un mois et demi on n'était encore qu'à Port Galand, c'est-à-dire à mi-chemin à peu près du détroit. La famine menaçait ; les matelots avaient déjà dû « s'accoutumer à manger les rats et les payaient quinze sols prix courant. » Dans un conseil de bord le 3 avril on se décida par conséquent à retourner et à renoncer, — quoique avec regret, — à « voir ces côtes fortunées du Pérou d'où l'on tire ce que nous avons de plus précieux. » Le 11 avril on se trouva de nouveau dans l'Atlantique et le 16 l'escadre fut dispersée par un temps de brume ; elle se réunit de nouveau dans la baie de Tous les Saints (Bahia) afin de partir pour Cayenne. De Gennes résolut alors « d'aller jeter les bombes que Sa Majesté lui avait données dans un lieu que nous espérons qu'il fera plaisir à Sa Majesté », mais le plan, qui très probablement visait le Surinam hollandais, dut être abandonné, et l'on se contenta d'essayer de restaurer la situation délabrée de l'expédition par une croisière aux Antilles. Après avoir fait quelques prises, on commença le voyage de retour ; on partit de la Guadeloupe et le 21 avril 1697 de Gennes revint à La Rochelle.

Cette première expédition française à la mer du Sud avait été complètement manquée. Le maigre bénéfice ne contrebalançait nullement les frais considérables. Désireux de diminuer la perte, de Gennes demanda avec insistance que « pas un matelot, ni officier, ni capitaine ne fût payé jusqu'à ce qu'ils eussent tous prêté serment de dire ce qu'ils savaient du commerce qui s'était fait en cachette dans chaque vaisseau. » En premier lieu, il dénonça de la Rocque comme coupable d'avoir par ses affaires privées porté préjudice à l'entreprise. Plusieurs années plus tard des procès se poursuivaient encore contre les personnes qui avaient pris part à l'expédition. En dépit du résultat défavorable, Froger exprime l'espoir que « la Cour ne se rebutera pas d'une entreprise si importante » échouée cette fois par simple manque d'expérience nautique. « Tout le monde sait, ajoute-t-il, que les Espagnols ne sont en état de nous faire la guerre que par les trésors immenses qu'ils tirent tous les jours de la Nouvelle Espagne et du Pérou », trésors dont ils s'étaient rendus indignes par leur cruauté envers les pauvres Indiens. « Ces malheureuses victimes demandent à Dieu la vengeance de leur mort et la liberté de leur patrie ; rien ne peut s'opposer à la destruction de ces ennemis de Dieu et de la nature, qui vivent au milieu de leurs trésors dans une mollesse qui n'est commune qu'aux bêtes. »

Cependant, ce ne fut point pour venger le crime des Espagnols, ni pour leur ravir à main armée les richesses du Nouveau Monde, que la France déploya bientôt du côté de la mer du Sud une activité qui, nous nous efforcerons de le prouver, constitue un trait mémorable de son histoire commerciale et maritime.

LIVRE DEUXIÈME

LE COMMERCE DE LA MER DU SUD

ET

LES GRANDES COMPAGNIES DE COMMERCE

St. Malo.

CHAPITRE PREMIER

LES DÉBUTS DES COMPAGNIES DE LA CHINE
ET DE LA MER DU SUD, 1698.

La Compagnie des Indes Orientales de Colbert. — Sa concession comprend toute la mer Pacifique. — Origine de la Compagnie de la Chine. — Le père Bouvet et ses projets. — Jean Jourdan de Grouée. — Convention conclue entre lui et la Compagnie des Indes Orientales. — Le premier voyage de l'*Amphitrite*. — Projets fantastiques de colonisation et de commerce. — Les vaisseaux de Saint-Malo sans occupation après la paix de Ryswick. — Noël Danycan de Lépine. — Alliance entre Jourdan et Danycan. — Leurs plans soumis à la décision du gouvernement. — Un rapport à ce sujet. — Commencement de mésintelligence entre Jourdan et Danycan. — Fondation de la Compagnie de la mer Pacifique. — Son privilège, son organisation, ses directeurs. — Tableau des Compagnies de commerce.

Jadis, au temps du mercantilisme, pour faire prospérer la colonisation et le commerce avec les contrées exotiques, on n'avait pas trouvé de meilleure forme d'organisation que les grandes compagnies que l'État nantissait de vastes privilèges et garantissait par des monopoles. Les Compagnies anglaises et néerlandaises des Indes avaient rapidement atteint une puissance considérable et acquis à leurs patries de grands avantages politiques et commerciaux.

Les efforts qu'on avait faits en France afin d'imiter ces exemples n'avaient obtenu que fort peu de succès. Depuis 1604 on ne compte pas moins de quatre compagnies, qui se proposèrent de commercer avec les Indes Orientales, mais elles n'avaient profité de leurs privilèges que pour envoyer des navires isolés en ces lointains parages et pour fonder à Madagascar une colonie qui déjà languissait (1).

La Compagnie des Indes Orientales établie en 1664, sous la protection spéciale de Louis XIV et de Colbert, sembla tout d'abord destinée à un plus brillant avenir. Mais elle ne tint pas ses promesses. Nous n'avons pas à nous occuper ici de savoir pourquoi et comment il en fut ainsi ; nous tenons seulement à rappeler que cette compagnie ne se servit que, dans une mesure extrêmement restreinte, du droit qui lui était assuré d'après le 27ᵉ article du document constitutif (2). On lui ouvrait comme champ d'activité toutes les Indes, et si l'on songe au vaste sens que l'époque donnait encore à cette notion géographique, cela signifiait que dans l'énorme espace de la terre, délimité par ces mots : « Depuis le cap de Bonne Espérance jusques dans toutes les Indes et mers Orientales, même depuis le détroit de Magellan et Le Maire, dans toutes les mers du Sud, » pour cinquante ans, aucun autre sujet français n'avait le droit de se livrer au commerce.

Mais la Compagnie ne se vit jamais en état d'étendre son activité au delà des Indes proprement dites. Le commerce avec l'Extrême-Orient lui demeura toujours inaccessible, et c'est dans cette impuissance qu'il nous faudra chercher une des raisons pour lesquelles fut cédée à une autre compagnie — la Compagnie de la Chine — une partie de ses privilèges. Une compagnie, plus ancienne et du même nom, avait déjà été constituée pendant une courte période (1660-1664), mais elle n'avait traîné qu'une vie chétive et sans résultat. Quant à celle qui, organisée (en 1698) en société privée et peu après en compagnie royale privilégiée, acquit cette transmission de droits de la Compagnie des Indes Orientales, elle débuta sous des auspices plus rassurants. Sa principale acti-

(1) Pierre Bonnassieux, *Les grandes compagnies de commerce*, Paris, 1892, p. 254-259. Cf. Henri Froidevaux, *Le commerce français à Madagascar au XVIIᵉ siècle* (*Vierteljahrschrift für Social- u. Wirtschaftsgeschichte*, Bd. III, Stuttgart, 1905, p. 41-111).
(2) Édit du Roy, portant établissement d'une nouvelle compagnie pour le commerce des Indes Orientales, août 1664 ; imprimé dans Dufrène de Francheville, *Histoire de la Compagnie des Indes*, Paris, 1738, p. 177-187.

vité, le commerce avec la Chine, ne rentre point dans le cadre de cet ouvrage, mais, comme pendant cette époque un nouveau chemin s'ouvrit pour ce commerce à travers l'océan Pacifique et que nous exposons les entreprises françaises qui eurent lieu dans les mers du Sud, nous ne saurions passer sous silence les traits principaux de l'histoire de cette Compagnie de la Chine.

Il en est une autre, formée à la même époque, dont l'histoire nous concerne davantage.

Le privilège grandiose, que la Compagnie des Indes avait obtenu à l'heure de sa fondation, renfermait, ainsi que nous venons de le dire, le droit exclusif de commercer sur toutes les côtes et les îles de la mer Pacifique. Cependant la Compagnie n'avait su tirer profit, ni directement, ni indirectement, de cette partie de ses privilèges, et plus le terme approchait où expirait la concession, plus il devenait évident que les moyens lui manquaient d'étendre ses opérations dans ces immenses espaces, jusque-là fermés à toute communication directe et pacifique avec les pays de l'Europe. C'est cependant aux marchands et aux navigateurs français que revient la gloire d'avoir rompu cet isolement séculaire, et comme l'initiative en fut prise par la Compagnie de la mer du Sud, nous avons tout lieu de nous occuper, dans cet ouvrage, de son origine et de son développement.

Ces deux compagnies : *la Compagnie de la Chine* et *la Compagnie de la mer du Sud*, dont la force des circonstances avait sur certains points mêlé les intérêts, ayant été formées à peu près en même temps et en partie par les mêmes personnes, il est donc nécessaire de traiter simultanément leurs deux histoires.

⁂

La première idée d'étendre le commerce français jusque dans l'Extrême-Orient fut probablement conçue par les missionnaires jésuites français qui, vers la fin du xviiᵉ siècle, avaient remporté de très grands succès en Chine et qui avaient même conquis une sérieuse influence à la cour impériale de Pékin.

Un des fondateurs de cette mission, le Père Joachim Bouvet,

revint en France en 1697, après avoir passé neuf ans en Chine (1)
L'empereur Kang-hi, qui s'intéressait fort à la science européenne
et se montrait particulièrement favorable à l'influence française,
l'avait chargé d'engager encore d'autres savants, surtout des
mathématiciens et des astronomes, afin de poursuivre des travaux
projetés et commencés sous son auguste protection. Le Père Bouvet
se rendit compte des avantages économiques que gagnerait sa
patrie, si le grand empire s'ouvrait au commerce et à la navigation
des Français. Il s'adressa d'abord à la Compagnie des Indes Orientales, mais il y rencontra de l'hésitation et une médiocre faveur
que justifiait le mauvais état des affaires de la compagnie : ses
ressources financières ne lui permettaient guère, en effet, de
tendre vers ces contrées encore inexploitées. Il fit alors la connaissance d'un commerçant de Paris, actif et entreprenant, M. Jean
Jourdan de Grouée (2), qui semble avoir immédiatement accueilli
sa proposition avec le plus vif intérêt.

Dès qu'ils l'apprirent, les directeurs de la Compagnie des Indes
en conçurent des regrets, et demandèrent au secrétaire d'État de
la marine, le comte de Pontchartrain, l'autorisation d'envoyer
eux-mêmes en Chine un navire qu'ils prétendaient tenir tout prêt
à partir. Le ministre déclara cependant qu'une pareille autorisation ne pouvait être donnée à la Compagnie en tant que compagnie ; il n'avait aucune objection à faire, si les associés, en qualité d'individus, s'exposaient aux risques qu'entraînait l'entreprise,
mais Jourdan qui les avait devancés, aurait droit de priorité.

Il ne restait donc à la Compagnie que d'essayer, par une con-
vention à l'amiable avec Jourdan, de faire valoir ses privilèges.
Le 4 janvier 1698, une convention (3) fut conclue par laquelle
Jourdan entrait dans l'exercice de tous les droits de la Compagnie,

---

(1) Commencement de la Compagnie de marchands pour le commerce de la Chine,
1698. Bibl. Nat., mss. fr. 8972, f. 243.

(2) C'est ainsi qu'il écrit lui-même son nom ; dans des actes contemporains, il est
aussi appelé Jourdan de Groussey. Les sources, dont je me suis servi, ne m'ont laissé
aucun renseignement, pas plus sur la date de sa naissance et de sa mort, que sur les
autres conditions de sa vie, en dehors de ce qu'on lira dans les pages suivantes. « Originaire de Marseille, autrefois marchand épicier à Paris, il était en l'année 1698 très
riche négociant », dit de lui un manuscrit de la Bibl. Nat. (Fr. 8972, f. 243).

(3) Articles convenus entre les directeurs de la Compagnie Royale des Indes Orientales et M. Jourdan pour le voyage de la Chine. Arch. Col. C. F.

contre l'engagement de payer à la Compagnie sur le bénéfice futur, au delà d'un montant de 100.000 écus, que le voyage projeté pourrait rapporter, un dividende de 5 °/₀ « par reconnaissance et en forme de redevance pour la communication de son privilège ». Il devait de plus avoir le droit, soit avant, soit après le retour du premier navire, d'en expédier un second aux mêmes endroits et mêmes conditions ; mais, sous aucun prétexte, il n'avait le droit d'en envoyer un troisième. Cette convention fut, bientôt après, le 28 janvier 1698, homologuée par un arrêt du Conseil d'État.

Le résultat de cette transaction fut le départ pour la Chine de la frégate l'*Amphitrite*. Je me contente ici de rappeler, en passant, que ce navire appareilla à La Rochelle le 6 mars 1698, sous le commandement du chevalier de la Rocque.

A part les résultats économiques du voyage, je n'ai aucune raison de m'en occuper ; il est d'ailleurs suffisamment connu et décrit (1).

*
* *

Mais déjà, avant que ce vaisseau se fût mis en route, Jourdan avait été engagé dans une autre entreprise commerciale, d'envergure non moins vaste.

(1) Un récit par un des membres de l'expédition fut, peu après le retour, publié sous le titre : *Relation du voyage fait à la Chine sur le vaisseau l'Amphitrite en l'année 1698,* par le sieur Gio. Gherardini, peintre italien, Paris, 1700. (Sur des éditions plus récentes de cet ouvrage, voir : *Studi biografici e bibliografici sulla storia della geografia in Italia,* per P. Amat di S. Filippo, Ed. 2ª, vol. I, Roma, 1882, p. 472). Une autre narration plus détaillée a paru, en traduction anglaise, dans un ouvrage, intitulé : *A Journal of the first French Embassy to China, 1698-1700.* Translated from an unpublished MSS. by Saxe Bannister, Londres, 1859. De cette traduction anglaise le récit a été retraduit en français par M. Claudius Madrolle dans son livre : *Les premiers voyages français à la Chine, la Compagnie de la Chine 1698-1719,* Paris, 1901, p. 6-54. Dans une critique de cet ouvrage (*Toung Pao,* sér. II, vol. III, Leide, 1902, p. 252), M. Gabriel Marcel a exposé les indices qui tendent à prouver que les voyages en Chine, que M. Madrolle donne comme les premiers, avaient eu, en réalité, plusieurs précurseurs. Plus tard cette question fut, à ce qu'il me semble, pleinement élucidée par M. Henri Froidevaux, dans un article, également publié à la suite de l'ouvrage de M. Madrolle (*Questions diplomatiques et coloniales,* 7ᵉ année, Paris, 1903, p. 430-443).

Pour l'histoire de la Compagnie de la Chine, les documents, dont je me suis servi, m'ont donné l'occasion de compléter et de corriger sensiblement l'aperçu qu'en trace M. Madrolle. Encore moins complets que les siens, sont les renseignements que M. Bonnassieux (*op. cit.,* p. 340-344) nous fournit sur ces mêmes compagnies. Il en est de même de l'ouvrage le plus récent sur ce sujet par M. Henry Weber (*La Compagnie française des Indes, 1604-1875,* Paris, 1904, p. 290). Les quelques lignes que M. Bonnassieux (p. 385) consacre à l'origine de la Compagnie de la mer du Sud ne contiennent guère que des erreurs.

Cette fois encore, ce ne fut probablement pas lui qui en eut l'initiative. Il faudrait sans doute chercher la cause première de cette nouvelle entreprise, comme de celle dirigée par de Gennes, dans le retour des flibustiers français de la mer du Sud, et dans leurs récits fantastiques des richesses fabuleuses, qui, sur les côtes et les îles de cette mer, attendaient seulement qu'on les découvrît et qu'on voulût bien les employer. Dès l'année 1697 un écrit anonyme : « Mémoire sur le voyage des Indes (1) » en témoignait et appuyait ses données sur l'affirmation de M. de Gennes. Celui-ci aurait dit :

... « Que le dernier établissement des Portugais est à plus de 300 lieues loin du détroit de Magellan, et que tout ce pays, qui n'est à personne et dont le Roi pourra se rendre maître par le moindre petit établissement, est tout semblable à la France, en sorte que les mêmes choses s'y trouvent, les naturels du pays fort doux et avec de bons ports. Il prétend qu'il s'y trouverait une fort grande quantité de pelleterie et entre autres une quantité prodigieuse de chiens de mer, faits comme des barbets qui ont les oreilles coupées. Un établissement semblable servirait pour être apporté de tomber, quand on voudrait, sur les Espagnols dans la mer du Sud, et d'entrepôt pour reconnaître dans la suite les Terres Australes, dont une partie est plus éloignée du pôle que la pointe de l'Amérique Septentrionale, celle que M. Duquesne a vue, n'étant que par les 40°, au lieu que les terres de la pointe de l'Amérique Méridionale est par les 55°, ce qui fait au moins 300 lieues de différence ; et il est certain qu'il se pourrait trouver dans ces terres des lieux très commodes pour le voyage des Indes. »

Aucune indication ne laisse deviner à qui l'auteur inconnu adressait son mémoire, mais évidemment ce mémoire était destiné à tomber sous les yeux du gouvernement français. L'auteur donnait à la fin le nom de quelques officiers français, « très propres pour entreprendre cette découverte », et qu'il affirmait être « très bons navigateurs et portés d'un esprit de curiosité qu'il convient à ces sortes d'emplois ».

Un autre Mémoire (2), également anonyme et non daté, mais qui, sans nul doute, est de la même époque et qu'il est très vrai-

(1) Arch. Col. C. F.
(2) Mémoire touchant l'entreprise proposés par Messieurs ***, imprimé dans : *Nouveau voyage aux Isles de l'Amérique*, par le R. P. Labat. Nouv. édit., t. V, Paris, 1742, p. 373-396.

semblable d'attribuer à M. de Gennes, dresse un plan plus détaillé
du voyage même et de la marche à suivre, afin d'en assurer le
succès. « Quatre choses, y lit-on, paraissent essentielles pour concourir à une heureuse réussite de cette entreprise : le secret, la
bonne intelligence des chefs, les précautions pour que les vivres
ne manquent pas, et la bonté et le nombre des équipages. » Sur
ces différents points l'auteur donne des conseils, qui ne manquent pas d'être assez raisonnables. Plus hasardeuses nous paraissent ses propositions, lorsqu'il passe au plan même du voyage.
Une flotte de quatre vaisseaux devait être envoyée au détroit de
Magellan où, à un endroit propice, de préférence Port Galand,
une colonie serait fondée, qui tout à la fois servirait d'entrepôt à
la navigation sur l'océan Pacifique et en fermerait l'accès pour les
autres nations. Bien que l'auteur témoigne d'une connaissance
assez exacte des conditions géographiques du détroit, il ne craint
pas de prétendre qu'une pareille colonie se procurerait des
moyens de subsistance dans la culture du blé et même que ceux
qui y demeureraient, pourraient « absolument se passer du vin
d'Europe et en faire de forts bons, avec les graines qui viennent
sur les buissons, dont tout est plein dans ce pays ». Il énumère
encore d'autres produits suffisants pour l'entretien de cette
colonie — « sans compter les bœufs sauvages qui sont dans les
terres ! »

Une seconde colonie serait établie sur les côtes du Chili, après
quoi la petite escadre cinglerait vers le nord, ferait escale à toutes
les grandes villes de la côte occidentale de l'Amérique, saluerait
courtoisement les forts par des coups de canon, et demanderait la
permission de s'approvisionner d'eau et de bois, dont on fein-
drait de manquer. A la question présumée sur la destination des
navires, on répondrait en présentant de faux papiers, que le
roi de France, espérait-on, voudrait bien fournir pour la bonne
cause, et qui prouveraient que les navires appartenaient à une
nouvelle compagnie de la Chine, dont les vaisseaux ne pourraient
suivre le chemin du cap de Bonne-Espérance à cause des privilèges, antérieurement accordés aux autres compagnies. Une fois
la communication avec la terre ouverte, le commerce, ou plutôt
la contrebande, s'établirait très vite. Ce qui d'ailleurs serait le plus

à souhaiter, ce serait que les fonctionnaires, auxquels on aurait à faire, insensibles à la tentation d'une belle glace, d'un bon fusil ou d'une paire de pistolets, renvoyassent, d'une manière insultante, l'officier chargé des négociations ; « car alors ce serait une guerre déclarée qui vaudrait mieux que le commerce et qui autoriserait toutes sortes de représailles ». Et comme les trésors du Pérou n'étaient pas un mirage assez séduisant, on faisait encore miroiter le gain qu'on retirerait de la chasse à la baleine dans le détroit de Magellan et de la pêche des perles sur les côtes de la Californie.

Ces magnifiques promesses et d'autres semblables ne tombèrent point sur un sol infertile dans cette petite ville commerçante de Saint-Malo, qui était, à cette époque, le foyer des armateurs les plus entreprenants de la France, des corsaires les plus hardis, des marins les plus expérimentés et les plus habiles. Cette espèce de navigation dont la ville avait tiré tant de gloire, lui avait valu le surnom de « la cité corsaire ». Pendant la guerre de la Ligue d'Augsbourg, « les Malouins se sont presque tous employés à faire des courses sur les ennemis ; pour cet effet ils ont armé tous les bâtiments qu'ils ont », raconte un mémoire contemporain (1) ; mais la paix de Ryswick ayant tari cette source de revenus, une grande partie de la flotte marchande de Saint-Malo se trouvait en ce moment sans occupation (2). Il est clair, que, dans des conditions pareilles, les nouveaux projets d'entreprises lucratives devaient se faire facilement accueillir des armateurs de cette ville, et il se peut que leur attention se soit portée tout spécialement sur la Compagnie des Indes Orientales, depuis qu'ils avaient vu le Roi, en autorisant le commerce avec la Chine, se montrer favorable à l'idée que cette Compagnie en fît participer d'autres aux avantages que sa

---

(1) Mémoire de la province de Bretagne dressé en 1697 par M. Nointel, intendant ; imprimé dans : *État de la France... Extrait des Mémoires dressez par les Intendans du Royaume, par ordre du roi Louis XIV, à la sollicitation de Mgr le duc de Bourgogne...* par M. le comte de Boulainvilliers, t. II, Londres, 1727, p. 77.

(2) Dans une lettre du comte Jérôme de Pontchartrain à M. de Pagny, du 21 avril 1700, on lit : « Les marchands de Saint-Malo, qui ont actuellement 163 navires, suivant la liste qui m'est envoyée, auxquels ils ne sauraient donner de l'emploi, prétendent... » Arch. Nat. Marine, B² 147, f. 93 v°. — Quant aux projets qui leur furent présentés et qui ne rentrent pas dans notre sujet, comparer lettre du même à la Compagnie de Guinée du 14 avril, et aux Directeurs des Indes du 21 avril 1700. *Ibid.*, f. 63 et 93 r°.

concession lui avait assurés, mais dont elle ne s'était encore servi.

Un des principaux marchands de Saint-Malo, peut-être le plus important, était à cette époque Noël Danycan, sieur de Lépine (1), et c'est lui qui dut concevoir l'entreprise dont nous nous proposons de faire ici l'historique.

Au début de l'année 1698, il s'était rendu à Paris et y avait rencontré Jourdan, qui venait justement de fonder sa société de commerce avec la Chine. On peut supposer que celui-ci était alors à l'apogée de son crédit près du gouvernement aussi bien que dans les principaux cercles financiers. Le résultat des projets que dressèrent, dans leurs conciliabules, les deux marchands, ressort de la lettre suivante, signée par eux, deux jours avant que l'*Amphitrite* partît pour son expédition lointaine (2) :

« A Monseigneur (le comte Louis de Pontchartrain),

« Les sieurs de Lépine Danycan et Jourdan de Grouée représentent très humblement à Votre Grandeur, qu'ayant fait quelques découvertes de terres jusqu'à présent inconnues, et qui ne sont possédées par aucunes puissances, ils désireraient d'y envoyer quelques vaisseaux pour connaître s'il y peut être établie une colonie française; mais comme ils auraient lieu de craindre que, leur découverte étant faite, d'autres ne préviennent le Roi et Votre Grandeur pour en obtenir la concession à titre de propriété, avec les mêmes droits et privilèges que le Roi a ci-devant accordés en faveur de ceux qui ont fait de semblables découvertes, et que les suppliants ne fussent frustrés des grandes dépenses qu'ils sont obligés de faire, et de toutes les risques qu'il y a à courir, ils ont recours à la bonté et à la justice de Votre Grandeur pour leur faire accorder par Sa Majesté un brevet, ou telle assurance qu'il lui plaira, en attendant que la découverte qu'ils espèrent soit faite, pour leur en être en ce cas expédiées les lettres patentes nécessaires ; et ils continueront leurs prières pour la prospérité et santé de Votre Grandeur. »

___

(1) Il était né environ en 1654, fils aîné de Noël Danycan (mort en 1680) et de Jacquemine Corbin (morte en 1708). Le père, qui, en 1640, avait quitté la Normandie pour venir habiter Saint-Malo, avait réussi dans ses affaires d'armateur et augmenté la fortune qui lui était échue par son mariage ; Noël Danycan le jeune, qui dans sa jeunesse commanda plusieurs vaisseaux de son père, poursuivit l'œuvre paternelle et grossit de « plusieurs millions » son héritage. Comment il s'y prit, ce qui va suivre nous l'apprendra. Il mourut à Paris, en 1735, à l'âge de 80 ans. *Généalogie de la famille de Danycan ;* registre manuscrit qui m'a été communiqué, en copie, par M. Léon Vignols. Cf. *Revue maritime et coloniale,* t. CXXIII, 1894, p. 115. Pour la biographie de Danycan voir aussi : *Répertoire général de bio-bibliographie bretonne,* par René Kerviler, t. XI, Rennes, 1899, p. 302.

(2) Le 4 mars 1698. Arch. Col. C. F.

On trouve le développement plus détaillé de leurs plans dans un écrit postérieur (1), non daté, signé par Jourdan de sa propre main et « bon pour M. Lépine Danycan, parti pour Saint-Malo ». Il contient ce qui suit :

« Les sieurs Jourdan de Groussey de Paris et de Lespine Danycan de Saint-Malo offrent à Monseigneur de Pontchartrain d'équiper à leurs frais et dépens trois frégates :

« 1° De 40 pièces de canon, avec 120 hommes d'équipage ;
« 2° De 30 pièces de canon, avec 80 hommes d'équipage ;
« 3° De 10 pièces de canon, avec 30 hommes d'équipage ;

avec les autres petits bâtiments de transport nécessaires ; et d'y faire une charge des marchandises du cru, ou des manufactures du Royaume : de toiles, mercerie, fer et quincaillerie, outils, draperie, étoffes de toutes façons, eau-de-vie et autres marchandises ;

« Le tout jusques à la somme de 150.000 livres au moins, et feront fréter lesdits vaisseaux dans les mers du Sud et à la côte du Chili, aux îles non habitées, par delà celles occupées par les Espagnols, suivant les découvertes qu'ils en ont eues de plusieurs flibustiers qui ont demeuré aux dites côtes pendant plus de vingt années, et qui rapportent que le climat est avantageux ; qu'il y a dans les îles des mines d'or, d'argent, de cuivre et autres métaux ; qu'il s'y trouve des émeraudes, améthystes et autres pierreries ; qu'il se pêche sur la côte de grosses perles ; que dans ces îles il y a beaucoup de bêtes et animaux dont les peaux et fourrures sont exquises, et qu'elles sont habitées par des sauvages dociles, capables d'instruction et de favoriser une habitation pour la propagation de la foi ; et y ayant des rivières pour la facilité du commerce.

« S'il plairait à Monseigneur de leur accorder sa protection, et un brevet suivant le projet ci-joint, ou telle autre assurance qu'il lui plaira, afin qu'ils ne soient point frustrés de leurs travaux et dépenses, lorsqu'ils auront fait les découvertes, pour ensuite leur faire expédier les lettres patentes nécessaires, comme il a été fait aux autres compagnies des Indes et Sénégal. »

Les principaux privilèges qu'on sollicitait pour la nouvelle entreprise étaient (2) :

« 1° La concession et propriété de toutes terres, îles, côtes, mines non possédées par les puissances de l'Europe... pendant vingt années ;
« 2° La permission seule pour la Compagnie de négocier dans lesdites

(1) Arch. Col. C. F.
(2) Clauses essentielles de privilèges que Jourdan demande pour former une compagnie de la mer du Sud. Arch. Col. C. F.

côtes, îles et mers du Sud... à l'exclusion à tous autres sujets du Roi pendant vingt années ;

« 3° A la fin des vingt années il restera avec sa Compagnie propriétaire de tous les lieux dont il se sera pu emparer. »

Ces brillantes promesses firent certainement impression en haut lieu ; et les premières hésitations, qu'on devine, furent dissipées à la lecture du rapport suivant, que le ministre avait probablement demandé à quelque personne d'expérience, dont le nom n'est pas cité (1). Ce rapport est cependant d'un ton bien plus sobre que les descriptions hyperboliques de Jourdan ; mais l'auteur, s'il y exprime des doutes légitimes sur le succès de l'entreprise, ne laisse point d'appuyer la demande. Son rapport est ainsi conçu :

« Les sieurs Jourdan et de Lépine Danycan, sur le fondement du commerce que les Français, les Anglais et les Hollandais font en fraude sur les côtes du Mexique et sur la côte de Carthagène, ont résolu d'aller tenter un pareil commerce dans les côtes espagnoles de la mer du Sud.

« Ils ont contre ce dessein la défense générale aux habitants des côtes que les Espagnols possèdent en Amérique, de faire commerce avec d'autres nations ; le grand éloignement, vu qu'il faut sept à huit mois de navigation avant d'arriver au lieu où il faut faire ce commerce ; le peu de confiance, ou pour mieux dire l'aversion, que les gens de ce pays ont pour les autres nations, n'y ayant jamais vu que des flibustiers et des forbans qui les ont désolés, tant pendant la paix que pendant la guerre.

« Cependant, ces deux hommes, qui sont riches et entreprenants, ne se rebutent pas de ces difficultés, et ils demandent seulement que, comme ils prétendent continuer ce commerce s'ils réussissent, et que ce ne serait pas juste que d'autres profitassent de la dépense qu'ils auront faite, Sa Majesté ait agréable de leur concéder les pays où ils jugeront à propos de s'établir, sans que d'autres puissent y aller sans permission.

« La terre ferme, depuis le détroit de Magellan en remontant jusqu'au Chili, n'est pas occupée par les Espagnols, et il y a aussi des îles désertes ; il ne paraît pas qu'il y ait aucun inconvénient de leur accorder dans ces lieux ceux qu'ils occuperont. Cependant, il est certain que si ce qu'ils proposent pouvait réussir, cela ferait venir de grandes richesses dans le Royaume, les gens de ce pays n'ayant que de l'argent de leurs mines à donner pour les marchandises qu'on leur porterait. Sur les connaissances qu'on a de cette navigation, on n'ose pas assurer à Sa Majesté que cela puisse réussir, et il semble même qu'on doive craindre le contraire ; ce-

(1) Sans date. Arch. Col. C. F.

pendant, comme Sa Majesté ne risque rien, et que c'est au pis aller une perte que feront des marchands qui sont fort en état de la supporter, elle pourrait consentir à cette entreprise, et leur accorder même la concession qu'ils demandent. »

Jourdan eut bientôt l'assurance que sa proposition triompherait auprès des autorités. Le Roi estima les desseins fort louables. Il hésitait seulement à accorder la concession demandée pour les pays qu'on découvrirait : « Sa Majesté ne peut vous la faire qu'elle ne sache plus précisément ce qu'elle donne », dit le secrétaire de la Marine, mais il ajoute l'assurance que la concession ne serait point donnée à d'autre qu'à Jourdan (1). Encouragé par cette promesse, celui-ci continue d'exposer au ministre le progrès de ses préparatifs (2) : quatre vaisseaux, avec un équipage total de 600 hommes, étaient déjà armés ; ils devaient se rejoindre à La Rochelle à la fin de mai ; et quant aux détails du plan, il annonce :

« Des deux établissements que nous sommes indispensablement obligés de faire, un sera au Port Galand dans le détroit de Magellan, lieu très propre à y rafraîchir nos équipages. C'est un très bon port ; nous y ferons un magasin ; les Indiens y sont très dociles ; nous y ferons un petit fort, avec deux batteries, pour en défendre l'entrée, qui en même temps ferme entièrement le passage du détroit, car il faut que les navires en passent à la portée du fusil, où ils ne peuvent pas même mouiller ; auquel lieu, avec 50 ou 60 hommes, nous serons en sûreté à l'offensive et défensive. Nous en ferons encore un autre sur la côte du Chili... où l'on se fortifiera également, où je crois qu'il nous y faudra laisser une centaine d'hommes. Et avec nos quatre vaisseaux joints ensemble, nous irons chercher à faire notre commerce, et les découvertes qui nous conviendrons ; les quatre vaisseaux ensemble sans se désunir, ils porteront nos effets à notre établissement du Port Galand, dans le détroit de Magellan, où les vaisseaux que nous envoyerons d'ici dans cinq ou six mois iront quérir les effets que l'on y aura pu ramasser. auquel établissement on peut aller et venir en toute saison. »

Jourdan énumère, dans la même lettre, les officiers qu'il avait réussi à engager, et il nomme, en premier lieu, un M. de Beauchesne, « qui est, dit-il, un des plus dignes officiers que nous

---

(1) Pontchartrain à Jourdan, 19 mars 1698. Arch. Nat. G⁷ 1696.
(2) Le 24 avril 1698. Arch. Col. C. F.

puissions choisir » ; parmi les autres il y a un certain M. de Bordal, « qui a été dans lesdites mers et trois ans dans les mines des Espagnols ».

Cependant, dès cette première étape, une brouille était survenue entre Jourdan et son associé Danycan. Dans une lettre du 9 mai 1698 à M. Maurepas, fils du comte de Pontchartrain et bientôt son successeur comme secrétaire d'État de la marine, Jourdan se plaint de n'avoir, depuis quatre courriers, aucune nouvelle de Danycan. A l'entendre, la seule raison de ce silence serait que, lui, Jourdan, avait voulu « mettre les choses trop en règle » entre les deux associés, et que ces précautions déplaisaient à Danycan. D'une part ces malentendus, de l'autre le bruit de l'affaire qui s'était si bien répandu qu'on en avait même parlé dans la Gazette de Hollande, l'amenèrent à penser « qu'il faudrait feindre de rompre l'entreprise, surtout avec nos Malouins ». Mais comme deux navires étaient déjà prêts à mettre à la voile, Jourdan se chargeait de les fréter pour son propre compte, et, continue-t-il: « Je garantis de faire partir ces bâtiments sans que personne s'en doute ni le sache. » Seulement il était nécessaire que, tout d'abord, M. de Gennes fût mis à la tête de l'entreprise. Que celui-ci ait accepté la chose, cela ressort d'une lettre du 9 mai, où il pose comme unique condition que Jourdan lui obtienne la grâce de faire reverser sur la tête de sa femme la pension de nouveau converti que le Roi lui a accordée, il y a longtemps, « afin que, si Dieu le retirait pendant le voyage, sa femme eût cette petite ressource pour vivre. »

Comme on voit, Jourdan voulait se débarrasser de ses associés de Saint-Malo, qui lui étaient devenus à charge (1), et ses procédés manquaient d'honnêteté.

Danycan présente la chose d'une autre manière (2) : c'est lui, qui, le premier, avait eu l'idée d'une navigation dans la mer du Sud, et qui avait ensuite, sur la demande de Jourdan, agréé celui-ci en qualité d'associé ; après quoi il avait obtenu l'autorisation

(1) Voir aussi lettre de Jourdan au comte de Pontchartrain, du 14 mai 1698, d'un contenu identique et citée par Madrolle, loc. cit., p. xxxvii.
(2) Mémoire pour répondre devant MM. Heron, Pellier et Anisson... pour Noël Danycan, Natale Stephanini et consorts... contre le sieur Jourdan, le 14 mars 1704. Arch. Col. C¹ 18, f. 139.

d'envoyer deux navires au voyage projeté. Mais lorsqu'il commençait déjà de les équiper à Saint-Malo, Jourdan, pendant son absence de Paris, avait dressé le plan d'une entreprise bien plus vaste, d'une Compagnie royale, et Danycan avait très vivement déconseillé ce projet qui ne lui semblait point pratique.

Les difficultés qui avaient surgi entre eux furent aplanies probablement par le ministre. Malgré les hésitations de Danycan, dans l'été de 1698, une compagnie fut formée, qui reçut la sanction royale par des Lettres patentes du mois de septembre de la même année (1), et qui prit ensuite le titre de *Compagnie Royale de la mer Pacifique* (2).

Par le privilège, dont la Compagnie nouvelle avait été gratifiée, le Roi l'avait autorisée « de faire seule le commerce pendant trente années, à l'exclusion de nos autres sujets, depuis le cap de Saint-Antoine, sur la côte déserte, sur les côtes des détroits de Magellan, Le Maire et Browars (3), et sur les côtes et dans les îles de la mer du Sud ou Pacifique, non occupées par les puissances de l'Europe. »

Il est à remarquer, d'abord, que la concession renfermait, depuis le fleuve de La Plata jusqu'au cap Horn, une étendue qui n'avait encore été ouverte à aucune compagnie, mais dont la valeur, à en juger par la dénomination « la côte déserte », ne semble pas au commencement avoir été très hautement prisée. Il faut noter, en second lieu, que de ce privilège sont exclus les pays déjà occupés par des puissances d'Europe, voire les colonies espagnoles sur la côte occidentale de l'Amérique, et c'est une disposition qui, dans la suite, eut une grande importance. Observons enfin que, parmi ceux à qui il est défendu d'empiéter sur la concession donnée, la

---

(1) Arch. Col. C. F. ; imprimées dans : Labat, *Nouveau voyage aux isles de l'Amérique*, t. V, 1742, p. 346-372. — Cf. dans le même volume C. F. (non coté) : Acte de société des intéressés en la Compagnie de la mer du Sud, 1698 (sans date) ; Projet de la Compagnie que l'on pourra nommer la Compagnie (lacune, laissée probablement pour le mot Royale) de la mer du Sud, le 2 juin 1698.

(2) Ce nom est employé, dans la suite, alternativement avec la dénomination de *Compagnie de la mer du Sud ;* ni l'un ni l'autre ne se trouve dans l'acte constitutif, qui ne parle que de « la nouvelle Compagnie ».

(3) Par le nom du « détroit de Brouwer » on désigna pendant cette époque le parage à l'est de l'île des États, entre cette terre et une île supposée dont le capitaine hollandais Hendrick Brouwer avait fait la prétendue découverte en 1643. Voir : *Journael ende Historis verhael van de Reyse gedaen by Oosten de Straet le Maire, naer de Custen van Chili, onder het beleyt van den Heer Generael Hendrick Brouwer...* Amst., 1646, p. 92.

Compagnie des Indes Orientales est expressément nommée, et cependant son privilège de 1664 lui accordait la plus grande partie de ces contrées. Une convention avec cette Compagnie avait certes été conclue (1), mais les conditions qui y étaient stipulées me sont inconnues ; ce qui est certain c'est que la Compagnie de la mer du Sud, contrairement à ce qui s'était passé pour la Compagnie de la Chine, n'avait pas eu besoin de s'engager à lui promettre une part du bénéfice futur pour compenser la diminution de ses droits de commerce.

En ce qui touche l'organisation de la nouvelle compagnie, la Lettre patente contenait des règlements détaillés. Son « président et directeur perpétuel » fut le comte Jérôme de Pontchartrain, et la Compagnie devait être composée de vingt directions, chacune d'une somme de 40,000 livres. Parmi les premiers directeurs on distingue, en plus de Jourdan, les noms suivants : Jacques de Vanolles, trésorier général de l'artillerie ; Michel Begon, commissaire général de la marine ; Antoine Crozat, receveur général des finances de Bordeaux ; Gabriel Argoud, procureur général des prises de la marine au Conseil Royal des finances ; Nicolas Magon de la Chipaudière, connétable de la ville et château de Saint-Malo ; Jean-Baptiste Guillot de la Houssaye, écuyer, et d'autres encore (2). Danycan aussi entra comme directeur en versant la somme nommée — « pour se conformer aux ordres de M. le Chancelier », comme il dit lui-même plus tard ; mais il ne semble pas avoir pris une part très active dans le gouvernement de l'entreprise, qui tomba entièrement aux mains de Jourdan et de ses consorts de Paris.

L'histoire des compagnies dont nous venons de tracer l'origine, sera, plus tard, traitée dans tous ses rapports avec le commerce de la mer du Sud. Comme cette histoire est singulièrement

---

(1) Un arrêt du 17 mars 1705 (Arch. Nat. G⁷ 1694) dit « que lors de l'établissement de ladite Compagnie du Sud, la Compagnie des Indes Orientales passa un acte, le 3 juillet 1698, au profit de ladite Compagnie du Sud, par lequel la Compagnie des Indes déclara qu'elle consentait que le droit qui lui avait été accordé par ledit article 25 fut transmis à la nouvelle Compagnie, ce qui a été ainsi exécuté, et ledit acte attaché sous le contrescel des lettres patentes accordées à ladite Compagnie du Sud. »

(2) Arrêt du 1ᵉʳ août 1701. Arch. Nat. Marine, B² 159, f. 92.

embrouillée, le tableau suivant des relations réciproques et de la succession des compagnies permettra peut-être au lecteur de s'y orienter.

TABLEAU DES COMPAGNIES DE COMMERCE

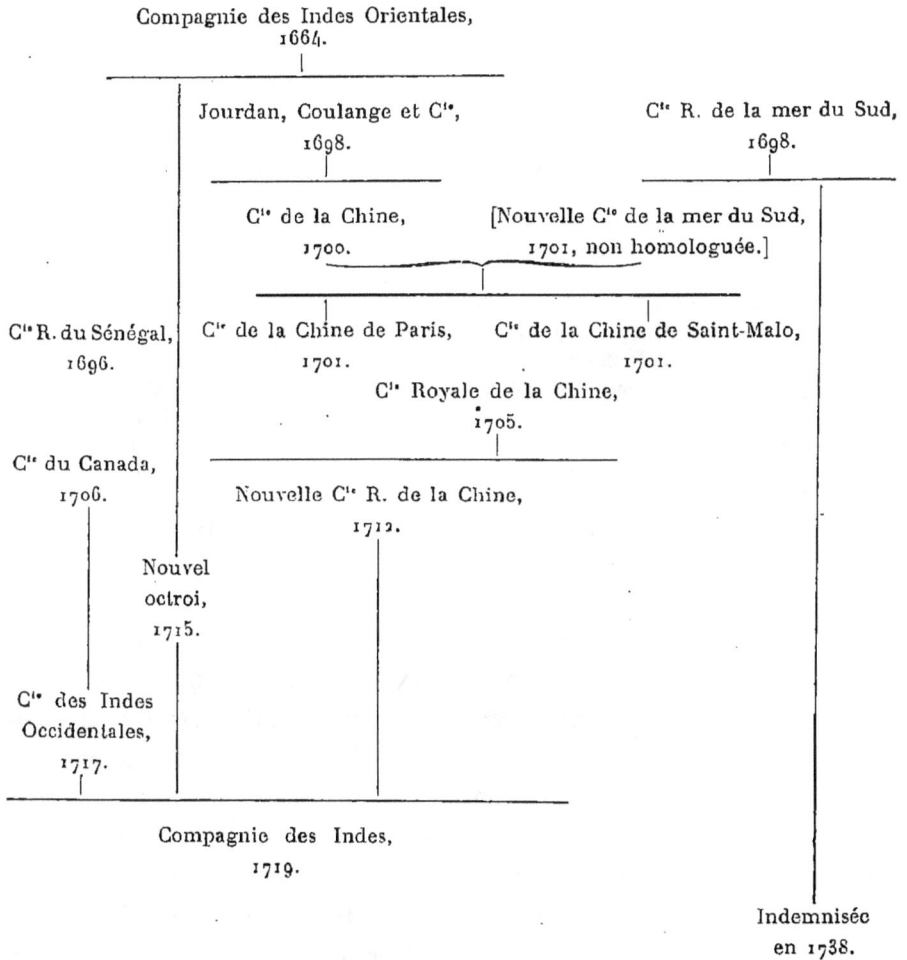

Compagnie des Indes Orientales, 1664.

Jourdan, Coulange et Cⁱⁱ, 1698.

Cⁱⁱ R. de la mer du Sud, 1698.

Cⁱⁱ de la Chine, 1700.

[Nouvelle Cⁱⁱ de la mer du Sud, 1701, non homologuée.]

Cⁱⁱ R. du Sénégal, 1696.

Cⁱⁱ de la Chine de Paris, 1701.

Cⁱⁱ de la Chine de Saint-Malo, 1701.

Cⁱⁱ Royale de la Chine, 1705.

Cⁱⁱ du Canada, 1706.

Nouvelle Cⁱⁱ R. de la Chine, 1712.

Nouvel octroi, 1715.

Cⁱⁱ des Indes Occidentales, 1717.

Compagnie des Indes, 1719.

Indemnisée en 1738.

CHAPITRE II

LA PREMIÈRE EXPÉDITION A LA MER DU SUD. — LE VOYAGE DE BEAUCHESNE, 1698-1701.

Grand armement de la Compagnie à La Rochelle. — Les commandants : de Gennes, de Beauchesne, Jouhan de la Guilbaudière. — Les équipages, les cadets gardes-marine, l'abbé Noël Jouin. — Nouvelles alarmantes de l'état de l'armement ; le rapport de M. de Roddes. — Les directeurs de la Compagnie en sont épouvantés. — Projets de Jourdan pour la reconstruction de la Compagnie. — Décision de réduire l'expédition. — M. de Gennes donne sa démission ; M. de Beauchesne nommé commandant en chef. — Mécontentement de Jourdan ; l'état de ses affaires. — Le départ de Beauchesne. — Ses instructions. — Son escadre dispersée par une tempête. — Navigation dans le détroit de Magellan. — On prend possession de l'île de Louis-le-Grand. — Lever cartographique du détroit. — Reconnaissance de l'archipel de Chonos. — Rencontre hostile avec les Espagnols à Valdivia. — On fait le commerce malgré les défenses du vice-roi. — Visite aux îles Galapagos. — Débit rapide des marchandises au Pérou. — On repasse par le cap Horn. — Découverte de l'île de Beauchesne. — L'importance de l'expédition. — L'affaire d'Ambroise Guis.

Si la Compagnie de la mer du Sud avait suivi le conseil que Danycan prétend avoir donné à ses fondateurs, de « s'assurer de ce commerce par un premier petit envoi », elle aurait sans doute fort bien agi. Mais qu'un pareil conseil fût en désaccord avec les idées de Jourdan, nous en avons déjà vu la preuve dans les espérances fantastiques et les immenses projets que nous exposent ses écrits. Dès le début, la Compagnie avait inscrit dans son programme le commerce des pays lointains, des expéditions de découvertes sur des côtes et des îles inconnues, l'établissement de nouvelles colonies. Si, pour réaliser ce programme, l'expérience nécessaire et les moyens suffisants n'avaient pas manqué, Jourdan et ses consorts auraient certainement acquis une place éminente non seulement dans l'histoire de la France mais aussi dans celle du monde entier. Mais l'absence complète de plan sérieusement mûri n'a fait que donner à la Compagnie de la mer du Sud une triste célébrité ou plutôt un oubli justement mérité. Si nous essayons ici de dissiper cet oubli et d'élucider des événements et des entreprises où les ombres dominent, c'est à cause des conséquences qui en résultèrent pour toute l'œuvre que nous nous sommes proposé de décrire.

*
* *

Ce fut, en vérité, un armement grandiose que la Compagnie de la mer du Sud prépara à La Rochelle. On n'avait pas acheté moins de sept vaisseaux ; on avait engagé un équipage réuni de 689 hommes et une force militaire, composée d'une compagnie de cadets et six compagnies d'infanterie avec un total de 42 officiers (1). De plus, un nombre assez considérable de personnes, artisans et autres, devaient les accompagner pour peupler, comme colons, les établissements qu'on avait le projet de fonder. M. de Gennes fut nommé commandant en chef et capitaine du vaisseau amiral, baptisé le *Comte-de-Maurepas* d'après le protecteur de la Compagnie. Comme second et chef d'un des autres vaisseaux, figure M. de Beauchesne Gouin, dont nous avons déjà parlé, et pour qui la Compagnie avait obtenu une « commission de capitaine de vaisseau pour la campagne », sans laquelle commission il eût été à craindre « que pas un voulût lui obéir, si M. de Gennes v nait à manquer (2) ».

(1) Liste des sujets que nous... directeurs de la Compagnie de la mer Pacifique, avons choisi pour commander et servir en qualité d'officiers, tant sur les vaisseaux... que dans les troupes que S. M. a bien voulu nous permettre d'envoyer dans l'étendue de nos concessions ; 1ᵉʳ oct. 1698. — Une autre liste avec la rubrique : « Armement pour la mer Pacifique », contient les salaires pour tout l'équipage, officiers comme hommes de troupe. La somme finale monte, pour six mois, à 153.462 livrés. — Arch. Col. C. F.

(2) Dans la requête, du 26 juillet 1698, par laquelle on sollicite cette commission, on lit la liste de mérite de ce capitaine : « Le sieur Beauchesne fait la guerre depuis l'année 1675, et, depuis ce temps, il a toujours continué de commander avec distinction. Choisi en 1689 par M. le marquis de Seigneley pour faire la découverte à l'armée, il a servi en 1693 avec son vaisseau dans l'escadre de M. de la Varenne à Groenland. En 1695, il a servi dans l'escadre de M. de Saint-Cler à Terre-Neuve... Il a d'ailleurs toujours commandé les armateurs de Saint-Malo partout où il s'est trouvé, comme aussi à Groenland en 1696. » Arch. Col. C. F. Cette dernière année il s'était aussi illustré par quelques exploits de corsaire qui lui avaient valu l'attention du gouvernement ; voir : François Jégou, *Histoire de Lorient, port de guerre (1690-1720)*, 2ᵉ éd., Vannes, 1887, p. 42. — Après le retour de l'expédition dont nous allons maintenant rendre compte, il devint successivement sénéchal de Saint-Malo, lieutenant-général de l'amirauté, juge des fermes et capitaine général des gardes-côtes de ce département ; Manet, *Biographie des Malouins célèbres*, Saint-Malo, 1824, p. 68. Dans ses fonctions à l'amirauté

Au dernier rang des officiers, la liste de l'équipage nomme
encore comme « capitaine général guide » — avec une paie men-
suelle de 150 livres (1) — « M. Jouan, phlibustier, pour servir sur
les vaisseaux, suivant les ordres de M. de Gennes, pour le général,
ayant connaissance du pays. »

Dans cette personne, dont le nom s'écrit aussi Jouhan de la
Guilbaudière, nous retrouvons certainement un de ceux qui, par
leurs récits, avaient inspiré à Danycan et à Jourdan l'idée de leur
entreprise ; peut-être en était-il même le véritable auteur. Il avait,
probablement en qualité de quartier-maître, servi sous Massertie,
ci-dessus nommé. Avec vingt-deux autres hommes de son équipage, on l'avait, sur sa propre demande, laissé en arrière dans
l'île Juan Fernandez, quand le capitaine, en février 1693, s'en
retourna en Europe (2). De ce repaire, Jouhan et ses compagnons
firent des expéditions plus ou moins heureuses le long des côtes
du Chili et du Pérou : on le vit devant Concepcion en janvier 1694 ;
mais au retour ils firent naufrage dans le détroit de Magellan où,
en six mois, ils construisirent, avec les débris de leur vaisseau,
un autre navire qui leur permit d'atteindre Cayenne, en 1695 (3).

Les mirages dont s'entourait cette nouvelle expédition s'étaient
propagés au loin. L'affluence des gens qui cherchaient à y trouver

de Saint-Malo, on le retrouve encore après 1720. Il était né le 2 janvier 1652 et fut
« inhumé le 26 juillet 1730 » ; Paul Paris-Jallobert, *Anciens registres paroissiaux de Bretagne. Saint-Malo*, t. II, Rennes, 1900, p. 122 ; cf. René Kerviler, *Répertoire gén. de bio-
bibliographie bretonne*, t. XVI, Rennes, 1906, p. 380.

(1) M. de Gennes devait avoir 500 et M. de Beauchesne 300 livres par mois.

(2) Voir plus haut, p. 95.

(3) Dans les archives du Service hydrographique de la marine (Vol. 80², f. 78) on
trouve un document intitulé : « Extrait d'une description des principaux endroits de la
mer du Sud depuis 52° 30' S. jusqu'au 41° N., faite sur les lieux par le sieur Jouhan
de la Guilbaudière. Les plans qui l'accompagnent sont dessinés sur les mémoires par
le sieur Hanche, ingénieur ordinaire du Roi, l'année 1696. » — Le récit des exploits de
Jouhan et de ses compagnons, raconté par Froger (*Relation d'un voyage fait... par M. de
Gennes*, Paris, 1699, p. 105-108) est regardé comme pure imagination par James Burney
dans son histoire détaillée des entreprises des flibustiers (*A chronol. History of the Voyages
and Discoveries in the South Sea*, vol. IV, Londres, 1816). Il y dit (p. 295) : « It is evidently
a romance fabricated from the descriptions which had been given of the general
courses and habits of the Flibustiers. » Que les traits principaux du récit fussent
cependant vrais, cela ressort des extraits détaillés d'un rapport du 28 avril 1695, envoyé
par le capitaine-général du Chili, Marin de Poveda, au roi d'Espagne, rapport que donne
M. Diego Barros Arana dans son *Historia jeneral de Chile*, t. V; Santiago, 1885 (p. 269-
271). Ce rapport s'appuie en partie sur les récits de quelques Espagnols, qui, emmenés
par les flibustiers comme des captifs, réussirent à se sauver du détroit de Magellan où
ils avaient été forcés d'aider à la construction du nouveau navire, et à regagner
le Chili.

un emploi était considérable. La compagnie de cadets ne comptait pas moins de soixante gentilshommes, outre les officiers, et même dans les compagnies d'infanterie « il y avait bon nombre de cadets. » Ces cadets, dans leurs jolis uniformes « bleus, avec un petit galon d'or partout et une plume blanche sur le chapeau », formaient « une assez belle troupe (1). » On avait malheureusement eu l'imprudence de payer d'avance sa solde à cette jeunesse forcément turbulente et même de répondre pour « ses dépenses dans les cabarets ». Grave imprudence! On ne tarda pas à en sentir les effets. Il y eut « beaucoup de débauche » et des « accidents tous les jours (2). »

Dans cette foule de jeunes aventuriers nous voyons aussi un prêtre, un certain abbé Noël Jouin, qui, de son propre aveu, y a été attiré par la promesse d'être nommé évêque des pays qu'on découvrirait (3). Si cela est vrai — mais nous verrons dans la suite qu'on ne doit pas trop se fier aux dires de ce personnage, — si cela est vrai, son espérance et la promesse qu'on lui avait faite témoignent en une certaine mesure des projets fantastiques de colonisation et de conquête que les esprits avaient échafaudés.

Mais bientôt le vent tourna et les espoirs mirifiques se changèrent en sombres doutes.

Pour surveiller l'armement et pour représenter la Compagnie, on avait envoyé à La Rochelle un des directeurs, M. de Roddes. Il est possible que sa mission fût nécessitée par la nouvelle des difficultés survenues, mais ce qui est certain, c'est que la situation financière, peu après son arrivée, lui sembla désespérée. Il en dressa un mémoire qui, le 28 octobre, fut envoyé à Paris. Il paraît que les directeurs, assemblés chez M. de Vanolles le 2 novembre, afin d'écouter la lecture du mémoire, « en ont été épouvantés ». Ce n'est pas étonnant, car ils y apprirent que, pour que l'expédition telle qu'elle était projetée fût menée à bon terme, il fallait

---

(1) Journal de M. de Villefort, cité ci-dessous. Cf. Conditions auxquelles Messieurs les gentilshommes cadets gardes-marine pourront s'embarquer sur les vaisseaux de la Compagnie Royale de la mer Pacifique ; 5 août 1698. Arch. Col. C. F. Le dernier document contient d'assez curieux détails sur l'équipement personnel, qu'on regardait à cette époque comme nécessaire pour une expédition marine de longue durée.

(2) Relation du sieur Duplessis, citée ci-dessous.

(3) Suplica de don Manuel Jouin à S. M. el Rey de España. British Museum, MSS. Add. 17,583, f. 218.

encore verser une somme égale au capital de cotisation, soit 800,000 livres. On discuta ; on débattit diverses propositions : réduirait-on le nombre des vaisseaux de l'escadre? Abandonnerait-on le projet d'établir une colonie sur la côte du Chili? Mais lorsque la question se posa de l'argent à envoyer à La Rochelle et des moyens de faire face aux dépenses les plus pressantes, les malheureux directeurs jugèrent qu'ils n'étaient pas en nombre suffisant pour décider d'une affaire aussi importante, et qu'ils n'avaient pas le droit de dépasser le capital souscrit. A l'instant même où on allait se séparer, Jourdan prit la parole et déclara, que si « la Compagnie signait un désistement », il leur soumettrait des propositions qui satisferaient tous les intéressés, mais sur lesquelles, pour l'instant, il ne voulait pas longuement s'expliquer (1).

Les lettres que Jourdan, dès le lendemain, expédiait au sujet de ce qui venait de se passer, mettent en évidence son caractère aventureux et peu scrupuleux, mais elles nous montrent aussi la vanité des moyens auxquels il croyait devoir recourir. Dans une lettre commune adressée à MM. de Gennes et de Beauchesne, il leur recommande de réduire sensiblement les vivres de l'expédition, et il leur donne cette chimérique assurance qu'on enverra, dans les cinq mois, une expédition auxiliaire de deux grands vaisseaux et de deux « laversiers » avec un équipage de 5 à 600 hommes. « Comptez, Messieurs, conclut-il, que vous aurez du secours avant même que nous ayons de vos nouvelles, et qu'il faut tâcher de vaincre ou périr. » Il expose un projet analogue de réduction des vivres et des marchandises dans une lettre à M. de Roddes, mais il n'entend pas qu'on touche au nombre des navires ni même aux équipages, et il déclare, mensongèrement, que les mesures proposées ont été arrêtées dans une convention, passée entre la Compagnie et M. le comte de Maurepas, et qu'il faut « exécuter sans balancer » cette convention. D'autre part devant Maurepas, il affirme que les dépenses de l'entreprise, malgré tout ce qu'en dit M. de Roddes, ne dépasseront pas un million ; qu'il trouvera des gens « bons et solvables » qui fourniront le supplément néces-

(1) Lettre de M. Landais au comte de Maurepas, 2 novembre 1698. Arch. Col. C. F.

saire et que tout ira bien, si seulement on le laisse faire. Maurepas est cependant prié de garder le silence jusqu'à ce que l'escadre ait mis à la voile, ce qui était imminent, car, ajoute-t-il, « les vaisseaux sont tous prêts et il ne faut qu'un coup de sifflet pour les faire partir ».

La proposition de Jourdan de former une nouvelle compagnie qui acquerrait les fonds de l'ancienne société en s'engageant à répondre des dettes, fut discutée quelques jours plus tard, le 10 novembre, à la réunion des directeurs ; il y présenta aussi une liste de ses nouveaux associés, et Maurepas ne parut pas très éloigné d'accepter l'expédient offert, bien qu'il appréhendât d'abandonner la Compagnie aux mains de Jourdan. Le résultat, nous le voyons dans la délibération suivante, signée à l'assemblée du 20 novembre 1698 (1) :

« La Compagnie a résolu de réduire son armement aux vaisseaux le *Comte-de-Maurepas*, le *Phélypeaux*, le *Nécessaire* et la corvette la *Bonne-Nouvelle*, de sorte que l'équipement de ces vaisseaux et les faux frais n'excèdent pas la somme de 800.000 livres, et une partie des marchandises qui étaient destinées pour l'établissement seront vendues. Cependant, comme il faut faire actuellement un fonds de 300.000 livres pour la partance de ces quatre vaisseaux, et payer les dettes les plus pressées, la Compagnie a résolu d'emprunter conjointement ladite somme en billets payables dans six mois, dont elle se remboursera par la vente des vaisseaux et effets restants... »

« Pour assurer l'état de la Compagnie et son remboursement de ladite somme de 300.000 livres à l'échéance des billets, M. Jourdan a accepté la proposition qui lui a été faite, de prendre des actions pour les sommes qui excéderont la dépense de 800.000 livres de fonds convenu par la Société, après la vente des effets restants ; et sans que l'emprunt desdites 300.000 livres puisse tirer aucunement à conséquence pour l'approbation des dépenses qui ont été faites, et dettes contractées, que la Compagnie en général et en particulier se réserve de discuter et d'avoir son recours contre les ordonnateurs et les commissionnaires, tireurs, accepteurs et autres. »

Dans une seconde délibération, du 24 novembre, il fut « finalement résolu » qu'on laisserait trois des vaisseaux ci-dessus nommés appareiller aussitôt que possible avec un équipage réduit

(1) Arch. Col. C. F.

à 340 hommes et un nombre d'officiers considérablement diminué, et l'on décida de « mettre sur ces vaisseaux les meilleures marchandises et en la plus grande quantité qu'il se pourra, et d'ôter à cet effet une partie de l'eau qui y a été embarquée, afin d'avoir plus de place pour tenir lesdites marchandises, et de porter du biscuit, de la farine et des vivres pour dix-huit mois. »

A La Rochelle, les choses avaient, pendant ce temps, commencé à prendre une tournure fâcheuse : M. de Roddes était de plus en plus harcelé par les créanciers de la Compagnie ; des matelots et des soldats désertèrent et, les liens de la discipline se relâchant, une émeute éclata même dans la ville, lorsqu'il dut congédier le superflu des équipages, qui n'avaient encore reçu qu'une partie de leur paye. Excédé, le commandant en chef, M. de Gennes, donna sa démission et partit pour Paris, où il arriva le 17 novembre, bien résolu à la maintenir. M. de Beauchesne, lui aussi, demande, le 2 décembre, son congé, « par rapport à l'état de cette Compagnie qui me paraît mal assurée », écrit-il ; mais on lui persuade de retirer cette demande et d'accepter, à la place de M. de Gennes, la charge de commandant en chef, pour laquelle il avait été désigné dans la délibération du 24 novembre. Après d'autres difficultés et la répression d'un nouveau commencement d'émeute (1), trois des vaisseaux purent enfin, le 17 décembre, appareiller, et deux jours plus tard, le quatrième leva l'ancre. « Mais, écrit de Roddes le 20 décembre, il reste ici des dettes qui feront crier et qui réveilleront le souvenir de cette douloureuse affaire. »

Avant de passer au récit de cette expédition, partie sous de si mauvais auspices, il est peut-être utile de raconter en deux mots ce qui se passa en France, aussitôt après son départ.

Mécontent des tempéraments et des restrictions qu'on avait dû apporter à ses projets grandioses de colonisation et de conquête commerciale, Jourdan expose ses griefs dans un « Projet pour soutenir la Compagnie Royale de la mer du Sud (2) ». Il se plaint

---

(1) « Les gardes-marine insultèrent M. de Roddes, avec menace de le brûler chez lui, ce qui le fit prier le gouverneur de la ville de lui permettre d'avoir garde à sa porte. » *Relation du sieur Duplessis.*

(2) Arch. Col. C. F. L'acte en question est sans signature et sans date, mais provient très certainement de Jourdan ; il a été écrit probablement en janvier 1699 et porte, noté d'une autre main, la date 1698.

amèrement : il déclare de toute nécessité que le Roi fournisse trois
vaisseaux supplémentaires avec six cents hommes d'équipage, des
vivres pour dix-huit mois et des marchandises d'une valeur de
250.000 livres. Cette proposition ne trouva pas d'écho. Il est bien
évident que les difficultés économiques, où ses calculs insensés
avaient engagé la Compagnie, lui créèrent des embarras extrêmes :
il adressa à l'agent de la Compagnie à La Rochelle, de Roddes,
la réclamation d'une créance de 200.000 livres, que celui-ci, le
2 février 1699, déclare être « appuyée seulement de beaucoup
d'invectives que l'on saurait bien relever de tout autre que de ce
pauvre homme, plus digne de compassion que de haine. » Et plus
tard, la même année, il entre en conflit avec le bureau des fermes
à La Rochelle, au sujet des marchandises que la Compagnie avait
dû laisser dans cette ville, lorsque l'escadre en partit, et qui avaient
été saisies, probablement sur l'injonction des créanciers : Jourdan
fit fracturer les magasins où ces marchandises étaient déposées,
et des témoins affirmèrent qu'il se tint lui-même « à la porte avec
deux pistolets, déclarant que s'il se présentait aucun commis des
fermes, il lui casserait la tête (1) ».

D'une manière ou d'une autre, par des promesses et des sursis,
Jourdan réussit cependant à maintenir ses affaires pendant
l'année 1699 et la première moitié de 1700. Sans doute, les créanciers se nourrirent du bel espoir qu'ils seraient payés sur les
bénéfices qu'on attendait des deux expéditions. Et ces belles promesses semblèrent se réaliser, lorsque le vaisseau l'*Amphitrite*,
le 3 août 1700, revint de son voyage en Chine. Sa cargaison était
d'une valeur considérable, et la vente en fut favorisée par un
permis royal qui la libérait de la restriction imposée à la Compagnie des Indes Orientales, de n'introduire des soies que pour
une somme annuelle de 150.000 livres (2). La cargaison, qui fut
vendue à Nantes, rapporta la somme respectable de 553.000 livres.

Il est à supposer que, comme Jourdan, les autres directeurs de la
Compagnie du Sud firent miroiter aux yeux des créanciers les

---

(1) Lettre de M. de la-Rousselière, commissaire au bureau des fermes à La Rochelle,
3 septembre 1699. Arch. Col. C. F.
(2) Arrêt qui permet au sieur Jourdan et Cⁱᵉ de vendre les étoffes de soie et
mêlées de soie, or et argent, apportées de la Chine ; 27 septembre 1700. Arch. Nat.
Marine, B² 145, f. 109 v°.

bénéfices futurs. L'ayant constitué garant d'une partie de leurs dettes, ils durent saluer avec satisfaction le succès de son entreprise en Chine et y trouver une raison de compter sur l'expédition dans la mer Pacifique. Nous verrons tout à l'heure avec quelle cruauté leur attente fut trahie.

*
* *

La flotte qui, le 17 décembre 1698, quitta le port de La Rochelle était composée, comme nous l'avons déjà dit, des vaisseaux le *Phélypeaux*, le *Maurepas* et la *Bonne Nouvelle*; la corvette le *Nécessaire* appareilla quelques jours plus tard. M. de Beauchesne commandait en chef sur le premier de ces bâtiments, et il avait pour second M. de Terville, capitaine à bord du *Maurepas*.

Il existe au moins deux instructions pour le commandement de l'expédition (1). L'une, en forme d'un projet sans date ni signature, avait été sûrement rédigée au moment où les espérances battaient leur plein. En cinquante et un paragraphes, les ordres les plus détaillés y sont donnés, concernant la navigation, la fondation des colonies, les fortifications, les nouvelles découvertes et, surtout et avant tout, les moyens d'établir un fructueux commerce. Nous y entendons encore parler de « pêches d'ambre », de « reconnaissance des mines d'or et d'argent et autre », d'importation « d'épices, soies, bois exquis et — surtout de l'or et argent ». Le programme d'exploration des pays inconnus eût exigé des forces surhumaines : on devait « dresser des journaux bien amples et étendus, contenant tout ce qu'il faut savoir d'un pays inconnu dans lequel on se propose de faire de gros établissements — la nature des peuples, leurs talents, manière de vivre, religions, mœurs, habitations, commerce et police, par qui et comment ils sont gouvernés, ce qui croît sur la terre et l'usage de chaque chose, s'ils sont laborieux, industrieux et manufacturiers; observer jusqu'aux moindres particularités et circonstances, en un mot y employer et les charger de toutes choses réelles, essentielles, utiles et vraies, sans flatter ni parler d'après des rapports souvent très

(1) Toutes les deux dans les Arch. Col. C. F.

différents de la réalité; approfondir surtout la manière du commerce de tous les différents peuples. »

Dans l'instruction du 28 novembre dont M. de Beauchesne à son départ était muni, ces prétentions se sont très sensiblement abaissées. En résumé on n'y demande qu'une exploration de certaines côtes « pour voir si la Compagnie y pouvait faire des établissements avec sûreté ». Et si même on demanda encore plus qu'on ne pouvait raisonnablement réaliser, ce fut cependant à cette instruction que l'on dut le travail d'exploration assez estimable, accompli par l'expédition, et ses rapports aussi nombreux que substantiels (1).

La mauvaise fortune qui avait failli empêcher le départ de l'expédition la poursuivit en mer. A peine avait-elle quitté le port, qu'une violente tempête l'assaillit, qui dura plusieurs jours et dis-

(1) Les narrations manuscrites de l'expédition de Beauchesne sont nombreuses. Son propre journal, très court, existe et dans le Service hydrographique de la marine et dans la Bibliothèque Nationale (Fonds français 9097, f. 132). Dans cette dernière bibliothèque on trouve aussi un autre récit, inachevé, fait par un membre de l'expédition (Ibid., f. 142). Dans les archives du Service hydrographique de la marine on conserve l'extrait d'un journal, tenu par M. Jost de Villefort, enseigne (Mss. Delisle, vol. 115 xii, 32). Plus détaillés sont les renseignements que fournit une « Relation journalière », faite par le sieur Duplessis, ingénieur sur le vaisseau le Comte-de-Maurepas (Service hydr. de la marine, Bibliothèque, 5617), ainsi que ceux contenus dans un journal d'un certain sieur Labat (Ibid., 5618). Celui-ci, presque exclusivement nautique, est illustré de 34 cartes ou vues ; la « Relation journalière », à laquelle est jointe une attestation du commandant en chef que l'auteur, en sa qualité d'ingénieur, « s'est parfaitement bien acquitté de son devoir et avec capacité », forme un assez gros volume, d'un grand intérêt, richement illustré d'images, de plans et de cartes, dont l'attestation affirme qu'ils sont « très bien détaillés ». Ces relations peuvent être encore complétées par des renseignements, sur le détroit de Magellan en particulier, laissés également par un membre du voyage et insérés dans un registre de bord du navire le Président-de-Grénédan (Arch. départementales d'Ille-et-Vilaine).

Le premier récit imprimé du voyage est celui du capitaine anglais Woodes Rogers, qui s'était procuré une copie du journal de Beauchesne et qui en publia un résumé (Voyage autour du monde. Trad. de l'Anglois, t. 1, Amst., 1716, p. 183-187 ; nouv. éd., 1723. L'original anglais parut en 1712). D'après le journal de Villefort, le président Charles de Brosses a donné une description du voyage dans son Histoire des navigations aux Terres Australes (t. II, Paris, 1756, p. 113-125). Les volumes écrits par Duplessis et par Labat ont été employés pour un article sur l'équipement de l'expédition et sur son séjour dans le détroit de Magellan, paru dans le Magasin Pittoresque (année XXVI, 1858, p. 226-229 et 275-277). Enfin, les informations assez curieuses et détaillées sur la physionomie et les mœurs des habitants de la Terre de Feu, notées par Duplessis, ont été publiées par M. Gabriel Marcel dans un article, intitulé : Les Fuégiens à la fin du XVIIe siècle (Congrès intern. des Américanistes, Compte rendu de la 8e session, tenue à Paris en 1890, p. 485-496). Ajoutons-y une liste publiée par M. Marcel d'environ 230 mots de la langue des Fuégiens, notés par le flibustier Jouhan de la Guilbaudière (Ibid., p. 643-646). Il est à souhaiter de voir bientôt paraître une description complète de cette première expédition française dans l'océan Pacifique, tirée de toute cette matière si riche, à laquelle il faut encore ajouter les cartes dont il sera parlé tout à l'heure. Pour ma part, j'ai dû me borner à une narration brève des principaux événements du voyage.

persa les navires. La *Bonne-Nouvelle* fut obligée de retourner à La Rochelle afin d'y réparer ses avaries ; le *Nécessaire* naufragea sur la côte de Bretagne, et seuls les vaisseaux les plus grands purent continuer leur route, mais sans se rejoindre avant l'Ilha Grande, île au sud de Rio-de-Janeiro, où ils attendirent vainement deux mois le reste de l'escadre. Il en résulta que ce ne fut que le 24 juin 1699 qu'on put doubler le cap des Vierges, à l'embouchure de l'Est du détroit de Magellan : on se vit donc forcé de tenter le passage difficile du détroit dans la saison la plus défavorable.

Il faut admirer la persévérance de ces marins français, qui n'avaient aucune expérience d'une navigation pareille. Des mois durant, ils eurent à lutter contre les bourrasques qui s'abattaient des montagnes, contre les courants de marée d'une violence extrême dans les passages resserrés, contre le froid et toutes les intempéries. Les souffrances des équipages étaient inouïes : les pauvres matelots avaient « à travailler pendant des demi-journées à porter et rapporter des ancres d'affourche, des câbles et des grelins à terre pour s'amarrer parmi les glaces et les neiges, et quelquefois dans l'eau jusqu'aux genoux ». Aussi des maladies éclatèrent, et des membres gelés durent être amputés, opérations qui parfois entraînaient la mort du malade.

Il est inutile d'ajouter que ni le climat, ni les ressources naturelles du pays, ne répondaient à leurs espérances. La recherche d'un endroit propice à l'établissement d'une colonie ne fut pourtant pas abandonnée ; dans cette intention, on reconnut minutieusement les îles et les côtes du détroit : un relevé cartographique en fut exécuté, qui, vu l'époque, doit être regardé comme très méritoire et dont le résultat dépasse de beaucoup les essais antérieurs de cartographie pour ces contrées. Ce fut l'honneur de l'ingénieur Duplessis, et c'est lui, sans doute, qui est l'auteur de ces cartes dessinées à la main dont on conserve les copies jusqu'à nos jours (1).

(1) Outre la carte que contient son journal déjà cité et dont M. de Beauchesne affirme qu'elle est « très juste faite », on trouve dans le Service hydrographique de la marine (Portef. 168, p. 7 et 8) deux cartes du détroit de Magellan sur une grande échelle (80 × 54 cm.). L'une est ornée de l'écusson de Pontchartrain, l'autre d'armes dont j'ignore à qui elles appartiennent. Ces cartes sont très délicatement exécutées, surtout la dernière.

Une autre carte du détroit, « dressée sur les mémoires de M. de la Morlière », qui faisait fonction d'aumônier sur un des navires, fut, au retour, gravée pour accompagner un récit du voyage que l'abbé se proposait de publier. Sur la demande de Beauchesne, la publication du récit fut interdite et la carte déjà gravée saisie (1), sans doute pour ne pas permettre aux étrangers de bénéficier des découvertes françaises. Mais ce mystère dont on prétendait les entourer, fut éventé, car le propre journal du commandant en chef tomba aux mains du capitaine anglais Woodes Rogers, qui le jugea assez important pour en publier des extraits. Un exemplaire au moins de la carte de l'abbé de la Morlière a été gardé et se trouve dans les archives du Service hydrographique de la marine (2). Après avoir obtenu le droit de la reproduire, j'ai cru devoir donner une copie de cette carte qui offre au moins un intérêt de curiosité. Mais ce dont je n'ai pu trouver aucune confirmation, c'est de ce que nous dit l'abbé Jouin : il affirme avoir procédé lui aussi à un minutieux examen du détroit et avoir dressé des cartes exactes des nouvelles découvertes ; ces cartes, il les aurait tenues secrètes afin de les offrir plus tard au roi d'Espagne, qu'il regardait comme leur véritable propriétaire (3).

Pendant le lent trajet, de Beauchesne fit escale assez longuement à Port Famine et Port Galand, mais ce ne fut qu'arrivé en face de l'embouchure du canal de Saint-Jérôme du côté septentrional du détroit, qu'ayant atteint une île, qui n'était pas marquée sur les cartes apportées, il jugea l'endroit propice pour l'établissement de la colonie future. Il prit possession de cette île avec les cérémonies d'usage, en faisant graver « sur un poteau qu'il planta dans la baie Dauphine » l'inscription suivante :

« Sit nomen Domini benedictum.

« Ego de Beauchesne Gouin, Eques, Regiarum navium præfectus, et Maris Pacifici Societatis Classis Gubernator, Ludovico XIV Rege Chris-

---

(1) « J'ai reçu la lettre que vous m'avez écrite le 6 de ce mois avec la carte du détroit de Magellan que le sieur de la Morlière a dédiée à M. l'Évêque de Viviers. J'ai pris des mesures pour en empêcher l'impression, aussi bien que du livre qu'il a fait du voyage de la mer du Sud. » Pontchartrain à de Beauchesne, 13 septembre 1702. Arch. Nat. Marine, B² 162, f. 655. — Cf. une lettre à M. l'abbé Bignon de la même date. Ibid., f. 674.

(2) Portef. 168, pièce 7.

(3) British Museum, mss. add. 17583.

L'Embouchure du Detroit est a Sad. So Sud.
Dans l'embouchure de l'Est d'y a 20 d. de variation.
Les marées gisent Nord et Sud hors du Cap des Vierges
et Nornordest et Sud Sudouest en dedans. Les ports
qui sont marquez dans cette Carte à l'O. du Cap de
Quad, l'on n'y sauroit moüiller en sureté sans avoir
des amarres a terre a la reserve de la rade des bancs
ou il n'en faut point et le port a l'Anglois est tres
bon sans se servir d'amarres a terre.

Echelle de 20 lieües

MER

C. des Victoires

Evangelistes

DU

C. Finistere

TERRE FERME

Port Bazin
P. St François
C. Fourchu
Moüillage du Nord
R. des Bancs

MER

R. de Gallegos
Baye Sardine
C. des Vierges

DU NORD

Rade Royale

C. St Gregoire
C. Gregoire
B. Gregoire
R. Escovian
B. de Possession

C. St Gregoire
S.t Tibald

B. d'eau fraiche

D. Forland

C. est Detroit de
Monmouth

SUD

les Apostres

Grande baye
P. St Martin
P. Vanille
P. de la Nativité

B. St Jerome
R. de massacre

B. Ste Elizabeth
B. Galant
B. de Cordes
B. Boisée
B. Galland

B. Famine

CARTE
du DETROIT de
MAGELLAN
Dressée
Sur les memoires de M.r de la Mortiere Doct.r de Sorbonne
DEDIÉE
A MONSEIGNEUR L'EVEQUE DE
VIVIERS

TERRE DE FEU
Detroit
Coloussent

CARTE DRESSÉE PENDANT L'EXPÉDITION DE BEAUCHESNE, SUPPRIMÉE PAR LE GOUVERNEMENT FRANÇAIS.
D'après le seul exemplaire existant, conservé dans les Archives du Service hydrographique de la Marine.

tianissimo protegente, hujus Insulæ a me dictæ Louis le Grand, in nomine eiusdem Societatis possessionem cepi, die Septembris decima septima Anno 1699. »

Mais ni ce monument fragile, ni les noms français, qu'usant du droit de l'explorateur, il donna aux diverses parties du détroit, n'ont transmis à la postérité le souvenir de ces découvertes. L'île de Louis-le-Grand fut en 1786 rebaptisée par le capitaine espagnol Antonio de Córdova (1) qui lui donna le nom de l'arrière-petit-fils du grand roi ; elle porte sur les cartes actuelles la dénomination d'*Isla de Carlos III.* Nous chercherions en vain les noms du Canal de la Compagnie, de la Baie Jourdan, du Port Vanolles et d'autres noms encore d'une origine facile à reconnaître ; ils ont tous fait place à des appellations plus récentes et pour la plupart anglaises (2).

Près de six mois s'étaient passés en vains efforts : le détroit n'était pas franchi. De désespoir, le 20 décembre 1699, de Beauchèsne retourna à Port Famine, mais arrivé là, le vent tourna et dans le court espace d'un mois on réussit non seulement à regagner le temps perdu, mais à traverser le détroit dans toute sa longueur. Le 21 janvier 1700, l'expédition doubla le cap Pillar et prit le large.

De Beauchesne se dirigea ensuite vers l'île de Nuestra Señora

(1) Il n'ignorait cependant pas le nom antérieur. Voir : *Relacion del ultimo viage al estrecho de Magallanes de la fragata de S. M. Santa Maria de la Cabeza en los años de 1785 y 1786.* Madrid, 1788, p. xvi.

(2) Les noms français que Beauchesne avait semés sur sa route ont cependant été employés déjà par le célèbre géographe Guillaume Delisle sur sa *Carte du Paraguay, du Chili, du Détroit de Magellan, etc.,* dressée sur les descriptions des PP. Alfonse d'Ovalle, et Nicolas Techo, et sur les *relations et mémoires de Brouwer, Narbourough, M. de Beauchesne, etc.,* publiée en 1703. On les retrouve plus tard et sur la carte de Frezier, dont nous donnons la reproduction, et sur une *Carte réduite du détroit de Magellan,* dressée par Bellin (*Histoire générale des voyages,* t. XI, Paris, 1753). Bougainville également, dans sa carte du détroit, recueillit le nom d'île de Louis-le-Grand ainsi que plusieurs des autres noms français, et son récit (*Voyage autour du monde,* Paris, 1771, p. 162 et suiv.) nous le montre très au courant des découvertes antérieures faites par ses compatriotes, tandis que celles-ci semblent entièrement inconnues des Anglais Byron, Wallis et Carteret, qui passèrent le détroit en 1765 et 1766-67. Comme c'est de la carte, dressée sur leurs observations et publiée par John Hawkesworth (*An Account of the Voyages undertaken for making Discoveries in the Southern Hemisphere,* t. I, Londres, 1773), et de celle d'Antonio de Cordova qu'on s'est servi, dans les travaux précis, exécutés aux époques plus récentes, les premiers noms, comme ceux qui avaient été donnés par Bougainville, ont, malgré leur incontestable priorité, disparu des cartes marines en usage de nos jours. Les réintroduire ne serait plus guère possible, et ce serait pourtant un juste hommage rendu à ceux qui, les premiers, en avaient fait la découverte.

del Socorro (1), où M. de Terville et lui devaient se rejoindre, si, pendant la traversée, leurs navires avaient été séparés, ce qui était le cas. Comme celui-ci ne se trouva pas à l'endroit désigné, de Beauchesne entreprit seul la reconnaissance de ses côtes : selon le plan du voyage, on devait y fonder une seconde colonie, ou tout au moins chercher si l'on y pourrait en fonder une. Cette partie du voyage ne manque pas d'intérêt au point de vue géographique, car on y touchait à des régions qui n'ont été mieux explorées qu'à une époque bien plus récente et où il reste encore beaucoup à faire. Du résumé que l'Anglais Woodes Rogers nous donne des récits originaux, nous détachons le passage suivant qui se rapporte à cette partie du voyage :

« M. de Beauchesne, après qu'il était entré dans la mer du Sud, alla visiter le port de Santo Domingo (2), qui est à la frontière des Espagnols et le seul lieu, à ce qu'il croit, où l'on puisse faire un établissement, parce que tout le reste est déjà occupé. Il y arriva le 3 de février, et le 5 il jeta l'ancre à l'est d'une île qui porte différents noms, mais que les derniers voyageurs appellent l'île de Sainte-Madeleine (3). Son premier lieutenant, qu'il y envoya, pour en prendre possession, lui rapporta qu'elle était fort agréable, et lui fit voir des buissons d'une grande beauté, avec des pois en fleur, qu'il y avait trouvé à l'Est ; d'où M. de Beauchesne conjectura qu'on pourrait s'y habituer, quoiqu'il avoue d'ailleurs que l'air y est très humide, et qu'il y a de fréquentes pluies et des brouillards, qui viennent des hautes montagnes dont elle est environnée.

---

(1) Ile à l'extrême Ouest de l'archipel de Chonos par 44° 50' lat. S. Le nom aurait été donné en 1557 par le capitaine espagnol Cortés Hojea. Maintenant, cette île est appelée Huamblin ou Guamblin (Asta-Buruaga, *Diccionario geografico de la Republica de Chile*, Santiago, 1899, p. 296).

(2) Ce port ainsi que l'île de Socorro est nommé par le capitaine-flibustier Wood (voir : *Cap. Wood's Voyage through the Streights of Magellan*, etc., Londres, 1729, p. 117). Tous les deux sont marqués sur les cartes marines hollandaises du temps, par ex. dans le *Zee-Atlas* de H. Doncker (Amst., 1666) ; dans *Westindische Paskaert* de P. Goos ; sur la carte de l'océan Pacifique de Gerh. van Keulen (vers 1710) et sur d'autres encore. Il est impossible, à l'aide de ces cartes, de situer très exactement le port, mais de Beauchesne a sans doute dû pénétrer dans le Golfo del Corcovado au nord des îles de Guaitecas, et à l'intérieur de cette baie, sur le continent, derrière l'Isla del Refugio, nous trouvons un Puerto de Santo Domingo (43° 57' lat. S.), qui est réputé comme un port excellent pour des bateaux de petite dimension (*Anuario hidrografico de la marina de Chile*, Año I, Santiago, 1875). L'identité de ces deux ports semble cependant douteuse, s'il est vrai que ce dernier ait été ainsi nommé d'après un navire marchand qui, en 1781, y fit naufrage (Asta-Buruaga, *op. cit.*, p. 750).

(3) Cette île, dont je n'ai pu trouver le nom sur aucune carte contemporaine, est probablement la grande Isla de Magdalena ou Isla de Motalat, séparée de la terre ferme par les étroits canaux de Yacaf et de Cay, près desquels s'élèvent les hautes cimes de Melimoyu (2.400 m.) et de Maca (2.960 m.).

Il voulut ensuite passer à la découverte de quatre îles (1) qui sont à la vue de celle-ci et du continent, et il s'y achemina la sonde à la main, mais il n'osa s'y enfiler avec le gros vaisseau qu'il montait, parce qu'il ventait beaucoup du Nord-Ouest, et qu'un brouillard épais lui fit perdre la terre de vue ; de sorte qu'il eut le chagrin de ne pouvoir pas découvrir toute cette frontière. Il ajoute que le pays est rempli de hautes montagnes jusqu'à la mer, et que le capitaine d'un vaisseau espagnol, qui avait hiverné dans ces quartiers, lui dit qu'il y a un bon port, où l'on peut amarrer les vaisseaux à de gros arbres ; mais qu'on ne trouve que fort peu d'habitants ou de sauvages sur la côte, qui vivent à la manière de ceux du détroit de Magellan. »

Après cette reconnaissance dont le résultat, malgré les termes flatteurs où on nous la rapporte, ne peut guère être qualifié de fructueux, de Beauchesne se tourna vers le nord. Arrivé devant Valdivia, il rencontra de Terville. De Terville, lui, avait eu une aventure curieuse qui mérite d'être racontée, car c'est la première rencontre entre les maîtres espagnols de ces pays et les navigateurs français.

Suivant leurs instructions, les marins français devaient maintenir à tout prix de bonnes relations avec les étrangers, ne pas gêner leur commerce et éviter tout ce qui pourrait donner lieu à « des plaintes de la part des nations de l'Europe ». Mais, à cet égard, comme à tant d'autres, les instructions qu'ils avaient reçues étaient inapplicables.

Le 10 février 1700, de Terville était arrivé à Valdivia, la possession alors la plus méridionale des Espagnols au Chili. Un bateau, envoyé pour sonder l'entrée du port, fut, malgré son pavillon blanc, salué d'une décharge de canons, et de Terville trouva bon de mouiller à une distance respectueuse. Mais dès que le fort, lui aussi, eut hissé un pavillon blanc, une chaloupe y fut dépêchée avec le premier lieutenant, l'aumônier, l'ingénieur Duplessis dont nous relatons ici le rapport, et « un trompette qui savait un peu la langue ». Quand ils s'approchèrent de la rive, le commandant, escorté d'une suite considérable, vint à leur rencontre et les pria « avec bien d'honnêteté » de descendre. Comme on savait que « les Espagnols ont beaucoup de vénération pour les gens d'église, l'aumônier hasarda le premier à descendre avec ce trompette ».

(1) Il est impossible de constater quelles furent ces îles.

L'officier espagnol les reçut avec force excuses, disant « qu'ils n'avaient jamais vu des Français dans leurs mers », qu'ils n'avaient jamais eu de visites que de « forbans ou flibustiers, qu'ils appellent *ladrones,* qui veut dire voleurs, qui se servaient également de pavillon blanc » ; et qu'il était fâché de ce qui s'était passé. Un message fut expédié au gouverneur de la ville, située à une distance de deux lieues. En attendant, dit le conteur, « pour nous faire trouver le temps plus court, ils apportèrent quelques flacons de *guildive,* qui est une liqueur plus forte que l'eau-de-vie, malfaisante et désagréable à boire, dont ils nous donnèrent rasade. Par complaisance on ne peut leur refuser pour la première fois, mais personne de nous n'eut envie d'y retourner. On but à la santé du roi de France, du roi d'Espagne, du gouverneur, de M. de Terville et plusieurs autres, qui furent salués de coups de canon et de volées de mousqueterie par les Espagnols ; nous remerciâmes de deux coups de perrier ». Vers le soir, le gouverneur arriva ; « on lui lut la copie de l'ordre du Roi, qu'on avait mis en latin, ce qu'il n'entendait pas bien, mais encore mieux qu'un cordelier qu'il avait avec lui. »

Le lendemain, les Français firent une nouvelle visite à terre, et ils furent reçus de la même façon avenante : on échangea des cadeaux et de Terville fut invité à venir mouiller dans le port, invitation qu'il eut l'imprudence d'accepter, car. à la date du 14 février, on lit dans le même journal :

« Calme plat, et le jour ne commençait qu'à poindre qu'on réveilla l'équipage pour laver le navire — c'est qu'on faisait des préparatifs pour recevoir dignement le gouverneur et sa suite qui avaient accepté de se rendre à une fête à bord — quand, après la diane battue à bord, on tira le coup de perrier de terre ; mais nous fûmes bien étonnés d'entendre la grêle de coups de canon que nous tiraient les quatre forts, à qui nous servions comme de butte. La surprise leur donna le temps de nous tirer une seconde volée qui nous incommoda beaucoup plus. La plus prompte manœuvre fut de couper les câbles et sauter aux huniers et grandes voiles pour sortir, et Dieu nous secourut visiblement, car il nous envoya un petit vent d'ENE. »

Le feu continua pendant la retraite, et le vaisseau souffrit quelques avaries ; trois hommes furent tués et plusieurs, entre autres le chef, furent blessés. De Beauchesne arriva à temps pour entendre les derniers coups de feu ; il n'éprouva, cela va sans dire, aucune envie de renouveler une visite à un endroit où l'on avait rencontré « une des plus grandes trahisons qu'on eût jamais vue ».

L'expédition n'eut pas beaucoup plus de succès le long des côtes du Chili et du Pérou. Partout les Français furent pris pour ces flibustiers qui avaient laissé des souvenirs de perfides assauts, et on les traita en ennemis : on ne voulut ni leur vendre des vivres, ni leur permettre de s'approvisionner d'eau et de bois. Comme les provisions apportées touchaient à leur fin, de Beauchesne se vit dans l'alternative de prendre par force ce dont il avait besoin ou de s'en retourner, en passant par les Indes Orientales. Les habitants d'Arica lui épargnèrent cependant de recourir aux moyens extrêmes. Instruits, grâce à l'entremise de l'aumônier, du caractère de l'expédition, non seulement ils vendirent des vivres aux étrangers, mais ils établirent avec eux, malgré la défense royale, un commerce, continué sur une échelle encore plus grande, lorsque les navires, à la prière des marchands, se furent transportés au petit port d'Ilo, où ils étaient mieux cachés. Bien que les étoffes des Français fussent pourries, elles s'enlevèrent rapidement : à Arica on vendit pour environ 50.000 écus de la cargaison d'un des vaisseaux et à Ilo de celle de l'autre navire pour 20.000.

On toucha ensuite, en mars, à Callao et Pisco, où le commerce se poursuivit sans interruption en dépit de la défense renouvelée du vice-roi. Ses marchandises à peu près épuisées, le commandant résolut d'aller à la découverte, et, le 27 mai 1700, il quitta les côtes du Pérou, « fort content des Espagnols, quoique fort peu du vice-roi qui continuait toujours à apprêter ses trois vaisseaux », probablement dans l'intention de faire, par les armes, respecter ses arrêts. On cingla vers l'archipel des Galapagos, situé sous la ligne ; on y escala même depuis le 7 juin jusqu'au 7 juillet, en visitant, sur les indications des flibustiers de l'équipage, quatre îles différentes. Nulle part cependant, on ne trouva de quoi ravitailler l'escadre : ce fut à grand'peine qu'on fit du bois — un bois dur comme du fer, — et l'eau manquant presque entièrement, le groupe d'îles fut déclaré « la chose du monde la plus affreuse ». Lorsque les navires eurent subi les réparations les plus urgentes, on se dirigea de nouveau vers le continent, et l'on visita les ports de

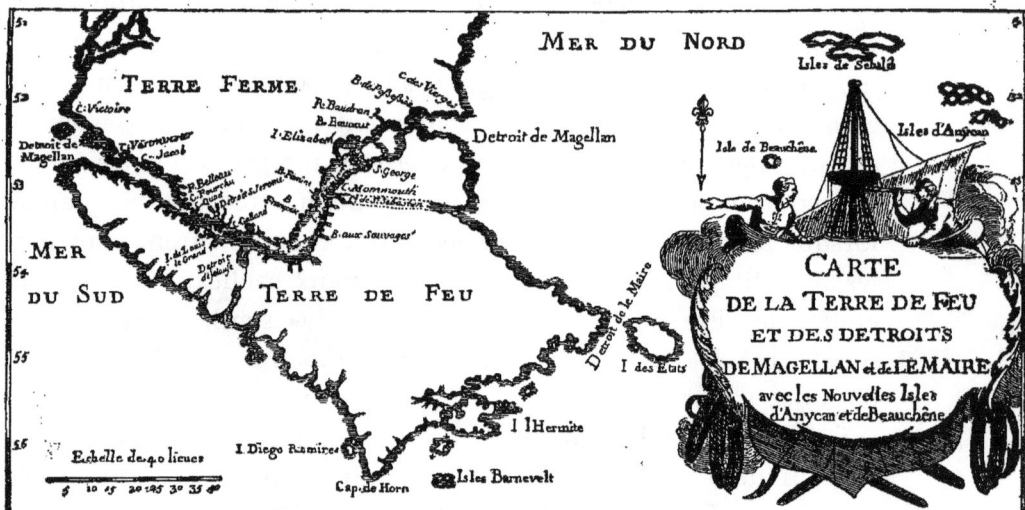

MER DU NORD

TERRE FERME

C. Victoire

Detroit de Magellan

Detroit de Magellan

B. de Pay Aghit

C. des Vierges

R. Baudran

B. Beauvoir

I. Elisabeth

Veronique

C. Jacob

R. Balleau

S. George

C. Bourchu

C. Monmouth

Quad

I. de St. Jerosme

I. de Nabatin

Coland

B.

MER

I. de St. Grand

B. aux Sauvages

DU SUD

Despair

TERRE DE FEU

Isles de Sebald

Isle de Beauchêne

Isles d'Anycan

CARTE

DE LA TERRE DE FEU

ET DES DETROITS

DE MAGELLAN et de LE MAIRE

avec les Nouvelles Isles

d'Anycan et de Beauchêne

Detroit de le Maire

I. des Etats

Echelle de 40 lieues

5   10 15 20 25 30 35 40

I. Diego Ramires

I. l'Hermite

Cap de Horn

Isles Barnevelt

LA PREMIÈRE CARTE IMPRIMÉE OÙ SONT REPRÉSENTÉES LES DÉCOUVERTES FRANÇAISES DANS L'ARCHIPEL DE FALKLAND.

D'après les *Lettres édifiantes et curieuses*, XVIIe Recueil, 1726.

Guayaquil, de Payta, d'Yerba Buena et d'Ilo. Partout les Français se heurtèrent à une inflexible défense de débarquement ; et les souffrances du pauvre équipage, atteint du scorbut, furent portées à un tel degré, qu'à Ilo de Beauchesne dut déclarer qu'il ferait, de force, du bois, des vivres et de l'eau, et qu'il rendrait responsables les autorités des désordres qui en résulteraient. Cependant aucune résistance ne fut tentée ; loin de là : on recevait des visites répétées de marchands, qui ne voulaient point croire que les Français n'eussent plus rien à vendre. Ils insistèrent tant et si bien qu'on leur vendit « toutes les toiles généralement pourries ou non qui restaient à bord, sans qu'il en restât une aune ». Enfin, comme on s'apprêtait à lever l'ancre, deux marchands arrivèrent et offrirent d'acheter toutes « les guenilles » qu'on possédait, à condition qu'on leur fît huit jours de crédit pour trouver l'argent. Cette affaire échoua : bien qu'on eut retenu l'un des marchands en otage, l'autre ne revint point. Le départ ne pouvait être différé : on quitta Ilo, le 5 décembre 1700, sans exercer de représailles sur le prisonnier, « de peur, dit le rapport, de faire courir de mauvais bruits sur nous ».

On marcha cette fois droit à l'embouchure du détroit de Magellan, mais on ne s'y engagea pas. Le vent invitait à poursuivre la navigation en pleine mer : ajoutez qu'en outre un navire devait remorquer l'autre dont le gouvernail était avarié. Le cap Horn fut doublé le 13 et 14 janvier 1701, à 57° 15' lat. S., par un temps magnifique. Bientôt après, le 19 janvier, on découvrait, par 52° 50' lat. S., une île qui ne se trouvait pas marquée sur les cartes contemporaines et à qui l'on donna le nom du commandant. Cette île, qui porte encore ce nom, est située au sud des îles Malouines (1). Après un séjour de deux mois à Rio-de-Janeiro et une courte relâche à l'île de Flores, dans les Açores, les deux navires de l'expédition rentrèrent, le 7 août 1701, au port de La Rochelle.

Malgré les faux calculs, l'inexpérience des préparatifs et les revers subis, l'expédition de Beauchesne fut une entreprise fort importante.

(1) Voir la carte à la page 141, où, pour la première fois, cette île se trouve marquée.

D'abord au point de vue nautique : Pour la première fois un navire français avait réussi à pénétrer dans la mer du Sud, avait longé la côte occidentale de l'Amérique méridionale dans toute son étendue et avait atteint les parages peu connus des tropiques. On savait désormais quelle était la saison la plus favorable, quelle était la nature des principaux ports et quel équipement exigeaient ces sortes d'expéditions.

Le résultat économique était encore plus important. Les deux vaisseaux avaient, dit-on, rapporté en argent monnayé et non monnayé une somme d'environ 400.000 livres (1). Certes, cette somme était très insuffisante à couvrir l'armement de l'expédition : les dettes de la Compagnie, après que les affaires de l'expédition avaient été réglées, montaient à plus de 110.000 livres (2), et tous les premiers fonds des sociétaires étaient perdus. Mais ce qu'on avait obtenu (et c'était déjà considérable), inspirait des espérances légitimes pour l'avenir et engageait à renouveler cet essai. Le débit facile des marchandises au Chili et au Pérou, les prix élevés qu'elles y avaient atteints, dépassaient toutes les attentes, et pourtant les Français avaient dû essuyer l'affront de s'entendre dire qu'ils étaient « venus au Pérou avec de la vilainie et de la gueuserie ». Les notions approfondies qu'on avait acquises montraient qu'on pourrait ouvrir dans ces parages éloignés un débouché à la plupart des meilleurs produits de l'industrie française (3). Et, chose plus importante encore, ce n'était point un échange de produits industriels contre d'autres produits industriels, et encore moins, ainsi que dans le commerce avec la Chine et les Indes Orientales, une exportation de valeurs contre une importation de marchandises, importation regardée comme toujours nuisible à la production nationale et qu'on croyait devoir limiter par toutes sortes de lois

---

(1) Pontchartrain à Chamillart, 2 novembre 1701. Arch. Nat. Marine, B² 156, f. 303.
(2) Arrêt du 11 juillet 1703. Arch. Nat. Marine, B² 166, f. 91.
(3) Duplessis énumère « les marchandises les plus estimées au Pérou » ; ce sont « les toiles de Bretagne et de Rouen, les chapeaux de castors, bleus et noirs à l'Espagne, le fer en barres doubles, les fusils, pistolets et lames d'épée les plus longues, les clous et particulièrement ceux qui sont propres pour les vaisseaux, toutes sortes d'instruments de fer tant pour travailler en bois qu'en fer, de moyens miroirs et beaucoup de petits, des camelots fins, serges, étamines et autres étoffes légères et des plus fines, des montres et des pendules de bas prix, des couteaux, des ciseaux, des serrures, des cadenas, toute sorte d'ouvrages de cristal et de verre », puis « des étoffes de soie, des bas, dentelles d'or et d'argent, galons, dentelles de fil, mousselines, batistes, perruques, tableaux, broderies, et semblables autres choses. »

prohibitives ; non, c'était, selon la conception de l'époque, à la source même de la richesse, à la patrie des précieux métaux, aux plus riches mines d'or et d'argent du monde que le chemin venait d'être frayé pour le commerce de la France. « Décharger le royaume de ses marchandises et y apporter de l'argent », c'est là que reviennent toujours les défenseurs du commerce dans la mer du Sud, quand ils s'efforcent de le dégager des entraves que, pour différentes raisons, on y apportait. Les mesures employées afin de réaliser ces brillantes perspectives, les complications qui résultèrent de la politique intérieure et extérieure, les disputes qui éclatèrent entre autorités, associations et personnes privées dans leur concurrence autour de ces trésors d'accès facile et dont l'expédition venait pour la première fois d'affirmer la grandeur, tout cela fera le sujet principal de l'exposition suivante.

Mais avant d'en finir avec l'expédition de Beauchesne, peut-être faudra-t-il noter les rapports qui, dans une certaine mesure, ont existé entre elle et un événement historique plus important et en tout cas plus célèbre que tout le commerce de la mer du Sud.

Parmi tous les sujets de rancunes qui, au milieu du xviiie siècle, déchaînèrent une tempête contre l'ordre des Jésuites et aboutirent à sa suppression, il en est un qu'on nomme « l'affaire Ambroise Guis ». En voici le résumé succinct :

Un nommé Ambroise Guis, natif de la Provence, avait en 1661 quitté son domicile de Marseille, et sa famille n'avait pas su ce qu'il était devenu. Ce n'est que vers 1716 que deux matelots, qui auraient appartenu à l'équipage des vaisseaux de Beauchesne, commencèrent à parler d'un vieillard, nommé Ambroise, ramené d'Amérique sur l'un de ces navires en qualité de passager, et qu'on croyait immensément riche. Les matelots lui auraient donné un coup de main pour débarquer une caisse, laquelle était si lourde que huit hommes la soulevaient à peine, une caisse évidemment remplie d'argent et d'or. Cette histoire parvint aux oreilles des héritiers d'Ambroise Guis : ils crurent avoir retrouvé les traces de leur parent disparu. Ils se rendirent à Brest, y réunirent et ramassèrent renseignements et racontars, et présentèrent la chose de la manière suivante. Ambroise Guis serait tombé malade peu de temps après son arrivée dans cette ville, en 1701. Les jésuites qui, par leurs frères d'Amérique, avaient eu vent de sa fortune, auraient fait transporter le malade dans une « chambre écartée », où, laissé sans aucun secours, il aurait succombé, du fait de la maladie ou assassiné, après quoi on l'eût secrètement enterré. Tous ses biens, estimés à deux ou trois millions, seraient ainsi devenus la proie de l'Ordre.

Cette accusation eut un retentissement immense (1). Repoussée d'abord par les tribunaux de Brest qui la déclarèrent dénuée de fondement, elle fut cependant reprise, en 1718, dans un réquisitoire du procureur général au Parlement de Bretagne, et les enquêtes et les auditions de témoins recommencèrent à Brest comme à Marseille. Il en est ressorti, en pleine évidence, que toute cette histoire n'était qu'une flibusterie, habilement ourdie ; il fut prouvé qu'Ambroise Guis était mort à Alicante, déjà en 1665, dans une complète misère, et parmi les pièces produites au procès, il y eut une attestation de M. de Beauchesne, alors très âgé, datée du 25 avril 1721, et disant qu'aucun Ambroise Guis ne s'était trouvé à bord de ses navires et qu'il n'avait jamais entendu parler de lui, ni de ses richesses supposées. Un arrêt du Parlement de Bretagne du 30 décembre 1723 prononça l'acquittement des jésuites. Le bruit qui courait cependant à Paris qu'ils auraient perdu le procès et qu'ils auraient été condamnés à « restituer plusieurs millions », leur fit imprimer et publier un compte-rendu détaillé de l'affaire, d'où j'ai tiré ce que je viens de dire (2).

Sur la suite de cette affaire, un historien de l'ordre des jésuites raconte encore (3) :

« Cette fable avait eu le sort de tant d'autres : elle était depuis longtemps oubliée ainsi que la succession d'Ambroise Guis ; mais contre les jésuites la calomnie ne subit jamais de prescription éternelle. On a toujours une heure où elle peut abuser d'autres générations. Pombal était

(1) C'est évidemment à cette histoire qu'il est fait allusion dans une note, d'octobre 1716, par Jean Buval (*Journal de la Régence*, publ. par Émile Campardon, t. I, Paris, 1865, p. 178). Buval ne donne pas le nom d'Ambroise Guis et il place l'histoire en 1708, mais pour le reste les principales circonstances sont identiques.
(2) *Mémoire des Pères Jésuites*, 31 p. in-folio, sans date (1724). Bibl. R. de Stockholm, Recueil de factums, t. XXIII.
(3) J. Crétineau-Joly, *Histoire religieuse, politique et littéraire de la Compagnie de Jésus*, t. V, 2ᵉ édit., Paris, 1846, p. 166.

dans le feu de ses violences. Il parut en France un écrit destiné à réveiller cette affaire. Il avait pour titre : *Arrêt du Conseil d'État du Roi qui condamne tous les Jésuites du royaume solidairement à rendre aux héritiers d'Ambroise Guis les effets en nature de sa succession, ou à leur payer, par forme de restitution, la somme de huit millions de livres.* Le 3 mars 1759 cet arrêt fut signifié aux jésuites de Paris. L'audace de ceux qui l'avaient fabriqué était grande ; mais à cette époque le pouvoir s'enfonçait dans des voies qui le conduisaient à l'opprobre et au suicide. Circonvenu par tant de corruptions avouées ou secrètes, il ne se trouvait encouragé que pour faire le mal. Une trame habilement ourdie avait essayé de séduire la probité du secrétaire de la chancellerie ; cette trame fut déjouée. Le 30 mars le Conseil d'État annula l'édit supposé, et on lit dans les registres : Sa Majesté a estimé ne devoir pas laisser subsister la signification d'un arrêt qui n'a jamais été rendu et il est de sa justice de faire punir sévèrement ceux qui seront convaincus d'avoir eu part à la fabrication du prétendu arrêt et de l'avoir imprimé, vendu, débité ou autrement distribué en public. »

Ce qu'il y rapporte, est-il conforme à la vérité ou non ? Je n'ai point essayé de contrôler ses affirmations, la chose étant entièrement en dehors de mon sujet. Je n'en veux retenir que ces rumeurs de richesses fabuleuses dont les imaginations peuplaient les pays d'outre-mer et le crédit qu'elles obtenaient partout. Elles jouèrent un très grand rôle dans le développement des entreprises commerciales, dont il est surtout question ici.

CHAPITRE III

LES COMPAGNIES DE LA CHINE DE PARIS ET DE SAINT-MALO, 1701-1715.

L'association de Jourdan cède son privilège à la Compagnie de la Chine. — Convention entre cette Compagnie et la Compagnie des Indes Orientales. — Le second voyage de l'*Amphitrite*. — La Compagnie de la mer du Sud hors d'état de continuer ses affaires. — Une nouvelle Compagnie établie à Saint-Malo fait partir deux vaisseaux pour la mer du Sud. — Réunion de cette Compagnie à la Compagnie de la Chine, 1701. — Les deux Compagnies de Paris et de Saint-Malo. — Leurs fonds. — L'armement pour la Chine des vaisseaux le *Chancelier* et le *Saint-François*. — Défense de les faire passer par la mer du Sud. — Contestations entre les Compagnies de Paris et de Saint-Malo. — Danycan envoie une escadre au Pérou sous prétexte d'aller à la Chine, 1703. — L'intérêt de la Compagnie de Paris dans cet armement. — Tentatives de Danycan pour usurper la direction de la Compagnie de Paris. — La transaction du 14 avril 1705 entre les deux Compagnies. — Lettres patentes pour la Compagnie Royale de la Chine, octobre 1705. — Danycan refuse de rendre compte des armements de la Compagnie. — La protection dont il jouit; le Roi lui accorde des gratifications. — Ses projets de voyages à des destinations prétendues. — Nouvel armement pour la mer du Sud et pour la Chine en 1707. — Les vaisseaux rentrent en 1709 sans avoir été en Chine. — La Compagnie de Paris rompt avec Danycan. — Il proteste et dévoile les vrais buts de la Compagnie. — Le commerce de la Chine menace de tomber. — La nouvelle Compagnie de la Chine de 1712. — Danycan en est mécontent. — Les armements de cette Compagnie.

Le commerce de la mer du Sud était resté, au commencement, tout à fait en dehors du champ d'activité réservé à la Compagnie de la Chine. Nous allons maintenant passer en revue les circonstances qui y firent entrer ce commerce, et voir comment les deux Compagnies, de la Chine et de la mer du Sud, après avoir été deux associations parfaitement indépendantes l'une de l'autre, devinrent des concurrentes, comment elles en vinrent à se heurter et comment la lutte s'exaspéra entre leurs principaux représentants. Et d'abord expliquons en quelques mots les raisons pour lesquelles la société privée qui avait ouvert le trafic avec la Chine se changea en une compagnie de commerce avec privilège de l'État.

Nous avons déjà vu que le premier voyage en Chine avait été très rémunérateur : l'*Amphitrite*, à son retour en août 1700, avait rapporté une cargaison dont la vente monta à 553.000 livres. En ajoutant la valeur des marchandises non vendues qu'on avait laissées en dépôt à Canton et la valeur du vaisseau lui-même, on arrivait à la somme de 868.889 livres, ce qui, les frais déduits, semblait autoriser le dividende de 50 pour cent, accordé aux sociétaires (1).

Ces bénéfices, bien qu'ils n'eussent pas dû paraître très solidement établis, invitaient comme de juste à continuer d'aussi belles affaires. Aussi résolut-on immédiatement un second voyage en Chine. Afin de faciliter la souscription du capital nécessaire et de donner plus de prestige et de crédit à l'entreprise, on crut devoir transformer l'ancienne association Jourdan, Coulange et Cie en une Compagnie de la Chine, qui reçut la sanction royale par un arrêt du 9 novembre 1700.

Cette nouvelle compagnie avait aussi, au moment de sa formation, passé un traité avec la Compagnie des Indes Orientales, dont je donne ici la copie :

Articles et conventions convenus entre les directeurs de la Compagnie des Indes Orientales et M. Jourdan et Compagnie de la Chine (2).

« 1. Le sieur Jourdan et Cie feront le commerce de la Chine pendant le temps que doit durer encore le privilège de la Compagnie des Indes Orientales, et pourront à cet effet envoyer aux ports de la Chine, qui seront ci-après nommés, telles marchandises et tel nombre de vaisseaux qu'ils jugeront à propos, et les faire partir de tous les ports de France, à l'effet de quoi ils jouiront de tous les privilèges dont jouit la Compagnie des Indes Orientales, tant pour la sortie des marchandises qu'ils chargeront pour envoyer à la Chine, que des droits d'entrée à son retour sur celles qu'ils apporteront, ce qui sera, sous le bon plaisir du Roi, homologué au Conseil.

« 2. Que lesdits sieurs Jourdan, Coulange et Cie feront arriver leurs vaisseaux dans les ports du Port-Louis ou Nantes, ou tel autre qu'ils juge-

_____

(1) Arrêt qui homologue la convention passée entre les directeurs de la Compagnie de la Chine et le sieur Jourdan, 1701. Arch. Nat. Marine, B² 152, f. 151. — M. Madrolle relate (*op. cit.*, p. 41) : « Dès le mois de février 1701, le caissier accusait une rentrée totale de 730.000 l. »

(2) Arch. Nat. Marine, B² 145, p. 133.

ront à propos, pour y être déchargés, à laquelle décharge pourront assister les préposés de la Compagnie des Indes...

« 3. Que lesdits sieurs Jourdan, Coulange et Cie ne pourront apporter de la Chine en France, pour y être vendus, aucune sorte de toiles, ni de basins, ni de cangues, ni étoffes de soie ou mêlées de coton, or ou argent, ou autres matières, ni brodées de fils de soie.

« 4. Que lesdits sieurs Jourdan, Coulange et Cie seront tenus, lors de l'arrivée de leurs vaisseaux, d'en informer les directeurs de la Compagnie des Indes Orientales, afin de convenir avec eux de la vente des marchandises qui leur seront arrivées... Et la vente desdites marchandises sera faite en présence d'un directeur de la Compagnie des Indes, qui sera pour cet effet nommé par Mgr le comte de Pontchartrain...

« 5. Permet ladite Compagnie des Indes auxdits sieurs Jourdan, Coulange et Cie de faire leur dit commerce à la Chine dans les ports de Canton et de Ning-po seulement, à l'exclusion précise de ladite Compagnie des Indes Orientales et de tous autres à qui la Compagnie des Indes pourrait communiquer son privilège, sous peine de confiscation des vaisseaux et des marchandises.

« 6. Il a été expressément convenu que lesdits sieurs Jourdan et Cie ne pourront faire aucun commerce dans aucun des autres ports de la Chine que Canton et Ning-po, sous les mêmes peines que la Compagnie des Indes, à l'effet de quoi ladite Compagnie se réserve son privilège en entier.

« 7. Que la Compagnie des Indes n'envoyera directement de France aucun vaisseau à la Chine, ni de la Chine en France, mais seulement des Indes à la Chine, où elle ne portera aucune marchandise des manufactures de France, à la réserve de coraux, dont lesdits sieurs Jourdan, Coulange et Cie ne pourront point porter auxdits ports de Canton et de Ning-po, où ils ont seulement la liberté exclusive d'y faire commerce, sous peine d'être déchus de la présente concession.

« 8. Ne pourront aucuns des vaisseaux des sieurs Jourdan, Coulange et Cie toucher à aucunes côtes des Indes, pour y faire directement ou indirectement aucune relâche, sous peine de confiscation des vaisseaux et des marchandises qui seront sur iceux.

« 9. Pourront toutefois lesdits vaisseaux toucher au cap de Bonne-Espérance, îles de Sainte-Hélène, Ascension, Mohelli, Mayotte, Anjouan ou Madagascar, pour y prendre des rafraîchissements, et sans néanmoins y pouvoir faire aucune ouverture d'écoutilles, tentes, troques, commerces, ni achats.

« 10. Qu'il sera payé par lesdits sieurs Jourdan, Coulange et Cie 5 %/₀ par reconnaissance et par forme de redevance pour la communication du présent privilège sur les profits ; mais comme cela pourrait causer dans la suite des discussions qui pourraient nuire à la bonne intelligence que les deux Compagnies veulent conserver, il a été convenu que celle de la Chine donnera la somme de 25.000 livres par an à celle des Indes, à commencer au premier retour, bien entendu qu'elle ne donnera rien si tous les vaisseaux venaient à se perdre ou que, par occasion de la guerre, elle fût empêchée d'y envoyer des vaisseaux.

« 11. Que lesdits sieurs Jourdan, Coulange et Cie auront un bureau particulier établi à Paris, sur la porte duquel il leur sera loisible de faire mettre par inscription *Compagnie Royale de la Chine*.

« 12. Sera le présent concordat homologué par arrêt du Conseil, par lequel il plaira à Sa Majesté de statuer que ne pourra nuire ni préjudicier à la Compagnie Royale des Indes, ni être tiré à conséquence, ni exemple contre ses privilèges, desquels elle jouira en entier, et spécialement de la faculté de vendre seule en France des étoffes des Indes et de la Chine pour la somme de 150.000 livres, à elle accordée par plusieurs arrêts du Conseil de Sa Majesté, autant que besoin serait dans toute son étendue.

« 13. Les articles ci-dessus ont été convenus, sous le bon plaisir du Roi et l'approbation de M. le comte de Pontchartrain, entre la Compagnie Royale des Indes et lesdits sieurs Jourdan, Coulange et Cie.

« Fait à Fontainebleau, le 23 octobre 1700. »

Il en ressort que la Compagnie de la Chine avait su se faire concéder par la Compagnie des Indes des avantages fort importants : et d'abord et surtout le droit d'expédier en Chine autant de navires qu'elle voudrait pendant tout le temps que durerait encore la concession de la Compagnie des Indes. Dans quelle intention limitait-on le commerce à deux ports seulement — Canton et Ning-po —, je n'ai pu le découvrir, mais cette restriction était sans doute assez insignifiante. Que la Compagnie de la Chine ait cru pouvoir payer sa part des privilèges de la Compagnie des Indes 25.000 livres par an, cela nous prouve quels bénéfices on espérait dans l'avenir.

Le 7 mars 1701 l'*Amphitrite* quitta Port-Louis pour faire son second voyage en Chine (1).

(1) Un récit détaillé de ce voyage, d'après un manuscrit à la Bibl. Nat. (MM 926), a été publié par M. Madrolle, *loc. cit.*, p. 55-267. On le doit à un M. Bouvet de la Touche, lieutenant de l'*Amphitrite*; le commandant du bâtiment était M. de la Rigaudière. — Dufrène de Francheville dans son *Histoire de la Compagnie des Indes* (p. 94) parle d'une troisième expédition en Chine que l'*Amphitrite* aurait faite et d'où elle serait revenue en 1708 à Nantes. M. Madrolle (*loc. cit.*, p. LXXV) en doute et avec raison. Je n'ai pas, moi non plus, rencontré la moindre allusion qui donne à supposer que ce voyage ait eu lieu.

Il semble que les bénéfices du premier voyage auraient dû assurer à la seconde expédition une base économique solide : il n'en fut rien. Le dividende de 50 pour cent, que les associés du premier voyage s'étaient fait accorder, n'était en réalité que le prix d'achat des droits de l'ancienne Société par la nouvelle compagnie, et pour trouver les ressources, on avait dû recourir à l'emprunt. Comme il fallait encore équiper le navire, payer la cargaison, la Compagnie se trouva, au moment du second départ de l'*Amphitrite*, endettée de 631.000 livres sans autre actif que les bénéfices futurs de l'expédition.

Aussi les directeurs tombèrent-ils immédiatement dans des embarras économiques que leurs discordes accrurent encore. Jourdan ayant, en effet, obtenu la permission de liquider avec des actions de la Compagnie de la mer du Sud un emprunt fait par ses co-sociétaires de la Compagnie de la Chine, ne pouvait se décider à remplir de bon gré cet engagement (1).

Cette difficulté entre les deux compagnies s'envenima bientôt et s'élargit. C'était au mois d'août 1701 que l'expédition, commandée par de Beauchesne, était revenue. Bien qu'elle n'eût pas réalisé les espérances excessives que la Compagnie du Sud avait conçues, elle avait cependant, comme nous l'avons déjà démontré, ouvert au commerce et à la navigation de la France un domaine où, pourvu que les préparatifs fussent meilleurs et les calculs plus raisonnables, le succès semblait à peu près assuré. Les marchands actifs et entreprenants de Saint-Malo ne s'y trompèrent pas, et ce fut encore Danycan, qui, le premier, saisit l'occasion.

Aussitôt après le retour de Beauchesne, Danycan écrivit aux directeurs de la Compagnie de la mer du Sud, faisant valoir « que le commerce de la mer du Sud était bon », et leur proposa d'y envoyer une nouvelle escadre ; mais on lui répondit qu'il était impossible à la Compagnie « de faire de nouveaux fonds ». Cette réponse ne le découragea pas ; il s'adressa à M. de Pontchartrain (2) et obtint de lui l'autorisation d'envoyer, pour son

---

(1) Extrait des pièces du procès entre la Compagnie de la Chine et M. Jourdan, 1703. Arch. Col. C¹ 18, f. 94.

(2) Jérôme Phélypeaux de Maurepas, comte de Pontchartrain, avait en 1699 succédé, comme secrétaire d'État de la marine, à son père, Louis Phélypeaux de Pontchartrain, celui-ci venant d'être nommé chancelier de France.

propre compte, deux navires dans la mer du Sud. Mais il était indispensable de conclure une convention avec l'ancienne Compagnie ; ce fut Jourdan qui se chargea de la négocier et même il se fit fort d'obtenir un arrêt d'homologation pour une nouvelle Compagnie de la mer du Sud, que venaient de former à Saint-Malo Danycan et huit autres marchands de la ville.

Danycan n'attendit pas l'issue de cette affaire, et il s'empressa d'user de l'autorisation qu'on lui avait accordée. Le 22 octobre 1701, ses deux navires, le *Comte-de-la-Bédoyère* et le *Président-de-Grénédan,* appareillaient pour la mer du Sud. Il se rendit ensuite à Paris, accompagné d'un de ses associés, M. Natal Stefanini (1), afin de poursuivre personnellement les négociations commencées par Jourdan. Il fut convoqué chez M. de Pontchartrain qui se trouvait à Fontainebleau avec la cour. Le ministre se montra si peu enclin à sanctionner une nouvelle compagnie, qu'il fallut renoncer à ce projet. Ce refus eut plus d'une raison : l'Espagne était mécontente ; les commerçants de Séville et de Cadix avaient élevé d'aigres doléances au sujet du commerce des Français avec les colonies espagnoles ; puis Pontchartrain avait projeté une fusion de l'association nouvellement fondée à Saint-Malo et de la Compagnie de la Chine, ce qui eût pu sauver cette dernière d'une ruine déjà menaçante.

Nous avons dit que la seconde expédition de l'*Amphitrite* avait fort endetté la Compagnie. Les sociétaires, qui n'avaient avancé aucune mise de fonds et qui semblaient bientôt à bout de ressources, s'étaient tournés vers Pontchartrain, qui, en qualité de secrétaire d'État de la marine, ne pouvait manquer de leur venir en aide. Sur les négociations à Fontainebleau, Danycan rapporte lui-même (2) :

« Le mal était grand, et le bonheur qui jusque-là avait accompagné le sieur Danycan dans toutes ses entreprises maritimes, parut à M. le comte

(1) Celui-ci qui, dans les actes contemporains, est appelé le plus souvent Natal tout court, était un Italien de naissance.
(2) *Critique d'un libelle intitulé Extrait historique et par ordre de datte de tout ce qui s'est passé dans la Compagnie Royale de la Chine depuis le mois d'octobre 1700 qu'il a plû au Roi de former cette Compagnie, jusqu'au 1er janvier 1719,* Paris, 1720, p. 5. — Ce volume (XII + 128 p. in-fol.) a été mis gracieusement à ma disposition par M. Léon Vignols. Il a été pour moi une source inestimable de renseignements, ce qui se verra dans la suite par les nombreuses citations que j'en fais.

de Pontchartrain un moyen infaillible pour relever cette Compagnie... il leur proposa d'entrer par moitié dans le privilège de la Compagnie de la Chine pour la relever du dérangement où les directeurs, qui n'étaient pas au fait du commerce, l'avaient plongée. Le sieur Danycan représenta à ce ministre le désagrément qu'il avait eu et la perte qu'il avait faite dans une entreprise de la mer Pacifique en 1698, pour avoir été mal dirigée, et qu'il ne convenait pas à des négociants de s'associer avec des gens d'affaires. M. de Pontchartrain l'assura qu'il n'en serait pas de même dans cette Compagnie, à laquelle il donnerait une attention particulière : ce fut, pour ainsi dire, une espèce d'ordre pour les sieurs Danycan et Natal qui ne purent refuser d'y acquiescer. »

La fusion fut donc opérée et l'acte d'association passé le 7 novembre 1701 (1).

Mais si les difficultés avaient été grandes auparavant, elles le devinrent encore plus après. Les stipulations entre les deux parties contractantes donnèrent lieu à une série de procès, qui se poursuivirent pendant des années et s'enchevêtrèrent inextricablement. Voici cependant quelle dut être la situation en 1701 :

La Compagnie de la mer du Sud de 1698 n'avait rien à voir dans la convention. Cette Compagnie continuait donc d'exister ; mais son activité consistait presque exclusivement en efforts aussi tenaces qu'infructueux pour faire valoir ses privilèges, et pour poursuivre cette foule de procès, où l'engageaient sa dette toujours croissante et les interminables disputes entre ses sociétaires, leurs héritiers et représentants. La convention de 1701 touchait d'un côté l'association nouvelle de Saint-Malo, qui, certes, avait pour but le commerce de la mer du Sud, mais qui n'en avait obtenu qu'une autorisation temporaire et que les sociétaires tenaient à regarder comme leur propriété privée, de l'autre côté la Compagnie de la Chine *de Paris*, comme elle s'appellera dorénavant, afin de se distinguer de la Compagnie de la Chine *de Saint-Malo* : c'était en effet sous ce nom que l'on commençait à désigner la dite association.

On ne saurait élucider les rapports mutuels des deux com-

(1) « Conventions (en 16 articles) entre la seconde Compagnie officielle de la Chine et la Compagnie Malouine » ; 7 novembre 1701. — Ce document, qui a été découvert par feu M. Parfouru, archiviste d'Ille-et-Vilaine, dans le fonds du Parlement de Bretagne, au Palais de Justice de Rennes, m'a été communiqué en copie par M. Léon Vignols.

pagnies, avant d'avoir lu, tel qu'on l'établit lors de la convention, le compte-rendu de leur situation financière.

Le fonds commun était fixé à 1.600.000 livres ; les deux contractants devaient y contribuer chacun pour la moitié. Ces contingents furent fixés de la manière suivante (1) :

La Compagnie de Paris.

Des marchandises laissées à la Chine par le navire l'*Amphitrite* à son premier voyage. . . . . 250.000 l.

Le prix du vaisseau l'*Amphitrite* et les frais de son armement pour le second voyage 186.736

Les piastres et marchandises chargées sur icelui pour le second voyage . . . . , . . 363.264

TOTAL. . . . . 800.000 l.

La Compagnie de Saint-Malo.

Deux moyens navires qui étaient partis pour la mer du Sud [la *Bédoyère* et le *Grénédan*], de l'armement desquels, n'ayant pas les comptes à Paris, on les fixa, sauf le plus ou le moins, à. . . . . 400.000 l.

Et la Compagnie de Saint-Malo se chargea de fournir pareille somme pour les armements qui seraient jugés utiles au bien des deux Compagnies, ci. 400.000

TOTAL. . . . . 800.000 l.

Le peu de précision avec laquelle ces revenus étaient calculés laissait un vaste terrain ouvert aux malentendus et aux discussions. Cette convention n'avait pourtant pas fourni les moyens de payer les dettes de la Compagnie de Paris, et pour se débarrasser des créanciers les plus pressants, on se résolut à un emprunt de 200.000 livres au taux de 10 pour cent, que Danycan et un certain M. Saupin avancèrent en parties égales à la Compagnie.

Cela fait, on commença les armements « jugés utiles au bien des deux Compagnies ». La convention stipulant que tous les armements se feraient à Saint-Malo, deux bâtiments, le *Chancelier-de-France* (2) et le *Saint-François*, y furent armés sous la direction de Danycan.

---

(1) *Critique d'un libelle*, p. 6. Les contingents sont fixés de la même manière dans les articles II et III de la convention du 7 novembre 1701.

(2) Appelé aussi le *Chancelier-de-Pontchartrain* ou simplement le *Chancelier*.

Ces navires étaient bien destinés au commerce avec la Chine, mais Danycan voulait qu'ils fissent en même temps le commerce dans la mer du Sud, et il semble avoir obtenu pour eux licence de s'en aller en Chine par le sud de l'Amérique. Cependant les nouvelles relations entre la France et l'Espagne, dont nous reparlerons plus loin, empêchaient la France d'autoriser le commerce avec les colonies espagnoles. Aussi, l'ordre royal du 22 février 1702 (1) qui accordait à Danycan la permission sollicitée, contenait-il « de très expresses inhibitions et défenses aux capitaines de ces vaisseaux de toucher en aucun des ports du Chili, du Pérou et autres de la côte de l'Amérique appartenant aux Espagnols ». Ces conditions parurent inacceptables à Danycan (2), qui renonça à ses projets d'itinéraire à travers l'océan Pacifique, et les deux navires partirent en mars 1702 et s'acheminèrent vers Canton par le cap de Bonne-Espérance (3). Un commencement de brouille entre Danycan et ses co-sociétaires de Paris s'était déjà produit, quand il s'était agi de choisir les chefs de l'expédition et une personne chargée de veiller aux intérêts de la Compagnie pendant le voyage, mais pour les deux nominations Danycan imposa sa volonté (4). Les commandants des deux vaisseaux furent Desantons Nouail et Joseph Danycan, frère de Noël Danycan.

En 1703, presque simultanément, revinrent les trois navires qui avaient mis à la voile en 1701 et où les Compagnies réunies étaient intéressées : au commencement d'août le *Comte-de-la-Bédoyère* et le *Grénédan* arrivèrent des mers du Sud et le 17 septembre, l'*Amphitrite,* de la Chine. Les résultats de leurs voyages étaient bien différents. Les mers du Sud avaient donné un gain considérable ; l'expédition en Chine était un échec. Danycan prétend que l'*Amphitrite,* dont l'armement et la cargaison avaient

(1) Arch. Nat. Marine, B² 159, f. 7.
(2) Pontchartrain à Danycan, 22 mars 1702. Arch. Nat. Marine. B² 160.
(3) Cf. Madrolle, *loc. cit.,* p. LXXIV. La date du départ y est donnée pour le 9 février.
(4) « Danycan m'a paru un peu trop vif dans cette affaire et pensant trop mal de ses associés... Il s'est élevé avec trop de hauteur sur la nomination que ses associés de Paris ont fait du sieur Fuet leur directeur ; ils ont souffert qu'il ait nommé tous les officiers des vaisseaux, sans y trouver à redire, et sur le seul qu'ils nomment il s'emporte et veut tout abandonner. » Pontchartrain à de Saint-Sulpice, 23 janvier 1702. Arch. Nat. Marine, B² 160, f. 160.

coûté 55o.ooo livres, « rapporta plus de 100.000 écus de perte (1) », tandis que le *Comte-de-la-Bédoyère* et le *Grénédan* rapportaient un produit net de 1.270.100 livres, dont restaient, comme profit du voyage, « le fonds des deux navires déduit », 861.818 livres (2). Ces chiffres doivent être à peu près exacts, puisque ses adversaires ne semblent pas les avoir contestés dans les procès suivants.

Les querelles commencèrent, lorsque Jourdan, pour son propre compte et pour celui de ses créanciers, sous prétexte qu'il était intéressé aussi dans la Compagnie de la Chine de Saint-Malo, fit saisir à la Monnaie l'argent qui appartenait à cette Compagnie. Danycan et ses co-sociétaires protestèrent, en alléguant que la nouvelle Compagnie de la mer du Sud, dont il avait été question entre eux et Jourdan, n'avait jamais été fondée puisqu'elle n'avait jamais obtenu la sanction royale ; que Jourdan n'avait point placé de fonds dans la Compagnie de la Chine de Saint-Malo ; que cette compagnie avait donc le droit de recueillir la moitié des bénéfices de la compagnie commune. Comme Danycan avait été autorisé, tout à fait en dehors de l'ancienne Compagnie du Sud, à expédier ses deux vaisseaux, le *Comte-de-la-Bédoyère* et le *Grénédan,* à la mer Pacifique, cette Compagnie non plus n'avait aucun droit d'exiger le moindre dédommagement pour empiètement sur ses privilèges. Appuyé de ces raisons, Danycan réussit aussi à obtenir un arrêt de mainlevée (3).

Une querelle qui éclata, à peu près en même temps, entre la Compagnie de la Chine de Saint-Malo et celle de Paris eut des conséquences plus étendues. La cause de cette querelle ce fut, en fin de compte, la fâcheuse issue du voyage de l'*Amphitrite.* Comme nous l'avons déjà dit, on avait compté au nombre des ressources de la Compagnie de Paris une somme de 250.000 livres, repré-

---

(1) *Critique d'un libelle,* p. 87.

(2) D'après un mémoire imprimé de 1713, adressé à Pontchartrain (3o p. in-fol., sans date d'impression). C'est encore grâce à l'amabilité de M. Léon Vignols que j'ai pu disposer de ce document important.

(3) Mémoire pour servir d'éclaircissement à MM. Heron, Peltier et Anisson, nommés pour faire leur rapport en l'affaire pour Jean Jourdan... contre Noël Danycan, 11 mars 1704 ; signé Jourdan. Arch. Col. C¹ 18, f. 137. — Mémoire pour répondre devant [les mêmes commissaires] pour M. Danycan contre le sieur Jourdan... et ses prétendus créanciers, 14 mars 1704. *Ibid.*, f. 139.

sentée par des marchandises qui, dans le premier voyage, avaient été laissées à Canton. Or, Danycan prétend que ces marchandises ont été taxées à un chiffre beaucoup trop élevé — et plus tard il va jusqu'à prétendre qu'elles n'ont jamais existé. C'est à cette « fausse déclaration » qu'il attribue ses pertes, et tant qu'il n'aura pas reçu un juste dédommagement, il refuse de payer à la Compagnie de Paris la moitié des bénéfices qu'avaient rapportés les deux navires, revenus de la mer du Sud (1).

La situation était tendue : elle s'aggrava encore. Encouragé par le succès, Danycan résolut de renvoyer incontinent trois navires à la mer du Sud. Or, la Compagnie de Paris avait évidemment compris que, d'après la convention du 7 novembre 1701, les expéditions dans cette mer seraient faites en compte commun. Et rien ne paraît plus rationnel que cette conception du traité (2). Mais, soit que, dès le début, il ait été d'un avis contraire, soit que, plus tard, les termes un peu vagues du contrat lui aient donné la tentation d'accaparer le commerce de la mer du Sud, Danycan résolut de faire de la nouvelle entreprise « un armement pour son compte particulier et celui de ses amis », et, sans en avertir la Compagnie de Paris, il demanda au ministre « d'accorder la permission à trois vaisseaux, qu'il disait envoyer à la Chine, de passer par les découvertes ». Certes, il affirmera plus tard que son intention n'a jamais été que les navires allassent en Chine : il avait simplement employé cette expression comme un subterfuge pour obtenir l'autorisation de gagner la mer du Sud, ce qui, personne ne l'ignorait, était généralement accordé sous ce prétexte ou sous d'autres semblables. Il serait, dit-il, « ridicule de penser que trois vaisseaux qui rapportèrent plus de quatre millions fussent destinés pour la Chine ». Ce qui cependant prouve

---

(1) La Compagnie semble cependant avoir plus tard touché cette somme, dont le montant, d'après les données de Danycan, était 630.000 livres. *Critique d'un libelle*, p. 41.

(2) Voici ce que dit à ce sujet la convention du 7 novembre 1701 :

Art. XI. Que les projets d'armement, tant pour la Chine que pour la mer du Sud, s'il en est accordé le privilège, seront respectivement approuvés par ladite Compagnie unie, avant que d'être exécutés.

Art. XII. Les titres de l'établissement de la Compagnie de la Chine, à présent unie à celle que lesdits sieurs Danycan, Natale et autres ont formée à Saint-Malo, seront déposés par copie à celle de Saint-Malo, comme aussi, respectivement, ceux de la Compagnie de la mer du Sud, si le privilège en est accordé à ladite Compagnie de Saint-Malo, seront tenus de déposer par copie à la Compagnie de Paris.

qu'on a au moins tenu à garder secrète la véritable destination, c'est qu'on accepta comme passagers pour la Chine quatre Pères jésuites.

Toujours est-il que ce ne fut que du comte de Pontchartrain que la Compagnie de Paris apprit l'entreprise projetée par Danycan. Pour éviter les discussions qu'il en redoutait, Pontchartrain appela Danycan à Paris, et l'affaire fut réglée par une délibération de la Compagnie Royale de la Chine, le 10 novembre 1703(1). Pontchartrain conseillait à la Compagnie « de faire tous ses efforts pour prendre intérêt dans cet armement », et, désireuse de suivre ce conseil, la Compagnie, « après avoir examiné l'état de la caisse et des dettes », se voyant dans l'impossibilité de fournir en argent comptant plus d'un tiers de la somme proposée de 300,000 livres, accepta de Danycan un emprunt « de 100.000 livres à la grosse à raison de cent pour cent sur cet armement », et en plus « un crédit de la même somme jusqu'après la vente des marchandises venues dans le vaisseau l'*Amphitrite* ». En dépit de cette convention, à laquelle Danycan assure qu'il se rallia uniquement « pour faire plaisir au ministre », la Compagnie ne fut pas reconnue comme principale sociétaire : Danycan déclara que, le capital étant déjà entièrement souscrit, il ne pouvait accorder à la Compagnie qu'une part « sur le sien particulier » — ou, comme il s'exprime lui-même : « les intéressés de Paris n'étaient que croupiers dans l'intérêt du sieur Danycan : ils ne pouvaient même en cette qualité avoir voix délibérative, et ils étaient indispensablement tenus de suivre la résolution des autres intéressés qui avaient formé la société (2). » Néanmoins Danycan crut avoir montré à la Compagnie « une générosité sans exemple », tandis que celle-ci prétendait que l'autorisation du voyage projeté n'avait été accordée qu'en « considération de la Compagnie ». Et elle n'avait pas tort, si l'on s'en rapporte aux termes mêmes où la permission fut libellée : « Le Roi a permis à la Compagnie de la Chine de faire partir trois vaisseaux de Saint-Malo qu'elle a chargé le sieur de Lépine Danycan d'équiper (3). »

(1) Arch. Col. C¹ 18, f. 92.
(2) *Mémoire à Mgr le Comte de Pontchartrain* [1713], p. 10.
(3) Pontchartrain à de Saint-Sulpice, 10 novembre 1703. Arch. Nat. Marine, B² 170, f. 340.

Une fois conclue cette convention, qui portait en elle plus d'un germe de malentendus, les trois vaisseaux, le *Saint-Charles*, le *Murinet* et le *Royal-Jacques*, quittèrent, le 26 décembre 1703, le port de Saint-Malo.

Danycan avait-il vraiment acquiescé aux vœux du ministre d'aussi bon gré qu'il le soutient? C'est peu probable. Il semble bien que les concessions qu'il consentit ne furent obtenues que sous d'assez fortes pressions. Aussi se plaint-il, à plusieurs reprises, d'y avoir perdu des bénéfices considérables, et ces bénéfices manqués, il les comptera parmi les créances que, dans les procès suivants, il essaiera de recouvrer sur la Compagnie de Paris. Il ne pourra les rendre juridiquement valables, mais il ne cessera de les rappeler afin de mettre en évidence l'ingratitude de la partie adverse.

D'un autre côté, il est indéniable que Danycan eut à se plaindre de la Compagnie de Paris. De nouveau elle fit preuve d'une véritable insuffisance économique ; tandis qu'il apportait lui-même les navires et le capital et avant tout l'expérience et l'habileté indispensables au succès de ces hardies spéculations, la Compagnie semblait uniquement occupée à dépenser ses ressources en « droits de présence aux directeurs » et en frais de bureau pour payer un personnel aussi nombreux que superflu. Il ne faut donc pas s'étonner que Danycan estimât avoir payé trop cher la seule valeur effective que la Compagnie eût versée dans l'affaire, à savoir son privilège de commerce avec la Chine. Ajoutez que ce commerce ne semblait point répondre aux espérances qu'on avait nourries, alors que les opérations dans la mer du Sud, dont la convention entravait encore la liberté, devenaient de plus en plus lucratives.

Pour ne pas voir une fois de plus traverser ses desseins, Danycan essaya de dominer la Compagnie siégeant à Paris, comme il gouvernait déjà celle de Saint-Malo. C'était un homme trop rompu aux intrigues pour se montrer scrupuleux et ne jamais employer que des moyens délicats. La situation des directeurs de Paris était toujours fort pénible : harcelés par les créanciers de la Compagnie, ils se plaignent continuellement « des saisies mobilières et réelles qui avaient été faites plusieurs fois sur leurs biens pour les dettes de la Compagnie », et le plus grave, c'était encore « la diversité des esprits de ceux qui la composaient, et qui, loin de vivre dans l'union nécessaire au bien du commerce, cherchaient au contraire toutes les voies de se nuire les uns aux autres ».

Ces circonstances déplorables favorisèrent les menées de Danycan. Par une transaction qui, en dépit de ses assertions, fut certainement conclue en secret, il acheta les parts de deux des huit directeurs de la société. Ces deux directeurs, MM. Demonts et Dumontoir, devaient « continuer à leur ordinaire à paraître dans la Compagnie », mais ils n'y étaient que les hommes de paille de Danycan. Grâce à leurs voix achetées et à l'offre d'une somme (1) qui non seulement payerait les dettes de la Compagnie, mais encore permettrait un dividende de 10 pour cent aux actionnaires, « pour calmer leur impatience et leur donner lieu d'en espérer de plus considérables à l'avenir », un traité fut passé, le 3 mai 1704, entre les deux compagnies de Saint-Malo et de Paris. On en trouve le résumé dans un compte-rendu dont l'auteur semble impartial : « On transmettait toute la conduite et régie de cette affaire aux directeurs de Saint-Malo, plus expérimentés au fait du commerce ; on supprimait le bureau des directeurs de Paris et les frais de leurs commis ; on retranchait même aux directeurs de Paris leurs droits de présence... et on se contentait de nommer un ou deux syndics pour entretenir une correspondance avec la Compagnie de Saint-Malo (2). »

Danycan avait-il donc atteint son but? Loin de là ! Deux des directeurs, MM. Carlin et Du Coudray, qui n'avaient pas été présents à la conclusion du traité, exigèrent, lorsqu'ils l'apprirent, que Danycan achetât également leurs parts, et quand celui-ci, sûr de sa victoire, refusa, ils s'opposèrent à l'homologation de ce traité (3), et s'empressèrent d'envoyer leur requête à Pontchartrain qui, de nouveau, se vit obligé de concilier les adversaires.

(1) 312.870 livres 16 sols 10 deniers.
(2) « Mémoire de l'état présent de cette affaire, le 1er septembre 1704. » Arch. Col. C¹ 18, f. 177.
(3) Requête de M. Pecquot de Saint-Maurice. Critique d'un libelle, p. 19.

Sur les appels réitérés du ministre (1), Danycan comparut enfin
à Paris et, le 19 août 1704, un arrêt du Conseil imposait à Danycan
quelques concessions, mais, en somme, confirmait la convention
du 3 mai. Tout cela cependant n'était fait que « par provision »,
et la question essentielle pour la Compagnie de Paris, le règlement
de ses rapports envers les porteurs de ses billets, « qui poursuivaient leur payement avec les dernières rigueurs », n'avait pas
avancé d'un pas. Aussi déclare-t-on, peu de jours après la publication de cet arrêt, dans un mémoire (2) qui pourrait bien provenir
des commissaires chargés d'arranger l'affaire, que celle-ci était
« réduite à une période qui demande un prompt secours ».

Mais les chances d'obtenir ce secours, loin de se préciser,
devinrent encore plus douteuses, lorsque, au mois d'octobre
1704, les deux vaisseaux, le *Chancelier* et le *Saint-François*,
revinrent de leur expédition en Chine. En route, ils avaient touché
à la Corogne, où ils avaient subrepticement débarqué une partie
de leurs cargaisons (3). Quel fut le montant des sommes ainsi
soustraites à leur légitime propriétaire, je n'ai pu l'établir, mais
il n'était pas insignifiant, à en croire la rumeur que ces navires
avaient été « richement chargés (4) ». Cependant, lorsqu'ils furent
revenus à Nantes, Danycan déclara « qu'ils avaient fait un mauvais
voyage », voire même qu'ils « revenaient à vuide ». Et il précise
encore cette affirmation, en assurant que les capitaines, « sans
rapporter la valeur d'une obole des prétendues 250 mille livres
qui devaient se trouver à la Chine du fonds de la Compagnie
de Paris », s'étaient vus forcés de payer plus de cent mille livres
pour les dettes que les commis de cette compagnie avaient contractées à Canton (5). D'où, bien entendu, nouvelles récriminations de Danycan qu'on aurait cru, pour quelque temps au moins,
réduit au silence, — et l'ancienne complication recommença.

(1) Pontchartrain à Danycan, 21 juin et 5 juillet 1704. Arch. Nat. Marine, B² 175,
f. 833 ; 176, f. 52.
(2) Le 1ᵉʳ septembre 1704. Arch. Col. C¹ 18, f. 177.
(3) Pontchartrain au sieur Bru, consul à la Corogne, 25 avril 1712. Cette lettre
contient l'ordre au consul de faire vendre « les marchandises de la Chine qui furent
débarquées furtivement en 1704 du vaisseau le *Chancelier* ». Comme ni la Compagnie
de la Chine, ni Danycan ne réclamaient plus ces marchandises, la vente devait se faire
au compte du Roi. Arch. Nat. Marine, B⁷ 91, p. 106.
(4) *Mémoires du Marquis de Sourches*, t. IX, Paris, 1889, p. 90.
(5) *Critique d'un libelle*, p. 23-26.

« Des gens qui vous font parler, écrit Pontchartrain (1), disent que vous avez dessein de faire saisir le produit de la vente de la Compagnie de la Chine qui appartient aux intéressés de Paris, à cause de votre prétention sur la moins value des effets laissés à la Chine. » Même si cette intention, que le ministre regardait comme invraisemblable, ne se manifestait pas, il est pourtant certain que Danycan allait essayer de s'arroger, à la vente des marchandises rapportées, des avantages illégaux aux dépens de ses associés, — et il est probable qu'il y réussit encore (2).

Quant aux dédommagements que Danycan réclamait de la Compagnie, celle-ci qui, faute de renseignements exacts sur l'état des choses en Chine, se trouvait dans l'impossibilité de réfuter les allégations de Danycan, se montra disposée à faire des concessions. Elle les fit d'autant plus facilement que Danycan flattait les directeurs de l'espérance qu'il était sur le point d'expédier, à leur compte commun, un navire en Chine, lequel devait « passer par les découvertes », c'est-à-dire par la mer du Sud, et dont il était permis d'attendre « un riche retour (3). » La Compagnie jugea donc prudent de ne pas se brouiller avec Danycan, et celui-ci, autant pour se dédommager de ses pertes réelles ou fictives que dans la perspective de nouveaux avantages, fit assaut de prévenances. Cette humeur conciliante que témoignaient les deux parties et à laquelle Pontchartrain avait certainement beaucoup contribué (4), amena la conclusion d'un nouveau traité de paix qui mérite peut-être qu'on en cite les points principaux.

---

(1) Le 3 octobre 1704. Arch. Nat. Marine, B² 177, f. 66.

(2) « Les directeurs de la Compagnie de la Chine à Paris m'ont fait savoir que le sieur Baudran en use fort mal avec eux, au sujet des marchandises qui sont à partager entre vous et eux, et qu'il renvoie les marchands qui s'offrent pour les achats... Ces directeurs demandent aussi qu'on leur remette les marchandises du premier voyage de la Chine qui leur appartiennent... » Pontchartrain à Danycan, 29 octobre et 19 novembre 1704. Arch. Nat. Marine, B² 177, f. 299 et 464. — Cf. l'exposé contraire en tous les points des deux parties sur la façon dont s'opérait cette vente. *Critique d'un libelle*, p. 87-92.

(3) *Mém. à Mgr le Comte de Pontchartrain* [1713], p. 16 ; *Critique d'un libelle*, p. 28.

(4) Pontchartrain aux Directeurs de la Compagnie de la Chine de Paris ; 12 février 1705. Arch. Nat. Marine, B² 180, f. 387. — Dans cette lettre, où le ministre leur annonce une offre qui lui a été faite pour leurs soies, il écrit : « Je suis obligé de vous dire en même temps que, si la Compagnie désire tirer quelque secours de cette vente pour le payement de ses dettes, il me paraît nécessaire qu'elle se concilie avec ledit sieur Danycan, qui ne manquerait pas de faire saisir le prix qui en proviendrait pour les prétentions qu'il a contre la Compagnie ; je contribuerai de ma part, autant que je pourrai, à le disposer à prendre sur cela quelque tempérament. »

Transaction passée entre les deux Compagnies de Paris et de Saint-Malo, le 14 avril 1705 (1).

Nous soussignés Pierre Pecquot de Saint-Maurice, Daumay de Coulange, Thomas Boutin de Couléon, Jean-Baptiste du Coudray, Jean Carlier, Jacques de Vanolles et Jacques de Mons, directeurs et intéressés en la Compagnie Royale de la Chine à Paris, d'une part, et Noël Danycan, écuyer, secrétaire du Roi, tant pour lui que pour la Compagnie de la Chine établie à Saint-Malo, d'autre part ;

Désirant terminer les contestations mues entre nous et entretenir à l'avenir l'union et la paix qui doit être entre des associés, après avoir fait à M. le comte de Pontchartrain la proposition portée par notre délibération du 3 avril dernier pour l'équipement d'un vaisseau pour aller à la Chine, qui a eu la bonté de l'agréer et de le faire agréer par Sa Majesté, aux charges et conditions portées par ladite délibération, savoir :

« Que pour faire le fonds de 100.000 livres que la Compagnie doit contribuer pour sa moitié audit équipement et cargaison, le sieur Danycan consentirait que les 100.000 livres qu'il a prêté à la grosse pour fournir les 300.000 livres, pour lesquelles la Compagnie est intéressée dans les vaisseaux le *Charles*, le *Murinet* et le *Jacques*, seraient mises sur ledit vaisseau qui serait équipé pour la Chine ;

« Que l'accommodement qui interviendra sur la demande dudit sieur Danycan contre la Compagnie, pour raison de 250.000 livres de marchandises qu'il prétend ne s'être trouvées à la Chine, termine non seulement la demande du sieur Danycan, mais encore la demande en recours ou en indemnité que les directeurs de la Compagnie, qui n'ont point été intéressés au premier voyage de l'*Amphitrite*, prétendraient exécuter contre lesdits intéressés au premier voyage. »

Sa Majesté, ne s'étant portée à accorder cette grâce que dans la vue de mettre la paix dans toute la Compagnie, tant directeurs qu'actionnaires, dont une grande partie se trouve intéressée dans le premier voyage de l'*Amphitrite ;*

Sommes demeurés d'accord de ce qui suit, savoir :

Que nous équiperons ledit vaisseau à frais communs sous la destination de la Chine et autres lieux, ou tel autre qu'il plaira à mondit seigneur, dont la cargaison et l'équipement monteront à la somme de 200.000 livres, et dont nousdits directeurs de la Compagnie de Paris laisserons le soin en entier audit sieur Danycan, tant pour le choix du vaisseau, achat et équipement, que pour l'achat des marchandises, ensemble pour le choix des officiers : sur quoi nous nous rapporterons entièrement à sa bonne foi et à sa conduite.

(1) *Critique d'un libelle*, p. 33.

A la charge toutes fois, qu'aussitôt après le départ du vaisseau, il nous remettra les états de la dépense et armement pour les arrêter : ce que nous promettons de faire à l'amiable, ainsi que nous l'avons fait jusqu'à présent.

Et pour faire le fonds que la Compagnie doit contribuer pour sa moitié audit armement, mondit sieur Danycan consent que les 100.000 livres qu'il a ci-devant prêté à la grosse à ladite Compagnie, sur lesdits trois vaisseaux le *Charles*, le *Murinet* et le *Jacques*, soient mises sur ledit vaisseau, qui va être équipé, comme dit est, pour la Chine,

Au moyen de quoi l'intérêt de ladite Compagnie sur lesdits trois vaisseaux, qui par l'arrêt du Conseil du 24 mars dernier a été jugé être de 300.000 livres seulement, demeurera réduit à la somme de 200.000 livres, après qu'elle aura payé audit sieur Danycan les 79.243 livres, portées par l'arrêt du 17 février dernier.

Comme aussi nousdits directeurs de la Compagnie de Paris sommes convenus d'accorder, comme nous accordons effectivement, audit sieur Danycan 15 °/₀ sur la portion des retours qui doit appartenir à ladite Compagnie dans lesdits trois vaisseaux, à proportion des 200.000 livres d'intérêt qui lui restent.

. . . .

Et au moyen de ce que dessus les parties se sont respectivement quittées de toutes leurs demandes et prétentions, formées tant par ledit sieur Danycan contre la Compagnie de Paris, que par les sieurs de Coulange et Boutin contre le sieur Danycan, renvoyées par-devant des arbitres pour avoir leurs avis par les arrêts du 19 août 1704 et autres subséquents arrêts, et finalement par les arrêts des 24 mars et 7 avril dernier.

Même demeureront toutes demandes et prétentions en recours ou en indemnités des nouveaux directeurs ou intéressés au premier voyage de l'*Amphitrite* éteints et assoupis.

. . . .

Et sera mondit seigneur supplié de faire homologuer le présent acte par arrêt du Conseil d'État. Fait à Paris, le 14 avril 1705, double. Et signé : du Coudray, de Mons, Carlier, Coulange, Boutin de Couléon, Pecquot, de Vanolles et Danycan.

Cette transaction, homologuée par arrêt du Conseil le 21 avril, aurait dû, semble-t-il, ouvrir une période de bonne intelligence et d'efforts combinés pour le bien commun, mais on a tout lieu de supposer que ni les uns ni les autres n'avaient l'intention de remplir loyalement les engagements contractés : Danycan ne cherche qu'à se prévaloir « de nouvelles marques de sa générosité qu'il prétend avoir données », en préférant un mauvais accommodement à un bon procès, et la Compagnie soutiendra que toute la transaction a été fondée « sur le dol, la surprise et l'inexécution. » Certes, la mauvaise foi était surtout du côté de Danycan. Dans un des articles de la convention, il s'était engagé à envoyer aussitôt un navire en Chine ; mais cela n'entrait point dans ses plans. La somme de 200,000 livres, destinée à cette entreprise, suffisait à peine, disait-il, à l'achat d'un navire, encore moins à son armement et au fret indispensable. Soit ; mais qui, mieux que lui, aurait dû le savoir et pourquoi n'en avait-il pas parlé? Il persuada donc la Compagnie de « passer » sa part des fonds sur un navire, le *Falmouth*, équipé exprès pour la mer du Sud, et qui partit en novembre 1705 ; mais ce navire périt dans l'estuaire de La Plata et, loin de rapporter les bénéfices attendus, causa une perte considérable aux sociétaires. A une délibération de la Compagnie, du 26 janvier 1706, Danycan promit encore de reprendre le commerce avec la Chine et, comme les précédentes, ses promesses demeurèrent sans exécution (1).

Pour consolider sa situation, la Compagnie avait poursuivi la ratification du concordat, conclu le 23 octobre 1700, entre la Compagnie des Indes Orientales et MM. Jourdan, Coulange et Cie, dont elle avait acquis les droits. Elle avait obtenu, par Lettres patentes du mois d'octobre 1705, une sanction plus solennelle que celle de l'arrêt du Conseil du 9 novembre 1700. Ces Lettres patentes, qui lui permirent, paraît-il, de s'intituler officiellement « la Compagnie Royale de la Chine », furent enregistrées par le Parlement de Paris le 1er février 1706 (2).

Le 21 janvier de cette même année, les trois vaisseaux, le *Saint-Charles*, le *Murinet* et le *Royal-Jacques*, revinrent, sans avoir touché la Chine, c'est vrai, mais après des affaires brillantes dans la mer du Sud. Ils rapportaient 3.576 livres pour 1.000 livres, ce qui fit que le capital de 200.000 livres que la Compagnie avait mis dans l'entreprise rendait 715.200 livres. Mais de nouveaux intéressés entrèrent en scène, c'est-à-dire les créanciers de la société, qui,

---

(1) *Mém. à Mgr le Comte de Pontchartrain* [1713], p. 21.
(2) Les deux documents ont été insérés par Dufrène de Francheville dans son *Histoire de la Compagnie des Indes*, Paris, 1738, p. 382-385 ; les Lettres patentes aussi chez Madrolle, *loc. cit.*, p. xlv-xlvii, mais là avec quelques erreurs.

sans doute, craignaient, et non sans raison, que cette somme ne leur passât sous le nez et ne disparût dans les poches des directeurs, ce qui, selon Danycan, était arrivé pour le bénéfice des navires revenus en 1703, bénéfice qui n'avait point empêché les directeurs d'endetter la Compagnie de plus de 800.000 livres. Pontchartrain se chargea de la cause des créanciers et obligea Danycan à leur payer par son banquier à Paris, directement, la somme de 418.944 livres ; sur le restant, Danycan retint une partie pour ses propres créances sur la Compagnie et préleva aussi une certaine somme pour les futures affaires communes. On ne réussit point à se faire donner par Danycan un compte-rendu complet en règle ; mais ce serait peine perdue d'essayer de débrouiller ici les éternelles disputes que provoquait le règlement des comptes. La Compagnie demandait « des comptes en forme et des pièces justificatives » ; Danycan prétendait s'en tenir à « l'usage de commerce », lorsqu'il présentait ce que la partie adverse appelait « de simples bordereaux ». Il affirmera qu'il n'avait vendu qu'en 1712 une partie des marchandises rapportées en 1706 et soutiendra donc que rien n'était plus injuste que de réclamer de lui un compte-rendu final (1). En somme, il n'avait aucun désir de liquider rapidement les affaires communes.

En dépit de toutes ces transactions équivoques, Danycan était au mieux avec le gouvernement, et c'est sans doute grâce à la haute protection dont il jouissait, qu'il osa si longtemps tracasser ou braver ses adversaires. Plus tard, quand Pontchartrain ne sera plus au ministère de la marine, ces mêmes adversaires laisseront entendre que Danycan a trouvé dans ses relations de famille une complicité qui lui a permis de violer leurs droits (2). Cette accusation ne manque pas de vraisemblance : en 1704, le fils aîné de Danycan, Noël Danycan, sieur de Landivisiau, épousa Mademoiselle Sanson, nièce du chancelier de Pontchartrain (3), par conséquent la cousine du ministre de la marine ; et, la même année, sa

(1) *Critique d'un libelle*, p. 44.
(2) Placet des directeurs et intéressés dans l'ancienne Compagnie de la Chine, novembre 1715. Arch. Nat. Marine, B¹, 1, f. 149.
(3) Elle n'était probablement pas, comme on le dit, la nièce du chancelier de Pontchartrain, mais de sa femme, Marie de Maupeou. Madeleine Sanson était la fille de Claude-Joseph Sanson, intendant de Soissons, et de Madeleine Maupeou.

fille aînée, Marie-Anne Danycan, fut mariée à Charles Huchet de la Bédoyère, procureur général du Parlement de Bretagne. Une autre fille, Marguerite Danycan, contracta aussi une alliance assez considérable, lorsque, en 1706, elle épousa Michel-Charles Amelot de Gournay, fils de l'ambassadeur connu et membre du Conseil de commerce, Michel-Jean Amelot (1).

Une preuve de ses attaches intimes avec le pouvoir, c'est la décoration de l'ordre de Saint-Michel, qui, en 1706, sur la proposition du ministre de la marine, lui fut donnée « en récompense », comme on dit, « de ses grandes entreprises de course et de commerce (2) ». On dit aussi que cette récompense lui fut accordée spécialement à cause du succès de l'escadre qui, en janvier 1706, était revenue de la mer du Sud et dont il était l'armateur (3). Mais il devait retirer de cette expédition des avantages d'une valeur matérielle bien plus grande.

Déjà dans le compte-rendu du retour des navires le *Comte-de-la-Bédoyère* et le *Grénédan* qui, comme nous l'avons relaté, étaient revenus en 1703, Danycan porte une somme de 15.500 livres, offerte comme « une gratification de Monseigneur le contrôleur général (4) ». Je n'ai pu élucider les motifs de cette gratification qui, d'ailleurs, ne semble pas avoir suscité la moindre contestation. Beaucoup plus tard, en 1726 (5) — les procès dont nous venons d'exposer la première étape, n'étaient pas encore finis — la Compagnie de la Chine présenta une réclamation afin de recouvrer sa part d'une somme de 500.000 livres que le Roi avait, en 1711, accordée, « pour dédommagement » — à ce que prétend la Compagnie — « des pertes sur les billets de monnaie qui en 1711 avaient été donnés en payement de partie des matières d'argent qui étaient arrivées par les vaisseaux le *Charles*, le *Murinet* et le *Royal-Jacques*, et qui avaient été portées aux hôtels des monnaies. » Le fait même de cette « prétention nouvellement imaginée » n'est

(1) Généalogie de la famille Danycan, manuscrit cité ci-dessus. Cf. Saint-Simon, *Mémoires*, éd. de Boislisle, t. XV, p. 255.
(2) Pontchartrain à Torcy, 12 mai 1706. Arch. Nat. Marine, B² 189, f. 274.
(3) *Lettres édifiantes et curieuses*, VII° recueil, Paris, 1707, p. XVII.
(4) *Mém. à Mgr le Comte de Pontchartrain* [1713], p. 38.
(5) Extrait et parallèle des moyens respectifs des parties en l'instance, entre les sieurs Danycan, Natal et C¹ᵉ de la Chine à Saint-Malo, le sieur Ducoudray et consors, directeurs de ladite Cⁱᵉ de la Chine à Paris, et Mᵉ Pigné... Bibl. Nat., Fol. Fm. 4400.

pas contesté par Danycan; il alléguera seulement « que cette gratification avait été accordée pour une autre cause personnelle et en
récompense de services considérables qu'il avait eu le bonheur
de rendre à l'État. » Et il se dira en mesure de le prouver « par
diverses lettres des ministres ». Ces preuves ne se retrouvent
point dans la correspondance du ministre de la marine (1). Il
semble cependant hors de doute que la gratification ait été
donnée, et la chose mérite qu'on y prête quelque attention, car elle
nous indique la conduite que le gouvernement tenait vis-à-vis
des parties adverses.

Il nous reste maintenant à rendre compte de la dernière des
affaires d'armement dans lesquelles Danycan et la Compagnie de
la Chine de Paris furent intéressés en commun.

Comme on l'a déjà dit, ce fut la perspective qu'un vaisseau
partirait immédiatement pour la Chine qui apaisa la Compagnie
et l'amena à conclure la convention de 1705. Cette expédition avait
pour elle une extrême importance : d'abord, elle y affirmerait son
privilège que tant de personnes lui enviaient; en second lieu, son
comptoir de Canton n'avait pas, depuis 1703, reçu un seul secours
de la patrie. Le directeur et les employés de cette factorerie s'étaient
rappelés à son souvenir par des plaintes répétées : ils étaient
exposés à de nombreuses vexations du côté des mandarins chinois
et suppliaient qu'on secourût leur détresse (2).

(1) Dans une lettre du 7 janvier 1711, Danycan exprime sa reconnaissance envers
Desmaretz, qui avait obtenu à son fils la charge d'intendant du commerce et à lui-même
le remboursement « d'une partie de la perte qu'il avait soufferte sur ses billets de
monnaie. » « Ce sont, Monseigneur, conclut-il, des grâces si grandes qu'elles m'engagent toute ma vie, avec ma petite famille, à prier Dieu pour la santé et prospérité de
Votre Grandeur. » Arch. Nat., G⁷ 1696.
(2) Délibération des directeurs et autres employés pour la Cⁱᵉ de France à Canton du
1ᵉʳ novembre 1704 ; Extrait d'une lettre des directeurs... du 27 décembre 1704.
— Les deux écrits ont été insérés par Danycan dans son *Mémoire* de 1713 (p. 17) pour
servir de preuve de l'inexistence des actifs présumés laissés à Canton au premier
voyage de l'*Amphitrite*. Les dates montrent l'inanité de cette preuve. — Voir aussi :
Extrait d'une lettre écrite de Canton par le sieur Pechberty par voie d'un vaisseau
anglais venant d'Emoy, 23 novembre 1705, Arch. Col., Cⁱ 18, f. 204. Cette lettre fait
foi qu'à Canton on avait appris le départ des navires pour la Chine, passant par la mer
du Sud, et qu'on croyait que, de l'Amérique du Sud, ces navires étaient partis pour
« les îles de Salomon ». Aussi M. Pechberty avait-il écrit au gouverneur de Manille afin
de préparer un bon accueil aux marins français et pour chercher des renseignements
sur ces îles mystérieuses. Tous les renseignements qu'il obtint furent qu'aucun Européen n'y demeurait et que d'ailleurs « l'on ne connaît pas bien ces îles ».

D'autre part nous avons déjà donné à entendre que Danycan, malgré ses affirmations renouvelées, n'était point disposé à envoyer un vaisseau en Chine. Mais il continuait de mener, directement et indirectement, d'autres affaires d'armement très vastes en s'appliquant à louvoyer entre les privilèges des autres. Ainsi, en 1705 (1), il demanda l'autorisation d'envoyer trois navires « à l'île de Mindanao et autres non possédées par les puissances de l'Europe ». Il assurait que ces îles étaient « fort riches en mines d'or et épiceries ». Les navires devaient faire le tour du cap Horn et, continue-t-il, « ils suivront leur route le long de la Nouvelle-Hollande, en reconnaissant cette terre inconnue ». Si ce plan avait été réalisé, le nom de Danycan serait attaché à une exploration géographique dont l'exécution sera réservée à James Cook, soixante-cinq ans plus tard ; mais cette proposition de Danycan, a-t-elle jamais été sérieuse? Je ne connais pas la réponse qu'on lui fit ; peut-être avait-il trop escompté l'ignorance supposée du ministre, car d'un simple coup d'œil, jeté sur n'importe laquelle des mappemondes du temps, on pouvait voir que Mindanao n'était point un pays sans maître, et que Danycan assurait faussement que le chemin proposé par lui « était plus court de deux mois et moins dangereux » que celui du cap de Bonne-Espérance. Sans doute son projet hasardeux n'aura pas été pris en considération. Il fut mieux écouté, quand, toujours aventureux, il sollicita, en mai 1706, l'autorisation « d'aller faire des établissements dans l'île de la Californie (2) » : le Roi y donna son consentement, « pourvu qu'il prît effectivement des mesures solides et véritables pour le faire » et à condition que l'entreprise ne servît pas « de prétexte à aller simplement faire le commerce avec les Espagnols de la côte de l'Amérique Occidentale ». Mais il ne put probablement pas fournir des garanties suffisantes, car peu de temps après, le ministre écrit dans une lettre « qu'il n'est pas temps à présent d'y penser ; il faut voir auparavant ce que les affaires deviendront (3). »

On le voit : Danycan imaginait toutes sortes d'entreprises dont il n'eût pas à partager les bénéfices avec la Compagnie de la

(1) A Mgr le comte de Pontchartrain. Arch. Col. C. F. — Cette lettre est sans date, mais elle porte, écrite ultérieurement, la date de 1698, ce qui évidemment est erroné.
(2) Pontchartrain à Daguesseau, 29 mai 1706. Arch. Nat. Marine, B² 189, p. 685.
(3) Pontchartrain à Danycan, 14 juillet 1706. Arch. Nat. Marine, B² 190, p. 229.

Chine. Cependant, il ne parvint pas à esquiver entièrement les obligations qu'il avait, malgré lui, contractées avec elle. La permission, si difficilement obtenue et si souvent refusée, de faire un commerce lucratif dans la mer du Sud, il ne put l'obtenir que pour une expédition et encore à destination de la Chine. Ses multiples plans ayant échoué, il se résigna à solliciter, pour une expédition semblable, l'autorisation, qui fut aussi accordée en octobre 1706 (1).

Le 12 du même mois, il annonce à la Compagnie de Paris « qu'il équipait trois vaisseaux, suivant l'agrément qu'il en avait obtenu de Sa Majesté, sous la destination de la Chine et autres lieux, desquels vaisseaux partie pourrait aller à la Chine, selon l'état où ils se trouveraient et les conjonctures des temps et du commerce », et il somme la Compagnie de fournir les fonds pour cet armement. La Compagnie qui — d'après ce qu'elle dit elle-même — n'avait encore pu arracher à Danycan aucun « compte en forme », le somma de lui remettre des comptes, afin qu'elle connût son état et sût de combien elle pourrait s'intéresser dans l'armement. Danycan répliqua qu'il avait donné des comptes, que la saison pressait ainsi que le départ des vaisseaux, et qu'il fallait prendre une résolution, — et la Compagnie se résolut à mettre 50.000 livres sur l'un des navires, 115,000 livres sur l'autre, et le reste des fonds qui se trouvaient aux mains de Danycan, en commun sur ce deuxième navire et sur un troisième du même armement.

En réalité c'est quatre navires que Danycan expédia au commencement de l'an 1707, bien que trois seulement aient navigué sous son nom : comme armateur du quatrième, le *Chancelier*, on nomme un certain sieur de la Tranchandière, qui très certainement n'aura servi que d'homme de paille au riche intrigant. La façon dont cette expédition fut organisée, nous donne un nouvel aperçu de l'embrouillement qui semble inévitable dans la plupart

(1) Le récit suivant — où le contraire n'est pas expressément indiqué — est tiré des deux brochures que Danycan fit imprimer en 1713 et 1720 et qui déjà ont été plusieurs fois citées. L'exposé que donne Danycan, ou plutôt ses avocats, est très compliqué, et sûrement avec dessein, mais comme, d'autre part, de longues citations, tirées des pièces de procédure de la partie adverse, y sont insérées, on peut en général assez facilement suivre le cours des événements et les raisons développées des deux côtés.

des entreprises commerciales de l'époque et qui entraînait toujours des complications juridiques.

Sur le quatrième navire, le *Chancelier*, la Compagnie de Paris ne devait avoir aucune part, et c'est bien pour cela que Danycan ne s'en présentait pas comme l'armateur. Parmi les trois autres, il n'y en avait qu'un, le *Royal-Jacques*, qui appartint en commun aux deux compagnies de Paris et de Saint-Malo. Les deux derniers, le *Saint-Charles* et le *Phélypeaux*, étaient une affaire privée de Danycan, encore que la Compagnie de Paris fût admise à s'y intéresser pour une somme insignifiante. Seul, le *Royal-Jacques* devait pousser jusqu'en Chine ; les autres « ne regardaient point le commerce privilégié de la Chine, mais seulement celui du Pérou, commun alors à tous armateurs ». C'était là le sens des mots « à destination de la Chine et autres lieux », que Danycan avait insidieusement glissés dans la convention et sur lesquels il lui aurait déplu de s'expliquer. Mais on soupçonna ses intentions avant même le départ des vaisseaux, et ces soupçons arrivèrent aux oreilles de Pontchartrain. Le 22 décembre, celui-ci écrit qu'au moins deux navires devaient aller en Chine, et il demandait « un mémoire de la destination que vous avez donnée aux vaisseaux que vous avez armés (1) ». Il faut croire que la réponse à son avertissement ne l'avait pas pleinement satisfait, puisqu'il écrivait dans une seconde lettre : « Vous ne prenez pas d'assez bonnes mesures pour en envoyer à la Chine », et il ajoutait : « Vous savez cependant que c'est la principale vue que j'ai eue en vous accordant la permission d'équiper ces vaisseaux ; aussi il faut nécessairement que vous en destiniez un au moins pour faire ce voyage, sans quoi nous perdrons le commerce de ce pays (2). »

Bien entendu, Danycan ne manqua pas de s'assurer contre les accusations futures. Il exhiba un ordre adressé au commandant en chef de l'escadre, Julien Fouquet, capitaine du *Phélypeaux*, selon lequel celui-ci devait envoyer le *Royal-Jacques* en Chine avec 100.000 piastres du gain qu'on supposait que donnerait le commerce du Pérou. Mais, malgré tout, aucun voyage en Chine n'eut lieu. Le navire qu'on y avait destiné ne semble pas avoir été

(1) Pontchartrain à Danycan. Arch. Nat. Marine, B² 192, p. 845.
(2) Pontchartrain à Danycan, 12 janv. 1707. Arch. Nat. Marine, B² 196, p. 246.

bien équipé : c'était, en outre, un mauvais voilier ; il fut, à deux reprises pendant le voyage, abandonné du reste de l'escadre et ce n'est qu'à grand'peine qu'il atteignit le port de Concepcion au Chili, avec tout l'équipage attaqué du scorbut, ce qui, d'ailleurs, était un accident assez ordinaire en ce temps-là. Quelques mois plus tard, lorsque sa cargaison eut été vendue et qu'il fut temps de partir pour la Chine, le navire fut déclaré « indigent et hors d'état de tenir la mer ». Le capitaine et les officiers en dressèrent un procès-verbal, attesté par M. Fouquet, après avoir préalablement fait examiner le bâtiment par les charpentiers. On vendit donc le navire 14.000 piastres à un Espagnol, don Louis Scariles, et, le 31 mai 1708, le nouveau propriétaire en prit possession à Callao (1). Obéit-on à un ordre secret de Danycan? Il est impossible de le savoir d'une façon précise. Mais, avec un peu de prévoyance et de bonne volonté, il aurait pu faire en sorte qu'un autre navire de l'escadre accomplît ce voyage auquel il s'était engagé. Seulement il n'avait rien moins que de la bonne volonté, et on lui reprocha justement de n'avoir « pour objet que son profit particulier et non celui de la Compagnie de la Chine. »

En mars 1709, les vaisseaux de Danycan revinrent de la mer du Sud. L'escadre dont ils faisaient partie était la plus importante qui en fût jamais revenue ; j'insisterai plus tard sur cet événement, un des plus considérables de l'histoire du commerce français à cette époque.

Danycan prétend que « leur négociation avait été si désavantageuse qu'à compter les assurances et l'avance d'argent, il n'y avait eu que de la perte ». Cela paraît fort peu vraisemblable, car, selon les déclarations officielles, les trois navires rapportaient, outre des marchandises d'une assez grande valeur, une somme de près d'un million et demi de piastres en espèces et matières d'or et d'argent ; mais, en réalité, le montant était encore plus élevé, et nous verrons, dans la suite, au moyen de quels artifices Danycan, comme les autres armateurs, escamotait le plus possible des trésors rapportés. Cependant, la Compa-

_____

(1) Déclaration de Jean Forgeais, sr de Langerie, ci-devant capitaine du *Royal-Saint-Jacques,* 26 avril 1709. Saint-Servan, Arch. du Port, C⁴ 324, f. 3o.

gnie de Paris ne se laissa pas persuader que le résultat avait
été aussi désastreux et, forte de ses droits, elle demanda des
comptes que Danycan, selon son habitude, tardait à rendre. Il
trouva, pour les différer longtemps, une raison plausible dans ce
fait qu'il crut pouvoir accuser de soustractions frauduleuses le
chef de l'expédition, Fouquet, contre lequel il entama un procès,
qui dura pendant des années.

La patience des directeurs de la Compagnie, qui avaient tant
de fois vu leurs espérances trahies, était cependant épuisée et ils
résolurent de rompre définitivement avec Danycan. Cette décision
fut prise dans une délibération du 26 août 1709. La Compagnie y
énumérait tous ses griefs : comptes refusés, dividendes de bénéfices subtilisés, etc., et elle exigea qu'on lui payât immédiatement une somme de 700.000 livres comme acompte d'une
somme plus grande encore qu'elle se croyait en droit de réclamer.
La notification de la rupture était conçue dans les termes
suivants :

« Et comme la conduite du sieur Danycan, si peu régulière envers des
associés, ne donne pas lieu à la Compagnie d'espérer un changement
plus favorable, et qu'elle désire d'ailleurs mettre fin à une entreprise si
traversée par tant d'endroits, et néanmoins faire cesser les justes murmures des actionnaires en leur faisant voir l'état certain de leur commerce, elle a unanimement résolu de finir entièrement et dès à présent
toute société et commerce avec ledit sieur Danycan ; et la Compagnie,
n'entendant plus prendre ni avoir aucun intérêt, engagement, ni part,
directement ni indirectement, dans aucune entreprise, soit de la part dudit sieur Danycan ou de ses associés, sous quelque prétexte que ce puisse
être, même de celle de la société du 7 novembre 1701, à l'effet de quoi
la Compagnie veut que la présente délibération soit signifiée audit sieur
Danycan, à ce qu'il n'en prétende cause d'ignorance. »

Que cette rupture en elle-même n'ait pas été pour déplaire à
Danycan, c'est très certain. Il voyait avec satisfaction s'éloigner
de lui des associés gênants, dont les privilèges, loin de lui
apporter aucun avantage, lui imposaient des devoirs, que d'ailleurs il n'avait jamais eu l'intention de remplir. Mais ce qui est
aussi certain, c'est qu'il ne pouvait pas accepter ouvertement
cette résolution de la Compagnie : il eût semblé ainsi en reconnaître le bien fondé et il eût dépouillé de leur force des arguments

dont il allait user dans cette nouvelle querelle plus ardente que jamais. Ses efforts tendirent donc à empêcher que la décision de la Compagnie ne reçût la sanction du gouvernement. Nous verrons sous quel jour il présentait les choses.

Cette décision ne lui avait été communiquée que le 26 septembre 1709. Ce retard, il en fait aussitôt quelque chose de suspect : il observe « qu'on balança pendant un mois entier à signifier cette délibération et qu'apparemment un reste de pudeur de quelques-uns des directeurs les empêchait à se déterminer ». Puis il essaie de dévoiler les véritables intentions de la Compagnie, en disant qu'il était « aisé de voir avec quel esprit cette délibération injurieuse avait été faite : c'était uniquement en vue de se débarrasser des justes importunités des créanciers et actionnaires qui demandaient raison de leur intérêt ; c'était pour les calmer que les directeurs avaient supposé une infinité de faux sujets de plainte sur la conduite du sieur Danycan. » Et plus tard il ajoute que « le but de la prétendue rupture des directeurs de Paris avec la Compagnie de Saint-Malo était de s'approprier en entier les droits des permissions du commerce de la Chine, ou le prétexte d'aller à la mer du Sud ». L'affirmation de la Compagnie qu'elle « n'a pu depuis son établissement jouir d'un seul sol de fonds », est réfutée dans des calculs prolixes dont le total devait prouver que la Compagnie avait touché, grâce à lui, Danycan, la somme considérable de 1.746.335 livres 15 sols 4 deniers. Si cela eût été vrai, Danycan aurait pu s'écrier comme il le fait d'une façon assez pittoresque : « Une compagnie plongée si avant dans le bourbier, qu'il a fallu l'en retirer par les cheveux, ose, après s'être décrassée, insulter à ceux qui l'ont secourue ! »

Où est la vérité et le bon droit dans ces affirmations diamétralement opposées ? Il est impossible de le décider ; on remarque seulement que le total a beau être établi à un denier près, il y entre cependant beaucoup de sommes approximatives et calculées au hasard ; on est surpris aussi d'y trouver que, malgré la belle assurance de Danycan, qui jurait ses grands dieux que les navires, revenus en 1709, n'avaient rapporté qu'un gros déficit, la part de la Compagnie sur les bénéfices de ce voyage est marquée pour une somme de plus de 100.000 livres !

On peut plus sûrement se prononcer sur ce que Danycan affirme être la véritable raison de la rupture. Sans doute, il y a du vrai et beaucoup de vrai dans ses paroles. En même temps que la Compagnie de Paris se disputait avec ses associés de Saint-Malo, elle était engagée dans des procès avec ses créanciers aussi bien qu'avec ses actionnaires. Ceux-ci adressaient aux directeurs de la Compagnie les mêmes accusations que, de leur côté, les directeurs avaient adressées à Danycan. Eux non plus, ils n'avaient pu obtenir qu'on leur rendît des comptes, et les bénéfices, dont ils exigeaient leur part, étaient estimés à « plusieurs millions (1) », ce qui tiendrait à confirmer les conclusions de Danycan. Mais si Danycan, dans ses démêlés avec les directeurs de Paris, avait eu les autorités pour lui, ces directeurs semblent avoir joui du même avantage dans leurs disputes avec les actionnaires. A plusieurs reprises le règlement des affaires fut renvoyé à des commissaires qui devaient « donner leur avis (2) » ; mais « les directeurs eurent le crédit, par une protection puissante, d'empêcher la décision ». Comme je désire non point faire l'histoire de la Compagnie de la Chine, mais simplement en marquer les traits qui intéressent mon sujet principal, le commerce de la mer du Sud, je n'ai aucune raison de m'attarder davantage à toutes ces querelles ; ce que j'en ai dit prouve suffisamment que l'intérêt des directeurs voulait qu'ils missent sur le compte de Danycan la prétendue mauvaise situation de la Compagnie.

Il paraît aussi vraisemblable que Danycan a su, dans sa seconde affirmation, démasquer les véritables intentions de la Compagnie. Avec les vaisseaux revenus en 1709, la nouvelle était parvenue en France qu'au moins un navire, le *Saint-Antoine*, avait du Pérou fait voile pour la Chine. Comme cette traversée s'était accomplie sans l'autorisation de la Compagnie, cela constituait une infraction à ses privilèges ; mais, d'autre part, la Compagnie y voyait des avantages. Sous forme de dédommagement pour les voyages passés (3) ou comme prix d'autorisation pour des voyages

---

(1) Placet des actionnaires de la Compagnie de la Chine, novembre 1715. Arch. Nat. Marine, B¹ 1, f. 153.

(2) Arrêts des 16 décembre 1709, 17 février 1710 et 26 janvier 1711.

(3) « Ce qui entraînait une confiscation ou tout au moins une bonne composition », selon l'affirmation de Danycan. *Critique d'un libelle*, p. 62.

futurs, elle pourrait ainsi gagner des parts sur les bénéfices d'un
commerce que Danycan avait dédaigné et que le contrat qui la liait
à lui l'avait empêchée d'entreprendre pour son propre compte.
On verra aussi que, de cette manière, la Compagnie se préparait
des profits que Danycan estime à 140.000 livres (1). L'idée de ne
pas avoir à partager avec Danycan le revenu de pareilles autorisations entrait pour beaucoup dans la rupture de la Compagnie.
On en a la confirmation en ceci qu'elle ne tenta même pas
d'envoyer un seul navire en Chine pendant le temps que sa
concession durait encore.

Grâce à la façon dont Danycan présentait les choses, grâce à
ses hautes protections ou pour d'autres motifs, l'acte, où la Compagnie se séparait de lui, ne fut jamais homologué (2). Cependant
les querelles continuaient : On sommait Danycan de rendre ses
comptes, et tantôt il prétexta que le procès avec Fouquet n'était
pas achevé, tantôt qu'il ne devait pas les rendre à Paris, mais
seulement à Saint-Malo ; tantôt il présentait des contre-récla-
mations exorbitantes, tout en accusant les directeurs — et avec
raison — « pour leur mauvaise régie ». Déjà le 19 août 1709, un
arrêt du Conseil d'État avait nommé des commissaires « pour
donner leur avis sur les contestations résultantes desdits comptes »,
mais cela n'aboutit à rien.

---

(1) Pour la moitié de la permission du navire le *Saint-Antoine* 19.045 ; pour le navire
le *Dauphin* 20.140 ; pour plusieurs autres navires 100.000. *Critique d'un libelle*, p. 66. —
Le 10 octobre 1714, Pontchartrain écrit aux directeurs de l'ancienne Compagnie de la
Chine : « Je donnerai aux consuls de Cadix et de Lisbonne l'ordre de dresser des
procès-verbaux de la qualité et quantité des marchandises arrivées sur le vaisseau la
Reine-d'Espagne [qui avait été en Chine], afin que vous ne souffriez aucun préjudice pour
le payement des 6 pour cent dont vous êtes convenus avec les armateurs de ce navire. »
Arch. Nat. Marine, B² 239, p. 195. — Comparer, concernant la même affaire, des lettres
du 10 octobre et du 21 novembre 1714. *Ibid.*, p. 211 et 418.

(2) Pour voir combien Danycan était en faveur auprès de Pontchartrain, on n'a qu'à
lire ce passage d'une lettre de celui-ci, datée du 28 juillet 1710 : « J'ai reçu la lettre
que vous m'avez écrite le 23 du présent mois, où vous vous plaignez de quelques
paroles injurieuses que les directeurs de la Compagnie de la Chine ont employées
dans leurs écritures. Vous pouvez vous assurer que je les examinerai avec soin et que
non seulement je leur donnerai l'ordre d'être modérés dans leurs écrits, mais que,
s'il y a quelque chose qui mérite qu'on vous en fasse justice, elle vous sera faite très
exactement. Je suis instruit de longue main de tout ce qui s'est passé entre vous et
cette Compagnie, et personne sur ce sujet ne me persuadera rien contre la vérité. Au
surplus je ne doute point que vous soyez en état de rendre bon compte de ce que vous
aurez fait pour elle, et de sortir d'affaire avec honneur. Je souhaite que vous en soyez
quitte, et j'y contribuerai toujours autant que la justice me le permettra. » Arch. Nat.
Marine, B² 222, p. 202.

Pendant ce temps, le gouvernement ne voyait pas sans inquiétude que tout le commerce avec la Chine menaçait d'être interrompu. D'après les idées de l'époque, seule une compagnie royale
privilégiée devait s'en occuper, et il ne fallait pas que le commerce
fût livré à l'initiative des particuliers, qui, malgré des défenses
réitérées, y joindraient le commerce avec les colonies espagnoles
de la mer du Sud, ce qu'au nom de raisons politiques, on voulait
empêcher. La Compagnie de la Chine, fondée en 1700, avait
obtenu, comme nous l'avons montré, sa concession grâce à un
traité avec la Compagnie des Indes Orientales ; la concession des
deux compagnies allait expirer en 1715. Plus le terme approchait,
plus il devenait évident que les propriétaires des privilèges ne s'en
serviraient pas activement. Ce fut la cause de l'établissement d'une
nouvelle Compagnie de la Chine, qui reçut la sanction royale par
un arrêt du Conseil d'État du 28 novembre 1712 (1).

Il semble qu'à cette époque les adversaires de Danycan aient
gagné auprès du gouvernement un peu plus d'influence que
durant les querelles précédentes (2). Dans cette association,
composée de six personnes (3), qui demandait et obtenait la
concession nouvelle, entraient deux des directeurs de l'ancienne
Compagnie, dont l'un, M. du Coudray, semble avoir été la force
motrice, si ce mot de force motrice peut s'appliquer ici, de
l'ancienne aussi bien que de la récente entreprise. Ses associés et
lui déclaraient avoir réuni un fonds de 900.000 livres ; ils

(1) Imprimé dans Dufrène de Francheville, *Histoire de la Compagnie des Indes*, p. 385 ;
et, en extrait, chez Madrolle, p. LXII.

(2) Déjà à la fin de 1710 la faveur de Danycan semble décliner. Pontchartrain écrit
(le 3 novembre) : « J'ai été fâché de ne pas trouver votre affaire telle que je l'eusse
souhaitée » ; tout ce que Danycan avait rapporté dans ses lettres et ses requêtes « a été,
dit le ministre, détruit par vos parties de manière qu'on ne pouvait sans injustice
prononcer autrement que fait l'arrêt qui vient d'être rendu. » Comme cet arrêt, du
13 octobre 1710, n'avait pas reconnu valables les raisons invoquées par Danycan pour refuser les comptes qu'il lui incombait de rendre, Pontchartrain lui donne enfin le bon conseil de remettre, avec pleine et entière confiance, aux commissaires, nommés pour examiner les questions en litige, « les pièces nécessaires pour la justification de ses
comptes », et, en manière de consolation, il ajoute : « Je contribuerai de ma part,
autant que je pourrai, à les entretenir dans ces bonnes dispositions, si vous êtes dans le
dessein d'en profiter. » Arch. Nat. Marine, B⁷ 83, p. 637.

(3) M. Madrolle, en disant qu'ils étaient tous de Saint-Malo, commet certainement
une erreur. Outre du Coudray, Pecquot de Saint-Maurice, conseiller du Parlement,
était directeur de l'ancienne Compagnie de Paris ; du Moulin était banquier à Paris ;
de la Houssaye et Béard, marchands à Rouen ; quant au domicile et à la situation du
sixième, M. Mouchard, je les ignore, mais je n'ai pas trouvé son nom parmi ceux des
armateurs et marchands contemporains de Saint-Malo.

obtinrent aussitôt le privilège sollicité, bien qu'il restât encore
deux ans et demi de l'ancienne concession ; mais le Roi désirait
« pourvoir de bonne heure à l'établissement d'une compagnie
pour ledit commerce, afin qu'elle puisse prendre les mesures
nécessaires pour l'achat et l'équipement de ses vaisseaux et pour
ses cargaisons ». Le contenu essentiel du privilège ressort des
mots suivants de l'arrêt en question :

> « Sa Majesté ordonne qu'ils feront à l'exclusion de tous autres le com-
> merce de la Chine, jouiront de tous les droits et privilèges de la Compa-
> gnie ci-devant établie... et ce pendant cinquante années, à commencer
> au mois de mars 1715, sous le titre de la *Compagnie Royale de la Chine*,
> pour le tenir directement de Sa Majesté et indépendamment de toute
> autre Compagnie. »

Le nouveau privilège était donc bien plus vaste que l'ancien ;
le commerce n'était point limité à certains ports de la Chine et,
dans son indépendance absolue, la Compagnie des Indes Orientales n'avait aucun droit de participer aux bénéfices de la nouvelle
Compagnie. On s'assura encore un autre avantage, bien qu'il ne
fût point mentionné dans le privilège. Déjà au moment de sa
promulgation, et sans doute en réponse à une demande qu'on
lui avait faite, Pontchartrain déclare (1) « qu'il ne serait pas
juste que des particuliers profitassent des avantages du commerce
de la Chine à l'exclusion de la nouvelle Compagnie, ainsi le
Roi approuve qu'elle envoye des vaisseaux pendant les années
1713 et 1714, si l'ancienne ne fait point d'armement ; mais il
est nécessaire, ajoute-t-il, que la nouvelle Compagnie se mette
en mouvement sur cela afin de ne point laisser tomber ce commerce ». Un arrêt du 20 octobre 1713 sanctionna cette autorisation sous une forme plus officielle et d'une façon qui achevait
entièrement l'ancienne Compagnie de la Chine : — « la nouvelle
Compagnie fera les envois à la Chine pendant le restant privilège
de l'ancienne. »

Il est naturel que Danycan n'ait pu voir d'un cœur tranquille
le succès que remportait son ancien ennemi du Coudray. Aussi,
la façon d'agir de ce dernier lui semble-t-elle « la ruse la plus

---

(1) Au sieur du Coudray, 9 novembre 1712. Arch. Nat. Marine, B² 231², p. 355.

artificieuse et la plus téméraire », et il l'accuse d'avoir atteint son
but « en surprenant la confiance du ministre et abusant de la
bonté du Roi ». En effet, si l'on avait accordé un tel privilège à
la nouvelle Compagnie, c'était pour qu'elle rassemblât ses fonds
et se mît en état d'envoyer des vaisseaux à l'ouverture même de
sa concession, en mars 1715. « Mais, continue-t-il, ce n'était nullement le but de cette Compagnie ; elle ne se donna aucun mouvement et ne fit aucun fonds, n'en étant point nécessaire pour
attraper les droits des permissions des navires particuliers qui
devaient revenir de la Chine et du Pérou. » Et il poursuit :
« Cependant, dans la crainte qu'on vînt à blâmer les directeurs
sur l'inexécution de l'arrêt du Conseil, ils concertèrent entre eux
d'une délibération artificieuse, fondée sur ce qu'il y avait à la
Chine une si grande quantité de navires que ce serait s'exposer
à une ruine évidente, si cette Compagnie y envoyait des vaisseaux pour son compte, et qu'il convenait d'attendre que cette
foule fût passée. »

Là-dessus Danycan n'avait qu'en partie raison. La nouvelle
Compagnie envoya au moins deux navires en Chine, mais elle le
fit dans des circonstances qui prouvent ce manque de loyauté et
d'obéissance aux ordres du gouvernement dont nous verrons
tant d'exemples au cours de cet exposé. La permission d'aller à
la Chine pour les deux vaisseaux le *Martial* et la *Madeleine* ne fut
point sollicitée au nom de la Compagnie, mais au nom de ses
directeurs de la Houssaye et Béard : elle était déjà obtenue en
octobre 1712. Ce fut sans doute à l'occasion de ce voyage qu'on
crut devoir régler les rapports avec l'ancienne Compagnie de la
façon que nous venons de relater. L'autorisation était donnée à la
condition expresse que les navires ne passeraient point par la
mer du Sud, et, comme garantie, les armateurs signèrent une soumission de 50.000 livres par navire, mais ils furent dispensés
d'en fournir caution, le ministre se déclarant content de leur
parole d'honneur, « étant persuadé, dit-il, que cette marque
de confiance les engagera à ne point tromper (1). » Néanmoins,
le 9 janvier 1713, les deux navires cinglèrent droit vers le Chili

---

(1) Pontchartrain à Clairambault, 7 décembre 1712. Arch. Nat. Marine, B² 231²,
p. 429.

et le Pérou ; le *Martial* se rendit, il est vrai, de là en Chine, mais la *Madeleine* s'en retourna sans peut-être avoir atteint la mer du Sud. Il est bien possible que les accidents, qui, paraît-il, empêchèrent la continuation de son voyage, n'aient été que des prétextes. Certes, on affirme (1) que la Nouvelle Compagnie envoya en Chine un troisième navire, le *Jupiter*, mais l'armateur, M. Rigail de Bayonne, n'avait probablement d'autre relation avec la Compagnie que celle de lui avoir acheté, pour un voyage isolé, une permission temporaire qu'il réussit, avec plus de succès que les propriétaires mêmes du privilège, à étendre jusqu'à la mer du Sud, dont il affirmait que le roi d'Espagne lui avait ouvert l'accès (2).

Nous voici arrivés, dans notre récit, à l'année 1715. C'est l'année où meurt Louis XIV : date importante de l'histoire de France au point de vue économique comme à tous les points de vue. Il me semble donc à propos de suspendre ici l'exposé des relations du commerce de la Chine avec celui de la mer du Sud et de la manière dont celui-ci dépendait des compagnies établies pour faire prospérer celui-là. Nous retournerons un peu en arrière et nous essaierons de préciser la situation de quelques autres compagnies, fondées en même temps, dans l'ordre où elles intéressent notre sujet. Nous y verrons que ce commerce lucratif de la mer du Sud constituait, pour ces compagnies comme pour les précédentes, un objet aussi avidement convoité que violemment disputé.

(1) Dufrène de Francheville, *op. cit.*, p. 95.
(2) Pontchartrain à Torcy, 24 mai 1713. Arch. Nat. Marine, B² 234², p. 393.

CHAPITRE IV

LES COMPAGNIES DE LA MER DU SUD, DES INDES ORIENTALES ET DE SAINT-DOMINGUE, 1701-1715.

Danycan et Jourdan. — Le Roi interdit le commerce à la Compagnie de la mer du Sud. — On prétend qu'elle doit en être dédommagée. — Inconséquence du gouvernement qui accorde à Danycan de faire le commerce défendu à la Compagnie. — Commencement des entreprises privées dans la mer du Sud. — La Compagnie s'y oppose. — Les arrêts de 1705. — Retour des vaisseaux le *Baron-de-Breteuil*, le *Saint-Esprit* et le *Saint-Joseph* en 1705. — On en ordonne la saisie, et on la révoque. — La Compagnie demande que Danycan paie la permission de faire le commerce dans la mer du Sud. — Décision du Conseil de commerce à ce sujet. — Accord de courte durée entre la Compagnie et Danycan. — État désespéré des affaires de la Compagnie. — On lui accorde une première surséance en 1711. — Les relations de Pontchartrain avec la Compagnie. — Elle arme en secret les vaisseaux la *Confiance* et le *Brilhac*. — Les pillages de l'abbé Jouin. — La Compagnie des Indes Orientales engagée dans le commerce du Sud. — L'expédition de la *Vérunne* en 1706. — M. Hébert, directeur de cette expédition. — Son insuccès. — La Compagnie cède ses droits à une société de Saint-Malo. — La participation de la Compagnie de Saint-Domingue au commerce de la mer du Sud.

Nous connaissons déjà l'origine de la Compagnie de la mer du Sud et ses premiers déploiements d'activité pour exploiter le privilège qui lui était accordé. Nous avons vu aussi comment la tentative de former une nouvelle compagnie pour le commerce dans la mer du Sud avait avorté, comment cette association s'incorpora à la Compagnie de la Chine, qui, par la suite, avec ou sans raison, prétendait avoir acquis le droit de participer aux bénéfices que ce commerce était censé rapporter.

Pendant cette période, Jean Jourdan était, à côté de Danycan, le personnage le plus en vue. Si nous ne l'avons plus nommé, cela ne signifie point qu'il eût quitté la scène, ou que la Compagnie dont il avait été un des plus importants fondateurs, eût abdiqué. Ses associés et lui avaient certes vendu leurs parts dans

l'association qui, la première, avait ouvert le commerce avec la
Chine ; il avait bientôt renoncé à ses fonctions de directeur de
la Compagnie de la Chine, et la Compagnie de la mer du Sud,
établie avec son concours, n'avait pas été touchée par la convention
d'où était sortie la longue querelle, encore pendante, entre Danycan et ses associés et rivaux de Paris. Voyons maintenant de quelle
façon Jourdan et la Compagnie de la mer du Sud, qui obéissait
à son influence, allaient défendre le privilège de commerce,
regardé comme le plus lucratif et le plus désirable, et quelle
fut la répercussion de ces événements sur les rapports entre la
France et la terre promise, où dormaient, sur les côtes du Pacifique, les métaux précieux.

Danycan, malgré les réserves qu'on est obligé de faire sur ses
façons de penser et d'agir, n'en reste pas moins un homme
digne d'une certaine admiration. Il a de l'envergure dans le caractère, de la hardiesse dans les idées et dans les conceptions, et il
sait mettre ses idées à exécution. Il voit grand et souvent juste.
Jourdan, lui, n'a rien qui puisse lui mériter l'indulgence de la postérité. C'est un spéculateur qui, à côté de Danycan, paraît
vulgaire. On ne peut pas dire qu'il manquait de projets : il en
était riche, et les scrupules ne le gênaient point (1). Mais, tandis
que Danycan déployait toute son énergie et se donnait de tout
cœur à son œuvre, Jourdan ne se souciait que de bénéfices sur les
efforts des autres. L'un agissait, l'autre agiotait, s'il nous est
permis d'user de cette expression moderne. Au début, Danycan
avait l'avantage sur Jourdan d'une fortune considérable que la
prospérité de ses affaires rendit colossale. Jourdan semble avoir
toujours été embourbé dans les embarras économiques : quand
il céda son droit de commerce avec la Chine, il était sans doute
ruiné. Les difficultés matérielles influèrent singulièrement sur
sa façon d'agir. C'est à coup de spéculations désespérées que

(1) « J'ai eu l'avantage de proposer les plus grosses affaires », écrit-il à Desmaretz le
19 décembre 1710. Parmi celles-ci, il énumère le commerce de la mer du Sud dont la
découverte lui aurait coûté 600.000 livres, mais dont « sa soumission et son obéissance
l'auraient empêché de profiter. » C'était encore lui qui avait « proposé les billets de
monnaie pour fournir un fonds de réserve à M. Chamillart, qui n'en avait souhaité
que pour six millions, mais à qui, dit-il, il en avait donné pour soixante. » Si vraiment Jourdan était l'auteur de ces fameux billets de monnaie si tristement célèbres, il
n'a vraiment pas là de quoi se vanter.

Jourdan essaie d'améliorer sa situation. Comme Danycan, il avait la manie, la fureur des procès : d'ailleurs c'est un trait caractéristique de l'époque et de la classe de société à laquelle ces deux hommes appartenaient. Chose curieuse ! La Compagnie dont Jourdan plaidait la cause allait enfin atteindre un succès que les autres associations avaient vainement poursuivi.

Au mois d'août 1701, après le retour de la première expédition dans la mer du Sud, qui, au point de vue économique, avait été un échec, mais qui promettait un avenir plus brillant, lorsque Danycan exhorta la Compagnie de la mer du Sud à renouveler son effort, cette Compagnie s'était vue forcée, comme nous l'avons dit, d'avouer son impuissance : toutes ses ressources étaient épuisées ; il lui était impossible de réunir un nouveau fonds ; et de plus, elle succombait sous son lourd fardeau de dettes. Selon les idées de droit modernes, elle aurait dû liquider, mais il n'en fut rien. On ne voit guère de liquidation dans l'histoire des entreprises de cette époque, si bas qu'elles tombent.

En ce même temps, encore une circonstance se produisit qui aurait dû amener la dissolution de cette Compagnie. Dans le désir de ne point se brouiller avec l'Espagne, la France s'efforçait de maintenir l'interdiction du commerce étranger dans les colonies espagnoles, et la Compagnie reçut du gouvernement une défense absolue de faire le commerce dans la mer du Sud.

Déjà en septembre 1701 cette question avait été l'objet de délibérations entre le contrôleur général des finances, M. Chamillart, et le secrétaire d'État de la marine, le comte de Pontchartrain. Dans une lettre datée de deux mois plus tard, celui-ci écrit(1) :

« Par le désir de plaire aux Espagnols et de les ménager, j'ai proposé moi-même au Roi de défendre cette traite ; mais attendu que la Compagnie de la mer Pacifique a été établie en partie pour faire ce commerce que Sa Majesté voulait bien autoriser dans le temps de son établissement, et qu'elle a fait dans les commencements des pertes considérables, il n'est pas juste de lui défendre aujourd'hui de le faire, sans lui donner quelque sorte de dédommagement ; et afin qu'il ne tombe pas sur Sa Ma-

(1) Pontchartrain à Chamillart, 2 novembre 1701. Arch. Nat. Marine, B² 156, f. 303.

jesté, je lui ai proposé d'y faire entrer le Conseil de Madrid, ce que Sa Majesté a agréé. »

Sur la nature de ce dédommagement dont on voulait se décharger sur l'Espagne, une lettre du temps à l'ambassadeur de France à la cour de Madrid (1) nous apprend que, pour obtenir la publication d'une défense, le Conseil d'Espagne devait accorder à la Compagnie « la permission de faire la traite sans que les vaisseaux puissent être confisqués », ou la dédommager « par tels autres moyens que ce Conseil jugera à propos, sans quoi Sa Majesté laissera subsister le privilège dans les bornes qu'il a été accordé ».

L'attente de Pontchartrain qui espérait que cette affaire serait « sitôt terminée » fut déçue : aucune indemnité ne put être obtenue de l'Espagne. Néanmoins, le gouvernement français interdit le commerce dans la mer du Sud, sans toutefois révoquer formellement le privilège de la Compagnie. Celle-ci y trouvait une raison plausible et sûrement bien accueillie « de suspendre pour un temps son commerce par la considération de la liaison heureusement formée entre la France et l'Espagne ». La Compagnie ne manquera pas de se réclamer de cette extraordinaire obéissance aux lois : « malgré toutes ses pertes, elle s'est soumise avec regret, dans l'espoir d'obtenir des deux couronnes un dédommagement dont elle aurait lieu d'être contente (2). »

Pourtant, ce qui cadre mal avec cette façon d'agir du gouvernement, c'est l'autorisation d'envoyer des navires dans la mer du Sud que Pontchartrain accorde presque simultanément à Danycan. « Il est vrai, écrit le ministre (3), qu'il est parti depuis peu deux navires pour ce pays. Les ordres qu'on a donnés aux capitaines sont de chercher dans les terres inhabitées les endroits où il se pourra trouver des mines. » Ainsi, le prétexte que l'expédition de Danycan ne devait pas toucher aux colonies espagnoles sert d'excuse à cette autorisation que le ministre accompagne du vœu : « qu'il plût à Dieu que cela pût avoir le succès que ceux qui

(1) Pontchartrain au comte de Marcin, 2 novembre 1701. Arch. Nat. Marine, B² 156, f. 294.
(2) Arrêt du Conseil d'État, 11 juillet 1703. Arch. Nat. Marine, B² 166, f. 91.
(3) Voir la lettre déjà citée adressée à Chamillart le 2 novembre 1701.

veulent bien faire ces recherches à leurs dépens en attendent. »
En admettant même que cette excuse pût, en une certaine mesure,
être valable vis-à-vis de l'Espagne, il faut remarquer l'inconséquence où le gouvernement s'engageait : c'était précisément
« le commerce sur les côtes et dans les îles non occupées
par les puissances de l'Europe » dont le monopole avait été
accordé à la Compagnie de la mer du Sud. Aussi verrons-nous tout
à l'heure les complications qui devaient résulter de cette autorisation donnée ainsi en double à deux concurrents.

Cependant ni l'entreprise en question, ni la permission
octroyée à Danycan ne semblent avoir suscité de protestation de
la part de la Compagnie du Sud. Il faut sans doute en chercher la
raison dans les négociations qui, pendant ce temps, se poursuivaient entre Danycan et Jourdan et où la Compagnie de la Chine
acquit le droit de participer au commerce qui, jusque-là, avait été
réservé à la Compagnie de la mer du Sud. Ce n'est qu'après le
retour, en août 1703, des deux navires le *Grénédan* et le *Comte-de-
la-Bédoyère* que Jourdan présente des réclamations qui, comme
nous l'avons dit, restèrent vaines (1).

Mais Danycan n'était pas le seul à spéculer sur le négoce dans
la mer du Sud. Déjà en 1701, un navire, le *Saint-Paul*, appartenant à M. Julien Bourdas de Saint-Malo, avait réussi à s'y rendre
furtivement, et il en revenait en 1703, sans attirer l'attention des
autorités. Le 25 août de la même année, trois navires encore, le
Baron-de-Breteuil, le *Saint-Esprit* et le *Saint-Joseph*, firent voile de
Saint-Malo, et cela en dépit de tous les efforts que tentaient les
autorités désireuses d'empêcher le voyage. La Compagnie de la
mer du Sud ne tarda pas à porter plainte de ces infractions à
ses privilèges. Elle engagea contre les armateurs du *Saint-Paul*
un procès devant le siège de l'amirauté de Paris. Une première
sentence, rendue le 27 février 1704, refusa la demande de saisie
sur le montant du retour du vaisseau, et, dans une seconde
sentence, le 10 du mois suivant, l'amirauté se déclarait incom-
pétente. Ce n'est qu'en 1706 que la cause fut reprise ; la Compagnie reçut alors l'autorisation de « poursuivre les intéressés du

(1) Voir ci-dessus, p. 156.

vaisseau le *Saint-Paul* (1) », mais, quoiqu'un arrêt (2) eût été prononcé pour « mettre la Compagnie en état de faire ces poursuites », cela ne tira point à conséquence, et ce ne fut que sept ans plus tard que l'armateur, attaqué en justice sur une toute autre affaire, dont nous reparlerons, dut aussi répondre du délit, commis en 1701.

Avec plus de succès, du moins au début, la Compagnie se tourna contre les armateurs des trois navires partis en 1703. Ces navires, où presque tout le corps marchand de Saint-Malo était intéressé, avaient, nous l'avons dit, levé l'ancre malgré une interdiction absolue ; une pareille hardiesse ne devait pas rester impunie. Lorsque la nouvelle arriva de leur prochain retour, le 17 février 1705, le Conseil d'État prononça un arrêt qui, vu « une contravention aussi formelle aux intentions et aux ordres de Sa Majesté, » ordonnait que « les vaisseaux, ensemble tous leurs retours, fussent saisis et confisqués au profit du Roi ».

Le danger qui menaçait ainsi les armateurs provoqua de leur part les représentations les plus vives, et, juste un mois après la publication de ce premier arrêt, le 17 mars 1705, un second parut qui commuait la peine de confiscation en une amende de 10 pour cent sur les retours qu'on emploierait « au payement des dettes de la Compagnie de la mer du Sud ».

Deux mois plus tard les trois navires revinrent ; par crainte des corsaires flessingois « qui manœuvraient comme pour vouloir les attaquer », ils étaient venus mouiller à Morbihan, le 18 mai 1705. M. Clairambault, commissaire ordonnateur de la marine à Lorient et à Port-Louis, se mit immédiatement en devoir « d'exécuter ce qui était porté par le dernier arrêt du Conseil ». Il envoya à Morbihan son prévôt du port avec l'ordre de poser les sceaux sur les écoutilles. Comme la place du mouillage n'offrait pas assez de sécurité contre les corsaires ennemis, cet ordre fut bientôt changé en une autorisation de débarquer les trésors rapportés qu'on estimait à « environ trois millions d'or et d'argent », à la condition « que cet argent fût compté ou pesé en présence dudit prévôt et

(1) Aux directeurs de la Compagnie de la mer du Sud, 21 avril 1706. Arch. Nat. Marine, B² 188, p. 433.
(2) Le 4 mai 1706. Arch. Nat. Marine, B² 173, f. 334.

dont il ferait procès-verbal ». Par une précaution supplémentaire, attendu que « l'adresse et la vigilance des Malouins sont des plus grandes quand il s'agit de leur intérêt », le prévôt fut en plus chargé « de faire perquisition chez les paysans des environs du lieu où ces vaisseaux sont mouillés, pour découvrir si on n'aura rien débarqué en cachette (1) ».

Ces mesures, que le ministre approuva pleinement et rappela à diverses reprises (2), n'étaient certes pas fondées uniquement sur de vagues soupçons. Ainsi, peu de jours après, Clairambault put rapporter à son chef de nouvelles « subtilités malouines », « des propositions corrompantes qu'ils avaient essayé de faire pour cacher l'argent » et les difficultés qu'il y avait « de séquestrer le dixième », « ces messieurs malouins n'ayant pas jugé à propos d'y consentir, disant qu'ils espéraient se faire décharger de ce qui est porté par l'arrêt du Conseil, à quoi je ne doute pas qu'ils n'emploient pas tous leurs ressorts, et même je crois qu'ils n'oublieront pas celui de l'argent ». Enfin, on dut suspendre les démarches pour peser et compter l'argent rapporté « à cause de l'absence des sieurs de Villemartère et Jolif, principaux armateurs de ces vaisseaux, qui se sont absentés secrètement sans dire le sujet de leur départ ni où ils vont ». L'idée, qu'ils étaient « allés trouver M. de Chamillart en qui ils ont marqué avoir beaucoup de confiance », fut bientôt justifiée (3).

Déjà un autre des marchands intéressés dans l'entreprise (4) s'était adressé au contrôleur général des finances, s'était plaint des mesures prises et avait rappelé des promesses antérieures selon lesquelles les vaisseaux pouvaient sûrement revenir en France sans être attaqués par « la Compagnie chimérique de la mer du Sud, laquelle ne subsiste plus ». Un certain nombre de marchands de Saint-Malo rédigèrent ensuite une adresse commune au gouvernement sur le même sujet (5). Ils y demandaient, au nom de raisons

(1) Clairambault à Pontchartrain, 22 mai 1705. Arch. Nat. Marine, B³ 129, f. 223.
(2) Pontchartrain à Clairambault, 27 mai, et au sieur de Merville, prévôt du port de Lorient, 3 juin 1705. Arch. Nat. Marine, B² 181, f. 607 et 654.
(3) Clairambault à Pontchartrain, 25 mai, 1er et 8 juin 1705. Arch. Nat. Marine, B³ 129, f. 230, 265 et 282.
(4) De la Lande Magon à Chamillart, 24 mai 1705. Corresp. des contrôleurs gén. des finances, éd. de Boislisle, t. II, n° 811.
(5) Mémoire sur ce qui regarde trois vaisseaux de Saint-Malo, qui ont été faire com-

plus ou moins valables, la révocation de l'arrêt qui les condamnait à ce dédommagement de 10 °/₀ en faveur de la Compagnie.

Parmi les raisons alléguées, il en est une qu'il est opportun de citer ici ; elle est contenue dans ce passage :

« Il est porté par l'édit qui établit cette prétendue Compagnie que Sa Majesté lui concède les terres et îles de la mer Pacifique qui ne sont pas occupées par les puissances d'Europe ; cela n'a rien de commun, quand cette Compagnie subsisterait, au voyage que ces trois navires viennent de faire, puisqu'ils ont été droit dans le port de Lima, capitale du Pérou, et qu'ils n'ont point abordé dans aucun des lieux concédés à cette prétendue Compagnie. »

Ainsi, pour établir la légitimité de ces voyages, on s'autorisait des termes de la concession, accordée à la Compagnie de la mer du Sud, mais dans un sens tout à fait contraire à celui que le ministre avait fait valoir à une occasion précédente. Pontchartrain, évidemment, se trouva dans une passe difficile. Il l'avoue dans une lettre à Amelot (1), qui venait d'occuper son poste d'ambassadeur à Madrid. Pontchartrain lui rappelle les deux arrêts, du 17 février et du 17 mars, et il continue :

« Vous avez eu agréable de communiquer vous-même ces deux arrêts à M. Chamillart, et vous savez que je ne les ai expédiés qu'après qu'il les a eu approuvés. Cependant, il n'est plus du même avis à présent, et il les désapprouve. Je suis bien fâché que vous ne soyez pas ici pour rendre témoignage à la vérité et le faire souvenir de tout ce qui s'est passé entre vous et lui sur cela ; si vous jugez à propos de lui en écrire, pour lui rappeler les faits, vous me feriez plaisir de le faire. »

Mais, avant d'avoir eu la réponse et le conseil qu'il demandait, comme il l'avait si souvent fait, à la grande expérience d'Amelot, l'affaire était déjà décidée. Elle fut portée devant le Conseil du Roi, où une lutte très vive s'engagea entre le secrétaire de la marine, qui défendait le droit de la Compagnie, et le contrôleur général qui, avec la même ardeur, plaidait l'intérêt des armateurs (2). Le contrôleur emporta la victoire. Il s'ensuivit un troisième arrêt du

merce dans la mer du Sud, qui sont partis au mois d'août 1703 (Arch. Nat. Marine, B³ 129, f. 239) ; ce mémoire se trouve aussi parmi les documents du Contrôle général, Arch. Nat., G⁷ 1687.

(1) Le 7 juin 1705.

(2) Cf. *Mémoires du marquis de Sourches*, t. IX, p. 255.

16 juin 1705, qui « déchargea les propriétaires de ces trois vaisseaux de l'exécution desdits arrêts des 17 février et 17 mars, avec main-levée pleine et entière desdits vaisseaux et effets de leur chargement, le tout par grâce et sans tirer à conséquence ». Il ne resta à Pontchartrain qu'à révoquer les ordres donnés à ses subordonnés et à laisser aux armateurs la libre disposition de leurs biens (1).

Ainsi, dans le court espace de quatre mois, le gouvernement n'avait pas publié moins de trois ordres contradictoires. Ces tergiversations ne pouvaient qu'encourager l'indocilité des particuliers. Comment obéir à des lois si peu sûres d'elles-mêmes ?

Dans les débats, dont nous venons de rendre compte, la Compagnie de la mer du Sud avait eu le dessous, mais elle n'avait cependant point perdu l'espoir de reprendre, avec plus de succès, ses réclamations dès qu'une nouvelle occasion se présenterait. Cette occasion lui fut offerte dans l'expédition que Danycan avait envoyée en décembre 1703 et composée des trois vaisseaux le *Saint-Charles*, le *Murinet* et le *Royal-Jacques*. Danycan et la Compagnie de la Chine de Paris y étaient, comme nous l'avons déjà dit, intéressés en commun. Leur destination simulée était bien la Chine, mais la permission leur avait été octroyée de s'y rendre par la mer du Sud. Les vaisseaux une fois partis, Pontchartrain, sur la demande de la Compagnie de la mer du Sud et probablement aussi pour se ménager un moyen de prévenir des complications futures, avait fait signer à Danycan un engagement, où, sur les bénéfices espérés, celui-ci devait payer une certaine somme à la Compagnie en question comme dédommagement de l'infraction à son privilège. Ce billet, délivré le 28 avril 1704, Pontchartrain l'avait gardé en sa possession : la Compagnie ne se douta même pas de son existence pendant toute une année, et ce ne fut que plus tard encore qu'elle fut informée du chiffre de la somme qui y était stipulée et qui montait à 220.000 livres.

Lorsque les trois navires, en janvier 1706, eurent regagné la France, la Compagnie présenta une requête volumineuse : Jour-

(1) A Clairambault, 17 juin 1705. Arch. Nat. Marine, B² 181, p. 744.

dan et ses co-intéressés s'y appuient sur l'arrêt du 17 mars de l'an précédent, mais, désespérant de pouvoir extorquer les 10 %, ils se contentèrent de demander la somme que Danycan s'était engagé à verser dans le billet détenu par Pontchartrain. « Pour tous les autres vaisseaux qui arriveraient dans la suite des pays de sa concession », la Compagnie déclarait que, « malgré la peine du dixième paraissait très légère pour une pareille entreprise, qui était regardée dans le public comme faite au préjudice des défenses réitérées de Sa Majesté, ils espéraient trouver leur consolation dans ces mots *par grâce et sans tirer à conséquence*, qui ne pouvaient être entendus que comme une confirmation dudit arrêt ». Le dédommagement y stipulé pour l'avenir, on ne devait donc pas pouvoir le leur soustraire. Et déjà ils le réclamaient d'un quatrième navire, le *Saint-Pierre* de Marseille, revenu en même temps.

La façon dont Danycan répond à la requête de la Compagnie nous fournit une nouvelle preuve des subtilités avocassières dont Danycan se croyait en droit d'user, lorsqu'il s'agissait de se soustraire à des engagements onéreux. C'était, dit-il, « une hardiesse, pour ne rien dire de plus fort, de ces prétendus directeurs » de présenter cette obligation comme « une convention passée entre eux et lui », puisque « tout cela s'est fait sans leur participation, sans qu'ils l'aient su, qu'ils ne l'ont jamais demandé et que ç'a été M. de Pontchartrain qui d'office a tiré ce billet du sieur Danycan ». Et, le Roi ayant résolu de ne pas poursuivre pour dommages-intérêts ceux qui avaient été dans la mer du Sud sans autorisation, il serait injuste d'exiger un paiement quelconque de celui qui y avait été autorisé. Il prétendait donc ne rien devoir et exigeait qu'on lui rendît son billet (1).

En cette occurrence, la Compagnie de la Chine de Paris se rangea du côté de Danycan, et cette entente fraternelle eut lieu malgré les querelles qui se poursuivaient entre eux. Jourdan, ayant réclamé de cette Compagnie qu'elle payât, sur le billet de Danycan, une somme « à proportion des 300.000 livres d'intérêt qu'elle avait dans ledit armement », la Compagnie appuya sur tous les points

(1) Observations pour le sieur de Lépine Danycan contre partie des directeurs de la Compagnie de la mer du Sud. Arch. Nat., G⁷ 1687.

le raisonnement de Danycan et resservit cette objection, mise tant de fois au service des causes les plus contraires, qu'aucune infraction n'avait été commise au privilège de Jourdan, lequel ne parlait que « des lieux non occupés par les puissances d'Europe ». « Si la Compagnie du Sud demande d'être indemnisée de ses pertes, la Compagnie de la Chine n'a pas moins de raisons de demander une indemnité », concluent les directeurs de cette dernière Compagnie, car « ils souffrent depuis cinq ans et par le fait dudit sieur Jourdan, qui a été cause de la ruine de leur Compagnie, comme on prétend qu'il l'a été de celle du Sud ». Danycan n'est donc plus la cause de ces malheurs, et les directeurs formulent le souhait unanime que la justice de Sa Majesté « voudra bien, sans s'arrêter à la requête des directeurs de ladite Compagnie de la mer du Sud, ordonner que le billet en question sera rendu au sieur Danycan ».

Il nous semble bien que Pontchartrain, sans attacher d'importance à ces procédés d'avocat, n'avait qu'une chose à faire : livrer à l'encaissement le billet de Danycan et satisfaire Jourdan. Il aurait ainsi anéanti au moins un des sujets de querelle qui, à cette époque, lui causaient tant de tracas, mais un moyen si simple ne lui vint pas à l'esprit. « Pour finir cette affaire », il ne voyait que deux issues : « l'une de renvoyer cette contestation à M. d'Armenonville pour la communiquer au Conseil de commerce et prendre son avis, que je suivrai ensuite, continue-t-il, et l'autre d'accommoder l'affaire en faisant céder par ladite Compagnie du Sud son privilège audit sieur Danycan et la Compagnie de la Chine (1). »

Ce fut la première qu'on choisit, soit qu'on la trouvât préférable, soit que la seconde ne pût réunir le consentement des parties adverses. L'affaire fut portée devant le Conseil de commerce qui, après un examen préparatoire confié à quelques députés désignés, prit sa décision le 15 septembre 1706 (2). Cette décision contient un exposé très clair de la querelle ; elle est ainsi conçue :

(1) Pontchartrain à Le Haguais, 14 juillet 1706. Arch. Nat. Marine, B² 190, p. 276.
(2) Procès-verbal de l'assemblée du Conseil de commerce, 15 septembre 1706. Arch. Nat., F¹².51, f. 449 v° à 460 r°. — Cet acte donne un compte-rendu détaillé des arrêts du 17 février, 17 mars et 16 juin 1705 ainsi que toutes les pièces produites par les deux parties. Le billet de Danycan du 28 avril 1704 y est donné in extenso. Les deux premiers arrêts se trouvent en entier aux Arch. Nat., G⁷ 1694.

« Il a paru par l'examen et la discussion qui a été faite des requêtes et pièces produites par les parties, ensemble de l'avis des députés, que les arrêts des 17 février et 17 mars 1705 n'avaient aucune application sur le fait du sieur Danycan, attendu qu'ils ne regardent que les vaisseaux qui ont été à la mer du Sud sans permission et contre les intentions du Roi, et que le sieur Danycan n'y a été qu'avec permission, en sorte que, si le sieur Danycan n'avait point fait le billet dont est question, la Compagnie de la mer du Sud n'aurait aucune action contre lui ; que le sieur Danycan n'était pas mieux fondé de sa part à prétendre, comme il fait, qu'il n'a point commercé dans l'étendue de la concession de cette Compagnie, car quoique son privilège ne paraisse lui être accordé que sur les côtes ou dans les îles non sujettes aux puissances de l'Europe, chacun sait les raisons pour lesquelles les lettres d'établissement de cette Compagnie ont été conçues dans ces termes, et que le véritable objet de sa concession et de son commerce était le Pérou. Le sieur Danycan étant forcé d'en convenir, que c'était par cette raison qu'on ne pouvait regarder le billet de 220.000 livres du sieur Danycan que M. de Pontchartrain a jugé à propos d'exiger en faveur de cette Compagnie, que comme le prix de la permission qu'il lui avait accordée pour aller dans les pays de sa concession et une espèce d'indemnité de l'atteinte que cette permission portait à son privilège et qui devait entrer en ligne de compte avec le dixième accordé à cette Compagnie par l'arrêt du 17 mars 1705 pour remplir les pertes qu'elle avait faites ; que cela supposé, on ne voyait pas sur quoi le sieur Danycan pouvait fonder les refus qu'il faisait d'acquitter le billet, car de dire que ce billet n'a aucune cause ni aucune valeur fournie de la part de la Compagnie de la mer du Sud, c'est un moyen qui ne peut se soutenir, ce billet ayant une cause légitime dans l'indemnité qui était due à cette Compagnie, et la valeur qu'elle en a fournie est dans l'usage que le sieur Danycan a fait de son privilège. Qu'à l'égard de la dernière raison que le sieur Danycan allègue, qu'il n'a point été jusques à la Chine et que son billet ne l'engage à payer ces 220.000 livres que sur les retours des vaisseaux qu'il avait envoyés à la Chine, qu'on peut juger aisément que ce billet a été conçu dans ces termes par les mêmes raisons qui ont obligé à n'accorder les lettres d'établisssement de cette Compagnie en 1698 que dans les termes qui ont été rapportés ci-dessus ; que d'ailleurs on sait que l'objet de l'armement du sieur Danycan était également, comme il le dit lui-même, le Pérou et la Chine, et que par ces raisons, le sieur Danycan ne pouvait pas se dispenser du payement de la somme de 220.000 livres portée par son billet, et que la Compagnie de la Chine ne pouvait pas pareillement se défendre d'y contribuer à proportion des 300.000 livres d'intérêt qu'elle a dans cet armement. Ce qui d'un sentiment unanime a été arrêté. »

Pontchartrain, comme nous l'avons dit, était décidé à suivre l'avis que prononcerait le Conseil de commerce ; on aura donc, sous une forme ou sous une autre, enjoint à Danycan de faire honneur à son engagement. Mais ce serait mal connaître ce dernier que de penser un instant qu'il s'exécuta ; loin de payer, il fit tant de difficultés que Jourdan et sa Compagnie, au lieu de poursuivre la voie des procès, essayèrent un arrangement à l'amiable. A peine le Conseil de commerce eut-il pris une décision qui infirmait les réclamations de Danycan, que celui-ci présenta une requête au Roi, « par laquelle il expose que la Compagnie du Sud, où il est intéressé pour 40.000 livres, n'a rendu jusqu'à présent aucuns comptes, quoiqu'elle ait eu des retours considérables dont partie des directeurs se sont saisis, et il demande que les fonds qu'ils ont entre les mains, avec les intérêts, soient partagés entre les intéressés, et qu'ils rendent un compte exact de leur gestion (1). »

Cette réclamation malencontreuse fut cause que la Compagnie se vit obligée d'accepter une nouvelle obligation de Danycan. Le billet qu'il aurait dû payer fut échangé contre un nouveau, signé le 30 septembre 1706, où il garantit « une somme de 200.000 livres pour être payée à la Compagnie de la mer du Sud sur le retour de trois autres vaisseaux, le *Chancelier*, le *Phélypeaux* et le *Charles*, que ledit sieur Danycan équipait, et qu'il destinait pour la Chine et autres lieux, soit que lesdits vaisseaux fissent le voyage de la Chine, ou qu'ils fissent leur commerce ailleurs, sans que le changement de destination desdits trois vaisseaux ou de partie d'iceux put faire aucun préjudice aux droits de la Compagnie du Sud pour le payement desdites 200.000 livres sur le retour desdits vaisseaux, et en outre ledit sieur Danycan intéressa la Compagnie du Sud pour les 20.000 livres restantes dans le fonds de l'armement pour participer sur le pied de ladite somme aux profits et pertes desdits trois vaisseaux (2). »

Les relations entre Danycan et la Compagnie de la Chine avaient déjà singulièrement embrouillé les affaires de l'expédition pro-

(1) Pontchartrain aux directeurs de la Compagnie de la mer du Sud, 22 septembre 1706. Arch. Nat. Marine, B² 191, p. 452.
(2) Mémoire pour les directeurs de la Compagnie Royale de la mer du Sud, appelée Pacifique, sans date [probablement 1711]. Arch. Col. C. F.

jetée : la participation accordée à la Compagnie du Sud acheva de tout compliquer. Par la façon dont l'engagement avait été libellé, cette Compagnie avait bien essayé d'exclure la possibilité des échappatoires, mais elle avait lié partie avec un homme fécond en ruses et peu disposé à faire honneur à ses engagements. Un effort, tenté auprès de Pontchartrain au retour de l'expédition, pour se faire exempter de payer la somme engagée de 220.000 livres, fut cependant repoussé par celui-ci : « C'est à vous, conclut le ministre, à pourvoir sur ce sujet comme vous le jugerez à propos (1). » Danycan ne fit point la sourde oreille ; il s'empresse de déclarer qu'il ne s'est engagé à payer que « sur les profits qui se trouveraient dans cet armement », mais « bien loin qu'ils y en aient fait, il y aura une perte de deux millions » ; il ose donc espérer qu'on l'exemptera d'une réclamation qu'il qualifie d' « extraordinaire et prématurée (2) ».

Ces objections, ainsi que les réfutations de la Compagnie, furent, comme d'habitude, remises à des commissaires spéciaux qui devaient « les examiner, entendre les parties s'il était nécessaire, et donner leur avis, sur lequel il serait par Sa Majesté ordonné ce qu'il appartiendrait ». Comme toujours, on attend vainement une solution. Deux ans plus tard, nous entendons Jourdan se plaindre de sa situation désespérée « pour les billets qu'il ne pouvait payer ni renouveler », et le conseil qu'on lui donne est « de presser le jugement des affaires dans les cours et juridictions où elles sont pendantes (3) ». Quelque temps après, la dette de la Compagnie, accrue par les intérêts et les intérêts des intérêts, fut fixée à 457.970 livres, sans compter les premiers fonds réunis de 800.000 livres, et afin de protéger provisoirement la Compagnie contre les poursuites des créanciers, un arrêt du 7 septembre 1711 lui accorda une surséance « jusqu'à ce que Sa Majesté fût en état à la paix de pourvoir à l'indemnité ». Le droit à cette indemnité était donc sanctionné, et on essayait ainsi de bercer la Compagnie de l'espoir trompeur que l'Espagne y pourvoirait. La Compagnie n'eut pas plus de succès quand elle s'efforça de se faire payer sur

(1) Au sieur de Lépine Danycan, 26 juin 1709. Arch. Nat. Marine, B² 215, p. 1158.
(2) Arrêt du Conseil d'État, 5 août 1709. Arch. Nat. Marine, B² 213, f. 76 v°.
(3) Pontchartrain à Jourdan, 18 mars 1711. Arch. Nat. Marine, B² 226, p. 286.

les bénéfices toujours croissants du commerce de la France dans la mer du Sud une indemnité pour l'infraction à son privilège, et cela bien que ses exigences fussent tombées de 10 à 4 %, sur ces bénéfices. La Compagnie dut se contenter qu'on lui accordât des sursis renouvelés pour payer ses dettes, jusqu'à ce que, en 1715, un changement survînt qui sembla lui promettre cette indemnité si longtemps attendue, et qui en effet allait contribuer à la réalisation de son espérance. Mais, avant d'interrompre ici, à l'époque de la mort de Louis XIV, l'exposé de l'histoire de la Compagnie de la mer du Sud, comme nous l'avons fait pour la Compagnie de la Chine, il nous reste à signaler une phase de son activité que, jusqu'ici, nous avons omise pour mieux suivre le fil des événements.

***

De tout ce que nous avons dit dans les pages précédentes, il ressort que Pontchartrain a essayé, tant qu'il a pu, de défendre le privilège de la Compagnie du Sud. Si la protection dont Danycan jouissait auprès de lui avait pour cause principale des relations personnelles, la raison pour laquelle il protégeait la Compagnie doit être attribuée à des motifs plus désintéressés. Au début de la Compagnie il en avait été le président. A vrai dire, cette charge était plus honorifique que réelle. Quand la quitta-t-il ? La quitta-t-il même officiellement ? Nous l'ignorons. Mais maintenir la situation financière de la Compagnie et en sauvegarder le crédit rentraient aussi dans les devoirs d'un secrétaire d'État de la marine, selon les idées en cours sur la façon dont le commerce et la navigation devaient être conduits. Bien que son caractère sans indépendance et sa faiblesse le fissent céder aux réclamations les plus diverses et l'empêchassent de veiller avec suite et fermeté aux intérêts de la Compagnie, nous le voyons manifester à plusieurs reprises sa prédilection pour cette Compagnie et les soucis que lui causaient les embarras où elle était tombée en grande partie par la faute de son protecteur.

La lettre suivante (1) nous renseignera sur sa façon de penser :

(1) Pontchartrain à Amelot, 26 août 1705. Arch. Nat. Marine, B² 182, f. 398.

« La Compagnie de la mer du Sud doit réellement et de fait près de 300.000 livres sur la place de Paris, sans compter la misère des intéressés qui va à plus d'un million, y compris les intérêts.

Si jamais Compagnie a eu besoin de protection, c'est celle-ci. Elle a été entreprise dans un temps où tout ce qu'il y a de gens de mer en France regardaient cette navigation comme impossible. Elle a fait des dépenses immenses pour surmonter cette prétendue impossibilité, dans un temps où nous n'avions rien à ménager avec les Espagnols, et où on regardait comme un service important les moyens de tirer de l'argent des Indes espagnoles malgré les Espagnols mêmes. La chose fut proposée à Sa Majesté, elle fut trouvée d'un grand mérite, surtout ne lui en devant rien coûter. Cette Compagnie a équipé des vaisseaux, elle a fait une infinité de dépenses que nous voyons à présent inutiles, mais qu'on estimait dans ce temps-là nécessaires pour surmonter les obstacles qu'on avait sujet de craindre. Elle a envoyé ces vaisseaux, ils ont connu la navigation, ils ont trouvé de nouveaux passages, ils ont tenté la traite, ils ont connu qu'elle était possible, et quand tout cela a été fait, et que cette Compagnie a eu pour ainsi dire mis la nappe, messieurs de Saint-Malo, traitant de la division, ont voulu en retirer tout le fruit sans qu'on pense à procurer à cette Compagnie au moins le dédommagement de ses pertes. Il y a encore une chose plus favorable pour elle : ses vaisseaux arrivèrent dans le temps de l'avénement du roi d'Espagne à la couronne ; les intéressés voulurent y renvoyer, mais comme on craignait que cela ne soulevât les Espagnols, Sa Majesté jugeant à propos de lui défendre d'y envoyer, elle a obéi. Il me paraît qu'il n'y a rien dans cette conduite qui ne mérite protection et secours. »

Quand ceci fut écrit, deux mois à peine s'étaient écoulés depuis que Pontchartrain, malgré ses vives protestations, avait dû renoncer à l'idée de faire accorder à la Compagnie du Sud un dédommagement de la part de ceux qui, sans autorisation, étaient allés dans la mer du Sud. Et ce n'était pas tout : Chamillart, dont l'influence en ce moment prédominait, avait obtenu une résolution royale par laquelle le commerce prohibé, sous certains prétextes, allait être, sinon entièrement rendu libre, du moins permis à des personnes, « dont le Roi fera choix (1). » Aucune clause n'y était ajoutée qui sauvegardât le privilège des compagnies intéressées, ni qui leur assurât quelque compensation. La Compagnie du Sud en particulier devait naturellement se rendre compte du danger dont cette

_____

(1) Chamillart à Pontchartrain, 25 août 1705. Arch. Nat. Marine, B³ 132, f. 132.

résolution menaçait le résultat de ses réclamations persistantes. Doutant du succès de ses efforts, elle ne vit qu'un seul moyen de participer aux bénéfices que, de tous côtés, on voulait lui arracher : celui d'envoyer elle-même une expédition de commerce dans les mers du Sud. Une telle expédition était rendue possible par le permis royal, mais, comme la défense antérieure qui l'avait tout particulièrement frappée, avait été acceptée par elle avec soumission et qu'elle s'était toujours réclamée de cette conduite loyale dans ses demandes d'indemnité, elle dut entourer du plus grand mystère les préparatifs de l'expédition dont nous allons rendre compte.

Au mois d'août 1705, « les intéressés en la Compagnie de la mer du Sud » avaient dressé un mémoire, où ils demandaient à coup sûr l'autorisation nécessaire. Pontchartrain écrit au sujet de ce mémoire (1) : « Leur état me touche et je vois avec peine que des gens qui ont rendu avec tant de bonne volonté un service important, en découvrant et rendant certaine une navigation inconnue jusqu'alors, ou du moins que personne n'avait osé tenter, soient abandonnés », et il ajoute : « si on trouvait à propos de permettre cette navigation, il y aurait une grande justice à les préférer à tous autres ».

Un mois plus tard la permission est accordée à la Compagnie « pour envoyer deux vaisseaux à la découverte » — le prétexte d'usage pour les expéditions à la mer du Sud — et les passeports pour les navires devaient être donnés « au directeur de la Compagnie de la mer du Sud (2). » Il est cependant sûr que la permission ne fut point octroyée à la Compagnie en sa qualité de compagnie ; peut-être les directeurs n'eurent-ils pas tous part à l'entreprise ; aucun d'eux n'en fut l'armateur de nom. Pontchartrain mettait un tel soin à ne pas paraître qu'il écrivait (3) : « Je vous renvoie vos papiers dans lesquels je ne veux ni ne dois être nommé en aucune manière ; renvoyez-moi même les feuilles que j'ai raturées. »

(1) A Daguesseau, 26 août 1705. Arch. Nat. Marine, B² 182, f. 384.
(2) Pontchartrain à Le Haguais, 30 septembre 1705. Arch. Nat. Marine, B² 182, f. 660.
(3) Aux intéressés de la mer Pacifique, 9 décembre 1705. Arch. Nat. Marine, B² 183, f. 708.

Le secret fut cependant éventé : les directeurs avaient commis l'imprudence de répandre un imprimé, où ils invitaient probablement les commerçants à fournir des marchandises pour le chargement des navires qu'on armait (1), et Danycan qui, autant que le gouvernement espagnol, devait ignorer l'entreprise, ne tarda pas à s'y opposer. La Compagnie, disait-il, se serait servie de l'autorisation accordée « d'une manière si extraordinaire que le suppliant [Danycan] ni ses associés, qui ont quatre directions dans la Compagnie du Sud, ni tous les autres à qui ils ont commencé de cacher le secret de leurs affaires, n'en ont eu aucune connaissance, et que le tout est passé entre le sieur Jourdan et quelques-uns de ses adhérents (2) ».

Les deux vaisseaux qui, à la fin de l'an 1705, s'équipèrent à Saint-Malo pour le compte de la Compagnie du Sud, étaient la *Confiance* et le *Brilhac*. A leur tête, en qualité d'armateur, figurait un marchand de la ville, nommé Guillaume Rouzier, mais le véritable chef de l'entreprise était ce même abbé Noël Jouin, dont nous avons déjà parlé et qui prit part à l'expédition de M. de Beauchesne. Nous retrouverons souvent son nom dans la suite : c'était encore un de ces spéculateurs hardis qui avaient choisi le commerce de la mer Pacifique comme champ d'activité et dont l'histoire de ce commerce nous fournit tant d'exemples (3).

Les deux vaisseaux quittèrent le port de Saint-Malo en janvier 1706. Nous reviendrons plus loin sur les événements du voyage ; ici, je me contenterai de signaler la brouille qui survint entre Jouin et les autres membres de l'expédition. Tout à la vengeance, ils dénoncèrent Jouin à son retour devant les directeurs de la Compagnie, en l'accusant de diverses soustractions frauduleuses et de

(1) « Comme il ne convient pas dans la situation où sont les affaires, de donner aux Espagnols aucune jalousie sur ce commerce, je suis surpris de l'imprudence de ces intéressés. S'il était possible de faire retenir tous les exemplaires de cet imprimé, il faudrait le faire. » Pontchartrain à de Beauchesne, 30 décembre 1705. Arch. Nat. Marine, B² 183, f. 864.

(2) Voir la requête de Danycan insérée dans le procès-verbal du Conseil de commerce le 15 septembre 1706. Arch. Nat., F¹² 51, f. 449.

(3) Il était né à Saint-Malo vers 1672, était passé bachelier en droit canon de la Sorbonne et, outre l'expédition de Beauchesne, il avait, d'après son propre dire, pris part à un des voyages ultérieurs dans la mer du Sud, je ne sais lequel. J'ai réuni les renseignements que j'ai pu ramasser sur cet aventurier dans une petite brochure, publiée en suédois, intitulée : *Abbé Noël Jouin, en Humbert-historia fran Ludvig XIV tid*, Stockholm, 1904.

négligences criminelles. Par suite de cette accusation, Jouin dut passer plusieurs mois en prison, et on entama contre lui un procès qui, bien entendu, devait durer des années entières. Les difficultés créées aux armateurs furent d'autant plus vives que Jouin se montrait expert en artifices et plus astucieux qu'un procureur ; ainsi, lorsque les directeurs le poursuivaient à l'amirauté de Paris, il les fit à son tour assigner à l'amirauté de Saint-Malo, en prétendant que le procès devait se poursuivre devant les tribunaux de Bretagne, dont les directeurs ne voulaient à aucun prix. Malgré des arrêts réitérés qui le condamnaient à rendre des comptes ou à payer, il réussit toujours en tergiversant à gagner du temps. Ce n'est qu'en 1716, lorsqu'il était tombé en disgrâce et que d'autres spéculations, dont nous parlerons plus loin, l'avaient complètement ruiné, que le jugement définitif semble avoir été prononcé. Mais, à ce moment-là, sa fortune était insaisissable pour la bonne raison qu'elle n'existait plus, et « les pillages de l'abbé Jouin » seront, probablement avec quelque raison, cités comme une des causes de la situation désespérée des affaires de la Compagnie de la mer du Sud.

Les bénéfices que Jourdan et consorts espéraient de l'expédition dont nous venons de parler, ne satisfaisaient cependant pas leur fièvre despéculations. Pendant ce temps, les querelles entre Danycan et la Compagnie de Paris se poursuivaient : il s'agissait en apparence du commerce avec la Chine, mais en réalité du commerce dans la mer du Sud. L'occasion de s'immiscer dans ces débats parut bonne à Jourdan, et, en sa qualité d'actionnaire de cette Compagnie de la Chine, cela lui était facile. Pendant que les vaisseaux étaient partis pour leur voyage lointain, nous le voyons présenter aux actionnaires de la Compagnie de la Chine une proposition, où il leur assurait qu'ils regagneraient 20 % de leurs fonds (1) ; cela, au moyen d'une expédition en Chine. Il y a probablement quelque rapport entre cette proposition et celle qu'à la même époque, Danycan faisait de lui céder le privilège de la Chine et les ressources de la Compagnie. Il payerait, disait-il, « à ceux des

(1) Pontchartrain à Daguesseau, 7 juillet 1706. Arch. Nat. Marine, B² 190, p. 151.

directeurs et des actionnaires, qui ne voudront plus continuer le commerce, 5o % de leurs fonds », à condition qu'ils se présentassent pour recevoir ce dividende dans le délai d'un mois (1). Cette restriction prouve que la proposition n'avait jamais été sérieuse, car, à cette époque, des affaires aussi importantes et aussi compliquées ne se résolvaient point en si peu de temps.

Rien de surprenant d'ailleurs à ce que les actionnaires aient été « excités » par de pareilles espérances ; seulement ces espérances furent aussi vite trahies que conçues. Ses transactions nouvelles avec la Compagnie de Paris firent tomber, avant la fin même de l'année, la proposition de Danycan, et quant à celle de Jourdan, elle eut une piteuse issue : il lui fut défendu, sous peine de fortes amendes, de « s'ingérer dans tout ce qui concerne l'exercice du privilège de ladite Compagnie et la direction de son commerce et de provoquer des assemblées et faire prendre des résolutions à ce sujet (2) ». Pontchartrain insiste sur cette défense, et il écrit (3) : « Pour ce qui regarde le sieur Jourdan, ne lui délivrez aucune expédition pour quelque chose que ce soit, qu'il n'ait fait ce qu'on demande de lui avec justice. » On lui demandait sans doute de verser la somme de 128.000 livres, due à la Compagnie de la Chine depuis le temps où sa maladroite ingérence avait si désespérément entremêlé et emmêlé les affaires de cette Compagnie et de la Compagnie du Sud.

L'essai de Jourdan de s'immiscer ainsi dans les affaires de la Chine n'ayant pas abouti, il lui resta un autre moyen : il s'adressa à la Compagnie des Indes Orientales qui avait cédé, seulement en partie, à la Compagnie de la Chine le droit d'y commercer. Il entra en pourparler afin d'obtenir de « négocier dans les ports autres que ceux de Canton et de Ning-po ». Le résultat fut que les deux compagnies en vinrent aux prises. Au commencement de l'année suivante, en 1707, on nous informe que la contestation se renouvelle : « la Compagnie des Indes prétend avoir des moyens

---

(1) Arrêts du Conseil d'État le 10 et le 20 juillet 1706. Arch. Nat. Marine, B² 173, f. 365 et 371.

(2) Dispositif d'arrêt du 14 septembre 1706. Arch. Nat. Marine, B² 173, f. 386.

(3) A Le Haguais, 15 septembre 1706. Arch. Nat. Marine, B² 191, p. 289.

qui ne furent pas expliqués », mais Pontchartrain s'empressa d'assoupir le différend ; il ne voulait pas que le public en fut instruit : c'eût été ruiner entièrement le crédit de cette Compagnie qui n'était déjà que trop affaibli (1). C'est évidemment en raison de ces mauvaises affaires que Jourdan, même en s'appuyant sur la Compagnie des Indes, était incapable d'entrer en concurrence avec le puissant Danycan. Nous rappelons à ce sujet que tous les deux poursuivaient parallèlement des affaires privées et se faisaient les concurrents des compagnies qu'ils représentaient eux-mêmes. Jourdan y jouait d'ordinaire le rôle du spéculateur manqué, Danycan celui du spéculateur actif.

*
* *

L'essai qu'on avait aussi tenté pour entraîner la Compagnie des Indes Orientales dans le commerce de la mer du Sud, — il ressort en effet de toutes les tentatives et des ambitions de nos personnages que le négoce avec la Chine n'était qu'un subterfuge, — cet essai n'était cependant pas le premier. On en avait déjà fait un avant l'époque dont il est question : en juillet 1706 cette Compagnie avait envoyé au Pérou une expédition unique dans l'histoire des entreprises que nous racontons : sa destination était bien le Pérou, mais elle se rattachait aux projets de commerce aux Indes Orientales, et du moins en partie, elle réalisa son plan.

Comme je n'ai pas eu l'occasion d'étudier d'aussi près les affaires de la Compagnie des Indes que celles des autres compagnies, je ne puis dire comment ce plan avait été formé, ni par qui (2). On le proposa à la fin de 1705, et on le proposa, semble-t-il, parce qu'on craignait que des hommes d'affaires privés ne supplantassent la Compagnie dans la zone de commerce privilégiée. De plus, la

(1) Pontchartrain à Daguesseau, 26 janvier 1707. Arch. Nat. Marine, B² 196, p. 544.
(2) Ce qui est dit ici était déjà écrit et l'impression de mon ouvrage commencée quand j'eus connaissance du livre de M. Paul Kaeppelin : *Les origines de l'Inde française. La Compagnie des Indes Orientales et François Martin* (Paris, 1908). Selon cet auteur, c'est Pontchartrain qui avait proposé l'expédition en question comme un dernier effort pour rétablir les affaires de la Compagnie. L'exposé des préparatifs de l'expédition que donne M. Kaeppelin (p. 429-437) est beaucoup plus détaillé que le mien ; j'y renvoie le lecteur, d'autant plus que plusieurs des documents cités dans l'excellent ouvrage de M. Kaeppelin m'ont été inconnus.

nécessité s'imposait à la Compagnie des Indes, une nécessité impérieuse, de secourir ses comptoirs des Indes, « où on n'avait rien envoyé en 1705 et très faiblement les années précédentes », car, écrit-on, « sans cela la Compagnie sera ruinée, tant aux Indes qu'en France ». Cette dernière crainte était fondée, car on assure que la Compagnie se trouvait endettée pour une somme de 2.200.000 livres vis-à-vis du public et pour un montant égal vis-à-vis du Roi. Il n'était possible de conjurer la ruine qu'en puisant à l'intarissable source de richesses de la mer du Sud.

Mais cette entreprise non plus n'allait point se réaliser sans malentendus, accusations réciproques et procès. Au commencement, les directeurs semblent être tombés d'accord qu'on devait se servir de l'autorisation accordée pour continuer, par un chemin ou par un autre, de la mer du Sud jusqu'aux Indes ; bientôt cependant les avis se partagèrent. Les trésors du Pérou séduisaient trop les directeurs : ils décidèrent de renoncer au voyage des Indes et de laisser les trois navires qui s'équipaient à Lorient retourner de la mer Pacifique « à droiture en France (1) ». Un seul des directeurs, M. Soullet, s'y opposa et de la façon la plus énergique (2) : il soutenait qu'il était « indispensablement nécessaire de faire passer les trois navires de la côte du Pérou aux Philippines et ensuite par le détroit de Malacca pour se rendre à Pondichéry et de là à Surate ». Une cargaison de 600.000 livres devait au Pérou rapporter 2.400.000 livres : c'était le seul moyen de ramasser une pareille somme, et seule une pareille somme pourrait effectivement « rafraîchir les comptoirs des Indes ». Ces calculs furent réfutés par un autre calcul : la perte qu'entraînerait un pareil voyage, qui devait durer quarante mois, jointe à l'intérêt des dettes de la Compagnie pendant ce temps, monterait à près de 900.000 livres ; on déclara donc l'entreprise ainsi combinée « moralement impossible (3) ».

Naturellement Pontchartrain était, d'office, appelé à trancher le différend : il n'y déploya pas plus de fermeté que dans les cas précédents où nous l'avons vu agir. Il ne trouva rien de mieux que de

(1) Pontchartrain à Daguesseau, 24 février 1706. Arch. Nat. Marine, B² 187, f. 506.
(2) Lettres à Pontchartrain du 26 février et du 12 mars 1706. Arch. Col., C² 12, f. 4 et 66.
(3) Mémoire anonyme du 17 mars 1706. Arch. Col. C² 12, f. 10.

demander un rapport de « personnes intelligentes », et son choix
tomba sur Danycan et un des compères de Danycan, un M. Pasquier. Celui-ci déclara, après avoir exposé les opinions adverses,
que celles-ci étaient « si remplies de doutes, d'impossibilités et de
raisonnements contraires à l'usage du commerce » qu'on ne
pouvait garder aucune espérance de réussite. Il déclina aussi
catégoriquement l'invitation d'assister à l'assemblée des directeurs :
« Si j'avais affaire, dit-il, à des gens de commerce, une heure
suffirait pour décider sur toutes les difficultés, mais de me commettre avec des orateurs prévenus de leurs sentiments, cela ne me
convient point. » Quant à Danycan, nous savons à quoi nous en
tenir sur son impartialité et son désintéressement. Il se joignit
cependant à Pasquier pour déconseiller vivement à la Compagnie
un voyage uniquement destiné aux mers du Sud, — il n'y désirait
sans doute aucune concurrence, — mais tous deux acceptaient et
préconisaient l'idée des voyages combinés dans la mer Pacifique
et aux Indes, à condition toutefois qu'on fît route par le cap de
Bonne-Espérance et non par les Philippines (1).

Sur un mémoire anonyme (2) qui recommande principalement
ce dernier plan, Pontchartrain a noté de sa propre main : « bon,
et bon dans tous les cas ». Mais il ne persista point dans cet avis. De
nouveaux projets avaient surgi (3) : celui par exemple de laisser les
navires aller à Buenos-Aires pour continuer ensuite jusqu'aux Indes
par le chemin ordinaire ; ou même d'abandonner toute l'affaire,
de débarquer et de revendre les marchandises dont on avait déjà
fait l'acquisition ; tandis que les partisans d'un voyage à seule
destination de la mer du Sud dépeignaient la navigation de la
France au Pérou et du Pérou aux Indes, « par quelque endroit
qu'on la prît, comme effectivement effrayante », vu la longueur du
trajet et « qu'on ne savait personne qui l'eût fait ». Comme il fallait cependant dans cette affaire, que Pontchartrain qualifie de
« très épineuse et très embarrassante », adopter un parti, mais
« comme tous ces partis étaient difficiles », le pauvre ministre,
toujours vacillant, déclare enfin : « Je ne saurais prendre sur moi

---

(1) Pasquier à Pontchartrain, 18 mars 1706. Arch. Col. C² 12, f. 6.
(2) « Compagnie des Indes », sans date. Arch. Col. C² 12, f. 3.
(3) Pontchartrain à Le Haguais, 24 mars 1706 ; Délibération des directeurs de la Compagnie des Indes Orientales, 26 mars 1706. Arch. Col. C² 12, f. 70 et 73.

une pareille résolution ; ainsi je prierai M. Daguesseau de faire assembler la Compagnie pour prendre une dernière résolution que je suivrai sans hésiter (1). »

La conclusion fut que l'escadre passerait « du Pérou aux Indes Orientales » ; seulement on ne put s'accorder sur le chemin à suivre. On finit, avec quelque justesse, par s'en remettre « aux temps et aux circonstances » du voyage. Et c'est ce qui avait déjà été proposé : « pour décider sur toutes ces différentes occurrences, avait-on dit dans une délibération antérieure, il est nécessaire que la Compagnie fasse embarquer sur ces vaisseaux un homme entendu dans le commerce, à qui elle donne plein pouvoir de décider après avoir entendu les officiers, et que sa voix prévale sur celle de tous les autres (2). »

Le choix de la personne en question tomba sur un des directeurs de la Compagnie, M. Hébert (3), qui cependant, à en juger par son insuccès, n'était point de taille à se charger d'une pareille mission. Son caractère ambitieux, soupçonneux et inquiet fit de l'expédition tout entière une série de contestations analogues à celles qui avaient marqué le début de l'entreprise. Même avant le départ, Hébert et le commandant en chef de l'expédition, M. de la Vérunne, se heurtèrent. Pontchartrain essaya d'intervenir : « l'intention de la Compagnie, dit-il, ni la mienne n'est point que le dit sieur Hébert commande des vaisseaux à votre préjudice... il y sera comme passager (4) », assurance évidemment fausse. Hébert n'avait pas encore mis le pied sur son navire qu'il était déjà brouillé avec ses co-directeurs (5). Ce fut sous ces déplorables auspices que l'expédition débuta, comme en témoigne une lettre de Pontchartrain aux directeurs (6) : « Il est à désirer, écrit le

---

(1) Lettre du 21 avril 1706. Arch. Col. C² 12, f. 98.

(2) Délibération des directeurs le 26 mars 1706. Arch. Col. C² 12, f. 73.

(3) Hébert, « frère de l'évêque d'Agen, d'une bonne famille de Paris et personnellement un fort honnête homme », fut, à cause de sa mission aux Indes Orientales, décoré de l'ordre de Saint-Lazare. Arch. Nat. Marine, B² 187. — Il remplit à une époque ultérieure par deux fois la fonction de gouverneur des Indes Orientales françaises, où son administration suscita contre lui des plaintes et des procès et finalement sa destitution (1718).

(4) Pontchartrain à de la Vérunne, 19 mai 1706. Arch. Nat. Marine, B² 189, p. 416.

(5) Extrait d'une lettre de M. Hébert du 14 juillet 1706. Arch. Nat. Marine, B² 190, p. 431.

(6) Le 4 août 1706. Arch. Nat. Marine, B² 190, p. 729.

ministre, que le mauvais concert qu'il y a entre vous et lui ne produise aucun mauvais effet pour les affaires de la Compagnie. »

Elle était considérable, l'escadre qui, le 14 juillet 1706, quitta la rade de Penmarch, avec M. de la Vérunne comme commandant en chef et M. Hébert comme directeur financier et chef réel. Les trois vaisseaux, le *Maurepas,* la *Toison-d'or* et le *Saint-Louis,* ne comptaient pas moins de 124 canons et de 615 hommes d'équipage. Nous ne nous occuperons ici que des conditions et du résultat économique de l'expédition, et nous garderons pour plus tard le compte-rendu du voyage même.

La Compagnie des Indes, en dépit de toutes les difficultés, avait réalisé un effort énorme. On avait fait un emprunt à la grosse de 670.000 livres ; les marchandises achetées devaient se vendre au Pérou ; sur les bénéfices supposés une somme de « 900.000 livres et les coraux » devait être emportée aux Indes pour y être échangée contre d'autres marchandises ; le restant des bénéfices serait envoyé directement de la mer Pacifique en France sur des navires qu'on s'attendait à y rencontrer (1).

A quel point les ressources de la Compagnie avaient été entamées, on le voit au moment du départ : la Compagnie était hors d'état de payer les gages arriérés de l'équipage, et cela lui valut de la part de Pontchartrain une remontrance assez vive (2), car, quoi qu'on puisse dire de la façon dont Pontchartrain remplissait en général sa fonction, on ne saurait lui nier le mérite d'avoir toujours veillé aux intérêts des subordonnés et des pauvres.

Des nouvelles qui précédèrent le retour de l'expédition semblèrent confirmer les appréhensions qu'on avait exprimées avant son départ. « Les marchandises avaient été vendues avec bien de la peine et après bien de différents risques », toute la vente n'était censée rapporter qu'environ 300.000 piastres, et 45.000 écus

---

(1) Copie de l'instruction de M. Hébert, 29 mai 1706. Arch. Col. C² 12, f. 114.
(2) Il écrit dans la lettre déjà citée du 4 août 1706 aux directeurs de la Compagnie : « Je vous avoue que votre réponse m'a surprise, qu'après avoir joui aussi longtemps de ce qui appartient à des officiers et à des pauvres matelots, dont une partie meurent de faim, vous me disiez que vous n'êtes pas en état de les payer, et enfin pour dernière grâce vous vous résolvez à les payer à Paris. Croyez-vous de bonne foi qu'il soit possible à ces sortes de gens de venir ici pour recevoir leurs payements ? » Sa menace de recourir, au cas de besoin, à des mesures plus sévères n'amena cependant aucun résultat.

avaient dû être dépensés pour les approvisionnements nécessaires. « Ce retour n'a point de proportion avec ce que nous avions espéré », annoncent les directeurs, qui se voyaient de nouveau dans la nécessité d'avoir recours au gouvernement et de solliciter sa protection (1).

L'échec ne se précisa cependant qu'un peu plus tard, lorsque de la Vérunne, le 11 mai 1708, rentra avec deux des navires à Port-Louis. Il avait déjà préparé une lettre où s'accuse le désespoir de sa mauvaise réussite. En novembre, l'année précédente, l'expédition avait dû se séparer au Chili ; ce n'était que grâce à des efforts extrêmes et en cédant au navire le *Saint-Louis* des vivres, des marchandises et les meilleurs marins de toute l'escadre, que ce vaisseau, avec M. Hébert, avait pu être dirigé vers les Indes. Les deux autres navires durent au plus vite retourner au pays. « Je n'ignore pas que la perte ne soit très grande », ajoute M. de la Vérunne après ce rapport, et il s'efforce de se laver d'avance des incriminations qu'il redoute de la part de Hébert, de cet Hébert « qui, dit-il, prévenu contre moi comme il est, ne manquera pas de me charger du mauvais succès de cet armement (2) ». Certes, on supposait que chacun des navires avait rapporté à son retour environ 80.000 piastres, sur lesquelles on aurait au moins pu payer les pauvres matelots (3), mais encore un an plus tard, lorsqu'on vendit les deux navires, le *Maurepas* et la *Toison-d'or*, pour une somme de 92.000 livres, on exprimait le même espoir (4). Dans ces conditions il va sans dire qu'on ne pouvait songer à faire honneur aux autres engagements et que la Compagnie perdait toute espérance de se libérer des dettes énormes où elle était depuis longtemps abîmée. « Le retour que nous recevons de la mer du Sud, confessent les directeurs, ne nous donne pas le moyen

(1) La Compagnie des Indes à Pontchartrain, 20 mars 1708. Arch. Col. C² 13, f. 13.
(2) De la Vérunne à Pontchartrain, à la rade de Groix le 10 mai 1708. Arch. Col. C² 13, f. 45.
(3) Clairambault à Pontchartrain, 11 mai 1708. Arch. Nat. Marine, B³ 159, f. 338ᵛ.
(4) Pontchartrain aux directeurs de la Compagnie des Indes, 3 juillet 1709. Arch. Nat. Marine, B² 216, p. 87. — Selon un calcul de la Compagnie, du montant primitif des sommes dues à l'équipage, voire 125.506 livres, tout aurait été payé peu après le retour, sauf une somme de 19.000 livres, ce qui correspond à peu près à ce qui était dû aux « officiers majors » : on retenait cette somme, en attendant qu'on eût établi ce que ces officiers devaient avoir débarqué en fraude pour leur propre compte. Il y eut, à ce sujet, des débats et des réquisitions interminables. Voir : Lettre des directeurs à Pontchartrain le 24 juillet 1708. Arch. Col. C² 13, f. 65.

de payer la grosse dont nos vaisseaux sont chargés ; ce malheureux événement augmente nos disgrâces et nous fait faire de tristes réflexions sur notre état (1). »

Et quand enfin, le 18 décembre 1709, Hébert revint, après un voyage très remarquable au point de vue nautique et, à certains égards, aussi au point de vue géographique, — voyage où il avait doublé le cap Horn et le cap de Bonne-Espérance et visité l'île Bourbon et Pondichéry, — récriminations, accusations, poursuites, l'orage que cet homme portait avec lui, éclata. De tous ceux qui avaient eu des rapports avec ce hargneux personnage, il ne semble pas qu'un seul ait échappé à ses accusations, le commandant en chef, de la Vérunne, moins que les autres ; le capitaine d'un des navires, M. de la Marre de Caen, ne fut pas davantage épargné quoiqu'il ait conduit avec succès son navire de l'Amérique aux Indes, par un chemin encore inexploré, ce qui n'avait pas empêché Hébert de lui en retirer le commandement et de lui infliger cet affront « à cause de quelque désobéissance ».

Ainsi finit l'essai de participation au commerce des mers du Sud qui avait inspiré tant d'espérances à la Compagnie des Indes. Elle ne le renouvela pas, et cette entreprise est d'autant plus remarquable que, de toutes les expéditions orientées vers le même but, elle est la seule qu'on ait faite directement et au nom d'une compagnie : toutes les autres avaient été conduites par des intermédiaires, derrière lesquels les véritables intéressés se cachaient, afin d'accaparer le privilège d'une compagnie rivale et de se soustraire aux revendications ultérieures. Cependant, elle ressemble aux autres en ce qu'elle sembla, dès le début, vouée à un échec certain et ne pouvait qu'aggraver une situation déjà fort compromise, étant aussi mal organisée, aussi coûteusement administrée et travaillée des mêmes dissensions intérieures. Et malgré cela, il devait encore se passer beaucoup de temps avant qu'une expérience si chèrement acquise condamnât cette forme de commerce.

La Compagnie des Indes Orientales n'avait pas même pu attendre le retour de MM. de la Vérunne et Hébert, mais s'était vue forcée

_____

(1) A Pontchartrain, 16 mai 1708. Arch. Col. C² 13, f. 48.

de prendre d'autres mesures pour sauver son privilège et, en même temps, en tirer les avantages qu'elle ne semblait pouvoir obtenir par sa propre activité. En 1708 les actionnaires fatigués avaient proposé de le céder à ces « Messieurs de la ville de Saint-Malo, les plus capables du royaume de soutenir une si importante entreprise que celle du commerce de l'Inde (1) » ; et Pontchartrain s'était bénévolement chargé de négocier l'affaire. Il s'était adressé à Danycan et à deux autres des principaux marchands de la ville, mais l'accueil qu'il en reçut trompa son attente. Il demandait que l'on convoquât une assemblée à Paris pour y discuter l'opération, mais ils s'excusèrent : « leur santé et des raisons essentielles ne leur permettaient pas d'entreprendre ce voyage (2). » Les négociations se poursuivirent cependant et aboutirent à une convention, qu'un arrêt du 15 décembre 1708 homologua : une association qui venait de se former à Saint-Malo y acquérait le monopole de commerce de la Compagnie, moyennant redevance de 15 pour cent sur la vente des marchandises rapportées. Plus tard, après de nouvelles négociations commencées en 1713, cette convention fut renouvelée, portant prolongation pour dix ans de la concession de la Compagnie échéant le 1er mars 1715. Dans cette nouvelle convention, la redevance de l'association était réduite à 10 pour cent (3). A la mort de Louis XIV, la Compagnie des Indes, elle aussi, avait donc achevé son rôle.

* * *

Pour compléter notre exposé, il nous reste quelques mots à dire sur la Compagnie de Saint-Domingue. Elle avait sollicité l'autorisation de prendre part au commerce de la mer du Sud, bien que son privilège ne lui en fournît aucun prétexte. Aussi cette autorisation lui fut-elle refusée en 1705 et en 1711 (4), mais, peu

(1) Weber, op. cit, p. 215. — Sur la situation financière de la Compagnie des Indes en 1708 et sur les négociations qui amenèrent la vente de son privilège, voir : Jules Sottas, *Histoire de la Compagnie Royale des Indes Orientales 1664-1719*, Paris, 1905, p. 436-456. Un exposé plus détaillé et mieux documenté de ces mêmes négociations est donné par M. Kaeppelin, *op. cit.*, p. 574 et suivantes.
(2) Pontchartrain à Lempereur, 10 juillet 1708. Arch. Nat. Marine, B² 208, p. 121.
(3) Morellet, *Mém. sur la situation actuelle de la Compagnie des Indes*, Paris, 1769, p. 20.
(4) Pontchartrain au sieur de la Chipaudière Magon, 29 avril 1705 ; aux directeurs de la Compagnie de Saint-Domingue, 25 février 1711. Arch. Nat. Marine, B² 181, f. 380 ; 226, p. 699.

après ces refus, le chef principal de la Compagnie, M. de la Chipaudière Magon, envoyait, en son propre nom, des navires à la destination prohibée ; et il faut bien en conclure que le gouvernement ne trouvait pas plus en cette Compagnie que dans les autres d'obéissance ni de respect de ses ordonnances.

De toutes les associations qui, à la fin du règne de Louis XIV, faisaient le commerce transocéanien, il n'y en a guère qu'une seule dont les trésors de la mer du Sud n'éveilla point l'ambition et ne tenta pas la cupidité : c'est la Compagnie de l'Asiento. Et pourtant cette Compagnie y aurait eu quelque droit, car le paragraphe XI du traité d'Asiento, du 27 août 1701, lui permettait de faire, à travers le Panama, la traite des nègres avec le Pérou et l'autorisait à construire et entretenir pour leur transport des vaisseaux dans l'océan Pacifique. Le commerce devait être strictement borné à la traite des noirs et à la vente des marchandises qu'on en recevait en échange (1).

Cependant la Compagnie n'essaya même pas d'exercer ce droit de commerce limité.

(1) Voir les termes mêmes du traité dans : Alejandro del Cantillo, *Tratados de paz y de comercio*, Madrid, 1843, p. 35-43. Cf. Georges Scelle, *La traite négrière aux Indes de Castille*, t. II, Paris, 1906, p. 340.

CHAPITRE V

LES COMPAGNIES DE COMMERCE APRÈS LA MORT DE LOUIS XIV

Ancienne Compagnie de la Chine. — Ses contestations avec Danycan. — On nomme des Commissions pour les juger. — La trahison de l'avocat de Danycan. — Mort de Danycan. — Procès entre ses héritiers. — Compagnie de la mer du Sud. — Les arrêts de 1715 ordonnant le paiement d'un indult au profit de cette Compagnie. — La publication frauduleuse de ces arrêts. — Opposition des négociants des principales villes du royaume. — Surséances réitérées pour la Compagnie. — Elle prétend être indemnisée. — Le dédommagement payé par le Roi en 1738. — Les dettes de Danycan à la Compagnie. — La nouvelle Compagnie de la Chine et la Compagnie des Indes Orientales. — Elles sont absorbées par la Compagnie de Law. — Intervention de cette Compagnie dans le commerce de la mer du Sud. — La chute du système de Law. — Conclusions.

L'histoire des grandes Compagnies de commerce après la mort de Louis XIV n'intéresse pas autant notre sujet que pendant le règne du grand roi. Il semble que les Compagnies abandonnent toute pensée d'exercer leurs privilèges pour leur propre compte. Leur activité se borne uniquement à des procès sur les réclamations antérieures et à des efforts pour maintenir leurs affaires malgré les énormes dettes dont elles sont grevées. Puisque nous avons commencé à raconter l'origine de ces procès et de ces transactions, peut-être convient-il d'exposer leur développement.

Le privilège de l'ancienne Compagnie de la Chine expirait, comme nous l'avons déjà vu, le 1er mars 1715. En réalité, l'existence réelle de cette Compagnie avait déjà cessé avant l'expiration de son privilège. Elle n'avait donc plus de raison d'être, n'étaient les transactions d'un côté avec Danycan, comme représentant de la section de la Compagnie établie à Saint-Malo ; de l'autre côté, avec ses actionnaires et créanciers. Dans l'une comme dans l'autre affaire, on n'était pas arrivé à un accord.

Déjà un arrêt du 19 août 1709 avait ordonné à Danycan de rendre des comptes sur la façon dont il avait dirigé les affaires communes de la Compagnie, et cet arrêt avait nommé sept commissaires, qui devaient se prononcer d'après ce compte-rendu et dont l'avis devait servir de base à un jugement final. Danycan avait essayé par tous les moyens possibles de s'opposer à ces mesures : « il épuisa tous les moyens que la chicane et l'artifice peuvent suggérer », comme s'expriment ses adversaires. Ses manœuvres empêchèrent probablement les premiers commissaires nommés de commencer même leur travail; du moins, il n'en reste aucune trace. Un nouvel arrêt, du 12 décembre 1712, réduisit à deux le nombre des commissaires, et comme l'un des deux, M. Anisson, ne put s'en occuper, l'examen fut retardé, et confié par un troisième arrêt, du 5 juin 1713, à MM. Le Haguais, Pasquier et Germain, ces deux derniers représentant chacun une compagnie, celle de Paris et celle de Saint-Malo.

Après un an de travail, il ne restait plus à ces commissaires qu'à régler les comptes des quatre navires revenus en 1709, et le règlement final semblait imminent. Mais cela ne faisait pas l'affaire de Danycan : il essaya d'y mettre des empêchements et il y réussit fort bien. Son représentant, M. Germain, marchand ruiné et entièrement soumis à son influence, refusa de signer l'arrêté de la commission, sous prétexte que ni lui ni Pasquier « ne pouvait juger des questions de droit n'étant pas gradués ». C'est sans aucun doute la raison principale pour laquelle le travail de la commission fut suspendu, bien que Danycan en fît retomber la faute sur la Compagnie de Paris qui, au dernier moment, présenta « un ample mémoire », contenant une protestation contre la transaction du 14 avril 1705 (1), et à l'aide duquel elle cherchait de son côté à empêcher une décision qui aurait été également désagréable aux deux parties.

L'affaire en resta donc au même point qu'auparavant. Pontchartrain, qui, d'après la convention originale entre les deux Compagnies, devait se prononcer dans tous les différends entre elles, ne vit d'autre moyen que de tenter un arrangement à l'amiable,

(1) Voir ci-dessus, p. 163.

bien que les expériences eussent dû lui apprendre l'inutilité d'un pareil effort. Les négociations nécessaires furent confiées à un avocat au parlement de Paris, M. Dorémieux, « qui avait terminé les mauvaises affaires de la Compagnie du Sénégal ». Cette nouvelle instance exigeait qu'on recommençât à débrouiller les écheveaux enchevêtrés, mais, excédé des subtilités et des ruses des deux parties, il renonça à la tâche impossible de les réconcilier.

« Depuis ce temps-là, disent les directeurs de la Compagnie de Paris, ces directeurs (de la Compagnie de Saint-Malo) ont essuyé des coups d'autorité dans lesquels aucune justice ni règle n'ont été observées ». Selon leur affirmation, Danycan aurait « par surprise » obtenu de Pontchartrain un arrêt du 1er juillet 1715, qui renvoyait le procès pendant à de nouveaux commissaires, parmi lesquels on en comptait deux que leurs relations avec la famille de Danycan rendaient évidemment récusables. Les directeurs s'opposèrent à ce choix, mais leur opposition ne fut point écoutée par le ministre « sous prétexte que cela compromettait son autorité » — comme s'il en avait encore à garder !

La dernière mesure dans cette affaire pendant que Pontchartrain était encore ministre, fut la publication d'un arrêt du 19 août 1715, qui prescrivit « l'élection de trois syndics du nombre des actionnaires, sous le faux prétexte — nous citons les paroles des directeurs — qu'il n'en restait que deux de la Compagnie quoiqu'il y en eût encore quatre, et qu'aux termes de l'arrêt du 14 avril 1710 il suffît qu'il y en eût trois seulement ». On comprend que ce procès, qui se poursuivait nominalement entre la Compagnie de Paris et la Compagnie de Saint-Malo, ne touchait en réalité qu'un petit nombre de personnes : au fond, il ne faut y voir qu'une lutte exaspérée entre les deux principaux intéressés, Danycan et du Coudray.

Tel était l'état des choses à la mort de Louis XIV. Le changement de règne eut, entre autres conséquences, celle que toutes les commissions nommées pendant le gouvernement précédent cessèrent de fonctionner. Une autre raison de supprimer tout ce qui avait été fait antérieurement découlait de ce fait que la fonction de secrétaire d'État fut abolie, et que le secrétaire de la marine, Pontchartrain, fut honteusement évincé du Conseil de la Régence et sommé de s'expliquer sur tous ses actes. Parmi la quantité de récriminations que sa destitution provoqua, nous en trouvons de la part des actionnaires ainsi que des directeurs de la Compagnie de la Chine. Les autorités y sont accusées de népotisme et d'impéritie, et on reprochait, aux parties adverses leur malhonnêteté et leurs subterfuges. Si Danycan a perdu la haute protection dont il avait joui jusque-là, les Compagnies ne semblent pas sous le nouveau régime s'être établies dans une situation sensiblement meilleure. Les affaires qui les concernaient devaient venir, en premier appel, devant le Conseil de la marine, et devant le Conseil de la Régence en dernière instance. Bien que, dans ces corps, l'influence personnelle semblât écartée et qu'on fît des efforts sérieux pour tracer des limites entre l'autorité administrative et judiciaire, la voie des procès, qui, seule, demeurait ouverte aux contestants, offrait les mêmes facilités de traîner les affaires en longueur.

Dans la requête que les directeurs de la Compagnie de la Chine, en novembre 1715, adressèrent au gouvernement (1), après un compte-rendu des points principaux de leurs contestations et des jugements antérieurs, ils déclarent qu'ils « ont recours à l'autorité supérieure et demandent d'être renvoyés par devant tel commissaire qu'il plaira au Roi de nommer, pour leur être fait droit sur leurs demandes ». Mais ils s'opposèrent à ce que le Conseil de commerce pût devenir juge de leurs contestations, « tant, disent-ils, parce que M. Daguesseau — le président de ce Conseil — est parent de M. Amelot dont le fils a épousé la fille du sieur Danycan, et que le sieur de Landivisiau — le fils de Danycan — est dudit Conseil de commerce, que parce qu'il ne s'agit plus que d'ordonner le payement de sommes liquides, et de prononcer sur des questions de droit et de fait. »

La requête des directeurs ne fut pas entièrement approuvée par le Conseil du royaume, qui ne regarda point leurs réclamations comme aussi claires et aussi sûrement échues qu'ils le prétendaient, mais un arrêt du 1er janvier 1716 (2) nomma

(1) Arch. Nat. Marine, B¹ 1, f. 149 v°.
(2) Arch. Nat. Marine, B² 233, 1716, f. 1.

cependant sept commissaires nouveaux, et l'arrêt porte « qu'il sera incessamment procédé à l'instruction et jugement en dernier ressort desdits procès, différends, contestations, nées et à naître, et de tous les comptes rendus et à rendre entre les directeurs de la Compagnie de la Chine établie à Paris, le sieur Danycan et ses associés de Saint-Malo et les actionnaires de ladite Compagnie et tous autres concernant le commerce desdites Compagnies ». De plus Sa Majesté ordonna « qu'en cas d'absence, maladie ou autres empêchements de quelqu'un desdits commissaires, ils puissent au nombre de cinq juger en dernier ressort, leur attribuant à cet effet toutes cours, juridiction et connaissances et celles interdisant à tous ses autres juges, faisant défense aux parties de se pourvoir ailleurs que par devant lesdits sieurs commissaires, à peine de nullité, cassation de procédure et tous dépens, dommages et intérêts ».

Quel fut le résultat de l'activité de ces nouveaux commissaires que l'on avait voulu entourer de toutes les garanties et réserves légales ? La réponse à cette question ne ressort d'aucun des documents dont nous avons pu avoir connaissance. Nous ne savons pas s'ils continuaient à fonctionner ou si, à leur tour, après un travail sans résultat, ils avaient été encore remplacés, lorsque, en 1719, les parties adverses semblent avoir trouvé l'occasion de renouveler leurs efforts.

Cette année, « les directeurs de l'ancienne Compagnie établie à Paris, après onze ans de chicane, ne pouvant plus soutenir leur mauvaise cause contre la Compagnie de Saint-Malo, se sont avisés par un dernier effort de composer un libelle des plus diffamants, auquel ils ont donné pour titre : *Extrait Historique et par ordre de datte de tout ce qui s'est passé dans la Compagnie Royale de la Chine, depuis le mois d'octobre 1700, qu'il a plû au Roi de former cette Compagnie, jusqu'au premier janvier 1719.* » C'est en ces termes que Danycan caractérise ce nouvel acte du procès dont l'auteur responsable était, selon lui, M. du Coudray seul. Il ne tarda pas à répondre au libelle par cette longue *Critique* dont nous avons tiré tant de renseignements, et il achève son exposé par un éloquent appel « à Nosseigneurs les Commissaires » à la justice de qui il se fiait pour voir « la fin des vexations et des chicanes dont les parties adverses élevées à cette profession, se sont délectées à fatiguer des négociants qui n'ont pour règle que la droiture et la bonne foi ».

Encore six ans après, au mois de février 1726, nous trouvons dans un mot de Danycan ainsi conçu la preuve que le procès se poursuivait :

« Les directeurs de la Compagnie de Paris, après s'être partagé non seulement les profits mais les fonds mêmes de leurs actionnaires et les avoir ou dissipés ou mis frauduleusement à couvert sous le nom de leurs femmes et de leurs enfants, ont imaginé le procès dont il s'agit dans l'unique vue de tenir perpétuellement en échec ces victimes de leur mauvaise foi : ils ont pour cet effet pendant quatorze ans épuisé tout ce que la chicane peut fournir de subterfuges et d'expédients, et pour dernière ressource, ils se sont avisés depuis bientôt deux ans de mendier l'intervention de Me Pigné en sa qualité de contrôleur des bons d'État du Conseil (1) ».

Un petit volume in-folio que ce Me Pigné a fait imprimer et « qu'il a fait signifier le 25 mars 1725 », nous eût probablement renseigné sur l'intervention à laquelle on fait allusion, mais ce volume manque dans le Recueil de factums de la Bibliothèque Nationale, et nous n'avons pu mettre la main sur lui. Une phase nouvelle et plus remarquable de cet éternel procès est indiquée dans un autre factum (2). C'est encore Danycan qui, le 4 août 1727, expose les circonstances suivantes :

« L'ancienne Compagnie de la Chine et la Compagnie de Saint-Malo, son associée dans son privilège pour le commerce de la Chine, sont en procès ensemble depuis seize années. Il y a eu dix-huit comptes d'armements et de désarmements de navires réglés entre elles, et il en reste encore trois à régler. Ces deux Compagnies ont outre cela diverses prétentions importantes l'une contre l'autre, qui font la matière du procès dont il s'agit. La Compagnie de Saint-Malo a eu pour agent à Paris et pour homme de confiance dans le procès le sieur Bonneau...

Cet infidèle agent, suborné par les directeurs de la Compagnie de Paris, a fait avec eux le pacte suivant, dont il a été rédigé un acte qui se trouve signé d'eux, de lui et de Me Pigné, « en tant qu'à lui appartient », dit-il, « en sa qualité ». Cet acte, dont on va respecter les termes, porte en substance : « que le 10 septembre 1725, en l'assemblée des directeurs

(1) Bibl. Nat. Fol. fm. 4400.
(2) Bibl. Nat. 4° fm. 8642.

de la Compagnie de Paris, s'est présenté le sieur Bonneau, lequel, attendu le refus de lui tenir la parole à lui donnée par le sieur Danycan, tant pour lui que pour ses co-associés, au sujet des appointements qui lui sont dus depuis quinze années, pour avoir géré leurs affaires à Paris, en vertu de leurs pouvoirs ; ces raisons de conscience, d'honneur et d'intérêt l'obligeaient d'avertir la Compagnie de Paris des torts qui lui sont faits, ce qu'il offre de faire, et de lui remettre les pièces nécessaires et justificatives pour s'en faire faire raison. » Mais que, pour prix de cette perfidie, il demandait que la Compagnie « lui fît une pension viagère de 3.000 livres par an, et après son décès une rente aussi viagère à la dame Bonneau son épouse de 1.500 livres, et en outre de lui payer comptant une somme de 7.000 livres pour payer ses dettes ».

La Compagnie, après un petit circuit de vaines paroles tendantes à tâcher de pallier l'indignité de l'action qu'elle va faire, vient au point et s'engage envers cet homme d'affaires mécontent et suborné au payement des 7.000 livres qu'il demande... plus à lui payer la somme de 1.500 livres par année, et pareille somme de 1.500 livres à la dame son épouse...

Cet horrible pacte consommé, Bonneau à la fin de l'acte remercie la Compagnie, accepte le parti, promet de livrer les pièces à lui confiées par ses commettants, entre les mains de leurs adversaires, et s'engage à travailler contre M. Danycan et co-associés, pour lesquels il venait de dire, quelques lignes auparavant, qu'il travaillait avec des gages depuis quinze ans ! »

Cette transaction honteuse jette une vive lumière sur tout le procès, ainsi que sur les personnages qui y sont intéressés. On ne sait qui condamner le plus, de l'avocat malhonnête ou de celui qui paya cette vile escroquerie. Décidément, Danycan gagne à la comparaison, et l'on peut sympathiser avec le dépit qui le fait s'écrier : « Quelle doit être la peine d'un plaideur convaincu d'avoir suborné et corrompu par argent l'homme d'affaires et de confiance, chargé des titres et pièces de la partie adverse, et d'avoir traité avec lui pour se les faire livrer? » Et cependant on ne peut défendre Danycan ni approuver son refus de payer un travail de plusieurs années : c'est encore un exemple de cette répugnance invincible qu'il a toujours manifestée quand il s'est agi de faire honneur même à ses moindres engagements.

La crainte qu'il montre de voir « ses billets, quittances, décharges et autres pièces » aux mains de la partie adverse nous prouve bien — ce qui d'ailleurs ressort déjà de ce qui a été dit antérieurement — que sa cause n'était pas de celles qui suppor-

tent d'être examinées de près et qui se laissent défendre avec des
armes entièrement honnêtes. Les scrupules, que l'avocat déloyal
allègue comme mobile de sa façon d'agir, perdent forcément
toute valeur devant le fait qu'il se faisait payer pour passer au
camp des ennemis. Que ce ne fût point la première fois que son
honnêteté, mise à l'épreuve, ait fléchi, sinon succombé, les
allusions que l'on fait à des transactions antérieures de même
nature le prouvent. « Un fait qui regarde personnellement le
sieur Bonneau », produit dans une des phases précédentes du
procès, se rapporte à des affaires de corruption dont Bonneau
prétend s'être servi comme de « ruses de guerre » en faveur de
Danycan. Ses véritables intentions, lorsqu'elles furent connues,
comme sa persistance à rester en ce moment du côté de Danycan,
avaient incité la partie adverse à lui « faire des reproches, le comparant à Ulysse et se servant des paroles des Troyens : *Sic notus
Ulisses !* » insinuation à laquelle il avait riposté par une autre
citation classique en comparant M. du Coudray à Sinon, « qui
trahit ses compatriotes, pour livrer leur ville à Ulysse(1) ». Les
événements qui se produisirent dans la suite ne laissent cependant
guère de doute sur la personne du traître.

A l'époque où Danycan, par la trahison de son homme d'affaires,
vit tous ses gains compromis, il avait atteint un grand âge. Il
vécut encore pendant huit ans. Nous ne savons rien de son procès
pendant les dernières années de sa vie. Nous pouvons supposer
qu'il trouva en son nouvel avocat un homme capable de perpé-
tuer la lutte au moyen de nouvelles feintes et de nouveaux
subterfuges. Ce qui est certain, c'est que Danycan mourut sans en
avoir vu la fin. Le déclin de sa vie n'a certainement pas été exempt
de soucis ; un mot d'un de ses parents semble en témoigner :
« Son tempérament trop tendre le maîtrisa sur la fin de ses jours
et l'empêcha de pousser sa fortune plus loin ; il eut pendant sa vie
l'oreille et la faveur du ministre, mais son indolence l'empêcha
d'en profiter comme il l'aurait pu faire(2). » La postérité le
connaît pourtant comme « le célèbre Danycan (3) », et l'un des

(1) *Critique d'un libelle*, p. 121-125.
(2) Généalogie manuscrite de la famille Danycan, citée ci-dessus, p. 115.
(3) *Dictionnaire de commerce de l'Encyclopédie méthodique*, t. I, Paris, 1783, p. 642.

historiens de sa ville natale dit, que ce fut avec la plus grande justice que, lors de sa mort, on lui appliqua ces deux vers latins :

> *Si numeras quidquid gessit, plus Nestore vixit ;*
> *Si numeras annos, occidit ante diem* (1).

Nous ne pouvons accepter sans réserve cette élogieuse épitaphe. On doit évidemment reconnaître que Danycan a développé, comme marchand et comme armateur, une activité d'une très grande importance ; en outre, on ne saurait omettre que cette activité ne s'est point bornée au commerce avec les pays étrangers dont nous nous occupons, mais s'est étendue à bien d'autres domaines. Si, malgré ses quatre-vingts ans sonnés, on peut dire qu'il est mort trop tôt, c'est surtout parce qu'il est mort avant la fin des procès qui l'occupèrent pendant une si grande partie de sa vie et avant de pouvoir effacer, par un règlement honnête, la tache qui souille sa mémoire.

Sur ces procès, après la mort de Danycan, nous ne savons rien, si ce n'est qu'ils continuèrent longtemps. Il est même probable qu'ils ne furent jamais terminés, mais que, peu à peu, la disparition des parties intéressées les fit tomber dans l'oubli. Leurs complications s'étaient accrues à la suite d'une dispute qui éclata, concernant son héritage, entre la femme qu'il avait épousée en secondes noces et qui lui survivait et ses enfants du premier lit. Ceux-ci affirmaient que leur belle-mère s'était emparée de toute la succession, tandis qu'ils avaient à répondre de toutes les dettes contractées du vivant de leur mère. Au nombre de ces dettes figuraient des sommes réclamées par les Compagnies de la Chine et de la mer du Sud. Dans une des pièces de procédure imprimées au cours de ce procès d'héritage, on dit que « la Compagnie de la Chine prétend contre la succession une somme considérable ; on voit par une requête qu'elle avait conclu contre le sieur Danycan à la condamnation de 1.263.543 livres dont la réussite dépend de l'événement d'un compte qui est devant des commissaires du Conseil (2) ». On voit par là qu'en 1742 le procès devait, d'une

---

(1) Manet, *Biographie des Malouins célèbres*, Saint-Malo, 1824, p. 69.
(2) *Extrait de l'instance ou état de la succession de Noël Danycan de Lépine*, Paris, 1742, 9 p. in-fol. Voir aussi : *Mémoire signifié pour M. de la Bédoyère, procureur général du Par-*

façon générale, en être au même point. Les héritiers avaient pourtant été condamnés, avant cette date, à payer aux Compagnies quelques sommes peu considérables : ainsi nous apprenons qu'ils auraient « acquitté la créance de la mer du Sud, qui montait en principal et intérêts à 180.000 livres (1), » et quant à la Compagnie de la Chine, qu'il « faudrait lui payer la somme de 4.000 et tant de livres qui est actuellement exigible — autrement cette Compagnie mettrait le feu dans tous les biens, et tout périrait ».

De l'évolution de ces procès, nous ne savons plus rien. Il semble que la partie de Danycan ait abandonné l'offensive pour la défensive, mais, comme la Compagnie de la mer du Sud, quelques années auparavant, avait été obligée de déclarer que ses chances étaient minimes de recouvrer les sommes que Danycan lui devait, il est vraisemblable que, de son côté, la Compagnie de la Chine dût se contenter de ladite somme et d'autres sommes insignifiantes que les héritiers, pour éviter de grands désastres, se laissèrent plus ou moins arracher.

***

Si nous nous tournons maintenant vers la Compagnie de la mer du Sud, nous y retrouverons à peu près la même situation.

A la mort de Louis XIV, elle avait aussi adressé au gouvernement une demande de protection (2). L'état de ses finances était

lement de Bretagne, et dame Marie-Anne Danycan, son épouse, et les sieurs Landivisieau, contre dame Hélène-Victoire Maget, veuve du sᵣ Danycan de Lépine, Paris, 1742, 11 p. in-fol. — Un autre procès de la famille Danycan attirait, vers cette même époque, l'intérêt du public bien plus que les disputes concernant sa succession. C'était celui de son petit-fils, Marguerite-Hugues-Charles-Marie Huchet de la Bédoyère. Ce jeune homme, qui en sa qualité d'avocat général de la cour des Aides s'était distingué par une habileté et une éloquence extraordinaires, avait été contraint, à cause de son libertinage et du dérangement de ses affaires, à se défaire de sa charge ; enfin il s'était marié à la fille d'un pantalon à la Comédie Italienne. Pour faire déclarer nul ce mariage déshonorant, son père et sa mère intentèrent un procès où leur fils plaida sa cause en personne. Bien que son éloquence touchât aux larmes les juges et les auditeurs, il perdit le procès et fut exclu de l'ordre des avocats. Voir : *Chronique de la Régence et du règne de Louis XV ou Journal de Barbier*, série IV, Paris, 1885, p. 54-58 et 107 ; *Lettres de M. de Marville, lieutenant général de police, au ministre Maurepas (1742-47)*, publ. par A. de Boislisle, t. II, Paris, 1903, p. 101.

(1) De ce que l'on dit ailleurs, il ressort que la créance était bien plus grande.

(2) Placet des directeurs de la Compagnie de la mer du Sud, et Mémoire pour les directeurs et intéressés en la même Compagnie, novembre 1715. Arch. Col. C. F.

aussi critique que celui des autres associations de commerce contemporaines. A plusieurs reprises on avait soumis ses affaires à l'examen de commissaires spécialement nommés, et, en attendant la fin de cet examen, la Compagnie avait reçu une première surséance, le 9 septembre 1711.

Pendant ce temps, le commerce fait par des particuliers dans la mer du Sud, sur lequel nous reviendrons plus loin, avait pris des proportions considérables. En vain, la Compagnie avait-elle lutté contre cet empiètement de ses privilèges : nous avons déjà relaté ses efforts pour se faire donner un dédommagement. Mais l'année 1715 amena un changement, qui, sous ce rapport, était particulièrement favorable.

Un arrêt du 13 mai de cette année avait nommé, comme plusieurs fois auparavant, des commissaires, chargés de régler les affaires. On ne sera point surpris que « ce travail n'avançât pas », mais on le sera d'apprendre qu'on n'en attendît pas le résultat pour arriver à une solution. Trois mois à peine après leur nomination, la Compagnie obtint un arrêt de saisie sur « les effets des vaisseaux qui reviendront de la mer du Sud ». Les pièces que j'ai eues sous les yeux n'expliquent pas une hâte si extraordinaire. Il en faut sans doute chercher la raison dans ce fait que, pendant les deux dernières années, un nombre de navires plus grand que jamais étaient partis sans permission vers la mer du Sud ; qu'à chaque instant ils pouvaient revenir, et que, si l'on ne prenait pas de mesures rapides, leurs armateurs en mettraient facilement les riches cargaisons à l'abri des réclamations de la Compagnie. Pontchartrain était aussi extrêmement irrité de voir que tous ses efforts pour interdire un commerce prohibé demeuraient vains. Il est possible qu'il ait secondé d'autant plus volontiers les intérêts de la Compagnie que ces intérêts étaient maintenant en premier lieu défendus par M. de Vanolles. Comme trésorier général de la marine, celui-ci se trouvait en relations constantes avec le ministre et possédait sans doute une influence que la Compagnie, sous la direction de Jourdan, n'avait pu acquérir.

L'arrêt en question est daté du 19 août 1715. Il y est dit que « Sa Majesté, au rapport du sieur comte de Pontchartrain, sur la requête des directeurs, actionnaires et intéressés en la Com-

pagnie établie pour faire le commerce de la mer Pacifique, pré-
supposant que plusieurs armateurs et négociants du royaume ont
envoyé grand nombre de vaisseaux dans les pays de la concession
de ladite Compagnie, au préjudice en fraude de son privilège
exclusif, a ordonné que lesdits armateurs et propriétaires
de vaisseaux payeront, par forme d'indult, les uns 250 livres par
tonneau, d'autres 500 l. et enfin d'autres 1.000 l., pour être le
recouvrement desdites sommes et le produit employés au dédommagement de ladite Compagnie jusqu'à la concurrence de la
somme à laquelle ledit dédommagement sera fixé, après l'examen
de ses comptes (1) ». Un autre arrêt, deux jours plus tard, le 21 août,
étendit le devoir de payer cet « indult » aux officiers, matelots et
autres « qui avaient chargé des marchandises sous le nom de
pacotille pour leur compte et celui d'autres particuliers ».

Mais le projet de ces deux arrêts était déjà tombé aux mains de
la Compagnie, et celle-ci les avait publiés de sa propre initiative.
Ils furent imprimés et distribués « dans plusieurs villes et ports
du royaume ». On n'aurait guère osé agir de cette façon irrégu-
lière à l'insu du ministre et sans son approbation. Pontchartrain
se trouva certainement dans une situation embarrassante, et,
quand l'amirauté de Saint-Malo lui demanda ses ordres et
quelle conduite tenir, il écrivit (2) : « Je n'ai rien à vous prescrire
au sujet de l'arrêt que les directeurs de l'ancienne Compagnie de la
mer Pacifique vous ont adressé avec une procuration pour arrêter
et séquestrer les effets qui viendront de cette mer ; vous pouvez
faire sur cela ce que vous jugerez à propos. » Pour couvrir la fraude,
qui évidemment se cache là-dessous, les directeurs, dans leur
placet déjà cité, prétendent que les arrêts ont été expédiés au
mois de juillet; cependant une note en marge remarque « qu'on n'a
pas connaissance que cet arrêt ait été expédié, mais le projet en est
ci-joint », et encore en juillet 1716, on dit que « ces arrêts n'auraient
point encore été rendus publics ».

Le danger qui menaçait le commerce dans la mer du Sud,
lorsque, « presque à la veille de la mort du feu roi de glorieuse
mémoire », les arrêts ordonnant la paie de l'indult furent sanc-

(1) Cité d'après un arrêt du 21 juillet 1716. Arch. Nat. Marine, B² 233, 1716, f. 82 v°.
(2) Lettre à de Beauchesne, 19 juin 1715. Arch. Nat. Marine, B² 241, p. 778.

tionnés par le Conseil d'État, éveilla fatalement les protestations les plus vives. « La communauté de Saint-Malo, les maires et échevins et juges consuls, les armateurs et négociants des plus considérables villes du royaume » s'unirent pour déclarer que les arrêts avaient été expédiés « par surprise et sur un faux exposé ». Si l'on pouvait encore en répandre des exemplaires imprimés, il y avait à craindre que ceux-ci n'arrivassent jusqu'à la mer du Sud, et que les navigateurs français, justement effrayés et désireux de se soustraire à cette main-mise, ne fussent tentés, au détriment de leur pays, « de faire passer leur argent dans les pays étrangers et même d'y faire rester les équipages ». En outre la Compagnie du Sud est déboutée de toutes ses réclamations et on se retranche toujours derrière cette objection si souvent employée « qu'il y a une distinction à faire des lieux occupés et des lieux non occupés par les puissances de l'Europe ». Comme le privilège ne concernait que ces derniers, aucune violation n'en avait été faite par les plaignants.

Le résultat de ces doléances fut que l'exécution des deux arrêts du 19 et du 21 août 1715 fut contremandée, et que la Compagnie reçut l'ordre de répondre, dans le délai d'un mois, à cette opposition (1). Un nouveau coup frappa la Compagnie presque simultanément : la surséance, accordée en 1711, fut révoquée par un arrêt du 27 mai 1716, et la Compagnie fut condamnée à payer ses billets avec intérêts. Dans ces conditions il était également impossible d'accorder à Jourdan le sauf-conduit qu'il demandait pour ses dettes, qui n'avaient pas été comprises dans la surséance révoquée (2).

Quant au cours de l'affaire, il suffira, pour l'indiquer, d'énumérer les arrêts qui la concernent et qui furent successivement expédiés :

1716, 11 août. — Arrêt qui nomme des commissaires pour les affaires de la Compagnie de la mer du Sud (3).

---

(1) Arrêt qui ordonne que l'opposition faite par les commissaires et armateurs et négociants des principales villes du Royaume à l'exécution des arrêts des 19 et 21 août 1715 en faveur de la Compagnie de la mer du Sud sera reçue ; 21 juillet 1716. Arch. Nat. Marine, B² 233, 1716, f. 82 v°.

(2) Placet du sieur Jourdan, juin 1716. Arch. Nat. Marine, B¹ 4, f. 428 v°.

(3) Arch. Nat. Marine, B² 233, 1716, f. 96 v°.

1716, 24 octobre. — Arrêt qui ordonne que, sur la requête des négociants de la ville de Saint-Malo et des autres villes de commerce du royaume, les parties intéressées se pourvoyeront dans le Conseil de Sa Majesté pour y être réglées ainsi qu'il appartiendra (1).

1717, 20 janvier. — Arrêt qui ordonne que la Compagnie fera régler dans les six mois l'indemnité par elle prétendue en cas qu'elle en soit due, et cependant défense aux créanciers de la Compagnie de la poursuivre pour le payement de ses billets, à la charge par la Compagnie de payer aux porteurs desdits billets la moitié des intérêts (2).

1717, 12 août. — Arrêt qui accorde une surséance de six mois aux directeurs de la Compagnie, à condition de payer aux porteurs de leurs billets les intérêts échus depuis l'arrêt du 21 janvier dernier et ceux qui seront dus jusqu'au parfait payement (3).

1717, 16 août. — Arrêt qui donne mainlevée des saisies faites par les directeurs de la Compagnie sur les vaisseaux des négociants de Saint-Malo et des principales villes du royaume, venant de la mer du Sud (4).

1717, 23 août. — Arrêt qui nomme des commissaires pour la liquidation du dédommagement dû à la Compagnie.

1718, 7 février. — Arrêt qui accorde une surséance de six mois à la Compagnie. (Les directeurs avaient demandé une surséance de toute une année, que les créanciers ne voulaient accorder qu'à condition que les intérêts fussent payés.)

1718, 8 août. — Nouvel arrêt de surséance pour six mois.

1719, 16 février. — Nouvel arrêt de surséance.

1719, 6 mars. — Arrêt qui nomme M. Le Pelletier-Desforts à la place de M. de Nointel pour examiner les comptes des directeurs de la Compagnie.

1719, 18 août. — Nouvel arrêt de surséance pour six mois.

1719, 20 décembre. — Arrêt qui nomme M. de la Granville à la place du sieur Ferrand pour régler le dédommagement prétendu pour la Compagnie.

1720, 9 février. — Arrêt de surséance pour six mois.

1721, 20 février. — Arrêt de surséance pour les directeurs de la Compagnie de la mer du Sud.

Nous ignorons si la Compagnie obtint ensuite une surséance renouvelée. Le 1er janvier 1724, les dettes de la Compagnie montaient à 457.670 livres de capital et à 49.629 livres 7 sols 3 deniers

---

(1) Arch. Nat. Marine, B¹ 5, f. 315 r°.
(2) *Ibid.*, B¹ 14, f. 134 v°.
(3) *Ibid.*, B¹ 16, f. 157 r°.
(4) Les rubriques de cet arrêt et des suivants se trouvent dans les Arch. Nat. Marine, B² vol. 247 et 256, où, pour le texte, on est renvoyé au « Recueil des ordonnances et arrêts. »

en intérêts échus (1), et il faut encore y ajouter le premier capital, des sommes dues pour des frais de procès, etc. Mais ce qui est plus intéressant que de suivre la façon dont cette somme grandissait et pour ainsi dire faisait la boule de neige, c'est de voir se poser et se développer une question qui, depuis que la Compagnie ne pouvait plus songer à spéculer par elle-même, constituait sa seule espérance contre une ruine totale et définitive.

Pontchartrain avait commis l'imprudence de reconnaître dès le début que la Compagnie, depuis qu'un ordre royal avait suspendu son activité, avait droit à une indemnité, autant pour les frais qu'elle avait déjà faits que pour l'empiètement sur ses privilèges. Il semble bien que l'état de la Compagnie qui, même si l'autorisation d'agir lui eût été donnée, était incapable d'en profiter, aurait dû entraîner la révocation de ses privilèges ou au moins l'abandon de la Compagnie à un sort bien mérité. Mais elle se raccrocha aux paroles du ministre.

On avait essayé de se décharger sur le gouvernement espagnol du payement de cette indemnité ; mais on y avait bientôt renoncé. On n'eût pas plus de succès quand on s'adressa aux concurrents privés : ils sortirent triomphants de la lutte en 1715 aussi bien qu'en 1705. Le gouvernement français demeurait dès lors seul responsable.

On voit comment les exigences de la Compagnie se fortifient et grandissent. Au début on ne risque que de vagues allusions, tout en se vantant avec une soumission feinte de son obéissance aux ordres du Roi. Puis les réclamations se formulent de plus en plus nettement. Les particuliers affranchis du payement de l'indult, les surséances répétées, tout ce que fait le gouvernement, est donné comme une preuve de la légitimité de ces réclamations. Finalement, on exige en propres termes « le remboursement des sommes qui sont dues à la Compagnie par Sa Majesté ». On déclare le Roi comme le « garant des poursuites de ses créanciers », et on ose même prétendre « que le défunt Roi a tellement reconnu que cette dette était la sienne que, pour empêcher que les suppliants n'en

---

(1) « Bordereau des billets solidaires de la Compagnie Royale de la mer du Sud, tant de ceux qui restent sur la place que de ceux qui ont été acquittés par aucuns des directeurs de ladite Compagnie, ensemble des intérêts desdits billets. » Arch. Col. C. F.

fussent inquiétés, il leur a toujours accordé des surséances jusqu'à ce qu'ils fussent en état de toucher le fonds qu'il leur avait délégué (1) ».

Inutile de suivre par le détail la façon dont ces réclamations se précisent et passent d'une commission à une autre pour être examinées (2). Le jugement final, si longtemps attendu, fut enfin prononcé dans un arrêt du 1er avril 1738 (3).

L'arrêt contient que « les demandes et prétentions de la Compagnie pour le recouvrement de ses fonds d'avances, dettes et frais, montant à plus de trois millions, ont été réduites et liquidées à la somme de 1.962.547 livres 4 sols 11 deniers ». De ce montant, il fallait encore déduire une somme de 508.832 livres 8 sols 3 deniers, « à quoi se sont trouvées monter les condamnations prononcées tant en principal, qu'intérêts et bénéfice au profit de ladite Compagnie et à elle adjugée contre le sieur de Lépine Danycan et ses représentants. » Le reste atteignit la somme de 1.453.614 livres 16 sols 8 deniers, et le Roi ordonna que cette somme considérable fût payée par le garde de son Trésor royal aux directeurs de la Compagnie de la mer du Sud, « pour leur donner moyen de se libérer des sommes dues par ladite Compagnie ». L'arrêt contient aussi des prescriptions sur la façon de payer et de partager la somme entre un nombre de créanciers

(1) Arrêt du 12 août 1717.

(2) Une foule de documents qui ont trait à cette affaire se trouvent réunis dans un volume aux Archives du Ministère des Colonies sous le titre : *Compagnie de la mer du Sud, Revendications.* Le plus important de ces documents est un imprimé (10 pages in-fol.), intitulé : *Observations sur les demandes que la Compagnie Royale de la mer du Sud, appellée Pacifique, établie en 1698, a fait au Roi* (De l'imprimerie de la veuve d'André Knapen, 1737). Après une argumentation très curieuse, où la responsabilité de tous les malheurs et de toutes les erreurs de la Compagnie est rejetée sur le Roi, nous y apprenons que la Compagnie demandait que le Roi lui remboursât : 1) ses fonds d'avances ; 2) ses emprunts ; 3) l'intérêt de ses avances depuis le 1er janvier 1699 jusqu'au payement à raison de 6 °/₀ ; 4) le restant de ses billets d'emprunt, constatés par procès-verbal, fait par M. Amelot, en conséquence de l'arrêt du Conseil du 7 septembre 1711, montant alors à 457.000 livres et les intérêts depuis cette date à 5 °/₀ ; 5) les frais de poursuites et procédures ; 6) les frais de bureau ; 7) les appointements des commis ; 8) telle somme qu'il plaira à S. M. arbitrer pour le dédommagement de la non-jouissance de son privilège. Le procureur du Roi de la commission, M. L'Hôtellier, ne trouva justifiée qu'une partie de ces réclamations et il fît considérablement rabattre sur le dédommagement exigé.

(3) Arrest du Conseil d'État du Roy, qui ordonne le payement du dédommagement dû par Sa Majesté à la Compagnie Royale de la mer du Sud, appelée Pacifique, établie en 1698, en conséquence des jugemens des 9 octobre et 14 décembre 1737, rendus par les Srs Commissaires nommés par Sa Majesté pour la liquidation de ce dédommagement. Imprimé à Paris, 1738, 8 p. in-4°.

nommés. On trouve au nombre de ces créanciers les héritiers de plusieurs personnages qui ont joué un rôle dans l'histoire assez peu honorable de la Compagnie. Mais on y chercherait vainement le véritable fondateur, Jourdan, ni ses héritiers (1). Quant à la dette de Danycan, on dit « que l'imputation de la créance sur ledit sieur Danycan est infiniment onéreuse à la Compagnie, tant par l'incertitude du payément de la somme à laquelle cette créance est fixée, que par rapport aux embarras et aux longueurs de la discussion que cette créance entraînera nécessairement avec les autres créanciers du sieur Danycan, qui sont en très grand nombre. » Comme nous avons déjà vu que, parmi ces créanciers, figurait aussi la Compagnie de la Chine, il n'est pas invraisemblable que, sur le tombeau de Danycan, une lutte se soit engagée entre ces deux compagnies à la fondation desquelles il avait si fortement contribué et dont ses propres agissements avaient fait sombrer les espérances. Mais nous n'avons point essayé d'exposer les procès qui concernent la succession de Danycan (2). Nous terminons ici l'histoire des deux compagnies qui s'étaient disputé les trésors des mers du Sud. Ni l'une ni l'autre n'en avaient tiré un profit direct, et ce ne fut qu'à la suite de procès habilement conduits que l'une d'elles réussit à terminer ses affaires avec bénéfice.

*
* *

Il nous reste maintenant à toucher quelques mots des autres compagnies, intéressées au commerce de la mer du Sud.

En l'année 1715, des concessions avaient été données pour dix ans à la Nouvelle Compagnie de la Chine aussi bien qu'à la Com-

---

(1) Il était mort avant l'année 1737. « La veuve Jourdan » devait alors à la Compagnie 2.800 livres (*Observations sur les demandes que la Compagnie R. de la mer du Sud a fait au Roi*, impr. Knapen, 1737).

(2) Un certain nombre de documents concernant ces procès se trouvent aux Archives des Colonies dans le volume intitulé « Revendications » que nous avons déjà cité. Il en ressort que les directeurs de la Compagnie de la mer du Sud avaient cédé en 1738 à un certain M. Wilorgne une créance de 220.000 livres sur les héritiers de Danycan. Cette créance, M. Wilorgne à son tour l'avait cédée à un M. Dhombre. Derrière ces deux personnages se cachait, s'il faut en croire l'affirmation des autres héritiers, un fils de Noël Danycan, M. Danycan d'Annebault, qui, par l'acquit des droits de la Compagnie, semble avoir voulu se procurer des avantages aux dépens de ses co-héritiers. Sur l'issue de ce procès, qui en 1740 n'était qu'un conflit de juridiction, les documents cités ne nous donnent point de renseignements.

pagnie des Indes Orientales, mais ni l'une ni l'autre n'exercèrent immédiatement après une activité directe. Quant à la Compagnie de la Chine, son activité était entravée par deux arrêts, du 13 mars et du 11 juin 1714 (1), qui prohibaient toute importation en France des soies et des marchandises de soierie provenant des Indes Orientales et de la Chine. On voulait ainsi protéger les manufactures de soie de Lyon. Cette Compagnie ne s'est probablement servi de son privilège que pour le vendre à des navires privés qui voulaient se risquer dans le commerce alors peu sûr avec la Chine et qui, pour la plupart, s'y rendaient par la mer du Sud. Dans quelques cas, nous la voyons porter plainte contre des personnes « qui avaient été négocier dans ses concessions (2). » L'affirmation de la Compagnie qu'elle « avait envoyé en ce pays plusieurs vaisseaux depuis 1713 » est évidemment fausse, et ses autres projets, comme par exemple de « former un établissement aux îles Moluques (3) », n'étaient que des projets chimériques.

La Compagnie des Indes Orientales non plus n'avait pu opérer pour son propre compte. Aussi avait-elle, comme nous l'avons déjà dit, loué ses droits à une association de marchands de Saint-Malo. Cette association équipa plusieurs expéditions, mais aucune d'elles n'ayant touché à la mer du Sud, nous n'avons pas à nous en occuper.

Les deux Compagnies furent cependant empêchées de jouir de leur privilège jusqu'au terme assigné par leur concession. Elles eurent un sort commun : celui d'être englobées dans une autre entreprise, infiniment plus célèbre qu'aucune de celles dont nous avons parlé.

On connaît suffisamment les plans grandioses qu'avait échafaudés le génie financier de l'Écossais John Law et la manière dont ces plans furent réalisés en France. Nous les laisserons de côté ainsi que l'histoire de sa banque où devait se concentrer toute l'activité financière du pays. Mais le projet d'une compagnie

(1) Dufrène de Francheville, op. cit., p. 325 et 329.

(2) En 1716 la Compagnie demande « des ordres du Roi pour faire arrêter à Cadix ou à Lisbonne le vaisseau le Comte-d'Amelot », qui était allé en Chine, en passant par le cap de Bonne-Espérance, « avec une commission du roi d'Espagne. » Le Conseil de la marine aux directeurs de la nouvelle Compagnie de la Chine, 13 juin 1716. Arch. Nat. Marine, B² 245², f. 104.

(3) Placet des directeurs du 13 février 1718. Arch. Nat. Marine, B¹ 27, f. 120.

de commerce non moins considérable faisait partie intégrante
de ses plans. Pour champ d'activité de cette Compagnie il avait
choisi la Louisiane, ces riches contrées vierges autour du Mississipi,
depuis l'embouchure de ce fleuve jusqu'aux grands lacs canadiens.
La nouvelle Compagnie fut fondée en 1717 sous le nom de la
Compagnie des Indes Occidentales ; elle fut munie de privilèges
que lui céda l'ancienne et insolvable Compagnie du Canada, et
elle acquit peu après, par une transaction favorable, les navires
et autres biens de la Compagnie du Sénégal. Deux ans plus tard,
lorsque la résistance du Parlement contre les projets financiers
du gouvernement, inspirés par Law, fut enfin rompue, celui-ci
sollicita pour sa Compagnie le monopole presque exclusif du
commerce étranger de la France. En mai 1719, il sut persuader
au régent de publier une ordonnance royale qui cédait à la nouvelle Compagnie les privilèges, navires et biens appartenant aux
Compagnies des Indes Orientales et de la Chine contre l'unique
engagement de payer les dettes de ces Compagnies. Lorsque cette
ordonnance dut être enregistrée au Parlement, toutes les personnes
intéressées furent appelées à comparaître : les représentants des
Compagnies se défendirent des accusations de négligence et de
gaspillage et réclamèrent un dédommagement ; les députés de
l'association de Saint-Malo dont nous venons de parler démontrèrent plus fortement encore l'injustice dont ils seraient victimes,
si on leur ravissait des privilèges qu'ils avaient payés très cher,
ainsi que des navires et des cargaisons dont ils attendaient le remboursement de leurs frais. Devant ces protestations (1), le Parle-

---

(1) Dans un mémoire provenant évidemment de marchands de Marseille, les protestations contre les monopoles de commerce de la Compagnie sont particulièrement vives :
« Notre expérience nous fait voir, disent-ils, que jamais aucune des compagnies générales n'a réussi en France, et qu'elles ont toutes fait banqueroute... Il est sûr que tout
ce qu'on appelle compagnie où l'État prend part, n'aura jamais la confiance du négociant, ni de l'étranger. » En des termes qui témoignent d'une libéralité de conception
tout à fait remarquable pour l'époque, on y signale les conséquences du monopole :
« Le projet présent de renfermer tout le commerce dans une seule compagnie fait un
mal au Royaume qui ne saurait être guéri... Quand chaque commerçant fait son
négoce en particulier, où il lui plaît, chacun fait agir son génie, l'un à l'envie de
l'autre exerce son industrie, la cupidité supplée à l'esprit, tous les sujets s'occupent ;
au lieu que quand on réunira tout le commerce des sujets du Roi en une seule compagnie, il n'y aura qui que ce soit qui pense à de nouveaux projets. Les particuliers
qui y seront intéressés s'endormiront à l'ombre de la régie, ils ne se donneront aucune
sorte de mouvement ; ils deviendront fainéants et vicieux et, leur génie n'ayant plus
d'occupation, leur esprit se rouillera et ne produira rien. Ceux qui n'y seront pas inté-

ment opina pour qu'on leur laissât leurs privilèges jusqu'au terme de leur concession, mais son avis fut rejeté, et le 26 août 1719 le gouvernement déclara que l'ordonnance serait considérée comme enregistrée (1).

Presque tout l'Océan appartenait donc à la Compagnie établie par Law, et cette Compagnie, ayant acquis tous les derniers droits de commerce qui restaient à acquérir, forma, sous le nom nouveau de Compagnie des Indes, la seule association privilégiée que possédait la France. On sait que Law se vit bientôt en état de centraliser en cette Compagnie non seulement tout ce qui était commerce et colonisation aux contrées exotiques, mais encore la fabrication des monnaies et la perception des impôts : en un mot toutes les finances du pays, dont il était devenu, même nominalement, le chef en qualité de Contrôleur général des finances.

Nous n'avons à nous occuper ici de ces entreprises financières qu'en tant qu'elles touchent à la situation de la Compagnie au point de vue du commerce de la mer du Sud, et ce commerce n'était pour la Compagnie qu'un point secondaire dans son activité. D'ailleurs, il venait d'être frappé d'un coup assez dur : l'Espagne avait réussi à supprimer la contrebande que les Français avaient faite si longtemps et si impunément sur les côtes de cette mer ; et la crainte de nouveaux désastres y avait presque entièrement suspendu les entreprises commerciales dont on avait tiré de si gros bénéfices. Cependant, à l'époque où Law réalisa ses ambitions, des changements politiques avaient réveillé les espérances et redonné à ce commerce une nouvelle impulsion. Les armateurs de Saint-Malo, dont les échecs n'avaient point étouffé l'avidité, se remirent à l'œuvre ; mais ils rencontrèrent dans la

ressés, mèneront encore une vie plus oisive : il ne restera en France que des idiots et des fainéants et par conséquent des vicieux, car, pour ceux qui se sentent de la disposition à bien faire, ils passeront à l'étranger et y porteront l'industrie avec le génie que Dieu leur a donné. » (Arch. Nat. F^{50} 5^1).

Tout autre est alors la conception qui se dégage d'un mémoire anonyme de 1735. L'auteur, après avoir comparé la situation de la France de cette année-là avec celle de l'année 1715, conclut : « Loin de trouver que l'État ait perdu, je vois qu'il a gagné, car tous ses biens sont améliorés, et j'y trouve de plus la Compagnie des Indes qui contribue à les entretenir et augmenter leur valeur ; donc la Compagnie n'a rien coûté à l'État, puisque cette totalité de biens est devenue plus considérable... » (Bibl. Nat., Mss. fr. 7799, f. 207). On se demande : le souvenir de l'effroyable catastrophe de Law s'était-il donc, après quinze ans, entièrement effacé ?

(1) E. Levasseur, *Recherches historiques sur le système de Law*, Paris, 1854, p. 104.

Compagnie des Indes une résistance autrement forte que jadis. La lettre suivante en fait foi (1) :

« Le Roi, ayant résolu de réunir à la Compagnie d'Occident, qui s'appellera désormais la Compagnie des Indes, le privilège de faire seule, à l'exclusion de tous les autres sujets, le commerce des Indes Orientales, et même celui depuis le détroit de Le Maire jusque dans toutes les mers. du Sud, suivant les lettres patentes qui lui ont été accordées et doivent être incessamment envoyées dans les ports, j'ai ordre d'avertir tous les marchands et négociants de la province de ne faire aucuns armements pour ces mers-là, et même de discontinuer ceux qu'ils pourraient avoir commencés, pour ne pas tomber dans le cas de confiscation qui serait ordonnée à leur retour. Son Altesse Royale désire aussi que, si quelques bâtiments étaient en charge et prêts à partir pour ces mers-là, on ait à les faire désarmer et décharger sans retardement, et qu'on oblige les armateurs et propriétaires des autres vaisseaux qui partiront des ports de Bretagne, de faire leurs soumissions par écrit qu'ils n'iront pas aux Indes Orientales, ni dans les mers du Sud, sous telle peine qu'il appartiendra. »

L'expéditeur de ces ordres semble cependant avoir commis un abus d'autorité : lorsque l'affaire fut rapportée au gouvernement (2), le Conseil de la marine vit d'un œil favorable la cause de ces négociants et estima qu'il était juste de ne pas entraver leur navigation. Le régent même fut de cet avis, et des ordres contraires furent envoyés à l'intendant en Bretagne « afin qu'il n'y mît aucune opposition ». Mais, peu de temps après, cet ordre fut suivi d'une « autre décision de Son Altesse Royale, » où se marque l'influence toute-puissante de Law : la Compagnie des Indes ayant offert une indemnité, on enjoignit aux autorités d'arrêter les vaisseaux, et le régent déclara qu'il se chargeait lui-même « de régler l'indemnité (3) ».

La nouvelle Compagnie, pendant son existence éphémère, s'occupa presque exclusivement de vastes opérations financières, et l'on n'ignore pas qu'elle ne mit guère en pratique ses plans de colonisation et de commerce où devait se fonder son crédit. La plupart de ses plans échouèrent. Quant à l'établissement de sa colo-

---

(1) M. de Brou, intendant de la province de Bretagne, aux juges consuls de la ville de Saint-Malo, 7 juin 1719. Arch. Nat. Marine, B³ 257, f. 37.

(2) Marin, commissaire ordonnateur de la marine à Saint-Malo, au Conseil de la marine, 9 juin 1719. Arch. Nat. Marine, B³ 257, f. 34.

(3) Arch. Nat. Marine, B¹ 38, f. 367 ; le Conseil de la marine à Marin, 26 juin 1719. Ibid., B² 253, f. 377.

nie sur le Mississipi, on connaît trop, pour que nous nous y attardions, la façon dont cette immense escroquerie fut organisée, fut dirigée et enfin s'écroula. Le commerce dans la mer du Sud n'eut pas plus de succès. Les armateurs de Saint-Malo s'étaient vus forcés de vendre à leur puissant concurrent des vaisseaux dont ils étaient empêchés de se servir (1) ; la Compagnie avait expédié, à la fin de 1719 et au commencement de 1720, dans l'océan Pacifique une escadre imposante de douze à quatorze navires, et, pendant l'été de la même année, elle poursuivait encore ses armements à Saint-Malo. Les associations de cette ville, condamnées à l'inactivité, firent, bien entendu, leur possible pour entraver les affaires de la Compagnie (2). Mais ce que l'envie ne parvint pas à faire, la Compagnie le fit elle-même par ses faux calculs, son inexpérience et son ignorance des conditions nouvelles du marché. Quelques-uns des navires revinrent, paraît-il, non sans bénéfice ; mais la plupart, après avoir vainement essayé de rompre la résistance armée des Espagnols et d'écouler leurs cargaisons au Chili et au Pérou, furent obligés de s'en retourner avec toutes leurs marchandises, qui ensuite se vendirent à Lorient aux prix les plus réduits. Mais qu'étaient ces pertes à côté de la ruine colossale où s'étaient abîmés déjà Law, sa banque et sa Compagnie ? Avant la fin de 1720 Law était exilé et tout le « système » à bas. La nouvelle Compagnie des Indes (3), qui allait sortir des cendres de l'ancienne, n'entreprit aucun commerce dans la mer du Sud. Nous n'avons donc pas à nous en occuper.

*
* *

Si nous essayons de résumer ce qui a été dit et de trouver un fil conducteur dans cet écheveau embrouillé qu'est l'histoire des

(1) Jean Buvat, *Journal de la Régence*, publ. par Émile Campardon, t. II, Paris, 1865, p. 64.

(2) « Il est bien vrai que je me suis fort aperçu que depuis l'établissement de la nouvelle Compagnie des Indes, l'ancienne Compagnie a fait jusqu'à présent tout ce qu'elle a pu indirectement pour lui faire de la peine et la traverser, même à semer des bruits à leur désavantage. » Marin au Conseil de la marine, 12 juin 1720. Arch. Nat. Marine B3 264, f. 55.

(3) Après la chute de la Compagnie de Law, aucune des anciennes compagnies y incorporées ne fut rétablie. Les directeurs de la Compagnie de la Chine sollicitèrent bien de reprendre leur vieux privilège (Mémoire, Arch. Nat. F50 3), mais cette demande resta sans résultat, et la seule compagnie, outre la Compagnie des Indes, qui continuât d'exister, bien qu'uniquement dans les documents de la procédure, fut la Compagnie de la mer du Sud.

grandes compagnies de commerce au commencement du xviii° siècle, nous arriverons aux conclusions suivantes.

Tout l'effort de ces compagnies avait gravité autour du commerce de la mer du Sud. L'expérience avait démontré que ce commerce fournissait le moyen le plus sûr d'acquérir la richesse réelle d'après les idées du temps, c'est-à-dire les métaux précieux. Aussi l'échange de marchandises avec les Indes Orientales et la Chine était-il regardé comme d'une importance bien inférieure. C'est seulement lorsque la Compagnie du Mississipi eut étalé ses plans où la colonisation venait en premier lieu, que le commerce transocéanien devint secondaire.

Les efforts pour régler ce commerce par l'établissement de compagnies privilégiées avaient échoué. Assurément, c'est à une de ces compagnies que l'on doit l'initiative de ce commerce, mais elle ne put garder son privilège. La politique en exigeait la suppression et les intérêts financiers le maintien. Si le gouvernement avait été capable de quelque conséquence dans ses actes et de quelque fermeté, ou les intérêts financiers ou la politique aurait triomphé. Mais on s'engagea dans une série de mesures dont le résultat fut que les compagnies en pâtirent et qu'à côté d'elles un commerce privé s'organisa contre lequel, malgré leurs privilèges et la protection du gouvernement tantôt ouverte, tantôt dissimulée, mais toujours instable, elles essayèrent vainement de lutter.

L'organisation même de ces compagnies portait en elle un germe de mort. Les ambitions les plus insensées saluaient leur naissance; des utopies entouraient leur berceau, et, quelle que fût leur témérité, n'éveillaient aucune défiance ; des capitalistes imprudents et des spéculateurs optimistes échafaudaient à la hâte des entreprises dénuées de prévoyance et de bon sens. Mais le découragement succédait vite aux aveugles espérances. Un seul revers brisait souvent toute énergie, supprimait tout effort. Alors, pour maintenir une situation qui ne reposait sur rien de sûr, on avait recours aux emprunts, et même quand tout espoir de salut s'était évanoui, on continuait d'y recourir. On ne connaissait d'autre moyen de se tirer d'affaire : toujours l'emprunt, mais on recourait aussi à la protection du roi et des ministres. Nous avons vu combien les faveurs ainsi gagnées étaient inégalement partagées. Une partie

avait-elle été favorisée aux dépens de l'autre, les doléances de la
partie sacrifiée provoquaient des mesures qui, à leur tour, nui-
saient aux intérêts de ceux qu'on avait d'abord voulu soulager.
L'éternelle indécision du gouvernement causait ou envenimait les
querelles infinies dont nous avons rendu compte. Ces querelles se
poursuivaient si longtemps qu'il semblait à la fin qu'on en eût
oublié le sujet : les procès ne concernaient plus l'exercice des
privilèges, mais les indemnités qui tout d'abord n'en avaient été
que la conséquence. On ne saurait imaginer un *bellum omnium
inter omnes* plus complet. Les compagnies se disputaient entre
elles et avec des concurrents privés ; dans chaque compagnie
les directeurs s'acharnaient les uns contre les autres et contre
les actionnaires et les créanciers. Ces procès se déroulaient pendant des générations, soutenus par les enfants et les héritiers des
premiers intéressés, et leur développement interminable présentait
toujours de nouvelles combinaisons. Quel merveilleux terrain
pour la cupidité, les artifices, les roueries et les jongleries des
avocats ! Ils avaient tout intérêt à faire traîner les choses ; et ils
y excellèrent.

On nous accusera peut-être de longueur dans notre exposé de ces
multiples contestations : cependant, nous n'en avons touché que
les points principaux. Le lecteur qui aura eu le courage de nous
suivre, nous reprochera peut-être aussi d'avoir ressuscité de vieilles
histoires qui ne valaient pas la peine de fixer l'attention de la postérité. Pourtant les grandes compagnies de commerce occupent
dans l'évolution économique de l'époque une si grande place que
leur activité nous semble digne d'être étudiée, alors même qu'elle
n'aurait abouti à aucun résultat permanent. Nous aurons au moins
contribué à expliquer la raison de leur échec et à montrer pourquoi le système des monopoles qu'elles représentaient dut enfin être
abandonné comme une organisation nuisible aux affaires.

L'histoire du commerce de la mer du Sud subit bien d'autres
influences que celles que nous avons rappelées et de plus grandes.
Nous n'avons pu que les effleurer en passant ; dans les chapitres suivants nous allons essayer de les développer.

LIVRE TROISIÈME

LE COMMERCE DE LA MER DU SUD

ET LES

RAPPORTS ENTRE LA FRANCE ET L'ESPAGNE

FOIRE DE PORTO BELLO.

CHAPITRE PREMIER

EFFORTS POUR RÉTABLIR LA NAVIGATION DES FLOTTES ET GALIONS. LES PREMIÈRES NÉGOCIATIONS ENTRE LA FRANCE ET L'ESPAGNE CONCERNANT LE COMMERCE DES INDES, 1701-1704.

Opposition des Espagnols contre le commerce des autres nations dans les Indes. — L'océan Pacifique mer fermée. — Les relations entre la France et l'Espagne transformées après l'avènement de Philippe V. — Louis XIV, le vrai roi d'Espagne. — Organisation de la direction des affaires commerciales et maritimes de la France. — Les colonies espagnoles exposées aux attaques des ennemis ; efforts de Louis XIV pour les mettre en état de défense. — Tentatives pour tirer de ces efforts des avantages en faveur du commerce français. — Plaintes des Espagnols au sujet de ce commerce dans les Indes. — L'arrivée des vaisseaux le *Saint-Paul* à Lisbonne, le *Président-de-Grénédan* et le *Comte-de-la-Bédoyère* à la Corogne. — Le Conseil des Indes ordonne la confiscation de ces derniers vaisseaux. — Conflit entre le roi d'Espagne et le Conseil des Indes. — Projet d'établir « la liberté du commerce des Indes ». — Répugnance des autorités espagnoles. — Départ de la flotte et des galions retardé. — Mémoire de Daubenton, de février 1704, sur les abus commis dans le commerce et la navigation des Indes et les remèdes à y apporter. — Ce mémoire n'est pas jugé assez avantageux aux intérêts de la France. — Divers projets pour favoriser le commerce français. — Plan de M. de la Chipaudière Magon. — Le secrétaire d'État de la marine promet de le seconder.

Comme nous l'avons démontré, le principe essentiel de la politique coloniale de l'Espagne était de maintenir les colonies dans la plus étroite dépendance de la métropole et de les fermer à toute relation avec les autres pays. De ce que nous avons déjà dit, il ressort aussi que ce système, loin de réaliser les avantages qu'on se promettait, n'avait pour résultat qu'un trafic de contrebande éminemment préjudiciable aux intérêts commerciaux de l'Espagne, une piraterie encore plus désastreuse, enfin la perte d'une partie considérable des colonies espagnoles dans les Indes Occidentales.

Dans les traités de paix où l'Espagne se vit forcée de reconnaître les conquêtes que ses ennemis avaient faites dans le Nouveau Monde, ceux-ci essayèrent certes d'obtenir des franchises pour le commerce avec les riches pays qui continuaient d'appartenir à la couronne d'Espagne, mais, du côté espagnol, la résistance la plus tenace accueillit ces efforts. La première puissance dont les réclamations réussirent à obtenir une autorisation formelle bien que limitée fut la Hollande. Les avantages que réservait à ce pays la paix de Munster de 1648 consistaient principalement en une liberté de navigation reconnue dans les mers des Indes, mais toute communication directe avec les possessions transatlantiques de l'une et de l'autre puissance devait rester interdite aux étrangers.

Convaincus que les Hollandais, si experts et si avisés en tout ce qui touchait le commerce, s'étaient fait accorder les meilleures conditions possibles, les Français, au moment de conclure la paix des Pyrénées en 1659, se contentèrent de concessions à peu près analogues (1) ; et en 1667, à la paix de Madrid, l'Angleterre obtint les mêmes avantages. Un peu plus considérables furent les privilèges accordés à ce dernier pays par le traité de Madrid de 1670, où l'Espagne espérait s'assurer le concours des Anglais afin de réfréner l'audace des flibustiers. Ce traité, désigné sous le nom de « traité de l'Amérique », tendait en premier lieu à l'établissement d'une paix durable entre les sujets des deux puissances dans les Indes Occidentales ; quant à la liberté des communications pacifiques et le commerce, on n'y obtint qu'une permission pour les navigateurs anglais de relâcher, en cas d'urgence, dans les colonies espagnoles et de s'y ravitailler.

---

(1) *Recueil des instructions données aux ambassadeurs et ministres de France.* XI : Espagne, t. I, Paris, 1894, p. 200.

Évidemment, l'intention des autorités espagnoles n'était point d'admettre que ces concessions, si maigres qu'elles fussent, s'étendissent à l'océan Pacifique : selon les idées de l'Espagne, la mer du Sud était toujours une mer fermée, un *mare clausum* au sens le plus étroit du mot (1). C'est conformément à ce règlement prohibitif que l'expédition de Beauchesne, lorsque, dans les ports du Chili et du Pérou, elle voulut s'approvisionner des choses les plus nécessaires, se heurta, comme nous l'avons vu, à un refus et à une défense qui ne fut éludée que parce que la force manquait pour exécuter la loi et que la cupidité des particuliers s'en mêla.

Mais avant même que le résultat de ce premier essai de communications pacifiques avec la loitaine mer du Sud eût eu le temps d'être connu en France, un événement historique célèbre avait transformé les relations entre l'Espagne et la France et, en même temps, avait ouvert à la navigation et au commerce des deux pays des perspectives jusque-là ignorées.

Le 1er novembre 1700 le roi d'Espagne, Charles II, acheva sa terne existence, et le 11 du même mois, l'ambassadeur d'Espagne transmit à Louis XIV le testament du monarque décédé, qui instituait le petit-fils de Louis XIV, le jeune Philippe d'Anjou, héritier du vaste domaine espagnol. On sait comment Louis XIV dut défendre par les armes cette succession qui semblait promettre à sa famille une si brillante extension du pouvoir.

Non seulement cette nouvelle situation politique créa au roi de France des obligations extérieures : mais il se vit aussi forcé d'intervenir dans les affaires intérieures de l'Espagne. La jeunesse de son petit-fils, la profonde décadence de l'administration espagnole, la dépravation et la corruption des fonctionnaires rendirent cette intervention nécessaire, et jusqu'à la fin de 1709, où les revers

(1) Dans une *Real Cédula* du 25 novembre 1692 il est expressément énoncé que les stipulations du « traité de l'Amérique » de 1670 n'étaient nullement applicables à l'océan Pacifique (*el mar del Sur*) et que quiconque essaierait de faire le trafic dans ces parages serait regardé comme un ennemi de l'Espagne. Ce qui provoqua cette déclaration, ce fut le manque de rigueur avec lequel les autorités du Chili traitèrent le capitaine anglais John Strong, qui, en 1690, avait fait une tentative de commerce pacifique sur les côtes occidentales de l'Amérique du Sud. Sur les entreprises de commerce de Strong, voir Burney, *A chronological History of the Voyages and Discoveries in the South Sea*, vol. IV, Londres, 1816, p. 329-337. La lettre mentionnée du roi d'Espagne est reproduite dans Barros Arana, *Historia jeneral de Chile*, t. V, Santiago, 1885, p. 251.

des armes françaises et la misère économique de la France con-
traignirent le vieux roi d'abandonner les intérêts de la pénin-
sule pour ne plus songer qu'à ménager à son propre pays des
conditions de paix acceptables, Louis XIV fut le véritable souverain de l'Espagne.

Ce serait une erreur de prétendre que le roi ignorât l'état de la
monarchie espagnole et l'étendue des réformes qui y paraissaient
urgentes. Il en avait au contraire une connaissance parfaite et qui
allait jusqu'aux détails. Aussi bien lisons-nous dans la première instruction délivrée à un des ambassadeurs qui devaient
guider le jeune roi à travers les réformes, que dans « l'état général
des affaires » « le désordre est égal dans celles de la guerre, du
commerce, dans l'administration des finances et dans celle de la
justice (1). » En revanche, il ne prévit guère les difficultés qui
s'opposeraient à ses efforts et qui l'empêcheraient de secouer la
torpeur plus que séculaire de l'administration espagnole. Bien que
le parti à qui son petit-fils devait la couronne souhaitât très
ardemment cette intervention et que des patriotes espagnols
isolés y vissent le seul espoir de salut pour leur patrie, il était
évident que, partout où le roi de France mettrait la main pour
introduire des améliorations ou abolir des abus, il rencontrerait l'hostilité des intérêts particuliers, des préjugés invétérés
et un esprit conservateur qui n'admettait aucune réformation.
Ajoutez la blessure faite à la fierté nationale et la méfiance contre
les intentions d'une puissance étrangère, on ne s'étonnera pas
que cette intime alliance entre les gouvernements et les peuples
des deux pays, au lieu de produire l'amitié et la coopération sur
lesquelles on avait bâti de si belles espérances, éveillât chez les
Espagnols contre l'allié français une rancune, presque une haine,
qui projeta son ombre sur tous les événements futurs.

La façon dont ces causes et effets influèrent sur la politique, les
guerres et les finances, a déjà été mise en lumière par des historiens éminents (2). On a prêté moins d'attention jusqu'ici aux

(1) *Recueil des instructions données aux ambassadeurs.* XII : Espagne, t. II, Paris,
1898, p. 6.
(2) Voir surtout l'excellent ouvrage de M. Alfred Baudrillart, *Philippe V et la cour de
France*, t. I, Paris, 1890.

relations commerciales de la France et de l'Espagne pendant cette époque. Pourtant les circonstances que nous venons de définir y jouèrent un rôle actif, et la concurrence commerciale entre les deux pays n'en fut pas non plus un facteur négligeable. Nous essaierons de montrer comment ces influences se marquèrent dans ce domaine du commerce et de la navigation que nous nous sommes proposé d'étudier. C'est le commerce de la mer du Sud dans ses rapports avec la politique internationale qui sera le sujet principal de cette partie de notre ouvrage.

*
* *

Pour pouvoir comprendre ce qui suit, il serait peut-être bon de toucher quelques mots de la manière dont étaient organisées la surveillance et l'administration du commerce en France et de rappeler de quelles autorités elles relevaient.

Pendant la dernière partie du règne de Louis XIV, la direction du commerce *du dehors* fut exercée par le secrétaire d'État de la marine, tandis que le commerce *du dedans* dépendait du contrôleur général des finances. Colbert avait dans sa personne réuni ces deux charges ; après sa mort, on les confia pendant quelque temps à des fonctionnaires différents ; puis elles furent de nouveau réunies en 1690. Mais lorsque le comte Louis de Pontchartrain, qui depuis cette année-là avait été à la tête des deux ministères, fut nommé, en 1699, chancelier de France, la direction de la marine passa à son fils, Jérôme de Pontchartrain, tandis qu'on chargea M. Chamillart des finances. Il devenait nécessaire de limiter plus exactement les domaines des deux ministres, et cela fut fait par un règlement du 13 septembre 1699 (1). Il y est stipulé que le contrôleur général des finances présiderait à « la conduite et direction générale du commerce, tant au dehors qu'au dedans du royaume, ensemble celle des manufactures » ; en outre il devait instruire toutes les affaires concernant l'exportation et l'im-

(1) Voir : *État sommaire des Archives de la marine antérieures à la Révolution*, Paris, 1898, p. 246. Le projet de ce nouveau règlement, ainsi qu'un certain nombre de documents relatifs à son origine, sont reproduits dans la *Correspondance des Contrôleurs généraux des finances avec les intendants des provinces*, publiée par A. M. de Boislisle, t. II, Paris, 1883, p. 463-470.

portation, les droits à y prélever, etc. Le secrétaire d'État de la marine, d'autre part, s'occupait des consulats dans les États « avec lesquels la France faisait commerce par mer », de l'administration des colonies, de la surveillance des compagnies de commerce et de leur activité, et enfin de « la police et navigation des bâtiments français ». Certes on prescrivait aux deux ministres de s'entr'aider dans des affaires « mêlées ». Une convention signée à Versailles le 12 décembre 1701 par Chamillart et Pontchartrain (1) les autorisait l'un et l'autre à demander directement à leurs subordonnés des rapports et des renseignements nécessaires et insistait sur ceci : qu'aucun d'eux n'aurait le droit de faire « aucun établissement, compagnie, projet ou traité de commerce qu'après qu'ils s'en seraient donné réciproquement communication » ; mais il est évident que les dispositions ainsi stipulées renfermaient des germes nombreux de conflits, qui ne tardèrent d'ailleurs pas à éclater (2).

En ce qui regarde spécialement le commerce de la mer du Sud, il était, comme nous l'avons vu, à la fois un monopole pour les compagnies de commerce et, surtout, une affaire de navigation, d'où il suit que, tout en étant un commerce du dehors, il ressortissait principalement au ministère de la marine.

Mais dans la question qui nous occupe, il est plus important d'examiner et de définir les rapports qui existaient entre les fonctions de ce ministre et celles du secrétaire d'État des affaires étrangères. Ces relations étaient fixées par un règlement d'octobre 1698 (3). Nous y trouvons stipulé que le secrétaire de la marine devait « donner directement des mémoires en forme d'instructions aux ambassadeurs que le Roi enverra à Madrid, à Constantinople et en Portugal, sur les affaires concernant la marine et le commerce » ; de plus il devait, sous de certaines

___

(1) Cette convention est insérée dans un registre intitulé « Matières de commerce, 2. » Arch. Nat., G⁷ 1697, f. 272.

(2) M. Ph. Sagnac cite le partage de l'administration du commerce entre le contrôleur général des finances et le secrétaire d'État de la marine comme un des cas d'exception où « les lois et règlements de l'ancien régime ont reçu presque toujours une exécution réelle ». Il est d'avis que le règlement de 1699 « fut bien appliqué ». Je ne puis, sur ce point, accepter entièrement les idées et les indications autrement exactes que M. Sagnac a exposées dans son article sur la « méthode dans l'étude des institutions de l'ancien régime » (Revue d'histoire moderne, t. VI, 1904-1905, p. 5-21).

(3) État sommaire des archives de la marine, p. 244.

restrictions, entretenir la correspondance avec ces ministres dans ces mêmes affaires. Ainsi une partie importante de la politique extérieure, le commerce, était presque entièrement soustraite au contrôle du ministre des affaires étrangères. Et c'est la correspondance du secrétaire d'État de la marine qui constitue la source principale pour connaître la politique commerciale extérieure de la France pendant l'époque dont il est question ici.

Dans « le commerce du dehors », le commerce avec l'Espagne occupait une place prépondérante, et le trafic direct ou indirect avec les colonies espagnoles, par conséquent le trafic de la mer du Sud, y rentrait tout naturellement. Les négociations qu'entraînait ce commerce se faisaient donc entre le secrétaire d'État de la marine et le gouvernement espagnol par l'intermédiaire des représentants de la France en Espagne. Comme représentants figuraient l'ambassadeur à la cour de Madrid et les consuls des principaux ports, parmi lesquels celui de la Corogne et surtout celui de Cadix jouaient un rôle considérable ; mais, de plus, l'importance capitale du commerce avec l'Espagne avait déterminé la France à établir à Madrid un fonctionnaire spécial, un agent de la marine et du commerce. « C'était une sorte de chargé d'affaires, sans situation officielle, dont la fonction consistait à se tenir en relations constantes avec les consuls et à travailler, sous la haute autorité de l'ambassadeur, au règlement de toutes les affaires dans lesquelles le département de la marine était intéressé (1). »

Entre les années 1702-1709, ce poste fut occupé par M. Ambroise Daubenton de Villebois, et dans les affaires qui nous intéressent nous le verrons prendre une place prééminente.

Rappelons enfin que les autorités espagnoles spécialement chargées du commerce transocéanien, étaient le Conseil des Indes à Madrid, le Consulat de Séville et la Casa de la Contratacion siégeant dans cette même ville et dont nous avons déjà plus haut exposé le fonctionnement.

*
* *

L'influence que la France exerça sur le gouvernement espagnol, et non seulement sur la politique extérieure, mais sur toute son

(1) *État sommaire des archives de la marine*, p. 267.

administration intérieure, s'étendit aussi, pour une raison spéciale, aux colonies du pays : cela était « d'autant plus important, nous apprend une instruction d'ambassadeur (1), que les plus grandes ressources pour la monarchie d'Espagne seront celles que le Roi Catholique peut retirer des Indes ».

Là, les abus l'emportaient encore, si possible, sur ceux des autres administrations. La cause en venait de l'inaptitude, de la vénalité et de la négligence des fonctionnaires coloniaux, qui, loin d'être contrôlés et réprimandés par l'autorité suprême, le Conseil des Indes, s'y voyaient couverts et appuyés « à proportion des présents donnés à propos ». La grande distance rendait aussi plus difficiles la surveillance et la poursuite des abus : aussi Louis XIV trouve-t-il indispensable d'informer son ambassadeur du fait déplorable que de l'Amérique « la vérité ne vient jamais à la connaissance du roi d'Espagne (2) ».

Ce qui, après l'avènement de Philippe V, parut de première urgence, ce fut d'organiser la défense des colonies américaines et d'en assurer les communications avec la métropole. En effet, la guerre semblait imminente. En Amérique l'organisation de la défense était entièrement ruinée, et l'Espagne n'avait plus de quoi équiper un seul bâtiment de guerre : officiers de marine et matelots lui manquaient, ainsi que l'argent pour se procurer les uns et les autres. On était donc à la merci des secours que prêterait la France, spécialement pour protéger, à travers l'océan, le transport des trésors d'argent où, en France comme en Espagne, on espérait trouver le moyen de couvrir les frais de guerre communs.

La première mesure qu'on prit du côté français fut d'envoyer aux Indes Occidentales une escadre sous le commandement du chevalier de Coëtlogon. Celle-ci, qui fit voile de Brest en avril 1701 et arriva à la Martinique le 19 mai, apportait entre autres choses une quantité considérable de munitions : poudre, canons, fusils, etc., destinées surtout aux ports de Carthagène, Portobello, Vera-Cruz et la Havane ; en outre elle amenait un certain

---

(1) Instruction pour le comte de Marcin du 7 juillet 1701. *Recueil des instructions données aux ambassadeurs*, Espagne, t. II, p. 42.
(2) *Ibid.*, p, 43.

nombre d'ingénieurs et d'officiers français qui devaient mettre en état les fortifications de ces ports et aider les gouverneurs espagnols à « dresser les milices », etc. (1). Pour la défense de la colonie éloignée de Buenos-Ayres on ne pouvait, du côté français, prêter de secours direct, mais on essaya d'obtenir du Portugal que ce pays envoyât de ses colonies à l'embouchure de La Plata du renfort pour soutenir cette place en cas d'attaque (2). Plus tard, dans la même année, en novembre 1701, on expédia aux Indes Occidentales, sous le commandement du comte de Châteaurenault, une escadre plus forte encore qui avait pour but principal de servir d'escorte aux galions. Mais cette entreprise eut un sort désastreux : le 22 octobre 1702 ces transports, ainsi que l'escadre qui les encadrait, furent complètement détruits dans le port de Vigo par les forces réunies des vaisseaux anglais et hollandais. La perte eût été immense si l'on n'avait heureusement débarqué et mis en sûreté la plus grande partie des métaux précieux (3).

Bien qu'il s'agît en premier lieu de protéger les transports d'argent contre des attaques ennemies pendant leur traversée de l'Atlantique, il ne fallait pas négliger non plus les périls qui, dans la mer du Sud, pouvaient menacer les colonies aussi bien que les transports. Là aussi l'Espagne devait se reposer entièrement sur la protection étrangère, car l'organisation de la défense y était plus misérable encore que du côté de l'Atlantique. « Les forts manquaient de canons, d'affûts, de poudre ; les soldats mal nourris et déguenillés ne se recrutaient plus. Callao, par exemple, renfermait à peine cent hommes demi-nus. Couverts de peaux de mouton, les soldats du Chili vendaient leurs armes aux Indiens pour subsister. Depuis quatorze ans ils ne touchaient pas de solde (4). » La marine n'était pas en meilleur état. « L'*armada del mar del Sur*, écrit Daubenton, est tombée dans un très grand délabrement, les justes mouvements auxquels elle était destinée ne s'exécutent plus depuis près de trente ans ». Les cinq bâtiments qui la

(1) Pontchartrain à M. le duc d'Harcourt, 17 février 1701. Arch. Nat. Marine, B² 153, f. 426.

(2) Pontchartrain à Torcy, 20 avril 1701. Arch. Nat. Marine, B² 154, f. 175.

(3) Sur l'expédition de Châteaurenault et le désastre de Vigo, voir : Calmon-Maison, *Le maréchal de Château-Renault (1637-1716)*, Paris, 1903, p. 205-294.

(4) D'après un mémoire de don Francisco de Seixas y Lovera, cité par M. François Rousseau, *Un réformateur français en Espagne au* xviii° *siècle* [Jean Orry], Corbeil, 1892, p. 11.

composaient pourrissaient inactifs dans le port de Callao, et pourtant leur entretien coûtait près de 600.000 piastres par an (1).

Dans ces conditions il était naturel que le sort des colonies espagnoles inspirât des appréhensions très sérieuses, lorsque, en septembre 1701, la guerre, qui depuis déjà longtemps paraissait inévitable, éclata enfin. Un seul coup hardi, comme celui qui un an plus tard devait réussir à Vigo, et les Anglais et les Hollandais, si supérieurs sur la mer, s'emparaient de n'importe lequel des ports américains et infligeaient un préjudice très grave à l'Espagne et à son alliée, la France. Des bruits commencèrent à courir qu'on équipait en Angleterre des expéditions de corsaires, et ces bruits causèrent en Espagne la plus vive terreur

En s'armant pour la défense de la monarchie espagnole, Louis XIV ne perdait point de vue les profits que la France pouvait tirer de cette nouvelle situation politique. En premier lieu une occasion s'offrit d'assurer des avantages au commerce français non seulement avec l'Espagne proprement dit, mais aussi avec les Indes espagnoles. Dans l'instruction donnée à l'ambassadeur, le comte de Marcin, nous lisons que celui-ci, « en même temps qu'il prendra connaissance des affaires des Indes, doit examiner aussi les avantages qu'on peut retirer pour le commerce de France, en remédiant aux désordres de celui d'Espagne(2) ».

Établir une communication directe avec les colonies espagnoles n'entrait pas au début dans les intentions du roi de France. Nous l'avons vu au contraire prononcer une défense formelle à la

---

(1) Daubenton à Pontchartrain, 3 août 1702. Arch. Nat. Marine, B⁷ 226 (volume non coté). — On ne s'étonne pas alors que même les autorités du Pérou trouvaient (en 1705) les frais pour ces navires, toujours en carène, « increibles por su mucha ascendencia ». Mendiburu, *Diccionario hist.-biogr. del Peru*, t. VI, Lima, 1885, p. 261.

(2) *Recueil des instructions données aux ambassadeurs*, Espagne, t. II, p. 42. — Nous voyons une première tentative pour profiter du changement qui venait de se produire et donc on escomptait « des suites très avantageuses pour le commerce des deux nations », dans cette mission que l'on confiait à un certain sieur Boyer, secrétaire du Roi, « de faire un voyage en Espagne et en Portugal pour examiner et rendre compte de plusieurs choses qui regardaient le bien du commerce. » Quant au résultat de cette mission, qui devait être accomplie avec une extrême prudence et sans qu'on fît de propositions d'aucune espèce ni aux autorités espagnoles ni à des personnes privées, je l'ignore entièrement. Voir lettres d'Amelot à M. le duc d'Harcourt et à M. de Torcy du 17 février 1701. Arch. Nat., F¹², 115.

Compagnie qui détenait le monopole du commerce dans la mer du Sud de poursuivre ses entreprises et ses efforts. Nous avons vu aussi que la cause de cette interdiction venait du désir d'éviter tout ce qui pouvait indisposer l'Espagne, où l'on n'admettait point de restriction dans la loi prohibitive contre le trafic des étrangers avec les colonies. Les envois de renforts pour défendre ces colonies exigeaient pourtant que les lois fussent modifiées. Sous la pression du danger imminent et les sollicitations françaises, le gouvernement espagnol se vit enfin réduit à faire quelques concessions que, jusque-là, il avait opiniâtrement refusées à tous les navigateurs étrangers. Dès le 11 janvier 1701, la *junta gubernadora* qui, sous la présidence de la reine douairière, gérait l'administration du pays en attendant que Philippe V eût le temps d'en prendre possession, promulgua une *real cedula* qui statuait que les navires français auraient le droit de mouiller dans les ports américains pour s'y approvisionner, contre paiement, de vivres et d'apparaux et qu'ils pourraient y compter sur une protection contre des attaques de flottes ennemies supérieures en forces (1).

Mais comme l'autorisation donnée sous cette forme n'impliquait aucune permission aux navires français d'importer des marchandises dans les colonies espagnoles, les administrateurs coloniaux se trouvèrent placés dans une situation fort embarrassante, dont ils essayèrent vainement de sortir en demandant des instructions plus précises au gouvernement de la métropole. Immédiatement après le reçu de l'ordre royal, le capitaine-général du Chili, don Francisco Ibañez, exposa, dans une lettre au roi du 2 mai 1702, qu'en raison de la permission accordée il était presque impossible d'empêcher les navires français de faire le commerce, car, dit-il, « ayant à les approvisionner de vivres et d'apparaux pour la réparation des bâtiments, on ne peut être payé qu'en marchandises, vu qu'il n'y a pas d'exportation de l'argent et de

___

(1) Voir : Barros Arana, *Hist. jen. de Chile*, t. V, p. 480. — La cédule susnommée était vraisemblablement le premier fruit des négociations menées en Espagne par Jean du Casse et dont le principal résultat fut la conclusion du traité d'*Asiento*, du 27 août 1701, par lequel le droit exclusif d'importer en Amérique des esclaves nègres fut accordé à la Compagnie française de la Guinée. Cf. Robert du Casse, *L'amiral du Casse*, Paris, 1876, p. 242 et 248.

l'or en ces pays et que les monnaies françaises, si par hasard on en apportait, n'y auraient point cours ». A ces objections le gouvernement de Madrid, travaillé par la crainte de l'ennemi et par le désir de ne point rebuter les réclamations françaises, ne trouvait qu'une chose à répondre, c'est que l'autorisation de toucher aux ports ne pouvait être rapportée et que, d'autre part, les lois prohibitives du commerce devaient à tout prix être maintenues (1).

Les difficultés créées par ces deux ordres contradictoires auraient évidemment été faciles à résoudre, si les vaisseaux dont on attendait les escales dans les ports de la mer du Sud avaient été des bâtiments de guerre. Mais tout d'abord la France ne devait jamais avoir eu l'intention d'expédier pour la défense de ces contrées une escadre royale, et l'on ne pouvait craindre sérieusement dans ces parages éloignés la rencontre d'un vaisseau de guerre ennemi. Le seul danger provenait des corsaires étrangers, et il n'y avait pas de meilleur moyen de s'en défendre que de recourir soi-même à cette guerre de course si caractéristique de l'époque. Mais comme les navires corsaires en général étaient équipés par des particuliers, l'intérêt de ces armateurs était non seulement de s'enrichir dans les courses contre l'ennemi, mais de chercher des bénéfices dans un commerce pacifique avec leurs compatriotes et leurs alliés. Cette appréhension du gouvernement espagnol que les expéditions françaises envoyées à la défense des colonies américaines ne servissent en grande partie de prétexte pour ouvrir avec ces colons le trafic interdit, était donc pleinement justifiée.

Déjà lors de l'expédition de Beauchesne, aussi bien en Espagne qu'en Amérique, les fonctionnaires et les administrateurs avaient exprimé ces craintes et élevé ces doléances. D'après l'avis de ces autorités l'importation directe des marchandises européennes dans la mer du Sud risquerait d'amener la ruine totale des flottes et des galions. Toute atteinte à une institution aussi vieille et qu'avaient consacrée la tradition et les lois révolta l'esprit conservateur des Espagnols. Et puis, que d'intérêts privés y seraient lésés ! Les marchands de Séville ne trouveraient plus à écouler les

(1) Real cédula du 26 avril 1703. Voir : Barros Arana, *op. cit.*, t. V, p. 481.

marchandises qu'ils envoyaient sur les galions aux Indes Occidentales ; la célèbre foire de Portobello serait abandonnée ;
Panama perdrait son importance ; et même cesseraient les transports d'argent et de marchandises dans la mer du Sud, où les
commerçants du Pérou étaient si fortement intéressés. Bref, une
des voies du commerce universel serait bouleversée, et celui-là
même qui savait et voulait reconnaître dans cette révolution des
avantages futurs, n'y contribuerait en rien, tant que son propre
intérêt s'y opposerait. Il ne faut donc pas s'étonner si les projets
commerciaux, nés de la première expédition française dans la
mer du Sud, rencontrèrent une si vive résistance.

Dans la haute administration du pays cette résistance s'exprima
vigoureusement au Conseil des Indes dont les membres, devenus
par leur vénalité les serviteurs salariés des puissantes corporations de commerce, étaient empêchés d'avoir une conception
plus libérale et plus prévoyante. Dans un mémoire du 26 janvier
1703 (1), ce Conseil présenta les rapports faits par le vice-roi du
Pérou et le capitaine-général du Chili, relatifs à l'expédition de
Beauchesne. Ceux-ci relataient que les capitaines français avaient
prétendu être envoyés pour donner la chasse aux corsaires, qu'ils
en avaient exhibé comme preuve « une commission en latin qui
fut tenue pour fausse », et qu'en réalité ils n'avaient projeté que de
faire le commerce de contrebande. L'entrée de la mer du Sud étant
interdite même aux sujets espagnols, une entreprise pareille de
la part d'une nation étrangère ne devait point être laissée impunie;
mais, comme d'autre part il était « dangereux et difficile de prendre
et de châtier les Français sans permission expresse de Sa Majesté
Catholique, parce que ce serait exciter la haine entre les deux
nations », on se bornait à demander que le roi d'Espagne « en
informât le Roi très chrétien, afin que par sa grande justice
il fasse châtier ces coupables armateurs, défende ce commerce, et
donne ordres aux ministres et officiers qu'il a dans ses ports
d'empêcher qu'aucun ne contrevienne aux ordres qu'il donnera à
cet égard ».

---

(1) Extrait de la consulte du Conseil des Indes faite à Sa Majesté Catholique au sujet
des vaisseaux français qui vont commercer dans la mer du Sud. Arch. Nat. Marine,
B7 227, f. 75.

Il ne se passa pas beaucoup de temps qu'on eût en Espagne une nouvelle occasion de renouveler ces récriminations. Les deux navires que Danycan, avec l'autorisation secrète du gouvernement français, avait envoyés en octobre 1701, et encore un troisième, parti simultanément sans permission, avaient atteint, après des traversées d'une rapidité étonnante, le Chili et le Pérou. Feignant d'appartenir à la marine royale, ils avaient été accueillis au début avec des honneurs insignes par les administrateurs et la population, qui voulaient de cette façon témoigner leur attachement au nouveau roi et leur contentement de l'alliance conclue avec la France. Mais les transactions commerciales, ouvertes ou dissimulées, des Français opérèrent rapidement un changement d'opinion et persuadèrent les autorités que leurs nobles hôtes n'étaient que des contrebandiers privés. Cette fois il semble bien que les gouverneurs des colonies s'abstinrent d'envoyer des rapports : le vice-roi du Pérou était censé avoir donné son autorisation au commerce français dans certains ports, et le capitaine-général du Chili s'efforça de tenir cette entreprise secrète, soit qu'il eût accepté de fermer les yeux, soit qu'il n'éprouvât aucun désir d'avouer au gouvernement de la métropole son impuissance à réprimer cette infraction aux lois. Mais le corps des marchands de Lima ne put souffrir la concurrence étrangère. Leurs doléances allèrent inquiéter leurs confrères de Séville. Ils demandèrent au Conseil des Indes et même au roi le redressement des abus signalés (1).

Des événements imprévus amenèrent le gouvernement espagnol à s'occuper encore davantage de ces contrebandiers français dont, en Amérique, on avait vainement essayé d'enrayer le trafic. Les circonstances qui s'y rapportent méritent qu'on s'y arrête, car elles ouvrent des vues sur les relations entre les deux pays et sur les complications qu'engendra, dès les premiers temps, le commerce dans la mer du Sud.

Parmi les navires dont il est ici question, le *Saint-Paul* fut celui qui le premier revint en Europe. Parti sans aucune autorisation, le capitaine n'osa pas à son retour entrer dans un port français.

(1) Copie de la lettre du Consul du commerce du royaume du Pérou, écrite de Lima le 15 mai 1702 à don Miguel de Errasquin (en espagnol). Arch. Nat. Marine, B⁷ 226.

Le 1ᵉʳ avril 1703, il se montra devant Lisbonne, mais la présence de quelques vaisseaux ennemis le força de chercher un refuge à Sétubal, où le rencontrèrent les agents des armateurs de Saint-Malo avec des ordres relatifs à sa cargaison d'argent (1). Le secret du voyage fut cependant imprudemment ébruité par le ministre de France en Portugal : M. Rouillé le confia à son collègue espagnol. Celui-ci n'eut rien de plus pressé que de le communiquer à Madrid ; et l'affaire y donna lieu à une « consulte » du Conseil d'État, *el Despacho*. Elle arriva de cette façon aux oreilles de l'ambassadeur de France, le cardinal d'Estrées, qui réussit, sous prétexte qu'il ne s'agissait que « d'un très petit bâtiment » et que l'affaire « ne méritait pas l'attention des Conseils », à empêcher qu'elle ne passât du Conseil d'État au Conseil des Indes (2). Sur l'assurance de l'ambassadeur que le roi de France saurait à l'avenir réprimer ce commerce prohibé, on déclara que cette histoire n'était plus qu' « une affaire assoupie dont le Conseil des Indes n'aurait pas connaissance (3) ».

Les navires de Danycan, le *Président-de-Grénédan* et le *Comte-de-la-Bédoyère*, n'eurent pas une chance semblable. Poursuivis par l'ennemi, eux aussi, ils se virent forcés de relâcher dans un port étranger, et le 28 juin 1703 ils mouillèrent à la Corogne. Le consul de France de cette ville en informa immédiatement M. Daubenton, l'agent français à Madrid. Malheureusement le Conseil des Indes en eut simultanément connaissance. Il trouvait donc une occasion de prendre sa revanche des infractions aux lois commises en Amérique, et le Conseil se réunit pour délibérer sur les mesures à prendre. Grâce à quelques amis qu'il y avait, Daubenton fut secrètement tenu au courant de ce qui se préparait : il s'empressa d'expédier à la Corogne un courrier qui avertît les capitaines français de rester sur leurs gardes, de mouiller hors de la portée des fortifications et de ne point permettre à leur équipage de descendre à terre (4). Son espoir que l'influence française dominerait dans le Conseil et le détournerait de mesures plus

(1) Déclaration de Gilles Morel, sieur de la Herperie, capitaine du navire le *Saint-Paul*, 11 août 1703. Arch. du port de Saint-Servan, C⁴ 318, f. 102.
(2) Daubenton à Pontchartrain, 27 avril 1703. Arch. Nat. Marine, B⁷ 227.
(3) Daubenton à Pontchartrain, 3 mai 1703. Arch. Nat. Marine, B⁷ 228, f. 228.
(4) Daubenton à Pontchartrain, 11 juillet 1703. Arch. Nat. Marine, B⁷ 228, f. 439.

graves, fut déçu. Quelques jours après, une assemblée extraordinaire décidait de mettre l'embargo sur les navires et sur leurs
cargaisons. Un nouvel exprès envoyé au consul de la Corogne
répéta les avertissements déjà donnés et recommanda aux capitaines de résister, par la force, s'il le fallait, à la contrainte des
fonctionnaires espagnols (1). Il ne fut pas nécessaire de recourir
à cette mesure extrême, car le courrier français devança le courrier espagnol, et quand l'*oidor* chargé des ordres du Conseil se
présenta — son absence fortuite de la ville avait encore retardé
cette démarche — les navires s'étaient déjà mis en sûreté. Quelques
jours après ils rejoignirent trois frégates françaises envoyées pour
les escorter en France, et, favorisée par un vent arrière, toute
l'escadre fut bientôt hors d'atteinte (2).

Avant qu'à Madrid on eût eu connaissance de l'issue de cette
affaire, l'ambassadeur de France, sur le conseil de Daubenton, présenta au gouvernement espagnol une protestation très vive (3).
Après une relation des circonstances et des faits, l'ambassadeur continua : « Si les deux couronnes étaient en guerre, pourrait-on tenir
une autre conduite ? A-t-on jamais en temps de paix, et surtout dans
celui d'une union si étroite, donné des ordres si contraires aux traités, lois et coutumes établis entre les deux nations ? » Il rappelle
ensuite que des navires qui, pour éviter les dangers de la mer,
viennent relâcher dans le port d'un pays ami ne peuvent, sous
aucun prétexte, être visités ni confisqués, ce qui constituerait
« une contravention manifeste d'où il pourrait résulter de très
fâcheux inconvénients », et il poursuit : « Le Conseil des Indes a
passé par dessus toutes ces considérations, il donne des ordres
sur un fait si important sans la participation de Sa Majesté Catholique, qui ne tendent qu'à troubler la tranquillité publique, et sans
avoir égard même au décret de Sa Majesté Catholique du 30 avril 1703
qui défend la visite de tous les bâtiments français. » Convain-
crait-on même de commerce illicite les capitaines de ces navires,

---

(1) Daubenton au consul de la Corogne, 28 juillet 1703. Arch. Nat. Marine, B⁷ 228,
f. 39.
(2) Lettre du sieur Fernand de la Mata, oidor de la Corogne, au Conseil des Indes,
qui explique l'impossibilité de pouvoir exécuter la commission concernant deux frégates de Saint-Malo, 5 août 1703 (en espagnol). Arch. Nat. Marine, B⁷ 228, f. 98.
(3) Mémoire remis à M. le cardinal d'Estrées le 28 juillet 1703, au soir, sur les deux
frégates de Saint-Malo mouillées à la Corogne. Arch. Nat. Marine, B⁷ 228, f. 41.

qu'il n'y aurait à faire que des représentations auprès du roi de France, « qui, pénétré de la vérité, ordonnerait ce qui serait convenable ». La protestation finit sur ces mots : « Par ces raisons il y a lieu d'espérer de l'équité de Sa Majesté Catholique qu'elle déclarera nulle la commission expédiée par le Conseil des Indes, et que défenses seront faites au juge à qui elle a été adressée de l'exécuter ».

Ce qui parut révoltant, et même inouï à la conception française, ce fut que le Conseil eût osé agir de sa propre autorité sans en référer préalablement à l'opinion du roi. Dans la France de Louis XIV une pareille audace eût été impossible, et le petit-fils de Louis XIV n'eut point de peine à se laisser convaincre de l'inconvenance du procédé : le Conseil des Indes reçut une sévère réprimande, et on lui enjoignit de rapporter l'ordre donné. Il en résulta un conflit constitutionnel qui éclaire admirablement la situation du pouvoir royal en Espagne et qui nous montre quelle indépendance les Conseils consultatifs avaient su acquérir dans cette monarchie, absolue de nom.

La notification que le décret royal avait été obéi par le Conseil des Indes fut accompagnée d'une représentation où le Conseil faisait valoir ses idées (1). Il n'avait en aucune façon dépassé son droit. De quoi s'agissait-il, sinon d'une simple mesure préventive ? Si l'affaire avait concerné des sujets espagnols, on n'aurait même pas été tenu d'informer le roi de cette mesure qui était d'autant plus légitime à une époque où les plaintes se multipliaient au sujet du commerce illicite des Français « dans toute l'Amérique et la mer du Sud ». Si l'ordre du Conseil devait être annulé, toutes les nations y trouveraient un prétexte « pour se défendre de laisser enregistrer leurs vaisseaux en aucun port de l'Espagne » ; ce serait donc une exception qui ne pourrait se justifier que si la même pratique était stipulée aussi pour l'avenir : « en dérogeant à tout ce qui est porté par les lois et à ce qui a toujours été constamment observé ».

Comme cette représentation ne fut point écoutée, le Conseil des Indes tenta un nouvel effort pour imposer sa volonté en réclamant

---

(1) Consulte du Conseil des Indes sur le décret de Sa Majesté Catholique qui casse la commission donnée au sujet des deux frégates de Saint-Malo, 4 août 1703. Arch. Nat. Marine, B⁷ 228, f. 88.

du roi des instructions précises qui établiraient comment à l'avenir on devrait traiter les navires français revenant des Indes ; et encore une fois on faisait ressortir les conséquences fâcheuses qui résulteraient d'une faveur accordée à l'étranger au dépens des nationaux (1). Cela provoqua un second mémoire de l'ambassadeur de France (2) où il précisa encore le droit incontestable des capitaines français d'échapper à toute visite : il était du devoir des autorités américaines de surveiller l'application des lois de commerce ; au retour, seul le roi de France pouvait demander compte à ses sujets des infractions commises contre ces lois. Daubenton affirmait que l'affaire n'avait point éveillé l'attention publique en Espagne : toutes ces complications étaient dues uniquement à quelques membres du Conseil des Indes, dont « la mauvaise volonté » avait tellement indigné d'autres membres du même Conseil que ces derniers avaient cru devoir informer les ministres de France de tout ce qui s'était passé et leur livrer les documents qui les avaient mis en état de sauvegarder, ainsi que nous l'avons vu, les intérêts de leur pays (3).

Comme dernier acte de cette affaire figure un projet conçu par le Conseil des Indes à la nouvelle de l'arrivée en France des deux navires : il ne s'agissait de rien moins que de demander au roi de France de les faire arrêter et visiter, mais comme on objecta que « c'était une affaire consommée à laquelle il ne fallait plus penser », il ne fut point donné suite à ce dessein (4).

Cette fois, la résistance du Conseil des Indes était vaincue, et les prétentions françaises avaient remporté la victoire, mais on savait à quoi s'en tenir sur l'opposition de cette assemblée, et l'on comprit la nécessité d'éviter ces causes de conflits, si l'on voulait maintenir entre les deux pays ces bons rapports, d'où dépendaient tant d'intérêts et des plus graves. C'est pourquoi le gouvernement fran-

(1) Consulte du Conseil des Indes sur une lettre du gouverneur des quatre villes [Don Andres de Mieses y Alvarado] au sujet des ordres qu'il demande quand il arrivera des vaisseaux français venant des Indes, 24 août 1703. Arch. Nat. Marine, B⁷ 228, f. 188.

(2) Réponse de M. le cardinal d'Estrées à la consulte du 24 août sur les bâtiments qui viendront des Indes, 26 août 1703. Arch. Nat. Marine, B⁷ 228, f. 181.

(3) Daubenton à Pontchartrain, 4 août et 1ᵉʳ septembre 1703. Arch. Nat. Marine, B⁷ 228, f. 80 ; 229, f. 2.

(4) Daubenton à Pontchartrain, 12 septembre 1703. Arch. Nat. Marine, B⁷ 229, f. 24.

çais crut devoir entraver vigoureusement les nouvelles communications ouvertes avec la mer du Sud.

Pour tirer de ce commerce les bénéfices qui, dans les circonstances exposées, importaient également à la France et à l'Espagne,
il ne restait qu'à essayer de rétablir et de conserver l'ordre antérieur.
Mais le gouvernement français ne se dissimulait pas tous les
inconvénients attachés à ce système ; et l'on proposa plusieurs
remèdes.

Daubenton fut d'avis que la France se chargeât de protéger le
commerce des Indes. A l'armadille de Barlovento aux Indes Occidentales ainsi qu'à l'armadille de la mer du Sud on substituerait
des escadres de guerre françaises qui traqueraient les contrebandes
des Anglais et des Hollandais et dont la présence mettrait fin à
toutes les fraudes invétérées de la marine espagnole. Les négociations devaient être menées en secret et directement avec le roi
d'Espagne, afin de ne pas susciter l'opposition du Conseil des Indes
et de la Casa de la Contratacion à Séville, « qui reçoivent des pensions
des officiers des Indes et font des profits sur l'armadille (1) ».
Pontchartrain voyait certes de sérieux avantages dans cette proposition, mais il craignit que la France ne s'engageât dans des frais qui
ne lui seraient point remboursés ; d'ailleurs, selon lui, la proposition ne devait point venir du gouvernement français : « il faut
que ce soit les Espagnols qui la proposent eux-mêmes, moyennant
quoi on pourra l'appuyer de ce côté-ci », écrit-il (2). Daubenton
promit de faire tout son possible pour la provoquer du côté de
l'Espagne, mais il n'espérait guère réussir, les Espagnols se méfiant
beaucoup des intentions des Français, méfiance qui « les aveugle
si fort, dit-il, qu'ils ne connaissent point le grand risque où sont
exposées les places de l'Amérique, ni leurs véritables intérêts (3) ».

D'autres projets, présentés à la même époque, parurent offrir
plus de chance de succès. Le désastre de Vigo avait été
un grave avertissement des périls qui menaçaient les flottes et
les galions. La route de ces escadres étant généralement connue,

(1) Mémoire sur l'armadille de Barlovento, 8 juillet 1702. Arch. Nat. Marine,
B⁷ 226.
(2) Pontchartrain à Daubenton, 10 décembre 1702. Arch. Nat. Marine, B² 163, f. 725.
(3) A Pontchartrain, 8 février 1703. Arch. Nat. Marine, B⁷ 227, f. 102.

rien n'empêchait l'ennemi de surveiller les passages, et, à la première occasion, grâce à la supériorité de ses forces, de s'emparer des chargements précieux. Pour diminuer les risques, on ferait mieux de remplacer les traversées à époque fixe des grandes flottes réunies par des voyages plus rapprochés de quelques navires, tout au plus deux ou trois à la fois ; et ces bâtiments devraient être si fortement armés qu'ils pourraient, sans trop de danger, accepter le combat, au moins avec les corsaires de l'ennemi (1).

Cet ordre nouveau qu'on espérait ainsi établir et qu'on estimait pouvoir qualifier du nom de « liberté du commerce des Indes », ne s'appliquerait bien entendu qu'aux Espagnols et non pas aux Français ; il comprenait que le commerce continuerait exclusivement par la vieille voie indirecte. Les intérêts français n'en seraient point lésés : l'Espagne ne pouvait se passer des produits industriels de la France ; sa pénurie de navires et de matelots pour leur équipement l'obligeait d'avoir recours à la France ; toute mesure, tendant à faire prospérer le commerce espagnol aux Indes, ne manquerait donc pas de favoriser également la France (2).

Le plan fut exposé aux marchands de Cadix, et le consul de France rapporta à son gouvernement qu'il avait trouvé près d'eux « une générale approbation » ; cependant aucun d'eux n'avait voulu y apposer sa signature « dans la crainte que, s'il n'avait pas lieu, ils ne fussent molestés par le Consulat. » « Voilà, ajoute Daubenton dans la lettre où il relate l'affaire à Pontchartrain, comment les affaires les plus essentielles périssent ou languissent dans un pays où un lâche intérêt particulier prévaut sur les moyens les plus efficaces pour le rétablissement de la monarchie (3). »

(1) Voir « Plan d'un nouveau commerce et d'une navigation libre d'Espagne aux Indes », fait à Madrid le 19 septembre 1702, probablement par Daubenton (Arch. Nat., F⁵⁰ 3). Ce plan développe, en 17 articles, les avantages que tirerait l'Espagne du nouvel ordre. — Cf. Pontchartrain à Mgr le cardinal d'Estrées, 8 janvier 1703 (Arch. Nat. Marine, B² 169, f. 242) ; à M. de Medina Celi, 28 janvier 1703 (*Ibid.*, f. 243) ; à M. de Torcy, de la même date (*Ibid.*, f. 245).
(2) Mémoire sur ce qui regarde la France touchant la proposition d'un commerce libre dans les Indes pour les Espagnols ; fait à Madrid le 5 janvier 1703 (Arch. Nat., F⁵⁰ 3). C'est probablement encore à Daubenton qu'est dû ce mémoire qui traite longuement et en détail de la question des « mesures qu'il y a à prendre pour empêcher que les Anglais et Hollandais ne pussent prétendre à la même chose que les Français lorsque la paix se ferait. »
(3) A Pontchartrain, 25 janvier 1703. Arch. Nat. Marine, B⁷ 227, f. 51.

Pourtant, l'ambassadeur de France porta la proposition devant le roi d'Espagne, qui la renvoya au Conseil des Indes. A Madrid, comme à Cadix, les marchands approuvèrent le projet et le président même du Conseil, le duc de Medina Celi, ne parut pas mal disposé (1). Mais on vit bientôt que cette complaisance n'était qu'illusoire. Le Conseil des Indes différa à plusieurs reprises de prendre une résolution définitive (2) et émit finalement son avis dans une déclaration qui, sans toucher au point essentiel, se contentait de rappeler « qu'il serait dangereux de renverser les lois des Indes. » Le cardinal d'Estrées répliqua que « cette junte n'était point au fait de la navigation et du commerce des Indes, non plus des grands avantages qui en résultent », et qu'il était « de la dernière importance pour le service de Sa Majesté Catholique » qu'on nommât d'autres personnes capables et entendues qui discuteraient l'affaire (3).

Cette déclaration ne fit qu'augmenter l'impopularité qu'avaient value à l'ambassadeur son manque d'égards envers les Espagnols et ses grands airs hautains. Aussi bien son rappel était-il déjà décidé, et pendant le peu de temps qu'il resta encore en fonction, l'affaire n'avança point d'un pas. Le projet d'un marchand de Saint-Malo, M. de Grandville-Locquet, de faire aller les galions directement au Pérou sous escorte française (4), fut déconseillé par Daubenton comme peu pratique et trop coûteux (5) et ne fut même pas soumis aux autorités espagnoles. Mais, par contre, une proposition de Pontchartrain qui visait à ouvrir en Amérique un meilleur débouché aux produits européens, en interdisant l'importation de marchandises chinoises qui se répandaient au Mexique par les Philippines (6), fut mieux accueillie par le Conseil des Indes. Le Conseil publia en effet cette interdiction qui, assurait-on, serait obéie, à moins toutefois que le manque de marchandises

---

(1) Daubenton à Pontchartrain, 18 février 1703. Arch. Nat. Marine, B⁷ 227, f. 125.
(2) Daubenton à Pontchartrain, 31 mars 1703. Arch. Nat. Marine, B⁷ 227, f. 220.
(3) Daubenton à Pontchartrain, 9 juillet 1703. Arch. Nat. Marine, B⁷ 228, f. 45.
(4) Pontchartrain à M. le cardinal d'Estrées, 4 avril 1703. Arch. Nat. Marine, B² 168, f. 44.
(5) Observations sur le mémoire du sieur Grandville Locquet concernant l'envoi des galions dans la mer du Sud (Arch. Nat. Marine, B⁷ 230, doc. 4) ; Daubenton à Pontchartrain, 27 avril 1703 (Ibid., B⁷ 227).
(6) Pontchartrain à Daubenton, 1ᵉʳ août 1703. Arch. Nat. Marine, B² 169, f. 286.

européennes ne forçât les colons « à recevoir celles de la Chine (1) ».

L'opiniâtreté des Espagnols ne réussit pourtant pas à décou-
rager les Français dans la réforme du commerce des Indes. Pontchartrain n'épargnait point les rappels adressés à son agent de
Madrid. On espérait tantôt que les marchands espagnols, séduits
par les plans français, s'en feraient les champions, tantôt que
quelque homme d'État qu'on croyait favorablement disposé aux
intérêts de la France saurait changer l'opinion de ses compatriotes (2), tantôt encore que le gouvernement espagnol serait
amené à commander en France la construction de ses navires de
guerre, si toutefois il en avait les moyens, comme on pensait qu'il
les aurait (3). Mais tout échoua contre l'entêtement de l'Espagne et
particulièrement du Consulat de Séville. En France, on dut se
contenter d'observer avec attention les événements et de s'efforcer,
chaque fois qu'une place devenait vacante dans l'administration,
et en particulier dans celle des colonies, d'y mettre une personne
dont on fût sûr. Ainsi, on tâchait de miner par toutes sortes de
mesures le pouvoir du Consulat.

Dans ces conditions, il semble qu'en Espagne on eût dû s'em-
presser de faire partir les flottes et les galions, d'autant plus que
leur longue absence avait déjà des suites fâcheuses en Amérique.
Mais on y déploya bien moins d'énergie que lorsqu'il s'agissait de
combattre les tentatives de réforme françaises. L'armement qui fut
commencé, en 1703, à Cadix avança si mollement que le consul
de France, à la fin de l'année, rapporte « qu'on ne fait plus aucune
diligence pour le départ des galions et que personne ne se présente pour les charger (4). » Plus tard on prétendit que leur départ
s'effectuerait en mars 1704 ; mais on ne crut pas plus à cette date
qu'on ne crut au mois de septembre ou dans le cours de l'hiver
suivant à un départ postérieurement annoncé. Des pertes très
sensibles en résultèrent même pour le commerce français, car des
navires de Bretagne étaient venus à Cadix, apportant des mar-

(1) Daubenton à Pontchartrain, 13 août et 27 septembre 1703. Arch. Nat. Marine,
B⁷ 228, f. 131 ; 229, f. 68.
(2) On comptait tout spécialement sur le duc d'Uceda après son retour de l'ambassade à Rome. Pontchartrain à Daubenton, 31 octobre ; Daubenton à Pontchartrain,
22 novembre 1703. Arch. Nat. Marine, B² 170, f. 313 ; B⁷ 229, f. 297.
(3) Pontchartrain à Daubenton, 5 décembre 1703. Arch. Nat. Marine, B² 170, f. 570.
(4) Pontchartrain à Daubenton, 9 janvier 1704. Arch. Nat. Marine, B² 174, f. 106.

chandises destinées au marché américain et n'y trouvaient aucune occasion de les y faire parvenir (1). Enfin le bruit commença à se répandre qu'on équipait en Angleterre une flotte de corsaires pour la mer du Sud (2) ; cette flotte, disait-on, ne comprenait pas moins de sept vaisseaux, « armés de réligionnaires français » ; c'était en réalité l'expédition de l'Anglais Dampier dont nous reparlerons plus loin.

Ces circonstances réunies ramenèrent au premier plan la question du commerce des Indes. Exhorté par Pontchartrain, Daubenton composa un mémoire volumineux qu'il adressa en février 1704 à son chef, et qui constitue un des documents les plus notables sur cette affaire. Dans la lettre qui accompagnait le mémoire l'auteur écrit (3) :

« J'ai travaillé avec toute l'application possible au mémoire que j'ai l'honneur de vous envoyer sur les abus commis dans le commerce et la navigation des Indes, et sur les moyens de les rétablir et faire fleurir. J'ai eu plusieurs conférences sur ce sujet avec quelques ministres du Conseil des Indes qui n'ont d'autre vue que le service du Roi Catholique et le bien public, et avec les plus habiles navigateurs et fameux commerçants qui ont les mêmes sentiments. Je n'ai rien omis, Monseigneur, afin d'être pénétré de la vérité des faits et des moyens expliqués dans ce mémoire, heureux s'il a votre approbation et si je puis voir l'exécution des projets qu'il renferme, principalement celui qui regarde cette liberté dont les effets procureront des avantages inexprimables, dans lesquels la France participera essentiellement. »

Le document lui-même, trop long pour pouvoir être cité *in extenso*, débute par un exposé détaillé des abus que le système en vigueur causait dans le négoce avec l'Amérique, abus dont il rendait surtout responsable le Consulat de Séville. Ensuite il développe dans les huit points suivants ses propositions relatives au rétablissement de ce commerce :

1) Il est constant que les lois et ordonnances des Indes, faites depuis deux siècles, ont besoin d'être renouvelées ou changées, soit par les abus qui se sont introduits et par le peu de soin que l'on a eu de les faire ob-

(1) Pontchartrain écrit le 13 février 1704 qu'il « a été informé par des lettres du sieur Mirasol de l'arrivée à Cadix de trois frégates de Morlaix richement chargées. » Arch. Nat. Marine, B² 174, f. 417.
(2) Daubenton à Pontchartrain, 23 janvier 1704. Arch. Nat. Marine, B⁷ 231, f. 86.
(3) Daubenton à Pontchartrain, février 1704. Arch. Nat. Marine, B⁷ 231, f. 229.

server, soit parce que l'expérience a fait connaître de nouveaux et de plus sûrs moyens pour la navigation et le commerce.

2) Les raisons ci-devant expliquées doivent convaincre qu'il est d'une nécessité indispensable de rompre les coutumes établies au sujet des flottes et galions et d'en abolir le départ ; qu'il ne faut plus naviguer de même que par le passé, mais donner la liberté aux Espagnols d'envoyer tous les ans dans les Indes leurs marchandises par des vaisseaux qui leur appartiendront, ou qu'il leur sera permis de faire bâtir, pour les faire partir dans le temps et conjointement avec d'autres ou séparément, ainsi qu'ils voudront, en sorte qu'ils aient le commerce et la navigation libres, à la charge que ces bâtiments seront construits en Espagne, qu'ils en porteront le pavillon, et que les équipages, qui seront composés d'Espagnols, seront proportionnés à la grandeur du vaisseau, qui ne pourra être au-dessous de 50 canons, afin d'être en état de résister à toutes sortes de navires ennemis, et de pouvoir même les combattre avantageusement, lorsque les occasions s'en présenteront.

3) Il sera en même temps très nécessaire de supprimer entièrement le Consulat de Séville, de nommer des commissaires pour lui faire compte des deniers et effets dont il a eu le maniement, et de révoquer les ordonnances concernant les avaries qui ne pourront plus avoir lieu dans l'exécution du présent projet.

4) Il faudra établir à Cadix un tribunal, sous le titre d'Amirauté, pour connaître des différends qui surviendront entre les négociants et les navigateurs aux Indes, et que les sujets qui le composeront soient très versés dans le commerce afin qu'ils puissent brièvement terminer les contestations et délits.

5) Les fréquents départs et retours des bâtiments qui iront et reviendront des Indes procureront au roi d'Espagne des sommes immenses, qui lui seront d'un continuel secours. Elles procèderont des droits de sortie et d'entrée à Cadix, dont il faudra faire un tarif, mais il sera très important que Sa Majesté Catholique fasse choisir des personnes d'une intégrité éprouvée et très zélées pour son service et le bien public, afin qu'elles aient la plus grande application pour percevoir ces droits et pour empêcher qu'il ne se commette aucune fraude sur les marchandises et effets qui s'embarqueront et débarqueront.

6) Il sera d'une extrême conséquence de prendre de très vives résolutions et de les faire rigoureusement exécuter, pour faire punir et châtier à Cadix ceux qui y font entrer et sortir en fraude des marchandises. Ces sortes de gens y sont dans un si grand nombre que, suivant des avis assurés, on le fait monter à plus de deux mille, parmi lesquels il y a beaucoup de gentilshommes et de chevaliers, qui n'ont point d'autre profession pour entretenir leurs maisons et vivre commodément.

7) Il est très essentiel et absolument nécessaire que le roi d'Espagne

supprime les droits d'indult et qu'il n'en impose aucuns sur les vaisseaux qui iront aux Indes et qui en reviendront, étant certain que ce droit a causé la perte d'une infinité de riches négociants espagnols et étrangers, mais Sa Majesté Catholique sera amplement dédommagée de cette suppression par les droits d'entrée et de sortie qui se payent.

8) Quoique la permission de commercer et naviguer aux Indes ne doive être accordée qu'aux Espagnols seulement, il est néanmoins de l'intérêt de Sa Majesté Catholique et du commerce d'Espagne qu'elle permette aux étrangers alliés de la couronne d'y envoyer ouvertement toute sorte de marchandises sur les bâtiments espagnols, à condition expresse qu'elles seront embarquées à Cadix par les soins d'un commissionnaire espagnol, qui sera chargé de l'envoi et du retour ; par ce moyen on ne donnera pas d'atteinte aux lois qui défendent l'introduction des étrangers dans les Indes, et on les encouragera en même temps à augmenter leur commerce à Cadix pour l'Amérique par l'assurance qu'ils auront de n'être plus exposés ni assujettis à la mauvaise foi qu'ils ont éprouvée jusqu'à présent, parce qu'étant obligés ci-devant de remettre leurs effets à des commissionnaires espagnols, ceux-ci les leur retenaient ou se les appropriaient infidèlement, et s'ils leur en rendaient compte, il fallait passer par où ils voulaient, parce que ce commerce étant défendu aux étrangers, il ne leur était pas permis de traduire les autres en justice, ce qui causait à ces premiers un préjudice très considérable et les mettait hors d'état de continuer ce commerce.

D'une façon encore plus détaillée et précise, Daubenton développe ensuite (en 13 points) les avantages qui résulteraient des réformes proposées, et ces avantages, il les résume ainsi :

« Tant d'avantages, joints à ce qui est ci-devant exprimé, doivent aplanir toutes les réflexions contraires et persuader sensiblement que le salut de la monarchie espagnole dépend uniquement de la liberté du commerce et de la fréquente navigation des Indes pour les seuls Espagnols. Le royaume de Portugal, d'une si petite étendue et d'une si grande pauvreté en lui-même, est cependant devenu très opulent par les flottes qu'il envoie chaque année au Brésil, d'où il ne retire néanmoins que des sucres et tabacs, au lieu que les Indes fournissent abondamment l'or, l'argent, la cochenille, l'indigo et autres précieuses marchandises, d'où il est aisé de juger combien l'Espagne deviendra florissante si on exécute le présent projet : les peuples se rendront opulents et en état de fournir au Roi Catholique les deniers nécessaires pour soutenir la gloire et l'honneur de la monarchie, les finances de Sa Majesté Catholique augmenteront considérablement, pendant que ses dépenses immenses pour les flottes et galions, pour le transport des troupes et munitions et pour les envois des navires d'avis seront entièrement supprimées.

Si ce projet reçoit l'approbation qu'on espère, il pourra s'exécuter en temps de guerre comme en celui de paix. Peut-être que l'on objectera qu'il est impossible de le mettre présentement en exécution, à cause des escadres que l'Angleterre et la Hollande ont en mer, mais on doit se persuader que les vaisseaux détachés qui partiront d'Espagne pour les Indes pourront très facilement éviter leur rencontre, soit par les avis que l'on aura de la route qu'elles tiendront, soit en changeant celle que les flottes et galions avaient accoutumé de suivre, en sorte que les vaisseaux n'auront plus que les corsaires à craindre ; mais comme on suppose que les bâtiments qui iront dans les Indes seront au moins de 5o canons, garnis à proportion d'équipages, il est très probable que les corsaires n'oseront les attaquer, ou, s'ils le font, on sera en état de faire une bonne et vigoureuse résistance. Supposé qu'un de ces vaisseaux tombe dans une escadre ennemie et qu'elle le prenne, ce malheur ne serait que peu de chose, puisque les propriétaires peuvent assurer les bâtiments et les effets, au lieu qu'il en arriverait tout autrement si une forte escadre rencontrait et prenait la flotte et les galions dont la perte serait irréparable, prise quasi certaine par des raisons généralement connues.

Comme il convient cependant que le roi d'Espagne ait des vaisseaux en état propre pour naviguer aux Indes et en rapporter le montant de ses droits en or et argent, il semble que Sa Majesté Catholique pourra en avoir six ou huit de guerre. On ne les ferait partir de Cadix que deux ensemble ; les bâtiments marchands pourraient pour plus grande sûreté, mais volontairement et sans contrainte, profiter de cette escorte, en donnant les mêmes droits que ceux qui se payent en Angleterre et Hollande lorsque l'on fournit des convois demandés par les négociants ; la même chose se pourra pratiquer dans l'Amérique pour le retour. Ainsi l'entretien de ces vaisseaux de guerre serait de très peu de dépense à Sa Majesté Catholique. Quand elle ne voudra pas envoyer de ses navires aux Indes, on pourra y embarquer sur plusieurs vaisseaux marchands l'or et l'argent provenant desdits droits. »

A la fin, dans une argumentation serrée, Daubenton prouve que le commerce entre les Philippines et le Mexique, spécialement tel qu'il se pratiquait malgré les lois en cours, portait un grave préjudice à l'Espagne ainsi qu'aux colonies américaines. Aussi ce commerce devait-il être entièrement prohibé ; une compagnie, chaque année, enverrait à Manille, en passant par le cap de Bonne-Espérance, un navire, « chargé de tout ce dont ces insulaires auraient besoin, et pour rapporter les marchandises de la Chine en Espagne ». Et « comme ce voyage, ajoute l'auteur, serait de long cours et qu'il sera difficile de trouver des Espagnols en état de former cette compagnie, il serait nécessaire que Sa Majesté Catholique leur permît d'y joindre des commerçants français, ayant plus de moyens pour une telle entreprise et étant plus accoutumés aux risques d'une longue navigation que ces premiers ».

Ce mémoire qui porte, écrite d'une main contemporaine, l'annotation « très intéressant et contenant d'excellents avis pour le rétablissement du commerce des Indes », gagna aussi l'entière approbation de Pontchartrain, qui le jugea « tout à fait conforme aux idées qu'il avait toujours eues de ce commerce ». « Le seul inconvénient que j'y trouve, objecte-t-il, c'est, qu'en l'établissant dès à présent sur ce pied, les Anglais et les Hollandais s'opiniâtreront à demander à la paix des conditions qui pourraient rendre inutiles tous les avantages qui auraient été accordés au commerce des Français ». Il recommande donc à Daubenton de prendre en considération cette question et de présenter là-dessus un nouveau mémoire (1).

En réalité, les avantages que Daubenton avait ainsi espéré obtenir à ses compatriotes n'étaient pas très considérables et, à les examiner de près, on ne dut point s'y tromper en France. Alors que Daubenton s'était laissé influencer par les idées et les conceptions de l'Espagne ou n'avait pas voulu aller plus loin dans ses projets de réformes que ce qui lui paraissait réalisable avec l'assentiment des Espagnols, les Français estimèrent que, dans l'intérêt de leur commerce, il leur fallait des mesures plus énergiques et plus efficaces. Pour s'assurer au moins quelques avantages temporaires, en attendant que des plans plus explicites

---

(1) Pontchartrain à Daubenton, 1ᵉʳ mars 1704. Arch. Nat. Marine, B² 174, f. 558. — Daubenton qui, dans une lettre du 18 mars (*ibid.*, B⁷ 231, f. 288), remercie des éloges qu'il a reçus, promet de « travailler incessamment » à ce nouveau mémoire. Mais il n'est pas probable qu'il ait jamais accompli cette tâche. Dans des occasions antérieures il s'était d'ailleurs longuement exprimé sur ce sujet (Voir plus haut, p. 256, note 2), en réfutant toutes les appréhensions par cet argument que ce serait « une grande témérité » de la part des Anglais et des Hollandais, qui eux-mêmes ne permettaient à aucune autre nation de faire du trafic dans leurs colonies et possessions, d'exiger de pareils avantages des Espagnols. Si par une convention entre la France et l'Espagne on « naturalisait réciproquement les deux nations afin de pouvoir naviguer librement de l'Europe à l'Amérique dans les États des deux monarchies », il serait encore plus impossible qu'on pût présenter des plaintes et les justifier au sujet des avantages qu'on se proposait de donner aux Français.

fussent établis et discutés, on profita de l'appréhension d'une attaque de corsaires anglais. La proposition qu'on adressa à ce sujet au gouvernement espagnol fut tenue secrète à Daubenton (1). On redoutait sans doute qu'il n'y fît obstacle, étant données ses opinions bien connues. Elle fut donc présentée par l'abbé d'Estrées qui, pendant un court espace de temps, succéda à son oncle, le cardinal, comme ambassadeur à Madrid.

Les principaux points de la proposition étaient les suivants : quatre bâtiments de guerre français et deux navires chargés des provisions nécessaires devaient être envoyés au Pérou pour repousser l'invasion de l'ennemi ; les frais en seraient recouverts par une assignation « sur les caisses du Pérou ». Escortés par cette flotte, quatre ou cinq des galions les plus solides partiraient pour la même destination, emportant de préférence des marchandises françaises, bien qu'au compte de l'Espagne ; en payant 15 ou 20 pour cent de droit de convoi, les galions contribueraient aux frais de l'expédition, et enfin l'escadre amènerait le nouveau vice-roi de Lima, le marquis de Casteldosrius, qui venait d'être nommé et dont la présence ajouterait un caractère officiel à l'entreprise et prouverait aux populations du Pérou que le roi de France avait et la volonté et le pouvoir de se faire leur défenseur. Toute cette combinaison, insinua-t-on, ne devait être regardée que comme un expédient temporaire commandé par les circonstances, et n'empêcherait nullement un retour à l'ordre établi dès que ce retour pourrait s'effectuer sans danger. Peu importait d'ailleurs au roi d'Espagne que la foire accoutumée eût lieu à Lima au lieu de Portobello, où elle risquait d'être troublée par les flottes ennemies.

Cette proposition, après avoir été présentée dans le *Despacho*, fut, comme d'ordinaire, remise au Conseil des Indes qui, selon son habitude, se montra rétif. Le danger du côté des corsaires était fort exagéré, les mesures de sûreté déjà recommandées suffisaient pleinement. Enfin, dernière ressource et argument suprême, on objecta à l'idée de ce convoi français la loi qui interdisait aux étrangers l'accès de la mer du Sud. Au surplus les

(1) Daubenton à Pontchartrain, 29 mai 1704. Arch. Nat. Marine, B⁷ 231, f. 450.

finances de l'Espagne n'admettaient pas les frais qu'exigeait l'entreprise. En ce qui concernait les galions, on faisait appel aux mêmes lois et on montrait les inconvénients qu'un changement dans ces lois entraînerait pour le commerce, en Espagne comme en Amérique : la longue traversée périlleuse renchérirait énormément les marchandises ; que deviendrait « la riche et fameuse foire de Portobello, le plus bel établissement qu'il y eût jamais eu ? » — depuis bien des années elle n'avait pas eu lieu ! — ; les produits de l'Andalousie, vin, huile, etc., qui n'étaient consommés qu'aux Indes, ne trouveraient plus de débouché. Comme un échantillon de la valeur des raisons employées, il suffit de citer un des arguments du Conseil, qui déclare « qu'il serait même à craindre que, s'il venait à manquer du vin à Carthagène et autres endroits, le sacrifice de la messe ne cessât ». C'était là un des immenses et nombreux malheurs qui menaçaient, si la proposition française était acceptée. Enfin, le départ du marquis de Casteldosrius ne pressait point, car le comte de la Monclova, qui restait dans sa fonction de vice-roi, était, « par son expérience, capacité, prudence et conduite, en état de s'opposer et châtier les ennemis et pirates qui passeraient de l'Europe dans ces mers. »

Au moment où le Conseil se prononçait de cette façon et témoignait ainsi son esprit conservateur incurable et son aveuglement, il avait aussi été chargé de donner son avis sur les mesures à prendre afin « d'augmenter le commerce de France et d'Espagne et fermer la porte à celui des autres nations, en sorte que l'on jouît des avantages qu'on pouvait espérer de l'union des deux couronnes ». Là encore, on ne sut prendre d'autre mesure qu'un maintien inébranlable de l'ordre établi. Du fait que depuis longtemps il n'y avait plus d'ordre établi, le Conseil ne souffle pas mot. Si vraiment, du côté français, on avait encore quelques souhaits à exprimer, on demanderait d'abord l'avis du Consulat de Séville, de ce Consulat « composé de sujets fort zélés et intelligents (1) ».

On allait bientôt voir combien il y avait peu à attendre de ce côté. La prévision de Daubenton, annonçant que le Consulat,

---

(1) Extrait de la consulte du Conseil des Indes du 24 mai 1704, sur trois points contenus dans un mémoire de M. l'abbé d'Estrées, et un autre que le Conseil ajoute. Arch. Nat. Marine, B⁷ 232, f. 133.

« bien loin de donner les mains à augmenter le commerce de France, cherchera toujours les moyens de le détruire (1) », se trouva fondée. Le nouveau président qu'on y venait d'élire et qui, selon Daubenton, n'avait encore aucune idée du commerce des Indes, mais qui se reposait entièrement sur ses subordonnés, jugea que les Français jouissaient de tous les avantages qu'ils pouvaient demander, vu qu'ils étaient intéressés d'un bon tiers de plus qu'aucune autre nation dans les chargements des flottes et des galions, et qu'ils ne contribuaient point aux frais de l'armement et des voyages ; il estima aussi qu'ils avaient obtenu, dans le traité d'Asiento, un privilège extrêmement profitable qu'on exploitait d'ailleurs au détriment de l'Espagne. Ces assertions fournirent à Daubenton le prétexte d'une protestation en termes violents, lardée d'anecdotes plus ou moins vraisemblables sur les déprédations des employés du Consulat, et concluant à leur destitution (2). D'ailleurs, il prétendait avoir trouvé dans la réponse du Conseil des Indes ci-dessus citée une confirmation de son propre sentiment, et il déclare même que « la junte s'est expliquée sur le tout avec beaucoup de prudence et conformément aux lois établies pour les Indes, dont le Conseil ne peut jamais se départir, à moins qu'elles ne soient changées par le roi d'Espagne. » Il semble oublier entièrement qu'il s'est prononcé lui-même pour qu'on les changeât !

La preuve que la France de cette époque attachait un très vif intérêt au commerce avec l'Amérique espagnole, ce sont toutes ces propositions qu'on fit rédiger et que le secrétaire d'État de la marine expédia à Madrid. On dirait qu'il n'eût jamais assez de mémoires, rapports et exposés de toute sorte (3). Il les réunissait, probablement, comme les matériaux d'un jugement définitif qui cependant se faisait longtemps attendre ou même ne se formulait jamais.

(1) Daubenton à Pontchartrain, 29 juin 1704. Arch. Nat. Marine, B7 233, f. 129.
(2) Mémoire pour servir de réponse à la lettre que le prieur du Consulat de Séville a écrite au roi d'Espagne le 8 juin 1704, sur le commerce des Français dans les Indes, 14 août 1704. Arch. Nat. Marine, B7 232, f. 325.
(3) Non content d'accabler ses fonctionnaires subordonnés d'une correspondance extrêmement suivie, il leur imposait aussi le devoir de lui envoyer des rapports sur une foule de différents sujets. Outre les propositions que nous avons déjà détaillées,

Les documents que nous pouvons consulter ne nous disent pas si tous ces projets furent présentés aux autorités espagnoles ; il est probable que plusieurs durent tomber devant les objections de Daubenton. Il en fut ainsi, par exemple, d'une proposition de former une compagnie pour les Indes, composée de Français, Espagnols et Flamands : Daubenton la déconseillait comme peu pratique et impossible à exécuter (1). Cette même proposition est aussi combattue dans un mémoire volumineux (2), dont nulle annotation ne désigne l'origine, mais qui, sans aucun doute, provient du Conseil de commerce. Nous y trouvons exprimée cette opinion dont la justesse ne devait pourtant être reconnue que très longtemps après, que « c'est un principe incontestable en matière de commerce que toutes les compagnies exclusives sont bien plus propres à le resserrer qu'à l'étendre, et qu'il est beaucoup plus avantageux à l'État que son commerce soit entre les mains de tous les sujets que d'être restreint à un petit nombre de gens. » Mais, pas plus que les autres, ce mémoire, qui fournit des renseignements fort intéressants au sujet des droits établis sur le commerce des Indes et les fraudes qu'entraînait la levée de ces droits, ne sait proposer d'autre moyen contre le mal que le réta-

il se trouve que Daubenton pendant l'époque dont il est question lui a adressé les études suivantes :

Mémoire historique du commerce des Espagnols dans les Indes Orientales, septembre 1703 ;

Mémoire historique du royaume du Chili, janvier 1704 ;

Mémoire de la création du tribunal et de l'audience de la chambre de la Contratation des Indes établie à Séville, 19 mars 1704 ;

Mémoire de la création du Consulat de Séville et de la nomination des officiers qui le composent, même date ;

Mémoire sur les îles de Salomon, 5 septembre 1705.

Ce dernier mémoire que Pontchartrain avait demandé plus d'un an avant et qu'il avait réclamé avec une instance qui nous dévoile les plans fantastiques dont il était hanté à côté de la politique plus réelle, fait malheureusement défaut parmi les documents de l'ancienne marine. On peut juger d'un intérêt pour la géographie d'après ce que dit Daubenton lui-même : « J'ai fait ce mémoire avec toute l'exactitude possible et sur ceux que don Manuel de Aperreguy et don Miguel de Errasquin m'ont communiqués en secret, avec les journaux, relations, lettres, représentations et manuscrits originaux qui sont en dépôt au Conseil des Indes, dans les secrétaireries des départements de la Nouvelle Espagne et du Pérou. La carte que j'y ai jointe et où il n'y a qu'une partie de ces îles, a été copiée sur celle qui est dans la bibliothèque de M. le duc d'Uceda. » Arch. Nat. Marine, B⁷ 236.

(1) Réponse au mémoire concernant la proposition d'associer les deux rois pour la navigation et le transport des marchandises à l'Amérique espagnole (jointe à la lettre de M. Daubenton du 29 mai 1704). Arch. Nat. Marine, B⁷ 231, f. 455.

(2) Mémoire sur le commerce d'Espagne aux Indes, 3 juin 1704. Arch. Nat. Marine, B⁷ 230.

blissement des flottes et galions dans des formes légèrement modifiées.

Jourdan aussi se présenta avec un plan qui partait d'un principe semblable, un « projet d'union de commerce entre la France
et l'Espagne pour le commerce des Indes espagnoles (1) ». On
en devine facilement le but. Il visait surtout à combattre la
concurrence de ses propres compatriotes avec la Compagnie de la
mer du Sud, dont il espérait, malgré la défense édictée, pouvoir rétablir l'activité. Il demandait à cet effet que le roi de
France portât « la peine de confiscation des effets et vaisseaux et
la punition de la galère à perpétuité contre les contrevenants et
la même peine contre ceux de France, d'Espagne et des îles des
colonies françaises qui seraient convaincus d'y avoir contribué
ou participé. » On ne saurait douter que ces lois draconiennes
eussent été fort bien reçues en Espagne, mais le gouvernement
français avait de bonnes raisons pour ne pas encourager ces
mesures extrêmes.

Enfin il faut signaler un projet qui, contrairement aux précédents, ne resta pas seulement sur le papier. Il contenait en réalité
une idée qui, bien qu'elle n'eût pas de résultat immédiat, allait
influencer les négociations restées jusqu'ici infructueuses. L'auteur en fut le connétable de Saint-Malo, M. de la Chipaudière
Magon. Celui-ci, fortement intéressé dans les affaires que sa ville
natale faisait en Espagne aussi bien qu'en Amérique, fut amené
à exprimer ses idées à propos d'une publication qui, en 1704,
annonçait le départ des galions pour le mois d'octobre et l'ouverture de la foire de Portobello pour le janvier suivant. Il en
écrit (2) :

« On ne doit pas s'attendre qu'une expédition si publique ne fût traversée dans son exécution, si elle avait lieu. Les ennemis ont trop d'intérêt d'empêcher que les deux couronnes n'en retirent les secours qui leur
en reviendront, et quand même le Roi donnerait une escadre de ses vaisseaux pour servir d'escorte, comme on se flatte, il est vraisemblable que
les Anglais et les Hollandais envoieraient des forces supérieures dans la

(1) Mémoire du 7 août 1704. Arch. Nat. Marine, B⁷ 230.
(2) Mémoire sur le commerce d'Espagne aux Indes, août 1704. Arch. Nat. Marine,
B⁷ 230.

mer des Indes, et les galions, à demi pourris, mauvais voiliers et mal
équipés, deviendraient presque inévitablement la proie des ennemis, ce
qui serait un terrible malheur.

On a pensé que le départ apparent des galions pouvait fournir un
moyen presque assuré de retirer des Indes non seulement l'argent de
Sa Majesté Catholique, mais encore plusieurs millions pour le compte des
sujets du Roi.

Ce moyen serait de faire partir cette escadre en droiture des ports de
France pour passer aux Indes, en publiant toujours que c'est pour aller
à Cadix, se joindre aux galions et les escorter.

On assure que depuis dix ans que les galions n'ont point été au Pérou,
il s'y est amassé 6 ou 7 millions d'écus pour le roi d'Espagne, que
l'escadre du Roi rapporterait. On pourrait encore tirer par la même voie
10 ou 11 millions de livres, si on charge pour 3 millions de marchandises de France, plus ou moins, pour que la cargaison ne fît pas d'embarras en cas de combat.

Si on lève sur ces retours des Indes 10 ou 12 %, tant pour le fret en
allant et en revenant, que pour les droits du roi d'Espagne, comme il a
été ci-devant proposé (1), le produit ne laissera pas d'être assez considérable pour indemniser et au-delà des frais de l'armement.

Trois choses paraissent principalement nécessaires pour faire réussir
ce projet :

Une prompte exécution à cause de l'hiver qui s'approche, dont il faut
profiter, en partant au plus tard à la fin de novembre, pour avoir les
retours en France en juin ou dans le commencement de juillet prochain ;
un grand secret pour dérober la marche aux ennemis ; et l'envoi de
France, de la part du roi d'Espagne, d'un homme sûr et intelligent pour
concerter ici l'expédition de l'escadre d'une manière convenable aux intérêts du roi d'Espagne. Cette personne pourrait même être accompagnée
d'un commissaire espagnol, qui serait présent au chargement des marchandises, qui en tiendrait un registre pour la sûreté des droits de Sa Majesté Catholique.

---

(1) On fait sans aucun doute allusion à une proposition présentée déjà l'année précédente par la même personne sous le titre : « Mémoire sur la résolution prise par le
roi d'Espagne de faire partir les galions pour l'Amérique avec une flotte de vaisseaux
marchands, par lequel on fera voir les inconvénients d'une telle résolution et les
moyens de remplir tous les objets que Sa Majesté Catholique et son Conseil peuvent
avoir dans cet envoi, avec bien moins de risques dans la conjoncture présente de
guerre, et avec les mêmes avantages » (Arch. Nat. Marine, B7 230). On y donne un
exposé circonstancié de toutes les conjonctures qui avaient rapport à ce projet et un
calcul détaillé des dépenses qu'il entraînerait. Cf. lettres de M. de la Chipaudière
Magon à Desmaretz des 4 et 27 avril, 15 juin (Arch. Nat., G7 1687) et du 24 août 1704 :
(Ibid., G7 555). Dans la première de ces lettres il dit de son mémoire qu'il est « mal
écrit et mal expliqué, mais il est véritable, et je n'y ai rien avancé que je ne sache pas
moi-même et que l'expérience de quatorze ans de résidence en Espagne ne m'a
appris. »

Quelque temps après le départ de l'escadre, on pourrait faire courir le bruit qu'elle a été surprise d'un coup de vent qui l'aurait poussée à Plaisance ou ailleurs, et par là on donnerait au public un sujet plausible du retardement du départ des galions, sur lequel aussi bien il y a peu de gens qui comptent sérieusement, dans la situation où sont les affaires.

Mais ce que l'on estime absolument nécessaire pour le succès de la chose, c'est qu'il plaise au Roi d'en écrire au roi d'Espagne en termes pressants, afin que Sa Majesté Catholique se serve de son autorité pour passer par dessus les règles ordinaires, qui gâteraient tout si elles étaient suivies dans le cas présent. »

L'auteur ajoute cependant que la nouvelle qu'il venait d'apprendre que le vice-roi de Lima serait conduit en Amérique par une escadre française pourrait bien entraîner quelque changement au plan ci-devant exposé, mais, conclut-il, « quelque parti qu'il plaise au Roi de prendre là-dessus, il est important que l'une ou l'autre de ces escadres soit chargée des ordres et pouvoirs du roi d'Espagne pour rapporter du Pérou l'argent qui appartient à Sa Majesté Catholique, et il serait extrêmement à souhaiter qu'elle pût se charger en même temps de quelque quantité des marchandises de France qui sont à Cadix, ou de celles qu'on embarquerait dans les ports du royaume, en cas que les vaisseaux du Roi en partissent à droiture. »

Pontchartrain semble s'être départi de son ancienne opinion qu'à tout prix il fallait éviter d'irriter ou de froisser les susceptibilités espagnoles, car il écrit au sujet de cette proposition : « Tout ce que vous proposez me paraît tout à fait convenable pour la sûreté de ce commerce, mais les Espagnols n'ont pas voulu jusqu'à présent entendre raison sur cela ; je ferai pourtant de mon mieux pour tâcher de les faire venir à ce point (1). »

Avant de montrer comment cette dernière promesse allait être remplie et comment les négociations relatives au commerce des Indes allaient ainsi entrer dans une nouvelle phase, il est nécessaire de se reporter aux événements qui, pendant ce temps, avaient eu lieu en France et d'examiner la tournure qu'ils avaient prise sous la double influence des conditions politiques et commerciales que nous venons de préciser.

(1) Au sieur de la Chipaudière Magon, 28 août 1704. Arch. Nat. Marine, B² 176, f. 721.

CHAPITRE II

Ce qui n'avait pas le moins contribué à entraver les négociations entre l'Espagne et la France concernant le commerce des Indes, c'étaient les nouvelles qui, de temps à autre, arrivaient en Espagne et qui annonçaient que des navires français, malgré toutes les assertions contraires, se montraient dans les parages prohibés. A la suite des plaintes formulées contre l'expédition de Beauchesne, la Compagnie de la mer du Sud fut réduite à l'inactivité et l'on avait formellement promis que l'entreprise ne se répéterait pas. Mais on avait à peine réussi à calmer l'opinion espagnole, que de nouveaux navires étaient surpris sur les chemins interdits. On avait eu beau essayer en France de dissimuler l'expédition de Danycan en alléguant qu'elle n'avait d'autre destination que la Chine et que ses vaisseaux apparaissaient seulement dans la mer du Sud pour explorer les îles et les côtes qui n'étaient pas sous la domination de l'Espagne (1), la réalité montra bientôt ce qu'il fallait penser de ces affirmations. Ni le commerce avec la Chine ni l'exploitation des richesses supposées de quelque pays inconnu n'étaient le vrai but des armateurs et des navigateurs français : ils ne cherchaient qu'à écouler en Amérique les produits de la France et à en rapporter en échange l'or et l'argent des mines du Chili et du Pérou, et, à cette fin, ils bravaient toutes.les oppositions, franches ou dissimulées, qui prétendaient contrarier leurs entreprises.

Lorsque l'affaire de la Corogne relatée dans le chapitre précédent eut pris une tournure favorable aux intérêts français, grâce à l'intervention énergique de Daubenton et du cardinal d'Estrées, on avait tâché d'apaiser les Espagnols en leur renouvelant l'assurance que le roi de France publierait la défense expresse de faire du commerce dans la mer du Sud. Mais peu de temps après le retour de ces vaisseaux, échappés à des représailles menaçantes, le bruit se répandait que d'autres affaires semblables se préparaient, on soupçonna donc forcément la sincérité des promesses données et que tous les efforts pour rétablir le commerce espagnol n'avaient été que de simples prétextes pour favoriser les intérêts français.

Évidemment, la plus grande partie de ces soupçons étaient bien fondés. Le gouvernement français pouvait avoir les meilleures intentions du monde en promettant de maintenir la défense du commerce : il n'en subissait pas moins les influences qui le forçaient à fermer les yeux sur les infractions commises et qui lui faisaient même prêter la main aux particuliers qui cherchaient des prétextes pour échapper à la loi. Ainsi nous avons vu que, déjà avant la fin de 1703, Danycan obtint l'autorisation royale

---

(1) Les Espagnols s'appuyèrent sur la célèbre bulle d'Alexandre VI, du 3 mai 1493, pour exiger que même les pays inhabités de la mer du Sud fussent fermés aux navigateurs français ; mais les Français contestèrent la validité de cet acte. L'ambassadeur de France fut enjoint de « faire observer sur ce sujet que ni le roi de France ni aucun prince de l'Europe n'a jamais prétendu être retenu par la considération de la ligne de démarcation que les Espagnols citent comme un titre incontestable, la décision du pape à cet égard n'étant que entre le roi d'Espagne et celui de Portugal ». Pontchartrain au comte de Marcin, 2 novembre 1701. Arch. Nat. Marine, B² 156, f. 294.

d'entreprendre un nouveau voyage en Chine, voyage qui, en réalité, comme le précédent, n'était qu'une expédition dans la mer du Sud. Mais il ne venait pas à l'esprit des Espagnols que le gouvernement français pût être impuissant à se faire obéir, quand il le voulait. Pour l'Espagne, comme pour toute l'Europe, Louis XIV, en qui s'incarnait la royauté absolue, n'avait qu'à exprimer sa volonté et ne devait rencontrer aucune résistance. De fait, à côté de cette monarchie espagnole, si lamentablement désorganisée, la monarchie française présentait l'image de l'ordre parfait et d'une complète obéissance aux lois. Et même, si les Espagnols consentaient à subir l'influence française, c'était uniquement dans l'espoir que la toute-puissance du vieux roi leur procurerait ces mêmes avantages. En de telles conditions, comment eût-on supposé, lorsqu'on voyait des sujets français agir en contradiction formelle avec la volonté publiquement exprimée par le monarque, que les choses pussent se faire sans son consentement tacite. L'histoire du commerce dans la mer du Sud nous prouve en bien des endroits l'impuissance de l'autocratie française. En maint cas, on attribuait aux intentions du roi de France des actes qui, en réalité, témoignaient de son impuissance à faire exécuter ses ordres.

Le commerce de la mer du Sud était, comme nous l'avons dit, prohibé par les lois espagnoles et la raison de leur maintien venait de cette conviction profonde où l'on était que, si l'on touchait à ces lois, des intérêts plus importants seraient mis en péril. Il semblait nécessaire aux intérêts économiques de l'Espagne, comme à ceux de la France, que l'ordre établi par ces lois pour le commerce des Indes fût restitué. C'était un article de foi. Et non seulement chez les Espagnols. Il y avait nombre de marchands français fort intéressés à ce système et qui joignaient leurs représentations à celles de leurs confrères d'Espagne. Ils partageaient les mêmes préjugés, manifestaient les mêmes exigences. Les notables du puissant corps des négociants français à Cadix « se plaignaient hautement, annonce-t-on de cette ville, de ce qu'on permit en France qu'il allât des vaisseaux à la mer du Sud, et leurs correspondants leur mandent qu'ils ne leur enverront plus

de marchandises que pour la consommation de l'Espagne (1). »
En France on devait encore tenir compte des privilèges des compagnies de commerce ; tout contribuait donc à imposer au gouvernement français la nécessité de réprimer des entreprises qui
gênaient tant d'intérêts. Mais le désir que les particuliers ont de
s'enrichir est un mobile plus puissant; aucun système prohibitif
ne peut le combattre victorieusement.

Comme un exemple caractéristique de ce combat nous exposerons les circonstances qui présidaient à une de ces expéditions
à la mer du Sud. Les événements de l'époque suivante nous
offriront ce cas répété à l'infini.

*
* *

Le résultat heureux des premières expéditions françaises à la
mer du Sud éveilla les appétits non seulement de ceux qui, comme
Danycan, faisaient fond sur la protection des autorités, mais
souleva aussi les convoitises d'autres personnes qui ne pouvaient
escompter la même indulgence.

Le 25 juillet 1703, Pontchartrain écrit au commissaire ordonnateur de la marine à Saint-Malo, M. de Saint-Sulpice (2) :

« Il m'est revenu qu'on équipe quatre vaisseaux à Saint-Malo pour aller
dans la mer du Sud. Je doute que cela soit vrai, car je compte que vous
m'en auriez averti. Si cela était, le Roi vous défend de leur laisser prendre
des matelots, et il faut même que vous fassiez savoir à ceux qui pourront
avoir envie de faire cet armement, que Sa Majesté le trouverait très mauvais, et qu'il faut bien qu'ils se donnent de garde de le faire. »

En réponse, on lui annonce que les quatre navires suspectés
étaient le *Duc-d'Orléans*, le *Comte-de-Plouer*, le *Saint-Esprit* et le
Saint-Joseph, mais qu'ils n'armaient que pour « faire la course aux
îles de l'Amérique ». Rien n'indiquait qu'ils fussent destinés à la
mer du Sud. « Je sais seulement, ajoute le commissaire, qu'ils
portent quelques toiles du cru de France, pour négocier s'ils en

(1) Daubenton à Pontchartrain, 17 octobre 1703. Arch. Nat. Marine, B7 229, f. 201.
(2) La correspondance entre Pontchartrain, de Saint-Sulpice et Le Vient que nous
citons se trouve, en original ou en copie, dans les Arch. Nat. Marine, B3 120,
f. 537 et suiv.

trouvent l'occasion, et sauver par ce moyen leurs armements, si la course ne leur est pas heureuse. »

Cette affirmation ne dissipa pourtant pas entièrement les doutes du ministre qui écrit, le 15 août : « Sa Majesté ne veut pas que vous les laissiez partir qu'on ne donne une soumission très forte de rendre le bord à la fin de l'année, et il faut que vous la fassiez payer sans quartier s'ils y manquent. » Quelques jours après on mande en effet que les quatre capitaines avaient donné la soumission exigée, « sous peine de 10.000 livres et sous telle autre peine qu'il plairait à Sa Majesté de leur imposer. »

Pour avoir le droit d'appareiller il fallait non seulement obtenir l'autorisation du commissaire de la marine, mais encore remplir diverses formalités devant l'amirauté. Sur ce qui s'y passa, le lieutenant général de l'amirauté, M. Le Vient, rapporte :

Le 14 du mois passé les propriétaires de ces vaisseaux m'ayant demandé permission de les faire sortir sous une seule commission en guerre, je leur fis la déclaration qui suit :

« Nous ne voulons expédier lesdites commissions qu'au préalable nous n'ayons reçu ordre de la Cour, attendu la fermeture des ports, et qu'il est de notoriété publique que lesdits vaisseaux sont précieusement chargés, sauf au pouvoir du Roi à faire ce qui lui incombe en tel cas. »

Il est à remarquer que lorsque je faisais insérer cette déclaration sur le registre, le sieur Gris (1) était présent, qui, prenant part à la sortie de ces navires et fâché d'un tel refus, se mit à m'insulter avec tant d'emportement qu'à l'instant je partis pour aller à Rennes présenter ma plainte au Parlement, qui la trouva si juste qu'il décréta contre lui d'ajournement personnel.

Cette affaire fut cause que je fus absent depuis le 14 dudit mois jusqu'au 20, auquel jour 20, ayant appris que le sieur Gris avait, contre toutes les règles, expédié lesdits vaisseaux malgré mon refus, je fis la déclaration suivante :

« Monsieur le lieutenant de l'amirauté a déclaré au greffe, qu'ayant été presque toujours absent depuis mardi dernier, il n'a appris que ce jour que, nonobstant le refus qu'il avait fait d'expédier les vaisseaux le *Saint-Esprit*, le *Comte-de-Plouer*, le *Joseph* et le *Duc-d'Orléans*, sans avoir reçu ordre de la Cour, cependant le sieur Gris les a expédiés ; c'est pourquoi mondit sieur le lieutenant a ordonné que lesdits vaisseaux seront arrêtés, nonobstant les expéditions, jusqu'à ce qu'on ait reçu les ordres de Mon-

(1) « L'un des conseillers de notre siège. »

seigneur de Pontchartrain, auquel il a été écrit le 15 de ce mois, lequel jugement communiqué au pouvoir du Roi, il a répondu le même jour qu'il ne pouvait les arrêter, attendu qu'ils sont sous voile. »

C'est ainsi que Le Vient explique sa conduite, et il est possible qu'il ait agi de bonne foi, bien que son éloignement, à un moment où sa présence semble avoir été le plus nécessaire, paraisse assez étrange. Il fut plus difficile au représentant du pouvoir du Roi, M. de Saint-Sulpice, de se disculper. Il annonce, le 29 août, que les navires étaient partis quatre jours plus tôt : « Ainsi il n'est plus dans mon pouvoir d'exécuter l'ordre que vous me donnez, Monseigneur, de les faire arrêter », écrit-il à Pontchartrain. Et il affirme de nouveau qu'il avait ignoré le dessein des armateurs de les envoyer dans la mer du Sud, « où je sais bien que vous ne voulez pas, Monseigneur, que les navires français aillent commercer. »

Que Saint-Sulpice se soit rendu coupable d'une négligence manifeste dans l'accomplissement des ordres reçus, cela ressort de la déposition de Le Vient, qui nous apprend que les navires n'étaient pas encore définitivement partis, mais qu'ils se trouvaient « à la vue de cette ville à y prendre le reste de leur chargement ». Aussi le ministre exprime-t-il son mécontentement en écrivant, le 5 septembre :

« On ne peut être plus mal satisfait que je le suis, de la conduite que vous avez tenue dans l'expédition des quatre derniers navires sortis de Saint-Malo, et s'il est vrai qu'ils soient allés dans la mer du Sud, comme tout le monde le dit et qu'on prétend qu'il est public à Saint-Malo, avec une cargaison de 1.600.000 livres, vous devez compter que la peine de cette contravention aux volontés du Roi tombera sur vous. »

Mais comme on ne pouvait laisser passer la chose sans la poursuivre, on ordonna au commissaire d'envoyer des rapports sur les navires, leurs armateurs et leurs capitaines, ainsi que des copies des soumissions que ces derniers avaient signées. Tout en s'acquittant avec force excuses de ce devoir, celui-ci essaya de détourner la colère de son chef et l'informa qu'à Nantes aussi on équipait un navire, « la caiche le *Saint-Martin*, » pour la mer du Sud ; mais ce beau zèle ne lui valut que cette observation bien méritée du ministre : « Il serait à désirer que vous eussiez eu la même exactitude à m'informer de l'expédition des quatre vaisseaux partis de Saint-Malo contre les intentions du Roi, que vous le faites pour la caiche qu'on prépare à Nantes, où j'envoie les ordres pour l'arrêter. »

Quant aux armateurs des navires partis, voici la mesure que l'on prit à leur égard : on les somma de déclarer s'il était vrai qu'ils avaient ordonné à leurs capitaines de passer dans la mer du Sud. Ils répondirent « qu'ils n'avaient point eu d'abord d'autre objet que d'envoyer leurs vaisseaux en course à l'Amérique de ce côté-ci pour y négocier, et qu'ayant donné la liberté à leurs capitaines d'aller à la côte de Caraque, à Buenos-Aires et autres lieux, ils leur représentèrent, dans le temps de leur départ, que les voyages de la mer du Sud étaient les plus avantageux, et qu'il venait d'en arriver trois navires qui y avaient parfaitement bien négocié, et avaient été bien reçus en France, sur quoi ils avaient permis auxdits capitaines de prendre la route qu'ils jugeraient à propos, s'imaginant que le Roi et Monseigneur, connaissant l'utilité de ces voyages, ne les désapprouveraient pas, pourvu que l'on gardât quelques mesures avec les Espagnols, et que l'on tînt la chose secrète. »

Toute l'affaire en resta là probablement ; les documents ne contiennent rien qui permet de supposer qu'ils aient été traduits en justice pour leur désobéissance. On peut croire que le gouvernement trouvait difficile de réfuter leur objection qu'il serait injuste de les traiter autrement que ceux qui avaient déjà accompli de pareilles entreprises interdites.

Mais il ne fallait pas espérer que le bruit de cette affaire ne parviendrait pas en Espagne. Déjà le 21 août 1703, Daubenton annonce (1) que « le Consulat de Séville a fait des plaintes au Conseil des Indes sur l'avis qu'il a eu que l'on préparait à Saint-Malo quatre frégates pour la mer du Sud ». Il s'empressa bien entendu de déclarer que ces doléances étaient mal fondées ; mais si momentanément on ajouta foi à ses paroles, on ne tarda pas à s'apercevoir du contraire.

Au cours de la seconde moitié de l'année 1703, le gouvernement

(1) A Pontchartrain. Arch. Nat. Marine, B⁷ 228, f. 170.

français fut assailli de demandes d'autorisation : les marchands de Saint-Malo surtout sollicitaient la permission d'envoyer des navires dans les mers lointaines. Mais plus que jamais les autorités soupçonnaient que chacune de ces demandes masquait une nouvelle expédition dans la mer du Sud. On avouait ordinairement comme destination les îles de l'Amérique. Mais Pontchartrain refusa énergiquement ; il refusa même lorsqu'il ne s'agit que de voyages à certains ports européens, Cadix ou Marseille, à moins toutefois que les armateurs n'assurassent le retour de leurs navires en février, au plus tard en mars 1704. On accrut les pénalités statuées dans les soumissions qui devaient être signées : en quelques mois, de 10.000 livres, elles s'élevèrent à 20.000, enfin à 40.000, et on y ajouta encore « la clause de confiscation s'ils vont ailleurs que dans les lieux qu'ils ont déclarés (1) ». Le ministre alla jusqu'à défendre à son représentant à Saint-Malo « d'expédier aucun navire pour quelque navigation que ce fût, même pour la course », sans cette condition (2). On conçoit quelle pénible contrainte pesait ainsi sur la navigation et quel mécontentement provoquaient ces mesures restrictives. Pontchartrain demeurant inflexible, les marchands portèrent ailleurs leurs doléances. Chez le contrôleur général des finances ils ne rencontrèrent d'abord que de vagues promesses d'appui (3), mais le Conseil de commerce se montra plus favorable à leur cause. Une représentation adressée au Conseil par les armateurs de Saint-Malo trouva en M. Amelot un défenseur. La réponse que celui-ci reçut à ce sujet du secrétaire de la marine mérite d'être citée en entier, car elle nous renseigne sur la façon dont ce secrétaire jugeait les circonstances et sur les mobiles qui le déterminaient. Voici ce que Pontchartrain écrit (4) :

« J'ai reçu, Monsieur, la lettre que vous avez pris la peine de m'écrire avec le mémoire qui vous a été remis par des marchands de Saint-Malo. Personne n'a plus envie que moi de faire plaisir au commerce et à la

---

(1) Pontchartrain aux officiers de l'Amirauté de Saint-Malo, 19 septembre 1703. Arch. Nat. Marine, B² 169, f. 761. — Id. à de la Chipaudière Magon, 3 octobre 1703. Ibid., B² 170, f. 45.

(2) A de Saint-Sulpice, 10 octobre 1703. Arch. Nat. Marine, B² 170, f. 115.

(3) Des Casaux du Hallay, négociant à Nantes, à M. Chamillart, 30 avril 1703. Corresp. des Contrôleurs gén. des finances, t. II, n° 450 n.

(4) A M. Amelot, 4 novembre 1703. Arch. Nat. Marine, B² 170, f. 336.

navigation de cette ville, et c'est peut-être la confiance qu'ils prennent à ce qu'ils savent sur cela de mes intentions qui les rend si difficiles à se mettre en règle. Les intéressés dans les vaisseaux dont il est parlé dans ce mémoire, demandent permission de lever des matelots dès le commencement de cette année. Comme je connais ces vaisseaux pour être propres à la course, non seulement je la leur fis donner, mais j'ordonnai même qu'on leur en facilitât la levée. Leur première demande fut fondée sur des objets de course. J'appris ensuite qu'ils embarquaient des toiles. Je crus qu'il y avait quelque chose de plus. Je fis ce que vous me conseillez aujourd'hui, c'est-à-dire de n'y pas prendre garde. Cependant, comme je sais l'attention que le Consulat de Séville et le Conseil des Indes font au commerce qui se fait sur les côtes de l'Amérique, et le bruit qu'ils ont fait sur les vaisseaux qui ont été à la mer du Sud, quoique partis dans ces temps dans lesquels nous n'avions aucunes liaisons avec l'Espagne, j'écrivis au commissaire de Saint-Malo d'avertir ceux qui équipaient ces vaisseaux que le Roi ne voulait point qu'ils allassent à la mer du Sud. Ce commissaire m'écrit qu'ils ne voulaient aller qu'aux îles de l'Amérique, et comme de là ils ne pouvaient aller qu'à la côte du nord de l'Amérique espagnole, j'en demeurai là, et je me contentai d'exiger de ces marchands que leurs vaisseaux rendraient le bord à la fin de l'année, cela leur ôtant le moyen d'aller à la mer du Sud, et m'assurai aussi par là des équipages de ces vaisseaux, dont nous avons besoin pour l'armement que le Roi fera au commencement de l'année prochaine. Mais je fus fort surpris d'apprendre quelque temps après, par une lettre du juge de l'amirauté, qu'il était public que ces vaisseaux devaient aller à la mer du Sud. J'envoyai ordre pour lors à ce juge de les retenir, mais ils se trouvaient partis.

Il y a en ceci deux choses importantes pour le service du Roi. L'une, qui m'est particulière, regarde l'armement des vaisseaux de Sa Majesté. Je tâche, autant qu'il est possible, de concilier ce service avec la navigation des particuliers, de sorte que, suivant les projets de Sa Majesté pour ses armements de mer, j'envoie les ordres pour laisser faire la navigation des particuliers. J'étends cette liberté tout autant que je puis, et en laissant aller les officiers mariniers et matelots dont je prévois qu'on aura besoin, j'oblige ces particuliers de donner des soumissions de rendre le bord dans de certains temps.

L'autre regarde l'État en général. Le Conseil des Indes porte très impatiemment le commerce que les Français font en contrebande; cependant, on ne laisserait pas de le faire si nos marchands voulaient s'y conduire avec sagesse, mais ce n'est pas le caractère de ceux de Saint-Malo, et vous le verrez plus particulièrement par l'extrait de ce qu'on m'écrit de Madrid sur cela. Le commerce que les Français peuvent faire dans les pêches du Nord, les voyages qu'ils font aux îles de l'Amérique suffisent pour avoir une infinité de prétextes ; d'ailleurs nous suivons ce que les Anglais et les Hollandais ont fait pendant leur union avec l'Espagne, mais nous n'en avons aucun lorsque nos vaisseaux passent dans la mer du Sud, et certainement il est à craindre que nous n'aliénions par là les esprits des Espagnols. Si les Français allaient en grand nombre dans cette mer, celui que les galions font à Panama, Portobello et Carthagène diminuerait d'autant, n'y ayant pas d'apparence qu'un Espagnol de Lima s'avise d'envoyer son argent à Panama pour acheter ses besoins, quand on les lui portera directement par mer. Ainsi cela me paraît d'une grande conséquence, et c'est sur quoi Sa Majesté et son Conseil ont à prendre des résolutions convenants. Mon affaire particulière est l'emploi des matelots, dont cette navigation nous emporterait les meilleurs sans espérance de les avoir pour leur service, et ce sera autant de diminué dans les armements de Sa Majesté.

Après vous avoir expliqué ce détail, je vous prie, Monsieur, de me faire savoir ce que vous feriez à ma place. »

Dans ces derniers mots, Pontchartrain nous laisse entrevoir son caractère indécis et dépendant. Nous ne connaissons point la réponse que lui adressa à son tour Amelot, mais six jours plus tard il annonce que Danycan est autorisé à expédier en Chine, c'est-à-dire à la mer du Sud, ses trois navires, le *Saint-Charles*, le *Murinet* et le *Royal-Jacques*, et à « lever les matelots dont il aura besoin pour former les équipages de ces vaisseaux (1). »

On ne saurait guère imaginer de la part de Pontchartrain une inconséquence plus étrange : toutes les maximes politiques et les autres raisons qu'il avait objectées si peu de temps auparavant, les avait-il donc oubliées ? Une pareille versatilité chez les hommes au pouvoir ne commandait guère le respect. Aussi la période suivante nous offre-t-elle de nombreux exemples de désobéissance : tous désobéissaient, fonctionnaires et sujets. Ils s'entendirent secrètement et réunirent leurs efforts pour éluder les ordres des autorités supérieures : c'est ce que nous montre déjà ce premier conflit entre le gouvernement et les commerçants de Saint-Malo.

Soit qu'on craignît les pénalités renforcées ou pour quelque autre motif, les projets de négoce dans la mer du Sud semblent avoir été arrêtés dans cette ville pendant la plus grande partie de

(1) Pontchartrain à de Saint-Sulpice, 10 novembre 1703. Arch. Nat. Marine, B² 170, f. 340.

l'année 1704. En d'autres villes, surveillées avec moins de défiance, on ne dut pas observer la même soumission aux lois. Il est au moins certain que la caiche le *Saint-Martin*, dont nous avons parlé plus haut, appareilla de Nantes en dépit des efforts du ministre acharné à entraver son voyage. Un autre bâtiment, le *Saint-Pierre*, de Marseille, partit pour la même destination, et il est fort possible que de Brest et de quelques autres ports des expéditions semblables furent envoyées à la même époque, bien qu'elles aient échappé à l'attention du gouvernement et laissé peu de traces dans les archives. Ce fut probablement la conviction qu'on avait réussi à réfréner les abus les plus graves qui fit abaisser les amendes pour des navires qui n'étaient pas de retour dans les six mois, à la somme stipulée au début, soit 10.000 livres (1). Il ne semble pas qu'un ordre royal ait jamais été publié à ce sujet, mais la peine fut décidée arbitrairement pour chaque cas isolé par le ministre. Afin que la marine du Roi ne manquât pas d'équipages, on se contenta d'obliger les armateurs à prendre des matelots « novices ».

Mais avant la fin de 1704 on allait voir que les marchands de Saint-Malo, bien qu'ils se fussent tenus tranquilles pendant quelque-temps, n'avaient nullement abandonné leurs anciens projets. Le 24 octobre, M. Pelsaire, qui momentanément occupait la fonction de commissaire de la marine, écrit à son chef, Pontchartrain (2) :

« J'ai compris, Monseigneur, par les menaces sévères que Votre Grandeur me fait au sujet des vaisseaux qui ont armé et arment actuellement en ce port, et qui, sous prétexte d'aller aux îles de l'Amérique, ont cependant dessein d'aller dans la mer du Sud, que ce serait directement contre l'intention de Sa Majesté. Ce qui ne m'embarrasse pas peu, c'est qu'il est impossible de deviner ce que ces corsaires ont dans le cœur, et qu'ils

(1) Pontchartrain à de Saint-Sulpice, 23 juillet et 24 septembre 1704. Arch. Nat. Marine, B² 176, f. 218 et 720.
(2) Arch. Nat. Marine, B³ 123, f. 610. — M. de Saint-Sulpice avait, en novembre 1703, été transféré à Rochefort, mais il continua son service à Saint-Malo pendant une grande partie de l'année suivante. Après son départ, M. Pelsaire, commissaire aux classes, remplit, comme intérimaire, la fonction jusqu'en septembre 1705, où M. Lempereur, auparavant établi à Dunkerque, prit possession de cette charge importante de commissaire ordonnateur de la marine à Saint-Malo. Il y resta jusqu'à la fin de 1715, et il y déploya une activité fort remarquable dans l'histoire du commerce de la mer du Sud.

déclarent tous unanimement d'avoir d'autres desseins que ceux qu'ils exposent par leur déclaration, et que sur cela ils se soumettront à tout ce qu'il plaira à Votre Grandeur d'ordonner, que même ils fourniront caution jusqu'à la concurrence de cent mille écus et confiscation de leurs biens présents et futurs. »

Suit une liste de cinq navires qui tous dans une certaine mesure prêtaient à des soupçons, ayant tous « doublé (1) », procédé de précaution qui pourtant, déclare le commissaire, était aussi nécessaire à ceux qui allaient aux îles de l'Amérique qu'à ceux qui se rendaient dans la mer du Sud. A cette liste était jointe une demande d'ordre sur la façon d'agir.

Il faut évidemment y voir une tentative pour prévenir les revendications qu'il appréhendait du ministre et pour brouiller les cartes. En effet, parmi les navires énumérés, il y en avait un, le *Comte-de-Torigny*, dont Pelsaire ne pouvait certainement pas ignorer la destination. Il l'avoue d'ailleurs peu après, mais le navire avait alors appareillé, « par un beau temps clair et un vent favorable », et cela bien que l'armateur eût été averti « du danger où il serait exposé s'il contrevenait aux ordres de Sa Majesté (2) ».

Cet événement fut bientôt suivi d'événements analogues. En avril 1705, un des premiers marchands de Saint-Malo, M. de Beauvais le Fer, obtint du ministre l'autorisation d'envoyer une frégate, le *Beauvais*, à Saint-Domingue, « sur le certificat que lui a donné le sieur Pelsaire qu'il n'y a dans son équipage aucun matelot propre pour les vaisseaux de Sa Majesté (3) ». On s'imagine l'étonnement de Pontchartrain en apprenant dans la suite que Pelsaire avait laissé l'armateur « engager cent des meilleurs matelots du

---

(1) « On appelle doublage d'un navire, l'enveloppe que l'on cloue sur sa carène, pour mettre celle-ci à l'abri de la piqûre des vers, qui y produisent des ravages considérables lorsqu'elle n'est pas préservée. Autrefois, ce doublage se faisait avec des planches resciées... Aujourd'hui le doublage en bois est abandonné, et il est remplacé par un doublage en feuilles de cuivre ». *Dictionnaire de marine à voiles et à vapeur*, par MM. le Baron de Bonnefoux et Paris, capitaines de vaisseau. 2ᵉ éd. Paris [1856]. — Pendant l'époque qui nous occupe, on se servait quelquefois dans le même but de plaques de plomb : nous savons que Danycan eut la permission de faire venir d'Angleterre « 150 quintaux de plomb en table » pour être employés au doublage des vaisseaux qu'il enverrait en Chine. Amelot à Danycan, 29 nov. 1701. Arch. Nat., F¹² 115.

(2) Pelsaire à Pontchartrain, 9 nov. 1704. Arch. Nat. Marine, B³ 123, f. 618.

(3) Pontchartrain aux officiers de l'Amirauté de Saint-Malo, 15 avril 1705. Arch. Nat. Marine, B² 181, f. 210.

département de Saint-Malo », et qu'on armait le navire pour la
mer du Sud (1). En réalité, le vaisseau avait fait voile directement
pour cette mer déjà deux mois auparavant. On ne saurait être surpris que Pelsaire, en présentant de son propre gré sa démission,
ait essayé de se soustraire à des suites plus graves. L'insuffisance
des mesures préventives dont on s'était servi jusque-là amena
Pontchartrain à publier la défense « de laisser prendre des équipages à ceux qui vont au long cours avec des marchandises
de traite, sans en avoir obtenu de lui des permissions particulières (2) ».

Ce serait fatiguer mes lecteurs que d'énumérer toutes les occasions où les autorités, de la même manière et le plus souvent avec
le même résultat, tentèrent d'entraver les expéditions de plus en
plus nombreuses dans la mer du Sud. Dès le milieu de l'année 1705
il y eut une telle recrudescence d'activité commerciale que les
voyages sont trop nombreux pour qu'on en fasse un récit détaillé.
Mais avant d'exposer les raisons qui provoquèrent cette recrudescence et les conséquences qui en découlèrent, il serait peut-être
bon de relater le cours des voyages dont nous avons déjà, en rapport avec d'autres circonstances, relaté le début. Nous y verrons les
aventures que rencontrèrent les navigateurs français dans les mers
lointaines, l'accueil qu'ils reçurent des colonies espagnoles, comment ils furent traités à leur retour et quels résultats eurent leurs
expéditions. Il est indispensable de connaître ces choses si l'on
veut bien comprendre l'histoire politique et économique de ce
commerce.

*
* *

Parmi les navires qui, en octobre 1701, partirent de Saint-Malo
pour la mer du Sud, deux appartenaient à Danycan qui, de la façon
que nous avons vue, avait obtenu l'autorisation de les expédier ; le
troisième qui n'avait ni sollicité ni reçu de permission, puisque
cette permission était alors uniquement réservée aux compagnies privilégiées, était la propriété d'une association de six mar-

(1) Pontchartrain à Pelsaire, 1ᵉʳ juillet 1705. Arch. Nat. Marine, B² 182, f. 28.
(2) A Pelsaire, 15 juillet 1705. Arch. Nat. Marine, B² 182, f. 121.

chands de la ville, où figurait comme armateur principal un M. Julien Bourdas.

C'était la frégate le *Saint-Paul*, commandée par Gilles Morel, sieur de la Herperie. Sur son voyage, les renseignements sont assez sommaires (1). Nous nous en occuperons d'abord, car ce navire, bien qu'il fît voile quelques jours après les deux autres, arriva le premier à destination et en revint aussi le premier : on peut donc le regarder comme le premier pionnier du commerce français au Pérou, après celui de Beauchesne.

La frégate appareilla de Saint-Malo le 27 octobre 1701 « pour aller négocier aux îles Canaries ». Il lui fut impossible de « vendre son emplette » à Ténériffe, où elle arriva le 21 novembre, et ce fut alors seulement, déclare le capitaine, qu'on se décida à cingler vers la mer du Sud. Évidemment le capitaine espérait se disculper ainsi de sa participation au commerce prohibé. Il est probable qu'il réussit à franchir le périlleux détroit de Magellan, bien que nous n'en ayons aucun renseignement, et le 25 mars le vaisseau mouilla dans « le port d'Itipi (2), côte du Pérou, où il commença son commerce et continua le long de la côte jusqu'à Pisco où il finit sa traite ». Déjà le 5 octobre, on se mettait en route pour revenir ; après une courte escale à Pernambuco au Brésil, où le capitaine apprit que la guerre était déclarée, il arriva à Lisbonne le 1er avril 1703. Nous avons déjà raconté comment il dut se réfugier au port voisin de Sétubal. Là, lui arriva l'ordre de l'armateur de transmettre tout l'argent rapporté « aux mains du sieur Charles Mercier, de Paris, l'un des intéressés au vaisseau, qui pour lors était à Lisbonne ». La relâche du navire en Portugal n'était donc pas due à un hasard ; elle avait été combinée et commandée afin qu'il échappât à la saisie dans son pays natal. Les affaires terminées, on quitta Sétubal le 23 mai, et le 8 du mois suivant, le navire arriva à Marseille, où l'équipage fut congédié et où le bâtiment désarma ; après quoi le capitaine se rendit par voie de terre à Saint-Malo.

---

(1) Déclaration du capitaine, 11 août 1703. Arch. du port de Saint-Servan, C4 318, f. 102.

(2) Ce nom, qui probablement est dénaturé, ne se retrouve sur aucune des cartes du Pérou ni du Chili que j'ai pu examiner.

Il semble qu'on ait assez bien réussi à cacher cette expédition aux autorités espagnoles (1), comme aux autorités françaises ; du moins pendant les premiers temps qui suivirent son retour, elle n'éveilla guère d'attention. Ce ne fut que plusieurs années après, lorsque la Compagnie de la mer du Sud eut entamé sa lutte opiniâtre contre les voyages des particuliers à la mer du Sud, que l'armateur du *Saint-Paul* fut cité devant le tribunal, mais cette fois encore la chose en reste là. L'affaire fut pourtant reprise une seconde fois, lorsque Bourdas, en 1713, encourut l'extrême mécontentement de Pontchartrain. Parmi les délits qu'on lui reprochait, on l'accusait d'avoir laissé le *Saint-Paul* débarquer son chargement dans un port étranger et d'avoir ainsi porté au commerce de la France un préjudice estimé plus grave que l'infraction aux lois qui interdisaient le négoce dans la mer du Sud. Nous reviendrons sur ce sujet et sur les circonstances qui s'y rapportent.

Les deux navires que Danycan envoya à la mer du Sud étaient le *Président-de-Grénédan*, capitaine Jean de Launay, et le *Comte-de-la-Bédoyère*, capitaine Pierre Pérée, sieur du Coudray. Nous avons déjà relaté les conditions dans lesquelles ce voyage fut autorisé. Mais la permission du ministre ne suffisait pas : pour appareiller, il fallait aussi remplir certaines formalités qu'une fois pour toutes nous expliquerons ici, ces formalités se présentant exactement les mêmes dans tous les voyages dont nous parlerons dans la suite.

Tout navire qui quittait un port français devait être muni d'une autorisation spéciale. Pour les voyages ordinaires de commerce ce permis était appelé *congé*, mais pour les bâtiments corsaires on les expédiait sous le titre de *commissions*. On distinguait plusieurs espèces de commissions : des « commissions en guerre », accordées aux corsaires proprement dits, et des « commissions en guerre et marchandises », qui « étaient réservées aux navires armés en vue de transporter des marchandises mais en état de capturer, à l'occasion, des navires ennemis de force inférieure ou moins bien armés (2) ». On expédiait ces sortes de commissions en temps

(1) Cf. plus haut, p. 251.
(2) André Péju, *La course à Nantes aux* xvii° *et* xviii° *siècles*, Paris, 1900, p. 77.

de paix comme en temps de guerre, « car les hostilités pouvaient être déclarées au cours du voyage, et la capture des pirates et forbans était autorisée en tout temps (1) ». Tous les vaisseaux en partance pour la mer du Sud — sauf bien entendu ceux qui pour tenir secrète leur expédition se passaient de toute autorisation — étaient munis de ces commissions en guerre et marchandises.

Le droit d'expédier ces papiers appartenait en général à l'Amiral de France : il l'exerçait par les amirautés siégeant dans les principaux ports. Son autorité ne s'étendait pourtant pas à la province de Bretagne où l'ordonnance de la marine de 1681 n'était pas en vigueur. Selon l'ordonnance particulière de 1684 décrétée pour cette province, tous les droits de l'Amiral étaient exercés par le gouverneur du Roi, mais comme, à ce moment, les deux charges étaient réunies et confiées au comte de Toulouse, aucune différence n'existait en réalité à ce sujet entre la Bretagne et le reste de la France. Nous donnons ici comme un exemple de ces commissions en guerre et marchandises celle qui fut expédiée pour le navire le *Président-de-Grénédan* (2) :

Louis Alexandre de Bourbon, comte de Toulouse... gouverneur et lieutenant général pour Sa Majesté en sa province de Bretagne, pair et amiral de France, à tous ceux qui ces présentes lettres verront, salut. Savoir faisons que nous avons donné congé et permission au sieur Jean de Launay, maître et capitaine du vaisseau nommé le *Grénédan*, du port de 250 tonneaux, monté de 24 pièces de canons et de néant pierriers, étant présent au port de Saint-Malo, de faire équiper en guerre et marchandises ledit vaisseau, armer et munitionner de toutes choses nécessaires et le charger de telles marchandises que bon lui semblera, pourvu qu'elles ne soient prohibées ni défendues, pour aller trafiquer aux Indes, etc. En ce faisant la guerre aux ennemis de l'État, à tous corsaires, pirates et gens sans aveu et autres qui voudront empêcher la liberté du commerce aux sujets du Roi, les attaquer en quelques lieux et endroits, etc.

En témoin de quoi nous avons signé ces présentes et à icelles fait apposer le scel de nos armes et contresigné par le secrétaire général de la marine. A Saint-Malo, le 30 jour de septembre, l'an mil sept cent un.

Signé : Louis Alexandre DE BOURBON.

Par Monseigneur : DE VALINCOURT.

(1) André Péju, *La course à Nantes aux* xvıı^e *et* xvııı^e *siècles*. Paris, 1900, p. 78.
(2) Arch. du port de Saint-Servan, C⁴ 328, f. 106.

Le second papier que les capitaines devaient se procurer avant leur départ était « le rôle de l'équipage » ; ordinairement ce papier était précédé d'une permission spéciale « de lever des matelots ». Ces deux documents n'étaient point, comme les congés et les commissions, expédiés par les officiers de l'amirauté, mais par le commissaire ordonnateur de la marine. Celui-ci était un fonctionnaire royal dont les affaires étaient du ressort du secrétaire d'État de la marine et qui échappait donc à l'autorité de l'Amiral (1). Le rôle de l'équipage contenait une liste complète des officiers majors, officiers mariniers et matelots du navire, leurs noms et leur âge. La liste se terminait sur les mots suivants, que nous citons d'après le rôle d'un des vaisseaux dont nous avons parlé (2) :

« Il est permis audit sieur du Coudray Pérée de se servir des 65 hommes d'équipage dénommés au présent rôle, pour faire le voyage des Indes, à la charge qu'il fera son retour dans la fin du mois de février de l'année 1703, aux peines de l'ordonnance de la marine, qu'il observera et fera observer par sondit équipage, et en outre le contenu en sa soumission ci-jointe. »

Cette soumission dont le rôle fait mention, constituait le troisième document nécessaire pour le départ. Elle devait être enregistrée à l'amirauté, et, pour en montrer la teneur et la formule, nous en citons une (3) :

Dudit jour 30 septembre 1701, devant M. le lieutenant particulier, présent M. le procureur du Roi, a comparu le sieur Jean de Launay, capitaine du navire nommé le *Grénédan*, de Saint-Malo, du port de 250 tonneaux, étant en ce port, armé en guerre et marchandises, pour aller négocier aux Indes et mer Pacifique, suivant la commission dont il est porteur et qu'il a ci-dessus fait enregistrer, à quel effet il s'est soumis et obligé de garder et faire par son équipage observer l'ordonnance de la marine, suivant laquelle il en a présenté à sa caution de la somme de 15.000 livres, écuyer Noël Danycan, sieur de l'Épine, demeurant en cette ville de Saint-Malo, ci-présent, lequel, comme propriétaire et armateur du navire le *Grénédan*, s'est volontairement soumis et obligé caution de ladite somme de 15.000 livres, pour ledit capitaine, et ont tous deux signé :

N. DANYCAN.   Jean DE LAUNAY.   Bernard GROUT.

(1) Cf. *État sommaire des archives de la Marine*, Paris, 1898, p. XVII.
(2) Arch. du port de Saint-Servan, C⁶, 1701.
(3) Arch. du port de Saint-Servan, C⁴ 238, f. 108.

Les formalités étaient donc assez circonstanciées, et le fait qu'elles dépendaient de deux autorités parfaitement indépendantes l'une de l'autre ne contribuait guère à les rendre ni plus claires, ni plus nettes, d'autant plus que les fonctionnaires supérieurs empiétaient souvent sur leurs domaines respectifs. Quand ensuite Pontchartrain, acharné contre les voyages à la mer Pacifique, voulut exiger des autorisations spéciales du Roi et des soumissions particulières à pénalités draconiennes, on ne saurait s'étonner de voir grandir le mécontentement dans tous les cercles intéressés à la navigation, cherchant, tant que vécut Louis XIV, à violer par tous les moyens possibles les ordres du gouvernement, mais se répandant après la mort du roi en récriminations violentes sur le ministre alors disgracié.

Lorsque les deux capitaines eurent enfin accompli toutes les formalités que nous venons d'énumérer, ils levèrent l'ancre le 22 octobre 1701 (1). Profitant des expériences de l'expédition de Beauchesne, ils effectuèrent une traversée très rapide. Le 8 février 1702, ils s'engagèrent dans le détroit de Magellan, et le 15, ils avaient déjà atteint Port Famine, « un des meilleurs ports de Magellan pour la tenue et pour hiverner parce que l'air y est moins froid qu'ailleurs et que le pays paraît assez propre à produire une partie des choses nécessaires à la vie, surtout des légumes » ; on prétend même y avoir trouvé « des choux que M. de Beauchesne avait fait semer ». La persistance des vents d'ouest les empêcha de pénétrer plus avant ; ils avaient résolu de revenir en arrière et de tenter un passage plus favorable par le détroit de Le Maire, lorsque le vent tourna et leur permit d'accomplir tout le trajet dans le court espace d'un mois : le 9 mars ils entrèrent dans la mer du Sud (2).

---

(1) Un récit détaillé bien que non achevé du voyage se trouve dans un registre de bord du navire le *Président-de-Grénédan* (Arch. départ. d'Ille-et-Vilaine, pièce non classée, sér. C). Le nom de l'auteur n'y est pas donné. C'est à M. Léon Vignols que je dois d'avoir pu étudier ce document comme tant d'autres pièces importantes.

(2) Le narrateur anonyme donne une description assez détaillée et à plusieurs égards fort intéressante du détroit de Magellan, de l'aspect des habitants de la Terre de Feu, de leurs mœurs, etc., qu'il avait déjà connus pendant l'expédition de Beauchesne, à laquelle il avait pris part. La place nous manque pour nous étendre sur cette partie du récit.

Ils arrivèrent à Concepcion le 31 du même mois. Deux chaloupes, emportant les deux aumôniers et quelques officiers, furent immédiatement envoyées à terre pour saluer les autorités de la place et les renseigner sur les projets de l'expédition. L'accueil fut aussi bon qu'on le pouvait souhaiter, et quelques jours plus tard, après un échange de civilités, les deux capitaines débarquèrent, salués par des volées de canon et par le déploiement fastueux des troupes : cinq cents hommes d'infanterie et de cavalerie faisaient la haie du rivage au palais ; sur les détails de la réception, l'auteur raconte :

« Le corregidor en golille, suivi du mestre de camp général et de tous les officiers et gens de distinction, se trouvèrent au débarquement de nos capitaines, qui, après plusieurs civilités faites de part et d'autre, furent conduits au palais royal, où, en suite d'une longue conversation, on servit un splendide repas, pendant lequel la musique ne fut pas épargnée non plus que les volées de canon et de mousqueterie, buvant à la santé des rois et des princes des deux couronnes. Quelque temps après le repas fini, l'évêque du lieu, accompagné de quelques ecclésiastiques dans son carosse, et suivi du clergé précédé de la croix, se rendit au palais pour y saluer les capitaines, qui lui marquèrent être extrêmement fâchés qu'un aussi digne prélat, joint à son âge caduc, se fût voulu donner la peine de se transporter jusqu'au palais. Il marqua beaucoup de joie du couronnement de Monseigneur le duc d'Anjou, qui était petit-fils du plus grand héros de toute la terre... Après plusieurs civilités et honnêtetés, et après avoir parlé de différentes choses, il se retira, et, avant que de sortir, les capitaines, aumôniers et officiers lui firent demander sa bénédiction le genou en terre, et lui baisèrent la main, ce qu'il accorda très volontiers.

Aussitôt que l'évêque fut parti, il entra au nombre de deux cents Indiens. Les capitaines d'iceux, aussi Indiens, firent une longue harangue en leur langue qui leur fut interprétée en espagnol par le mestre de camp général, par laquelle ils prièrent nos capitaines d'assurer leur nouveau roi, Philippe Quint, qu'ils étaient ravis de son couronnement et de lui témoigner qu'ils étaient prêts de sacrifier leur vie à son service, et qu'aussitôt qu'ils avaient appris qu'il paraissait des vaisseaux étrangers, ils s'étaient rendus sur le rivage pour s'opposer aux descentes qu'auraient pu faire des vaisseaux ennemis. »

Enfin, les Espagnols menèrent leurs hôtes au rivage, « où toutes les troupes étaient également rangées, les étendards déployés, trompettes sonnantes et tambours battants. Lorsque les chaloupes débordèrent, l'on fit une décharge de canon et plusieurs de mousqueterie, auxquelles l'on répondit des vaisseaux ».

Quelques jours après, les Français rendirent cette hospitalité à bord d'un des vaisseaux, et l'on y servit au corregidor et à sa suite de quarante personnes un repas, « où l'on n'épargna rien de ce qu'il pouvait y avoir de meilleur dans les deux bords ». On tira neuf salves de coups de canon, non compris celle de l'arrivée et celle du départ. Après une longue conversation sur différents sujets, les invités furent menés à terre par les chaloupes des navires « au cri de *Vive le Roi !* à quoi les Espagnols répondirent par celui de *Viva Felipe Quinto !* »

Le premier temps se passa en politesses. Espagnols et Français semblaient fort contents les uns des autres. Mais les Français rêvaient mieux que des fêtes : leurs desseins étaient plus sérieux. Les armateurs avaient recommandé aux capitaines de tâcher d'écouler à Concepcion les cargaisons de leurs navires. Des négociations avec les marchands de l'endroit furent donc entamées.

« Le 7 mai vinrent à bord trois marchands espagnols de Santiago, capitale du Chili. Le lendemain ils nous achetèrent tout notre fer en barre (211 quintaux), à 35 piastres le quintal. On commença à le leur livrer le 9, mais le 10 un oidor de Santiago, ce qui veut dire en français conseiller d'État, et qui était à Concepcion à notre sujet, saisit une grande partie de ce fer, ainsi que les chevaux et mulets qui devaient l'emmener, et deux chaloupes qui en transportaient d'autre à terre. Cette confiscation nous causa un grand préjudice : les marchands espagnols n'osèrent plus paraître, et ils étaient sur le point de nous acheter pour 50.000 à 60.000 écus de toiles. Ils rachetèrent cependant leur fer 25 écus le quintal du même oidor. Quant à nous, nous étions payés de notre fer et même un peu plus. »

Ces transactions ouvrirent les yeux aux Espagnols sur le vrai caractère de l'expédition. Les indices n'avaient d'ailleurs pas manqué. Les capitaines, en désaccord mutuel, avaient aux fêtes de réception tous les deux hissé la flamme de commandement. Questionnés sur ce sujet, les officiers de M. du Coudray avaient répondu que c'était lui le commandant en chef, tandis que les officiers de M. de Launay de leur côté assuraient « qu'il y avait égalité », « ce qui faisait un bouleversement dans l'esprit des

Espagnols ». D'autres circonstances contribuèrent encore à changer la bonne opinion qui avait accueilli les navires. De nombreuses désertions eurent lieu ; les déserteurs « informèrent les commandants, dit le narrateur, qui nous étions et leur dirent que pour sûr nos vaisseaux appartenaient à des particuliers de Saint-Malo et étaient chargés de marchandises, et que nous n'avions aucune qualité de vaisseau du roi, mais seulement une commission de Monseigneur le comte de Toulouse, amiral de France, et que le seul sujet qui nous amenait était le négoce des marchandises que nous avions ; ceci refroidit extrêmement les Espagnols ». La sympathie que les Français avaient d'abord sentie autour d'eux, lorsqu'ils s'étaient vu traiter avec « tout l'éclat et les honneurs qu'on pourrait faire à un général d'armée », se transforma en malveillance, même en hostilité ouverte. « Peu de temps après, les gouverneurs ou commandants écrivirent aux capitaines de ne point permettre à qui que ce fût des équipages de descendre à terre, à l'exception d'un officier de chaque bord, qui y pourrait venir pour y prendre ou faire ce dont il aurait besoin de rafraîchissements. Ils poussèrent leur fureur jusqu'à maltraiter quelques officiers des bords pour les faire s'embarquer », et il y eût même des rixes sanglantes.

Malgré ce fâcheux événement et bien que le commerce allât mollement, les affaires se poursuivirent. Pour attiser le désir de spéculation, les capitaines, au commencement d'octobre, feignirent de vouloir partir et s'acheminer vers le Pérou ; cette feinte eut pour résultat qu'on vendit en huit jours pour plus de 60.000 piastres, « mais à des prix médiocrement rémunératifs ».

Cependant la saison avançait. Environ la moitié des marchandises restait encore : le marché de Concepcion ne se montrait pas assez avantageux. On décida que du Coudray y demeurerait, mais que de Launay irait au Pérou, ce qu'il fit. Après une courte escale à Arica, de Launay arriva le 6 novembre à Ilo, « l'endroit le plus commode pour négocier ». « Nous n'y fûmes pas sitôt arrivés, dit le narrateur, qu'il se trouva quantité de marchands qui achetèrent généralement tout ce que nous avions de marchandises, et en auraient acheté bien davantage volontiers. Plusieurs de ceux qui étaient les derniers remportèrent à notre connaissance plus de

400.000 piastres qu'ils avaient eu le dessein d'employer ». En huit jours tout fut vendu — « pour 8 ou 9 réaux la vare de Bretagnes étroites, 12 la vare de Bretagnes larges et de Rouens fleurets, 14 les Rouens coffres ». — La vente s'effectua d'autant plus commodément que le corregidor de l'endroit était absent. Revenu à Ilo dès que la nouvelle de l'arrivée des navires lui parvint, ses efforts pour empêcher le commerce furent facilement déjoués : on envoya de nuit dans des chaloupes les marchandises à des endroits voisins, tels que Pacay, Yerba Buena et Tambo, « où il n'osa aller comme il n'avait aucune juridiction en ces lieux ». Il offrit certes aux marchands la permission de négocier librement contre une gratification de 10.000 piastres, mais on n'honora même pas cette offre d'une réponse, et « la seule capture qu'il fit, raconte complaisamment notre narrateur, fut de tirer d'entre les bras d'un de nos matelots un sac de 1.000 piastres, appartenant à un Espagnol qui nous le faisait porter, et qu'il dût nous remplacer ». Reconnaissant l'inutilité de ses efforts, le corregidor se retira enfin, « et nous reçûmes en si peu de temps plus de 100.000 piastres du reste de notre cargaison que l'on reconnut, trop tard, la faute d'être resté à Concepcion ».

Il ne restait plus au *Grénédan* qu'à s'approvisionner pour le retour et à attendre le second navire qui le rejoignit le 26 novembre. M. du Coudray avait fait de meilleures affaires depuis qu'il avait été seul à négocier à Concepcion. Le président du Chili lui-même était descendu de Santiago. Il avait traité les Français avec beaucoup d'égards, leur offrant ses services et leur accordant même la permission de négocier, ce qui eut pour heureux résultat que « le reste de la cargaison fut promptement écoulé, à un prix sensiblement supérieur aux précédents ».

Les deux vaisseaux levèrent l'ancre ensemble pour le retour, le 2 décembre. On doubla heureusement le cap Horn le 14 janvier 1703 et, après une courte escale à Rio-de-Janeiro, où les autorités portugaises se montrèrent fort accueillantes, tout en surveillant et empêchant rigoureusement toute descente à terre qui eût un but commercial, on toucha à l'île Terceira dans les Açores. Le journal que nous avons suivi jusqu'ici cesse le 22 juin, lorsque les navires se trouvèrent à la hauteur du cap Finistère. Ils y furent attaqués par un corsaire hollandais qui, après une résistance de cinq heures, trois hommes tués et quinze blessés, força les Français de se réfugier à la Corogne. Nous en avons dit assez sur les tribulations qui les y attendaient et sur la façon dont ils y échappèrent. Ils arrivèrent enfin à Saint-Malo vers la fin d'août 1703.

Cette expédition avait été lucrative : aussi son exemple fut-il contagieux. Les armements pour la mer du Sud s'activèrent et se multiplièrent, comme nous l'avons signalé plus haut. Nous avons aussi montré comment le gouvernement français essaya d'en entraver quelques-uns tout en en favorisant secrètement d'autres. L'escadre qui en août 1703 réussit à déjouer les défenses royales et qui, par un viol flagrant des arrêtés, appareilla pour la mer du Sud, comprenait les bâtiments suivants : le *Baron-de-Breteuil* (1), capitaine des Aulnais Bécard, le *Saint-Esprit*, capitaine Porée, et le *Saint-Joseph*, capitaine de Nermont Trublet. Comme armateurs on nomme MM. de la Villemartère Séré, de la Touche Porée et Jolif, mais ceux-ci n'étaient que les représentants affichés d'une association où presque tous les marchands de Saint-Malo étaient intéressés. On y relève les noms de la Lande Magon et de Grandville Locquet, tous les deux comptant parmi les armateurs les plus riches et les plus influents de la ville. Danycan participa-t-il à l'entreprise ? Nous l'ignorons, mais cela ne paraît guère probable, attendu qu'il équipa et envoya peu de temps après une expédition concurrente.

Parmi ceux qui s'y trouvaient, nous rencontrons un Espagnol, don Diego de Almagro y Toledo, qui avait même fortement con-

---

(1) Ce navire s'appelait auparavant le *Comte-de-Plouer,* mais déjà avant le départ on l'avait rebaptisé. Le nouveau nom était probablement donné d'après un personnage assez connu à la cour de Louis XIV, Louis-Nicolas de Tonnellier, baron de Breteuil. Il était à cette époque introducteur des ambassadeurs ; voir sur lui : Saint-Simon, *Mémoires*, éd. de Boislisle, t. VI, p. 37-42. — Outre les vaisseaux énumérés, l'escadre au départ en comptait encore un quatrième, le *Duc-d'Orléans*, capitaine de la Ville Luchet. Pour quelque raison inconnue ce navire n'atteignit pas la mer du Sud, où il était sans doute destiné lui aussi. Après avoir fait « la traite aux Indes espagnoles », à Portobello d'après une affirmation espagnole, et touché à Plaisance, il arriva à Port-Louis en novembre 1704. Si le Conseil des Indes, écrit Pontchartrain à Daubenton le 19 novembre 1704, portait plainte au sujet de ce voyage, on devrait en feindre l'ignorance. Arch. Nat. Marine, B² 177, f. 496. Cf. Conclusions du procureur gén. du Conseil des Indes, juin 1706. *Ibid.*, B⁷ 239.

tribué à organiser l'entreprise. Ce don Diego paraît un individu assez louche. Issu « d'une famille des plus communes de Tolède (1), » il avait passé quelque temps en Amérique, d'où il était venu, en 1702, en France pour y tenter la fortune. Il se rendit d'abord à Nantes et de là à Saint-Malo, « où par des intrigues il s'insinua dans la connaissance des principaux négociants de la ville ». On croit qu'il eut connaissance de la cédule du roi d'Espagne du 11 janvier 1701 (2), où une certaine liberté, bien que fort limitée, était accordée à la navigation française dans les ports de l'Amérique. Se fondant sur cette cédule, il avait conçu le plan de l'entreprise commerciale qu'il tenta de réaliser en France. Ainsi serait-il, à l'en croire, le véritable auteur de l'expédition en question ; ce qui est certain, c'est qu'il réussit à passer une convention avec les armateurs, où il se ménageait, en guise de rétribution pour les avantages qu'il prétendait pouvoir leur assurer en Amérique, « un droit de 8 °/₀ de commission des marchandises du chargement de leurs vaisseaux qu'il vendrait ou ferait vendre par ses amis (3) ». On s'entendit aussi sur les lieux de rendez-vous, au cas où les navires seraient séparés ; et quand Almagro se fut embarqué au bord du *Saint-Joseph*, toute l'escadre leva l'ancre de Saint-Malo le 25 août 1703.

D'après un fragment du journal tenu pendant le voyage (4), l'expédition se trouva, le 16 novembre 1703, dans l'océan Atlantique par les 18° 6' lat. Sud et les 28° 20' long. Ouest de Paris (5). Deux jours après on découvrit la terre ; à bord de l'escadre les

(1) « Un homme, natif de Lima, d'un naturel assez intrépide », écrit-on sur lui (Mémoire au sujet des vice-rois qui doivent être envoyés dans la suite au Pérou ; Arch. Nat. Marine, B⁷ 230). Daubenton donne à entendre qu'il n'avait aucun droit au nom qu'il portait : « Lorsqu'un Espagnol passe aux Indes, il se fait descendre d'un des anciens conquérants de l'Amérique. » Sa réputation n'était pas non plus des meilleures : « on prétend qu'il a agi avec beaucoup d'infidélité en plusieurs occasions à l'égard de ceux qui lui ont confié leurs effets ». Daubenton à Pontchartrain, 22 août 1707. Arch. Nat. Marine, B⁷ 248.

(2) Voir plus haut, page 247.

(3) Mémoire des intéressés aux navires le *Saint-Esprit* et le *Baron-de-Breteuil*, intimés, contre le sieur Dalmagro, Espagnol, appelant. Arch. Nat. G⁷ 1831 (Contrôle gén. des finances, Amirauté, 1699-1708).

(4) Extrait d'un journal pour servir aux voyages du Pérou depuis les 16° 16' S. jusqu'au 60° de la même lat. Serv. hydr. de la marine.

(5) La longitude était ordinairement comptée de Ténériffe par les navigateurs de l'époque ; partout dans cet ouvrage je l'ai réduite à la longitude de Paris. Les latitudes et les longitudes, surtout celles-ci, ne sont naturellement qu'approximativement exactes.

opinions étaient divisées : était-ce l'Ascension, île que les cartes de l'époque plaçaient aux environs du 20ᵉ degré de lat. S., ou la petite île volcanique de Trinidad que l'on compte maintenant parmi les dépendances du Brésil (1). On se servit pour cette partie du voyage d'un routier, fait par le pilote portugais Aleixo da Motta et que nous retrouvons dans le recueil célèbre de récits de voyages publié par Thévenot (2). Ce guide avertissait les navigateurs qu'il fallait à cet endroit procéder avec prudence, car la situation réciproque des deux îles n'était pas très sûrement fixée. Le 27 décembre on toucha au cap des Vierges à l'entrée du détroit de Magellan, et les cinq semaines suivantes se passèrent en de vains efforts pour traverser ce détroit. On était parvenu un peu à l'ouest de Port Galand, lorsque les capitaines, en un conseil de bord le 31 janvier, prirent la résolution de rebrousser chemin et de tenter le passage à travers le détroit de Le Maire et autour du cap Horn. Le bref journal finit le 15 février 1704 avec l'annotation qu'on se trouvait par 60′ 2° lat. S. et 83° 58′ long. Ouest, situation qui est sensiblement plus vers le sud et l'ouest que celle qu'atteignent les navigateurs d'aujourd'hui en doublant la pointe méridionale de l'Amérique.

Au passage du cap Horn — ce fut la première fois qu'un navire français le fit dans la direction de l'est à l'ouest — l'escadre fut dispersée. Le *Saint-Joseph* arriva avant les autres, le 11 mars, au premier rendez-vous convenu, l'île Juan Fernandez. Au lieu d'y retrouver les camarades perdus de vue, on fit une rencontre qui faillit être funeste à l'issue de l'expédition.

Nous avons déjà signalé qu'avant même qu'éclatât la guerre de Succession, on avait des raisons de craindre que les colonies de l'océan Pacifique ne fussent attaquées par des corsaires ennemis. Ces appréhensions ne se réalisèrent certes pas immédiatement après la déclaration de la guerre, mais l'envoi des vaisseaux français dans ces parages dut être une des causes pour lesquelles l'An-

(1) C'était sans aucun doute cette dernière, car cette île de l'Ascension n'existe pas en réalité. Il ne faut pas la confondre avec l'île du même nom, située plus au nord et plus à l'est, et qui, de nos jours une possession anglaise, était de bonne heure d'une certaine importance comme lieu de relâche aux voiliers qui se rendaient aux Indes Orientales.

(2) Routier pour la navigation des Indes Orientales (*Relations de divers voyages curieux*, p. 1, Paris, 1666).

gleterre ne tarda pas à exécuter son plan d'attaque (1). Aussi, avons-nous vu que l'inquiétude était éveillée en Espagne comme en France. Ce n'était pas, ainsi qu'on le croyait au premier abord, des « religionnaires français » qui furent les auteurs de l'entreprise : l'expédition de corsaires qui, le 11 septembre 1703, fit voile de Kinsale était équipée par des marchands anglais. Elle comprenait deux navires : l'un, le *Saint-Georges*, monté de 26 canons et de 120 hommes d'équipage, commandé par le célèbre William Dampier, et le second, le *Cinque-Ports Galley*, avec 16 canons et 63 hommes, commandé par Charles Pickering. Les équipages se composaient d'un tas de gens sans aveu, et la façon dont on avait réglé le salaire des matelots, — ils étaient payés par un tant pour cent sur les prises — ne pouvait qu'amener des discordes et des mutineries. Cela causa peu à peu la dissolution de cette expédition infortunée.

Après avoir doublé le cap Horn, les deux navires relâchèrent à Juan Fernandez pour s'y ravitailler : ils firent la chasse aux chèvres sauvages qui pullulaient et que les Espagnols, afin de ravir aux flibustiers un de leurs moyens de subsistance, avaient vainement essayé d'exterminer en débarquant dans l'île des chiens féroces. Un jour, le 11 mars 1704 (2), on fut pris au dépourvu par l'apparition d'une voile à l'horizon. Les deux navires furent parés avec une telle hâte que cinq hommes et diverses provisions restèrent en arrière, et les canots, qu'on n'eut pas le temps de hisser à bord, se perdirent au large. On fit la chasse au voilier étranger et on le joignit le lendemain au lever du soleil. Le navire poursuivi se trouva être un vaisseau français de 400 tonneaux, armé de 30 canons et d'un équipage nombreux. Le narrateur anglais n'en donne pas le nom ; d'ailleurs il est probable qu'il ne le sût pas. C'était le *Saint-Joseph*. Le combat dura pendant plusieurs heures, les Anglais eurent neuf hommes de tués et plusieurs blessés, mais lorsque tout à coup une brise s'éleva, les Français en profitèrent

(1) « We had commissions from H. R. Highness the Lord High Admiral to proceed in a warlike manner against the French and Spaniards ». W. Funnell, *A Voyage round the World, being an Account of Capt. William Dampier's Expedition into the South Seas*, Lond., 1729, p. 2.

(2) Les dates données par les Anglais sont d'après l'ancien style ; elles sont ici réduites au nouveau.

pour s'échapper, et Dampier, mal secondé pendant la bataille par l'autre navire, que commandait, après la mort de son premier chef, le capitaine Thomas Stradling, ne jugea pas à propos de le poursuivre. On retourna vers l'île pour y chercher ce qu'on y avait laissé ; mais, lorsque, le 16 mars, on fut en vue de la terre, on rencontra deux grands vaisseaux français, portant chacun environ 36 canons. Les Anglais n'osèrent pas se mesurer avec de telles forces. Ils durent laisser en plan camarades et provisions et cingler vers le continent (1).

Dans cette seconde rencontre entre les deux nations ennemies, ce furent le *Baron-de-Breteuil* et le *Saint-Esprit* qui entrèrent en scène. Quand leurs équipages débarquèrent dans l'île, ils apprirent des Anglais abandonnés là et qu'ils firent prisonniers, l'aventure que leurs camarades avaient courue. Elle les avertit d'être prudents : du moins, les capitaines prétendirent (2) que ce récit les détourna de se diriger d'abord vers Copiapo, leur second lieu de rendez-vous, et qu'ils estimèrent plus prudent d'aller immédiatement à Arica. Après une escale de huit jours à Juan Fernandez, ils y jetèrent l'ancre au commencement d'avril 1704.

En même temps arrivait à la côte du Pérou le *Saint-Joseph* qui ne s'était qu'à grand'peine dérobé au sort qui l'avait menacé à l'île Juan Fernandez. Les corsaires anglais s'étaient postés devant Callao afin de guetter les navires destinés à ce port, le plus important du Pérou. A peine arrivés là, ils découvrirent, le 2 avril, deux voiliers qui s'y dirigeaient ; le plus grand était le *Saint-Joseph*. La chasse en fut reprise. Les Anglais brûlaient du désir de recommencer la lutte dans des conditions plus propices, mais, à la dernière minute, leur capitaine fut pris d'hésitations et de nouveau la prise leur échappa (3).

Par les Français, les autorités espagnoles apprirent alors le danger que leur faisait courir l'ennemi. Cela ne diminua pas leurs embarras et ne leur apprit pas davantage comment on devait traiter les alliés français (4).

(1) Funnell, *op. cit.*, p. 25-27.
(2) Mémoire des intéressés contre le sieur Dalmagro.
(3) Funnell, *op. cit.*, p. 30-31.
(4) La source principale de ce qui suit se trouve dans la « Copia de cartas que escribe al Rey Nuestro Señor el conde de la Monclova, virrey del Peru » ; 8 oct., 7 nov. 1704, 15 juillet 1705. Aff. Et. Amér. Mém. et Doc. vol. VI, f. 108-129.

Déjà avant la dernière rencontre, le capitaine Trublet avait réussi à communiquer avec la terre : il expédia, le 29 mars, don Diego de Almagro auprès du vice-roi de Lima avec une lettre où il rendit compte des aventures qu'il avait eues, assurant que le but de l'expédition française était de combattre l'invasion anglaise et demandant pour pouvoir donner des soins à ses blessés et approvisionner son équipage de vivres et de choses nécessaires dont il était complètement dépourvu, qu'on l'autorisât à mouiller dans le ·port de Callao.

A la réception de cette lettre, le vice-roi réunit immédiatement en conseil de guerre les plus hauts fonctionnaires civils et militaires. Il fut unanimement résolu qu'on accorderait la permission demandée. On alla même plus loin : sur une proposition faite probablement par Almagro, à qui l'on permit de prendre personnellement part au conseil, on décida, vu le but de cette expédition, la bravoure qu'avaient prouvée les Français, et l'absence de produits européens au Pérou, que les Français pourraient vendre leur cargaison et seraient soumis aux mêmes impôts que payaient ordinairement les sujets espagnols, c'est-à-dire 5 °/₀ de la valeur des marchandises. Lorsque, peu de temps après, le capitaine Bécard demanda d'Arica des avantages semblables pour son navire, le *Baron-de-Breteuil*, on l'assura qu'il recevrait une réception aimable et honnête à Callao, et il eut l'ordre de s'y rendre sans retard. L'arrivée d'un second navire français ne laissa pas d'éveiller de vives appréhensions chez les marchands espagnols : le tribunal du Consulat de Lima protesta contre une pareille extension de la liberté du commerce, et lorsque le « fiscal royal » eut joint sa voix à celle du tribunal et que les opinions du Conseil parurent divisées, le vice-roi résolut de remettre à plus tard la décision au sujet des droits de commerce à accorder au capitaine Bécard.

Cependant les craintes qu'avaient inspirées les Anglais se montrèrent trop bien fondées. De Callao ils s'étaient dirigés vers le nord et, le long de la côte du Pérou, s'étaient emparés l'un après l'autre de plusieurs des navires espagnols qui y faisaient le commerce. Il s'en fallait de beaucoup que la force navale de l'Espagne dans la mer du Sud offrît des garanties suffisantes contre de pareilles entreprises. Un seul des bâtiments de guerre stationnant à Callao, « la patache principale », la *Santa-Cruz*, fut en état de tenir la mer, et lorsque enfin, le 24 mai, accompagné d'un navire de commerce, le *San-Francisco de Asis*, armé pour l'occasion, elle eut appareillé, ce ne fut pas avec de grandes espérances qu'on la vit partir (1). Le *San-Francisco* rencontra l'un des corsaires ennemis devant Tumbez, le 2 août, mais, après une journée entière de combat, les deux adversaires se séparèrent sans s'être infligé l'un à l'autre de grands dommages (2) ; les Anglais poursuivirent impunément leur piraterie le long des côtes du Pérou et de l'Amérique centrale (3).

En de pareilles conditions, les vaisseaux français parurent apporter un secours désirable. Trublet aussi bien que Bécard mirent leurs navires à la disposition du vice-roi, probablement moins avec le désir de voir accepter leurs offres de service, que pour obtenir, en guise de récompense de leur empressement, cette liberté de commerce tant souhaitée. Pour Trublet le conseil de guerre lui délivra une commission de *Capitan de mar y guerra de esta real armada*, et il partit en effet, le 25 juin, en croisière sur les côtes de Barlovento, vers l'île Juan Fernandez, mais il revint sous peu à Callao, sans avoir aperçu l'ennemi.

Quant à Bécard, l'aide qu'il offrit et que l'on ne devait guère songer à utiliser (4) lui valut la permission de faire le commerce à Callao : cette même autorisation fut refusée au capitaine du *Saint-Esprit*, qui, ainsi que les capitaines de deux autres navires arrivés pendant ce temps et dont nous reparlerons tout à l'heure, n'eut que le droit de se procurer les provisions nécessaires en

(1) « Quiera Dios que asi suceda, que lo dudo mucho », dit-on dans une lettre de Lima du 24 mai 1704. Copia de capitulo de carta escrita por don Martin de Ytalain à don Miguel Antonio de Errasquin. Arch. Nat. Marine, B⁷ 235, f. 174. Cf. « Copie de la lettre du vice-roi du Pérou écrite de Lima le 23 juillet 1704 à Portobello à M. Le Cordier ». Arch. Nat., G⁷ 185.

(2) Selon la version qu'en donna le vice-roi, l'avantage resta du côté des Espagnols. Cf. Funnell, *op. cit.*, p. 55.

(3) Nous n'avons plus d'intérêt à suivre l'expédition anglaise qui, peu à peu, se désagrégea et enfin s'acheva piteusement par la captivité de Dampier dans les Indes Orientales et de Stradling au Pérou. Nous retrouverons plus loin les deux capitaines dont les destinées allaient être encore une fois, et d'une façon différente, liées aux voyages francais dans la mer du Sud.

(4) Dans un certificat délivré par le vice-roi, on dit certes que Bécard, « suivant ses ordres, était ressorti pour aller chercher l'ennemi sur les îles de Juan Fernandez et la côte du Chili » (voir : Copie de l'ordre du vice-roi du Pérou, du 16 nov. 1704 ; Arch. Nat. G⁷ 1687), mais l'authenticité de ce document paraît assez douteuse.

échange de « marchandises réputées bagatelles ». Désireux d'empêcher tout autre commerce, le vice-roi rappela à ses sujets les défenses en vigueur et ordonna que les peines sévères qui y étaient prescrites fussent publiées dans tous les ports du vice-royaume. Les navires qui n'avaient pu obtenir une complète liberté de commerce n'étaient pourtant pas dans une situation aussi défavorable qu'on pourrait se l'imaginer. Le *Saint-Joseph*, qui commerçait à Callao et dans le port voisin de Pasamayo, c'est-à-dire sous les regards immédiats du vice-roi, ne pouvait se soustraire au payement du droit de douane, et il dut débourser plus de 53.000 piastres « de droits royaux », ce qui « emporta une bonne partie du profit (1) », alors que les deux autres navires qui cherchaient de préférence les ports moins rigoureusement surveillés d'Arica, d'Ilo et de Pisco s'en tirèrent à bien meilleur marché, sans doute, en offrant simplement les présents ordinaires aux corregidors et à leurs subordonnés.

Cette façon du vice-roi d'accorder des faveurs aux Français, si justifiée par la nécessité qu'elle dût paraître, ne trouva aucunement grâce aux yeux des autorités de la métropole. La contravention aux lois coloniales qu'il avait favorisée lui attira de vives observations, et son complice, Almagro, fut aussi exposé à diverses tracasseries.

Dans les lettres où le comte de la Monclova rapporte les mesures qu'il dut prendre en cette affaire, il se montra bien entendu désireux de présenter sous le jour le plus favorable la conduite des Français. Il parle des « services importants » qu'ils avaient rendus, et il présente ces services comme « les motifs qui l'avaient engagé de leur permettre de vendre quelques marchandises ». Il y expose aussi les hésitations qu'il éprouvait à troubler par des mesures rigoureuses la bonne entente qui devait régner entre les deux nations alliées ; il fait appel aux difficultés où l'avait plongé la mise en pratique des libertés accordées aux Français par des lettres royales antérieures, et il se plaint d'avoir vainement attendu une réponse et les ordres demandés. A chaque mesure prise qu'il

---

(1) De la Lande Magon à Chamillart, 24 mai 1705. *Corresp. des Contrôleurs gén. des finances*, t. II, n° 811. Cf. de la Chipaudière Magon au même, 22 mai 1705. Arch. Nat., G⁷ 185.

relate, il s'abrite derrière les résolutions unanimes des nombreuses juntes qu'il avait convoquées à différentes reprises.

Mais le Conseil des Indes n'approuva nullement ces motifs. Dans « une consulte foudroyante » il réclama la destitution et l'exil du vice-roi. Un des membres du Conseil, le duc d'Atrisco, s'y opposa certes, et Daubenton, qui estimait qu'on ne devait pas « abandonner M. de la Monclova (par rapport pour son zèle à la nation) à la mauvaise volonté de ce Conseil », remit dans la même intention une représentation au roi d'Espagne. Après quelque échange de lettres (1), on obtint que le vice-roi accusé dût au moins être entendu, avant qu'aucune mesure ne fût prise contre lui. Que cette heureuse issue eût été ménagée grâce à l'intervention française, il appartenait à l'ambassadeur de France de le lui faire bien entendre, à lui et à ses amis. Mais le comte de la Monclova n'eut jamais l'occasion d'en montrer sa gratitude, ni de s'expliquer comme il était sommé de le faire. Il mourut à Lima le 22 septembre 1705, laissant une famille nombreuse et une immense fortune (2).

Quant à don Diego de Almagro, il s'était attiré lui-même les difficultés où il tomba. Après le départ des navires français, il resta au Pérou. Ce ne fut qu'en mai 1707 qu'il revint en France avec une frégate du roi, la *Nymphe*, sur laquelle il s'était embarqué à Vera-Cruz. Il apportait alors une très forte somme en argent et se déclarait envoyé par le vice-roi du Pérou afin de rendre compte, en Espagne et en France, de « l'état du pays », ce qui lui valut d'être regardé comme « un homme de considération (3) ». Sa mission était probablement plus simple. Sans doute n'était-il chargé que d'un certain nombre de lettres dont plusieurs à l'adresse du gouvernement français (4). En résumé, la cause principale de son retour en France était de régler divers comptes qui traînaient avec

(1) Daubenton à Pontchartrain, 26 nov., 2 et 7 déc. 1705 ; 6 févr. et 1ᵉʳ mars 1706. Arch. Nat. Marine, B⁷ 237 et 238. Pontchartrain à Daubenton, 17 mars 1706. *Ibid.*, B² 188¹, f. 493.

(2) Don Melchor Portocarrero Laso de la Vega, tercer conde de la Monclova, grande de España, était né à Madrid en 1636. Il avait été vice-roi du Mexique entre les années 1685-1688 et du Pérou depuis cette dernière année. Son rappel était décidé et son successeur choisi déjà en 1704. Mendiburu, *Diccionario hist.-biogr. del Peru*, t. VI, Lima, 1885, p. 539.

(3) Pontchartrain à Chamillart, 11 mai 1707. Arch. Nat. Marine, B² 197, p. 810.

(4) Pontchartrain à Amelot, 18 mai 1707. *Ibid.*, p. 916.

les armateurs de l'expédition à laquelle il avait participé. Comme ces affaires ne s'étaient pas arrangées à l'amiable, il avait, déjà pendant son séjour en Amérique, fait assigner les armateurs du *Saint-Esprit* et du *Baron-de-Breteuil* devant l'amirauté de Saint-Malo. Il les accusa de n'avoir point rempli l'engagement qu'ils avaient contracté avant le départ : c'était lui qui leur avait fait obtenir du vice-roi l'autorisation sans laquelle ils n'auraient point vendu leurs marchandises, et les capitaines, pour le priver de la provision convenue, s'étaient volontairement séparés du *Saint-Joseph*, au bord duquel il se trouvait, et avaient manqué aux rendez-vous assignés. Les armateurs objectèrent que l'escadre avait été dispersée sans que les capitaines y pussent quoi que ce fût ; que ces capitaines, n'ayant pas trouvé le *Saint-Joseph* à Juan Fernandez, avaient été amenés à conclure, par les récits des Anglais prisonniers, que le vaisseau avait été pris ou avait fait naufrage. Ils s'étaient donc rendus à la côte continentale, où ils avaient commercé sans rien devoir à l'entremise d'Almagro. Qu'il eût un droit quelconque à une récompense pour les autres services qu'il avait rendus à l'expédition et pour les renseignements qu'il avait fournis, les armateurs le contestèrent encore sous prétexte que « les négociants de Saint-Malo avaient demeuré en Espagne et y avaient fait le commerce de père en fils ; ils avaient fait des voyages aux Indes et par les flottes et galions ; ils n'avaient donc pas besoin des mémoires de l'appelant, joint que leurs cargaisons n'étaient composées que des marchandises des manufactures de France, dont ils connaissaient mieux que lui la qualité et la valeur (1). »

Contre les sentences de l'amirauté des 4 et 9 septembre 1706 qui invalidaient ses droits (2), Almagro fit appel au Parlement de

---

(1) Mémoire des intéressés aux navires le *Saint-Esprit* et le *Baron-de-Breteuil*, cité plus haut, p. 294.

(2) Voir : *Dix des principales pièces, que les intéressez aux navires le Saint-Esprit et le Baron-de-Bretheuil, intimez, ont produit pour détruire tous les faits avancez contre la vérité par Dom Diego d'Almagro, appellant de deux sentences contradictoires de l'Amirauté de S. Malo des 4 et 9 septembre 1706* (De l'impr. de J.-F. Knapen ; 10 pages in-fol.). Parmi les documents publiés dans cet imprimé se trouvent deux quittances selon lesquelles Almagro aurait reçu des intéressés du *Saint-Esprit* une somme de 3.256 piastres et de ceux du *Baron-de-Breteuil* 12.000 piastres ; de plus un certificat délivré par le vice-roi « afin que le service rendu à Sa Majesté par le capitaine Bocard soit connu aux gouverneurs et ministres de France ». Dans un autre exemplaire manuscrit du même certificat (cité plus haut à la page 299, note 4), le traducteur s'est rendu coupable d'un faux manifeste. On y lit que le vice-roi aurait accordé la liberté du

Rennes, mais lorsque l'affaire fût sur le point d'être jugée, le président de ce tribunal reçut une lettre de Pontchartrain qui lui demandait une remise et proposait une conciliation. Nous ignorons si cet aventurier espagnol réussit à extorquer d'autres bénéfices de la protection du ministre ; en août 1707 nous le retrouvons à Madrid où, par suite des opinions peu favorables que Pontchartrain avait recueillies à son égard, Daubenton reçut l'ordre de faire une enquête et de fournir les renseignements les plus précis à son chef, « qui ne voulait pas appuyer de mauvais sujets (1) ».

En Espagne, Almagro avait encore plus besoin de protection qu'en France. On l'y accusait d'avoir facilité l'introduction des marchandises par la mer du Sud ; et dans sa patrie ce fait était toujours considéré comme « un crime capital (2) ». Son imprudence le mit à deux doigts d'en recevoir le châtiment. « Quoique j'ai fait connaître à don Diego de Almagro y Toledo, écrit Daubenton (3), dans l'instant de son arrivée en cette Cour, qu'il lui était important de ne point se montrer jusqu'à ce que l'affaire suscitée contre lui au Conseil des Indes eût été assoupie, il prit un parti tout opposé, non seulement en se produisant tous les jours au Palais et dans les tribunaux, mais encore chez le président et les conseillers du Conseil des Indes. Ce premier était prévenu en sa faveur, mais les autres profitèrent d'une indisposition qui l'empêcha d'assister au Conseil pour ordonner à l'*alguacil mayor* d'exécuter le décret de prise de corps décerné contre ledit sieur Almagro. » Tout d'abord, l'intercession de Daubenton n'eut d'autre résultat que l'ordre donné à l'alguazil de garder le prisonnier dans sa maison jusqu'à nouvel ordre, mais, peu après, l'am-

commerce non seulement au *Saint-Esprit*, mais à tous les autres navires qui pourraient arriver plus tard, alors que le texte imprimé, conformément à la vérité, porte que le vice-roi avait expressément défendu à ces navires de faire le commerce. Le faux a très certainement été fait dans l'intention de donner une justification à la contrebande des Français, mais si l'acte a jamais servi à ce but et dans ce cas à quelle occasion, voilà ce que je n'ai pu découvrir.

(1) Annotation de Pontchartrain à la marge d'une lettre de Daubenton du 22 août 1707. Arch. Nat. Marine, B7 248.

(2) La dénonciation contre Almagro ainsi que contre Monclova, il faut sans aucun doute la chercher dans une lettre adressée à Sa Majesté Catholique par don Sancho de Cabrera y Andrade, écrite de Lima le 22 nov. 1704 (Arch. Nat. Marine, B7 230). Almagro y est présenté comme l'instigateur du voyage où il avait pris part et comme celui qui l'avait fait favoriser par le vice-roi.

(3) A Pontchartrain, 11 octobre 1707. Arch. Nat. Marine, B7 248.

bassadeur de France, Amelot, obtint son élargissement et enfin son acquittement complet. « La naissance du prince des Asturies a été un prétexte plausible pour lui faire accorder le pardon », raconte Daubenton, mais il ajoute, dans une lettre suivante, que « ce pardon n'aurait pas été donné, si ledit sieur Almagro n'avait donné à Sa Majesté Catholique une somme assez considérable pour les nécessités de la guerre (1) ». La fortune avait tellement tourné à son avantage qu'on espérait le voir nommé à quelque fonction du gouvernement, moyennant, bien entendu, « une somme raisonnable à Sa Majesté Catholique ». Les agents français poussèrent encore plus loin leur zèle de protecteurs : ils le soutinrent contre ses adversaires de Saint-Malo. Ceux-ci s'étaient mis à envoyer contre lui au Conseil des Indes des délations anonymes, auxquelles Almagro répondit par un appel renouvelé à la justice française (2). Daubenton aussi bien que Pontchartrain jugèrent ce procédé très mauvais et les armateurs plaignants en encoururent une réprimande sévère de la part du ministre (3).

Afin de tirer encore plus de profit de la faveur qu'il avait su acquérir, Almagro retourna au commencement de 1708 en France. « C'est, écrit Daubenton à Pontchartrain, pour aller vous supplier très humblement de lui continuer votre protection dans son affaire contre les négociants de Saint-Malo (4) ». Cette affaire qui venait d'être évoquée devant le Conseil de commerce, allait vivement occuper les autorités françaises et provoquer même des négociations diplomatiques. L'ambassadeur d'Espagne, le duc d'Alba, avait sollicité une audience de Louis XIV pour y plaider la cause de son compatriote, mais Pontchartrain réussit à l'en détourner en attendant l'issue du procès que l'opposition des armateurs faisait traîner en longueur, et cela au grand dépit d'Almagro qui s'apprêtait à retourner au Pérou, « où il était employé au service du roi d'Espagne ». L'affaire semble avoir pris fin en mars 1709 : Almagro dut se contenter de 2 % de commission et de l'intérêt sur

(1) A Pontchartrain, 22 janvier et 18 février 1708. Arch. Nat. Marine, B⁷ 251.
(2) Informe veridico de Don Diego de Almagro y Toledo, y de esta misma substancia ha dado memorial à S. M. Xᵐᵒ sus tribunales. Arch. Nat. Marine, B⁷ 251.
(3) Pontchartrain à Daguesseau, 19 octobre 1707 ; id. à Daubenton, 6 novembre 1707. Arch. Nat. Marine, B² 199, p. 333 et 558.
(4) Daubenton à Pontchartrain, 18 février 1708. Arch. Nat. Marine, B⁷ 251.

la somme que la partie adverse fut déclarée lui devoir (1). Don
Diego de Almagro disparaît ainsi de l'histoire des voyages à la
mer du Sud, et nous ne savons rien de ce qui lui advint dans la
suite. Il semble cependant admissible qù'il fût pour quelque chose
dans une autre affaire fort curieuse qui se rapporte à ces voyages :
celle du duc de Veragua ; nous en parlerons plus loin.

Il ne reste plus grand'chose à dire de l'expédition dont nous
venons de voir l'épilogue, épilogue bien instructif sous plusieurs
rapports. Les trois navires, le *Baron-de-Breteuil,* le *Saint-Esprit* et
le *Saint-Joseph,* se rejoignirent à Callao et appareillèrent ensemble
pour le retour, le 22 septembre 1704. Bien entendu, les armateurs
attendirent avec inquiétude le retour des riches cargaisons. Ils
expédièrent une frégate, le *Saint-Isidore,* aux îles Canaries afin de
servir d'escorte aux navires et très certainement aussi pour avertir
les capitaines des dangers qui les menaçaient au pays et pour
soustraire aux revendications escomptées une partie de leurs chargements qu'ils transborderaient sur la frégate. L'escadre ne rencontra malheureusement pas la frégate (2), et après une courte
relâche à Cayenne, ils vinrent mouiller au Morbihan le 18 mai 1705.

Ce ne furent ni les réclamations d'Almagro, ni les revendications
du gouvernement espagnol qui, au retour, faillirent compromettre
le résultat de l'expédition. Nous avons déjà vu que ce furent les
manœuvres de la Compagnie de la mer du Sud qui tenta un effort
suprême pour faire valoir ses droits et privilèges ; nous en avons
aussi raconté les circonstances et comment, au moment même où
elle pensait atteindre son but, elle vit s'écrouler toutes ses espérances.

(1) Sur les détails de l'affaire, voir, outre les écrits déjà cités, lettres de Pontchartrain
à M. Daguesseau, président du Conseil de commerce, 4 et 18 avril, 4 et 8 juillet,
1er août et 17 octobre 1708 (Arch. Nat. Marine, B2 207, p. 67, 268; 208, p. 91, 111, 541;
209, p. 254); à M. de Torcy et à M. le duc d'Albe, 18 avril 1708 (*Ibid.,* 207, p. 265);
à M. Bignon, intendant des finances, 2 janvier, 6 et 20 mars 1709 (*Ibid.,* 214, p. 58,
678, 832).

(2) Clairambault à Pontchartrain, 29 juin 1705 (Arch. Nat. Marine, B3 129, f. 3o4);
Pontchartrain à Clairambault, 8 juillet de la même année (*Ibid.,* B2 182, f. 70). — Le
Saint-Isidore, qui, revenu à Saint-Malo vers le milieu de 1705, après avoir fait la
course aux îles de l'Amérique, fut, autant que j'ai pu le constater, le seul navire dont
l'armateur ait été condamné à payer la pénalité stipulée dans la soumission pour un
retard dans le retour. Cette somme de 10.000 livres fut plus tard employée à payer les
dettes les plus pressées de Saint-Malo de l'année 1704. Pontchartrain à de Saint-Sulpice,
6 janvier 1706. *Ibid.,* B2 187, f. 31.

L'affranchissement de saisie que les armateurs de l'expédition avaient obtenu, ainsi que les bénéfices considérables qui en furent retirés, eurent des conséquences importantes sur le commerce de la mer du Sud. Les chiffres relatifs au montant du gain varient de trois à sept, voire même à douze millions de livres, et il est probable que les autorités ne connurent jamais la somme exacte (1). Mais il est évident que les pays où de pareils trésors étaient à gagner devaient exercer un attrait irrésistible sur les hommes d'affaires, et il est aussi évident que le gouvernement ne pouvait demeurer aveugle à cette source de richesse nationale qui semblait s'offrir. La façon dont ces circonstances influèrent sur le développement du commerce de la mer du Sud et sur les rapports entre ce commerce et la politique intérieure et extérieure sera le sujet d'un chapitre suivant.

*
* *

Nous voulons seulement ajouter ici quelques mots sur les plus importantes des autres expéditions qui, pendant cette époque, visitèrent la mer du Sud.

Il faut d'abord signaler la seconde expédition de Danycan : elle était censée avoir pour destination la Chine, mais elle partit munie d'un « passeport de Sa Majesté qui lui permettait de faire *le voyage de la découverte* à la mer du Sud (2) ». Nous y trouvons pour la première fois une formule d'autorisation qui, dans la suite, fut fréquemment employée et adoptée par le gouvernement chaque fois qu'il voulut favoriser secrètement le trafic prohibé.

Deux des navires qui composaient l'escadre, le *Saint-Charles*, capitaine du Coudray Pérée, et le *Murinet*, capitaine Fouquet, levèrent l'ancre de Saint-Malo le 26 décembre 1703 ; le troisième, le *Royal-Jacques,* capitaine de Grandmaison Harinton, n'appareilla de ce même port que le 6 mars de l'année suivante.

(1) La déclaration officielle montra une somme de 7.175.453 livres. Voir : Extrait du chargement des vaisseaux le *Saint-Esprit*, le *Baron-de-Breteuil* et le *Saint-Joseph*, tant pour compte des intéressés que pour celui des officiers, passagers et à fret ; mai 1705. Arch. Nat., G7 1687.

(2) Déclaration de Pierre Pérée du Coudray, 22 février 1706. Arch. du port de Saint-Servan, C4 320, f. 70.

Le premier navire emportait, comme passagers, quatre pères jésuites, Armand Nyel, de Brasle, Dominique de Rives et Hébrard, qui, par ce chemin qu'ils estimaient plus sûr dans ces temps de guerre, se rendaient aux missions de leur ordre alors florissantes en Chine. C'est à une lettre du père Nyel, datée de Lima le 20 mai 1705 et reproduite dans le célèbre recueil de lettres, envoyées par les missionnaires jésuites de tous les coins du monde, que nous devons les renseignements un peu plus détaillés sur une partie de ce voyage (1).

Après trois mois de navigation, le *Saint-Charles* et le *Murinet* atteignirent le détroit de Magellan ; mais à peine s'y étaient-ils engagés (ils étaient parvenus à la baie Grégoire qui se trouve immédiatement après ce qu'on appelle les First Narrows), qu'ils essuyèrent le sort de tant de camarades d'infortune : un vent impétueux leur rompit successivement quatre câbles et leur fit perdre deux ancres, sans lesquelles ils ne trouvèrent pas prudent de se risquer dans les passages difficiles où l'ancrage était nécessaire toutes les nuits. Le 11 avril 1704, ils s'en retournèrent donc et prirent le chemin par le détroit de Le Maire et autour du cap Horn.

Le 13 mai, le *Saint-Charles* arriva à Concepcion et, huit jours après, le *Murinet* l'y rejoignit. Les capitaines déclarèrent que leurs navires appartenaient à la Compagnie française de la Chine, nouvellement établie, qu'ils étaient destinés à Canton et qu'ils n'avaient fait le long détour par la mer du Sud que pour échapper aux dangers qui les menaçaient dans les détroits de Sunda et de Malacca dont les eaux étaient écumées par les Anglais et les Hollandais (2). Ils demandèrent qu'on leur permît, en attendant l'époque propice pour continuer le voyage en Chine, de se procurer des vivres en échange de marchandises apportées, mais ils se heurtèrent à la défense de commerce que venait de rappeler et de renforcer le vice-roi. Pour tenir la main à ce que cette défense fût observée, un nouveau corregidor avait été envoyé à Concepcion, premier port où touchaient en général les navigateurs étrangers. Ce

(1) *Lettres édifiantes et curieuses*, VII᷎ recueil, Paris, 1707, p. 41-72. Voir aussi : Extrait du journal de mon premier voyage, fait dans le navire le *Saint-Charles* (anonyme). Serv. hydr. de la marine. vol. 115xII, Mss. Delisle, 5.

(2) Conde de la Monclova al Rey ; 8 octobre 1704. Aff. Et. Amér. Mém. et Doc., vol. VI, f. 108.

fonctionnaire, don Diego de Zuñiga y Tovar (1), expose ainsi les mesures qu'il prit à l'occasion de l'arrivée des navires français (2) :

« En obéissance aux défenses réitérées de Votre Majesté contre tout commerce avec des vaisseaux étrangers qui arrivent en ces ports, ainsi que des bâtiments espagnols non munis d'autorisation de Votre Majesté, je fis immédiatement avertir les capitaines desdits navires qu'ils n'eussent point à s'aviser de rien vendre et qu'ils devraient s'adresser à moi pour ce qu'il leur fallait en fait de vivres et autres provisions afin qu'on pût tout de suite satisfaire à leurs besoins. Je publiai également dans cette ville une proclamation solennelle où j'informais les sujets de Votre Majesté qu'aucun d'eux, sous peine d'un châtiment sévère, n'avait le droit de rien acheter ni vendre auxdits Français ; de plus je fis placer des sentinelles sur le rivage et y organiser des patrouilles chargées de surveiller que ces défenses fussent strictement observées. Malgré ces mesures de précaution, j'appris à deux reprises qu'ils introduisaient dans la ville des marchandises apportées à bord de leurs navires. Aussi me suis-je rendu, en personne, au milieu de la nuit, sur le rivage où ils comptaient débarquer les marchandises, et à la première occasion je saisis 174 quintaux de fer, 9 vares de toiles et 3 douzaines de couteaux ; à la seconde occasion je mis le sequestre sur 1.430 vares de toile, 88 livres de cire et 9 rames de papier. Je déclarai toutes ces choses de bonne prise, et je les déposai dans le trésor royal (la caxa), où elles devaient être vendues publiquement aux enchères par les employés royaux au compte de Votre Majesté, ce qui eut lieu ; et cette vente rapporta 8.286 pesos. Les Français, lorsqu'ils virent qu'on observait aussi sévèrement les ordres de Votre Majesté, firent immédiatement voile et se rendirent à divers ports du Pérou, où ils vendirent sans doute tout ce qu'ils avaient apporté sur leurs navires. »

On pourrait être amené à croire, par cette relation, que le corregidor appartenait à ces fonctionnaires intègres qui s'efforcent consciencieusement de faire respecter les ordres de leur roi. S'il est vrai que ses mesures ne furent pas exclusivement prises pour la forme et que ses déclarations furent sincères, il constitue certes

(1) « Por real cédula librada en Madrid, a 26 de abril de 1703, don Diego de Zuñiga fué nombrado correjidor i justicia mayor de Concepcion ; se recibio ante el cabildo de esta ciudad el 1° de junio de 1704... desempeño este empleo hasta el 13 de abril de 1707 en que le reemplazo el oidor don Alvaro Bernardo de Quiros. » Abraham de Silva i Molina, *Oidores de la Real audiencia de Santiago de Chile durante el siglo XVII* (*Anales de la Universidad*, t. CXIII, Santiago de Chile, 1903, p. 64).

(2) Lettre au roi d'Espagne du 4 octobre 1704. Barros Arana, *Historia jeneral de Chile*, t. V, p. 483.

une exception rare, peut-être même unique (1). Comme, selon sa conviction exprimée dans la même lettre, la mer du Sud devait être entièrement fermée à tous les étrangers, il exposa ouvertement ses objections aux avantages qu'on accordait à la France. Il en résulterait, selon lui, que les revenus de douane de la couronne espagnole diminueraient ; que le commerce des galions serait ruiné ; que les étrangers répandraient en Europe la connaissance de la mauvaise organisation dont souffrait la défense des ports du Sud américain ; que, par suite, ces ports risquaient d'être pris d'assaut et pillés, et, enfin, que l'intégrité de la religion catholique romaine serait menacée, si l'on introduisait l'hérésie, surtout parmi les indigènes ignorants et crédules. Et on l'introduirait, car les navires français amenaient aussi beaucoup de « Hollandais luthériens et calvinistes ». Avec une satisfaction évidente, le corregidor racontait ensuite comment il avait réussi à en dépister deux qui avaient déserté, et « après avoir détourné un danger aussi imminent, ajoutait-il, je les remis à un collège de pères jésuites pour les faire catéchiser, bien qu'avec peu d'espoir de les voir abjurer leurs doctrines erronées. »

Mais loin de professer des opinions pareilles, la plupart des fonctionnaires des colonies comprirent vite que le commerce français, en raison même de la défense, pouvait devenir une source de revenus des plus lucratives. Ce qui rendit irrésistible la tentation de fermer les yeux sur la contrebande, ce fut le manque très sensible de marchandises européennes qui, à cause de l'interruption du trafic régulier des galions, s'était fait sentir au Pérou et encore davantage au Chili plus éloigné.

Les navires dont il est question poursuivirent leurs affaires sans en être sérieusement empêchés, semble-t-il, par les autorités espagnoles, pas même par le vice-roi. De Concepcion ils se rendirent à Arica et à Ilo, où ils séjournèrent cinq mois, et enfin à Pisco. De là, les jésuites se rendirent par voie de terre à Lima pour visiter leurs confrères, tandis que les capitaines se dirigèrent peu après vers Callao, où le *Royal-Jacques* les rejoignit au commencement

---

(1) Le montant de la vente des marchandises sequestrées s'était réduit, déjà lorsque le capitaine-général Ibañez en rendait compte, à 2.000 pesos. Barros Arana, *op. cit.*, t. V, p. 483.

de 1705. Ce navire leur remit des lettres de Pontchartrain « qui portaient défense de faire aucun commerce, directement ni indirectement, sur les terres du roi d'Espagne au retour de la Chine par la mer du Sud ». « Cela, avec le mauvais état de nos vaisseaux, nous a empêché d'aller à la Chine », rapportent les capitaines. Il s'agit cependant de savoir si l'interruption du voyage n'était pas bien plutôt due à des ordres secrets de Danycan, — on a lieu de le soupçonner. Le P. Nyel s'en exprime d'une façon un peu mystérieuse, en déclarant que la résolution des capitaines « ne nous surprit point : ils avaient leurs raisons ». Les missionnaires, à l'exception du P. de Rives qui, pour des raisons de santé, fut obligé de suivre les navires, durent se rendre du Pérou au Mexique, afin de s'embarquer sur le galion qui allait d'Acapulco à Manille et atteindre ainsi leur lointaine destination.

Comme Dampier et sa bande de corsaires infectaient encore les mers américaines, — en décembre 1704, ils avaient même tenté (tentative qui avorta) de s'emparer du galion de Manille, — le vice-roi, soit qu'il crût bon de s'assurer l'appui de cette seconde expédition française comme de la précédente, soit qu'il cherchât un prétexte pour favoriser les affaires des Français, essaya de persuader aux capitaines d'entreprendre une croisière à la recherche de l'ennemi, et, à cette fin, il leur offrit *la comisión de capitanes de mar y guerra*. Ils ne manquèrent point d'accepter la commission, mais ils s'excusèrent de ne pouvoir courir aux Anglais « à cause du mauvais état des vaisseaux (1). » Le mal ne devait pourtant pas être si grand, car ils ne hâtèrent nullement le retour ; au contraire, ils firent une excursion de plusieurs mois au nord du Pérou, allant même jusqu'à Payta (2). Ce ne fut qu'après une nouvelle visite à Callao, en juillet 1705, qu'ils entreprirent de Concepcion, le 16 septembre de la même année, le retour définitif. Pour le

(1) Néanmoins Pontchartrain engage son agent en Espagne à parer à toutes les plaintes éventuelles au sujet du voyage en objectant que les capitaines, « avant d'être reçus à traiter, ont fait pendant deux mois la course, par ordre du vice-roi et par ses commissions, pour en chasser deux vaisseaux anglais. » A Daubenton, 17 février 1706. Arch. Nat.Marine, B² 187, f. 449.

(2) Datant du séjour dans ce port, nous trouvons une note qui nous confirme dans notre supposition que le projet d'aller en Chine était définitivement abandonné. On remit à l'amiral don Pedro de Alzamora « un sabre qui était destiné à l'empereur de la Chine. » Espérons que ce précieux cadeau le consola de son peu de succès comme chef de l'expédition envoyée contre les Anglais !

retour on eut la compagnie d'un navire de plus, le *Saint-Pierre*, et son capitaine, M. Carman Éon, prit le commandement de toute l'escadre, composée maintenant de quatre vaisseaux.

Le *Saint-Pierre* avait quitté la Provence (Marseille ou Toulon) déjà le 15 décembre 1703, mais, attaqué près de Malaga par un corsaire hollandais et endommagé par lui, force lui fut de relâcher pour des réparations à Gibraltar, et il ne put en repartir qu'à la fin de février 1704 (1).

Dans le détroit de Magellan, on fit la rencontre d'un navire déjà mentionné, la caiche le *Saint-Martin*. Ce petit bâtiment, du port de huit canons et avec trente hommes d'équipage, avait, malgré sa petitesse, risqué ce long et périlleux trajet. La saison défavorable imposa aux deux navires un séjour de plusieurs mois dans ce détroit si dur à la navigation. L'ayant enfin traversé, tous les deux arrivèrent au commencement d'octobre à Concepcion. Les capitaines alléguèrent comme unique raison de leur voyage leur mission de transmettre aux vaisseaux déjà arrivés des lettres et des provisions ; mais leur véritable but apparaît dans l'aveu de don Diego de Zuñiga qui se plaignait de s'être vainement efforcé d'entraver leur commerce : la rade ouverte offrait trop de difficultés pour la surveillance et les gardiens sûrs étaient introuvables (2). De l'expédition de ces deux navires, nous savons seulement que le *Saint-Pierre* étendit son voyage jusqu'à Callao (3) et que le *Saint-Martin* fut vendu à Pisco (4).

Après avoir doublé sans accident le cap Horn, l'escadre commandée par M. Carman Éon découvrit quelques îles auxquelles, en l'honneur du principal armateur, « dont le zèle pour la religion et pour la gloire de l'État s'était signalé en tant d'occasions », on donna le nom de *Iles Danycan* (5). Puis ils firent escale à l'île

(1) Placet au Roi du sieur du Sault pour les intéressés au navire le *Saint-Pierre*, 8 janvier 1706. Arch. Nat., G⁷ 1687.
(2) Conde de la Monclova al Rey, 7 novembre 1704. Aff. Et. Amér. Mém. et Doc., vol. VI.
(3) Extrait d'un mémoire qui contient les ordres donnés par le Consulat du Pérou au sujet de l'expédition des galions, 15 octobre 1706. Arch. Nat. Marine, B⁷ 246.
(4) Memoria de los navios franceses que han entrado en este mar; 31 août 1707. Aff. Et. Esp. Corr. pol. 185, f. 329.
(5) Voir : *Lettres édifiantes*, VIIe Rec., p. xvi ; Frezier, *Rel. du voyage de la mer du Sud*, p. 264. — Sur la carte de Frezier du détroit de Magellan (voir le fac-similé à la page 385), les *Isles d'Anican* sont placées au sud-est et tout près des îles

CARTE FIGVRATIVE DES ISLES
MALOVINNES, assises proche les Isles de Sebalds
de Waerts, en lamer Magellanique du Nord.

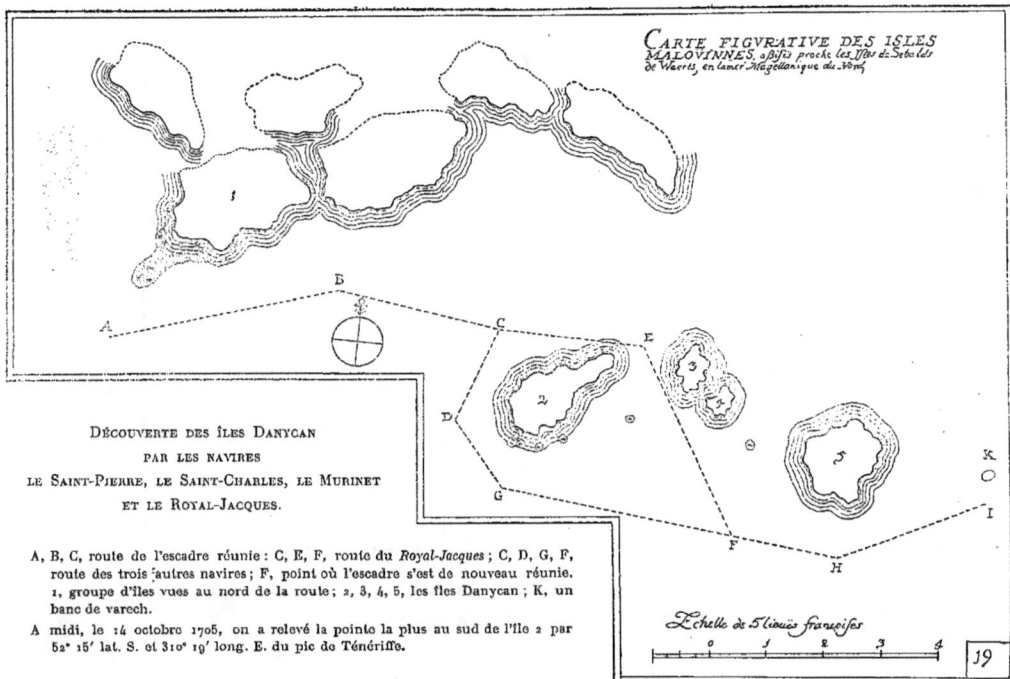

DÉCOUVERTE DES ÎLES DANYCAN

PAR LES NAVIRES

LE SAINT-PIERRE, LE SAINT-CHARLES, LE MURINET

ET LE ROYAL-JACQUES.

A, B, C, route de l'escadre réunie : C, E, F, route du *Royal-Jacques* ; C, D, G, F,
route des trois autres navires ; F, point où l'escadre s'est de nouveau réunie.
1, groupe d'îles vues au nord de la route ; 2, 3, 4, 5, les îles Danycan ; K, un
banc de varech.

A midi, le 14 octobre 1705, on a relevé la pointe la plus au sud de l'île 2 par
52° 15′ lat. S. et 310° 19′ long. E. du pic de Ténériffe.

Echelle de 5 lieües françoises

19

Fernando Noronha sur la côte du Brésil pour y faire de l'eau : le besoin devait en être urgent si l'on songe que la flottille perdit quinze jours du mois de décembre 1705 à tenter l'abord de ce lieu

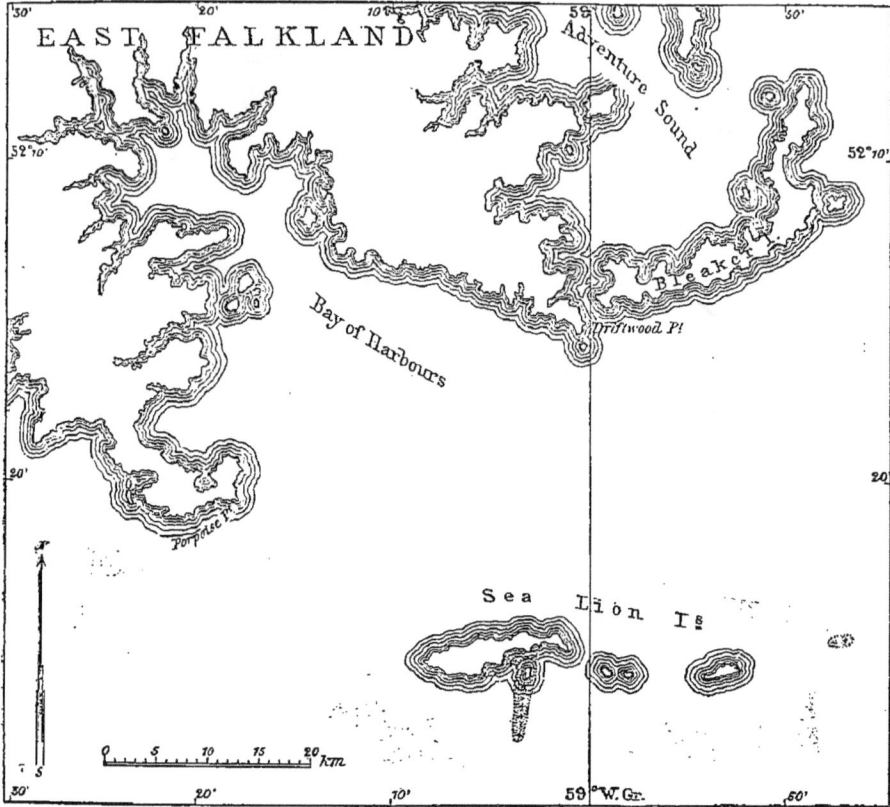

UNE PARTIE DE L'ARCHIPEL FALKLAND.
D'après la carte marine anglaise.

Falkland, nommées par lui les *Isles Nouvelles*. Les îles Danycan se trouvent également sur plusieurs autres cartes contemporaines, comme par exemple sur celles de Van Keulen, de G. Delisle et d'autres, sans qu'on puisse rien en conclure de précis sur leur vraie situation. Sur la carte d'Antonio de Cordova (*Relacion del ultimo viage al estrecho de Magallanes*, Madrid, 1788) les *Islas de Anican* sont placées à l'embouchure méridionale du détroit de Falkland et leur situation correspond à peu près à celle des îles *George, Speedwell* et *Reed Islands*. Ce que Louis de Freycinet (*Voyage autour du monde*, Atlas hist., Paris, 1825, pl. 108) indique par le nom des *Iles Anican* n'est que les pointes extrêmes de la côte sud-est de l'île principale, l'East-Falkland. Le nom appartient de droit aux îles situées devant cette côte et appelées actuellement les *Sea Lion Islands*, mais je n'ai trouvé cette identité signalée que sur la carte qui accompagne une petite brochure peu connue par G.-T. Whitington (*The Falkland Islands*, Lond., 1840). Le fait est prouvé par le récit détaillé de la découverte qui, joint à la carte dont nous donnons ici le fac-similé, se trouve reproduit, d'après les journaux probablement perdus des capitaines, dans la « Navigation pratique et spéculative de

de rafraîchissement d'un atterrage si malaisé (1). Enfin, le 29 janvier 1706, les quatre navires arrivèrent à Port-Louis. Ils étaient alors accompagnés d'un nouveau bâtiment, qui avait été, affirme-t-on, dans la mer du Sud, mais sur lequel les données sont très incertaines (2).

Le résultat économique de ce voyage, comme du précédent, fut très satisfaisant. Le capitaine du *Saint-Charles* annonce dans sa déclaration qu'il apportait un demi-million de piastres, et le commissaire de Saint-Malo nous raconte que « M. de Saint-Sulpice y gagna en son particulier plus de 250.000 livres, et M. de Lépine (Danycan) près de deux millions (3) ». Quant au *Saint-Pierre*, il est dit que les armateurs, après avoir délivré aux hôtels de monnaie l'argent rapporté, « reçurent en payement pour 750.000 livres de billets de monnaie (4) », ce qui signifierait que le revenu total était bien plus grand.

Une grande joie accueillit donc cet heureux retour ; on osait espérer qu'elle serait partagée aussi par le gouvernement, puisque « l'expédition avait fait un grand bien à l'État par l'argent qu'elle y répandait ». L'autorisation qu'ils avaient reçue protégeait cette fois les armateurs contre les revendications de la Compagnie de la

ses contrées d'Europe, tant pour la ville de Buenos Ayrez, dans la rivière de la Plate, que pour la mer du Sud, par Ledemaine Godalles, hydrographe et ingénieur du Roi, professeur aux mathématiques » ; 1707 (Serv. hydr. de la marine, Bibliothèque, n° 1190). Le nom des îles Danycan ne s'y retrouve pourtant pas : on y dit que « les îles Malouines ont été ainsi nommées pour avoir été découvertes par une flotte de quatre navires de la ville de Saint-Malo... le 14 octobre 1705 ».

(1) Journal du voyage de la mer du Sud sur le vaisseau la *Toison-d'Or*. Serv. hydr. de la marine.

(2) Ce navire, le *Saint-Hubert* de Brest, est nommé, ainsi que les quatre autres ici mentionnés, dans un « Rôle des passagers qui étaient embarqués sur les vaisseaux venant de la mer du Sud », fait à Lorient le 1er février 1706 et signé par Clairambault, commissaire de la marine de cette ville (Arch. Nat. Marine, B³ 137, f. 104). On y raconte que les six Espagnols qu'on donne comme arrivés avec le *Saint-Hubert* avaient embarqué à Callao. Mais il existe, de juin 1705, un rôle d'équipage et une commission pour le navire le *Saint-Hubert* de Brest, capitaine de la Porte le Maître (Arch. de l'Amir. de Brest, sér. B, 4714 et 4678). Si les deux navires sont identiques, le *Saint-Hubert* aurait touché non la mer du Sud, mais Saint-Domingue

(3) Lempereur à Pontchartrain, 31 janvier 1706. Arch. Nat. Marine, B³ 135, f. 48.

(4) Placet au Roi du sieur du Sault, 8 janvier 1707. Arch. Nat., G⁷ 1687. Des chiffres plus exacts sont donnés par la suite : un état des espèces d'or et d'argent venues sur les navires le *Saint-Charles*, le *Murinet* et le *Royal-Jacques* indique une somme totale de 1.114.429 piastres 7 réaux ; Danycan rapporte au contrôleur général que le *Saint-Pierre* avait mis à terre 650.000 piastres pour le compte de MM. Fontaines d'Orléans ; et l'intendant de Bretagne, M. Ferrand, écrit le 10 févr. 1706 : « J'ai lieu de croire que la cargaison des quatre vaisseaux est de 18 à 1.900.000 piastres, non compris les espèces des officiers et matelots que l'on fait monter à près d'un million. » Arch. Nat., G⁷ 186.

mer du Sud : mais ceux à qui incombait la surveillance des finances de l'État ne jugèrent pas suffisante cette augmentation indirecte de la richesse nationale. On commença à entrevoir qu'on pourrait tirer un profit plus direct de l'importation des métaux précieux. On n'alla pas encore jusqu'à refuser aux armateurs, lorsque ceux-ci étaient favorisés par le gouvernement, le droit de disposer librement de leur bien, mais les passagers et les équipages, qui pour leur propre compte importaient de l'or et de l'argent, ne furent point aussi privilégiés, et il sembla naturel qu'ils partageassent leur gain avec le trésor public.

Cette fois cependant l'ingérence de la couronne fut trop tardive. Le commissaire de la marine à Lorient écrit (1) qu'il ne voyait que peu de chances de pouvoir exécuter les ordres qu'il avait reçus, car, dit-il, « dès les premiers jours de cette arrivée, le public a parlé des voitures de caisses d'argent qu'on rencontrait par les chemins » ; il conclut qu'il n'en devait guère rester à voiturer et, après une visite à Port-Louis quelques jours plus tard, « pour demander aux officiers et passagers des vaisseaux revenus de la mer du Sud des déclarations des espèces d'or et d'argent qu'ils ont apportées pour leur compte ou pour d'autres », il reconnut en effet que ses craintes étaient très justifiées : « il ne s'est trouvé aucun de ces officiers ou passagers, étant tous partis ». Les mesures que prit à cette occasion le contrôleur général des finances, par l'intermédiaire de l'intendant de Bretagne et de ses subdélégués (2), ne furent pas plus rémunératrices ; « comme ils (les agents du Contrôle), écrit Pontchartrain à son collègue Chamillart (3), ne demeurent pas dans les lieux où les vaisseaux abordent, et qu'ils ne sont pas d'ailleurs instruits des moyens dont les gens de mer se servent pour cacher ou divertir leurs effets, cela n'a rien produit ». Pontchartrain proposa donc que les deux ministres s'entr'aidassent à l'avenir, mais cela ne semble pas avoir été du goût de Chamillart, car, peu de temps après, il donne l'ordre à son commissaire de

(1) Clairambault à Pontchartrain, 19 et 22 février 1706. Arch. Nat. Marine, B³ 137, f. 143 et 147.

(2) Déjà le 18 août de l'année précédente Chamillart avait ordonné aussi bien à cet intendant qu'aux fermiers généraux de faire surveiller de très près les navires qu'on attendait de la mer du Sud, « en sorte que rien ne se divertît dans le temps du déchargement ». Chamillart à Ferrand. Arch. Nat. F¹², 121.

(3) Le 3 mars 1706. Arch. Nat. Marine, B² 188, p. 107.

ne point s'occuper de l'argent débarqué en fraude des vaisseaux de la mer du Sud (1). Nous verrons plus loin comment l'un aussi bien que l'autre de ces deux ministres, en des occasions semblables, furent amenés à déployer une activité des plus vives.

* *
*

Parmi les navires dont le départ a déjà été signalé, nous avons encore à dire quelques mots du *Comte-de-Torigny* et du *Beauvais*.

Du premier, qui fit voile de Saint-Malo le 5 novembre 1704 et y revint le 17 avril 1706, nous apprenons qu'on « ne peut faire un voyage plus heureux que l'a fait ce vaisseau, qui n'a pas perdu un seul homme et n'a été en tout que dix-sept mois et dix jours en route ». Le passage difficile du détroit de Magellan fut accompli en dix-neuf jours, vitesse qui, même jusqu'à nos jours, n'a été dépassée que par bien peu de voiliers. Sous le rapport commercial ce voyage fut également prospère. Le navire rapporta environ 600.000 piastres, « dont 360.000 étaient pour le compte des intéressés et le reste provenait des pacotilles, de sorte qu'on comptait que les premiers gagnaient, tous frais déduits, trois pour un, et les autres quatre et demi (2) ». Cet énoncé est accompagné des mots suivants, fort instructifs à l'égard du marché du Pérou et des chances de succès qu'il offrait pour le commerce français :

« Cela est bien différent de ce que nous disaient les derniers venus de ce pays-là, qui, pour se faire valoir, apparemment cherchaient à nous faire croire que ceux qui iraient après eux n'y feraient rien, et que ce commerce était absolument perdu ; au lieu que ceux-ci assurent que, sans la mort du vice-roi qui aimait et protégeait en tout les Français, ils auraient encore mieux fait, et que, pourvu qu'on n'y envoie qu'un certain nombre de vaisseaux, ils y traiteront toujours avantageusement. »

Même si les fonctionnaires qui, après le décès du vice-roi, administraient le gouvernement du Pérou pendant l'interrègne, continuaient à faire des difficultés, il n'en était pas moins sûr

_____

(1) Pontchartrain à Clairambault, 24 mars 1706. Arch. Nat. Marine, B² 188, p. 585.
(2) Lempereur à Pontchartrain, 18 avril 1706. Arch. Nat. Marine, B³ 135, f. 123.

qu'un homme entreprenant y conclurait de profitables affaires,
« s'il savait à propos répandre son argent (1) ».

Celui qui, en premier lieu, éprouva l'aggravation des lois prohibitives contre le commerce, fut M. de la Vicomté Vivien, capitaine
à bord du *Beauvais*. Il avait quitté Saint-Malo le 18 mai 1705 et fut
le premier à arriver au Pérou après la mort du vice-roi. Les mesures qui l'y attendirent furent de la dernière rigueur — sur le
papier.

Quand un vice-roi se retirait de sa fonction, il était de son
devoir de transmettre à son successeur un compte-rendu détaillé

(1) Comme un trait bien significatif de la façon dont on essayait en France, malgré
les défenses, de favoriser les voyages à la mer du Sud, nous pouvons noter que
Lempereur, dans la lettre que je viens de citer, annonce qu'il a réuni un certain
nombre de journaux et d'autres documents, afin d'établir une carte de la mer du Sud
qui *rendrait de grands services aux expéditions à venir*. Pontchartrain accueillit avec le plus
vif empressement cette proposition. On chargea de l'exécution de ce projet M. Godalles,
maître d'hydrographie à Saint-Malo, et on le stimula sans cesse, car il tardait à s'acquitter de sa tâche, probablement parce qu'il trouvait plus lucratif de travailler pour
des armateurs particuliers. L'impatience du ministre fut à la fin si vive qu'il menaça de
retirer à Godalles la pension de 300 livres qui lui avait été accordée six ans avant,
« à cause de ses services et de sa nombreuse famille, ayant eu en vingt-deux années
de mariage vingt-six enfans » (Brevet du 12 octobre 1700. Arch. Nat. Marine, B² 145,
f. 118). Ce ne fut qu'en novembre 1706 que Lempereur put remettre la carte à Pontchartrain, et Godalles en reçut une gratification de 300 livres. Comme raison supplémentaire on cite cette fois aussi sa nombreuse famille qui avait encore augmenté :
« il a eu trente-quatre enfans de sa femme, dont seize sont encore vivants » ! Parmi les
nombreuses lettres sur ce sujet, voir : Lempereur à Pontchartrain, 5 septembre et
14 novembre 1706 (Arch. Nat. Marine, B³ 135, f. 234 et 296) et Pontchartrain à Lempereur, 27 octobre, 24 novembre et 1er décembre 1706 (*Ibid.*, B² 191, p. 1174 ; 192, p. 321
et 444). La carte dont il s'agit est sans aucun doute celle qui se trouve encore dans le
Service hydrographique de la marine (Bibliothèque, 4049B, n° 18). Elle porte le titre
suivant : « Carte reduicte, c'est-à-dire de degrez de latitude agrandissant, des costes
de l'Amérique dans la mer du Sud, depuis les terres Australes dites Magellaniques
jusques à Panama, tirée d'après la carte espagnole, car l'anglaise et la hollandaise
establissent ces costes plus occidentales... par Ledemaine Godalles, hydrographe et
ingénieur du Roi à Sainct-Malo, professeur aux mathématiques. 1706 ». L'explication de
cette carte, que Lempereur appelle « une espèce de journal », nous la retrouvons dans
un gros volume intitulé : « Relation instructive pour ceux, qui de l'Océan Atlantique,
c'est-à-dire de la mer du Nord, voudront passer dans celle du Sud, dite la mer Pasci-
fique, par Ledemaine Godalles... 1706 ». (Serv. hydr. Archives, carton 79, n° 1). Une
reproduction de cette carte se trouve aussi, portant le numéro 8, dans un volume
dessiné l'année suivante, 1707, par Godalles sous le titre : « Navigation pratique et
spéculative » (pour le titre complet voir plus haut, p. 313). Du contenu de ce volume
nous trouvons un compte rendu dans le *Catalogue des manuscrits des bibliothèques de
la marine* par Ch. de La Roncière, Paris, 1907, p. 200. Enfin une troisième carte de
la mer du Sud qui, bien qu'anonyme, paraît certainement exécutée par Godalles,
se trouve dans le Service hydr. (Arch., portef. 173, pièce 6). Cette dernière carte, qui
reproduit tout l'océan Pacifique et non seulement comme les deux autres la côte
américaine de cette mer, est évidemment un ouvrage fait à la hâte : elle n'est même pas
achevée. Le réseau des méridiens et des parallèles n'est pas entièrement dessiné et au
point de vue géographique elle n'a aucune valeur.

de son administration ; mais la mort avait exempté le comte de la Monclova de l'exécution de ce devoir qui incomba à *la Real Audiencia*, qui devait administrer jusqu'à ce que le nouveau vice-roi eût pris le pouvoir (1). Parmi les choses qui avaient, si l'on en croit le compte-rendu, causé le plus de soucis à cette autorité intérimaire, c'était l'apparition des navires français dans la mer du Sud. Contre le *Beauvais* en particulier, on n'avait point manqué d'agir avec une rigueur extrême. On précise le détail des mesures qu'on avait prises : dès son arrivée à Callao, en avril 1706, le capitaine avait reçu l'ordre de quitter le port dans les douze heures ; sous les peines les plus sévères, il avait été défendu à tous les sujets espagnols d'avoir aucun rapport avec les étrangers; des fonctionnaires avaient été envoyés à tous les ports pour veiller à l'observation des lois ; on avait appelé les troupes et mis tous les soldats sous les armes. Mais ce volumineux rapport ne souffle mot de l'effet de ces mesures. Aussi le capitaine français les regarda-t-il de très haut et avec un beau sang-froid ; on dit « qu'il n'en tint compte jusqu'à ce qu'il reconnût lui-même qu'il lui était effectivement impossible de négocier (2) ». Le montant des bénéfices réalisés dans son voyage témoigne d'ailleurs suffisamment de l'inefficacité de ces mesures. A son retour à Port-Louis, le 7 juillet 1707, le capitaine déclare que sa cargaison consistait en 344.953 piastres en argent monnayé et en barres (3) ; mais on soupçonna dans ce cas, comme dans tant d'autres, que ces chiffres étaient au-dessous de la réalité (4). Tant il y a que des quantités

(1) Relacion del Estado del Peru que la Real Audiencia de Lima... haze al Ex⁰ Sʳ Virrey Marques de Castell-dos-rios; 1707 juin. Cette relation manque dans le recueil imprimé des *Memorias de los vireyes que han gobernado el Peru durante el tiempo del coloniaje español* (6 volumes; Lima, 1859), mais une copie s'en trouve au British Museum (Mss. Add. 19571, p. 430). Le navire dont il est question y est appelé le *Lecauvais*, ce qui évidemment doit être lu pour le *Beauvais*. — Dans une liste de toutes les expéditions connues pour la mer du Sud que j'ai publiée, en 1907, dans les *Nouvelles Archives des Missions Scientifiques*, t. XIV, j'ai inséré, sous le n° 25, un vaisseau nommé le *Saint-Sulpice*, dont je n'avais trouvé d'autres renseignements que la date de son départ ; j'ai pu depuis constater que ce navire était le même que le *Beauvais*.

(2) Extrait d'une lettre du Consulat de Lima au Consulat de Séville, 25 juillet 1706. Arch. Nat. Marine, B⁷ 246.

(3) Déclaration du sieur de la Vicomté, capitaine de la frégate le *Beauvais*. Arch. Nat. Marine, B³ 148, f. 94.

(4) « On croit ce vaisseau chargé d'un million de piastres ». Ferrand à Chamillart, 12 juillet 1707 (Arch. Nat. G⁷ 187). Cf. Pontchartrain à Chamillart, 20 juillet 1707. Arch. Nat. Marine, B² 198, p. 361.

considérables d'argent furent débarquées en contrebande par l'équipage, et le contrôleur général se vit derechef forcé de recourir à l'aide de son collègue le secrétaire de la marine, afin de réfréner cette fraude. Des sentinelles furent placées à bord du navire, pour empêcher que les marchands n'y allassent acheter les piastres des matelots, et pour veiller à ce que les valeurs fussent déclarées et transportées aux Monnaies ; le résultat en fut presque nul, car il fut facile de « corrompre les gardiens et de les enivrer ». On dut donc aviser à des mesures plus efficaces pour l'avenir, si l'on ne voulait pas voir tarir entièrement cette nouvelle source de revenus publics (1).

*
* *

En résumant cet exposé de l'histoire du commerce dans la mer du Sud jusqu'au milieu de l'année 1705, nous voyons, en même temps que les négociations se poursuivaient entre la France et l'Espagne, — en apparence afin de rétablir les relations entre ce dernier pays et ses colonies, mais en réalité, et sans qu'on osât déclarer ouvertement ce dessein, afin de faire participer la France aux avantages attachés à ces relations, — que le trafic français avec les colonies espagnoles était en train de se développer dans des proportions considérables. En France, on s'efforçait en général de maintenir la défense contre ce commerce, mais, par sa conduite irrésolue, son manque d'énergie et ses mesures insuffisantes, le gouvernement se montrait désarmé en face des intérêts économiques des particuliers. En Amérique, il était plus difficile encore de lutter contre ces intérêts et de maintenir l'inviolabilité des lois. Aussi les plaintes contre l'intrusion des Français devinrent-elles de plus en plus violentes en Espagne ; et en France, si d'un côté on était obligé de tenir compte de ces doléances, d'un autre l'importation sans cesse accrue des métaux précieux était un facteur trop considérable pour que les hommes préposés aux finances de l'État pussent la négliger dans la crise économique qui régnait et

(1) Clairambault à Pontchartrain, 8 juillet 1707 (Arch. Nat. Marine, B³ 148, f. 87); Pontchartrain à Chamillart, 16, 17, 20 et 27 juillet ; id. à Clairambault, 20 juillet 1707 (ibid., B² 198, p. 237, 268, 333, 361, 477).

qu'exaspérait encore la guerre où s'engloutissaient les ressources du pays.

Le commerce français de la mer du Sud nous présente en effet, pendant presque toute sa durée, le même conflit entre les intérêts politiques et économiques. Nous examinerons au chapitre suivant comment, tout d'abord, les intérêts économiques jouèrent le rôle prépondérant.

CHAPITRE III

On ne saurait s'étonner du ton de découragement qui perce dans
les lettres des ministres de France vers la fin de 1704, lorsque,
après de longues années de démarche, ils virent que tous leurs
efforts s'étaient brisés contre la résistance opiniâtre des Espagnols.
Mais, ce qui paraît étrange, c'est qu'ils ne cessèrent point de lutter
pour le commerce des Indes, et cela au milieu des affaires les plus
difficiles qui harcelaient Louis XIV et le gouvernement français.
Rappelons seulement que l'année 1704 fut signalée par les premiers
grands revers qui frappent l'alliance franco-espagnole : Gibraltar
perdu, la Catalogne en pleine révolte, à Hochstaedt les armes françaises écrasées. Pendant ce temps la discorde la plus haineuse ré-

gnait entre les personnes qui, à la cour d'Espagne, étaient chargées de sauvegarder les intérêts français et de guider le jeune roi dans les chemins que lui avait tracés son illustre grand-père. Pour cette raison la princesse des Ursins et l'agent financier Orry avaient été rappelés, et les travaux de réforme, commencés par ce dernier, étaient entièrement suspendus. Toutes ces circonstances ont sans doute influé sur les négociations menées au sujet du commerce des Indes ; le changement fréquent d'ambassadeurs contribuait surtout à enlever à ces négociations la force et la continuité nécessaires. Mais, en dépit de toutes les difficultés, Louis XIV n'avait pas cessé un instant de s'entremettre dans les détails mêmes de l'administration espagnole (1), et l'activité avec laquelle il s'occupait des affaires commerciales du pays constitue une preuve nouvelle de sa perpétuelle intervention.

Dans l'instruction donnée le 17 avril 1704 au nouvel ambassadeur à Madrid, le duc de Gramont, il n'est question qu'en passant de « l'utilité que la France et l'Espagne pourraient tirer de leur union pour le commerce » ; on lui recommande seulement de s'employer à « l'exclusion générale des étrangers du commerce des Indes (2). » Plus tard il reçut pourtant à ce sujet des ordres plus détaillés, et, plus heureux que ses prédécesseurs, il obtint enfin du roi d'Espagne la convocation d'une « junte de commerce », appelée à régler les questions depuis si longtemps en suspens. « Puisque l'affaire se trouve aujourd'hui heureusement acheminée par ses soins », il est invité à profiter des bonnes dispositions du roi d'Espagne et à persuader à la junte de « faire passer des vaisseaux français au Pérou, avec quelques avantages pour les sujets du Roi (3). »

Le passage suivant, qui clôt la proposition, nous renseigne sur les espérances qu'on attachait à ce projet si souvent mis en avant, et si souvent rejeté.

« Pour ce qui regarde en général le commerce à faire aux Indes par les vaisseaux français, on ne doit pas douter que les Espagnols n'en con-

(1) Baudrillart, *Philippe V et la cour de France*, t. I, p. 210.
(2) *Recueil des instructions données aux ambassadeurs*, Espagne, t. II, p. 127.
(3) Suite des mémoires envoyés à M. le duc de Gramont sur le commerce d'Espagne aux Indes, oct. 1704. Arch. Nat. Marine, B⁷ 230.

çoivent naturellement de la défiance, mais en leur faisant sentir qu'il n'y a que ce seul parti à prendre dans la situation présente de leurs affaires, pour tirer les trésors qu'ils ont aux Indes, et pour empêcher nos ennemis communs d'en profiter, on leur fera certainement entendre raison. Il faut au reste que toutes les classes de gens qui y sont intéressées y trouvent leur compte : les grands, qui ont des revenus aux Indes, comme le duc d'Albe et quelques autres, en leur apportant leur argent sans qu'il leur en coûte rien ; l'inquisition et les communautés religieuses, qui ont part à ce commerce, en leur faisant un traitement à peu près pareil ; et les négociants, en diminuant les droits, ainsi qu'il a été proposé, ce qui ne leur sera pas moins avantageux qu'au roi d'Espagne, parce qu'ils ne seront point obligés de tout risquer en se servant de fraudeurs, et Sa Majesté Catholique recevra plus exactement ses droits lorsqu'ils seront modérés. On doit aussi avoir une fidélité inviolable dans la distribution des retours, et dans tout ce qui aura été promis. Ce ne sera qu'après une première expérience de cette fidélité que l'inquiétude et la défiance des Espagnols seront tout à fait calmées, mais l'on peut compter après cela que, chacun trouvant réellement son avantage dans cette forme de commerce qui se fera par les vaisseaux français, il ne sera point du tout impossible d'en obtenir la continuation pendant la paix, ce qui serait un avantage infini. »

Les deux sujets principaux sur lesquels devait délibérer la junte réunie par le Roi étaient *le commerce des laines entre l'Espagne et la France* et *le commerce des Indes*. Pour surveiller les intérêts de la France dans les deux questions, la représentation ordinaire à Madrid, composée de l'ambassadeur et de l'agent commercial, ne fut pas jugée suffisante. On estima que le contrôleur général des finances y devait être représenté et on désigna pour tenir ce poste M. Nicolas Mesnager, député de Rouen au Conseil de commerce. Pontchartrain, qui semble avoir redouté des conflits entre cet émissaire et Daubenton, écrit à celui-ci (1) :

« M. Chamillart a jugé à propos d'envoyer M. Mesnager en Espagne pour se mêler des affaires du commerce qui ont rapport au contrôleur général des finances, et comme vous ne devez vous mêler que de ce qui a rapport à la navigation et aux consuls établis dans les ports des royaumes d'Espagne, vos fonctions doivent être bien différentes. Il est vrai qu'il peut se trouver souvent des affaires mêlées, comme celle du commerce des Indes espagnoles, où la qualité et quantité des marchan-

(1) Le 19 nov. 1704. Arch. Nat. Marine, B² 177, f. 496.

dises que les Français pourront employer regarde M. Chamillart, et moi l'escorte et la navigation des vaisseaux français qui pourront y être destinés. Suivant la proposition du connétable de Saint-Malo dans ces cas, il faudra que vous vous entendiez et que vous agissiez de concert, afin de ne vous point croiser, et quand, dans ces affaires mêlées, il voudra les solliciter seul, il faut que vous le laissiez agir, en observant seulement de m'en donner avis. D'ailleurs, ledit sieur Mesnager est honnête homme et de bon commerce, ainsi je suis bien persuadé qu'il agira bien de son côté et que vous n'aurez point de démêlé avec lui. Je désire même que vous l'aidiez de vos connaissances, quand il en aura besoin. En vous réglant sur ce que je vous explique dans cette lettre et en vous conduisant avec ledit sieur Mesnager avec adresse, comme je sais bien que vous êtes capable de faire, vous vous en ferez un ami qui ne vous nuira point et qui au contraire vous servira beaucoup. »

Pour tirer au clair la situation que les deux agents occuperaient l'un vis-à-vis de l'autre, Daubenton reçut un extrait du règlement que le Roi avait fait entre le contrôleur général des finances et le secrétaire d'État de la marine (1) ; et lorsque Mesnager, au commencement de décembre 1704, quitta Paris, Pontchartrain assure à Daubenton que Mesnager est parti « dans les meilleures intentions du monde de bien vivre avec lui », et, ajoute-t-il : « Je suis persuadé que vous contribuerez de votre part et que vous vivrez avec lui dans la bonne intelligence si nécessaire au service du Roi (2) ». Si même les deux hommes ne partageaient pas entièrement les mêmes opinions, c'est un fait que l'entente ne fut point troublée pendant cette première mission de Mesnager en Espagne, et c'est certainement grâce à cette bonne entente qu'on emporta du moins quelques avantages, bien que les réclamations françaises n'obtinssent pas un plein succès.

Comme on en peut juger par la lettre déjà citée de Pontchartrain, les agents français devaient s'employer à faire passer la proposition présentée par le connétable de Saint-Malo, M. de la Chipaudière Magon. Cette proposition est développée en détail dans la réponse suivante (3), où l'on réfute les objections présen-

(1) Voir sur ce règlement, p. 241 ci-dessus.
(2) Pontchartrain à Daubenton, 10 déc. 1704. Arch. Nat. Marine, B² 177, f. 676.
(3) Mémoire sur le commerce de l'Amérique espagnole (Arch. Nat. Marine, B⁷ 242). Ce document est daté de 1705, mais c'est très certainement à celui-là qu'il est fait allusion dans une lettre de Pontchartrain à de la Chipaudière Magon du 24 déc. 1704 (Ibid.,

tées par Daubenton qui continuait de soutenir son projet de février 1704.

« La proposition du sieur Daubenton de rendre la navigation des Indes libre aux Espagnols ne convient point à la conjoncture présente. On en peut juger, par le peu de précautions qu'ils apportent et la manière dont leurs bâtiments sont armés, des risques auxquels leur commerce serait exposé. D'ailleurs, quelle utilité en retirerait la France ? Les Espagnols, qui nous haïssent naturellement, seraient maîtres d'y associer qui bon leur semblerait, et on ne doit pas présumer qu'ils nous donnassent la préférence. Si le projet formé pour l'union des deux couronnes dans le commerce des Indes espagnoles peut avoir lieu, la France aura le principal emploi de la navigation que les Espagnols ne sont pas en état de soutenir, sans quoi on s'exposerait aux inconvénients que l'interruption fait sentir depuis longtemps et dont il est inutile de faire un détail qui est connu de tout le monde.

On estime qu'il est avantageux, particulièrement pendant la guerre, de faire tous les ans trois partances pour le Pérou et les royaumes de Terre-Ferme et deux pour le Mexique. Quatre vaisseaux de 40 à 60 canons suffiraient pour chaque envoi. Il en faut donc vingt en tout, sous l'escorte desquels pourront partir les registres. On peut aussi en destiner chaque année deux pour Buenos-Aires et deux pour la rivière de la Hacha. Ces vingt-quatre vaisseaux seront capables de faire tout le commerce de l'Amérique, et la régularité de leur départ sera le plus sûr remède qu'on puisse apporter à la contrebande que les Anglais, Hollandais et Danois continuent de faire de même que pendant la paix, et aux prévarications auxquelles les officiers du roi d'Espagne donnent les mains pour s'enrichir. On estime que les retours qui viendront sur ces vaisseaux pour le compte des particuliers monteront au moins à cent millions, outre ceux des revenus du roi d'Espagne. On peut régler l'indult sur ces retours depuis vingt jusqu'à trente pour cent, sans que personne puisse en murmurer, parce qu'on ne paiera ni fret ni assurance ni aucuns droits, dont il est juste d'exempter les marchandises qui se portent à Cadix par entrepôt, et qui n'auront d'autres risques que celui de la mer.

La difficulté sera de fournir les équipages et remplacements nécessaires à toutes ces escadres... La moitié de l'indult, qu'on suppose que le Roi conviendra avec le roi d'Espagne de prendre, payera et beaucoup au delà, les dépenses des armements et fournirait même de quoi dédommager les propriétaires des galions, si on l'estimait juste...

Il ne reste plus qu'à savoir si cette disposition peut s'accorder avec les foires de Portobello, où les marchands du Pérou ne se rendent

B² 177, f. 805), et c'est celui-là que le ministre, en le qualifiant de « très juste et très censé », envoya à Daubenton « afin qu'il le communiquât à M. le duc de Gramont, et qu'on tâchât de faire résoudre quelque chose sur cela ».

qu'après avoir été avertis plusieurs mois à l'avance. On peut aisément répondre à cette objection : 1° que ce ne serait pas un grand inconvénient d'en tenir trois ou quatre par an, au lieu d'une, et que les négociants étant certains d'y trouver en tout temps des marchandises, s'y rendraient à mesure des besoins qu'ils auraient ; ce serait une espèce de foire continuelle ; 2° on pourrait envoyer une ou deux de ces escadres ou convois dans la mer du Sud à droiture, et les autres à Portobello. On pourrait, en suivant cette disposition, se passer des armadilles, qui sont d'une très grande dépense et d'une utilité bien médiocre : les escadres pouvant en allant et retournant porter l'argent des garnisons.

Les Espagnols ont chez eux presque toutes les choses qui sont nécessaires pour l'exécution de ce projet : la France n'y mettra que l'industrie, et en retirera la plus grande utilité. Il s'agit de concilier l'esprit de cette nation en leur faisant voir qu'on ne veut que partager les profits avec eux, et qu'on cherche à leur procurer des avantages solides : le moyen de les convaincre est de les aider à relever leurs manufactures qui n'entrent point en concurrence avec celles de France...

On s'est beaucoup récrié contre le commerce de la Chine qui se fait par Acapulco. On ne peut pas disconvenir qu'il ne soit très préjudiciable à celui d'Europe et très contraire aux intérêts du roi d'Espagne, mais avant d'insister à le supprimer entièrement, il est nécessaire d'examiner les moyens dont on pourra se servir pour prévenir les inconvénients qui suivraient ce changement... Ainsi on estime qu'il suffirait de renouveler les ordres qui ont été donnés à cet égard et de régler la quantité de marchandises de la Chine qui pourraient être chargées sur la hourque et entrer par Acapulco...

Les Malouins s'accoutument depuis quelque temps d'envoyer leurs vaisseaux dans la mer du Sud : il en a passé onze depuis deux ans. On ne peut arrêter avec trop de rigidité la suite de ce désordre, qui est capable de révolter les Espagnols contre la nation, et qui détruit entièrement le commerce ordinaire et les foires de Portobello. La Compagnie de l'Asiento en reçoit en son particulier un préjudice bien sensible, en ce que les Péruviens, qui trouvent à employer chez eux leurs fonds et marchandises, ne se donnent pas la peine de venir à Panama avec beaucoup de risques et de frais pour faire un commerce aussi casuel que celui des noirs. Il n'y aurait qu'un seul cas où il pourrait être avantageux de permettre cette navigation, qui est celui d'une révolution en Espagne. Il faudrait pour lors envoyer une bonne escadre et quantité de frégates dans la mer du Sud pour en tirer, par la vente des marchandises et ensuite par les contributions, tout l'argent qu'on pourrait. La Compagnie de l'Asiento aurait aussi à penser à ses intérêts et à s'emparer de Buenos-Aires et de quelque autre poste pour son nantissement des avances où elle se trouve, et la garantie de l'exécution de son traité. »

Nous voyons donc que les avantages qu'on désirait ménager aux sujets français ne visaient nullement à rendre libre le commerce de la mer du Sud. Ce commerce continuait à être regardé par tous ceux qui étaient officiellement consultés comme très nuisible aux intérêts des deux pays (1). Il semblait que les nouvelles négociations s'annonçassent sous d'heureux auspices, car les plaintes au sujet de ce trafic avaient cessé au commencement de l'année 1705. Ainsi Daubenton nous raconte que même au Conseil des Indes, on avait été persuadé par ses « raisons puissantes » et qu'il avait décidé « la plupart des conseillers à convenir qu'il serait à souhaiter qu'il y en eût un plus grand nombre de vaisseaux français pour chasser les bâtiments ennemis (2). »

Mais beaucoup de temps passa avant que cette junte, où Daubenton et Mesnager devaient avoir voix délibérative, fût constituée. Ce ne fut qu'en mai 1705 que les membres espagnols en furent élus, et, grâce à l'influence française, sa composition fut aussi favorable que possible aux intérêts de la France. Le président, don Mateo Lopes de Dicastillo, était tenu pour un homme particulièrement sûr, et Pontchartrain exhorta les agents français à tout faire pour le maintenir dans cette bonne disposition (3). Cependant, la situation politique exigeait qu'au début on s'avançât avec précaution et la bride à la main même avec les propositions qui semblaient avoir des chances de succès. Dans le discours composé par Mesnager et Daubenton et qui devait être prononcé à l'ouverture de la junte (4), ils se contentaient d'exposer en termes vigoureux la déchéance du commerce espagnol, mais, pour y porter remède, ils s'effaçaient devant les membres espagnols dont le zèle, les connaissances et la capacité sauraient certainement vaincre toutes les difficultés. Pontchartrain objecta que le contenu

(1) Chose curieuse : M. de la Chipaudière Magon était toujours un de ceux qui poursuivaient le secrétaire de la marine de demandes d'autorisation pour envoyer des navires à la mer du Sud : mais jusque-là il avait essuyé des refus, malgré l'appui du maréchal de Vauban. Voir : Pontchartrain à de la Chipaudière Magon, 29 avril, 27 mai et 21 oct. 1705. Arch. Nat. Marine, B² 181, f. 380, 614 ; 183, f. 131.
(2) Daubenton à Pontchartrain, 5, 19 janv. et 7 févr. 1705. Arch. Nat. Marine, B⁷ 234, f. 20, 115, 232.
(3) A Daubenton, 13 mai 1705. Arch. Nat. Marine, B² 181, f. 519.
(4) Proposition concertée entre MM. Mesnager et Daubenton pour être faite dans la première assemblée de la junte établie pour le commerce d'Espagne et des Indes. Arch. Nat. Marine, B⁷ 242.

de ce mémoire « n'approchait pas du but qu'on devait avoir de faire faire cette navigation par les vaisseaux français et par ceux du Roi (1) », mais son impatience d'atteindre le but allait subir bientôt des épreuves plus rudes.

La flotte et les galions dont le départ avait été annoncé tant de fois, restaient toujours au port de Cadix. Afin de hâter leur armement, de protéger ce port plus exposé que jamais depuis la perte de Gibraltar, et aussi afin d'offrir aux navires espagnols l'escorte dont on avait grandement besoin, bien qu'on hésitât à l'accepter, Louis XIV envoya à Cadix un de ses plus habiles officiers de marine, l'amiral Jean Du Casse. L'escadre qui allait composer l'escorte se perdit cependant en grande partie en mars 1705 dans une tentative manquée pour reprendre Gibraltar, et ainsi privé des moyens d'agir activement, Du Casse s'employa à essayer de retarder le départ de la flotte et des galions, jusqu'à ce qu'une nouvelle escadre pût être équipée en France (2). Mais bien que la nécessité d'une escorte fût évidente, si l'on ne voulait pas que les navires tombassent immédiatement aux mains de l'ennemi, et bien que les commerçants qui prévoyaient le danger ne montrassent aucun empressement à embarquer leurs marchandises, le Conseil des Indes redoubla ses ordres de départ pour la flotte et les galions. Cadix reçut à ce sujet des missives répétées, et Du Casse, désespéré de ce qu'on n'écoute point ses avertissements, s'écrie avec dépit « qu'il y a longtemps qu'il connaît qu'ils exposeront les Indes à tomber entre les mains des ennemis, plutôt que de recourir aux remèdes qu'y peuvent apporter les Français (3). » Ses efforts furent puissamment secondés par les représentants de la France à Madrid, et dès qu'une assemblée générale du commerce à Séville se fût vigoureusement opposée à la résolution du Consulat et de la Contratacion pour faire partir les galions, le duc de Gramont sut persuader à Philippe V d'expédier secrètement, sans que le Conseil des Indes en eût connais-

---

(1) A Daubenton, 15 avril 1705. Arch. Nat. Marine, B² 181, f. 238.
(2) Pontchartrain à Du Casse, 8 avril 1705. Impr. dans : Robert du Casse, *L'amiral du Casse*, Paris, 1876, p. 293.
(3) A Pontchartrain, 1ᵉʳ mai 1705. Robert du Casse, *op. cit.*, p. 299. Cf. Mesnager à Pontchartrain, 24 avril. Arch. Nat. Marine, B⁷ 242.

sance, l'ordre de différer le départ jusqu'au mois de septembre (1).

A peine ce résultat obtenu, on apprit à Madrid la visite de vaisseaux français dans la mer du Sud (2), le gain qu'ils en avaient rapporté et que la renommée amplifia jusqu'à des chiffres énormes, et aussi le violent mécontentement que l'affaire avait produit en Espagne comme en Amérique. Le Conseil des Indes, dont le dernier reste de complaisance s'envola, envoya de nouveaux ordres de départ aux galions et à la flotte ; il commanda même que les bâtiments de guerre appartenant à ces escadres partissent sans attendre les bâtiments de charge. Dans ces conditions, on ne saurait s'étonner que Daubenton désespérât de faire valoir les raisons dont jusque-là il s'était servi avec succès et d'empêcher l'effet de ces plaintes (3).

Les espérances qu'avait inspirées la junte de commerce semblèrent donc s'évanouir à l'heure même où elle allait commencer ses travaux. L'affaire dut paraître fort compromise à l'homme célèbre qui, à cette époque, entrait en fonctions et occupait le poste délicat et si plein de responsabilités d'ambassadeur de France à la cour d'Espagne. M. Michel-Jean Amelot arrivait à Madrid le 19 mai 1705. A la suite d'une brillante carrière de fonctionnaire et de plusieurs ambassades remplies avec succès en différents pays, il allait maintenant tenter d'organiser le chaos espagnol. Parmi la foule de missions dont il était chargé, le règlement des rapports commerciaux occupait une place considérable, et tout particulièrement en cette matière, il était beaucoup plus compétent qu'aucun de ses prédécesseurs. Il remplissait la fonction de directeur du commerce et des manufactures et il était membre du Conseil de commerce au moment où il fut appelé à l'ambassade à Madrid (4). Outre l'instruction qui lui traçait le chemin à suivre dans les questions politiques (5), on lui donna une seconde in-

---

(1) Daubenton à Pontchartrain, 7 et 8 mai 1705. Arch. Nat. Marine, B⁷ 235, f. 145 et 151. Cf. Louis XIV au duc de Gramont, mai 1705, et à Amelot, 31 du même mois. *Correspondance de Louis XIV avec M. Amelot*, publ. par le baron de Girardot, vol. I, Paris, 1864, p. 52 et 54.

(2) Le *Baron-de-Breteuil*, le *Saint-Esprit* et le *Saint-Joseph*.

(3) Daubenton à Pontchartrain, 17 mai 1705. Arch. Nat. Marine, B⁷ 235, f. 167.

(4) *Conseil de commerce et Bureau du commerce 1700-1791. Inventaire analytique des procès-verbaux* par Pierre Bonnassieux. Paris, 1900, p. XXXVII.

(5) Du 24 avril 1705. *Recueil des instructions données aux ambassadeurs*, Espagne, t. II, p. 138-151.

struction, contenant des renseignements et des indications relatifs au règlement des rapports commerciaux entre les deux pays. Ce document (1), qui n'a pas encore été publié, est d'un intérêt tout spécial, si l'on veut connaître quelle opinion le gouvernement français se faisait de l'importance de ces rapports et des réformes qu'on visait à y introduire. Quelques extraits méritent peut-être d'être cités ici.

Aucun traité de commerce, dit-on d'abord, n'a jamais existé entre la France et l'Espagne. Au cas où, contre toute prévision, on en présenterait à Amelot un projet, il devrait se contenter de le renvoyer à plus tard, « attendu qu'un traité de commerce, quelque avantageux qu'il pût être, deviendrait commun après la paix avec les autres nations, et que, dans la conjoncture présente de l'union étroite des deux couronnes, il convenait que les Français jouissent des privilèges particuliers que ce traité pourrait leur donner ». Sur les conditions générales du commerce, on dit :

« Le commerce qui se fait en Espagne est d'autant plus considérable, qu'il produit la plus grande partie de l'argent qui se répand dans tous les autres États de l'Europe, et il est certain que plus on porte de marchandises aux Espagnols, plus on rapporte de matières et d'espèces d'or et d'argent. C'est pourquoi le sieur Amelot doit avoir une attention particulière à maintenir et à augmenter le commerce de la nation par tous les moyens qu'il jugera les plus convenables et que les négociants pourront lui suggérer, en employant même les instances et le nom de Sa Majesté pour leur donner toute la protection qui leur sera nécessaire et qui lui paraîtra convenable.

Pour lui donner une plus parfaite connaissance des occasions où les négociants français peuvent avoir besoin de son assistance, il est à propos de l'informer que les sujets de Sa Majesté commercent avec ceux du Roi Catholique de plusieurs manières qui tous n'ont pour objet que de faire entrer l'argent dans le royaume.

Le plus important de tous ces commerces et celui qui rapporte le plus d'argent en France, consiste dans l'envoi qu'ils font de toutes les marchandises de France à Cadix, Sainte-Marie, Saint-Lucar et dans les autres ports d'Espagne, pour être ensuite chargées sur les galions et les

---

(1) Mémoire du Roi concernant le commerce et les colonies pour servir d'instruction au sieur Amelot, 29 avril 1705. Arch. Nat. Marine, B² 173, f. 156. Sur plusieurs points essentiels cette instruction a exactement la même teneur que celle qui avait été donnée aux prédécesseurs d'Amelot ; voir par exemple le Mémoire concernant le commerce et les colonies pour servir d'instruction au sieur marquis d'Harcourt ; 18 janv. 1698. Aff. Et. Esp. Mém. et Doc., t. LXXX.

flottes qui partent pour les Indes Occidentales. Lorsque ces bâtiments sont de retour, on charge les effets qu'ils ont rapportés appartenant aux Français sur les frégates de Saint-Malo, de Rouen et des autres ports de France. Le sieur Amelot peut juger par l'importance de ce commerce qu'il doit apporter toute son attention à le rendre sûr et facile.

Pour réussir il considérera que les Espagnols, ne s'étant jamais attachés aux manufactures, il leur est d'une nécessité absolue de prendre chez les autres nations les marchandises nécessaires pour les pays qu'ils possèdent dans l'Amérique. Par ce moyen les étrangers profitent de la plus grande partie des richesses que l'on tire des mines du Mexique et du Pérou. Comme il est important que les choses restent sur le même pied, Sa Majesté a toujours eu une attention particulière que ses sujets ne donnassent aux Espagnols les moyens d'établir chez eux des manufactures, et lorsque quelques Français ont passé en Espagne pour y faire de ces sortes d'établissements, Sa Majesté a donné ordre à ses ambassadeurs de mettre tout en usage pour les faire repasser en France, jusque là même qu'elle a quelquefois fait payer leurs dettes et la dépense de leurs voyages, pour les engager à revenir plus promptement.

L'union qui est aujourd'hui entre les deux couronnes, fournissant plus que jamais aux Français des occasions d'aller s'y établir et d'y porter les manufactures, le sieur Amelot doit avoir une attention particulière à l'empêcher, en observant néanmoins d'user de toutes les précautions imaginables pour que les Espagnols ne puissent entrevoir les raisons qui engagent Sa Majesté à ne point souffrir ces sortes d'établissements, ni même que ce soit son intention, attendu que rien ne serait plus capable de former une dissension entre les deux nations.

Elle doit aussi bien lui faire observer que la négligence des Espagnols sur l'établissement des manufactures a donné lieu aux marchands français, anglais, hollandais, génois, vénitiens, et ceux des villes hanséatiques et des autres endroits de l'Europe de travailler avec émulation pour fournir une plus grande quantité de marchandises à l'Espagne, mais les Français ont eu jusques ici tout l'avantage sur les autres nations par la fertilité de la terre, par leur industrie pour les manufactures, par la proximité des lieux et par la facilité de leur navigation. C'est pourquoi, si on se sert de la protection de Sa Majesté pour les faire jouir de tous les avantages accordés aux autres nations, il est certain qu'ils attireront toujours la plus grande partie de l'argent d'Espagne dans le royaume. »

Après avoir recommandé à Amelot de faire de son mieux pour obtenir la confirmation des privilèges accordés aux Français en Espagne par les traités et lois en vigueur, « et même pour en avoir de plus grands s'il soit possible », l'instruction continue :

« Mais, afin qu'il soit plus en état de connaître de quelle manière et en quelles occasions il peut faire valoir ces traités et cette ordonnance, il doit savoir que la loi d'Espagne ordonne d'enregistrer tout l'argent et tous les effets qui sont embarqués dans les ports des Indes Occidentales sur les galions et sur les vaisseaux de la flotte, à peine de confiscation de tout ce qui ne se trouvera enregistré. Par la même loi il est aussi défendu de faire sortir d'Espagne aucun argent monnoyé, ni en barre. Les Espagnols prétendent conserver par ce moyen dans leurs États toutes les richesses du Nouveau Monde, mais comme ils ne peuvent travailler eux-mêmes à la fabrication de toutes les marchandises nécessaires pour ce grand pays, la nécessité indispensable de tirer des marchandises des pays étrangers a rendu inutiles et sans exécution des lois si sagement établies. D'ailleurs, les capitaines des galions et des vaisseaux de la flotte, et même les officiers de justice, favorisent presque toujours les marchands étrangers et leur facilitent les moyens de cacher leur commerce, quoique les Espagnols soient toujours en droit de faire valoir la rigueur de leurs ordonnances, et qu'ils l'aient même exercée autrefois à l'égard des Français, pour faire passer la meilleure partie de ce commerce aux autres nations. Il ne sera pas difficile au sieur Amelot de l'empêcher dans la conjoncture présente, et peut-être aura-t-il lieu de faire tomber aujourd'hui sur les autres nations la sévérité de ces ordonnances.

Les étrangers, pour soutenir leur commerce de Cadix, ont trouvé encore un autre moyen de faire sortir l'argent de l'Espagne, qui est de faire venir leurs vaisseaux chargés de marchandises dans les rades de cette ville lors du départ des flottes et des galions, sur lesquels ils embarquent leurs marchandises pendant la nuit, de concert avec les capitaines, et au retour ils chargent de même sur leurs bâtiments, la nuit, les marchandises fines et l'argent monnoyé ou en barre, qui leur revient du prix que leurs effets ont été vendus aux Indes.

Quoique l'on ait déjà observé que les lois d'Espagne défendent, sous peine de confiscation, de faire sortir l'argent du royaume, et qu'on ait expliqué les moyens dont on se sert pour le faire sortir en fraude, il y a néanmoins plusieurs cas où la sortie en est permise. L'article 8 du traité des Pyrénées permet aux sujets du Roi d'emporter librement hors des États du Roi Catholique celui qu'ils auront eu de la vente de leur blé, et lorsque cet argent a été saisi, l'ambassadeur de Sa Majesté en a toujours obtenu la mainlevée, après que l'on a prouvé qu'il provient de la vente de blé. On permet aussi la sortie de l'argent que l'on donne au maître d'un bâtiment pour son fret, et Sa Majesté Catholique l'a toujours fait rendre au patron...

On prétend que le Conseil d'Espagne, ayant reconnu l'avantage que le Roi Catholique trouverait de permettre aux étrangers d'enlever de l'or et de l'argent, en y faisant des fortes impositions, qui lui produiront un revenu fixe et considérable, au lieu qu'il ne retire presque rien des confiscations encourues par ceux qui sortent l'argent du royaume, fit, il y a quelques années, une ordonnance qui permettait l'enlèvement de l'or et de l'argent. Cette ordonnance a été supprimée à la sollicitation des officiers de la Contratacion de Séville, qui trouvent mieux leurs comptes dans le désordre des fraudes, que dans la règle établie par cette ordonnance, qui faisait entrer tous les profits dans les coffres de Sa Majesté Catholique. Comme les Français veulent aujourd'hui entrer dans la bonne foi avec les Espagnols et ne point contrevenir aux lois de ce royaume, il serait nécessaire que le sieur Amelot employât ses soins pour faire revivre cette ordonnance, parce que autrement ils se trouveraient dans la nécessité de continuer les fraudes comme par le passé, pour avoir le produit des marchandises qu'ils portent en Espagne. »

L'instruction donne ensuite des indications détaillées sur la visite des vaisseaux et des maisons des marchands français, sur les juges conservateurs de la nation, les consuls, les colonies, etc. ; il s'y trouve aussi des ordres pour l'ambassadeur au sujet de l'établissement des Espagnols aux Philippines et de leur navigation en Amérique qu'on se proposait de régler selon le projet déjà relaté qui tendait en principe au rétablissement de l'ordre ancien avec les réformes esquissées et qui assurait des avantages aussi grands que possible au commerce français. Enfin on y parle du commerce en fraude des Français aux Indes espagnoles de la façon suivante :

« Le Conseil des Indes a fait plusieurs plaintes du commerce que les officiers du Roi ont fait dans les Indes espagnoles et de celui qu'ils prétendent que les marchands français y font tous les jours. Il leur a été répondu que le roi d'Espagne a permis à chaque capitaine de vaisseau du Roi d'en faire pour environ 1,500 livres, afin d'avoir par là les rafraîchissements dont ils ont besoin, et que, si quelqu'un d'eux avait passé cette somme, sur les preuves que Sa Majesté en avait, elle les punirait sévèrement (1).

(1) A cette punition se sont exposés les chefs de quelques navires appartenant à une escadre commandée par M. d'Iberville qui, en juin 1706, revint des Indes Occidentales. L'un d'eux, M. du Clerc, avait, au compte d'un marchand français, vendu pour 2.000 livres de chapeaux ; l'autre, M. de Laval de la Pomarède, fut soupçonné et accusé de délits semblables. On prétendait aussi qu'il avait eu connaissance des affaires illicites d'autres officiers. Tous les deux furent pendant quelque temps enfermés au For l'Évêque, à cette époque prison pour les officiers et les acteurs, et ils durent à plusieurs reprises subir un interrogatoire devant le lieutenant de police, d'Argenson. Pontchartrain à d'Argenson, 23 juin, 7, 10, 14 juillet 1706 ; id. à Robert, intendant de la marine à Brest, 7 juillet 1706. Arch. Nat. Marine, B² 189 et 190.

A l'égard des marchands français, on a déclaré que le Roi n'autorisait point ce commerce et que Sa Majesté trouvait bon qu'on arrêtât ceux que l'on surprendrait en fraude ; que cependant ils ne feraient que suivre en cela l'exemple des Anglais et Hollandais, qui non seulement ont fait ouvertement le commerce dans la dernière guerre aux Indes espagnoles, mais continuent encore à le faire tous les jours, et qu'aussitôt que les Espagnols seront parvenus à les en empêcher, Sa Majesté donnera de si bons ordres à ses sujets que l'on peut s'assurer qu'ils n'y contreviendront point ; qu'au surplus les Espagnols ne doivent point se flatter d'y réussir, à moins qu'ils ne se mettent en état de fournir eux-mêmes ces pays de marchandises nécessaires, à quoi ils ne parviendront jamais que par une navigation continuelle, ainsi qu'on leur a proposé. »

A son arrivée à Madrid, Amelot apprit par Daubenton, qui, dans l'instruction citée, lui avait été particulièrement recommandé comme « un homme zélé et capable », ce qu'il avait besoin de savoir sur la junte qui venait d'être formée. Bien qu'elle eût débuté sous des auspices peu favorables, il sembla pourtant que l'exposé des abus généralement connus, et si fortement signalés du côté français, dans le commerce des Indes eût produit une certaine impression sur les membres de la junte et qu'on pût attendre d'eux qu'ils s'attaqueraient au foyer même des abus, c'est-à-dire au Consulat de Séville, et que peut-être on arriverait à rompre la résistance du Conseil des Indes (1).

On touchait à la fin de juin 1705, quand la junte commença à traiter la question du commerce des Indes (2). Au cours des négociations, des voix s'élevèrent pour réclamer un changement dans l'ordre établi. Si l'on rendait annuels les voyages des galions, on remédierait au manque de marchandises dont souffrait le Pé-

(1) Pontchartrain à Daubenton, 10 juin 1705. Arch. Nat. Marine, B² 181, f. 709.
(2) Dans les lettres du 19 et du 24 juin, Mesnager avait annoncé que « tout ce qui avait été traité dans les premières séances regardait le commerce des Indes », et Chamillart se déclare « bien aise de voir que les assemblées se tiennent régulièrement trois fois la semaine : ce sera le moyen d'expédier bien de la besogne en peu de temps » (à Mesnager, 12 juillet 1705 ; Arch. Nat. F¹² 121). Daubenton envoie un compte-rendu très détaillé (55 pages in-fol.) de ces négociations avec une lettre à Pontchartrain (le 29 juillet 1705), où il rapporte le vote de chaque membre. Dans une lettre ultérieure, du 1ᵉʳ août (15 pages), il donne les représentations faites par lui-même et par Mesnager sur le même sujet. Un plan pour réformer la navigation des Philippines fut présenté à la junte le 13 août (Arch. Nat. Marine, B⁷ 236). Les avis exposés par les agents français dans ces deux mémoires furent entièrement approuvés par le gouvernement de la France. Chamillart à Mesnager, 16, 23 et 26 août 1705. Arch. Nat., F¹² 121.

rou, et les colons seraient moins tentés de commercer avec les
contrebandiers étrangers. Quant à rendre le commerce libre à tout
sujet espagnol, cette proposition rencontra une opposition générale, et les plans ébauchés pour faire participer les Français aux
avantages de ce trafic trouvèrent un accueil encore moins favorable. On n'osa même pas, du côté français, aborder directement
ce sujet : on se contenta, pour ne laisser prise à aucun soupçon,
de susciter parmi les membres espagnols des gens bien intentionnés qui se feraient les défenseurs des intérêts de la France. Mais
on n'avait pas grand espoir d'y parvenir. « Vous savez, Monseigneur, écrit Daubenton (1), quel est l'entêtement des ministres
espagnols lorsqu'il s'agit du commerce des Indes, et combien ils
ont été opposés jusqu'à présent aux propositions de Messieurs les
ambassadeurs de Sa Majesté ; il semble qu'ils ont toujours mieux
aimé le laisser perdre, que de consentir que la France jouisse du
moindre avantage ».

*
* *

En France, où l'on ne comprenait pas toutes les difficultés
qu'avaient à surmonter les négociateurs à Madrid, il se créa un
mouvement dans les esprits qui, de plus en plus résolus, exigèrent qu'on passât outre aux préjugés des Espagnols. Ce qui tout
d'abord provoqua ce mouvement, ce furent les brillants bénéfices
des trois navires qui, en mai 1705, revinrent de la mer du Sud.
Depuis que l'embargo mis sur ces navires et sur leurs cargaisons
avait été révoqué, comme nous l'avons raconté (2), il n'avait plus
guère été possible de maintenir la défense du commerce dans cette
mer. Amelot, aussi bien que Mesnager, le sentaient, et ils ne partageaient point la prudence inquiète de Daubenton. Peut-être
n'avaient-ils pas encore eu le temps de se familiariser avec cette
question telle qu'elle apparaissait aux Espagnols, et peut-être n'en
voyaient-ils pas très nettement toutes les conséquences. En apprenant le retour de ces navires et les préparatifs faits en vue d'autres
expéditions, Mesnager écrit (3) que cela faisait certes beaucoup

(1) A Pontchartrain, le 8 août 1705.
(2) Voir ci-dessus, p. 189.
(3) A Pontchartrain, 19 juin 1705. Arch. Nat. Marine, B⁷ 242.

murmurer les Espagnols, mais qu'il ne pouvait pourtant pas conseiller qu'on fît cesser cette navigation, car, dit-il, « elle est utile à l'État, et il importe peu par où l'argent vienne. Je demande seulement une grâce à Votre Grandeur, ajoute-t-il, c'est de recommander le secret et de couvrir les voyages de prétextes qui puissent nous donner le temps de faire tranquillement un règlement qui sera utile aux deux couronnes, par la facilité et la régularité d'un commerce nouveau à Terre-Ferme et au Mexique, qui probablement fera cesser celui que les ennemis font indirectement dans ces parages ». Amelot semble aussi s'être prononcé dans le même sens. Enfin les armateurs de Saint-Malo et des autres ports exprimèrent, dans des représentations véhémentes, leur mécontentement et demandèrent, si l'on ne pouvait autoriser ces entreprises, qu'on les dissimulât au moins « pour le bien de l'État ». Ils menacèrent même de s'associer aux marchands hollandais pour aller négocier dans la mer du Sud : « Si nous étions exclus de ce commerce, écrivent-ils, nous nous trouverions dans la nécessité, non seulement d'écouter les propositions des étrangers, mais encore de leur communiquer nos lumières, dont ils profiteraient au préjudice de l'État (1). »

Pontchartrain se montra pourtant inaccessible à de pareilles raisons. Ainsi il écrit à Amelot (2) : « En aucun cas je ne serai d'avis en mon particulier de tolérer la navigation des Français dans cette mer » ; il y voyait « une infinité d'inconvénients » qu'il énumère : le mécontentement des Espagnols, la dissipation des matelots français, l'abandon des colonies de la France et enfin, raison non moins importante, l'oubli des égards dûs à cette Compagnie de la mer du Sud qu'il caressait toujours. Il expose des objections analogues dans une lettre au président du Conseil

---

(1) De la Lande Magon à Chamillart, 17 juillet 1705 ; *Corresp. des Contr. gén. des finances*, t. II, n° 850. Pontchartrain à Daguesseau, 29 juillet et 19 août 1705 ; Arch. Nat. Marine, B² 182, f. 211 et 342. M. de Grandville Locquet remit, le 28 juin 1705, au Contrôleur général un « Mémoire pour le commerce de France avec l'Espagne pour lui fournir, à l'exclusion de nos ennemis, toutes les marchandises et denrées pour sa consommation et pour celle des Indes et profiter seuls avec les Espagnols pendant la présente guerre de tous les trésors qu'on en peut tirer » (Arch. Nat., G⁷ 1687). L'auteur y recommande qu'on maintienne pour la forme la défense, dans l'intention de « calmer les Espagnols et empêcher les ennemis d'envoyer des navires de guerre à la mer du Sud pour y troubler les Français », mais on devait « confier à quatre ou cinq sages et prudents négociants le secret de la Cour ».

(2) Le 15 juillet 1705. Arch. Nat. Marine, B² 182, f. 138.

de commerce, Daguesseau (1), au moment où le Conseil s'était chargé de la cause des armateurs et avait exprimé son avis, à savoir « qu'il demeurait pour constant que rien ne convenait mieux aux intérêts des deux couronnes que de permettre aux négociants de France d'aller à la mer du Sud (2). »

Même le contrôleur général des finances, qui bien longtemps avait partagé l'opinion de Pontchartrain et solennellement affirmé que « le Roi n'avait donné ni donnerait aucune permission à ses sujets d'aller négocier dans les pays de la domination du roi d'Espagne en Amérique », commença à hésiter. Il déclara qu'il « n'était pas juste d'exiger que la France se privât d'un avantage dont l'Espagne ne pouvait ni jouir ni empêcher que ses ennemis en jouissent », et il chargea Amelot de « porter le Conseil de Madrid à faire de deux choses l'une : ou à concourir avec la France afin d'assurer le transport des marchandises de Cadix aux Indes et les retours qui en venaient, et pour en exclure absolument les ennemis et les autres nations pendant la guerre, ou à laisser aux Français la liberté qu'ils ne pouvaient ôter aux autres pour ce commerce » (3). Et, lorsque, peu de temps après, il eut opté pour l'une de ces deux alternatives et jeté dans la balance son avis qui était d'un grand poids, la résistance de Pontchartrain ne servit plus de rien. La résolution, si importante pour l'histoire du commerce de la mer du Sud, que prit le Roi, après avoir délibéré sur les différentes opinions, nous l'apprenons par la lettre suivante (4) :

« Sur le compte que j'ai rendu au Roi des dernières lettres de M. Amelot, Sa Majesté a trouvé bon de laisser partir des ports de son royaume quelques vaisseaux pour aller dans la mer du Sud et y négocier, si les vice-rois et gouverneurs du pays leur en veulent donner la permission.

(1) Le 12 juillet 1705. Arch. Nat. Marine, B² 182, f. 94.
(2) Mémoire sur le commerce de la mer du Sud, joint à la lettre de M. Daguesseau du 9 juillet 1705. Arch. Nat. Marine, B⁷ 242.
(3) Chamillart à Amelot, 12 juillet 1705. Arch. Nat., F¹² 121.
(4) Chamillart à Pontchartrain, 25 août 1705. Arch. Nat. Marine, B³ 132, f. 132. — Seulement quelques jours auparavant, le 18 août, Chamillart avait écrit à l'intendant de Bretagne, M. Ferrand : « Comme le Roi n'accorde point de permissions aux vaisseaux français pour aller dans la mer du Sud, afin de ne point faire de peine sur cela aux Espagnols qui sont fort jaloux de ce commerce, il est important que vous agissiez dans ce que je vous écris avec beaucoup de ménagement, et qu'il n'y parvint ni tolérance ni protection pour ces vaisseaux à leur arrivée. » Arch. Nat., F¹² 121.

Je vous prie, Monsieur, d'accorder à cet effet les passeports et le nombre de matelots dont ceux qui voudront faire ce voyage auront besoin ; et comme le Roi ne veut leur donner aucun titre public, ni autoriser de son nom leur entreprise, il est nécessaire que les passeports contiennent quelque autre destination, comme pour aller aux îles de l'Amérique, faire des découvertes, ou autres prétextes ; et à l'égard des soumissions que vous ferez prendre des maîtres des navires pour leur retour dans les délais ordinaires, il faudra que vous leur donniez parole de ne les point tirer à conséquence. Vous jugez bien qu'il ne conviendra pas de laisser cette liberté à toutes sortes de personnes, et qu'il n'y en doit avoir qu'un petit nombre, dont le Roi fera choix entre ceux qui se présenteront à vous ou à moi pour cela, et dont nous nous communiquerons réciproquement les noms, en sorte que, si quelques autres entreprenaient de faire ce commerce, leurs vaisseaux et chargements seront saisis à leur retour et sujets aux peines que Sa Majesté voudra imposer. »

La liberté si ardemment sollicitée de faire le trafic dans la mer du Sud était donc donnée, mais à des conditions dont la valeur morale laisse beaucoup à désirer et avec des restrictions souvent aussi difficiles à appliquer qu'à observer. La résolution du Roi donna immédiatement le signal de l'activité la plus vive dans les ports de France. Les armateurs dont les navires, prêts à mettre à la voile, guettaient depuis longtemps l'occasion de déjouer la vigilance des autorités, s'empressèrent de se faire accorder l'autorisation royale, et les sollicitations pour envoyer de nouvelles expéditions affluèrent au gouvernement. Pontchartrain avait beau chercher tous les prétextes possibles de refus : il suffisait qu'on se fût adressé à un protecteur assez notable, pour que son caractère faible et irrésolu cédât. Nous savons déjà que Danycan qu'il favorisait personnellement et les compagnies de commerce qu'il protégeait surent bénéficier de ces conditions nouvelles. Lorsque le nombre des autorisations accordées sembla trop grand, on les refusa en déclarant que le Roi avait décidé de ne plus en donner pour le moment à des particuliers. Cependant les particuliers ne se tinrent pas pour battus. Il n'y eut pas moins de dix-sept navires qui partirent de France pour la mer du Sud depuis le mois d'août 1705 jusqu'à la même date de l'année suivante, et un examen approfondi des documents prouverait sans doute que le nombre véritable fut encore plus élevé. Ajoutez que tous les voyages ne laissaient point de trace dans les documents du temps, car les mesures que prenait le gouvernement contre ceux qui n'avaient pas reçu de permission furent aussi inutiles après qu'avant le temps où l'on pouvait obtenir l'autorisation royale.

Ce qui contribuait à rendre très difficile la surveillance, c'était le désordre qui régnait dans l'administration de la marine, et cela malgré le ministre qui intervenait dans les plus petits détails — ou peut-être à cause même de cette intervention ! Chose curieuse, il ne semble pas qu'on ait tenu un registre en règle des passe-ports délivrés. Tantôt Pontchartrain expédia lui-même les passe-ports, tantôt leur expédition fut confiée à l'un de ses employés subordonnés (1). A diverses reprises il devint manifeste que le ministre ignorait le nombre et l'identité des personnes à qui ces faveurs avaient été accordées, et souvent il dut le demander offi-ciellement même aux autorités locales des ports. Comme les listes qu'on lui remettait étaient volontairement incomplètes et erronées et que les fréquentes transmissions de passeport d'une personne à une autre les rendaient encore plus embrouillées, le contrôle devenait impossible. L'étendue même de ce domaine administratif eût exigé une organisation très sévère et systématique.

Dans ces conditions, il n'est pas moins évident qu'on ne réussis-sait point à cacher à l'Espagne ce qui se passait en France. A ce sujet Pontchartrain avait montré beaucoup de justesse d'esprit, lorsque, parmi les raisons apportées contre la liberté du com-merce, il avait objecté qu'on « ne doit pas s'imaginer que ce com-merce se puisse faire en secret : la vanité des marchands qui réussiront dans ce commerce, l'envie de ceux qui ne le feront pas, seront toujours des moyens plus que suffisants pour rendre ce commerce public (2). » Mais une fois l'autorisation donnée, il se vit forcé de défendre devant les autorités espagnoles une mesure qu'il avait jusque-là combattue. « A l'égard des vaisseaux qui vont à la mer du Sud, écrit-il, on ne leur a donné aucun titre qui les

---

(1) L'expédition des passeports était pendant quelque temps confiée à M. Le Haguais, « qui, écrit Pontchartrain, prend soin sous mes ordres des affaires du commerce maritime ». Pontchartrain à Lusançay, 6 janv. 1706. Arch. Nat. Marine, B² 187, f. 1.
(2) Pontchartrain à Daguesseau, 12 juillet 1705. Arch. Nat. Marine, B² 182, f. 94.

autorise à y faire commerce (1). » Ce qu'il appelle « de simples
passeports pour aller aux îles de l'Amérique ou aux découvertes »
n'ont, selon lui, rien de nouveau en France : on les a donnés de
tout temps. « Si ces vaisseaux, ajoute-t-il, vont dans les pays de la
domination du roi d'Espagne, les vice-rois et les gouverneurs sont
en droit de les faire arrêter, sans que le Roi se mette en peine de
les réclamer, et ce sera à ceux qui conduiront ces vaisseaux à
s'imputer les accidents auxquels ils auront bien voulu s'exposer ;
il ne doit rien avoir en cela qui choque les Espagnols, ni qui
puisse leur faire craindre qu'on ne les surprenne. »

*
* *

Mais ce que Pontchartrain avait réfuté avec tant de logique et de
netteté, se réalisa précisément. « Je ne puis assez vous exprimer
combien les Espagnols témoignent de mécontentement des avis
qu'ils ont eus que l'on prépare en France des vaisseaux pour envoyer à la mer du Sud », écrit Daubenton le 14 octobre. « Rien
n'est plus capable de les irriter contre la nation ; je serais très à
blâmer si je vous dissimulais leurs plaintes et les fâcheux effets
qui en peuvent résulter (2). » Les lettres qu'il expédie à peu de
jours d'intervalle nous le montrent presque exaspéré. « Les
plaintes des Espagnols augmentent considérablement », écrit-il le
28 octobre, et tout ce que pouvait leur répondre Daubenton, c'est
qu'il n'avait aucune connaissance des choses dont ils se plaignaient. Mais ce pauvre subterfuge n'eut pas plus de succès que
les bonnes raisons dont naguère il s'était servi. Même, ceux qui
jusque-là avaient été « bien intentionnés » avaient changé de sentiment ; tous les jours il était témoin de leur haine, voire même
de « leur fureur contre la nation ». Pontchartrain, lui non plus,
ne trouvait rien à dire. Les annotations si caractéristiques que, de
sa propre main, il faisait en marge des lettres de Daubenton se
réduisent à ces simples mots : « continuer à mander. »

Et Daubenton continua : il manda que le mécontentement
s'était propagé jusqu'à la junte de commerce, auparavant bien

(1) A Amelot, 14 oct. 1705. Arch. Nat. Marine, B² 183, f. 109.
(2) Daubenton à Pontchartrain. Arch. Nat. Marine, B⁷ 237.

disposée. Les négociations s'y poursuivaient, mais mollement : comprenant que toute tentative pour les accélérer « ne pourrait que faire un mauvais effet, en augmentant les ombrages et la défiance des Espagnols », on avait même en France perdu tout espoir de succès et on était résolu à attendre une occasion plus propice pour faire triompher les plans qu'on avait faits (1). A la fin d'octobre, après des délais répétés, le seul résultat où la junte était arrivée fut de se décider à attendre le départ des galions, avant de délibérer définitivement sur le commerce et la navigation des Indes (2). « Il n'y a autre chose à faire sur cela qu'à les laisser agir comme bon leur semblera », dit Chamillart (3). Les députés de la junte étaient alors si « irrités », à cause du trafic français dans la mer du Sud, qu'on jugea absolument inutile de présenter une proposition qu'on tenait prête et qui offrait trois bâtiments de guerre français pour escorter les transports d'argent de Callao à Panama ; bien qu'on eût déjà choisi le chef de cette escorte, ce projet fut retiré.

Mais le véritable foyer du mécontentement ce fut le Conseil des Indes, à qui presque chaque jour fournissait un nouveau sujet de plainte. Outre les nouvelles des armements français, on recevait sans cesse des rapports signalant les dangers que d'autres armements et d'autres entreprises commerciales faisaient courir au commerce espagnol. Afin d'en délibérer, le commerce de Séville s'était réuni dans une junte générale qui, « poussée par l'excès de sa douleur », s'était exprimée en des termes si violents que le Conseil des Indes déclara ne pas oser les exposer aux yeux du Roi. Quant au principe essentiel de la délibération, qui naturellement visait à renforcer la défense du commerce étranger dans la mer du Sud, à punir les fonctionnaires qui favorisaient ce commerce et enfin à activer le départ des galions, le Conseil s'y rallia entièrement (4).

Si les relations personnelles et les représentations écrites ou verbales de Daubenton ne parvinrent pas à détourner de pareilles

(1) Chamillart à Amelot, 4 oct. 1705. Arch. Nat., F¹² 121.
(2) Daubenton à Pontchartrain, 29 oct. 1705. Arch. Nat. Marine, B⁷ 237.
(3) A Mesnager, 27 déc. 1705. Arch. Nat., F¹² 121.
(4) Extrait d'une consulte du Conseil des Indes sur le commerce que les Français font au Pérou, 30 oct. 1705. Arch. Nat. Marine, B⁷ 237.

résolutions (1), il y avait cependant une influence capable de tenir en échec même l'opiniâtreté et tout l'esprit conservateur du Conseil des Indes. L'ambassadeur de France siégeait comme membre au Conseil du Roi, *el Despacho*, et aucune affaire n'y était décidée, sans qu'on s'enquît de son opinion, ni contre la volonté de son monarque. Nous avons une preuve de cette influence dans la réponse que le Conseil des Indes reçut de la consulte dont nous venons de parler. Philippe V écrit dans cette réponse (2) :

« Quoique je ne doive pas me persuader que le nombre des vaisseaux que le Commerce dit être sorti des ports de France pour la mer du Sud soit si grand, on passera néanmoins des offices avec le Roi, mon aïeul, pour que l'excès, s'il y en a eu, soit réformé et que cela n'arrive plus à l'avenir. J'ai d'autant plus lieu de me le promettre qu'il n'est pas croyable que cela se soit fait avec sa permission, ni même de son su, et je suis si disposé à favoriser mes vassaux, que j'employerai les moyens les plus convenables pour que les membres du Commerce des Indes ressentent les effets de ma clémence, et pour faire partir la flotte et les galions aussitôt que j'aurai reçu la réponse à l'insinuation qui a été faite sur la difficulté qui se rencontre à faire fournir par mes finances les fonds nécessaires pour cela ; et à l'égard de l'escadre que le Roi, mon aïeul, a offerte d'office pour les escorter et pour faire conduire en sûreté les effets de mes vassaux, que le Conseil examine s'il y a quelque inconvénient que cette escadre, qui ne portera aucune charge et qui sera visitée à Cadix, aille à l'Amérique, et qu'il m'en rende compte, afin d'éviter ce voyage à cette escadre, s'il n'est point nécessaire qu'elle le fasse. »

On n'obtint du roi d'Espagne que des subterfuges et de vagues promesses, mais la conduite intelligente et résolue d'Amelot eut des résultats plus considérables. Après des débats dont nous pouvons laisser de côté les détails, en décembre 1705, les membres du Consulat de Séville furent destitués et appelés à répondre de leurs soustractions et autres délits. En même temps la junte de commerce, qui avait trahi les grandes espérances qu'on y avait attachées (3), fut supprimée, et l'on convoqua une nouvelle junte, où don Mateo de Dicastillo continua d'être le président et où les

---

(1) Cf. ses lettres à Pontchartrain du 29 oct. et du 26 nov. 1705. Arch. Nat. Marine, B⁷ 237.

(2) Extrait du décret de Sa M. Cath. sur la consulte du Conseil des Indes du 30 oct. 1705 ; commencement de nov. 1705. Arch. Nat. Marine, B⁷ 237.

(3) Pourtant l'affaire des laines avait été finie en octobre 1705. Voir : Pontchartrain à Amelot, 4 nov. 1705. Arch. Nat. Marine, B² 183, f. 441.

membres mal disposés pour la France étaient remplacés par d'autres plus sûrs (1). On peut supposer une étroite liaison entre ces succès et les événements politiques de l'époque. Barcelone venait de se rendre le 9 octobre 1705 et, après sa capitulation, Philippe V se vit contraint de solliciter avec instance le secours de son grand-père. Pour faciliter les pourparlers, les Espagnols se seront sans aucun doute efforcés d'atténuer ou de détourner tout ce qui aurait pu indisposer l'allié français.

La junte de commerce, en sa nouvelle composition, reprit les débats concernant le commerce des Indes. Du côté français on fit semblant de les regarder avec indifférence : on déclara officiellement que cette affaire ne concernait que l'Espagne et qu'elle pouvait être renvoyée en un temps plus propice si on le jugeait bon (2) ; mais en secret on fit tout pour presser le travail de la junte, sans grand succès d'ailleurs, jusqu'à ce qu'on eût persuadé à Philippe V de fixer un jour, le 9 janvier 1706, où la junte serait dissoute si, avant cette date écoulée, on n'avait pas obtenu de résultat. « Cette séparation inopinée concilia les esprits », dit Mesnager, qui, « après avoir désespéré pendant longtemps de faire entendre raison aux Espagnols », réussit enfin « à les mettre dans ses principes. » Grâce à ses efforts soutenus par Amelot, la junte fut amenée à convenir unanimement des points suivants que Mesnager résume ainsi (3) :

1° Le commerce de l'Amérique sera réservé aux Espagnols et à leurs vaisseaux.

2° Celui des fruits dans les Indes réservé à ceux du cru d'Espagne.

3° Les étrangers alliés de l'Espagne pourront envoyer en leurs noms leurs marchandises, conformément au premier article, et aux mêmes prérogatives des Espagnols.

(1) Mesnager et Daubenton étaient aussi exclus de la nouvelle junte « afin d'ôter aux Espagnols le sujet d'ombrages que la présence des deux Français leur donnait ». On jugea plus à propos « d'insinuer aux Espagnols par des conférences particulières les choses qu'on souhaitait d'eux ». Chamillart à Amelot, 10 janv. 1706. Arch. Nat., F^{12} 121. — Les membres espagnols de la nouvelle junte étaient, outre le président don Mateo de Dicastillo, les suivants : don Antonio Calo de la Vega, don Joseph de los Rios, don Diego de Murga, le comte de Torre Hermosa, don Bernardo Tinajero de la Escalera et don Juan Manuel de Heredia. Arch. Nat. Marine, B^7 238.

(2) Réponse au mémoire donné par le comte d'Aguilar sur le commerce. Aff. Et. Esp. Corr. pol. 163, f. 62.

(3) Mémoire de ce qui s'est fait à l'occasion du départ des galions et de la flotte, et de ce qui a été réglé dans la junte formée pour le rétablissement du commerce des Indes, 3 févr. 1706. Aff. Et. Esp. Corr. pol. 157, f. 177-181.

4° Les droits de sortie de Cadix pour les Indes à cinq pour cent, et des fruits à dix pour cent.

5° Les droits de sortie des Indes à deux et demi pour cent, et à quatre pour cent sur la cochenille et l'indigo.

6° Érection d'un magasin à Cadix où les marchandises pour les Indes auront entrée sans aucun droit.

7° Interdiction d'aller dans les Indes aux navires qui n'auront pas leur charge complète.

8° Régie dudit magasin par des officiers de la nomination du Roi.

9° Obligations aux marchands de donner des déclarations détaillées des cargaisons pour les Indes. La quittance des droits portera permission de faire ces voyages.

10° La quittance des droits de Cadix, et le payement du double dans les Indes, ouvrira les portes à ceux qui voudront y aller.

11° En cas de fraude, les marchandises brûlées, le navire confisqué pour le Roi, et le capitaine condamné aux mines.

12° L'or et l'argent exempts de droits de sortie des Indes ; il en sera fait une déclaration avec les autres marchandises.

13° Obligation aux marchands des Indes de donner des déclarations détaillées des cargaisons pour Cadix.

14° Entrée libre à Cadix au retour des Indes en représentant le payement du droit des Indes ; et le payement du double à Cadix donnera une entrée et sortie libre. L'or payera seulement demi pour cent, l'argent un pour cent et un et demi en barres et en vaisselle.

15° L'expédition de trois en trois mois pour les Indes avec cinq frégates légères de 50 ou 60 canons, fournies gratis par le roi d'Espagne.

16° Suppression des galions, de l'armadille de Barlovento, de la foire de Portobello et de la Vera-Cruz.

17° Renonciation pour toujours aux représailles dans les Indes, et en Espagne quatre mois après l'arrivée des Indes.

18° Érection d'une juridiction consulaire à Cadix pour juger des faits de commerce.

19° Permission aux marchands de Séville de tirer des marchandises du magasin de Cadix pour les porter dans un autre qui sera établi à Séville ; obligation en les envoyant aux Indes de prendre les expéditions des officiers du magasin de Cadix.

Ces points préliminaires furent ensuite formulés en une « grande consulte » du 6 février. On voit que le but principal était de réformer l'ancien genre des communications avec l'Amérique qui était uniquement desservie par la flotte et les galions ; d'y substituer les voyages plus fréquents d'un nombre de vaisseaux plus légers ; enfin d'abolir ces privilèges qui, jusque-là, avaient pesé si lourdement sur le commerce des Indes et provoqué ces fraudes qui, sauf pour un petit nombre de personnes privilégiées, avaient ravi aux autres particuliers, ainsi qu'à l'État, la plus grande partie des bénéfices ; en un mot de réaliser tous les avantages que contenait le programme de « la liberté du commerce des Indes. » Mesnager calculait que ce nouvel arrangement, malgré la diminution des droits, allait annuellement rapporter au roi d'Espagne deux millions de piastres, et Amelot déclare que « cet ouvrage, quoique nouveau et opposé à tous les usages du commerce d'Espagne aux Indes, est d'autant plus goûté des Espagnols qu'il a paru qu'on ne cherchait que l'avantage du roi d'Espagne et de ses sujets, et qu'il n'y a aucune utilité particulière accordée pour les Français (1). »

Pourquoi donc, du côté français, avait-on montré cet empressement à amener un résultat qui ne fût profitable qu'à l'Espagne ? On peut en trouver l'explication dans l'autorisation accordée aux alliés de l'Espagne d'approvisionner le marché des Indes de « marchandises », c'est-à-dire de produits d'industrie que seule la France pouvait fournir ; les matières brutes, « les fruits », l'Espagne s'en réserva l'importation. On reconnaissait certes que c'était là une concession qui n'était valable que pendant la guerre, et que la paix ouvrirait la porte à la concurrence redoutée avec l'Angleterre et la Hollande, mais Amelot espérait « qu'ayant une fois donné cette nouvelle forme au commerce, il ne serait peut-être pas impossible de trouver par la suite quelque ouverture pour dédommager la France en particulier des dépenses immenses qu'elle avait faites pour soutenir la monarchie d'Espagne. » On croyait trouver un avantage plus immédiat dans le projet d'offrir des navires français pour remplacer les galions (2), mais bien que les Espagnols reconnussent l'impossibilité de faire construire ou d'acheter eux-mêmes des vaisseaux, la proposition tomba devant leur résistance tenace : comme dit Daubenton, ils n'avaient « d'autre idée que d'empêcher qu'aucun bâtiment français n'allât à l'Amérique (3). » Amelot fondait de plus grandes espérances sur

---

(1) A Torcy, 3 févr. 1706. Aff. Et. Esp. Corr. pol. 157, f. 174.
(2) Pontchartrain à Daubenton, 14 févr. 1706. Arch. Nat. Marine, B² 187, f. 521.
(3) Daubenton à Pontchartrain, 9 mars et 12 juin 1706. Arch. Nat. Marine, B⁷ 238 et 239. Pontchartrain à Daubenton, 7 et 19 juillet 1706. *Ibid.*, B² 190, p. 134 et 309.

une compagnie qu'on établirait dans cette intention (1), mais il croyait pourtant qu'on pourrait s'en passer, grâce à la revision des comptes de l'ancien Consulat de Séville qu'on avait entreprise et qui semblait promettre au roi d'Espagne la rentrée de sommes considérables, que lui avaient frauduleusement soustraites les membres de ce Consulat.

Malgré l'agitation violente contre la junte de commerce qu'avait provoquée le Consulat et l'appui qu'il avait trouvé auprès du Conseil des Indes, la destitution de ses membres fut ratifiée en même temps que la clôture des débats de la junte. Le Consulat ayant prétexté que la revision commencée avait si fortement nui à son crédit qu'il lui avait été impossible de réunir les sommes nécessaires à l'armement des galions, le Roi fut tiré de cet embarras grâce à la libéralité de quatre membres de la junte de commerce qui offrirent de se cotiser pour avancer l'argent qui manquait. Il fit aussitôt après saisir les papiers du Consulat et nomma une junte spéciale pour en vérifier les comptes et examiner l'administration. On découvrit alors plusieurs libelles contre la nation française qui, bien entendu, excitèrent le courroux du gouvernement français : il exigea la punition des coupables (2), punition qu'ils avaient d'ailleurs largement méritée, car on avait trouvé des preuves établissant que « les officiers de ce Consulat avaient volé au commerce d'Andalousie 3.385.484 piastres, outre plusieurs parties très considérables dont ils devaient rendre compte (3). » Les mesures contre le Consulat, « ce coup hardiment frappé dans un temps orageux », suscitèrent partout en Espagne une satisfaction générale, et en France on en escompta une action salutaire sur les autres questions concernant l'organisation du commerce des Indes (4).

(1) Ce projet de former une Compagnie pour le commerce des Indes est supporté, en des termes les plus vifs, par un mémoire de M. de Bustamante du 14 janvier 1706. Bibl. Nat. Ms. Esp., 152, p. 81.

(2) Pontchartrain à Daubenton, 16 juin 1706. Arch. Nat. Marine, B² 189, p. 955.

(3) Daubenton à Pontchartrain, 17 avril 1706. Arch. Nat. Marine, B⁷ 239.

(4) Ce résultat obtenu laissa cependant Pontchartrain sceptique : il craignait que les membres de l'ancien Consulat « ne trouvassent pour de l'argent des protecteurs ». Ce ne fut qu'en juillet 1707 que don Bernardo Tinajero eut achevé son acte d'accusation : « Représentation faite au Roi d'Espagne par son fiscal de la junte des comptes des anciens Consulats de Séville sur la grande affaire qui les concerne » (161 pages manuscrites in-fol. Arch. Nat. Marine, B⁷ 247). Le Consulat riposta par un écrit aussi volumineux, imprimé sous le titre : « Representacion que los Priores y Consules que han

Parmi ces questions, celle qui regardait le commerce entre les Philippines et le Mexique, occupait une place très importante. Nous avons déjà signalé que ce trafic était censé nuire gravement aux intérêts de l'Espagne ainsi que de la France. Aussi fut-il l'objet des débats de la junte. Daubenton ne voyait d'autre moyen d'y remédier qu'en défendant entièrement ce commerce et en établissant une communication directe entre Cadix et les Philippines, communication entretenue par une compagnie composée, bien entendu, en grande partie de Français. La junte, convaincue par ses représentations, résolut d'examiner en détail l'exécution du projet. Mais voilà que le Conseil des Indes en fut instruit : aussitôt il se réunit en session extraordinaire et il décida de faire une protestation énergique dans laquelle il affirmait que cette proposition « désespérerait les peuples des Philippines et des royaumes de la Nouvelle Espagne » et les pousserait à « contrevenir aux lois plus qu'ils n'avaient fait par le passé », ce qui les « forcerait à prendre des résolutions contraires au service de Sa Majesté Catholique ». On se borna donc à la résolution d'expédier des ordres sévères aux vice-rois du Pérou et du Mexique, leur rappelant que les lois en vigueur à l'égard de ce commerce devaient être rigoureusement observées et qu'on devait « faire brûler les toiles de la Chine qui seraient apportées à la Nouvelle Espagne et en Terre-Ferme », ordre qui arracha à Pontchartrain l'exclamation gouailleuse : « Chansons (1) ! »

sido del Consulado de la Universidad de Cargadores à Indias de la Ciudad de Sevilla, 1689-1705 hazen a Su Magestad en vista de los cargos, notas, y resultas del pedimento fiscal de Don Bernardo Tinagero de la Escalera » (134 pages in-fol., sans date). Il y a aussi une édition française de cet écrit, intitulée : « Représentation, ou remontrance, que les Prieurs, et Consuls, qvi cy-devant ont été de l'Vniversitè des Chargeurs, pour les Indes, qui est assisè dans la Citè de Seville, dès l'An. 1689. jusque à celuy de 1705. font à sa Majestè. Sur les Charges, Notes, et les Resultats de la demande Phiscalle, de D. Bernardo Tinagero de la Escalera... » (300 pages in-12°, sans date et lieu d'impression, mais apparemment imprimé en Espagne). Le style de chancellerie espagnol, en lui-même difficile à comprendre, a reçu ici, comme on voit déjà d'après le titre, une interprétation fort impropre ; au fait la traduction en est presque inintelligible.— Quant au développement ultérieur de l'affaire, je n'ai pu le suivre : en 1715 elle n'était pas encore terminée. Les intrigues et les pots-de-vin des accusés semblent avoir été la cause principale de la disgrâce de don Bernardo Tinajero et de la destitution en toutes ses fonctions qui le frappèrent au mois de mai de cette même année (le duc de Saint-Aignan à Louis XIV, 6 mai 1715. Aff. Et. Esp. Corr. pol. 240, f. 115). Il est probable que le procès fût alors abandonné quoiqu'on crût avoir « trouvé le moyen de faire revenir dans les coffres de S. M. Catholique plus de cinq millions d'écus ». Don Bernardo ne retrouva jamais la grâce de son roi et il mourut en août 1717.

(1) Daubenton à Pontchartrain, 10 et 20 janv., 25 févr. 1706 ; avec des annotations en marge de la propre main de ce dernier. Arch. Nat. Marine, B⁷ 238.

Bien qu'on n'eût point obtenu tout ce qu'on désirait, on fut, en France, très satisfait de la résolution de la junte. Le Roi en daigna exprimer son contentement, et Chamillart, comme Pontchartrain, remercièrent par des lettres Mesnager de la part qu'il avait prise dans la conclusion heureuse de cette affaire (1). Le président de la junte fut gratifié d'une adresse de remerciements (2), et on s'efforça d'obtenir du roi d'Espagne pour lui et pour les autres membres de la junte, des récompenses. C'est qu'il était d'une haute importance de maintenir en Espagne l'opinion favorable, car avec la simple résolution de la junte l'affaire était loin d'être définitivement conclue : il y fallait encore le consentement du Conseil des Indes, et un tarif détaillé devait être dressé au sujet des impôts à percevoir sur l'exportation de Cadix et l'importation dans les Indes. On chargea Mesnager d'en rédiger la proposition lorsque, sa mission achevée, il revint en France en avril 1706 (3).

Amelot avait exprimé la ferme espérance qu'aucune résistance ne serait à craindre du côté du Conseil des Indes où, parmi les membres, il croyait avoir gagné des amis sûrs. La prudence qu'on lui recommandait pour la poursuite de l'affaire ne fut pourtant pas inutile (4).

Il semble que la même fatalité se soit acharnée contre tout projet soutenu par les autorités françaises. Chaque fois qu'on allait en présenter un, ou qu'on s'imaginait avoir quelque raison de réussir, juste à ce moment le bruit d'un nouveau succès du commerce français dans la mer du Sud se répandait et venait anéantir ces belles espérances. Cette fois ce fut le retour de la seconde expédition de Danycan — elle arriva à Port-Louis en janvier 1706 — qui réveilla les anciennes revendications. On ne risquerait guère de se tromper en affirmant que le départ de la flotte et des galions fut dû à l'impression fâcheuse de cette nouvelle : ils firent voile de Cadix le 10 mars, sans attendre l'escorte française et s'exposèrent ainsi à un risque qu'on supposait que les

(1) Chamillart, 28 févr. (Arch. Nat., F¹² 121); Pontchartrain, 10 mars 1706 (Arch. Nat. Marine, B² 188, f. 320).
(2) Chamillart à don Mateo de Dicastillo, 28 mars 1706. Arch. Nat., F¹² 122.
(3) Chamillart à Amelot, 19 avril 1706. Arch. Nat., F¹² 123.
(4) Chamillart à Amelot, 28 févr. 1706. Aff. Et. Esp. Corr. pol. 163, f. 161.

Espagnols regretteraient bientôt (1). Du reste, le mécontentement n'eut cette fois d'autre suite que la procédure résolue contre le vice-roi, le comte de la Monclova, dont nous avons déjà parlé, et, quelque temps après, Daubenton put assurer que « l'orage paraissait calmé (2). »

Mais les plaintes reprirent plus vives, lorsque, deux mois plus tard, le Conseil des Indes reçut « une infinité de procédures faites par le Consulat, le Commerce et *los Gremios* (ou corps des métiers) de Lima, les présidents du Panama et du Chili, les oidors, les gouverneurs et les corregidors des provinces du Pérou au sujet de la grande quantité de marchandises introduites en fraude dans ces pays. » Dans ces conditions, il ne fallait pas songer à reprendre le projet de persuader aux Espagnols « d'accepter les frégates du roi de France pour faire le commerce des Indes. » Il ne restait aux Français qu'à essayer de gagner du temps (3). Grâce aux amis de la France au Conseil des Indes, et après une convention entre Daubenton et le duc d'Atrisco, les doléances des fonctionnaires et des corporations américains furent remises au procureur général du Conseil, don Joseph de los Rios, qui comptait aussi parmi les amis de la France. Il en rédigea un mémoire, où il conseillait de nouvelles représentations auprès du gouvernement français, et où il promettait de dresser un plan pour combattre le mal, plan qui serait présenté dès qu'il aurait

---

(1) Pontchartrain à Amelot, 17 mars 1706, et à Daubenton, 7 avril. Arch. Nat. Marine, B² 188¹, f. 488 ; 188², p. 162. — Les galions arrivèrent néanmoins sains et saufs à Carthagène le 19 avril 1706, mais leur arrivée fut accueillie avec des sentiments très divers par les marchands du Pérou. « Nous avons reçu avec d'autant d'étonnement que de plaisir l'agréable nouvelle de votre heureuse arrivée, et pendant que nous la regardons comme un miracle de la Providence, nous supplions sa divine majesté de ne pas permettre que la ruine totale des deux couronnes en résulte », dit-on dans une lettre du Consulat de Lima aux députés des galions, le 15 oct. 1706 (*Ibid.*, B⁷ 246). Les marchands n'étaient pas prêts à se rendre à la foire de Portobello, car ils craignaient de n'y subir que des pertes « en un temps où toutes les provinces regorgeaient de marchandises que les Français y avaient fait entrer ». Ils cherchèrent donc tous les subterfuges possibles qui leur permissent d'échapper à l'ordre publié par le Real Audiencia à Lima et qui stipulait que l'armadille de la mer du Sud devait immédiatement partir de Callao pour Panama. Après de longues discussions à ce sujet, on décida « qu'il ne restait à ce corps de commerce d'autre parti à prendre que celui de faire des vœux et de contribuer autant que possible à remédier au désordre qui interrompait le cours ordinaire de la navigation ». Voir : Extrait d'un mémoire qui contient les ordres donnés par le Consulat du Pérou au sujet de l'expédition des galions et les représentations de ce Consulat au sujet desdits ordres. Arch. Nat. Marine, B⁷ 246.

(2) A Pontchartrain, 25 avril 1706. Arch. Nat. Marine, B⁷ 239.

(3) Daubenton à Pontchartrain, 12 juin 1706. Arch. Nat. Marine, B⁷ 239.

appris « avec certitude » que le roi de France « avait expédié et
envoyé lesdites défenses (1). » Daubenton explique en termes plus
nets l'intention de cet ajournement quand il écrit : « Il ne donnera son avis définitif qu'à l'extrémité ».

Mais la méfiance des Espagnols, contre les desseins français,
encore aggravée par ces circonstances, n'était pas la seule qui
contrariât les chances de succès dans les projets soutenus par la
France. Peu de jours après que don Joseph de los Rios eût présenté ses « Conclusions » que nous avons citées, l'archiduc Charles
fit son entrée à Madrid et fut proclamé roi d'Espagne ; Philippe V
ayant échoué dans sa tentative pour reprendre Barcelone et ayant
opéré, à travers le midi de la France, une retraite qui ressemblait
à une fuite, avait dû abandonner sa capitale. La cour se réfugia à
Burgos, et Daubenton, qui s'était installé à Pampelune, envoya
des rapports (2), annonçant que les juntes du commerce et des
comptes des anciens Consulats avaient été suspendues jusqu'à un
temps plus tranquille. On avait auparavant réussi à mettre en
sûreté leurs papiers, et le Conseil des Indes n'avait pas eu le temps
de délibérer sur la grande consulte de la première de ces juntes :
on ne pouvait songer qu'aux affaires de la guerre. Toute la question du commerce des Indes était renvoyée à un avenir indécis.

Nous verrons cette fois encore que les malheurs de l'Espagne
permirent de modifier les conditions de ce commerce.

Parmi les changements administratifs réalisés pendant le court
espace de temps où l'archiduc fut à la tête du gouvernement, il
faut compter la nomination d'un nouveau Conseil des Indes, composé de ses partisans et de renégats de l'ancien gouvernement,
ayant à leur tête le marquis de las Minas comme président. Il était
naturellement fort à craindre que la révolte contre le roi Philippe
ne se propageât jusqu'aux colonies, et on soupçonna que le nouveau Conseil avait expédié en Amérique la nouvelle du changement survenu et des exhortations de jurer fidélité à Charles III.
Pour réagir, le parti de Philippe V dut demander à la France ce
qu'elle avait vainement offert si souvent : c'est-à-dire l'envoi d'une

(1) Conclusions du procureur général du Conseil des Indes sur les procédures qui
ont été envoyées au Pérou ; annexes à une lettre de Daubenton à Pontchartrain du
17 juin 1706. Arch. Nat. Marine, B⁷ 239.
(2) A Pontchartrain, 8 juillet 1706. Arch. Nat. Marine, B⁷ 240.

escadre de guerre française aux mers américaines. Des bâtiments d'avis devaient partir sur-le-champ « pour détruire les impressions que les ennemis ne manqueraient pas d'y donner, s'ils ne l'avaient déjà fait », et ces vaisseaux seraient suivis d'une escadre plus grande qui servirait d'escorte à la flotte et aux galions pendant leur voyage de retour.

En France, on n'hésita pas à accepter ces propositions : le Roi expédia immédiatement l'ordre d'équiper les bâtiments d'avis ainsi que les autres escadres. « Pour porter au Pérou les paquets du roi d'Espagne », on envoya de Bayonne la frégate l'*Aurore*, sous le commandement de M. de la Rigaudière Froger. Le commandement des vaisseaux qui, aux Indes Occidentales, devaient chercher les galions fut confié à l'amiral Du Casse, et une escadre qui devait partir directement pour la mer du Sud fut mise sous les ordres d'un autre officier de marine français, Michel Chabert. Nous reviendrons sur les préparatifs de ces entreprises, quand nous donnerons le récit des voyages.

Ce fut certainement une victoire inespérée pour les réclamations françaises, et qui dut, dans une certaine mesure, diminuer l'impression des dangers menaçants qui s'accumulaient autour de l'alliance franco-espagnole. Il n'y eut cependant là qu'un succès temporaire, et la question de ménager des avantages durables aux intérêts commerciaux de la France resta pendante. On essaya bien de mettre à profit l'occasion favorable qui s'offrait, et les chances de succès augmentèrent encore grâce aux réformes que subit l'administration espagnole dès que Philippe V, le 5 août 1706, eût réintégré sa capitale. Le travail de réorganisation complète et d'épurement qui s'étendit à tous les Conseils d'État n'épargna pas le Conseil des Indes. Le nombre de ses membres fut diminué de vingt-quatre à huit, « tous d'excellents sujets, qui n'ont d'autre vue que les intérêts des deux couronnes », assure Daubenton. Enfin — et ceci eut une grande importance — le poste important de secrétaire du département du Pérou fut confié à don Bernardo Tinajero de la Escalera, un homme « entièrement dévoué aux intérêts de la France » et « avec une vivacité qui fait honte à la paresse ordinaire des Espagnols ».

On usa d'abord de son influence pour qu'il apaisât les plaintes qu'avait suscitées le trafic français dans la mer du Sud, et il s'y prêta avec complaisance. Il se fit remettre par le procureur, don Joseph de los Rios, tous les papiers ; aussi Daubenton put-il affirmer qu'on « avait pris les mesures nécessaires pour assoupir entièrement cette affaire (1). » Malheureusement la joie fut courte : ces plaintes et doléances ressemblaient à l'Hydre dont les têtes coupées renaissaient incessamment.

Mais plus encore importait-il de réaliser pour l'avenir les avantages rêvés dont avait besoin le commerce de la France et que ne semblait plus donner le projet exécuté par la junte de commerce. Pontchartrain avait fait dresser un plan (2), d'après lequel ce commerce serait mené « pour le compte des deux rois et par des frégates françaises ». En attendant que le gouvernement pût établir à son profit ce monopole, Pontchartrain refusa aux particuliers l'autorisation d'aller à la mer du Sud, « car, disait-il, il ne serait pas juste que les particuliers fissent ce commerce en concurrence avec eux » (les deux rois). Il essaya par conséquent de persuader à Chamillart, qui partageait avec lui le droit de délivrer ces permissions, de suivre la même règle et de les refuser alors même qu'il s'agissait d'une autre destination, comme par exemple Buenos-Aires, car « les marchands à qui on permettait d'y aller ne se feraient pas scrupule d'aller au Sud sous différents prétextes (3). »

Mais, en Espagne, l'opinion publique n'était pas encore faite à l'adoption d'un tel projet. Daubenton s'efforça d'y préparer les esprits en le donnant comme son idée privée, mais on lui déconseilla très vivement de le présenter, et le ministre, toujours si prompt à se laisser détourner d'une idée, laissa tomber la proposition (4). Elle revint cependant bientôt sous une autre forme, et cette fois d'après l'initiative de l'ambassadeur Amelot.

« Voici, Monsieur, écrit-il à Pontchartrain (5), une autre affaire plus importante. Il a été proposé entr'autres expédients pour avoir

(1) A Pontchartrain, 25 oct. 1706. Arch. Nat. Marine, B⁷ 240.
(2) Le véritable auteur du plan semble avoir été Orry ; voir lettre à Orry de Pontchartrain le 13 oct. 1706. Arch. Nat. Marine, B² 191, p. 935.
(3) Pontchartrain à Daguesseau, 29 sept. 1706. Arch. Nat. Marine, B² 191, p. 586.
(4) Daubenton à Pontchartrain, 25 sept. et 5 nov. 1706. Arch. Nat. Marine, B⁷ 240 et 241. Pontchartrain à Daubenton, 13 oct. 1706. Ibid., B² 191, p. 941.
(5) Le 29 nov. 1706. Arch. Nat. Marine, B⁷ 241.

de l'argent, de permettre, ou plutôt de demander, que six frégates françaises fussent armées en diligence pour venir à Cadix au commencement de l'année prochaine, y charger des marchandises pour les Indes, et pour en partir dans le commencement de mars. On a considéré que cela produirait 2 à 300.000 écus de droits au profit du roi d'Espagne, qu'on pourrait faire payer avant le départ des frégates, et que ce serait, en même temps, un grand avantage, tant pour le commerce des deux nations, que pour fournir les Indes de toutes les marchandises de l'Europe qui y sont nécessaires. » Pour n'éveiller aucune jalousie, on devait « mettre le tout à l'espagnol le plus qu'il soit possible »; l'entreprise n'en serait pas moins très avantageuse aux Français à cause du fret qu'on leur payerait pour leurs navires et aussi à cause du droit qu'on leur accorderait de les charger jusqu'à un tiers avec des marchandises de France. L'ambassadeur s'en remettait ensuite à Pontchartrain pour décider, si l'on devait se servir des frégates du Roi ou abandonner cette entreprise à l'activité privée des marchands de Saint-Malo.

Contre toute vraisemblance, cette proposition ne fut pas rejetée par les autorités espagnoles. On dressa le projet d'un décret royal (1), où le Roi fait l'aveu humiliant que s'il a recours à l'appui de la France, c'est que « l'état actuel de ses affaires ne lui permet pas de trouver des vaisseaux dans ses ports, parce que les fonds qui étaient autrefois si judicieusement affectés à la marine en ont été depuis longtemps détournés et appliqués à d'autres usages ». Le projet énumérait ensuite en de nombreux paragraphes les avantages qu'on en retirerait et les garanties qui sauvegarderaient les intérêts des deux pays, surtout ceux de l'Espagne, et le monarque donna « sa parole royale qu'il n'y serait rien changé ni altéré en façon quelconque ». D'abord le décret fut revu et approuvé par une junte, composée d'Amelot, de Daubenton, de don Joseph Grimaldo, secrétaire d'État, et de don Gaspar Pinedo et don Bernardo Tinajero, secrétaires du Conseil des Indes. De là il passa à ce dernier Conseil qui, après deux jours de délibération,

---

(1) Projet d'un décret du roi d'Espagne qui explique les raisons et les conditions pour envoyer de Cadix à la Nouvelle Espagne six frégates du Roi [de France] pour y porter les marchandises des deux nations; 30 nov. 1706. Arch. Nat. Marine, B7 244.

l'approuva entièrement (1) ; ensuite il fut remis au Despacho, où on le jugea « si convenable au commerce d'Espagne, que Sa Majesté ordonna que le tout serait communiqué au Consulat de Séville (2). » Et non seulement cette autorité, jadis si récalcitrante, mais aussi la Contratacion et le Commerce d'Andalousie y donnèrent leur approbation la plus complète : rempli d'espoir, Daubenton crut pouvoir assurer que, dès que les six frégates seraient parties de Cadix pour leur destination, qui était Vera-Cruz au Mexique, on remporterait le même succès pour une proposition semblable touchant le Pérou (3).

Mais cette fois la résistance allait venir du côté où on l'aurait le moins attendue, — de Pontchartrain. Il avait étudié le projet « avec attention », il en avait conféré avec M. Du Casse, « qui connaissait la navigation des Espagnols », et « après beaucoup de réflexion » il le trouvait impraticable : le temps était trop court, les bâtiments disponibles trop petits pour porter, outre l'armement de guerre nécessaire et les vivres des équipages, les produits lourds et encombrants de l'Andalousie : le vin, l'huile, etc., et enfin il connaissait trop bien les Malouins pour supposer qu'ils y trouveraient leur compte ; la seule façon d'agir serait d'expédier deux frégates de guerre pour porter d'Espagne en Amérique ce vif-argent si nécessaire à la production des métaux précieux (4). Qu'on s'imagine la déception, le désespoir même de Daubenton en recevant cette réponse. Il déclare que « si l'on manque cette occasion, il sera très difficile ou plutôt impossible d'en trouver une autre aussi favorable » ; on devait « engager les Espagnols à s'accoutumer à la navigation des vaisseaux français et à les préférer aux leurs » ; aussi la proposition devait-elle être jugée moins au point de vue du bénéfice immédiat qu'au point de vue de ses conséquences avantageuses. « Si on manque cette occasion, répète-t-il, c'est perdre toute sorte d'espérance de partager les richesses des Indes (5). »

Mais Pontchartrain n'était pas l'homme à s'endurcir dans une

---

(1) Daubenton à Pontchartrain, 19 déc. 1706. Arch. Nat. Marine, B⁷ 241.
(2) Daubenton au même, 8 janv. 1707. Arch. Nat. Marine, B⁷ 244.
(3) Daubenton à Pontchartrain, 5 janv. 1707. Arch. Nat. Marine, B⁷ 244.
(4) Pontchartrain à Daubenton, 26 déc. 1706. Arch. Nat. Marine, B² 192, p. 877.
(5) Daubenton à Pontchartrain, 15 janv. 1707. Arch. Nat. Marine, B⁷ 244.

opinion. Après des représentations réitérées de la part de Daubenton (1) et d'Amelot, l'affaire fut présentée à Louis XIV qui « témoigna qu'il serait bien aise que cela pût s'exécuter (2). » Cet avis royal leva naturellement les doutes du ministre. Le Conseil de commerce reçut l'ordre de se prononcer et, après y avoir proposé quelques modifications (3), on décida de soumettre ce projet aux marchands de Saint-Malo, à qui on demanderait quatre navires ; les deux autres devaient être fournis par le Roi. Pontchartrain écrivit au commissaire de la marine de cette ville (4) qu'il eût à mander chez lui, dans une réunion secrète, quatre des principaux marchands, de la Lande Magon, de la Chipaudière Magon, Danycan et de Beauvais le Fer ; il leur communiquerait le désir du Roi que chacun d'eux fournît une des quatre frégates. « Je ne doute pas, conclut le ministre, que ces Messieurs ne soient très aises de cette proposition, et qu'ils n'embrassent avec joie cette occasion d'établir un commerce qui dans les suites leur produira des sommes immenses » ; mais on allait s'apercevoir que ses pronostics avaient été plus justes lorsqu'il exprimait, dans une lettre à Amelot (5), ses craintes qu'on n'obtînt rien des Malouins à cause de « la mauvaise habitude qu'on leur a laissé prendre de ne se conduire que par leurs intérêts ». Sur le résultat de la conférence chez Lempereur, Pontchartrain relate ce qui suit (6) :

« Ils lui ont déclaré ne pouvoir se charger de cette entreprise, quand même le Roi leur fournirait des vaisseaux. Ils ont dit en premier lieu qu'ils ne pourraient faire la dépense de l'équipement de ces vaisseaux. Ce commissaire s'est avancé à leur dire que Sa Majesté en ferait la dépense, mais cela ne les a pas touchés. Ils ont dit ensuite qu'ils n'avaient pas le temps de faire leurs emplettes. Ce commissaire leur a représenté que, pourvu qu'ils voulussent faire les fonds, il se faisait fort de leur faire trouver les marchandises nécessaires, et les ayant excités à déclarer ce que chacun d'eux voulait avancer pour cette entreprise, il n'y avait eu que le sieur de Lépine Danycan qui avait offert 100.000 livres et le sieur

---

(1) A Pontchartrain, 14 févr. 1707. Arch. Nat. Marine, B⁷ 244. Cf. Pontchartrain à Amelot, 9 mars 1707. *Ibid.*, B² 196, p. 1072.
(2) Pontchartrain à Daguesseau, 2 févr. 1707. Arch. Nat. Marine, B² 196, p. 697.
(3) Avis de M. Daguesseau et de M. Mesnager sur les six frégates demandées par le roi d'Espagne. Arch. Nat. Marine, B⁷ 244.
(4) A Lempereur, 12 mars 1707. Arch. Nat. Marine, B² 196, f. 1082.
(5) Le 9 mars 1707. Arch. Nat. Marine, B² 196, p. 1072.
(6) A Chamillart, 6 avril 1707. Arch. Nat. Marine, B² 197, p. 147.

de Beauvais le Fer 5o.ooo, et aucun autre n'avait voulu s'accommoder de cet expédient. Ils ont dit en dernier lieu que la rareté de l'argent les empêchait d'entrer dans cette affaire, mais cela ne peut être regardé que comme un effet de leur mauvaise volonté, étant certain qu'ils n'en manquent pas lorsqu'il est question d'aller faire le commerce en fraude dans la mer du Sud, ou même dans les mers du Nord de l'Amérique. »

Pontchartrain, désagréablement surpris de cette issue de l'affaire, ordonna à son agent de Saint-Malo d'organiser une nouvelle réunion et, cette fois, non seulement des quatre marchands principaux, mais aussi de tous les autres « qui avaient fait ci-devant un si grand profit dans la mer du Sud ». On leur offrirait les vaisseaux du Roi, à condition seulement qu'ils consentissent à payer les frais ; ils choisiraient eux-mêmes les capitaines et les équipages et enfin on leur ferait « bien entendre que Sa Majesté voulait que cela s'exécutât et qu'elle ne pourrait regarder que comme une mauvaise volonté de leur part le refus d'une offre aussi avantageuse en toute manière ». Et afin de rompre leur entêtement, défense fut portée « de laisser partir aucun vaisseau ni pour la mer du Sud, ni au nord de l'Amérique (1). »

Cet appel renouvelé aux armateurs n'eut pas plus de succès que le premier. Ils se rendirent chez Lempereur « au nombre de dix-huit ou vingt, tous riches et ayant au-dessus de cent mille écus » ; ils y apprirent que le Roi les avait choisis « par distinction », — « mais, dit Lempereur, je suis très honteux et très piqué d'être obligé de vous dire que ni mes discours, ni mes raisonnements ne purent les émouvoir ». Sauf les promesses déjà données par Danycan et de Beauvais le Fer, on ne put rien leur arracher (2).

Pontchartrain se vit donc forcé d'annoncer à son représentant en Espagne la mauvaise réussite de ce projet, que les deux pays avaient accueilli avec de si belles espérances, et il dut le faire en défendant autant que possible les marchands récalcitrants. Il déclara que, dans tout ce projet des six frégates, les intérêts français n'avaient pas été suffisamment ménagés, « qu'il y avait plus de théorie que de pratique dans ce qu'on disait en Espagne du contraire », et que « les marchands français savaient compter aussi bien que

(1) Pontchartrain à Lempereur, 3o mars 1707. Arch. Nat. Marine, B² 196, p. 1254.
(2) Lempereur à Pontchartrain, 6 avril 1707. Arch. Nat. Marine, B³ 145, f. 86.

les Espagnols », ce qui expliquait leur « répugnance (1). » Il tâcha d'obtenir qu'on modifiât les conditions espagnoles afin de donner à l'affaire une tournure plus engageante. Et lorsque Daubenton avait annoncé que ces modifications pourraient être réalisées — non par un changement du décret royal, mais par « des ordres particuliers et secrets qui seraient envoyés au commissaire nommé pour l'exécution de ce décret » (2), — l'affaire fut enfin conclue après de longs pourparlers que nous laissons ici de côté. Danycan ne tint certes pas sa parole, mais de Beauvais le Fer et un autre marchand de Saint-Malo, ainsi qu'un de Morlaix, équipèrent en commun quatre voiliers, qui, en compagnie de deux navires royaux, l'*Apollon* et le *Triton*, sous le commandement du baron de Doroigne (3), arrivèrent à Cadix en octobre 1707. Dès le début, on comprit que l'affaire, en tant qu'affaire, ne promettait rien d'excellent, et les frais que nécessitèrent les deux frégates de guerre constituèrent dès lors une créance sur le gouvernement espagnol qui, pendant des années, allait être l'objet des réclamations infructueuses des ambassadeurs de France à la cour de Madrid. Mais ni les négociations à ce sujet, ni le voyage de cette escadre — elle partit pour Vera-Cruz en décembre 1707 — n'appartiennent à l'histoire proprement dite du commerce de la mer du Sud. Nous ne nous occuperons donc point du développement ultérieur de « l'affaire des six frégates ». Ce fut l'unique et douteux succès dans cette question si longtemps débattue, de savoir comment la France et l'Espagne pourraient unir leurs efforts et faire de compte à demi le commerce des Indes.

Nous interrompons ici l'exposé de ces fastidieuses négociations internationales, et nous reprenons le récit des voyages français les plus importants qui, pendant ce temps, avaient été entrepris à la mer du Sud.

(1) Pontchartrain à Daubenton, 1er juin 1707. Arch. Nat. Marine, B² 197, p. 1122.
(2) Daubenton à Pontchartrain, 5 sept. 1707. Arch. Nat. Marine, B⁷ 248.
(3) « Voilà les six vaisseaux français que vous avez demandés avec tant d'instance », écrit Pontchartrain à Amelot le 14 sept. 1707. Arch. Nat. Marine, B² 198, p. 1443.

CHAPITRE IV

Application des concessions accordées pour « aller aux découvertes ». — Malgré les permissions, on suscite des difficultés aux départs. — Les vaisseaux le *Saint-François* et
le *Sage-Salomon*. — Ils reviennent, chargés de riches cargaisons. — Vaisseaux partis
depuis la fin de 1705 jusqu'au commencement de 1707 : le *Danycan* et autres. —
Les expéditions malheureuses du *Falmouth* et du *Philippe V*. — Les suites de ces
expéditions. — Armements des Compagnies de commerce. — La Compagnie de la
mer du Sud expédie les navires la *Confiance* et le *Brilhac*. — L'abbé Noël Jouin,
directeur de cette expédition. — Mésintelligence entre lui et ses officiers. — Aventures du capitaine du Demaine Girard au Guatemala. — Poursuites exercées contre
lui par les Espagnols après son retour en France. — Pontchartrain obtient son acquittement. — L'armement de la Compagnie des Indes Orientales : expédition de
M. de la Vérunne. — Son importance au point de vue nautique. — Relâche à
l'archipel des Falkland. — Histoire de la découverte de ces îles. — Le commerce de
l'expédition au Pérou. — Séparation de l'escadre : M. de la Vérunne retourne en
France et M. Hébert part pour les Indes Orientales. — Le *Saint-Louis*, premier navire
qui fait la route du cap Horn au cap de Bonne-Espérance. — Prétendue découverte
des « Iles Hébert ». — Retour du *Saint-Louis*. — Mauvais résultat de l'expédition. —
L'armement de la Compagnie de la Chine : la troisième expédition de Danycan. —
Réception du capitaine Fouquet par le vice-roi du Pérou. — Les accusations contre
Fouquet et son procès.

Les premiers navires qui profitèrent de la liberté, accordée en
août 1705 au commerce de la mer du Sud, furent le *Sage-Salomon* et le *Saint-François,* tous les deux appartenant à des armateurs de Saint-Malo. Plusieurs mois auparavant, Pontchartrain
avait soupçonné que ces deux navires, comme un certain nombre
d'autres voiliers, étaient destinés à cette mer, et il avait en conséquence donné à son agent de Saint-Malo les instructions suivantes : le commissaire de la marine devait surveiller particulièrement la cargaison de ceux qui demanderaient à sortir, la
composition du chargement devant, plus que toute autre chose,
indiquer la véritable destination ; si quelques-uns voulaient aller

ailleurs qu'à la mer du Sud, le commissaire devait les envoyer au ministre qui se réservait d'examiner leur cas (1).

Ses efforts pour entraver le départ n'eurent pas un succès complet ; la *Capricieuse*, le *Cygne*, le *Saint-Hubert* et d'autres encore peut-être, partirent, malgré la défense, en juillet 1705. Le *Sage-Salomon* et le *Saint-François* n'avaient pas eu le même bonheur : le ministre avait ordonné de les décharger et de les désarmer (2), lorsqu'enfin les armateurs réussirent à obtenir l'autorisation de participer au permis royal. En transmettant cette autorisation aux autorités de Saint-Malo, Pontchartrain eut bien soin de ne point reconnaître que c'était une liberté de commerce presque générale que le Roi avait octroyée ; il la fait valoir comme une grâce royale accordée dans ce cas particulier : « Sur ce que les armateurs ont représenté au Roi que ce navire (le *Saint-François)* est chargé depuis longtemps et qu'ils souffriraient une perte considérable si Sa Majesté n'avait pas agréable d'en permettre la sortie, elle veut bien que vous le laissiez partir pour aller faire des découvertes à l'Amérique, à condition d'être de retour dans dix-huit mois dans les ports du royaume (3). » L'armateur de ce navire était M. de Beauvais le Fer. Peu de temps après, une permission semblable fut donnée à M. de la Lande Magon pour le *Sage-Salomon* (4), en admettant vingt mois d'absence au lieu de dix-huit, preuve manifeste du peu d'importance qu'on attachait à cette époque aux inconséquences du gouvernement. Plusieurs armateurs encore reçurent en même temps de ces passeports « pour aller aux découvertes », tandis qu'on en refusait à d'autres sans qu'on pût découvrir les raisons de ce traitement différent (5).

(1) Pontchartrain à Pelsaire, 12 août 1705. Arch. Nat. Marine, B² 182, f. 293.
(2) Pontchartrain à Pelsaire, 26 août 1705. Arch. Nat. Marine, B² 182, f. 371.
(3) Pontchartrain à Pelsaire, 16 sept. 1705. Arch. Nat. Marine, B² 182, f. 565.
(4) Pontchartrain à de la Lande Magon, 21 sept. 1705. Arch. Nat. Marine, B² 182, f. 605.
(5) « Il y a des raisons pour cela », dit mystérieusement Pontchartrain (à de la Chipaudière Magon, 4 nov. 1705). Qu'il y ait là une affaire de protection, cela paraît certain. Cependant la recommandation, même de personnes haut placées, ne suffisait pas toujours. Ainsi le maréchal de Vauban intervint vainement pour M. de la Chipaudière Magon ; M. Bignon, intendant à Amiens, de même pour MM. Morquand, marchands d'Amiens, « des gens riches, très habiles, très entendus et d'une grande réputation dans les négociations » (28 févr. 1706). L'évêque de Nantes écrit, le 16 févr. 1706, au contrôleur général : « Si vous vouliez me permettre d'envoyer un vaisseau de cinquante tonneaux à la mer du Sud, je trouve des amis ici qui en feraient l'avance, et, au retour, je pourrais gagner quelque chose. Ne vaut-il pas autant au Roi que je gagne quelque

Le manque d'instructions générales mettait dans un grand embarras les autorités locales, lorsqu'il leur fallait répondre aux questions qu'on leur adressait pour savoir si l'expédition de navires était permise pour telle ou telle destination ; Pontchartrain répondait seulement qu'on ne devait laisser aller à la découverte que les vaisseaux qui avaient des passeports avec cette clause expresse ; que le voyage de Cadix serait défendu « à cause du risque », et qu'on pouvait expédier les corsaires, à condition bien entendu, « qu'ils n'embarquassent point de marchandises de traite et qu'ils rendissent le bord dans la fin du janvier prochain (1). »

Quant aux autres conditions auxquelles les capitaines devaient souscrire avant le départ, la formule suivante de soumission (2) nous les apprend :

« Je soussigné, capitaine commandant le vaisseau le....., reconnais qu'il m'a été remis un passeport du Roi, contenant la permission qui m'est donnée d'aller à l'Amérique et aux îles Moluques, sans toutes fois que je puisse aller dans aucun port de la Chine ni y négocier ni apporter en France aucunes marchandises de la Chine de quelque qualité qu'elles soient, à peine de confiscation dudit vaisseau et marchandises et cinquante mille livres d'amende, ni pareillement négocier dans les mers du Sud sous pareilles peines, et je me soumets à exécuter les clauses et conditions portées par ledit passeport, sous les peines y contenues et encore en mon particulier sous celles d'être mis en prison à mon retour, d'être déclaré indigne de commander des vaisseaux et de payer telle amende qu'il plaira à Sa Majesté de m'imposer. »

Chamillart avait proposé qu'on promît de ne jamais exiger ces amendes sévères (3), mais il ne semble pas que Pontchartrain ait voulu prendre un tel engagement. Au contraire : il faisait souvent valoir la nécessité de montrer par des exemples aux particuliers « qu'il faut qu'ils soient exacts dans ce qu'ils promettent (4). »

chose, que des marchands de Saint-Malo ou de Nantes ? » Pourtant il essuya un refus (Corresp. des Contr. gén., t. II, n° 975). Mais lorsque M. Daguesseau demande un passeport pour un marchand de Bruges, Pontchartrain trouve certes « beaucoup d'inconvénients » à l'accorder, mais ajoute : « Cependant, puisqu'il (Daguesseau) est de cet avis, il n'y a que l'expédier » (à Le Haguais, 19 mai 1706).

(1) Pontchartrain à Lempereur, 30 sept. 1706. Arch. Nat. Marine, B² 182, f. 647.
(2) Arch. Nat. Marine, B² 173, f. 444.
(3) Voir plus haut, p. 338.
(4) A Lempereur, 4 nov. 1705. Arch. Nat. Marine, B² 183, f. 423.

Le mécontentement des armateurs à ce sujet, ainsi qu'à celui du terme fixé pour le retour des navires, ne put changer sa décision. Son souci d'assurer à la marine royale des éléments de recrutement lui faisait parfois joindre à l'autorisation la condition absurde que les armateurs n'embaucheraient sur leurs navires que « des novices, de véritables invalides et des étrangers (1). » En d'autres cas, il poussait si loin sa méfiance qu'il enjoignait à des vaisseaux prêts à appareiller, de décharger afin de pouvoir vérifier s'ils ne contenaient pas de marchandises destinées à la mer du Sud (2). On eut beau lui représenter que de semblables mesures menaceraient de tuer la navigation qu'on voulait favoriser et qu'en particulier elles feraient tomber la course, si importante pour l'État : le ministre exhorta ses subordonnés à « pencher plutôt du côté de la sévérité que de la douceur (3). »

Mais toutes les précautions prises, soit pour défendre les voyages, soit pour leur assigner des limites déterminées, furent infructueuses : les armateurs signaient les soumissions, parfaitement décidés à les enfreindre. Fort instructifs à cet égard ces mots de Pontchartrain (4) que « les Malouins se sont mis sur un tel pied de manquer de parole qu'on ne peut plus ajouter foi à celle qu'ils donnent, et qu'il faut prendre contre eux, avec regret, des précautions pour les empêcher de faire ce qu'il ne convient pas qu'ils fassent. » Il ne semble pas avoir jamais compris que sa propre manière d'agir fut la principale cause de cette indiscipline, et il continuait de défendre un jour ce qu'il permettait le lendemain. Ainsi, il fit déclarer que le Roi ne voulait céder aucun de ses navires « pour les découvertes », et, peu après, il en fit vendre plusieurs qui n'eurent d'autre but (5). Mais lorsqu'on exigeait que le ministre écrivît au gouvernement espagnol, afin d'obtenir que

(1) A de Lusançay, commissaire de la marine à Nantes, 30 juin 1706. Arch. Nat. Marine, B² 189.

(2) Cette mesure onéreuse fut vraiment appliquée au vaisseau le *Saint-Esprit*, qui partait d'Auray pour les îles Canaries. Quand il fut reconnu qu'on l'avait soupçonné à tort de se destiner à la mer du Sud, le capitaine put rembarquer une partie de son chargement et des vivres pour six mois. Pontchartrain à Clairambault, 27 janv. 1706. Arch. Nat. Marine, B² 187, f. 217.

(3) A Le Haguais, 9 janv. 1706. Arch. Nat. Marine, B² 187, f. 55.

(4) A Lempereur, 20 janv. 1706. Arch. Nat. Marine, B² 187, f. 160.

(5) A Danycan, 1ᵉʳ oct. 1705 (Arch. Nat. Marine, B² 173, f. 245); à de la Chipaudière Magon, 25 nov. 1705 (*ibid.*, B² 183, f. 131) ; à Des Cazeaux, 6 janv. et 3 mars 1706 (*ibid.*, B² 187, f. 27 ; et 188, f. 70).

les vaisseaux, dont les voyages soulevaient tant de plaintes en Espagne, fussent bien accueillis au Pérou, il lui semblait que c'était pousser trop loin la prétention, et il déclarait que les armateurs auraient à courir eux-mêmes le risque des entreprises hasardeuses où ils s'engageaient (1) — ce qui n'empêche pas qu'il confia au capitaine d'un des navires, qu'il avait refusé de favoriser ainsi, « trois paquets du roi d'Espagne pour le vice-roi du Pérou » (2). Nous citerons enfin un exemple caractéristique de la façon dont on appliquait les peines auxquelles les capitaines, avant leur départ, devaient solennellement se soumettre.

Un corsaire, le *Gérard*, avait dépassé de beaucoup le temps de sa soumission. Or, l'employé à qui incombait la mise en accusation de ce délit, écrit (3) : « En bonne justice l'armateur et le capitaine mériteraient bien de payer l'amende entière de 10.000 livres, mais comme ce même armateur a perdu cinq frégates cette année, et qu'il ne faut point effaroucher les corsaires, qui sont tous ruinés, je serais d'avis, si vous le trouvez bon, de faire à celui-ci la peur entière, en le faisant condamner à toutes les peines qu'il a encourues par sa désobéissance, et de lui faire grâce après cela, de manière que, sans faire de mal, ce puisse être un exemple pour contenir les autres. » Pontchartrain répond à cette curieuse proposition (4) : « La proposition que vous faites à cet égard est bonne. Vous n'avez qu'à le faire assigner et le faire condamner à la somme portée par la soumission, après quoi Sa Majesté pourra lui faire grâce, comme vous le proposez. »

Dans les cas certainement très rares où les autorités essayaient de faire payer les amendes, stipulées dans les soumissions, les accusés présentaient ceci comme une chose « qui serait contre toutes les règles et sans exemple d'aucun navire de ceux qui ont passé dans la mer Sud » ; ils osèrent même soutenir devant le Roi que « ces sortes de peines ne pouvaient être regardées que comme des peines comminatoires », et demander qu'il « imposât

---

(1) Pontchartrain à de la Chipaudière Magon, 19 mars et 16 juin 1706. Arch. Nat. Marine, B² 189, p. 440 et 921.
(2) Pontchartrain à Lempereur, 21 juillet 1706. Arch. Nat. Marine, B² 190, p. 387. — Le navire en question, la *Vierge-de-Grâce*, ne porta pourtant pas le message officiel, car ce navire avait appareillé avant que l'ordre ministériel arrivât à Saint-Malo.
(3) Lempereur à Pontchartrain, 1ᵉʳ août 1706. Arch. Nat. Marine, B³ 135, f. 214.
(4) Pontchartrain à Lempereur, 18 août 1706. Arch. Nat. Marine, B² 190, p. 899.

silence » aux fonctionnaires qui persisteraient à vouloir appliquer les ordonnances royales (1).

Après avoir ainsi sommairement exposé les conditions dans lesquelles s'organisait le commerce de la mer du Sud, à peu près autorisé désormais, nous arrivons aux voyages eux-mêmes.

Sur le *Saint-François*, capitaine Julien Cheville, sieur de Vaulérault, et le *Sage-Salomon,* capitaine Jean Nouail, nous n'avons que peu de renseignements. Ils firent voile du cap Fréhel, près de Saint-Malo, le 3 octobre 1705. Nous ignorons s'ils traversèrent le détroit de Magellan ou s'ils doublèrent le cap Horn. Après avoir vendu au Pérou toutes leurs marchandises, ils reprirent ensemble le chemin du retour et partirent de Concepcion le 15 février 1707. Leur arrivée était attendue avec une grande inquiétude par les armateurs, car les corsaires ennemis menaçaient d'anéantir tout commerce sur les côtes de la France. « Les Flessingois continuent à désoler toute la côte, écrit Lempereur (2), et depuis un mois ils ont pris trois de nos corsaires de Granville ; on assure qu'ils ont vingt-cinq vaisseaux, depuis 15 jusqu'à 26 canons, qui croisent depuis l'ouvert de la Manche jusqu'au cap Finisterre ». Pour protéger les deux voiliers, on envoya de Saint-Malo une frégate, l'*Embuscade,* qui les rejoignit à Plaisance, au Chapeau-Rouge (c'est ainsi qu'on appelait à cette époque la côte sud de la Terre-Neuve). La joie provoquée à Saint-Malo par l'heureuse arrivée de la petite escadre, le 26 juillet, devint plus grande à la nouvelle des trésors qu'elle rapportait. Déjà avant que personne de l'équipage eût mis pied à terre, Lempereur rapporta à son chef que la somme du retour montait à plus de six millions de livres, et plus tard, lorsque les navires eurent déchargé, il spécifie : On revenait avec 1.435.000 piastres, « sans compter les pacotilles des matelots (3) » ; par conséquent la valeur totale des cargaisons devait à peu près s'élever à la somme signalée dès l'abord. On y avait compris les bénéfices de deux autres navires, le *Cygne* et la *Galère-*

(1) Placet au Roi du sieur Du Sault, pour les intéressés au navire le *Saint-Pierre* de Marseille, 8 janv. 1707. Arch. Nat., G⁷ 1687.

(2) A Pontchartrain, 12 juin 1707. Arch. Nat. Marine, B³ 145, f. 170.

(3) Lempereur à Pontchartrain, 26 et 31 juillet 1707. Arch. Nat. Marine, B³ 145, f. 218 et 220. Cf. Grout au Contrôleur général, 27 juillet 1707. Arch. Nat., G⁷ 187.

d'Or, qu'on avait vendus au Pérou et dont les officiers et les hommes revenaient avec l'escadre.

Malgré l'importance des sommes rapportées, le droit des propriétaires d'en disposer librement, — question qui en d'autres temps devait faire naître tant de complications — ne semble pas avoir donné matière à discussion. Peu de jours après le déchargement, les valeurs, paraît-il, avaient été expédiées aux Monnaies, « et, dit Lempereur, tous nos négociants sont charmés de la promptitude avec laquelle ils sont servis ». Il ajoute : « Si on avait pu envoyer ici une centaine de mille écus pour retirer les piastres qui sont entre les mains des matelots, le Roi y aurait pu gagner vingt sols par marc, et ces pauvres malheureux ne seraient pas réduits à les donner à 30 et 31 le marc (1) ».

Le fait d'avoir transgressé les soumissions ne semble pas non plus avoir provoqué de sérieux débats. Pontchartrain prétend certes que la vente des navires au Pérou avait été effectuée afin « d'éviter à leur retour la peine de confiscation (2) », et, à plusieurs reprises, il donne l'ordre d'appeler les armateurs à se défendre d'avoir laissé partir ces navires sans autorisation, mais, ajoute-t-il, « vous ne devez point parler dans les commandements qui leur seront faits ni des découvertes, ni de la mer du Sud, ni du Mexique ; il faut même que vous l'évitiez avec soin, mais seulement d'avoir manqué de remettre les équipages dans le temps qu'ils devaient et qu'ils s'y étaient obligés (3) ». Et comme à la fin il accompagne son ordre de mise en accusation de la déclaration qu'une fois le jugement prononcé, « on verra ce qu'on en fera (4) », il est peu probable qu'on se soit proposé autre chose que de leur donner une fausse alarme.

Parmi les navires expédiés par des particuliers à cette époque, avec permission « pour aller aux découvertes », nous n'en citerons que quelques-uns (5). Les voyages offrent en général peu d'intérêt, et toute leur importance est dans le résultat économique

(1) Lempereur à Pontchartrain, 7 août 1707. Arch. Nat. Marine, B³ 145, f. 225.
(2) A Lempereur, 17 août 1707. Arch. Nat. Marine, B² 198, p. 946.
(3) Au même, 2 nov. 1707. *Ibid.*, B² 199, p. 544.
(4) Au même, 16 nov. 1707. *Ibid.*, B² 199, p. 729.
(5) Les dates que je suis parvenu à fixer pour ces voyages sont réunies dans un article intitulé *Voyages français à destination de la mer du Sud avant Bougainville, 1695-1749* (*Nouvelles Arch. des Missions scientifiques*, t. XIV, 1907).

et les circonstances qui accueillirent leur retour. Nous y reviendrons plus loin et nous traiterons en même temps ces différents points.

Le *Danycan* quitta Saint-Malo le 7 novembre 1705. Un certain Nouail du Fougeray y figure en qualité d'armateur, mais le nom du navire semble indiquer que Noël Danycan en était le vrai propriétaire. Comme le vaisseau est aussi appelé le *Comte-de-Toulouse*, on peut supposer que ce double nom n'ait été qu'un moyen de détourner les soupçons et de mieux dissimuler le véritable armateur. Danycan avait, comme nous l'avons déjà vu, ses raisons pour cacher ses affaires privées à ses associés à Paris. Le navire revint à La Rochelle le 14 mars 1708, escorté de la frégate royale, l'*Aurore*, dont nous relaterons plus loin le voyage.

Nous citerons encore le *Saint-Joseph*, appartenant à M. Guillaume Éon de Saint-Malo ; le *Saint-François* et le *Patriarche*, tous les deux appartenant à un riche marchand de Nantes, M. du Hallay Descazeaux ; la *Vierge-de-Grâce* et la *Petite Vierge-de-Grâce*, dont l'armateur fut M. de la Chipaudière Magon ; et enfin le *Saint-Jean-Baptiste*, également de Saint-Malo. Tous ceux-ci pârtirent de France dans la période qui s'étend de la fin de 1705 au commencement de 1707, et ils revinrent, en compagnie de plusieurs autres, avec la grande flotte qui, à son retour de la mer du Sud, mouilla à Port-Louis en mars 1709.

Aucun de ces navires n'eut à subir d'accident notable. Ils échappèrent à tous les dangers qui les menaçaient : aux tempêtes, aux orages, à la rapacité des fonctionnaires espagnols, aux attaques des corsaires, et ils s'en retournèrent avec de riches cargaisons.

Mais toutes les expéditions n'eurent pas le même bonheur. Je tiens à en citer deux qui échouèrent complètement ; elles comptent parmi les exemples extrêmement rares où les marins français ne réussirent pas à combattre victorieusement les difficultés multiples qui s'opposèrent à leur entreprise.

Le *Falmouth* était un navire anglais, pris en 1704 par une escadre française armée en course par le chevalier de Saint-Pol. L'année suivante, Danycan obtint l'autorisation royale de l'acheter (1) ; et. nous avons indiqué plus haut que l'expédition de ce navire entrait dans les transactions embrouillées entre Danycan et la Compagnie de la Chine (2). Ce navire fut mis sous le commandement de Joseph Danycan, frère de l'armateur ; il partit de Brest le 10 novembre 1705 (3). On avait, au départ, surchargé le bâtiment de marchandises, si bien qu'on ne pût embarquer une quantité suffisante de vivres ; et en route on négligea de compléter la provision, obéissant ainsi à l'ordre de l'armateur qui avait ordonné de se rendre directement au détroit de Magellan. Aussi le vaisseau y arriva-t-il dans un triste état : sur 198 hommes, dont se composait l'équipage, 170 étaient atteints du scorbut. Ce fut en vain qu'on tenta le passage du détroit. Le capitaine du vaisseau le *Danycan,* rencontré dans ces parages, refusa de s'intéresser au sort de ces malheureux et poursuivit sa marche. Le *Falmouth* n'avait plus qu'à tenter de revenir. De rudes tempêtes ballottèrent le pauvre navire désemparé. Enfin, après des efforts héroïques, il atteignit un havre, à l'embouchure de La Plata. La contrée était inhabitée ; une embarcation où montèrent quelques matelots valides fut envoyée à Buenos-Aires afin d'y implorer le secours des Espagnols. Les matelots du *Falmouth* attendirent longtemps et en vain le retour de leurs camarades. Ceux qui avaient encore assez de force pour se traîner résolurent d'abandonner le navire. Le capitaine, le second, Jacques Piednoir, le marchand, le sieur de la Ville-aux-Moines, et quelques autres, en tout vingt-deux hommes, partirent dans la chaloupe le 26 juillet 1706 avec une petite provision de pain et d'eau. Après bien des aventures, ils parvinrent à Buenos-Aires le 15 août, mais ils y reçurent un accueil extrêmement inhospitalier. Seul le capitaine eut d'abord la permission de descendre à terre. Les marchandises apportées pour y être échangées contre des vivres furent confisquées, et ce ne fut qu'au bout d'un long délai qu'on envoya un bateau au secours du navire en détresse. Mais, lorsqu'on arriva, tous ceux qui étaient restés en

(1) Ordre du Roi pour faire remettre le vaisseau le *Falmouth* au sieur de Lespine Danycan, 1ᵉʳ oct. 1705. Arch. Nat. Marine, B² 173, f. 245.

(2) Voir plus haut, p. 165.

(3) Pour les détails très intéressants du voyage du *Falmouth,* que nous ne pouvons ici que très sommairement mentionner, voir : *Naufrage et aventures d'un équipage malouin aux côtes sud-américaines, en 1706,* par Léon Vignols (*Revue maritime et coloniale,* t. CXXIII, 1894, p. 109-127).

arrière furent trouvés morts, « mangés des chats et des rats » ; une
seconde expédition de secours, envoyée par le gouverneur, trouva
les cales enfoncées par les Indiens qui avaient pillé une partie de
la cargaison. Lorsqu'on en eut sauvé ce qui restait encore, on brûla
le navire pour qu'il ne tombât pas aux mains des Portugais. Au
mois de mai de l'année suivante, l'équipage d'un autre navire français retrouva, en souvenir de ces événements tragiques, les noms
du navire et des défunts sculptés dans le roc « sur les montagnes
de Montevideo (1) ». De l'équipage du *Falmouth* vingt hommes
seulement, profitant de différentes occasions, regagnèrent leur
patrie.

Il nous reste maintenant à mentionner les suites qu'eut ce
voyage désastreux. Danycan fut appelé à répondre de la façon
impardonnable dont il avait veillé à la santé et à la vie de l'équipage. Pontchartrain demanda un état de la quantité des vivres
embarquées sur le vaisseau, et Danycan fut sommé de répondre
s'il était vrai qu'il eût défendu aux capitaines « de prendre terre
ailleurs que dans le Magellan (2) ». Le second, M. Piednoir, qui
revint en France avec le *Beauvais*, le 7 juillet 1707, fut accusé de
complicité dans ce désastre. Il faillit être incarcéré dans le château
de Saint-Malo et n'y échappa que grâce à l'intervention de
M. de Thianges, gouverneur de la ville, « qui prenait sous sa protection tous les Piednoir (3) ». Danycan, dont l'esprit ingénieux ne
dut point manquer de recourir à ses habituels subterfuges, put
jouir de la protection des autorités. Amelot reçut l'ordre d'obtenir
du gouvernement espagnol la levée de la saisie des marchandises
confisquées et l'autorisation de les faire vendre à Buenos-Aires (4).
Un décret qui ordonna la mainlevée du navire fut publié par suite
de cette intervention d'Amelot, mais l'autorisation de la vente
refusée d'abord, on fut censé ne pouvoir l'obtenir qu'en offrant au
roi d'Espagne « une somme raisonnable (5) », condition remplacée

(1) Journal du vaisseau le *Saint-Antoine-de-Pade*, par M. Giovo, capitaine en second de
ce vaisseau. Serv. Hydr. Vol. 115XIII, Mss. Delisle, 10.
(2) Pontchartrain à Danycan, 10 août et 28 déc. 1707. Arch. Nat. Marine, B² 198,
p. 782, et 199, p. 1207.
(3) Lempereur à Pontchartrain, 24 juillet 1707. Arch. Nat. Marine, B³ 145, f. 214. —
Sur le marquis de Thianges voir : Saint-Simon, *Mémoires*, éd. de Boislisle, t. XV,
p. 357.
(4) Pontchartrain à Amelot, 17 juillet 1707. Arch. Nat. Marine, B² 198, p. 255.
(5) Daubenton à Pontchartrain, 15 oct. 1707. Arch. Nat. Marine, B⁷ 248.

plus tard par celle du payement d'un indult à la couronne d'Espagne. Bien entendu, ceci ne concordait nullement avec les désirs de Danycan : il présenta une pétition où il demanda que le roi d'Espagne fît délivrer les effets qui avaient été·sauvés du vaisseau, — lesquels, assurait-il, ne montaient pas à plus de 26.000 piastres — sans indult, « à l'égard de ce qui avait été pillé par les Indiens de la part des jésuites, et des gens du gouverneur de Buenos-Aires », et il offrit de renoncer à la moitié de l'indemnité à laquelle il prétendait avoir droit pour le bâtiment brûlé (1). Bien qu'il parlât non seulement en son nom, mais aussi au nom de ses co-associés, il ne semble point avoir agi envers eux plus loyalement qu'envers les autres qui s'étaient trouvés en communauté d'affaires avec lui, car ils déposèrent contre lui une plainte dénonçant l'insuffisance de son compte-rendu. Cette plainte, le ministre déclara qu'elle n'est « pas fort à son avantage (2) », mais cela ne l'empêchait point de juger, peu après, Danycan « fort à plaindre » et de ne découvrir aucun moyen « pour le soulagement des autres intéressés (3) ». Dans la nécessité de sauver son argent menacé, Danycan se vit forcé de se déclarer prêt à payer l'indult (4), à condition toutefois qu'on le retînt sur ce que rapporterait la vente des marchandises à Buenos-Aires. Mais le gouvernement espagnol exigea que la somme fût versée comptant à Madrid entre les mains du trésorier général de la guerre (5). Malgré les représentations réitérées de l'ambassadeur de France, on ne put obtenir de meilleures conditions. Nous ignorons si Danycan suivit le conseil de son protecteur, Pontchartrain, qui l'engageait à y consentir (6), ou s'il aima mieux renoncer à ses marchandises que de risquer son argent : les documents que nous possédons ne nous renseignent point.

Le sort du navire le *Philippe V* ne fut pas moins malheureux. Le *Philippe V* était un des plus grands vaisseaux qu'on eût équipés

(1) Pontchartrain à Amelot, 23 mai 1708. Arch. Nat. Marine, B² 207, p. 714.
(2) Pontchartrain à Danycan, 8 juillet 1708. Arch. Nat. Marine, B² 208, p. 301.
(3) Pontchartrain à Le Haguais, 15 août 1708. Arch. Nat. Marine, B² 208, p. 825.
(4) Pontchartrain à Daubenton, 26 sept. 1708. Arch. Nat. Marine, B² 208, p. 1424.
(5) Daubenton à Pontchartrain, 19 oct. 1708. Arch. Nat. Marine, B⁷ 253. — Pontchartrain à Danycan, 7 nov. 1708. *Ibid.*, B² 209, p. 519.
(6) Pontchartrain à Danycan, 13 févr. 1709. Arch. Nat. Marine, B² 214, p. 460.

pour la mer du Sud : c'était un voilier du port de 650 tonneaux, avec 50 canons et un équipage de 225 hommes. L'autorisation de l'envoyer aux découvertes avait été sollicitée et gagnée par un sieur de Beaubriand Levesque qui, en même temps, obtint la permission « de lever des matelots de gré à gré » dans le département de Saint-Malo (1). Le navire partit de La Rochelle sous son propre commandement en juin 1706, emportant une des plus riches cargaisons qu'on eût jamais expédiées à la mer du Sud : elle était évaluée à 1.200.000 livres et l'on estimait qu'on en tirerait 2.000.000 piastres (2).

Mais le *Philippe V* n'alla pas loin. Le 6 août 1706, il échoua un peu au nord du Cap Vert sur la côte occidentale de l'Afrique. On attribua ce naufrage à la maladresse des commandants qui s'étaient dirigés trop à l'est à la traversée de l'Atlantique. Pendant huit jours, on travailla à renflouer le navire et à sauver le chargement. Mais le navire faisant eau de toutes parts, les hommes durent l'abandonner et se sauver à terre. Là, ils furent exposés à de terribles souffrances : les nègres de la côte accoururent sous prétexte d'aider au sauvetage, en réalité pour piller, sous le commandement, d'après ce qu'on dit, d'un Français nommé Cavelier, commis de la Compagnie du Sénégal. Le capitaine et plusieurs de ses hommes furent maltraités et volés et « obligés de vivre d'herbages pendant près d'un mois qu'ils restèrent parmi les nègres ». Finalement ils réussirent à se frayer un chemin jusqu'à Gorée, mais, arrivés là, le capitaine, quelques officiers et environ 60 hommes de l'équipage moururent épuisés par leurs longues souffrances. Une partie de ceux qui survécurent se rendirent sur différents navires à la Martinique ou en France ; les autres durent rester au Sénégal (3).

Moins heureux et moins favorisés que Danycan, les intéressés du *Philippe V* en appelèrent vainement au gouvernement pour qu'on les indemnisât. Un d'eux, M. Baudran, sollicita l'autorisation d'aller le long de la côte d'Afrique racheter une partie du

(1) Pontchartrain à Lempereur, 2 déc. 1705. Arch. Nat. Marine, B² 183, f. 631.
(2) Liste des vaisseaux partis pour la mer du Sud en 1705 et 1706. Arch. Nat. Marine, B³ 140, f. 35. — Pontchartrain à Daguesseau, 18 janvier 1708. *Ibid.*, B² 206, p. 226.
(3) Déclarations d'écuyer François Gravé de Meillac, ci-devant second capitaine, et de Jean Truc, maître, sur le vaisseau le *Philippe Cinq*. Arch. du port de Saint-Servan, C⁴ 322, f. 5 ; Arch. Nat. Marine, B³ 137, f. 641.

chargement du vaisseau et « de là transporter ces marchandises à la mer du Sud », mais cette demande fut repoussée (1). Un autre, le sieur de la Souquetière Levesque, frère du capitaine qui avait péri, demanda la permission de faire une nouvelle expédition à la mer du Sud afin de tenter de se rattraper en partie des pertes éprouvées (2), mais il est probable qu'on la lui refusa. Nous ne retrouvons que bien plus tard ce solliciteur parmi ceux qui participèrent à ces grandes entreprises.

Toutes les expéditions que nous avons jusqu'ici relatées avaient été équipées par des particuliers. Nous avons vu quelle peine ils avaient souvent à obtenir une autorisation que le roi de France ne pouvait plus refuser à ses sujets. A cet égard, les grandes compagnies de commerce jouissaient d'une situation plus avantageuse. Plusieurs raisons semblaient leur donner de préférence le droit de participer à ces voyages de découverte sous lesquels on dissimulait le commerce défendu : les égards dus aux privilèges qu'on leur avait accordés, la situation favorisée que leurs directeurs occupaient vis-à-vis du gouvernement et, surtout, l'état toujours menacé de leurs affaires qui exigeait qu'on leur vînt en aide et qu'on évitât ainsi une chute qui entraînerait une grande ruine économique. Les trésors de la mer du Sud apparaissaient comme le remède infaillible à cette calamité. Mais si ces trésors récompensaient richement les efforts des particuliers, les Compagnies, par contre, y virent sombrer toutes leurs espérances et n'y recueillirent, au lieu de bénéfices, que des pertes et des embarras dont les conséquences compromirent pour longtemps leur avenir. D'après ce que nous avons vu, les causes en furent les querelles qui éclataient constamment entre elles, la discorde intérieure, l'improbité de leurs directeurs et de leurs agents. En suivant de plus près les expéditions équipées par les Compagnies, nous verrons encore qu'elles durent en bonne partie leurs échecs à de faux calculs, à des arrangements mal combinés et trop coûteux et à des dissensions contagieuses qui gagnaient des organisateurs de ces entreprises jusqu'à ceux qui les dirigeaient.

(1) Pontchartrain à Baudran, 29 déc. 1706. Arch. Nat. Marine, B² 192, p. 998.
(2) Pontchartrain à Daguesseau, 18 janv. 1708. Arch. Nat. Marine, B² 206, p. 226.

Il ressort aussi de ce que nous avons dit qu'aucune des Compagnies, qui se croyaient en droit de participer au commerce de la mer du Sud, ne manqua de s'en procurer l'autorisation nécessaire. La Compagnie de la mer du Sud fut la première à se présenter. Cette Compagnie fit équiper à Saint-Malo, vers la fin de l'année 1705, deux navires, la *Confiance* et le *Brilhac*, en ayant soin d'entourer de secrets et de mystère cette entreprise. Comme armateur figurait un marchand de Saint-Malo, Guillaume Rouzier, qui, en réalité, ne fut que le commissionnaire de la Compagnie. Les capitaines étaient Joseph Girard, sieur du Demaine, et Jean Rouzier, frère de l'armateur officiel ; au-dessus d'eux, directeur et véritable chef de l'expédition, se trouvait un personnage qui nous est déjà connu, l'abbé Noël Jouin.

Il en surveilla l'armement, mais avant même qu'il fût achevé, une brouille survint parmi les commandants qui nécessita la présence d'un des directeurs de la Compagnie : dans l'espoir d'arranger les choses, M. Du Moulin vint à Saint-Malo. Selon les ordres du ministre (1), le commissaire de la marine, résidant en cette ville, devait lui faciliter sa tâche, toutefois, en admettant même qu'il y réussit, la visite de Du Moulin fut l'origine d'une autre discussion qui entraîna de plus graves conséquences. Du Moulin amenait de Paris un neveu, jeune homme d'un caractère ombrageux, qu'on espérait corriger en l'envoyant à l'étranger et en le mettant sous la tutelle de l'abbé Jouin. Pour lui donner une occupation utile pendant le voyage, on le nomma « écrivain du vaisseau », et son oncle lui procura « la commission d'écrivain de la Compagnie », « bien qu'il ne fût capable ni de l'un ni de l'autre, ne sachant pas faire une seule règle d'arithmétique, ni ayant la moindre notion de la langue espagnole, ni du commerce. » Après plusieurs écarts qui précédèrent son embarquement, il montra son vrai caractère lorsque, en janvier 1706, les deux navires eurent quitté le port. A peine eut-on gagné le large, que le jeune écrivain traita avec la plus grande insolence commandants et supérieurs ; il se posa en chef véritable de l'expédition, en homme qui aurait reçu des ordres secrets et qui se pro-

(1) Pontchartrain à Lempereur, 23 déc. 1705. Arch. Nat. Marine. B² 183, f. 821.

posait de les dévoiler à son heure et de les faire respecter. Sur les détails de sa conduite, voici ce que l'abbé Jouin raconte (1) :

« Nous arrivâmes aux Canaries. Je fis publier devant les officiers et matelots qu'on eût bien garde de dire à terre que nous allions à la mer du Sud, que cela serait pour nous d'un grand préjudice, et qu'on pourrait nous arrêter ou nous faire quelque incident. Le sieur Du Moulin neveu descend à terre, où il ne paraît de trois jours, et étant arrivé le soir à la ville La Laguna à Sainte-Croix, où nos navires étaient mouillés, ce jeune homme entra ivre mort en l'auberge, où il y avait plus de quinze personnes, et comme il est furieux en cet état, je ne sais à qui il en avait. Il commença à nous traiter tous de canailles, que nous faisions les messieurs et que nous étions sur le bien de son oncle, et qu'il en était lui le maître, et que, quand nous serions dans la mer du Sud, il nous ferait voir ce qui en était. Cette parole de la mer du Sud lâchée m'épouvanta, je me levai de table, je le suppliai de se taire, qu'il allait nous perdre. Il ne voulut point s'en dédire jusqu'à ce que, accablé par les vapeurs du vin, il s'endormit. Mais cela ne resta pas là. Le bruit se répandit bientôt ; je ne sais ce que les Espagnols résolurent, mais ce qui nous arriva fut que, mettant deux jours après à la voile, les forteresses nous tirèrent plus de trente coups de canons à boulet, dont un donna dans la chambre et y cassa plusieurs de nos fusils, et qu'il nous en coûta deux câbles et une ancre, ce qui nous a été d'un grand préjudice, puisque j'ai été obligé d'en acheter d'autres depuis, à des prix bien chers. »

Le récit de cet événement est confirmé par le capitaine du *Brilhac* dans le rapport qu'il présenta à son retour (2) ; seulement, au lieu d'attribuer cet étrange adieu aux propos étourdis du jeune Du Moulin, il en voit la cause dans la négligence de quelques formalités qu'on aurait omis d'accomplir lors du départ.

La discorde entre les membres de l'expédition se poursuivit encore lorsqu'on atteignit le lieu de destination ; les deux navires arrivèrent à Concepcion le 14 juin 1706. L'abbé Jouin vivait à couteaux tirés avec les officiers : Du capitaine Rouzier il raconte « qu'il n'avait pas désenivré depuis le commencement de la campagne jusqu'au dernier jour », — et le jeune écrivain du vaisseau qu'on lui avait imposé continuait de lui donner de

---

(1) Jouin à Clairambault, 30 avril 1709. Arch. Nat. Marine, B³ 170, f. 240.
(2) Rapport du capitaine Jean Rouzier, 28 août 1708. Arch. du port de Saint-Servan, C⁴ 323, f. 65.

graves soucis. Mais le récit de ses incartades nous mènerait trop loin. Nous n'entreprendrons pas de raconter les tribulations de son Mentor, qui essaya vainement de le faire rentrer dans le bon chemin en lui offrant la distraction intéressante de « rayer des registres et copier des factures. » Après avoir quitté plusieurs fois et sans permission le navire pour fréquenter de mauvais lieux, il ne fit plus partie de l'expédition. Déserta-t-il ou fut-il congédié ? Nous l'ignorons. Mais nous savons qu'il retourna en France et que l'abbé Jouin l'y revit encore une fois et d'une façon bien désagréable pour lui.

Les affaires de l'expédition allèrent d'abord assez mal (1). A Concepcion, on trouva plusieurs autres navires, ce qui rendit la concurrence très dure et l'écoulement des marchandises très lent. On monta vers le Nord où l'on espérait rencontrer des endroits plus propices, mais les vents contraires forcèrent les navires d'escaler à Cobija. Là, on fut bientôt rejoint par le *Danycan*. L'abbé Jouin passa un contrat avec le capitaine de ce vaisseau, stipulant que la vente se ferait à compte commun et que celui qui vendrait au-dessous d'un prix fixe paierait une amende. La convention ne s'appliquait cependant qu'à l'un des navires, la *Confiance*, Jouin ayant préféré tenter la fortune ailleurs avec le *Brilhac*. Les affaires allèrent mieux dans la suite, bien que les associés fissent tout leur possible pour se tromper mutuellement et que leur mauvaise foi provoquât de fâcheux démêlés. Quelques mois plus tard, en octobre 1706, les trois navires se rejoignirent à Trujillo ; une nouvelle convention fut conclue et qui, cette fois, les comprenait tous. Ensuite ils se séparèrent, et se dirigèrent chacun de leur côté. Pour plus de sûreté, chaque navire prit à son bord un officier appartenant à l'un des autres vaisseaux et qui fut chargé de veiller à ce que tout se passât loyalement. Comme champ d'opération, on choisit de préférence la côte septentrionale du Pérou, qui jusqu'ici n'avait reçu que rarement la visite de navires français. Mais les plans de Jouin étaient plus vastes. Il résolut de pousser jusqu'à Acapulco, soit pour continuer de là, à travers l'Océan, jusqu'à la

(1) Ce qui suivra est en principe raconté d'après un Rapport de Joseph Girard, sieur du Demaine, capitaine du vaisseau la *Confiance*, 5 mars 1708. Arch. du port de Saint-Servan, C⁴ 323, f. 1. — Cf. Lempereur à Pontchartrain, 4 mars 1708. Arch. Nat. Marine, B³ 157, f. 95. Pontchartrain à Daubenton, 18 mars 1708. *Ibid.*, B² 206, p. 886.

Chine et aux Indes Orientales, soit pour tirer profit de l'importation qui de ces pays se faisait au moyen des galions entre Manille et le Mexique. Les débuts ne furent pas heureux. En route la *Confiance* commença à faire eau, et, après une relâche nécessaire à Payta, les navires réunis ne purent aller plus loin que Guayaquil, où il fut tenu un conseil sous la présidence de l'abbé Jouin. Il fut décidé que la *Confiance* continuerait vers le Nord, tandis que le *Brilhac* ferait voile vers le Sud. M. du Demaine Girard, capitaine du premier vaisseau, remit à Jouin, qui restait à bord du *Brilhac*, toutes ses marchandises restantes, à l'exception de celles qui furent jugées bonnes pour la côte du Mexique, « comme fer, canelle, chapeaux et dentelles », contre lesquelles au Mexique on prendrait de l'indigo en échange.

Ainsi chargé, M. du Demaine Girard se rendit à Sonsonate, ville située sur la côte de la présente république de Salvador. Dès son arrivée, le 13 mai 1707, il envoya à terre un officier qui, sous prétexte que le navire était un bâtiment de guerre français, demanda l'autorisation d'acheter des vivres. Les autorités locales n'osèrent donner de suite cette permission : elles expédièrent un message au président du Guatemala et lui demandèrent des ordres. Pour aider aux négociations, le second, M. Ferré, y fut également envoyé. D'abord, les choses semblèrent marcher à souhait : les autorités déterrèrent un ancien ordre du roi d'Espagne « à tous vice-rois, présidents et commandants », qui portait qu'on devait donner l'entrée libre aux vaisseaux du roi de France et leur laisser prendre des vivres en toute liberté.

Ce fut sur cette réponse que le second revint à Sonsonate. Il demanda au capitaine, qui se trouvait à l'ancre dans la rade, qu'il vînt en personne achever les négociations et conclure en même temps une affaire secrètement arrangée avec un marchand espagnol, concernant la fourniture d'un lot d'indigo. Le capitaine se jeta immédiatement dans sa chaloupe, et son impatience fut telle que les brisants l'empêchant de débarquer, il se dévêtit, sauta dans l'eau et gagna le rivage à la nage. Par bonheur, il avait, dans une occasion précédente, laissé à terre des vêtements de rechange qui lui permirent de se présenter chez le gouverneur d'une façon à peu près convenable.

Les négociations étaient presque terminées, quand le capitaine, le second et deux autres officiers du vaisseau furent arrêtés subitement et incarcérés. Le fiscal près l'audiencia de Guatemala était tombé sur un nouvel ordre royal de date plus récente, qui défendait aux vaisseaux français d'avoir aucune communication avec les ports des colonies espagnoles sous peine de mort pour les capitaines et de confiscation des navires et des cargaisons. Escortés par une troupe nombreuse de cavaliers, les prisonniers furent conduits à Guatemala, où ils furent de nouveau mis en prison. Le président exhorta le capitaine à donner l'ordre que le navire fût remis aux mains des autorités espagnoles ; on le menaçait en cas contraire « de lui faire supporter tous les mauvais événements, dépens, dommages et intérêts », mais le capitaine tint bon : il transmit le commandement du navire à un de ses officiers et lui enjoignit de prendre immédiatement le large. Lui-même fut condamné, après de longues procédures juridiques, à payer pour son audace une amende de 8.000 piastres, et il fut retenu en prison avec le second.

Cependant le navire avait fait voile, sous le commandement du premier lieutenant, Jacques Daniel du Clos, et deux mois plus tard il atteignit Guañape sur la côte du Pérou, où il se retrouva avec le *Brilhac* qui, dirigé par l'abbé Jouin, avait fait la navette entre les ports du Chili et du Pérou et dont les affaires avaient été brillantes : on disait qu'il « avait aussi bien vendu que vaisseaux eussent encore fait ». Les deux navires naviguèrent ensuite de conserve pendant le reste de cette expédition, dont nous remettons à plus tard le récit des aventures ; pour l'instant, c'est le sort des officiers prisonniers qui nous intéresse.

Lorsque M. du Demaine Girard et le capitaine second, M. Jacques Ferré, dans un dénuement complet, furent conduits de Sonsonate à Guatemala, l'aumônier du navire avait été élargi. Grâce à son intervention, le capitaine put faire venir du vaisseau de nouveaux vêtements, une somme d'argent comptant et une certaine quantité de marchandises « afin de faire des présents pour tâcher de fléchir ses juges, au moyen d'amis qu'il pouvait trouver ». Mais, comme nous l'avons raconté, ils ne réussirent pas à recouvrer ainsi la liberté. Au bout de quelque temps les deux

Français virent cependant s'élargir leur captivité : on leur donna « la ville pour prison », sous une caution de 4.000 ducats prêtée par quatre marchands qui conservèrent en gage les marchandises débarquées. Après un séjour d'un mois et demi à Guatemala, ils durent traverser le continent à cheval jusqu'à Vera-Cruz, et ce voyage n'exigea pas moins de 58 jours. A Vera-Cruz ils purent obtenir encore, moyennant une nouvelle caution, « la ville pour prison » pendant trois mois, au cours desquels du Demaine Girard tomba dangereusement malade. En conséquence d'une attestation de médecins et chirurgiens, il put enfin, le 9 décembre 1707, s'embarquer avec le second sur une frégate française, le *Marquis-de-Roye*, capitaine du Chesne Battas, qui les débarqua à Roscof en Bretagne le 28 février de l'année suivante.

Les deux officiers avaient maintenant à payer non seulement la caution moyennant laquelle ils avaient obtenu leur délivrance, mais encore les dettes considérables qu'ils avaient été obligés de contracter pour leur entretien au Mexique et pour le retour. De plus ils avaient dû s'engager à se présenter, soit devant la Casa de la Contratacion à Séville, soit devant le Conseil des Indes à Madrid, pour y être définitivement jugés. Ils exigeaient, à juste raison, une indemnité des armateurs dont ils avaient suivi les ordres et sauvegardé les intérêts à travers tant d'épreuves. Mais les armateurs se trouvaient être la Compagnie de la mer du Sud, et il n'était pas facile de s'entendre avec les directeurs de cette Compagnie. La situation était d'autant plus difficile, qu'après le retour de l'expédition ces directeurs avaient à lutter contre l'abbé Jouin, dont les comptes frauduleux leur enlevaient les bénéfices, qu'ils avaient escomptés dans le délabrement de leurs affaires.

Il ne restait aux deux officiers d'autre secours à attendre que du côté du gouvernement. Ils s'adressèrent donc à Pontchartrain, et celui-ci, toujours aussi prompt à excuser et à défendre les infractions aux lois espagnoles commises par ses compatriotes, que mal disposé et récalcitrant lorsqu'il s'agissait de favoriser les entreprises fondées sur ces infractions, se chargea de leur cause. Il réprimanda d'abord sévèrement Daubenton pour s'être si peu tenu au courant des résolutions du Conseil des Indes que des ordres tels que celui qui avait entraîné l'emprisonnement des deux officiers avaient pu être publiés à l'insu du gouvernement français (1). Daubenton se défendit : « Je dois vous faire observer, Monseigneur, écrit-il, que le roi d'Espagne n'a jamais permis l'introduction ni la vente aux Indes des marchandises du royaume par les bâtiments français ; le décret qui leur permet d'y acheter des vivres n'a rien de commun avec cette introduction. Si le capitaine du navire la *Confiance* a été à terre pour y acheter de l'indigo, le président de Guatemala a été en droit de le faire arrêter conformément aux lois des Indes ». Et il ajoute : « Il est vrai que c'est en user avec rigueur, mais ce président n'en sera point blâmé par le Conseil des Indes (2) ».

Ces informations ne rebutèrent point le ministre ; il trouva un nouveau moyen de protéger les intérêts de ses compatriotes dans un projet d'ordonnance royale qui se préparait et qui visait la défense du commerce français en Amérique. Ce n'était encore qu'un projet, mais on pouvait laisser entrevoir aux Espagnols que la réalisation en serait d'autant plus aisée qu'ils se montreraient plus conciliants en abandonnant l'affaire contre les capitaines français (3). Cependant Daubenton trouvait toujours la chose grosse de difficultés : « Si le capitaine, écrit-il, a été à terre à la prière du président de Guatemala, s'il n'a point débarqué ni vendu des marchandises, s'il ne l'a fait que pour acheter des vivres pour la subsistance de son équipage, et s'il n'a point acheté et fait embarquer des marchandises du pays, il ne sera pas difficile de le faire décharger de ses cautions, » mais il faudrait en pouvoir fournir les preuves à la *junta de indultos* ; et encore devrait-on se préparer à l'idée qu'on serait tenu de payer la moitié de la somme stipulée par le jugement et peut-être même un tiers de plus « au profit du roi d'Espagne (4) ». Afin de mieux gagner le ministre, le capitaine du Demaine Girard annonça qu'il était en train d'armer un navire de 50 canons « pour la course » et demanda l'autorisation d'appareiller. Seulement l'entreprise de cette expédition, si utile à l'État, exigeait qu'il fût assuré que sa famille « pendant son absence ne serait pas inquiétée à cause des con-

(1) Pontchartrain à Daubenton, 18 mars 1708. Arch. Nat. Marine, B² 206, p. 886.
(2) Daubenton à Pontchartrain, 29 mars 1708. Arch. Nat. Marine, B⁷ 251.
(3) Pontchartrain à Desmaretz, 11 avril 1708 ; à Daguesseau et à Daubenton, 25 avril 1708 ; à Amelot, 13 mai 1708. Arch. Nat. Marine, B² 207, p. 155, 372, 391, 559.
(4) Daubenton à Pontchartrain, 13 mai 1708. Arch. Nat. Marine, B⁷ 252.

damnations que le président de Guatemala avait rendues contre
lui (1) ». Pontchartrain qui estimait que ce n'était que « de la justice de ne point abandonner ces gens », obtint du Roi la permission'sollicitée pour six mois et renouvela ses recommandations à
Amelot et à Daubenton « de faire finir entièrement cette affaire (2) ». Un sursis fut d'abord accordé à Madrid (3). Il fut suivi
d'un acquittement, donné probablement en échange « d'une
somme modérée » au roi d'Espagne. L'affaire se termine sur une
lettre de Pontchartrain à Daubenton, où le ministre, exprimant
sa satisfaction de cette heureuse issue, recommande à son agent à
Madrid de veiller à ce que les ordres du roi d'Espagne soient envoyés aux Indes pour en donner avis aux officiers royaux « afin
que cette affaire ne puisse avoir aucun retour (4) ».

Cependant pour MM. du Demaine et Ferré l'affaire eut un épilogue après le retour des deux vaisseaux. En dépit de leurs vives
protestations assurant qu'ils n'étaient nullement intéressés dans la
pacotille que rapportaient les équipages, et malgré leurs affirmations que le peu qu'ils avaient gagné pendant ce voyage n'avait
point suffi à combler les frais de leur séjour au Mexique, ils furent
condamnés à payer de lourdes parts de l'indult réclamé à tous
ceux qui avaient pris part au commerce de la mer du Sud.

*
* *

Les préparatifs faits pour l'expédition que la Compagnie des
Indes Orientales envoya en juillet 1706, nous ont déjà montré les
mêmes espérances folles, les mêmes calculs étourdis et le même
esprit de discorde funeste qui semblaient liés à chaque mouvement
d'activité des Compagnies.

La direction commerciale de l'entreprise était confiée, comme
nous l'avons déjà mentionné, à M. Hébert, un des directeurs de
la Compagnie, et près de lui, à un certain M. Hardancourt qu'on
déclarait « un très habile secrétaire et l'ami de la Compagnie,
mais nullement capable de cet emploi, n'ayant aucune connais-

(1) Pontchartrain à Daguesseau, 15 avril 1708. Arch. Nat. Marine, B² 208, p. 815.
(2) Pontchartrain à Daubenton, 1er sept. 1708. Arch. Nat. Marine, B² 208, p. 1051.
(3) Pontchartrain à Daubenton, 10 oct. 1708. Arch. Nat. Marine, B² 209, p. 187.
(4) Pontchartrain à Daubenton, 6 févr. 1709. Arch. Nat. Marine, B² 214, p. 410.

sance du commerce (1) ». Nous avons déjà touché quelques mots du caractère d'Hébert; nous verrons que ces indices se trouveront confirmés par la suite.

Le commandant en chef de l'escadre était M. de la Vérunne, lieutenant des vaisseaux du Roi (2) ; il avait sous ses ordres les vaisseaux suivants : le *Maurepas*, 44 canons et 230 hommes d'équipage, capitaine de la Vérunne; la *Toison-d'Or*, 40 canons et 210 hommes d'équipage, capitaine de Boisloré; et le *Saint-Louis*, 40 canons et 175 hommes d'équipage, capitaine de la Marre de Caen. Les trois vaisseaux portaient donc ensemble 615 hommes et 124 canons, armement magnifique et, selon notre conception d'aujourd'hui, fort curieux pour un voyage de commerce.

L'équipement achevé à Port Louis, l'escadre leva l'ancre de la rade de Penmarch le 14 juillet 1706. Le 14 août un petit navire anglais fut pris par 11° 5' lat. N. et on passa la ligne le 6 septembre sous les 10° 54' long. E., avec les cérémonies d'usage. En mentionnant ces cérémonies, M. de Boisloré, dont nous suivons le journal (3), signale en passant qu'il traversait l'équateur pour la septième fois.

Au cours du voyage, on fit relâche à l'Ilha Grande sur la côte du Brésil, le 8 octobre. A propos de l'accueil qu'on y reçut, le journal donne aux futurs voyageurs cette précieuse indication qu'il suffisait de menacer les habitants de brûler leurs deux couvents, pour qu'ils apportassent immédiatement des bœufs, des porcs et d'autres vivres destinés aux vaisseaux.

Cette expédition fut aussi remarquable au point de vue nautique. Le capitaine nota en cours de route plusieurs observations importantes qui corrigeaient sensiblement les cartes marines contemporaines relativement au tracé de la côte de l'Amérique du Sud

---

(1) Mémoire de M. Soullet, un des directeurs de la Compagnie, 26 févr. 1706. Arch. Col. C² 12, f. 4.

(2) Depuis le 7 sept. 1701, il était lieutenant de port à Lorient. François Jégou, *Hist. de Lorient, port de guerre (1690-1720)*. 2ᵉ éd. Vannes, 1887, p. 168.

(3) Le récit du voyage, un magnifique manuscrit in-folio, intitulé « Journal du voyage de la mer du Sud commencé le 14 juillet 1706 sur le vaisseau la *Toison d'Or* », se trouve aux archives du Service hydrographique de la marine; il est envoyé par M. de Boisloré au comte de Pontchartrain. Un journal tenu à bord du *Maurepas* était aussi déposé jadis dans ces mêmes archives, d'où, avec d'autres documents concernant les Compagnies de commerce, il a été transféré au Ministère de la marine. Je n'ai pu le retrouver.

depuis l'embouchure du Rio de La Plata au cap Horn. Il fixait
avec plus de précision la place des îles Barnevelt et Hermite,
situées près du point méridional du Continent (1). Chose plus
importante encore, il rompit complètement avec les règles recon-
nues jusqu'alors de tous les navigateurs dans ces parages. Les
voyageurs précédents dont nous avons pu suivre la route avaient
tenté le passage du détroit de Magellan, passage qui, depuis le
premier explorateur, était regardé comme la véritable porte d'entrée du grand océan. Sauf dans un petit nombre de cas, nous
avons lieu de croire que ces tentatives avaient échoué : après des
mois de lutte contre les courants et les vents, on s'était presque
toujours vu forcé de renoncer au passage du détroit et, comme
dernier expédient, de contourner le cap Horn. Averti par les
expériences de ses prédécesseurs (2), de la Vérunne résolut de
ne point tenter ce trajet difficile, et désormais, tant que durera le
commerce de la mer du Sud, nous n'entendrons que rarement
parler de tentatives pour traverser le détroit de Magellan. Disons-le
à l'honneur des marins français : dans ces voyages autour de la
pointe méridionale de l'Amérique — voyages que l'on compte par
centaines — nous n'avons pas à signaler un seul naufrage, et pourtant ces mers sont justement redoutées même des navigateurs
d'aujourd'hui.

Mais il y avait un danger qu'on ne savait point éviter avec le
même succès ; c'était le scorbut : il se déclara presque toujours sous
ces degrés de latitude. A son arrivée au Chili, Boisloré comptait
un mort sur quatre-vingts malades « de ce maudit mal » — et il devait encore s'estimer heureux, car la mortalité aurait été beaucoup

---

(1) *Réflexions sur les observations de la variation de l'aiman faites sur le vaisseau le*
Maurepas dans le voyage de la mer du Sud ; avec quelques remarques de M. de la Vérune,
commandant de ce vaisseau, sur la navigation des côtes de l'Amérique et de la Terre de Feu.
Par M. Cassini le fils (*Mém. de l'Acad. R. des sciences*, année 1708, p. 292-297). — Outre
ces observations et le journal de Boisloré, Pontchartrain reçut au retour de l'expédition quelques cartes exécutées par Boisloré : une carte générale du voyage, une du
détroit de Le Maire, une autre du détroit de Magellan et une des Philippines ; voir :
Clairambault à Pontchartrain, 28 mai 1708 (Arch. Nat. Marine, B³ 159, f. 363). Ces cartes
semblent malheureusement perdues.

(2) Dans un rapport sur les observations faites surtout par les capitaines des navires
de Danycan, Lempereur assure qu'on peut certes en tout temps passer le détroit de
Magellan, « mais, dit-il, le détroit de Le Maire vaut beaucoup mieux : il n'a que huit
lieues de long et partout huit lieues de large, il est praticable en tout temps, et ce
qui a fait jusqu'ici qu'on n'y est point allé, c'est qu'on ne le connaissait point. »
Lempereur à Pontchartrain, 18 nov. 1705. Arch. Nat. Marine, B³ 128, f. 329.

plus forte, s'il n'avait pris la sage précaution de distribuer à son équipage, pendant la navigation autour du cap Horn, du pain frais trois fois par jour. Malgré le vent et les tempêtes, dit-il, « le four a toujours cuit ». Ce souci pour la santé de ses hommes, « talent que tous les officiers ne possèdent pas », (le *Maurepas* et la *Toison-d'Or* ne perdirent pendant tout le voyage que trois hommes, dont deux s'étaient noyés) lui valut au retour de justes éloges et une proposition d'avancement de la marine (1).

Avant d'atteindre la mer du Sud, l'escadre de M. de la Vérunne s'était dispersée. La *Toison-d'Or* doubla le cap des Vierges le 27 novembre 1706, continua par le détroit de Le Maire et toucha, le 8 décembre, le point le plus méridional de son voyage, 58° 9′, à 82° 18′ long. O. Les deux autres navires firent route plus vers l'est et rencontrèrent un pays non marqué sur leurs cartes et qu'ils considérèrent comme une nouvelle découverte. C'était une illusion : ces « Iles Nouvelles » n'étaient autre que l'archipel des îles Falkland, déjà plusieurs fois remarqué par des navigateurs de différentes nations.

Il n'est point d'archipel peut-être qui ait été plus fréquemment pris pour une découverte et qui n'ait reçu plus de noms de ses prétendus explorateurs. Déjà sur la mappemonde anonyme à Weimar de 1527 et sur celle de Diego Ribero de 1529 les îles se retrouvent sous le nom d'*Islas de Sanson* (2) ; puis les îles ont été vues en 1592 par le célèbre explorateur des pays polaires John Davis qui faisait partie de l'expédition Cavendish et elles furent baptisées de son nom, pour recevoir deux ans plus tard, en 1594, de Richard Hawkins le nom du *Maiden Land* en hommage à la reine Élisabeth (3). Le nom où elles figurent le plus souvent sur

---

(1) Clairambault à Pontchartrain, 28 mai 1708. Arch. Nat. Marine, B³ 159, f. 363.

(2) Ce nom énigmatique se retrouve plus tard chez plusieurs des cartographes du XVIᵉ siècle, comme Alonso de Santa Cruz 1542, Giacomo Gastaldi 1546 et 1562, Darinel 1555, Georgio Callapoda 1563, Paolo Forlani 1565, Diogo Homem 1568, et aussi sur des cartes sans date exécutées par Battista Agnese et Bartolomeo Olives. Si vraiment, comme le veut admettre J.-G. Kohl (*Geschichte der Entdeckungsreisen zur Magellan's-Strasse; Zeitschr. d. Ges. f. Erdkunde zu Berlin*, Bd. XI, 1876, p. 361), le nom dérive d'Amerigo Vespucci, cela prouverait d'abord que celui-ci, dans son troisième voyage de 1502, était en effet parvenu aussi loin vers le Sud qu'il l'a prétendu, et ensuite que le pays signalé par lui sous les 50 ou 52 degrés de lat. S. aurait été le Falkland et non la Géorgie du Sud, ce qui pour d'autres raisons a paru le plus vraisemblable.

(3) M. B.-M. Chambers s'y oppose et prétend que le pays trouvé par Hawkins était la côte de la Patagonie entre 47° et 48° 30′ S. Voir : *Can Hawkins's « Maiden Land » be*

les cartes hollandaises du xviiᵉ siècle est celui des *Iles Sebald de Weert*, et ce nom vient de ce qu'en 1600 ce navigateur, un des compagnons de Jacques Mahu, crut les découvrir pour la première fois (1). Comme Cowley, un des hommes du capitaine flibustier John Cook, avait en 1684 placé par erreur les îles sous les 47° lat. S., l'historien de son voyage crut avoir affaire à une découverte nouvelle et marqua sur la carte à la latitude indiquée une *Pepus Island* que dans la suite on chercha plusieurs fois en vain, et dont l'inexistence ne fut prouvée qu'en 1764 par le commodore Byron.

Le nom actuel généralement adopté de ce groupe d'îles est dû à une erreur. On l'attribue à l'Anglais John Strong, mais celui-ci n'a jamais parlé des îles Falkland : il donna le nom du *Falkland Sound* au détroit qui sépare en deux parties l'archipel et qu'il traversa le premier, en 1690. La preuve qu'il ne croyait point lui-même avoir découvert ces îles, c'est qu'il les appelle *Hawkins' Land*.

L'ingénieur français, Frezier, qui cartographiait les découvertes de ses compatriotes en ces contrées, crut pouvoir limiter le nom des Iles Sebald à trois petits îlots, situés à l'extrémité nord-ouest de l'archipel (2), et bien qu'il connût la découverte, réelle ou prétendue, de Hawkins, il trouva bon d'enrichir la carte du nom d'*Isles Nouvelles* (3). Ce fut probablement cette malencontreuse dénomination qui amena Guillaume Delisle à la changer en celle d'*Iles Malouines* (4), ce qui fit que les marins de Saint-Malo furent

---

identified as the Falkland Islands? dans le *Geographical Journal*, vol. XVII, 1901, p. 414-423.

(1) Voici le récit original de la découverte et de la dénomination : « Den 24 (février 1600) smorghens in de ly van haer drie Eylandekens gewaer wordende, die tot noch toe in geene Caerten bekent en zijn gheweest, ende derhalven Sebalts Eylanden genaemt werden, lagen van hun zuydoost ben zuyden, ontrent 60 mijlen van't vaste landt, op de hooghte van 50. graden 40. minuten » (*Historisch ende wijdtloopigh verhael van'tghene de vijf Schepen... wedervaren is...* Meest beschreven door M. Barent Iansz. chirurgijn. Amstelredam, 1617, p. 71).

(2) Appelés *Jason Islands* sur les cartes marines actuelles. J.-G. Kohl dit : « Vielleicht ist dies *Jason* eine allmählig auf den Karten entstandene Corrumpirung von unserm *Sanson* » (*Die beiden ältesten General-Karten von America*, Weimar, 1860, p. 157). Cette supposition est fausse : les Jason Islands tiennent leur nom de la frégate anglaise le *Jason*, capitaine John Macbride, qui, en 1766, visita les îles Falkland. Sur le séjour de ce vaisseau dans ces parages, voir Arch. Col. F. « Détroit de Magellan ».

(3) *Relation du voyage de la mer du Sud*, Paris, 1716, p. 264.

(4) Sur le brouillon d'une carte des « Terres Magellaniques et détroits de Magellan et de Le Maire » qui concorde entièrement avec la carte de Frezier, sauf qu'à la déno-

considérés comme ayant découvert cet archipel ou au moins comme ayant contribué plus que personne à en établir la connaissance.

Sur la carte de Frezier, dont nous reproduisons ici un facsimilé, nous voyons les lignes de route des deux vaisseaux, le *Maurepas* et le *Saint-Louis*. Le texte qui accompagne la carte nous apprend que le *Saint-Louis* avait relâché dans un port sur la côte sud-est du pays où il s'était approvisionné de l'eau d'une lagune ; cette lagune, aussi bien que le port, qui après la visite du vaisseau fut nommé *Port Saint-Louis,* sont marqués sur la carte (1).

mination *Iles Nouvelles* est substituée celle d'*Isle et Archipel Malouin,* on rencontre l'annotation suivante, faite par Delisle : « La terre que j'appelle l'archipel Malouin, parce qu'il a été découvert par les vaisseaux de Saint-Malo, n'est pas connue dans la partie de l'Ouest, qui n'est pas lavée»; Service hydr. de la marine, Portef. 205, pièce 103. 2 (Minutes de De l'Isle). Le nom des *Iles Malouines* se trouve probablement pour la première fois imprimé sur les deux cartes de Delisle : *Hémisphère Occidental dressé en 1720 pour l'usage particulier du Roy* (imprimé en 1724) et *Carte d'Amérique dressée pour l'usage du Roy,* Paris, 1722.

Les données peu exactes, relatives à l'origine de ce nom que nous offre la littérature géographique, nous montrent dans quel profond oubli sont tombés les voyages français à la mer du Sud. Ainsi par ex. Peschel, dans sa *Geschichte der Erdkunde,* 1877 (p. 364, note 1), dit que les îles étaient « fréquemment visitées » par des navigateurs de Saint-Malo, ce qui, vu qu'on ne connaît d'eux qu'une descente à terre, doit être échangé contre les mots «souvent observées »; Reclus attribue le nom de Malouines «à un marin de Saint-Malo» (*Nouv. géogr. univ.,* XIX, 1894, p. 785), et dans le *Nouv. dictionnaire de géogr. univ.,* par Vivien de Saint-Martin (t. II, 1884, art. Falkland) on lit que le nom provient « du grand nombre de pêcheurs de Saint-Malo qui fréquentèrent· ces parages depuis le commencement du xviiie siècle, et de l'établissement qui en fut la suite, 1763 » — or, on ne connaît dans ces contrées d'autre pêche que celle de la baleine et du phoque, pêche qui ne commença qu'au xixe siècle. Cf. Freycinet, *Voyage autour du monde.* Historique, t. II : part 3, Paris, 1839, p. 1278.

(1) On croirait que ce nom se retrouve dans cette *Anse Saint-Louis* ou *Port Louis* qui figure sur quelques cartes récentes des îles Falkland ; ce n'est point le cas. Ces deux noms datent de la colonie qui, en 1764, y fut fondée par Bougainville et qui après Louis XV fut appelée *Fort Saint-Louis* ; voir : Dom Pernety, *Journal historique d'un voyage fait aux Iles Malouïnes en 1763 et 1764,* Berlin, 1769, p. 518 et 533. Pour l'histoire de cette entreprise de colonisation, qui mériterait certes une étude qui n'a point jusqu'ici été faite, les matériaux abondent aussi bien dans les archives du Ministère des Colonies que dans celles du Service hydrographique de la marine. — Non seulement le groupe d'îles en entier, mais aussi chaque partie particulière offre une liste de noms fort variés. Ainsi le golfe où fut fondée la colonie française figure sous les noms suivants : *baie de Luxembourg* (carte mscr. par Thisbé de Belcour ; Serv. hydr.); *Baye Daccaron* (Pernety, carte pl. XII); *Baye de St. Louis ou Baye Royale* (ibid., texte, p. 533); *Baye Françoise* (Bougainville, *Voyage,* pl. 3); *Bahia de Soledad* (Cordova, *Rel. del ult. viage,* carte) et enfin *Berkeley Sound* (cartes marines anglaises). D'ailleurs presque tous les noms donnés par les Français ont disparu des cartes actuelles du Falkland ; une des quelques dénominations qui restent, la *Baie Choiseul,* est maintenant appliquée à une anse qui, à en juger par les cartes, n'était guère connue des explorateurs français : ce qui en réalité s'appelait Baie Choiseul est le Port William actuel où se trouve situé Port Stanley, le chef-lieu des îles. Des preuves semblables de l'ignorance des colons et des cartographes ou de leur manque de piété envers leurs prédécesseurs ne sont malheureusement que trop fréquentes et partout.

Maintenant que nous avons terminé cette digression dans le domaine de la géographie historique, nous allons reprendre l'histoire de l'expédition de M. de la Vérunne.

Son escadre se trouva de nouveau réunie à Concepcion pendant les derniers jours de l'année 1706. Il reçut un accueil fort aimable de la part des Espagnols et du gouverneur de la place, don Diego de Sonigas. Ce don Diego, bien que « homme de plume », — et cependant la situation de la ville mal protégée semblait plutôt demander un « homme de guerre », — reçoit ces témoignages flatteurs qu'il était également propre à l'une et l'autre fonction et, à cause de ses bonnes intentions envers les Français, il paraissait très apte à occuper le poste de capitaine-général du Chili. Mais ce qui ne suscita point le même contentement, ce fut la rencontre des nouveaux venus avec leurs compatriotes. A Concepcion arrivèrent en même temps les deux navires le *Saint-François* et le *Sage-Salomon*, dont nous avons déjà parlé, et peu de temps après, s'annoncèrent trois autres vaisseaux, de sorte qu'il n'y eût pas moins de huit navires français qui se trouvèrent ensemble dans le port. Il en résulta dans les affaires une concurrence ruineuse pour les derniers arrivants, surtout lorsque ceux qui se préparaient au retour se défirent à perte de ce qui leur restait de marchandises. Le commerce marcha mieux dans la suite du voyage, principalement à Valparaiso, où Boisloré vendit pour 30.000 piastres, et à Pisco. Les marchands espagnols n'osèrent pourtant monter à bord des navires que la nuit par crainte de la « bastonnade en place publique » et des dix ans d'exil à Valdivia dont les autorités menaçaient de punir tout rapport avec les étrangers ; les capitaines français reçurent à plusieurs reprises des protestations formelles au sujet du commerce illicite, mais tout cela ne servit de rien. On sévit certes de temps à autre contre un pauvre indigène qui, dans sa fragile pirogue, avait visité les navires et acheté pour quelque cinq cents écus. On saisit même une somme d'argent appartenant aux Français ; mais ces faibles tentatives pour exécuter la loi cessèrent, quand le nouveau vice-roi, le marquis Castelldosrius, le 17 mai 1707, fit son entrée solennelle à Lima. La défense de fournir des vivres aux Français fut alors retirée et l'argent confisqué rendu ; si le vice-roi avait été « un homme

CARTE REDVITE

de l'Extremité De l'Amerique Meridionale
Dans la Partie du Sud

ou Sont Comprises les Nouvelles Isles decouvertes
par les Vaisseaux de St Malo depuis 1700 dont la
partie de l'Ouest est encore Inconnüe
le passage qu'on Apelle icy du nom de S.^{te}
Barbe a esté Nouuellement decouuert par vne
Tartane du mesme nom le 25 May 1713

PERRE DE FEV

a a Route du Vaisseau le Maurepas en 1706.

bb Route du Vaisseau le St Jean Baptiste en 1711.

cc Route du Vaisseau le St Louis en 1706.

dd Route du Vaisseau L'Assomption en 1708.

qui Courut deux Fois cette Cotte la prenant pour
vne Nouuelle Isle qu'il Croyoit plus a l'Est par
Raport a la Terre Ferme

qqq Route de la Tartane la Ste Barbe May 1713

F. Port de la Tartane ou elle Mouilla

Frezier Ingenieur Ordinaire du Roy

A I S. Elizabeth
B I. S. Barthelemy
C I aux Loms marins
D aux Loms le Grans
E B. Dauline
F Port Philip eau
G C. S. Louis
I Canal de la Compagnie
K la Mort au Pain
L C. de Garde ou de Qued
M C. de S. Jerome
N Mouillage Neuue limans
decouuert
Les Chifres Romains
marquet la Variation
de la Boussole

Graué par d.Berry le fil.

ferme », dit-on, il aurait permis aux Français de commercer ouvertement en payant au Roi les droits de douane, tandis qu'actuellement ils étaient obligés d'acheter cette permission à force de présents aux gouverneurs, aux corregidors et aux oidors toujours corruptibles, qui s'enrichissaient ainsi aux détriments de l'État. Un de ces fonctionnaires vénaux, le président de Rosas (1), envoya même un pilote spécial pour conduire les navires français de Callao à Paraca, où toute la cargaison, qui restait de l'escadre, fut débarquée à son compte et payée 100.000 piastres argent comptant.

On serait tenté de conclure que le résultat économique de l'expédition avait été brillant. Ce serait une erreur. Dans une lettre de Paraca du 14 septembre 1707, Hardancourt rapporte que les marchandises avaient été vendues avec bien de la peine et après bien des risques ; le montant de la cargaison ne faisait pas plus de 300.000 piastres, et 45.000 écus avaient été dépensés pour l'achat des vivres (2). On voit combien l'issue de l'entreprise était inférieure aux calculs de la Compagnie alors que, sur les bénéfices attendus, on avait destiné 900.000 livres et « les coraux » pour arranger ses affaires aux Indes Orientales et décidé que le surplus des fonds de la vente serait envoyé en France « par des vaisseaux malouins ou autres » (3). La raison de ce résultat désavantageux, Hébert l'attribue à la concurrence des Malouins, laquelle par conséquent devait être empêchée en faveur de la Compagnie qui, en offrant au roi d'Espagne de payer des droits sur l'exportation et l'importation, pourrait sans doute arracher l'autorisation nécessaire. Une proposition que la Compagnie reprendrait à des conditions plus favorables le commerce de la mer du Sud sembla certes aux directeurs digne d'être prise en considération : « Vos vues sont excellentes et dignes de votre pénétration, écrivent-ils, mais l'état dans lequel vous nous avez laissés étant devenu pire, nous ne pouvons que vous remercier

(1) El capitan don Francisco de Rosas, caballero de la orden de Alcantara, superintendente general de rentas del Peru. Mendiburu. *Diccionario hist.-biogr. del Peru*, t. VII, Lima, 1887, p. 145.

(2) Les directeurs de la Compagnie des Indes à Pontchartrain, 20 mars 1708. Arch. Col., C² 13, f. 13.

(3) Instruction pour M. Hébert, 29 mai 1706. Arch. Col., C² 12, f. 114.

de votre application et laisser au temps à fournir les moyens d'en
faire un bon usage » (1).

Le but principal de l'expédition avait été de venir en aide aux
comptoirs de la Compagnie dans les Indes Orientales ; mais les
longues et fastidieuses disputes entre les directeurs au sujet de la
route à suivre au sortir du Pérou, une fois que le commerce serait
achevé, avaient eu pour résultat d'en laisser le choix à la
décision des chefs de l'escadre et aux circonstances qui se pré-
senteraient. Il semble du moins qu'on ait annoncé au vice-roi de
Lima qu'on se dirigeait vers l'ouest pour aller aux Philippines, et
qu'il accordât la permission d'acheter des vivres en vue de cette
traversée, mais que ce plan fût abandonné par la suite. Les capitaines se réunirent en conseil à bord du vaisseau commandant dans
la rade de Concepcion, le 17 novembre 1707. Lorsqu'ils eurent constaté que les provisions étaient insuffisantes et en partie avariées
et qu'il fallait au bas mot trois mois avant de pouvoir les compléter, l'endroit offrant peu de ressources en fait de denrées, on
renonça au projet de laisser toute l'escadre aller aux Indes Orientales et l'on choisit l'un des navires, le *Saint-Louis*, pour effectuer
ce voyage, « en suivant la route déterminée par le Conseil du
Roi », par le cap Horn et le cap de Bonne Espérance. La réalisation de ce projet exigea que les deux autres vaisseaux cédassent
une partie de leurs meilleurs matelots et toutes les provisions
qu'ils pouvaient.

La résolution de dissoudre l'escadre semble avoir été prise à la
demande des capitaines et malgré Hébert qui prétendit que cette
décision lui causait bien de la peine et qu'il avait eu à combattre
« contre de certaines gens dont le génie et le caractère étaient
bien opposés à ce que l'on devait attendre d'eux (2) ». L'allusion
à de la Vérunne est évidente. Plus tard il dit (3) : « qu'il avait fallu,
dans ce commencement du voyage et pendant tout le temps qu'il
a duré, avoir toute la patience dont un homme est capable, ayant
à faire au plus grand débauché et au plus incapable officier dont

---

(1) Hébert à la Compagnie, Pondichéry le 12 févr. 1709, avec la réponse de la Compagnie écrite en marge. Arch. Col., C² 13, f. 262.
(2) Hébert à la Compagnie, Concepcion le 24 déc. 1707. Arch. Col., C² 13, f. 75.
(3) Hébert à la Compagnie, 12 févr. 1709.

la Compagnie s'est servie », — mais on ne saurait guère douter de l'injustice de cette accusation.

Nous suivrons d'abord de la Vérunne dans son voyage de retour.

A Concepcion, où l'on devait compléter les provisions, il était survenu un changement défavorable aux intérêts français : un nouveau gouverneur avait été nommé et celui-ci décréta que tout ce dont on avait besoin serait acheté aux alcades qui demandaient deux fois le prix des marchands particuliers ; mais, comme d'ordinaire, ce décret fut éludé à l'aide des trafics nocturnes et furtifs. Le 3 décembre 1707, on quitta cette ville et le 27 du même mois on aperçut quelques îles qui furent prises pour le cap Horn. C'était la troisième fois que Boisloré doublait ce cap — il avait aussi pris part au voyage de Beauchesne —; aussi parle-t-il dans son journal de son intention de tracer une carte de ces contrées où il mettrait toute son expérience et où il corrigerait les erreurs de ses prédécesseurs. Sur la carte de Jean van Keulen le cap Horn était placé à 57° 40′ lat. S., ce qui, disait Boisloré, devait être changé en 55° 55′ ; quant à la longitude, 303° 44′ (75° 14′ Ouest de Paris), « elle était bonne », ajoute-t-il. Si nous consultons les données les plus récentes, nous y trouvons le cap Horn à 55° 58′ lat. S. et à 69° 38′ long. Ouest ; la comparaison, en ce qui concerne la latitude, fait honneur à la faculté d'observation du capitaine français (1).

A l'est de la Terre des États et à l'ouest et au nord des îles Falkland on continua le voyage vers un ciel plus doux. Le 27 février on découvrit la terre ; ce fut l'île Fernando Noronha,

(1) J.-N. Bellin, qui pour ses cartes s'appuie en partie sur les observations de Boisloré, le compte parmi « les bons navigateurs ». Voir : *Observations sur la construction de la carte des mers comprises entre l'Asie et l'Amérique, appelées par les navigateurs mer du Sud et mer Pacifique*, 1741, p. 9. — Frezier aussi remarqua quelques années après Boisloré que la situation du cap Horn sur les cartes hollandaises était erronée ; il la fixa à 55° 45′ ou 50′ de lat. S. et 68° ou 69° de long. O. (*Relation*, p. 262). A une époque bien postérieure, il eut l'occasion de défendre ses calculs qui concordaient si bien avec la réalité ; voir : *Réponse aux observations de M. Walter, auteur du Voyage autour du monde de Lord Anson, sur quelques longitudes des côtes de l'Amérique méridionale, assignées par M. Frezier dans sa Relation du voyage de la mer du Sud* (*Mercure de France*, janv. 1750, p. 82-94). L'opinion de Frezier fut confirmée dans une *Lettre de M*** à M. Remond de Sainte Albine au sujet de la longitude de la ville de la Conception* (*Mercure de France*, févr. 1750, p. 190-195).

située par 3° 50′ lat. S. Le besoin de s'approvisionner d'eau fraîche força de la Vérunne à y demeurer jusqu'au 11 mars ; car les brisants autour de l'île rendirent fort pénible le débarquement, et à terre il fallut une équipe de soixante hommes pour se frayer un chemin jusqu'à l'endroit où l'on prenait de l'eau. On y trouva des tortues, des ramiers et une autre espèce d'oiseaux qu'on tuait par centaines à coups de bâton. De cette île peu fréquentée Boisloré donne une carte très bien exécutée et plusieurs perspectives marines.

Ils n'eurent point d'autres aventures que le narrateur trouva dignes d'être mentionnées ; le *Maurepas* et la *Toison-d'Or* arrivèrent, le 11 mai 1708, sains et saufs au point de départ et mouillèrent dans la rade de Penmarch.

Le commandant en chef, aussitôt de retour, s'empressa de prendre la plume pour sa défense : il espérait faire comprendre qu'il « n'avait d'autre part dans cette séparation que celle de n'être pas maître des événements ». « Je ne suis pas cause, poursuit-il, que les vaisseaux ont demeuré six mois en rade, qu'on a pris du pain qui était fait depuis dix-huit mois, qu'on a demeuré un an à la mer du Sud, et qu'on n'a pu avoir de vivres à la Concepcion » ; et il ajoute : « Je n'ignore pas que la perte de la Compagnie ne soit très grande (1) ».

Chacun des deux navires était pourtant censé rapporter environ 80.000 piastres pour le compte de la Compagnie (2), mais on supposait que les sommes rapportées par les officiers et les hommes des équipages dépasseraient de beaucoup cette somme (3). Une enquête sévère fut immédiatement commencée pour découvrir ces valeurs débarquées en secret. Les autorités chargées de veiller à ce que l'argent fut transporté aux hôtels des monnaies réunirent leurs efforts à ceux des agents de la Compagnie, désireuse d'en sauver autant que possible afin de couvrir ses pertes. Contre de la Vérunne il n'y a pas d'accusation, mais Boisloré

(1) De la Vérunne à Pontchartrain, à la rade de Groix, 10 mai 1708. Arch. Col., C² 13, f. 45.

(2) Clairambault à Pontchartrain, 11 mai 1708. Arch. Nat. Marine, B³ 159, f. 338·.

(3) « On nous assure que les officiers rapportent des cargaisons immenses pour leur compte... nous avions lieu de croire qu'ils ont eu plus d'attention à leurs intérêts qu'aux nôtres ». Compagnie des Indes à Pontchartrain, 16 mai 1708. Arch. Col., C² 13, f. 48.

ainsi qu'un neveu d'Hébert, et même le propre commissaire de la Compagnie, Hardancourt, étaient fortement soupçonnés. Des transports d'argent étaient expédiés à des destinations inconnues de différentes maisons à Port-Louis où habitaient ces Messieurs ; des cabaretiers, des marchands et des fonctionnaires servaient d'intermédiaires ; il y avait surtout un M. Michel, « commissaire des classes et ami du sieur de Boisloré, » qu'on indiquait comme pouvant fournir des renseignements précieux sur les transactions frauduleuses. « Peut-être dira-t-il la vérité, quoique cela soit fort difficile à un Normand quand il s'agit de fraude, » dit Clairambault (1), à qui revenait la tâche difficile de poursuivre les délits et les coupables. Ses efforts demeurèrent à peu près vains : le secrétaire de la marine et ses subordonnés n'avaient pas le pouvoir d'arrêter les espèces et ne pouvaient donc s'opposer à leur transport (2) ; la Compagnie était dans l'impossibilité de fournir les preuves de la fraude : il semble même qu'on n'ait donné aucune suite à la demande qu'elle présenta pour obtenir des rapports sur les quantités envoyées au monnayage par des particuliers (3).

Le seul espoir, qui restait à la Compagnie, reposait donc sur le troisième navire, le *Saint-Louis*, qui, par un nouveau chemin, s'était rendu de la mer du Sud aux Indes Orientales. On jugera de l'impatience avec laquelle ce navire était attendu, dès qu'on apprendra que la Compagnie, n'ayant depuis longtemps aucune nouvelle de son voyage, avait promis une somme de 300.000 livres aux armateurs du vaisseau qui, rencontrant le navire, l'amèneraient en sûreté à Port-Louis (4).

Hébert, qui s'était embarqué sur le *Saint-Louis* à Concepcion, s'était mis en route, semble-t-il, avec assez d'espoir ; il assure que le capitaine, M. de la Marre de Caen, entreprenait le voyage avec plaisir ; « il s'en fait même un honneur, ajoute-t-il, ce qui me tranquillise un peu (5). » Après avoir levé l'ancre le

(1) A Pontchartrain, 4 juin 1708. Arch. Nat. Marine, B³ 159, f. 373.
(2) Pontchartrain à Desmaretz, 8 août 1708. Arch. Nat. Marine, B² 208, p. 685.
(3) La Compagnie à Pontchartrain, 16 juin 1708. Arch. Col., C² 13, f. 55.
(4) Les directeurs de la Compagnie à Pontchartrain, sans date (1709). Arch. Col., C² 13, f. 166.
(5) Hébert à la Compagnie, 24 déc. 1707. Arch. Col., C² 13, f. 75.

26 décembre 1707, les deux chefs ne tardèrent pas à reprendre leurs disputes et toutes les tracasseries qui, au début, avaient divisé les directeurs de cette malheureuse expédition. Hébert, dont l'humeur inquiète paraît avoir rendu impossible toute entente avec ses collègues, blâme dans ses lettres (1) chaque acte de son capitaine et l'accable de plaintes et d'injures. Il est par conséquent prudent de ne pas tenir pour certain tout ce qu'on y trouve sur la fâcheuse direction de l'expédition.

A peine avait-on quitté le port, qu'une voie d'eau se déclara ; elle aurait pu être évitée, si l'on n'avait pas négligé de caréner le navire. Par l'imputation de cette négligence, Hébert commence le récit du voyage ; sur la suite il raconte :

« Ce capitaine, qui n'est ni commandant, ni pilote, ni manœuvrier, s'était entêté de nous faire passer par le détroit de Magellan, et nous faisions route pour pouvoir l'embouquer... Notre premier pilote était le seul qui y eût passé, mais c'était en venant d'Europe... En approchant de ce détroit nous eûmes pendant trois jours un brouillard si épais qu'il était à craindre que nous ne tombassions dans les quatre Evangélistes, qui sont quatre roches qui sont à l'entrée, ou que nous ne donnassions dans un archipel d'îles et îlots qui sont plus à l'ouest... L'équipage commençait à se mutiner, de la Marre jurait et pestait, disant qu'il y voulait entrer. Heureusement pour nous, si c'est un bonheur, nous eûmes un coup de vent qui nous obligea de prendre le large et faire route pour passer le cap Horn, que nous eûmes bientôt doublé, sans même en avoir connaissance. Il faisait grand froid, mais les injures du temps sont plus supportables que l'inquiétude où nous avions été de nous perdre par l'ignorance et la brutalité d'un capitaine, lequel, voyant qu'il n'avait pu réussir dans son premier dessein, voulait à toute force nous faire passer par le détroit de Le Maire, qui est encore une route qu'aucun vaisseau n'a fait retournant de la mer du Sud, parce qu'il y a des courants qui jettent sur la Terre des États...

Après avoir doublé le cap Horn, le 27 janvier, nous portions à l'est, et nous nous mettions tout à fait au large. M. de la Marre, voyant que tout s'opposait à ses desseins, voulait relâcher à l'île Sainte-Catherine, à la côte du Brésil, pour y faire de l'eau. Nous n'avions point encore aucune relation qu'aucun vaisseau y eût été ; sa raison était que nous n'avions pas assez d'eau pour aller jusqu'à l'île Bourbon, quoique nos

(1) Copie des lettres de M. le chevalier Hébert (à la Compagnie des Indes), apportées par le vaisseau le *Saint-Louis*. Arch. Col., C² 13, f. 262. Ces lettres, au nombre de seize, écrites de Pondichéry, entre le 12 et le 16 février 1709, constituent la source de la narration ci-jointe.

officiers prétendissent le contraire... Le 30 janvier, nous aperçûmes une
île qui n'était point marquée sur les cartes, que par la suite on a reconnue être celle de Beauchesne qui la découvrit le premier. Nous en appro-
châmes assez près, et sur le soir nous en voyons quatre autres devant
nous, ce qui nous fit virer de bord pour nous en éloigner pendant la
nuit, et le lendemain les ayant voulu reconnaître, nous vîmes des bri-
sans et aperçûmes de loin une grande terre qui se prolongeait au nord.
Alors nous tombâmes tous dans une grande perplexité, et cet ignorant
pilote nous disait que c'était les Terres australes ou Terres inconnues...
Enfin sur le soir, voulant reconnaître cette terre de près, nous recon-
nûmes le cap Gallegos à l'embouchure du détroit de Magellan, du côté
du nord... Tous nos officiers, qui se croyaient 150 lieues du bout de
terre à l'est, étaient fort étourdis de se trouver à l'ouest, car ou il aurait
fallu que nous eussions passé par le détroit de Le Maire, ou que la terre
eût fait un mouvement extraordinaire. Je me ressouviens qu'un officier
de Saint-Malo m'avait dit que pareille chose était arrivée à leur vaisseau, mais, enfin, l'on n'est pas moins surpris de pareils événements. »

Cette narration, qui témoigne plutôt de l'ignorance d'Hébert
que de celle de ses officiers, nous prouve quel crédit nous devons
accorder à ses récits. On serait même tenté de douter que le
navire, après une aussi folle navigation, eût véritablement em-
bouqué l'embouchure du Rio Gallegos, si nous n'en avions des
témoignages plus sûrs (1).

Après une escale de six jours pour s'approvisionner d'eau, on
quitta, le 6 février 1708, la côte de la Patagonie et cingla vers ENE.
le droit chemin vers le cap de Bonne-Espérance. Lorsqu'on eut
fait dans cette direction 750 lieues et que, selon l'estime, on se
trouvait par 36° 54′ lat. S. et 25° 48′ long. O. de Paris, on aperçut,
le 27 février, une assez grande île et, bientôt après, trois îles plus
petites. Cette découverte parut étonnante, car on croyait être à
300 lieues de la terre la plus proche et ne pouvait guère admettre
qu'on se trouvât à l'île Tristan da Cunha que la carte marine de
Pieter Goos plaçait presque 19° de plus à l'est. Un des officiers,

(1) Parmi ces témoignages, nous comptons le propre journal de bord d'Hébert (Serv.
Hydr., vol. 115xIII, Mss. Delisle, 6). Ce journal, d'un ton bien plus sobre, est probablement copié sur les observations des officiers. En second lieu, nous avons une étude de
Guillaume Delisle, faite d'après un remaniement de ce journal, sous le titre : *Observations sur la variation de l'aiguille par rapport à la carte de M. Halley : avec quelques remarques géographiques faites sur quelques journaux de marine*. Par M. De Lisle (*Mém. de
l'Acad. R. des sciences*. Année 1710, p. 353-365).

Brunet, qui, dans son voyage en Chine sur le navire l'*Amphitrite*, avait vu cette dernière île, crut la reconnaître et fut amené à conclure que c'était l'île Tristan da Cunha, mais Hébert et le premier pilote, Daumas, restèrent persuadés que c'était une découverte qu'on venait de faire et donnèrent aux îles le nom des *Isles Hébert ou Nouvelles isles de Tristan da Cunha*. Selon Hébert, cette découverte faillit lui coûter cher. Voici ce qu'il en raconte :

« Nous eûmes lieu de rendre de grands remerciements à Dieu de nous avoir préservés de ce danger, et si, heureusement pour nous, le vent n'eût pas calmé pendant deux heures, nous nous y serions perdus sans aucun espoir de salut ; et c'est alors qu'on aurait pu dire de moi : *Heberus Heberias nomine fecit aquas*, quoique je doute fort que vous en eussiez jamais eu aucunes nouvelles (1). »

Après avoir échappé au danger qu'on attribuait à un défaut de vigilance, — « dans tout autre vaisseau, on aurait sévèrement puni le matelot qui était en garde sur le beaupré pour n'avoir pas averti, mais dans le *Saint-Louis* le sieur de la Marre dit qu'il n'avait pas vu la terre » — on arriva en vue du cap de Bonne-Espérance le 19 mars, et, le 21, on se trouva sur le banc des Aiguilles.

La route, qu'on avait ainsi parcourue, n'avait jamais été jusqu'alors suivie par aucun navire ; c'est par conséquent un exploit à porter au compte de M. de la Marre, en dépit des jugements d'Hébert sur son incapacité de navigateur. Aussi le voyage n'est-il pas passé inaperçu dans la littérature géographique. Sur trois cartes

(1) Combien la nouvelle découverte était douteuse, cela ressort du journal d'Hébert, où il relate que « la hauteur de ces îles se rapporte fort bien à celle des îles de Tristan Cognes », et qu'on y avait observé 3° 1' de variation Ouest, « ce qui persuade à nos navigateurs que ce sont les îles de Tristan Cognes ». Ni la découverte, ni le nom nouveau ne furent acceptés par les géographes de l'époque. Delisle oppose une carte de Edmund Halley, laquelle d'ailleurs lui paraît erronée en ce qui concerne la distance entre le cap de Bonne-Espérance et le détroit de Magellan. Halley l'évaluait à 91° 30', tandis que Delisle, s'appuyant sur les relevées faites à l'estime au cours du voyage du *Saint-Louis* et sur d'autres observations, l'évaluait à 84° 25' (voir l'étude citée plus haut dans les *Mém. de l'Acad. R. des sciences*, 1710, p. 365). Tous les deux se sont cependant trompés : la véritable distance est de 88° 55'. Halley défendit son opinion dans un article dans les *Philosophical Transactions* (Vol. XXIX, for the years 1714, 1715, 1716, p. 167), et il déclara que les preuves apportées par le journal du *Saint-Louis* étaient plutôt en faveur qu'à l'encontre de son opinion. Delisle soutint dans un nouvel article son opinion en affirmant que Halley a placé le détroit de Magellan environ 10° trop loin vers l'ouest (*Sur la longitude du détroit de Magellan*, par M. Delisle, dans les *Mém. de l'Acad. R. des sciences*. Année 1716, p. 86-89).

de Guillaume Delisle (1), nous trouvons une ligne de route qui réunit le cap Horn au cap de Bonne-Espérance et qui porte l'inscription : « Route du vaisseau le *Saint-Louis* en 1708. » Si cette ligne a été marquée sur ces cartes à côté des routes de Halley et de Dampier, ce n'est pas simplement à cause de l'intérêt qu'avait le voyage du *Saint-Louis* pour l'étude naissante du magnétisme (2), mais aussi parce que cette ligne indiquait la limite méridionale où s'étendait à l'époque la connaissance de l'océan Atlantique, limite au-delà de laquelle l'imagination plaçait, à une distance plus ou moins lointaine, l'hypothétique *Terra Australis Incognita*.

Du cap de Bonne-Espérance on continua jusqu'à Bourbon « pour s'y rafraîchir, » ce qui était urgent, car les vivres touchaient à leur fin : douze bœufs, embarqués au Chili et pour lesquels on n'avait apporté que le fourrage d'un mois, avaient consommé plus de quinze milliers de biscuits, ce qui, bien entendu, fournit à Hébert un nouveau prétexte d'attaquer violemment le capitaine. Il l'accusa aussi d'avoir failli « par sa pétulance et son ignorance » manquer l'île Bourbon. A l'arrivée, soixante hommes de l'équipage souffraient du scorbut, mais ils furent tous guéris pendant le séjour à l'île, qui dura un mois. Le 2 juillet 1708 on toucha enfin Pondichéry, mais comme cette partie du voyage est en dehors de notre sujet, nous signalerons simplement qu'Hébert, ici comme à Bourbon, se fit de nouveaux ennemis et que, après s'être mis en route pour la France le 17 février 1709, il revint à Port-Louis le 18 décembre de la même année. La discorde à bord du navire semble avoir été à son comble pendant ce dernier trajet ; car, à son retour, le *Saint-Louis* était commandé par le sieur Boissieux, « à la place du sieur de la Marre de Caen, qui le commandait ci-devant, et à qui ce commandement avait été ôté par M. Hébert, à cause de quelque désobéissance de cet officier, à ce qu'on prétendait (3). »

Quant au résultat économique du voyage, nous pouvons en juger par le fait que la Compagnie ne trouva même pas les

---

(1) *Hémisphère méridional, Juillet 1714.* — *Mappemonde à l'usage du Roy,* 15ᵉ *Avril 1720.* — *Hémisphère occidental dressé en 1720 pour l'usage particulier du Roy.*

(2) Delisle s'occupe, dans son étude déjà citée, spécialement d'observations de variations faites pendant le voyage.

(3) Clairambault à Pontchartrain, 18 déc. 1709. Arch. Nat. Marine, B³ 170, f. 703.

moyens de payer la solde aux officiers et aux hommes d'équipage (1).

* *
*

Il nous reste maintenant à rendre compte de l'expédition par laquelle la Compagnie de la Chine participait au commerce de la mer du Sud. Nous pouvons avec plus de justesse l'appeler la troisième expédition de Danycan ; car, grâce aux transactions embrouillées que nous avons déjà décrites, il avait su diminuer la part de la Compagnie à l'entreprise et enfin, dans les procès qui s'ensuivirent, lui en dérober tous les fruits.

Cette expédition comprenait quatre navires. Le premier, le *Chancelier*, que Danycan, en le faisant équiper au nom d'un de ses parents, avait voulu entièrement soustraire aux prétentions de la Compagnie, quitta Saint-Malo le 11 janvier 1707, sous le commandement du capitaine Jean de Launay ; les trois autres levèrent l'ancre le 30 avril de la même année. C'était le *Phélypeaux*, capitaine Fouquet, le *Saint-Charles*, capitaine de la Herperie Morel, et le *Royal-Saint-Jacques*, capitaine de Langerie Forgeais. Avec eux appareilla une assez grande flotte qui ne comptait pas moins de douze bâtiments, dont dix terre-neuviers, un navire destiné aux Indes Occidentales et enfin, pour servir d'escorte à cette flotte, « riche de près de six millions » (2), un corsaire, le *Marquis-de-Thianges*, commandé par M. Pitou. L'escadre échappa heureusement aux attaques ennemies, mais, une fois les différents navires envoyés à leurs différentes destinations, le vaisseau de convoi fut engagé dans un combat avec un corsaire flessingois et y perdit son capitaine.

Les navires de Danycan firent escale à Ténériffe pour s'y ravitailler. Une imprudence commise par quelques hommes des équipages ébruita la destination du voyage et, comme on craignait que cela ne provoquât les réclamations ordinaires du côté espagnol, on recommanda à Daubenton d'expliquer à Madrid que « c'était de jeunes gens qui avaient parlé, et qui ignoraient vraisembla-

---

(1) Cf. plus haut, p. 206.
(2) Lempereur à Pontchartrain, 1ᵉʳ mai 1707. Arch. Nat. Marine, B³ 145, f. 123.

blement la disposition de ces vaisseaux (1). » Déjà pendant l'escale aux îles Canaries des désaccords avaient éclaté entre le commandant en chef Fouquet et son second, Jean Fonasson, et ces désaccords, loin de s'apaiser, donnèrent naissance aux accusations que Fonasson porta contre le capitaine et que Danycan recueillit et fit valoir dans le long procès relaté plus haut (2).

Les rapports entre Fouquet et les autres capitaines ne furent pas non plus des meilleurs. Lorsqu'on eut atteint les 4° 50' de lat. Nord et 23° 28' Ouest de Paris, Fouquet les réunit à bord de son navire et déclara que, comme le *Royal-Jacques* lui faisait perdre trop de chemin et qu'il valait mieux risquer un navire que de les risquer tous les trois, il avait résolu que ce navire continuerait seul son chemin. Après cette séparation forcée, le capitaine de Langerie cingla droit vers le cap Horn, tandis que Fouquet avec les deux autres se dirigeait vers la côte du Brésil. Il s'empara d'un vaisseau portugais, richement chargé de poudre d'or et qu'il rééquipa avec une partie de ses propres hommes, et il fit encore plusieurs autres prises.

Contre toute attente, les trois navires se retrouvèrent dans le détroit de Le Maire. Après avoir de nouveau pendant quelques jours navigué de conserve, le *Royal-Jacques* fut encore une fois devancé et abandonné à la hauteur du cap Horn, ce qui ne l'empêcha pas d'arriver à Concepcion le 9 octobre 1707, quatre jours seulement après les autres.

Là, on fut accueilli par la défense ordinaire de débarquer et par l'annonce que le commerce était interdit, « mais, dit le journal de bord, comme on n'ignorait pas que la plupart des gouverneurs des places maritimes, tant du Chili que du Pérou, savaient ôter ou donner de la force aux ordonnances du Roi selon qu'on savait en user bien ou mal avec eux, cette nouvelle ne nous alarma pas beaucoup (3). » Ce qui prouva que la défense de descendre à terre n'était pas très sérieuse, c'est que l'oidor à Concepcion invita tous les officiers français à assister à une course de taureaux, qui eut lieu

---

(1) Pontchartrain à Daubenton, 7 août 1707. Arch. Nat. Marine, B² 198, p. 680.
(2) Voir plus haut, p. 173.
(3) Journal de bord du vaisseau le *Phélypeaux* (Serv. Hydr., vol. 115xin, Mss. Delisle, 8). L'auteur de ce journal anonyme était un des enseignes du vaisseau.

peu de jours après leur arrivée. Les conditions du commerce ne parurent pas à Fouquet très favorables ; aussi appareilla-t-il après un mois, laissant en arrière le *Royal-Jacques* dont tout l'équipage était atteint du scorbut et qui ne pouvait suivre les autres navires.

Fouquet se dirigea directement vers Callao. Déjà à l'entrée du port, ses coups de salut qui restèrent sans réponse ne lui présagèrent rien de bon pour la réception qui l'attendait. Le capitaine fit immédiatement armer la chaloupe et partit afin de rendre visite au vice-roi ; mais on ne lui permit de descendre à terre, que lorsqu'il eut déclaré qu'il était porteur d'une lettre du roi d'Espagne qui ne pouvait être remise qu'entre les mains du vice-roi. « M. Fouquet, dit le journal de bord, fut d'abord reçu du vice-roi de la manière du monde la plus honnête et avec des protestations de service et des caresses qui lui coûtent beaucoup moins qu'à personne du monde. Les compliments finis, le vice-roi lui dit qu'il ne pouvait arriver dans une plus mauvaise conjoncture pour lui, que les nouveaux ordres qu'il venait de recevoir du roi d'Espagne de ne souffrir aucun vaisseau français dans les mers du Sud, joints à l'embarras où il était de trouver de l'argent pour expédier la flotte de Panama, ne lui permettaient pas d'avoir la moindre indulgence pour lui, et qu'il lui ferait plaisir de se retirer au plus tôt, s'il ne voulait pas l'obliger à le faire arrêter. Ce compliment fut accompagné de la lecture des ordres du Roi, que nous fit son secrétaire, et dont il envoya copie le lendemain à notre bord ; enfin il nous signifia notre congé, sans vouloir seulement nous permettre de mettre le pied dans la ville, où tout ce qu'il y avait de Français nous attendaient. »

Les espoirs qu'on avait nourris à l'égard du nouveau vice-roi, le marquis de Castelldosrius (1), furent donc déçus ; il ne resta

(1) Don Manuel Oms de Santa Pau, marquis de Castelldosrius, était ambassadeur d'Espagne à la cour de France entre les années 1699 à 1704. Ce fut lui qui remit à Louis XIV le testament de Charles II et qui, le premier, salua Philippe d'Anjou comme roi d'Espagne. En récompense, il avait reçu de Louis XIV des « grâces considérables qui le devaient plus attacher aux intérêts français » : il devint grand d'Espagne et fut nommé vice-roi de Lima (Dangeau, *Journal*, t. XII, Paris, 1857, p. 388). Il est à supposer que, le 30 juillet 1704, lorsqu'il prit congé de Louis XIV pour se rendre à son nouveau poste, on ne manqua pas de lui faire comprendre comment il allait pouvoir payer sa dette de reconnaissance envers la France. Cette obligation, il la reconnaissait d'ailleurs lui-même, et à diverses reprises : dans une lettre de Cadix du 3 mars 1706 il

plus à Fouquet qu'à mettre à la voile dans les vingt-quatre heures ; la seule prévenance qu'on lui témoignât, ce fut l'envoi qu'on lui fit au moment du départ d'une chaloupe « chargée de cinquante bottiches d'eau », qui cependant furent payées au vice-roi « plus cher que la malvoisie la plus excellente ».

A Pisco, les trois navires se retrouvèrent encore, mais au début les affaires n'y marchèrent pas mieux. « Tout le temps se passait en écritures et en propositions qui n'aboutirent à rien », et cela fit prendre à Fouquet, « ennuyé des lenteurs des Espagnols », la résolution d'aller lui-même, par voie de terre et incognito, à Lima où il ouvrirait des négociations sur la vente des chargements. Certes nous apprenons qu'il en revint « fort mécontent du succès de son voyage, n'ayant rien pu terminer avec les Espagnols » (1), mais les événements qui suivirent nous inspirent des doutes sérieux sur son mécontentement. Car peu de jours après arrivèrent de la capitale quatre marchands, « qui visitèrent les chargements des trois navires » et convinrent de les acheter 879.000 piastres (2). Fouquet vendit aussi 14.000 piastres le *Royal-Jacques* (3), qui était destiné pour la Chine. Toutes ces transactions se firent sans que Fouquet s'informât de l'avis des autres capitaines, ce qui provoqua de vives récriminations où on l'accusa non seulement d'avoir obéi à ses intérêts particuliers, mais encore d'avoir commis des actes frauduleux. On prétend qu'il acheta pour son compte personnel toutes les marchandises que les hommes des

supplie Sa Majesté de le regarder comme le serviteur le plus respectueux qu'elle eût et qui s'efforcerait de lui en donner des témoignages en quelque lieu qu'il pût se trouver (Aff. Et. Esp. Corr. pol. 158, f. 14). Mais lorsqu'il s'agissait de mettre en pratique ces belles protestations, il tombait dans le plus cruel embarras : en une lettre à Torcy de Lima, le 31 août 1707, il marqua combien il était mortifié de ne pouvoir accorder l'obéissance qu'il devait au roi son maître et le bien du gouvernement qu'il lui avait confié, avec tout ce que désiraient les sujets du roi de France auquel il devait tant de reconnaissance et tant d'attachement (*ibid.*, 185, f. 318). Il réussit si mal à essayer de servir deux maîtres, qu'il arriva à donner aussi peu de satisfaction aux Espagnols qu'aux Français. « Les ordres qu'il a donnés touchant la navigation de la mer du Sud ont été jusqu'à l'excès ; il y a même de la fureur contre la nation dans les représentations qu'il a faites à S. M. Catholique et au Conseil des Indes. Les obligations qu'il a au Roi font connaître son mauvais cœur, son extrême ingratitude, et que les Français n'ont pas un plus grand ennemi. Qui aurait cru un procédé aussi affreux ? » écrit Daubenton à Pontchartrain, 16 juillet 1708. Arch. Nat. Marine, B⁷ 252.

(1) Journal de bord cité ci-dessus, p. 396.

(2) Déposition de Jean Fonasson, second du *Phélypeaux*, 26 avril 1709. Arch. du port de Saint-Servan, C⁴ 324, f. 28.

(3) Déclaration de Jean Forgeays, sieur de Langerie, ci-devant capitaine du *Royal-Saint-Jacques*. Arch. du port de Saint-Servan, C⁴ 324, f. 30.

équipages avaient apportées « en pacotille » et qu'il les vendit
ensuite à un prix plus élevé que celui qu'il avait demandé pour les
marchandises des armateurs. On prétend aussi qu'il employa
les sommes qu'avaient rapportées ces marchandises de la
Compagnie pour acheter, également à son propre compte,
tout le chargement du *Chancelier,* qui pendant ce temps était
arrivé à Pisco, mais nous ne saurions décider si ces accusations
sont justifiées ou non.

Fouquet paraît avoir su se défendre après son retour en France,
car l'ordre d'arrestation que Danycan avait obtenu contre lui fut
rappelé ; nous n'avons trouvé aucun renseignement sur l'issue
du long procès entre le capitaine et l'armateur.

Évidemment, on n'avait point raison de se plaindre des mauvaises affaires, pas plus que de l'accueil qu'on reçut en revenant à
Callao, où Fouquet alla faire la livraison des marchandises et du
navire vendus. A cette seconde visite, le vice-roi était devenu
d'humeur plus accommodante : il avait alors expédié à Panama
l'armadille dont l'armement lui avait causé de graves soucis et,
de plus, il ne pouvait résister à la pression qu'exerçait sur lui la
visite d'un bâtiment de marine français, commandé par M. Chabert. Celui-ci était encore à Callao, lorsque Fouquet y arriva, et
nous apprenons « qu'il y eut un gros repas à bord du commandant (l'*Aimable*), où M. Fouquet fut prié ; on y but force santés, et
après le repas M. Chabert, ayant tiré M. Fouquet à part, lui conta
la conversation qu'il avait eue à son sujet avec le vice-roi et la
réponse qu'il lui avait faite, quand il lui dit qu'il ne pouvait se
dispenser de le faire arrêter, et que c'était une formalité qu'il ne
faisait que pour faire cesser les murmures des Espagnols. » Mais
dès que le vice-roi se vit débarrassé de la présence gênante de
Chabert, adieu sa complaisance ! « Il n'eut pas plus tôt appris son
départ, qu'il fit publier un ban, par lequel il était défendu à tous
les Espagnols de s'embarquer pour aller à bord du navire français
qui était resté à Callao, sous de très grosses peines, et aux Français de descendre à terre. » Plusieurs officiers furent arrêtés, mais
de nouveau remis en liberté, et Fouquet, « ennuyé du mauvais
traitement qu'on leur faisait, se résolut de mettre à la voile au
plus tôt ».

Quant au retour, il s'effectua sous l'escorte de Chabert et en compagnie de la grosse escadre que celui-ci réunit des ports du Pérou et du Chili. Nous en rendrons compte un peu plus loin, lorsque nous raconterons cette remarquable expédition.

*
* *

Les voyages décrits en ce chapitre avaient tous été entrepris avec des permissions « pour aller aux découvertes » ou sous d'autres prétextes autorisés par le gouvernement français. Mais il est à remarquer que, pendant cette même époque, plusieurs navires visitèrent la mer du Sud sans autorisation d'aucune sorte. Un de ces derniers fut ce *Saint-Antoine* qui a été la cause première de cette œuvre. Son voyage sera traité dans une partie spéciale de notre ouvrage.

CHAPITRE V

LES EXPÉDITIONS DE MM. DE LA RIGAUDIÈRE ET CHABERT, 1706-1709.

La frégate l'*Aurore*. — Accueil fait à M. de la Rigaudière à Lima. — Son retour. — Valeur de l'argent rapporté. — Projet de droits au profit du roi d'Espagne. — Du Casse et Chabert. — Instruction pour Chabert. — Sa mission secrète. — Les richesses du comte de la Monclova. — Départ de Chabert. — Désastre du navire l'*Oriflamme*. — Chabert à Lima. — Son insuccès auprès du vice-roi. — Il rassemble les vaisseaux français pour les ramener en France. — Arrivée de l'escadre à Port-Louis. — On dit qu'elle a rapporté d'immenses richesses. — Règlements concernant l'importation des métaux précieux en France. — La conversion en monnaie de France et les tarifs d'achat de l'argent. — Abus et tentatives pour y remédier. — Conflits entre le contrôleur général des finances et le secrétaire d'État de la marine. — Importance de l'importation des matières d'or et d'argent pour les finances de la France.

Sous l'impression des dangers que l'été de 1706 avait accumulés autour du trône de Philippe V et dans la crainte de voir se détacher de lui les colonies américaines, le gouvernement espagnol s'était laissé persuader, comme nous l'avons montré, de demander à Louis XIV un envoi de bâtiments de guerre français à la mer du Sud.

La proposition n'était pas nouvelle : du côté de la France, on l'avait déjà faite plusieurs fois et sous différentes formes.

Les armateurs de Saint-Malo n'avaient point manqué de flairer de sérieux avantages dans les difficultés où se débattait l'Espagne. Aussi avaient-ils sollicité l'autorisation d'envoyer une corvette qui instruisît leurs vaisseaux partis « à la découverte » de ce qui se passait en Espagne. On leur répondit que Sa Majesté ne le jugeait pas à propos en ce moment « où le gouvernement subsistait encore en son entier en Espagne, et où le roi d'Espagne avait été reçu à Pampelune avec des démonstrations de joie extraordinaires, et où les affaires pouvaient encore se rétablir (1) ». Mais au lieu de

(1) Pontchartrain à Lempereur, 16 juin 1706. Arch. Nat. Marine, B² 189, p. 916.

s'améliorer les choses s'aggravèrent et empirèrent, et le roi de France fut amené à écouter la proposition des Malouins : « ils pouvaient équiper la corvette à condition de la retenir dans le port jusqu'à ce qu'on leur permît de la faire partir (1) ». Or, à ce moment survint la proposition espagnole, et Danycan, qui avait inspiré le plan à ses compatriotes et qui n'y cherchait sans doute qu'un prétexte pour risquer une nouvelle expédition commerciale, essuya un refus. On lui répondit que « le Roi avait pris d'autres mesures (2) ».

Ce que l'Espagne regarda comme de la dernière importance « pour assurer, dans la conjoncture présente, les royaumes des Indes et la navigation des flottes », ce fut d'envoyer des ordres qui pussent annuler l'effet des intrigues que l'archiduc était soupçonné d'y avoir organisées afin d'étendre sur les colonies la domination où il était récemment parvenu. Seulement le gouvernement espagnol ne disposait à cet effet d'aucun navire. Sur ces entrefaites, on apprit que dans le port de Bayonne se trouvait une frégate française de 18 canons, « construite en forme de galère, et qui était si bonne voilière qu'elle était venue de la Havane à Bayonne en vingt-deux jours (3) ». C'était la frégate l'*Aurore*. Immédiatement l'ordre vint de Versailles, de la tenir prête, et le commandement en fut confié à M. de la Rigaudière Froger, capitaine de brûlot, « très habile navigateur, sur la capacité de qui on pouvait compter (4) ». Comme il devait faire le voyage pour le compte du roi d'Espagne, le gouvernement espagnol lui délivra une commission de capitaine *de mar y guerra* (5).

A Madrid, on travailla fiévreusement aux ordres que le capitaine français devait porter au Pérou, parmi lesquels des lettres circulaires étaient adressées à tous les fonctionnaires dans les Indes, les exhortant à « faire arrêter les traîtres et les personnes qui pourraient troubler la tranquillité publique, comme aussi les bâti-

---

(1) Pontchartrain à Lempereur, 23 juin 1706. Arch. Nat. Marine, B² 189, p. 1008.
(2) Pontchartrain à Danycan, 11 août 1706. Arch. Nat. Marine, B² 190, p. 807. Cf. *id.* à Daguesseau, 28 juillet 1706. *Ibid.*, p. 617.
(3) Don Bernardo Tinajero de la Escalera à Amelot, de Burgos, 19 juillet 1706. Arch. Nat. Marine, B⁷ 240.
(4) Pontchartrain à Amelot, 25 août 1706. Arch. Nat. Marine, B² 190, p. 1036.
(5) Pontchartrain à de la Rigaudière, 13 oct. 1706. Arch. Nat. Marine, B² 191, p. 852.

ments ennemis qui étaient ou pourraient aller aux Indes (1) ».
Dans la rédaction de ce volumineux travail, Daubenton prêta son
concours à don Bernardo Tinajero, et bientôt il put annoncer que
les dépêches, au nombre de plus de cinq cents, étaient achevées (2).
On les confia à l'amiral Du Casse, qui partit de Madrid pour
prendre le commandement de quelques autres bâtiments français
destinés à l'Amérique, et qui, en passant par Bayonne, donna à
de la Rigaudière les dernières instructions sur sa navigation et
sur la conduite qu'il devait tenir envers les Espagnols. Les dépenses pour l'équipement et le voyage, estimées à 84,300 livres (3),
devaient incomber à l'Espagne, et lorsque enfin, sur l'ordre de
Pontchartrain, Le Roy, un des pilotes les plus habiles de Saint-
Malo, se fut rendu à Bayonne, muni de cartes de la mer du Sud
qu'il avait exécutées lui-même (4), tout fut prêt pour le départ.

La frégate l'*Aurore* leva l'ancre le 5 décembre 1706. Navire et
capitaine justifièrent pleinement les espérances qu'on avait mises
en eux. Les instructions de M. de la Rigaudière lui enjoignirent
d'effectuer le plus rapidement possible le voyage du Pérou. Dans
le cas seul où le passage des détroits présenterait des difficultés insurmontables, il aurait le droit de relâcher à Buenos-
Aires « pour y prendre des rafraîchissements (5) ». Il ne fit que
de brèves escales, exigées par les circonstances, à Gorée et à l'île
Sainte-Anne sur la côte du Brésil, et atteignit, le 10 février, après
une traversée extraordinairement rapide, le détroit de Le Maire et
le 13 mars 1707 Concepcion. Il y passa un mois et entra dans la
rade de Callao le 30 avril (6).

De Callao, le capitaine partit immédiatement pour Lima, mais
le nouveau vice-roi n'y étant pas encore arrivé, il voulut remettre
ses dépêches à l'Audiencia royale qui exerçait au Pérou l'intérim

(1) Daubenton à Pontchartrain, 19 oct. 1706. Arch. Nat. Marine, B⁷ 240.
(2) Daubenton à Pontchartrain, 22 oct. 1706. Arch. Nat. Marine, B⁷ 240.
(3) État de la dépense faite et à faire pour l'armement et le désarmement de la frégate du Roi l'*Aurore*, pour appointements, table, solde, médicaments et vivres pendant
vingt mois à commencer du 16 oct. de la présente année ; 4 déc. 1706. Arch. Nat. Marine,
B⁷ 244.
(4) Pontchartrain à Lempereur, 27 oct., 3, 10, 24 nov. 1706. Arch. Nat. Marine, B² 191,
p. 1174; 192, p. 52, 164, 321.
(5) Pontchartrain à de la Rigaudière, 1ᵉʳ déc. 1706. Arch. Nat. Marine, B² 192,
p. 393.
(6) Pontchartrain à Amelot, 8 févr. 1708. Arch. Nat. Marine, B² 206, p. 484.

du pouvoir. Quel ne fut pas son étonnement, quand les oidors refusèrent de les recevoir et exigèrent qu'il quittât le pays et n'y revînt que lorsque le vice-roi pourrait lui-même l'entendre. Grâce aux menaces et à l'annonce qu'on attendait du renfort de trois grands vaisseaux (1), il put s'acquitter de sa tâche auprès des fonctionnaires récalcitrants, qui le désobligèrent encore en lui demandant s'il apportait des marchandises et en exigeant, sur sa réponse négative, la visite du vaisseau. Le capitaine y consentit; il se contenta de protester contre un traitement qu'on n'avait point accoutumé de faire subir aux bâtiments royaux. Son espoir de trouver un accueil plus avenant auprès du vice-roi fut également trompé, lorsque celui-ci arriva enfin, le 17 mai 1707, à Lima (2): le marquis de Castelldosrius se retrancha derrière le prétexte qu'il n'avait point reçu l'ordre de fournir des vivres aux Français; et ce ne fut qu'à grand'peine qu'il leur permit, pour s'en procurer, de vendre des toiles qu'ils avaient pris d'un navire portugais capturé. Aussi de la Rigaudière résume-t-il son jugement sur les Espagnols dans ces mots : « Tout ce que je puis juger de ce bon traitement est qu'ils ont mis tout en usage pour nous rebuter et nous ôter l'envie de retourner jamais dans ces pays-là (3) ».

Le voyage de retour s'exécuta aussi heureusement et presque aussi rapidement que l'aller. L'Aurore quitta Callao le 5 septembre 1707 et, après de courtes escales à Pisco, Concepcion et Cayenne, elle rentra à Rochefort le 14 mars 1708. Mais à un certain point de vue — point de vue fort important — l'expédition avait échoué. De la Rigaudière devait rapporter une somme d'argent que le vice-roi était censé avoir amassée pour le roi d'Espagne. Cette somme montait à un million et demi de piastres. Le vice-roi prétendit l'avoir déjà expédiée à Panama, pour la faire transporter, avec plus de sûreté, à destination par les galions (4).

(1) Évidemment l'escadre de M. de la Vérunne, qui se trouva à Valparaiso.
(2) Il s'était embarqué sur les galions à Cadix le 10 mars 1706, et il était arrivé à Carthagène le 19 avril. De là, le nouveau vice-roi avait continué son voyage à bord d'un navire français jusqu'à Porto-Bello, et après une troisième traversée de Panama à Payta, où il arriva le 17 mars 1707, il se rendit par voie de terre de ce port à Lima. Castelldosrius à Torcy, 31 août 1707. Aff. Ét. Esp. Corr. pol., 185, f. 323.
(3) Journal de M. de la Rigaudière, 14 mars 1708. Arch. Nat. Marine, B⁴ 34.
(4) Pontchartrain à Amelot, 18 mars 1708. Arch. Nat. Marine, B² 206, p. 881.

Cela provoqua en France un grand découragement et des appréhensions sur la réussite d'autres projets agités en même temps et
qui tendaient à envoyer des vaisseaux français chercher la contribution des colonies si importante et si nécessaire aux finances dé-
labrées de la monarchie espagnole.

La valeur de la cargaison, que rapportait l'*Aurore*, était pourtant
considérable : elle montait à « 284,033 piastres 5 réaux, sans comprendre trois petits caissons de vaisselle d'argent, outre laquelle
somme il arriva par la frégate 7,994 piastres appartenant à
M. Crozat et 30,000 piastres à la Compagnie d'Asiento (1) ». Et
comme le *Danycan*, dont de la Rigaudière avait escorté le retour,
apportait 350,000 piastres, le bénéfice total de l'expédition peut
être évalué à la somme respectable d'environ deux millions et
demi de livres.

Mais tout cet argent ne resta pas en France. Beaucoup d'Espagnols avaient profité de l'occasion pour envoyer sur ces deux navires de l'argent au pays : en particulier l'inquisition de Lima et
de Madrid, ainsi qu'un certain nombre d'églises espagnoles, étaient
intéressées dans ces sommes qu'on disait monter à 7 à 800,000
écus (2). Le gouvernement espagnol, qui convoitait ces richesses,
demanda, par l'intermédiaire d'Amelot, qu'on retînt sur cet argent
quelques droits au profit du roi d'Espagne, 5 ou 6 pour cent,
« demande fort raisonnable, vu qu'il était triste pour Sa Majesté
Catholique qu'on fraudât perpétuellement ses droits de quint aux
Indes et qu'on ne lui payât rien en arrivant en Europe (3) ». En
France, on accepta d'abord cette réclamation ; il semblait de bonne
justice qu'on payât sur les sommes rapportées — sauf sur celles
qui revenaient à la Compagnie d'Asiento « et sur lesquelles Sa
Majesté Catholique n'avait rien à prétendre » — « les mêmes
droits qui auraient été payés si cette frégate était arrivée en Espagne (4) ». Mais bientôt on changea d'avis. Bien que, grâce à

---

(1) Pontchartrain à Desmaretz, 17 mars 1708. Arch. Nat. Marine, B² 206, p. 878.
(2) Selon un état de la Monnaie de La Rochelle du 24 juillet 1708, « quelques marchands espagnols avaient fait porter à cette Monnaie pendant les mois de mars et
d'avril, par les vaisseaux l'*Aurore* et le *Danycan*, 30,637 marcs 7 onces 12 deniers de
matières d'argent, valant à différents prix 1,051,497 l. 9 s. 10 d. » Aff. Ét. Esp. Corr.
pol., 185, f. 249.
(3) Pontchartrain à Daguesseau, 25 avril 1708. Arch. Nat. Marine, B² 207, p. 372.
(4) Pontchartrain à Desmaretz, 2 mai 1708. Arch. Nat. Marine, B² 207, p. 456.

Amelot, les exigences espagnoles eussent été rabaissées à un indult de 4 pour cent, on hésita à faire payer cet impôt : il pouvait avoir « des suites fâcheuses non seulement pour le commerce, mais même pour les affaires des deux couronnes » ; car, si les Espagnols ne pouvaient plus librement importer en France leurs matières d'or et d'argent, il serait à craindre qu'ils ne missent tout en usage pour faire passer leurs richesses chez les ennemis, qui, de leur côté, s'efforceraient par tous les moyens de favoriser une pareille importation (1). On trouva même une raison plausible pour écarter la proposition d'exiger un indult en France. « Persuadé que cette facilité ferait un bon effet parmi les Espagnols », on avait, dès l'arrivée, donné l'autorisation aux propriétaires espagnols de disposer librement de leurs biens (2), et comme ceux-ci s'étaient empressés d'en user, on prétendait qu'il y avait « beaucoup d'apparence qu'on ne pourrait rien retirer sur cet argent pour les droits du roi d'Espagne », et qu'il fallait prendre des mesures pour les faire payer en Espagne (3). Cette excuse ne paraît pas avoir été bien sincère. La « liberté » qu'on accordait aux Espagnols avait des limites : ils étaient tenus à porter leur argent à la Monnaie de La Rochelle afin de le faire convertir en pièces françaises. Si on avait voulu réellement, on aurait très certainement pu retenir l'indult ; on songea aussi à cette mesure, devant laquelle on n'avait point reculé en des occasions ultérieures ; cela semble ressortir du fait que le payement de la Monnaie fut interrompu le 11 juin 1708, « jusqu'à ce que quelques difficultés eussent été décidées au Conseil (4) ». Le remboursement recommença plus tard, et les Espagnols ne se plaignirent que de la lenteur excessive avec laquelle fut effectuée la conversion ; à quoi on répondit que la véritable raison du mécontentement était qu'à moins de faire subir au roi de France « une perte considérable », on ne pouvait pas continuer à payer le même tarif d'achat qu'au début (5). Si le gouvernement français s'entendit si bien à sau-

(1) Desmaretz à Amelot, 24 juin 1708. Aff. Ét. Esp. Corr. pol., 185, f. 59.
(2) Pontchartrain à Desmaretz, 11 avril 1708. Arch. Nat. Marine, B² 207, p. 155.
(3) Pontchartrain à Amelot, 23 mai 1708. Arch. Nat. Marine, B² 207, p. 714.
(4) Mémoire et état de la Monnaie de La Rochelle, 24 juillet 1708. Aff. Ét. Esp. Corr. pol., 185, f. 249.
(5) Desmaretz à Amelot, 4 août et 23 sept. 1708. Aff. Ét. Esp. Corr. pol., 185, f. 252 ; 186, f. 52.

vegarder ses intérêts financiers, nous avons tout lieu de supposer
que les propriétaires espagnols surent mener l'affaire en Espagne
de façon que leur roi n'en tirât aucun secours dans sa « triste situation ».

De la Rigaudière récolta d'amples éloges pour la conduite qu'il
avait tenue au Pérou et surtout pour son désintéressement (1) ; on
lui promit de l'avancement, et lorsque, peu de temps après, le bruit
se répandit qu'on équipait en Angleterre une nouvelle expédition
de corsaires pour la mer du Sud, il fut choisi avec son navire
pour y porter cette nouvelle (2). Comme beaucoup de difficultés
s'opposaient à cette entreprise : les représentations du capitaine
qui affirmait que son navire était hors d'état d'affronter un si
long voyage ; la répugnance des armateurs de Saint-Malo à
contribuer aux frais ; les protestations du Conseil des Indes qui
refusait de faciliter les ravitaillements dans les ports américains (3), le projet tomba, bien que les préparatifs de l'expédition fussent presque achevés. En revanche, vers la fin de
l'année 1708, de la Rigaudière fut chargé de porter dans les Indes
Occidentales des ordres aux chefs des galions et au vice-roi du
Mexique (4).

Sur son expédition à la mer du Sud, il nous reste seulement à
ajouter qu'il eût sans doute été intéressant de connaître les cartes
et les expériences faites par un si habile navigateur dans un
voyage aussi heureux. Nous savons qu'il transmit au secrétaire de
la marine non seulement une carte de la mer du Sud, « dans
laquelle il avait corrigé les fautes qu'il y avait eues dans celles qui
avaient été faites ci-devant (5) », mais aussi les plans des ports de

(1) Pontchartrain à de la Rigaudière, 21 mars 1708. Arch. Nat. Marine, B² 206, p. 914.
(2) « Le Roi ayant résolu de faire armer la frégate l'*Aurore* pour la renvoyer au
Pérou, Sa Majesté a encore jetté les yeux sur vous pour la commander, étant persuadée
que personne ne s'en acquittera mieux. » Pontchartrain à de la Rigaudière, 16 mai 1708.
Arch. Nat. Marine, B² 207, p. 578.
(3) De la Rigaudière à Pontchartrain, 31 mai 1708. Arch. Nat. Marine, B⁴ 34 ; Pontchartrain à Daguesseau, 23 mai 1708. *Ibid.*, B² 207, p. 689 ; Daubenton à Pontchartrain,
17 août 1708. *Ibid.*, B⁷ 253.
(4) Mémoire pour servir d'instruction au sieur de la Rigaudière, commandant la frégate du Roi l'*Aurore*. Arch. Nat. Marine, B⁴ 34.
(5) Pontchartrain à de la Rigaudière, 21 mars et 30 mai 1708. Arch. Nat. Marine,
B² 206, p. 914 ; 207, p. 734.

Callao, de Pisco, de la baie de Coquimbo et de Concepcion, levés sur les lieux mêmes (1). Mais ces travaux, comme le journal du pilote Le Roy, journal qui avait paru à Pontchartrain « exact et bien suivi(2) », ont été sans doute perdus. Au milieu du xviiie siècle, ils existaient encore dans le « Dépôt des cartes, plans et journaux de la marine », et Belin s'en servit pour les cartes dans son « Hydrographie Françoise » (3).

* *
*

L'expédition de l'Aurore, son origine et sa combinaison étaient assurément une victoire pour les réclamations françaises, alors même que le résultat ne répondit pas tout à fait aux espérances qu'on y avait fondées. L'envoi d'un aviso français avec une mission officielle espagnole ne fut qu'un premier pas vers cette entreprise plus vaste : le convoi des galions et des flottes par des bâtiments français. Le roi d'Espagne, sous la pression des circonstances politiques, avait été obligé de demander lui-même cette mesure (4), et Louis XIV avait prêté une attention d'autant plus favorable à cette demande, qu'elle constituait le premier succès réel de toutes ces négociations qui se poursuivaient depuis des années au sujet de l'organisation du commerce des Indes.

Déjà avant que la résolution prise par le roi d'Espagne eût été officiellement notifiée, on expédia l'ordre aux ports de guerre français d'équiper des vaisseaux et de les tenir prêts à appareiller incontinent pour l'Amérique. M. Michel Chabert, ancien capitaine de marine, « très entendu et habile homme (5) », fut mis à la tête des navires destinés au Pérou. Afin de vaincre la lenteur connue des fonctionnaires espagnols, on exerça sur eux des pressions

(1) Pontchartrain à de la Rigaudière, 4 juillet 1708. Arch. Nat. Marine, B² 208, p. 25.
(2) Pontchartrain à Le Roy, 16 mai 1708. Arch. Nat. Marine, B² 207, p. 580.
(3) Observations sur la construction de la carte des mers comprises entre l'Asie et l'Amérique, 1741, p. 9.
(4) « M. Amelot m'a envoyé des paquets du roi d'Espagne, par lesquels il paraît que S. M. Catholique désire que des escadres du Roi passent à l'Amérique pour amener sûrement les galions et la flotte de la Nouvelle Espagne et ses effets du Pérou. » Pontchartrain à Daubenton, 19 juillet 1706. Arch. Nat. Marine, B² 190, p. 309.
(5) Pontchartrain à Amelot, 25 juillet 1706. Arch. Nat. Marine, B² 190, p. 445. — Chabert fut nommé chef d'escadre en 1707 ; il mourut le 1er juin 1711. « Liste des officiers de vaisseau 1400-1750 » (Alphabet Laffilard). Arch. du ministère de la marine.

énergiques : « Vous ne sauriez presser avec trop de vivacité l'expédition des ordres nécessaires pour les escadres qui doivent aller
au Pérou et au Mexique », écrit Pontchartrain à Daubenton ; et
Amelot fut invité « à agir aussi fortement » (1). Dans les négociations menées à Madrid, on décida que l'escadre française se com-
poserait de huit bâtiments dont six iraient au Mexique, tandis que
les deux autres, sous le commandement de Chabert, seraient
détachés directement pour Callao, mais, au retour, l'escadre se
réunirait tout entière sous le commandement en chef de l'amiral
Du Casse. La raison pour laquelle le détachement de Chabert
était réduit à deux navires, au lieu de trois comme l'avait proposé
le gouvernement français, fut expliquée par la nécessité « de ne
point causer d'altération dans les esprits des Espagnols » ; mais
bientôt et sous main on reçut l'assurance que, si le Roi en
envoyait trois, « il n'en arriverait aucun inconvénient (2). »
Quant au retour, « on devait entendre que les vaisseaux reviendraient en droiture de la manière que Sa Majesté l'ordonnerait (3). »
Les négociateurs français réussirent aussi à obtenir qu'on renon-
cerait au projet d'embarquer sur les vaisseaux un député du roi
d'Espagne chargé de prendre soin de ses intérêts. Mais on convint
qu'après le retour les deux gouvernements nommeraient chacun
un commissaire « avec pouvoir égal pour faire faire la visite de
tous les navires, pour procéder à la reconnaissance des effets,
et ensuite régler la répartition pour le payement des frais et
dépenses des escadres (4). »

Une exigence dont en Espagne on ne voulut rien rabattre et
qu'on regardait comme « de la dernière importance », ce fut que
les officiers français de l'escadre ne feraient aucun commerce
sous quelque prétexte que ce fût ; à cette seule condition, le roi
d'Espagne leur accorderait des gratifications. A cette question
était liée celle de l'approvisionnement des navires ; elle fut ainsi
réglée : défense aux officiers français de commercer, mais, afin
d'avoir des vivres, on leur permettait d'embarquer du fer en

(1) Pontchartrain à Daubenton, 2 oct. 1706. Arch. Nat. Marine, B² 191, p. 618.
(2) Daubenton à Pontchartrain, 11 oct. 1706. Arch. Nat. Marine, B⁷ 240.
(3) Daubenton à Pontchartrain, 19 oct. 1706. Arch. Nat. Marine, B⁷ 240.
(4) Daubenton à Pontchartrain, 22 oct. 1706. Arch. Nat. Marine, B⁷ 240.

barres, des clous et des toiles à voile jusqu'à concurrence d'une somme de 20.000 livres (1). La vente de ces marchandises, d'un débit courant au Pérou et sur lesquelles on ne chercherait pas de bénéfice, n'éveillerait en aucune manière les susceptibilités des Espagnols.

Les intentions qui avaient dicté cette expédition ressortent, dans leurs détails, de l'instruction qu'on donna à Chabert (2).

Sa tâche était en premier lieu de nature politique : il devait se bien renseigner, en interrogeant les navires qu'on rencontrerait et par tous les moyens possibles, de l'état des choses dans les colonies espagnoles sur la côte du Pacifique. Et si, contre toute prévision, une révolution y avait éclaté, « il assemblerait tous les vaisseaux français qui seraient dans cette mer et tâcherait de faire passer l'avis de son arrivée au vice-roi pour avoir son sentiment sur ce qu'il pourrait faire avec les forces qu'il aurait pour le service du roi d'Espagne, ce qu'il exécuterait ensuite ; et en cas qu'il ne pût avoir des nouvelles du vice-roi, il prendrait les meilleures mesures qu'il pourrait pour se faire donner de force les choses qui lui seraient nécessaires et pour apporter de ce pays-là le plus d'argent et autres effets qu'il pourrait, soit par le pillage des lieux qu'il pourrait insulter, soit de telle autre manière qui lui paraîtrait praticable. » Il ne devait cependant recourir à ces expédients extrêmes que devant une révolution générale, Sa Majesté ne voulant pas qu'il fît « aucun mauvais traitement aux sujets de Sa Majesté Catholique qui lui seraient demeurés fidèles, voulant au contraire qu'il leur donnât tous les secours qui pourraient dépendre de lui. »

Au cas où le calme régnerait au Pérou, Chabert devait remettre au vice-roi et aux autres fonctionnaires les paquets du roi d'Espagne dont il serait porteur, et, pour le reste, il devait se tenir à la disposition du vice-roi. « Cet officier, continue l'instruction, a ordre de lui remettre tous les effets du roi d'Espagne et toutes les richesses qu'il pourra envoyer à Sa Majesté Catholique. » De plus, Chabert recevrait et rapporterait tous les effets qui pourraient lui

(1) Pontchartrain à Chabert, 8 oct. 1706. Arch. Nat. Marine, B² 191, p. 660.
(2) Mémoire pour servir d'instruction au sieur Chabert, capitaine entretenu en la marine, commandant l'escadre que le Roi a fait armer pour passer au Pérou pour le service du roi d'Espagne ; à Versailles, 8 déc. 1706. Arch. Nat. Marine, B² 173, f. 409.

être donnés par les particuliers du pays, et, à l'égard des vaisseaux français, il devrait avoir soin de faire informer les capitaines de son arrivée, ainsi que de l'époque de son départ, et leur donner un rendez-vous certain pour les ramener avec lui — « c'est-à-dire ceux qui seraient prêts à le suivre, le Roi ne voulant pas qu'il retardât son départ pour amener ceux qui ne seraient pas prêts. » Si ces derniers voulaient lui confier leur argent, il s'en chargerait également.

Enfin l'instruction prescrit la route à suivre, la conduite à tenir s'il était impossible de pénétrer dans la mer du Sud, et elle rappelle, en des termes sévères, la « défense de faire aucun commerce, ni de souffrir qu'aucun officier ni autre de son escadre en fasse ». On devait revenir directement en France : le port où il fallait rentrer, et qui différait selon les circonstances, était désigné dans une lettre particulière (1) que Chabert tiendrait secrète par crainte des navires ennemis. En ce qui concernait le côté économique de l'expédition, le compte-rendu de l'argent ou autres effets qu'elle pouvait rapporter, des ordres particuliers étaient donnés à un certain M. Bory, qui accompagnait l'escadre en qualité de commissaire royal (2).

Parmi les lettres que Chabert apportait au Pérou, il y en avait une dont le contenu était très secret — dans l'instruction on ne l'indique que par allusions — et que Chabert avait reçu ordre de ne remettre qu'au vice-roi en personne. D'autres documents nous renseignent cependant sur ce mystérieux contenu. Il s'agissait de deux affaires : du payement de la dette, montant à environ 250,000 piastres, que le roi d'Espagne avait contractée pour les attirails de guerre envoyés en 1701 par la France en Amérique (3),

(1) Lettre du Roi à M. Chabert pour accompagner l'instruction ci-dessus. Arch. Nat. Marine, B² 173, f. 408.

(2) Mémoire pour servir d'instruction au sieur Bory, commissaire de la marine, à Versailles, 8 déc. 1706. Arch. Nat. Marine, B² 173, f. 413.

(3) « De toutes les assignations que S. M. Catholique a données sur les caisses du Pérou, il n'y aura que celle expédiée au commencement de l'année dernière (le 18 févr. 1705) pour les 250,000 et tant de piastres dues à S. M., à cause des munitions de guerre envoyées aux places des Indes et d'autres fournitures, qui sera payée et acquittée. C'est ce qui sera expliqué précisément dans les ordres qui seront envoyés à M. le vice-roi du Pérou. » Daubenton à Pontchartrain, 11 oct. 1706. Arch. Nat. Marine, B⁷ 240. — Sur cette dette, dont le montant fut fixé à 248,381 piastres 6 réaux 8 maravédis, une assignation fut lancée que Chabert devait présenter dans la première conférence qu'il aurait avec le marquis de Castelldosrius.

et d'une autre affaire dont il importait encore davantage de garder les détails secrets. Le feu vice-roi de la Monclova avait laissé une fortune colossale, sur laquelle le gouvernement français comme le gouvernement espagnol avaient jeté les yeux. Il fallait trouver le moyen de se l'approprier : des négociations furent menées à Madrid entre Amelot, Daubenton et don Joseph Grimaldo, dont nous trouvons le résultat dans le mémoire suivant, dressé par Daubenton (1) :

« Le comte de la Monclova, ayant exercé la vice-royauté de la Nouvelle Espagne depuis 1685 jusqu'en 1688 et depuis celle du Pérou jusqu'à son décès arrivé en 1705, sans qu'on lui ait demandé compte de sa conduite dans ces deux vice-royautés, ainsi qu'on le devait suivant les lois de ce royaume, il se peut faire, quoiqu'il ait servi avec beaucoup de zèle et d'application, qu'il soit débiteur d'une somme considérable envers le Roi, sur quoi sans doute ce comte aurait donné une entière satisfaction s'il avait vécu plus longtemps, et comme S. M. a été informée des grands biens trouvés après sa mort, il paraît convenir à son service qu'elle donne ses ordres par la voie réservée au marquis de Castelldosrius, afin qu'il saisisse sur ces biens pour et au nom de S. M. un million de piastres et qu'il fasse embarquer cette somme, sans perte de temps, sur les navires du Roi Très Chrétien, qui partiront incessamment pour passer à la mer du Sud. Ce million servira de sûreté à S. M. pour ce qui se trouvera lui être dû par la procédure et la sentence de résidence, et si par icelle il constoit que la succession du comte de la Monclova n'était débitrice d'aucune somme, le million de piastres sera restitué à ses héritiers.

En cas qu'ils veuillent passer en Espagne avec les effets du feu comte de la Monclova, on estime que le vice-roi du Pérou doit non seulement leur en donner la permission sur les navires du Roi Très Chrétien, mais encore les y exciter, en se conduisant avec toute la prudence possible.

Il semble aussi qu'il convient de mander à ce vice-roi de prendre une entière connaissance des biens du comte de la Monclova et d'en informer S. M.

Il paraît encore que les duplicata des ordres de S. M. doivent être adressés avec un particulier au premier ministre de l'audience de Lima ou autre, pour n'être délivrés et n'avoir lieu qu'en cas de maladie du marquis de Castelldosrius ou autre accident. »

(1) Mémoire dont le pareil a été remis à M. de Grimaldo pour expédier les ordres qui y sont expliqués, 11 oct. 1706. Cf. la lettre de Daubenton à Pontchartrain de la même date. Arch. Nat. Marine, B⁷ 240.

Peut-être n'est-il pas déplacé de raconter déjà ici que tout ce plan si ingénieusement combiné échoua. Après le retour de l'expédition, Pontchartrain écrit à Amelot (i) :

« M. Chabert avait ordre d'engager Mme la comtesse de Monclova et son fils à repasser en Europe avec leurs effets. Il m'assure y avoir employé les insinuations les plus vives, mais qu'il n'a pu leur persuader de s'embarquer avec lui, ce qu'il attribue à l'attachement pour les biens qu'ils possèdent, qu'on dit publiquement monter à quatorze millions de piastres en or, cachés dans le grand couvent de Saint-François. Le marquis de Castelldosrius le lui a confirmé. Ainsi il est à croire qu'il sera difficile de faire quitter à cette dame la vie oisive qu'elle mène, et à son fils le commerce qu'il fait comme un simple marchand. J'ai été bien aise de vous informer de ces particularités afin que vous en fassiez part au roi d'Espagne, si vous le jugez à propos. »

L'escadre que commanderait Chabert s'équipait à Rochefort. Elle comprenait les frégates l'*Aimable*, l'*Oriflamme* et l'*Amphitrite*. Cette dernière, probablement le même navire qui, déjà avant, avait fait deux voyages en Chine, périt par un incendie au port même et fut remplacée par la frégate la *Renommée* (2). Pour Chabert, on avait obtenu la commission d'*almirante real*, et dès qu'il entrerait dans la mer du Sud, il devrait arborer le pavillon d'Espagne. Saint-Malo lui fournit ses meilleurs pilotes (3). D'après leur avis, le voyage devait s'effectuer avant la Noël 1706 (4). Mais, malgré tous les efforts, les préparatifs prirent plus de temps qu'on n'avait calculé ; le voyage fut renvoyé à plus tard, et dans l'attente d'une saison plus propice, Chabert reçut l'ordre de prendre le commandement d'une partie de l'escadre qui, sous Duquesne, allait faire des croisières entre Belle-Isle et le cap Finisterre, afin de protéger le commerce français contre les corsaires hollandais (5). Avec cette escadre, il se trouva à la Corogne au commencement de mars 1707 (6), et ce ne fut que le 3o août de

(i) Le i5 mai 1709. Arch. Nat. Marine, B² 2i5, p. 58o.
(2) Pontchartrain à Begon, 10 nov. 1706. Arch. Nat. Marine, B² 192, p. 98.
(3) Pontchartrain à Lempereur, 22 sept. 1706. Arch. Nat. Marine, B² 191, p. 434.
(4) Pontchartrain à Chabert, 1ᵉʳ déc. 1706. Arch. Nat. Marine, B² 192, p. 372.
(5) Lettres du Roi à Chabert, 29 déc. 1706 et 9 févr. 1707. Arch. Nat. Marine, B² 173, f. 4i8 *bis* et 436. Liste des vaisseaux qui doivent composer l'escadre de M. Duquesne. *Ibid.*, f. 434.
(6) Daubenton à Pontchartrain, i5 avril 1707. Arch. Nat. Marine, B⁷ 245.

cette même année qu'il partit de Brest pour la mer du Sud. On avait alors été forcé de réduire l'expédition à deux navires, l'*Aimable* et l'*Oriflamme*, ce dernier sous les ordres du capitaine de Courbon Saint-Léger. L'armement avait coûté une somme considérable (1), mais on estimait qu'elle serait couverte sans difficulté par les fonds que rapporteraient ces navires en vertu d'un décret du roi d'Espagne, qui se chargeait de tous les frais de l'expédition de Chabert, ainsi que de celle qui, sous le commandement de Du Casse, allait chercher les galions aux Indes Occidentales (2). On n'avait aucun doute sur le payement, depuis qu'on avait appris que, dans les caisses royales de Lima, il se trouvait en dépôt une somme de 728,367 piastres, « dont la plus grande partie appartenait au roi d'Espagne (3) ». Chabert fut encore chargé, à l'adresse du vice-roi, d'un ordre secret, portant qu'il devait laisser embarquer cet argent (4), mais, sauf sur ce point, le long retard du voyage n'entraîna aucun changement dans les instructions qu'il avait reçues.

Sans autre relâche que quelques jours passés à Gorée et à l'Ilha Grande, Chabert cingla, selon ses ordres, directement vers le

(1) 506,370 l. 12 s. 10 d. Daubenton à Pontchartrain, 30 mars 1708. Arch. Nat. Marine, B⁷ 251.

(2) Du Casse quitta Brest le 12 octobre 1707 avec sept vaisseaux de ligne et deux frégates et regagna Los Pasages le 27 août 1708, escortant *la flota* de la Nouvelle Espagne. Il ne réussit point à ramener les galions : ils furent en partie pris, en partie détruits le 28 mai 1708 par une escadre anglaise sous le commandement de l'amiral Charles Wager. On en estima la perte à six millions de piastres. Bien que les sommes rapportées par Du Casse fussent considérables — dix à douze millions de piastres selon l'affirmation d'Amelot — le profit du roi d'Espagne fut moins gros qu'on ne l'avait escompté. Un million de piastres fut exigé des armateurs en indult, mais il ne suffit pas à payer les frais de l'escorte française : 800,000 écus, ce fut tout ce qui resta au profit de S. M. Catholique. Amelot à Louis XIV, 3 sept. et 19 nov. 1708. Aff. Ét. Esp. Corr. pol., 181, f. 310 ; 183, f. 68. Cf. six lettres d'Amelot à Desmaretz, écrites en sept. et oct. 1708 ; elles sont publiées dans l'Appendice au t. XVI des *Mémoires de Saint-Simon*, éd. de Boislisle, Paris, 1907, p. 652-658.

(3) Daubenton à Pontchartrain, 8 juillet 1707. Arch. Nat. Marine, B⁷ 247 ; Pontchartrain à Amelot, 17 juillet 1707. *Ibid.*, B² 198, p. 255. — L'espoir de voir arriver un gros envoi d'argent s'accrut encore lorsque M. de Terville, commandant la frégate la *Diligente*, revint de Buenos-Aires vers la fin de 1707 et raconta que « le million de piastres dont le roi d'Espagne avait demandé l'emprunt serait prêt à l'arrivée des deux navires du Roi, de même que le produit du don gratuit que les peuples (du Pérou) faisaient à S. M. Catholique, et qui monterait à une somme considérable. » Daubenton à Pontchartrain, 15 janv. 1708. Arch. Nat. Marine, B⁷ 251.

(4) Daubenton à Pontchartrain, 17 juillet 1707. Arch. Nat. Marine, B⁷ 247.

cap Horn. Il entra dans ces eaux tempétueuses vers la fin de février 1708.

Déjà avant d'y arriver, le scorbut s'était déclaré parmi les équipages, surtout sur l'*Oriflamme*. Le journal tenu à bord de ce vaisseau (1) note un premier décès le 2 février, et à la date du 19 nous lisons : « C'est une pitié de voir notre équipage tomber malade : de trois cents hommes il n'y a pas cent qui se portent bien, et les rafraîchissements et remèdes manquent ». Le 26 février, les deux navires se perdirent de vue dans une tempête formidable. L'état à bord de l'*Oriflamme* empira encore : « Il ne se passe point de jour que nous ne jetions deux ou trois hommes à la mer », narre le journal, — et pourtant le malheureux équipage n'était pas à bout de ses souffrances. Le 18 mars, on se trouva encore dans les environs du cap Horn, par 56° 32′ lat. S. et 73° 48′ long. O., et le journal du bord raconte : « A midi, après avoir observé la hauteur, M. de Courbon a fait assembler tous ses officiers majors et ses principaux officiers mariniers pour tenir conseil, lesquels ayant été tous d'un accord, ne voyant point aucune apparence de changement de temps, de faire route pour la rivière de La Plata afin d'y pouvoir rétablir notre équipage, qui est dans une très méchante situation ; après quoi il a fait faire une revue où il ne s'est trouvé que vingt-trois hommes desquels on puisse tirer du service, et tout le restant étant fort mal, ayant les bras et les jambes grosses comme leurs corps ; pour lors nous avons fait route pour le détroit de Le Maire. »

Mais cette résolution fut prise trop tard pour sauver l'équipage : pendant le voyage de retour la mort commença à faire des ravages terribles. On ne saurait imaginer un état plus effroyable que celui que laisse entrevoir le journal enregistrant les décès quotidiens. En voici un extrait : le 25 mars, connaissance des îles Malouines ; le 26, six morts ; le 27, quatre ; le 28, quatre ; le 30, neuf ; le 31, dix ; le 1er avril, cinq ; le 2, quatre ; le 3, cinq, etc. Lorsque enfin, le 25 avril, on atteignit Maldonado à l'embouchure de La Plata, le nombre des morts monta au chiffre effrayant de 139. Ici finit le journal que nous avons suivi, mais probablement la mort ne s'ar-

(1) Journal de la navigation du sieur Dupin Ayez sur le vaisseau du Roi l'*Oriflamme*. Serv. Hydr. Arch., 13ᵉ Div., nᵒ 4.

rêta pas à cette date, car, d'une autre source, nous apprenons que la perte totale d'hommes se serait élevée jusqu'à 230 (1).

Il est évident que, dans ces conditions, M. Courbon ne put songer à tenter encore une fois le passage du cap Horn. Force lui fut d'envoyer par terre à Concepcion un courrier chargé d'annoncer à Chabert ce qui s'était passé et de lui demander ses ordres. Après avoir complété son équipage avec des hommes de quelques navires français (2), qui à ce moment se trouvaient à Buenos-Aires, il fut enfin, le 19 janvier 1709, en état de pouvoir reprendre la mer. Il se rendit aux Indes Occidentales, d'où, en juin, la même année, il revint à La Rochelle, escortant seize navires marchands qui portaient, en plus de leurs marchandises, trois millions de livres en argent (3).

Une fois séparé de son compagnon, Chabert avait eu plus de chance : du moins nous ne savons pas qu'il ait eu à subir d'aussi cruelles difficultés (4). Le 23 mars 1708, il atteignit Concepcion et après de courtes escales dans cette ville et à Pisco, pendant lesquelles il se convainquit que les appréhensions du roi de voir s'insurger les colonies étaient sans fondement, il arriva à Callao le 17 mai.

Chabert entra immédiatement en rapport avec le vice-roi. A une conférence secrète qu'il eut avec lui deux jours après son arrivée, il lui donna lecture de ses instructions, mais « toutes les réponses du marquis de Castelldosrius à chaque article furent qu'il n'y avait point d'argent à envoyer à Sa Majesté Catholique, que tous ses coffres étaient vides, qu'au contraire Elle était fort endettée et s'endettait tous les ans, qu'ainsi il n'y avait rien à lui envoyer ni de donatif, ni d'emprunt, ses sujets n'étant portés ni pour l'un ni

---

(1) *Voyage de Marseille à Lima et dans les autres lieux des Indes Occidentales*, par le sieur D*** (Durret), Paris, 1720, p. 101.

(2) L'*Élisabeth* et l'*Espérance* de Calais et le *Saint-Jean-Baptiste* de Marseille. Voir : Déclaration d'Alain Brignon, capitaine de l'*Élisabeth*, 30 juillet 1708. Arch. du port de Saint-Servan, C⁴ 324, f. 83 ; L. Feuillée, *Journal des observations physiques*, t. I, Paris, 1714, p. 218 et 285 ; Pontchartrain à Desmaretz, 3 juillet 1709. Arch. Nat. Marine, B² 216, p. 79.

(3) *Journal du marquis de Dangeau*, t. XII, p. 453.

(4) Je n'ai pu trouver de journal du voyage de Chabert ; la source principale de ce qui suit est une lettre de Chabert à Pontchartrain, écrite de Port-Louis le 27 mars 1709. Aff. Ét. Esp. Corr. pol., 195, f. 284.

pour l'autre (1). » Impossibilité complète de répondre à l'assignation et de payer au roi de France les sommes qui lui étaient dues.
Le vice-roi promit certes de conférer avec son audiencia, mais il
eut soin d'ajouter tout de suite qu'il n'espérait tirer aucun résultat
favorable de cette conférence.

Ce fut là une nouvelle fort décourageante pour Chabert ; pendant le temps qui suivit, il renouvela ses représentations, rappelant au vice-roi qu'il était incontestablement de son devoir de faire
un effort extrême pour satisfaire au besoin d'argent des deux couronnes, qu'on ne pouvait compter que sur son zèle et ses services
à lui, et qu'il était urgent avant tout de rembourser les lourds
frais de l'expédition. Lorsque deux mois eurent passé ainsi « en
conférences, en représentations et en lettres inutiles », Chabert
annonça qu'il lui fallait songer au retour. Voyant que c'était sérieux, le vice-roi se laissa enfin persuader et se décida à exécuter
ce que jusqu'ici il avait déclaré impossible : il leva un emprunt
de 300.000 piastres, qu'il « obtint avec bien de la peine ». Une
grosse partie de cette somme ne fut payée qu'au dernier instant,
lorsque Chabert, le 27 août 1708, s'apprêtait à appareiller et à quitter Callao. On n'eut même pas le temps de compter l'argent versé
en petite monnaie, en réaux. On se contenta de le calculer par
poids si bien que, de retour en France, on ne retrouva pas le
compte. Après avoir obtenu que l'audiencia à Santiago de Chili
ajoutât 7.000 piastres, « dont partie provenait des droits royaux,
partie était un donatif de l'église de ce royaume », la somme totale
monta à 309.179 piastres (2), maigre résultat qui trompait grande-

(1) « Le marquis de Castelldosrius m'a écrit qu'il avait mis tout en usage pour
envoyer par le vaisseau l'*Aimable* une somme considérable d'argent, mais que les finances
de Sa Majesté Catholique s'étaient épuisées par le grand nombre de vaisseaux français
qui ont fait commerce dans le Pérou sans payer les droits, et il se retranche à dire qu'il
aurait chargé sur l'armadille du Sud 1,379,310 piastres. M. Chabert et le sieur Bory,
commissaire de l'escadre, répondent à cela qu'on doit imputer à l'indolence du vice-roi
le peu de secours que Sa Majesté Catholique a reçu ; que les peuples sont affectionnés
pour elle, mais que l'aversion qu'ils ont pour le marquis de Castelldosrius l'emporte sur
le zèle, et qu'ils ne veulent pas que leurs dons et les emprunts passent par ses mains ;
qu'il a tiré à son arrivée des sommes considérables pour lui ; et que, si dès ce temps
qu'ils étaient informés que les vaisseaux du Roi devaient venir, il s'était appliqué à
ramasser des fonds, il en aurait trouvé ; et qu'enfin ceux qu'il a envoyés par l'armadille, ce qu'il cite comme une marque de ses efforts, ne sont point dus à ses soins, vu
qu'il les trouva tout prêts par ceux des oidors, et que d'ailleurs cette somme était très
modique parce qu'il y avait douze à treize ans que l'armadille n'était partie. » Pontchartrain à Amelot, 15 mai 1709. Arch. Nat. Marine, B² 215, p. 580.
(2) Bory à Pontchartrain, 3 juin 1709. Arch. Nat. Marine, B³ 170, f. 322.

ment les espérances que l'expédition de Chabert avait inspirées
en Espagne comme en France.

Restait à exécuter la seconde tâche que ses instructions lui assi-
gnaient : escorter et protéger les vaisseaux français qu'il trouverait pendant le voyage.

Dans les ports où il toucha, aussi bien à l'aller qu'au retour, il
rencontra plusieurs des navires dont nous avons parlé plus haut.
C'étaient les deux vaisseaux de l'abbé Jouin, la *Confiance* et le
Brilhac ; ceux qui appartenaient à la troisième expédition de
Danycan, le *Chancelier*, le *Phélypeaux* et le *Saint-Charles ;* puis le
Saint-Joseph-de-Marseille, capitaine de Nermont Trublet ; le *Saint-
Jean-Baptiste*, capitaine du Morier des Vaux ; la *Vierge-de-Grâce*,
capitaine des Antons Noël, tous ceux-ci de Saint-Malo ; et enfin le
Saint-François, capitaine de la Foliette Descazeaux, de Nantes.
Après avoir persuadé à l'abbé Jouin de renvoyer en France, déjà
en avril 1708, le *Brilhac* avec ses rapports au gouvernement français, Chabert réunit tous les autres à Concepcion en octobre et
en novembre de la même année. Bon gré, mal gré, les capitaines
consentirent à transférer à bord de l'*Aimable* une partie de leur
argent ; et le 4 novembre 1708 toute la flotte mit à la voile.

On doubla heureusement le cap Horn, et après avoir été, le
30 novembre, en vue des îles Sebald de Weert et des îles Danycan,
le capitaine des Antons avec la *Vierge-de-Grâce* se sépara de l'escadre. Ceci évidemment contre la volonté du chef, car on dit
« que cette séparation fut sensible à toute la flotte ». On escala à
l'île Sainte-Catherine sur la côte du Brésil, et le 9 février 1709 on
se trouvait par 3° 50′ de lat. S. et 22° 18′ de long. O., lorsque le
commandant appela par un signal tous les capitaines à son bord
afin de délibérer sur la route à suivre. D'un commun accord, on
rejeta la proposition d'aller à la Martinique, et Chabert déclara
aux capitaines « que sa dernière résolution était de faire route
directement pour la France, sans relâcher à aucun endroit, à
moins d'une nécessité absolue (1). »

En approchant des parages de la France, le commandant ordonna aux vaisseaux de l'escadre de se tenir bien joints et de faire

(1) Journal du vaisseau le *Phélypeaux*. Serv. Hydr., vol. 115xⅢ, Mss. Delisle, 8.

bonne vigie par crainte des corsaires, mais toute la flotte rentra saine et sauve, sans avoir vu d'ennemi, et mouilla à Port-Louis le 27 mars 1709. On n'avait aucune nouvelle de la *Vierge-de-Grâce* ; toutefois les appréhensions s'évanouirent, quand on apprit bientôt que ce navire était arrivé le 25 mars à la Corogne, d'où, après un séjour d'environ six semaines, il rentra, le 20 mai, à La Rochelle.

En France, c'est avec la plus vive inquiétude qu'on attendait le retour de l'escadre. Comme on supposait qu'elle toucherait à la Martinique, le Roi avait résolu d'y détacher un bâtiment de guerre, la frégate le *Fidèle,* accompagné d'une flûte, le *Rusland,* qui ravitaillerait la flotte. Le commandant de cette expédition de secours devait transmettre à Chabert, ainsi qu'au commissaire Bory, des ordres secrets concernant les mesures à prendre, pendant le voyage, afin d'éviter les attaques ennemies, ainsi qu'après le retour, afin de sauvegarder les précieux chargements (1). Mais toutes ces précautions furent inutiles, car l'escadre revint plus tôt qu'on ne l'attendait.

Jamais encore flotte aussi nombreuse ne s'en était retournée de la mer du Sud, et le bruit des prétendus trésors qu'elle apportait eut un énorme retentissement. Les témoignages contemporains abondent : nous en avons recueilli quelques-uns.

Le jour de Pâques, 31 mars 1709, raconte le marquis de Sourches (2), lorsque tout le monde se réunissait au lever de Louis XIV, les chambellans qui étaient venus faire leur cour apprirent aussitôt que le Roi avait eu de bonnes nouvelles, ce qui, à cette époque féconde en revers et en désastres, était plutôt rare : un courrier venait d'annoncer au Roi le retour de l'escadre de Chabert, et l'on assurait déjà que la cargaison en montait au moins à trente millions de livres en or et argent.

Desmaretz nous dit assez l'importance de cet événement dans le rapport qu'il fit après la mort de Louis XIV, comme contrôleur

(1) Mémoire secret pour servir d'instruction au sieur Chabert ; Mémoire secret au sieur Bory, commissaire ordinaire de la marine, à la suite de l'escadre commandée par le sieur Chabert ; à Versailles, 26 déc. 1708. Arch. Nat. Marine, B² 204, p. 202 et 204. Cf. Lettre du Roi à M. Chabert, 7 mars 1709. *Ibid.,* B² 213, f. 29.

(2) *Mémoires du marquis de Sourches,* t. XI, Paris, 1891, p. 307.

général des finances, et qu'il remit au Régent. Après avoir parlé du crédit ébranlé de l'État, des finances ruinées, de la nécessité de trouver de nouvelles ressources pour continuer la guerre et pour soulager la terrible famine qui s'était abattue sur le pays — désastres tels que « l'année 1709 ne devait pas facilement s'effacer de la mémoire des hommes » (1) — il poursuit :

« Les expédients ordinaires de finances, auxquels d'abord on s'attacha, auraient été une faible ressource, si par un bonheur, auquel on ne s'attendait pas, les vaisseaux qui avaient été dans la mer du Sud, n'étaient heureusement arrivés dans les ports de France. Leur chargement était très riche, et ils avaient dans leurs bords plus de trente millions de matières d'or et d'argent. On proposa aux intéressés dans leur chargement de porter aux hôtels des monnaies toutes les matières et d'en prêter au Roi la moitié, pour laquelle on leur donna des assignations sur les recettes générales, et l'intérêt à dix pour cent ; l'autre moitié leur fut payée comptant, pour le payement des équipages des vaisseaux et de ce qu'ils devaient aux marchands et autres qui leur avaient vendu les marchandises dont ils avaient composé le chargement de leurs vaisseaux pour être débitées au Pérou (2). »

* *
*

Pour expliquer l'opération financière brièvement esquissée dans ces quelques mots et qui importait également aux affaires des particuliers et aux finances de l'État, il nous faut remonter un

(1) On a bien souvent exposé la situation désespérée de l'année 1709. L'état de la marine et des ports est dépeint par Pontchartrain sous les couleurs les plus noires. Le 30 janvier, il écrit à Desmaretz que les officiers, les matelots et les ouvriers meurent de faim et de froid ; si l'on ne prêtait un secours immédiat, il serait forcé de remettre en liberté douze mille galériens « pour leur permettre de mendier » ; il craignait à chaque instant d'être forcé de renvoyer les prisonniers de guerre anglais, car on ne savait comment assurer leur subsistance ; — « il n'y a dans les ports, écrit-il, ni blés, ni farine, ni biscuits, ni salaisons, ni vin, ni autres denrées, et si le Roi avait besoin pour quelque affaire importante d'une seule frégate, on ne sera pas en état de l'armer. » Le 27 février, il annonce qu'il recevait à chaque courrier de tous les ports du royaume des lettres où l'on rendait compte, « dans des termes très pressants et très touchants, de l'état fâcheux où se trouvaient réduits les officiers, ouvriers, matelots et fournisseurs qui n'étaient pas payés des sommes considérables qui leur étaient dues. » En affirmant qu'il n'y avait dans ces plaintes aucune exagération et que « les choses étaient encore dans une plus pitoyable situation qu'il ne les lui dépeignait », il supplie le contrôleur général de prêter quelque prompt secours, sinon la marine serait « entièrement ruinée, et il ne serait plus possible de la relever. » Arch. Nat., G⁷ 534.

(2) (F. Veron de Forbonnais) *Recherches et considérations sur les finances de France*, t. II, Basle, 1758, p. 193. *Corresp. des Contrôleurs généraux des finances*, t. III, p. 675.

peu en arrière et revenir à des circonstances que jusqu'ici nous avons volontairement laissées de côté.

Le droit d'importer en France les métaux précieux impliquait, selon les ordonnances royales, l'obligation de déposer les valeurs aux hôtels des monnaies, où on les payait d'après un tarif fixe, pour les convertir ensuite en argent monnayé français. A l'époque où commença le commerce de la mer du Sud, le taux d'achat était de 32 livres par marc de piastres espagnoles (1). Comme ce commerce rencontrait tant d'obstacles, les marchands s'offrirent spontanément à livrer l'argent rapporté aux hôtels des monnaies, et firent valoir cette bonne volonté pour obtenir qu'on autorisât leurs entreprises. Il semble que, tout d'abord, ces affaires marchèrent à souhait autant pour l'État que pour les particuliers ; peut-être la raison qui les rendait avantageuses à ces derniers venait-elle de ce que la spéculation privée sur les métaux précieux, encore peu développée, ne pouvait lutter avec le prix d'achat officiel. Seulement les retards, qu'entraînait le monnayage, causaient du préjudice aux particuliers. Aussi bien voyons-nous bientôt les marchands essayer de se soustraire à l'obligation de livrer l'argent à la Monnaie, et, au cours de cet ouvrage, nous avons eu plusieurs exemples des mesures que prenait le gouvernement pour combattre l'importation secrète, mesures qui, en général, étaient prises trop tard et restaient vaines. On s'avisa alors de hausser le taux d'achat, afin d'offrir aux particuliers un avantage qui contrebalançât cet inconvénient. Déjà en 1704 ce taux semble, en certains cas, avoir monté jusqu'à 34 livres (2).

Mais ce qui était avantageux aux particuliers était fort préjudiciable au Roi. En conséquence, on prescrivit que les matières d'or

(1) La valeur de la piastre variait naturellement d'après le cours et d'autres circonstances, mais en général elle était de 1 écu ou 4 livres. C'était du moins le cas en 1704. Dans une « Explication de la monnaie d'Espagne et le rapport qu'elle a avec celle de France », de cette année, on lit : « Les écus de France sont au titre de 11 deniers, les piastres mexiques sont au titre de 11 deniers 2 grains ; ce sont 2 grains par marc de différence sur le titre, qui valent 5 sols. Le poids est semblable avec cette différence que celui des piastres n'est pas régulier comme celui des écus, les uns ont plus que le poids, les autres ont moins, ce qui fait que les plus pesantes passent en France et ailleurs, et les légères restent en Espagne. » Arch. Nat. Marine, B⁷ 232, f. 188. — Le rapport entre écu et livre variait incessamment dans le temps suivant.

(2) Lettre à M. Bégon, intendant à La Rochelle, le 10 déc. 1704, pour faire acheter, sur le pied de 32 à 34 livres le marc, les pistoles d'Espagne ou les piastres apportées par mer. Corresp. des Contr. gén. des finances, t. II, n° 642, note.

et d'argent ne seraient plus converties en écus mais en pièces de 10 sols ; on obéissait évidemment à ce calcul que la plus grande tolérance pour la menue monnaie couvrirait la perte. Comme il y avait néanmoins « tout sujet de croire que les négociants ou autres qui avaient des piastres ou matières d'or ou d'agent chercheraient les occasions et les moyens de les vendre à un plus haut prix que le tarif, et d'en être payés plus promptement qu'ils ne pourraient l'être dans les Monnaies », le prix d'achat fut élevé encore davantage, jusqu'à 36 livres, « à condition d'en payer moitié en les livrant, en billets de la Monnaie de Paris, et l'autre moitié en deniers comptants, deux ou trois mois après que les matières auraient été livrées dans les Monnaies ». Le contrôleur général qui publia cette mesure — elle fut presque tout de suite rappelée et on revint au prix de 34 livres — l'accompagnait des mots suivants (1) :

« Vous comprenez bien que ce prix, qui est beaucoup plus fort que celui du tarif de la Cour des monnaies, étant excessif par rapport à la véritable valeur des matières, il ne pourrait y avoir aucune raison de le porter jusque-là, si l'excédent du prix du tarif n'était une espèce de bénéfice que le Roi veut bien accorder pour pouvoir se servir dès à présent des matières et dédommager les particuliers de ce qu'ils peuvent souffrir par le retardement du payement. »

Ce « bénéfice », que le Roi accordait si généreusement à lui-même et à ses sujets, ne fut pas apprécié par ces derniers. La réponse à la lettre que nous avons citée contient que, « malgré les avantages offerts, il n'était pas probable que les particuliers portassent des matières à la Monnaie pour recevoir en échange des billets que tout le monde savait perdre 10 pour cent à Paris, et qu'on préférait le taux de 34 livres le marc, payable en espèces (2) ».

Que faire alors ? L'importation d'argent continua d'augmenter, et avec elle l'ingéniosité des propriétaires habiles à la dissimuler.

---

(1) Le Contrôleur général à M. Ferrand, intendant en Bretagne, 22 avril 1706. *Corresp. des Contr. gén.*, t. II, n° 1011.

(2) Ferrand au Contrôleur général, 30 avril 1706. *Ibid.*, note. Quelques jours plus tard, l'intendant rapporte qu'à une visite à Saint-Malo il n'avait trouvé personne qui voulût vendre des piastres aux conditions stipulées par le contrôleur général ; on « aimait beaucoup mieux les donner à 32 ou 33 livres le marc pour en être payé comptant. » Ferrand à Chamillart, 12 mai 1706, Arch. Nat., G⁷ 186.

Le contrôleur général des finances chercha un appui près de son collègue, le secrétaire d'État de la marine. Il écrit (1) :

« Le Roi est tellement convaincu, Monsieur, de l'importance dont il est que le Royaume continue à recevoir de nouveaux secours d'argent par le retour des vaisseaux qui portent des marchandises aux Indes et dans les endroits d'où l'on en peut tirer, pour remplacer une partie de celui qui sort depuis plusieurs années pour la subsistance des armées que Sa Majesté a été obligée d'entretenir hors de ses États, qu'elle a trouvé bon que je choisisse dans le nombre des bons négociants ceux qui seront plus en état de faire les avances pour les marchandises qui leur sont nécessaires, et qui soient capables de se conduire assez sagement pour ne point attirer des plaintes trop vives de la part du roi d'Espagne et de son Conseil. Une des conditions que Sa Majesté veut imposer à ceux auxquels elle accordera ces permissions, c'est que toutes les espèces d'or et d'argent et toutes les matières qui reviendront seront portées directement aux hôtels des monnaies, sans qu'il en soit détourné aucune, sous quelque prétexte que ce puisse être, qu'il leur en soit payé moitié en argent comptant, à raison de 34 livres le marc d'argent, 500 livres celui d'or, et l'autre moitié en billets de monnaie.

Vous savez l'abus qui s'est commis dans ces derniers temps sur les espèces et matières d'or et d'argent, qui ont été apportées par plusieurs vaisseaux. Ceux auxquels ces espèces appartenaient, au lieu de les porter aux hôtels des monnaies conformément aux ordonnances, en ont fait un commerce public, qui n'a servi qu'à augmenter considérablement les changes. »

Afin de prévenir ces abus, le contrôleur général demanda qu'on lui dressât la liste des navires attendus, que les officiers des amirautés et de la marine reçussent l'ordre de lui venir en aide et de surveiller les vaisseaux, et que, de leur côté, les autorités de la marine renouvelassent la défense des fraudes.

Pontchartrain assura qu'il n'allait « rien oublier de sa part de ce qui pouvait contribuer à faire ce que son collègue désirait à cet égard (2) », mais aussi bien les officiers de la marine que ceux du Contrôle des finances trouvèrent la tâche trop difficile. L'intendant de Bretagne proposa qu'on prît « des mesures générales, avec le concours de la marine, pour assurer le transport direct à la Monnaie », tout en prévoyant que cela allait « alarmer les négo-

(1) Chamillart à Pontchartrain, 22 oct. 1706. Arch. Nat. Marine, B³ 140, f. 150.
(2) A Chamillart, 1ᵉʳ déc. 1706. Arch. Nat. Marine, B² 192, p. 451.

ciants » et susciter de nouvelles ruses et de nouveaux stratagèmes pour éluder la défense (1) ; le commissaire de la marine à Port-Louis ne vit d'autre moyen que de « sceller les écoutilles de ces sortes de vaisseaux » pour savoir certainement ce qu'ils portaient ; mais il représenta en même temps « que les marchands gloseraient sur cette exactitude, et qu'ils ne manqueraient pas de faire des plaintes contre lui et de dire qu'on ne devait inquiéter personne pour apporter de l'argent dans le royaume (2) ».

Enfin, et probablement sans grand espoir de succès, on en appela au patriotisme des marchands ; on fit valoir la bienveillance que le Roi leur montrait en fixant si haut le tarif et les désagréments auxquels il s'exposait de la part de l'Espagne et, en guise de menace, on leur représenta qu'il ne dépendait que du Roi de faire exercer les lois du royaume, d'après lesquelles « toutes les matières d'or et d'argent qui y entraient devaient être portées aux hôtels des monnaies, et la valeur en être payée sur le pied du tarif ordinaire, ce qui leur serait bien plus désavantageux (3) ».

Malgré les raisons qu'on avait objectées contre les mesures extrêmes, on se vit pourtant forcé d'y recourir. Dans une circulaire adressée à tous les intendants et ordonnateurs de la marine, le secrétaire d'État décréta que, dans tous les ports, on tiendrait « continuellement armée une bonne chaloupe, commandée par un homme de confiance, qui pût, aussitôt qu'il paraîtrait un vaisseau venant de long cours, aller à bord pour faire fermer les écoutilles et empêcher qu'on n'en débarquât aucunes matières d'or et d'argent sans avoir été déclarées, et avant que ceux qui en seraient chargés n'eussent fait leur soumission de les porter aux hôtels des monnaies ». Une clause semblable devait être insérée dans toutes les soumissions que devaient souscrire les propriétaires de navires, soit qu'ils partissent pour la course ou pour le commerce et avant qu'on leur permît de prendre des matelots. Quant aux conditions d'achat, on y introduisit une modification : la conver-

(1) Ferrand au Contrôleur général, 10 et 15 déc. 1706. Corresp. des Contr. gén., t. II, n° 1156.
(2) Pontchartrain à Chamillart, 8 déc. 1706. Arch. Nat. Marine, B² 192, p. 588.
(3) Desmaretz à Ferrand, 18 déc. ; id. à de Montis, contrôleur de la Monnaie de La Rochelle, 23 déc. 1706. Corresp. des Contr. gén., t. II, n° 1156, note.

sion devait toujours se faire à raison de 34 livres le marc, dont la moitié se payerait au fur et à mesure de la fabrication ; l'autre moitié n'en serait plus liquidée en billets de monnaie, mais en « promesses des fermiers généraux sur la caisse des emprunts », payables en trois payements égaux de six en six mois. La circulaire se termine sur la curieuse réserve suivante :

« Vous observerez de ne communiquer à personne l'ordre que je vous donne à cet égard, n'étant pas nécessaire que cela s'ébruite, et il faut, autant qu'il se pourra, que ceux que vous serez obligés de charger de l'exécution des ordres ci-dessus, ne puissent pas regarder cela comme l'exécution d'un ordre général. »

Nous ignorons quel fut le motif de ces décisions : on voulut sans doute, en imposant le secret, empêcher que le mécontentement redouté ne se répandît ; en évitant de donner aux ordonnances un caractère « d'ordre général », on laisserait la porte ouverte aux futures concessions possibles pour les cas particuliers. Aussi remarquons-nous qu'en même temps qu'on expédiait cette circulaire, on offrait au puissant Danycan, qui, déjà auparavant, avait été chargé de servir, en ces affaires. d'intermédiaire entre le gouvernement et les particuliers, de convertir la moitié de l'argent étranger en écus, à la place de sols. Sur les lettres de crédit qu'on lui donnerait pour l'autre moitié, il recevrait 10 pour cent d'intérêt (1). Le silence que garde la circulaire au sujet de ces privilèges ne permet guère d'autre interprétation que celle, qu'ils étaient des grâces qu'on accordait à des personnes particulièrement favorisées (2). Le contrôleur général, qui annonça à Danycan cette proposition, ajoute : « Il n'est pas nécessaire que je vous explique combien ces conditions sont favorables dans un temps et dans une conjoncture où tout doit contribuer aux besoins de l'État. »

(1) Cf. Chamillart aux sieurs Danycan et de la Lande Magon, 21 déc. 1706. *Corresp. des Contr. gén.*, t. II, n° 1156, note.
(2) Cette supposition se trouve confirmée par le fait que, peu de temps après, le capitaine du Vivier Thomas, commandant le navire le *Saint-Jean* de Morlaix, qui avait livré à l'hôtel des monnaies à La Rochelle tout l'argent qu'il avait rapporté du Mexique, se plaignit de la conversion. « Il dit que si on prenait le parti de ne fabriquer que de grosses pièces, comme écus, pièces de 30 sols et de 15 sols, il n'y a personne qui ne portât volontiers son or et son argent aux Monnaies », écrit Pontchartrain à Desmaretz, 5 janv. 1707. Arch. Nat. Marine, B² 196, p. 109.

Si l'on s'étonne que ces défenses et ces appâts fussent demeurés stériles, on en trouvera la raison dans le passage suivant, extrait d'une lettre de Lempereur(1) :

« Il est très sûr, écrit-il, qu'il se fait un commerce ouvert et public des espèces et matières d'or et d'argent par la voie de Lyon et Marseille, où tous nos négociants font passer ce qu'ils en ont, et il ne l'est pas moins que le parti qu'on leur propose, en les portant aux hôtels des monnaies, leur étant de toutes manières plus avantageux que tout ce qu'ils peuvent en tirer d'ailleurs, cet abus cesserait bientôt, si on pouvait parvenir à rétablir la confiance et leur ôter la crainte d'être trompés ; mais, Monseigneur, ce qu'ils voyent arriver pour les billets de monnaie leur a si fort gâté l'esprit, qu'il ne faut pas espérer qu'on leur fasse jamais entendre raison. »

Examinons d'abord comment on effectuait les ordres qui devaient prévenir les abus. Des chaloupes armées furent équipées dans les ports et leur service de surveillance commença dans les derniers jours de l'année 1706. Mais quel résultat attendre de cette mesure, contre laquelle d'ailleurs plusieurs voix s'étaient élevées (2), du moment qu'on ne payait pas les équipages? Leur rétribution incombait au contrôleur général, mais les constants rappels que Pontchartrain est obligé de faire prouvent que rien n'était versé (3). Un an et demi se passa; Pontchartrain remit, avec une nouvelle réclamation, « un état de la dépense faite port par port pour l'armement de ces chaloupes (4) » ; il proposa qu'on fît cesser leur service, ce qu'on fit aussi probablement, mais rien ne prouve que les pauvres équipages aient jamais touché le payement de leur pénible travail.

La collaboration qu'on s'était efforcé d'établir entre les fonctionnaires de la marine et ceux du Contrôle n'amena que des conflits. Un ordre du contrôleur général au receveur des fermes à Saint-Malo de faire à l'avenir la visite des bâtiments, fut interprété par le commissaire de la marine de cette ville comme le dé-

---

(1) A Pontchartrain, 9 janv. 1707. Arch. Nat. Marine, B³ 145, f. 16.
(2) Lempereur à Pontchartrain, 9 janv. 1707. Arch. Nat. Marine, B³ 145, f. 16.
(3) Voir par ex. Pontchartrain à Desmaretz, 8 juin 1707 (Arch. Nat. Marine, B² 197, p. 1265) : « L'équipage de la chaloupe de Bordeaux demande avec instance d'être payé. »
(4) Pontchartrain à Desmaretz, 16 mai 1708. Arch. Nat. Marine, B² 207, p. 618.

barrassant de cette obligation (1). On déclara certes que c'était un simple malentendu et que ce commissaire devait continuer d'exécuter les ordres reçus « avec toute la modération et la sagesse possibles (2) ». Mais lorsque Chamillart se fut plaint que les officiers de l'amirauté manquaient d'exactitude à l'égard des ordres donnés afin d'empêcher le divertissement des matières, et que Pontchartrain à ce sujet les exhorta à plus de régularité (3), le contrôleur général estima que le secrétaire de la marine avait outrepassé ses attributions (4). « Je n'ignore pas, écrit Pontchartrain (5), que ce qui regarde les Monnaies, à l'exécution des règlements pour faire porter aux hôtels des monnaies les matières d'or et d'argent qui entrent dans le royaume, est du département du contrôleur général des finances, mais je crois en même temps que les ordres qui doivent être donnés aux officiers de l'amirauté sur leurs fonctions doivent passer par mon canal ». Moyennant cette très légère protestation, Pontchartrain, déférent comme toujours, se hâte de donner des contre-ordres (6). Et M. Robert, intendant de la marine à Brest, ayant commis l'imprudence de promettre au capitaine d'un navire espagnol, qui y venait d'arriver, certains avantages et un payement prompt, s'il envoyait ses piastres à l'hôtel des monnaies à Rennes, Chamillart écrit (7) :

« Si tous les messieurs de la marine voulaient se contenter de donner leurs soins pour empêcher que les matières ne fussent détournées, et renvoyer au contrôleur général des finances ou à ceux qui ont ses ordres, pour ce qui regarde le reste, je vous assure qu'ils seraient tous contents. »

Cependant il se vit, quelques mois après, dans l'obligation de demander expressément le secours des officiers de la marine pour empêcher « que ceux des vaisseaux qui apportaient des matières et espèces d'or et d'argent en France, ne se dispensassent de les porter

---

(1) Pontchartrain à Desmaretz, 19 janv. 1707. Arch. Nat. Marine, B² 196, p. 406.
(2) Pontchartrain à Lempereur, 19 janv. 1707. Arch. Nat. Marine, B² 196, p. 393.
(3) Circulaire aux officiers des Amirautés, 16 févr. 1707. Arch. Nat. Marine, B² 196, p. 795.
(4) Pontchartrain à Desmaretz, 23 mars 1707. Arch. Nat. Marine, B² 196, p. 1195.
(5) A Desmaretz, 27 avril 1707. Arch. Nat. Marine, B² 197, p. 553.
(6) Pontchartrain à Desmaretz, 30 mars 1707. Arch. Nat. Marine, B² 196, p. 1262. — Id. au procureur du Roi de l'Amirauté de Nantes, 4 mai 1707. Ibid., B² 197, p. 691.
(7) A Pontchartrain, 15 mai 1707. Arch. Nat. Marine, B³ 152, f. 82.

aux hôtels des monnaies (1) ». De nouveau, Pontchartrain est immédiatement disposé à lui rendre service ; et peu après il affirmera au successeur de Chamillart (2), « qu'il se ferait un véritable plaisir de concourir en tout ce qui pourrait dépendre de lui à le faire servir à cet égard, comme il désirait l'être (3) ».

Nul doute que les capitaines et les armateurs frauduleux étaient les seuls à profiter de ces conflits, de ces ordres contradictoires et de cette versatilité des autorités. L'inconséquence absolue des résolutions du gouvernement au sujet des avantages dont on espérait acheter l'obéissance des marchands, n'améliora aucunement les affaires.

Le prix d'achat pour les piastres espagnoles était, à la fin de l'année 1706, fixé à 34 livres le marc. D'après ce tarif on avait, en mars de l'année suivante, commencé la conversion de l'argent que ce navire espagnol dont nous venons de parler avait apporté à Brest. Desmaretz écrit le 14 mars (4) : « M. Chamillart n'entre point dans cette proposition, parce qu'il faudrait faire un surhaussement de toutes les espèces de France, à quoi il y a des difficultés si grandes et si essentielles, qu'il n'est presque pas possible de s'y déterminer », — et le prix fut baissé à 33 livres. Ce fut sur ce tarif que l'on paya l'argent apporté par le *Beauvais* en juillet de la même année. Seulement cette diminution n'encouragea, bien entendu, personne à faire des déclarations conformes à la vérité. « Je crois, écrit le commissaire de la marine de Port-Louis (5), que les capitaines commandant les vaisseaux revenant de la mer du Sud, voyant la précaution qu'on prend de leur faire déclarer les espèces d'or et d'argent qu'ils apportent, ne déclareront que ce qu'ils voudront, et qu'ils feront débarquer la nuit ce qu'ils n'auront pas déclaré, et les gardiens, que je mettrais dans leur bord, ne pourront empêcher cela, parce qu'il est aisé de les corrompre et de les enivrer ; ainsi je crois qu'il faudrait défendre par quelque ordonnance à ces capitaines de rien débarquer nuitamment, sous

(1) Pontchartrain à Clairambault, 20 juillet 1707. Arch. Nat. Marine, B² 198, p. 333.
(2) Desmaretz, qui, en qualité de directeur des finances, avait pris part à l'instruction de ces affaires, succéda, le 20 février 1708, à Chamillart comme contrôleur général.
(3) Pontchartrain à Desmaretz, 17 mars 1708. Arch. Nat. Marine, B² 206, p. 878.
(4) *Corresp. des Contr. gén.*, t. II, n° 1202, note.
(5) Clairambault à Pontchartrain, 8 juillet 1707. Arch. Nat. Marine, B³ 148, f. 87.

quelque peine, et promettre des récompenses à ceux qui avertiront quand on aura commis cet abus ». Une ordonnance semblable paraît assez superflue après tant de défenses solennellement publiées.

Pontchartrain signale des propositions de mesures à prendre afin de découvrir *à la campagne* ces fraudes, impossibles à atteindre vu que tous les marchands qui y étaient intéressés agissaient de concert afin de les bien cacher *en ville* (1). Il les rapporte consciencieusement à son collègue le contrôleur général (2), sans toutefois émettre d'opinion personnelle ni offrir son concours, qui d'ailleurs, lorsqu'on y recourait, produisait peu d'effet et ne valait au pauvre ministre que des ingratitudes.

Le contrôleur général préféra agir seul : il envoya à Port-Louis un changeur pour changer en monnaie de France les piastres et autres espèces, mais il négligea de lui fournir des fonds (3), et lorsque enfin le changeur eut à sa disposition la somme, d'ailleurs très insuffisante, de dix mille écus, on fixa le tarif d'achat à 32 livres le marc. On réussit ainsi à s'emparer d'une partie de l'argent rapporté par « les pauvres matelots », qui jadis avaient dû se contenter des 28 ou 30 livres le marc que leur donnaient les spéculateurs privés (4) ; mais les grosses sommes, que les armateurs pouvaient placer plus avantageusement, continuèrent d'aller chez les étrangers, « où elles valent un prix plus haut qu'en France ». La concession faite dans la suite qu'on ne fabriquerait que des louis d'or et des écus, et qu'on rembourserait toutes les matières en ces espèces, « titre pour titre et poids pour poids, sans retenir aucun droit, ni même les frais de la fabrication (5) », ne semble pas avoir changé la situation, car, en même temps, on se vit forcé de déclarer qu'on ne pouvait maintenir le prix à 33 livres le marc.

En de semblables conjonctures il n'est guère probable que l'importation d'argent ait rapporté à la caisse d'État française les

(1) Clairambault à Pontchartrain, 25 juillet 1707. Arch. Nat. Marine, B³ 148, f. 118.
(2) Pontchartrain à Chamillart, 27 juillet 1707. Arch. Nat. Marine, B² 198, p. 477.
(3) Clairambault à Pontchartrain, 18 juillet 1707. Arch. Nat. Marine, B³ 148, f. 112.
(4) Clairambault à Pontchartrain, 8 août 1707. Arch. Nat. Marine, B³ 148, f. 143.
(5) Le Contrôleur général à Amelot, 23 et 28 sept. 1708. Aff. Ét. Esp. Corr. pol., 186, f. 52 ; *Corresp. des Contr. gén.*, t. III, n° 170.

sommes qu'on avait escomptées. Dans la proposition de budget pour l'année 1707, le contrôleur général avait calculé une somme de vingt millions de livres « pour piastres et matières d'or et d'argent prises au lieu de billets de monnaie sur les vaisseaux qui devaient revenir des Indes et de la mer du Sud (1) ». Il présente cet article comme devant « contribuer davantage à soutenir le service », mais nous ignorons quelle somme en réalité entra au Trésor (2).

(1) *Corresp. des Contr. gén.*, t. II, p. 475.

(2) Ces mesures pour enrichir la caisse d'État doivent naturellement être considérées dans leurs rapports avec les autres opérations financières contemporaines qui avaient le même but. Sur ce sujet, où nous n'entrons pas, voir : Ad. Vuitry, *Le désordre des finances et les excès de la spéculation à la fin du règne de Louis XIV et au commencement du règne de Louis XV*, Paris, 1885. Cf. Ernest Lavisse, *Histoire de France*, t. VIII, Paris, 1908, p. 164 et suiv.

CHAPITRE VI

LE RETOUR DE L'ESCADRE DE CHABERT, 1709.

Refonte générale des monnaies, le 14 mai 1709. — L'importation des métaux précieux de la mer du Sud donne au gouvernement les moyens d'exécuter cette refonte. — Mécontentement des armateurs. — Indult de 6 %, sur les effets apportés de la mer du Sud. — Ce nouvel impôt, exigé au nom du roi d'Espagne, servira en réalité à payer les frais des expéditions de la marine française pour la mer du Sud. — Tentatives des armateurs pour se soustraire au payement de l'indult. — Dans ce but ils proposent de se charger de l'importation des blés. — Arrêt expédié à ce sujet. — Mesures du gouvernement pour s'assurer des valeurs importées par l'escadre de Chabert. — Correspondance relative à ces mesures entre les autorités françaises. — Fraudeurs appelés en justice : le capitaine Fouquet et l'abbé Jouin. — Le navire la *Vierge-de-Grâce* et son chargement. — Résultat économique de l'expédition de Chabert. — Les trente millions prêtés à Louis XIV par les armateurs de Saint-Malo. — Origine probable de la légende sur ce prêt.

Il est évident que les énormes sommes rapportées par l'escadre de Chabert devaient éveiller l'espoir d'un bénéfice plus gros que jamais pour les finances de l'État. Les mesures du gouvernement tendaient en premier lieu à s'assurer de ces richesses et à persuader bon gré mal gré aux particuliers de partager leur gain avec le Trésor. Mais, avant d'entrer dans les détails de ces mesures, nous tâcherons d'expliquer en quelques mots les opérations financières qu'avait amenées cette grande importation de métaux précieux.

Elle donna d'abord — et inopinément — au gouvernement français le moyen d'exécuter une de ces opérations imprudentes, comme en firent autrefois presque tous les gouvernements et dans bien des pays, quand les exigences du moment qu'il fallait satisfaire les empêchaient de songer à l'avenir.

Une refonte générale des monnaies fut ordonnée le 14 mai 1709. Le motif officiellement allégué semblait fort juste : il s'agissait de retirer les masses de monnaies de différente valeur et d'aloi inégal qui étaient en circulation ; mais la façon dont on s'y prenait pour exécuter cette refonte n'était que plus pernicieuse. Elle impliquait une dépréciation de la monnaie plus violente qu'aucune des mesures précédentes du même genre. Nous n'avons point à nous occuper ici des détails de cette opération, ni de ses conséquences pour l'État et pour les particuliers (1) : l'État y trouva un secours momentané dans sa situation critique et les particuliers, au moins les grands hommes d'affaires, découvrirent vite des procédés qui neutralisèrent leurs pertes et même, en certains cas, leur créèrent des avantages.

Personne, cependant, ne paraît avoir été plus durement frappé que les marchands qui avaient placé des capitaux dans ce commerce de la mer du Sud auquel on avait déjà suscité tant d'ennuis. Les conditions imposées pour la livraison des métaux précieux étaient en elles-mêmes suffisamment onéreuses : le prix d'achat baissé à 32 livres (2), dont une moitié serait payée en écus aussitôt après la conversion, l'autre en assignations sur « des fonds certains » avec les intérêts au cours de la place de Paris (3) ; seulement comme le payement en argent comptant se faisait en monnaies qui auraient bien cours pour 5 livres, mais dont la valeur intrinsèque ne dépassait que de 10 % les pièces qui quelques mois auparavant avaient eu un cours légal de 3 livres 7 sols, et comme d'autre part on n'avait pas lieu depuis longtemps de se trop fier aux engagements de l'État, il est douteux que les armateurs et les marchands aient été aussi contents de l'arrangement qu'on voulait bien le faire croire à la Cour (4).

Plus vif encore, si nous en croyons les paroles qui nous sont parvenues, fut le mécontentement provoqué par une autre mesure prise à la même époque. Un arrêt du 10 avril 1709 (5) décréta la

(1) Voir à ce sujet : Forbonnais, *op. cit.*, t. II, p. 203-212. Cf. Vuitry, *op. cit.*, p. 155.

(2) Le taux de 32 livres n'était pourtant pas fixé pour tout le royaume ; il subit aussi des changements continuels : à la Monnaie de Bordeaux on payait en mars 1709, 30 l. 1 s. 8 d. le marc et en juillet de la même année 31 l. 6 s. 8 d., tandis que simultanément on payait à La Rochelle 32 l. 10 s. Pontchartrain à Desmaretz, 6 mars et 17 juillet 1709. Arch. Nat., G⁷ 534.

(3) Le Contrôleur général à Ferrand. *Corresp. des Contr. gén.*, t. III, n° 357.

(4) *Journal de Dangeau*, t. XII, p. 385. — Pour les appréhensions avec lesquelles les armateurs attendaient cette refonte et la situation défavorable où ils estimaient être placés en comparaison des possesseurs des anciennes espèces, nous pouvons en juger par une lettre de des Cazeaux du Hallay à Desmaretz du 11 avril 1709. Arch. Nat., G⁷ 1694.

(5) Arch. Nat. Marine, B⁴ 34.

levée d'un indult de 6 % sur tous les effets apportés dans les vaisseaux venant de la mer du Sud. On en donna comme raison que le vice-roi du Pérou n'avait pu envoyer pour le compte du roi d'Espagne qu'une faible somme, « ce qui devait être bien sensible à ce prince dans un temps de nécessité aussi pressante que celui où il se trouvait », et, ajouta-t-on, « rien n'est plus juste que cet indult, tant sur les Français que sur les Espagnols, puisque les uns et les autres ont fait un commerce très défendu, ont fraudé tous les droits, aussi bien ceux du quint et de la sortie des Indes, que de l'entrée en Espagne (1). »

A première vue, il semble que la résolution de lever cet indult dénote une assez grande générosité de la part du gouvernement français envers le gouvernement espagnol, et cette impression se fortifie encore lorsqu'on voit que cette résolution ne fut due à aucune pression exercée par l'Espagne. C'était de Pontchartrain qu'émanait cette proposition ; du moins est-ce ainsi qu'il présente lui-même la chose ; c'était « non sans peine » qu'il avait persuadé au Roi d'y acquiescer, et il s'attendait à ce qu'en Espagne la résolution fût reçue avec un très grand contentement (2).

On ne fit, même au début, aucun secret de l'intention qui se cachait sous ce nouvel impôt dont allait être frappé le commerce de la mer du Sud. L'indult devait en premier lieu couvrir les frais des expéditions des capitaines de la Rigaudière et Chabert. Le roi d'Espagne s'était engagé à les payer, et du moment que les fonds nécessaires n'avaient pu être trouvés à Lima, l'indult était pour ce roi, comme s'exprime Pontchartrain, « un soulagement qui ne laisserait pas d'être sensible dans la conjoncture présente. »

En Espagne, on partagea entièrement cette façon de voir : Amelot rapporte que le roi s'était senti fort touché de cette nouvelle preuve de la bienveillance de son grand-père (3); et Pontchartrain aussi reçut sa part d'éloges (4). On se faisait des idées extra-

(1) Pontchartrain à Lempereur, 1ᵉʳ mai 1709. Arch. Nat. Marine, B² 215, p. 375.
(2) Pontchartrain à Amelot, 4 avril 1709. Aff. Ét. Esp. Corr. pol., 195, f. 274.
(3) Amelot à Louis XIV, 17 avril 1709. Aff. Ét. Esp. Corr. pol., 190, f. 183.
(4) Il écrit : « Je suis ravi que le roi d'Espagne ait approuvé l'indult de 6 p. %, que j'ai proposé au Roi de faire lever en faveur de S. M. Catholique. » A Amelot, 15 mai 1709. Arch. Nat. Marine, B² 215, p. 580.

vagantes sur le montant de ce que rendrait l'indult : rien que pour les sommes qui furent déclarées dès le retour de Chabert, on escompta 700,000 livres d'indult et, comme le bruit se répandit que l'importation réelle dépasserait de beaucoup celle qu'on avait avouée et qu'il se propagea jusqu'en Espagne, on s'y laissa bercer par l'espoir d'un bénéfice qui non seulement couvrirait les frais des deux expéditions, mais qui rapporterait encore au roi d'Espagne une somme considérable, « qui lui serait d'un secours bien efficace par rapport à l'extrême besoin des finances pour les dépenses de la guerre (1). »

En France, on n'osa pourtant pas porter aussi loin les espérances. Dès le 15 avril, Louis XIV fait entendre à son ambassadeur à Madrid que le gouvernement espagnol ne devait point s'imaginer que le bénéfice de l'expédition de Chabert suffirait à remettre sur pied les finances espagnoles (2), et, le 29 du même mois, il déclare très nettement que l'indult ne donnerait qu'environ 400,000 livres, somme qui serait « bien éloignée de la dépense que l'armement avait coûtée (3). »

Mais ce furent les armateurs condamnés à payer l'indult qui n'eurent pas lieu de se réjouir. Le sentiment que leur causa ce nouvel impôt se remarque dans quelques paroles caractéristiques qui nous sont parvenues. Un d'eux, M. des Cazeaux du Hallay de Nantes, écrit (4) :

« L'arrêt du Conseil d'État qui ordonne de lever 6 °/₀ de droit d'indult au profit du roi d'Espagne sur tous nos retours de la mer du Sud est bien accablant sur un commerce aussi peu fructueux que celui-là. Si on le regarde par l'utilité que les vaisseaux marchands ont retirée de l'escorte de M. Chabert, il serait aisé de faire connaître qu'au contraire ils en ont très souffert par les retardements considérables et les difficultés essentielles qu'il leur a causées au Pérou. Les juges des lieux où on a négocié n'ont d'ailleurs pas manqué de se faire payer des droits dus au roi d'Espagne : on devrait se croire exempt en France d'en payer de nouveau au profit d'un autre souverain. »

(1) Observations sur la lettre du comte de Pontchartrain du 5 avril 1709. Aff. Ét. Esp. Corr. pol., 195, f. 276.

(2) Correspondance de Louis XIV avec M. Amelot, publ. par M. le baron de Girardot. Vol. II, Paris, 1864, p. 134.

(3) Ibid., p. 136.

(4) Au Contrôleur général, 20 avril 1709. Corresp. des Contr. gén., t. III, n° 373.

Lempereur s'exprime en des termes plus vifs encore sur le
mécontentement général :

« Je ne vous dis rien de la consternation que cet arrêt d'indult a
répandue parmi nos négociants ; cela va au-dessus de tout ce que vous
pouvez vous imaginer, et je suis persuadé que si vous aviez été bien
informé du peu de profit que rapportent ces vaisseaux, après les
risques qu'on a courus et les inquiétudes terribles qu'il a fallu essuyer
pendant trois ans, vous auriez détourné ce coup qui achève de ruiner
le commerce (1). »

Et quelques jours plus tard il continue encore :

« Il ne faut point espérer qu'on parvienne jamais à faire entendre
raison à nos négociants sur les 6 °/₀ d'indult, et ils ne payeront point
assurément qu'ils n'y soient forcés. Ils ont même écrit à M. Desmaretz
pour implorer sa protection et le prier de demander grâce au Roi pour
eux, et ils se flattent de l'obtenir (2). »

Cet appel au contrôleur général était parti de Saint-Malo le
29 avril (3). On explique, en ce placet, d'une façon détaillée les
raisons pour lesquelles cet indult était un impôt injuste. L'escorte
que Chabert avait imposée aux navires privés ne leur avait aucunement profité ; bien au contraire, elle leur avait été préjudiciable :
quelques-uns avaient été retenus pendant des mois, d'autres
avaient dû à leur désavantage presser le départ ; les armateurs
n'avaient point demandé d'escorte, ils n'avaient pas même été
avertis qu'on leur en donnerait une. S'ils l'avaient été, ils se
seraient contentés d'un armement moins considérable et moins
coûteux ; leurs navires étaient bien capables de se défendre eux-
mêmes ; on pourrait même affirmer qu'ils avaient autant contribué à la sûreté de Chabert que Chabert à la leur. D'ailleurs, non
seulement le droit, mais encore l'équité s'élevait contre l'indult :
celui-ci amoindrirait et même annullerait complètement le profit
espéré ; plusieurs des armateurs, hors d'état de le payer, s'endet-
teraient forcément « afin de payer les salaires dus aux équipages,
prime d'assurance, argent à la grosse, frais de désarmements,

(1) Lempereur à Pontchartrain, 21 avril 1709. Arch. Nat. Marine, B³ 169, f. 118.
(2) Lempereur à Pontchartrain, 5 mai 1709. Arch. Nat. Marine, B³ 169, f. 130.
(3) Placet à M. Desmaretz, accompagné d'une lettre signée par Danycan, Blantpignon
Baillon, de la Tranchandière, de la Perche, Natale Stefanini, Jean Forty et Guillaume
Rouzier. Arch. Nat., G⁷ 1694.

transports des matières et autres frais. » Comme pièce à l'appui, ils offraient d'exposer leurs comptes à l'examen public, et leur supplique se termine par les exclamations suivantes qui semblaient propres à fléchir le contrôleur général :

« Que deviendra le commerce, s'il ne trouve en vous un protecteur dans une cause aussi juste ? Faites que la mémoire de Monsieur Colbert, que les négociants regrettent tous les jours, revive en votre personne, et qu'une poignée de négociants, qui, par leur industrie, ont soutenu les manufactures de France, dont ils ont rapporté des matières d'argent dans le royaume, ne soient pas les seuls sacrifiés ! »

Tout d'abord, Desmaretz demeura assez indifférent à cette affaire. Elle avait été entièrement menée par Pontchartrain, déclare-t-il dans une lettre à Amelot (1) ; quant à lui, il s'était seulement gardé de créer des difficultés au projet de lever l'indult, bien que, se faisant l'écho de quelques-unes des affirmations des plaignants, il ne fût point exempt de certaines appréhensions. Pontchartrain, de son côté, déclare catégoriquement que « M. Desmaretz ne donnera point d'ordre contraire, parce que Sa Majesté a rendu un arrêt pour l'établir, et c'est à ces négociants une pure vision que de s'en flatter (2). »

Sans se laisser rebuter par l'opinion de Pontchartrain, les armateurs tentèrent cependant un nouvel effort. Par ce temps de famine, l'importation de blé était devenue un des soucis les plus pressants du gouvernement : or, les armateurs espérèrent être délivrés de l'indult moyennant la proposition qu'ils firent d'envoyer leurs navires à la traite des blés : on vendrait le blé importé au prix coûtant sans y rien gagner ; il y en avait même qui s'offraient à en distribuer gratuitement aux pauvres (3). Pontchartrain resta inflexible : « le Roi ne veut rien changer à sa

---

(1) Le 2 mai 1709. Aff. Ét. Esp. Corr. pol., 195, f. 374. — Pontchartrain s'était déjà d'avance enquis de l'avis de Daguesseau s'il était juste que le Roi fît payer aux commerçants privés le fret de l'argent qu'ils avaient été forcés de confier à Chabert et une somme pour l'escorte de leurs navires. Daguesseau nia de la façon la plus positive ce droit : « Vouloir tirer de là une contribution, écrit-il, c'était une chose plus convenable à un marchand qu'à un grand roi, et il était de la bonté et de la générosité de S. M. d'accorder gratuitement cette sorte de sûreté à ses sujets. » Daguesseau à Pontchartrain, 21 sept. 1708. Arch. Nat. F¹² 125¹.

(2) A Lempereur, 15 mai 1709. Arch. Nat. Marine, B² 215, p. 555.

(3) Lempereur à Pontchartrain, 15 mai 1709. Arch. Nat. Marine, B³ 169, f. 138.

résolution, » déclare-t-il (1), et une dernière supplique des armateurs mortifiés et priant qu'on réduisît l'indult à 3 p. %, ou qu'on leur accordât un dédommagement « en faisant augmenter la valeur des espèces (2), » n'obtint qu'un refus répété ; et de vifs reproches furent adressés aux fonctionnaires qui avaient osé se charger du soin de pareilles représentations (3).

Il semble certain qu'au moment où Pontchartrain refusait avec tant d'énergie les demandes d'exonération ou de diminution de l'indult, une décision contraire était, sinon déjà prise, au moins préparée. Les armateurs avaient de nouveau trouvé près du contrôleur général l'appui que le secrétaire de la marine continuait de leur refuser. Pontchartrain l'ignora-t-il? Nous n'en savons rien, mais, déjà le 9 juillet, sur le rapport de Desmaretz, un arrêt (4) fut porté qui, après avoir relaté la demande des armateurs d'être exempts de l'indult, s'ils entreprenaient d'amener dans le royaume des blés des pays étrangers, affirme que « rien n'était plus selon le goût de Sa Majesté, ni plus conforme à ses désirs que l'objet de cette proposition. » Le Roi avait donc résolu « qu'il serait sursis à toutes poursuites et contraintes contre eux pour raison dudit indult de 6 p. %, porté par ledit arrêt du 10 avril dernier, jusqu'à concurrence de 60 piastres pour chaque tonneau de blé qu'ils auraient déclaré vouloir faire apporter, en sorte que celui qui devrait 6,000 piastres pour l'indult de cent mille piastres qu'il aurait porté aux Monnaies et qui aurait donné sa soumission de faire venir cent tonneaux de blés étrangers dans les ports de France, ne pourrait être contraint au payement desdites 6,000 piastres et plus ou moins à proportion, et après l'arrivée desdits blés dans lesdits délais ils demeureraient d'autant déchargés sur ledit indult envers le roi d'Espagne. »

Mais une autre considération qui entra en ligne de compte, ce furent les intérêts de l'Espagne ; aussi le même arrêt poursuit-il :

(1) A Lempereur, 29 mai 1709. Arch. Nat. Marine, B² 215, p. 772.
(2) Lempereur à Pontchartrain, 5 juin 1709. Arch. Nat. Marine, B³ 169, f. 172.
(3) Pontchartrain à Lempereur et à de Lusançay, commissaire ordonnateur de la marine à Nantes, 12 juin 1709. Arch. Nat. Marine, B² 215, p. 963.
(4) Arch. Nat., G⁷ 1694. — Une lettre de M. de la Chipaudière Magon à Desmaretz du 7 juillet 1709, avec des « Réflexions » y jointes (ibid.), nous instruit que la proposition de cet arrêt était dressée par Daguesseau et que les clauses en avaient depuis quelque temps déjà été l'objet de discussions entre les armateurs et les autorités.

« Comme la condition qu'on y a attachée ne dépend pas du Roi et que Sa Majesté ne peut disposer du produit d'un indult qu'elle a consenti en faveur du roi d'Espagne, elle a mieux aimé prendre le parti de s'en charger envers Sa Majesté Catholique que de manquer de procurer ce soulagement à ses peuples, et plus sensible à l'état fâcheux où la stérilité de la dernière récolte et l'augmentation du prix des blés les ont réduits qu'à ses intérêts, elle a résolu de fournir du sien les sommes nécessaires à cet effet, nonobstant le besoin pressant qu'elle en a pour tâcher de repousser les efforts redoublés de ses ennemis et pour soutenir une guerre, à la continuation de laquelle elle se trouve forcée par l'éloignement qu'ils ont fait paraître de la paix. »

En raison de cette résolution, on calculait que l'importation des blés étrangers monterait à 3,700 tonneaux et que l'exemption de l'indult, qui y correspondait, monterait à 222,000 piastres (1). Nous n'avons pu constater dans quelle mesure les armateurs ont profité de cette autorisation ; nous montrerons plus loin de quelle façon le gouvernement français s'acquitta de son engagement vis-à-vis du roi d'Espagne.

Pour que ces projets financiers réussissent, il était naturellement nécessaire que le gouvernement prît des mesures efficaces, afin de s'assurer de l'or et de l'argent importés ; et qu'il en fallût d'énergiques pour cette affaire, l'expérience des temps passés l'avait suffisamment prouvé. Nous ne saurions mieux faire que de donner ici des extraits de la correspondance entretenue à ce sujet entre le secrétaire d'État de la marine et ses collègues et subordonnés, en particulier celui qui dans cette question joua bientôt le rôle le plus en vue, le commissaire ordonnateur de la marine à Lorient et à Port-Louis, M. Clairambault. Nous citerons amplement ces documents, et cette abondance, nous le croyons du moins, paraîtra justifiée, car ils éclairent admirablement l'époque et un simple compte-rendu risquerait de laisser perdre une foule de détails curieux. Il suffit de lire cette correspondance : les réflexions naissent d'elles-mêmes.

(1) Vaubourg à Desmaretz, 11 juillet 1709. Arch. Nat., G⁷ 1694.

Le premier avis du retour de Chabert se trouve dans la lettre suivante (1) :

« J'ai, Monseigneur, l'honneur de vous donner avis que M. Chabert, commandant le vaisseau l'*Aimable*, arriva hier à Groix avec sept vaisseaux, dont six de Saint-Malo et un de Nantes, tous richement chargés, venant de la mer du Sud. Ils ont mouillé aujourd'hui au Port-Louis et à Penmarch, et comme ces vaisseaux ont cinq cents malades du scorbut, nous les avons mis à l'hôpital du Port-Louis, où ils auront tous les secours qu'on pourra leur donner. J'ai envoyé à bord de ces vaisseaux un commis du contrôle pour demander aux capitaines leur déclaration des matières d'argent qu'ils ont apportées dans leurs vaisseaux et leur soumission de les porter aux hôtels des monnaies, conformément à ce qu'il vous a plu de l'ordonner par vos ordres du 16 mars 1707, à quoi ils ont satisfait, à l'exception du capitaine du *Saint-Jean-Baptiste* de Saint-Malo, qui, s'étant débarqué fort malade, n'a pu me donner la sienne, que je prendrai, aussitôt qu'il sera possible, pour vous être envoyée. Je vous envoie le bordereau desdites espèces, dont le total se monte à 2,948,966 piastres, dans laquelle somme sont comprises les 300,000 piastres de l'*Aimable* que M. Chabert dit appartenir au roi d'Espagne, dont je vous supplie de vouloir destiner le fret pour les besoins de ce port les plus pressants. »

Le bordereau dont on parle dans cette lettre ne contient, pour la plupart des navires, que des sommes approximatives (2). Il en est de même des déclarations présentées au bureau des fermes à Port-Louis, lesquelles, pour tous les sept navires réunis, à l'exception de l'*Aimable*, ne déclarent que 2,656,106 piastres (3). Nous trouvons des chiffres plus exacts dans l'état suivant :

L'*Aimable* (pour le compte des particuliers).	562,449	piastres.
Le *Saint-Joseph*	229,556	—
Le *Chancelier*	340,000	—
Le *François*	467,443	—
Le *Phélypeaux*	779,039	—
Le *Saint-Charles*	410.687	—
La *Confiance*	439,000	—
Le *Saint-Jean-Baptiste*	168,000	—
TOTAL	3,396,174	piastres (4).

(1) Clairambault à Pontchartrain, 27 mars 1709. Arch. Nat. Marine, B³ 170, f. 145.

(2) 2,948,966 piastres. Bordereau des matières d'argent venues dans les vaisseaux... sous le commandement de M. Chabert. Arch. Nat. Marine, B³ 170, f. 148.

(3) Laurion à Desmaretz, 6 avril 1709. Arch. Nat., G⁷ 1694.

(4) État des matières d'argent venues du Pérou dans les navires arrivés au Port-Louis

Si nous ajoutons les 309,179 piastres rapportées pour le compte du roi d'Espagne, nous arrivons à un total de 3,705,353 piastres, ce qui doit pouvoir être évalué à environ 11,212,000 livres.

C'était loin d'être la moitié même de la somme dont on s'était flatté. Aussi le gouvernement conçut-il immédiatement des soupçons. Ils se constatent dans la lettre qui suit et par laquelle nous commençons les extraits de cette correspondance échangée entre les autorités (1).

*
* *

Pontchartrain à Clairambault, 1ᵉʳ avril 1709.

« J'ai reçu la lettre que vous m'avez écrite le 27 du mois passé pour me donner avis de l'arrivée de M. Chabert au Port-Louis avec sept vaisseaux marchands, venant de la mer du Sud. J'en ai rendu compte au Roi, à qui cette nouvelle a fait beaucoup de plaisir. Je vous envoie les ordres de Sa Majesté pour faire désarmer à Lorient le vaisseau l'*Aimable*, et je vous prie d'y faire travailler sans perte de temps ; mais l'intention de Sa Majesté est que, de concert avec M. Chabert et avec le sieur Bory, vous fassiez mettre auparavant en sûreté toutes les espèces et matières d'or et d'argent qui se trouveront embarquées sur ce navire, tant ce qui a été déclaré que ce qui ne l'a pas été, sans permettre qu'il ne soit rien débarqué, pour être remis à qui que ce puisse être, jusqu'à ce que vous ayez reçu de nouveaux ordres sur ce sujet, ce qui sera incessamment.

Sa Majesté veut aussi que vous preniez toutes les précautions possibles, pour qu'il ne soit débarqué aucunes espèces et matières d'or et d'argent des vaisseaux qui sont arrivés sous l'escorte de M. Chabert, jusqu'à ce que vous ayez reçu de pareils ordres de Sa Majesté. Il me paraît que le moyen le plus sûr pour y parvenir est de mettre des archers ou des soldats à bord de ces bâtiments, pour y veiller.

L'intention de Sa Majesté est aussi que vous déclariez aux capitaines qui les commandent que, s'ils contreviennent à ce qui est en cela sa volonté, elle les fera punir, non seulement sévèrement, mais fera con-

sous l'escorte de M. Chabert, conformément aux déclarations qui en ont été faites par les capitaines de ces navires. Aff. Ét. Esp. Corr. pol., 197, f. 225. — Un autre état signé à bord de l'*Aimable* le 26 mars 1709 par le sieur Bory (Arch. Nat. Marine, B⁴, Campagnes, vol. XXXIV) indique un total de seulement 3,369,678 piastres 6 1/2 réaux. C'est à l'état inséré ci-dessus que Pontchartrain réfère comme au seul véridique ; à Amelot, 13 nov. 1709. Aff. Ét. Esp. Corr. pol., 197, f. 160.

(1) La correspondance ci-après se trouve aux Archives Nationales, documents de l'ancienne marine. Les lettres de Pontchartrain sont tirées des vol. CCXV et CCXVI de la Série B², celles de Lempereur, de Clairambault, de Lusançay et de Desmaretz des vol. CLXIX, CLXX, CLXXI et CLXXV de la Série B³.

fisquer l'argent qui aura été débarqué en fraude, et afin d'engager ceux qui en auront connaissance, et du transport qui en pourrait être fait, à déclarer ce qu'ils apprendront sur cela. Sa Majesté leur en accordera le tiers pour la dénonciation qu'ils en feront. Vous pouvez rendre la chose publique sur ce pied, et j'écris à M. Chabert pour le faire savoir aussi de son côté.

Par l'estime que j'ai pour vous, je vous exhorte à n'avoir aucuns ménagements de vous informer à fond s'il a été fait quelque commerce sur le vaisseau l'*Aimable*, pendant la campagne qu'il vient de faire, et de me mander sans complaisance ce que vous en apprendrez, et le nom des officiers qui l'auront fait.

Je lui écris cependant que, si les capitaines de ces navires voulaient aller désarmer chez eux, il peut leur permettre, en faisant débarquer auparavant tout l'argent qui se trouvera dans leurs bords, déclaré ou non déclaré, y compris les pacotilles. Je ne vous indique pas les endroits où cet argent peut être mis ; vous en conviendrez avec M. Chabert, et vous examinerez s'il convient de le mettre dans la citadelle du Port-Louis, dans les magasins particuliers, ou enfin dans un endroit où il puisse être en sûreté.

J'écris à MM. des Graviers et de Ferville de faire donner tous les secours dont on pourra avoir besoin pour faire mettre ces effets à couvert, et même pour faire courir après les particuliers qui transporteront l'argent qui pourra avoir été débarqué en fraude. Vous jugerez assez, par tout ce que je vous dis, que le Roi ne veut absolument point qu'il en soit transporté jusqu'à nouvel ordre. Sa Majesté m'a ordonné de vous dire qu'elle ne voulait pas être trompée. Songez-y !

J'ai remarqué, par la lettre que M. Chabert m'a écrite, qu'il doit y avoir dans ces navires plus de vingt-cinq millions, et cependant il n'en paraît pas dix par les états que le sieur Bory m'a envoyés ; le bordereau que vous m'avez adressé est encore plus faible, ce qui me fait juger que les états ne sont pas justes, et qu'il s'en faut de beaucoup que tout n'ait été déclaré. Comme Sa Majesté veut être informée au vrai de ce qui est arrivé, elle veut que vous vous transportiez à bord de tous les vaisseaux pour prendre les déclarations de toutes les espèces et matières d'or et d'argent qui seront arrivées, et que vous fassiez savoir que tout ce qui ne sera pas déclaré sera confisqué. Il faut même que vous fassiez signer aux capitaines les déclarations qu'ils vous en feront.

J'ai fait écrire devant moi, sous les ordres exprès de Sa Majesté, ce que vous verrez dans les apostilles et interlignes de cette lettre, et j'ai répondu au Roi que vous les exécuteriez avec la dernière exactitude, sans aucun ménagement ni considération. J'espère que je ne serai pas trompé ; c'est votre affaire et la mienne. »

Clairambault à Pontchartrain, 1ᵉʳ avril 1709.

« Le sieur des Moriers des Vaux, capitaine du vaisseau le *Saint-Jean-Baptiste*, venant de la mer du Sud, n'ayant pu, Monseigneur, me donner sa déclaration des espèces d'argent par lui apportées, à cause qu'il est fort malade, et m'ayant renvoyé à celle qu'il avait faite dans son voyage au sieur Bory, commissaire embarqué sur l'*Aimable*, ledit sieur Bory m'a assuré que ces espèces ne se montent qu'à 258,966 piastres ; jointes à celles provenant des autres déclarations que j'ai eu l'honneur de vous envoyer, elles font la somme de 3,206,966, mais je ne crois pas que ces déclarations soient sincères ; les pacotilles seules sont estimées valoir davantage. Et même j'ai parlé à quelques officiers des vaisseaux malouins nouvellement arrivés, qui m'ont assuré en confidence que leurs sept vaisseaux ont apporté en espèces la valeur de près de trente millions de livres, et il m'a dit que le tout sera porté à la Monnaie, si l'on y paye exactement tout ce qu'on y portera.

Vous trouverez peut-être, Monseigneur, que j'aurais dû mettre force gardiens sur ces vaisseaux, pour empêcher que rien n'en débarquât sans auparavant l'avoir déclaré, mais je crois, Monseigneur, que vous trouverez aussi que cela n'est plus de saison, la misère étant si grande en ces quartiers qu'il n'y a présentement point de gardiens à l'épreuve d'un écu. Il serait, ce me semble, bien plus aisé d'y remédier, s'il était permis d'arrêter les piastres qui se transportent en fraude, mais le prévôt de ce port n'ayant pas été approuvé d'en avoir d'arrêté à Auray il y a six mois, nous n'osons, Monseigneur, nous servir de cet expédient sans vos ordres.

Le principal commis du munitionnaire m'a, Monseigneur, communiqué un arrêt du Conseil du 19 mars dernier au sujet du traité des vivres. Si cet arrêt est divulgué, je crois qu'il fera plus de mal que de bien au service, car personne ne voudra plus fournir, à moins qu'on ne lui donne de l'argent d'avance... Cependant, l'escadre commandée par M. Chabert a mis à terre près de six cents malades, et nous n'avons pas de munitions dans nos magasins de quoi les nourrir huit jours. Et comme personne ne veut fournir, et qu'il est de votre charité, Monseigneur, de ne pas laisser périr ces pauvres gens, je vous supplie de faire remettre, par ledit munitionnaire ou par le trésorier général, au moins 6,000 livres en argent, sans quoi ces pauvres gens périront de pure misère... »

Clairambault à Pontchartrain, 4 avril 1709.

« Je viens, Monseigneur, de recevoir avec vos ordres du 1ᵉʳ de ce mois, ceux de Sa Majesté pour faire désarmer à Lorient le vaisseau l'*Aimable* et pour faire mettre en sûreté toutes les espèces et matières d'or et d'argent qui se trouveront embarquées sur ce vaisseau et sur les autres vaisseaux qui sont arrivés de la mer du Sud sous l'escorte de M. Chabert. Nous travaillons à ce désarmement avec toute la diligence que vous désirez, et j'ai fait mettre entre les mains du trésorier de la marine les 3oo,ooo piastres venues dans ce vaisseau pour le roi d'Espagne. Mais à l'égard des autres espèces et matières d'or et d'argent, apportées dans les autres vaisseaux, elles ont été débarquées et la plupart transportées dès les premiers jours de leur arrivée ; et comme il y a huit jours qu'on les voiture, je doute qu'il en reste beaucoup en ces quartiers. Plusieurs de ces vaisseaux sont même à demi désarmés. Ainsi, Monseigneur, tout ce que je peux faire est d'envoyer au Port-Louis et à Hennebont le sieur Merville, prévôt de ce port et autres, pour y faire une recherche exacte de celles qui y pourraient être encore, afin de les y arrêter et les y mettre sous bonne et sûre garde, jusqu'à ce qu'il vous ait plu de me donner de nouveaux ordres. »

Clairambault à Pontchartrain, 5 avril 1709.

« Je viens, Monseigneur, de voir au Port-Louis MM. Chabert, Lermitte et des Graviers, au sujet des ordres qu'il vous a plu de me donner d'empêcher qu'il ne soit transporté aucune matière ou espèce d'or et d'argent venues depuis peu de la mer du Sud sous le convoi de M. Chabert, et il m'a paru que ces messieurs ont donné de fort bons ordres pour que le tout soit exécuté conformément à vos intentions : les sentinelles ont été doublées aux portes pour empêcher que rien ne sorte sans visite et les messagers congédiés ; et comme on croit qu'il y a encore bon nombre de piastres dans cette ville, j'y ai laissé le sieur de Merville, avec deux archers, pour en faire la recherche et les arrêter, jusqu'à nouvel ordre, chez les dépositaires où elles sont, qui donneront leur soumission de les représenter quand ils en seront requis, s'ils sont solvables, et s'ils ne le sont pas, nous sommes convenus qu'on les porterait à la citadelle.

Et comme j'ai appris, Monseigneur, qu'il y avait dans la ville d'Hennebont plusieurs chaloupées de ces matières, j'y ai envoyé, à la pointe du jour, le sieur de Kernombre, procureur du Roi de la prévôté de ce port, avec quelques archers, pour y arrêter aussi toutes ces espèces venues de la mer du Sud, qui y ont été transportées, qu'on croit être en grand nombre, car on m'a assuré que le sieur Lespine Danycan conduit lui-même une voiture de plus de deux millions de piastres. En cas qu'il ait passé outre, j'ai ordonné qu'on le suivît jusqu'à Pontivy et Musille, mais si on les manque, j'écris aujourd'hui à M. Lempereur à Saint-Malo, pour lui donner avis des ordres qu'il vous a plu de me donner, afin qu'il fasse secrètement faire bonne garde aux portes de la ville et y fasse arrêter ces matières, à mesure qu'elles arriveront, et qu'ensuite il ait l'honneur de vous en rendre compte aussitôt. Je crois, Monseigneur, que si vous avez agréable de lui faire écrire un mot, cela serait fort nécessaire.

Ayant appris, Monseigneur, qu'ayant beaucoup de charretées de ces matières qui ont pris la route de Nantes, j'écris à M. de Lusançay de faire faire aussi secrètement bonne garde aux portes et qu'il arrête, jusqu'à nouvel ordre, les espèces provenant de ces vaisseaux de la mer du Sud, et qu'il ait aussi l'honneur de vous en rendre compte aussitôt. On m'a assuré, Monseigneur, qu'il y en a beaucoup d'envoyées à Rennes ; j'en donne avis à M. Ferrand, pour qu'il puisse exécuter sur cela les ordres qui lui auront été donnés.

On croit, Monseigneur, qu'il en reste encore un peu à Lorient, et j'ai fait publier et afficher ici, au Port-Louis et à Hennebont, l'affiche dont copie est ci-jointe (1), afin que personne ne transporte à l'avenir aucune de ces matières jusqu'à nouvel ordre. Les équipages de ces vaisseaux venus de la mer du Sud, voulant obliger leurs capitaines de leur payer en piastres ce qui leur est dû pour la solde de leur voyage, j'ai ordonné à ces capitaines que, conformément à vos ordres qui défendent de disperser ces espèces, ils aient à ne leur donner seulement que leur conduite, et ensuite ils leur feront la remise de leur parfait payement. »

Clairambault à Pontchartrain, 8 avril 1709.

« ... Je me suis informé du commerce qui pourrait avoir été fait dans ce vaisseau (l'*Aimable*) par ses officiers, mais je n'ai pu encore rien pénétrer sur cela, se disant tous être les gens du monde les plus désintéressés, et que ce vaisseau a été visité au Pérou par les officiers du vice-roi, qui n'y ont vu que des munitions de guerre et de bouche, et qu'ils ont admiré un si grand désintéressement. Mais comme je n'ai pas tant de foi sur cela que ces Espagnols, sachant qu'on cache très souvent les pacotilles dans des tonnes mêlées parmi celles des premiers rangs de l'eau et des vivres, qui sont dans le fond de cale, je continuerai à m'informer sur cela, et si je peux découvrir quelque commerce de ces officiers, je ne manquerai pas, Monseigneur, d'avoir l'honneur de vous en rendre compte.

J'ai l'honneur de vous informer, par une lettre particulière ci-jointe, de ce qui s'est passé en suite des ordres dont il vous a plu de m'honorer au sujet des vaisseaux revenus depuis peu de la mer du Sud. »

(1) Voici la teneur de cette affiche : « De par le Roy. Sa Majesté ne voulant pas qu'il soit transporté aucune matière ou espèce d'or ou d'argent venues depuis peu de la mer du Sud sous le convoi de M. Chabert, il est fait très expresses défenses à tous messagers, chartiers et autres voituriers de transporter aucune desdites espèces jusqu'à nouvel ordre, et si, nonobstant ces défenses, quelqu'un s'ingère d'en transporter, et qu'on le puisse découvrir, Sa Majesté veut qu'il en soit donné le tiers au dénonciateur. Fait à Lorient le 5 avril 1709. » Arch. Nat. Marine, B³ 170, f. 167.

Clairambault à Pontchartrain, 8 avril 1709 (lettre particulière).

« Suivant les ordres, Monseigneur, dont il vous a plu de m'honorer le 1ᵉʳ de ce mois, j'ai fait arrêter au Port Louis 1,494,743 piastres, et les dépositaires d'icelles ont promis de ne s'en point dessaisir et de les représenter quand ils en seront requis. Il ne s'est trouvé à Lorient que 5,670 piastres, que j'ai fait arrêter aussi. Mais à Hennebont et à Pont-château, nous y en avons arrêté plus de deux millions, le tout faisant ensemble plus de 3,494,743 piastres, et si MM. Lempereur et Lusançay font aussi que je les en ai priés, je crois, Monseigneur, que vous pourrez compter sur plus de quatre millions de piastres, qui ont été arrêtées.

J'ai, Monseigneur, l'honneur de vous envoyer un état contenant ces arrêts de piastres, suivant lequel il vous paraîtra le peu de fidélité qu'ont eue ceux qui ont fait les premières déclarations que j'ai eu l'honneur de vous envoyer, car sur le vaisseau le *Saint-Joseph-de-Marseille* ils ne déclarèrent que 276,000 piastres ; cependant, il s'en trouve 560,000 d'arrêtées provenant de ce vaisseau, et sur le vaisseau le *Chancelier* ils n'en ont déclaré que 265,797, cependant, il s'en trouve 340,000 d'arrêtées provenant dudit vaisseau. Je crois, Monseigneur, que cela vous paraîtra une preuve assez claire de leur tromperie en cette occasion, et je ne sais s'ils ne mériteraient pas qu'il vous plût de les condamner à quelque aumône pour l'église de Lorient.

J'attends, Monseigneur, qu'il vous plaise de m'honorer de vos ordres sur ce que vous désirez que je fasse pour la suite de cette affaire. Il y a au Port-Louis et à Hennebont plusieurs charrettes, chevaux de bât et mules, qui y ont été envoyés par les propriétaires de ces espèces, dans le dessein de les transporter ; mais les voyant arrêtées, ces voitures leur restent inutiles dans les cabarets, où elles leur causent de la dépense, et cela les fait un peu crier, mais apparemment que leurs cris cesseront dans peu.

M. Ferrand vint avant-hier proche de Lorient pour conférer avec moi sur cette affaire. Je l'allai saluer, et je lui dis les ordres dont il vous avait plu de m'honorer sur icelle et ceux que j'avais donnés en exécution d'iceux. Il applaudit à tout et me dit n'avoir encore eu d'ordres de M. Desmaretz que de lui envoyer seulement les déclarations des propriétaires de ces espèces. Mais hier il me manda qu'il allait au Port-Louis et qu'il venait de recevoir des ordres qu'il souhaitait de me communiquer. Je m'y rendis aussitôt. Il m'assura qu'il était certain que ces nouveaux ordres de M. Desmaretz avaient été faits de concert avec vous, Monseigneur, et suivant lesquels il lui était ordonné d'exhorter les propriétaires des piastres arrêtées d'en prêter la moitié au Roi, et que ceux qui feraient ce prêt de bonne grâce, il enverrait leurs espèces aux hôtels des mon-

naies, qui est un lieu de sûreté, où elles pourraient être conduites p.
quelques archers et soldats de la marine, mais qu'attendu le respe
qu'il avait pour les ordres dont vous m'aviez honoré pour cette affaire,
n'enverrait point ainsi ces piastres à moi que je ne donnasse les ordr
nécessaires auxdits archers pour les conduire ; et comme il m'a par
Monseigneur, que la diligence en cela vous sera agréable, et que vo
n'approuveriez pas que j'y causasse le moindre retardement, j'ai cr
qu'en attendant vos ordres sur cette destination, vous auriez la bon
d'approuver que j'acquiesçasse promptement à la proposition c
M. Ferrand, laquelle m'a paru très convenable au bien du service. Et si
ce qu'il m'a marqué être convenu de cet emprunt avec les propriétair
des vaisseaux le *Saint-Charles*, le *Phélypeaux*, le *Saint-Jean-Baptiste* et
Confiance, j'ai aussitôt envoyé à Hennebont les ordres nécessaires au
sieurs de Merville et de Saint-Lazare pour qu'ils détachent leurs arche
et soldats pour accompagner les voitures des espèces que M. Ferran
enverra aux hôtels des monnaies de Rennes et Nantes, conformément
la destination qu'il en fera.

A l'égard des autres espèces, dont les propriétaires n'ont point enco
voulu donner de consentement, elles resteront arrêtées jusqu'à ce qu'
vous ait plu, Monseigneur, de me faire connaître vos intentions sur c
sujet, et jusqu'à ce qu'ils s'accordent avec M. Ferrand. »

Lusançay à Pontchartrain, 9 avril 1709.

« ... J'avais reçu le jour d'auparavant une lettre de M. Clairambau
de faire veiller sur les chemins du Port-Louis ici, qu'il ne pass
aucunes matières d'or ou d'argent venant des vaisseaux de la mer du Su
arrivés au Port-Louis, ce que j'exécutai sur le champ, sachant qu'il e
venait une voiture de plusieurs charretées, et y ai envoyé un archer qui
été jusqu'à Pontchâteau, à dix lieues d'ici, où il s'est trouvé prévenu p
un archer, qui sert près de M. de Vacan, qui avait déjà arrêté lesdites cha
retées. On en a donné avis à M. Clairambault, et je ne sais pas encore c
qu'il aura réglé qu'on fît, soit de les renvoyer au Port-Louis ou de le
laisser achever leur voyage, auquel cas et suivant ce qu'il pourra m
mander, je les ferai porter et consigner à l'hôtel de la monnaie, aus
bien que les autres qu'on pourrait arrêter, car j'ai fait mettre d'ailleu
des gens sur les avenues de la ville, et ai même chargé les commis d
fermes qui sont dans les petits bureaux, hors les portes, d'y veiller et c
les arrêter, en leur promettant une récompense. »

Pontchartrain à Clairambault, 10 avril 1709.

« Vous avez raison de croire que les déclarations qui ont été donné
au sieur Bory de l'argent embarqué sur les vaisseaux, venant de la m

du Sud, ne sont pas fidèles. Comme vous avez reçu à présent les ordres de Sa Majesté au sujet de cet argent arrivé, il est nécessaire que vous les fassiez exécuter, et que vous cherchiez tous les moyens praticables pour savoir combien il en était arrivé, ce qu'il est devenu, et mettre en lieu de sûreté celui que vous découvrirez...

J'ai vu ce que vous me marquez au sujet du grand nombre de malades qui ont été mis à l'hôpital du Port-Louis, provenant des équipages des vaisseaux marchands arrivés de la mer du Sud avec M. Chabert. Sa Majesté a trouvé bon que vous en fassiez prendre un grand soin. Je suis persuadé que vous n'ignorez pas que Sa Majesté n'est pas obligée d'en supporter la dépense, et qu'elle regarde entièrement les propriétaires de ces bâtiments. Ainsi il faut que vous fassiez un état exact de celle qui aura été faite par Sa Majesté pour la subsistance de ces malades, et que vous la fassiez rembourser... »

Clairambault à Pontchartrain, 12 avril 1709.

« Nous continuons, Monseigneur, à chercher les piastres qui n'ont point été déclarées et à veiller qu'il n'en soit point transporté en fraude. Mais quoique j'ai fait afficher et publier les intentions du Roi sur ce sujet, et que Sa Majesté accorderait le tiers à ceux qui dénonceraient ceux qui en transportent ainsi en fraude, néanmoins il s'est trouvé quelques particuliers qui, ayant nuitamment chargé de ces matières sur trois chevaux, le sieur de Merville, que j'avais posté à Hennebont, ayant appris cette fraude, a fait courir après et prendre ces trois chevaux chargés, et ayant fait faire l'inventaire de leur chargement, il se trouve monter à environ 25 à 26,000 livres... Je crois, Monseigneur, qu'il vous paraîtra que cette contravention à vos ordres mérite une punition, et que, si par grâce cette somme n'est pas entièrement confisquée, il vous plaira d'en donner une portion audit sieur de Merville, pour l'attention qu'il a pour l'exécution de vos ordres, à quoi je vous supplie de vouloir aussi joindre une part pour aider à la construction de l'église de Lorient. Ce châtiment empêchera que ces fraudes ne se fassent désormais si librement. »

Clairambault à Pontchartrain, 15 avril 1709.

« Nous continuons, Monseigneur, à faire recherche des piastres débarquées des vaisseaux venus de la mer du Sud et qui n'ont point été déclarées, et il se trouva hier environ cent mille livres de pacotilles, qui étaient cachées chez des particuliers d'Hennebont, lesquels, voyant que le prévôt en avait quelque avis, vinrent les lui déclarer, craignant quelque confiscation. Je lui ai mandé de les envoyer à la Monnaie à Rennes et de prendre de bonnes soumissions des propriétaires de ces espèces et de celles deleurs cautions, comme ils rapporteront certificats du directeur de la Monnaie, comme elles y auront été reçues. A l'égard de celles que nous avions arrêtées d'abord au Port-Louis et à Hennebont, nous les envoyons aussi aux hôtels des monnaies de Nantes et de Rennes, à mesure que M. Ferrand s'accorde avec les propriétaires d'icelles, et je n'en laisse point partir que conformément aux lettres que M. Ferrand m'écrit, par lesquelles il me marque être convenu avec le propriétaire d'une telle quantité de piastres qu'il me prie de laisser partir, en exécution de quoi je fais faire une vérification de cette quantité, et celui qui est chargé de cette vérification voit arriver ces espèces sur les charrettes et dont il fait une facture, qui est ensuite mise entre les mains d'un archer de la marine, chargé de conduire cette voiture et de me rapporter, au bas de cette facture, un certificat du directeur de la Monnaie comme il aura reçu la quantité d'espèces. Je ne sais, Monseigneur, si tout cela est bien conforme à vos intentions, mais nous croyons ne pouvoir faire mieux. J'espère de vos bontés que vous approuverez que j'aie agi de concert et en bonne intelligence avec M. Ferrand en ce rencontre. »

Pontchartrain à Clairambault, 17 avril 1709.

« ... Je dois vous faire observer que vous eussiez prévenu tout ce qui est arrivé, si, conformément aux ordres que vous avez reçus le 26 décembre dernier, vous vous étiez transporté à bord de tous ces vaisseaux à leur arrivée, et si vous aviez pris des soumissions des propriétaires, à qui ces espèces appartiennent, de les porter aux hôtels des monnaies. C'était un moyen sûr pour savoir au vrai la quantité, au lieu que vous n'avez pas eu cette attention, et vous avez fait en cela une faute que vous ne réparerez que par les mouvements et les soins que vous vous donnerez pour savoir ce que cet argent est devenu. »

Pontchartrain à Bory, 17 avril 1709.

« M. Ferrand est au Port-Louis pour engager les capitaines et propriétaires des navires revenus de la mer du Sud à porter leur argent aux hôtels des monnaies. Il faut que vous engagiez les uns et les autres de prendre ce parti et de déclarer avec sincérité la quantité d'espèces qu'ils auront et qui est arrivée en ce port dans les vaisseaux que M. Chabert y a escortés. Il faut que vous mettiez tout en usage pour parvenir à en être informé, que vous employiez les promesses et les menaces pour tâcher de découvrir la vérité, que vous interrogiez les équipages et même les officiers, et que vous profitiez de la mésintelligence qui est entre eux pour que rien ne vous échappe. Lorsque vous aurez un état exact de ces espèces, vous aurez soin d'en remettre des copies à MM. Ferrand et Clairambault, et de m'en envoyer une pareille.

A l'égard des piastres embarquées sur le vaisseau l'*Aimable*, vous n'auriez pas dû les faire remettre aux propriétaires, quoique vous ayez retiré leurs soumissions, et vous deviez au moins attendre le retour du courrier que M. Chabert avait dépêché. »

Pontchartrain à Desmaretz, 17 avril 1709.

« On me demande du Port-Louis des ordres sur l'argent qui pourra y arriver dans la suite dans les vaisseaux qui y relâcheront, venant de la mer du Sud et des autres endroits d'où il se tire des espèces et matières d'or et d'argent. Je vous prie de me faire savoir s'il y a quelque chose à ajouter aux ordres qui vous ont été donnés, de retirer à l'arrivée de ces navires des soumissions des propriétaires de porter ces espèces aux hôtels des monnaies et d'examiner avec attention la quantité qu'il y en aura, afin que tout puisse être envoyé. »

Desmaretz à Pontchartrain, 19 avril 1709.

« Je crois qu'on ne peut rien ajouter, quant à présent, à ces ordres, et je n'ai qu'à vous prier de les faire exécuter... Vous savez, comme moi, que les secours qu'on en tirera, font la principale ressource dont on puisse user dans la conjoncture présente. »

Lempereur à Pontchartrain, 21 avril 1709.

« Si l'avis que M. Clairambault vous a marqué m'avoir donné, était arrivé un peu plus tôt, j'aurais pris avec soin toutes les précautions possibles pour découvrir et arrêter toutes les espèces et matières d'or et d'argent qui ont été amenées ici, mais comme, lorsque je le reçus, elles avaient été déjà remises aux négociants à qui elles appartenaient, et que, sans un ordre du Roi, je ne peux en faire ouvrir les maisons pour en faire des perquisitions, qui d'ailleurs seraient inutiles, tout ce que j'ai cru devoir faire a été de rechercher qui sont ces négociants, et d'en donner avis à M. Ferrand, afin qu'il prît les mesures qu'il jugerait convenables, tant pour se faire compte de ces matières, que pour le payement de l'indult... Je dois cependant vous dire que ce grand nombre de charrettes dont M. Clairambault fait monter la charge à deux millions de piastres, se trouvent jusqu'à présent réduites à quatre, dont une était adressée à M. de Prémesnil, qui a donné au subdélégué de M. Ferrand sa déclaration du nombre des piastres qu'elle avait apportées et sa soumission de les représenter, et les trois autres, appartenantes à M. de Lespine Danycan, n'étaient chargées chacune que d'un coffre de 4 à 5 pieds de long, qui pouvait contenir environ 40,000 piastres, ce qui ferait pour les trois 120,000, dont ce négociant employa dès le lendemain une bonne partie à payer ses assurances. »

Clairambault à Pontchartrain, 22 avril 1709.

« J'ai, Monseigneur, envoyé un commis au Port-Louis pour y faire un inventaire des marchandises venues de la mer du Sud dans les vaisseaux arrivés sous l'escorte de M. Chabert, afin d'en pouvoir faire payer l'indult des 6 °/₀ portés par l'arrêt qu'il vous a plu de m'envoyer, mais presque toutes ces marchandises étant déjà transportées hors du lieu, nous avons été obligés d'avoir recours au bureau des ports et havres, où nous avons pris un état de celles qui y ont été déclarées... J'écris à M. Ferrand pour lui donner avis de mes diligences sur ce sujet, et je le prie d'ordonner aux directeurs des Monnaies de Rennes et Nantes de ne pas se dessaisir entièrement des matières appartenant à ces armateurs, jusqu'à ce qu'ils aient satisfait pour ce qu'ils doivent pour cet indult, tant sur ces matières que sur les marchandises. Comme nous ne savons pas en ces quartiers le prix de ces marchandises, et que les armateurs pourraient diminuer leurs prix pour diminuer le produit de cet indult, j'en envoie un extrait à M. de Lusançay, pour qu'il y fasse mettre le prix courant à Nantes, afin que cela me puisse aider à connaître si ces armateurs accuseront juste pour les prix de leurs marchandises...

A l'égard de la lettre du 26 décembre dernier, dont vous me faites l'honneur de me parler, je n'en ai eu aucune connaissance. Si je l'avais reçue, je n'aurais pas été obligé d'avoir recours à celle du 16 mars 1707, que j'ai eu l'honneur de vous marquer par ma lettre du 27 mars dernier, et puisque vous souhaitez que j'aille moi-même à bord de ces vaisseaux quand ils arriveront, c'est ce que je ne manquerai pas d'exécuter pour ceux qui viendront désormais de la mer du Sud. »

Pontchartrain à Clairambault, 24 avril 1709.

« Les 100,000 piastres qui étaient cachées à Hennebont provenant des pacotilles, sont une preuve qu'il doit y avoir plusieurs autres espèces entre les mains des particuliers de ces villes...

A l'égard des espèces montant à 26,000 livres, qui n'ayant pas été déclarées, ont été saisies par le prévôt de la marine, parce qu'elles ont été transportées en fraude, j'écris à M. Ferrand pour avoir son avis sur la proposition que vous faites de confisquer cette somme, ou du moins une partie. Je serais bien aise aussi d'avoir le vôtre pour en rendre compte à Sa Majesté, en cas qu'elle juge à propos d'ordonner quelque confiscation. Je lui proposerai d'en faire part à ce prévôt, pour les soins et mouvements qu'il s'est donnés, et même une petite partie pour aider à la construction de l'église de Lorient...

Je vous envoie les congés pour MM. Chabert, Francine et le sieur de Valavoir, mais Sa Majesté ne veut pas que vous les leur délivriez que vous n'ayez pris d'eux toutes les connaissances dont vous avez besoin sur l'argent qui est arrivé sur les vaisseaux venant de la mer du Sud, et même sur le commerce qui s'est fait à bord du vaisseau l'*Aimable*. Il faut que vous conduisiez cela avec prudence, sans leur dire que ces congés vous ont été adressés et les raisons qui ont engagé à le faire. »

Clairambault à Pontchartrain, 26 avril 1709.

« Comme il m'est revenu que, d'abord que cette escadre arriva à Groix, il y eut de ces Malouins, qui en débarquèrent dans cette île et même enterrèrent leur argent dans le sable de la côte, mais on n'a pu m'en dire davantage, et je ne sais, Monseigneur, si vous ne jugeriez point à propos d'écrire un mot au recteur de Groix, pour qu'il vous rende compte de ce qu'il saura sur les effets cachés dans cette île, ne doutant pas qu'il ne soit très informé de ce que font ses paroissiens en pareilles occasions, et comme il jouit d'une pension, que vous lui avez procurée sur un bénéfice (1), il me semble que cela le doit engager à vous dire fidèlement ce qu'il saura sur tous ces effets cachés et sur ceux qui peuvent être recélés par ses paroissiens. »

Clairambault à Pontchartrain, 29 avril 1709.

« Les équipages des vaisseaux revenus de la mer du Sud, étant congédiés et dispersés par tout le royaume, il n'y a plus moyen de se servir d'eux pour découvrir les piastres qui sont cachées, mais nous avons plusieurs gens chargés de veiller à cette recherche ; j'aurai l'honneur de vous rendre compte des découvertes que nous ferons. Mais je crois, Monseigneur, que, pour mieux réussir dans cette recherche, nous aurions besoin qu'il vous plût de nous envoyer un ordre du Roi, portant peine afflictive, comme carcan ou autre telle qu'il vous plaira, contre ceux qui faciliteront ces fraudes, en recélant ces piastres, dont l'indult n'est pas

(1) Nous sommes informés de la cause assez curieuse de cette pension par la lettre suivante de Clairambault, écrite, le 15 juin 1705, à l'occasion des bruits d'une invasion ennemie sur les côtes de Bretagne :
« Je ne crois pas que l'île de Groix ait rien à craindre, si cette armée avait quelque dessein à ces côtes. Je crois, Monseigneur, que le meilleur parti que le curé de Groix pourrait prendre serait celui de la retraite et de se réfugier en diligence en terre ferme, avec ses insulaires et leurs meilleurs effets. La bravoure de ce bon prêtre, et celle des femmes qu'il fait monter à cheval et travestir en cavaliers, pour faire croire à l'ennemi qu'il est soutenu de cavalerie dans son île, ne ferait qu'une résistance de peu de durée, et qui tout au plus ne peut être opposée qu'à une escadre médiocre. » (Arch. Nat. Marine, B³ 129, f. 285 v°). — Cf. Stanislas Paris, *Histoire de Belle-Ile-en-Mer*, Lorient, 1870, p. 132.

payé à Sa Majesté Catholique, et promesse de récompenser ceux qui dénonceront les endroits où il y en a de cachées. Je crois, Monseigneur, qu'un tel ordre nous en fera découvrir, et il servira aussi pour les autres vaisseaux qui pourront venir désormais de la mer du Sud, et dont on voudra cacher les espèces...

Voici, Monseigneur, encore une autre petite traverse dont je crois devoir vous rendre compte. Nous avons ici un Malouin, nommé le sieur Duval Baude, faisant pour les armateurs du vaisseau le *Saint-Joseph*, venu de la mer du Sud, qui espère s'exempter de payer l'indult sur les matières apportées par ce vaisseau, lesquelles se montent, suivant sa déclaration, à 558,000 piastres, parce qu'il a remarqué, dans l'arrêt qu'il vous a plu de m'envoyer, qu'il y est dit ces mots : « qu'il y avait plusieurs vaisseaux français, lesquels, abusant des permissions qui leur avaient été accordées d'aller dans les îles françaises de l'Amérique, ou sous d'autres prétextes, avaient passé dans la mer du Sud et fait dans les États un commerce prohibé par les lois d'Espagne. » Ce Malouin prétend que les armateurs dudit vaisseau ont eu permission de l'envoyer à la mer du Sud, et que par conséquent ils ne se croient pas obligés de payer cet indult, lequel se doit monter à 33,480 piastres. Et comme ce sont gens à sacrifier la moitié de cet indult pour gagner l'autre, et qu'ils se fondent plus sur leurs ruses que sur leur bon droit, ils essayeront sans doute avec cette moitié d'acheter des suffrages le plus qu'ils pourront, pour leur faire gagner leur cause. Et j'ai cru, Monseigneur, qu'il était de mon devoir de vous donner cet avis, et en attendant vos ordres sur cela, j'ai fait arrêter au Port Louis environ 160,000 piastres qui y restent de la dite cargaison.

A l'égard des espèces, montant à 26,000 livres, qui ont été saisies par le prévôt de la marine, parce qu'on les transportait en fraude, je crois, Monseigneur, que, comme j'avais fait publier et afficher des défenses de transporter en fraude les espèces nouvellement débarquées, et que, si on pouvait en découvrir, Sa Majesté accorderait le tiers au dénonciateur, cette formalité, ce me semble, rend ces espèces confiscables. Mais comme elles n'appartiennent qu'à quelques domestiques et autres semblables gens pauvres, il suffirait, ce me semble, d'en confisquer une partie, à peu près comme celle de six mille, dont 2,000 livres pourraient être données audit prévôt, 500 au sieur de Kernombre, qui a beaucoup travaillé à cette recherche, et 500 à ceux employés à faire cette capture, et les 3,000 livres restant en faire une aumône à l'église de Lorient, pour aider à sa construction, et les 20,000 livres aussi restant ne les rendre à ces propriétaires fraudeurs qu'après qu'ils auront déclaré les espèces cachées, dont ils ont connaissance, et qu'ils envoient ladite somme aux hôtels des monnaies. »

Desmaretz à Pontchartrain, 29 avril 1709.

« J'apprends que l'arrêt, qui ordonne qu'il sera levé un droit de 6 °/₀ sur les matières d'or et d'argent et sur les marchandises qui sont arrivées au Port-Louis sous l'escorte de M. Chabert, venant de la mer du Sud, a été envoyé à M. de Clairambault... et que vous avez chargé le sieur de Vanolles d'en faire le recouvrement. Je ne sais quels ordres vous avez donnés audit sieur de Vanolles sur l'usage qu'il doit faire des matières qui lui seront délivrées pour le payement de ce droit, et s'il aura la liberté de les négocier, ou si vous l'obligerez de les porter aux hôtels des monnaies, pour être converties en monnaie de France, mais je suis obligé de vous dire que, si on ne remet point ces matières aux Monnaies, cet exemple fera au Roi un préjudice irréparable, et tous les négociants, voyant que le trésorier de la marine a la liberté de disposer des matières, sans les porter aux Monnaies, ils croiront tous être en droit de commercer les leurs, et il n'en reviendra rien aux Monnaies. »

Pontchartrain à Clairambault, 1ᵉʳ mai 1709.

« ... Il me paraît que vous n'avez pas agi dans cette occasion avec assez d'activité ni de vivacité. Je suis même surpris que vous me marquiez que vous n'avez pas reçu la lettre circulaire que je vous ai écrite le 26 décembre dernier, au sujet des vaisseaux qui devaient venir des voyages de long cours... J'ai fait vérifier qu'elle vous a été envoyée ; vous en trouverez cependant ci-joint un duplicata. »

Clairambault à Pontchartrain, 6 mai 1709.

« Je conviens fort, Monseigneur, qu'il doit y avoir encore de l'argent caché en ces quartiers, et même je viens de recevoir une lettre du sieur chevalier Danycan, qui me mande que le sieur Fouquet y doit avoir plus de trois à quatre cent mille piastres. Je lui fais réponse cet ordinaire, et je le prie de m'indiquer à peu près les maisons où elles peuvent avoir été recélées, afin que j'y fasse fouiller aussitôt. Il voudrait bien persuader que tout ce qu'il a déclaré est allé à la Monnaie, mais il ne dit pas les voitures qu'il a envoyées à Saint-Malo, et dont M. Lempereur a eu quelque connaissance. Quand il vous aura plu de m'envoyer l'ordre que j'ai eu l'honneur de vous demander par ma lettre du 29 du passé, contre ceux qui recèlent ces piastres, j'espère que cela nous en fera découvrir, particulièrement si vous avez la bonté d'y attacher quelque récompense pour les dénonciateurs... »

Pontchartrain à Clairambault, 8 mai 1709.

« ... Quelque chose que vous puissiez dire, il ne vous sera pas possible de vous justifier de n'avoir pas eu la précaution de faire arrêter toutes les espèces et matières embarquées sur les vaisseaux arrivés au Port-Louis sous l'escorte de M. Chabert, pour prendre des déclarations de ceux à qui elles appartiennent. Il me paraît même que les mouvements que vous vous donnez pour tâcher de découvrir l'argent qui est caché dans les maisons du Port-Louis, Lorient et Hennebont, sont très lents. Je suis cependant informé, à n'en point douter, qu'il y en a une très grande quantité, et vous ne réparerez la faute que vous avez faite, qu'en agissant avec vivacité sur ce sujet, pour savoir au juste ce que l'argent, qui était sur ces navires, est devenu...

Vous ne devez avoir aucun égard aux raisons du sieur Duval Baude, qui prétend se dispenser de payer l'indult des 558,000 piastres qui sont arrivées dans le navire le *Saint-Joseph-de-Marseille*, et vous avez bien fait de faire arrêter 160,000 piastres ou environ qui restent de cette cargaison ; l'intention de Sa Majesté est que vous les fassiez garder, et que vous fassiez prendre sur cette somme arrêtée l'indult du total de la cargaison...

Il ne convient pas à présent d'envoyer un ordre du Roi, comme vous le proposez, portant peine afflictive, ou telle autre peine qu'il sera jugé à propos d'imposer, contre les particuliers qui favoriseront le transport des espèces en fraude, ou qui recèleront celles dont l'indult n'aura pas été payé ; les promesses, que vous ferez de la part de Sa Majesté de récompenser ceux qui déclareront les endroits, où il y en a de caché, doivent suffire...

Sa Majesté n'a pas jugé à propos de donner des ordres au sujet des 26,000 livres, qui ont été saisies par le prévôt de la marine. Il faut attendre que vous ayez fait encore quelqu'autre découverte pour prendre les ordres de Sa Majesté sur la somme que vous proposez de confisquer. »

Pontchartrain au curé de Groix, 8 mai 1709.

« Le Roi a été informé que, lors de l'arrivée à Groix des vaisseaux qui revenaient de la mer du Sud, plusieurs personnes descendirent en cette île et y débarquèrent de l'argent en fraude, qu'ils cachèrent dans le sable, pour s'exempter d'en payer les droits. Sa Majesté veut savoir ce qui s'est passé sur cela, et désire que vous m'en rendiez compte, et à M. Clairambault, commissaire ordonnateur de la marine à Lorient. Elle n'exige point que vous déclariez ce qui peut vous avoir été confié sous le secret de la confession, mais ce que vous aurez vu et appris par la voie publique. Vous devez aussi questionner vos paroissiens et les engager à vous dire ce qu'ils savent. Je vous recommande de le faire avec exactitude ; vous y êtes obligé par devoir et reconnaissance pour Sa Majesté, de la grâce qu'elle vous a faite, en vous accordant, il y a quelques années, une pension sur l'évêché d'Agen. »

Clairambault à Pontchartrain, 13 mai 1709.

« Il est vrai, Monseigneur, qu'il doit y avoir encore bien de l'argent caché en ces quartiers, et quelques promesses que je fasse que vous récompenserez ceux qui en découvriront, personne ne me révèle rien, et je n'ose vous dire de quelle manière on reçoit ces promesses et le peu de cas qu'on en fait, parce qu'on ne voit rien donner à personne. Je crois qu'il n'en sera pas ainsi, si vous voulez bien donner promptement ce que vous souhaitez de donner sur les 26,000 livres, saisies par le prévôt, qui étaient transportées en fraude. Car, quand j'aurai un pareil exemple à leur citer, cela les fera veiller pour tâcher d'en mériter autant. Je croyais, Monseigneur, qu'on arrêterait beaucoup de piastres à Saint-Malo, car il y avait huit jours qu'on y voiturait, quand je reçus vos ordres qui m'ordonnaient de les arrêter, mais je n'apprends point qu'on y en ait encore arrêté. Cependant, j'ai appris qu'on y en transporte encore nuitamment et par des routes détournées, et cela m'a obligé d'envoyer un de nos archers, en habit déguisé, se poster à Jugon, qui est un bourg situé à environ dix lieues de Saint-Malo, où on assure que passent ces fraudes, pour ne paraître à Dinan, qui est la route ordinaire. J'ai ordonné à cet archer d'y demeurer quinze jours, et je lui ai donné ordre de visiter toutes les voitures qui y passeront, à qui qu'elles puissent appartenir, et que, s'il se rencontre des matières d'or ou d'argent, sans passeport signé de moi, de les arrêter et les mettre sous bonne et sûre garde, et de m'en donner avis. Aussitôt s'il arrête quelqu'une de ces fraudes, je ne manquerai pas, Monseigneur, de vous en rendre compte promptement. »

Pontchartrain à Clairambault, 22 mai 1709.

« ... J'attends que vous ayez fait quelque nouvelle découverte pour proposer à Sa Majesté de donner quelque gratification à ceux qui ont dénoncé les 26,000 livres, qui ont été saisies par le prévôt de la marine.

Vous avez bien fait, sur l'avis qui vous a été donné qu'on transportait des piastres à Saint-Malo pendant la nuit par des routes détournées, d'envoyer un archer de la marine déguisé se poster à Jugon, pour reconnaître et visiter toutes les voitures qui y passeront. Faites moi savoir le succès de l'ordre que vous avez donné sur ce sujet. »

Clairambault à Pontchartrain, 27 mai 1709.

« J'avais, Monseigneur, écrit au recteur de Groix au sujet des piastres qu'on avait dit être débarquées en fraude dans cette île ; il m'a fait réponse n'avoir pu encore rien découvrir, et qu'il avait averti, à son prône, tous ses paroissiens de lui révéler ce qu'ils savaient sur cela, et que, s'il peut en apprendre quelque chose de certain, il m'en donnera avis aussitôt. S'il m'apprend quelque chose, qui mérite votre attention, j'aurai l'honneur de vous en rendre compte. »

Clairambault à Pontchartrain, 3 juin 1709.

« J'écris, Monseigneur, au sieur de Lépine Danycan au sujet des piastres que le sieur Fouquet est soupçonné d'avoir cachées, et je lui marque que les officiers du navire le *Phélypeaux*, qui ont été arrêtés, n'ont donné aucune lumière sur cela, et que, s'il peut en avoir su d'ailleurs, je le prie de m'en faire part, pour que je puisse suivre cette recherche autant que je le pourrai. S'il me donne quelque bon avis sur cela, j'aurai l'honneur de vous en rendre compte, mais je doute beaucoup de pouvoir réussir, car il me paraît que le public facilite très adroitement ces fraudes, parce que ceux qui les font répandent libéralement partie de leurs piastres à ceux qui les aident à les cacher, à quoi je ne peux opposer que des promesses de récompense, pour lesquelles on n'a présentement nulle foi. Et comme la misère est très grande en ces quartiers, les pauvres aiment mieux dix piastres que ces fraudeurs leur mettent dans la main, que cent que je peux leur promettre. J'avais envoyé à Jugon un archer, déguisé en matelot, pour y arrêter ces fraudes, quand elles y passeraient, mais un Malouin l'y ayant reconnu, il alla aussitôt en avertir les environs, en sorte que cet archer, se voyant découvert, il fut obligé de revenir, et m'a rapporté que, depuis ce temps-là, ces fraudeurs font un détour qui allonge leur chemin de plus de vingt lieues, et ne marchent que la nuit par ces petits chemins détournés, en sorte qu'il faudrait un régiment de gens pour pouvoir les surprendre. »

Clairambault à Pontchartrain, 10 juin 1709.

« ... La bonté, Monseigneur, que vous avez eu de faire lever les difficultés que faisaient les directeurs des Monnaies de ne rien délivrer du produit de l'indult, est d'une grande consolation pour toute la marine, qui espère de votre charité que vous voudrez bien soulager sa misère, en accordant à chacun une petite portion de cet argent pour donner moyen d'avoir du pain. La Monnaie de Nantes nous a donné vingt mille livres, qui nous arriveront incessamment. Je vous supplie de vouloir bien permettre qu'il en soit destiné une partie pour le prêt des soldats du mois prochain, M. de Vanolles n'ayant ici aucun fonds pour cela, ni pour autre chose. Les officiers de la marine et du port vous supplient, Monseigneur, de leur accorder un mois ou deux, en ayant un très grand besoin, et vous ferez une grande charité, si vous voulez bien faire payer aussi un mois ou deux aux pauvres ouvriers de ce port, lesquels meurent de faim, n'ayant aucun travail, et dont quelques-uns sont réduits à aller nuitamment chez les paysans des environs leur voler du seigle pour leur nourriture...

Le recteur de Groix m'a mandé, Monseigneur, par sa lettre du 4 de ce mois, qu'on lui avait rapporté qu'un maître de chaloupe, nommé Jean Le Gonillon, ayant travaillé à aider au déchargement des vaisseaux malouins, venus de la mer du Sud, il avait apporté chez lui dans cette chaloupe, avec plusieurs hardes, de la vaisselle d'argent, des piastres et des saumons d'argent. Si ce rapport est véritable, apparemment que c'est ce qu'on m'a voulu dire qu'on avait caché de ces matières dans l'île de Groix... »

Pontchartrain à Clairambault, 12 juin 1709.

« ... Vous pouvez compter que les matières d'or et d'argent qui seront découvertes et qui n'auront pas été déclarées seront confisquées, et que Sa Majesté fera accorder le tiers au dénonciateur. »

Pontchartrain à Clairambault, 19 juin 1709.

« Les sommes qui proviendront de la conversion des piastres qui ont été portées à la Monnaie, provenant de l'indult qui a été levé en faveur du roi d'Espagne, sont destinées pour le payement des équipages des vaisseaux l'*Aimable*, l'*Oriflamme*, l'*Heureuse* et l'*Aurore*. Si, après que ces payements auront été faits, il reste quelque fonds, Sa Majesté pourra en employer une partie au payement du prêt des soldats, des appointements des officiers et pour les journées d'ouvriers du port de Lorient, mais elle ne peut à présent donner aucun ordre sur cela. En attendant, je presse M. de Vanolles de remettre quelques fonds pour les uns et les autres, et je suis persuadé qu'il y satisfaira incessamment. »

Clairambault à Pontchartrain, 24 juin 1709.

« Le sieur de Kernombre, procureur du Roi de la prévôté de ce port, ayant depuis quatre jours, Monseigneur, fait au Port-Louis une recherche des piastres, venues de la mer du Sud, qui n'ont pas été déclarées, il y a trouvé un sac contenant 990 piastres, qu'on dit appartenir au sieur La Rivière Girard de Saint-Malo, lesquelles piastres il a fait saisir et mises en dépôt, en attendant vos ordres... Je crois, Monseigneur, que ces piastres vous paraîtront confiscables, ou du moins partie d'icelles, et en ce cas je vous supplie de vouloir bien en accorder une petite portion à l'église de Lorient, pour aider à la bâtir, et audit sieur de Kernombre et aux deux archers qui ont travaillé à cette recherche, pour les encourager à continuer leurs perquisitions. Il vous plut, Monseigneur, me marquer, par vos lettres des 8 et 22 du mois passé, que vous attendrez encore une nouvelle découverte afin de décider sur les 26,000 livres qu'on transportait ainsi en fraude, et qui furent saisies par le prévôt de ce port, et dont j'eus l'honneur de vous rendre compte par ma lettre du 29 avril dernier. J'espère que vous voudrez bien que la saisie de ces 990 piastres suffise pour prononcer sur celle des 26,000 livres, et que vous aurez agréable d'en faire accorder une partie aux officiers de la prévôté et à l'église de Lorient. »

Desmaretz à Pontchartrain, 2 juillet 1709.

« Je crois devoir vous informer que je reçois divers avis par lesquels on se plaint de ce que les particuliers, qui ont des matières d'argent au Port-Louis, n'ont pas la liberté de les porter aux hôtels des monnaies, et que les recherches qui se font depuis trois mois sur le fait de ces matières fatiguent extrêmement les gens de commerce et les éloignent de porter leur argent aux Monnaies. Il est vrai, Monsieur, que les ordres que vous avez envoyés pour empêcher le divertissement de ces matières dans le temps de l'arrivée des vaisseaux qui les ont apportées, étaient bien nécessaires, et qu'ils ont produit tout le bon effet qu'on pouvait désirer, mais je crois que vous jugerez qu'il est à présent convenable d'en donner mainlevée aux propriétaires, en prenant avec eux toutes les précautions nécessaires pour s'assurer qu'ils les remettent aux hôtels des monnaies. Je vous supplie de me faire savoir les ordres que vous donnerez sur ce sujet. »

Pontchartrain à Daguesseau, 10 juillet 1709.

« ... Ces menaces n'ont pas empêché que quelques particuliers n'aient fait leurs efforts pour tâcher de détourner leurs piastres, et j'ai été informé qu'il en a été saisi ci-devant pour 26,000 livres à Hennebont, et en dernier lieu 990 piastres au Port-Louis. Comme M. Clairambault demande qu'il soit accordé une partie de ces sommes à ceux qui ont fait les découvertes, je vous supplie de me faire savoir pareillement ce que vous seriez d'avis de faire en cette occasion. »

Desmaretz à Clairambault, 15 juillet 1709.

« Je ne doute point que M. de Pontchartrain ne vous ait fait savoir qu'il était à propos de faire cesser les recherches contre ceux qui pouvaient avoir des piastres du retour des derniers vaisseaux arrivés de la mer du Sud. Je crois devoir y ajouter que, pour engager ces particuliers à porter leurs matières aux Monnaies, on ne peut trop leur donner de facilités, pourvu néanmoins qu'ils fassent leurs soumissions et donnent des sûretés suffisantes de rapporter dans un terme convenable les certificats des officiers des Monnaies de la remise de leurs matières. »

Pontchartrain à Desmaretz, 17 juillet 1709.

«... Ce sont apparemment les précautions qui ont été prises pour les y obliger qui les fatiguent et les engagent à se plaindre sans aucun fondement, mais vous les avez approuvées, et je ne crois pas que vous jugiez à propos de tolérer ceux qui, par une mauvaise volonté et désobéissance, en ont caché et ont voulu les transporter en fraude, sans les vouloir déclarer, en ayant une entière disposition, paraissant juste que les prévôt et archer, qui les ont découvertes et arrêtées, soient payés des peines et des soins qu'ils se sont donnés pour y parvenir. Cependant, j'écris à M. Clairambault... »

Pontchartrain à Clairambault, 17 juillet 1709.

« M. Desmaretz m'écrit que des particuliers, qui ont des matières d'argent au Port-Louis, se plaignent qu'ils n'ont pas la liberté de les porter aux hôtels des monnaies et que les recherches qui se font depuis trois mois sur le fait de ces matières fatiguent extrêmement les gens de commerce. Je suis persuadé que vous n'exigez rien de ces particuliers au delà des ordres que je vous ai donnés, mais, pour éviter les plaintes malfondées de ces particuliers, il faut que vous déclariez que tous ceux qui ont des piastres au Port-Louis et aux environs, pourront les porter librement aux hôtels des monnaies, en donnant leur soumission de n'y pas manquer et d'en payer l'indult... »

Clairambault à Pontchartrain, 5 août 1709.

« Nous attendons qu'il vous plaise nous faire connaître vos intentions sur les piastres qui ont été saisies par les sieurs de Merville et de Kernombre. Ces officiers attendent cette décision avec d'autant plus d'impatience, qu'étant à présent dans une extrême pauvreté, si vous jugiez à

propos de faire confisquer partie de ces piastres et leur en donner quelque
petite portion, cela leur donnerait leur pain quotidien, dont ils manquent
à présent, ainsi que beaucoup d'autres... Permettez que je vous supplie de souvenir aussi en cette occasion de la pauvre église de Lorient
et de l'archer nommé L'Espérance, qui a fait une de ces captures, et qui
refusa 200 piastres qu'on lui offrit, s'il voulait bien la laisser passer sans
l'arrêter. »   .

Clairambault à Pontchartrain, 26 août 1709.

« Dans le petit tumulte qui arriva à Hennebont le 20 de ce mois, on a
observé, Monseigneur, que quelques femmes avaient envie de piller une
maison, sans dire laquelle, mais où elles croient qu'il y a encore des
piastres venues de la mer du Sud, et comme il se pourrait que ce serait
celle où sont en dépôt les 26,000 livres saisies par le sieur de Merville, je
crois qu'il vous paraîtra à propos de décider cette affaire, car il est à
craindre que, quand on n'y pensera pas, cette populace pourra peut-être
exécuter son projet. Quand il vous plaira de décider cela, ledit sieur de
Merville vous supplie d'avoir égard aux frais par lui faits en cette occasion, et à l'archer qui fit cette capture ; et je vous supplie de vouloir
bien accorder aussi une aumône à l'église de Lorient, laquelle est si
pauvre que la quête ne se monte qu'à vingt sols. »

Pontchartrain à Clairambault, 28 août 1709.

« Je vous ferai savoir incessamment les intentions de Sa Majesté sur
les piastres qui ont été saisies à Hennebont et au Port-Louis sur des particuliers qui les voulaient transporter en fraude. »

Desmaretz à Clairambault, 30 août 1709.

« Il me revient de fréquentes plaintes des empêchements que vous
mettez au transport des matières d'argent qui sont au Port-Louis,
quoique ceux auxquels elles appartiennent offrent leur soumission de
les porter aux hôtels des monnaies. Je vous prie de me faire savoir les
raisons sur lesquelles vous vous fondez à cet égard, parce que, si vous
croyez ne devoir pas déférer à ce que je vous ai marqué plusieurs fois sur
cette matière, qui est de mon ministère, je prendrai les mesures qui me
paraîtront les plus convenables pour mettre la chose en règle. »

Pontchartrain à Clairambault, 4 septembre 1709.

« En voulant proposer au Roi de confisquer les matières d'argent que
des particuliers transportaient en fraude et que le sieur de Merville a

arrêtées et fait déposer à Hennebont chez le directeur des devoirs en cette ville, j'ai remarqué que la saisie de ces piastres est du 11 avril dernier, que l'arrêt qui ordonne la levée de l'indult en faveur du roi d'Espagne est du 10 du même mois et que, n'ayant pu être public que le 15 ou 16, il n'y a pas lieu à cette confiscation. Je sais que vous avez eu ordre le 1er avril dernier de faire savoir que Sa Majesté ferait punir les particuliers qui ne déclareraient pas tout l'argent qui était sur les vaisseaux venus de la mer du Sud sous l'escorte de M. Chabert, qu'elle ferait même confisquer les espèces qui se trouveraient débarquées en fraude, et qu'il serait accordé le tiers aux dénonciateurs. Je vous prie de me faire savoir si vous avez rendu cet ordre public par des affiches, et si vous pouviez envoyer des certificats pour parvenir à établir cette confiscation dans les formes, mais mandez-moi en même temps, si, pour finir au plus tôt cette affaire, vous pouviez comme de vous-même proposer aux propriétaires de ces espèces saisies de donner quelque chose à l'église de Lorient, de payer les vacations des archers, qui les ont arrêtées, comme aussi de s'engager de porter ces matières à la Monnaie de Rennes et d'en payer l'indult. Informez-moi de ce que vous ferez et des offres qui vous seront faites par ces propriétaires, afin que j'en rende compte à Sa Majesté et que je vous fasse savoir ensuite ses intentions sur ce sujet. »

Clairambault à Pontchartrain, 9 septembre 1709.

« Aussitôt que j'eus reçu vos ordres, Monseigneur, de faire savoir au public que Sa Majesté ferait punir les particuliers qui ne déclareraient pas tout l'argent venu sur les vaisseaux arrivés de la mer du Sud sous l'escorte de M. Chabert, et qu'elle ferait même confisquer les espèces qui se trouveraient débarquées en fraude, et qu'il serait accordé le tiers aux dénonciateurs, je fis publier cet ordre à Hennebont, au Port-Louis et à Lorient le 5 avril, et j'eus l'honneur de vous envoyer ledit jour copie de l'affiche que j'avais faite sur ce sujet. Voici, Monseigneur, trois certificats de la publication de cette affiche, faits par ceux qui l'ont publiée dans lesdites villes. J'écris à M. Lempereur de proposer aux propriétaires de ces espèces saisies que, comme elles me paraissent très confiscables, je les conseillai d'en offrir sept ou huit mille livres pour tâcher de sauver le reste, partie de laquelle somme de sept ou huit mille livres pourra être destinée pour aider à la construction de l'église de Lorient et le surplus donné pour les vacations de ceux qui ont fait cette capture. J'aurai l'honneur de vous rendre compte de la réponse qu'il me fera.

M. Desmaretz m'a écrit, Monseigneur, la lettre dont copie est ci-jointe, par laquelle il paraît qu'on continue de lui faire des plaintes contre moi au sujet des piastres qui ont été saisies et arrêtées en ces quartiers comme transportées en fraude et sans déclaration. Et comme il me demande, d'un ton qui semble un peu fâché, les raisons sur lesquelles je suis fondé à cet égard, je lui réponds succinctement sur ces saisies et arrêts, et je crains fort que, si c'est lui qui décide sur cela, qu'il dit être de son ministère, notre pauvre église ne coure risque de ne rien avoir des aumônes, qu'elle pourrait espérer sur ces saisies, ni ceux qui les ont faites, quelques peines qu'ils se soient données pour cela. »

Lempereur à Clairambault, 22 septembre 1709.

« Je ne comprends pas comment il se peut faire que l'argent des deux particuliers, que je vous ai recommandés, coure risque d'être confisqué puisque Mgr de Pontchartrain a mandé positivement à M. de Beauchesne et à moi qu'il vous avait donné ordre de le faire rendre. Ainsi, bien loin de conseiller à ces pauvres gens d'en sacrifier une partie pour sauver l'autre, je serai le premier à les encourager à se défendre, puisque ce n'est pas un argent qu'ils aient volé et qu'ils n'ont péché ni contre le Roi ni contre l'État. J'espère que de votre côté, si la chose vous est renvoyée, vous porterez les choses à la douceur, et je vous en prie.

Clairambault à Pontchartrain, 2 décembre 1709.

« J'ai, Monseigneur, écrit à M. Lempereur au sujet de l'affaire des piastres saisies sur des particuliers, et j'ai modéré ma demande à 1,000 livres, savoir 600 livres pour les frais des archers qui ont fait cette saisie, car il me paraît que cela leur appartient d'autant plus que, quand ils la firent, ceux qui conduisaient ces matières leur offrirent 200 piastres, s'ils voulaient bien laisser passer cette voiture, et comme ces archers résistèrent à cette tentative, je crois, Monseigneur, que vous approuverez que cette somme leur soit donnée pour une espèce de récompense de leur fidélité. Les 400 livres restant, je les demande par aumône pour l'église de Lorient, et je crois que cela est conforme à vos intentions. Ces particuliers doivent être bien contents d'en être quittes à si bon marché, car cette saisie est d'environ 30,000 livres. Je ferai payer l'indult de ces matières, et je ferai envoyer le reste à la Monnaie. »

Lempereur à Pontchartrain, 15 décembre 1709.

« Je vous remercie de la grâce que vous avez accordée aux particuliers de qui les piastres avaient été saisies ; sans cela je l'aurais inutilement demandé à M. de Clairambault, qui est plus dur qu'un rocher. »

* *
*

Bien que nous ayons fait une large place à cette correspondance, nous n'avons, dans ces extraits, touché qu'à une partie des affaires que l'expédition de Chabert avait suscitées. Disons simplement quelques mots des autres, et des plus importantes.

Non seulement l'indult de 6 °/₀ devait être payé sur les matières d'or et d'argent où, à condition qu'on en eût fait la livraison aux hôtels des monnaies, il était facilement établi, mais encore on lèverait un impôt semblable sur les marchandises. D'où beaucoup de difficultés : d'abord, au moment où l'ordre de l'indult fut publié, les marchandises étaient déjà débarquées et dispersées ; puis leur valeur d'après laquelle l'indult devait être calculé était difficilement fixée. Aussi voyons-nous, bien des années après le retour de l'escadre, les discussions continuer au sujet de cet indult auquel les armateurs essayaient de se soustraire. D'ailleurs, la quantité de marchandises, qu'avait importées cette grande escadre, était singulièrement médiocre (1). Pontchartrain en estima l'indult à 6.000 livres à peine.

Plus importante était la part des cargaisons qui appartenait aux Espagnols. Un grand nombre d'entre eux avaient suivi l'escadre comme passagers et, parmi ceux-ci, plusieurs personnages très hauts et très influents. Pour leur compte, ainsi que pour celui d'autres personnes habitant l'Espagne, Chabert s'était chargé de grosses sommes d'argent au sujet desquelles, selon son instruction, il ne devait point demander de fret. Lorsqu'il fut question de

---

(1) Selon un état du 22 avril 1709 (Arch. Nat. Marine, B³ 170, f. 213), les marchandises consistaient en :

     189 surons de cacao, pesant 37,800 livres ;
     31 surons d'étain, pesant 6,820 livres;
  3,800 cuirs cordouan ;
    220 balles de laine de vigogne, pesant 35,200 livres ;
     17 sacs de laine id., pesant 1,000 livres ;
      1 ballot de tabac en petit rollet;
      3 surons et une caisse de bézoard ;
  8,000 livres de cuivre.

Le produit par estimation de l'indult dû pour ces marchandises est évalué, deux ans plus tard, à 11,224 livres 8 sols 10 deniers, somme qui, alors, encore restait en grande partie non acquittée. Pontchartrain à Clairambault, 29 juillet 1711. Arch. Nat. Marine, B² 228, p. 148.

convertir en monnaie française cet argent, les propriétaires déclarèrent d'abord qu'ils étaient tout disposés à en faire la livraison, « pourvu qu'on leur payât la moitié en nouvelles espèces et qu'on leur laissât la libre disposition de l'autre moitié (1) » ; mais la perte de temps et les frais qu'entraînait cette opération les firent bientôt changer d'idée. L'ambassadeur d'Espagne jugea que ces retards menaçaient aussi les intérêts de son monarque, car les propriétaires espagnols avaient destiné leur argent à l'achat de fonctions dans sa patrie; or, il exigea « avec instance » qu'il leur fût permis de transporter leurs piastres en Espagne (2). Sur sa représentation, le roi de France consentit « à leur faire ce plaisir, nonobstant les règlements par lesquels il avait ordonné que toutes les matières qui arriveraient dans ce royaume seraient portées aux hôtels des monnaies (3) ».

Pour le payement de l'indult aussi, des difficultés surgirent : les Espagnols se prétendirent dans une situation exceptionnelle et s'appuyèrent sur diverses raisons pour demander la diminution ou l'exemption complète de l'indult, mais, seuls, les jésuites favorisés semblent avoir obtenu cette exonération. Parmi les autres, un certain don Juan Luxan Bedia dut être le plus durement frappé. Il avait rapporté 6.000 piastres pour le compte d'un homme demeurant à Barcelone et soupçonné d'appartenir au parti de l'archiduc. Cette somme fut sequestrée, mais, lorsque l'ambassadeur d'Espagne, le duc d'Albe, présenta une assignation sur cet argent que son monarque lui avait donnée « pour une partie de ses appointements », l'affaire fut déclarée contestable et renvoyée à la justice. Comme on était persuadé que le propriétaire ne comptait point remettre cette somme à Sa Majesté Catholique « s'il n'y était forcé (4) », l'issue du procès n'était guère douteuse. L'insuccès de cette petite tentative de l'ambassadeur pour améliorer sa situation économique n'eut d'autre résultat que de nous faire mettre en doute ce désintéressement absolu dont il avait la réputation (5).

(1) Pontchartrain à Desmaretz, 15 mai 1709. Arch. Nat. Marine, B² 215, p. 506.
(2) Le duc d'Albe à Torcy, 2 mai 1709. Aff. Ét. Esp. Corr. pol., 195, f. 375. — Id. à Desmaretz, même date. Arch. Nat., G⁷ 234.
(3) Pontchartrain au duc d'Albe, 5 juin 1709. Arch. Nat. Marine, B² 215, p. 888. — Torcy à Amelot, 6 mai 1709. Aff. Ét. Esp. Corr. pol., 195, f. 394.
(4) Pontchartrain à Amelot, 5 juin 1709. Arch. Nat. Marine, B² 215, p. 906.
(5) Madame de Maintenon, dans une lettre du 12 sept. 1706 à Madame des Ursins,

*
* *

Une question se pose ici : ces essais constants pour éluder les ordres du gouvernement n'entraînèrent-ils donc pas la punition des coupables? Se contenta-t-on d'adresser des reproches aux fonctionnaires négligents et corruptibles, et des menaces aux marchands contrebandiers? Qu'on se soit, la plupart du temps, borné à des menaces, cela semble ressortir du fait que le gouvernement n'osait pas ratifier les confiscations faites, mais qu'il cherchait, sous d'assez piètres prétextes, à les faire substituer par des cadeaux plus ou moins volontaires. Il y a deux cas où nous pouvons noter comme une tendance à la sévérité; mais ni dans l'un, ni dans l'autre cette sévérité n'avait pour objet de punir les infractions aux ordres de l'autorité publique : il ne s'agissait que d'accusations de malhonnêteté entre des particuliers.

Nous avons raconté plus haut que Danycan s'estimait volé par le commandant en chef de ses vaisseaux, M. Fouquet. On affirmait que celui-ci avait débarqué en fraude un coffre rempli de 400,000 écus, et Danycan obtint du Roi un ordre pour le faire arrêter et conduire dans les prisons de la Conciergerie du Parlement de Rennes. On affirme bien que « ce n'était pas tant l'intérêt du sieur Danycan que celui du roi d'Espagne qui avait engagé Sa Majesté à cette résolution (1) », mais, au moment où l'ordre allait être accompli, Pontchartrain ne jugea pas à propos d'y engager le Roi, « sur ce qu'on lui avait assuré que c'était un homme de bonne réputation qui était riche et que sa détention ferait du tort à son crédit et à son honneur (2) ».

On eut moins d'égards envers les officiers de Fouquet : deux d'entre eux furent arrêtés sur l'accusation d'avoir eu part aux

raconte que, dans son dévouement à Philippe V, il ne réclamait pas le traitement qui lui était dû ; « madame sa femme avait encore des pierreries, disait-il, et quand elles seraient finies, ils vivraient de chocolat dont ils avaient une provision pour deux ans.» *Lettres inédites de la princesse des Ursins*, publ. par M. A. Geffroy, Paris, 1859, p. 362. — Il ne semble pourtant pas avoir vécu exclusivement de chocolat, car à sa mort, qui eut lieu à Paris le 28 mai 1711, il se trouva parmi ses créanciers des bouchers, boulangers, chandeliers, épiciers, marchands de vin, etc., à qui il devait une somme totale de 121,589 livres 17 sols. De plus, pour son loyer non acquitté il devait 8,205 livres.

(1) Pontchartrain à Ferrand, 1ᵉʳ mai 1709. Arch. Nat. Marine, B² 215, p. 383.
(2) Pontchartrain à Le Haguais, 15 mai 1709. Arch. Nat. Marine, B² 215, p. 573.

prétendues malversations du capitaine (1) ; mais, à l'égal de leur chef, ils semblent avoir su se tirer d'affaire dans l'enquête menée pour leur faire avouer où cet argent de contrebande avait été caché et pour tirer d'eux des déclarations véridiques au sujet de la cargaison passible d'indult de leur navire. Les deux officiers furent bientôt délivrés (2), et on signifia à Danycan qu'il avait à « faire ses demandes en justice réglée, où on ne lui refuserait point celle qui lui était due, si ses prétentions étaient bien fondées (3) ».

Une autre personne n'échappa point aussi heureusement. Malgré son caractère ecclésiastique, l'abbé Jouin avait en personne pris le commandement du navire la *Confiance* à son retour avec l'escadre de Chabert : sous divers prétextes, il avait déjà au Pérou destitué le lieutenant qui remplaçait le capitaine retenu au Mexique (4).

En abordant à Port-Louis, Jouin fit une rencontre peu agréable — celle du jeune écrivain de bord Du Moulin, compagnie gênante dont il s'était débarrassé au Pérou et qui avait trouvé une occasion pour regagner la patrie avant lui. Dans ses efforts pour initier le jeune homme aux mystères du commerce, Jouin avait commis l'imprudence de le mettre au courant de ses affaires privées qui, sur bien des points, différaient de celles des armateurs, c'est-à-dire de la Compagnie de la mer du Sud à Paris. Les soupçons éveillés chez les directeurs de cette Compagnie s'augmentèrent encore lorsque Jouin leur fit attendre ses comptes. Ils s'empressèrent de porter au secrétaire de la marine leur plainte, prétendant qu'une provision de 4 °/₀ avait été accordée à Jouin sur tout ce qu'il arriverait à vendre, avec condition expresse de ne point faire d'affaires pour son propre compte ; que, malgré cela, il avait chargé presque un quart du navire de marchandises en pacotille ; qu'afin de vendre ces marchandises, il avait prolongé son voyage de plus de dix-huit mois ; et enfin que, non content de cela, au lieu de revenir en compagnie du *Brilhac,* ce qui lui aurait été facile, il avait

(1) Pontchartrain à Le Haguais, 22 mai 1709. Arch. Nat. Marine, B² 215, p. 700.
(2) Pontchartrain à Ferrand, 29 mai 1709. Arch. Nat. Marine, B² 215, p. 787.
(3) Pontchartrain à Danycan, 26 juin 1709. Arch. Nat. Marine, B² 215, p. 1159.
(4) Rapport de Jacques Daniel du Clos, ex-premier lieutenant du vaisseau la *Confiance,* 28 août 1708. Arch. du port de Saint-Servan, C⁴ 323, f. 63.

acheté à Concepcion à d'autres vaisseaux français des marchandises et même des produits du pays pour en trafiquer dans les ports du Chili et du Pérou, — le tout sans les ordres des armateurs et à leur détriment. Pour mieux cacher ces transactions frauduleuses, il avait refusé aux contrôleurs de la Compagnie, dont l'un avait été le jeune Du Moulin, de leur donner connaissance des comptes et des ventes. Enfin, après le retour et à l'aide de plusieurs personnes, « auxquelles il avait fermé la bouche par ses libéralités », il avait fait entrer en secret des sommes considérables ; il avait même poussé l'audace jusqu'à « se vanter en plusieurs endroits que ce voyage lui vaudrait plus de 200.000 piastres », affirmation qu'on avait de bonnes raisons pour supposer conforme à la vérité (1).

Très affecté par ces abus, Pontchartrain écouta les doléances des directeurs. Sans donner à l'accusé l'occasion de se défendre, il expédia, le 10 avril, une lettre de cachet, ordonnant « d'arrêter le sieur abbé Jouin et de le conduire sous bonne et sûre garde dans les prisons de la Citadelle du Port-Louis (2) ». A ce moment, l'abbé avait prudemment mis de l'espace entre lui et la ville, mais le prévôt de Port-Louis, envoyé à Rennes avec un déserteur condamné aux galères, l'y découvrit, et, le 26 avril, l'abbé fut incarcéré (3).

L'examen qu'on lui fit subir ne tendit aucunement, comme on pouvait l'espérer, à trouver les preuves de son peu d'honnêteté à l'égard de ses patrons. Sur l'ordre du ministre, Clairambault s'efforça de lui faire avouer le chiffre exact des sommes rapportées en pacotille sur son navire et ce qu'il savait relativement au commerce privé que les officiers de l'*Aimable* étaient supposés avoir fait et pour lequel on soupçonnait Jouin d'avoir servi d'intermédiaire. Au début, tout l'aveu qu'on obtint de lui, ce fut qu'il avait rapporté sur son navire environ 374.000 piastres, lesquelles étaient déjà livrées à l'hôtel des monnaies à Rennes, et une somme de 64.000 piastres en pacotille pour le compte de quelques passagers

---

(1) Requête présentée au Roi par les directeurs de la Compagnie Royale de la mer Pacifique. Arch. Col. Cⁱᵉ de la mer du Sud ; Revendications.

(2) Arch. Nat. Marine, B² 213, f. 45.

(3) Clairambault à Pontchartrain, 15, 22, 29 avril 1709. Arch. Nat. Marine, B³ 170, f. 182, 206, 220.

espagnols, sommes dont Clairambault déclara avoir déjà eu connaissance. Jouin ajouta, plus tard, encore quelques sommes que lui-même et ses officiers avaient rapportées en pacotille, de façon qu'à l'en croire le chiffre total, auquel se montait la cargaison de la *Confiance*, atteignît 481.000 piastres. Sur tout le reste qui concernait les affaires de l'escadre, il protesta solennellement n'en rien connaître (1).

Quant aux plaignants particuliers, ils durent eux-mêmes liquider leur cause contre lui. Ils en chargèrent un conseiller du Châtelet, M. Barangue, qui se rendit d'abord à Port-Louis et ensuite à Saint-Malo pour y procéder à l'instruction et essayer de réunir les preuves nécessaires. Il ne paraît cependant pas avoir été très heureux dans cette entreprise : il recueillit bien des bruits qui couraient et selon lesquels Jouin aurait vendu au Pérou des marchandises pour une somme bien plus forte que celle qu'il avait déclarée et aurait prolongé son voyage inutilement et au détriment de son armateur. Les autres dépositions qu'il recueillit n'étaient que des bavardages sur la personne de l'accusé : il menait une vie libre et scandaleuse ; il était souvent vêtu en séculier ; il tenait une grosse table, où il venait souvent des femmes ; on l'avait vu jurer et pris de vin ; il proférait des paroles peu convenables à son caractère (2).

L'opinion publique commença à se tourner en faveur de Jouin. Les autorités locales à Port-Louis passèrent de son côté et intervinrent pour lui, en assurant qu'il était « en réputation d'être honnête homme » ; elles se louaient de sa droiture et de sa bonne conduite (3). Jouin lui-même ne resta point muet dans sa prison : en des suppliques éloquentes, il protestait de son innocence, réfutait les accusations par des accusations et déclarait qu'il avait « l'honneur de se voir estimé, préféré et honoré de tout ce qu'il y avait d'honnêtes gens, soit au Pérou, Chili et en France », et qu'il jouissait même de « l'approbation de seize cents personnes, entre lesquelles se trouvaient plus de deux cents d'une piété, d'une vertu,

(1) Interrogatoire de l'abbé Jouin, 30 avril 1709. Arch. Nat. Marine, B³ 170, f. 239.
(2) Barrangue aux directeurs de la C¹ᵉ de la mer du Sud, 14 mai 1709. Arch. Nat. Marine, B³ 170, f. 288.
(3) Pontchartrain aux directeurs de la C¹ᵉ de la mer du Sud, 8 mai 1709. Arch. Nat. Marine, B² 215, p. 499.

d'un mérite et qualité distingués », dont les témoignages devaient contrebalancer les accusations « d'un Rouzier, jadis domestique de M. de Lépine Danycan, et de deux jeunes débauchés sans foi, loi, ni religion (1) ».

Pontchartrain lui-même commença à douter de sa culpabilité et il assigna à ses accusateurs, pour prouver leurs affirmations, un terme très court, après lequel il ne pourrait se dispenser de proposer au Roi de faire mettre l'accusé en liberté (2). Si on le retint quand même en prison, c'est sans doute que Pontchartrain ne se laissait pas convaincre que Jouin eût donné une déclaration exacte sur le chiffre de l'argent rapporté. Cependant, un procès en forme avait été intenté contre lui auprès du parlement de Paris ; mais, malgré la perspective de tous les retardements qu'entraînerait ce procès, Jouin déclina l'offre de terminer son affaire « par la voie des commissaires que Sa Majesté nommerait » ; il préféra attendre la décision du Parlement qui, il en était persuadé, ne pourrait que tourner à son avantage (3).

Il est possible que ce refus n'eût pas pour unique raison l'espoir de voir son innocence publiquement reconnue. Il avait vu s'ouvrir une autre voie pour reconquérir la liberté. A la date du 26 juillet 1709, nous trouvons la lettre suivante de Clairambault à Pontchartrain (4) :

« Monsieur de Vienne, capitaine de vaisseau de ce département, vous demande, Monseigneur, permission de se marier. La demoiselle qu'il souhaite d'épouser lui convient fort ; il en aura d'abord 20,000 écus, et il en espère plus de 200,000 livres après la mort d'un frère de cette demoiselle qui est ecclésiastique. Ce parti lui paraît très avantageux dans un temps aussi fâcheux que celui d'aujourd'hui. Si vous avez agréable d'approuver cette proposition, vous êtes très humblement supplié, Monseigneur, d'accorder votre agrément le plus tôt qu'il se pourra, pour qu'il ne vienne point de rival à la traverse. »

Ce qui est frappant dans cette requête, c'est que le nom de la jeune fille à épouser ne s'y trouve point. N'empêche que l'autorisa-

---

(1) Jouin à Clairambault, 30 avril 1709. Arch. Nat. Marine, B³ 170, f. 240.
(2) Pontchartrain aux directeurs de la Cⁱᵉ de la mer du Sud, 29 mai 1709. Arch. Nat. Marine, B² 215, p. 802.
(3) Clairambault à Pontchartrain, 29 juillet 1709. Arch. Nat. Marine, B³ 170, f. 445.
(4) Arch. Nat. Marine, B³ 170, f. 441.

tion fut donnée en blanc ; ce n'est que plus tard que le ministre
apprit qu'il s'agissait d'une sœur de l'abbé Jouin (1). Le but de
l'abbé est assez facile à percer : il cherchait ainsi à se servir du
bruit qui courait sur ses richesses amassées pour se procurer un
protecteur influent, grâce auquel il échapperait à la prison et
gagnerait le procès où il était engagé. Aussi les suppliques en sa
faveur se multiplièrent : il en venait non seulement de Clairambault, mais aussi des camarades de l'officier désireux de se marier,
et Pontchartrain, après avoir selon son habitude plusieurs fois
remis la décision définitive, rendit enfin à Jouin, le 4 septembre
1709 (2), la liberté qui lui avait été ravie pendant près de cinq mois.
Il dut certes fournir une bonne caution, mais il ne sortait pas lavé
des accusations qui avaient causé son emprisonnement ; le procès
se poursuivit de son allure traînante avec des embrouillements,
des complications et des sursis.

Jouin profita de sa liberté pour se rendre sur-le-champ à Saint-
Malo afin, comme il alléguait, d'y « faire faire le décret de sa sœur
parce qu'elle était encore mineure ». En attendant, les fiançailles
entre elle et M. de Vienne avaient été légalement conclues devant
le recteur de Port-Louis et les bans étaient publiés (3). Mais bientôt le bruit se répandit, vite confirmé, que Jouin ne maintenait
plus sa promesse d'une belle dot. On n'entendit plus parler ni de
la dot ni des formalités obligatoires du mariage, et l'étonnement
de ceux qui s'intéressaient au bonheur du jeune couple fut plus
grand lorsqu'on apprit que ce prêtre qui manquait ainsi de parole
et qui était accusé de malversations et de fraude, avait réussi, en
moins de deux mois, à trouver une situation à la Cour et se pré-
lassait doucement dans l'atmosphère enchantée de la grâce royale
à Versailles.

L'opinion de ceux qu'il avait si honteusement trompés se tourna
contre lui et les anciennes accusations reprirent de plus belle.
Ainsi un des camarades du fiancé écrit (4) :

(1) Pontchartrain à Clairambault, 7 août 1709. Arch. Nat. Marine, B² 216, p. 725. —
Clairambault à Pontchartrain, 12 août 1709. *Ibid.*, B³ 170, f. 468.
(2) Lettre du Roi à M. le duc de Mazarin, 4 sept. 1709. Arch. Nat. Marine, B² 213,
f. 83 v°.
(3) Clairambault à Pontchartrain, 23 sept. 1709. Arch. Nat. Marine, B³ 170, f. 548.
(4) M. de Ferville à Pontchartrain, 27 déc. 1709. Arch. Nat. Marine, B³ 171, f. 135.

« Cet abbé est craintif comme un lièvre, fourbe beaucoup, par de mauvaises voies, et je suis persuadé que pour peu que vous vouliez bien, Monseigneur, dire à quelqu'un des messieurs de vos bureaux de lui serrer le bouton, avec termes un peu forts, qui le menaceraient de votre ire et lui fissent comprendre la quantité des gens de conséquence qu'il a trompés, en les faisant agir par sa mauvaise foi pour le mariage, la source ne venant que de lui pour sortir de la Citadelle du Port-Louis et après se moquer de tout le monde, manquant à la parole sans y être forcé, je suis comme certain qu'il pourrait en revenir et retomber dans le bon chemin. »

On se trompait si par là, on croyait faire payer à Jouin la dot promise. Pontchartrain ne voulut point y prêter la main : « Sa Majesté, déclara-t-il, n'avait pas jugé à propos d'interposer son autorité dans cette affaire ». Les deux jeunes gens, unis devant Dieu, par leurs fiançailles, ne purent se marier, et tout ce qu'on obtint du ministre fut que la pauvre Mademoiselle Jouin eut la permission d'enterrer son chagrin et ses espérances déçues dans le couvent de la Visitation de Vannes (1).

Et maintenant une foule de circonstances, soigneusement cachées jusqu'ici aux autorités supérieures, se découvrirent. On avoua, par dépit contre l'abbé, qu'une des saisies les plus considérables opérées après le retour de Chabert portait sur une somme que Jouin avait voulu soustraire. Un certain nombre de caisses et de barrots qui lui appartenaient et qui contenaient de l'argent pour une valeur de 15.000 piastres avaient été séquestrés à Hennebont, mais, tant que la question du mariage restait pendante, on s'était contenté de mettre ce trésor en dépôt chez le sénéchal de cette ville (2). Cependant, Pontchartrain demeura sourd à la proposition de se venger de Jouin en confisquant ce dépôt : la saisie devait être maintenue, déclara-t-il, jusqu'à ce que le procès qui se poursuivait fût achevé. On lui affirma que tout le corps de la marine souhaitait vivement que Jouin perdît ce procès, mais ces souhaits ne produisirent pas plus d'effet que celui qu'on hasardait de voir Jouin payer l'indult sur l'argent saisi. Si désireux que fût Pontchartrain de s'emparer de cet argent, sa réponse devint invariable-

(1) Pontchartrain à Clairambault, 4 déc. 1709. Arch. Nat. Marine, B² 217, p. 939.
(2) Clairambault à Pontchartrain, 18 nov. 1709. Arch. Nat. Marine, B³ 170, f. 647.

ment la même, c'est-à-dire que le sceau déposé sur les caisses confiées au sénéchal de Hennebont ne pouvait être levé. Enfin, quatre ans après, en juillet 1713, quand Jouin, après des requêtes multiples, eut sollicité de rentrer en possession de son prétendu bien, un arrêt ordonnant qu'on ouvrît les caisses fut rendu. Si l'on dit que le sénéchal dépositaire était l'ami de Jouin, on ne s'étonnera guère en apprenant que les caisses se trouvèrent contenir, à la place des 15.000 piastres séquestrées, seulement 120 marcs d'argent (environ 960 piastres) et en plus 400 livres de cuivre du Pérou (1) ! Mais cette modeste somme ne parvint même pas aux créanciers : Jouin en obtint la livraison contre caution et après en avoir payé l'indult.

On a déjà mentionné en passant que le jugement final du procès entre lui et la Compagnie de la mer du Sud se fit encore longtemps attendre, et, dans l'histoire du commerce de la mer du Sud, nous retrouverons encore l'abbé Jouin, tantôt très haut et tantôt fort bas.

*
* *

Lorsque Chabert arriva à Port-Louis, un des navires qui de conserve avec lui avait quitté le Chili manquait encore. Nous avons déjà signalé que ce navire, la *Vierge-de-Grâce*, avait relâché à la Corogne, où il resta quelques semaines et finalement, le 20 mai 1709, atteignit La Rochelle.

Comme on prétendit que la *Vierge-de-Grâce* était le bâtiment le plus richement chargé de toute l'escadre, il y a lieu de supposer que l'attention du gouvernement fût attirée sur lui aussi bien que sur les autres. Pontchartrain écrivit immédiatement au consul à la Corogne qu'il s'informât de bonne source si le capitaine, les officiers, les passagers ou autres avaient déposé à terre quelques espèces d'or ou d'argent, qu'il cherchât, en ce cas, à découvrir à qui elles appartenaient et enfin qu'il fît tout ce qu'il pourrait pour en avoir un état exact et détaillé (2). La réponse fut que le capitaine des Antons Noël avait débarqué à la Corogne plusieurs

(1) Pontchartrain à Amelot, 15 févr. 1713. Arch. Nat. Marine, B² 234, p. 323.
(2) Pontchartrain à Bigodet, 14 avril 1709. Arch. Nat. Marine, B² 215, p. 150.

passagers espagnols qui, pour leur compte, avaient 180.000 piastres et la valeur de 20.000 piastres en or (1), mais on soupçonnait que les chiffres réels étaient bien plus élevés. On
jugea fort important que l'indult en fût payé pour le compte
du roi d'Espagne, mais on n'estima pas moins utile d'empêcher que le vaisseau fût visité par les autorités espagnoles (2).
Lorsque enfin le navire, sans avoir attendu l'arrivée d'un
bâtiment de guerre, expédié exprès pour lui servir d'escorte,
fut arrivé en France, le capitaine et l'équipage furent l'objet de
mesures à peu près les mêmes que celles qu'on avait prises pour
les autres. Pontchartrain écrit qu'il avait appris de différents endroits qu'il était arrivé sur ce navire des matières d'or et d'argent
pour plus de six millions de livres ; mais qu'il s'en fallait de beaucoup que la déclaration faite par le capitaine approchât de ce
chiffre (3), et le marquis Dangeau parle de sommes plus considérables encore, voire de « 1.800.000 piastres de déclarées, sans
compter ce que l'on ne savait point (4). » Si l'on a quelques raisons de supposer que ces données soient inexactes et exagérées, il
est d'autre part certain que les sommes réellement déclarées, tout
en étant considérables, n'atteignaient pas à beaucoup près les
sommes qui de fait furent importées. Le capitaine des Antons
déclara à son retour qu'il n'avait débarqué à la Corogne que
« 18.897 piastres et 1.593 marcs de pigne, barres et vaisselle d'argent », au lieu de 200.000 piastres qu'il avait d'abord déclarées, et
on disait qu'il avait en même temps donné des raisons « pour
s'excuser sur la différence de ces deux déclarations (5). » Le 24 juillet 1709, Dangeau fournit une donnée plus conforme à la vérité,
en notant dans son journal : « On commence à fondre au nouvel
hôtel des monnaies et on y a porté pour 3.500.000 livres de
l'argent qui est venu du Pérou sur le vaisseau la *Vierge-de-
Grâce* (6). »

---

(1) Pontchartrain à Amelot, 5 juin 1709. Arch. Nat. Marine, B² 215, p. 906.
(2) Pontchartrain à Daubenton, 1ᵉʳ mai 1709. Arch. Nat. Marine, B² 215, p. 403.
(3) Pontchartrain à de la Chipaudière Magon, 12 juin 1709. Arch. Nat. Marine, B² 215
p. 930. — *Id.* à Desmaretz, même date. Arch. Nat., G⁷ 534.
(4) *Journal du marquis de Dangeau*, t. XII, Paris, 1857, p. 422.
(5) Pontchartrain à Daubenton, 3 juillet 1709. Arch. Nat. Marine, B² 216, p. 101.
(6) *Journal du marquis de Dangeau*, t. XII, p. 475.

*
* *

Vu l'importance qu'avait la chose pour les finances de la France et de l'Espagne, il serait d'un très grand intérêt de pouvoir constater le résultat économique de toute l'expédition qui, en 1709, revint au pays. Mais ce que nous avons dit plus haut témoigne de l'impossibilité de présenter des chiffres exacts et positifs sur le montant réel de l'importation.

Le bruit qui s'était d'abord répandu au moment du retour de Chabert, avait mentionné une somme de trente millions (1). Pontchartrain, en donnant dans son compte rendu officiel le résultat de l'expédition, dit (2) qu'il avait relu les lettres que Chabert et Bory lui avaient adressées à leur retour et qu'il en voyait qu'ils avaient cru pouvoir évaluer les matières d'or et d'argent « à plus de vingt millions monnaie de France », mais il ajoute que les capitaines avaient prétendu par là donner plus de mérite à leur voyage et qu'ils avaient avoué plus tard leur erreur. Les déclarations que Pontchartrain lui-même avait jugées dignes de foi ne signalèrent qu'une somme totale de 3.396.174 piastres (3). A la livraison aux hôtels des monnaies, cette somme ne fut même pas atteinte. Le 15 mai, — selon un rapport de Clairambault — étaient livrées aux Monnaies :

A Paris . . . .   221,500 piastres.
A Rennes   2,370,069   —
A Nantes   620,716   —
                                   _____
          TOTAL. . . . .   3,212,285 piastres. (4).

(1) Le grand historien Leopold von Ranke, par une erreur répétée dans toutes les éditions de son Histoire de France, indique même une somme de 300 millions de livres; il est par là porté à en exagérer grandement les conséquences politiques. Voir : *Französische Geschichte vornehmlich im sechszehnten und siebzehnten Jahrhundert*, t. IV, Stuttgart, 1856, p. 356-357. Cf. Leopold von Ranke's *sämmtliche Werke*, t. XI, Leipzig, 1877, p. 267.

(2) A Amelot, 13 nov. 1709. Aff. Ét. Esp. Corr. pol., 197, f. 160. — Les données de chiffres dans ce qui suit sont principalement tirées d'un « Mémoire pour servir à rendre le compte de l'indult accordé au roi d'Espagne sur tous les effets venus du Pérou sous l'escorte de M. Chabert ». *Ibid.*, f. 284.

(3) « Nota que ces matières consistent en piastres, en réaux, en pignes, barres et vaisselle d'argent, le tout réduit par estimation en piastres, savoir les pignes sur le pied de 8 piastres au marc, les barres sur le pied de 9, et la vaisselle sur le pied de 7. » Aff. Et. Esp. Corr. pol., 197, f. 225.

(4) État des matières d'argent qui ont été voiturées aux hôtels des monnaies. Arch. Nat. Marine, B⁴ 34. Aff. Et. Esp. Corr. pol., 196, f. 26.

Pontchartrain, qui estime cette différence assez peu importante, suppose qu'elle provient de ce que les capitaines avaient fait leurs déclarations au poids d'Espagne et que Clairambault l'avait évalué au poids de France, « qui est plus fort que celui de l'Espagne ». Il admet d'ailleurs la possibilité qu'il y en ait eu des débarquements furtifs, en dépit de toutes les mesures de précaution.

Les chiffres exacts des résultats de la conversion se trouvent dans l'état suivant, dressé d'après des certificats donnés par les directeurs des Monnaies (1) :

A Paris. .	24,740 m. 5 onc. 1 gr.	853,906 l. 15 s. 8 d.
A Rennes.	226,253 m. 4 onc. 0 gr. 1/8.	7,451,178 l. 18 s. 9 d.
A Nantes.	57,500 m.	1,949,947 l. 4 s. 5 d.
TOTAL.	308,494 m. 1 onc. 1 gr. 1/8.	10,255,032 l. 18 s. 10 d. (2).

Ajoutez que Clairambault avait confisqué un nombre de pacotilles débarquées secrètement. Les saisies avaient été levées : on s'était contenté de forcer les propriétaires à livrer ces sommes à la Monnaie. Après toutes ces relations de tentatives manquées pour empêcher la contrebande, il est surprenant de constater que dans le compte rendu final les sommes arrêtées montent à un chiffre considérable.

Enfin il faut compter d'abord l'argent rapporté pour le compte du roi d'Espagne, ensuite celui que déclara rapporter la *Vierge-de-Grâce*. Nous arrivons alors au résultat officiel suivant de toute l'importation d'argent de 1709 :

Déclaré par les vaisseaux arrivés à Port Louis, le 27 mars.	10,255,032 l. 18 s. 10 d.
Pacotilles arrêtées par Clairambault.	1,396,554 l. 3 s. 4 d.
Argent apporté pour le roi d'Espagne (309,179 piastres à 3 l. 10 s.).	1,082,126 l. 10 s.
Déclaré par la *Vierge-de-Grâce*.	3,522,065 l. 11 s. 1 d.
TOTAL. . . .	16,255,779 l. 3 s. 3 d.

(1) Aff. Et. Esp. Corr. pol., 197, f. 218.
(2) Le prix moyen à la conversion était donc de 33 livres 4 sols 10 deniers le marc. Par conséquent on avait accordé aux propriétaires des prix plus hauts que celui qu'on avait d'abord fixé et qui était 32 livres. Par contre ils n'échappèrent pas à l'obligation de porter aux hôtels des monnaies, comme les possesseurs des anciennes espèces, un sixième des valeurs à échanger en billets de monnaie, ce qu'ils regardèrent comme particulièrement onéreux.

Comme les pacotilles y sont calculées d'après le montant de l'indult et que nous venons de voir qu'un affranchissement de cet impôt était accordé à un certain nombre de passagers espagnols ; comme, d'autre part, quelques sommes vinrent s'ajouter après la rédaction et la remise du rapport (1), il faudrait encore additionner au total donné plus haut une somme dont le chiffre nous est inconnu. Si, par conséquent, nous évaluons le tout à seize millions et demi de livres, nous aurons très probablement atteint *le maximum* de ce qui, d'une façon ou d'une autre, parvint aux mains des autorités françaises ou espagnoles.

Si nous passons à l'indult, il donna le résultat suivant :

Levé sur les sommes déclarées à Port-Louis	615,301 l. 19 s. 6 d.
Levé sur les pacotilles arrêtées	83,793 l. 5 s.
Levé sur l'argent apporté par la *Vierge-de-Grâce* .	211,323 l. 18 s. 8 d.
TOTAL.	910,419 l. 3 s. 2 d.

Il est encore à remarquer qu'en novembre 1709 seulement 696.567 livres 3 sols 8 deniers de cette somme avaient été payés au trésorier de la marine, M. de Vanolles ; le restant, 213.851 livres 19 sols 6 deniers, est porté comme « dû par le Roi à faire payer par M. Desmaretz », c'est-à-dire que cet argent correspondait à la franchise accordée aux armateurs qui avaient pris l'engagement d'importer des blés étrangers. Mais cette dette du Roi n'était en réalité qu'une dette envers lui-même. L'indult devait d'abord payer les frais des expéditions de la Rigaudière et de Chabert, et ces frais montaient à 973.792 livres 1 sol 10 deniers. L'indult ne suffisait donc point à couvrir ces dépenses, encore moins à payer les nombreuses assignations que, d'une main généreuse, le roi d'Espagne avait données à diverses personnes sur ce prétendu bénéfice. Le remboursement de l'argent que le vice-roi du Pérou avait envoyé pour le compte de son monarque, amena même des difficultés. Chabert avait été forcé, pendant le voyage, d'en employer 51,284 piastres pour achat de provisions, et d'après un compte-rendu du 18 juin 1709, 247.249 piastres étaient, par petites sommes, remboursées à l'Espagne, mais les assignations qui

---

(1) Voir par exemple Clairambault à Pontchartrain, 2 déc. 1709. Arch. Nat. Marine, B³ 170, f. 670.

n'avaient pu être liquidées, restaient encore et se montaient à 21.417 piastres qu'on promit de payer à mesure que l'indult rentrerait (1).

Bien que, là encore, il y eût un déficit, on continua en Espagne de réclamer cet argent. Amelot, qui croyait avoir des raisons de soupçonner qu'en France on comptait employer l'indult à d'autres fins que celles qui avaient été promises, représenta quelle fâcheuse impression cela provoquerait (2), et poursuivit ses efforts pour faire payer les assignations du roi d'Espagne. Il y en avait par exemple de données à « la dame de la Salle qui avait servi la reine d'Espagne durant ses couches (3) », et à la princesse des Ursins, la puissante *camarera major* de la reine d'Espagne. Les réclamations continuelles mettaient au désespoir Pontchartrain, et il finit par refuser de les recevoir : « Il était très ennuyé de faire le métier de banquier, avec si peu de succès et d'une manière si peu convenable à son caractère (4) ». Mais la princesse des Ursins ne se laissa point rebuter aussi facilement que les autres. Voici comment Pontchartrain clôt la réponse d'une lettre « assez vive » qu'il avait reçue d'elle :

« Ainsi, Madame, s'il m'est permis de vous dire mon avis comme votre véritable serviteur, je crois que vous seriez plus promptement, plus sûrement et plus facilement payée, si le roi d'Espagne voulait bien satisfaire au remboursement des dépenses faites par les deux vaisseaux du Roi qui ont escorté la flottille, parce qu'en ce cas le Roi consentirait avec plaisir que vous prissiez sur ce fonds l'assignation qui vous a été donnée sur celui de l'indult (5). »

Que cet indult ne suffit nullement au but auquel on l'avait tout d'abord destiné, nous en trouvons une preuve de plus dans le fait que plusieurs années encore après le retour de Chabert, les équi-

---

(1) État des piastres qui ont été payées au Port-Louis aux porteurs des lettres de M. Amelot, suivant les ordres qui ont été expédiés par M. le comte de Pontchartrain. Aff. Ét. Esp. Corr. pol., 196, f. 153. Cf. Pontchartrain à Desmaretz, 8 mai 1709. Arch. Nat., G⁷ 534.

(2) Amelot à Louis XIV, 12 août 1709. Aff. Ét. Esp. Corr. pol., 192, f. 212.

(3) 10,150 livres. Comme l'infant don Louis naquit le 25 août 1707, Madame de la Salle dut attendre longtemps la gratification promise.

(4) Pontchartrain à Amelot, 22 juillet, 12 et 26 août ; à Daubenton, 9 sept. 1709. Arch. Nat. Marine, B⁷ 78, p. 109, 308, 434, 513.

(5) Pontchartrain à la princesse des Ursins, 28 avril 1710. Arch. Nat. Marine, B⁷ 82, p. 583.

pages de l'*Aimable* et de l'*Oriflamme* n'avaient touché qu'une partie de leurs salaires (1).

* *

Si Philippe V avait lieu de déplorer le résultat de cette expédition de Chabert dont on avait conçu de si grandes espérances, Louis XIV ne pouvait pas davantage la regarder avec satisfaction. A quelque chiffre élevé que nous évaluions les sommes qui, grâce à elle, sous une forme ou une autre, entrèrent dans la caisse de l'État, nous resterons loin des vingt ou trente millions en métaux précieux que les bruits avant-coureurs avaient annoncés. Ces bruits étaient-ils trompeurs, comme Pontchartrain voulait le faire croire ? Je serais tenté de supposer le contraire. Les mesures infructueuses contre l'importation de contrebande semblent indiquer que les propriétaires privés réussirent à recéler des sommes énormes et à en tirer un bénéfice plus grand que celui que leur offrait la conversion avec l'obligation de ce prêt à l'État.

A combien monta donc cette somme, que les armateurs de la flottille de la mer du Sud avancèrent à leur roi, et qui, d'après ce qu'on en dit, le sauva « d'une ruine imminente » ? A en croire certains historiens, elle monterait à trente millions, et « ce célèbre prêt » est rapporté comme un des traits les plus louables et les plus flatteurs dans les chroniques de la ville de Saint-Malo. La légende, reproduite au cours des temps dans une foule d'ouvrages (2) et

_____

(1) Pontchartrain à Robert, 3 sept. 1710. Arch. Nat. Marine, B² 222, p. 748. Le 13 janvier 1712, Pontchartrain écrit au contrôleur général : « Permettez-moi de vous parler de ce qui reste dû de l'indult sur les matières d'or et d'argent arrivées sous l'escorte de M. Chabert, montant à 368,977 l. 8 s. 7 d. Je vous supplie de vouloir bien faire remettre cette somme et les 11.000 l. de l'indult des marchandises pour nous donner moyen d'achever le payement de ce qui est dû aux équipages des vaisseaux l'*Aimable* et l'*Oriflamme* qui souffrent et périssent de misère n'étant point satisfaits de ce qui leur est dû depuis un temps si considérable, pendant que le Roi en a le fonds qui ne lui appartient pas. » Arch. Nat. Marine, B² 230, p. 83.

(2) Voir entre autres : Manet, *Biographie des Malouins célèbres*, Saint-Malo, 1824, p. 24 ; Levot, *Biographie Bretonne*, t. I, Vannes, 1852, p. 487 ; Cunat, *Saint-Malo illustré par ses marins*, Rennes, 1857, p. 33 ; Poulain, *Histoire de Duguay-Trouin et de Saint-Malo, la cité corsaire*, Paris, 1886, p. 175 ; Reclus, *Nouv. Géographie universelle*, t. II, Paris, 1885, p. 649 ; E. Herpin, *La Compagnie des Indes aux mains des Malouins* (*Annales de la Soc. hist. et archéol. de l'arrondissement de Saint-Malo*, année 1901, p. 18) ; Ed. Prampain, *Saint-Malo historique*, Amiens, 1902, p. 17 ; Paul Joanne, *Dict. géogr. et admin. de la France*, t. VI, Paris, 1902, art. Saint-Malo. — M. Fr. Jégou dit : « Si nous sommes bien informés, certains descendants des armateurs malouins réclament encore aujourd'hui le compte des piastres prêtées à Louis XIV en 1709 » (*Histoire de Lorient*, Vannes, 1887, p. 314).

même dans le Baedeker et dans d'autres « guides », a encore été grossie par la tradition orale au point qu'on raconte que les Malouins avaient spontanément donné comme cadeau à Louis XIV ces fameux trente millions.

Avons-nous besoin de dire maintenant que rien n'est plus éloigné de la vérité? L'erreur doit provenir des paroles de Desmaretz que nous avons citées et qu'on aurait mal comprises. Il y répète l'affirmation que l'escadre portait à bord trente millions de livres et ajoute qu'on « proposa aux intéressés d'en prêter la moitié au Roi ». Le prêt n'aurait par conséquent pu monter qu'à quinze millions, mais, malgré toute l'autorité qu'en cette affaire on doit reconnaître au contrôleur général des finances, nous ne saurions ajouter foi à ce chiffre que comme correspondant à peu près à toute la somme convertie ; d'autre part, la moitié de cette somme était un prêt contre des billets de l'État et l'autre moitié devait être remboursée en pièces de monnaies neuves.

Une indication, où reviennent ces trente millions et qui, au premier abord, paraît plus véridique, c'est qu'à la mort de Louis XIV la créance de Saint-Malo sur cette somme entra dans la dette flottante de l'État français. Mais, si nous examinons de près cette indication, nous devons conclure qu'elle aussi provient d'un contresens. Elle se retrouve dans un ouvrage excellent et très apprécié de M. Levasseur, où on lit que cette dette, estimée à un total de 185 millions, se composait en premier lieu « des 30 millions que les négociants de Saint-Malo avaient avancés à l'État en 1709 (1) ». Si ensuite nous remontons à la source indiquée (2), nous trouverons que des 250 millions de billets de l'État qui, après le *visa* de 1715, devaient être employés en échange des anciens effets royaux, une somme de 55 millions « fut distribuée pour consommer plusieurs autres dettes qui n'étaient ni moins justes ni moins pressantes, quoiqu'elles ne circulassent point dans le public ». Parmi celles-ci, figure en premier lieu « ce qui était dû aux négociants pour les matières de la mer du Sud qu'on leur avait prises à mesure que les vaisseaux faisaient des retours ». Le montant de

(1) E. Levasseur, *Recherches historiques sur le système de Law*, Paris, 1854, p. 11.
(2) Forbonnais, *op. cit.*, t. II, p. 422. M. Levasseur renvoie à l'édition in-12°, imprimée à Liège en 1758, vol. V, p. 325.

cette dette n'est pourtant pas indiqué ; on ne nous renseigne pas
davantage sur la somme qui, à cette occasion, aurait été remboursée ; et on ne nous dit pas si cette dette provenait de billets de
monnaie non acquittés, ou bien de payements qui n'avaient jamais
été effectués des valeurs converties. Il paraît fort probable que c'est
cette dernière supposition qui est la bonne ; car, dès le 1er avril 1712,
les billets de monnaie furent abolis et de nulle valeur (1). Tout
ce que nous pouvons donc en conclure avec certitude, c'est qu'à
la mort de Louis XIV, l'État était redevable aux marchands qui
avaient importé de l'or et de l'argent de la mer du Sud ; sur le
montant de la dette, les données qu'on trouve sont certainement
très exagérées.

Nous sommes donc, bien malgré nous, forcé d'abolir les titres
de reconnaissance que Saint-Malo aurait acquis par le prêt ou le
don présumé de ces trente millions. Bien loin de faire preuve de
ce patriotisme dont la ville s'est glorifiée, nous avons vu ses marchands recourir à tous les subterfuges et toutes les ruses possibles, afin d'éviter de devenir les créanciers de leur roi (2). Et,
moins que tout autre, Danycan n'a mérité ces éloges. Nous l'avons
vu faire la contrebande en personne et obtenir de bonnes gratifications pour de prétendues pertes dans la conversion des piastres :
en faudrait-il davantage pour prouver combien peu est fondée
cette assertion d'un de ses biographes (3), qu'il « contribua à lui
seul pour quatorze millions » dans l'avance faite par ses conci-
toyens à leur monarque accablé ?

Combien toute cette affaire de prêt importa peu aux finances du
pays, cela ressort suffisamment du fait que « la dette générale de
l'État montait, à la mort de Louis XIV, à 2 milliards 382 millions
de livres, dont 1.200 millions étaient immédiatement exi-
gibles (4) »

(1) Vuitry, Le désordre des finances, p. 184.
(2) Voici, par exemple, comment un de ces marchands tâchait de se soustraire à l'obligation d'accepter les billets d'État. L'intendant en Bretagne écrit au contrôleur général :
« Le sieur Bourdas a reçu sa moitié en espèces à la Monnaie de Nantes et dispute depuis
près de trois ans de prendre des assignations pour le surplus. Il s'est servi pour l'éviter
de toutes sortes d'artifices qu'il n'a pas été difficile de détruire toutes les fois que ces
mémoires m'ont été renvoyés. Il demande à présent pour le payement de cette moitié de
jouir des octrois de la ville de Saint-Malo et d'en déposséder le receveur. Jugez, Monsieur, de cette prétention, et si ce serait une voie légitime, et de déposséder un officier
en titre ! » Ferrand à Desmaretz, 28 févr. 1712. Arch. Nat., G7 193.
(3) P. Levot, Biographie Bretonne, t. I, p. 487.
(4) Vuitry, op. cit., p. 194.

CHAPITRE VII

PROPOSITION D'INTERDIRE LE COMMERCE DE LA MER DU SUD PAR UNE
ORDONNANCE ROYALE ; LES DERNIÈRES NÉGOCIATIONS ENTRE
LA FRANCE ET L'ESPAGNE, 1707-1708.

La situation au commencement de l'année 1707. — Mécontentement des négociants
d'Andalousie, leurs délibérations et leurs représentations au roi d'Espagne. — On
demande une prohibition absolue et solennelle du commerce français en Amérique.
— On résout de ne plus donner de permissions pour ce commerce et de révoquer
les permissions accordées. — Négociations pour établir une union du commerce
entre la France et l'Espagne. — Les prétentions françaises sont inacceptables. — Le
mécontentement des Espagnols redouble ; ils prennent des mesures pour interdire
la navigation étrangère dans les mers des Indes. — L'expédition en Amérique des
décrets du roi d'Espagne est empêchée par les intrigues des agents français.
L'année 1708. — Ennuis d'Amelot. — Nécessité de recommencer les négociations avec
l'Espagne. — Seconde mission de Mesnager à Madrid. — Rumeurs relatives à une
expédition anglaise pour la mer du Sud. — Projet d'annexion de l'île Juan Fernandez
à la France. — La consulte de 1706 prise pour base des nouvelles négociations. —
Délibérations entre Mesnager et Tinajero. — Opposition du comte de Frigiliana. —
L'accord est enfin obtenu. — Délibération du Despacho devant Philippe V. — Le
nouvel ordre du commerce des Indes et les tarifs. — L'exécution de cet ordre est
suspendue. — Changement survenu en 1709 dans les relations entre la France et
l'Espagne. — Amelot et Daubenton sont rappelés.

Après avoir suivi le développement du commerce de la mer du
Sud pendant les années où il atteignit une prospérité inespérée, et
montré les résultats importants qui en provenaient, nous repren-
drons le compte-rendu interrompu des négociations engagées à ce
sujet entre la France et l'Espagne. A cet effet, il nous faudra
retourner en arrière jusqu'au commencement de l'année 1707.

Cette époque est signalée par les premiers succès remportés par
les réclamations françaises : On s'était vu forcé en Espagne d'accepter, bien que de mauvais gré, l'offre d'une escorte étrangère pour
la flotte et les galions ; on avait permis l'envoi des vaisseaux de
la marine française à la mer du Sud ; et le projet des six frégates
accepté en Espagne, et dont en France on discutait encore la pos-

sibilité d'exécution, semblait promettre aux marchands et aux armateurs français la reconnaissance tant briguée du droit de participer aux bénéfices du commerce des Indes. Daubenton lui-même, si pessimiste en général, et qui pouvait avec raison se vanter d'avoir eu « pendant cinq années une continuelle attention et mis tout en usage sur la navigation des Indes », commença à voir les choses sous un jour meilleur. Il basait sa confiance « sur les heureux changements survenus dans les tribunaux », c'est-à-dire le Conseil des Indes, la Contratacion, le Consulat et le Commerce d'Andalousie, « composés à présent de personnes très affectionnées aux intérêts des deux couronnes et avec lesquelles il était en étroites liaisons ». Mais la même lettre (1) où il exprime ses espérances nous laisse entrevoir un nuage nouveau, qui se levait à l'horizon. « Ceux qui négocient à Cadix et à Séville, écrit Daubenton à la fin de sa lettre, ont donné avis à leurs correspondants en cette Cour qu'ils ont été avertis qu'il y a en France quatre navires en charge pour la Vera-Cruz, que cela leur fait croire que la proposition des six frégates est un leurre, et que, si Sa Majesté ne défend point le départ de ces navires, le commerce d'Andalousie va être ruiné sans ressource ». Et lorsque, trois jours après, la nouvelle fut arrivée à Madrid que de nouveaux navires français étaient de retour de la mer du Sud, voilà Daubenton replongé dans le découragement et les appréhensions : « Les conseillers du Conseil des Indes en ont parlé avec aigreur », et « la Contratacion et le Consulat ne manqueront pas de faire leurs représentations au roi d'Espagne » (2).

Les suites qu'il redoutait de ces représentations ne concernaient pas seulement les chances du commerce : la situation politique était plus embarrassante que jamais. Philippe V avait eu beau reprendre sa capitale, la révolte n'était point réprimée. Plusieurs provinces de son royaume se trouvaient encore aux mains de l'ennemi, et, en bien des endroits, le mécontentement couvait, prêt à éclater à tout instant. Il importait donc, avant tout, de retenir les provinces qui restaient fidèles — la victoire d'Almansa, le 25 avril, n'avait pas encore rétabli l'autorité de Philippe V, ébranlée par

(1) Daubenton à Pontchartrain, 14 févr. 1707. Arch. Nat. Marine, B⁷ 244.
(2) Daubenton à Pontchartrain, 17 févr. 1707. Arch. Nat. Marine, B⁷ 244.

tant de revers — et au nombre de ces provinces fidèles, était en premier lieu l'Andalousie, province qui, par ses privilèges, était plus que toutes les autres intéressée au commerce des Indes. Les plaintes de cette provenance étaient par conséquent dans les conjonctures présentes particulièrement inopportunes. L'ambassadeur de France, qui, en réalité, n'était pas loin d'être pour le moment le véritable régent de l'Espagne, partagea le mécontentement provoqué par l'empiétement de ses compatriotes sur la communication interdite avec les colonies espagnoles. Il adresse des représentations à Pontchartrain qui, tout en se faisant l'instrument des influences les plus contradictoires, n'en demeurait pas moins personnellement convaincu de l'effet pernicieux du commerce français en Amérique. En manière d'excuse, Pontchartrain répond à ces représentations (1) :

« Je crois comme vous qu'on s'est trop lâché en ce pays sur le commerce défendu et particulièrement sur celui du Pérou, mais je ne crois pas qu'en votre conscience vous m'imputiez rien sur cela. Vous savez que mon dessein aurait été d'y donner des bornes si étroites qu'on n'en aurait point eu de plainte, mais d'autres raisons, et particulièrement le besoin présent et pressant de l'État, ont prévalu, et j'ai été obligé de suivre le courant en expédiant les permissions, parce qu'un autre ne pourrait les expédier. Vous êtes en place pour pouvoir représenter, faites en sorte qu'on défende ce commerce du Pérou, et vous verrez que je serai le premier à y tenir la main, pouvant bien vous assurer qu'il n'est pas de mon goût et que je préférerais une union avec les Espagnols et d'en faire une moins étendue, mais de durée, à un grand profit passager, qui peut même avoir des suites désagréables et fâcheuses. »

Que restait-il à faire ? Les faits rapportés n'étaient point niables ; les vieilles objections que les Français ne faisaient que ce que les contrebandiers anglais et hollandais se permettaient impunément aux Indes Occidentales demeurèrent sans effet ; de même, l'allégation que les navires français auraient été autorisés à faire leur commerce en guise de récompense, pour avoir prêté la main à chasser des corsaires ennemis. Il fallut avoir recours à la politique dilatoire, négociée par les amis de la France, le duc d'Atrisco et don Bernardo Tinajero. Par leur entremise, on espéra pouvoir

(1) A Amelot, 9 mars 1707. Arch. Nat. Marine, B² 196, p. 1072.

empêcher les mesures dont menaçaient les marchands de Séville désespérés, savoir : la convocation d'une assemblée générale du Commerce d'Andalousie qui, si la Contratacion et le Consulat ne savaient remédier à leur malheureuse situation, adresserait ses représentations directement au roi d'Espagne, ce dont on pouvait redouter les suites les plus désastreuses (1). Pontchartrain, à qui Daubenton faisait ce rapport et à qui il ne cesse de se plaindre de sa situation difficile, était très embarrassé comme toujours. Son affirmation qu'on allait « remédier efficacement » aux abus « lorsque les temps seraient plus tranquilles (2) », ne calma personne, pas même Pontchartrain, et il se déchargea des doléances espagnoles sur son conseiller, tant de fois mis à l'épreuve, le président du Conseil de commerce, Daguesseau, en le priant d'examiner les plaintes « avec le soin et l'attention que cette affaire demandait » et de « les joindre aux mémoires qu'il lui avait ci-devant envoyés sur cette matière » (3), — dossier dont vraisemblablement les dimensions étaient considérables.

Cependant, le Commerce d'Andalousie ne se laissa point influencer par les conseils et les exhortations que Daubenton lui prodiguait, par l'intermédiaire de ses amis espagnols. Les marchands exaspérés se réunirent à Séville, le 28 avril, en une « junte générale », où l'on donna lecture des lettres reçues d'Amérique et où l'on exposa la liste de tous les navires français qui y avaient fait le commerce illicite. Trente bateaux étaient entrés dans les seuls ports de Campêche et de Vera-Cruz, d'où ils avaient tiré « des trésors immenses sans avoir payé aucun droit d'entrée ou de sortie » ; dans les ports de la Terre-Ferme, on comptait plus de quatre-vingt-six navires, et, vers la fin de l'année 1706, il n'y avait pas moins de quinze bâtiments français dans la mer du Sud, trafic qui, outre tant d'autres suites funestes, « pourrait faire naître aux ennemis le dessein de s'y introduire aussi avec des escadres et de s'y rendre maîtres de quelques ports ».

« Pour remédier donc à tant de désordres, — telle est la teneur de la résolution prise par la junte, — et pour rétablir la navigation régu-

---

(1) Daubenton à Pontchartrain, 27 avril 1707. Arch. Nat. Marine, B⁷ 245.
(2) Pontchartrain à Daubenton, 4 mai 1707. Arch. Nat. Marine, B² 197, p. 737.
(3) Pontchartrain à Daguesseau, 4 mai 1707. Arch. Nat. Marine, B² 197, p. 705.

lière des armées navales et des flottes des Indes, après quoi l'on soupire depuis si longtemps, parce que c'est en effet en cela que consiste la plus grande partie des revenus du Roi et le bien de la cause commune, ce Commerce supplie très humblement Sa Majesté d'ordonner que toutes les lois et dernières délibérations données au sujet de la navigation des Indes soient ponctuellement observées et que tous les bâtiments qui abordent dans tous les ports des mers du Nord et du Sud soient confisqués, à la réserve des galions, des flottes et des vaisseaux de *registro ;* que l'on confisque pareillement toutes les marchandises que lesdits bâtiments y transportent ; qu'on expédie pour cet effet des ordonnances rigoureuses et des dépêches circulaires, tant pour les vice-rois et audiences de l'un et de l'autre royaume, que pour les gouverneurs et officiers royaux de tous les ports des Indes, portant défense d'admettre ni de tolérer aucun trafic défendu par les lois, et particulièrement au vice-roi et à l'audience de Lima de ne plus permettre l'introduction d'aucune marchandise ni dans la mer du Sud, ni par le port de Buenos-Aires, avec injonction à eux de châtier ceux qui négocieront, achèteront et introduiront quelque sorte de marchandises et fruits que ce puisse être, en leur confisquant tous leurs biens, jusqu'à la quatrième génération, en les exilant eux-mêmes et en leur faisant souffrir les autres peines décernées contre ceux qui transgressent les lois de Sa Majesté (1). »

Cette résolution, rédigée en triple exemplaire, fut envoyée au roi d'Espagne, au Conseil des Indes et à la junte royale du commerce, qui semblait exister encore, bien que nous ne l'ayons point vue donner signe de vie depuis le mois de juin 1706, où, lors de la fuite de Philippe V de Madrid, elle avait été forcée d'interrompre ses travaux. On dut déployer toutes les ressources de l'influence française pour prévenir des décisions qui auraient pu porter un coup irrémédiable au commerce français dans la mer du Sud et dans les autres colonies espagnoles. Daubenton, chargé par Amelot de rédiger la réponse qui devait être présentée au Despacho, fut d'avis qu'il ne fallait entrer en aucune explication ; on devait se borner à exiger que le roi d'Espagne déclarât aux plaignants qu'il avait reçu leurs représentations, qu'il allait les communiquer au roi de France en le suppliant de donner les ordres qui conviendraient sur ce sujet. Bien que lui, Daubenton, eût employé tous les

---

(1) Remontrance par laquelle le Commerce de Séville demande que l'on empêche à l'avenir le trafic que les étrangers font dans les ports des Indes, tant du Nord que du Sud ; 10 mai 1707. (Trad. de l'espagnol.) Arch. Nat. Marine, B⁷ 246.

moyens possibles pour empêcher que le Conseil des Indes et la junte du commerce ne prissent de résolution dans l'affaire, tout était à craindre « si l'on tardait à donner aux Espagnols la satisfaction qu'ils demandaient » (1).

Mais, cette fois, les commerçants d'Andalousie ne se contentèrent pas des faux-fuyants et des vagues promesses que le secrétaire d'État, don Joseph Grimaldo, leur prodiguait de la part de leur roi conformément aux indications françaises. Dès le 8 juin, le Commerce de Séville se réunit pour une nouvelle délibération, où l'on renouvela les représentations contre le trafic français et où l'on résolut de faire imprimer le résultat des délibérations, ainsi que les lettres venues de Lima, relatant les abus commis au Pérou, et autres papiers sur des affaires analogues. Des exemplaires de ces imprimés devaient être adressés au roi d'Espagne, tant officiellement par la voie du Conseil des Indes, que « par la voie réservée ». En outre, on devait les répandre dans tout le pays parmi tous les fonctionnaires royaux (2).

Cette décision fut exécutée. Les plaintes, mises en circulation par milliers, produisirent un très mauvais effet et contribuèrent à « aigrir davantage les Espagnols contre la nation (3) ». Rien ne put en effacer l'effet, ni la nouvelle lettre que don Joseph Grimaldo adressa au Commerce d'Andalousie, « pour tâcher de le consoler de la fâcheuse situation où était réduite cette province (4) », ni les réfutations que Daubenton fit imprimer et distribuer et dans lesquelles on fit retomber toute la cause des abus dénoncés sur l'ancien Consulat de Séville et sur d'autres autorités et fonctionnaires espagnols également prévaricateurs. Le seul remède qu'on jugeait efficace, c'était une interdiction absolue du commerce de la mer du Sud émanant du côté français ; aussi Daubenton et Amelot joignirent-ils leurs voix à celle de l'opinion publique en

(1) Daubenton à Pontchartrain, 22 mai 1707. Arch. Nat. Marine, B⁷ 246.
(2) Délibération du Commerce de Séville du 8 juin 1707, pour être envoyée à S. M. avec plusieurs lettres et actes du Consulat de Lima et des députés des galions au sujet du trafic illicite qui se fait au Pérou, Terre-Ferme et Buenos-Aires. Arch. Nat. Marine, B⁷ 246.
(3) Daubenton à Pontchartrain, 18 et 30 juillet 1707. Arch. Nat. Marine, B⁷ 247.
(4) Daubenton à Pontchartrain, 11 juillet 1707 ; lettre écrite sur l'ordre du roi d'Espagne par M. de Grimaldo au Consulat et au Commerce d'Andalousie, 15 juillet 1707. Arch. Nat. Marine, B⁷ 247.

Espagne pour réclamer avec instance la publication d'une loi en ce sens.

Comme de coutume, Pontchartrain accueillit favorablement cette demande, tandis que l'appel fait au contrôleur général demeurait vain : Amelot avait écrit plusieurs fois à Chamillart, « mais cela n'avait de rien servi (1) ». Cependant, diverses circonstances modifièrent l'opinion de Chamillart. On faisait valoir qu'un certain nombre de marchands français étaient intéressés au commerce légal des Indes, et que jusqu'aux deux tiers du chargement des galions étaient achetés avec l'argent français. Si ces marchandises ne trouvaient pas d'écoulement, à cause du commerce illicite, la France perdrait un bénéfice, qui, d'après un calcul un peu fantaisiste, était estimé à 16 millions de piastres. « Ce serait, dit Pontchartrain (2), une grande perte pour le royaume si les Français étaient privés de ces richesses, et cela balancerait bien celles qui sont venues en droiture de la mer du Sud ».

A ce motif vint encore s'ajouter le mécontentement causé par « le peu de bonne volonté » dont faisaient preuve les marchands de Saint-Malo, nullement pressés d'accepter la proposition des six frégates. Chamillart fut enfin converti. Le 15 juin, Pontchartrain lui écrit (3) : « Le Roi m'a fait l'honneur de me dire que vous avez été touché des raisons que M. Amelot vous a écrites sur les mauvais effets que produisent en Espagne les voyages qu'on a permis de faire à la mer du Sud », et il demande à Chamillart son avis, s'il ne trouvait pas à propos de retenir les vaisseaux qu'on armait encore dans les ports et particulièrement à Saint-Malo pour cette destination. La réponse fut que le Roi avait résolu de ne plus accorder de ces permissions ; que celles qui étaient déjà accordées seraient révoquées pour tous les vaisseaux qui n'avaient pas encore commencé leurs achats et leurs chargements, et, enfin, que ceux qui avaient commencé ces préparatifs, mais qui ne seraient pas prêts à appareiller pour la fin de septembre au plus tard, se verraient également privés de leurs permissions (4).

(1) Daubenton à Pontchartrain, 22 mai 1707. Arch. Nat. Marine, B⁷ 246.
(2) A Daguesseau, 15 juin 1707. Arch. Nat. Marine, B² 197, p. 1385. Cf. Daubenton à Pontchartrain, 8 juillet 1707. *Ibid.*, B⁷ 247.
(3) Arch. Nat. Marine, B² 197, p. 1382.
(4) Chamillart à Pontchartrain, 10 juillet 1707. Arch. Nat. Marine, B³ 152, f. 123. *Id.* à Ferrand, 12 juillet 1707. Arch. Nat., F¹² 124.

C'est avec une joie manifeste que Pontchartrain accueillit cette nouvelle. Il s'empressa de prendre auprès du Roi les ordres nécessaires et il n'exprima d'hésitation que sur un seul point, à savoir s'il était à propos d'étendre cette interdiction à « la mer du Nord », comme Chamillart le proposait avec le zèle du nouveau converti (1). Pour les armateurs, ce fut une surprise désagréable. Lorsque, le 10 août, l'ordre du Roi eut été communiqué à Saint-Malo (2), Lempereur, après l'avoir reçu, écrit que « cela les avait fort intrigués », et il se fait le porte-parole des armateurs qui comptaient bien que le Roi dans sa bonté leur accorderait une prolongation d'au moins un mois, car au contraire ce serait pour eux « une terrible perte (3) ». Ce qui dut stimuler fortement l'ardeur avec laquelle Lempereur embrassait la cause des armateurs, c'est que, peu de temps auparavant, il avait lui-même sollicité une de ces permissions, « pour se tirer de la pauvreté, sans qu'il en coûtât rien au ministre ni au roi », grâce qu'il croyait justifiée du moment qu'on l'accordait tous les jours « à des gens qui n'avaient d'autre mérite que celui d'être riches (4) ». Mais cette sollicitation, aussi bien que les demandes de prolongation, essuyèrent un refus net (5).

Cependant, on n'était nullement disposé à donner sans compensation aux Espagnols la satisfaction que comportait l'interdiction de la navigation à la mer du Sud. Amelot avait laissé entrevoir dans ses lettres que les Espagnols « ne demandaient pas mieux que d'associer les Français à leur commerce ». Bien qu'on eût de bonnes raisons pour douter de la sincérité de cette assertion, elle n'en fut pas moins la cause de la reprise du côté français des négociations qui, depuis le départ de Mesnager de Madrid en avril 1706, étaient demeurées en suspens. Amelot fut chargé d'examiner les chances de succès de ces négociations, et, pour le guider, Pontchartrain envoya un « mémoire qui a été présenté à Sa Majesté sur ce sujet, et dont, écrit le ministre, je lui ai rendu compte avec

(1) Pontchartrain à Chamillart, 16 juillet 1707, et à Daguesseau, même date. Arch. Nat. Marine, B² 198, p. 237 et 239.
(2) Pontchartrain à Lempereur. Arch. Nat. Marine, B² 198, p. 774.
(3) Lempereur à Pontchartrain, 21 août 1707. Arch. Nat. Marine, B³ 145, f. 234.
(4) Lempereur à Pontchartrain, 26 juillet 1707. Arch. Nat. Marine, B³ 145, f. 218.
(5) Pontchartrain à de la Lande Magon, 7 sept. 1707. Arch. Nat. Marine, B² 198.

des observations que Sa Majesté m'a commandé de faire sur ce qu'il contient (1) ».

Le mémoire part de la nouvelle d'une crise considérable survenue dans le commerce du Pérou. Les derniers vaisseaux français, qui en revenaient, avaient dû vendre leurs marchandises sur la fin de la traite la moitié, les deux tiers et même les trois quarts de moins qu'à leur arrivée, et comme plusieurs autres navires étaient partis depuis, les apparences promettaient qu'on aurait à supporter une plus grosse perte, et qu'on serait même obligé de rapporter des marchandises en France. « On est donc persuadé, continue le mémoire, que le commerce de la mer du Sud s'interdira de lui-même, et qu'il se passera cinq ou six années au moins avant qu'on puisse y retourner. » On ne courait par conséquent aucun risque en interdisant ce commerce « par une ordonnance du Roi publique et sévère ». On devait cependant poser comme condition, pour cette interdiction du commerce de la mer du Sud, que l'Espagne admît que la communication avec le Mexique et la côte de la Terre-Ferme fût entretenue par des vaisseaux français en remplacement des flottes, qui étaient « plus préjudiciables qu'avantageuses ». Les bâtiments français porteraient le pavillon d'Espagne et seraient assujettis aux mêmes obligations que les navires espagnols, à condition toutefois que les onéreux droits d'entrée et de sortie fussent essentiellement réduits et qu'on partageât, pendant la guerre seulement, les expéditions entre le port de Cadix et celui de Los Pasages dans la province de Guipuzcoa. Le but de cette dernière réserve est très nettement exposé dans le mémoire par ces paroles :

« Le port du Passage est à notre bienséance ; nous y apporterons par terre nos marchandises fines et les plus grossières par mer sur des barques, qui sortiront de la Loire et navigueront le long de la côte sans risques. A la sortie de ce port, nous nous trouverons au large et par là en état de faire notre navigation sans beaucoup de risque de la part des corsaires ennemis. Comme l'entrée du Passage est difficile, c'est un prétexte pour stipuler, qu'en cas que les vaisseaux n'y puissent entrer facilement au retour, par mauvais temps ou autrement, ils pourront aborder dans nos ports, où les droits du roi d'Espagne seront payés,

(1) Pontchartrain à Amelot, 17 juillet 1707. Arch. Nat. Marine, B² 198, p. 255.

avec permission aux Espagnols de porter leurs effets en Espagne sans rien payer, ni d'entrée ni de sortie, moyen infaillible d'avoir en France tout l'argent que produira ce commerce, attendu que les Américains, accoutumés à frauder le droit de quint sur l'argent, s'exposent par là à le faire confisquer en Espagne, ce qu'ils éviteront en l'apportant en France (1). »

Une proposition en quatorze articles, conforme à ce mémoire, fut en même temps remise à Amelot (2). Les passages où apparaît le véritable but, qui était de faire passer le commerce des Indes à des ports français, n'y figurent pas bien entendu, et sur la question capitale, c'est-à-dire sur l'interdiction du commerce illicite, la proposition ne se prononce pas nettement, bien que la teneur fût telle qu'on pouvait supposer cette interdiction comme base de toute la proposition. Daubenton soupçonna immédiatement Mesnager comme le véritable auteur du projet (3), soupçon que, d'ailleurs, Pontchartrain confirma plus tard, en même temps qu'il annonça qu'Amelot avait exprimé le souhait de voir partir de nouveau Mesnager en Espagne afin de prendre part aux négociations qui se préparaient (4).

Cependant, des pourparlers préliminaires s'étaient engagés entre Daubenton et les deux secrétaires du Conseil des Indes, don Bernardo Tinajero et don Gaspar Pinedo. Dans les nombreuses lettres où Daubenton rend compte de ces discussions (5), il revient sans cesse sur la nécessité d'expédier et de publier sans délai cette interdiction du commerce arrêtée par le roi de France ; sans quoi les négociations demeureraient vaines ; mais on répondait toujours qu'on ne voulait rien faire en France avant que la convention fût conclue.

Les appréhensions de Daubenton furent confirmées par la réponse préliminaire à la proposition française qu'on reçut d'Espagne (6). On y appuie en premier lieu sur la nécessité que

(1) Mémoire pour défendre le commerce de l'Amérique espagnole aux Français, 17 juillet 1707. Arch. Nat. Marine, B² 198.
(2) Chamillart à Amelot, 3 juillet 1707. Arch. Nat., F¹² 124.
(3) Daubenton à Pontchartrain, 27 juillet 1707. Arch. Nat. Marine, B⁷ 247.
(4) Pontchartrain à Daubenton, 28 août 1707. Arch. Nat. Marine, B² 198, p. 1127.
(5) Daubenton à Pontchartrain, 30 juillet, 12, 16, 27, 29 août 1707. Arch. Nat. Marine, B⁷ 247 et 248.
(6) Mémoire de ce qui est à observer et exécuter en conséquence des réponses faites aux quatorze articles du projet de la cour de France touchant le commerce et la navigation des Indes. Arch. Nat. Marine, B⁷ 248.

« les ordres qui défendent toute sorte de commerce illicite aux Indes soient au plus tôt expédiés, rendus publics et exécutés avec toute l'exactitude et la sévérité possibles ». Parmi les réserves au moyen desquelles on consentirait à admettre que les navires français pussent participer au commerce des Indes, — à l'exclusion toutefois de la mer du Sud qui continuerait à faire une exception, — nous remarquons que le projet d'ouvrir pour ce commerce le port de Los Pasages fut entièrement repoussé par les Espagnols. Daubenton est d'avis que « ce serait achever d'accabler les pays d'Andalousie que de partager leur commerce avec ceux de Guipuzcoa ; ces premiers, à l'exclusion de tous autres, sont en possession de celui des Indes, aussi sont-ils les seuls qui agissent et qui se recrient avec tant de vivacité contre la navigation des Français à l'Amérique espagnole. Bien loin qu'on leur donnât la moindre satisfaction sur les plaintes continuelles dont vous n'êtes que trop informé, cette division les désespérait jusqu'à un point qu'on ne pourrait plus compter sur leur fidélité. Ils en ont donné des marques d'une si grande qu'il faut plutôt chercher à les récompenser qu'à les détruire, en partageant un bien qui leur appartient uniquement, pour le donner à une province qui, au lieu de rien contribuer au roi d'Espagne, diminue son autorité et ses droits autant qu'elle le peut, sous prétexte de ses privilèges (1) ».

Le projet concernant la navigation sur Los Pasages et qui visait à pousser le commerce jusqu'à la frontière de France, fut bientôt abandonné par le gouvernement français dans la réponse faite aux observations espagnoles (2) ; mais on le remplaça par une demande

---

(1) Daubenton à Pontchartrain, 16 août 1707. Arch. Nat. Marine, B⁷ 248. — Déjà en 1705, le contrôleur général avait été informé par une lettre de Bayonne que « l'Aragon, la Navarre, la Biscaye et le Guipuzcoa faisaient à la cour de Madrid de vives sollicitations pour obtenir la liberté de naviguer des ports de ces provinces aux Indes et de faire leurs retours à droiture dans les mêmes ports. » Bien que l'affaire en ce moment fût estimée « bonne en soi par rapport à la France », on jugea qu'il valait mieux la faire mener par les députés de ces provinces et de « ne la favoriser que par des offices secrets tout au plus », car « la protection ouverte de la France serait plus capable de nuire à la demande. » Chamillart à Amelot, 4 et 18 oct. 1705. Arch. Nat., F¹² 121.

(2) Réponse faite par la cour de France au mémoire qui lui a été remis sur ce qui était à observer et exécuter touchant le commerce et la navigation des Indes (jointe à une lettre de Daubenton à Pontchartrain, 16 oct. 1707). Respuestas a las nuebas replicas y proposiciones que se hazen de Paris sobre la instancia de union de comercio a Indias ; sept. 1707 (Bibl. Nat. Ms. Esp. 152, f. 91). Cf. Sommaire reduction de ce qui s'est proposé sur le commerce d'union dans l'Amérique entre la France et l'Espagne(joint à la lettre citée de Daubenton). Arch. Nat. Marine, B⁷ 248. — Ce dernier document contient,

de libre transit à travers l'Espagne à Cadix pour les marchandises françaises. En cette réponse, on éluda la question principale de la façon suivante :

« La plus sûre défense en Espagne et en France est d'établir, avec la sévérité des lois, une proportion entre le commerce d'Espagne et celui que font indirectement les Anglais et Hollandais par la Jamaïque et Curaçao, car si ce dernier se fait à beaucoup moins de dépense que le premier, tout ce qu'on pourra faire de mieux ne sera qu'une vaine apparence de bien, qui ne produira qu'un établissement en l'air. »

Joint aux autres conditions que posaient les négociateurs français et dont le détail nous mènerait trop loin, ceci constituait des exigences inacceptables pour les Espagnols. Mais ce qui acheva de rendre les négociations difficiles, ce fut une mesure prise en France au même moment. Les armateurs dont l'arrêté du commencement de juillet avait empêché les voyages et qui avaient en vain adressé au secrétaire de la marine des sollicitations d'exemption ou de délai, avaient fait appel au contrôleur général. Deux mois s'étaient à peine écoulés, que déjà celui-ci était tout prêt à revenir sur sa décision. En des termes qui décèlent un de ces conflits de compétence si fréquents entre les deux ministres, Chamillart écrit (1) :

« Si vous étiez bien informé du dérangement que pourrait causer la défense de faire partir pour les Indes les vaisseaux qui sont chargés ou qui sont prêts à l'être, vous ne vous laisseriez pas prévenir par des gens qui croient vous faire leur cour en vous mettant en mouvement sur une matière qui fait partie du commerce, dont je suis chargé uniquement, puisqu'il ne s'agit que d'envoyer des marchandises pour les échanger contre d'autres et faire venir en retour des matières et espèces d'or et d'argent. Ce n'est pas seulement cette raison qui m'oblige de prendre l'affirmative, mais la ruine entière d'un grand nombre de familles et de négociants, qui ont acheté pour plus de 16 millions de marchandises dont ils demeureraient chargés, si Sa Majesté n'avait pas la charité pour eux de leur permettre de s'en défaire. Je vous supplie donc de *continuer à donner vos ordres pour laisser partir les vaisseaux,* lorsqu'ils seront en état, et de seconder, en tout ce qui dépendra de vos soins et de votre ministère, le succès du commerce des Indes. »

en trois colonnes, les Propositions envoyées à M. Amelot, les Réponses des Espagnols et les Répliques.

(1) A Pontchartrain, 26 sept. 1707. Arch. Nat. Marine, B³ 152, f. 145.

Chamillart ajoute certes l'affirmation qu'il « n'oublie rien pour engager les Espagnols à faire ce commerce conjoinctement avec les Français », mais pour lui, comme pour Pontchartrain, il devait être évident que, de cette façon, on diminuerait les chances de succès pour ce qu'on voulait obtenir. Ce dernier essuya sans protester l'humiliation de révoquer les ordres qu'il venait de donner, et la manière dont il s'exécuta, nous fournit une nouvelle preuve caractéristique de sa complète inaptitude à inspirer le respect à ses subordonnés : il écrit à son agent de Saint-Malo de laisser partir les vaisseaux — « en feignant que vous ne vous êtes pas souvenu des ordres qui vous ont été donnés ci-devant sur ce sujet (1) ».

Daubenton nous expose les sentiments avec lesquels on reçut en Espagne la nouvelle de ce revirement d'opinion de la part du gouvernement français. « Il ne m'appartient point, écrit-il (2), de gloser sur la dernière résolution, mais il est de mon devoir de vous représenter, Monseigneur, qu'elle est entièrement contraire au service du Roi, infiniment préjudiciable à l'Espagne, plus périlleuse et à charge dans son exécution qu'avantageuse pour les sujets de Sa Majesté, puisqu'on va les exposer à perdre et leurs navires et leurs marchandises, et qu'on va aussi désespérer les Espagnols jusqu'à un point qu'il ne sera plus possible d'appliquer les remèdes aux maux présents, et à ceux que l'on ne prévoit que trop. » Il paraît qu'Amelot avait été également fort surpris de ce changement d'idées. Il n'osa d'abord communiquer même à don Bernardo Tinajero les copies que Chamillart lui avait remises, mais finalement il dut s'y résoudre, et cet ami fidèle de la France rédigea une réponse qui paraissait « un peu vive (3) », cependant, explique Daubenton, il ne pouvait « se dispenser de la faire autrement, tant il avait paru irrité ». D'ailleurs, Daubenton espère que Mesnager, qu'il supposait l'instigateur de cette affaire, changerait d'avis dès qu'il serait arrivé à Madrid, mais il s'étonne que celui-ci se soit « si fortement égaré dans ses idées ». « Elles font connaître, ajoute-t-il, qu'il n'a aucune connaissance de l'état de cette monarchie, de

(1) Pontchartrain à Lempereur, 5 oct. 1707. Arch. Nat. Marine, B² 199, p. 82.
(2) A Pontchartrain, 16 oct. 1707. Arch. Nat. Marine, B⁷ 248.
(3) Daubenton à Pontchartrain, 31 oct. 1707. Arch. Nat. Marine, B⁷ 248.

ses intérêts et de son commerce, non plus que de la fâcheuse situation où est réduite l'Andalousie, ou, s'il en est bien instruit, il n'a pu agir que par un esprit de complaisance qui n'est pas tolérable (1) ».

Le danger que la France encourait, fut en premier lieu, qu'on expédiât aux Indes un décret qu'avait résolu le roi d'Espagne sous l'impression des plaintes toujours renouvelées de la part du Commerce d'Andalousie. Cette autorité avait convoqué de nouvelles réunions et fait distribuer de nouvelles plaintes imprimées, auxquelles le trafic toujours croissant des Français en Amérique donnait amplement lieu. Ce décret stipulait qu'on devait envoyer des commissaires d'un zèle éprouvé tant à Mexico et à Lima qu'à Santa-Fé de Quito, Carthagène, Portobello et Panama, pour informer contre les gouverneurs et officiers qui avaient toléré l'entrée des marchandises étrangères, et contre tous les négociants qui les avaient fait introduire, comme aussi pour faire arrêter et confisquer tous les navires français, et même arrêter et envoyer prisonniers en Espagne les équipages (2).

Aussi, Daubenton, qui ignorait très certainement à quel point le roi d'Espagne était dans l'impuissance de se faire obéir aux Indes, jugea-t-il urgent d'expédier un bâtiment d'avis pour mettre les capitaines français sur leur garde. Pontchartrain répond qu'il fera « le meilleur usage qu'il se pourra (3) » de ce décret ; mais, comme de coutume, il se borne à confier ses inquiétudes à Daguesseau, qui le tranquillise avec l'assurance qu'il a été résolu de ne plus donner de permissions pour la mer du Sud et qu'on travaille à un traité d'union avec l'Espagne pour le commerce des Indes pendant la guerre (4), mesures que Pontchartrain trouva « peu satisfaisantes pour les Espagnols », puisque, tous les jours, il partait des vaisseaux pour l'Amérique (5).

Grâce aux efforts réunis du duc d'Atrisco et de don Bernardo Tinajero, on réussit cependant à empêcher l'expédition de ce

(1) Daubenton à Pontchartrain, 4 déc. 1707. Arch. Nat. Marine, B⁷ 249.
(2) Daubenton à Pontchartrain, 8 oct. 1707. Arch. Nat. Marine, B⁷ 248.
(3) Pontchartrain à Daubenton, 6 nov. 1707. Arch. Nat. Marine, B² 199, p. 558.
(4) Sentiment de M. Daguesseau sur les lettres de M. de Pontchartrain du 9 nov. 1707. Arch. Nat., F¹² 647-648.
(5) Pontchartrain à Daguesseau, 23 nov. 1707. Arch. Nat. Marine, B² 199, p. 815.

décret redouté. En revanche, on proposa la convocation d'une junte pour discuter les mesures à prendre contre les abus qui avaient sévi aux Indes pendant si longtemps. Daubenton espère que les membres de la junte « par leurs zèle et activité procureront des secours certains (1) », et, un peu plus sceptique, Pontchartrain annote en marge de la lettre de Daubenton : « C'est à désirer » ; mais le résultat des efforts de toute cette année ressort des ·mots par lesquels Pontchartrain clôt la correspondance de 1707 : « On m'écrit de Madrid que le Conseil des Indes, les ministres du roi d'Espagne, la Contratacion et le Consulat de Séville sont plus irrités que jamais contre la navigation des Français au Pérou et à la Nouvelle Espagne (2). »

*
* *

Les différentes phases des négociations entre la France et l'Espagne se répètent d'une façon monotone. Si nous portons notre attention sur l'année 1708, nous constaterons un renouvellement presque complet des événements de l'année précédente. Des changements dans la composition des autorités espagnoles font espérer un succès des intérêts français, mais ces espérances à peine nées succombent sous les nouvelles plaintes occasionnées par le commerce français dans la mer du Sud ; on renoue les négociations si fréquemment interrompues pour les voir sombrer de nouveau par cette même raison, et l'on revient à l'ancienne politique dilatoire ; cependant, les autorités françaises oscillent des interdictions à la complaisance (3), et le mécontentement en

(1) Daubenton à Pontchartrain, 12 déc. 1707. Arch. Nat. Marine, B⁷ 249.
(2) Pontchartrain à Daguesseau, 28 déc. 1707. Arch. Nat. Marine, B² 199, p. 1212.
(3) Voici encore un exemple significatif : Chamillart écrit, le 22 janvier 1708, au sieur de Coulange, directeur des fermes du Roi à Saint-Malo (Arch. Nat., F¹² 124) : « Le Roi ne peut pas accorder aux marchands de Saint-Malo, qui se préparent à faire partir deux vaisseaux pour un voyage de long cours, la permission d'y charger et de tirer du royaume une aussi grande quantité de piastres et espèces que vous me proposez ; mais S. M. ne trouvera pas mauvais qu'ils traitent de gré à gré, et sans que son nom ni son autorité y paraisse, avec les Espagnols auxquels il a été permis d'envoyer par terre en Espagne les piastres qui sont venues à Brest pour leur compte sur des vaisseaux de leur nation, en leur donnant, en échange de ces piastres, celles que ces marchands ont à Cadix. C'est à ceux-ci à faire cette navigation par eux-mêmes et à donner aux Espagnols des assurances dont ils soient contents. Vous pourrez leur faire part de ce que je vous écris sur cela, en leur faisant entendre en même temps que je ne veux point y entrer directement ni indirectement, par moi ni par autre. »

Espagne va croissant, provoqué autant par les abus signalés que par le mauvais vouloir du gouvernement français lorsqu'il s'agit d'y remédier. Nous allons rapidement, et autant que possible sans trop répéter ce qui a déjà été mentionné, parcourir le développement des événements.

Les nouveaux membres du Consulat de Séville, le prieur et les deux consuls, élus pour l'année 1708, étaient, d'après les affirmations de Daubenton (1), des hommes « fort accrédités et ayant tout le zèle possible pour la nation ; ils sont pénétrés, écrit-il, de l'importance de l'unir étroitement avec la leur, soit pour le commerce, soit pour tout ce qui a rapport au service des deux rois ». Comme ils n'ignoraient pas comment et pourquoi on leur avait procuré leurs fonctions, Daubenton était persuadé « qu'ils donneraient toutes les marques qu'on pouvait espérer de leurs bonnes intentions ». Aussi bien fallait-il en profiter sans perte de temps, « pour leur faire approuver le plan du commerce et les résolutions qui le concernaient ».

Mais à peine une semaine s'était-elle passée sur cette nouvelle favorable, que Daubenton reçut, à titre confidentiel, des lettres que l'audience royale de Lima et les gouverneurs des provinces du Chili et de Buenos-Aires avaient adressées au roi d'Espagne et au Conseil des Indes. Il en envoya à son gouvernement un extrait « qui méritait de sérieuses réflexions (2) ». Nous ne pouvons que lui donner raison, en examinant le contenu. Les missives commencent par déclarer que

« ...la quantité des navires français, tant grands et petits, qui commercent dans ces mers, est si extraordinaire qu'il n'y a presque de jours qu'il n'en paraisse quelqu'un sur les côtes de la mer du Sud, et qui n'entre dans quelques-unes des rades de ces côtes ; qu'il est presque impossible de les en empêcher, tant parce qu'il s'en présente souvent plusieurs à la fois qui unissent leurs forces, que parce que les endroits où ils abordent, étant sans défense, ils intimident par leurs menaces ceux qui voudraient empêcher le débarquement de leurs marchandises ; ils font mettre à terre leurs équipages avec des armes, et ils s'ouvrent

---

(1) Daubenton à Pontchartrain, 22 janv. 1708. Arch. Nat. Marine, B7 251.
(2) Daubenton à Pontchartrain, 29 janv. 1708. Arch. Nat. Marine, B7 251. — Traduction des représentations envoyées du Pérou au roi d'Espagne touchant le commerce et la navigation des Français. *Ibid.*

ainsi par force et par violence la liberté de leur commerce, de manière qu'il est très difficile de remédier à ces fraudes, à moins que Sa Majesté Catholique ne donne sur cela des ordres plus efficaces, ou qu'elle n'envoie des armes sur ces côtes pour en chasser ces négociants et se défendre de leurs entreprises. »

On le voit, l'audace des capitaines français était telle qu'ils osaient ouvertement braver les autorités espagnoles et leur opposer la force armée. Nous ne saurions douter que cela ne fût conforme à la vérité, mais, dans la plupart des cas, il est probable qu'ils n'eurent point besoin de recourir à cette extrémité, car le document que nous citons mentionne aussi « l'appas des présents qui corrompent ceux qui gardent les passages des petites baies ou ceux des montagnes par lesquels on pénètre dans les terres ». Et tous ces désordres, finit-on par déclarer, « ruinaient sans ressource les principaux négociants et désespéraient tellement les peuples qu'il y avait lieu de craindre qu'ils ne se portassent à de très fâcheuses extrémités ; qu'enfin ces désordres perdaient absolument les finances du Roi, et qu'il était de la dernière importance que Sa Majesté apportât incessamment le remède le plus convenable à de si grands maux. »

Mais l'impuissant gouvernement d'Espagne n'avait point à sa disposition d'autre remède que les menaces renouvelées contre ceux qui passaient outre aux défenses, tant parmi ses propres sujets que parmi les navigateurs français. Malheureusement, on n'arriva même pas à faire expédier le décret décidé à cet égard à ceux qui devaient l'appliquer. Tandis que le Conseil des Indes, de plus en plus sévère, exigeait qu'on expédiât les ordres nécessaires, les agents français redoublèrent d'efforts dans le sens contraire. « On a pris toutes les mesures possibles pour les éluder le plus longtemps que se pourra », écrit Daubenton le 20 février (1) ; néanmoins, il jugea impossible qu'on pût à la longue y réussir, à moins que le roi de France ne prît la résolution de publier la défense tant souhaitée contre le commerce de la mer du Sud. Mais, en France, on persistait dans l'idée que cette interdiction formelle ne devait être accordée qu'en échange d'un traité

(1) A Pontchartrain. Arch. Nat. Marine, B⁷ 251.

de commerce avec l'Espagne, et comme les chances d'en obtenir un, aux conditions proposées par Chamillart et Mesnager en juillet 1707, semblaient plus désespérées que jamais, mieux que d'en exiger l'exécution valait, estimait-on, « temporiser pour ne pas donner occasion aux ministres et au Conseil des Indes de faire paraître leur mécontentement » (1). D'accord avec Pontchartrain sur ce point de vue, Amelot s'était bien gardé de presser la formation de la junte qu'il avait lui-même proposée l'année précédente. Le désespoir avec lequel il envisageait la situation provoquée « par la licence des négociants français, qui par leur avidité sans bornes avaient trouvé moyen de rendre ruineux le plus riche commerce du monde », et l'embarras où il se trouvait, ressortent avec toute la netteté possible de ces paroles significatives par lesquelles il termine une lettre au Roi (2) :

« Au milieu des affaires accablantes dont je suis chargé, je puis dire à Votre Majesté, Sire, que c'est une de celles dont je suis le plus peiné, connaissant la justice des reproches qu'on nous fait et voyant que ce qui devrait assurer la grandeur du roi d'Espagne et causer une union étroite entre les deux nations devient absolument inutile à Sa Majesté Catholique et aigrit terriblement les esprits en ce pays-ci, bien loin de nous les concilier. »

* *
*

Malgré cette triste perspective, il était devenu urgent pour la France de faire une nouvelle tentative, afin d'arranger le commerce des Indes et de reprendre encore une fois les négociations si souvent rompues au sujet de cette question si difficile à résoudre. Elle importait non seulement pour les intérêts communs de l'Espagne et de la France ; mais encore elle jouait un rôle non moins considérable comme condition de la paix, que Louis XIV était obligé d'acheter à tout prix.

Afin de s'informer si, en Hollande, on était disposé à faire la paix, Mesnager y avait été envoyé à la fin de l'année 1707 avec une mission secrète. Au cours des conversations avec les personnages importants du pays, il eut bientôt fait de se rendre compte que

---

(1) Pontchartrain à Daguesseau, 7 mars ; id. à Daubenton, 18 mars 1708. Arch. Nat. Marine, B² 206, p. 777 et 886.
(2) Amelot à Louis XIV, 31 mars 1708. Aff. Et. Esp. Corr. pol. 179, f. 187.

toute tentative, dissimulée ou ouverte, pour réserver à la France les bénéfices du commerce des Indes équivaudrait à renoncer à tout espoir de trouver accommodants les Hollandais. Il était trop visible que seul l'avantage de la France était le but de ce « commerce d'union entre la France et l'Espagne dans les Indes pendant la guerre seulement », autour duquel avaient roulé les négociations tous ces derniers temps. Quand même la proposition n'eût pas rencontré en Espagne une résistance aussi vive, il aurait fallu la laisser tomber pour ne pas fournir aux ennemis de la France une raison de méfiance et de jalousie.

Bien que Mesnager eût été le véritable auteur du projet, il reconnut lui-même la nécessité de trouver un expédient, par lequel les intérêts de toutes les nations dans le commerce des Indes pussent paraître également ménagés. On trouva un plan qui satisfît à ces exigences dans la résolution prise en février 1706 par la junte du commerce. Depuis que Mesnager avait cru trouver que ce plan supprimerait en Hollande l'une des causes de la continuation de la guerre, il s'agissait de le faire adopter en Espagne où, sur le point d'être réalisé une fois, il avait été ajourné pour les raisons que nous avons exposées, et semblait tombé dans l'oubli. La reprise des négociations était encore nécessaire pour une autre raison : la résolution de la junte ne contenait qu'une ébauche en termes généraux et elle avait besoin d'être complétée sur divers points, entre autres, avec un tarif des droits qui devaient être payés à la couronne d'Espagne par le commerce des Indes. Mesnager avait été chargé d'en dresser une proposition ; mais le travail n'était pas encore commencé.

Que Mesnager fût seul capable de mener à bien les négociations avec l'Espagne, cela paraissait évident aux autorités françaises. Il sembla cependant lui-même avoir voulu se soustraire aussi longtemps que possible à cette tâche embarrassante et ingrate. Il proposa que la rédaction du plan du tarif précédât les négociations ; que ce plan fût rédigé à Paris, et qu'à cette fin une personne experte fût appelée d'Espagne (1). Cette proposition fut décon-

(1) Mémoire envoyé à M. Amelot, 19 mars 1708. Aff. Et. Esp. Corr. pol. 179, f. 172.— Pour émissaire espagnol, Mesnager proposa don Juan de Vizarron, chevalier de l'ordre d'Alcantara, demeurant au Port Sainte-Marie. Il avait été membre d'une commission composée de trois Espagnols, deux Français et un Flamand, chargés par le roi d'Espagne de faire une enquête sur le commerce d'Andalousie. Le mémoire que présenta cette

seillée de la façon la plus décisive par Amelot : il trouvait « indis
pensable que la matière fût traitée en Espagne dans tous le
points », sinon on allait voir « redoubler les clameurs de la natio
et la prévenir contre ce qui aurait été projeté en France » ; sur l
résultat probable de ces projets, il se prononça d'ailleurs avec l
plus grand découragement (1).

A ces considérations d'Amelot, Mesnager répondit en rappelan
la nécessité de contenter les Hollandais (2) ; et après s'être déclar
disposé à exécuter à Madrid le travail du tarif, il ne redoutait pa
non plus de résistance sérieuse de la part des Espagnols, puisqu'i
ne s'agissait que de la réalisation d'un projet par lequel « la Franc
ferait connaître à tout le monde qu'elle ne prétendait aucune exclu
sion à sa faveur sur les trésors de l'Amérique ». « Cette sorte d
commerce, dit-il, nous sera, à fort peu de chose près, aussi avantageux que tout autre que nous pourrions attendre des Espagnols. ›
Cependant, il se flattait de pouvoir, lors de la rédaction du tarif
ménager à sa patrie des avantages spéciaux. Si l'on ne pouvai
arriver à ce résultat en fixant des droits de douane plus bas pou
les marchandises françaises en général que pour celles des autre
nations, on devait pouvoir, moyennant une diminution de ce
droits sur les marchandises qui intéressaient particulièrement la
Hollande et l'Angleterre, obtenir une diminution des droits pou
le principal article d'exportation de la France, les toiles. Afin de
préparer le terrain en Hollande à la présentation d'un projet dans
ce sens, Mesnager s'offrit à écrire à un de ses amis hollandais une
lettre où il proposerait « ses petits services pour avoir soin de la
conservation des intérêts des sujets de la république, et même de
solliciter auprès de Sa Majesté Catholique une modération raisonnable sur ce qui intéressait le plus la Hollande dans ce commerce (3). »

commission est daté de Cadix le 27 février 1707. Voir : Memoria general de los generos
que se comercian en esta ciudad de Cadiz, la de Sevilla, Puerto de Santa Maria y San
Lucar, asi para el consumo de estos reinos como para el embarque de los galeones y
flotas y navios de registro que se despachen a diferentes partes de Indias. Bibl. Nat. Ms.
Esp. 152, p. 17.

(1) Amelot à Louis XIV, 31 mars 1708.

(2) Réponse à l'extrait de la dépêche de M. Amelot, écrite au Roi le 31 mars 1708.
Aff. Et. Esp. Corr. pol. 179, f. 208.

(3) Mémoire sur les mesures qu'on peut prendre en Espagne au sujet du commerce
de l'Amérique, 15 avril 1708 ; avec « modèle de lettre que je pourrais écrire en Hollande, si on le juge à propos, pour y donner part de ce qu'on va faire en Espagne. »
Aff. Et. Esp. Corr. pol. 179, f. 226.

Tout ce qu'avait proposé Mesnager obtint l'approbation de
Louis XIV ; le roi déclarait « persister dans le dessein de maintenir l'égalité entre les Français et les autres nations pour les droits
que le roi d'Espagne lèverait sur les marchandises qui passeraient
aux Indes (1) ». Une dépêche informa Amelot de la résolution du
roi qu'expliquait et développait plus en détail un mémoire qu'on
y avait joint et qui avait été dressé par Mesnager (2).

Après ces préparatifs, Mesnager arriva à Madrid le 13 mai 1708 (3).
Le mémoire que nous venons de mentionner nous renseigne sur
la façon dont le travail était réparti entre les négociateurs
français :

« Comme le plan qui a été projeté par la junte est un règlement et
qu'il n'est question que d'en faire ordonner l'exécution, cette diligence
tombe à la charge de M. Amelot, et à celle du sieur Mesnager de dresser
les tarifs des droits qui seront payés en Andalousie et dans les Indes. »

Aucune place n'y était réservée à Daubenton. Il avait été tenu
tellement en dehors de l'affaire qu'il n'apprit qu'après l'arrivée de
Mesnager qu'il s'agissait de faire passer le projet expliqué dans la
grande consulte de la junte du commerce de février 1706. Il ne
parvint pas davantage à connaître les négociations que, dès son
arrivée, Mesnager engagea avec don Bernardo Tinajero : tous les
deux gardèrent le plus grand secret (4). Daubenton s'en trouva
fâcheusement surpris, et la chose ne fut pas plus agréable à Pontchartrain, qui, de cette façon, était mis hors d'état de suivre la marche
des pourparlers en une affaire qu'il regardait comme ressortissant
de son département. Aussi avait-il, cette fois, envisagé avec méfiance

(1) Torcy à Mesnager, 23 avril 1708. Aff. Et. Esp. Corr. pol. 179, f. 229.
(2) Louis XIV à Amelot, 23 avril 1708. Aff. Et. Esp. Corr. pol. 188, f. 69. Mémoire du
sieur Mesnager de quelques explications touchant le commerce des Indes qui pourront
être utiles à M. Amelot. Ibid., 179, f. 265.
(3) On trouve en plusieurs sources l'indication que Mesnager fut chargé à trois
reprises de missions commerciales en Espagne : voir Vᵗᵉ d'Estaintot, Etude sur Nicolas
Mesnager (Précis analytique des travaux de l'Acad. des sciences, belles-lettres et arts de
Rouen pendant l'année 1871-72, p. 14) ; Conseil de commerce et Bureau du commerce 1700-
1791 ; inventaire par P. Bonnassieux, Paris, 1900, p. LXXI ; Henri Wallon, La chambre
de commerce de la province de Normandie, Rouen, 1903, p. 36-38. C'est une erreur ; Mesnager ne fut que deux fois en Espagne, une première fois de décembre 1704 à
avril 1706, et une seconde fois de mai à juillet 1708. Cf. « Mémoire du sieur
Mesnager, » décembre 1708 (Aff. Et. Esp. Corr. pol. 183, f. 85), où celui-ci résume les
résultats de son activité et se plaint des pertes économiques qu'avait entraînées cette
activité.
(4) Daubenton à Pontchartrain, 25 mai 1708. Arch. Nat. Marine, B⁷ 251.

la mission de Mesnager en Espagne ; déjà l'année précédente, lorsqu'il en avait été question, il avait averti Daubenton qu'il fallait « agir avec beaucoup de circonspection et de retenu » dans ses conversations avec Mesnager (1). D'autre part, il est aisé de comprendre que Daubenton, avec ses éternelles représentations au sujet du trafic illicite des Français, était devenu gênant pour le gouvernement français et que, par conséquent, on préférait le tenir éloigné des négociations dont l'objet s'écartait essentiellement de sa conception de ce qui était convenable ou au moins praticable. La mauvaise entente entre Mesnager et Daubenton s'accrut encore au cours des négociations et elle aura probablement réagi sur les rapports entre Pontchartrain et les autres ministres, ses collègues, bien que Pontchartrain manquât de force pour faire prévaloir sa volonté.

Ce fut cette fois au secrétaire d'État des affaires étrangères que Mesnager rendit compte de la manière dont il avait rempli ses fonctions. Dans la première lettre qu'il écrivît après son arrivée à Madrid (2), il rappelle une chose qu'il regardait, avec raison, comme une condition essentielle de la réussite des négociations. Déjà avant son départ de Paris, se reportant aux rapports d'Amelot et à ce qu'ils relataient du mécontentement des Espagnols sur les entreprises françaises en Amérique, il avait représenté comme important de « calmer cet orage par une ordonnance qui défendît très sévèrement et sous de grandes peines la navigation du Sud et le commerce de l'Amérique. » Il ne suffisait pourtant pas de publier et d'afficher ces défenses ; car, « si l'on n'attribuait pas la connaissance et le jugement des contraventions à quelque tribunal extraordinaire et qu'on ne le chargeât pas de quelques précautions *d'une nouvelle invention*, les Espagnols croiraient encore que c'était un jeu ». Il était nécessaire, estimait-il, que les négociateurs fussent munis du projet d'une ordonnance en ce sens, afin qu'on pût « ramener en Espagne les esprits à un état tranquille et faire ce que la conjoncture présente demandait (3) ».

Cette nouvelle proposition de Mesnager reçut, elle aussi, l'appro-

(1) Daubenton à Pontchartrain, 23 déc. 1707. Arch. Nat. Marine, B⁷ 249.
(2) Mesnager à Torcy, 14 mai 1708. Aff. Et. Esp. Corr. pol. 180, f. 54.
(3) Mesnager à Torcy, 15 avril 1708. Aff. Et. Esp. Corr. pol. 179, f. 224.

bation du gouvernement, et d'autant plus qu'elle avait été présentée à plusieurs reprises de différents côtés et avait éveillé l'attention. Il était particulièrement urgent de donner aux Espagnols une preuve de la sincérité des desseins du roi de France, puisqu'on continuait d'alimenter leurs soupçons sur ce point. Le gouvernement français et son représentant à Madrid avaient expressément déclaré que les fonctionnaires espagnols étaient libres d'appliquer toute la sévérité de la loi aux capitaines fraudeurs et qu'on ne comptait point présenter de réclamations au sujet de pareilles mesures. Cela n'empêcha point qu'à plusieurs reprises l'ambassadeur fut chargé de demander un dédommagement pour des personnes convaincues d'avoir enfreint ces lois, dont on prétendait vouloir maintenir la sanction. Nous rappellerons à ce sujet l'affaire de don Diego de Almagro et les démarches pour libérer les officiers de la *Confiance* des peines qu'on leur avait infligées au Mexique. Ces deux affaires coïncidaient avec les négociations de Mesnager et elles aboutirent à la défaite des réclamations espagnoles. Afin d'en adoucir l'impression fâcheuse, il n'y eut d'autre moyen que de ratifier solennellement et d'appliquer sérieusement cette interdiction du commerce, qui était l'objet principal des plaintes apportées d'Amérique par chaque courrier.

Cette ordonnance, qui semblait enfin sur le point de devenir une réalité, était du ressort de Pontchartrain. Il en fit dresser un projet et le soumit à l'examen de Daguesseau, qui, de l'avis du ministre, « savait mieux qu'un autre ce qu'il devait contenir (1) ». Tel que le projet se présente après cet examen, il stipulait, relativement au commerce de la mer du Sud : confiscation des vaisseaux et marchandises à leur retour en France ; punition corporelle pour les capitaines et les armateurs de ces navires. Quant au commerce de la mer du Nord, le projet le passait sous silence ; et la demande de Mesnager qu'on prît des mesures de précaution plus efficaces que par le passé — « précautions d'une nouvelle invention » — était laissée de côté. Sous cette forme, le projet fut approuvé par Louis XIV et expédié à Amelot avec l'ordre de le communiquer au roi d'Espagne « afin qu'il vît s'il ne trouvait à propos d'y changer

(1) Pontchartrain à Daguesseau, 25 avril 1708. Arch. Nat. Marine, B² 207, p. 372.

ou d'y ajouter quelque chose ». L'intention de ces mots, Pont-chartrain nous la dévoile :

« Le principal motif pour lequel Sa Majesté m'a ordonné de vous envoyer ce projet d'ordonnance est pour vous donner lieu, sous prétexte de la négociation qui se fera pour les changements et additions qui y seront proposés, de presser la conclusion du tarif auquel le sieur Mesna-ger doit travailler sous vos ordres et d'y mieux ménager nos avantages ; c'est dans cette vue qu'on n'a pas mis dans ce projet tout ce qui peut s'y mettre, et je vais vous l'expliquer, autant qu'on le peut prévoir, pour vous donner matière de gracieuser les Espagnols et à leur faire valoir la facilité avec laquelle Sa Majesté leur accordera ce qu'ils désirent (1). »

En même temps que cette lettre, Amelot reçut l'instruction de diverses concessions qu'il pourrait faire au cours des négociations ; mais, sans attendre la conclusion de ces négociations, le projet devait être expédié au Pérou avec ordre à ceux à qui on l'adres-serait d'assurer que l'ordonnance était d'ores et déjà résolue et qu'elle serait envoyée incessamment, moyennant quoi on s'atten-dait à ce qu'on « permît aux vaisseaux français qui étaient actuelle-ment en cette mer, et qui étaient les derniers qui iraient, de vendre les marchandises dont ils étaient chargés sans empêche-ment de la part des officiers royaux ».

Ce plan si adroitement conçu n'eut malheureusement pas l'effet voulu. Daubenton déclara dès le début que ce projet « ferait plus de mal que de bien », vu qu'on n'y parlait pas du commerce de la mer du Nord ; c'était « des défenses générales que les Espagnols demandaient et qu'on leur faisait espérer depuis si longtemps (2) ». Il assura qu'Amelot, aussi bien que Mesnager, étaient du même avis, et, vraisemblablement, ce fut pour cette raison qu'on dressa un nouveau projet (3), avec des peines considérablement ren-forcées — les galères pour ceux qui apportaient dans des ports étrangers des marchandises provenant de la mer du Sud — et avec l'addition que, relativement à la mer du Nord, le roi de France punirait « suivant les cas particuliers » les contraventions qui s'y commettraient.

(1) Pontchartrain à Amelot, 13 mai 1708. Arch. Nat. Marine, B² 207, p. 559.
(2) Daubenton à Pontchartrain, 28 mai et 2 juin 1708. Arch. Nat. Marine, B⁷ 252.
(3) Projet d'ordonnance pour défendre aux vaisseaux français d'aller faire commerce à la mer du Sud ; juin 1708. Arch. Nat. Marine, B² 204, p. 94.

Mais même cette proposition, dont Louis XIV disait qu'elle devait convaincre le roi son petit-fils « de ses véritables intentions (1) », ne contenta pas les Espagnols. Le Conseil des Indes se réunit pour une délibération qui dura trois jours. En dépit du profond secret dont les membres du Conseil avaient résolu d'entourer leurs discussions, Daubenton apprit par Tinajero qu'on y avait décidé de faire expédier et d'envoyer dans tous les ports des Indes « des décrets très vifs », conformes à ceux qui avaient été résolus déjà le 26 janvier 1706, mais dont les intrigues françaises étaient parvenues à empêcher l'expédition pendant plus de deux ans (2). Une fois encore, il s'agissait donc de mettre en jeu les mêmes influences et de se servir des mêmes mesures et démarches qui naguère avaient réussi, mais qui, maintenant, rencontraient tous les jours plus de difficultés. Il ne laisse pas d'être étonnant qu'on y parvint malgré tout, du moins au début. Deux vaisseaux d'avis durent, en juin 1708, partir sans emporter le décret résolu (3), et encore en janvier de l'année suivante Daubenton crut pouvoir affirmer « qu'il n'a rien été fait pour ce qui concerne son exécution (4) ».

Quelques mois plus tard, les conditions politiques ayant changé, l'influence française sur l'administration espagnole avait cessé en principe ; mais, bien qu'on ne pût désormais empêcher l'expédition du décret du roi relatif au commerce de la mer du Sud, nous verrons que des années se passèrent encore avant qu'on en ressentît l'effet.

*
* *

Les difficultés qui s'opposaient au commerce français de la mer du Sud ne se bornaient pas à la défense qui menaçait toujours tant du côté espagnol que du côté du gouvernement français.

---

(1) Louis XIV à Amelot, 4 juin 1708. Aff. Et. Esp. Corr. pol. 188, f. 92.

(2) Daubenton à Pontchartrain, 11 juin 1708. Arch. Nat. Marine, B⁷ 252. — Daubenton relate qu'on lui avait affirmé « qu'il ne s'en était échappé qu'une expédition pour le président de Guatemala, par le moyen d'un de ses parents qui était commis de la secrétairerie du Pérou » (A Pontchartrain, 5 août 1708. Ibid., B⁷ 253). Serait-ce ce « décret échappé » qui fut cause que le capitaine de la Confiance fut, comme nous l'avons raconté, fait prisonnier à Guatemala ?

(3) Daubenton à Pontchartrain, 23 juin 1708 ; Copie du mémoire remis à M. Amelot par M. Daubenton touchant les décrets qui défendent la navigation et le commerce des Français à l'Amérique espagnole, 26 juin 1708. Arch. Nat. Marine, B⁷ 252.

(4) Daubenton à Pontchartrain, 6 janvier 1709. Arch. Nat. Marine, B⁷ 255.

En avril 1708, le bruit se répandit dans les deux pays qu'on préparait en Angleterre une expédition considérable pour l'océan Pacifique. « On avait appris avec certitude, par un capitaine qui venait des prisons d'Angleterre, que plusieurs milords anglais faisaient un armement de sept vaisseaux, depuis 44 canons jusqu'à 64, pour aller croiser dans la mer du Sud ; qu'ils étaient commandés par un flibustier anglais nommé Dampierre et par un Français, qui avait voulu engager ce capitaine dans son service, et que, feignant d'y consentir, il avait su le détail de cette entreprise » (1). Il s'agissait en réalité de l'expédition du capitaine Woodes Rogers : elle n'avait point la force que lui attribuaient la rumeur répandue : elle ne se composait que de deux navires, qui appareillèrent le 1ᵉʳ octobre 1708, et le célèbre William Dampier y prenait part, mais non comme chef.

L'affaire fit naturellement grand bruit. On discuta les intentions des Anglais et l'on conclut qu'elles ne pouvaient avoir que trois objets (2) : « l'un, de prendre les vaisseaux français qu'ils trouveraient dans cette mer, et particulièrement ceux de retour qui y auraient fait leur chargement ; l'autre, de se saisir de quelques unes des places du roi d'Espagne dans la Terre Ferme de l'Amérique ; et le troisième, de s'emparer de quelques îles dans la mer du Sud pour y faire des établissements pareils à ceux que les Anglais avaient à la Jamaïque, mais bien plus considérables ». Ce dernier dessein, qu'on estimait le plus vraisemblable, devait viser, croyait-on, l'île Juan Fernandez, « parce qu'il y avait un excellent port, qu'elle était abandonnée par les Espagnols, et que, si les Anglais en étaient les maîtres, ils s'en serviraient comme d'un entrepôt pour faire un double commerce des espèces et des marchandises des Indes Occidentales et Orientales par la mer du Sud ». On ajoute que « ce serait le plus grand établissement qui se pût faire en matière de négoce, et celui qui ferait le plus de préjudice à toute l'Europe et en particulier à la France ».

Les mesures à prendre en conséquence étaient d'avertir les vaisseaux français du danger qui les menaçait et de persuader au

(1) Daubenton à Pontchartrain, 21 avril 1708. Arch. Nat. Marine, B⁷ 251. Cf. Pontchartrain à Daguesseau, 4 avril 1708. *Ibid.*, B² 207.

(2) Daguesseau à Pontchartrain, 6 avril 1708. Arch. Nat. Marine, B³ 163, f. 119.

gouvernement espagnol de s'occuper activement de la défense des colonies. Lorsqu'on en vint à la question de l'île Juan Fernandez, on se rappela que, quelques années auparavant, la proposition avait été faite d'acquérir cette île pour le compte de la France. L'auteur du projet avait été l'ingénieux Jourdan, et sa proposition avait déjà en 1705 attiré l'attention du gouvernement français (1). Appelé à se prononcer, Jourdan déclara qu'on avait par la suite trouvé l'île sans l'importance qu'on lui avait d'abord attribuée, et que particulièrement le port n'offrait pas une sûreté suffisante. Par contre, flairant tout de suite une occasion de se mêler au commerce si fructueux de la mer du Sud, Jourdan déclara qu'il était en possession « d'expédients aisés, et qui ne coûteraient rien au Roi, pour rendre l'armement des Anglais inutile », proposition qui, en dépit du caractère douteux de cet homme, ne fut point immédiatement repoussée, mais qui cependant n'eut pas de suite (2).

Nous allons maintenant dire quelque mots des conséquences qu'avait fait naître le bruit de cette expédition de corsaires anglais. Les marchands de Saint-Malo embrassèrent ardemment la proposition d'envoyer une frégate (3) à la mer du Sud pour avertir leurs capitaines du danger, mesure qui sembla leur fournir un prétexte précieux pour une nouvelle expédition commerciale. La résistance à laquelle on s'attendait d'avance de la part de l'Espagne eut pour

---

(1) Lettres de Chamillart à Amelot et à Mesnager, 13 septembre 1705 (Arch. Nat., F¹² 121) ; de Pontchartrain à de Beauchesne, 21 septembre 1705 (Arch. Nat. Marine, B² 182, f. 605). — A ce moment on avait craint que l'île ne fût occupée par les Hollandais, mais, afin de ne point « donner de la jalousie aux Espagnols », on avait décidé que pour commencer il fallait se contenter de demander qu'une garnison y fût établie sous le commandement d'un « sujet espagnol de la fidélité duquel on fût assuré. » Après cela, l'île devait être exploitée par une compagnie française, dans laquelle des Espagnols pourraient entrer. J'ignore si les négociations qu'Amelot avait été chargé d'engager à ce sujet « avec sa prudence ordinaire » aient jamais eu lieu.

(2) Daguesseau à Pontchartrain, 29 avril 1708. Arch. Nat. Marine, B³ 163, f. 123. Pontchartrain à Daguesseau, 1ᵉʳ août 1708. Ibid., B² 208, p. 541.

(3) Une expédition plus grande, égale à l'anglaise qui, prétendait-on, comptait huit vaisseaux montés par mille hommes d'équipage, fut projetée par « quelques particuliers de France. » Le plan, rédigé en espagnol, prodigue les affirmations que l'entreprise ne visait que « le bien des deux couronnes » ; on n'emporterait point de marchandises, seulement, au lieu d'un lest de pierre, on en chargerait un de fer, lequel (d'une valeur de 250 à 300,000 livres !) on serait autorisé à vendre pour couvrir les frais de l'expédition, au cas où l'on ne réussirait pas à capturer de prises (voir : Armada para embarasar el designio de los enemigos contra las Indias y poner en seguridad los navios de ambas coronas que estan fuera. » Aff. Et. Esp. Corr. pol. 186, f. 390). D'une lettre de Pontchartrain à Daguesseau du 20 juin 1708 (Arch. Nat. Marine, B² 207, p. 1046) appert que c'est encore Jourdan qui fut l'auteur de ce projet.

résultat qu'on remplaça l'entreprise privée par l'envoi d'un bâtiment de la marine royale, la frégate l'*Aurore*, qui venait de rentrer de la mer du Sud (1).

Mais, comme les précédents, ce plan fut bientôt abandonné, en
partie parce qu'il se heurtait à d'autres projets survenus depuis, en
partie parce qu'on craignait « de donner alarme aux vaisseaux
français », qui en ce cas « se presseraient peut-être de donner
leurs marchandises à perte » (2). Les avertissements qu'Amelot
transmit au Conseil des Indes amenèrent d'autre part la résolution
d'envoyer de Cadix deux bâtiments d'avis (3), et ceux-ci partirent,
en effet, en juin 1708, emportant entre autres les ordres du roi
d'Espagne au vice-roi du Pérou « de faire avancer dans les terres
les bestiaux et les vivres de la côte et d'y faire transporter les vins
qui étaient dans les îles », mesure de précaution pour enlever à
l'ennemi la possibilité de s'approvisionner et qui, autant que je
sache, ne fut point exécutée.

Il semble qu'après la communication de Jourdan, la proposition
d'acquérir pour le compte de la France l'île Juan Fernandez n'eût
guère dû être l'objet de réflexions sérieuses. Néanmoins, on chargea Amelot « d'inspirer au Conseil d'Espagne de s'en accommoder » avec le gouvernement français ; si l'affaire rencontrait trop
d'opposition, il devait se contenter de « proposer de combler le
port de cette île et même de celles qui pouvaient aussi être dans
la mer du Sud, afin de prévenir les entreprises que les ennemis y
pourraient faire (4) ». Il est probable qu'Amelot n'eût garde de
présenter une pareille proposition, qui n'aurait fait qu'augmenter
la rancune et les soupçons des Espagnols. D'autres projets encore,
également peu réalisables, furent proposés, pour tomber tous
devant les représentations d'Amelot et de Daubenton, comme par
exemple de confier à des vaisseaux gardes-côtes français le service
de surveillance dirigé contre la contrebande tant anglaise que
hollandaise aux Indes Occidentales (5) ; d'envoyer une escadre

(1) Pontchartrain à Amelot, 30 mai 1708. Arch. Nat. Marine, B² 207, p. 793.
(2) Pontchartrain à Daguesseau, 8 août ; et à Amelot, 9 septembre 1708. Arch. Nat.
Marine, B² 208, p. 689 et 1128. — Cf. plus haut, p. 407.
(3) Daubenton à Pontchartrain, 28 avril 1708. Arch. Nat. Marine, B⁷ 251.
(4) Pontchartrain à Amelot, 18 avril ; et à Daubenton, 30 mai 1708. Arch. Nat.
Marine, B² 207, p. 282 et 788.
(5) Pontchartrain à Daubenton, 25 avril, 6 juin, 1ᵉʳ septembre 1708. Arch. Nat. Marine,

française, composée de douze bâtiments de guerre dans la mer du Sud, pour en protéger les côtes contre les corsaires (1) ; de cantonner dans le même but une garnison française à Valdivia (2) ; de demander l'établissement de consulats français dans les ports américains (3) ; et, enfin, de charger des vaisseaux français du maintien des communications entre l'Amérique et les Philippines (4).

*
* *

Il est bien certain que des propositions de ce genre, si vraiment elles avaient été présentées aux autorités espagnoles, n'auraient nullement augmenté les chances de succès pour les négociations confiées à Amelot et à Mesnager. Celles-ci se poursuivaient cependant, et les correspondances des deux négociateurs nous fournissent sur leur développement des informations circonstanciées.

Dès le 28 mai, Amelot rapporte (5) que Mesnager, de concert avec don Bernardo Tinajero, avait activement travaillé au tarif et qu'ils avaient même trouvé le temps de retoucher le projet de la junte pour le rendre plus du goût des Espagnols. D'avance, on était d'accord pour satisfaire la demande des Hollandais, sollicitant qu'à la place du magasin qui devait être établi afin de recevoir les marchandises à destination d'Amérique, toute la ville de Cadix leur servît de dépôt. Les préparatifs étaient faits pour la convocation d'une nouvelle junte qui devait examiner le projet dans tous ses détails. Mesnager envisageait la prompte conclusion des négociations avec bon espoir : « Messieurs les conseillers d'État du roi d'Espagne et plusieurs grands, à qui j'ai expliqué les intentions du Roi (de France) et le désintéressement de Sa Majesté en cette rencontre, en ont été charmés et d'une commune voix m'ont dit que

B² 207, p. 391 et 875 ; 208, p. 1051. — Daubenton à Pontchartrain, 13 mai 1708. *Ibid.*, B⁷ 252.
(1) Pontchartrain à Amelot, 27 juillet 1708. Arch. Nat. Marine, B² 208, p. 475.
(2) Pontchartrain à Amelot, 26 décembre 1708. Arch. Nat. Marine, B² 209, p. 1026. — Proposition faite à M. de Pontchartrain par une compagnie française d'entretenir une garnison au port de Baldivia (1708). Aff. Et. Esp. Corr. pol. 186, f. 393. Même cette proposition constitue une tentative trop transparente de trouver un prétexte pour faire le commerce.
(3) Daubenton à Pontchartrain, 28 février 1709. Arch. Nat. Marine, B⁷ 255.
(4) Pontchartrain à Amelot, 24 avril 1709. Aff. Et. Esp. Corr. pol. 195, f. 354.
(5) A Louis XIV. Aff. Et. Esp. Corr. pol. 180, f. 103.

Sa Majesté donnait par là très assurément la paix à l'Espagne. Dieu veuille qu'ils aient le don de prophétie(1) ! » Et Torcy, à qui la lettre était adressée, répond en exprimant le vœu également vif que « les autres nations ne soient pas moins satisfaites de l'exécution de vos projets que les Espagnols (2) ».

Amelot fut moins optimiste (3) : il prédisait que l'affaire serait de longue haleine et qu'il faudrait essuyer les lenteurs ordinaires des tribunaux de Madrid. Le contentement des Espagnols ne fut d'ailleurs pas si général, qu'on serait tenté de le croire d'après la lettre de Mesnager ; on avait rencontré surtout en la personne du comte de Frigiliana (4) un adversaire prononcé et considérable. Le comte allait déclarant à qui voulait l'entendre qu'accepter cette proposition équivaudrait à « vouloir ôter les Indes au roi d'Espagne et aux Espagnols », et il se servit de sa situation comme membre du Conseil d'État pour remettre au roi d'Espagne un mémoire où il « s'efforçait de détruire le projet ». D'après ce que dit Mesnager, le comte de Frigiliana n'aurait pas même parcouru le projet en question, et son mémoire était « rempli de raisons confuses, de propositions contraires les unes aux autres et de velléités pour avantager la France, lesquelles cependant ne faisaient voir que trop que dans le fond de son cœur il ne pensait à rien moins que cela ».

Mesnager fait une description détaillée d'une conversation où il avait essayé de désarmer cet adversaire. Il lui avait dépeint avec de vives couleurs les abus qui régnaient dans le commerce des Indes, les frais énormes et exorbitants, qui y étaient

(1) Mesnager à Torcy, 29 mai 1708. Aff. Et. Esp. Corr. pol. 180, f. 132. — Le même jour, il écrit à la chambre de commerce de Rouen : « que les Espagnols étaient disposés à changer l'ancienne forme de naviguer et de négocier aux Indes et de supprimer les galions et que, si cela avait lieu, comme il y avait toute apparence, le commerce des Indes Occidentales se ferait concurremment et publiquement, comme les autres commerces, par les vaisseaux et par les mains des Espagnols. » H. Wallon, La chambre de commerce de la province de Normandie, Rouen, 1903, p. 38.

(2) Torcy à Mesnager, 10 juin 1708. Aff. Et. Esp. Corr. pol. 180, f. 92.

(3) Amelot à Louis XIV, 11 juin 1708. Aff. Et. Esp. Corr. pol. 180, f. 181.

(4) Don Rodrigo Manuel Manrique de Lara, IIe comte de Frigiliana, né en 1638, mort en 1717. Dans les documents français, il est nommé alternativement ou le comte de Frigiliana ou le comte d'Aguilar le père, bien que ce dernier titre qu'il avait obtenu par son mariage avec une comtesse d'Aguilar, après la mort de sa femme en 1675, revenait de droit à son fils, don Inigo d'Aguilar. Sur les deux comtes d'Aguilar, père et fils, voir : Recueil des instructions données aux Ambassadeurs de France, Espagne, t. II, p. 201 et 121.

joints et qui forcément obligeaient les autres nations, voire les Espagnols eux-mêmes, à se frayer un chemin vers l'Amérique plus aisé, plus sûr et plus prompt que celui qui nécessitait l'emploi de la flotte et des galions ; aucune interdiction, quelque sévère qu'elle fût, ne saurait y remédier tant que l'on tenait à l'ancien ordre. Frigiliana répliqua que la junte de 1706 avait été « composée d'ignorants » ; que le projet de la junte « ne valait rien » ; que le trafic par la voie de la flotte et des galions ayant subsisté pendant deux cents ans, pouvait bien encore continuer autant d'années ; que les avantages qu'on visait ne pourraient être obtenus, même pour la France, par un changement qui ouvrirait à toutes les autres nations l'accès des Indes, jusque là réservé à l'Espagne. Cette réponse donna à Mesnager l'occasion de développer son plan plus en détail et de protester du désintéressement du gouvernement français, mais il fut éconduit par Frigiliana qui traita son discours de « belles paroles » *(hermosas palabras !)* ; et, « finissant comme il avait commencé », Frigiliana s'écria : *Mirad, Señor, tanto quanto os mandareis aca se perdera la España* (1) !

Ce fut avec plus de succès que Mesnager endoctrina les autres membres du Conseil d'État, et, afin de convaincre le roi lui-même, qui s'était laissé influencer par l'opposition de Frigiliana et plus encore par « les clameurs redoublées contre la navigation fréquente des négociants français aux Indes espagnoles et surtout à la mer du Sud », Amelot lui obtint une audience de Philippe V. Celle-ci eut lieu le 12 juin en présence de la reine et d'Amelot, qui rapporte qu'il lui « paraissait que Leurs Majestés Catholiques approuvaient le nouveau plan qui était proposé et qu'elles n'y trouvaient rien qui fût contre leur intérêt, ni contre les convenances des Espagnols (2) ». On remit aussi aux mains du roi une réfutation du mémoire de Frigiliana, rédigée par don Bernardo Tinajero, et, bien qu'un décret eût renvoyé l'affaire à une nouvelle junte, on parvint à faire révoquer cette résolution, puisqu'il avait « été reconnu qu'une nouvelle junte ne servirait qu'à brouiller

(1) « Voilà, Monsieur, comment vous faites perdre l'Espagne ! » — Mesnager à Torcy, 11 juin 1708. Aff. Et. Esp. Corr. pol. 180, f. 194. Sur l'opinion de Louis XIV au sujet de l'opposition du comte de Frigiliana, voir sa *Correspondance avec M. Amelot*, publ. par le baron de Girardot, vol. II, p. 57.

(2) Amelot à Louis XIV, 18 juin 1708. Aff. Et. Esp. Corr. pol. 180, f. 213.

les matières et à les tirer en longueur, et que la consulte de 1706 suffisait pour engager le roi d'Espagne à prendre dès à présent sa résolution (1) ».

Enfin, le 26 juin, Mesnager put rapporter (2) que l'ordonnance sur le commerce des Indes était achevée et qu'il ne restait plus, avant de la présenter au roi d'Espagne, qu'à en faire le dernier examen en présence de l'ambassadeur et de quelques personnes qu'il voudrait appeler. Il ajoute :

« J'ose dire que cet ouvrage et les tarifs des droits que ce commerce doit porter en Espagne et dans les Indes m'ont coûté quelque réflexion, et quoiqu'ils aient été faits en peu de temps, j'espère néanmoins que la volonté du Roi s'y trouvera observée, les intérêts de Sa Majesté Catholique conservés, aussi bien que sa justice pour tout le monde et son attention pour le bien de ses sujets ; outre cela on y verra tant de règle, d'épargne et de facilité pour commercer par Cadix dans les Indes, qu'on peut se flatter, avec raison, que toutes les nations de l'Europe demanderont avec empressement à jouir de cette nouveauté. Après tout cela il faut que le Roi en soit content : c'est ce que je souhaite plus ardemment que toute autre chose. »

Après avoir subi, le 1ᵉʳ juillet, un examen supplémentaire de Mesnager et d'Amelot réunis, la proposition fut présentée par ce dernier à Philippe V (3), qui fit quelques observations de peu de portée et se déclara content, trouvant « toutes les choses bien expliquées ». Il ne s'agissait plus que de recevoir l'approbation formelle du roi au Despacho. L'affaire y fut présentée le 7 juillet, et le rapport d'Amelot sur cette session mérite, il me semble, d'être entièrement cité. Il écrit (4) :

« Le règlement, Sire, fut lu avant-hier dans le Despacho, après quoi le roi, votre petit-fils, dit aux ministres qui le composent de dire leur avis.

(1) Daubenton à Pontchartrain, 18 juin 1708. Arch. Nat. Marine, B⁷ 252.

(2) A Torcy. Aff. Et. Esp. Corr. pol. 180, f. 302.

(3) Amelot à Louis XIV, 2 juillet 1708 ; Mesnager à Torcy, même date. Aff. Et. Esp. Corr. pol. 181, f. 2 et 27.

(4) A Louis XIV, 9 juillet 1708. Aff. Et. Esp. Corr. pol. 181, f. 64. — Dans une lettre à Pontchartrain du 9 juillet, Daubenton donne aussi de cette séance un récit assez circonstancié, « qui lui avait été confié par un des ministres du Despacho » et qu'il priait son chef de tenir secret. Outre les membres mentionnés par Amelot, étaient présents, selon Daubenton, le duc de Medina Sidonia et le duc de San Juan ; « le président de Castille (don Francisco Ronquillo) ne se trouva point à ce Conseil étant indisposé. » Arch. Nat. Marine, B⁷ 252.

Le comte d'Aguilar (Frigiliana), qui opina le premier, parut fort agité pendant la lecture que fit le secrétaire. Les mains lui tremblaient, et son visage s'enflammait à vue d'œil. Il dit qu'il n'avait autre chose à représenter au roi son maître sinon que, par l'établissement de cette nouveauté, il était sûr que Sa Majesté Catholique perdrait les Indes et ensuite la couronne d'Espagne ; qu'il était forcé de lui parler ainsi pour la décharge de sa conscience ; qu'il avait un pied dans le tombeau, et que la grâce qu'il demandait à Sa Majesté était qu'elle voulût bien garder le mémoire qu'il lui avait mis entre les mains, afin qu'elle se souvînt quelque jour de ce qu'il lui annonçait aujourd'hui.

Tous les autres ministres du Cabinet approuvèrent le règlement avec éloge et convinrent que le commerce et la navigation d'Espagne aux Indes étant absolument ruinés, il fallait bien chercher quelque moyen de rétablir l'un et l'autre par un nouveau plan. Ils firent quelques réflexions sur les droits d'entrée de Cadix dont le roi d'Espagne se priverait, et qu'il fallait remplacer d'ailleurs. Le duc de Veragua dit qu'on devait songer à rétablir une marine et que, quelqu'avantageuse que parut la nouvelle forme de commerce dont il était question, il était indispensable de savoir ce que Votre Majesté en pensait, en cas que son ambassadeur ne fût pas déjà informé de vos intentions. Le duc de Montellano ajouta que l'affaire dont il s'agissait intéressait tellement l'Angleterre et la Hollande, qu'il prenait la liberté de dire au roi son maître que l'exécution du règlement devait être suspendue jusqu'à la négociation de la paix, dont ce règlement devait faire une principale partie.

Le comte d'Aguilar interrompit plusieurs fois les autres ministres, surtout le duc de Veragua. Il dit dans ses interruptions que le nouveau plan était très contraire aux intérêts de la France, et pour répondre au point que le duc de Montellano avait touché de la négociation de la paix, il soutint tout le contraire, et que rien n'était plus propre à en éloigner la conclusion que le nouveau plan. Le roi, votre petit-fils, fut obligé de répéter par trois fois au comte d'Aguilar qu'il laissât opiner le duc de Veragua.

Je parlai le dernier, Sire, comme c'est l'usage quand on opine régulièrement. Je dis que dans cette importante affaire on avait regardé principalement les intérêts du Roi Catholique et de la nation espagnole ; que les Indes étaient le patrimoine de Sa Majesté Catholique et que le commerce en appartenait légitimement aux Castillans dont les ancêtres avaient conquis les Indes ; qu'après cela on convenait qu'il serait juste, Votre Majesté ayant sacrifié tant de milliers d'hommes et tant de trésors pour soutenir le roi son petit-fils sur le trône, qu'on accordât à vos sujets des privilèges et des préférences pour pouvoir profiter de ce commerce dans tout ce que les Espagnols ne pouvaient pas faire par eux-mêmes ; mais que Votre Majesté sachant bien les inconvénients que cela produirait par rapport aux autres nations, s'attachait uniquement à ce qui pouvait affermir la couronne sur la tête de Philippe V ; qu'elle approuvait le nouveau règlement proposé ; qu'elle était persuadée que c'était le seul moyen de redonner la confiance aux nations étrangères, de les attirer à Cadix pour y faire un commerce sûr et régulier, et de mettre le roi d'Espagne en état de profiter de l'empire des Indes qui lui était à charge sur le pied que les choses sont aujourd'hui ; que les menaces prophétiques du comte d'Aguilar ne pouvaient faire peur qu'à des enfants ; qu'il était étonnant qu'un ministre de son âge et de son expérience n'apportât aucune autre raison pour fonder son avis ; que son mémoire, auquel il se rapportait toujours, ne contenait que des discours généraux qui faisaient voir son amour pour les anciennes règles, sans proposer aucun remède pour rétablir le commerce et la navigation des Indes, qui sont aujourd'hui absolument détruits ; que je conseillais dès à présent au roi d'Espagne, comme le duc de Veragua l'avait proposé, de songer à rétablir une marine ; qu'il fallait pour cela former une junte qui y travaillât dès à présent et qui proposât des moyens de commencer cet ouvrage autant que les conjonctures le pouvaient permettre ; qu'à l'égard des diminutions des revenus du roi d'Espagne, il était certain qu'on remplacerait, par l'exécution du nouveau plan, et bien au delà, ce que Sa Majesté Catholique pourrait perdre par la suppression des droits d'entrée de Cadix. Je finis enfin par dire que, si Sa Majesté Catholique ne se déterminait pas à cette nouveauté, qui faisait tant de peur au comte d'Aguilar, on devait compter bien certainement que toutes les nations continueraient à piller les Indes par des commerces indirects et frauduleux, et que le roi d'Espagne et les Espagnols en seraient par là absolument dépouillés. Je ne crus pas devoir relever le point de la négociation qui avait été touché par le duc de Montellano ; Votre Majesté en pénétrera facilement les raisons.

Le roi d'Espagne, Sire, après avoir entendu tout ce que je viens de rapporter à Votre Majesté, dit seulement qu'il voulait encore faire ses réflexions sur une aussi importante affaire. Il m'avait demandé en entrant au Despacho, si je croyais qu'il dût finir la chose dans cette séance. Je lui dis que, comme il allait entendre ce que diraient ses ministres et que d'ailleurs il n'était pas encore déterminé à publier présentement ou à suspendre la résolution qu'il prendrait, il me paraissait que Sa Majesté pouvait se contenter de dire, en finissant la séance, qu'elle voulait encore y réfléchir. »

Le délai dont Philippe V estimait avoir besoin ne fut pas long. Bien que nous n'entendions point parler de nouvelles délibérations au Despacho, Amelot rapporte déjà le 16 juillet (1), que

(1) A Louis XIV. Aff. Et. Esp. Corr. pol. 181, f. 108.

« l'affaire du commerce des Indes était terminée » de la manière que Louis XIV avait jugé le plus convenable. Auparavant, les marchands, tant à Séville qu'à Cadix et à Port Sainte-Marie, avaient examiné le tarif, et, sauf quelques exceptions, avaient trouvé qu'on ne pouvait rien faire avec plus de justesse (1) ; et Mesnager, dont le service n'était plus nécessaire, avait dès le 11 juillet quitté Madrid.

Sur la façon dont il avait terminé sa tâche, il recueillit des éloges en Espagne aussi bien qu'en France, et tout le monde le complimenta, à l'exception de Daubenton, qui, en une lettre à Pontchartrain, exprime son mécontentement (2) :

« La réserve avec laquelle M. Mesnager en a usé à mon égard est d'autant plus surprenante qu'il s'agissait dans ce projet d'ordonnance de plusieurs articles qui regardent votre département. Mon étonnement sur ce procédé a été aussi grand que l'attention que j'ai eue à ne lui en rien témoigner. Il a communiqué ce projet à plus de vingt personnes. Il a dit au roi d'Espagne, à la reine, à Madame la princesse des Ursins, au père confesseur, à M. Daubigny et aux personnes qui l'ont vu, qu'il était tout de lui, pendant qu'on sait que ce travail est expliqué dans la consulte du mois de février 1706, et que ce qui y a été augmenté et diminué est dû principalement à M. de Tinajero, qui s'est plaint à moi du peu de justice que lui rendit ledit sieur Mesnager. »

Qu'avait-on maintenant gagné avec ce « nouveau plan » dont la réalisation avait fait déployer tant de forces et qui, enfin arrêté, fut accueilli avec tant de satisfaction ? Si nous examinons les trente-neuf articles qui composaient l'ordonnance royale (3), nous en pouvons résumer l'essentiel de la façon suivante :

L'ordonnance commence par la déclaration que le commerce et l'accès des ports des Indes continueraient, comme par le passé, d'être réservés aux Espagnols, et seraient défendus aux autres

---

(1) Aff. Et. Esp. Corr. pol. 185, f. 201 et 203.

(2) A Pontchartrain, 16 juillet 1708. Arch. Nat. Marine, B⁷ 252.

(3) Ordenanzas nuevas que se han de publicar y observar para el comercio y trafico de las Indias... Aff. Et. Esp. Corr. pol. 185, f. 172-190. — Arancel que se ha formado para lo que han de satisfacer todos los generos y frutos que de estos reinos salgan y se embarquen para todas las Indias, como asi mismo lo que han de satisfacer á la entrada en ellas. Ibid., f. 101 (traduction de ce tarif, ibid., f. 95). — Arancel que se forma para lo que han de satisfacer todos los generos y frutos que de las Indias se embarquen para estos reinos. Ibid., f. 143.

sujets du roi d'Espagne, ainsi qu'à tous les étrangers. En revanche, ceux-ci seraient à l'avenir autorisés à envoyer leurs marchandises de l'Andalousie aux Indes sur des vaisseaux espagnols et avec les mêmes privilèges que les Espagnols, toutefois sous la réserve expresse que cette extension de la liberté du commerce fût précédée d'une déclaration solennelle des monarques amis et alliés de l'Espagne, reconnaissant que la navigation directe aux Indes était défendue à leurs sujets ; que les infractions à cette défense seraient regardées et punies comme piraterie ; et enfin qu'aucune protection ne serait accordée à ceux qui auraient été atteints et convaincus d'avoir enfreint la défense. Une fois que cette résolution aurait été publiée et que les ambassades d'Espagne l'auraient notifiée au Conseil des Indes, alors seulement les sujets des nations respectives seraient regardés comme admis au privilège de trafiquer avec les Indes.

L'ancien règlement pour la communication entre l'Espagne et l'Amérique au moyen de la flotte et des galions serait abrogé : à sa place on en établissait un autre, à peine moins compliqué. Deux fois par an, en janvier et en juin, on expédierait de Cadix quatre bâtiments de la marine royale, deux à destination de la Nouvelle Espagne et deux à la Terre-Ferme ; ces quatre bâtiments devaient réunir, sous leur escorte, les navires de commerce prêts à partir. Pour avoir le droit d'envoyer des vaisseaux de commerce, il ne serait requis qu'un permis qui serait expédié gratuitement par le Conseil des Indes et ne pourrait être refusé à aucun Espagnol. Aux lieux de destination, Vera-Cruz, Carthagène et Portobello, les bâtiments de marine ne devaient séjourner que le temps strictement nécessaire pour embarquer des provisions et réparer les avaries, après quoi ils se rendraient à la Havane pour, ensuite, réunis en escadre, entreprendre le voyage de retour à Cadix. Quant aux navires de commerce, ils auraient le droit de s'attarder dans les ports ci-dessus mentionnés tant que l'exigeaient leurs affaires, et ils pourraient aussi visiter d'autres rivages et ports des Indes Occidentales, mais, pour le retour, ils étaient tenus de se réunir à la Havane et d'y attendre l'appareillage des vaisseaux de convoi. Personne ne serait autorisé, ni pour l'aller ni pour le retour, à se passer de l'escorte, et les voyages ne pourraient sous aucun prétexte commencer ni aboutir en d'autre port que Cadix.

Pour les droits qui seraient perçus sur le commerce des Indes, deux tarifs avaient été rédigés : l'un pour les marchandises et produits, tant d'Espagne que d'autres pays, lors de leur importation à Cadix, de leur exportation de Cadix pour les Indes et à l'importation aux Indes ; l'autre pour les produits des Indes à leur exportation du pays de production et à leur importation à Cadix. On percevait par conséquent et des droits de sortie et des droits d'entrée, et ces droits de douane étaient fixés de façon que ceux d'entrée fussent le double de ceux de sortie. A l'exportation d'une marchandise de Cadix, on payerait les 5 % de la valeur de cette marchandise, et, en l'important aux Indes, les 10 %; pour les produits des Indes, on payerait 3 % aux Indes et 6 % comme droit d'entrée en Espagne (1). Une exception était faite pour les produits espagnols, c'est-à-dire l'huile et le vin d'Andalousie et d'autres denrées que seule avait le droit d'importer aux Indes cette province : sur ces produits, on payerait la même somme à l'importation qu'à l'exportation. Enfin les produits industriels des pays étrangers, s'ils étaient destinés aux Indes, jouiraient de l'avantage de ne payer, lors de l'importation à Cadix, que le quart des droits fixés pour l'entrée en Espagne en général. Tout autre impôt sur le commerce des Indes était supprimé : l'ordonnance contient les promesses les plus solennelles de la part du roi d'Espagne, affirmant que, sous aucun prétexte, il n'en imposerait plus de quelque espèce que ce fût ; on énumère particulièrement comme abolis les *averias, indultos, limosnas*, etc.

Les métaux précieux n'étaient point compris dans ces stipulations générales : l'or et l'argent, pourvu que le quinto royal qui restait le même que par le passé fût payé, étaient libres de droit d'exportation des Indes. A l'importation à Cadix seraient perçus : pour l'or monnayé ou non monnayé, un droit de 1/2 %; pour l'argent en barres, lingots ou vaisselle, 1 1/4 %, et pour l'argent monnayé 1 %. Ces droits une fois payés, les propriétaires pour-

(1) Ces taxes de tant pour cent ne sont indiquées que pour les marchandises qui n'étaient pas énumérées dans les tarifs ; sur les autres articles et produits, la douane qui, en général, serait calculée d'après le poids, était cependant fixée de façon à correspondre à ces taxes.

raient librement disposer de leurs valeurs, et l'ancienne défense d'exporter de l'Espagne l'or et l'argent était ainsi abolie.

Afin de rendre plus animé le commerce et de lui ménager des allégements dont il avait jusqu'alors manqué, on introduit dans l'administration diverses simplifications. Ainsi, l'autorité arbitraire du Consulat de Séville serait remplacée par deux juges élus dans la corporation des commerçants ; le superintendant à la douane de Cadix serait investi d'un pouvoir très vaste ; la Casa de la Contratacion, dont la fonction était devenue superflue, ne subsisterait que provisoirement et avec un nombre restreint de fonctionnaires ; le Conseil des Indes, par contre, garderait en principe son ancienne autorité, mesure que Philippe V jugeait inopportune, mais qui, vraisemblablement, parut nécessaire afin de ne pas susciter l'opposition de cette puissante corporation.

L'ordonnance donne finalement une foule de prescriptions détaillées ayant pour but d'empêcher les malversations et la contrebande ; on y attache des peines de confiscation, d'amendes et de prison tant pour les particuliers que, surtout, pour les fonctionnaires, qui auraient prêté la main à des contraventions et pour les capitaines et officiers à bord des vaisseaux de la marine qui se seraient permis de trafiquer pour leur propre compte : ils seraient en outre déclarés impropres à toute fonction publique, et leurs noms, délit et punition seraient affichés sur des tableaux tant dans le Conseil des Indes à Madrid, qu'à la douane à Cadix.

Plusieurs années plus tard, Amelot, amené à jeter un regard en arrière sur l'histoire alors presque close du commerce de la mer du Sud, résume l'essentiel du projet de 1708 en les termes suivants :

« Les principaux objets furent de donner la liberté aux Français, aux Anglais et aux Hollandais de faire les envois de leurs marchandises en leurs noms, sans être obligés de passer par les mains des négociants espagnols et de dépendre absolument de leur bonne ou mauvaise foi, d'établir une égalité entière entre les trois nations pour éviter toute jalousie, et guérir absolument les Anglais et Hollandais du soupçon que nous voulussions profiter de notre union avec l'Espagne pour nous rendre maîtres du commerce des Indes (1). »

(1) Mémoire de M. Amelot sur l'envoi qui a été fait de quelques vaisseaux de France à la mer du Sud, avril 1722. Arch. Nat., F12 644.

Le contentement, que suscitait le nouvel ordre, était, comme nous l'avons déjà dit, à quelques exceptions près, unanime en France comme en Espagne ; on s'attendait à ce qu'il fût accueilli avec satisfaction par les ennemis des deux pays, et qu'il servît de véhicule à la paix tant souhaitée.

Après cela, il ne devait guère rester qu'à examiner comment ce nouveau règlement fut exécuté et quelles furent ses suites. Mais, avant d'entrer dans une phase nouvelle de notre sujet, il convient peut-être de dire immédiatement que ce plan, à l'égal de tous les autres, resta lettre morte ; que, par conséquent, les suites qu'on en escomptait pour la politique internationale ne se réalisèrent jamais et que, finalement, tout resta dans l'ancien ordre. Pour expliquer la raison de cet échec, il nous faudra remonter à quelque temps en arrière.

Dans un des rapports où Amelot rendait compte des progrès des négociations en question, il écrit (1) :

« Il y a, Sire, une autre question bien importante à examiner et dont j'ai discouru plus d'une fois avec le sieur Mesnager, c'est de savoir s'il convient que le roi d'Espagne publie et établisse dès à présent le règlement dont il s'agit, afin qu'ayant levé par là tous les scrupules des Hollandais sur une matière qui leur tient si fort au cœur, on puisse entrer tout de bon avec eux en négociation pour la paix, ou s'il ne serait pas plus avantageux, Votre Majesté étant une fois assurée de la résolution du roi d'Espagne sur le commerce, d'en suspendre l'exécution jusques à la conclusion de la paix ; de négocier cependant sur ce pied et de faire entrer le règlement à faire comme un des principaux articles du traité. Comme ce règlement sera d'une très grande utilité pour les Hollandais, et qu'ils paraissent le désirer ardemment, il est juste de le faire valoir autant qu'il le mérite, et la prudence ne permet pas qu'on leur accorde un pareil préliminaire avant que de commencer à négocier ; mais si l'on passe dès à présent à l'exécution, sans qu'on soit assuré de rien de leur part, d'ailleurs le règlement une fois publié, il serait difficile et désagréable d'y rien changer, et les Hollandais le regardant comme une chose acquise par la publication, pourraient mettre en avant de nouvelles prétentions, comptant pour peu, comme il est arrivé souvent, ce que l'on tient déjà. On peut dire d'un autre côté, pour soutenir le premier parti, que dès que le règlement sera rendu public, tout ce qu'il y a de gens en Hollande intéressés au commerce seront pressés du désir d'en jouir promptement et deviendront les solliciteurs de la paix.

(1) Amelot à Louis XIV, 18 juin 1708. Aff. Et. Esp. Corr. pol. 180, f. 213.

Votre Majesté, Sire, par ses lumières supérieures, décidera cette question. Le roi votre petit-fils, auquel je l'ai proposée, s'en rapportera entièrement à ce que Votre Majesté jugera plus à propos et plus utile à vos intérêts communs. »

Louis XIV n'hésita nullement dans le choix des deux alternatives que son ministre lui présentait. Il répondit qu'il approuvait entièrement les raisons que lui exposait Amelot pour suspendre la publication du règlement arrêté par le roi d'Espagne : « ce serait, en effet, dit-il, perdre le principal fruit qu'on en doit attendre, que d'accorder, comme préliminaire, une grâce que les Hollandais et les Anglais doivent désirer comme le fondement de leur commerce (1) ». Comme Philippe V était du même avis, la publication de l'ordonnance fut remise jusqu'à ce que, dans les négociations de la paix qui se préparaient, on eût pu se rendre compte de l'impression produite (2). Mais le secret du projet d'ordonnance s'éventa, et les gazettes de Hollande en référèrent même le principal contenu ; on se consolait à l'idée que le bruit même, qui s'en était répandu de tous côtés, pouvait produire un bon effet (3). L'impatience du roi d'Espagne de constater bientôt ce bon effet dut se calmer devant les représentations qu'on lui faisait que l'affaire devait être traitée « avec beaucoup de prudence et de ménagement », et il se borna à former une nouvelle junte, sous la présidence du duc de Veragua. Cette junte devait travailler aux affaires de la marine et chercher les moyens d'établir la navigation sur les Indes suivant l'idée du nouveau règlement : Amelot déclara « qu'il était absolument nécessaire que le roi d'Espagne fît cette démarche, non seulement parce que c'était son véritable intérêt, mais encore afin de détruire l'impression qui n'avait été que trop répandue que ce riche commerce ne se ferait dorénavant que par les vaisseaux français (4) ».

Voilà donc que toute cette tentative faite sur une si vaste échelle

---

(1) Louis XIV à Amelot, 2 juillet 1708. *Corresp. de Louis XIV avec M. Amelot*, publ. par de Girardot, t. II, p. 59.

(2) Amelot à Louis XIV, 16 juillet 1708. Aff. Et. Esp. Corr. pol. 181, f. 108. — Daubenton à Pontchartrain, 5 août 1708. Arch. Nat. Marine, B⁷ 253.

(3) Louis XIV à Amelot, 13 août 1708. *Corresp.* publ. par de Girardot, t. II, p. 71. — Amelot à Louis XIV, 17 août 1708. Aff. Et. Esp. Corr. pol. 181, f. 298.

(4) Amelot à Louis XIV, 25 août et 3 septembre 1708. Aff. Et. Esp. Corr. pol. 181, f. 203 et 310.

pour réformer le commerce des Indes était différée indéfiniment! En ces circonstances, il n'y eut plus en France de raison pour allécher les Espagnols par la publication promise de l'interdiction du commerce, et Daubenton eut beau réitérer ses rappels sur la nécessité de cette publication, Pontchartrain répond que « le Roi n'a point rendu, par cette raison, d'ordonnance pour défendre à ses sujets la navigation aux Indes espagnoles (1) » ; il va même jusqu'à émettre l'idée qu'en raison du changement survenu, il serait peut-être bon de permettre de nouveau aux navires français d'aller à la mer du Sud et au Mexique (2). N'empêche que, peu de temps après, il estime que les conjonctures défavorables au Pérou nécessitaient qu'on attendît quelques années pour expédier de nouvelles permissions (3); mais son espoir que les Espagnols en sauraient gré au gouvernement français fut aussi vain que ses assurances répétées qu'aucune permission ne serait accordée (4) se trouvèrent impuissantes.

*
* *

Les négociations dont nous venons de rendre compte constituent le dernier essai tenté pour régler, avec l'aide de la France, le commerce de l'Espagne aux Indes. Nous avons vu qu'on avait commencé par vouloir le rétablir sous son ancienne forme, au moyen de la flotte et des galions ; qu'ensuite on s'était efforcé de réaliser une « union de commerce entre les deux couronnes », d'abord en transférant à des vaisseaux français le droit de maintenir la communication entre l'Espagne et l'Amérique, et, lorsque l'exécution de ce projet fut prouvé impossible, en établissant une communication par des vaisseaux espagnols, tout en ménageant divers avantages indirects aux intérêts français. Qu'après plus de six ans d'efforts, on n'eût pu obtenir par la voie des négociations aucun résultat réel, ce fait paraît devoir être attribué en premier

(1) A Amelot, 12 septembre 1708. Arch. Nat. Marine, B² 208, p. 1217.
(2) Pontchartrain à Daguesseau, 5 septembre 1708. Arch. Nat. Marine, B² 208, p. 1119.
(3) Pontchartrain à Daguesseau, 3 octobre 1708. Arch. Nat. Marine, B² 209, p. 69.
(4) Pontchartrain à Amelot, 5 décembre 1708. Arch. Nat. Marine, B² 209, p. 820.

lieu à la naissance et au développement toujours croissant du commerce français de la mer du Sud. Dans les négociations, ce commerce n'avait figuré que comme l'objet d'une défense que le gouvernement français, plus ou moins sincèrement, à titre de compensation, promettait contre d'autres avantages sollicités. L'impossibilité d'obtenir une reconnaissance officielle de ces avantages ayant été prouvée, le commerce de la mer du Sud n'en continue pas moins d'être l'objet de négociations diplomatiques entre la France et l'Espagne ; mais, depuis le commencement de l'année 1709, les efforts du gouvernement français tendront à défendre ce commerce devant l'Espagne et à trouver des échappatoires pour dissimuler la protection secrète dont on l'entourait. Il ne fut plus question de réformer le commerce de l'Espagne et, par ce moyen, d'améliorer les finances espagnoles ; mais, au moment même où le commerce de la mer du Sud perdait ainsi son importance pour les rapports entre la France et l'Espagne, il en prit une nouvelle et plus vaste pour la politique européenne, grâce au rôle qu'il arriva à jouer dans les négociations pour cette paix qui mettrait fin à la lutte exaspérée, où la guerre de la Succession d'Espagne avait engagé toutes les puissances de l'Europe occidentale.

Une raison qui contribue encore au changement de situation, où entrait, avec l'année 1709, la question du commerce des Indes, c'est la modification que subirent en ce moment les relations entre la France et l'Espagne. Les revers multiples et l'état de dénuement de la France obligèrent Louis XIV à rechercher la paix à tout prix : en avril 1709, il avait pris la résolution formelle d'abandonner Philippe V ; il se vit même forcé de préparer son petit-fils à la possibilité que la paix ne serait obtenue qu'à condition qu'il abdiquât la couronne d'Espagne : les ennemis continuaient à demander pour fondement du traité que l'Espagne, les Indes et les Pays-Bas fussent cédés à l'archiduc Charles. En ces circonstances, il n'y avait plus de raison pour que Louis XIV s'ingérât, comme par le passé, dans les affaires de l'administration intérieure de l'Espagne, et Amelot, son instrument, fut rappelé. Son successeur, le marquis de Blécourt, ne reçut que le rang inférieur d'envoyé extraordinaire ; il n'eut point accès au Despacho et la

politique qui lui était recommandée était toute d'abstention et
d'observation.

On jugea cependant nécessaire que Daubenton continuât de
rester à Madrid, où il devait consacrer ses efforts à maintenir les Français et les Espagnols « dans une parfaite union (1) ». Pontchartrain exprime l'espoir que le crédit de Daubenton fût « assez bien
établi pour que la nation pût tirer plus d'utilité de ses négociations secrètes que des représentations publiques de M. de Blécourt (2). » Mais Daubenton allait, lui aussi, être victime de l'opinion qui exigeait que tout Français ayant pris part au gouvernement de l'Espagne fût éloigné. Blécourt écrit le 30 septembre
1709 (3) qu'il avait eu la veille la visite du secrétaire du Conseil
d'État, don Joseph Grimaldo, qui, de la part de la reine, avait
mandé qu'elle jugeait opportun que Daubenton retournât en
France. Aucune raison ne fut donnée, — on affirma même que
Daubenton n'avait point fourni de sujets particuliers de mécontentement — et Blécourt protesta. Mais Louis XIV déclara, en dépit de
Pontchartrain, qui regardait l'affaire « avec un véritable chagrin (4) », qu'il ne saurait « désapprouver que le roi d'Espagne fît
connaître qu'il voulait donner toute sa confiance aux Espagnols et
que son intention était d'exclure les Français de l'administration
de ses affaires (5) », et Daubenton fut rappelé en France. Il quitta
Madrid en novembre 1709.

La nécessité d'y avoir un agent particulier qui veillât aux intérêts du commerce n'en subsistait pas moins, et comme successeur de Daubenton on nomma M. Partyet, à qui l'on recommanda
également de préférence le rôle d'observateur. « Pour qu'il ne lui
arrivât pas autant qu'à M. Daubenton », sa correspondance avec le
secrétaire de la marine devait passer au nom de l'envoyé de
France (6). Aussi, les lettres de Partyet sur les questions qui nous
occupent sont-elles loin de présenter le même intérêt que celles de
son prédécesseur. Pontchartrain estimait certes qu'il ne pouvait se

(1) Pontchartrain à Daubenton, 8 juillet 1709.
(2) Pontchartrain à Daubenton, 16 septembre 1709.
(3) A Louis XIV. Aff. Et. Esp. Corr. pol. 193, f. 65.
(4) A la princesse des Ursins, 14 octobre 1709. Arch. Nat. Marine, B7 78.
(5) Louis XIV à Blécourt, 14 octobre 1709. Aff. Et. Esp. Corr. pol. 193, f. 76.
(6) Blécourt à Torcy, 9 décembre 1709. Aff. Et. Esp. Corr. pol. 194, f. 216.

passer d'informations directes venant d'Espagne : « A l'égard des nouvelles de tout ce qui se passera en Espagne, outre que vous savez qu'il est absolument nécessaire que j'en sois instruit à fond, vous n'ignorez pas combien ces sortes de détails me font plaisir », écrit-il à Daubenton (1), qui, conséquemment, recommande à Partyet de « mettre en chiffres tous les articles qui parlaient d'intrigues, cabales, faits particuliers, abus, désordres, procédés des ministres de cette Cour, et enfin de tout ce qui ne se peut écrire sans s'exposer (2) ». Cette correspondance secrète, pour laquelle un commerçant de Bayonne devait servir d'intermédiaire, ne paraît pas avoir été gardée.

(1) Le 14 octobre 1709. Arch. Nat. Marine, B⁷ 78.
(2) Instruction secrète au sieur Partyet. *État sommaire des Archives de la marine*, Paris, 1898, p. 271.

CHAPITRE VIII

LES EXPÉDITIONS PARTIES POUR LA MER DU SUD EN 1707 ET 1708.

La *Reine-d'Espagne*, armateur Julien Bourdas. — La *Notre-Dame-de-l'Assomption*, capitaine Alain Porée, armateur de la Lande-Magon. — Découverte de « la côte de l'Assomption ». — Rencontre de Porée et des corsaires anglais près des îles Malouines. — Expédition de Woodes Rogers. — Préparatifs faits par le vice-roi du Pérou contre l'invasion anglaise. — Expédition infructueuse de don Pablo Alzamora. — Participation des vaisseaux français à cette expédition. — Retour d'Alain Porée en France. — Trésors rapportés par lui et par le capitaine Tourre à bord du *Saint-Jean-l'Évangéliste*. — On demande un indult pour le roi d'Espagne. — Poursuites contre les capitaines et les armateurs à cause de cette demande. — Aventure du capitaine anglais Thomas Stradling ; son trésor caché. — Expédition de Jean Doublet. — Le Père Louis Feuillée et ses observations scientifiques. — L'escadre du chevalier de Bénac.

Lorsqu'en novembre 1708 Chabert quittait Concepcion, il avait obtenu que la plupart des navires français, qui, à ce moment, se trouvaient dans la mer du Sud, profitassent de son escorte pour regagner la patrie. Je n'ai pu constater que la présence de deux navires français après son départ, et si nous ajoutons ceux dont les documents contemporains ne font point mention, le total ne montera guère à plus de quatre ou cinq (1). Mais, avant le retour de Chabert, plusieurs navires avaient quitté la France et d'autres les suivirent bientôt. Nous allons maintenant raconter les aventures que coururent ces vaisseaux et donner un aperçu de la situation du commerce de la mer du Sud à cette époque où il fut le plus fructueux.

Le navire la *Reine d'Espagne* nous offre l'exemple de l'un des cas où l'autorisation de trafiquer dans la mer du Sud ne fut point

(1) En décembre 1707 le nombre de navires français se trouvant aux côtes du Pérou est estimé à quatorze (Clairambault à Pontchartrain, 14 mai 1708. Arch. Nat. Marine, B³ 159, f. 343⁺). Douze d'entre eux sont connus avec certitude : un revint avant Chabert, sept l'accompagnèrent, un partit en 1708 pour la Chine et trois furent vendus au Pérou.

obtenue. Son armateur, Julien Bourdas de Saint-Malo, nous est déjà connu comme propriétaire du *Saint-Paul*, dont le voyage, qu'il avait réussi à dérober à l'attention des autorités, avait suscité un procès avec la Compagnie de la mer du Sud, procès qui était encore pendant au moment où l'armateur, sans se laisser intimider par les réclamations menaçantes, conçut le plan d'une nouvelle expédition à cette même destination.

. Dans sa demande d'autorisation de janvier 1707, Bourdas présente l'entreprise projetée comme peu importante : il s'agissait d'envoyer une cornette de seize canons au Pérou, « pour y porter quelques bagatelles » et « pour donner des avis aux vaisseaux qui y étaient et où il avait de gros intérêts (1) ». Mais, presque en même temps, cette intention est démentie par un mémoire que Lempereur adresse au ministre avec les plus vives recommandations (2). Il y est dit que « ledit Bourdas se trouve aujourd'hui avec de grosse partie de manufacture de France et avec un vaisseau qu'il a fait construire exprès ». Le solliciteur s'efforce encore de fléchir le ministre par l'énumération de ses titres :

« Julien Bourdas, originaire et négociant de Saint-Malo, secrétaire du Roi, homme de bonnes mœurs et incapable d'aucune action reprochable, a été des premiers à entreprendre les voyages de long cours à l'Amérique, y a été lui-même en 1703, par la permission de Sa Majesté du 30 août 1703, pour y recueillir une succession ; étant arrivé au Callao de Lima, par une grâce jamais accordée à aucun étranger, il eut la permission de vendre l'entier chargement de son vaisseau et y fut reçu aussi favorablement que les naturels du pays, et ce par la profonde vénération de feu le comte de la Monclova, vice-roi du Pérou, pour le Roi. »

Mais Pontchartrain connaissait Bourdas sous un autre aspect. Aussi, Lempereur a-t-il beau affirmer que celui-ci avait renoncé à ses desseins relatifs à la mer du Sud, le ministre écrit (3) :

« Vous pouvez assurer le sieur Bourdas que Sa Majesté ne lui accordera point la permission qu'il demande d'envoyer son vaisseau à la côte du Nord de l'Amérique ; comme il a déjà trompé, on ne peut plus se fier à lui, et je suis surpris, dans la connaissance que vous en avez, que vous vous attachiez d'écrire aussi souvent que vous faites en sa faveur. »

(1) Bourdas à Pontchartrain. Arch. Nat. Marine, B³ 145, f. 9.
(2) Lempereur à Pontchartrain, 2 janvier 1707. Arch. Nat. Marine, B³ 145, f. 8.
(3) Pontchartrain à Lempereur, 9 février 1707. Arch. Nat. Marine, B² 196, p. 761.

Lempereur eut bien soin de ne plus rappeler par de nouvelles intercessions les projets de son protégé ; qu'il les ait néanmoins soutenus, cela ne laisse guère de doute : le navire de Bourdas, la *Reine-d'Espagne*, fit voile, en dépit de la défense, et quitta Saint-Malo le 6 septembre 1707. Sur son voyage, il n'y a rien d'intéressant à dire ; nous ignorons comment le capitaine du navire, M. de la Rocque, s'y est pris pour se dérober à l'ordre de Chabert de s'en retourner avec lui au pays ; car, en septembre 1708, au moment où Chabert réunissait son escadre à Concepcion, il se trouvait encore à Valparaiso. Ses affaires devaient pourtant être presque achevées, car il ne s'attarda aux côtes de la mer du Sud que jusqu'en avril de l'année suivante. Afin d'esquiver les réclamations qu'il redoutait à son arrivée en France, il confia, pendant une relâche à la Martinique, une partie de son chargement au capitaine d'une frégate du Roi, la *Nymphe*, sous l'escorte de laquelle il arriva à La Rochelle, le 14 mai 1710. Pontchartrain paraît avoir pardonné ou oublié toute raison de mécontentement vis-à-vis du capitaine et de l'armateur, car il déclare avoir été « bien aise » d'apprendre l'arrivée des deux vaisseaux (1). Il ne mettait pas en doute, dit-il, que l'argent rapporté, montant à une somme de 25,000 piastres, n'eût été porté aux hôtels des monnaies et que l'indult imposé de six pour cent ne fût régulièrement payé (2). Cela fut-il vraiment fait et la déclaration était-elle véridique? Voilà ce qu'on ne saurait dire. Ce qui, à cette occasion, semble avoir attiré plus d'attention, fut une tentative faite par le capitaine de la *Nymphe*, Du Gué, pour accaparer à son propre compte le fret des 40.000 piastres qu'il avait embarquées à la Martinique. Comme ce fret appartenait au Roi, le capitaine reçut l'ordre de le remettre au plus tôt entre les mains du commis du trésorier de la marine (3). « Il ne faut pas que vous y compreniez Monsieur l'Amiral, écrit Pontchartrain à un de ses agents (4), mais ayez soin de faire connaître à son receveur et même à M. de Valin-

(1) Pontchartrain à Massiot, commissaire ordonnateur de la marine à La Rochelle, 28 mai 1710. Arch. Nat. Marine, B² 221, p. 919.
(2) Pontchartrain à de Beauharnais, intendant de la marine à Rochefort, 28 mai 1710. Arch. Nat. Marine, B² 221, p. 896.
(3) Pontchartrain à de Beauharnais, 18 juin 1710. Arch. Nat. Marine, B² 221, p. 1233.
(4) A Massiot, 28 mai 1710.

court (1), cette marque de mon attention. » On trouve là une allusion à l'un de ces sujets de discordes qui existaient entre le secrétaire d'État de la marine et l'Amiral de France, discordes qui, par la suite, allaient essentiellement contribuer à la chute de Pontchartrain.

Une des entreprises les plus notables de cette époque, est le voyage effectué par le navire la *Notre-Dame-de-l'Assomption*. Le capitaine du bâtiment, Alain Porée, était un des marins les plus célèbres de Saint-Malo (2) ; pour le voyage qu'il préparait, il avait acquis une riche expérience comme chef d'une expédition précédente dans les mêmes parages. L'armateur, de la Lande Magon, occupait parmi ses confrères de cette ville, une situation non moins en vue.

Pour cette entreprise, il s'était déjà en 1707 muni d'une autorisation, demandée sous le prétexte ordinaire « pour aller aux découvertes » ; mais, par la suite, il vit son entreprise menacée par l'ordre publié vers cette époque et qui stipulait que les seuls navires prêts à mettre à la voile avant la fin de septembre pourraient se servir des permis donnés. Son vaisseau n'étant point prêt, il demanda en août une prolongation de temps pour former sa cargaison (3), demande qu'on repoussa en lui prodiguant le conseil de presser l'expédition de son navire « de sorte qu'il n'ait pas besoin de cette grâce (4) ». Quelques mois plus tard, il semble que Pontchartrain avait oublié toute l'affaire, car il se renseigne auprès de Lempereur pour savoir si de la Lande avait obtenu ou non l'autorisation d'envoyer son navire à la mer du Sud (5), et lorsque on lui donne une réponse affirmative sur cette question — le vaisseau était déjà parti —, il trouve qu'il n'y a « rien à dire (6) ».

(1) Secrétaire général de l'Amirauté. Voir sur lui : *État sommaire des Archives de la marine*, p. 2.
(2) Voir sa biographie chez : Charles Cunat, *Saint-Malo illustré par ses marins*, Rennes, 1857, p. 153-170, qui dit de lui que « parmi les capitaines qui se signalaient le plus alors, Alain Porée figurait en première ligne. »
(3) Pontchartrain à Daguesseau. 31 août 1707. Arch. Nat. Marine, B² 198, p. 1256.
(4) Pontchartrain à de la Lande Magon, 7 septembre 1707. Arch. Nat. Marine, B² 198.
(5) Pontchartrain à Lempereur, 22 février 1708. Arch. Nat. Marine, B² 206, p. 615.
(6) Pontchartrain à Lempereur, 14 mars 1708. Arch. Nat. Marine, B² 206, p. 860.

Afin de compléter sa cargaison, que l'exhortation de presser le départ n'aura probablement pas permis d'achever au pays, l'armateur avait eu recours à un procédé qui impliquait un nouveau conflit avec les lois espagnoles : il avait envoyé à l'avance aux îles Canaries un vaisseau génois chargé de marchandises, mais ce vaisseau avait été retenu à Cadix. Pontchartrain écrit dans la lettre déjà citée :

« Les Espagnols savent que les marchandises qui sont envoyées aux Canaries n'y sont mises qu'en entrepôt et que les vaisseaux français ne les viennent chercher que pour aller ensuite à la mer du Sud, et c'est ce qui les met en précaution contre ces sortes de chargements. »

Dès l'année 1556 les habitants des Canaries jouissaient du privilège d'expédier directement leurs marchandises aux Indes Occidentales sans l'intermédiaire de la flotte et des galions (1), et, faisant allusion à ce privilège, Pontchartrain ajoute :

« D'ailleurs, la permission que les habitants de ces îles ont de faire commerce à la Havane est limitée à une certaine somme, et comme celle des marchandises que les Français y laissent est beaucoup plus considérable, ils ne crient pas moins contre le commerce qui se fait en ces îles que contre les autres. »

Nous ignorons si, après avoir quitté Saint-Malo le 13 février 1708, Porée rejoignit le navire génois. Aux Canaries, il fit une assez longue escale, du 1er mars au 16 avril; il toucha ensuite à l'île Sainte-Catherine sur la côte du Brésil où, dans un combat avec les Portugais, il perdit plusieurs hommes qui furent tués, faits prisonniers ou blessés (2) ; puis, continuant son voyage, Porée découvrit, le 16 juillet, par 51° de lat. S. et 56° 22′ long. O., une île qu'il crut inconnue et où son bateau manqua de faire naufrage. On estima la situation à 100 lieues à l'est des îles Danycan et, d'après le nom du vaisseau, on baptisa le nouveau pays du nom de *côte de l'Assomption*. Mais déjà Frezier a montré avec une pleine évidence qu'il y aura eu erreur dans la détermination de la longitude et que ce qu'on avait découvert n'était que la côte sep-

---

(1) Rafael Antunez y Acevedo, *Memorias historicas sobre la legislacion y gobierno del comercio de los Españoles con sus colonias en las Indias Occidentales*, Madrid, 1797, p. 25-35.
(2) (Durret) *Voyage de Marseille à Lima*, Paris, 1720, p. 122.

tentrionale des îles Malouines (1) ; par conséquent, il plaça sur sa carte la dénomination de « la côte de l'Assomption » dans cet archipel qu'il nomma les îles Nouvelles, mais d'où elle a ensuite disparu. Encore plus vers le sud, par 58° 38′ lat. S., on faillit se heurter à l'un de ces icebergs, si caractéristiques des parages antarctiques, « un grand banc comme une côte » (2), et ce péril découragea Porée de poursuivre son voyage et le fit se réfugier à l'embouchure de La Plata. Après y avoir remis sur pied une partie de son équipage atteint du scorbut (3), — il perdit environ cinquante hommes de cette maladie —, il fit voile et repartit le 14 décembre 1708. De nouveau dans le voisinage des îles Malouines, le 3 janvier 1709, il échappa, à grand peine, à un second danger. Il rencontra deux voiliers ennemis qui donnèrent la chasse au navire français. Du brouillard et les ténèbres de la nuit séparèrent à plusieurs reprises les poursuivants et le poursuivi, mais ce ne fut que le lendemain que la course fut abandonnée par l'ennemi, « bien mortifié d'avoir manqué cette capture qu'il prit pour un vaisseau français qui revenait de la mer du Sud ». C'était le corsaire anglais Wodes Rogers (4), dont les préparatifs faits pour cette expédition ont été déjà mentionnés.

Le 28 février 1709, Porée arrivait au port de Caillo (?), côte du Chili, « le long de laquelle côte ainsi que de celle du Pérou il fit la course et quelque commerce des marchandises qui avaient été chargées dans ledit navire pour avoir des vivres à l'équipage ». C'est en ces termes sommaires que la déclaration présentée après le retour relate les événements de cette année passée dans la mer du Sud (5). Et pourtant elle ne fut point aussi dépourvue d'intérêt qu'on le pourrait supposer, et les affaires qu'on y fit furent plus importantes que le veut faire entendre la déclaration.

(1) Frezier, *Relation du voyage de la mer du Sud*, Paris, 1716, p. 265. Cf. Dom Pernetty, *Journal hist. d'un voyage fait aux isles Malouines en 1763 et 1764*, t. I, Berlin, 1769, p. 6, note.

(2) Frezier, *op. cit.*, p. 261. — Deux seules observations sûres d'icebergs antarctiques sont connues par les voyages précédents. Cf. Karl Fricker, *Die Entstehung und Verbreitung des antarktischen Treibeises*, Leipzig, 1893, p. 12-14.

(3) Feuillée, *Journal des observations*, t. I, Paris, 1714, p. 263.

(4) Rogers, *A Cruising Voyage round the World*, Londres, 1712, p. 106.

(5) Déclaration de Jean-Baptiste Le Gobien, écuyer, sieur de Saint-Jouan, capitaine en second sur le navire nommé la *Notre-Dame-de-l'Assomption*, 30 août 1710. Arch. du port de Saint-Servan, C⁴ 325, f. 4 v°.

Woodes Rogers, dont Porée avait si heureusement évité l'attaque, avait aussi doublé le cap Horn avec ses deux vaisseaux, *The Duke*, dont il avait lui-même le commandement, et *The Duchess*, sous les ordres du capitaine Stephen Courtney ; le 31 janvier 1709 (vieux style), il avait relâché à l'île Juan Fernandez. Nous signalons en passant que sa visite à cette île se rattache au souvenir d'un homme dont les aventures ont donné naissance à tout un genre de littérature des plus populaires que connaisse l'histoire des Lettres. C'est Rogers qui délivra d'une longue vie d'ermite à l'île Juan Fernandez, le marin écossais, Alexandre Selkirk, modèle du Robinson Crusoé (1).

Après un séjour de quinze jours à Juan Fernandez, les Anglais cinglèrent vers la côte du Pérou, et, à proximité de cette côte, ils firent leur repaire du petit groupe d'îles de Lobos de la Mar. En faisant des croisières dans ces parages, ils capturèrent plusieurs navires espagnols, entre autres un bâtiment, le *Havre-de-Grâce*, construit en France, vendu aux Espagnols, et dont les antécédents nous sont inconnus.

A la fin d'avril, on prit d'assaut la ville de Guayaquil ; l'on y fit un butin d'une valeur de 2.000 livres sterling et on exigea une rançon de 27.000 piastres pour exempter la ville et les vaisseaux du port d'être livrés aux flammes. De là, après avoir armé et équipé quelques uns des navires capturés, les Anglais se rendirent avec une escadre forte de six vaisseaux aux îles Galapagos ; mais ils en revinrent bientôt, car l'eau y manquait et une fièvre maligne venait de se déclarer parmi l'équipage. Ce fut alors l'île de Gorgona sur la côte de la Colombie actuelle qui fut choisie comme point d'appui à de nouvelles entreprises, qui cependant consistèrent

---

(1) Ce que Rogers relate sur celui-ci diffère pourtant essentiellement de l'histoire inventée bien connue ; ainsi, le fidèle Vendredi n'a point de modèle dans la réalité. Selkirk, qui avait pris part à l'expédition corsaire déjà mentionnée de Dampier et de Stradling, avait, à la suite d'une dispute avec ce dernier, été débarqué dans l'île en 1704. Il y avait passé quatre ans et quatre mois dans un isolement complet, lorsqu'il fut découvert par les hommes de Rogers et reconnu par son ancien capitaine, William Dampier, qui, tombé dans la misère par suite d'aventures malheureuses, s'était vu forcé d'accepter sur le vaisseau de Rogers un commandement inférieur. La description très sommaire de l'existence de Selkirk dans l'île inhabitée que Rogers rapporte dans son récit de voyage est censée avoir fourni à Daniel Defoe la matière de son roman publié en 1719 qui a acquis la renommée universelle, mais qui, à l'heure présente, est probablement pour la plupart des personnes moins connu en sa forme originale que par quelqu'une de ses nombreuses adaptations ou imitations.

surtout en un trafic pacifique avec les Espagnols de la terre ferme, accourus pour acheter le butin fait sur leurs compatriotes.

Par le capitaine d'un navire espagnol, qui, le 18 août, tomba entre leurs mains, les Anglais apprirent qu'une escadre espagnole était sortie en croisière contre eux. Il était d'ailleurs temps de mettre un terme à leur pillage insolent. Déjà plusieurs mois avant le départ d'Angleterre de l'expédition Rogers, le gouvernement espagnol, comme nous l'avons dit plus haut, en avait été averti et une cédule royale du 28 avril 1708 avait recommandé aux autorités du Pérou et du Chili de prendre des mesures énergiques pour repousser l'invasion.

Le rapport, qu'on présenta à ce sujet (1), renferme, comme d'habitude, force détails sur les précautions prises, mais il en contient peu sur les résultats obtenus. Le vice-roi avait mobilisé toutes les forces du pays; il faisait enrôler en compagnies les marchands et employés de commerce, ainsi que les docteurs et les étudiants de l'Université de Lima; il ordonnait la mise en état des remparts de Callao qui s'étaient effondrés sur une étendue considérable, et il faisait fondre des canons et fabriquer de la poudre et des balles. Un vaisseau avait été détaché pour faire une reconnaissance à l'île Juan Fernandez, mais il en était revenu sans avoir trouvé la moindre trace de l'ennemi et rapportait la nouvelle peu surprenante qu'il serait impossible de barrer le port de cette île. On avait aussi fait prévenir du danger le président du Chili, mais il se contenta de revêtir l'habit militaire et de jouer au soldat pendant quelques mois avec la population de Santiago, sa capitale, — coup de force qui d'ailleurs l'engagea en une dispute ridicule avec les assistants de l'audiencia royale, qui jugèrent l'uniforme du président contraire à l'étiquette et portèrent cette question de haute importance jusque devant le roi à Madrid (2).

Au cours de ces préparatifs, on reçut, le 23 mai, la nouvelle du

<hr/>

(1) *Relacion de las preuenciones que el Excellentissimo Señor Marques de Castel-DosRius mi Señor Virrey, Governador y Capitan General de estos Reynos, hizo para la defensa del; y apresto de Armada, que despacho del Puerto del Callao el dia 16. de Julio de este año de 1709, contra los Enemigos Yngleses, que entraron en este Mar por el Estrecho*, 3o pages petit in-fol., probablement imprimé à Lima. (Aff. Et. Esp., Corr. pol. 203, f. 24).

(2) Sur la signification de « se vêtir à la militaire » voir l'article de M. A. Morel-Fatio sur « la golille et l'habit militaire » dans ses *Études sur l'Espagne*, 3ᵉ série, Paris, 1904, p. 229-278.

désastre de Guayaquil. Il produisit une terreur extrême. Le vice-roi réunit un conseil de guerre qui, après de sérieuses délibérations, finit par conclure que les forces navales disponibles, qui consistaient en trois bâtiments, étaient insuffisantes pour tenir tête à l'ennemi. Bien qu'avec beaucoup d'hésitation, on résolut donc de demander du secours aux Français.

Deux navires français se trouvaient en ce moment à Callao, la *Notre-Dame-de-l'Assomption,* capitaine Alain Porée, et le *Saint-Esprit,* capitaine Jacques Avice (1). Ce fut sans doute tentés par d'engageantes promesses sur les avantages commerciaux que les deux capitaines promirent d'appuyer l'expédition qu'on préparait sous le commandement du *general de la mar del Sur,* don Pablo Alzamora y Ursino, mais qui ne fut prête à quitter Callao que le 16 juillet 1709. On visita les îles Galapagos ; de là, on se rendit à Panama et à la côte occidentale du Mexique, mais « sans rien rencontrer ». L'escadre revint à Callao en janvier 1710. Ce résultat rien moins que brillant n'empêcha point le marquis de Castelldosrius de déclarer qu'il n'avait eu qu'à montrer ses vaisseaux pour faire quitter précipitamment la côte aux Anglais (2). Sans doute espérait-il par cette vantardise ridicule donner une apparence de justification aux frais exagérés où montait cet armement grandiose : il avait coûté 146.656 pesos, somme qu'on n'avait pu réunir que grâce à un « donatif » du clergé et des fonctionnaires et à un emprunt considérable contracté sur les biens de l'Église (3).

Pendant que la flotte franco-espagnole cherchait en vain Woodes Rogers sur les côtes de l'Amérique centrale, celui-ci faisait une nouvelle visite aux îles Galapagos et s'occupait en toute tranquillité, du 21 au 28 septembre, à y couper du bois et à s'approvisionner. Sur son expédition, nous ajouterons simplement que le 22 décembre 1709, à proximité de la pointe méridionale de la Californie, il surprit et captura un galion qui se rendait de Manille à Acapulco : chargé de prises faites sur ce galion et dans

---

(1) Celui-ci avait quitté Saint-Malo le 14 novembre 1707 avec permission « pour aller aux découvertes » et était arrivé à Concepcion le 1ᵉʳ mai de l'année suivante.

(2) Barros Arana, *Historia jeneral de Chile,* t. V, p. 496-503.

(3) Sebastian Lorente, *Historia del Peru bajo los Borbones,* Lima, 1871, p. 15. Cf. Mendiburu, *Diccionario historico-biografico del Peru,* t. I, Lima, 1874, p. 220.

les pillages au Pérou, qui comprenaient, outre une quantité de marchandises précieuses, 12.000 livres sterling en argent, il revint, le 14 octobre 1711, à l'embouchure de la Tamise, achevant ainsi le tour du monde.

Quant aux deux capitaines français, en revenant à Callao après l'expédition manquée, l'un deux, Jacques Avice, trouva son navire « indigent par les vers et l'équipage affaibli, ce qui le mit hors d'état de pouvoir revenir en France » et le força de vendre le bâtiment et de répartir son monde sur différents vaisseaux français ; personnellement, il regagna sa patrie en 1711 à bord du *Saint-Jean-Baptiste*, capitaine Doublet (1).

Son compagnon d'arme, le capitaine Porée, appareilla de Concepcion le 13 mars 1710. Au retour, il fit la prise d'un navire anglais en route de Lisbonne à la Virginie, mais il lui rendit la liberté, « ne pouvant l'amener, vu qu'il avait besoin de son équipage et qu'il n'y avait aucun chargement dans ledit navire ». Il relâcha à Plaisance en Terre-Neuve, et il en repartit le 7 août, de conserve avec un autre vaisseau, également de retour de la mer du Sud, le *Saint-Jean-l'Évangéliste*, capitaine Étienne Tourre, de Marseille. Dès le lendemain, les deux navires furent séparés par une tempête, et Porée, après avoir heureusement échappé à deux corsaires anglais qui lui donnèrent la chasse depuis l'île de Guernesey jusqu'à deux lieues du cap Fréhel, jeta l'ancre à Saint-Malo le 28 août 1710. Peu après, au commencement de septembre, le capitaine Tourre arrivait à La Rochelle.

Le retour de l'*Assomption* fut immédiatement mandé à Pontchartrain par Lempereur (2) qui, dans une première lettre, racontait seulement que le navire rapportait un bénéfice considérable et que les intéressés dans l'entreprise supputaient un profit de 150 °/₀ sur le capital placé dans l'affaire. Par suite de la maladie du capitaine, il ne put donner de détails sur le voyage que quinze jours plus tard (3). Le capitaine Porée transmit alors, par l'intermé-

---

(1) Déclaration du capitaine Avice, 18 mai 1711. Arch. du port de Saint-Servan, C⁴ 325, f. 96.

(2) Lempereur à Pontchartrain, 29 août 1710. Arch. Nat. Marine, B³ 181, f. 262. — Cette nouvelle éveilla de l'attention, même à la Cour ; voir : *Mémoires de Sourches*, t. XII, p. 342 ; *Journal de Dangeau*, t. XIII, p. 237.

(3) Lempereur à Pontchartrain, 14 septembre 1710. Arch. Nat. Marine, B³ 181, f. 283.

diaire de Lempereur (1), divers renseignements précieux sur l'état des colonies espagnoles.

A l'encontre de tous les autres capitaines français, il loua le marquis de Castelldosrius en termes enthousiastes : « Ce vice-roi est mille fois plus Français qu'Espagnol, il aime le roi pour le roi et non par aucun intérêt, et il fait aux Français tous les plaisirs qu'il peut et plus que ne leur en feraient les Français mêmes, jusque là qu'il a refusé 80,000 piastres que le capitaine voulut lui donner pour avoir la liberté de traiter. » La population du Pérou était en général mal disposée à l'égard de Philippe V ; et, même parmi les passagers espagnols qui avaient accompagné Porée, il s'en trouvaient qui reprochaient au roi d'être « un forestier » que les Espagnols feraient bien de renvoyer, ce qui n'empêchait point que ces mêmes passagers se rendaient en Espagne afin « d'acheter et de demander des gouvernements au roi ». Les fonctionnaires des colonies ne songeaient qu'à s'enrichir et changeaient continuellement de parti selon leurs intérêts. Pour le commerce français, il y avait les meilleurs chances de succès, si toutefois les Français ne le gâtaient eux-mêmes. Ce récit, probablement coloré par la plume de Lempereur, — car, comme nous allons le voir, celui-ci couvait en ce moment de vastes projets d'avantages personnels, — se termine par l'avis que le vaisseau l'*Assomption* était censé « rapporter au moins douze millions de livres, tant pour lui, y compris les pacotilles, que pour le *Saint-Esprit*, qui a été vendu, et pour les passagers espagnols (2) ».

Peu de temps après, le bruit se répandit que le capitaine Tourre sur son navire, le *Saint-Jean-l'Évangéliste*, aurait rapporté à La Rochelle plus de huit millions de livres d'espèces et matières d'argent. Les cargaisons de ces deux navires revenus simultanément auraient donc monté à vingt millions de livres, ce qui équivaudrait aux deux tiers de la somme importée par l'escadre de Chabert. Cependant, les déclarations officielles avaient été faites, et elles

(1) Rapport fait par le sieur Porée. Arch. Nat. Marine, B³ 181, f. 288. Ce rapport est écrit de la main de Lempereur.

(2) Une liste jointe à la lettre (*Ibid.*, B³ 181, f. 395) contient les noms des vingt-deux passagers avec la mention de leur position sociale et de leur condition de fortune. Nous trouvons parmi eux ce don Diego de Zuñiga, ci-devant gouverneur de Concepcion, dont nous avons eu l'occasion de parler déjà. Voir plus haut, p. 308.

indiquèrent un total singulièrement moins grand : pour l'*Assomption* 1.150.000 piastres (1), soit 4.197.500 livres (2), et pour le *Saint-Jean-l'Évangéliste*, 1,576.697 livres 11 sols 5 deniers (3). Les sommes déclarées étaient pourtant suffisamment élevées pour attirer l'attention toute particulière des autorités françaises et espagnoles. L'ambassadeur d'Espagne, le duc d'Albe, adressa immédiatement à Pontchartrain la demande qu'on perçût pour le compte du roi d'Espagne ce même indult de 6 °/₀ qu'on avait imposé au retour de Chabert. La réponse de Pontchartrain fut d'abord évasive : cette affaire concernait « principalement » Desmaretz (4), à qui d'ailleurs il recommanda très vivement cette mesure. Il écrit : « Il paraîtrait dur pour Sa Majesté Catholique qu'elle soit privée dans la conjoncture présente d'un droit aussi médiocre, pendant que les Français profitent des richesses venant d'un pays qui lui appartient, dont le Roi (de France) permet journellement de faire un commerce défendu par les lois les plus rigoureuses d'Espagne (5). » Ce ne fut qu'après un appel réitéré de la part de Pontchartrain, signalant qu'un retard rendrait impossible la levée de l'indult (6), que l'affaire fut rapportée devant le Roi dans le Conseil du 24 septembre (7). On

---

(1) De plus 30 surons de cacao, 138 barres d'étain et un baril de pelleterie ; déclaration de J.-B. Le Gobien, sieur de Saint-Jouan, capitaine en second. A titre de curiosité, nous citons la fin de la déclaration où M. de Saint-Jouan, entre autres choses, « déclare que, lorsque l'équipage a descendu à terre et en se débarquant, on a enlevé, volé et pillé le coffre de l'écrivain, dans lequel il y avait un sac rempli d'argent brûlé, pesant 19 marcs, montant à 133 piastres ; une grande plaque d'argent fondu, faite en forme de plat, avec un plat à barbe, deux lions d'argent, des petits baritons, une paire d'éperons, un miroir de vermeil et autres petites drôleries, pesant environ 28 marcs, montant à 196 piastres ; de plus un justaucorps, veste et culotte de drap costé, au quart usé, valant 60 livres ; une veste de taffetas à fleur d'argent avec un bordé et des boutonnières, valant 30 livres ; une quantité d'autres vestes et culottes, valant 30 livres ; vingt chemises, valant 40 livres ; deux draps de lit, douze cravattes de mousseline, un turban de soie, etc., valant 50 livres ; une épée et une lame seule valant 240 livres ; de l'argent de France, tant en pièces de 10 sols, de 5 sols et liards, 10 livres ; une quantité de livres historiques et autres choses, valant 20 livres ; un petit sac avec des boucles de métal où il y avait environ 4 piastres en réaux, et autres choses. » — La valeur de ce contenu bizarre montait donc à environ 2,000 livres, ce qui prouve entre autres choses que les richesses rapportées de la mer du Sud n'étaient point aussi insignifiantes qu'on voulait souvent le faire croire.
(2) Dans ces transactions Pontchartrain compte la piastre pour 3 livres 13 sols.
(3) Pontchartrain à de Beauharnais, 8 octobre 1710. Arch. Nat. Marine, B² 223, p. 60.
(4) Pontchartrain à M. le duc d'Albe, 10 septembre 1710. Arch. Nat. Marine, B² 222, p. 849.
(5) Pontchartrain à Desmaretz, 10 septembre 1710. Arch. Nat. Marine, B² 222, p. 847.
(6) Pontchartrain à Desmaretz, 22 septembre 1710. Arch. Nat. Marine, B² 222, p. 930. *Id.*, à Torcy, même date. Aff. Et. Esp., Corr. pol. 201, f. 43.
(7) Voir le compte-rendu de ce Conseil dans le *Journal inédit de Jean-Baptiste Colbert, marquis de Torcy*, publ. par Frédéric Masson, Paris, 1884, p. 272-273.

objecta à la demande espagnole « qu'il n'y avait aucune fraude dans la charge et dans le retour de ces vaisseaux ; que les capitaines avaient publiquement vendu leurs marchandises ; que le prix leur en avait été donné de la connaissance des officiers du roi d'Espagne ; qu'enfin ils avaient payé sur les lieux un 13ᵉ pour les droits de Sa Majesté Catholique ; et qu'après ce premier payement il n'était pas juste de leur en demander encore un second en Europe sous le nom d'indult. » L'opinion de Pontchartrain prévalut pourtant dans le Conseil et le Roi ordonna la publication d'un arrêt conforme à son avis (1). « Mais, écrit Louis XIV, comme les propriétaires de cet argent ne manquent pas de bonnes raisons pour soutenir que cette taxe ne doit pas leur être imposée, on leur fera savoir verbalement qu'il suffira qu'ils paient 4 °/₀ ; c'est l'expédient que j'ai cru le meilleur pour concilier en même temps la demande du roi d'Espagne et l'opposition formée par les particuliers intéressés à la charge de ces vaisseaux (2). » La somme qu'on réunirait serait employée à équiper trois vaisseaux français, qui se rendraient en Amérique pour y chercher les galions.

Afin de surveiller l'exécution de cet arrêt, l'intendant de Bretagne, Ferrand, que nous avons déjà rencontré lors des mesures prises contre Chabert, reçut l'ordre de se rendre incessamment à Saint-Malo, tandis qu'une mission semblable pour le vaisseau arrivé à La Rochelle était confiée à l'intendant de la marine à Rochefort, M. de Beauharnais.

Ferrand arriva à Saint-Malo le 28 septembre et il se mit sans délai en rapport avec Lempereur qui promit de le seconder de son mieux, et cela bien qu'il prévît que cette assistance lui coûterait « plus de deux cents pistoles », mais, ajoute-t-il hypocritement, « jamais quand il s'agira des intérêts du Roi, je ne consulterai

---

(1) Arrêt du Conseil qui ordonne la levée d'un indult de six pour cent sur tous les effets venus du Pérou dans les vaisseaux l'*Assomption* et le *Saint-Jean-Baptiste* de Marseille, à qui que ce soit appartiennent lesdits effets, Français, Espagnols ou autres, pour le produit être remis à M. Gaudrion, trésorier général de la marine, et être ensuite délivrés sous les ordres de S. M. Catholique, ainsi qu'il sera ordonné par Sa Majesté, 24 septembre 1710. Arch. Nat. Marine, B⁴ 35, f. 39. — Le dernier de ces navires est désigné dans les documents tantôt sous le nom de *Saint-Jean-Baptiste*, tantôt sous celui de *Saint-Jean-l'Évangéliste*.

(2) A Blécourt, 22 septembre 1710. Aff. Et. Esp., Corr. pol. 201, f. 44. Torcy au duc d'Albe, 24 septembre 1710. *Ibid.*, f. 47.

mes intérêts (1) ». Or, lorsque Ferrand, conformément aux ordres qu'il devait appliquer « avec une extrême diligence et sévérité (2) », exigea de l'armateur de la Lande Magon (3) et du capitaine Porée un état des intéressés dans l'armement, ainsi que les autres papiers, factures, connaissements et livres de bord d'après lesquels l'indult serait calculé, il se heurta à une opposition qu'il n'était probablement pas sans avoir attendu. Le conseil de la famille de l'armateur, « qui était la plus considérable de Saint-Malo », se réunit pour délibérer dans une occasion de cette importance (4) ; de la Lande en appela au contrôleur général : « J'ai répondu, écrit-il le 29 septembre, que vous étiez le maître de nos biens et de tout ce que nous avons de plus cher, mais que la situation présente de mes affaires m'ôtait entièrement les moyens de satisfaire à vos ordres, ayant appliqué ces fonds à payer mes dettes et à survenir à mes engagements ; d'ailleurs que, ce vaisseau ayant pensé périr en arrivant dans ce port, et me trouvant au Port-Louis, un chacun avait retiré ses effets, et ceux de la cargaison furent délivrés sur-le-champ aux intéressés. »

Mais ce fut en vain qu'il rappela encore les pertes qu'il avait subies pendant la longue durée du voyage, accrue encore par six mois de course pour chasser les pirates anglais, exploit pour lequel il devrait plutôt être en droit de demander un dédommagement : toutes les représentations demeurèrent vaines, et lorsque de la Lande et Porée renouvelèrent leur refus de payer, Ferrand crut devoir les incarcérer au château de Saint-Malo.

Pontchartrain jugea ce procédé trop précipité et inconsidéré : « il aurait peut-être été à désirer qu'il se fût contenté de faire dresser des procès-verbaux de ce refus, afin de parvenir par une procédure réglée à contraindre les sieurs de la Lande Magon et Porée à satisfaire, en leur propre et privé nom, au payement de cet indult, suivant l'évaluation qui en serait faite » ; mais, quand il fit au Roi un rapport sur l'affaire, celui-ci approuva les mesures de

---

(1) Lempereur à Pontchartrain, 29 septembre 1710. Arch. Nat. Marine, B3 181, f. 306.

(2) Pontchartrain à Ferrand, 25 septembre 1710. Arch. Nat. Marine, B2 222, p. 985.

(3) Fils du commerçant souvent cité plus haut. De la Lande Magon, le père, était mort subitement en sortant du confessionnal le 16 juillet 1709.

(4) Ferrand à Desmaretz, 29 septembre 1710. Corresp. des Contr. gén., t. III, n° 864.

Ferrand, vu que la conduite des deux hommes montrait « une désobéissance ferme et déclarée et une affectation ouverte de se dispenser de donner aucun éclaircissement, alléguant des raisons qui
n'ont aucune apparence de vérité (1) ».

Cependant, cette incarcération remua tout Saint-Malo. Lempereur écrit : « Cela ne s'est point fait sans causer ici beaucoup de
rumeur et de trouble, et comme il n'y a personne que cette affaire
n'intéresse, le corps de ville s'assembla hier extraordinairement
pour délibérer sur ce qu'il y avait à faire, et j'apprends qu'il a été
résolu de vous envoyer une députation pour vous représenter le
tort que cela peut faire au commerce et les raisons que les intéressés à cet armement prétendent avoir, non seulement pour se faire
dispenser de payer l'indult, mais même pour demander au roi
d'Espagne un dédommagement pour le service que ce vaisseau a
rendu (2) ». Les efforts les plus vigoureux furent tentés afin de faire
casser l'arrêt ; une représentation de la corporation des commerçants fut remise au gouvernement, appuyée par le député de Saint-
Malo au Conseil de commerce, lequel député écrit dans un langage hardi et presque menaçant (3) :

« Ce procédé paraîtra à Votre Grandeur tel qu'il est, capable de dégoû-
ter tous les négociants du royaume ; car enfin, si Votre Grandeur ne
trouve pas bon qu'on aille à la mer du Sud, qu'en y allant on débouche
les manufactures du royaume, qu'on y apporte en échange de l'argent,
qu'avec cet argent on procure de l'occupation aux ouvriers, l'abondance
de l'espèce, on n'ira point... Je ne peux croire qu'elle ait part à un
arrêt de cette nature. Je la supplie de me permettre de lui dire qu'il est
contre le droit des gens, et bien dangereux. Cet exemple fait trembler
les plus innocents. Et quel est son crime ? C'est de ne vouloir pas donner 6 p. %. d'un bien qui lui est acquis par avoir essuyé les risques d'une
négociation, de la mer, des ennemis ! Arrêter un homme de cette conséquence dans la ville de Saint-Malo est chose d'un terrible exemple, qui
lui seul fait faire un grand mouvement dans le royaume par la circulation qu'il fait faire de son argent et de celui de ceux qui ont confiance
en lui, dont le nombre est aussi grand que celui de tous ceux qui le con-

(1) Pontchartrain à Desmaretz, 1er octobre 1710. Arch. Nat. Marine, B2 223, p. 55.
(2) A Pontchartrain, 1er octobre 1710. Arch. Nat. Marine, B3 181, f. 309.
(3) Moreau à Desmaretz, 4 octobre 1710. Corresp. des Contr. gén., t. III, n° 864, note.
Sur Moreau, père du célèbre mathématicien de Maupertuis, voir : Conseil de commerce
et Bureau du commerce, Invent. par P. Bonnassieux, Paris, 1900, p. LXXII.

naissent. S'il se retirait du commerce, et qu'à son imitation vingt autres particuliers de la ville le fissent, certainement le royaume s'en ressentirait. »

Mais, cette fois, les autorités demeurèrent inflexibles. Tout ce qu'on obtint fut que l'indult serait calculé d'après le bénéfice net, les frais de l'armement déduits. Lorsqu'enfin les deux prisonniers se furent engagés à effectuer le payement dans le terme de deux jours, ils furent élargis de leur prison. Trait caractéristique du désintéressement avec lequel Lempereur déclarait vouloir toujours servir son roi : il joint à l'avis de la soumission des détenus qu'il remet à Pontchartrain les mots suivants (1) : « J'ose vous supplier très humblement, Monseigneur, de ne me pas oublier dans la distribution et de faire attention que depuis plus de quatre ans je n'ai reçu aucuns appointements du Roi, et que le désintéressement avec lequel je le sers mérite bien que j'aie part à ses grâces ». Un pareil emploi de cet indult, perçu pour le compte du roi d'Espagne, ne parut point choquant à Pontchartrain non plus, car voici ce qu'il répond à la sollicitation de Lempereur : « M. Ferrand m'a rendu un bon compte de l'application que vous avez donnée pour le succès de cette affaire, et s'il reste quelque chose de ce fonds, après l'emploi qui en doit être fait pour l'armement de Brest, je le destinerai au payement de vos appointements (2). »

A La Rochelle, les mesures pour percevoir l'indult ne s'étaient pas non plus effectuées sans difficultés et les soupçons que le capitaine du *Saint-Jean-l'Évangéliste* aurait déclaré un chiffre trop bas étaient sans aucun doute fondés (3). On ne réussit cependant qu'à saisir une somme peu importante qui avait été débarquée en secret (4) ; et l'on dut tenir pour véridique la déclaration du capitaine. Comme celui-ci se montra disposé à payer un indult de 4 %, calculé d'après le chiffre de cette déclaration, on n'eut pas à

(1) Lempereur à Pontchartrain, 20 octobre 1710. Arch. Nat. Marine, B³ 181, f. 331.
(2) Pontchartrain à Lempereur, 12 novembre 1710. Arch. Nat. Marine, B² 223, p. 419.
(3) Pontchartrain à de Beauharnais, 8 octobre 1710. Arch. Nat. Marine, B² 223, p. 60.
(4) « 157 marcs 1 once de piastres. » Pontchartrain à de Beauharnais, 22 octobre 1710. Arch. Nat. Marine, B² 223, p. 161.

recourir contre lui à la sévérité dont on avait usé à l'égard de ses confrères de Saint-Malo.

Les chiffres auxquels, après de longs pourparlers (1), l'indult fut fixé montèrent pour l'*Assomption* à 162,180 livres (2) et pour le *Saint-Jean-l'Évangéliste* à 63,064 livres (3). Pontchartrain ne fut que médiocrement satisfait du résultat et déclare que les passagers espagnols du premier de ces navires auraient dû payer 105.000 livres, mais il prévoyait « qu'on ne pourrait obliger à payer que ceux qui étaient à Paris, et pour les autres, qui avaient pris le parti de passer en Espagne, il n'y avait aucune apparence d'en rien tirer (4). »

La somme que rapporterait l'indult devait être employée, comme nous l'avons dit plus haut, à équiper une expédition qui, encore une fois, devait aller chercher les galions aux Indes Occidentales et leur servir d'escorte jusqu'en Espagne ; cette mission importante fut confiée de nouveau à l'expérience reconnue de l'amiral Du Casse. Louis XIV écrivit à son ambassadeur à Madrid « de demander pour Du Casse un ordre du roi d'Espagne à l'Almirante des galions pour faire transférer l'argent sur les vaisseaux français ; un autre particulier qui ne lui serait remis qu'en mer de conduire les vaisseaux dans les ports de France ; enfin un pouvoir à Du Casse pour commander, s'il était nécessaire, dans la ville de Saint-Domingue et pour y faire entrer une garnison française (5). »

L'indult ne suffisait point à payer les frais de cette expédition, qu'on estimait devoir monter à 400,000 livres ; mais Pontchartrain promit « de presser l'armement avec toute la diligence et toute l'activité imaginables », sur la parole de Desmaretz de suppléer à ce qui manquerait. Il exprima l'espoir « que leurs Majestés Catholiques, quand elles seraient informées de tous les soins qu'il avait pris et qu'il continuerait à prendre pour accélérer ce service, elles lui feraient la grâce d'être bien convaincues de son zèle,

---

(1) Les dates qui correspondent à une foule de documents ayant rapport à cette affaire sont données dans la *Corresp. des Contr. gén.*, t. III, n° 864.

(2) Pontchartrain à Desmaretz, 26 octobre 1710. Arch. Nat. Marine, B² 223, p. 212.

(3) Pontchartrain à de Beauharnais, 5 et 12 novembre 1710. Arch. Nat. Marine, B² 223, p. 352 et 396.

(4) Pontchartrain à Blécourt, 17 novembre 1710. Arch. Nat. Marine, B⁷ 83.

(5) *Journal inédit de J.-B. Colbert, marquis de Torcy*, p. 273.

quoique les preuves qu'il avait l'honneur de leur en donner en
toute occasion avaient dû leur faire connaître quelle avait toujours
été sa vivacité pour l'exécution de leurs ordres (1). » La satisfaction du gouvernement espagnol a dû être médiocre tant au point
de vue de ce que rapportait l'indult qu'à cause des ordres qu'on
lui extorquait pour l'expédition de Du Casse, mais en ce moment
où Philippe V, chassé pour la seconde fois de sa capitale, était
forcé d'implorer le secours de son grand-père contre les armes
victorieuses de son rival, l'heure n'était point opportune pour soutenir contre la France des droits réels ou fictifs.

Quant à l'issue de l'expédition de Du Casse, nous ajouterons
seulement qu'il partit de Brest à la fin de mars 1711 avec trois
bâtiments de marine ; il rejoignit en juin, à Carthagène, les galions
espagnols et transféra, selon ses ordres, leurs cargaisons d'argent
sur ses propres vaisseaux, opération fort prudente, ainsi qu'on
devait bientôt s'en apercevoir. A peine la flotte réunie eut-elle
quitté ce port, le 5 août, qu'elle rencontra une escadre anglaise,
supérieure en nombre, qui s'empressa aussitôt de donner la chasse
aux navires espagnols, pendant que Du Casse se mettait en sûreté
avec ses vaisseaux. Il arriva sain et sauf à la Corogne en février 1712,
rapportant environ cinq millions et demi de piastres pour le roi
d'Espagne et plus de deux millions et demi appartenant à des particuliers. « Jamais nouvelle n'a été reçue avec plus de joie »,
écrit un contemporain, et le roi d'Espagne montra sa reconnaissance pour cet exploit en donnant à Du Casse la plus haute marque de distinction dont il disposait, l'Ordre de la Toison d'Or. Ce
fut d'ailleurs la dernière expédition en Amérique du célèbre
marin ; il mourut le 25 juin 1715.

Avant de perdre de vue Alain Porée et son navire l'*Assomption*,
nous toucherons quelques mots sur une affaire qui se rapporte à
son voyage, et qui, certes, n'a guère d'importance par elle-même,
mais qui éclaire étrangement le caractère et la façon d'agir de plusieurs des personnages auxquels nous avons eu à faire.

Outre les riches Espagnols qui, à son retour, l'avaient accom-

(1) Pontchartrain à Blécourt, 17 novembre 1710. Arch. Nat. Marine, B⁷ 83.

pagné comme passagers, Porée avait ramené quelques autres personnes qui ne l'avaient point suivi de bon gré : il conduisit en Europe comme prisonniers le capitaine anglais Thomas Stradling et deux de ses matelots.

Pendant l'expédition corsaire de Dampier, le 19 mai 1704, Stradling s'était séparé de lui à la baie de Panama ; il avait visité ensuite l'île Juan Fernandez, où l'on avait débarqué le malheureux Alexandre Selkirk, et il avait enfin fait des croisières le long de la côte du Pérou. Quand son navire avait commencé à faire eau, il avait fallu l'abandonner à la petite île isolée de Malpelo (à 4° lat. N.). L'équipage naufragé avait essayé d'atteindre cette terre sur deux radeaux, mais les courants de la mer les poussèrent vers la côte du continent où ils échouèrent après dix-huit jours de souffrances terribles. Ici — probablement en face de l'île de Gorgona — les naufragés séjournèrent pendant quatre mois, se nourrissant de coquillages et de fruits de palmistes, et pendant ce temps tous, sauf le capitaine et un homme de l'équipage (1), moururent de misère et pour avoir bu de l'eau salée. Enfin les deux survivants furent trouvés par un missionnaire de l'ordre de la Merci, qui allait avec des Indiens à la pêche des perles et qui avait échoué avec sa barque sur cette côte. Les deux hommes furent conduits par ce missionnaire à un village d'Indiens où se trouvait un gouverneur espagnol, qui les mena à Lima, et là « ils avaient toujours depuis été retenus comme prisonniers et enfermés comme des criminels, les fers aux pieds et aux mains, dans des basses fosses ».

Ces informations, sans doute vraies en principe, furent recueillies par Lempereur au cours de l'interrogatoire qu'il fit subir aux trois Anglais (2). Sur la question « s'il y avait d'argent dans leurs vaisseaux », Stradling répondit, « qu'il y avait beaucoup, provenant des prises qu'ils avaient faites, mais qu'il ne pouvait dire précisément à quelle somme cela pouvait monter et qu'on n'avait

---

(1) Celui-ci resta à Lima ; les deux matelots qui, avec le capitaine, revinrent à bord de l'*Assomption* n'étaient pas de ceux qui avaient fait naufrage ; ils avaient déjà, avant cet accident, été faits prisonniers par les Espagnols.

(2) Extrait de l'interrogatoire de trois prisonniers anglais renvoyés du Pérou en France par le vaisseau l'*Assomption*, 11 septembre 1710. Arch. Nat. Marine, B³ 181, f. 385.

rien sauvé de ce qui était embarqué dans le vaisseau où il était ».

Mais bientôt Stradling, qu'on tenait enfermé au château de Saint-Malo, changea de ton et fit d'étranges révélations : il possédait un grand trésor, enfoui quelque part sur les côtes de la mer du Sud, et Lempereur — qui peut-être était le véritable metteur en scène de toute cette histoire (1) — demanda la permission d'envoyer le capitaine corsaire avec un vaisseau chercher ce trésor. Pontchartrain trouva cependant l'affaire grave : « les Espagnols auraient lieu de s'en plaindre, et les Anglais mêmes useraient certainement de représailles (2) ». Supposant que c'était l'interdiction de pénétrer dans la mer du Sud qui mettait obstacle à l'entreprise, Lempereur renouvelle sa demande (3) :

« Si j'osais parler à un ministre comme à un autre homme, je vous dirais naturellement, Monseigneur, que ce n'est point dans la mer du Sud que je veux renvoyer le capitaine anglais, mais seulement dans la rivière de La Plata, sur les côtes de laquelle lui et deux de ses camarades, qui sont morts, ont enterré plus de cent mille piastres. »

On avait fait une convention avec Stradling : il garderait un quart du trésor, un autre quart servirait à payer le voyage, et « vous, Monseigneur, continue-t-il dans sa lettre à Pontchartrain, vous pouvez disposer des deux autres quarts, et vous serez maître, sans faire tort à personne, de mettre pour toute sa vie un galant homme à son aise en me laissant un de ces deux quarts, que vous jugez bien que j'aurais aisément obtenu de M. le duc d'Albe en lui proposant de lui faire avoir le quatrième, mais je ne veux le devoir qu'à vous. Au surplus, ce sera mon affaire de prendre les précautions et les mesures nécessaires pour que cela ne vienne point à la

---

(1) L'idée n'était probablement pas nouvelle non plus. Déjà avant l'arrivée de Porée et de Stradling, Pontchartrain écrit à Du Casse, le 11 juin 1710 : « Je vous ai envoyé la déclaration d'un flibustier venu des prisons d'Angleterre qui prétend savoir des endroits où les Espagnols ont caché de grandes sommes d'argent. M. Lempereur m'écrit que cet homme est allé à La Rochelle et que, si on juge que l'avis qu'il a donné mérite quelque attention, on pourrait envoyer un bâtiment sur les lieux, qui se dédommagerait par le commerce qu'il ferait, en cas que cet argent caché ne se trouve pas. Je vous prie de prendre la peine d'examiner cette proposition et de me faire savoir votre avis sur ce qu'elle contient. » Arch. Nat. Marine, B² 221, p. 1222. — On ne se trompe guère en supposant que c'était les passeports précieux et négociables pour la navigation à la mer du Sud qui étaient le vrai but de ces chercheurs de trésors.

(2) Pontchartrain à Lempereur, 1ᵉʳ octobre 1710. Arch. Nat. Marine, B² 223, p. 28.

(3) Lempereur à Pontchartrain, 5 octobre 1710. Arch. Nat. Marine, B³ 181, f. 313.

connaissance des Anglais et Espagnols, et vous pouvez vous en reposer sur moi. »

En indiquant l'embouchure de La Plata comme l'endroit où se trouvait le trésor, Lempereur n'aura guère eu d'autre but que de présenter un prétexte plausible sous lequel on pourrait autoriser l'entreprise ; mais il fut cette fois pris au mot, et le ministre crédule refuse son consentement même à cette destination (1), ce que Lempereur déplore, car « on ne trouve pas tous les jours de pareilles occasions d'augmenter sa fortune (2). » Cet argument fait hésiter Pontchartrain : « Le Roi pourrait consentir à l'embarquement du capitaine anglais que vous avez proposé d'envoyer chercher l'argent qu'il a caché sur les côtes de la rivière de La Plata, si Sa Majesté pouvait se persuader que ce projet eût quelque apparence de réussite ». Il demande donc des renseignements plus détaillés sur les différents points du projet, et il s'enquiert aussi des « moyens de faire évader cet Anglais sans qu'on le sût dans son pays ». Il promit qu'après avoir reçu ces informations il reparlerait au Roi de l'affaire (3) ; seulement, comme il n'estimait pas très délicat de se servir des renseignements d'un ennemi pour s'emparer d'une somme d'argent qui, en réalité, appartenait aux Espagnols, il trouvait convenable qu'on en demandât d'abord l'autorisation au roi d'Espagne (4). Lempereur commence par faire semblant de partager les scrupules du ministre : il serait certes préférable de se munir d'abord du consentement du roi d'Espagne, mais on le payerait sans doute cher ; aussi n'y avait-il que deux partis à prendre : « l'un de renvoyer l'Anglais au vice-roi du Pérou, en lui donnant avis de cette découverte afin qu'il fasse faire la recherche, et en ce cas, ajoute-t-il, je suis persuadé que ce ne sera pas le roi d'Espagne qui en profitera, l'autre de nous laisser faire sans qu'il paraisse que vous en soyez informé (5). »

Afin de répondre à la demande de détails du ministre, Lempereur joignit à sa réponse deux lettres, soi-disant de Stradling (6),

(1) Pontchartrain à Lempereur, 15 octobre 1710. Arch. Nat. Marine, B² 223, p. 134.
(2) Lempereur à Pontchartrain, 19 octobre 1710. Arch. Nat. Marine, B³ 181, f. 329.
(3) Pontchartrain à Lempereur, 29 octobre 1710. Arch. Nat. Marine, B² 223, p. 233.
(4) Pontchartrain à Lempereur, 12 novembre 1710. Arch. Nat. Marine, B² 223, p. 419.
(5) Lempereur à Pontchartrain, 16 novembre 1710. Arch. Nat. Marine, B³ 181, f. 347.
(6) Arch. Nat. Marine, B³ 181, f. 376 et 378.

peut-être composées par Lempereur lui-même. Le trésor n'est plus caché sur les bords de la rivière de La Plata, mais au cap Corrientes sur la côte occidentale du Mexique ; le chiffre a monté à 280,000 piastres, et Stradling est supposé avoir affirmé « qu'il veut perdre la vie s'il ne vient à bout de ce qu'il promet ». Ces données contradictoires éveillent certes l'attention de Pontchartrain (1), mais Lempereur les déclare « entièrement conformes, à l'exception de la somme », à ce qu'avait révélé Stradling. Seulement, au début, celui-ci n'avait osé accuser davantage dans la crainte de n'être pas cru ; et lui, Lempereur, n'avait pas voulu le presser de questions afin de ne pas dévoiler aux interprètes tout le secret (2).

Enfin, après tant d'hésitations, Pontchartrain a pris sa résolution : il écrit au marquis de Blécourt de proposer au roi d'Espagne d'accorder la permission d'aller faire la recherche de l'argent caché par le capitaine anglais (3). Et voici le ministre aussi impatient que le commissaire à Saint-Malo, qui pourtant avait plus d'intérêt dans l'affaire. Il adresse à Blécourt des rappels réitérés, mais sans recevoir de réponse. Cependant, les marins anglais ont été transférés au château de Dinan, dépôt ordinaire des prisonniers de guerre anglais, dont le traitement et l'échange occupent une grande place dans la correspondance du ministre. Il est de plus en plus difficile de refuser leur restitution, car le père de Stradling, riche commerçant de Londres, avait obtenu qu'en représailles plusieurs officiers français fussent retenus en Angleterre ; et d'ailleurs, ajoute Pontchartrain dans une de ses lettres à Blécourt, « Stradling et ses deux camarades mourront d'ennui dans les prisons (4). »

Le successeur de Blécourt, le marquis de Bonnac, déploya enfin une activité un peu plus vive ; mais il ne parvint pas à arracher au roi d'Espagne une réponse définitive, quoique la chose fût « fort simple, et qu'il ne parût point qu'il dût y avoir d'embarras à décider pour le oui ou pour le non (5). »

(1) Pontchartrain à Lempereur, 26 novembre 1710. Arch. Nat. Marine, B² 223, p. 515.
(2) Lempereur à Pontchartrain, 14 décembre 1710. Arch. Nat. Marine, B³ 181, f. 372.
(3) Pontchartrain à Lempereur, 24 décembre 1710. Arch. Nat. Marine, B² 223, p. 712.
(4) Pontchartrain à Blécourt, août 1711. Arch. Nat. Marine, B⁷ 87 ; à Lempereur, 23 septembre 1711. *Ibid.*, B² 228, p. 436.
(5) Pontchartrain à Bonnac, 12 octobre 1711. Arch. Nat. Marine, B⁷ 87, p. 811.

Mais, pendant que cette correspondance se poursuivait, Stradling s'était chargé de résoudre la question tout seul : le 8 octobre 1711, par une nuit obscure, lui et dix-sept autres prisonniers de guerre anglais se laissèrent glisser, à l'aide de leurs draps de lits noués bout à bout, dans le profond ravin, au pied du château de Dinan ; secourus par un gentilhomme du voisinage, « fraudeur de profession », ils réussirent à se mettre en sûreté (1). Tous les efforts pour les saisir furent vains, et la dernière nouvelle qu'on eût en France de « notre Anglais au trésor » fut qu'on l'avait aperçu à Jersey, se promenant avec deux Portugais et le gentilhomme français qui l'avait fait évader (2).

Pontchartrain ne cacha point au marquis de Bonnac sa mauvaise humeur et son mécontentement :

« La cour d'Espagne ne pourra attribuer qu'à elle-même l'inconvénient qui en résultera, puisque ce sera par sa faute que les ennemis trouveront un secours dont elle n'a pas voulu profiter. Je crois qu'il est nécessaire que vous en fassiez part au roi d'Espagne, en faisant sentir qu'on aurait dû avoir plus d'attention à une affaire de cette importance (3). »

Ce n'est que trois ans plus tard que l'affaire semble avoir passé par toutes les instances de l'administration espagnole : en novembre 1714, don Felix Cornejo, secrétaire de l'ambassade d'Espagne, s'informa de ce qu'étaient devenus les trois Anglais, et Pontchartrain, qui ne se le rappelait plus, transmit la question à Lempereur (4), qui répondit en rappelant le trésor enfoui (5). Mais il ne tenta plus cette fois ni le ministre ni son subordonné et il semble que Pontchartrain ne se soit jamais douté qu'il avait été dupe d'une assez grossière machination.

(1) Lempereur à Pontchartrain, 11 octobre 1711. Arch. Nat. Marine, B³ 195, f. 302. Dans cette lettre Lempereur ose même blâmer le ministre de la mauvaise issue de l'affaire : « Si vous aviez bien voulu, Monseigneur, me permettre d'envoyer ces prisonniers au Pérou par nos vaisseaux, comme ils le demandaient, vous seriez à présent maître de ce trésor et, en l'ôtant aux ennemis, vous l'auriez assuré au royaume. »
(2) Lempereur à Pontchartrain, 2 décembre 1711. Arch. Nat. Marine, B³ 195, f. 374. — Les deux matelots de Stradling furent, en janvier 1712, échangés contre cinq Français. Ibid., B² 230, p. 72. Pour apprendre les dates ultérieures de la vie de Stradling, j'ai fait insérer une demande de renseignements dans la revue anglaise Notes and Queries, le 23 janvier 1904. Cette demande est restée sans réponse.
(3) Pontchartrain à Bonnac, 26 octobre 1711. Arch. Nat. Marine, B⁷ 87, p. 838.
(4) Pontchartrain à Lempereur, 7 novembre 1714. Arch. Nat. Marine, B² 239, p. 324.
(5) Lempereur à Pontchartrain, 11 novembre 1714. Arch. Nat. Marine, B³ 221, f. 334.

* *
*

Une expédition particulièrement fructueuse est celle que commanda le capitaine Jean Doublet, de Honfleur (1).

A bord du navire le *Saint-Jean-Baptiste*, il quitta Marseille le 14 décembre 1707. Comme la cargaison, destinée à la mer du Sud, montait à la valeur considérable de 700.000 livres, l'on jugea prudent de demander la protection d'un bâtiment de guerre contre les corsaires anglais et hollandais qui infestaient la Méditerranée et de se mettre sous son pavillon. Un hasard favorable voulut qu'au port de Toulon on fît la rencontre d'un vaisseau corsaire français, l'*Heureux-Retour*, commandé par un officier de marine, de Lambert, et qui était prêt à appareiller pour une croisière. On fit une convention avec lui : moyennant 40.000 livres (2) payées comptant, il escorterait le navire jusqu'au cap Spartel. Le capitaine de l'*Heureux-Retour* sut d'ailleurs se faire accorder d'autres avantages en dédommagement d'un retard que causait à Doublet la nécessité de relâcher d'abord à Cagliari, puis à Malte, afin de réparer les avaries que son navire avait subies.

Le voyage se poursuivit à travers la Méditerranée dans la crainte constante des corsaires dont, à deux ou trois reprises, on évita à grand'peine les attaques. Le 9 mai 1708, — après cinq mois de

(1) Le récit du voyage de Doublet, fait par lui-même, se trouve en manuscrit à Rouen (Archives départementales de la Seine-Inférieure). Ce récit, que j'ai eu l'occasion de parcourir, n'a pas été publié ; M. Charles Bréard a publié une autre partie du même manuscrit, le journal de Doublet pendant sa vie antérieure de corsaire et pendant une expédition faite au service de la Compagnie d'Asiento (voir : *Journal du corsaire Jean Doublet de Honfleur*, publ. par Ch. Bréard, Paris, 1883, p. 21). — Diverses indications sur le voyage de Doublet de Marseille à Valparaiso se trouvent aussi dans le journal cité ci-dessous du Père Louis Feuillée. — Encore un récit de ce voyage entre dans un livre publié à Paris en 1720 sous le titre : *Voyage de Marseille à Lima et dans les autres lieux des Indes Occidentales. Par le sieur D****. Selon la dédicace l'auteur est un certain sieur Durret, qui, dans la préface, annonce qu'il base son ouvrage sur la relation d'un M. Bachelier, probablement chirurgien de bord pendant le voyage. Ce ne sont sans doute que les notices très brèves du voyage même qui sont puisées à cette source, et Durret lui-même aura complété le livre par des descriptions tirées de côté et d'autre sur des pays et des peuples qu'en partie le véritable auteur ne visita jamais, quoi qu'en dise la préface. Déjà le Père Labat (dans l'avant-propos de son *Nouveau voyage aux isles d'Amérique*, Paris, 1722) s'attaque à l'auteur du livre au sujet des absurdités qui y pullulent.

(2) C'était à peu près la même somme, 41,389 livres, qu'avait coûté tout l'armement de l'*Heureux-Retour* en 1707. Paul Masson, *Histoire du commerce français dans le Levant*, Paris, 1896, p. 338.

navigation, — on se trouva enfin dans le détroit de Gibraltar, endroit convenu pour la séparation des deux navires. Au moment même où Doublet avait fait mettre à l'eau sa chaloupe pour aller prendre en personne congé de son protecteur, on signala, au milieu des brumes du soir, deux voiles. Lambert cria à Doublet de sauver son propre navire, puis il attaqua hardiment l'un des ennemis, tous deux fort supérieurs en force, car c'étaient des bâtiments de guerre anglais de 60 et 72 canons. Il l'assaillit si fort que le second vaisseau dut renoncer à poursuivre le bâtiment marchand pour venir au secours de son camarade. A une distance d'une lieue à peine, immobilisé par un calme plat et empêché de se mêler à l'affaire, Doublet fut témoin d'un combat nocturne de six heures qui ne prit fin qu'au moment où le vaisseau français, sur le point de couler à fond, baissa pavillon (1). Heureusement pour Doublet, les Anglais étaient en si mauvais état qu'ils ne purent songer à l'attaquer ; il continua donc son voyage, sain et sauf. Près des îles Canaries, il n'échappa que par une manœuvre habile à d'autres corsaires ennemis, et il arriva enfin, sans autres aventures, le 1ᵉʳ août 1708, à l'embouchure de La Plata. Là, on fit escale jusqu'au 3 décembre, afin d'attendre la saison favorable pour doubler le cap Horn. Le jour de l'an 1709, on atteignit la latitude la plus haute pendant cette expédition, 50° 50′ lat. S., au sud de la Terre de Feu, et, après un voyage particulièrement rapide et heureux, on jeta l'ancre à Concepcion, le 21 janvier. Comme l'équipage pendant la dernière partie du voyage avait été fortement atteint du scorbut, il fallut y débarquer la plupart des hommes ; mais lorsque, après un séjour d'un mois à terre, les malades eurent recouvré la santé, on continua le voyage vers le nord, et on visita Valparaiso, Coquimbo, Cobija, Rio Loa, Arica, Ilo, Pisco et Callao, vendant partout les marchandises apportées. Toute une année s'écoula avant que, le 15 janvier 1710, on mit le cap vers le Sud, relâchant de nouveau aux endroits déjà visités

(1) Voici comment Doublet lui-même conte l'affaire : « Jusqu'à onze heures et demi nous voyons sans cesse les éclairs des dites canonnades ; ainsi nous n'avons pu savoir le succès de cette malheureuse rencontre, que je crois trop fatale pour le pauvre M. de Lambert et son équipage, qui se sont sacrifiés pour nous faire échapper et les autres. » — « L'*Heureux-Retour* a été mené à Gibraltar, hors d'état de servir », écrit Pontchartrain à Mirasol, le 15 août 1708.

afin d'y opérer les rentrées des sommes dues, et enfin, en partant
de Concepcion le 23 décembre 1710, on quittait définitivement la
côte du Chili. Hommes d'équipage et passagers réunis, parmi ceux-
ci les hommes d'un navire français vendu au Pérou, on ne comptait pas à bord moins de 230 personnes ; aussi, en fait de provisions de bouche, avait-on embarqué vingt-deux bœufs, quatre-
vingts moutons, mille cinq cents volailles, et un grand nombre de
porcs ; quant à la quantité d'eau emportée, on peut en juger en
apprenant que la consommation ordinaire s'élevait à quatre bar-
riques par jour (1). Comme le bâtiment était en mauvais état après
ce long voyage, on ne fut pas sans appréhender le retour, mais le
cap Horn fut doublé et le détroit de Le Maire traversé sans accident
en janvier 1711 ; peu après, on longea les îles Falkland, mais on ne
tenta pas de pénétrer dans le détroit de Falkland, retenu par la
vue de ses écueils et de ses récifs (2). Après une courte escale à
Cayenne, l'expédition revint à Port-Louis le 22 avril.

Le bruit de son retour avait précédé l'arrivée de Doublet. Aussi,
à la nouvelle que plusieurs vaisseaux étaient attendus à Port-Louis,
le commissaire de la marine, Clairambault, — afin de ne point
s'exposer à des reproches semblables à ceux qu'il avait, malgré
son zèle, encourus deux ans plus tôt lors du retour de Chabert, —
s'était-il empressé de demander des instructions et particulièrement de s'assurer s'il devait appliquer les ordres qu'à cette occasion il avait reçus pour la disposition des espèces et matières
d'or et d'argent. Pontchartrain, à qui la demande était adressée,
ne put, malgré sa situation de chef, décider seul de la question,
soit à cause de son indécision ordinaire ou bien en raison de la
curieuse confusion de pouvoirs qui existait entre lui et le Contrôleur général. Bien que la chose pressât, — on attendait les navires
« de moment à autre », — Clairambault n'obtint point de réponse,

---

(1) Feuillée, *Journal*, t. III, p. 62. — Doublet rapportait aussi du Pérou « deux moutons, mâle et femelle, de ceux qui font les voitures dans les travaux des mines, et une
espèce de vigogne pour la ménagerie du Roi, et un perroquet et un petit singe pour
le comte de Brionne ». Pontchartrain à Clairambault, 13 mai 1711. Arch. Nat. Marine,
B² 227, p. 617.

(2) Voir Frezier, *op. cit.*, p. 264. Ces îles semblent pourtant avoir exercé beaucoup
d'attraction sur Doublet, car à son Journal, rédigé dans les dernières années de sa vie, il
a joint une *Relation de la nouvelle découverte des îles Cebaldes et à quoy elles pourroient
estre utiles*, dans laquelle l'idée d'une colonisation est esquissée. Cette Relation non plus
n'a pas été publiée. Voir : *Journal de J. Doublet*, p. 22.

et Pontchartrain écrivit à Desmaretz : « Je vous supplie de me faire savoir les ordres que vous désirez que je donne à cet ordonnateur (1). »

Après une réponse préliminaire de Desmaretz, les ordres nécessaires furent expédiés sous forme d'une circulaire aux intendants et commissaires de la marine (2). A peine cela fait, Desmaretz devint hésitant : « La sévérité de ces ordres ne manquerait pas de jeter beaucoup d'inquiétude dans l'esprit des intéressés et, l'on peut dire, même de tous les négociants, jaloux à excès, comme vous savez, de la liberté de leur commerce et toujours méfiants dès qu'ils perdent de vue leurs effets ou qu'ils n'en ont pas une disposition aussi libre qu'ils le voudraient ». Comme la présente conjoncture exigeait « d'avoir quelque ménagement pour ceux qui se mettaient en état de donner des secours considérables pour le service du Roi », peut-être serait-il convenable de permettre aux propriétaires de disposer de leurs matières d'or et d'argent, « pourvu qu'ils fissent leur soumission de les remettre aux hôtels des monnaies dans le terme de deux mois (3). »

On était disposé à accorder aux navigateurs de la mer du Sud un avantage encore plus grand. L'ambassadeur d'Espagne, à la première nouvelle du retour de Doublet, s'était rappelé au souvenir des autorités françaises pour qu'on retînt au compte de son roi l'indult ordinaire et il avait même exprimé l'espoir que, cette fois, on rendrait la mesure plus efficace que lors des occasions précédentes (4). Pontchartrain répondit en protestant de son attention et de son zèle pour le service du roi d'Espagne, et en assurant qu'il ferait tout ce qui était en son pouvoir pour la levée de l'indult (5) ; mais Desmaretz l'ayant déclaré un impôt injuste, on résolut définitivement qu'aucun indult ne serait retenu (6).

(1) Pontchartrain à Clairambault, 8 avril 1711, et à Desmaretz, même date. Arch. Nat. Marine, B² 227, p. 123 et 171.

(2) Circulaire aux intendants et commissaires pour visiter les vaisseaux qui viendront de la mer du Sud, qui auront des espèces d'or et d'argent, et les faire porter aux hôtels des monnaies, 22 avril 1711. Arch. Nat. Marine, B² 227, p. 291.

(3) Desmaretz à Pontchartrain, 24 avril 1711. Arch. Nat. Marine, B³ 202, f. 179.

(4) Le duc d'Albe à Pontchartrain, 3 mai 1711 (en espagnol). Arch. Nat. Marine, B⁷ 243. Id. à Torcy, même date. Aff. Et. Esp., Corr. pol. 211, f. 173.

(5) Pontchartrain au duc d'Albe, 4 mai 1711. Arch. Nat. Marine, B⁷ 87, p. 349.

(6) Pontchartrain à Desmaretz, 22 et 29 avril 1711. Arch. Nat., G⁷ 1696 ; *Ibid.*, Marine, B² 227, p. 471.

La déclaration que Doublet déposa le 28 avril 1711, **indiqua** qu'il avait à bord un total de 635,000 piastres tant pour le compte des armateurs et de plusieurs passagers français et espagnols qu'en pacotille appartenant à l'équipage (1). Il s'engagea à porter aux hôtels des monnaies toute cette somme, mais les très grands adoucissements dont, plus heureux que ses prédécesseurs, il bénéficia, ne réussirent pas à le rendre plus véridique dans ses informations. Ce fut du moins l'opinion de Pontchartrain, qui se déclara persuadé qu'il avait rapporté bien plus que la somme qu'il avouait, et qui estimait qu'il « méritait certainement châtiment de n'en avoir pas fait une déclaration exacte (2). » On ne le tourmenta cependant pas, et on accorda même certains avantages aux passagers espagnols, qui possédaient plus de la moitié de la cargaison du navire, tels que la dispense de convertir une moitié de leur argent, une escorte d'archers pour le transport de l'argent en Espagne, etc.

Ce qui, plus que le gain matériel, rend mémorable l'expédition de Doublet, c'est que l'un des plus anciens voyageurs scientifiques de la France en fit partie.

On a soutenu (3) que l'année 1669 où Jean-Dominique Cassini, de Bologne, fut appelé à Paris pour prendre en main la direction de l'Observatoire, marquait le début d'une époque nouvelle dans l'histoire de la géographie, — l'époque des recherches scientifiques. La difficulté, jusqu'ici presque insoluble, de déterminer la longitude, Cassini l'avait vaincue grâce à ses calculs relatifs aux mouvements des satellites de Jupiter, et pour pouvoir mettre en pratique cette découverte importante et préparer ainsi une base solide à la cartographie, dont les marins surtout avaient eu lieu de déplorer l'incertitude, il envoya des disciples dans les différentes parties du monde. Un des plus dévoués, sinon le plus génial, du

---

(1) La déclaration est imprimée dans le *Journal de Doublet*, publié par Ch. Bréard, p. 288. Dans un état, remis au Contrôleur général le 26 avril 1711, se trouvent des renseignements sur le reste de la cargaison, dont le lot principal consistait en 700 quintaux d'étain. Arch. Nat., G⁷ 1696.

(2) Pontchartrain à Clairambault, 20 mai 1711. Arch. Nat. Marine, B² 227, p. 707.

(3) O. Peschel, *Geschichte der Erdkunde*, 2ᵉ Aufl., München, 1877, p. 535. Cf. Vivien de Saint-Martin, *Hist. de la géogr.*, Paris, 1873, p. 416 ; Chr. Sandler, *Die Reformation der Kartographie um 1700*, München et Berlin, 1905, p. 5.

AFRIQUE

GUINEE Cote d'Or

TERRE FERME

GUIANE

la Ligne

AMERIQUE MERIDIONALE

PEROU

BRESIL

Golfe de Panama

Isles Galapes

Tropique du Capricorne

Tropique du Capricorne

MER DU SUD

MER DU NORD

CHILI

Meridien du Pic de Teneriffe

Detroit de Magellan

Detroit de Magellan

C. de Horne

CARTE DE
L'AMERIQUE MERIDIONALE
dressée Sur les observations
du R.P.L. Feuillée
Religieux Minime Mathematicien
Et Botaniste du Roy
en 1714.
A PARIS.
Chez Pierre Giffart Graveur du Roy
A l'image S.te Therese. avec privilege.

LA LIGNE POINTILLÉE REPRÉSENTE LE VOYAGE DU NAVIRE LE « SAINT-JEAN-BAPTISTE », DE MARSEILLE, CAPITAINE DOUBLET, 1709-1710.

moins le plus zélé de ces disciples fut le Père Louis Feuillée (1).
Élevé dans une grande pauvreté, il était entré dans l'ordre des
Minimes, afin d'avoir l'occasion de satisfaire au désir de s'instruire. Les mathématiques et l'astronomie l'intéressaient tout
particulièrement dès sa jeunesse, et en 1700, à l'instigation de
Cassini, il fut envoyé au Levant pour y opérer des levers astronomiques. Pendant un nouveau voyage, entrepris dans le même but,
de 1703 à 1706, aux Indes Occidentales et dans l'Amérique centrale, il ne recula point devant la nécessité de faire route commune avec des flibustiers sauvages et brutaux et de s'exposer à
toutes les peines et à toutes les privations. Bien qu'il eût déjà
atteint un âge assez avancé — il était né en 1660 — nous le voyons
en 1708 prêt à suivre Doublet dans la lointaine mer du Sud, cette
fois avec le titre fort estimé par lui-même de « Mathématicien et
Botaniste du Roy ».

Nous ne saurions mieux expliquer le but de son voyage qu'en
citant les paroles qu'il prononça en réponse à la question que
lui fit le grand-maître de l'Ordre de Malte, au sujet de sa demande
de débarquer à Malte ses instruments pour y faire un relèvement.
Le grand-maître lui demanda si quelque éclipse était imminente
et Feuillée répondit :

« Nous n'avons plus besoin des éclipses ni de lune ni de soleil, depuis
que le savant Monsieur Cassini nous a enseigné le secret des longitudes,
caché depuis tant de siècles aux astronomes, en nous donnant les tables
des mouvements des satellites de Jupiter ; j'ajoutai ensuite, dit-il, l'utilité que tirerait le public des observations que j'allais faire dans le Nouveau Monde, qui serviraient à la construction de nouvelles cartes beaucoup plus justes que celles dont on s'était servi jusques alors, et dans

(1) Voir sur lui : G. Saint-Yves, *Un voyageur bas-alpin, le Père Louis Feuillée* (*Bull. de géographie hist. et descrip.*, 1895, p. 302-325). Cette biographie, tirée de manuscrits provenant de la bibliothèque de Marseille, ne contient au fond rien de neuf sur les deux voyages américains de Feuillée ; elle s'occupe surtout de son dernier voyage aux îles Canaries en 1724, pendant lequel il fit des observations astronomiques à Ténériffe et à Ferro et fit l'ascension du Pic de cette première île. Il mourut à Marseille le 18 avril 1732. Cf. *Voyageurs et explorateurs provençaux*, par H. Barré... Marseille, 1906, p. 144-149. — Déjà avant Feuillée, un autre frère minime, Charles Plumier, avait passé plusieurs années en Amérique pour faire des études botaniques, et il avait même compté étendre ses voyages jusqu'au Pérou. Il était sur le point d'y accompagner le nouveau vice-roi, le marquis de Castelldosrius, lorsque, le 16 novembre 1704, il mourut à Puerto de Santa Maria près de Cadix. *Ibid.*, p. 92.

lesquelles on trouvait des erreurs de près de deux cents lieues dans la position des côtes (1). »

Feuillée a légué à la postérité, en un ouvrage de trois gros volumes, non seulement ses observations astronomiques, mais encore d'autres observations de toute sorte (2).

En un mélange curieux, on y trouve des observations sur les satellites de Jupiter, sur la salinité de l'eau de mer, sur les hauteurs barométriques et sur la déclinaison de l'aiguille aimantée, ainsi que des descriptions d'animaux et de plantes, des expériences de dissection, etc., le tout décrit avec la plus grande prolixité et minutie de détails. L'auteur ne s'est point contenté de donner les résultats de ses calculs mathématiques, il alourdit sa relation d'échafaudages de chiffres, ce qui, cependant, a l'avantage de rendre plus facile le contrôle de ses calculs. Comme naturaliste, il manifeste les intérêts les plus divers et un zèle infatigable, et en cette qualité il se serait certainement fait un nom s'il avait vécu dans un temps qui eût offert au savant un système définitivement établi et une terminologie fixée.

Quant au fruit principal de son travail, ses déterminations astronomiques, elles dépassent de beaucoup en précision tout ce qui avait été fait avant son temps. Peschel dit à ce propos (3) : « Si l'on étudie de près ses travaux, on arrive à cette conclusion satisfaisante que les erreurs de ses déterminations de latitude ne dépassent pas deux ou trois minutes, et que ses déterminations de longitude ne s'écartent pas tout à fait d'un demi-degré des résultats admis de nos jours ; peu avant les voyages de Feuillée dans la Méditerranée, il existait toujours des erreurs atteignant 10 degrés ou environ un quart de l'axe longitudinal de cette mer ». Si Peschel, comme il était raisonnable, avait calculé les erreurs séparément pour chaque voyage, il serait arrivé à des résultats partiellement plus favorables à Feuillée. Si on les compare avec les données de

(1) Feuillée, *Journal*, t. I, p. 40.
(2) *Journal des observations physiques, mathématiques et botaniques faites par l'ordre du Roy sur les côtes orientales de l'Amérique Méridionale, et dans les Indes Occidentales, depuis l'année 1707 jusques en 1712*, t. I et II, Paris, 1714. Le troisième tome, auquel sont ajoutées les observations « dans un autre voyage fait par le même ordre à la Nouvelle Espagne et aux Isles de l'Amérique », parut en 1725.
(3) *Geschichte der Erdkunde*, p. 539.

la *Connaissance des temps* (1), on constate que les latitudes fixées par Feuillée pendant son premier voyage en Amérique sont en moyenne trop élevées de 3′ 45″, tandis que celles qui se rapportent à son second voyage sont en moyenne trop basses de 1′ 6″, et que l'erreur moyenne de longitude qui, lors du premier voyage, atteignait 19′ 38″, arrive pendant le second voyage à 29′ 56″. La carte de l'Amérique du Sud que Feuillée construisit d'après ces observations est, en dépit de l'exiguïté de l'échelle, un travail remarquable (2).

La relation du voyage lui-même est très inégalement traitée par le savant Père ; le lecteur doit à grand'peine l'extraire d'une mosaïque compliquée de données scientifiques. De Marseille à Valparaiso, Feuillet voyagea avec Jean Doublet ; mais, chose étrange, il ne le nomme nulle part (3). Il partit de Valparaiso, le 18 mars 1709, sur un navire espagnol et se rendit à Callao. Il séjourna ensuite neuf mois à Lima, où des brumes perpétuelles l'empêchèrent, à son grand désespoir, d'observer les étoiles (4). Du moins employa-t-il son séjour à enseigner l'art des observations à un médecin français, Alexandre Durand, qui, plus heureux que son maître, put, après le départ de celui-ci, déterminer la situation de Lima. Le 15 janvier 1710, Feuillée repartit de Callao sur le vaisseau de Doublet (5) ; il revint à Concepcion et accompagna ensuite Doublet dans son voyage d'affaires le long de la côte. Du 23 mars au 11 juin, ils visitèrent Valparaiso, Coquimbo, Cobija, Arica et Ilo. En ce dernier endroit, on s'arrêta jusqu'au 21 sep-

---

(1) Ces données, les plus sûres que l'on possède actuellement, se rapprochent plus, sauf une exception, des déterminations de Feuillée que de celles employées par Peschel pour ses comparaisons (voyez son livre, note à la page 540). — Dans les calculs ci-dessus cités, les moyennes sont établies à l'aide de la *Table de la différence des méridiens en heures et minutes entre l'Observatoire Royal de Paris et les principaux lieux de la Terre*, qui se trouve dans le *Journal* de Feuillée (t. II, p. 697-702). Les déterminations de lieux faites par l'auteur lui-même y sont spécialement indiquées. On compte pour les observations *modernes* des satellites de Jupiter des erreurs de 7′30″ à 15′.

(2) Voir le fac-simile, p. 552. La ligne de route de Doublet est désignée sur cette carte depuis la latitude du Cap Vert jusqu'à Concepcion.

(3) Le volumineux ouvrage de Feuillée ne donne que deux fois le nom du navire et cela seulement après que Feuillée l'eût quitté. Voir son *Journal*, t. III, p. 62 et 65.

(4) De la Condamine cite don Pedro Peralta, « savant et célèbre créole de Lima, qui appelait sa patrie le purgatoire des astronomes. » De la Condamine, *Journal du voyage à l'Équateur, servant d'introduction à la mesure des trois premiers degrés du Méridien*, Paris, 1751, p. 22.

(5) Ceci n'est indiqué que par la date du départ.

tembre; puis, après une nouvelle et courte escale à Arica, on arriv
à Concepcion, le 13 novembre 1710. Feuillée trouvant que le bât
ment de Doublet, en raison du grand nombre des personnes e
des marchandises, était trop incommode pour le long voyage d
retour en Europe, le quitta alors et attendit l'arrivée d'un autr
navire, le *Phélypeaux*, capitaine Nouail du Parc, sur lequel, l
8 février 1711, il entreprit la traversée de retour. Nous revien
drons plus loin sur cette traversée et diverses circonstances qu
s'y rapportent.

*
* *

Parmi les voyages à la mer du Sud entrepris à l'époque qu
nous occupe, l'expédition de Bénac mérite aussi qu'on la men
tionne.

L'armateur était un influent et riche commerçant de Dun
kerque, Piécourt. L'escadre se composait de cinq bâtiments : l
Princesse, sous l'ordre du commandant en chef, le chevalier d
Bénac; la *Découverte*, capitaine Michel Dubocage; la *Diligente*
capitaine Martin de Chassiron; l'*Aurore*, capitaine Langnauar
Grosnier; et enfin un vivandier, le *Douvres*, capitaine Lamirail
C'était donc, comme on le voit, une entreprise très considérable
les quatre premiers de ces vaisseaux comptaient ensembl
134 canons et environ 600 hommes d'équipage. Pourtant, l'arma
teur n'avait pas demandé ou n'avait pas obtenu pour son entre
prise l'autorisation du gouvernement; il faisait répandre le bru
que la destination des navires était les Moluques, mais Pont
chartrain soupçonna bien que « ce n'était pas là son seul objet e
qu'il pouvait bien avoir dessein de les envoyer auparavant à l
mer du Sud ». Par des menaces d'amendes sévères, il tâch
comme de coutume de prévenir ce dessein; mais, à la der
nière minute, lorsque, en mars 1708, l'escadre était prête à appa
reiller de Brest, il se contenta d'avertir le chef de ne point s'ex
poser au même traitement que les autorités espagnoles venaien
d'infliger aux officiers de la *Confiance* (1).

(1) Pontchartrain à Robert, 12 octobre 1707, et à Daguesseau, 28 mars 1708. Arch
Nat. Marine, B² 199, p. 157 ; 206, p. 1044.

Le voyage de Bénac débuta par une foule de mésaventures et d'accidents. A peine eut-il gagné le large, qu'il dut rebrousser chemin et revenir à Brest pour réparer des avaries. A la fin d'avril, on était à Ténériffe. Les parages autour des îles Canaries fourmillaient de vaisseaux ennemis : un corsaire hollandais, le *Faucon*, de Flessingue, capitaine Jacob Steenen, attaqua le vivandier, le *Douvres*, le conquit sans résistance et fut sur le point de l'emmener, quand Bénac accourut avec trois de ses navires et enleva aux Hollandais la prise qui, de nouveau, fut pillée et cette fois par ses propres compatriotes (1).

Mais d'autres adversités attendirent l'expédition aux îles Canaries : le capitaine et l'aumônier de l'*Aurore*, se firent destituer et renvoyer au pays à cause de leur mauvaise conduite et de leur vie scandaleuse (2) ; pour s'approvisionner, Bénac dut s'endetter pour près de 20.000 livres (3). Et ce ne fut qu'en novembre 1708, qu'il arriva à l'embouchure de La Plata, les équipages extrêmement affaiblis par le scorbut. Le malheureux Bénac, devant la malchance qui le poursuivait, semble avoir perdu la tête : après avoir vainement tenté de se couper la gorge, il se jeta à la mer — « par folie ou par désespoir », dit le rapport. Son corps, rejeté sur la côte, ne fut retrouvé que quelque temps après (4). Des recherches faites plusieurs années plus tard démontrèrent que le soupçon d'assassinat manque de fondement (5).

Cet accident aura sans doute contribué à retarder le voyage : un des navires, l'*Aurore*, avait pris les devants ; mais ce ne fut que le 31 décembre 1709, que les autres purent quitter La Plata, sous la conduite du capitaine Martin qui avait succédé à Bénac au poste de commandant en chef. Vers le milieu de l'année suivante, l'escadre se reforma à Arica, mais seulement pour se disperser de

(1) Déclaration de Jean Rabasse, ci-devant officier du vaisseau le *Douvres*, 28 mars 1709. Arch. du port de Saint-Servan, C⁴ 324, f. 14. Cf. Feuillée, *Journal*, t. I, p. 118 et 120.

(2) Pontchartrain à Piécourt, 1ᵉʳ septembre 1708 ; à Robert, 21 novembre 1708. Arch. Nat. Marine, B² 208, p. 1044, et 209, p. 643.

(3) Piécourt refusa d'acquitter les lettres de change que Bénac avait tirées pour cette somme sur Baudran, banquier à Paris. Pontchartrain à Le Haguais, 14 novembre 1708. Arch. Nat Marine, B² 209, p. 608.

(4) Rapport fait par le sieur Porée, commandant l'*Assomption*, 28 août 1710. Arch. Nat. Marine, B³ 181, f. 288. — Feuillée, *Journal*, t. II, p. 551.

(5) Pontchartrain à Marin, 23 septembre, et à Robert, 7 octobre 1711. Arch. Nat. Marine, B² 228, p. 428 et 500.

nouveau presque tout de suite (1). Les vaisseaux essayèrent de faire séparément leurs affaires dans les ports du Chili et du Pérou. Enfin, en mars 1711, la *Princesse* et la *Découverte* partirent pour la Chine ; simultanément, l'*Aurore* repartit directement pour la France et la *Diligente* fut vendue au Pérou. Nous reviendrons sur les voyages des trois premiers de ces navires.

(1) Déclaration du capitaine de l'*Aurore* à l'amirauté de Brest, 28 août 1711, publiée par le D' A. Corre dans la *Revue de Bretagne*, t. XXI, Nantes, 1899, p. 128.

LIVRE QUATRIÈME

LE COMMERCE DE LA MER DU SUD

DANS SES RAPPORTS AVEC

LA GUERRE DE LA SUCCESSION D'ESPAGNE

CHAPITRE PREMIER

LES NÉGOCIATIONS AVEC LA HOLLANDE.
DEPUIS LE TRAITÉ DE LA GRANDE ALLIANCE JUSQU'A LA FIN DES CONFÉRENCES DE GEERTRUIDENBERG.

Le commerce des Indes, objet de la guerre. — Le traité du 7 septembre 1701. — Premières négociations pour la paix. — Mission de Mesnager en Hollande, en 1708. — Traité de commerce conclu à Barcelone entre l'Angleterre et Charles d'Autriche. — Négociations de l'année 1709. — Seconde mission de Mesnager en Hollande. — Propositions faites de la part du roi d'Espagne par Bergheick. — Louis XIV se résout à abandonner la cause de son petit-fils. — Négociations de Rouillé et de Torcy. — Préliminaires de La Haye du 28 mai 1709. — Conférences de Geertruidenberg.

« Le principal objet de la guerre présente est celui du commerce des Indes et des richesses qu'elles produisent. » C'est Louis XIV lui-même, qui s'est prononcé ainsi (1) et nous retrouvons des déclarations analogues en différents endroits, tant dans les documents contemporains que plus tard chez les historiens des grands événements qui, au commencement du xviiie siècle, bouleversèrent l'Europe. Mais la guerre de la Succession d'Espagne tire son ori-

(1) Lettre à Amelot, 18 février 1709. *Corresp. de Louis XIV avec M. Amelot*, publié par M. le baron de Girardot, vol. II, Paris, 1864, p. 121.

gine, aussi bien que son nom, de la lutte relative à la succession au trône d'Espagne, et déjà ce fait indique que ce n'était pas la seule crainte de la prédominance économique d'une France alliée à l'Espagne, qui armait contre ces pays les puissances de la grande alliance : des intérêts dynastiques et des combinaisons politiques de multiples espèces jouèrent un rôle non moins important. Les manifestations en sont plus évidentes et elles ont, par conséquent, attiré de préférence l'attention des historiens. Dans quelle mesure les vrais motifs, dont les conséquences extrêmes dirigèrent la plume des diplomates et les épées des soldats, se laisseraient-ils ramener aux forces secrètes du commerce et de la navigation, cela demeure en bien des cas difficile ou presque impossible à démêler. Lorsque nous nous proposons de démontrer l'influence que le commerce de la mer du Sud exerça sur les grands événements du monde, sur les questions de guerre et de paix, la tâche se complique encore du fait que ce commerce, malgré l'importance qu'on veuille lui attribuer, ne fut pourtant qu'un anneau du mouvement économique du temps. Il demande donc à être considéré aussi bien en rapport avec ce mouvement en général qu'avec l'évolution politique. Bien que nous n'ayons pas l'intention de reprendre l'histoire des longues intrigues politiques qui aboutirent enfin à la paix d'Utrecht, nous serons forcés, pour plus de clarté, de dire quelques mots sur un certain nombre d'événements qui, à d'autres égards, sont suffisamment connus ; et comme nous n'avons point la prétention de donner un aperçu complet de tout le vaste champ de bataille, où se rencontraient les intérêts économiques des différentes nations, il nous sera nécessaire, en bien des cas, pour détacher et mettre à sa véritable place *l'un* de ces intérêts, de nous contenter d'allusions au lieu d'une connaissance plus complète, fondée sur la certitude.

Déjà dans le traité fondamental de la grande alliance, conclue à La Haye le 7 septembre 1701 entre l'Empereur, l'Angleterre et les États Généraux, on trouve esquissées les principales questions en litige, dont la solution semblait rendre inévitable un appel aux armes, à savoir : les prétentions de l'Empereur à la succession au trône d'Espagne ; les intérêts commerciaux de l'Angleterre et de la Hollande dans la Méditerranée, aux Indes et ailleurs ; l'exigence des Provinces-Unies d'une *Barrière* comme sûreté entre elles et la France. C'était donc des intérêts de nature assez différente que les alliés avaient à sauvegarder ; mais ils se rencontraient tous dans la crainte commune que « les Français et les Espagnols unis ne devinssent en peu de temps si formidables qu'ils pourraient aisément soumettre toute l'Europe à leur obéissance et empire ». La guerre une fois commencée, la paix ne pouvait être conclue que lorsque les questions mentionnées ci-dessus auraient reçu une solution satisfaisante, ni sans qu'on eût pris auparavant de justes mesures pour empêcher que les royaumes de France et d'Espagne fussent jamais unis sous un même empire, ou qu'un seul et même roi en devînt le souverain, et « spécialement que jamais les Français se rendissent maîtres des Indes espagnoles, ou qu'ils y envoyassent des vaisseaux pour y exercer le commerce, directement ou indirectement, sous quelque prétexte que ce fût (1) ».

Par ces mots, le commerce des Indes est expressément indiqué comme l'un des objets principaux de la future guerre ; ce n'était pourtant pas ce seul commerce dont il était question, mais aussi celui de la Méditerranée et du Levant, les libertés de commerce qu'en Espagne et dans ses colonies on avait accordées aux Anglais et aux Hollandais, et, pour ces derniers, la restitution du tarif d'importation en France de 1664, tarif qui, après la paix de Ryswick, avait été modifié au détriment de la Hollande. Les intérêts de commerce eux-mêmes étaient donc d'une importance très différente pour les différents alliés, et il n'échappait pas à Louis XIV, qu'il pourrait résulter de cette diversité des conflits, dont il lui serait possible de se servir pour semer la discorde et pour rompre l'alliance redoutable qui menaçait la France. Comme l'Angleterre paraissait être la puissance qui profiterait le plus du commerce des Indes, Louis XIV fit insinuer aux Hollandais qu'il ne serait point de leur intérêt de contribuer à ce que les Indes tombassent aux mains des Anglais, car ainsi ils courraient le risque de s'en voir expulser tôt ou tard (2). Mais toutes les représentations n'abou-

---

(1) Art. VIII du traité fondamental. Voir : *Actes, mémoires et autres pièces authentiques concernant la paix d'Utrecht*, 2ᵉ édition, tome I, Utrecht, 1714, p. 11.

(2) Torcy à Barré, 16 février 1702. Voir : A. Legrelle, *La diplomatie française et la Succession d'Espagne*, t. IV, Gand, 1892, p. 256.

tirent à rien : en mai 1702, l'Angleterre, la Hollande et l'Empereur déclarèrent la guerre à la France et à l'Espagne.

Pendant presque toute la durée de la guerre, des négociations, plus ou moins ouvertes, eurent lieu en vue des conditions d'une paix future. Après les désastres qui, en 1704, avaient frappé les armes françaises, Louis XIV commença plus sérieusement qu'avant de poursuivre le terme de la guerre ; il dirigea d'abord ses efforts vers la Hollande, où il croyait pouvoir compter sur des dispositions favorables à la paix. Officiellement, les tentatives échouèrent contre le refus des Hollandais d'entrer dans des négociations séparées, et la proposition d'un démembrement de la monarchie espagnole qui avait été présentée, fut rejetée avec la déclaration précise que les alliés exigeaient la succession d'Espagne tout entière pour l'archi-duc Charles. Sous main, on donna cependant à entendre les condi-tions auxquelles on serait disposé à des concessions, et au sujet du commerce on exigea particulièrement « qu'en Espagne, de même qu'aux Indes, non seulement la condition des Hollandais, comme celle des Anglais, n'empirât pas, mais encore que jamais celle des Français ne pût être améliorée (1) ».

Sur ce point, Louis XIV était disposé à se montrer accommodant. Les agents secrets, par qui les négociations furent conduites, eurent l'autorisation de déclarer que la France accepterait pleine-ment les conditions que la grande alliance avait posées au sujet du commerce ; que Louis XIV se portait garant que son petit-fils y souscrirait pour l'Espagne, et enfin qu'il renonçait à essayer d'obte-nir de ce pays des avantages particuliers pour ses propres sujets (2).

Mais ces déclarations faites en termes généraux ne réussirent pas à calmer les soupçons des Hollandais, soupçons qui allaient croissant grâce au trafic très animé que simultanément, et en dépit de toutes les déclarations officielles, les navires français entretenaient, non seulement aux Indes Occidentales, mais surtout dans la mer du Sud. Pour juger d'ailleurs de la sincérité des affir-mations de Louis XIV, promettant qu'il ne profiterait pas de sa

---

(1) Legrelle, *op. cit.*, p. 357.
(2) Voir les instructions pour Helvetius du 5 août 1705 et pour d'Alègre du 6 octobre de la même année. Legrelle, *op. cit.*, p. 360 et 366.

situation vis-à-vis de l'Espagne afin d'assurer à ses sujets de plus grands avantages commerciaux, nous n'avons qu'à nous reporter aux négociations relatives au commerce des Indes dont nous avons rendu compte plus haut. Plus d'une fois nous avons vu, au moment même où ces négociations semblaient justifier les espérances les plus vives en un résultat favorable, les autorités françaises hésiter à profiter des avantages mis en perspective, et cela par crainte de voir les ennemis de la France tirer bénéfice des mêmes avantages, sinon immédiatement, du moins à l'occasion d'une future conclusion de paix. On s'était cependant rassuré à l'idée qu'alors même qu'une paix égaliserait les conditions pour toutes les puissances, le commerce de la France, grâce aux privilèges déjà accordés, aurait pris une avance qui lui permettrait de supporter victorieusement la concurrence étrangère.

Jusqu'ici, on n'avait encore rien obtenu de l'Espagne. Mais on conçoit que le gouvernement français, s'il voulait gagner quelque chose, avait de fortes raisons non seulement d'essayer de briser la résistance espagnole par un désintéressement affecté, mais aussi, dans l'intérêt de la paix, de chercher à poser comme but des négociations le droit égal de toutes les nations à la participation au commerce des Indes. Ce but sembla atteint par la résolution qui fut prise le 6 février 1706 par la junte du commerce et à laquelle avaient énergiquement contribué les deux négociateurs français, Mesnager et Daubenton. Pour des raisons que nous avons expliquées plus haut, on n'avait obtenu qu'un résultat préliminaire : on était encore fort éloigné de la sanction qui eût permis de présenter la résolution de la junte comme preuve formelle des intentions des gouvernements français et espagnol au sujet du commerce des Indes. On n'en estima pas moins en France qu'il valait la peine de s'informer de l'effet qu'aurait sur les Hollandais cette convention de Madrid pour se rendre compte si elle n'était pas enfin propre à les convaincre qu'il vaudrait mieux laisser Philippe V en possession de l'Espagne et des Indes, au lieu de ne lui concéder que la partie italienne de la monarchie espagnole ; ce dernier projet de partage, accepté par Louis XIV, s'était montré irréalisable par suite de la peur des Anglais de voir, en ce cas, la France dominer le commerce de la Méditerranée. On croyait toujours devoir espérer que les Hollandais seraient plus conciliants que les Anglais et qu'ils se montreraient disposés à la paix Nous avons déjà dit que la mission, qui devait réaliser cette tentative, était confiée à Mesnager.

D'après l'instruction du 15 décembre 1707 (1), rédigée pour Mesnager, sa tâche se bornait exclusivement aux affaires commerciales. Il devait faire ressortir que le commerce des Indes était enfin établi de manière à sauvegarder les intérêts de toutes les nations ; que le roi de France garantissait aux Hollandais la durée de toutes les libertés de commerce dont, avant l'avènement de Philippe V, ils avaient joui en Espagne, et que Louis XIV était disposé à s'engager solennellement à ne jamais tenter d'obtenir au profit de ses sujets des avantages commerciaux ni en Espagne, ni aux colonies. En outre, Mesnager devait répandre certains bruits, d'après lesquels le gouvernement anglais aurait sollicité en ce moment des faveurs spéciales de l'archiduc ; ces bruits devaient semer la méfiance des Anglais chez leurs alliés et leur inspirer la conviction qu'ils pourraient s'attendre à des avantages plus grands, si la monarchie espagnole demeurait sous le sceptre de Philippe V, que si elle tombait aux mains de son rival d'Autriche.

Nous examinerons d'abord sur quoi se basaient ces bruits.

Au moment où l'empereur Léopold, le 16 septembre 1703, renonçait à ses droits de succession au trône d'Espagne en faveur de son fils, l'archiduc Charles, celui-ci manquait de ressources pour pouvoir, soit de ses propres moyens, soit avec l'appui direct de son père, s'emparer du trône auquel il aspirait. Ce fut une flotte anglaise qui conduisit le nouveau prétendant à Lisbonne, et ce fut également au secours des Anglais qu'il dut la prise de Barcelone, ainsi que de se voir proclamer roi d'Espagne sous le nom de Charles III, avec, il est vrai, un territoire qui, essentiellement, se réduisait à la Catalogne et que seule la fortune changeante des armes devait augmenter d'un nombre plus ou moins grand des provinces de l'ancien royaume d'Aragon.

Mais ce secours qu'avaient prêté les Anglais, ils n'entendaient point le continuer sans rémunération. De même qu'ils se firent

(1) Legrelle, *op. cit.*, p. 453.

payer par le fameux traité de Methuen l'aide qu'ils avaient imposée au Portugal, ils exigeaient maintenant de Charles III, en
Espagne et dans les colonies, les avantages commerciaux dont les
avait frustrés l'avènement de Philippe V.

Peu de temps après la conquête de Barcelone, les négociations
au sujet d'un traité de commerce furent engagées (1). Le général
Stanhope, qui les dirigeait du côté anglais, exigea les privilèges
les plus étendus pour le commerce anglais en Espagne : diminution des tarifs d'entrée pour les marchandises anglaises, exportation libre de l'Espagne de l'or et de l'argent des Indes, droit pour
les Anglais d'envoyer par la voie de la flotte et des galions leurs
produits sans payer de taxes plus élevées que les Espagnols eux-
mêmes. Si possible, il devait en outre essayer d'obtenir pour les
Anglais l'autorisation d'expédier leurs navires et leurs marchandises directement aux colonies américaines de l'Espagne, avantage
que Louis XIV, croyait-on ou feignait-on de croire, avait réussi à
se faire accorder par Philippe V pour ses sujets. Le projet d'un
traité d'Asiento qui transférerait aux mains des Anglais le droit,
en ce moment possédé par les Français, de fournir d'esclaves nègres
les colonies espagnoles fut également présenté par Stanhope à
Charles III ; mais, bien que le roi fût entièrement à la merci
du secours des Anglais, ceux-ci ne parvinrent pas à faire adopter
ce projet, pas plus qu'à faire accepter leurs exigences excessives.
Les négociations se prolongèrent : la méfiance des Hollandais
s'efforçait de pénétrer le secret dont elles étaient entourées, et
même la cour impériale de Vienne fit des objections pour qu'on
n'accordât point aux Anglais des avantages trop vastes pour leur
commerce aux Indes. Mais toute résistance finit par céder devant
la nécessité urgente où se trouvait le roi Charles de faire venir du
Piémont un renfort de troupes allemandes dont le transport à
Barcelone ne pouvait s'effectuer que sur des navires anglais : un
traité de commerce entre l'Angleterre et l'Espagne fut signé le
10 juillet 1707 (2).

(1) Voir : Carl von Noorden, *Europäische Geschichte im achtzehnten Jahrhundert*, Bd. II,
Düsseldorf, 1894, p. 224-226 ; et pour plus de détails : Georges Scelle, *La traite négrière
aux Indes de Castille*, t. II, Paris, 1906, p. 460-474.

(2) Le texte espagnol de ce traité a été publié par A. del Cantillo, *Tratados de paz y
de comercio*, Madrid, 1843, p. 48-52 ; et par Ch. Calvo, *Recueil complet des traités de*

Ce traité avec ses huit articles présente un aspect assez inoffensif Il n'accordait aux Anglais que le renouvellement et la sanction de toutes les conventions antérieures, certains allégements pour le trafic de leurs navires entre le Maroc et l'Espagne, et enfin l'exemption de certains droits de consommation d'usage en Espagne, ce dernier privilège masqué sous la restriction que ces droits de consommation ne seraient perçus qu'après que les produits importés auraient été « effectivement vendus ou livrés à la deuxième main ». Outre ces clauses, on devait élaborer d'un commun accord un tarif de douane, dont les taxes ne dépasseraient pas en général 7 °/₀ de la valeur des marchandises. Sur le commerce des Indes, le traité officiel garde un silence significatif.

Bien plus important était un article séparé et secret, que soussignèrent le même jour les mandataires des deux contractants. La raison et l'objet des négociations anglaises apparaissent à découvert dans cet article. Afin de réaliser « une union indissoluble et éternelle » entre l'Espagne et la Grande-Bretagne et de ménager aux deux puissances de telles forces qu'on jugerait suffisantes pour assujettir leurs ennemis et procurer une paix universelle à leurs sujets, on établirait en commun une compagnie pour le commerce des Indes. Les dispositions particulières seraient remises à l'époque où Charles d'Autriche se serait rendu effectivement maître de toute l'Espagne, spécialement des provinces « qui étaient les fondements principaux du commerce et où résidaient les personnes qui avaient plus de connaissance et étaient plus à propos pour cela ». Au cas où — contre toute attente, dit l'article, mais en réalité on ne dut guère douter que le cas ne se produit, — une pareille compagnie ne pourrait être établie, Sa Majesté Catholique s'engageait, en son nom et au nom des rois ses successeurs, à accorder aux sujets de Sa Majesté Britannique les mêmes privilèges et libertés dont jouissaient les Espagnols, avec la réserve toutefois qu'ils payeraient les mêmes droits royaux que ceux-ci. De ce qui suit dans l'article secret, il appert cependant qu'il s'agissait, en définitive, de privilèges

l'Amérique latine, t. II, Paris, 1862, p. 154-162 ; il se retrouve en traduction française dans de Lamberty, Mémoires pour servir à l'histoire du xviiiᵉ siècle, t. IV, La Haye, 1727, p. 592-598.

bien plus étendus que ceux qui étaient accordés aux Espagnols, car l'article continue :

« Sa Majesté Catholique s'oblige pareillement que depuis le jour que la paix générale sera faite, et par conséquent en possession des Indes appartenantes à la couronne d'Espagne, jusques au jour que la susdite Compagnie sera formée et établie, qu'elle veut et donne permission aux sujets de Sa Majesté Britannique de trafiquer librement en tous les ports et villes des Indes mentionnées avec dix navires de 500 tonneaux chacun, ou plus ou moins de navires pourvu qu'ils n'excèdent pas de 5.000 tonneaux ; ils pourront trafiquer et vendre en lesdits navires ou embarcations aux ports et places avec toute franchise toutes sortes de marchandises, comme il est permis aux sujets de Sa Majesté Catholique de trafiquer, transporter et vendre... »

D'une importance presque égale était l'autorisation de faire escorter ces navires par des bâtiments de guerre, dont le gouvernement anglais offrait libéralement le convoi et la protection aux navires espagnols eux-mêmes qui voudraient en profiter.

Il ne s'agissait donc de rien moins que d'un bouleversement complet en faveur de l'Angleterre de l'ordre légal établi pour le commerce des Indes, et le motif secret qui explique comment il avait été possible d'obtenir ce résultat, est, sans doute, que cette convention supposait l'abolition des privilèges commerciaux de l'Andalousie, car les navires anglais devaient, à l'aller comme au retour, toucher à Cadix, *ou à un autre port que Sa Majesté Catholique nommerait en Espagne.* Or, les négociateurs espagnols étaient Aragonais, et les Aragonais avaient été jusqu'ici exclus du commerce des Indes réservé aux Castillans.

La fin de l'article secret indique avec toute la clarté désirable quelle puissance visaient principalement ces dispositions ; on y lit :

« Et comme il est notoire et évident à tout le monde que les forces avec lesquelles la couronne de France a troublé l'Europe ont été supportées et maintenues par les grands trésors qu'elle a tirés et tire encore des Indes d'Espagne, moyennant la frauduleuse introduction des marchandises et commerce que ses sujets y font, et connaissant sans doute que l'exclusion des Français aux Indes n'est pas de petite conséquence et sera d'un grand avantage aux sujets de la Grande Bretagne et d'Espagne, il a été arrêté, accordé et conclu entre Leurs Majestés Britannique et Catholique, pour elles et tous les rois leurs successeurs dès à présent à jamais, que tous les Français sujets de la couronne de France seront entièrement exclus non seulement de la Compagnie de commerce susmentionnée, mais aussi de toutes sortes de trafic aux Indes de Sa Majesté Catholique, sans le pouvoir faire directement ou indirectement en leurs noms ou celui de quelqu'autre personne. »

Et non seulement aucune nouvelle convention, aucun traité de paix, secret ou ouvert, ne pourraient apporter en faveur des Français un changement dans ces dispositions ; mais encore : « celui qui y aurait contrevenu, soit Sa Majesté Britannique, soit Sa Majesté Catholique ou leurs successeurs, n'auraient plus de droit de demander ou insister sur l'accomplissement de ce qui était stipulé en cet article secret, et, par conséquent, la partie qui l'aurait observé aurait la liberté de choisir à son gré ou d'annuler cet article ou de le faire exécuter comme elle le trouverait plus convenable. »

Rien ne saurait montrer plus clairement quelle importance on attachait au commerce des Indes et combien on était pressé d'en exclure les Français, afin de leur dérober les ressources qui, avant tout, croyait-on, les mettaient en état de continuer la guerre ; et comme, d'autre part, nous avons vu que la France tirait ces ressources principalement du commerce de la mer du Sud, l'importance de ce commerce comme objet de guerre et condition de paix paraît prouvée.

Il est également facile à comprendre combien il importait que le traité conclu fût entouré du plus grand secret : le secret était nécessaire non seulement par égard aux provinces d'Espagne demeurées fidèles à Philippe V et qui, sans être entendues, avaient si manifestement été lésées dans leurs privilèges ; mais aussi à cause de la Hollande dont les droits à partager les bénéfices, qui compenseraient ses sacrifices pour la guerre, devaient se trouver entièrement négligés. Aussi, Charles hésita-t-il pendant six mois avant de donner sa ratification au traité et à l'article secret ; elle ne fut signée que le 8 janvier 1708 à Barcelone.

Mais déjà avant ce moment, comme nous l'avons vu, le secret avait été ébruité. Il n'est pourtant guère probable que ce fût autre chose que des bruits incertains que Mesnager apporta, lorsque, en décembre 1707, il se rendit en mission en Hollande ; le traité dans son ensemble ne sera guère tombé que plus tard aux mains du gouvernement français (1). Les Hollandais étaient cependant trop à la merci de l'appui des Anglais pour que la révélation du secret ait produit l'effet souhaité.

Mais revenons sur la mission de Mesnager en Hollande. Le 25 décembre 1707, il arrivait à Rotterdam. Sous un nom d'emprunt et avec le plus grand mystère, il y eut des entrevues avec quelques-uns des personnages influents de la Hollande, van der Dussen et Duvenvoirde ; mais ce ne fut qu'au moment de s'en retourner en France, qu'il put obtenir une audience du véritable chef de la politique hollandaise, Antoine Heinsius. Dans ces conciliabules, Mesnager développa avec le plus grand zèle et en détail tous les bénéfices que tirerait la Hollande de ce nouvel ordre pour le commerce des Indes, dont, en Espagne, il avait lui-même contribué à dresser le plan ; il affirmait qu'il n'était point douteux que cet ordre, comme étant le plus avantageux à l'Espagne, ne fût adopté, et il prodiguait les assurances que le roi de France observerait loyalement ce qui serait arrêté dans une prochaine convention et n'userait point, en sa propre faveur et en celle de ses sujets, de son influence sur la politique de son petit-fils. A cet égard, il se heurta à une forte méfiance chez les hommes d'État hollandais, — « pour les détromper de leur prévention il lui fallut employer tout l'artifice possible (2) » — mais ses représentations finirent par être écoutées. Elles leur arrachèrent l'aveu qu'il était en effet désirable, que le nouveau règlement fût adopté, soit que l'Espagne

(1) Lamberty raconte que cela arriva de la façon suivante : le navire qui devait transférer le traité de Barcelone à Gênes fut poursuivi par une frégate française, et le courrier, en voyant qu'on n'échapperait pas à l'ennemi, jeta par dessus bord sa malle, après quoi les Français firent repêcher du fond de la mer, par des plongeurs, les documents précieux. *Mém. pour servir à l'histoire du* XVIIIe *siècle*, t. IV, p. 598.

(2) Dans une occasion ultérieure, Mesnager raconte à ce sujet : « A la première entrevue que j'eus à Rotterdam, au commencement de 1708, avec M. van der Dussen, qui était alors de mauvaise humeur, il me dit en face qu'il aurait bien mieux convenu que j'eusse resté en France que d'être venu inutilement en Hollande ; qu'on avait donné ordre à Bruxelles (mais trop tard) de me renvoyer quand je passerais, et que cet ordre avait été donné parce qu'on avait été instruit que, lorsque je venais parler de paix, dans le même temps le Roi faisait un traité particulier de commerce dans les Indes avec le roi d'Espagne pour s'emparer des richesses de l'Amérique. Je ne pus avoir raison de M. van der Dussen qu'après lui avoir fait voir son erreur. » A Desmaretz, 14 décembre 1710. Arch. Nat., G⁷ 1695.

restât sous le sceptre de Philippe V ou passât à un autre prince
On ne fit d'observation que sur un détail de la proposition : la
décision qu'un magasin serait établi à Cadix pour les marchandises destinées aux Indes devait être changée en ce sens que toute
cette ville servirait d'entrepôt à ces marchandises. Avec cette modification, qu'on estimait ne devoir faire aucune difficulté, Mesnager
promit que Louis XIV se chargerait de faire adopter le règlement
à son petit-fils, et il déclara que, de ce fait, « on avait ôté aux Hollandais la moitié de la peur et que l'on avait détruit un des plus
forts motifs qui les avaient engagés dans la présente guerre (1) ».
La question du tarif de 1664 fut aussi mise sur le tapis, mais, lorsque
les Hollandais tentèrent d'amener la conversation sur les affaires
politiques et d'entraîner Mesnager à se prononcer sur les intentions
de son maître au sujet des concessions que celui-ci serait disposé
à faire à leur égard, Mesnager coupa court aux négociations, en
déclarant que sa mission se bornait aux affaires commerciales. A
la dernière minute, ses belles espérances pâlirent ; car les Hollandais déclarèrent nettement qu'ils ne consentiraient jamais à ce que
les Indes tombassent au pouvoir d'un autre prince que l'archiduc
Le 3 mars 1708, Mesnager était de retour à Paris (2).

Les pourparlers pendant l'époque qui suivit le retour de Mesnager ne furent point faits pour donner des illusions à Louis XIV sur
le prix auquel on achèterait la paix. Le roi partagea certes au début
l'opinion de Mesnager sur l'impression favorable que sa mission
avait produite en Hollande. Par Amelot, il avertit le gouvernement
espagnol de la nécessité de régler définitivement le commerce des
Indes d'une façon qui contentât l'Angleterre et la Hollande (3), et,
comme nous l'avons déjà rapporté, à cet effet, Mesnager fut pour
la seconde fois envoyé en Espagne. Mais, bien que le résultat qu'il
y obtint dût servir, estima-t-on, à fortifier la disposition pour la
paix qu'on avait cru trouver en Hollande, on comprit qu'il fallait
« se conduire avec beaucoup de prudence et sans marquer d'empressement », et que « trop de vivacité dans les conjonctures pré-

(1) Réponse à l'extrait de la dépêche de M. Amelot, écrite au Roi le 31 mars 1708, par
Mesnager. Aff. Et. Esp., Corr. pol. 179, f. 208.
(2) Legrelle, op. cit., t. IV, p. 457.
(3) Louis XIV à Amelot, 19 mars 1708. Girardot, II, p. 28.

sentes rendrait inutiles les meilleurs moyens qu'on pouvait
employer pour parvenir à la paix (1) ». On ne tarda pas longtemps
à reconnaître que ces espérances étaient fallacieuses : de Hollande,
on reçut la nouvelle que ceux qui y souhaitaient la paix n'osaient
pas encore faire valoir ouvertement leur opinion (2).

Au cours de l'année 1708, il devint de plus en plus manifeste
que les alliés ne se laisseraient jamais persuader de renoncer à
leur exigence que Philippe V abandonnât l'Espagne et les Indes.
Louis XIV ne pouvait guère mettre en doute que seul ce sacrifice
pénible amènerait la paix. Il ne voulait pas encore directement
préparer son petit-fils à cette dure nécessité, mais celui-ci, qui
pressentait où tendaient les négociations, déclara avec une fermeté
péremptoire qu'il ne quitterait l'Espagne qu'avec la vie, et sa tena-
cité inébranlable à maintenir cette résolution fut l'annonce d'un
empêchement qui, une fois la résistance de la France brisée, allait
mettre Louis XIV devant l'absolue impossibilité de satisfaire aux
réclamations de ses ennemis.

Tandis qu'en France le découragement allait toujours croissant, à la cour d'Espagne on garda de l'espoir, et Amelot aussi
exhorta à continuer la résistance, car, « si la ligue se trouvait fortifiée par l'Espagne, si les Anglais et les Hollandais, devenus
maîtres des richesses des Indes, animaient tout ce grand corps et
le faisaient mouvoir avec l'argent du Mexique et du Pérou, il était
visible que la France aurait plus à craindre alors qu'elle n'avait
sujet d'appréhender aujourd'hui (3) ».

Au commencement de l'année 1709, la situation de la France
était plus désespérée que jamais. Une faible chance d'obtenir au
moins des conditions de paix passables s'était présentée, et elle
avait engagé Louis XIV à faire une nouvelle tentative pour
renouer les négociations en vue de la paix si souvent rompues.
Cette fois, ce fut par l'intermédiaire d'un représentant officiel de la
politique française, le président Rouillé. Avec une instruction qui
comprenait le sacrifice de l'Espagne et des Indes et qui ne cherchait à conserver à Philippe V que ses possessions italiennes,

(1) Louis XIV à Amelot, 30 juillet 1708. Girardot, II, p. 67.
(2) Louis XIV à Amelot, 26 août 1708. Girardot, II, p. 74.
(3) Baudrillart, *op. cit.*, t. I, p. 325.

Rouillé arriva en Hollande en mars 1709. Il devait pourtant tenter un dernier effort pour maintenir Philippe V sur le trône d'Espagne, en attirant l'attention sur certaines propositions, qui simultanément furent présentées d'un autre côté, et qui, moyennant l'offre de concessions pour leur commerce, tendaient à rendre les Hollandais plus accommodants.

Enfin, on avait jugé le moment propice pour exhiber l'ordonnance que le roi d'Espagne avait résolue le 7 juin 1708, mais dont la publication avait été remise à une époque où elle pourrait être employée dans l'intérêt de la paix ; et, encore une fois, c'est à Mesnager que fut confiée la tâche délicate de négociateur. On trouva un prétexte pour sa mission dans la nécessité d'établir la liberté réciproque de la pêche entre la France et la Hollande (1). Il quitta Paris le 5 janvier 1709 et arriva le 16 à Ypres, où il eut des entrevues avec un Hollandais qui remplissait la fonction d'une espèce d'agent chargé de régler les rapports entre les deux nations pendant la guerre (2). Les paroles de cet agent furent plutôt encourageantes : il déclara « qu'il n'était plus un crime en Hollande d'y parler de la paix avec la France et même aux conditions que l'Espagne et les Indes restaient sous la domination de Philippe V » ; que ce que la Hollande désirait, c'était la Barrière en Flandre et des avantages pour ses rapports commerciaux tant avec la France qu'avec l'Espagne et les Indes Occidentales ; et enfin qu'on n'était point aveugle sur le danger que la trop grande puissance de l'Angleterre et l'affaiblissement de la France feraient courir au commerce de la Hollande. Cependant, on fit des difficultés pour accorder à Mesnager les passeports indispensables à la continuation de son voyage, « dans la crainte, disait-on, que cela n'inquiétât l'alliance » ; mais il obtint par son insistance qu'on fît une nouvelle tentative afin de lui procurer l'autorisation de remplir sa tâche (3). On y parvint en effet, et, au commencement de février, nous trouvons Mesnager à Rotterdam et à Amsterdam, ardemment occupé à convaincre les hommes d'État hollandais

(1) Pontchartrain à Desmaretz, 4 janvier 1709. Arch. Nat, G⁷ 534.
(2) Vraisemblablement, bien que son nom ne soit point mentionné, c'était un teinturier nommé Florisson, qui, plus tard, pendant les négociations de la paix, joua un certain rôle. Voir : Legrelle, *op. cit.*, IV, p. 514 ; *Journal inédit de Torcy*, p. 112.
(3) Mesnager à Torcy, 19 janvier 1709. Aff. Et. Holl., Corr. pol. 221, f. 22.

des avantages du nouveau règlement pour le commerce des Indes (1). Sur la marche de ces négociations, nous ne possédons d'autres renseignements que ces mots de Torcy que « le plan proposé pour le commerce par Mesnager aurait pu servir d'introduction à la négociation, mais il ne fut pas écouté dès qu'il parut que pour base il établirait la condition de laisser au roi Philippe V la couronne d'Espagne et les Indes (2) ».

Également sans résultat fut la tentative qui, dans le même but, et en même temps, fut faite directement d'Espagne. Les Anglais avaient profité de la dépendance où se trouvait l'archiduc Charles à leur égard pour lui arracher un traité de commerce avantageux pour eux seuls ; le mécontentement des Hollandais devait, pensait Philippe V, prêter à un coup de partie analogue ; aussi résolut-il de leur offrir des privilèges aux dépens des Anglais. Ce plan fut également tenu dans le plus grand secret ; pas même le gouvernement français ne fut mis au courant de la mission qui, dans ce but, fut confiée au comte de Bergheick, surintendant général des finances du roi d'Espagne en Flandre. L'instruction, qu'on lui délivra en novembre 1708 (3), comprend des propositions qui semblent directement provoquées par la convention secrète de Barcelone du 10 juillet de l'année précédente. Il devait projeter le plan d'une compagnie pour le commerce des Indes, à laquelle participeraient les Hollandais et les Anglais, et où l'Espagne et la France se contenteraient au besoin d'un tiers à elles deux ; Cadix ou Séville devrait être le siège de cette Compagnie, mais on était disposé à admettre que le siège fût alternativement Cadix, Brest, Londres et Amsterdam ; la navigation vers l'Amérique serait placée sous la protection d'escadres de marine internationales. C'étaient là des concessions bien plus étendues que celles obtenues par les négociateurs français à Madrid, — toutes les libertés au sujet des droits de douane, de l'importation ou de l'exportation. etc.,

---

(1) Von Noorden (op. cit., III, p. 465) d'après un récit du résident autrichien Heems de La Haye, le 5 février 1709. — La seconde mission de Mesnager en Hollande n'est mentionnée ni par Lamberty ni par Legrelle, et nous n'avons pu retrouver la lettre écrite d'Ypres, où il aura confié « un grand détail à M. le marquis de Torcy de ce qui regardait son ministère et des dispositions où il se trouva à l'égard de son voyage ». Mesnager à Desmaretz, 16 janvier 1709. Arch. Nat., G7 1694.

(2) Mémoires de Torcy, t. I, La Haye, 1756, p. 182.

(3) Scelle, La traite négrière, II, p. 479.

qu'on avait accordées à ceux-ci devraient aussi être offertes aux Hollandais — et cependant Philippe V était prêt à aller encore plus loin et à rendre les États-Généraux seuls maîtres du commerce des Indes à l'exclusion de l'Angleterre, — tout cela afin de les convaincre de l'intérêt qu'ils auraient de s'allier à lui « par un traité particulier ».

Les Hollandais se montrèrent assez portés à écouter ces propositions. Van der Dussen eut une entrevue avec Bergheick à Mons. Comme le secret ne pouvait plus être gardé, Bergheick se rendit, à la fin de janvier 1709, à Versailles pour informer, au moins en partie, Louis XIV de l'affaire, et Philippe V se vit forcé de confier à Amelot le sujet de la mission de Bergheick et les espérances qu'il y attachait. Louis XIV approuva les mesures de son petit-fils, et Amelot en dit que, bien qu'il s'agît d'avantages extraordinaires pour l'Angleterre et la Hollande, il était « bien à souhaiter que la proposition pût réussir (1) ».

Mais les Hollandais ne se laissaient pas facilement duper. Quoique l'échange de messages continuât entre les hommes d'État hollandais et Bergheick, et que celui-ci allât même dans ses offres plus loin que son instruction ne l'autorisait, et, enfin, que l'on prît soin de faire observer qu'il n'y eut rien en commun entre la France et l'Espagne, les Hollandais n'en persévérèrent pas moins dans leurs anciennes prétentions. Ils ne voulurent point admettre que la France participât au commerce des Indes, et quand le négociateur espagnol eut cédé sur ce point sans avoir paru trop récalcitrant, tous ses efforts échouèrent contre la déclaration des Hollandais que « ses propositions seraient écoutées, s'il avait pouvoir d'offrir l'Espagne et les Indes pour les céder à la maison d'Autriche comme condition fondamentale et nécessaire à la paix (2) ».

Sous la pression de toutes ces circonstances, la résolution s'affermit chez Louis XIV d'abandonner la cause de son petit-fils, et c'est cette résolution qui donne leur caractère aux négociations que le président Rouillé engagea au mois de mars 1709. Il n'est

(1) Amelot à Louis XIV, 15 mars 1709. Aff. Et. Esp., Corr. pol. 190, f. 42. Cf. Baudrillart, *op. cit.*, I, p. 350 ; Legrelle, IV, p. 466.
(2) *Mémoires de Torcy*, I, p. 185.

point nécessaire de remettre ici en mémoire toutes les péripéties de ces négociations ; il ne l'est pas davantage de rappeler celles qui furent engagées par le ministre des affaires étrangères en personne, Torcy, qui dut accepter la tâche difficile et ingrate de satisfaire les ennemis de la France, afin d'obtenir cette paix que Louis XIV jugeait urgent d'acheter à tout prix. On n'ignore pas que toutes les concessions faites par la France, furent accueillies par un surcroît d'exigences de la part des alliés, jusqu'au moment où leur ultimatum fût formulé dans les préliminaires connus du 26 mai 1709, signés de ce « trio des ennemis de la France », Heinsius, Marlborough et Eugène de Savoie.

A côté des grandes questions politiques, les questions commerciales avaient aussi été discutées aux négociations qui précédèrent ces préliminaires. De la part de la France, il avait été proposé qu'on rétablît le commerce des Indes tel qu'il était sous le règne de Charles II et conformément aux lois d'Espagne. On avait par conséquent supprimé tout ce qui avait été convenu en Espagne sur ce sujet et, vraisemblablement, parce que le nouveau règlement touchant le commerce des Indes avait éveillé les soupçons des alliés et qu'il avait été jugé un moyen dissimulé pour favoriser les Français aux dépens des autres puissances. Mais le retour à l'ancien ordre ne parut pas plus satisfaisant. Dans une conférence avec Torcy, Heinsius annonça que Marlborough avait insisté sur la stipulation du traité de la grande alliance que la France seule serait exclue du commerce des Indes. A l'objection de Torcy que cette proposition suffisait à dévoiler les intentions secrètes des Anglais et que l'affaire intéressait la Hollande autant que la France, il fut répondu que les Hollandais avaient assez peu d'intérêt au commerce des Indes Occidentales, réponse qui arracha à Torcy l'exclamation : « Pourquoi alors insistez-vous donc avec tant d'opiniâtreté à donner à la maison d'Autriche la monarchie de ce nouveau monde qui n'intéresse votre commerce que médiocrement ? » Le négociateur hollandais répliqua que c'était la nécessité, « pour le bien de l'Europe », de limiter la prédominance de la France, qui avait dicté cette exigence comme tant d'autres des alliés (1).

(1) *Mémoires de Torcy*, II, p. 165.

C'est donc en ce sens que fut rédigé l'article VII des préliminaires de La Haye, d'abord en conformité absolue avec le traité
de la grande alliance. Torcy objecta qu'une interdiction, s'étendant au commerce *indirect* de la France avec les Indes, était contraire à ce qui s'était pratiqué depuis que les Espagnols en étaient
les maîtres, et qu'ils ne pouvaient même se passer des marchandises de France. Par conséquent, il maintenait sa proposition,
savoir : que les choses seraient remises sur le même pied que sous
le règne du feu roi Charles II. Ceci provoqua au moins une modification de l'article : La teneur définitive des préliminaires, après
avoir formulé la décision que la monarchie d'Espagne demeurerait en son entier dans la maison d'Autriche et ne pourrait jamais
être réunie à la France sous le même roi, arrête que « spécialement la France ne pourrait jamais se rendre maîtresse des Indes
espagnoles, ni envoyer des vaisseaux pour y exercer le commerce,
sous quelque prétexte que ce fût (1) ».

On voit donc que l'exclusion des Français du commerce des
Indes était un des buts principaux des alliés et qu'il n'avait pas
même été possible d'obtenir pour la France la conformité de
droits avec les autres nations par un retour à l'ancien ordre en ce
qui concerne ce commerce. Mais les quarante articles des préliminaires de la Haye comprenaient d'autres conditions, encore
moins acceptables pour la France. Lorsque Torcy, à la dernière
heure des négociations, nota ses observations sur ces articles, il
avait perdu tout espoir de voir sa mission amener un résultat ;
son départ était déjà fixé et, suivant son conseil, Louis XIV rompit définitivement les pourparlers.

Ils furent cependant repris après la sanglante bataille de Malpla-
quet (le 11 septembre 1709), qui refroidit l'humeur belliqueuse
même des ennemis victorieux de la France. Certes, les alliés ne
trouvèrent point satisfaisant le projet de paix du 2 janvier 1710 de
Louis XIV (2), mais, lorsqu'à la promesse solennelle, contenue
dans cet acte, de reconnaître immédiatement après la paix Charles
d'Autriche comme roi d'Espagne, il eut joint la déclaration que

---

(1) Il est à remarquer que les mots « exercer le commerce *directement ou indirectement* » ont été exclus.
(2) Lamberty, *op. cit.*, t. VI, p. 3.

« les Indes espagnoles seraient comprises dans tout ce qui serait dit au sujet de la monarchie d'Espagne, comme en composant une partie principale, et que le roi promettrait qu'aucun vaisseau de ses sujet n'irait auxdites Indes, soit pour exercer le commerce, soit sous quelqu'autre prétexte », les exigences des alliés relatives aux questions commerciales se trouvèrent remplies.

Ces questions ainsi résolues, il semblerait qu'on eût pu les laisser de côté dans les négociations qui s'ouvrirent, peu de temps après, à Geertruidenberg ; mais, en France, on n'avait pas tout à fait perdu l'espoir, en faisant appel aux intérêts spéciaux de la Hollande, de modifier la décision des Hollandais sur la question principale, et de maintenir ainsi Philippe V sur le trône d'Espagne. Afin de pouvoir, sans perte de temps, profiter de toutes les occasions qui pourraient s'offrir, Louis XIV essaya d'obtenir pour ses plénipotentiaires un plein pouvoir du gouvernement espagnol pour négocier au sujet du commerce des Indes, régler, au nom de l'Espagne, le tarif des droits de Cadix et de l'Amérique, et, en général, satisfaire à toutes les réclamations qui pourraient se présenter concernant l'abolition des abus greffés sur ce commerce (1). Rien n'indique que cette représentation fut écoutée par

(1) Voir : Observations sur le commerce des Indes Occidentales espagnoles pour le régler à la commune satisfaction tant de l'Espagne que des autres États de l'Europe (Aff. Et. Esp., Corr. pol. 197, f. 314). Ce document, sans date, mais très certainement provenant de la fin de 1709, commence par un aperçu des négociations qui avaient eu lieu entre la France et l'Espagne concernant le commerce des Indes et continue par un exposé des intérêts des différentes nations au sujet de ce commerce : les Anglais qui, grâce à leur supériorité sur mer, étaient le mieux en état de profiter des avantages déjà obtenus, « ne devaient souhaiter rien davantage que de voir ce commerce dans la confusion et le désordre où il est à Cadix » ; les Hollandais « n'auraient que trop d'inquiétude des avantages particuliers des Anglais » ; et quant aux Français, il leur serait indifférent et peut-être même plus profitable que le commerce des Indes restât dans la confusion, « parce que, dit le document, nous le ferions dans la mer du Nord à la faveur de l'entrepôt que nous avons à Saint-Domingue et à l'île à Vache, et dans la mer du Sud par les connaissances que nous avons de cette navigation qui nous est devenue facile et familière, et par le moyen des habitudes que nous avons pu former dans le pays. » Mais il y aurait là-dedans « un grand obstacle à la prompte conclusion de la paix », et comme les Hollandais aussi bien que les Anglais étaient persuadés que Louis XIV, en compensation des sacrifices qu'il avait faits pour son petit-fils, s'était fait accorder des prérogatives particulières en faveur des Français, il n'y aurait moyen « d'en détromper ni les uns ni les autres que par un plan à l'avantage commun. » « On estime donc, conclut l'article, qu'il est nécessaire de représenter à Sa Majesté Catholique combien il lui est important de prendre ce parti, par rapport à ses propres intérêts et à ceux de ses sujets, qu'il conviendrait qu'elle eût agréable de donner pour cela son plein-pouvoir au Roi pour le conférer à ses plénipotentiaires, afin qu'ils agissent en conséquence, discutent et aplanissent toutes les difficultés qui se présenteront dans cette occasion. »

Philippe V et son gouvernement. Bien au contraire, même apr
l'ouverture de la conférence de Geertruidenberg, Bergheick cont
nua de faire directement de la part de l'Espagne des offres de « tou
les avantages et toutes les sûretés que les deux puissances pourraien
demander pour leur commerce » ; mais pas même cette entremis
qui avait provoqué le mécontentement des négociateurs hollai
dais, ne put les persuader que la politique espagnole et la pol
tique française suivaient des voies séparées (1). Toute tentative
pour conserver à Philippe V au moins une partie de la monarchi
espagnole, rencontra les exigences toujours accrues des alliés ; e
quand enfin Louis XIV, au sujet des garanties qu'on exigeait d
de lui, fut allé jusqu'à l'extrême limite des concessions, et qu'
eut souffert l'humiliation de voir rejeter son offre de contribue
par des subsides à l'expulsion de son petit-fils du trône où
l'avait lui-même placé, les négociations finirent par échoue
contre la demande exorbitante que Louis XIV s'engageât à prendr
seul les mesures qu'il jugerait à propos pour mettre l'archidu
Charles en possession réelle non seulement de l'Espagne, mesur
par laquelle « on n'aurait acquis qu'un squelette », mais aussi de
Indes, « qui étaient le morceau le plus appétissant, le plus frian
et de meilleur goût », et cela dans le bref délai de deux mois ! Rie
d'étonnant à ce que les plénipotentiaires français, en face d
pareilles exigences, aient jugé nécessaire de déclarer, au nom d
leur souverain, qu'il préférait continuer la guerre contre les enne
mis qu'il avait combattus pendant dix années, que d'y ajoute
encore son petit-fils, qui persévérait dans son refus opiniâtre d
quitter l'Espagne.

* *
*

Si nous jetons un regard en arrière sur ce qui a été dit plus haut
nous voyons que la question du commerce des Indes n'était appa
rue directement que de temps à autre au cours de ces longues e
infructueuses négociations en vue de la paix, et que cette question
grâce aux concessions faites par la France, avait, selon les appa

(1) Legrelle, op. cit., IV, p. 551.

rences et sans trop de difficultés, été amenée à une conclusion acceptable pour tous les intéressés. A l'exigence, dès le début inébranlable, des alliés, que la France fut exclue de ce commerce, Louis XIV n'avait pu opposer de résistance efficace ; c'est en vain que, pour conserver à Philippe V le trône espagnol, on avait proposé les modifications accordées par l'Espagne dans l'ancien système du monopole ; c'est sans résultat que les négociateurs, tant français qu'espagnols, avaient offert des avantages particuliers à l'un des alliés afin de l'entraîner à trahir la cause commune. La grande alliance était trop fortement cimentée pour céder à de pareilles attaques ; mais, par bonheur pour la France, la diversité des intérêts ne devait pas tarder à se déclarer et à prévaloir à un tel point que la grande question capitale, savoir le sort de la monarchie espagnole, eut une solution tout autre que celle que les puissances alliées avaient posée comme le véritable but de leurs efforts. Nous tâcherons plus loin de démontrer que les intérêts commerciaux vinrent à jouer un premier rôle dans cette lutte, ce qui confirmerait l'opinion qu'une des raisons principales de la grande guerre doit être cherchée dans la jalouse rivalité des puissances européennes à l'égard des richesses du Nouveau Monde.

CHAPITRE II

LE COMMERCE DE LA MER DU SUD PENDANT LES NÉGOCIATIONS POUR LA PAIX EN 1709 ET 1710.

La spéculation se ranime après le retour de Chabert. — Expédition de Boisloré. — Proposition d'une compagnie pour le commerce des Indes espagnoles. — Le Conseil de commerce opine en faveur du commerce de la mer du Sud. — Opposition de Pontchartrain. — Il est en désaccord avec Desmaretz. — Nouvelles permissions pour aller aux découvertes. — Mécontentement des Espagnols. — Le comte de Frigiliana président du Conseil des Indes. — Ses démarches contre le commerce frauduleux. — L'affaire du duc de Veragua. — Arrivée d'une escadre de la Nouvelle Espagne à Cadix. — Un achat de vaisseaux de guerre français est proposé en Espagne. — L'entente entre la France et l'Espagne est rétablie après les conférences de Geertruidenberg. — Conséquences de cette entente pour le commerce. — Le gouvernement français ne trouve plus à propos de permettre la navigation de la mer du Sud. — Permissions accordées par le roi d'Espagne au duc d'Albe. — Vente de ces permissions aux armateurs français. — Effet des défenses. — Pontchartrain et Lempereur.

Lorsque Chabert, en mars 1709, revint de la mer du Sud, rapportant ces riches trésors auxquels, au premier moment, on attachait de si belles espérances pour le rétablissement des finances françaises, Louis XIV venait d'engager, par l'intermédiaire de Rouillé, les négociations dans lesquelles, pour obtenir la paix tant désirée, il abandonnait à l'ennemi la principale partie des possessions de son petit-fils, l'Espagne et les Indes. Peu de temps auparavant, par Mesnager, il avait acquiescé à toutes les exigences des Hollandais relatives au commerce, et renouvelé l'assurance que derechef aucune permission de faire le commerce dans la mer du Sud ne serait accordée à aucun de ses sujets. En outre, le développement des négociations l'avait obligé de rappeler ses troupes d'Espagne, de cesser de s'ingérer dans l'administration de ce pays, et enfin de donner une preuve tangible de la sincérité de ses résolutions en ordonnant à ses agents à Madrid de rentrer en France.

À l'égard du commerce des Indes, ces mesures ne laissèrent évidemment pas de le placer dans une situation fort étrange. On n'avait plus besoin d'attacher aux préjugés et à la répugnance des Espagnols la même importance que naguère ; fallait-il donc de plein gré tarir une source de revenus qui coulait plus abondante que jamais, et qui, depuis que l'espoir de la paix, en dépit de toutes les concessions, se trouvait être illusoire, semblait l'unique ressource permettant de continuer la guerre? D'autre part, il est évident que la politique exigeait la plus grande circonspection, si on ne voulait pas compromettre les chances de reprise des négociations ; mais quelle conduite adopter vis-à-vis des particuliers qui, alléchés par un bénéfice brillant, sollicitaient la permission de continuer des affaires aussi avantageuses pour eux et pour l'État?

Aussi, quelques jours à peine s'étaient-ils écoulés après le retour de Chabert, qu'une demande de ce genre était déjà faite, demande qui mit le gouvernement en demeure d'opter sur le parti qu'il convenait de prendre. Le capitaine Boisloré, le même qui avait commandé à bord du navire la *Toison-d'Or* de l'escadre de la Vérunne, demanda l'autorisation d'équiper deux bâtiments pour aller à Lima, de cette ville à Manille et rentrer de là en France par les Indes. Cette fois, Pontchartrain trouva moyen de se tirer d'embarras : il recommanda une enquête pour examiner l'utilité et les chances de succès de l'entreprise ; si le résultat en était favorable, il pourrait y avoir lieu d'adresser une proposition au gouvernement d'Espagne (1). Il est probable qu'il voulût ainsi s'abriter derrière celui-ci et épargner à la France la responsabilité d'une autorisation, qui ne pourrait qu'avoir une fâcheuse répercussion sur les négociations de paix engagées ; peut-être craignait-on aussi

(1) Pontchartrain à Daguesseau, 10 avril 1709. Arch. Nat. Marine, B² 215, p. 140. — C'est très probablement cette proposition qui, le 24 avril, fut envoyée par Pontchartrain à Amelot avec la demande de la présenter au roi d'Espagne, « s'il le jugeait à propos ». Il y est dit qu'il s'agit de « l'armement de deux vaisseaux pour aller le long de la côte du Chili à Lima, prendre les missionnaires et les fonds que S. M. C. envoie aux Philippines pour les y porter et connaître l'état du pays » (Aff. Et. Esp., Corr. pol. 195, f. 354). Cette expédition de Boisloré n'eut cependant lieu qu'un an et demi plus tard et avec une permission accordée uniquement pour aller en Chine et sous la réserve expresse qu'il ne pénètrerait pas dans la mer du Sud. Il est sans doute superflu d'ajouter que cette condition ne fut point respectée.

de provoquer la réalisation de certaines mesures fort préjudiciables aux intérêts français (1).

On combattit plus énergiquement un autre plan, qui proposait d'envoyer des navires de Gênes à la mer du Sud sous le pavillon français ; l'assertion, que le gouvernement n'y verrait aucun inconvénient, fut vigoureusement démentie (2), et lorsque, comme on pouvait s'y attendre, les armateurs de Saint-Malo recommencèrent à s'agiter, leurs entreprises se heurtèrent à un arrêté royal qui ordonnait « la fermeture des ports », depuis le 1er avril 1709, mesure dont le but déclaré était de pourvoir au recrutement de la marine royale en interdisant la navigation privée (3).

Pourtant, on ne sut garder longtemps cette attitude de refus, et les pressions ne manquèrent pas pour la faire abandonner. D'abord, ce fut un certain sieur de la Boulaye qui entra en scène avec le plan de rendre libre le commerce des Indes au profit d'une compagnie, composée de trois personnes, afin de rétablir ainsi ce commerce « que l'ignorance et la trop grande avidité des Fran-

---

(1) En janvier 1709, le gouvernement d'Espagne avait, en grand secret, résolu de « nommer un juge *perquisidor* pour procéder extraordinairement contre les gouverneurs, les officiers royaux et les négociants de la Nouvelle Espagne qui avaient facilité l'introduction en fraude de marchandises. » Ce juge aurait le droit de « pardonner moyennant l'indult qu'il jugerait à propos », et il y avait lieu de craindre, écrit Daubenton à Pontchartrain, que ce droit « ne donnât à ces Espagnols un prétexte d'absorber non seulement les marchandises qui leur auraient été adressées par des vaisseaux partis de France, mais encore celles dont la consignation leur aurait été faite par la voie ordinaire d'Espagne pour compte des Français. » « Ce prétendu indult » frapperait ainsi les seuls marchands français, et comme ceux-ci étaient estimés avoir pour plus de six millions de piastres d'effets à la Nouvelle Espagne, il était d'une haute importance « de mettre tout en usage afin de détourner cet orage, s'il était véritablement formé. » Lettre du 6 janvier 1709 (Arch. Nat. Marine, B7 255) et un placet anonyme adressé au Contrôleur général le 19 janvier 1709 (Arch. Nat., G7 1694). Un certain don Joseph Aristiquieta, « qui s'était indulté pour 14,000 piastres », fut sommé par Amelot de « retracter les lettres qu'il avait écrites dans le Mexique pour faire retenir les effets des Français afin de répondre de l'événement des poursuites qu'on faisait contre lui ». Pontchartrain à Daguesseau, 1er mai 1709 (Arch. Nat. Marine, B2 215, p. 394) ; à Daubenton, 17 avril et 1er mai 1709 (*Ibid.*, p. 232 et 403).

(2) Pontchartrain à Amelot, 24 avril 1709. Aff. Et. Esp., Corr. pol. 195, f. 354.

(3) La fermeture des ports depuis Dunkerque jusqu'à Bordeaux avait été arrêtée par des ordres du 6 et du 20 février 1709 ; les ports ne furent rouverts que le 19 février 1710, par une circulaire aux Amirautés. L'empereur eut à essuyer des reproches des plus vifs pour avoir, malgré la défense, permis l'expédition de trois frégates de Saint-Malo à Cadix : « Je suis si mécontent de ce que vous avez fait en cette occasion, lui écrit Pontchartrain le 3 juillet 1709, que j'ai été sur le point de proposer à S. M. de vous interdire de vos fonctions, et vous pouvez compter que, si vous n'êtes pas en état de fournir le nombre de matelots qui vous sera demandé, je ne vous épargnerai pas ce désagrément. » Arch. Nat. Marine, B2 216, p. 55.

çais avaient entièrement ruiné aussi bien pour les Espagnols mêmes que pour les Français ». Cette proposition fut renvoyée au Conseil de commerce, qui demanda l'avis des députés. Comme la question intéressait les principales villes du royaume, elle ne devait pas être tranchée sans qu'on les entendît ; mais les députés déclarèrent d'avance « qu'ils avaient toujours pensé que tous les commerces exclusifs et restreints à un certain nombre de personnes étaient contraires au bien de l'État et à celui de tout le commerce du royaume ». Par un simple exposé des chiffres, ils prouvèrent que la libre concurrence était plus profitable au pays, et ils terminèrent leur rapport sur la déclaration qu'il serait « fort difficile dans les circonstances présentes de faire sur cette matière aucune convention avec les Espagnols », et qu'il serait « encore plus dangereux de faire défenses aux sujets du Roi de continuer leurs entreprises pour les voyages de long cours (1). »

Ainsi, le Conseil de commerce venait donc de se prononcer pour la reprise du commerce de la mer du Sud, mais Pontchartrain continua de se montrer aussi ennemi de ce commerce que par le passé. Pas même son amitié pour Danycan et la protection qu'il lui avait si souvent prêtée, ne purent modifier son opinion sur ce point. Soupçonnant que celui-ci avait l'intention d'envoyer son navire, le *Phélypeaux*, à la mer du Sud, il répéta plusieurs fois au commissaire de la marine à Port-Louis l'ordre de faire arrêter ce navire ; pour pouvoir proposer au Roi d'en permettre la sortie, il interroge Danycan sur « les sûretés » que celui-ci était disposé à donner comme garantie qu'il n'irait pas à cette mer ; et, à la défense définitive, il ajoute en guise d'excuse : « s'il y avait quelque grâce à accorder sur ce sujet, je vous la prouverais par préférence à tout autre (2). » Huit jours après avoir déclaré que Danycan ne devait s'en prendre qu'à lui-même pour les pertes encourues par son affaire d'armement illicite, il renouvelle certes son refus, mais en donnant comme raison de ce refus que « le Roi faisait actuelle-

---

(1) Procès-verbaux du Conseil de commerce, 19 juillet 1709 ; Arch. Nat., F¹² 55, f. 80 v°. Avis des députés ; *Ibid.*, G⁷ 1693.
(2) Pontchartrain à Clairambault, 31 juillet, 21 août, 18 septembre ; à Danycan, 25 septembre, 9 octobre 1709. Arch. Nat. Marine, B² 216, p. 595, 995, 1431, 1570 ; 217, p. 152.

ment examiner s'il convenait de permettre cette navigation ou de la défendre » ; et il promet de mettre son protégé au fait de la résolution du Roi, afin qu'il pût s'y conformer (1).

Nous nous trouvons alors de nouveau en présence d'un de ces revirements de la politique française, dont l'histoire du commerce de la mer du Sud nous offre de si nombreux exemples. Il faut encore en chercher la raison dans le ballottement perpétuel entre les intérêts politiques et les intérêts financiers, et, comme toujours, ceux-ci ont trouvé dans le contrôleur général un défenseur, tandis que le secrétaire de la marine se fait le champion de ceux-là.

Pour se faire accorder cette autorisation que Pontchartrain persistait obstinément à leur refuser, les marchands de Saint-Malo s'étaient adressés de nouveau à leur protecteur, Desmaretz. Celui-ci expédia, le 5 septembre, leur supplique apostillée à son collègue, qui, dans un écrit détaillé du 11 du même mois, donne le motif de sa divergence d'opinion (2).

« Quoique je sois toujours très sincèrement porté, commence-t-il, à déférer à vos avis et à soumettre mes lumières aux vôtres, la chose me paraît assez importante pour ne pouvoir me dispenser de vous faire quelques observations avant que d'en rendre compte au Roi, persuadé que vous n'auriez pas manqué de les faire vous-même, si vos grandes et continuelles occupations vous avaient permis d'y donner quelques moments d'attention. » Après avoir rappelé que le Roi, par son ambassadeur à Madrid, avait fait la promesse formelle « qu'il ne serait à l'avenir accordé, sous quelque prétexte que ce fût, aucune permission ni tolérance pour ce commerce », il poursuit :

« Vous savez aussi bien que moi, Monsieur, que la connaissance que les ennemis ont eue de ce commerce et des sommes considérables qu'il a fait entrer en France est un des principaux motifs qui les obstine à vouloir séparer, à quelque prix que ce soit, les deux nations, et il n'y a pas lieu de douter que, s'ils apprennent, comme ils l'apprendront certainement, que ce commerce recommence, leur obstination n'en devienne encore plus forte, et par conséquent les négociations de paix plus difficiles à traiter. »

(1) Pontchartrain à Danycan, 16 octobre 1709. Arch. Nat. Marine, B² 217, p. 246.
(2) Arch. Nat. Marine, B⁷ 78, p. 557. — La lettre de Desmaretz du 6 septembre et le mémoire des négociants n'ont probablement pas été conservés.

Il déclare ensuite qu'après les préliminaires de paix de La Haye, la rancune des Espagnols contre la France s'aigrissait de jour en jour, et que, si déjà dans le passé ils n'avaient pu s'abstenir de se plaindre du commerce français dans la mer du Sud, un renouvellement de leur sujet de plainte achèverait sans doute « de les révolter entièrement et de leur persuader qu'en les abandonnant, nous voulons aussi les dépouiller » ; ce serait d'ailleurs « confirmer la réputation que les ennemis nous donnent depuis longtemps, et que les Espagnols ne sont pas aujourd'hui éloignés de nous donner, que les Français ne sont pas scrupuleux à manquer de parole et que la vue et le désir d'un intérêt présent les obligent souvent à les satisfaire à quelque prix que ce soit et aux dépens de tout ce qui peut en arriver dans la suite. »

A ces raisons générales de politique, l'auteur de la lettre en ajouta d'autres de nature plus spéciale. C'était le moment où Du Casse s'apprêtait à mettre à la voile pour les Indes Occidentales, afin d'en ramener les galions, et l'on comptait sur plus de deux cents marchands espagnols qui devaient s'embarquer avec leurs marchandises sur son escadre ; la concurrence des Malouins les découragerait de leurs entreprises qui, même pour les intérêts français, étaient d'une importance bien supérieure au négoce de la mer du Sud. Si la paix était conclue avant le retour des vaisseaux malouins, et que la première condition en fût l'abandon de l'Espagne, les ennemis ne manqueraient pas de détacher une escadre pour prendre ces vaisseaux, sans qu'il fût possible au Roi de les réclamer, et les vice-rois des Indes pourraient aussi les arrêter « dans la vue de faire leur cour en cas de changement ou dans la vue de leur propre intérêt ». Et d'ailleurs, en fin de compte, les avantages économiques n'étaient point aussi indéniables, que les pétitionnaires voulaient bien le faire entendre ; car, en même temps qu'ils avaient exposé leur intention d'exporter « pour deux millions de manufactures de France », ils avaient demandé l'autorisation d'importer pour 300.000 livres de marchandises des pays étrangers ; or, faire sortir du pays une pareille somme, c'était chose grave dans un temps où le contrôleur général « savait mieux que personne que les besoins étaient très grands et très pressants ». A l'appui de ce qu'il avançait, Pontchartrain finit par s'en référer à

Daguesseau et à Du Casse dont les opinions concordaient sur tous les points avec la sienne.

C'étaient, comme on le voit, des raisons d'une gravité considérable qu'avait exposées le secrétaire de la marine ; aussi, Desmaretz se montre-t-il visiblement embarrassé pour les réfuter. « Sans m'écarter en aucune manière du sentiment où vous êtes où j'ai toujours été qu'il ne conviendrait nullement de contrevenir aux paroles que Sa Majesté a fait porter au roi d'Espagne, il ne faudrait point regarder la proposition de ces négociants sur ce pied-là, » opine-t-il dans sa réponse (1). Il avait conféré avec « des gens fort entendus sur cette matière » — il est permis de supposer que ces gens n'étaient autres que les marchands intéressés — et de leur exposition il avait relevé qu'ils « ne demandaient point de passeports à Sa Majesté, mais un simple ordre au commissaire de la marine de laisser partir leurs navires pour aller où ils voudraient. » Il ne juge pas nécessaire de répéter les autres raisons (2), et, rappelant « les secours et l'avantage que le Roi et l'État en retireraient », il demande à être informé de « la dernière résolution » de son collègue.

Mais Pontchartrain tint ferme assez longtemps. En une nouvelle lettre (3), il en appelle à l'autorité éprouvée d'Amelot ; et lorsqu'il reçut de Desmaretz la nouvelle, bien faite pour l'étonner, qu'outre le *Phélypeaux*, six navires de Saint-Malo s'apprêtaient à partir pour la mer du Sud, il déclare « qu'il y a des ordres très précis et très sévères d'empêcher leur sortie », et que « l'expérience fera voir que ces ordres seront très ponctuellement exécutés. »

---

(1) Desmaretz à Pontchartrain, 17 septembre 1709. Arch. Nat. Marine, B³ 175, f. 168.
(2) Desmaretz renvoie à un Mémoire annexé à sa lettre du 17 septembre (*Ibid.*, f. 169). On y représente en principe que le commerce de la mer du Sud, même dans le passé, avait été officiellement interdit, mais qu'on avait accordé des permissions « à tous ceux qui en avaient demandé » ; que l'expédition de Du Casse, en cas d'une conclusion de paix, aurait un résultat aussi problématique que les entreprises des armateurs particuliers ; que les deux cents Espagnols qui devaient l'accompagner, se réduisaient à une vingtaine ; qu'il était généralement connu que des marchandises étrangères étaient indispensables pour l'assortiment des cargaisons et que « l'objet des 100.000 écus de marchandises étrangères n'en était pas un qui pût être à charge à l'État dans cette occasion, puisque c'étaient les sujets du Roi qui y gagnaient et non pas les étrangers. » On ajoute, en guise de conclusion : « Les risques des navires et chargements pendant les voyages sont choses à prévoir par les négociants qui veulent les courir, mais la vue de déboucher les manufactures et d'attirer de l'argent dans le royaume est celle qui mérite le plus d'attention. »
(3) A Desmaretz, 27 septembre 1709. Arch. Nat. Marine, B⁷ 78, p. 648.

Et, en vérité, les ordres et les défenses ne firent point défaut ; Pontchartrain les prodigue et les répète à satiété pendant ce mois d'octobre dans chacune de ses lettres à son agent de Saint-Malo, Lempereur. Mais, pendant ce temps, se préparait, sans doute par la voie des négociations verbales (car les documents écrits gardent le silence à cet égard), ce changement dans la conduite du gouvernement français que nous avons signalé plus haut. Dès le 28 octobre, le *Phélypeaux* appareille de Port-Louis « pour aller aux découvertes de l'Amérique espagnole et la mer du Sud, suivant la permission qu'il en avait de Sa Majesté », et, le 6 novembre, Pontchartrain se félicite de ce que le navire a pu profiter, pour le voyage, de l'escorte d'un corsaire de Saint-Malo(1). Le même jour, il donne une preuve surprenante de sa défection à l'idée que, naguère encore, il avait si ardemment soutenue : il écrit à son agent Lempereur, ce même agent qu'à peine quinze jours plus tôt il avait rendu responsable de la stricte exécution de ses ordres, qu'il avait « engagé Sa Majesté à lui accorder une permission pour envoyer un navire aux nouvelles découvertes ». « J'ai été bien aise, ajoute-t-il, de vous procurer cette grâce pour vous mettre en état de vous soutenir dans le service et de vous y attacher avec toute l'application et le zèle qui dépendent de vous(2). » Façon incontestablement peu ordinaire de récompenser un fonctionnaire subordonné et que n'améliora nullement la réserve qu'il fallait « tenir cette grâce secrète (3) ».

Les armateurs ne tardèrent pas à profiter de l'occasion qui s'était présentée de renouer les affaires avec la mer du Sud — cinq

---

(1) A Clairambault. Arch. Nat. Marine, B² 217, p. 537.

(2) Pontchartrain à Lempereur, 6 novembre 1709. Arch. Nat. Marine, B² 217, p. 556.

(3) Le 10 novembre, Lempereur remercie Desmaretz, car, écrit-il, « les soins pleins de bonté que vous avez bien voulu vous donner pour me procurer une permission pour la mer du Sud ont eu leur effet », et il ajoute : « Si j'avais pu l'avoir il y a trois semaines, elle m'aurait valu plus de 10,000 écus, mais comme ceux de nos négociants qui m'avaient engagé à la demander en ont obtenu de pareilles, et qu'il en a encore été expédié plusieurs autres, je crains fort que celle-ci ne me soit d'aucune utilité, et que je ne puisse trouver à m'en défaire » (Arch. Nat., G⁷ 1694). Cette crainte était certainement plus simulée que réelle : dès le 27 novembre, Pontchartrain est informé que Lempereur avait trouvé un armateur, le sieur de Chapdelaine, disposé à acheter la permission accordée ; le 4 décembre, le passeport pour le vaisseau la *Marie-Angélique* est daté ; le 18, Lempereur annonce que le navire est prêt à appareiller et demande qu'on lui permette de naviguer de conserve avec quelques autres vaisseaux à destination des Indes Orientales, « pour ne pas être exposé à sortir seul avec une emplette d'un million » ; et le 22 février 1710 eut lieu le départ pour la mer du Sud.

navires pour le moins partirent de Saint-Malo au cours de février et de mars 1710, tous « avec permission pour aller aux découvertes ». Il est très visible que Pontchartrain n'ait pas accordé ces permissions avec gaieté de cœur ; il cherchait bien au contraire tous les prétextes possibles pour les refuser : tantôt il fait des difficultés aux capitaines pour l'engagement des matelots, tantôt il allègue que le nombre des permissions était limité, et à *une* demande il répond qu'il l'aurait très volontiers agréée, si seulement elle avait été présentée plus tôt ; tantôt il pose comme condition qu'on obtienne d'abord un passeport du roi d'Espagne. Mais lorsque les solliciteurs, à bout de ressources, s'adressèrent au contrôleur général, leur appel ne fut jamais vain (1), et Pontchartrain se contente d'exprimer son ressentiment contre « l'ostentation des négociants de Saint-Malo qui publient les richesses qu'ils rapportent de la mer du Sud, ce qui fait crier les Espagnols et excite leur inimitié contre les Français. » Comme il craignait que ces commerçants n'allassent plus loin dans leur indiscrétion et n'ébruitassent la liberté qu'ils venaient d'obtenir, il les exhorte vivement à « ne s'en point vanter », conseil que son homme de confiance, Lempereur, trouve certes opportun, mais qu'il juge peu efficace pour le maintien du secret, du moment « qu'il n'était guère possible qu'on trouvât le fonds d'un million sans courir en plusieurs endroits pour trouver des associés (2). »

(1) L'évêque de Saint-Malo, Vincent-François Desmaretz, semble avoir plaidé la cause des armateurs auprès de son frère le ministre. Voir entre autres une lettre de Blantpignon Baillon au Contrôleur général le 24 novembre 1709 (Arch. Nat. G⁷ 1694). Afin d'obtenir pour son navire, le *Comte-de-Torigny*, la permission refusée, ce marchand ne se borne pas à présenter les raisons économiques ordinaires : « Je laisse à penser la douceur que l'État en reçoit, dit-il, je pousse la chose plus loin et je dis : ou Philippe V, que Dieu conserve sur le trône d'Espagne, se maintiendra roi des Espagnes, ou ne s'y maintiendra pas ; pour s'y maintenir il ne le peut sans le secours de la France, la France ne peut le secourir sans argent, il faut donc nécessairement aller le chercher dans les mines du Potosi... Si par malheur, ce que Dieu ne veuille, Philippe V était obligé de quitter ce royaume, ne serait-il pas de l'intérêt de la France qu'elle eut tiré de ce royaume tout l'argent qu'on aurait pu par forme de dédommagement pour réparer une partie de l'épuisement que les frais de la guerre causent pour le maintenir. » Si c'était ce programme politique ou l'assertion de Baillon qu'il avait « dans ses magasins pour 400,000 livres de marchandises propres pour les Indes », qui aura fléchi la rigueur du ministre, nous l'ignorons ; mais ce qui est certain, c'est que Pontchartrain, cette fois, démentit absolument avoir fait des difficultés et déclare que la seule raison qui avait empêché l'expédition du passeport était l'ignorance où il avait été des noms du navire et du capitaine qui devait le commander. A Desmaretz, 11 décembre 1709. Arch. Nat. Marine, B² 217, p. 1052.

(2) Pontchartrain à Mirasol, consul à Cadix, 25 novembre (Arch. Nat. Marine, B⁷ 78,

On avait donc tout lieu de s'attendre à une nouvelle manifestation du mécontement des Espagnols ; mais on considérait qu'à présent l'on ne devait point y attacher la même importance qu'autrefois. Depuis que le départ d'Amelot de Madrid avait marqué la rupture définitive des relations intimes entre les gouvernements espagnol et français, la rancune des Espagnols contre la France, jusqu'alors un peu maîtrisée, s'était manifestée de plusieurs façons. Le successeur d'Amelot, Blécourt, rapporte peu après le départ d'Amelot, « qu'on voulait changer toutes les bonnes dispositions qu'il avait laissées et qu'on voulait remettre les choses sur l'ancien pied, ce qui perdrait toutes les affaires (1). » Et les dernières lettres que Daubenton écrivit de Madrid annoncent que le Conseil des Indes, excité par le comte de Frigiliana, nourrissait des projets violents contre les Français ; mais, bien que cette nouvelle fortifiât Pontchartrain dans l'opinion qu'il avait toujours soutenue (2), il décida, après en avoir délibéré avec Amelot, qu'il n'était pourtant pas opportun de souscrire à la proposition de Daubenton ; cette proposition demandait en effet qu'on publiât une ordonnance royale contre le commerce de la mer du Sud, sous la condition que le roi d'Espagne s'engagerait à mettre fin au trafic des Anglais et des Hollandais dans la mer du Nord ; « car, conclut Pontchartrain, comme les Espagnols savent qu'ils n'ont point de forces suffisantes dans les Indes Occidentales pour y empêcher le commerce de ces deux nations et que nous sommes aussi instruits qu'eux-mêmes de cette impuissance, ils ne manqueraient pas de regarder la proposition de faire cesser ce commerce comme une illusion et une espèce de raillerie et d'insulte qui les piquerait infiniment et qui, loin de calmer l'indisposition qu'ils ont aujourd'hui contre la France, ne servirait au contraire qu'à l'augmenter. » On résolut donc « que le meilleur parti était celui de demeurer dans le silence et d'attendre la décision du roi d'Espagne et du Conseil des Indes (3). »

p. 980) ; à Lempereur, 27 novembre (*Ibid.*, B² 217, p. 847) ; Lempereur à Pontchartrain, 15 décembre 1709 (*Ibid.*, B³ 169, f. 371).
(1) Blécourt à Louis XIV, 30 septembre 1709. Aff. Et. Esp., Corr. pol. 193, f. 65.
(2) Pontchartrain à Daubenton, et à Daguesseau, 4 novembre 1709. Arch. Nat. Marine, B⁷ 78, p. 842 et 874.
(3) Pontchartrain à Blécourt, 18 novembre 1709. Arch. Nat. Marine, B⁷ 78, p. 911.

On estimait devoir garder cette même conduite réservée, bien qu'on eût des raisons de craindre que MM. Ronquillo et Frigiliana ne préparassent sur le commerce des Français « une consulte très violente et très injurieuse (1) » ; et quand Blécourt, pour donner un exemple des efforts faits pour « éloigner le Roi Catholique de tout ce qui avait liaison avec la France », rapporta qu'on ne voulait plus permettre qu'une escadre française allât chercher et ramener les galions, et que « le comte d'Aguilar le père avait dit en plein Despacho qu'il valait mieux que les galions périssent que les Français les allassent quérir », Louis XIV admit certes que c'était pousser trop loin la méfiance, mais que, pour le reste, il ne saurait trop « condamner l'idée que les ministres d'Espagne s'étaient formée de séparer absolument de ses intérêts ceux du roi leur maître (2). »

Les desseins que couvait le Conseil des Indes se manifestèrent au commencement de janvier 1710. Une très longue consulte, visant le commerce français de la mer du Sud, fut alors remise au roi d'Espagne, mais le gouvernement français ne réussit point à être renseigné sur son contenu (3) ; on dut se contenter des observations que l'ami de la France, don Bernardo Tinajero, y avait jointes et d'où ressortait qu'on avait proposé la peine de mort pour tous ceux, Espagnols ou Français, qui seraient atteints et convaincus de contrebande (4).

Cependant, on eut à redouter des mesures encore plus sévères après que Frigiliana, le 10 février, eut été élu président du Conseil des Indes. Il ne semble pas qu'il fût, au début, entièrement éloigné de l'idée d'engager de nouvelles négociations avec la France dans le but de pouvoir, grâce à son secours, « conserver les Indes pour elle et pour l'Espagne » ; mais, en même temps, il déclara les projets d'union de commerce, proposés jadis, « tout à fait contre les intérêts de l'Espagne (5). » Louis XIV, qui à Geer-

(1) Pontchartrain à Blécourt, 25 novembre, 2 et 23 décembre 1709. Arch. Nat. Marine, B⁷ 78, p. 965, 993, 1102.
(2) Blécourt à Louis XIV, 14 décembre 1709 ; Louis XIV à Blécourt, 23 du même mois. Aff. Et. Esp., Corr. pol. 194, f. 225 et 232.
(3) Le 11 mars encore, Pontchartrain enjoint à Blécourt d'en procurer une copie « à quelque prix que ce fût ».
(4) Observation faite sur la consulte du Conseil des Indes touchant le prétendu commerce fait aux Indes, 11 janvier 1710 (en espagnol). Aff. Et. Esp., Corr. pol. 198, f. 27.
(5) Blécourt à Louis XIV, 17 février 1710. Aff. Et. Esp., Corr. pol. 198, f. 112.

truidenberg s'était vu dans la nécessité d'offrir la paix à des conditions « dont il était autrefois bien éloigné d'entendre la proposition », déclara qu'il « ne convenait guère de songer à prendre des mesures pour conserver le commerce des Indes Occidentales entre les Français et les Espagnols (1) » ; et le peu de foi qu'il témoignait pour la sincérité de Friligiana n'apparut que trop bien fondé, quand on apprit que celui-ci avait résolu d'envoyer en Amérique un *alcalde de corte*, un certain Lozada, « un des plus furieusement déchaînés contre la nation », et que cet émissaire était « chargé de l'exécution de beaucoup d'ordres que l'on disait être terribles contre les Français qui avaient fait ou feraient quelque commerce aux Indes (2) » Pontchartrain jugea ce fait tellement grave, qu'il expédia une circulaire à tous les intendants de la marine (3), leur ordonnant, à chacun dans son département, d'avertir les négociants « afin qu'ils prissent des mesures pour mettre à couvert tous les effets qu'ils pouvaient avoir aux Indes et qu'ils donnassent ordre aux capitaines de leurs vaisseaux qui en reviendraient d'éviter de relâcher dans les ports d'Espagne afin de n'être point exposés à la visite », que le roi d'Espagne avait résolu de faire exécuter « avec rigueur. »

Cependant, les navires français, l'un après l'autre, partirent avec permission pour aller aux découvertes, et le gouvernement français témoigna de l'empressement à favoriser leurs entreprises. Pontchartrain lui-même recommande à ses subordonnés de ne point retarder les départs, et Desmaretz s'évertue à faciliter les formalités qui y mettaient obstacle à la dernière minute. La cause de cet empressement se trouve sans doute dans la crainte que les négociations ouvertes pour la paix n'eussent pour résultat une interdiction absolue de la navigation des Français vers les Indes (4);

(1) Louis XIV à Blécourt, 3 mars 1710. Aff. Et. Esp., Corr. pol. 198, f. 122.
(2) Pontchartrain à Desmaretz, 12 mars 1710. Arch. Nat. Marine, B⁷ 82, p. 277.
(3) Le 19 mars 1710. Arch. Nat. Marine, B² 220, p. 967.
(4) Dans un « Mémoire de conséquence » que l'évêque de Saint-Malo adressa au Contrôleur général, on lit : « Il est d'autant plus de conséquence à l'État d'apporter toutes les facilités nécessaires à l'expédition et à la sortie de ces vaisseaux, qu'ils profiteront d'un reste de saison favorable, ne se consommeront point en frais dans le port, comme ils font depuis plus d'un mois, et en même temps ils éviteront l'inconvénient essentiel d'être obligés de rompre leurs voyages, si avant leur départ les préliminaires d'une paix prochaine éclataient, parce que dans ces préliminaires les ennemis, jaloux et attentifs aux avantages que les Français ont retirés et pourraient seuls encore retirer de ce com-

Louis XIV, dans son projet de paix du 2 janvier 1710, en avait renouvelé la promesse. Nous ignorons, si cette façon d'éluder l'engagement donné a eu quelque influence sur l'issue défavorable des négociations de Geertruidenberg, et nous ne savons pas davantage si le renouvellement des refus, opposés par le gouvernement français aux demandes d'autorisations nouvelles, a des rapports avec ces négociations ; mais ce qui prouve l'importance des intérêts économiques, qu'on avait à sauvegarder, c'est que les navires qui étaient prêts à appareiller en février 1710 avaient à eux seuls un chargement de marchandises d'une valeur de six millions de livres, fait d'autant plus remarquable, qu'il témoigne des fonds que les commerçants français étaient capables de réunir à une époque où la misère publique et privée avait atteint le plus haut degré.

*
* *

Bien qu'il soit impossible de vanter la sagesse et la perspicacité de la politique commerciale espagnole, si opiniâtre dans son esprit conservateur, on ne saurait, d'après ce qui a été dit, lui méconnaître une supériorité sur la politique française : celle d'avoir agi avec suite en refusant constamment aux étrangers le droit de participer aux bénéfices du commerce des Indes. Cette conduite conséquente était pourtant plus apparente que réelle. Si le gouvernement espagnol, dans ses mesures officielles, ne fit pas preuve de la même versatilité que le gouvernement français, il n'en était pas moins sujet aux pressions des intérêts particuliers et incapable de poursuivre contre ces intérêts ce qui avait été déclaré être d'utilité publique. Nous citerons à ce sujet un exemple caractéristique.

Lorsque, en décembre 1709, Philippe V avait fait connaître son refus de laisser chercher par Du Casse les galions aux Indes Occidentales, et cela bien qu'il ne possédât lui-même aucun vaisseau qui pût leur faire escorte, et qu'à ce refus il avait joint une inter-

merce, n'ont garde de manquer d'en exiger une prohibition absolue. » Arch. Nat., G7 1695 ; cf. « un mémoire anonyme fait sur celui-ci à M. le comte de Pontchartrain pour prendre l'ordre du Roi », 22 février 1710. Arch. Nat. Marine, B³ 189, f. 130.

diction pour les navires français « d'aller chercher les effets de l'Asiento des nègres et des autres Français qui étaient intéressés dans la flottille », Blécourt qui, par ce fait, se trouvait, pour le compte de ses compatriotes, dans une passe difficile, reçut un jour une offre qui l'aura sans doute fort surpris. Il eut la visite d'un des hommes les plus remarquables de l'Espagne, le marquis de la Jamaïque, qui lui étala une autorisation, signée du roi d'Espagne, par laquelle il était en droit d'envoyer des navires aux Indes, sauf toutefois à la mer du Sud, et de faire partir ces navires d'où bon lui semblerait, par conséquent de France aussi. Or, il mit cette permission à la disposition du ministre de France, le priant de la faire parvenir à Pontchartrain, tout en assurant être « bien aise d'avoir cette occasion pour témoigner au roi de France l'attachement qu'il avait pour ce qui lui pouvait plaire et pour la nation française (1). » L'offre n'était pourtant pas aussi désintéressée qu'elle en avait l'air : il s'agissait d'une affaire ayant une assez longue histoire antérieure et dont nous relaterons les traits principaux.

Le marquis de la Jamaïque ne se présentait pas en réalité pour son propre compte ; il venait pour celui de son père, le duc de Veragua. Celui-ci, dont le nom de famille était don Pedro Manuel de Portugal y la Cueva, descendait de Christophe Colomb par la petite-fille du grand explorateur, doña Isabel Colon y Toledo, de son mariage avec don Jorge de Portugal, comte de Gelves. Cette origine lui avait transmis non seulement le droit aux titres de duc de Veragua et de la Vega et la dignité héréditaire d'amiral des Indes, elle l'autorisait encore à prétendre aux avantages économiques que son aïeul s'était fait accorder en récompense de la découverte du Nouveau Monde. La partie capitale du majorat attribué aux héritiers de Colomb était l'île de la Jamaïque ; mais, dans la suite, l'Espagne avait perdu cette île, conquise en 1655 par l'amiral Penn et définitivement cédée à l'Angleterre à la paix de Madrid en 1670. Déjà vers 1661, le père du duc de Veragua actuel avait tenté un effort, demeuré sans résultat, pour obtenir du gouvernement d'Espagne une compensation pour les pertes

(1) Blécourt à Louis XIV, 23 décembre 1709. Aff. Et. Esp., Corr. pol. 194, f. 253.

éprouvées à la Jamaïque (1) ; ces efforts avaient été renouvelés en 1707 avec plus de succès par le fils et le petit-fils. Dans le commerce si fructueux des Indes, ils avaient entrevu un domaine susceptible d'être exploité. C'est par une lettre de Daubenton à Pontchartrain qu'on en est d'abord informé (2) :

« Sa Majesté Catholique, écrit-il, a accordé à M. le marquis de la Jamaïque la permission d'envoyer tous les ans un navire aux Indes. J'ai été chargé d'en conférer avec lui et de rédiger le décret. J'espère qu'il aura la liberté de le faire partir de France. »

En marge, Pontchartrain a noté de sa propre main : « Bon, suivre avec ménagement, mettre en règle et mander. »

Une nouvelle lettre de Daubenton (3) nous renseigne sur la marche de cette affaire. Il dit qu'on « a fait entendre raison à M. le marquis de la Jamaïque sur sa prétention sous le nom de M. le duc de Veragua, pour envoyer chaque année son navire aux Indes : elle a été réduite à deux voyages, l'un pour la présente année et l'autre pour la prochaine. » Dans le décret promulgué par le roi d'Espagne, « faisant attention aux services, mérites et fidélité avec laquelle le duc de Veragua l'avait toujours servi, et considérant l'indigence que sa maison souffrait par la perte de la Jamaïque », l'autorisation d'envoyer un navire aux Indes était suivie de la restriction que ce navire n'irait point à la mer du Sud; mais il était stipulé, tant pour les droits de sortie que pour les droits de retour, des allégements considérables, en raison desquels Daubenton pouvait assurer que « ce décret devait procurer 80.000 piastres à ce marquis pour les deux voyages, et pour en être persuadé, ajoute-t-il, il n'y a qu'à faire attention sur cette modération des droits et sur la liberté qui lui est concédée d'envoyer le navire en tel port des Indes qu'il voudra. » Que l'intention de M. de la Jamaïque fût bien dès le début de placer en mains françaises les droits qu'il venait de se faire accorder, nous ne devons point en douter, car il nous le confirme lui-même, en demandant à Pontchartrain de « lui donner une compagnie », de

(1) Henry Harrisse, *Christophe Colomb, son origine, sa vie, ses voyages, sa famille et ses descendants*, t. II, Paris, 1884, p. 329.
(2) Le 6 mars 1707. Arch. Nat. Marine, B⁷ 245.
(3) A Pontchartrain, 1ᵉʳ avril 1707. Arch. Nat. Marine, B⁷ 245.

régler avec cette compagnie les conditions de la façon qu'il jugerait bonne, et enfin, pour rendre l'entreprise aussi fructueuse que
possible, d'obtenir « qu'il ne paie rien en France (1). »

Comme le marquis, qui venait d'être nommé vice-roi de Sar-
daigne, dut se rendre immédiatement à son nouveau poste, — où
d'ailleurs sa conduite laissa fort à désirer, car, sans coup férir, il
abandonna l'île aux Anglais (2), — les négociations avec la France
furent poursuivies par son père, le duc de Veragua. Ses propositions furent accueillies on ne peut plus favorablement, même
lorsqu'elles abordèrent une affaire d'une portée autrement considérable que l'envoi de quelques vaisseaux en Amérique. Il s'agit
d'un plan dressé dans le plus grand secret et tendant à procurer à
la France une nouvelle possession en Amérique. Le nom du pays
dont il était question, on semble d'abord n'avoir osé le confier au
papier : Daubenton écrit dans ses lettres à Pontchartrain « le pays
que vous savez », mais il n'est point dificile de se rendre compte
qu'il s'agissait de la partie espagnole de l'île de Saint-Domingue.
En voici le plan :

Lors de la future conclusion de la paix, Veragua devait exiger
la restitution de la Jamaïque ; et afin de donner plus de poids à
cette réclamation, il en chargerait aux négociations un député
spécial. Les Anglais ne donneraient jamais leur consentement à
cette demande, on le comprenait et on y comptait. Aussi fallait-il
s'entendre pour que le roi d'Espagne, comme une concession faite
à l'Angleterre, se chargeât de l'indemnité que réclamerait Veragua.
Cela une fois solennellement convenu, Veragua, appuyé sur la
France, pourrait avec chance de succès réclamer du roi d'Espagne
« le pays dont il s'agissait ». Enfin Veragua avait donné sa parole
qu'il céderait, à son tour, ce pays au roi de France (3).

Il semble que ce projet, plus naïf que fin, n'aurait dû provoquer
qu'un sourire de mépris chez un ministre occupé des affaires
sérieuses de l'État, mais sur les questions de Daubenton s'il
approuvait « l'idée de ce duc » et comment il fallait y répondre,

(1) Le marquis de la Jamaïque à Pontchartrain, 11 avril 1707. Arch. Nat. Marine,
B7 245.
(2) Voir : *Mémoires de Saint-Simon*, éd. de Boislisle, t. XVI, p. 168-170.
(3) Daubenton à Pontchartrain, 18 juillet 1707. Arch. Nat. Marine, B7 245.

Pontchartrain griffonne une de ces annotations marginales si caractéristiques : « Paraît bon, mais difficile, examiner et raisonner. » Nous ne connaissons pas le détail de la lettre qui renferme la réponse, mais elle a fourni à Daubenton l'occasion d' « amplement conférer » avec le duc de Veragua et de lui demander l'exposé écrit de ses idées. Ce n'est qu'alors que Daubenton s'avisât que le roi d'Espagne ne voudrait peut-être céder au duc de Veragua une de ses possessions « qu'à condition d'en conserver la principale souveraineté, de même que les rois Catholiques l'avaient sur la Jamaïque », et que, par conséquent, Veragua ne pourrait vendre le pays en question qu'avec le consentement de son monarque, et les négociations au sujet de la souveraineté étaient chose grave (1). Probablement le duc a-t-il fait le même raisonnement et conclu que sa cause, si elle était liée à des projets politiques aussi hasardeux, risquerait de traîner indéfiniment en longueur ; or, il avait des raisons très spéciales de la presser : ses affaires étaient dans un délabrement complet et ne se laisseraient remettre sur pied, que s'il pouvait envoyer incessamment un vaisseau en Amérique. Aussi s'informa-t-il avec impatience auprès de Daubenton, si, parmi les armateurs de France, on n'avait pas trouvé acquéreur de sa permission, et il hasarde même la proposition de se faire envoyer « une somme à compte de celle qu'il pouvait espérer (2). »

Mais la permission de Veragua ne fut point une marchandise facile à débiter, et cela bien que le secrétaire de la marine en personne se fût chargé d'en négocier la vente. C'était parmi les commerçants de Saint-Malo, qu'on avait espéré trouver des spéculateurs bien disposés pour l'affaire, et Pontchartrain, les ayant fait interroger par Lempereur, reçut de celui-ci la réponse qu'il ne manquait certes pas de gens qui pourraient se charger de cette entreprise, mais qu'aucun d'eux ne voulait faire d'offre : « Ils veulent auparavant savoir s'ils auront la liberté d'entrer dans la mer du Sud et ce que ce seigneur demande pour la gratification qui doit lui en revenir (3). » Que Pontchartrain n'ait point épargné

(1) Daubenton à Pontchartrain, 26 août 1707. Arch. Nat. Marine, B⁷ 248.
(2) Daubenton à Pontchartrain, 30 septembre 1707. Arch. Nat. Marine, B⁷ 248.
(3) Lempereur à Pontchartrain, 19 octobre 1707. Arch. Nat. Marine, B³ 145, f. 307.

ses efforts, ce fait se confirme quand on lit les remerciements répétés qu'il reçut pour ses « généreux soins » ; et lorsque les négociations eurent échoué à Saint-Malo, il s'adressa à Marseille, pour se voir finalement dans la nécessité d'informer Veragua de son échec, « de façon, dit le ministre, qu'il connaisse que ce n'est pas ma faute et qu'il ne s'en puisse prendre à moi (1). » Il est évidemment hors de doute que ce fut la clause concernant la mer du Sud, clause que Veragua, membre du Conseil d'État du roi d'Espagne, ne pouvait ouvertement enfreindre, qui souleva la plus grande difficulté.

Une année entière se passe avant que nous entendions de nouveau parler de l'affaire du duc de Veragua, mais il est certain qu'elle n'en est pas restée là. En janvier 1709, le marquis de la Jamaïque tenta la fortune auprès des marchands de Cadix, — cette fois encore avec un appui français (2), — tout en entretenant par son secrétaire, un certain sieur de Liancourt, des relations avec Saint-Malo. Il est possible que ce fût la concurrence entre les deux villes qui ait amené une convention. Ce fut Bourdas, le même Bourdas dont nous avons déjà eu plusieurs fois l'occasion de parler, qui finit par acheter le privilège du duc de Veragua (3). Il s'engagea à le payer 145.000 piastres, à condition que le duc se chargeât des 5 p. 100 que le roi d'Espagne s'était réservés pour ses droits, et qu'il obtînt du roi de France « deux vaisseaux armés et munis, dont ledit sieur Bourdas payerait le simple fret. » Si le duc échouait dans cette dernière tentative et que Bourdas fût obligé d'armer lui-même les vaisseaux, le prix convenu serait diminué de 20.000 piastres, et comme on avait calculé que les droits royaux devaient monter à environ cette même somme, le bénéfice net de la vente du privilège serait, au pire cas, de 105.000 piastres, somme qui dépassait sensiblement celle que Veragua avait d'abord escomptée. Cette fois encore, Pontchartrain promit volontiers son

(1) Daubenton à Pontchartrain, 26 novembre 1707 et 8 janvier 1708. Arch. Nat. Marine, B⁷ 249 et 251.
(2) Pontchartrain exprime son approbation de ce que Partyet avait offert son entremise entre le marquis de la Jamaïque et le sieur Stalpaert, négociant irlandais, établi à Cadix, toujours considéré comme Français. A Daubenton, 16 janvier 1709. Arch. Nat. Marine, B⁷ 76, p. 60.
(3) Daubenton à Pontchartrain, 11 février 1709. Arch. Nat. Marine, B⁷ 255.

concours pour tout ce qui dépendait de lui (1), et cette affaire lui procura du moins la satisfaction de pouvoir dans la suite s'en rapporter à cette entreprise autorisée, lorsque de nouvelles plaintes s'élevaient en Espagne contre « les prétendus armements des Malouins pour la mer du Sud (2). »

L'affaire en était à ce point, quand, en décembre 1709, Blécourt reçut du marquis de la Jamaïque l'offre de transférer le privilège en question directement au roi de France. Blécourt, qui n'était point au courant de cette affaire, apprit par Pontchartrain ce qu'il en était. « J'ai rendu compte au Roi, écrit le ministre (3), de l'offre que le marquis de la Jamaïque fait de céder les permissions qu'il a obtenues pour envoyer deux vaisseaux aux Indes. Sa Majesté ne juge point à propos de l'accepter, parce qu'outre les raisons de bienséance qui ne lui permettent point d'entrer dans un pareil trafic, elle sait que le secrétaire du marquis de la Jamaïque, qui est actuellement à Saint-Malo, a fait un traité avec le sieur Bourdas, négociant de cette ville, portant cession de ces deux permissions, que ce traité a été ratifié par le duc de Veragua, et que l'exécution n'en a été suspendue jusqu'ici que parce que M. de Veragua veut toucher dès à présent la moitié de la somme convenue entre eux, qui est de 150.000 écus, ce que le sieur Bourdas refuse jusqu'à ce qu'on lui ait remis toutes les expéditions qu'il demande. » Aussi, Blécourt devait-il remercier sans entrer dans des détails.

Cependant, cette nouvelle démarche des Veragua père et fils inquiéta les armateurs avec lesquels ils avaient préalablement traité. Bourdas, qui n'avait pu seul mener à bout une entreprise de cette envergure, s'étant en vain efforcé de faire entrer Danycan dans l'affaire, avait trouvé un associé dans le commerçant le plus riche de Nantes, Descazeaux du Hallay. « Étonné et inquiet » du double jeu des Espagnols, celui-ci, qui avait appris la chose à Paris, accourut à Nantes pour arranger définitivement l'affaire avec le secrétaire de Veragua ; il reconnut que Bourdas avait longtemps fait traîner la chose, mais il promit que dans ses mains elle allait

(1) Pontchartrain à Bourdas, 27 mars 1709 (Arch. Nat. Marine, B² 214, p. 903); à Daubenton, 24 avril 1709 (*Ibid.*, B⁷ 76).
(2) Pontchartrain à Amelot, 13 mars 1709. Arch. Nat. Marine, B⁷ 76.
(3) Pontchartrain à Blécourt, 13 janvier 1710. Arch. Nat. Marine, B⁷ 82, p. 21.

être exécutée « rondement et noblement. » On avait déjà trouvé un vaisseau, l'*Hermione*, et on demandait pour le capitaine du navire, Joachim Darquistade, qui était sur le point de se rendre en Espagne, les recommandations nécessaires afin de pouvoir régler le traité définitif (1).

Ce fut alors la question de la destination du voyage qui passa au premier plan. Dans la convention préliminaire, Bourdas avait désigné Buenos-Aires ; dans la suite, il avait négocié avec Danycan au sujet de Vera-Cruz, mais le prix élevé qu'il avait estimé pouvoir y mettre, indique d'une façon certaine qu'il ne pouvait être question que de la mer du Sud, et il paraît également inadmissible que Veragua n'ait pas été prévenu du véritable but du voyage.

Mais ce ne fut pas l'avis de Pontchartrain. Dès la première demande de passeport pour l'*Hermione*, il en diffère l'expédition jusqu'à ce qu'il ait été informé de l'endroit où l'on voulait aller, « parce qu'il y en a où le Roi ne permet pas la navigation sans des ordres particuliers » (2) ; et plus tard, quand ses soupçons se furent éveillés, il écrit au commissaire de la marine à Bayonne, où s'armait le navire : « quelque chose qui arrive, je dois vous avertir que le Roi ne veut pas que cette frégate aille à la mer du Sud, et que Sa Majesté désire que vous l'arrêtiez, si le sieur Darquistade en prenait la résolution (3). » Le gouvernement avait d'autant plus le droit de fixer ses conditions, que l'*Hermione* était un bâtiment royal, frété par les armateurs en vue du voyage.

Pendant ce temps, le capitaine avait terminé sa mission à Madrid. Malheureusement, tout ce que nous savons de son résultat, c'est que « la disposition des affaires en Espagne n'avait pas permis l'exécution du traité fait avec M. le duc de Veragua. » Or, il était trop tard pour remettre l'expédition. Les armateurs qui, « sur la foi de ce traité, avaient fait voiturer à Bayonne l'emplette de la cargaison riche de plus d'un million », et qui se voyaient menacés d'une ruine complète, s'adressèrent à leur protecteur Desmaretz, et, comme toujours, celui-ci plaida leur cause. Il proposa qu'on leur fît acheter le bâtiment, « afin qu'il ne parût plus

(1) Descazeaux du Hallay à Desmaretz, 19 et 25 janvier 1710. Arch. Nat., G7 1695.
(2) A Darquistade, 19 février 1710. Arch. Nat. Marine, B2 220, p. 629.
(3) A Landreau, 16 avril 1710. Arch. Nat. Marine, B2 221, p. 229.

appartenir au Roi », ou bien qu'on en « fît construire un semblable à Bayonne pour Sa Majesté. » En même temps, il appuyait leur demande de permission pour aller à la mer du Sud, alléguant les mêmes raisons qu'il avait si souvent produites, comme par exemple que « des négociants qui font sortir pour un million de marchandises du royaume, pour en procurer le retour en argent, et qui d'ailleurs ont entrepris une affaire aussi considérable sur la foi d'un traité qu'ils avaient fait avec les Espagnols mêmes, semblent mériter quelque protection particulière dans un temps surtout où les secours d'argent qu'on peut espérer de leurs retours sont autant à désirer pour le service du Roi (1). »

Comme on avait lieu de le supposer, Pontchartrain se montra fort éloigné d'être persuadé par ces raisons : le Roi avait fixé le nombre des permissions ; il ne convenait pas de les augmenter dans la conjoncture présente, « pour ne pas donner de nouveaux sujets de plainte aux Espagnols et exciter la jalousie des Anglais et des Hollandais en employant un vaisseau de Sa Majesté à cette destination » ; pour ce qui était des marchandises qui composaient la cargaison, elles n'étaient pas toutes du cru du royaume ; on en avait tiré une bonne partie de Hollande (2), — par conséquent, il refusa de proposer au Roi d'accorder une pareille permission (3). Et il renouvela au commissaire de Bayonne ses avertissements d'examiner avec tout le soin possible, si la frégate l'*Hermione* n'était point destinée à la mer du Sud et de la retenir, s'il avait à cet égard le moindre soupçon (4).

Bien qu'il s'appuyât sur l'ordre du Roi, il fut informé peu de jours après, par Desmaretz, que le Roi avait pris une tout autre

(1) Desmaretz à Pontchartrain, 2 juin 1710. Arch. Nat. Marine, B³ 189, f. 141. — Le but du voyage est dévoilé dans un placet que le chargé d'affaires des armateurs à Paris, Pelletier, remit, le 4 juin, à Desmaretz. Il écrit : « Vous verrez que nous avons la liberté d'envoyer le vaisseau l'*Hermione* avec sa cargaison à la côte du Nord des Indes espagnoles, et qu'entre aller à la mer du Sud ou au Nord, c'est la même chose puisque d'autres vaisseaux français y vont. Il n'y a que la difficulté de la condition de ce traité, de ne pas y aller pour nous, que Mgr de Pontchartrain y a fait mettre, qui nous lie de ne pas y aller, à moins que Votre Grandeur ne trouve les moyens sur nos propositions de la lever. » Arch. Nat., G⁷ 1695.

(2) C'était d'ailleurs la vérité : cf. État des marchandises que le sieur Darquistade désire tirer d'Hollande sous le bon plaisir de Mgr Desmaretz pour faire passer d'Amsterdam ou de Rotterdam à Bayonne pour servir à la cargaison de la frégate du Roi l'*Hermione*, 20 octobre 1709. Arch. Nat., G⁷ 1694.

(3) Pontchartrain à Desmaretz, 18 juin 1710. Arch. Nat. Marine, B² 221, p. 1309.

(4) Pontchartrain à Landreau, 2 juillet 1710. Arch. Nat. Marine, B² 222, p. 9.

résolution, celle de permettre au sieur Darquistade et à ses associés d'envoyer leur vaisseau à sa destination. Le Roi avait cru devoir entrer dans les moyens de sauver à ces négociants une perte considérable et, ajoute le contrôleur général, « Sa Majesté s'est même porté d'autant plus volontiers à leur donner en cette occasion des marques sensibles de sa protection, qu'elle s'est souvenue de la bonne volonté qu'ils ont témoignée pour son service en rapportant aux hôtels des monnaies les matières d'argent qu'ils avaient ci-devant reçues de leurs retours de la mer du Sud (1). »

Il ne restait donc à Pontchartrain qu'à donner des contre-ordres et à informer les autorités de Bayonne que le Roi avait permis aux armateurs d'acheter la frégate l'*Hermione* (2) ; le vaisseau devait préalablement être évalué et la vente effectuée « à un prix avantageux, c'est-à-dire à un quart plus que sa juste valeur » ; et « pour ne pas faire connaître aux Espagnols que le Roi donnait des facilités à ses sujets pour ces sortes de voyages », les soldats de la marine qui d'abord constituaient l'équipage devaient être remplacés par des matelots de la flotte marchande (3). Lorsque les soldats furent débarqués à Rochefort, et qu'au moins une partie du prix d'achat du navire eut été acquittée (4), l'*Hermione* appareilla de ce

(1) Desmaretz à Pontchartrain, 9 juillet 1710. Arch. Nat. Marine, B³ 189, f. 158. — Il semble que l'éloge de leur « bonne volonté » ait été assez immérité, car peu après, le 6 août, Pontchartrain écrit à Descazeaux du Hallay : « M. Clairambault m'écrit que vous n'avez pas encore payé l'indult des marchandises arrivées de la mer du Sud pour votre compte sous l'escorte de M. Chabert, quelques sollicitations qui vous aient été faites sur cela. Je suis bien aise de vous dire que, si vous ne vous mettez pas en état d'y satisfaire incessamment, je prendrai les ordres de Sa Majesté pour vous y faire contraindre. » Arch. Nat. Marine, B² 222, p. 288. Quoiqu'il en soit, au retour de leur voyage, les armateurs oublieront la complaisance dont ils ont été l'objet et la raison de cette complaisance, car, le 13 septembre 1713, Pontchartrain écrit à Desmaretz : « Les intéressés en l'armement de la frégate l'*Hermione*, arrivée depuis peu de la mer du Sud, diffèrent d'envoyer à la Monnaie le reste des espèces et matières d'or et d'argent provenant des retours de ce navire, dans l'espérance de fatiguer par ce retardement le prévôt et les archers de la marine qui ont été préposés pour veiller à ce qu'il n'en soit point détourné. » « Comme un moyen certain pour les déterminer à se conformer aux ordres du Roi », il fut proposé de les condamner à payer les journées de ces prévôts et archers. Arch. Nat. Marine, B² 235, p. 570.
(2) Descazeaux du Hallay « avait beaucoup mieux aimé être assujetti à en rétablir un semblable au Roi ou à continuer le frètement qui en avait été fait par Mgr de Pontchartrain pour le Sud comme pour le Nord, appréhendant la discussion », mais il se soumit sans autrement protester à la condition stipulée.
(3) Pontchartrain à Landreau et à Desmaretz, 16 juillet 1710. Arch. Nat. Marine, B² 222, p. 106 et 141.
(4) Pontchartrain à de Beauharnais, 24 septembre 1710. Arch. Nat. Marine, B² 222, p. 936.

port pour commencer son voyage à la mer du Sud au mois d'octobre 1710.

Ce furent donc les armateurs français qui tirèrent seuls profit
de cette affaire. Ils étaient parvenus à se faire accorder la précieuse permission de trafiquer dans la mer du Sud sans rien payer.
On ne peut sans doute pas supposer qu'ils aient négocié l'achat
du privilège espagnol seulement pour la forme ; mais le fait que
ce privilège leur a échappé n'aura évidemment pas eu grande
importance, cela ressort nettement du succès brillant que remporta
leur voyage. Quant au duc de Veragua, il ne vécut pas assez longtemps pour voir échouer ses tentatives : il mourut le 9 septembre
1710, laissant à son fils ses titres et ses prétentions. Celui-ci
n'abandonna pas l'espoir d'une issue meilleure pour ses revendications, comme nous le verrons dans la suite.

Les desseins de la France relatifs à l'île de Saint-Domingue ne
furent point non plus mis à néant avec le projet insensé qui vit le
jour en 1707. Ils réapparaissaient dans les négociations d'Utrecht :
on escomptait que l'Espagne serait disposée à céder à Louis XIV sa
part de cette île en récompense des efforts qu'il avait faits pour
ménager à son petit-fils une paix acceptable (1). Nous ignorons si
cet espoir avait des rapports avec quelque nouvelle proposition de
la part du duc de Veragua ; toujours est-il que le projet, qui provenait directement de Mesnager, n'obtint pas l'approbation du roi
de France (2). Ce ne fut qu'à la dernière heure des négociations
que le duc de Veragua produisit ses prétentions. Avec une lettre à
Torcy, il envoya à Louis XIV une supplique (3), dans laquelle,
après un exposé explicite de ses droits, il dit : « C'est pourquoi le
duc avec une profonde soumission met le tout sous la grande pro-

(1) Mémoire des demandes à faire à l'Espagne en traitant de la paix, reçu avec la
dépêche de MM. les plénipotentiaires du 28 mai 1712. Aff. Et. Esp., Corr. pol. 218,
f. 253.
(2) Cf. Torcy à Mesnager, 27 juin 1712 : « On prétend suivre d'autres vues que celles
que vous proposez pour l'avantage du commerce avec l'Espagne après la paix… Il ne
serait pas même question suivant cette vue de faire aucune convention avec les
ministres d'Espagne. » Aff. Et. Holl., Corr. pol. 235, f. 192.
(3) Aff. Et. Esp., Corr. pol. 221, f. 176 et 178. Memoria de los papeles que el duque
de Veragua entrego al Sr marques de Monteleon conducente à la recompensa de la isla
de Jamayca, que el Rey nuestro Señor ha mandado se solicite por sus plenipotencia-
rios en el Congreso que se ha de tener en la proxima paz. Ibid., f. 182. — Cf. Mémoire des droits du duc de Veragua sur l'île de Jamaïque et d'autres, provenant de la
découverte des Indes par don Cristoval Colon. Ibid., 226, f. 383.

tection de Sa Majesté Très Chrétienne, la suppliant très respectueusement de lui accorder l'honneur de sa grâce afin qu'à l'occasion de la paix le duc et sa maison soient réintégrés dans la possession de ladite île de Jamaïque et, attendant la paix, qu'il lui soit donné l'équivalent, satisfaction et récompense, d'autant plus qu'il y a plus de quarante ans que cette maison souffre une si grande perte. »

La meilleure preuve que les efforts de Veragua furent vains cette fois encore, apparaît dans le fait qu'il négocia peu après au sujet du dédommagement, qu'il réclamait pour la perte des droits, qu'impliquait le privilège d'envoyer un vaisseau aux Indes. A cette fin il s'était de nouveau adressé aux armateurs français et, dans la personne d'un certain sieur de Coulange, il avait trouvé un acquéreur pour sa permission ; mais la chance allait continuer de le trahir, car Pontchartrain et Torcy déclarèrent « très contraire au service du Roi et à l'état présent des affaires qu'on fasse usage de cette permission (1) » : les traités d'Utrecht venaient de prohiber de pareilles entreprises, et effectivement cette fois aucun voyage n'eut lieu.

Pendant un an et demi, nous n'entendons plus parler du duc de Veragua ; son privilège était en attendant devenu trop vieux pour qu'on pût songer à s'en servir avec avantage, et les coups plusieurs fois manqués en avaient déprécié la valeur marchande. Aussi le duc estima-t-il, qu'il était nécessaire de le faire renouveler, et, afin de se débarrasser de ses réclamations importunes, le gouvernement espagnol expédia, en août 1714, un nouveau privilège, cette fois pour deux navires à Vera-Cruz et avec la réserve expresse que les voyages ne commenceraient ni n'aboutiraient en France. Au mois de novembre ce privilège fut modifié. On spécifia que Buenos-Aires serait désigné comme lieu de destination, et on renouvela l'ordre que les Espagnols auraient seuls le droit de s'en servir.

Ces restrictions n'empêchèrent point Veragua, malgré sa situation officielle (2), d'agir contrairement à ce que lui défendait son

(1) Pontchartrain à Torcy, 5 juillet 1713, avec la réponse de Torcy en marge. Aff. Et. Esp., Corr. pol. 225, f. 318.
(2) Il était vice roi de Navarre depuis 1712 et fut fait ministre d'État pour le commerce et la marine le 18 février 1715. Recueil des instructions données aux ambassadeurs, Espagne, t. II, p. 158.

gouvernement. Sachant que nulle part ailleurs qu'en France on ne saurait profiter de son privilège, il avait trouvé des acheteurs en deux commerçants de Paris, Dumoulin et de Laye, déjà fortement intéressés au commerce de la mer du Sud. Un navire, la *Princesse-de-Parme*, était aussi trouvé, et de Blantpignon Baillon, de Saint-Malo, figurait comme armateur. Le vaisseau fut armé à Amsterdam ; le capitaine français, ayant laissé échapper quelques paroles imprudentes, indiquant que la véritable destination était la mer du Sud, le voyage faillit manquer dès le début à cause des plaintes exaspérées des Hollandais, aussitôt soutenus par les Anglais indignés de cette infraction préméditée aux conditions stipulées à la paix d'Utrecht. Pontchartrain s'empressa d'assurer que les griefs des Hollandais étaient sans fondement : il ne s'agissait que d'un voyage au Mexique pour profiter du privilège des Veragua ; comme ce privilège avait été mis à la disposition du plus offrant, on aurait pu l'acquérir en Hollande aussi bien qu'ailleurs ; par conséquent, il n'y avait « rien en cela que de très régulier », et le capitaine menteur, à son retour au pays, serait puni de ses propos étourdis (1).

En Espagne, où, à ce moment, l'on tenait tout particulièrement à l'amitié de l'Angleterre, on prit encore plus mal la chose : afin d'enrayer toute raison de mécontentement, le privilège de Veragua fut annulé et remplacé par la promesse d'un dédommagement en argent. L'annonce officielle de cette modification fut envoyée tant en Angleterre (2) qu'en France ; mais le mécontentement qu'on avait voulu éviter d'un côté, s'éveilla de l'autre avec plus de force. Dans une lettre à Philippe V, écrite de sa propre main, Louis XIV proteste contre une pareille résolution qui allait « ruiner ceux qui s'étaient engagés de bonne foi à une entreprise », laquelle, du moment qu'il ne s'agissait point de la mer du Sud, ne saurait donner lieu à des plaintes justifiées, ni de la part de l'Angleterre ni

(1) Pontchartrain à de Châteauneuf, 12 décembre 1714. Aff. Et. Holl., Corr. pol. 273, f. 277.

(2) Copie de la lettre de M. le président Orry à M. le marquis de Monteleon, 20 décembre 1714. Aff. Et. Esp., Corr. pol. 237, f. 196. Après avoir relaté la résolution du gouvernement espagnol, l'auteur de cette lettre dit : « L'Angleterre peut juger de là que le roi d'Espagne est bien éloigné de faire aucun traité ni même d'accorder aucune permission en faveur des particuliers au préjudice du commerce en général. »

de la part de la Hollande (1) ; et d'une façon plus explicite encore Pontchartrain développe à l'ambassadeur de France à Madrid les raisons que celui-ci devait faire valoir, afin d'obtenir justice pour l'armateur français. Il écrit (2) :

« Cet armateur et ses associés ont payé et avancé à M. de Veragua 50.000 piastres à compte de la convention qu'ils ont faite avec lui, ils ont acheté, armé et équipé deux navires (3), et ils les ont chargés pour plus de 2.500.000 livres de marchandises, mais lorsqu'ils ont été prêts à mettre à la voile, on a fait difficulté à la cour d'Espagne de faire expédier et remettre les expéditions nécessaires, ce qui expose ces armateurs à leur ruine totale, tant à cause des engagements qu'ils ont pris et qui montent à plus de trois millions, que par la perte considérable que leur causeraient le déchargement et la revente de ces bâtiments et de leurs cargaisons. Il est à observer que cette permission du roi d'Espagne a été expédiée et signée le 10 août 1714 et conséquemment longtemps après les derniers traités de paix conclus à Utrecht. Ces armateurs prétendent qu'elle n'est point contraire à ces traités, d'autant que l'Espagne a toujours été et est encore en droit d'envoyer au Mexique et autres lieux des Indes, outre les flottes et galions, des navires qu'on appelle d'aviso ou de registre, pour lesquels elle a presque toujours donné des permissions à des particuliers de différentes nations, à la charge de porter les dépêches du Roi Catholique et de son Conseil des Indes, et de prendre leurs expéditions en Espagne. La permission dont il s'agit n'a été accordée que sous cette condition ; les deux vaisseaux du sieur du Moulin doivent aller à Bilbao y prendre de pareilles expéditions, des capitaines et une partie de leurs équipages espagnols ; ils doivent y retourner du Mexique et être visités en allant et en revenant à Bilbao, où ils doivent aussi acquitter les droits stipulés par cette permission. C'est pourquoi ces armateurs soutiennent que ni les traités de paix, ni les intérêts de Sa Majesté Catholique, ne sont aucunement lésés par l'envoi de ces vaisseaux, d'autant qu'ils doivent être absolument regardés comme navires espagnols, puisqu'ils auront commission, capitaine, pavillon et équipage de la même nation. »

Il est à peu près certain que le ministre dans cet écrit aura rendu conformes à la vérité les opinions et les énoncés des armateurs ;

---

(1) Lettre de la main de Louis XIV au roi d'Espagne, 28 janvier 1715. Aff. Et. Esp., Corr. pol. 244, f. 82.

(2) Pontchartrain à M. le duc de Saint-Aignan, 25 février 1715. Arch. Nat. Marine, B⁷ 101, p. 174.

(3) Outre la *Princesse-de-Parme*, les armateurs avaient acheté par la suite à Saint-Malo un second navire, le *Prince-des-Asturies*.

peut-être même aura-t-il cru à la véracité de ces derniers, ce qui pourtant ne saurait entraîner notre conviction. Il est en effet bien peu vraisemblable qu'on ait eu l'imprudence de donner en acompte au duc de Veragua une somme aussi considérable que 5o.ooo piastres ; les données relatives à la valeur de la cargaison sont probablement aussi exagérées ; et différentes affirmations paraissent, de fait, également fausses. Quoi qu'il en soit, l'effet de l'écrit fut nul, car déjà le 4 février, la *Princesse-de-Parme* avait mis à la voile et quitté Saint-Malo malgré l'ordre de Pontchartrain de la retenir en attendant de nouvelles instructions de l'Espagne. Le ministre jugea même « fort extraordinaire que ce navire se trouvât parti précisément à l'arrivée de cet ordre (1). » Il n'était nullement question d'aller à Bilbao pour y embarquer un équipage espagnol et arborer le pavillon d'Espagne : on avait donné pour destination immédiate Cadix, mais là encore on attendit en vain le navire, et bientôt le bruit se répandit qu'il avait cinglé droit à la mer du Sud. Des mesures analogues prises à l'égard du second navire se trouvèrent également vaines : le 7 mai, le *Prince-des-Asturies* partit pour la même destination défendue.

La réponse de l'Espagne aux représentations françaises ne vint que le 18 mars 1715 sous forme de lettre de Philippe V à son grand-père, et du secrétaire du Despacho, don Joseph Grimaldo, à Torcy (2). Après un exposé détaillé de l'affaire Veragua et des causes de la révocation du privilège — on allait jusqu'à prétendre qu'on avait craint une déclaration de guerre de la part de l'Angleterre — le gouvernement espagnol annonce sa résolution inébranlable de ne jamais accorder de pareilles permissions, soit à Veragua, soit à d'autres personnes, et dans n'importe quelle circonstance.

Tout cela n'empêche point les négociations de se poursuivre avec le duc. Celui-ci était peu satisfait de la résolution de son roi et il s'estimait trompé même sur le dédommagement promis pour le privilège perdu. Protestant de son dévouement pour la France,

(1) Pontchartrain à Lempereur, 13 février 1715. Arch. Nat. Marine, B² 241, p. 214.
(2) Aff. Et. Esp., Corr. pol. 239, f. 174. C'est de la lettre de Grimaldo (écrite en espagnol) qu'est tirée une partie des données plus haut citées.

il rechercha la protection de Louis XIV et renouvela sa proposition au sujet d'une acquisition de territoire dans les Indes Occidentales, qui pouvait être avantageux à la France et où « l'utilité du roi d'Espagne se trouverait aussi, en ce qu'il se débarrasserait une fois pour toutes d'une prétention toujours renaissante » (1). Louis XIV en exprima certes de la satisfaction et exhorta son ambassadeur à ménager les bonnes dispositions du duc, sans toutefois prendre d'engagement avec lui, « car, ajoute le roi, il peut aisément arriver, qu'après avoir examiné ses prétentions et ses offres, je refuse ses propositions dont l'exécution alarmerait certainement les Anglais et les Hollandais et même avec apparence de raison (2). » Veragua crut alors devoir se prononcer plus clairement sur ses projets jusqu'ici simplement esquissés :

« Je l'ai pressé de s'expliquer là dessus, écrit l'ambassadeur (3), et il m'a dit que, dès le temps que M. Amelot était ici, il avait imaginé que pour peu qu'il fût soutenu auprès du roi d'Espagne, il pourrait peut-être obtenir pour son dédommagement la portion du pays qu'il (le roi) a dans l'île de Saint-Domingue, et que, comme il n'y a rien dans les Indes qui soit plus à notre bienséance que ce que je viens de dire, il verrait après cela à s'en accommoder avec nous. Il a ajouté que tout le monde trouverait son avantage dans la conclusion de cette affaire : que le sien paraissait évidemment ; qu'à l'égard du Roi, il y aurait celui d'un agrandissement considérable et qui convenait à la nation ; et que pour le roi d'Espagne, il se débarrasserait une fois pour toutes d'une prétention importune, en cédant un établissement qu'il prétend qu'il lui coûte plus qu'il ne peut lui rapporter, parce que les Espagnols n'ont que le mauvais côté de l'île, dont les Français, habitants de l'autre partie, seraient seuls en état d'améliorer les terres. »

« Le projet de M. le duc de Veragua serait certainement fort convenable aux intérêts du Roi », reconnaît le ministre des affaires étrangères, Torcy (4), mais les voisins, notamment les Hollandais, ne verraient pas d'un œil content cet agrandissement, « et, ajoute-t-il, cette considération doit être fort pesée quand il sera question de faire le marché ». Cependant, il fallait attendre des renseignements plus détaillés avant d'étudier le plan.

(1) Saint-Aignan à Torcy, 25 février 1715. Aff. Et. Esp., Corr. pol. 239, f. 68.
(2) Louis XIV à Saint-Aignan, 11 mars 1715. Aff. Et. Esp., Corr. pol. 244, f. 175.
(3) Saint-Aignan à Torcy, 18 mars 1715. Aff. Et. Esp., Corr. pol. 239, f. 142.
(4) Torcy à Saint-Aignan, 1ᵉʳ avril 1715. Aff. Et. Esp., Corr. pol. 244, f. 249.

Quelques mois plus tard, l'ambassadeur expédie « les papiers de Veragua » (1). On apprit alors que le duc allait peut-être exiger 400.000 « écus romains » en dédommagement de ses droits à la Jamaïque, mais que « le dérangement de ses affaires le rendrait peut-être encore plus traitable » ; on garde prudemment le silence sur les chances de succès que le plan pourrait avoir auprès du gouvernement espagnol ; quant aux Anglais, on affirme qu'ils ne pouvaient certes pas avoir d'objections à faire contre l'acquisition de Saint-Domingue pour le compte de la France, car eux aussi ne pouvaient être que satisfaits de voir enfin cesser les réclamations au sujet de la Jamaïque ; d'ailleurs, ils avaient eux-mêmes fait à Veragua l'offre qu'en ce moment celui-ci faisait à la France.

Il est bien évident qu'une proposition basée sur des fondements aussi peu solides ne pouvait avoir de suites ; aussi, la réponse tarda-t-elle, et lorsque Veragua se rappela au souvenir du gouvernement français, le duc de Saint-Aignan l'éconduit « en lui disant que les prétextes qu'il avait paru que le gouvernement d'Angleterre cherchait pour une rupture avaient suspendu là-dessus toutes les vues que l'on aurait pu avoir, mais qu'il ne devait pas douter que dans des temps plus tranquilles on ne goûtât son projet et que l'on ne prît des mesures pour profiter de ses offres. »

En relatant la façon dont il s'était débarrassé de Veragua, l'ambassadeur ajoute :

« Le même duc m'en a fait faire sous mains des avances pour marquer son attachement à la France par tout ce que l'on voudrait exiger de lui. Il a dit à celui qu'il en a chargé que, si l'on voulait le mettre à l'épreuve, il n'y avait rien que l'on ne pût attendre de ses bonnes dispositions ; qu'il était à portée de donner des avis sur tout ce qui se passerait de plus secret dans le Cabinet ; et que, si l'on avait quelque curiosité de connaître les sentiments de la nation sur le gouvernement présent, il se fera fort d'engager tout ce qu'il y avait de plus distingué parmi elle à en écrire à Sa Majesté (2). »

Sur ce fait nous laisserons de côté le duc de Veragua et ses droits et réclamations, qui n'ont plus d'intérêt pour l'histoire du

(1) Saint-Aignan à Torcy, 15 juin 1715. Aff. Et. Esp., Corr. pol. 241, f. 64.
(2) Saint-Aignan à Torcy, 12 août 1715. Aff. Et. Esp., Corr. pol. 242, f. 78.

commerce de la mer du Sud. Nous observerons seulement qu'après cet aperçu du caractère du personnage, il est difficile d'ajouter foi à l'affirmation de Saint-Simon que le duc aurait rempli ses hautes fonctions « avec capacité et probité (1) » ; le cardinal Alberoni l'a mieux jugé en l'accusant d'être « avare, malgré son immense fortune, et capable de tout pour de l'argent, hors d'état au surplus d'exécuter ce qu'il proposait ».

*
* *

Par le récit de cet épisode significatif dans l'histoire du commerce des Indes, nous avons voulu montrer que le gouvernement d'Espagne, pas plus que celui de France, n'était capable de maintenir les résolutions une fois prises ; il semble inutile de faire observer que l'application pratique de ces résolutions leur était aussi impossible à l'un qu'à l'autre. Dans le cas que nous venons d'exposer, les Espagnols avaient cependant fini par interdire le trafic de la mer du Sud — on ne saurait leur faire une faute de ce que l'interdiction, en raison même des défenses, fut enfreinte — mais nous montrerons, par d'autres exemples, que le gouvernement espagnol ne résistait pas toujours à la tentation de tolérer, voire même d'autoriser ce commerce jugé nuisible aux intérêts de la monarchie et que les lois solennellement sanctionnées de cette monarchie punissaient de la peine capitale.

Le 2 mars 1710, une flotte de la Nouvelle Espagne arriva inopinément à Cadix : elle se composait d'un bâtiment de guerre espagnol sous le commandement de don André de Pez, et de trois navires marchands également espagnols ; en outre, de deux vaisseaux de la marine royale française, l'*Apollon* et le *Triton*, et de quatre autres voiliers français : c'étaient « les six frégates » dont nous avons plus haut mentionné le départ (2). Cette flotte était

_____

(1) *Mémoires*, éd. Cheruel, t. XVIII, p. 409. Saint-Simon, qui d'ailleurs fait une description assez pittoresque de la personnalité de Veragua, raconte que vers la fin de sa vie (il est mort le 4 juillet 1733) il « revint en France pour la même chimère (de rattraper sur les Anglais l'île de la Jamaïque), qu'il poursuivit près de deux ans fort inutilement. »

(2) Voir plus haut, p. 357.

chargée d'environ dix millions de piastres, tant en argent qu'en marchandises ; ce fut « un secours d'autant meilleur qu'on ne l'attendait pas, et qu'il venait comme par miracle dans la nécessité où Sa Majesté Catholique était d'avoir de l'argent (1) ».

Il semble que cet heureux événement ait ouvert les yeux même au représentant le plus obstiné de l'esprit conservateur espagnol, le comte de Frigiliana. Car, peu de temps après, nous le voyons engager des négociations avec un marchand français, relativement à un voyage aux Indes, à la condition expresse toutefois « qu'il n'y ait pas la valeur d'un écu de marchandises de France sur son bord (2) ». Nous avons une preuve plus manifeste de ce qu'on avait enfin compris en Espagne l'avantage qu'il y aurait à se rendre maître, à l'aide de la France, des richesses des Indes, car Philippe V demande à acheter trois bâtiments de guerre et une patache français (3), proposition que Louis XIV décline, en alléguant que les quelques navires dont il pouvait disposer étaient absolument indispensables à son propre service (4) ; il est à peu près certain que le refus en réalité fut dicté en raison des conférences de Geertruidenberg qui n'étaient pas encore terminées et dont la réussite exigeait qu'on évitât tout ce qui aurait pu faire croire à une entente secrète entre la France et l'Espagne.

Nous avons déjà mentionné le résultat affligeant de ces négociations. Le 29 juillet 1710, les plénipotentiaires français rentrèrent à Paris, apportant la nouvelle désolante que la paix si longtemps désirée semblait plus éloignée que jamais Le lendemain, Louis XIV réunit le Conseil, et, immédiatement après, on expédia l'avis du changement dans la politique française qu'on y avait résolu. A l'ambassadeur d'Espagne Torcy écrit que « l'opiniâtreté des ennemis à continuer la guerre rompant absolument tous les engagements que Sa Majesté avait bien voulu prendre, elle est persuadée que rien ne convient davantage à ses intérêts que de suivre désormais les mouvements naturels de sa tendresse pour le roi son

(1) Blécourt à Louis XIV, 10 mars 1710. Aff. Et. Esp., Corr. pol. 198, f. 168.
(2) Chevalier du Bourck à Torcy, 14 avril 1710. Aff. Et. Esp., Corr. pol. 199, f. 42. On parle ici d'un « Français nommé Brocard » ; si par hasard le nom est erroné et qu'on désigne Bourdas, il se peut que ce ne fût qu'un bruit faux, provoqué par les négociations au sujet du privilège de Veragua qui se poursuivaient en ce moment.
(3) Le duc d'Albe à Torcy, 6 mai 1710. Aff. Et. Esp., Corr. pol. 203, f. 150.
(4) Louis XIV à Philippe V, 12 mai 1710. Ibid., f. 156.

petit-fils et ceux de son estime pour la nation espagnole ». Après avoir expliqué la situation politique et ses besoins, le ministre des affaires étrangères ajoute :

« Je crois, Monsieur, que les choses étant en cet état, on conviendrait facilement des moyens de profiter des richesses des Indes pour soutenir la guerre. Cette ressource, interdite aux ennemis de la France et de l'Espagne, étant bien ménagée, donnerait aux deux nations de nouveaux secours pour se défendre, et je puis assurer Votre Excellence que Sa Majesté est disposée à prendre les mesures nécessaires pour empêcher les désordres qui pourraient altérer la parfaite intelligence qu'il est nécessaire de rétablir entre elles pour le bien de l'un et de l'autre (1). »

A cette fin il fut proposé de dresser, sur-le-champ et sans même attendre la réponse de Madrid, le plan d'un traité de commerce entre les deux pays ; Torcy voulut même aller plus loin et conclure un traité d'alliance formelle qui ne permît plus de faire la paix sans cette puissance. Parmi les mesures susceptibles de rendre une pareille convention agréable à l'Espagne, on signala du côté français celle de « supprimer surtout le commerce furtif de la mer du Sud qui leur est si odieux ». « Entrons dans leurs intérêts pour qu'ils entrent dans les nôtres, et nous verrons cette généreuse nation ouvrir ses ports aux vaisseaux du Roi (2). »

Une alliance formelle de ce genre n'obtint cependant pas l'approbation de Louis XIV, qui craignit qu'elle ne compromît les futures négociations de paix (3) ; mais le duc d'Albe ne tarda pas à répondre qu'il reconnaissait les avantages d'un règlement des intérêts commerciaux des deux pays, à condition, bien entendu, que le trafic illicite fût réprimé (4) ; et, à la cour de Madrid, on exprima la plus vive satisfaction de l'issue des négociations de Geertruidenberg, qui avaient eu pour effet de resserrer l'amitié entre l'Espagne et la France. La princesse des Ursins se fait la porte-parole de ce contentement et déclare que « la première démarche et la plus prompte, qui se peut faire, est de prendre des

(1) Torcy au duc d'Albe, 30 juillet 1710. Aff. Et. Esp., Corr. pol. 220, f. 58.
(2) Mémoire qui justifie la nécessité indispensable dans laquelle se trouve la France d'assister tout de nouveau l'Espagne ; 1710, sans date. Aff. Et. Esp., Corr. pol. 203, f. 663.
(3) Baudrillart, op. cit., t. I, p. 406.
(4) Le duc d'Albe à Torcy, 1er août 1710. Aff. Et. Esp. Corr. pol. 200, f. 70.

mesures pour le commerce des Indes, qui soient utiles à la France, sans être préjudiciables aux Espagnols » ; mais non sans appréhensions pour le succès, elle ajoute : « Rien ne serait plus facile entre gens qui s'entendraient, mais personne ne ressemble ici à M. le duc d'Albe, et si le roi d'Espagne n'agit pas d'autorité et par conséquent contre l'avis de ses Conseils, je prévois des défiances et des longueurs qui nous rendront cette ressource inutile (1). » Cependant, Philippe V s'empressa, avec ou contre l'avis de ses conseillers, de demander une escadre française pour chercher les galions (2).

Les circonstances s'étant ainsi modifiées, le gouvernement français n'aurait évidemment pas dû continuer d'accorder ces autorisations pour des voyages à la mer du Sud qu'il avait si largement distribuées au début de l'année 1710. Aussi, Pontchartrain fit-il à ce sujet tout ce qui dépendait de lui, mais il existait des permissions anciennes qui, pour une raison ou pour une autre, n'avaient point été utilisées. Comment fallait-il se comporter à leur égard ? Mesnager ayant appris qu'un vaisseau s'armait à Saint-Malo pour la mer du Sud, mit opposition à son départ : « Ce n'est pas le moyen de persuader aux Espagnols que nous sommes résolus de faire de bonne foi avec eux le commerce de l'Amérique (3). » Nonobstant, le contrôleur général parvint à faire expédier pour le navire en question un passeport pour aller aux découvertes, et Pontchartrain affirme être « bien aise de l'avoir pu obtenir du Roi ». Il ajoute par acquit de conscience :

« Quelque grand que soit l'avantage qu'on tire de ces sortes d'entreprises, vous savez de quelle importance il est, par rapport à l'Espagne, de les faire avec ménagement et de ne plus accorder de ces permissions ; vous en êtes convenu, mais je vous supplie de me marquer si vous ne seriez pas d'avis de faire avertir les négociants qu'ils ne doivent pas plus absolument espérer d'en obtenir (4). »

Il réclame, et vainement semble-t-il, une réponse, afin de pouvoir faire à son tour « des réponses positives à ceux qui l'impor-

(1) Madame des Ursins à Torcy, 18 août 1710. *Madame des Ursins et la succession d'Espagne*, t. V, Paris, 1905, p. 87.
(2) Philippe V à Louis XIV, 24 août 1710. Aff. Et. Esp., Corr. pol. 203, f. 329.
(3) Mesnager au Contrôleur général, 26 août 1710. Arch. Nat., G7 1695.
(4) Pontchartrain à Desmaretz, 17 septembre 1710. Arch. Nat. Marine, B2 222, p. 914.

tunaient tous les jours de pareilles demandes (1) ». Et finalement il trouve une issue pour sortir d'embarras : le roi d'Espagne avait lui-même fait expédier des passeports pour ces voyages qu'on qualifiait de si funestes en Espagne. C'était le duc d'Albe en personne, cet homme si célèbre par son désintéressement, qui s'en était fait accorder (2). Aussi Pontchartrain put-il, à l'avenir, lorsque de nouvelles autorisations furent demandées, renvoyer les solliciteurs à l'ambassadeur d'Espagne, ce qui lui permit de concilier les intérêts si contradictoires de la politique et du commerce.

Nous ignorons la raison qui fit agir le gouvernement espagnol d'une manière si contraire à l'ordre légal. Était-ce pour ménager des revenus à l'État ? ou fallait-il voir, dans ce procédé, une façon de solder le traitement arriéré du duc d'Albe et de diminuer ainsi ses embarras financiers ? Nous inclinons pour cette dernière raison ; ce qui est certain, c'est que ce ne fut point complaisance vis-à-vis les armateurs français. L'ambassadeur fut ainsi amené à redoubler d'intérêt pour suivre leurs entreprises, et, à Saint-Malo particulièrement, on lui en fournit amplement le sujet. Dès qu'il apprit qu'on y armait un navire pour la mer du Sud, il fit demander qu'on le retînt, afin d'obliger les armateurs à traiter avec lui. Ceux-ci n'acceptèrent pas toujours cette nouvelle manière de leur extorquer de l'argent ; ils en appelèrent, et parfois avec succès, tantôt à d'anciennes autorisations du gouvernement français, tantôt à l'équité des autorités qui leur devaient un dédommagement des frais qu'ils avaient dû faire pour l'équipement de corsaires pendant la guerre (3). Et lorsque, en de tels cas, le duc d'Albe voyait s'échapper le bénéfice escompté, on le consolait avec la perspective qu'il « se trouverait sans doute, dans la suite, assez de négociants qui prendraient des permissions de Sa Majesté Catholique ».

Cela arriva, en effet, même lorsque, après la mort du duc, en mai 1711, ses droits avaient passé à sa veuve. Nous pourrions citer maints exemples où les armateurs furent renvoyés pour « s'accom-

(1) Pontchartrain à Desmaretz, 1ᵉʳ octobre 1710. Arch. Nat. Marine, B² 223, p. 49.

(2) Pontchartrain à Lempereur, 19 novembre ; à Desmaretz, 3 décembre 1710 ; à de la Lande Magon, 14 janvier 1711. Arch. Nat. Marine, B² 223, p. 457 et 583 ; 226, p. 139.

(3) Pontchartrain à Desmaretz, 14 janvier 1711, et à Torcy, 28 du même mois. Arch. Nat. Marine, B² 226, p. 239 et 341.

moder avec elle (1) » ; cependant, les cas sont encore plus nombreux où la permission fut nettement refusée. Pendant la plus grande partie de l'année 1711, on semble avoir maintenu avec assez de fermeté l'interdiction de la navigation de la mer du Sud ; seule, la question de la validité des permissions surannées amena des discussions entre Pontchartrain et Desmaretz.

Mais, si les ordres furent formels, leur effet n'en fut pas plus efficace. En voici un exemple. Lempereur écrit (2) :

« L'armateur du *Grand-Dauphin* n'hésitera pas à entrer dans tous les engagements qu'on voudra, pourvu qu'on le laisse sortir, mais je suis persuadé que ni lui ni les autres n'en tiendront aucun, et que, quelque précaution qu'on prenne, ils iront tous à la mer du Sud. »

Et quel résultat attendre des résolutions de l'administration, si celui qui devait en surveiller l'exécution a l'audace d'ajouter :

« Je vous avoue naturellement que j'y trouverai mes avantages particuliers, et j'ai si peu de fortune que je ne saurais trop ménager les occasions de la rendre meilleure et de me tirer de la pauvreté... Je conviens au reste qu'il est non seulement juste, mais même très nécessaire de mettre la navigation en règle et d'assujettir les négociants à ne s'en point écarter, mais puisque nous ne pouvons plus espérer après cette année de faire le commerce du Pérou, il n'est pas moins naturel que nous cherchions à en profiter, et l'État même y est d'autant plus intéressé, qu'on vient d'apprendre que les marchandises y sont autant en valeur qu'elles y étaient quand on y alla la première fois, et qu'ainsi il y a tout lieu d'espérer que nos vaisseaux feront un très bon voyage. »

Le reproche que s'attirait ce serviteur désobéissant est anodin, car Pontchartrain se borne à écrire (3) :

« Je suis surpris de voir que vous appuyez aussi fortement les demandes des négociants, lorsque vous êtes averti qu'elles sont contraires aux intentions de Sa Majesté. Vous devez entrer dans l'esprit des ordres que vous recevez, sans marquer presque toujours de l'opposition à ce qui vous est prescrit. Je serai toujours bien aise que vous me marquiez votre sentiment et vos vues dans les occasions, mais ce ne doit pas être avec des décisions et obstinations qui vous sont naturelles, et je

---

(1) Pontchartrain à Desmaretz, 22 juillet 1711 ; à Lempereur, 3 février et 9 mars ; à la duchesse d'Albe, 17 février ; à de Beauchesne, 16 mars 1712. Arch. Nat. Marine, B² 228, p. 134 ; 230¹, p. 215, 299, 439, 514.

(2) A Pontchartrain, 4 janvier 1711. Arch. Nat. Marine, B³ 195, f. 3.

(3) A Lempereur, 14 janvier 1711. Arch. Nat. Marine, B² 226, p. 133.

dois vous avertir une fois pour toutes qu'une pareille conduite n'est pas agréable à Sa Majesté. »

Le ton est pourtant sensiblement plus sévère, lorsque Lempereur dut avouer que deux navires, dont il avait ordre d'empêcher le départ, avaient été expédiés par lui. Pontchartrain écrit (1) :

« J'ai lieu de croire que votre intérêt particulier vous a fait oublier votre devoir ; ainsi, puisque vous n'avez pas jugé à propos de faire arrêter ces navires, c'est à vous à prendre les mesures que vous estimerez nécessaires pour les faire arrêter en quelque endroit qu'ils soient, jusqu'à ce que je vous aie fait savoir les intentions de Sa Majesté sur leur sujet. Sinon vous répondrez à Sa Majesté de l'inexécution de ses ordres et je serai obligé de prendre un parti dont vous aurez tout lieu de vous en repentir — apprenez votre devoir et ne vous jouez pas de votre maître, si vous m'en croyez ! »

Et, cette fois, Lempereur a beau jurer, « sur tout ce qu'il y a de plus sacré », qu'il n'a, ni directement ni indirectement, aucun intérêt dans ces vaisseaux, il ne parvient pas à convaincre son chef de la validité de ses excuses, et il ne réussit pas mieux quand, de la façon suivante, il cherche à s'excuser de ne pas s'être rendu à bord des navires :

« Je n'ai plus ni assez de jeunesse, ni la poitrine assez bonne pour risquer dans la rude saison où nous sommes d'aller passer une nuit entière dans un bateau à la mer. »

Néanmoins, la punition dont avait menacé le ministre ne frappa point le coupable ; — au moment même où s'échangeait cette correspondance assez vive (2), Pontchartrain fait des efforts pour réaliser la proposition de Lempereur d'envoyer chercher un trésor caché au Pérou (3).

Cependant, Pontchartrain finit par trouver que « le dérèglement de la navigation était à un point qu'il avait besoin de remèdes efficaces », et à cette fin, « comme les propriétaires de ces navires étaient déterminés à passer à la mer du Sud quelque soumission

(1) Le 21 janvier 1711. Arch. Nat. Marine, B² 226, p. 213.
(2) Outre les lettres déjà citées, voir : Lempereur à Pontchartrain, 18, 25 janvier, 8 février 1711 (Arch. Nat. Marine, B³ 195, f. 15, 25, 39) ; Pontchartrain à Lempereur, 4 février 1711 (*Ibid.*, B² 226, p. 399).
(3) Voir plus haut, p. 546.

qu'on prenne d'eux », il n'eut rien de mieux à proposer que de
« leur faire entendre que ces soumissions seraient exécutées avec
la dernière rigueur, et qu'il serait même nécessaire de leur faire
payer les sommes qui y seraient contenues pour les punir de leur
désobéissance (1) ». Par extraordinaire, Desmaretz est cette fois du
même avis : « Je crois comme vous, Monsieur, qu'il est à propos de
faire observer aux négociants les défenses qui leur ont été faites
d'aller à la mer du Sud et de leur faire exécuter sans relâchement
les soumissions qu'ils donnent sur ce sujet, lorsqu'on leur permet
d'autres voyages de long cours (2) ». Tout cela n'empêche nullement que, d'un commun accord, les deux ministres fermaient les
yeux sur les infractions commises, et, tout à leur satisfaction causée par les richesses rapportées, oubliaient aux retours des navires
toute raison de mécontentement.

Mais il y eut à cette époque une affaire qui inquiéta le gouvernement français bien davantage que les expéditions à la mer du Sud :
les vaisseaux de plus en plus nombreux commençaient à étendre
leurs voyages du Pérou à la Chine pour retourner ensuite en Amérique chargés de produits asiatiques. Ces entreprises, leurs causes
et leurs effets feront le sujet d'une partie spéciale de notre étude.

(1) Pontchartrain à Desmaretz, 14 janvier 1711. Arch. Nat. Marine, B² 226, p. 159.
(2) A Pontchartrain, 16 janvier 1711. Arch. Nat. Marine, B³ 202, f. 133.

CHAPITRE III

LES NÉGOCIATIONS ENTRE LA FRANCE ET L'ANGLETERRE EN 1711.

Louis XIV rompt les négociations avec les Hollandais. — Leur commerce est interdit en France et en Espagne. — Faveurs accordées aux Anglais et leurs conséquences. — Changement dans le gouvernement de l'Angleterre. — Les ministres anglais désirent la paix. — Missions de l'abbé Gaultier. — Les Anglais demandent des sûretés pour leur commerce. — Démarches de Louis XIV afin de presser Philippe V à accepter les conditions de la paix. — Prior et Gaultier à Fontainebleau. — Louis XIV est résolu à poursuivre les négociations à Londres. — Mesnager est chargé de ces négociations. — Délibérations préliminaires au sujet des concessions à faire et des conditions acceptables. — Instruction de Mesnager. — Le marquis de Bonnac, ambassadeur à Madrid. — Il doit obliger l'Espagne à traiter. — La Compagnie anglaise de la mer du Sud. — La nécessité de conserver les Indes donne à Louis XIV le moyen de presser de nouveau son petit-fils. — Il demande un plein-pouvoir pour négocier de la part de l'Espagne. — Mesnager à Londres. — Il refuse de céder les places en Amérique et demande qu'on accepte son plan de commerce. — Résultat de ses négociations. — Le plan pour le commerce des Indes est désapprouvé par les Anglais et par les Espagnols. — L'ancien ordre de ce commerce sera rétabli.

Le fait que les conférences de Geertruidenberg échouèrent fut en principe l'œuvre des Hollandais. Ce fut donc surtout contre eux que Louis XIV et ses ministres tournèrent leur ressentiment pour cet échec diplomatique. Bien que les ouvertures de nouvelles négociations ne fissent point défaut du côté de la Hollande et que les adversités subies en Espagne pendant l'été 1710 eussent amplement donné lieu d'écouter ces ouvertures, Louis XIV, aguerri par une dure expérience, refusa énergiquement d'entendre les propositions venant de la Hollande.

Cependant, l'automne de cette même année amène une modification essentielle dans la situation. La fidélité du peuple espagnol envers son monarque, mise à l'épreuve jusqu'à l'extrême par les infortunes, était demeurée ferme ; les ressources de l'Espagne qu'on avait estimées épuisées s'étaient montrées capables de permettre un effort suprême, et on n'avait besoin que de l'appui militaire que Louis XIV prêta bientôt, pour revoir la fortune sourire aux armes réunies de l'Espagne et de la France. L'alliance entre Louis XIV et son petit-fils qui, au cours de l'année 1710, avait menacé de se rompre de nouveau, fut alors renouée et elle subsista jusqu'à la mort du grand roi.

Louis XIV résolut donc de se venger de ses ennemis les Hollandais et de frapper un coup qui les atteindrait à leur point le plus vital, leurs intérêts commerciaux. Chose remarquable, la guerre n'avait point mis d'interruption notable dans les rapports de commerce entre la Hollande et la France. Ils s'étaient poursuivis assez librement, surtout par mer, autorisés par les permissions que le gouvernement français expédiait pour chaque cas particulier et qui accordaient aux vaisseaux hollandais l'accès des ports français. Le grand nombre de ces permissions indique la large mesure dans laquelle on recourait à cette liberté de commerce. Louis XIV prétend cependant qu'elle n'avait jamais été « de son goût » ; il l'avait simplement tolérée en raison des intérêts de ses sujets qui, par cette voie, trouvaient un débouché pour leurs « vins, eaux-de-vie et autres fruits et denrées ». Pour le commerce de la mer du Sud en particulier, l'importation de la Hollande était d'une haute importance, car c'était la seule façon de se procurer certaines marchandises indispensables pour l'assortiment des cargaisons, comme les épices des Indes Orientales, différentes espèces d'étoffe, etc. Mais voici que le moment était venu où l'intérêt des particuliers devait céder devant les besoins publics.

La question fut traitée au Conseil le 9 novembre 1710, et, d'accord avec l'opinion unanime de tous les ministres, le Roi résolut d'interdire le commerce aux Hollandais (1). Pour que cette mesure fût efficace, une mesure analogue était nécessaire en Espagne où les Hollandais avaient joui des mêmes avantages ; le gouvernement français avait même accoutumé de faire obtenir aux navires hollandais qui venaient au marché annuel de Bordeaux un laissez-passer, qui les protégeait contre les

(1) *Journal inédit de Torcy*, p. 302.

corsaires biscaïens. La nouvelle de la résolution du Conseil fut expédiée à Madrid par un courrier exprès, et Louis XIV, affirmant qu'elle envisageait principalement les intérêts de l'Espagne, se déclarait en droit d'espérer que son petit-fils « accepterait avec plaisir une proposition aussi avantageuse à ses intérêts (1). » La princesse des Ursins fut priée de hâter la réponse de Philippe V, et elle exprima sa satisfaction de cette mesure, qu'elle estimait « un des bons moyens que l'on pouvait imaginer pour mettre les ennemis à la raison et venir à une paix plus juste (2). »

La décision suivit cette fois avec une promptitude peu ordinaire pour l'Espagne. Dès le 28 novembre, Blécourt put informer son gouvernement que la proposition avait été adoptée au Conseil : le comte de Frigiliana ne s'y était même pas opposé, « ce qui était un miracle » (3) ; et, le 3 décembre, un décret fut porté qui fermait les ports espagnols aux marchandises et aux navires hollandais (4).

En France, comme en Espagne, cette résolution fut suivie d'une autre dont on espérait tirer des conséquences importantes. La liberté qu'on avait refusée aux Hollandais, on la déclarait, comme par le passé, acquise non seulement aux puissances neutres, mais aussi aux ennemis de la France et de l'Espagne, à tous sauf aux Hollandais, et tout particulièrement à l'Angleterre et aux villes hanséatiques, « qui avaient reçu des avocatoires de l'Empire ».

C'est avec impatience qu'on attendait en France les résultats de ces mesures, qui devaient permettre de constater « si la distinction que le Roi avait faite en faveur des Anglais serait capable d'exciter quelque division entre eux et les Hollandais (5). » Ceux-ci essayèrent d'éviter cette conséquence en faisant répandre le bruit, que toute cette affaire n'était qu'un nouveau plan pour réformer le commerce des Indes en faveur de la France (6) ; quant

(1) Louis XIV à Blécourt, 10 novembre 1710. Aff. Et. Esp., Corr. pol. 201, f. 333.
(2) A Torcy, 20 novembre 1710. *Madame des Ursins et la succession d'Espagne*, t. V, p. 118.
(3) Blécourt à Louis XIV, 28 novembre 1710. Aff. Et. Esp., Corr. pol. 203, f. 434.
(4) Voir la traduction de ce décret : Arch. Nat., G⁷ 1695.
(5) Torcy à la princesse des Ursins, 1ᵉʳ décembre 1710. *Madame des Ursins et la succession d'Espagne*, t. V, p. 122.
(6) Mesnager à Desmaretz, 14 décembre 1710. Arch. Nat., G⁷ 1695. — On lit dans cette lettre : « Vous savez, Monseigneur, ce qui en est, mais si c'était une supposition de la part des Hollandais, j'ose vous représenter qu'elle est vraisemblablement imaginée

à l'Angleterre, il s'y préparait déjà la révolution intérieure qui, plus qu'aucune pression du dehors, allait faire du plus belliqueux des ennemis de la France le plus ardent champion de la paix.

Si, en France, les souffrances causées par la guerre avaient été si effroyables que les gouvernants avaient cru le pays au bord de l'abîme, les sacrifices auxquels s'étaient vus condamner les ennemis de la France n'étaient guère moins sensibles. La dette publique de l'Angleterre s'était accrue pendant la guerre de la succession d'Espagne d'environ 40 millions de livres sterling ; mais le fardeau, qui pesait sur le pays, n'accablait point également toutes les classes de la société. Les hommes de finance des grandes villes, qui faisaient les avances des emprunts de l'État, tiraient un bénéfice des intérêts toujours croissants ; les commerçants gagnaient sur les fournitures pour l'armée et la marine ; les uns et les autres étaient également intéressés à ce que l'État, moyennant l'accroissement des avantages commerciaux et l'acquisition de nouvelles colonies, fût mis en état de satisfaire, dans l'avenir comme par le présent, à ses engagements financiers. La gentry, par contre, qui n'avait point de capitaux à prêter et qui n'avait pas non plus l'occasion de faire face, par une augmentation de revenus, aux impôts grandissants, s'appauvrissait par la guerre et ne voyait dans le but pour lequel on la poursuivait aucun espoir de soulagement.

Ces intérêts divergents coïncidaient essentiellement avec les deux partis politiques, les Whigs et les Tories : ceux-ci avaient leur principal appui chez les populations agraires, ceux-là dans celles des villes. Le parti belliqueux était par conséquent représenté par les Whigs, et il l'était d'autant mieux que son chef reconnu, le duc de Marlborough, avait, par ses éclatantes victoires sur le continent, couvert les armes d'Angleterre d'une gloire qui éblouissait ses compatriotes.

Le parti de la paix, représenté par les Tories, réclamait de plus en plus instamment la fin de la guerre et la diminution de cet insupportable fardeau d'impôts. Certaines conséquences nées

par ces républicains pour aigrir leurs peuples et les porter à la guerre dans le moment qu'ils pourraient souhaiter plus ardemment la paix à cause de l'interruption de leur commerce avec nous. ».

des divergences religieuses des deux factions, et d'autres circonstances encore, qu'il est superflu d'aborder ici, avaient influencé l'opinion du peuple anglais au préjudice des Whigs. Et lorsque Marlborough et son intrigante femme, la duchesse Sarah, tombèrent en disgrâce, leurs partisans furent éloignés du gouvernement qui fut occupé par leurs adversaires : Shrewsbury, Harley, Jersey, et Saint-John. Au parlement qui se réunit après de nouvelles élections, en novembre 1710, les Tories dominèrent.

Pour oser ouvertement professer leur politique de pacification, il était nécessaire que les chefs du parti des Tories en puissent présenter comme fruit le bénéfice que leurs adversaires estimaient impossible à obtenir autrement que par la continuation de la guerre. Il importait aussi que l'Angleterre victorieuse ne parût pas être celle qui sollicitait la paix de la France humiliée. Enfin il n'était pas moins urgent, au moins jusqu'à ce que le succès fût sûr, d'éviter tout ce qui, aux yeux des alliés, et en particulier de la Hollande, pouvait mettre l'Angleterre dans un mauvais jour, comme un ami infidèle qui eût voulu se ménager des avantages à part, au dépens de ses alliés. Ce sont ces principes qui inspirent la politique des hommes d'État anglais pendant les négociations dont nous allons rendre compte (1).

Dans ces circonstances, il était de toute nécessité de garder le plus profond secret. On sait que les premières propositions de paix de la part de l'Angleterre furent faites par l'intermédiaire d'un prêtre français, l'abbé Gaultier, qui, pendant quelque temps,

(1) Pour ces négociations. nous renvoyons en premier lieu à l'excellent ouvrage du professeur Ottocar Weber, *Der Friede von Utrecht*, Gotha, 1891 ; puis à Legrelle, *La diplomatie française et la succession d'Espagne*, t. IV, Gand, 1892, p. 578 et les suivantes ; à Henri Vast, *Les grands traités du règne de Louis XIV*, t. III, Paris, 1899, introduction ; et autres. Ces ouvrages s'occupent cependant principalement de la politique générale et n'abordent les intérêts commerciaux qu'en passant, et à mesure qu'il est nécessaire pour l'intelligence des questions politiques. Un exposé très méritoire de ces négociations, avec les intérêts commerciaux comme objet principal, est dû à M. George Scelle (*La traite négrière*, t. II, Paris, 1906, p. 485 et suiv.). Mais tandis que cet auteur regarde les choses par rapport aux traités d'Asiento, j'ai pris comme point de départ le commerce des Indes, particulièrement celui de la mer du Sud. La proche relation des deux questions veut que nos exposés coïncident sur bien des points. Je n'ai guère besoin d'ajouter qu'il m'a été impossible de parcourir dans l'original toute cette matière immense que contiennent les archives françaises au sujet de la paix d'Utrecht et des pourparlers qui la précédèrent ; ce que les archives anglaises, hollandaises et espagnoles renferment sur ce sujet, je ne le connais que par les ouvrages cités et d'autres ouvrages imprimés.

avait servi à Londres de correspondant secret à Torcy. Or, lord
Jersey avait laissé entendre à ce Gaultier que, si seulement une
« sûreté » suffisante était ménagée au commerce de l'Angleterre,
il ne serait point impossible qu'on pût arriver à une entente
acceptable pour la France. Il se prononça plus clairement après
qu'en décembre 1710, les événements d'Espagne avaient pris une
tournure plus favorable pour Philippe V : l'Angleterre n'insis-
terait plus pour que Philippe renonçât à la couronne ; « ou si
nous le faisons, avait assuré Jersey, ce ne sera que faiblement
et *pro forma*, et nous serons contents, pourvu que la France et
l'Espagne nous donnent pour le présent et pour l'avenir de
bonnes sûretés pour notre commerce ».

Dès que cette proposition eut été favorablement accueillie en
France, on estima pouvoir s'avancer davantage, et, le 21 janvier 1711, Gaultier se présenta personnellement à Versailles avec
la mission verbale de s'informer si la France était disposée à
entamer des négociations de paix séparées avec l'Angleterre.
« Interroger alors un ministre de Sa Majesté s'il souhaitait la
paix, c'était demander à un malade attaqué d'une longue et
dangereuse maladie, s'il en veut guérir », dit Torcy (1), qui
n'était certainement pas aussi pris au dépourvu qu'il semblait
vouloir le faire croire. Cependant, Louis XIV et son ministre
avaient de fortes objections à faire contre la proposition de
paix, telle qu'on la présentait en ce moment. Ils accueillaient
certes avec satisfaction l'assertion de l'Angleterre qu'il ne pourrait
plus être question de l'abdication de Philippe V, mais la demande
que la France s'adressât encore une fois à la Hollande pour
obtenir la convocation d'une nouvelle conférence en vue de la
paix fut rejetée de la plus ferme manière. Sur la question de
Torcy, qui désirait être fixé sur ce que les Anglais entendaient
par « les avantages et les assurances » qu'ils exigeaient pour leur
commerce, Gaultier répondit qu'il ne le savait pas exactement,
mais qu'il supposait « qu'ils voudraient qu'on remît à leur choix,
ou de faire directement le commerce aux Indes, ou de le faire
indirectement par les vaisseaux espagnols comme sous le règne

(1) *Mémoires,* t. III, p. 33.

de Charles II ; peut-être, ajouta-il, demanderont-ils aussi quelques places dans l'Amérique (1) ». Du côté français, on répondit en termes non moins généraux qu'on pouvait être convaincu en Angleterre que « Sa Majesté voudrait sincèrement contribuer au bien de toutes les nations de l'Europe en donnant les assurances qu'elles pourraient raisonnablement demander pour le commerce » ; et sur la déclaration finale de Louis XIV qu'il était certainement très disposé à négocier avec l'Angleterre, surtout après le changement de gouvernement qui venait d'y avoir lieu, et qu'il ferait avec plaisir tout ce qui dépendait de lui pour ménager des avantages particuliers à l'Angleterre, mais que, plutôt que de s'adresser à la Hollande, il courrait le risque d'une nouvelle campagne, le médiateur secret dut s'en retourner.

Après une déclaration aussi ferme, les hommes d'État anglais durent se contenter de tâcher d'obtenir de la part de la France une proposition adressée à l'Angleterre et qui, plus tard, pourrait être communiquée à la Hollande, comme preuve que c'était bien Louis XIV qui avait cherché la paix. Afin de réaliser ce projet, Gaultier fut de nouveau envoyé en France, muni cette fois d'une ébauche écrite de la réponse qu'on désirait de la part de Louis XIV. Cette réponse, on l'obtint aussi, essentiellement conforme au plan anglais.

Débutant par la déclaration que le roi de France avait résolu de présenter encore une fois, et cette fois à la nation anglaise, « des propositions que Sa Majesté juge à propos de faire pour terminer la guerre et pour assurer solidement la tranquillité générale de la Chrétienté », on y énumère en six articles les conditions auxquelles il serait disposé à négocier la paix. Le premier de ces articles contient que « les Anglais auraient des sûretés réelles pour exercer leur commerce en Espagne, aux Indes et dans les ports de la mer Méditerranée » ; suit, en termes généraux, l'assurance qu'on était tout prêt à accorder aux Hollandais une barrière suffisante, ainsi qu' « une entière liberté et sûreté » pour leur commerce également, et enfin une satisfaction raisonnable pour tous les alliés de l'Angleterre et de la Hollande. Sur

---

(1) *Journal inédit de Torcy,* p. 351.

le sort de la monarchie espagnole, on ne se prononce que par allusions : « pour la régler au contentement des parties inté-ressées », on allait « travailler sincèrement à surmonter les diffi-cultés nées à cette occasion et assurer l'état, le commerce et généralement les intérêts de toutes les parties engagées dans la présente guerre ».

Munis de cet acte, daté de Marly le 22 avril 1711 (1), les Anglais purent aller de l'avant, et travailler pour la paix sans en paraître les auteurs. La proposition fut présentée à la reine, dans un conseil, par les ministres au courant du secret. Elle l'accueillit avec beaucoup de satisfaction et résolut de l'expédier immédia-tement en Hollande. On jugeait cependant le temps opportun pour demander à Louis XIV de se prononcer plus explicitement sur ce qu'il entendait par sa promesse de « sûretés réelles pour le commerce ». On chargea Gaultier de lui communiquer que l'An-gleterre comprenait par là l'acquisition de Gibraltar ou de la Corogne en Espagne, de Port-Mahon dans la Méditerranée et de quelque place des Indes qu'on ne spécifiait pas. Quant aux Hol-landais, ils reçurent assez froidement les propositions de la France qu'ils jugèrent trop générales, et demandèrent, à leur tour, des explications au sujet des sûretés offertes.

Comme c'était aux frais de l'Espagne que ces sûretés devaient être accordées, Louis XIV s'empressa d'exercer sur son petit-fils les pressions les plus vives, tout en assurant aux Anglais qu'il était sûr de son consentement. Quant à Gibraltar et à Port-Mahon, Philippe V s'était déjà déclaré prêt à les sacrifier ; « mais, écrit Louis XIV au duc de Vendôme (2), dont il pouvait escompter l'in-fluence sur le jeune roi après les victoires que le duc avait rem-portées pour l'Espagne, il faut une sûreté pour le commerce des Indes, et l'on peut compter que les Anglais demanderont une place dans l'Amérique. Il est donc nécessaire que le roi d'Espagne examine et qu'il me fasse savoir ce qu'il croira pouvoir faire pour les contenter. Faites-le souvenir que le point capital pour lui est de demeurer maître paisible de l'Espagne et d'en être reconnu le

---

(1) Imprimé dans Lamberty, *Mémoires*, VI, p. 669. Le contenu est ici entièrement con-forme aux copies des Aff. Et. Angl. 232, f. 125, et Esp. 206, f. 206, mais la teneur diffère.

(2) Le 31 mai 1711. Aff. Et. Esp., Corr. pol. 207, f. 114.

seul roi légitime par un traité de paix avec toutes les nations qui lui font présentement la guerre ; que les conditions qu'il accordera dans cette vue en faveur des Anglais ne doivent lui causer aucune peine, parce que le préjudice qu'il pouvait en recevoir ne sera jamais à comparer au bien qu'il retirera de rendre la paix à ses peuples et de s'affermir sur son trône. »

Comme nous l'avons dit, Philippe V s'était déjà résigné à la perte de Gibraltar et de Port-Mahon ; mais « l'affaire des Indes n'était pas de même : il paraissait bien dur à Sa Majesté Catholique de donner en ce pays-là une place aux ennemis », énonce Vendôme (1), et il poursuit : « J'ose même assurer Votre Majesté que sans moi cet article était déjà refusé, mais j'ai représenté au roi que, le commerce étant pour ainsi dire le seul motif de cette guerre, c'était rompre toute sorte de négociation de refuser cet article. » Louis XIV voulait, autant que possible, épargner à son petit-fils le sacrifice d'une place en Amérique : « Je souhaite pour mon propre intérêt, écrit-il (2), qu'il soit possible d'obliger les Anglais de se désister de cette demande, car il est certain que, s'il faut l'accorder, le commerce de mes sujets n'en souffrira pas moins que celui des Espagnols ; ainsi je n'oublierai rien pour disputer fortement une condition dont les conséquences peuvent être fort dangereuses, mais si la paix en dépend, elle est si nécessaire qu'il faut l'acheter à ce prix. »

Jusqu'ici, on ne connaissait pas encore le détail des exigences que les Anglais comptaient poser comme conditions. Elles furent présentées par une nouvelle ambassade secrète de Gaultier, qui, le 27 juillet, arriva à Fontainebleau, non point seul cette fois, mais accompagné d'un homme de confiance du gouvernement anglais, Mathew Prior. Dans la proposition écrite que ce dernier transmit à Torcy (3), il est expressément dit que « la Grande Bretagne n'entrerait dans aucune négociation de paix sans obtenir préalablement que l'union des couronnes de la France et l'Espagne sera prévenue, que satisfaction sera donnée à tous les alliés, et que le commerce sera rétabli et maintenu » ; si le roi de France acceptait

(1) A Louis XIV, 11 juin 1711. Aff. Et. Esp , Corr. pol. 207, f. 218.
(2) Au duc de Vendôme, 22 juin 1711. Aff. Et. Esp., Corr. pol. 207, f. 222.
(3) Mémoire donné par le sieur Prior au mois de juillet 1711 à Fontainebleau. Aff. Et. Angl., Corr. pol. 233, f. 87 ; imprimé dans Legrelle, op. cit., t. IV, p. 594.

de négocier sur cette base, on espérait qu'il accueillerait bien certains détails de la proposition par lesquels les prétentions des alliés n'étaient qu'esquissées, mais qui, au sujet de l'Angleterre, étaient fixés avec plus de netteté. Ainsi, outre la reconnaissance de la succession au trône établie en Angleterre, on exigeait de la France : un nouveau traité de commerce « de la manière la plus juste et raisonnable » ; la démolition de Dunkerque ; l'abandon de Terre-Neuve, de la baie et des détroits d'Hudson ; enfin, de la part de l'Espagne, le pacte d'Asiento aux mêmes conditions auxquelles la France en jouissait à ce moment ; des avantages de commerce pareils à ceux qui étaient ou qui pourraient à l'avenir être accordés à la France et à d'autres nations ; enfin Gibraltar et Port-Mahon et, « pour mieux protéger le commerce dans l'Amérique espagnole », la possession de telles places qui seraient nommées dans le traité de paix.

Plusieurs de ces points étaient inacceptables pour la France, et ils furent longuement discutés entre Torcy et Prior. Si l'Angleterre demandait des places en Espagne et en Amérique et des avantages spéciaux pour son commerce, la Hollande ne tarderait pas à l'imiter ; et quelles faveurs accorderait-on à la France en échange des sacrifices qu'on lui imposait? On répliqua que c'était déjà une faveur que de laisser un Bourbon sur le trône d'Espagne ; que les négociations étant conduites secrètement, la Hollande n'aurait nulle occasion de présenter des exigences, et que d'ailleurs, par l'archiduc Charles, et sans la participation des Hollandais, l'Angleterre s'était déjà vu accorder des avantages semblables à ceux qu'on réclamait actuellement. En vain, Torcy objecta-t-il « que l'Angleterre, ne pouvant ôter la couronne au roi d'Espagne, ne pouvait aussi se vanter de l'affermir sur son trône ; qu'il était facile à l'archiduc de promettre ce qui ne lui appartenait pas ; que le Roi Catholique, maître de l'Espagne et des Indes, devait avoir plus d'attention aux engagements qu'il prendrait parce qu'il tiendrait inviolablement sa parole ; qu'il était donc absolument nécessaire de chercher des tempéraments convenables à toutes les nations ; qu'à la vérité il était juste de traiter la nation anglaise plus favorablement que les autres, à cause de la part qu'elle avait à la conclusion de la paix, mais qu'elle ne serait jamais solide, si les avantages que l'Angleterre obtiendrait emportaient tellement la balance, que le commerce des autres nations périt par cette supériorité ». Prior esquiva la discussion en alléguant qu'il n'avait point de mandat pour négocier ; il n'était chargé que de recevoir la réponse du gouvernement français. Finalement il en obtint une, écrite, dans laquelle les points litigieux étaient habilement éludés et où Louis XIV se bornait à déclarer que l'estime qu'il éprouvait pour une nation avec laquelle il était encore en guerre « ne laissait pas lieu de douter qu'il ne se portât à lui donner toutes les sûretés et tous les avantages que ce royaume pourrait demander raisonnablement pour son commerce ». Comme, d'autre part, il ne saurait croire qu'un ministère aussi intelligent que celui d'Angleterre voudrait maintenir des conditions qui infailliblement ruineraient complètement le commerce de la France, de l'Espagne, voire de l'Europe entière, il avait jugé que les demandes de l'Angleterre « méritaient une discussion particulière ». Aussi croyait-il que le meilleur moyen pour arriver à une conclusion heureuse, serait d'envoyer en Angleterre une personne bien renseignée sur ses intentions et munie d'un plein pouvoir pour convenir des sûretés du commerce sans que les intérêts de la France, de l'Espagne et du reste de l'Europe en souffrissent d'empiètement. La réponse aux autres propositions de l'Angleterre serait également transmise par ce mandataire.

La mission fut confiée à Mesnager, dont « Sa Majesté connaissait l'intelligence parfaite qu'il avait des matières de commerce et sa capacité dans les affaires importantes ».

Avant que les négociations entre Torcy et Prior fussent terminées, Mesnager avait été questionné sur son avis, et il avait même présenté un rapport (1), où il exposait la difficulté de donner une réponse décisive avant de connaître plus en détail les intentions des Anglais. Malgré l'affirmation que des sûretés pour leur commerce était leur seul but, peut-être visaient-ils encore à « se procurer les moyens de se servir de leur puissance déjà grande dans l'Amérique pour s'emparer d'une partie des riches États que l'Espagne y possédait » ; tout au moins pouvait-on supposer qu'ils avaient en

(1) Réflexions générales sur l'état de la négociation d'Angleterre, 28 juillet 1711. Aff. Et. Angl., Corr. pol. 233, f. 63.

vue de faire un commerce direct avec l'Amérique, cas auquel on
« ne pouvait s'empêcher, connaissant le génie de la nation anglaise
et tout ce qu'elle est capable d'entreprendre, de craindre qu'elle
ne formât bientôt après des desseins plus étendus ». Si, par contre,
les ministres anglais « demandaient des avantages si considérables
seulement de la vue de s'autoriser dans leur nation », on devait
certes profiter de l'occasion, « avec quelques ménagements, de
manière que, sans se prostituer et sans réfuter totalement ce qu'on
demandait de plus préjudiciable, on se ménageât les moyens de
finir cette grande affaire, et de la finir aux meilleures conditions,
qu'on en pourrait tirer ». Aussi serait-il opportun, au cours des
négociations, de faire comprendre aux Anglais « combien ce
qu'ils demandaient attirerait d'ennemis à l'Angleterre ; que l'Europe entière croirait perdre son bien en perdant le commerce de
l'Amérique ; que personne n'oublierait cette perte, ne pouvant
plus faire ce commerce par l'entremise des Espagnols, dépositaires de toutes les nations, s'il se faisait directement par les
Anglais ; qu'il n'y avait que les conditions justes et équitables
qui pussent subsister longtemps ; que la durée de la paix devait
toujours être l'objet de ceux qui la faisaient ; et qu'il était bien
différent de demander des sûretés pour le commerce ou de demander des moyens de le faire à l'exclusion des autres nations ».
Mieux vaudrait alors accepter le règlement modifié du commerce
des Indes, que le roi d'Espagne se déclarait d'ores et déjà disposé à
sanctionner ; il fallait demander aux Anglais s'ils avaient connaissance de ce plan et ce qu'ils en pensaient : alors seulement il pourrait être question de « se fixer sur les moyens de donner les sûretés » qu'ils demandaient.

Afin de rendre le projet de 1708 plus attrayant pour les Anglais,
Mesnager entreprit d'en modifier la teneur (1). La nouvelle rédaction gardait de l'ancienne (2) une partie des principales dispositions, à savoir, par exemple, que les expéditions de la flotte et des
galions seraient supprimées ; que la navigation sur l'Amérique

---

(1) Voir : Nouveau plan de commerce aux Indes Occidentales dans lequel toutes les
nations de l'Europe trouveront un égal traitement et une réelle sûreté de son exécution. Arch. Nat., G⁷ 1097 (volume intitulé « Matières de commerce, 2 »), f. 280-291.
(2) Voir plus haut, page 515.

serait réservée aux seuls sujets de l'Espagne ; que des navires de commerce d'un nombre illimité, où chacune des nations aurait le droit d'embarquer ses marchandises avec la même liberté que les Espagnols, pourraient se rendre de Cadix en Amérique ; que ces navires seraient escortés de bâtiments de guerre partant à des époques fixes deux fois l'an ; que les droits d'entrée et de sortie seraient réglés et modifiés conformément à ce qu'avait déjà accordé le roi d'Espagne ; et, enfin et surtout, que les métaux précieux, après le retour à Cadix, une fois les taxes légales perçues, seraient à la libre disposition des propriétaires et pourraient, sans entraves, être exportés à l'étranger. Mais le projet, dans sa forme nouvelle, contenait aussi certaines modifications assez essentielles et indiquait par sa teneur même qu'il ne s'adressait point au même public que l'ancien. Tandis que celui-ci commençait par des déclarations dont le but était de détourner les soupçons des Espagnols, le nouveau projet contenait au début des clauses susceptibles de prévenir les souhaits des Anglais. Ainsi l'article Ier arrête que « l'entrée de la ville de Cadix serait franche de tous droits sur les marchandises de l'Europe, qui y seraient apportées par mer ou par terre », et l'article III que « tous étrangers, amis et alliés de la couronne d'Espagne, pourraient s'établir à Cadix, y occuper maisons et magasins, en propriété ou à loyer, et y faire leur commerce avec la même liberté que les Espagnols, sans que l'inquisition pût les inquiéter sur le fait de leur religion, sinon en cas d'accusation de judaïsme ». Le but très visible d'enrayer la méfiance à l'égard des Français ressort des défenses renforcées interdisant le trafic direct des étrangers avec l'Amérique : pour assurer l'exécution de ces lois, « les souverains amis et alliés d'Espagne feraient publier dans leurs États une ordonnance, portant défense à leurs sujets de faire aucun commerce direct à l'Amérique espagnole *sous peine de la vie*, et si aucuns y contrevenaient, ils ne pourraient avoir d'asile chez les amis et alliés d'Espagne ; au contraire, le souverain de l'État où se trouveraient réfugiés les contrevenants à cette prohibition serait dans l'obligation de les livrer avec leurs vaisseaux aux princes dont ils seraient sujets, pour leur faire subir la peine de leur crime ; et afin que cet article ne souffrît aucune équivoque, on exhorterait tous les princes de l'Europe d'en convenir dans le premier traité de paix... » Finalement, dans la prévision que l'organisation, déjà fixée, des autorités chargées de surveiller le commerce, pourrait bien manquer de garanties suffisantes, on proposait d'établir à Cadix une juridiction consulaire, composée de deux Espagnols, d'un Français, d'un Anglais, d'un Portugais, d'un Italien et d'un Hollandais, laquelle juridiction aurait seule la compétence dans toutes les questions de commerce et des douanes, et de laquelle on ne serait en droit d'appeler au Conseil des Indes que lorsqu'il s'agirait de sommes excédant 2.000 piastres ; l'exécution des jugements, qu'ils fussent de première ou de seconde instance, ne pourrait être « retardée en aucune manière par lettres du prince appelées *Moratoria* ou de surséance ». Enfin, non contents des sûretés stipulées dans les dix-huit articles dont nous venons de retracer le principal contenu, un article additionnel proposait, en guise de sûreté supplémentaire, l'installation à Cadix d'une garnison de Suisses chargés de la surveillance du commerce des Indes (1).

Dans les réflexions, où Mesnager développe les motifs de sa proposition, nous trouvons une preuve nouvelle de l'importance attribuée au commerce français de la mer du Sud, tant par ses défenseurs que par ses adversaires. L'auteur commence ses réflexions par des observations générales sur l'origine de ce

---

(1) Comme ce curieux projet constitue peut-être l'exemple le plus ancien de cette espèce de tutelle étrangère qui, de nos jours, a été instituée par convention internationale à plusieurs États demi-civilisés, en Crète, en Macédonie, au Maroc, le détail de la stipulation mérite peut-être qu'on le cite :

« La ville et les forteresses de Cadix seront confiées aux Suisses catholiques pendant un temps aussi étendu qu'on le jugera convenable, pour être ensuite remises au pouvoir du roi Catholique. Il sera dressé un État-Major de cette garnison, qui sera en outre composée de 2.000 soldats. Tous les droits levés à Cadix et dans les Indes au sujet du commerce proposé demeurent affectés à la solde de ces troupes étrangères, aux frais des assemblées des Suisses, à ceux du transport de ces troupes... Les Cantons catholiques s'assembleront de trois en trois ans pour choisir trois sujets capables de remplir chaque place de l'État-Major ; ce choix sera ensuite approuvé par la diète générale, avant d'être présenté au roi d'Espagne, afin que Sa Majesté Catholique détermine celui qui lui plaira pour remplir chaque place de l'État-Major. Le gouverneur et les officiers, après avoir prêté en Suisse les serments accoutumés, viendront en Espagne ; ils y prendront possession de leurs emplois, mais avant d'en être pourvus, le gouverneur prête le serment de fidélité entre les mains de Sa Majesté Catholique et les autres officiers de l'État-Major entre celles de tel commissaire que le roi d'Espagne voudra nommer. La première obligation de ces officiers étrangers sera de défendre la ville, et la seconde de faire observer l'exécution du présent plan de commerce, autorité que le roi d'Espagne voudra leur conférer à l'exclusion de tous autres, et dont il sera fait mention dans les serments qu'ils prêteront à Sa Majesté Catholique. »

commerce et il expose les points de vue, d'après lesquels, du moins en France, on souhaitait de le voir juger :

« La paix est nécessaire à l'Europe, mais une fausse paix lui est inutile.

Le motif principal des Anglais et des Hollandais pour s'armer contre la France et l'Espagne est fondé sur la crainte de voir passer immédiatement les richesses de l'Amérique entre les mains du Roi et du roi d'Espagne comme une source de bien inépuisable pour faire la guerre à toute l'Europe et la conquête universelle.

Ces bruits ont été semés parmi les peuples. On a regardé cette démarche comme un effet de l'habileté des ministres qui gouvernent l'Angleterre et la Hollande, pour y faire supporter avec plus de tranquillité les maux de la guerre, car ces ministres sont trop sensés pour être susceptibles d'une telle chimère ; aussi n'a-t-on pas pensé un seul moment à la réfuter.

Il vaut mieux convenir que, sans la permission du Roi et sans faire attention aux plaintes répétées de la part du roi d'Espagne, nous avons fait un commerce à la mer du Sud depuis six ou sept années, et que nous en avons retiré des secours de cette entreprise. Après cet aveu, il faut que les Anglais et les Hollandais conviennent de leur part qu'ils en sont cause.

Ces deux nations faisaient dans la mer du Nord tout le commerce de Terres fermes. Ils occupaient ces parages d'une multitude de balandres, par le moyen de la Jamaïque et de Curaçao ; les Hollandais avaient des boutiques à terre sur la côte de Carrac et ont porté leur cupidité jusqu'à y semer des catéchismes parmi les noirs qui cultivent le cacao, où la polygamie, le vol et l'ivrognerie paraissent permises, afin d'un côté de tranquilliser ces malheureux esclaves, nouveaux chrétiens, sur le vice où ils sont le plus enclins, et de l'autre de les engager à se charger de beaucoup d'eau-de-vie, à voler du cacao et leur vendre à bon marché.

Telle était la conduite des Anglais et des Hollandais, lorsque les navigateurs français, trouvant la place prise dans la mer du Nord et embarrassée d'ennemis, se sont avisés d'aller chercher fortune dans la mer du Sud, pour avoir leur part des productions de l'Amérique. Il n'est point surprenant que les Américains les aient reçus dans leurs ports : ils leur ont porté plusieurs choses de l'Europe dont ils avaient un extrême besoin et qui valaient un prix infini ; ils ont fait un commerce dans la mer du Sud semblable à celui que les Anglais et les Hollandais ont fait dans la mer du Nord, et si le premier nous a donné des secours, l'autre n'en a pas donné de moindres à nos ennemis.

Aujourd'hui on porte envie à notre conduite, on est inquiet, on veut s'y opposer ou nous donner des concurrents, sans nous parler de réciprocité dans ce même commerce que les Anglais et les Hollandais sont en habitude de faire depuis trente années par la mer du Nord Mais quoi qu'il en soit, si l'Amérique est une patrie commune, si toute l'Europe la regarde sur ce pied-là, pour y puiser des richesses suivant l'industrie d'un chacun par la main des Espagnols, on ne saurait rien proposer de plus équitable que le nouveau plan qui précède ce mémoire. »

Après avoir ensuite énuméré les avantages qu'offrait son plan, il s'oppose vivement à l'idée de laisser acquérir aux Anglais une place dans la mer du Sud : « Si le commencement du commerce que nous avons fait de ce côté-là les inquiète, combien l'Europe aurait-elle sujet de prendre ombrage des concessions qu'ils demandent en propriété? Les Hollandais, leurs propres alliés, et toutes les nations se joindraient à la France pour les en chasser : si on faisait la paix à cette condition, ce serait une fausse paix, car immanquablement il faudrait recommencer une guerre, peut-être plus vive que celle d'aujourd'hui. » Aussi serait-il urgent d'interdire complètement toute navigation dans la mer du Sud ; il fallait même faire stipuler cette interdiction « par le traité de paix solennel qu'on ferait », et toutes les nations devaient « s'exécuter de bonne foi sur ce point capital. » On avait d'autant plus lieu d'espérer que l'Angleterre s'y montrerait disposée, que le roi de France avait prouvé, le premier, par ce nouveau plan son désir d'éloigner toute raison de continuer la guerre.

Plus fortement encore un autre mémoire, provoqué par la proposition de paix présentée par Prior (1), expose les dangers qu'on courrait en accordant à l'Angleterre des possessions dans l'Amérique espagnole. Le mandataire anglais avait laissé entrevoir que les Anglais demanderaient peut-être, pour assurer leur commerce, deux « moyennes retraites » dans la mer du Sud et deux autres dans la mer du Nord. Au sujet des deux premières, on lit dans le mémoire :

« La moindre des possessions qu'on pourrait accorder aux Anglais dans la mer du Sud serait une des îles de Juan Fernandez, mais il faut

(1) Second mémoire pour répondre aux demandes que les Anglais font avant l'ouverture des conférences pour la paix ; Arch. Nat., G⁷ 1697. Ce mémoire, sous le titre de « Raisonnements de Pecquet, premier commis du marquis de Torcy », se trouve aussi aux Aff. Et. Angl., Corr. pol. 233, f. 75-82.

être persuadé que, toute déserte qu'elle est aujourd'hui, sans autre production que du bois et des chèvres, si elle passait à la possession de
l'Angleterre, on y aurait en peu d'années un grand nombre d'habitants,
des ports fermés et le plus grand entrepôt du monde des manufactures
d'Europe et d'Asie, dont les Anglais fourniraient les royaumes du Pérou
et du Mexique. Ce raisonnement est sans contredit : soixante millions
d'or et d'argent, sortant annuellement des mines, seraient l'objet de
leur industrie. Quels efforts cette nation, habile en commerce et puissante en vaisseaux, ne ferait-elle pas pour s'approprier cet immense
revenu de l'Amérique ; quelle ressource ne trouverait-elle pas dans les
particuliers pour fournir les fonds nécessaires aux entreprises qu'on
ferait dans cette nouvelle colonie, que chacun regarderait avec raison
comme une source de bien inépuisable ; et quelle perte pour la France
de n'avoir plus le débit, comme par le passé, de ses dorures, de ses
étoffes de soie et de ses toiles, car, ces espèces de manufactures
manquant aux Anglais, ils iront les chercher à la Chine et dans
l'Orient, et pendant que ces insulaires s'enrichiraient et deviendraient
la nation de l'Europe la plus formidable, la France s'affaiblirait en
perdant le débouché de deux articles principaux de son patrimoine :
les brocarts de soie en est un, et l'autre, mille fois plus considérable,
sont les toiles, dont la matière première croît en France et dont toute
la préparation se fait par les sujets du Roi, ce qui fournit le moyen
le plus facile à la Bretagne, à la Normandie et à la Picardie de payer
les subsides. »

Quoi qu'il arrivât, il vaudrait donc mieux « voir les Anglais
faire une tentative pour prendre quelque port de ce côté-là », et en
ce cas s'y opposer en déployant toutes ses forces, que de faire de
plein gré une pareille concession. Quant à la mer du Nord, les
Anglais devaient pouvoir se contenter de la Jamaïque, mais, en
cas d'extrême nécessité, on pourrait peut-être leur concéder Porto-
Rico ou Trinidad ; on devait opposer moins de résistance s'il s'agissait de se désister en leur faveur de l'Asiento des noirs, « quoi
qu'il soit aisé, dit le mémoire, de prévoir que ce leur serait une
occasion d'introduire un grand nombre de leurs marchandises, et
faire un commerce direct et très considérable. »

Enfin, pour compléter l'exposé de ces négociations préliminaires,
par lesquelles on voulait, en France, fixer la position vis-à-vis de
toutes les questions qui pourraient naître lors de l'instruction de
cette affaire des sûretés, que les Anglais réclamaient pour leur
commerce, il nous reste à signaler encore une concession que

Mesnager estimait pouvoir leur être faite (1). Prévoyant que l'Espagne, qui ne possédait point de marine, serait hors d'état de fournir les bâtiments de guerre pour escorter les navires marchands dans leur traversée de Cadix en Amérique, et voulant éviter que son plan ne sombrât sur cet obstacle, il proposait qu'on admît pour un certain nombre d'années, jusqu'à ce que l'Espagne eût trouvé le moyen de se procurer une marine, que l'Angleterre louât des vaisseaux de convoi à l'Espagne. Les avantages de cet arrangement seraient réciproques, et quant aux Anglais, « on remplirait cette attente dont on les avait flattés, ils jouiraient de la gloire d'être les dépositaires et les gardiens de l'écoulement des richesses de l'Amérique vers l'Europe, et ce leur serait une assurance réelle qu'ils ne seraient point trompés dans l'exécution qu'on leur avait promise du nouveau plan de commerce. »

De ces discussions préliminaires, on concluera aisément que c'était en effet une importance prépondérante, qu'à ce moment des négociations on attribuait au commerce des Indes, notamment à celui de la mer du Sud. Les grandes questions politiques étaient en comparaison regardées comme faciles à régler — erreur certes, mais qui s'explique par le fait qu'elles intéressaient moins l'Angleterre que ses alliées, et l'Angleterre ne s'était guère jusqu'ici montrée soucieuse que de ses propres intérêts. Après avoir considéré avec quelle minutie le gouvernement français avait examiné à tous les points de vue les conditions qu'on supposait que l'Angleterre exigerait comme condition capitale de la paix, à savoir des sûretés pour le commerce, nous allons examiner les résultats de cette discussion, tels qu'ils ressortent de l'instruction qui devait servir de guide à Mesnager dans sa mission embarrassante de négociateur de la paix.

Ce document intéressant, daté de Fontainebleau le 3 août 1711 (2), commence par un compte-rendu explicite des pourparlers menés jusqu'à ce moment entre la France et l'Angleterre. Suivent « les conditions de paix que le Roi peut désirer par rapport

---

(1) Mémoire concernant deux propositions nouvelles que fait le sieur Mesnager, la première touchant la sûreté des Anglais en Amérique, et la seconde au sujet de leur commerce en Flandre et en Allemagne. Aff. Et. Angl., Corr. pol. 233, f. 147.

(2) Aff. Et. Angl., Corr. pol. 235, f. 312.

à sa gloire, au bien de son royaume, aux intérêts de ses alliés, et celles dont le Roi peut se désister, plutôt que de prolonger davantage une guerre également pesante à toutes les nations de l'Europe ». Nous laisserons de côté tout ce qui a trait aux alliés, tant d'un parti que de l'autre, et nous mentionnerons simplement que Louis XIV se déclarait disposé à reconnaître la reine Anne comme souveraine de la Grande Bretagne — on regardait comme une convention tacite que Philippe V serait reconnu roi d'Espagne et des Indes, — ensuite à signer avec l'Angleterre un traité de commerce avantageux, et enfin à céder à ce pays Terre-Neuve sous certaines réserves. Plus importantes pour notre sujet sont les conditions stipulées à l'égard de l'Espagne. L'instruction en dit :

« Les avantages que les Anglais espèrent obtenir du côté d'Espagne étant un des principaux motifs qui les aient portés à commencer une négociation particulière, il est nécessaire de les satisfaire autant qu'il sera possible, pourvu que le commerce des autres nations n'en souffre pas un préjudice irréparable...

Le sieur Mesnager, connaissant parfaitement le commerce des Indes Occidentales, a déjà rendu compte au Roi du plan qu'il a formé, par ordre de Sa Majesté, pour assurer à toutes les nations de l'Europe un traitement égal et la sûreté réelle de l'exécution du projet. Elle approuve d'autant plus ce plan, qu'elle sait que le roi d'Espagne en étant instruit il y a déjà quelques années, consentait à l'exécution des principaux articles. Elle ne doute pas que ce prince n'approuve également les nouvelles clauses qui ne lui ont pas encore été communiquées ; et, quoique celle de remettre Cadix à la garde des Suisses, reçoive peut-être quelques difficultés, le Roi s'assure de les vaincre, la paix étant si nécessaire au roi son petit-fils, qu'il ne résistera pas aux fortes raisons que Sa Majesté se propose d'employer pour le déterminer.

Elle veut donc que le sieur Mesnager offre ce nouveau projet de commerce comme l'expédient le plus convenable à toutes les nations de l'Europe, et, si les ministres d'Angleterre demandaient encore quelques nouvelles sûretés pour son exécution, il pourrait promettre que le traité serait confirmé par les États généraux du royaume de Castille, les Indes étant de la dépendance de cette couronne (1).

(1) L'idée de cette proposition, qui ne se retrouve pas dans les pourparlers préparatoires, émanait peut-être de l'ambassadeur de Venise en Hollande, Foscarini, qui, après l'échec des conférences de Geertruidenberg, s'était vivement occupé des moyens d'amener la paix. « Il proposait que le roi d'Espagne fît assembler les Cortes sans en déclarer auparavant le sujet ; que, lorsqu'elles seraient unies, Sa Majesté Catholique

Mais ce plan commun à toutes les nations ne suffira pas pour les Anglais. Ils veulent obtenir des avantages particuliers par le traité de paix. Ceux qui administrent les affaires publiques se croient intéressés personnellement à trouver les moyens d'acquitter une partie des dettes de la Couronne ; la facilité du commerce de l'Amérique est la seule ressource qu'ils envisagent. Ils demandaient pour cet effet des places dans les Indes ; le roi d'Espagne ne les accordera jamais. Il faut donc suppléer par quelqu'autre expédient au refus d'une condition plus capable que toute autre de déterminer l'Angleterre à la paix.

La seule offre qu'il soit possible de lui faire, est celle d'exécuter les traités secrets que Prior prétend avoir été faits entre les Anglais et l'archiduc, et par conséquent de promettre qu'ils jouiront de l'exemption de tous les droits qui seront imposés dans les ports d'Espagne, et de l'entrée libre dans ces ports (1). Il ne doit pas être question de ceux des Indes, le nouveau plan permettant seulement la navigation des mers de l'Amérique aux vaisseaux espagnols, et les étrangers en étant sûrement exclus. Toutefois le sieur Mesnager pourra convenir que les effets appartenant aux Anglais dans les Indes seront exempts de tous droits et de toutes impositions faites ou à faire. »

Si ces concessions paraissaient insuffisantes, Mesnager pourrait offrir Porto-Rico ou Trinidad, en supposant toutefois que le roi d'Espagne donnât son consentement, et si l'on objectait à cette réserve que Louis XIV s'était déclaré autorisé à négocier au nom de son petit-fils, il fallait répondre que cela n'était le cas que dans la question de Gibraltar et non point dans celle du commerce des Indes. Louis XIV, « qui savait en général que le roi d'Espagne serait disposé à favoriser la nation anglaise, si elle contribuait au rétablissement de la tranquillité publique », promettait cependant « d'agir fortement auprès de son petit-fils pour obtenir de lui que ses ministres aux conférences de la paix eussent des ordres sur un article aussi important et qu'il était impossible de traiter

déclarât que la crainte que les nations étrangères avaient pour leur commerce étant la cause apparente de la continuation de la guerre, ce prince voulait bien, pour la terminer et pour le repos de ses peuples, s'engager dès à présent, par un serment que les Cortes recevraient de lui et de ses successeurs, à maintenir le commerce des Indes tel qu'il avait été exercé sous les règnes des rois ses prédécesseurs, jusqu'à la mort de Charles II... Foscarini était persuadé que ce projet devait également plaire aux Espagnols et aux étrangers. » *Journal inédit de Torcy*, p. 248.

(1) En réalité, ce n'était que ce qui avait déjà été proposé dans l'article 1ᵉʳ du nouveau plan de Mesnager ; le plan de l'année 1708 n'avait proposé qu'un allégement des droits de douane pour l'importation à Cadix des marchandises destinées aux Indes. Cf. plus haut, p. 517.

comme préliminaires ». En outre, on ne devait faire aucune difficulté pour accorder aux Anglais le traité d'Asiento, l'avantage
d'être traités en Espagne comme la nation la plus favorisée, et
enfin Gibraltar. Quant à Port-Mahon, il faudrait « disputer sur cet
article et ne céder que lorsqu'en l'abandonnant on en retirerait
quelque avantage plus considérable ».

Muni de cette instruction, Mesnager se mit en route, accompagné de Prior et de Gaultier, et arriva à Londres le 18 août.

Nous avons déjà vu que, dans certains cas, Louis XIV n'avait pu
obtenir de son petit-fils qu'avec une peine extrême ces concessions dont il s'était déclaré si assuré auprès des Anglais. En
d'autres cas, il s'était heurté à une résistance avec laquelle il avait
fallu compter en présentant les conditions de paix ; et, sur d'autres
points encore, il allait rencontrer de grandes difficultés dans son
rôle de négociateur pour le compte de l'Espagne.

Dans ces circonstances, un changement de la représentation
diplomatique de la France en Espagne s'imposait. Le nouveau
ministre, le marquis de Bonnac, eut comme principale tâche
d'obtenir le consentement de Philippe V aux conditions de paix
dressées par son aïeul, en même temps qu'il devait essayer d'entretenir une intelligence étroite entre les deux nations, et cela sans
s'ingérer en aucune manière dans l'administration intérieure du
pays. On rédigea pour lui, de même que pour ses prédécesseurs,
une instruction spéciale, qui lui indiquait la conduite à tenir à
l'égard des questions concernant le commerce et les colonies (1) ;
mais cette instruction n'est sur tous les points essentiels qu'une
copie d'instructions antérieures de même espèce. Par Blécourt, il
devait être initié à toutes les questions ayant rapport à sa mission
particulière, notamment sur la nécessité de veiller à ce que l'interdiction du commerce des Hollandais en Espagne fût rigoureusement observée (2). Mais ces ordres qui ressortissaient du départe-

(1) Mémoire du Roi concernant le commerce et les colonies pour servir d'instruction
au sieur marquis de Bonnac, 15 juillet 1711. Arch. Nat. Marine, B⁷ 87, p. 601. — Pour
ce qui concerne notre sujet, cette instruction ne diffère guère de celle donnée pour
Amelot qu'en ceci que Bonnac devait réfuter les plaintes sur le commerce de la mer du
Sud qui pourraient lui arriver avec la déclaration que « depuis plus d'un an le Roi
n'avait donné aucune permission, ni même souffert qu'aucun vaisseau français y allât. »
(2) Pontchartrain à Blécourt, 15 juillet 1711. Arch. Nat. Marine, B⁷ 87, p. 591.

ment du secrétaire d'État de la marine, on estimait devoir les
compléter par d'autres de la compétence du contrôleur général
des finances. D'après ces derniers ordres, Bonnac devait travailler
pour une modération des droits d'entrée espagnols sur les produits français et, au sujet du commerce des Indes, il devait signifier le désir de son monarque de voir ce commerce pleinement
remis entre les mains des Espagnols, ce qui arriverait assurément
« aussitôt qu'on aurait simplifié les droits infinis dont ce commerce était opprimé et levé les contraintes dont il était environné ».
Il devait également faire comprendre que le roi n'avait en vue
pour ses sujets d'autres avantages que ceux qui pourraient entrer
en considération à la future conclusion de paix et qui seraient
conformes au plan de 1708 approuvé en Espagne (1).

Lorsque les négociations avec Prior furent terminées et que la
mission de Mesnager en Angleterre eut été résolue, on jugea
nécessaire de donner à Bonnac de nouveaux ordres de conduite (2).
On lui remit une copie de l'instruction de Mesnager pour le guider
au sujet des concessions qu'il devait s'efforcer d'obtenir de la part
de l'Espagne. On le chargeait tout particulièrement de rompre la
résistance qu'on prévoyait contre l'installation d'une garnison
suisse à Cadix, mesure que le roi d'Espagne aurait tort de désapprouver, « puisqu'il serait toujours également maître et souverain
de cette place et que, voulant observer ce qu'il aurait promis, cette
garnison ne le contiendrait pas plus que sa propre parole ». En
outre, il devait engager les Espagnols à céder à l'Angleterre Porto-
Rico ou Trinidad, afin qu'une résistance sur ce point n'entravât
point la signature immédiate du traité, dans le cas où, en dépit de
tous les efforts, la paix ne pourrait être obtenue qu'à cette condition.

Pour soutenir Bonnac dans ces efforts, on fit appel à tous les
amis demeurés fidèles à la France : à la princesse des Ursins, au
duc de Vendôme et au comte de Bergheick. La princesse des

(1) Mémoire touchant le commerce de France en Espagne pour M. le marquis de
Bonnac ; avec cette annotation d'une autre main : « envoyé par M. Desmaretz 1711. »
Aff. Et. Esp., Mém. et Doc. 32. C'est Mesnager qui est l'auteur de ce mémoire ; voir sa
lettre à Desmaretz du 16 juin 1711. Arch. Nat., G⁷ 1696.
(2) Addition à l'instruction du sieur marquis de Bonnac, 5 août 1711. Aff. Et. Esp.,
Corr. pol. 209, f. 36.

Ursins, frappée de la remarque de Bonnac qu'en comparant les sacrifices imposés à la France à ceux imposés à l'Espagne, on trouverait « que le sort de la France serait plus à plaindre que celui de l'Espagne », promit son concours efficace (1). Vendôme estima que la question des places aux Indes était la plus épineuse, et il se félicitait d'avoir au préalable arraché à Philippe V son consentement au sujet de Gibraltar et de Port-Mahon ; car, si cette affaire avait été portée devant le Despacho, aucun des ministres n'y aurait donné son acquiescement (2). Quant à Bergheick, qui en route pour l'Espagne avait passé par Paris et y avait projeté un partage du commerce des Indes entre la nation française et la nation espagnole, on lui signifiait qu'il n'était point prudent de « donner ce sujet d'ombrage et de jalousie aux Anglais, lorsqu'on pouvait envisager la paix par leur moyen », et on le priait d'user de son influence pour conserver, grâce à des concessions, les Indes au roi d'Espagne (3). Enfin, Louis XIV écrivit à Bonnac :

« J'employerais des moyens peut-être plus efficaces, si je voulais menacer le roi d'Espagne de traiter avec mes ennemis à quelque prix que ce pût être, s'il différait de se rendre aux pressantes raisons qui doivent l'obliger à consentir à la paix ; mais je veux garder ce dernier remède pour l'extrémité, étant en même temps bien résolu de m'en servir, si les bonnes raisons ne produisent pas tout l'effet que je dois en attendre, car il est essentiel et pour mon royaume et pour l'Espagne de faire la paix le plus tôt qu'il sera possible et de prévenir l'ouverture de la campagne prochaine (4). »

Un moyen d'exercer sur le gouvernement espagnol, sinon une menace, au moins une pression particulièrement forte, tomba en ce moment entre les mains de Louis XIV sous la forme d'une mesure que venait de prendre l'Angleterre. C'était l'établissement d'une Compagnie de la mer du Sud — cette même compagnie qui, plus tard, comme une imitation de l'affaire de grosse spéculation de Law, acquit une fâcheuse célébrité sous le nom de *The South Sea Bubble*. L'auteur en était le premier ministre Harley, nouvelle-

(1) Bonnac à Louis XIV, 5 septembre 1711. *Madame des Ursins et la succession d'Espagne*, t. V, p. 209.
(2) Vendôme à Torcy, 15 août 1711. Aff. Et. Esp., Corr. pol. 208, f. 265.
(3) Torcy à Bergheick, 17 août 1711. Aff. Et. Esp., Corr. pol. 208, f. 221.
(4) Louis XIV à Bonnac, 7 septembre 1711. Aff. Et. Esp., Corr. pol. 208, f. 331.

ment élevé à la dignité de comte d'Oxford (1). Le véritable but de cette compagnie était une opération financière : il s'agissait de consolider la dette flottante de l'État et d'associer ses créanciers à une affaire grandiose, une Compagnie de commerce à laquelle, pour un espace de temps limité, on garantissait un certain intérêt, mais qui, pour le reste, devait compter sur les bénéfices prévus. Qu'on pût tirer ce bénéfice de l'Amérique, en particulier du Pérou, on en possédait, estimait-on, les preuves certaines dans le trafic si fructueux des Français dans la mer du Sud (2). Créer une concurrence écrasante à ce commerce, et, en même temps, profitant de la crainte que cela inspirerait aux Français et aux Espagnols, les rendre plus accommodants à l'égard des conditions de la paix, voilà ce qui entrait aussi dans les plans des politiciens anglais.

Déjà avant que cette proposition de compagnie se fut répandue, on avait eu vent en France de ce qui se préparait : le bruit avait même couru que l'Angleterre comptait expédier une flotte de quinze navires, au printemps de 1711, sous le commandement du comte de Peterborough, au Pérou, où les envahisseurs, au fait du piteux état de l'organisation de la défense, n'auraient pas à craindre de résistance sérieuse (3).

Il ne paraît nullement prouvé que ce bruit ait en réalité provoqué chez les marchands de Saint-Malo une si vive alarme, qu'ils voulurent bien le faire accroire ; peut-être ne leur fut-il qu'un prétexte bienvenu pour demander une de ces permissions que

---

(1) Quelques auteurs modernes déclarent cependant que c'est là une erreur : le véritable instigateur de la Compagnie serait Daniel Defoe, l'auteur célèbre de Robinson Crusoe. Voir : C. Strawder Batt, *Zur Geschichte der englischen Südsee-Handelsgesellschaft*, Jena, 1904, p. 3o ; Wolfgang Michael, *Der Südseeschwindel vom Jahre 1720 (Vierteljahrschrift für Social und Wirtschafts-geschichte*, Bd VI, Stuttgart, 1908, p. 554). Defoe aurait-il même le premier donné l'idée du projet, on ne saurait ravir au comte d'Oxford la gloire douteuse d'en être le père véritable, puisque ce fut lui qui présenta le projet tant au gouvernement qu'au parlement.

(2) On lit dans une brochure du temps : « The Frenchmen who had often sailed in the South Sea from port to port declared, that all charges and expences deducted, and paid off freight and men's wages, the owners and merchants received at the return of the ships four times their laying out. » *The considerable Advantages of a South-Sea Trade to our English Nation*, Lond., sans date d'impression, p. 5.

(3) Louis XIV à Vendôme, 1ᵉʳ décembre 1710. Aff. Et. Esp., Corr. pol. 202, f. 64. — L'informateur du gouvernement français était en cette occurrence de la Lande Magon, de Saint-Malo ; voir lettres à lui de Pontchartrain de juillet (sans date) et du 16 septembre 1711 (Arch. Nat. Marine, B⁷ 87, p. 659, et B² 228, p. 411). Il est bien évident qu'il n'a pas fait ce service de rapporteur par pur désintéressement.

depuis quelque temps on leur refusait si obstinément. Toujours est-il qu'ils présentèrent à Pontchartrain un projet qui ne laisse pas d'être conçu sur une vaste échelle, puisqu'il se proposait « la conservation des royaumes du Chili et du Pérou » : les Malouins s'offraient à équiper à cet effet six bâtiments de guerre et à réunir par cotisation un fonds de sept millions de livres. Et le ministre les prit au mot ! « Il est certain, écrit-il, que dans la situation présente où se trouvent la France et l'Espagne, il n'y a que les Malouins en état d'empêcher les Anglais de former avec succès aucune entreprise dans la mer du Sud et de conserver à Sa Majesté Catholique cette portion si précieuse des Indes espagnoles. »

Bien qu'on s'attendît à l'opposition accoutumée de l'Espagne, Blécourt et Vendôme furent invités à agir promptement en faveur de l'affaire ; de nouvelles lettres de Londres avaient démontré qu'il n'y avait pas de temps à perdre (1). L'opposition, représentée par le comte de Frigiliana, ne tarda pas non plus à se manifester. Blécourt, qui présenta l'affaire à Philippe V, se plaignit d'un mot de Frigiliana qui avait déclaré « qu'il valait mieux que les Indes se perdissent, plutôt qu'un Français y mît le pied » ; ne valait-il pas mieux « les conserver que de les perdre, quoique les Français en dussent tirer quelque utilité ? (2) » Le roi avait en riant défendu son ministre, mais Louis XIV prit assez mal la chose, et comme actuellement il venait de recevoir la nouvelle que la Compagnie anglaise était effectivement fondée, il manda au gouvernement espagnol qu'il désirait savoir quelles mesures on comptait opposer aux entreprises de cette compagnie (3).

Peu de temps après, la proposition française reçut, par la voix de don Joseph Grimaldo, une réponse, d'apparence favorable, mais qui, en réalité, équivalait à un refus. Avec force politesses et remerciements pour la sollicitude que le roi de France daignait

(1) Pontchartrain à Blécourt, 29 juin et 13 juillet 1711. Arch. Nat. Marine, B⁷ 87, p. 515 et 561. — Dans une lettre sans date de la même époque Pontchartrain écrit à Blécourt qu'il venait de recevoir de Londres l'information que « la nouvelle Compagnie de la mer du Sud recevait tous les jours des fonds considérables pour son établissement, et que l'amiral Whitaker, qui était parti avec une forte escadre, était allé pour le commencer. » Aussi importait-il plus que jamais de retenir en prison le capitaine Stradling, « pour empêcher qu'il ne donne des éclaircissements sur le Pérou » à cette escadre, écrit-il à Lempereur, le 15 juillet 1711. Arch. Nat. Marine, B² 228, p. 86.

(2) Blécourt à Louis XIV, 22 juillet 1711. Aff. Et. Esp., Corr. pol. 208, f. 115.

(3) Louis XIV à Blécourt, 27 juillet 1711. Ibid., 208, f. 86.

témoigner à la sûreté des Indes, on déclarait vouloir bien accepter de lui six vaisseaux tout neufs, complètement armés, préposés à la garde des côtes américaines, à condition toutefois qu'ils ne fussent montés que par des équipages espagnols sous un commandement espagnol (1). Ceci, bien entendu, n'était nullement du goût des Malouins, et ce qu'on pensait en Espagne de leur demande d'obtenir la liberté du commerce comme compensation des frais de l'entreprise, ressort assez clairement de cette déclaration qu'il fallait avant tout veiller à ce que le remède ne fût pas plus nuisible que le danger qu'on espérait détourner. D'ailleurs, le mécontentement de Louis XIV, au sujet de cette réponse, ne fut pas moins vif que celui de ses sujets : en demandant à savoir ce qu'on comptait faire en Espagne pour résister aux projets des Anglais, il n'avait guère pensé que ce fût exclusivement sur son secours qu'on se reposerait ; quelque volontiers qu'il l'eût prêté, cela lui était devenu impossible ; il n'y avait par conséquent d'autre moyen que de hâter la conclusion de la paix, sinon les Indes étaient irrémédiablement perdues (2). En une lettre de sa main à son petit-fils, il développe encore l'impossibilité de fournir le secours demandé, et la nécessité urgente d'accorder tout ce que demandaient les Anglais pour leur commerce en Amérique (3). Les sollicitations finirent par devenir si pressantes, que Vendôme se trouva incité à s'écrier :

« Pour ce qui est des Anglais, au nom de Dieu ne nous laissons pas éblouir par les grands préparatifs qu'ils font pour la conquête des Indes ! Je suis persuadé qu'ils ne font courir ces bruits que pour rendre leurs conditions meilleures et obliger par là le roi d'Espagne à leur céder un

(1) Grimaldo à Vendôme, 31 juillet et 6 août ; id. à Blécourt, 5 août 1711. Arch. Nat. Marine, B⁴ 35, f. 87, 89, 94. Vendôme à Pontchartrain, 2 et 16 août 1711. *Ibid.*, f. 86 et 91.

(2) Louis XIV à Blécourt, 17 août 1711. Aff. Et. Esp., Corr. pol. 208, f. 202.

(3) Lettre de la main de Louis XIV au roi d'Espagne, 17 août 1711. Aff. Et. Esp., Corr. pol. 211, f. 297. Cf. Blécourt à Louis XIV, 26 août 1711. *Ibid.*, 208, f. 326. — Pontchartrain ne se montre pas tout à fait aussi inflexible : certes, dit-il, le Roi ne voulait à aucune condition vendre de ses vaisseaux, « mais il offre avec plaisir ceux que l'on demande, si le roi d'Espagne veut les fréter en payant le fret comptant, au moins en partie, et en donner le commandement à des officiers français. » C'était la difficulté de se faire payer un dédommagement pour des navires qui autrefois avaient été mis à la disposition de l'Espagne qui faisait qu'on exigeait cette fois d'être payé d'avance et qu'on ne voulait point « entrer en de nouvelles discussions très désagréables et qui ne finissent point. » Pontchartrain à Blécourt, 24 août 1711. Arch. Nat. Marine, B⁷ 87, p. 716.

port dans les Indes. Ainsi, que tout cela ne nous décourage point, allons toujours notre chemin, pressons la mesure de ce côté-ci, et je vous réponds que nous aurons la paix (1). »

Les représentations sur le besoin de la paix avaient néanmoins eu l'effet voulu. Le 2 septembre, le nouvel ambassadeur, le marquis de Bonnac, arriva à Corella, où se trouvait en ce moment la Cour, et, dès le 5 du même mois, il avait obtenu de Philippe V un plein pouvoir pour le roi de France de négocier pour son compte et de faire sur la plupart des points les concessions qu'on estimait agréables aux Anglais. Avant d'aborder le détail de la convention qui fut conclue, nous toucherons quelques mots sur la continuation des pourparlers engagés par suite des plans de conquête de la Compagnie anglaise dans la mer du Sud.

Dès que Philippe eut apposé sa signature au plein pouvoir, on n'eut plus besoin de rappeler le danger pour lui arracher des concessions ; et Louis XIV n'est plus aussi intraitable au sujet du secours qu'on estimait toujours indispensable, puisque les Anglais ne paraissaient point enclins à renoncer à leurs projets. La question de l'envoi d'une escadre française fut reprise, mais l'armement des vaisseaux avec des équipages espagnols continuait à donner lieu à des discussions : du côté français, on prétendait que cette exigence pouvait occasionner des retards préjudiciables au succès de l'entreprise et qu'il était d'ailleurs fort douteux que le roi d'Espagne pût « trouver dans son royaume d'assez bons officiers de mer et assez de matelots pour un armement aussi considérable (2) ». Au début, on ne croyait pas devoir passer outre à ces objections, afin de ne point provoquer une rupture qu'on avait lieu de redouter du côté de la reine d'Espagne, qui prenait part aux négociations avec un très vif intérêt. Louis XIV tint pourtant bon au sujet de la nationalité des équipages, et il ajouta même que, si grand plaisir que cela lui eût fait de pouvoir offrir gratuitement son secours, il se voyait forcé de demander que le roi d'Espagne se chargeât des frais et s'engageât même à les avancer (3), demande qui amena Philippe V à répondre que, « si

(1) Vendôme à Torcy, 29 août 1711. Aff. Et. Esp., Corr. pol. 208, f. 342.
(2) Bonnac à Louis XIV, 16 septembre 1711. Aff. Et. Esp., Corr. pol. 209, f. 99.
(3) Louis XIV à Bonnac, 28 septembre 1711. Aff. Et. Esp., Corr. pol. 209, f. 102.

cela était, il n'y avait qu'à abandonner ce dessein, parce que l'impossibilité de trouver les fonds nécessaires à cette dépense était pour le moins aussi grande de son côté que de celui de la France ».

Il n'y avait donc plus qu'à revenir à la proposition primitive et à recourir aux navires des Malouins, à qui, en compensation, il fallait accorder la liberté du commerce en Amérique. Le roi d'Espagne ne témoigna point d'éloignement pour cette façon de ·trancher la question des frais, mais alors ce fut à lui de demander un dédommagement : « Le roi et surtout la reine, mande Bonnac, me dirent plusieurs fois : mais que donnerez-vous pour consentir à ce dessein ? (1) » Leur prétention fut finalement fixée à 150,000 pistoles, somme que Bonnac trouva « forte » (2) ; mais au moment où cette demande fut présentée, les négociations, menées à Londres, avaient pris une tournure qui décida Louis XIV à couper court à toute cette affaire d'armement : « Il devient désormais inutile, déclara-t-il, de proposer au roi d'Espagne de faire à ses dépens l'armement de quelques-uns de mes vaisseaux pour les envoyer à la mer du Sud. Je ne vois pas qu'il ait rien à craindre du projet que les Anglais formaient pour de nouveaux établissements dans l'Amérique méridionale, et le plus sage est de ne pas alarmer par des précautions prises à contretemps une nation qui paraît souhaiter sincèrement la paix et se porter de bonne foi à tout ce qui peut en faciliter la conclusion (3) ».

En attendant, les Malouins avaient rabaissé leurs prétentions et ils ne demandaient plus à envoyer qu'*un* navire à la mer du Sud pour réagir contre « les conséquences fâcheuses de l'entreprise des Anglais (4) ». Nous montrerons plus loin que le refus qu'essuya leur demande ne les intimida point, et que la concurrence anglaise, qui les menaçait, ne fit que les exciter à de nouveaux efforts.

(1) Bonnac à Louis XIV, 13 octobre 1711. Aff. Et. Esp., Corr. pol. 209, f. 197.
(2) Bonnac à Louis XIV, 2 novembre 1711. *Ibid.*, 210, f. 1.
(3) Louis XIV à Bonnac, 21 octobre 1711. Aff. Et. Esp., Corr. pol. 211, f. 372.
(4) De la Lande Magon à Desmaretz, 7 octobre 1711. Arch. Nat., G⁷ 1696.

*
* *

Rien ne saurait mieux prouver l'importance qu'on attachait aux questions du commerce que ce fait que Louis XIV, devant désigner un émissaire pour remplir en Angleterre la mission difficultueuse de négociateur, arrêta son choix sur Mesnager (1). La confiance qu'on avait d'ailleurs en sa personne et en sa capacité ressort de ceci qu'on lui confia en outre le soin des affaires politiques. Mesnager mérita aussi cette confiance qu'on mettait en lui et cela d'une façon qui l'a, à tout jamais, rendu digne de la reconnaissance de sa patrie.

Prior, après avoir fait son rapport sur sa mission en France, rendit, le 19 août, une visite à Mesnager pour lui souhaiter la bienvenue en Angleterre et pour l'informer que la conduite des futures négociations était confiée à Oxford, Jersey, Saint-John, Shrewsbury et Dartmouth, et qu'il allait lui-même prendre part

---

(1) Un récit du but et du développement de ces négociations, différant essentiellement de celui que nous allons faire dans les pages suivantes, se trouve dans un livre imprimé à Londres en 1719 et portant ce titre : *Minutes of the Negotiations of Monsr. Mesnager at the Court of England.* Quelques historiens ont ajouté foi au feuillet du livre qui désigne Mesnager lui-même comme l'auteur ; d'autres l'ont déclaré un faux dont le véritable auteur serait Daniel Defoe. M. Ottocar Weber a examiné cette question en une étude spéciale et signale une foule de détails erronés, qui démentent que Mesnager en soit l'auteur. Il ne serait point difficile de compléter la liste de ces erreurs : nous n'en citerons qu'une seule. Ainsi, selon le livre, Mesnager se serait rendu à Londres dès l'automne 1710 (en septembre ou en octobre), chargé d'une mission si secrète que même sa famille et ses domestiques auraient ignoré le lieu de son séjour. En Angleterre, il aurait pris à son service un pamphlétaire, pour lui faire composer et répandre des écrits dans l'intérêt de la France et de la paix, mais lorsque celui-ci vint à mourir subitement, Mesnager aurait eu, par le ministre de Suède à Londres, Leyoncrona, l'adresse d'un autre, qui avait écrit une étude excellente : *Reasons why this Nation ought to put a speedy end to this expensive war.* Mesnager, enchanté de cet écrit, l'aurait fait traduire en français et aurait adressé à l'auteur, en guise d'encouragement, une somme d'argent ; mais il en fut pour ses frais, car l'auteur, au service du gouvernement anglais, s'était empressé d'informer la reine de cette tentative de subornation dont il avait été l'objet. Or l'auteur anonyme n'est autre que Defoe, et la preuve que son pamphlet n'a pas pu voir le jour dans les circonstances qu'on prétend, c'est que ce dernier écrit ne parut qu'en 1711, et Leyoncrona est mort à Londres le 8 avril 1710. D'ailleurs, toute cette histoire du séjour de Mesnager en Angleterre à la fin de l'année de 1710 et au commencement de 1711 est une pure invention, cela ressort des lettres que nous avons de Mesnager de cette même époque et datées de Paris. Mais même si l'on pouvait trouver le moyen d'éluder cette erreur chronologique et d'autres, il est trop évident pour quiconque a tant soit peu étudié les documents de l'époque, que le récit en question des négociations de Mesnager ne peut pas provenir de celui-ci ; d'ailleurs Defoe s'accuse lui-même comme auteur par l'attestation de loyauté qu'au nom de Mesnager il a eu soin de s'accorder à lui-même.

aux conférences, « chargé en particulier d'ébaucher la matière ». Il commença par mettre le négociateur français dans un assez grand embarras, en demandant une réponse écrite au mémoire qu'il avait présenté à Fontainebleau, « pour voir en quoi consistaient les avantages particuliers que l'Angleterre en retirerait ». Il n'était guère prudent de commencer par démasquer tout son jeu ; d'autre part, un refus dès le début pouvait provoquer la méfiance et le mécontentement des Anglais. Aussi Mesnager demanda-t-il un délai de quelques jours, tout en profitant de l'occasion pour exposer au préalable sa position vis-à-vis de quelques-unes des principales questions : ainsi, il ne pourrait admettre la cession de places en Amérique ; en revanche, il apportait « un nouveau plan de navigation et de commerce lequel satisferait toutes les nations » ; en outre, il ne serait probablement pas impossible d'obtenir certains privilèges particuliers en Espagne « sur les marchandises du cru et de la fabrique d'Angleterre ». Enfin, Mesnager ayant cru remarquer que Prior « fut un peu adouci de cette proposition », cette entrevue préliminaire prit fin (1).

Le 22 août, Mesnager remit entre les mains de Prior le mémoire écrit demandé, dans lequel il avait habilement esquivé les questions en litige les plus embarrassantes. Il commence par exposer les avantages qu'on offrait à l'Angleterre : reconnaissance de la reine Anne et de la succession protestante ; la cession de Gibraltar et de Port-Mahon ainsi que du traité d'Asiento ; droit de l'Angleterre d'être traitée comme la nation la plus favorisée en Espagne, et enfin, comme une concession faite de la part de la France, la cession de Terre-Neuve, avec cette restriction que la pêche y serait permise aux Français. En revanche, il demandait l'acquiescement aux exigences de la France, dont les principales étaient que Philippe V serait reconnu par l'Angleterre et ses alliés comme le monarque légitime de l'Espagne et des Indes, et que l'Angleterre se chargerait de faire obtenir de ses alliés les conditions de paix qui correspondaient aux intérêts politiques de la France (2).

A ce mémoire Mesnager joignit enfin son plan pour le com-

---

(1) Mesnager à Torcy, 21 août 1711. Aff. Et. Angl., Corr. pol. 233, f. 177.
(2) *Mémoires de Torcy*, éd. de 1756, t. III, p. 81-84.

merce des Indes ; quant à la question brûlante, c'est-à-dire la réclamation de l'Angleterre de quelques places dans les Indes, il se prononça verbalement là-dessus devant Prior, sachant bien que ses paroles seraient rapportées à Oxford, lequel en sa qualité de fondateur véritable de la Compagnie anglaise de la mer du Sud et ayant « pour cet établissement l'attachement de prédilection qu'on a pour ses propres ouvrages », paraissait sur ce point le plus difficile à persuader. Il répéta donc son refus de consentir à aucune cession de place aux Indes, motivant ce refus par les mêmes arguments dont s'étaient servis les Anglais, lorsqu'ils s'étaient opposés aux conditions françaises stipulées pour la cession de Terre-Neuve, à savoir qu'un condominium là-bas serait cause que les deux nations « se couperaient la gorge » : or, n'y avait-il pas tout à présumer, « si les uns et les autres avaient des possessions dans le Pérou, au milieu des richesses du monde » — car, évidemment, ce qui serait accordé aux Anglais ne pourrait être refusé aux Français — que « ce serait une occasion bien plus grande et bien plus fréquente de débats et de querelles ». Et lorsque Prior lui eut accordé qu'on ne demanderait que deux villes dans les Indes, et que même on se bornerait peut-être à réclamer « la résidence des Anglais dans ces villes pour y vendre leurs manufactures qui leur seraient apportées par les vaisseaux espagnols », Mesnager envisagea le développement des négociations avec bon espoir (1).

La première conférence, qui eut lieu le 26 août, allait cependant lui ôter cette illusion. On discutait les différents articles du mémoire de Mesnager : les Anglais parlaient des villes d'Amérique, et le négociateur français répondait en expliquant l'avantage du nouveau plan de commerce. Croyant trouver que l'offre de diminution des tarifs de douane espagnols n'était point suffisante, il proposa « non seulement une modération, mais même une exemption des droits ». Offre vaine : les ministres anglais reconnurent, certes, qu'on leur offrait là un avantage, « mais ils ajoutèrent en même temps qu'un coup de plume ou la moindre rupture pouvait leur enlever ce profit ; que la France les avait

(1) Mesnager à Torcy, 25 août 1711. Aff. Et. Angl., Corr. pol. 233, f. 202.

flattés d'une sûreté réelle ; et qu'ils ne connaissaient point d'autre que des possessions locales ». Ce qui souleva encore plus de difficulté, ce fut la réclamation de Mesnager d'engagements réciproques : les Anglais n'entendaient traiter que de leurs avantages spéciaux ; ils n'avaient aucun droit d'engager la parole de leurs alliés ; aussi, dès cette première conférence, les négociations faillirent être rompues (1).

Les jours suivants, la situation s'aggrava encore au cours des entrevues que Saint-John eut d'office avec Mesnager. On faisait entendre que celui-ci ferait mieux de quitter Londres ; mais, en fin de compte, on consentit à ce qu'il envoyât Gaultier à Versailles pour demander de nouvelles instructions, et à ce qu'on tînt, auparavant, une nouvelle conférence générale.

Mesnager nous a laissé un compte rendu fort piquant de cette seconde conférence, qui eut lieu le 3 septembre (2). Comme, à cette occasion, les questions de commerce furent très explicitement discutées et que les exigences que présentèrent les Anglais à ce sujet devinrent décisives pour toutes les négociations suivantes, nous laisserons la parole à Mesnager lui-même (3).

La première question mise sur le tapis fut celle de la démolition de Dunkerque. Après avoir tenté de vains efforts sur ce point pour défendre les intérêts de son pays, il s'était vu forcé de céder.

« On passa au second article, qui regardait les sûretés réelles. On les soutint avec chaleur, on me dit qu'elles avaient été promises, et que, si on recherchait exactement ce qui avait été écrit sur cela de la part de la France, on trouverait qu'il y a été entendu que ces sûretés ne pouvaient être autre chose qu'une propriété de places. Je répondis que, quoi qu'il en pût être, on n'avait jamais entendu ni pu entendre des places dans l'Amérique ; qu'on la devait considérer comme la patrie commune de toute l'Europe, pour y puiser l'or et l'argent ; qu'il ne convenait pas qu'aucun État y possédât rien en propriété, sinon l'Espagne qui en serait, comme elle a toujours été, la dépositaire ; que je m'étais déjà expliqué tant de

(1) Mesnager à Torcy, 28 août 1711. Aff. Et. Angl., Corr. pol. 233, f. 208.
(2) Mesnager à Torcy, 5 septembre 1711. *Ibid.*, f. 220.
(3) En substance on retrouve cette lettre dans les *Mémoires de Torcy*, t. III, p. 91-97. Cf. Scelle, *op. cit.*, t. II, p. 514.

fois sur cette matière verbalement et même par écrit, que je n'avais rien à ajouter à tout ce que j'avais dit ; que j'avais déjà témoigné à M. de Saint-John que, si on persistait à vouloir des places dans les Indes Occidentales, il valait mieux abandonner toute négociation ; que l'Espagne n'y consentirait jamais ; et que le Roi ne lui déclarerait pas la guerre pour l'y contraindre. Je leur dis encore que Sa Majesté voulait les combler de prérogatives plus grandes que ces villes, et qu'ils ne demandassent pas l'impossible. Enfin on convint de se désister de la demande des quatre villes, et on me demanda en même temps ce que le Roi voulait leur donner à la place.

« Vous le savez déjà, leur dis-je, un profit immense pour la nation, un revenu annuel sans frais ni réparations : ce sera la pleine exemption des droits de Cadix et des Indes sur toutes les marchandises du cru et fabrique d'Angleterre. »

Sur quoi ils me demandèrent si cet avantage serait commun aux autres nations. Je leur répondis qu'il m'avait paru, lorsque j'étais à Madrid, que l'intention était de lever 15 °/₀ tant à Cadix que dans les Indes, et d'y assujettir toutes les nations : « autrement, où trouver le fonds pour faire l'expédition des vaisseaux ? » Ils me demandèrent encore si la France ne jouirait pas de la même exemption que l'Angleterre, à quoi je répliquai que le Roi ne s'était pas encore expliqué sur cela, mais que, quoi qu'il en fût, cette exemption, quand elle aurait lieu, ne devait point les intéresser en rien, puisqu'elle ne tomberait qu'à l'égard des toiles de France, de ses dorures et des étoffes de soie, ce qui n'avait aucun rapport avec les manufactures d'Angleterre ; que cet avantage même (supposé que le Roi le demandât pour la France) devenant commun à l'Angleterre, ne pouvait qu'augmenter le nombre des siens ; et, continuant à leur expliquer les avantages dont il s'agissait :

« Vous porterez le débouché de vos manufactures aussi loin que la consommation pourra s'étendre dans les Indes à l'exclusion des autres nations, parce qu'elles n'auront pas comme vous l'exemption des droits, et par le moyen de l'Asiento, comme cette ferme vous donnera entrée dans les ports de Buenos-Aires, de Portobello et de la Vera-Cruz, qui sont les trois ports par où passent les richesses de l'Amérique, vous apporterez non seulement toutes celles qui appartiendront à l'Angleterre, mais encore la meilleure partie de celles qui appartiendront au reste de l'Europe, sans en exempter l'Espagne. Je fonde cette proposition sur la force de vos vaisseaux et leur bon armement ; sur ce que, se trouvant dans les ports des Indes avec la faculté de remporter le prix de vos noirs et par conséquent d'y charger des matières d'or et d'argent, on y embarquera toutes celles sur lesquelles on aura fraudé le quinto ou droit de marque qu'on lève dans l'Amérique, à cause qu'elles seraient exposées à la confiscation à leur arrivée en Espagne. On considèrera d'ailleurs que par ce moyen on évitera l'entrepôt de Cadix, et ainsi on épargnera le droit d'entrée qu'on veut fixer à 1 °/₀ sur l'argent et demi °/₀ sur l'or, sans parler de celui de la commission ; qu'enfin ce sera pour l'Angleterre, la France, la Hollande et les autres États de l'Europe un chemin plus court et plus sûr pour avoir ses retours. Cette exposition, continuai-je, n'est point idéale : elle est dans le vrai et sans réplique, et vous savez mieux que personne que, lorsque les matières sont dans un pays, elles y restent ordinairement ; cela arrivera, j'ose le dire, infailliblement à l'égard de l'Angleterre, où l'on frappe la monnaie gratis et dont les marchandises seront exemptes de droits en Espagne et dans les Indes, ce qui invitera un chacun à employer son fonds chez vous. Le pis qui en pourrait arriver serait qu'on retirât la valeur de quelques matières par la voie du change, mais elles resteraient toujours en Angleterre. Concevez donc de quel mérite est ce que je vous présente de la part du Roi et combien de richesses votre nation va acquérir ! »

Il fallut en convenir. « Mais, Monsieur, me dit-on, où sera la sûreté de la jouissance ? »

« Serez-vous contents, leur dis-je, de l'assemblée de las Cortes ou des États de Castille, qui jureront votre privilège de la même manière qu'ils ont juré la fidélité à leur souverain ? »

« *Sunt magni nominis umbræ* », me répondit en riant M. d'Oxford.

« Eh bien, repris-je, puisque cela ne vous accommode pas, serez-vous contents qu'on dépose Cadix entre les mains des Suisses, comme un otage pour servir de sûreté sur ce qui vous sera accordé ? »

« La proposition, me dit-on, est excellente pour les officiers suisses et leurs soldats, mais pour nous il n'y a rien en cela qui nous agrée. »

Je repris que, puisqu'on voulait absolument des villes, le Roi obtiendrait que Port-Mahon fût cédé. On me répliqua que cela ne regardait point leur commerce de l'Amérique.

« Cela, véritablement, n'a point, leur dis-je, un rapport direct ni au commerce des Indes ni même à celui d'Espagne, car je ne compte pas pour grande chose celui qui se fait dans ces ports de la Méditerranée, mais en vous faisant cette cession, c'est vous constituer les maîtres de la Méditerranée et du commerce du Levant, et cela pour obtenir vos bonnes grâces et votre amitié. » M. d'Oxford, qui était à côté de moi : « et nous, nous vous donnerons la Castille et l'Aragon », me dit-il, sans que personne s'en soit aperçu.

Cependant M. de Saint-John dit, qu'au lieu des villes qu'ils avaient espérées dans les Indes, il fallait que le Roi les récompensât d'autre part ; qu'une chose qui lui paraissait convenable, supposé qu'elle fût de l'agrément de Mylord, serait le pacte de l'Asiento pour trente années.

Je lui répondis : « Ce serait un long bail, mais je suis persuadé que le

Roi voudra bien interposer ses bons offices pour avoir en votre faveur cet engagement extraordinaire. »

M. de Saint-John reprit : « Mais nous désirons davantage ; c'est à vous, m'adressant la parole, à nous proposer. »

Je lui répondis que j'étais épuisé sur la matière et qu'il ne me restait plus rien à lui offrir. Il dit sur cela qu'il savait néanmoins des choses qui pourraient être agréables à la nation, mais il ne voulut point s'expliquer. Il ajouta que, si je n'offrais rien, ils seraient plus roides à l'égard des conditions que le Roi demandait pour la cession de Plaisance : qu'aussi bien le Fort Royal de l'Acadie était un petit Dunkerque, c'est-à-dire une retraite à corsaires, qui avaient désolé leur pêche pendant cette guerre. Je lui dis qu'il ne fallait pas mêler les affaires de la France avec celles d'Espagne, que la cession de Plaisance et le reste que le Roi voulait bien faire aux conditions proposées, était un acte de sa complaisance assez grand pour qu'on ne fît pas difficulté de l'accepter et que Sa Majesté n'y consentait que pour fournir de plus en plus aux ministres d'Angleterre les moyens de se rendre recommandables parmi le peuple et la nation. Enfin M. de Saint-John, laissant accrochée l'affaire de Plaisance à la demande qui restait à déclarer de sa part pour l'abandon des villes dans l'Amérique, se contenta de dire, qu'il dresserait un mémoire sur la matière qu'on venait d'agiter, où je pourrais découvrir ce qui leur reste à désirer. »

A la troisième conférence, du 9 septembre, on remit le mémoire de Saint-John, qui, apostillé par Mesnager, fut porté en France par Gaultier. Le titre « Demandes préliminaires pour la Grande Bretagne plus particulièrement (1) », indique que toute question de satisfaction à la France en était exclue. Les six premiers articles ont trait aux exigences de l'Angleterre déjà acceptées par la France. Le septième article est plus important et d'un plus grand intérêt pour notre sujet. Il porte : « Pour mieux protéger le commerce dans l'Amérique espagnole, on y mettra les Anglais en possession de telles places qui seront nommées dans le traité de paix. » Cette exigence n'était cependant pas absolue, on le voit clairement dans les paroles suivantes qui l'accompagnent :

« La France ayant offert une sûreté réelle pour le commerce des sujets de la reine de la Grande Bretagne dans l'Amérique espagnole, on n'a jamais douté qu'elle n'entendît par là des places, et l'on a été confirmé

(1) Aff. Et. Angl. Corr. pol. 233, f. 238. Un « Extrait », contenant seulement les articles VII et VIII, se trouve *ibid.*, f. 229.

dans cette opinion vu qu'elle a proposé Gibraltar comme une sûreté pour le commerce de l'Espagne et de la Méditerranée. Les avantages et les privilèges offerts par le sieur Mesnager ne doivent pas être regardés comme des sûretés réelles, parce qu'il sera toujours dans le pouvoir de l'Espagne de les reprendre. C'est pourquoi l'on croit que la France est dans l'obligation ou de faire céder à la Grande-Bretagne les places demandées dans cet article, ou de lui procurer de nouveaux avantages tels que l'amour de la paix puisse faire accepter comme un équivalent; sur quoi on se trouve obligé d'insister que ce ministre soit muni d'un pouvoir suffisant, et pour marquer tant mieux la sincérité avec laquelle on traite et le désir que Sa Majesté de la Grande-Bretagne a d'avancer la paix générale, elle a trouvé à propos de déclarer que la difficulté survenue sur cet article pourra être levée en lui accordant les articles suivants :

1. Que le pacte de l'Asiento soit fait avec la Grande-Bretagne pour le terme de trente ans. (Mesnager à la marge : « Cette demande paraît trop étendue... »)

2. Que l'île entière de Saint-Christophe soit assurée à la Grande-Bretagne. (Mesnager : « J'ai ouï dire, il y a longtemps, que le terrain en est usé et qu'il nous suffisait de garder Cayenne, la Martinique et Saint-Domingue »).

3. Que les avantages et exemptions de droits, promis par le sieur Mesnager, et qu'il prétend devoir monter à 15 °/₀ du profit sur toutes marchandises du cru et de la fabrique de la Grande-Bretagne, lui soient effectivement accordés. (Mesnager : « J'ai dressé à Madrid le tarif à peu près sur le pied qu'on l'expose »).

4. La Grande-Bretagne peut rafraîchir à la Jamaïque ses nègres... mais comme du côté de la rivière de La Plata elle n'est en possession d'aucune colonie, on demande qu'il lui soit assigné dans cette rivière quelque étendue de terrain... »

Dans un dernier article, on demandait que la France cédât Terre-Neuve et diverses autres possessions dans l'Amérique du Nord, et sur ce point le consentement aux conditions fixées par Mesnager devait être subordonné à l'acceptation de l'article précédent.

Ainsi donc les Anglais avaient renoncé à cette condition, si vivement disputée du côté français dans la crainte qu'elle ne fût inadmissible pour l'Espagne. La compensation offerte, ce nouveau plan de commerce avec toutes les garanties par lesquelles on l'avait sauvegardé, était par contre laissé pour compte, les Anglais ayant trouvé dans le traité de l'Asiento une sûreté satisfaisante

Peut-être aussi la façon dont Mesnager avait fait valoir les avantages de ce traité, avait-elle eu plus d'effet qu'il ne l'avait en réalité désiré ; vraisemblablement, il n'aura point échappé à la vue pratique des Anglais que, de fait, ces avantages étaient bien supérieurs à ceux que, selon le plan de commerce, ils auraient partagés avec toutes les autres nations ; du reste, l'exemption des droits qu'on leur accordait avait ôté tout ce qu'il pouvait y avoir de séduisant dans ce plan auquel Louis XIV et son négociateur avaient attaché de si grandes espérances.

En même temps que le mémoire anglais, Louis XIV eut en mains le plein pouvoir qu'avait signé Philippe V le 5 septembre et qui l'autorisait à négocier au nom de l'Espagne (1). A son étonnement, il vit que le sacrifice qu'il avait voulu à tout prix épargner à son petit-fils, était consenti par celui-ci. Philippe V déclarait que, si les Anglais persistaient à le demander, il leur céderait une place dans l'Amérique espagnole, pourvu qu'il ne s'agît « d'aucune des principales places fortes, ni de celles où se faisait le principal commerce, ni celles où abordaient les flottes et les galions ». Avec non moins de surprise, il dut constater que le nouveau plan de commerce, accepté une fois déjà, était rejeté par Philippe V. « Ce refus, déclare Louis XIV, aurait causé de nouveaux embarras, si la proposition du nouvel établissement de commerce à Cadix eût été acceptée par les Anglais » ; dans le cas actuel il pouvait ajouter : « heureusement elle n'a pas été de leur goût (2) ». Quand le roi d'Espagne, pour motiver son refus, se retranche derrière « le préjudice qui en résulterait pour ses intérêts et pour le commerce de ses sujets », c'est sans doute la question de la garnison suisse à Cadix qui l'aura fait changer d'opinion. Et il est clair qu'il se sera laissé conduire par Bergheick, qui, à cette époque, était son principal conseiller. Celui-ci avait très judicieusement prévu que les Anglais, qui ne se souciaient que de leurs propres avantages, ne se contenteraient point de ce plan qui partageait également le commerce entre toutes les nations. A son avis, la cession aux Anglais d'une place dans les Indes, aux conditions fixées dans le

(1) Imprimé par Scelle, *op. cit.*, t. II, note à la page 510.
(2) Louis XIV à Bonnac, 18 septembre 1711. Aff. Et. Esp., Corr. pol. 211, f. 326.

plein pouvoir, ne constituait guère de danger sérieux ; « l'on trouverait encore bien des moyens, opine-t-il, de barrer leur commerce dans la suite, et le royaume des Indes est d'une si grande étendue qu'il y aura assez de terrain pour le commerce des sujets d'Espagne et de France, quand il sera protégé par le roi d'Espagne, et il sera bien aisé de trouver des expédients pour le favoriser et pour chicaner celui des Anglais ». Ce que Bergheick serait disposé à offrir en compensation, c'était une compagnie pour le commerce des Indes, partagée entre les sujets d'Espagne, de France et d'Angleterre, « à l'exclusion de toutes les autres nations, même des Hollandais » ; les Anglais, « qui connaissaient parfaitement bien ce que c'est qu'un commerce en compagnie », ne pourraient souhaiter d'autre sûreté ; quant aux Hollandais, on aurait soin de ne point les initier au secret (1).

Ce dernier point ne reçut pas l'approbation de Louis XIV — la proposition se laisserait peut-être employer plus tard, lors des négociations définitives en vue de la paix, et en permettant l'accès de la Compagnie aux Hollandais aussi, on y trouverait peut-être « un expédient pour concilier toutes les nations » — ; ce qui, selon lui, était de la dernière importance, c'était de ne point révéler aux Anglais que le plan de commerce était repoussé par les Espagnols, afin de « ne pas donner lieu à des changements de leur part sur cet article, qu'ils voudraient peut-être obtenir lorsqu'ils sauraient que Sa Majesté Catholique s'y oppose (2) ».

Manifestement, Louis XIV appréhendait que quelque chose ne survînt à la dernière heure pour empêcher un arrangement ; il avait déjà fixé sa résolution. Bien qu'il n'eût point sans mécontement vu laisser hors de compte ses propres demandes de satisfaction et qu'il eût été obligé de s'en tenir à la promesse verbale des Anglais que ces demandes seraient prises en considération à la conclusion finale de la paix, il se déclara confiant en les intentions de la reine Anne, d'accord avec les désirs des Anglais sur tous les points essentiels, notamment de ceux qui concernaient le commerce.

Nanti d'une nouvelle instruction pour Mesnager, rédigée en

---

(1) Bergheick à Torcy, 9 septembre 1711. Aff. Et. Esp., Corr. pol. 209, f. 86. Bonnac à Louis XIV, même date. *Ibid.*, f. 71.
(2) Torcy à Bergheick, 28 septembre 1711. Aff. Et. Esp., Corr. pol. 209, f. 88.

conséquence (1), Gaultier arriva, le 29 septembre, à Londres. Certes, Louis XIV avait ainsi outrepassé le plein pouvoir espagnol ; mais il s'en excuse auprès de son petit-fils, en déclarant qu'à la place des conditions fixées par celui-ci, il en avait obtenu d'autres, beaucoup moins onéreuses pour l'Espagne, « et dont j'avoue, dit-il, que je n'avais pas cru que les Anglais voulussent jamais se contenter ». En même temps, il s'efforçait de diminuer autant que possible la portée des engagements qu'il avait contractés pour le compte de l'Espagne : la prolongation du traité d'Asiento de dix à trente ans était certainement largement compensée par la dispense de céder aucune place en Amérique ; le terrain que les Anglais demandaient dans la rivière de La Plata ne devait causer aucun ombrage, « puisqu'il dépendrait du roi d'Espagne d'établir des officiers assez vigilants pour observer la conduite de ceux qui seraient chargés de transporter et de vendre les nègres » ; quant à l'exemption pleine et totale des droits de Cadix pour toutes les marchandises du cru et de la fabrique d'Angleterre, elle « ferait peu de tort au roi d'Espagne, et le principal préjudice tomberait sur les autres nations qui ne jouiraient pas des mêmes prérogatives ». Rappelant qu'il avait lui-même dû faire des sacrifices encore plus pénibles, il exprimait l'espoir que le roi d'Espagne aussi « regarderait comme un bien qu'il n'y avait pas même lieu d'espérer, qu'on ait pu disposer les Anglais à modérer leurs prétentions jusqu'au point où elles sont présentement réduites (2) ».

La réponse de Louis XIV fut au début accueillie en Angleterre avec la plus grande satisfaction. Le 1er octobre encore, quand Mesnager fut introduit à la séance des négociateurs, il trouva « leur visage un peu illuminé », mais les choses allaient vite changer de face. Comme on donnait lecture du mémoire, en l'examinant point par point, on s'arrêta à l'article VIII, en le déclarant inacceptable sous sa forme présente. Sur la question de Mesnager, qui désirait savoir où l'on voulait en venir, les ministres se retranchèrent d'abord derrière une résolution de la Chambre des Lords,

---

(1) Mémoire du Roi pour le sieur Mesnager, 18 septembre 1711. Aff. Et. Angl., Corr. pol. 233, f. 251.

(2) Louis XIV à Bonnac, 18 septembre 1711. Aff. Et. Esp., Corr. pol. 211, f. 326. Cf. Louis XIV à Philippe V, même date, citée par M. Baudrillart, op. cit., p. 455.

qui proscrivait toute négociation avec un pays qui donnait refuge au prétendant à la couronne d'Angleterre : dans une nouvelle conférence, on allégua que les commerçants anglais avaient trouvé dans l'article VIII « des termes équivoques et très contraires aux intérêts du commerce ». Ce ne fut qu'à une troisième séance qu'apparut enfin le motif secret et réel des objections : les Anglais voulaient se procurer un acte par lequel, sans rien rabattre de leurs propres avantages, ils auraient l'air d'avoir veillé aux intérêts de leurs alliés. Par conséquent il fallait, notamment pour le commerce, que cette question fût réglée de façon à « n'exempter aucune des parties intéressées dans la guerre » ; toute équivoque à cet égard devait être éloignée, déclarèrent les ministres anglais, sinon les Hollandais feraient de l'opposition.

Tout menaça donc de s'écrouler. Mesnager se vit placé dans un embarras extrême, car on lui refusait tout délai pouvant lui permettre de demander de nouvelles instructions. Finalement, il prit la résolution d'agir de son propre chef. Après encore quelques pourparlers, il signa, le 8 octobre, trois actes différents. Le premier, destiné à être présenté aux alliés de l'Angleterre (1), contenait, à l'article III, l'explication suivante :

« L'intention du Roi est que toutes les parties engagées dans la guerre présente, sans en excepter aucune, trouvent leur satisfaction raisonnable dans le traité de paix à faire ; que le commerce soit rétabli et maintenu désormais à l'avantage de la Grande-Bretagne, de la Hollande et des autres nations qui ont accoutumé de l'exercer. »

Dans le deuxième acte, qui traitait des avantages particuliers de l'Angleterre, l'article VIII est remplacé par le passage suivant :

« La discussion de cet article sera remise aux conférences générales de la paix, bien entendu que la faculté de pêcher et de sécher la morue sur l'île de Terre-Neuve sera réservée aux Français. »

C'était là une concession que Mesnager venait de remporter à la dernière minute. Enfin, le troisième acte concerne le duc de Savoie, dont les Anglais tenaient à défendre les intérêts avant ceux des autres alliés.

(1) Imprimé par Legrelle, *op. cit.*, t. IV, p. 608.

Lorsqu'enfin les ministres anglais eurent signé ces actes et que Mesnager eut été gracieusement reçu en audience secrète par la reine Anne, il quitta Londres et arriva, le 19 octobre, à Versailles pour faire son rapport sur la façon dont il s'était acquitté de sa tâche

* *

Or, qu'avait-on gagné? En premier lieu : la paix semblait assurée et même à des conditions bien plus avantageuses pour la France qu'on n'avait osé l'espérer ; ce fut donc à juste titre que Louis XIV exprima à son mandataire sa vive reconnaissance. La grande question politique, à savoir si un Bourbon ou un Habsbourg devait occuper le trône d'Espagne, paraissait tranchée. La possession des richesses des Indes qui y était jointe — objet et but véritable de la longue lutte — touchait à une solution où les intérêts de la France n'étaient plus en jeu. Certes, on n'avait pu s'entendre sur les conditions auxquelles les différentes nations seraient admises à jouir d'une part de ces richesses, mais on avait renoncé à exiger que la France, seule, en fût exclue ; l'Angleterre n'avait même pas présenté de proposition à cet effet. Certes, parmi les concessions qu'on avait arrachées à la France, certaines paraissaient dures ; mais d'autre part la France pouvait avec assez de sang-froid considérer les avantages spéciaux que l'Angleterre s'était fait accorder : le principal parmi ceux-ci, le pacte d'Asiento, n'avait, pendant le temps que la France l'avait eu, rapporté que des pertes, et l'exemption des droits de douane en Espagne pour les produits d'Angleterre n'excluait point que la France ne pût en obtenir autant pour ses articles d'exportation.

Ce qui intéresse particulièrement notre sujet, c'est que le plan du commerce des Indes avait enfin terminé son rôle. On peut considérer comme un manque de sagesse et de prévoyance de la part des hommes d'État français de s'être attachés à cette idée avec tant de prédilection ; mais, si nous jetons un coup d'œil en arrière sur l'histoire de cette affaire, dès le moment où elle fut premièrement soulevée à la junte du commerce de Madrid jusqu'au jour où elle fut plaidée par Mesnager avec tant de chaleur dans les conférences de Londres, nous verrons que ce plan contenait la seule sûreté que la France, sans compromettre ses propres intérêts, pût donner comme garantie qu'elle n'userait pas de la situation privilégiée qu'elle avait gagnée par le testament de Charles II, pour se faire accorder des avantages aux dépens soit de son alliée l'Espagne, soit de ses ennemies l'Angleterre et la Hollande. L'erreur qu'on avait commise était que la conduite de la France ne permettait plus d'ajouter foi à ses assurances : le commerce de la mer du Sud s'était poursuivi et développé en dépit de toutes les affirmations. Et qu'en résulterait-il après la paix ? Les Suisses à Cadix ne pourraient empêcher les armateurs français d'envoyer leurs navires sur des voies interdites. Autant vaudrait laisser subsister l'ancien ordre, malgré son dérèglement, et admettre que chacun des intéressés en retirât les avantages qu'il pourrait. Quand l'acte signé par Mesnager à Londres parlait de « rétablir » le commerce des Indes, c'était une allusion à un retour à l'ancien ordre. Nous verrons que ceci fut en effet le résultat de la paix d'Utrecht.

CHAPITRE IV

LE COMMERCE DE LA MER DU SUD PENDANT LA DEUXIÈME ÉPOQUE
DE DÉFENSE ABSOLUE, 1711-1713.

Pontchartrain et Desmaretz s'entendent pour supprimer la navigation de la mer du
Sud. — Départs pour cette mer en 1711. — Les entreprises des négociants protégées
par le contrôleur général des finances. — Les permissions surannées. — L'expédition de Rio-de-Janeiro ; le commerce des armateurs de cette expédition au Pérou.
— L'opinion en Espagne. — Projet d'une association entre les négociants de
Navarre et ceux de Bayonne. — Pontchartrain sollicite l'opinion d'Amelot. — Il
répond à cette demande. — Le gouvernement français se résout à interdire le commerce de la mer du Sud par des actes publics et solennels. — L'ordonnance du
18 janvier 1712. — Ses suites. — Les départs au commencement de 1712. — Retour
des vaisseaux les *Deux-Couronnes*, le *Comte-de-Torigny* et le *Saint-Jean-Baptiste*. —
Tentatives pour punir les contraventions. — L'impuissance du gouvernement.

L'amitié renouée avec l'Espagne et l'heureuse issue que semblaient promettre les négociations engagées avec l'Angleterre
avaient provoqué la résolution de ne plus accorder pour l'avenir
de ces « permissions pour aller aux découvertes ». Les deux ministres, Pontchartrain et Desmaretz, que nous avons vus si souvent
en désaccord, s'étaient entendus, dans l'intérêt de la paix, pour
supprimer ce prétexte de se rendre à la mer du Sud. L'année
1711 n'en offre pas moins un plus grand nombre de voyages à
cette destination prohibée que les dernières années précédentes.
Nous savons de source certaine qu'il n'y eut pas moins de treize
navires, qui, en 1711, partirent de France pour aller au Pérou.

Dans certains cas les autorités semblent avoir été entièrement les
dupes, bien que leur crédulité vis-à-vis des affirmations des armateurs paraisse difficile à admettre après les expériences précédentes.
Ceci semble cependant le cas pour les deux navires le *Saint-Louis*
et le *François*, lesquels étaient équipés par une société dont les
principaux associés étaient le riche banquier Antoine Crozat et les

deux intéressés à la Compagnie de la mer du Sud, Du Moulin et de Laye. Les armateurs ayant assuré que les navires iraient directement aux Indes Orientales, le commissaire à Port-Louis eut l'ordre de délivrer les expéditions nécessaires pour leur départ. Préalablement, les capitaines devaient signer une soumission dans laquelle ils s'engageaient, sous peine d'une amende de 50.000 livres, à ne point aller, sous aucun prétexte, à la mer du Sud ; mais Pontchartrain déclara cette fois se fier plus à la parole d'honneur des armateurs, qu'on leur faisait donner sous forme d'un engagement écrit particulier, qu'à toutes les autres précautions qu'on pourrait prendre, et il ajoute, en guise de menace : « Vous savez que le Roi ne veut pas être trompé (1). » N'empêche que, le 26 avril 1711, les navires firent voile pour la mer du Sud.

Nous avons déjà signalé que deux autres navires, le *Grand-Dauphin* et la *Grande-Reine-d'Espagne*, ce dernier accompagné même d'un vivandier, la *Petite-Reine-d'Espagne*, avaient réussi, en janvier 1711, à sortir furtivement du port de Saint-Malo, grâce à la négligence manifeste des autorités locales à l'égard des ordres de leurs supérieurs. Le *Grand-Dauphin* et la *Grande-Reine-d'Espagne*, enfreignirent doublement les défenses en poursuivant leur voyage du Pérou en Chine, ce qui était tout particulièrement défendu ; qu'ils aient été les premiers navires français ayant accompli le tour du monde, cela aurait dû, semble-t-il, à une époque où de pareilles entreprises étaient si rares, provoquer une attention considérable ; mais, loin d'en remporter des louanges et la moindre reconnaissance, les capitaines furent exposés au retour à des tracasseries infinies, non pour avoir enfreint les ordres du Roi, mais au sujet de la disposition des cargaisons rapportées.

Il semble que, dans les circonstances présentes, le gouvernement aurait dû persévérer dans sa résolution de ne plus tolérer le trafic prohibé, et qu'au moment où de si graves intérêts politiques étaient en jeu, il devait se montrer inaccessible aux sollicitations des intérêts privés et à la protection. Mais ceci ne fut nullement le cas.

Les interdictions étaient renforcées ; des rappels en vue de leur

(1) Pontchartrain à Crozat, 11 et 18 mars 1711. Arch. Nat. Marine, B² 226, p. 887 et 985.

stricte observation partaient par chaque courrier pour les commissaires de la marine ; on demandait les listes de tous les navires qui
s'apprêtaient à des voyages au long cours, et ces listes étaient examinées avec la plus grande méfiance : aucun navire ne devait
partir, « pour quelque destination que ce pût être », avant que les
armateurs, « par de bonnes preuves », eussent montré qu'ils
n'avaient pas le dessein de l'envoyer à la mer du Sud (1). Les
armateurs se plaignaient en jetant les hauts cris. D'aucuns assuraient qu'ils ne songeaient à envoyer leurs navires qu'aux îles
de l'Amérique, au Mexique ou bien en d'autres lieux permis, mais
les innocents durent souffrir avec les coupables. D'autres exhi-
baient d'anciennes permissions pour aller aux découvertes et
exposaient de façon attendrissante et persuasive les pertes qu'ils
allaient souffrir, si on mettait obstacle à des affaires qu'ils avaient
déjà engagées, confiants dans les promesses du gouvernement ;
mais on les éconduisait en demandant pourquoi ils ne s'étaient
pas servis à temps de leur privilège, et on leur intimait l'ordre de
rendre les permissions caduques et annulées. D'autres encore se
prévalaient des services qu'ils avaient rendus à l'État en équipant
des navires corsaires ou en important du blé pendant la disette des
grains.

Mais, si Pontchartrain persistait dans son refus, Desmaretz, par
contre, était plus accessible aux plaintes. M. de Grandville Locquet, ancien député de Saint-Malo au Conseil de Commerce et l'un
des plus riches marchands de cette ville, était un personnage
trop considérable pour qu'on pût l'éconduire comme les autres.
Locquet ne voulait certes pas paraître lui-même — « obligé de
faire ses entreprises sous des noms empruntés, dans la crainte
d'être contrarié dans les expéditions de ses navires », il avait
trouvé un homme de paille dans la personne d'un certain sieur
de l'Aumosne Chapdelaine, qui lui prêta de bonne grâce son
nom, comme il l'avait prêté à Lempereur, lorsque celui-ci, pour
remettre sur pied ses affaires, avait obtenu l'autorisation d'équiper une expédition pour la mer du Sud. Locquet avait en outre
pris la précaution de demander que la permission nécessaire fût

(1) Pontchartrain à Lempereur, 8 juillet 1711. Arch. Nat. Marine, B² 228, p. 53.

délivrée au nom du capitaine de Beauvais Grout, qui devait commander sur son navire pendant le voyage ; et il avait si bien réussi dans ses intrigues qu'on lui avait antidaté le passeport de plusieurs mois, « car, écrit Pontchartrain à Desmaretz, ce fut à la fin des négociations de paix que vous jugeâtes à propos de laisser aller ce navire aux découvertes, et qu'on ne voulut pas qu'il parût que cette grâce eût été accordée pendant qu'on traitait la paix, et que d'ailleurs le roi d'Espagne aurait désapprouvé qu'il eût été délivré des passeports pour les découvertes dans le temps même que son ambassadeur en avait reçu de sa part » (1). Enfin, on eut soin d'embrouiller davantage l'affaire en faisant changer plusieurs fois le nom du navire ; primitivement, il s'appelait le *Rubis* ; l'autorisation fut demandée pour le *Curieux,* et le navire partit finalement sous le nom du *Grand-Saint-Esprit.* Il ne faut donc point s'étonner que Pontchartrain se sentît désorienté et « pour en être plus amplement éclairci », s'adressât à Lempereur, de qui cependant il n'aurait guère dû attendre de renseignements très dignes de foi.

Bien qu'en juillet 1710 le navire fût acheté, les marchandises commandées et déjà partiellement en route pour Saint-Malo, le départ fut remis pour une raison quelconque. Et, lorsqu'au début de l'année suivante, le voyage allait s'accomplir, il survint une décision qui révoquait les permissions. Mais la protection allait se montrer plus puissante qu'aucune décision : le 8 avril, Pontchartrain annonce que le Roi « par grâce » avait permis au navire le *Grand-Saint-Esprit* de sortir pour aller aux découvertes (2), et le 3 juin Lempereur rapporte que le navire avait fait voile pour la mer du Sud, « riche de 500.000 écus au moins (3). »

L'armateur du *Prince-de-Conty* se trouva dans la même situation. Au mois de décembre 1709, un passeport avait été sollicité et obtenu pour ce navire, sous le nom de *Saint-Joseph,* par Guillaume Éon, qui, en plus de la richesse et d'une haute considération,

(1) Le 23 juillet 1710, de Grandville Locquet avait sollicité Desmaretz pour un passeport ; cette demande fut envoyée le 28 juillet à Pontchartrain, qui immédiatement l'accorda pour de Beauvais Grout, et le passeport fut daté du 31 mai. De Grandville Locquet à Desmaretz, 23 juillet 1710 (Arch. Nat., G⁷ 1695) ; Pontchartrain au même, 14 janvier et 12 août 1711 (Arch. Nat. Marine. B² 226, p. 239 ; 228, p. 238).
(2) A Lempereur, Arch. Nat. Marine, B² 227, p. 135.
(3) A Pontchartrain. Arch. Nat. Marine, B³ 195, f. 155.

jouissait de l'avantage d'être le frère de feu le président de la
Baronnie, personnage dont, d'ailleurs, le droit à la reconnaissance
du gouvernement nous échappe. Par la suite, ce Guillaume Éon
avait vendu ou cédé pour la forme son passeport à un autre commerçant de Saint-Malo, de la Fosse Duhamel. En juillet 1711,
Pontchartrain apprend que ce navire, ainsi que quelques autres,
s'armaient pour un voyage à la mer du Sud, et il donne l'ordre
qu'on les retienne : « Sur le compte que j'en ai rendu au Roi,
écrit-il à Desmaretz, il a paru à Sa Majesté que ce passeport était
suranné et que ces armateurs ne pouvaient s'en servir. » « Il ne
convient point d'accoutumer les négociants à se conduire à leur
fantaisie (1) », objecte-t-il à son collègue, « qui insistait toujours à
dire que la surannation ne lui paraissait pas un motif suffisant
pour ruiner des négociants qui étaient dans la bonne foi (2). »
Est-il vraiment admissible que le Roi, dont on invoque si souvent
la volonté, ait été renseigné sur les faits et gestes de ses ministres,
c'est là une question qu'on se pose en lisant la réponse de Pontchartrain aux objections de Desmaretz : « Si, nonobstant les raisons que je vous ai expliquées, vous désirez que ces armateurs profitent de cette permission, *quoique surannée*, j'écrirai aussitôt que
vous me l'aurez fait savoir au commissaire ordonnateur de la marine à Saint-Malo de laisser suivre la destination de ce navire (3). »
Ou que dire de cette façon d'un ministre d'annoncer la résolution de son roi : « Sa Majesté trouve bon que vous expédiez le
vaisseau le *Saint-Joseph* comme de vous-même et sans qu'il
paraisse que vous en avez reçu l'ordre (4). » Quoi d'étonnant alors
que Lempereur, à qui cet ordre étrange était adressé, ait estimé
pouvoir agir de sa propre autorité. Le 5 septembre, il laissa partir
le navire le *Marquis-de-Vibraye* sans autorisation aucune, soi-
disant pour le Mexique, mais en réalité pour la mer du Sud ; et il
écrit le lendemain à son chef : « Si le Roi continue d'accorder des
permissions, je vous supplie très humblement de ne me pas oublier

(1) Pontchartrain à Desmaretz, 22 juillet et 12 août 1711. Arch. Nat. Marine, B² 228,
p. 134 et 238.
(2) Desmaretz à Pontchartrain, 18 et 28 août 1711. Arch. Nat. Marine, B³ 202, f. 226
et 227.
(3) Pontchartrain à Desmaretz, 26 août 1711. Arch. Nat. Marine, B² 228, p. 313.
(4) Pontchartrain à Lempereur, 2 septembre 1711. Arch. Nat. Marine, B² 228, p. 337.

et de vouloir bien m'en accorder une. Vous savez que je suis pauvre », ajoute-t-il ; une ancienne dette de 8 ou 10.000 francs n'était pas encore acquittée (1).

Si Pontchartrain commençait par se montrer récalcitrant, il n'était par la suite que plus soucieux du bien des armateurs. Ainsi, croyant que l'Amirauté de Saint-Malo mettait obstacle au départ du *Saint-Joseph*, il engage assez sévèrement cette autorité à expédier le navire « sans aucun retardement (2). » Et, après avoir reçu une explication satisfaisante du retard, il exprime son regret au sujet du mauvais temps et des vents contraires et son approbation de la prudence des armateurs de ne point laisser partir le navire tant que des bâtiments de guerre anglais le guetteront en mer. Pour prévenir ce danger, il avait même donné l'ordre d'empêcher le paquebot anglais de quitter le port ; mais, comme l'attente devint trop longue, on devait « examiner avec les armateurs s'il n'y avait aucun inconvénient à le laisser partir (3). » Le *Saint-Joseph* leva l'ancre une première fois le 23 novembre ; mais, arrivé au cap Fréhel, il fut contraint de revenir en arrière, et son départ définitif n'eut lieu que le 18 janvier 1712. Le *Saint-Joseph* était accompagné d'un vivandier, la *Marie*, qui fut vendu au Pérou pour le compte des armateurs. Ce voyage est remarquable parce que l'ingénieur Frezier, dont nous avons déjà eu l'occasion de citer les renseignements, y prit part.

Une autre occasion de **négliger** l'interdiction du commerce de la mer du Sud se présenta lors de l'expédition qui, en 1711, fut équipée et armée en vue de prendre Rio-de-Janeiro, seul événement de quelque importance que présente la guerre navale pendant la fin du règne de Louis XIV. Le plan de cette entreprise avait été dressé par le célèbre corsaire Duguay-Trouin, qui réussit aussi à réunir les fonds nécessaires, évalués à 1.200.000 livres, en intéressant à son plan une association des plus riches commerçants de Saint-Malo, sa ville natale. Nous y retrouvons les noms

(1) Lempereur à Pontchartrain, 6 septembre 1711. Arch. Nat. Marine, B³ 195, f. 251.
(2) Aux officiers de l'amirauté de Saint-Malo, 28 octobre 1711. Arch. Nat. Marine, B² 228, p. 616.
(3) A Lempereur, 23 et 30 décembre 1711. Arch. Nat. Marine, B² 228, p. 900 et 932.

déjà connus de Coulange, de Beauvais Le Fer, Danycan et de Chap-delaine (1).

Le Roi favorisa de plusieurs façons cette grande entreprise : il mit à la disposition de l'association un certain nombre de bâti-ments de la marine, tandis que le reste des navires était fourni par les armateurs ; pour faciliter le recrutement des matelots, le Roi fit ordonner la fermeture des ports sur les côtes du Ponant du 23 mars au 27 mai 1711 (2) ; et, pour diminuer le risque qu'en-traînaient les gros frais, les armateurs furent autorisés à envoyer un navire directement à la mer du Sud. En vain, le duc d'Albe s'opposa-t-il au départ de ce navire, « afin d'obliger les armateurs à traiter avec lui » ; le Roi décida que « les considérations pour les services de M. Duguay-Trouin » l'emportaient sur les considé-rations dues à l'ambassadeur d'Espagne (3). Au moment où l'es-cadre de Duguay-Trouin quitta La Rochelle (le 9 juin 1711), le *Prince-Heureux-des-Asturies* n'était pas encore prêt à partir ; mais il fit voile de Brest quelque temps après, au commencement d'août, et il remboursa amplement les fonds qu'on y avait placés : en rentrant à Saint-Malo, le 24 juillet 1714, il rapportait environ 3 millions de piastres.

De tout le riche butin fait par Duguay-Trouin à Rio-de-Janeiro, après que la ville eut été prise, pillée et rançonnée en octobre 1711, il n'y eut, outre les métaux précieux, que le sucre qu'on estima valoir la peine d'être apporté en Europe ; « les autres marchan-dises n'étaient malheureusement propres que pour la mer du Sud et auraient tombé en pure perte si on les avait rapportées en France (4) ». Aussi, les chargea-t-on sur un des navires de l'es-cadre, la *Concorde*, capitaine de Pradel Daniel, et sur un vaisseau portugais capturé, la *Notre-Dame-de-l'Incarnation*, mis sous les ordres d'un autre capitaine malouin, le sieur Brignon. Le

(1) *Mémoires de M. Du Guay-Trouin*. Amsterdam, 1740, p. 159. Cf. *Histoire de Duguay-Trouin et de Saint-Malo, la cité corsaire*, par l'abbé M. J. Poulin, 2ᵉ édition. Paris, 1886, p. 109 et suivantes.

(2) Pontchartrain au comte de Toulouse, 25 mars et 27 mai 1711. Arch. Nat. Marine, B² 226, p. 1084 ; 227, p. 759.

(3) Pontchartrain à Desmaretz, 21 janvier et 18 août 1711 (Arch. Nat. Marine, B² 226, p. 239 ; 228, p. 238) ; Desmaretz à Pontchartrain, 22 janvier 1711 (*Ibid.*, B³ 202, f. 136).

(4) *Relation de ce qui s'est passé pendant la campagne de Rio-de-Janeiro, faite par l'es-cadre des vaisseaux du Roi, commandée par M. du Guay Trouin*. A Brest, chez Romain Malassis, Impr. et Lib. ordinaire de la Marine ; sans date d'impression.

jour même (13 novembre 1711) où Duguay-Trouin démarra pour
rentrer en Europe, ces deux navires partirent pour le Pérou, où
ils écoulèrent leurs marchandises et où les navires mêmes furent
vendus aux Espagnols. Du bénéfice une somme de 387,162 piastres
fut envoyée en France avec le *Prince-des-Asturies* ; et, bien qu'il
fût encore resté à la mer du Sud plus de 100.000 piastres de mauvais crédits, « par la friponnerie de ceux auxquels on s'était fié »,
et que trois des navires de Duguay-Trouin eussent péri en route,
on affirme que « les retours du chargement des deux vaisseaux
qu'il avait envoyés à la mer du Sud, joints à l'or et aux autres
effets apportés de Rio-de-Janeiro, payèrent la dépense de son
armement et donnèrent 92 °/₀ de profit à ceux qui s'y étaient intéressés (1) ».

Les cas où les permissions pour une raison ou pour une autre
furent accordées doivent pourtant être regardés comme des exceptions ; ceux où la demande de permission essuya un refus absolu,
en dépit des instances les plus vives de la part des armateurs, sont
bien plus nombreux. Parmi ceux qui, à cette époque, ne parvenaient
point à faire valoir leur influence ni auprès de Pontchartrain, ni
auprès de Desmaretz, nous citerons de la Chipaudière Magon, de
la Lande Magon, de Beauchesne et Danycan. Leur richesse d'invention, lorsqu'il s'agissait de trouver des prétextes, n'avait d'égale que
la méfiance avec laquelle les autorités recevaient leurs assurances
que les navires n'étaient nullement destinés au trafic interdit de la
mer du Sud. Les mesures pour empêcher une pareille destination
étaient les mesures ordinaires que nous connaissons déjà : ordres
réitérés aux autorités des ports d'arrêter tous les vaisseaux suspects ;
demandes de renseignements précis de la part des armateurs sur
les destinations des navires et sur la composition de leurs chargements ; obligation de signer des soumissions aux fortes amendes et
des déclarations spéciales sur l'honneur et la conscience qu'on
n'enfreindrait pas la volonté du Roi, lequel « ne voulait point être
trompé ». Dans la plupart des cas, toutes ces précautions demeurèrent vaines, même lorsque plus tard, comme nous allons le voir,
la sévérité des prohibitions eut encore augmenté.

(1) *Mémoires de M. Du Guay-Trouin*, p. 204.

Il peut paraître étrange que dans ces circonstances nous n'entendions plus de doléances du côté de l'Espagne ; d'autant plus que le Conseil des Indes se trouvait à cette époque sous l'influence du comte de Frigiliana, cet ennemi juré de la France. Peut-être faut-il attribuer le silence des documents sur ce fait à ce qu'on n'avait plus à Madrid d'informateur aussi zélé que Daubenton. Ce qui est certain, c'est que le mécontentement n'avait point disparu, et qu'on en redoutait en France de nouvelles manifestations. « M. de Bonnac recevra souvent des plaintes et des reproches », prévient l'instruction rédigée à son usage par Mesnager (1). Et dans ces cas il n'avait qu'à répondre « que le Roi avait été bien fâché de voir ses sujets entraînés par la cupidité à faire des choses qui ne convenaient point avec des amis aussi unis que l'étaient les Espagnols, mais que cette cupidité ayant porté les Français à faire à Gênes, même chez les ennemis, leurs embarcations et leurs retours, lorsqu'on a tenté de les empêcher de faire ce voyage, il a fallu dissimuler ce que Sa Majesté aurait eu peine d'empêcher ; qu'au reste le Roi avait toujours regardé ces entreprises pour la mer du Sud comme faites par des aventuriers que Sa Majesté avait abandonnés à leur sort et aux rigueurs ordonnées par les lois d'Espagne ; mais que le Consulat de Séville était l'unique cause de ce dérèglement ».

Or, si la navigation de la mer du Sud put, contre toute attente, passer sans observations de la part des Espagnols, ceux-ci ne manquèrent pas de se plaindre de l'extension de la navigation jusqu'en Chine qui commençait à cette époque. Comme nous l'avons vu, elle était considérée comme très préjudiciable même à la France ; aussi ces plaintes provoquèrent-elles une attention spéciale. L'affaire fut renvoyée au Conseil de Commerce, qui proposa, « pour ôter aux Espagnols tout sujet de plainte et aux ennemis tout prétexte de rendre odieuse la conduite de la France », qu'une ordonnance publique interdirait, sous peine d'une punition sévère, tout trafic du Pérou à la Chine et de la Chine au Pérou ; « il faudrait même, opine le Conseil, étendre cette défense au commerce de l'Amérique espagnole, et particulièrement à celui des côtes de la mer du Sud, car, quelque art qu'on pût employer à dresser cette ordonnance, si

(1) Mémoire touchant le commerce de France en Espagne, juin 1711. Aff. Et. Esp., Mém. et doc. 32.

ce dernier commerce n'y était pas compris nommément, l'omission en serait regardée comme une permission tacite et un dessein formel de le continuer ». Déjà auparavant, il avait été plusieurs fois question d'une ordonnance en ce sens ; mais le Conseil de Commerce hésitait encore à la conseiller très nettement : si des raisons particulières s'y opposaient, on devait au moins « verbalement » inculquer les défenses (1). Desmaretz, pas plus que le Conseil de Commerce, avec lequel d'ailleurs il était parfaitement d'accord, n'estima le moment venu pour la promulgation d'une ordonnance ; on devait se borner à « suivre les résolutions qui avaient été prises de ne plus accorder des permissions pour le commerce de l'Amérique espagnole, et particulièrement celui des côtes de la mer du Sud (2) ».

Cependant, le goût des particuliers pour les spéculations se montrait plus vif que jamais et ne se laissait qu'avec une peine extrême maîtriser et contenir dans les limites que le gouvernement leur avait tracées. Le projet le plus vaste que nous ayons à enregistrer fut celui des Malouins qui voulaient envoyer au Pérou six bâtiments de guerre sous le prétexte de protéger ce pays contre une invasion anglaise ; mais ce plan, qu'appuyait le gouvernement français, avait échoué contre l'opposition des Espagnols. En revanche, Frigiliana avait fait croire à Philippe V qu'il serait facile de se procurer en Espagne même les navires nécessaires et qu'ainsi l'entreprise, loin de lui rien coûter, lui rapporterait des bénéfices, s'il donnait aux armateurs le droit de trafiquer moyennant une certaine somme. Un émissaire particulier, don Ventura de Landaeta, qu'on avait envoyé à cet effet à Bilbao et à Saint-Sébastien pour engager les marchands de ces villes à s'associer à une telle entreprise, avait cependant essuyé un échec, « par l'impuissance de ces négociants ». Comme dernier expédient, on avait alors proposé de former une association entre les principaux marchands de Biscaye et de Guipuzcoa et ceux de Bayonne, lesquels devaient seuls fournir les navires et les fonds nécessaires à l'entreprise commune.

(1) Mémoire dont l'original est de la main de M. Daguesseau, envoyé par M. de Pontchartrain le 12 août 1711. Arch. Nat., G⁷ 1697 (Mat. de commerce, 2), f. 5.
(2) Desmaretz à Pontchartrain, 17 août 1711. Arch. Nat. Marine, B³ 202, f. 225.

Pontchartrain vit dans cette affaire des avantages très estimables : on se procurerait de cette façon « un débit très considérable des marchandises de nos manufactures et un retour en argent qui y serait proportionné ». Au surplus, on « formerait une liaison de commerce qui aurait des suites pendant la paix ». Néanmoins, il hésitait à favoriser l'entreprise, principalement à cause du risque que courraient les associés français, si la direction de l'armement et de l'expédition était confiée exclusivement aux Espagnols.

Dans son irrésolution, il s'adressa pour demander un conseil à la personne la plus experte en cette matière, à Amelot (1). Il lui demanda également son avis sur une proposition présentée par Bonnac et qui projetait d'expédier immédiatement, avec l'assentiment du roi d'Espagne, un navire à la mer du Sud dont la paix future fermerait bien certainement pour jamais l'accès au commerce français. Comme il ne fallait guère songer à un assentiment tant que Frigiliana siégeait au ministère, Pontchartrain hasarde la question de savoir s'il ne serait « du service du Roi ou du bien de l'État, que Sa Majesté accorde dès à présent et jusqu'à la paix, avec tout le secret qu'il se pourra, quelque permission tacite, dans la même forme que celles qui ont ci-devant été données, pour la mer du Sud, quoique le Roi ait promis de n'en plus donner ». A la fin, Pontchartrain priait Amelot de bien vouloir considérer comment, après la paix, il faudrait régler le commerce avec l'Espagne et les Indes pour que la France en pût tirer le plus grand profit possible.

Nous ne possédons certes pas d'information directe sur l'effet qu'exerça sur la politique française la réponse mémorable d'Amelot, mais nous ne risquerons guère de nous tromper en la jugeant décisive pour la conduite du gouvernement pendant l'époque suivante. On y lit (2) :

« Pour obéir à l'ordre de Sa Majesté, je commencerai par vous dire, Monsieur, que connaissant, comme je fais, le caractère du comte de Frigiliana, aujourd'hui président du Conseil des Indes, vous avez grand'raison de penser que je ne serai point surpris du tout d'apprendre qu'il ait engagé le roi d'Espagne à refuser l'offre que le Roi avait bien voulu lui

---

(1) Pontchartrain à Amelot, 14 décembre 1711. Aff. Et. Esp., Corr. pol. 211, f. 443.
(2) Amelot à Pontchartrain, 26 décembre 1711. Aff. Et. Esp., Corr. pol. 211, f. 475.

faire de six ou huit vaisseaux, pour porter des troupes et des munitions à la mer du Sud. Le comte de Frigiliana, et beaucoup d'autres ministres espagnols, sont entêtés à l'excès de la beauté et de la sagesse des règles établies par Philippe II, et ne veulent pas distinguer que ce qui était excellent sous le règne d'un prince puissant comme lui et également redoutable sur terre et sur mer, ne convient plus dans la décadence de la monarchie et sous des rois qui depuis tant d'années manquent du nécessaire en tout genre, et surtout en ce qui regarde la marine. Cela joint à l'aversion de quelques-uns pour tout ce qui vient de la part de la France, est cause de tous les mauvais partis qu'on a pris et qu'on prend en Espagne sur ce qui a rapport à la navigation et au commerce des Indes.

Mais pour en venir au fait dont il s'agit, il me paraît que, nonobstant les conjonctures présentes, il ne peut être que bon et utile pour le royaume que les Bayonnais s'unissent avec les négociants de Biscaye et de Guipuzcoa pour l'armement proposé. Comme c'est une société particulière et une liaison de commerce qui se fera de marchand à marchand, il doit paraître que le Roi n'y entre point, et les puissances ennemies, avec qui nous sommes actuellement en négociation, ne peuvent avec raison trouver mauvais que des commerçants d'une place maritime de France s'intéressent avec des négociants espagnols, leurs voisins, dans un commerce où leur avantage réciproque se rencontre. La difficulté consisterait à savoir si les Bayonnais trouveront des sûretés suffisantes dans la société qui leur est proposée, et si leurs fonds seront bien gouvernés par les Espagnols seuls, s'il ne leur est pas permis de mettre sur les frégates des officiers et des équipages français, au moins en partie. Mais comme personne ne sait mieux que les négociants mêmes ce qui convient à leurs intérêts, je crois qu'il faut laisser là-dessus une entière liberté aux Bayonnais, et que c'est à eux à faire leurs conditions et à chercher leurs sûretés comme ils le jugeront plus à propos : il suffit de leur faire entendre que la Cour leur laisse là-dessus une liberté entière, telle qu'il convient au commerce.

Au reste, quoique j'estime en général que l'Angleterre et la Hollande ne seraient pas en droit de se formaliser d'une société particulière de Français et d'Espagnols, néanmoins, si cela pouvait causer la moindre altération dans les dispositions pour la paix, il ne faudrait pas balancer à rompre absolument ce projet. C'est sur quoi, Monsieur, je ne puis raisonner avec fondement, ignorant dans quels termes on est là-dessus avec l'Angleterre et n'étant instruit que de ce qu'on lit dans les gazettes.

Sur ce qui regarde l'envoi de quelques vaisseaux français à la mer du Sud, dont M. de Bonnac vous donne l'ouverture, cela ne pouvait être que très bon, pourvu que ce fût du consentement du roi d'Espagne ; mais puisque ce prince a refusé les vaisseaux de guerre que le Roi offrait pour transporter des troupes et des munitions dans les places de Sa Majesté

Catholique qui en ont un si pressant besoin, il ne faut pas se flatter qu'on obtienne la liberté d'une navigation qui tendrait purement à l'avantage de notre commerce. Quand même le comte de Frigiliana ne serait plus dans le ministère, vous verriez tous les autres ministres, et le Conseil des Indes entier, se soulever contre une pareille proposition ; et je conclus que M. de Bonnac n'a pas encore traité de pareilles matières avec les Espagnols, s'il imagine que cela puisse réussir.

Reste à voir s'il convient que Sa Majesté accorde présentement, et jusqu'à la paix, des permissions tacites d'aller à la mer du Sud, quoique Sa Majesté ait promis de n'en plus donner. Je suis, Monsieur, pleinement persuadé qu'il ne saurait jamais être du service du Roi, ni du bien de l'État, qu'on engage Sa Majesté à manquer à une parole qu'elle a donnée. Le premier et le plus noble de tous les intérêts est d'établir la bonne foi et d'observer religieusement ce qu'on promet. Si cela est vrai, comme je le crois, pour les particuliers, cela l'est encore incomparablement davantage pour les grands princes, dont les affaires se soutiennent infiniment par l'opinion et la réputation. C'est un principe dont je n'estime pas qu'on doive jamais se départir et dont j'ai toujours observé qu'on s'est bien trouvé dans toutes choses, grandes ou petites, où j'ai eu quelque part.

Il me semble au reste que, la paix étant aussi prochaine qu'elle le paraît, et les affaires aussi avancées, surtout avec l'Angleterre, il ne resterait guère de temps pour faire des armements considérables, et ce serait peut-être s'exposer à recevoir des reproches de la part des puissances avec lesquelles on est actuellement en négociation.

Vous finissez, Monsieur, votre lettre du 14 décembre par me dire que Sa Majesté souhaite encore que je réfléchisse entièrement sur tout ce qui concerne le commerce d'Espagne et des Indes, comment et de quelle manière j'estime qu'on doive se conduire après la paix pour en tirer directement ou indirectement tout l'avantage qu'il se pourra, et les mesures que je prévois qu'il sera nécessaire de prendre et de faire exécuter pour que le royaume en ressente toute l'utilité qu'on en peut espérer. Vous me donnez là, Monsieur, un vaste champ de m'exercer et de mettre en œuvre le peu que je pourrais avoir acquis de connaissance dans le commerce et dans les affaires d'Espagne. Mais vous jugez bien que la matière est d'une trop grande étendue et demande trop de méditation et de recherches pour que je puisse, sans un long travail, satisfaire à ce que le Roi désire de moi. D'ailleurs, il n'est pas possible, dans l'état présent des choses, de se faire là-dessus un plan certain ; il faut voir auparavant quel sera le système de commerce et de navigation qui sera établi entre toutes les puissances qui sont en guerre, et ce ne sera qu'après des traités bien conclus et bien ratifiés, et toutes leurs dépendances bien expliquées et mises en exécution, qu'on pourra travailler utilement et certainement sur ce que vous me faites l'honneur de me demander. »

La correspondance dont nous venons de rendre compte fut bientôt suivie d'une série de mesures gouvernementales, par lesquelles la France montrait son changement d'attitude vis-à-vis du commerce de la mer du Sud. On n'estimait plus suffisant de repousser les sollicitations des armateurs, de s'évertuer, au moyen d'ordres portés pour chaque cas particulier, à surveiller l'observation des défenses ; la forme plus solennelle qu'on venait d'adopter était destinée à donner à la fois plus de poids à la volonté si souvent exprimée du roi et à annoncer devant le monde que la France s'efforçait sincèrement de combattre cette méfiance au sujet de ses intentions qui avait constitué un des empêchements essentiels à la paix.

La première mesure fut une circulaire du 13 janvier 1712 (1), enjoignant à tous les intendants et commissaires de la marine ainsi qu'à tous les officiers d'amirauté « d'arrêter les navires sur lesquels il leur paraîtrait qu'on chargeait des emplettes considérables, jusqu'à ce que les négociants aient donné des sûretés suffisantes de ne point aller dans la mer du Sud ».

On ne méconnaissait point que ce mode d'action mettait entrave à la navigation française en général et qu'il pourrait bien risquer de l'étouffer entièrement. Comme il pouvait y avoir des armateurs de bonne foi, Pontchartrain chargea le Conseil de Commerce de dresser le plan des mesures de précaution qu'on devait prendre afin d'empêcher les négociants d'envoyer leurs vaisseaux à la mer du Sud et en même temps « ne point gêner le commerce et la navigation (2) ».

Le Conseil traita cette question dans son assemblée du 22 janvier et conclut unanimement qu'on « devrait permettre la navigation de Saint-Malo à Cadix, à condition que les capitaines feraient leurs soumissions de rapporter des certificats du consul de leur décharge à Cadix, et qu'à l'égard des vaisseaux à qui il aurait été accordé des permissions pour aller à la découverte des Iles, ou sous quelqu'autre prétexte que ce fût, il serait rendu une ordonnance portant défense d'aller à la mer du Sud, à peine de confiscation des vaisseaux et du chargement, et qu'on prendrait une

---

(1) Circulaire pour arrêter tous les vaisseaux qu'on équipera pour la mer du Sud, 13 janvier 1712. Arch. Nat. Marine, B² 230¹, p. 46.
(2) Pontchartrain à Daguesseau. 13 janvier 1712. Arch. Nat. Marine, B² 230¹, p. 85.

soumission des capitaines et des intéressés à ces armements de ne point aller à la mer du Sud sous les mêmes peines (1) ».

Pontchartrain n'en fut pourtant pas satisfait : il demanda un modèle de la soumission qu'il serait à propos de prendre (2), et lorsqu'il l'eut entre les mains, il ne lui suffit point encore : « Permettez-moi de vous dire, écrit-il à Daguesseau (3), que la simple obligation, sous peine, de rapporter un certificat du consul du déchargement des marchandises, n'empêcherait point les vaisseaux d'aller à la mer du Sud, — c'est vouloir être trompé » ; aussi bien serait-il nécessaire « d'expliquer qu'ils n'iront point, et qu'ils seront obligés de revenir en France dans un temps limité et sous des peines », qui, estimait-il, ne seraient jamais « trop rigoureuses ». Quant aux soumissions, il se contenta enfin de la proposition du Conseil qui fixait l'amende à 50.000 livres, c'est-à-dire à la même somme qu'il avait accoutumé de prescrire lui-même en expédiant des passeports pour des voyages au long cours, — mesure qui ne lui avait point sauvé l'humiliation d'avoir à avouer qu'elle n'avait servi à rien, vu que « plusieurs des négociants, dit-il, n'ont point été punis et que les autres l'ont été si légèrement que la peine n'a fait aucune impression ».

Un ordre, de teneur à peu près analogue à celui destiné à empêcher le départ des navires des ports français, fut également envoyé aux consuls de France en Espagne : ils devaient arrêter tous les bâtiments français qui, par la quantité et par les espèces de marchandises embarquées, prêteraient au soupçon qu'ils se destinaient à la mer du Sud ; ils ne devaient leur rendre la liberté que lorsque les capitaines auraient donné « des sûretés suffisantes de ne point aller dans cette mer (4). »

Enfin fut promulguée l'ordonnance royale, qui contient l'interdiction générale du commerce de la mer du Sud et qui allait définitivement y mettre fin. Ce document, si important pour l'histoire de ce commerce, a la teneur suivante (5) :

(1) Compte-rendu de l'assemblée du Conseil de commerce, 22 janvier 1712. Arch. Nat., F¹² 58, f. 4 v°.
(2) Pontchartrain à Daguesseau, 27 janvier 1712. Arch. Nat. Marine, B² 230⁴, p. 183.
(3) Le 3 février 1712. Ibid., p. 226.
(4) Circulaire aux consuls d'Espagne, 25 janvier 1712. Arch. Nat. Marine, B⁷ 91, p. 27.
(5) Ordonnance pour défendre aux négociants français d'envoyer leurs vaisseaux dans la mer du Sud (Arch. Nat. Marine, B² 213, 1712, p. 6). Cet acte est daté de Marly le

« Sa Majesté étant informée que quelques marchands français ont fait passer des vaisseaux dans la mer du Sud sans la permission de Sa Majesté ni celle du Roi Catholique pour y faire commerce, et jugeant à propos d'empêcher cette navigation, Sa Majesté a fait très expresses inhibitions et défenses à tous négociants, armateurs, capitaines et maîtres de vaisseaux, et généralement à tous ses sujets de quelque qualité et condition qu'ils soient, de faire aucun voyage, navigation ni commerce dans la mer du Sud, sous quelque prétexte que ce soit ou puisse être, sans passeport de Sa Majesté Catholique, à peine de confiscation des vaisseaux et de leur chargement, sans que ladite peine puisse être réputée comminatoire ; mande et ordonne Sa Majesté au comte de Toulouse, amiral de France, de tenir la main à l'exécution de la présente ordonnance, aux intendants et commissaires de la marine et des classes, et aux officiers de l'amirauté, de la faire lire, enregistrer, publier et afficher partout où besoin sera, et de l'exécuter en ce qui les regarde. »

Ainsi, le gouvernement français s'était prononcé nettement. L'ordonnance solennelle, qu'on avait si longtemps hésité à donner, était consentie sans condition de compensations pour la France. L'Angleterre et la Hollande ne s'étaient point engagées à supprimer la contrebande exercée en Amérique par leurs sujets, et l'Espagne ne s'était pas davantage chargée de la combattre par quelque mesure extraordinaire. Il est indubitable que Louis XIV et ses ministres eurent l'intention bien arrêtée d'observer ce à quoi ils s'étaient engagés. Nous allons maintenant considérer comment fut appliqué l'arrêt royal et quelles en furent les suites.

Pour les commerçants particuliers, toutes les voies pour atteindre les trésors de la mer du Sud paraissaient barrées : *une seule* leur restait encore accessible, c'était d'obtenir un passeport de Sa Majesté Catholique. Les permissions dont disposait l'ambassadeur d'Espagne avaient donné lieu à cette dérogation à la défense générale. Mais la duchesse d'Albe a dû mettre un prix élevé à ces autorisations ; car, si nous voyons maintes fois les armateurs

---

18 janvier 1712 ; mais, à cette date, ce n'est peut-être qu'un projet, car le 27 janvier Pontchartrain demande à Daguesseau « un projet de l'ordonnance que le Conseil de commerce est d'avis de rendre pour défendre les voyages de la mer du Sud », et le 27 avril seulement, au moyen d'une circulaire, l'ordonnance fut transmise aux intendants et commissaires de la marine et aux officiers des amirautés avec l'ordre de tenir à main à son exécution dans leurs départements (Arch. Nat. Marine, B² 230², p. 157). Pourtant, les exemplaires imprimés de l'ordonnance portent la date du 12 janvier.

renvoyés s'adresser à elle, une convention ne semble avoir été conclue que dans un seul cas. Ce fut Danycan qui se procura ainsi la permission tant briguée, et elle lui fut confirmée par Pontchartrain après qu'on eut réglé à l'amiable quelques différends au sujet du commandement pendant le voyage. Le 5 avril 1712, le *Saint-Clément*, capitaine Josselin Gardin, partit de Saint-Malo pour la mer du Sud (1).

Il semblerait que les fonctionnaires subordonnés n'auraient guère dû hésiter dorénavant sur la conduite à tenir. On n'avait oublié de prévenir personne, ni parmi ceux qui relevaient du secrétaire de la marine, ni parmi ceux qui étaient placés sous l'ordre de l'amiral de France, et, par un surcroît de précaution, on avait enjoint aux consuls en Espagne de prêter leur concours dans le cas où les mesures prises en France ne suffiraient point à maintenir l'interdiction. Bien que les ordres de conduite fussent clairs et nets, Pontchartrain crut devoir intervenir continuellement : autant par défiance à l'égard de l'honnêteté de ses subordonnés qu'à cause de son peu de confiance en les assurances des armateurs. En réalité, il ne faisait ainsi que nuire à la cause qu'il entendait défendre ; car les autorités s'habituaient à attendre un ordre du ministre pour chaque cas particulier ; et lorsque, pour une raison ou pour une autre, ces ordres manquèrent, elles s'estimèrent dispensées d'appliquer l'arrêté général, et les particuliers qui réussissaient à soustraire leurs entreprises à l'attention du ministre, considérèrent ou firent semblant de considérer son silence comme un assentiment tacite.

En thèse générale, on peut dire que le gouvernement récoltait les fruits de son attitude précédente de partialité et de protection, d'oscillation perpétuelle entre la sévérité et la complaisance. Personne ne voulut croire que l'interdiction fût sérieuse, et tout le monde escomptait une impunité finale. Aussi, les armateurs ne

---

(1) Primitivement, de Beauchesne avait été désigné pour prendre le commandement, mais il se désista sur la représentation de Pontchartrain. Le ministre, qui croyait devoir intervenir jusque dans les affaires privées les plus insignifiantes, lui obtint un dédommagement de Danycan. Les contestations de Danycan avec les compagnies de commerce l'empêchant de se produire ouvertement, on nomma comme armateur du navire un certain Jean Gautier, sieur de la Ville-aux-Moines. Le nom du vaisseau fut changé ; il s'appelait avant le *Phélypeaux*. Voir : Pontchartrain à Lempereur, 3 février, 9 et 16 mars, 13 avril 1712. Arch. Nat. Marine, B² 230⁴. p. 215, 439, 512 ; 230², p. 92.

marchandèrent-ils point leurs signatures aux soumissions qui les menaçaient de confiscation et d'amendes, et comme, pendant des années, ils avaient pris l'habitude de confondre les deux notions affaires et contraventions, tout appel à leur loyauté fut vain : ils estimaient tous les subterfuges permis ; ils manquaient sans le moindre scrupule à leurs paroles et triomphaient lorsqu'ils avaient pu donner le change au gouvernement.

Ils trouvaient en général dans les autorités locales des aides qui ne se faisaient pas trop prier. Il est d'ailleurs évident qu'un fonctionnaire, chargé de surveiller l'ordre légal dans une petite ville, devait se trouver dans une situation embarrassante en face de la résistance unanime de tout son entourage — Lempereur se plaint souvent d'être placé pour agir « dans un pays où lui et ses subordonnés ne furent regardés que comme des persécuteurs et des gens destinés à faire du mal. » Il ne faudra donc point s'étonner qu'amis et connaissances aient parfois été favorisés ; mais la tentation devenait plus forte encore lorsque des bénéfices économiques s'offraient en récompense de la complaisance qui consistait à fermer les yeux sur les infractions commises. Aussi n'est-il guère douteux que le système des présents et la vénalité aient fleuri sur une vaste échelle : on achetait parfois directement les expéditions nécessaires pour les voyages, ou on rendait les fonctionnaires complices en les intéressant à ces entreprises commerciales défendues. D'ailleurs, le gouvernement avait pour ainsi dire encouragé cette façon d'agir en accordant des passeports pour la mer du Sud en dédommagement des gages arriérés qu'on ne payait pas. Ceci explique aussi la répugnance de l'administration à demander des comptes à des personnes qui avaient eu l'occasion de pénétrer son impuissance et son manque de probité. Ne pouvant se fier à ses représentants officiels, le gouvernement dut recourir aux espions et aux dénonciateurs qui, pour nuire à des concurrents ou pour déceler leurs propres contraventions, offraient leur service en donnant des informations qui n'étaient rien moins que sûres. Bref, on avait provoqué une démoralisation qui allait croissant. Nous en avons vu des exemples frappants dans l'histoire des compagnies de commerce ; nous serons malheureusement forcés d'en citer d'autres qui montreront que l'improbité s'était insinuée dans presque toutes les relations entre les particuliers qui, en quelque qualité que ce fût, participaient au commerce de la mer du Sud.

Le premier navire qui enfreignit l'ordonnance royale fut le *Malo-Marie-Assomption* (1). Pontchartrain l'avait regardé comme « très suspect » et avait par conséquent sommé le commissaire de Port-Louis de l'arrêter jusqu'à nouvel ordre (2). Mais, peu de temps après, il apprit par une autre personne que le navire avait appareillé le 15 février. Il demande une explication qu'au nom du Roi il déclare fort peu satisfaisante : « Sa Majesté a été très surprise qu'au préjudice des ordres réitérés vous ayez permis au capitaine de partir », et, pour son propre compte, il ajoute : « Je vous avouerai que j'ai peine à concevoir une pareille désobéissance, et je suis bien aise de vous dire que vous avez besoin de tous vos services pour m'empêcher de rendre compte au Roi de la conduite que vous avez tenue en cette occasion et de vous faire sentir toute son indignation (3). » Il ne s'en borna pas moins à demander les noms des armateurs, et il a des termes d'approbation pour recevoir cette information : « Vous avez bien fait de me faire savoir les noms des armateurs du navire la *Marie-Assomption* (4). »

La colère du ministre se tourne contre ces armateurs qui étaient les sieurs de la Franquerie Lebrun et Geraldin, de Saint-Malo, et Descazeaux du Hallay, de Nantes. Lempereur devait faire rendre compte aux deux premiers ; mais il se contente de leur affirmation verbale que le navire n'était point destiné à la mer du Sud, information qu'il transmet à son chef avec la réserve prudente que « le sort, au surplus, décide des événements et renverse souvent les projets les mieux concertés. »

Loin d'être satisfait, Pontchartrain exige une déclaration écrite de la destination des navires pour en rendre compte à Sa Majesté, « qui veut absolument en être informée par les armateurs mêmes, afin de savoir la vérité : le Roi veut être obéi, ceci est sérieux, il ne

(1) Tantôt le navire est désigné sous ces trois noms ensemble, tantôt par l'un ou l'autre détaché : le *Malo,* la *Marie-Assomption* ou l'*Assomption.* Le changement de nom est un des artifices les plus usuels pour donner le change au gouvernement.
(2) Pontchartrain à Clairambault, 3 février 1712. Arch. Nat. Marine, B² 230⁴, p. 210.
(3) Pontchartrain à Clairambault, 16 mars 1712. *Ibid.,* p. 507.
(4) Pontchartrain à Clairambault, 30 mars 1712. *Ibid.,* p. 609.

s'agit pas de répondre en l'air, il faut une réponse précise et positive (1). » Malgré ces paroles menaçantes, le ministre ne parvint pas à leur arracher la vérité : le navire était destiné, dit la déclaration, à « la côte du Nord de l'Amérique », et Pontchartrain renvoie cette déclaration des armateurs pour en recevoir en échange une autre « qui était encore plus obscure que la première (2) ».

On n'obtint pas plus de succès en s'adressant à l'armateur de Nantes : Descazeaux du Hallay répondit qu'il ignorait complètement la destination du navire, ce que Pontchartrain, comme de juste, trouva inadmissible de la part d'un homme qui était intéressé pour une forte somme à l'entreprise. Le résultat fut que les autorités, tant à Saint-Malo qu'à Nantes, reçurent défense de délivrer aucune expédition pour les navires et autres affaires des négociants récalcitrants (3).

Auprès des consuls en Espagne, le gouvernement ne trouva non plus le concours qu'il en attendait pour la suppression du commerce de la mer du Sud.

Le navire la *Sainte-Rose* était parti de Saint-Malo le 29 février 1712, sous prétexte de ne se rendre qu'à Cadix (4). Lorsque le navire eut quitté ce port après une escale de deux mois, Pontchartrain écrit au consul de la place, lui reprochant d'avoir négligé de vérifier si ce navire n'était point destiné à la mer du Sud (5) : « Vous m'avez marqué que la plus grande partie de la cargaison de ce vaisseau avait été débarquée à Cadix, vous m'avez ensuite mandé que vous soupçonniez ce vaisseau d'être tombé en contravention, et aujourd'hui vous m'informez qu'il a mis à la voile sans permettre que qui que ce soit monte à son bord. » Le ministre ne vit en cette réponse qu'un faux-fuyant : « Cela donne à connaître que vous avez facilité le projet du capitaine plutôt que de vous y opposer » ; si, par la suite, il apparaissait que l'ordon-

---

(1) Pontchartrain à Lempereur, 20 avril 1712. Arch. Nat. Marine, B² 230², p. 136.
(2) Pontchartrain à Lempereur, 11 et 25 mai 1712. *Ibid.*, p. 278 et 365.
(3) Pontchartrain à de Lusançay, 11 mai ; à Lempereur, 25 mai ; à Descazeaux du Hallay, 15 juin 1712. Arch. Nat. Marine, B² 230², p. 275, 365, 492.
(4) Tant le capitaine Le Gobien que le véritable armateur, de la Lande Magon, avaient signé la soumission requise (Pontchartrain aux officiers de l'amirauté de Saint-Malo, 10 février 1712. Arch. Nat. Marine, B² 230¹, p. 250). Le navire figure aussi sous les noms de l'*Assomption* et de la *Marie-Rose* ; l'armateur avoué était un sieur Jolif.
(5) Pontchartrain à Mirasol, 20 juin 1712. Arch. Nat. Marine, B⁷ 91, p. 150.

nance royale avait été enfreinte, il en résulterait « des suites fâcheuses » tant pour lui que pour le capitaine (1). Les soupçons ne se trouvèrent que trop fondés : la *Sainte-Rose* avait, le 12 mai, fait voile de Cadix pour la mer du Sud.

On peut constater qu'outre les navires mentionnés ci-dessus, au moins deux autres vaisseaux, le *Saint-Nicolas* et le *Saint-Jean-Baptiste*, quittaient Saint-Malo pour la même destination au commencement de l'année 1712. Ils partirent comme vivandiers, l'un pour le *Saint-Clément*, l'autre pour la *Sainte-Rose*, et ils réussirent en cette qualité à se soustraire à l'attention du gouvernement. Mais il y a tout lieu de supposer que d'autres villes françaises, moins sévèrement surveillées que Saint-Malo et Port-Louis, participèrent également à la navigation défendue. On voit énoncé que, vers la fin de l'année 1713, il y aurait eu au Chili, jusqu'à sept vaisseaux armés à Marseille par des armateurs gênois (2). Ces navires avaient probablement entrepris leurs voyages au commencement de 1712 ou à la fin de l'année 1711. L'un d'eux était peut-être la *Marianne*, capitaine Pisson, dont la date de départ peut vraisemblablement être fixée en novembre 1711. Nous ignorons les noms des autres vaisseaux et ceux de leurs armateurs.

Après avoir considéré la tournure que prenait le commerce de la mer du Sud pendant les mois qui suivirent immédiatement la publication de l'ordonnance royale, nous consacrerons quelques mots aux retours de cette mer à la même époque.

En juin 1712, Pontchartrain fut informé que quelques navires français, de retour du Pérou, faisaient escale à la Martinique d'où l'on pouvait bientôt les attendre en France. Il s'informa donc près du contrôleur général s'il y avait quelque prescription supplémentaire ou quelque modification à faire dans le règlement

(1) En une lettre ultérieure, Pontchartrain répète ses accusations et s'écrie : « Que peut-on penser d'une pareille négligence ? » (à Mirasol, 15 août 1712. Arch. Nat. Marine, B⁷ 91, p. 201). On est tenté d'adresser cette même question au ministre qui, dans cette même lettre, annonce qu'il a appris que le consul avait acheté un des employés à l'ambassade à Madrid pour se procurer une copie de la correspondance ministérielle, et qui néanmoins continue : « C'est ce dont j'ai rendu compte au Roi, et quoique vous méritiez d'être sévèrement puni, j'ai bien voulu supplier Sa Majesté d'avoir égard au long temps qu'il y a que vous êtes employé pour son service, en sorte qu'elle a eu agréable d'y faire attention. » Mirasol garda son poste jusqu'en juillet 1715, date à laquelle il demanda lui-même son congé pour raison de santé.

(2) Frezier, *Relation*, p. 256.

pour l'importation des métaux précieux (1). Après en avoir reçu une réponse, Pontchartrain expédia de nouveaux ordres aux fonctionnaires de la marine : ils devaient, sans perdre de temps, se rendre à bord des navires arrivants, demander aux capitaines des déclarations exactes des quantités d'espèces et matières d'or et d'argent qu'ils avaient sur leur bord, tant pour le compte des armateurs que sous le nom de pacotilles : ils devaient également empêcher que rien ne fût débarqué, et faire signer aux capitaines et aux propriétaires des soumissions, les engageant, sous peine de confiscation, à faire porter le tout aux hôtels des monnaies (2).

Le 5 juillet 1712, au matin, les trois navires, les *Deux-Couronnes*, le *Comte-de-Torigny* et le *Saint-Jean-Baptiste*, arrivèrent à Saint-Malo. Le commissaire en fonction s'empresse de rapporter à son chef qu'il n'avait reçu la circulaire mentionnée ci-dessus que vers le midi du même jour. Il s'était de suite rendu à bord des navires, mais pour y constater que les capitaines avaient déjà débarqué « avec la plus grande partie de l'argent. » Il n'avait pu rejoindre que deux d'entre eux, lesquels avaient bien promis de remplir les formalités prescrites ; quant aux pacotilles des équipages, impossible d'en avoir des renseignements (3).

Plusieurs rapporteurs secrets avaient simultanément annoncé à Desmaretz l'arrivée des navires. Quelques-uns d'entre eux affirmèrent que les navires étaient « fort riches » ; d'autres qu'ils rapportaient « plusieurs millions » ; l'un d'eux fixa même le retour à « plus de 14 millions ». Mais, lorsque les armateurs eurent fait leurs déclarations, celles-ci n'indiquèrent qu'une somme totale de 530.000 piastres (4) ; ce n'était même pas la moitié de ce qu'avait prétendu le bruit qui courait à Saint-Malo. Cependant, on n'espérait point, même pour cette somme, arriver à la faire

(1) Pontchartrain à Desmaretz, 22 juin 1712. Arch. Nat. Marine, B² 230², p. 560.
(2) Circulaire aux intendants et commissaires ordonnateurs de la marine sur les vaisseaux qui reviendront de la mer du Sud, 29 juin 1712. Arch. Nat. Marine, B² 230², p. 575.
(3) Le Gangneulx à Pontchartrain, 6 juillet 1712. Arch. Nat. Marine, B³ 206, f. 219.
(4) Guillaume Éon pour le *Saint-Jean-Baptiste* 200,000 ; de Blantpignon Baillon pour le *Comte-de-Torigny* 130,000, et de Beauvais Le Fer pour les *Deux-Couronnes* 200,000 piastres. Ce dernier déclara en outre une somme de 300,000 piastres, appartenant à des passagers espagnols, « lesquelles leur avaient été délivrées après en avoir payé le fret, suivant leurs connoissements. » Soumissions signées le 10 juillet 1712 (Arch. Nat., G⁷ 193) et déclarations du 13 du même mois (Arch. Nat. Marine, B³ 206, f. 228-230).

porter aux hôtels des monnaies : on n'y payait que 36 livres le marc, tandis que des particuliers de Saint-Malo offraient 37 livres 10 sols (1). Le contrôleur général n'hésita pas un instant à juger les déclarations fausses ; aussi devait-on « pour cette raison tenir la main avec plus de sévérité à ce que les piastres seraient portées à la Monnaie », et, afin d'y inviter les propriétaires, on promettrait à ceux qui voudraient remettre des matières pour des sommes considérables qu'ils seraient payés à 37 livres 10 sols le marc (2). Lempereur remercie pour cette grâce dont profiterait la société des *Deux-Couronnes*, dans laquelle il était sans doute associé ; mais il demande comme une faveur supplémentaire l'autorisation de toucher une partie de ses gages « sur les fonds extraordinaires que les trois vaisseaux, revenus nouvellement de la mer du Sud, allaient produire », et il affirme d'avance que « l'armateur de la *Couronne* fera remettre aux Monnaies pour plus d'un million d'espèces, qu'il avait retiré des particuliers et des Espagnols, outre celles de sa cargaison (3) ».

Le bruit des richesses importées parvint aussi aux oreilles des autorités espagnoles et leur donna le désir d'en partager le bénéfice. Bergheick renouvela la proposition d'un indult pour le compte du roi d'Espagne, indult qui, cette fois, fut fixé au chiffre élevé de 8 %. Pontchartrain remit la question à Desmaretz (4), qui se mit, à son tour, en rapport avec les marchands intéressés. Le banquier Crozat s'empressa de répondre en leur nom : il assurait qu'à Lima quelques-uns des capitaines avaient payé 13 % d'indult aux officiers royaux ; que les autres, qui avaient « traité le long de la côte (à la pique qu'on appelle) », n'avaient certes pas payé d'indult, mais que les présents qu'ils s'étaient vus forcés d'offrir aux gouverneurs des places avaient entraîné des frais équivalents, et que, par conséquent, ils ne devaient rien au roi d'Espagne (5). Nous n'avons pas connaissance de la réponse faite à Crozat, mais, comme nous ne trouvons

(1) Ferrand à Desmaretz, 13 juillet 1712. Arch. Nat., G⁷ 193.
(2) Desmaretz à Ferrand, 19 juillet 1712. Arch. Nat., G⁷ 193.
(3) Lempereur à Desmaretz, 24 juillet 1712. Arch. Nat., G⁷ 1697.
(4) Pontchartrain à Desmaretz, 20 juillet 1712 (Arch. Nat. Marine, B⁷ 91, p. 174) ; Extrait de la lettre de M. le comte de Bergheick à Pontchartrain, 15 du même mois (Arch. Nat., G⁷ 534).
(5) Crozat à Desmaretz, 25 juillet 1712. Arch. Nat., G⁷ 1697.

point de manifestation de mécontentement de la part des armateurs, nous pouvons en conclure que les réclamations du roi d'Espagne n'eurent point d'effet cette fois encore.

Les infractions aux lois, dont nous avons cité tant d'exemples,
n'amenèrent-elles donc jamais le châtiment des coupables ? Les
trois vaisseaux dont nous venons de relater le retour étaient tous
partis munis de permissions « pour aller aux découvertes » ;
par conséquent, dans ce cas, on ne pouvait leur demander des
comptes pour avoir été à la mer du Sud ; mais les fausses déclarations, les tentatives de cacher l'argent importé en contrebande,
tout cela ne semblerait point devoir passer sans punition.
Cependant, nous n'en entendons point parler, quelques menaces
que proférât le gouvernement, parlant de confiscation et d'autres
mesures rigoureuses. L'ordonnance royale qui avait déclaré solennellement qu'on en avait fini avec la complaisance et les subterfuges n'amena, elle non plus, aucune mesure efficace, se
montrant dès le début incapable de mettre un terme aux abus si
fortement enracinés. Nous citerons encore un exemple, peut-être
le plus frappant de tous, de l'action du gouvernement. Nous
verrons comment on essayait certes de punir, mais aussi comment
ce renforcement de sévérité échouait radicalement dans son double
but de sévir contre des infractions déjà commises et d'empêcher
qu'elles ne se renouvelassent à l'avenir (1).

En juillet 1712, Lempereur avait fait une visite à Paris, mais,
sur l'ordre de Pontchartrain, il avait dû bientôt s'en retourner à
Saint-Malo « pour y mettre toutes ses affaires en état », avant de
se rendre à Calais, chargé d'une commission ministérielle. « Cela
me dérangera terriblement de toutes manières, dit-il, mais je
n'ai point de volonté quand il s'agit du service (2). » En son
absence, ses fonctions furent remplies par le commissaire aux
classes Le Gangneulx.

Pendant ce temps, la correspondance entre le ministre et son
agent de Saint-Malo fut ralentie ; le ministre fut moins exac-

(1) Le passage qui suit a été le sujet d'un article intitulé *Le comte Jérôme de Pontchartrain et les armateurs de Saint-Malo*, que j'ai publié dans la *Revue historique*,
t. LXXXVIII, 1905, p. 225-263.
(2) Lempereur à Desmaretz, 24 juillet 1712. Arch. Nat., G⁷ 1697.

tement renseigné sur ce qui se passait dans la ville. Aussi, une demande adressée de Saint-Malo en vue d'obtenir pour deux vaisseaux, le *Saint-Pierre* et le *Dauphin*, l'autorisation d'entreprendre un voyage au long cours n'éveilla-t-elle aucune attention ; le ministre ne fit aucune difficulté pour accorder (13 juillet) l'autorisation aux conditions ordinaires, c'est-à-dire que les armateurs devaient s'engager à faire rentrer les vaisseaux dans les six mois sous peine d'une amende de 50.000 livres. Mais, l'autorisation rédigée et prête à être expédiée, le ministre eut des raisons de concevoir des soupçons sur la destination des deux vaisseaux ; de sa propre main, il ajouta une apostille pour défendre à Le Gangneulx de les laisser mettre à la voile avant que le roi n'eût été plus amplement renseigné sur le but du voyage (1). On pourrait croire qu'un pareil ordre devait suffire pour retenir au port les deux navires ; mais Le Gangneulx interpréta l'apostille au mieux des intérêts des armateurs, se contenta de leur assurance « qu'ils n'avaient nullement le dessein d'aller à la mer du Sud » et laissa partir les vaisseaux ; il est probable que la défense du ministre fût la cause de leur appareillage précipité. On ne sait si l'on doit taxer de naïveté ou d'impudence le langage du fonctionnaire indocile annonçant l'événement dans les termes suivants (2) :

« Je crois que Votre Grandeur trouvera bon que je les laisse sortir, en retirant d'eux des soumissions, qui expliquent au juste la destination de leurs navires, dont j'ai l'honneur de lui envoyer des copies. Ils supplient très humblement Votre Grandeur de remarquer qu'ils n'ont point les marchandises, ni la quantité nécessaire pour faire ce voyage, pour lequel il faut des fonds considérables, et que, si elle ne se contente pas de leurs soumissions, ils s'obligent à telle peine corporelle qu'elle voudra leur imposer. Le *Dauphin* doit aller directement d'ici à Brest pour y prendre le reste de son chargement, — on ne l'a jamais soupçonné d'aller à la mer du Sud, — et l'autre ne l'a été que par des gens qui voulaient du mal à cet armateur. Ces gens-là sont continuellement à crier sur moi, et j'ose assurer qu'ils ne contreviendront point à leurs soumissions. »

Ces assurances, non plus que les soumissions annexées (3), ne contentèrent cependant le ministre. Irrité, il écrit à Lempereur

(1) Pontchartrain à Lempereur, 24 août 1712. Arch. Nat. Marine, B² 231¹, p. 339.
(2) Arch. Nat. Marine, B³ 206, f. 232.
(3) Elles sont signées, pour le *Dauphin*, par Jean Rouzier, armateur, et Le Brun, capitaine ; pour le *Saint-Pierre*, par Pierre Padet, armateur, et Michel des Hays, capitaine.

(10 août) (1) qu'il a été sur le point de proposer au Roi de faire châtier Le Gangneulx comme il le mérite, mais préfère attendre le retour des navires ; si alors on découvre que lesdits navires se sont rendus à la mer du Sud, Le Gangneulx se verra infliger « la peine la plus sévère », d'autant plus qu'on a lieu de penser « que les facilités que les armateurs ont trouvées en cette occasion ont été suivies d'une récompense ». Lempereur lui-même, qu'il n'est pas interdit de croire complice, est menacé : « Je dois vous avertir que Sa Majesté fera à la fin quelque exemple de sévérité pour ces sortes de contraventions ; je serais fâché qu'il tombât sur vous, mais prenez-y garde, Sa Majesté voulant que ses ordres soient exécutés ! »

Les menaces se répètent quelques jours plus tard (17 août) (2), quand Pontchartrain croit avoir reçu confirmation de faits de corruption : les armateurs auraient payé 10.000 livres pour chacun des vaisseaux, et si Lempereur ne peut nommer les personnes qui ont touché cet argent, il sera tenu pour personnellement responsable. Naturellement, Lempereur proteste de son innocence ; pour reconquérir la confiance de son chef, il écrit à l'intendant de la marine à Brest, Robert, d'arrêter le *Dauphin* qui s'est probablement rendu dans ce port ; il charge en même temps Le Gangneulx d'aller opérer la saisie du *Saint-Pierre*, lequel s'est arrêté à l'île Bréhat où il demeure à l'ancre, sans doute afin de compléter secrètement à l'écart son chargement, ainsi qu'il arrivait souvent. Le Gangneulx réussit à mettre le sequestre sur le *Saint-Pierre* ; un archer fut placé à bord pour empêcher le vaisseau de s'échapper une seconde fois sans autorisation valable. Ces mesures calmèrent un peu le ressentiment du ministre, mais, comme il était informé en même temps que plusieurs autres navires armaient à Saint-Malo en vue de voyages à la mer du Sud, il revient de nouveau sur ses instructions antérieures : « Je vous répète encore, écrit-il à Lempereur le 14 septembre (3), que le Roi ne veut point être trompé », et il ajoute : « Je ne puis savoir la vérité de ces destinations que par vous, et s'il vous arrivait de

(1) Arch. Nat. Marine, B² 231⁴, p. 251.
(2) Arch. Nat. Marine, B² 231⁴, p. 291.
(3) Arch. Nat. Marine, B² 231¹, p. 488.

me la déguiser vous vous exposeriez à tout ce qu'il y a de plus fâcheux. »

Les renseignements que Lempereur expédie en réponse à ces avis parurent toutefois fort insuffisants. Le Roi, à qui Pontchartrain soumit l'affaire, estima que les déclarations devaient être frauduleuses ; l'affirmation des armateurs que les vaisseaux se rendaient à Cadix n'était qu'un prétexte pour passer de cette ville à la mer du Sud. Désirant juger par lui-même, le ministre demanda d'abord un état de la cargaison des navires, et ensuite un rapport sur la quantité de vivres qu'ils avaient embarquée (1).

Les mesures de prudence que le ministre croyait devoir prendre devaient s'appliquer au *Saint-Pierre* susnommé, toujours retenu à Bréhat, à deux navires, le *Grand* et le *Petit-Duc-du-Maine,* qui appartenaient à une dame de Beauséjour Sauvage, et enfin au *Saint-Jean-Baptiste*, dont l'armateur était Guillaume Éon, lequel nous connaissons déjà comme un des plus importants et des plus riches marchands de Saint-Malo. Les ordres ministériels, en retardant considérablement le départ de tous ces navires prêts à prendre la mer, causaient des pertes importantes aux armateurs ; ceux-ci multipliaient les suppliques, imploraient l'autorisation de se rendre à Cadix, but. continuaient-ils à assurer, de leurs expéditions. Pontchartrain persistait à ne pas ajouter foi à ces affirmations et déclarait que les armateurs devaient s'en prendre à eux-mêmes des dommages dont ils se plaignaient ; le 5 octobre (2), il promet de soumettre de nouveau l'affaire au Roi, mais, ajoutait-il, « il y a si peu à compter sur toutes les paroles qu'ils donnent de ne pas les envoyer à la mer du Sud qu'il est fort à craindre que Sa Majesté ne veuille avoir aucun égard à toutes leurs représentations ».

Enfin, le 2 novembre (3), Pontchartrain annonce que le Roi accorde l'autorisation de laisser partir les quatre navires ; les armateurs devront préalablement signer des soumissions conformes à un modèle dressé par le ministre. Aux termes de ces soumissions, les armateurs et les capitaines assuraient, sous peine

(1) A Lempereur, 21 septembre 1712. Arch. Nat. Marine, B² 231¹, p. 533.
(2) Arch. Nat. Marine, B² 231², p. 17.
(3) Arch. Nat. Marine, B² 231², p. 170.

d'une amende de 5o.ooo livres, « que ces vaisseaux et leurs cargaisons étaient uniquement destinés pour Cadix, où ils iraient
directement en partant de Saint-Malo, et reviendraient en droiture
en France avec le même équipage sans faire aucun autre voyage ».
Lempereur devait faire signer ces soumissions « par deux ou trois
des plus riches et accrédités armateurs de chaque navire. Vous les
obligerez d'ailleurs de donner une caution solvable que vous
ferez signer au bas des soumissions, et il sera nécessaire que
vous en fassiez signer deux pour chaque navire, l'une d'elles vous
garderez, et vous m'enverrez l'autre ».

Le 6 novembre (1), Lempereur accuse réception de ces instructions, annonce qu'il va convoquer les armateurs pour leur communiquer les ordres du ministre et déclare qu'ils seraient « fous de
s'exposer à signer cette soumission s'ils ont envie d'y contrevenir ».
En tous cas, assure-t-il, « ils ne sortiront point qu'ils ne me l'aient
remise telle que vous la prescrivez, et je sais trop les intentions
du Roi et les vôtres pour hasarder moi-même de me perdre par
complaisance pour eux. » Pourtant, dans le but d'amener le
ministre à plus de condescendance, il ajoute que le commerce
interdit aux sujets français, et dont l'État et le Roi pourraient tirer
si grand profit, était exercé impunément par des étrangers ; il avait
été informé de façon certaine que l'on armait des vaisseaux à destination de la mer du Sud en Angleterre et à Gênes. Mais il ne
parvint pas à détourner l'attention du ministre et n'obtint que ce
résultat : Pontchartrain réitéra ses avis antérieurs et demanda de
plus amples informations sur les armements étrangers « qu'il serait
très important de rompre, Sa Majesté ne voulant pas que d'autres
nations fassent ce commerce (2) ».

Quoi qu'il en soit, les armateurs français se montrèrent d'abord
peu disposés à ratifier les engagements exigés d'eux ; c'est seulement le 20 novembre que Lempereur annonce les premières accep-
tations (3) :

« Les armateurs du *Saint-Jean-Baptiste* et du *Duc-du-Maine* se sont
enfin déterminés à signer les soumissions aussi bien que leurs capitaines,

(1) Arch. Nat. Marine, B³ 2o6, f. 15o.
(2) Le 16 novembre 1712. Arch. Nat Marine, B² 231², p. 278.
(3) Arch. Nat. Marine, B³ 2o6, f. 16o.

et je les ai, outre cela, obligés à fournir une caution solvable. Il n'y a que l'armateur du *Saint-Pierre* qui fait quelque difficulté sur ce qu'il a déjà signé une autre soumission, et parce que d'ailleurs il ne trouve point de cautions ; mais cela finira incessamment, et j'aurai l'honneur, par le premier ordinaire, de vous envoyer toutes ces soumissions en original ; au surplus, s'ils contreviennent, ce ne sera pas faute de leur avoir bien représenté les risques auxquels ils s'exposeront ; mais l'avidité du gain a un terrible empire sur les cœurs des hommes. Ce que je crois pouvoir vous dire de sûr, c'est qu'ils iront à Cadix ; mais je ne réponds de rien de plus. »

Cet avis eût peut-être suffi à réveiller les soupçons du ministre ; quand il le reçut, il était déjà en possession d'informations qui avaient modifié ses intentions ; Pontchartrain avait appris, en effet, qu'outre les quatre vaisseaux ci-dessus nommés plusieurs navires se préparaient à partir pour la mer du Sud ; il devenait évident qu'une amende de 50.000 livres était trop médiocre pour les retenir ; en conséquence, Sa Majesté avait jugé à propos d'élever l'amende à 100.000 piastres (1). Un nouveau modèle de soumission portant indication de cette somme considérable, et qui équivaudrait de nos jours à un demi-million de francs au moins, fut envoyé à Lempereur avec ordre de ne délivrer d'expéditions aux navires qu'à ces nouvelles conditions (2).

Ces instructions parvinrent à Saint-Malo le 26 novembre tard dans la soirée, au moment où la poste allait fermer, ainsi que Lempereur l'expliqua par la suite. On ne saurait en douter, les armateurs apprirent aussitôt de Lempereur qu'un nouveau péril les menaçait, ou tout au moins qu'un nouveau motif allait prolonger un retard si préjudiciable à leurs intérêts ; en effet, le même jour, le *Saint-Jean-Baptiste* et les deux *Duc-du-Maine* quittaient le port de Saint-Malo ; ils passaient la nuit au cap Fréhel ; le lendemain matin, quand Lempereur prit la plume pour répondre au courrier ministériel, leurs voiles avaient disparu derrière l'horizon.

(1) Dès le 12 avril, Pontchartrain avait exigé de M. de Beauvais Le Fer une soumission avec l'amende d'une somme aussi forte pour un voyage au Brésil. Il devait en outre « mander les sûretés qu'il pouvait offrir indépendamment de cette somme, car on ne sait plus à présent comment s'assurer de l'obéissance des Malouins. » Arch. Nat. Marine, B² 230², p. 73.

(2) Le 23 novembre 1712. Arch. Nat. Marine, B² 231², p. 331.

La lettre qu'il écrit alors (1) témoigne suffisamment qu'il n'a pas la conscience tranquille. Il feint de n'avoir pas compris que la nouvelle soumission était applicable aux vaisseaux partis et assure qu'à l'avenir il se conformera scrupuleusement aux nouvelles instructions. D'ailleurs, il ne comprend pas à quels vaisseaux Pontchartrain fait allusion, car il n'y a dans le port de Saint-Malo qu'un seul petit vaisseau que l'on pût, quoique bien à tort, soupçonner. Quelques jours plus tard, il écrit fort imprudemment (4 décembre) (2) que, si le ministre a réellement voulu désigner le *Saint-Jean-Baptiste*, le *Grand* et le *Petit-Duc-du-Maine,* on ne pouvait rien faire, ces navires étant déjà partis. Il est obligé d'annoncer en même temps une assez surprenante nouvelle : le *Saint-Pierre* a levé l'ancre à la même date que les autres navires, « sous prétexte des mauvais temps qui le mettaient au risque de se perdre ». Le *Saint-Pierre* avait bien été confié à la garde d'un archer ; mais, soit que cet archer « ait été gagné, ou qu'étant effectivement tombé malade il ait été obligé de se faire mettre à terre », le capitaine a profité de son absence pour mettre à la voile ; lui, Lempereur, ne pouvait être tenu pour responsable de cette fuite.

Il va de soi que le ministre fut violemment irrité ; il s'étonne, dans une lettre datée du 7 décembre (3), que Lempereur ait cru pouvoir « éluder l'exécution des ordres du Roi par des subtilités aussi grossières » ; il a rendu compte des événements à Sa Majesté ; celle-ci eût aussitôt châtié Lempereur s'il n'eût, par une lettre postérieure, « rectifié sa prétendue erreur ». Lempereur n'avait plus qu'un moyen d'échapper au châtiment dont il était justement menacé, c'était d'obliger les armateurs à consentir à la soumission de 100.000 piastres et à fournir caution solvable. Le ministre ajoutait enfin : « Sa Majesté m'a ordonné de vous avertir pour la dernière fois que votre personne et vos biens lui répondent de l'inexécution des ordres que je vous donne de sa part. »

Lempereur se montre maintenant fort abattu, au moins en paroles ; il écrit le 11 décembre (4) : « C'est un pur effet du malheur qui me suit partout que j'aie mal interprété vos ordres,

(1) Le 27 novembre 1712. Arch. Nat. Marine, B³ 206, f. 164.
(2) Arch. Nat. Marine, B³ 206, f. 168.
(3) Arch. Nat. Marine, B² 231², p. 436.
(4) Arch. Nat. Marine, B³ 206, f. 173.

et bien sûrement il n'y a eu en mon fait ni finesse, ni intérêt, ni dessein d'en éluder l'exécution, ni même envie d'en favoriser les armateurs, avec le principal desquels je suis très brouillé ». En conséquence, il espère que ni le Roi ni le ministre ne le rendront responsable d'une « faute où la volonté n'a point de part », et que d'ailleurs « il ne laissera pas de chercher à réparer, en pressant vivement les armateurs de ces vaisseaux de signer cette nouvelle soumission ». « Au surplus, conclut-il humblement, le Roi est maître de ma vie et de mon bien, mais je crois l'avoir servi depuis quarante ans d'une manière à mériter des récompenses et non des châtiments, et je me serais flatté, Monseigneur, que vous auriez bien voulu lui en rendre témoignage », conclusion que Pont-chartrain jugea, avec raison, assez téméraire après ce qui s'était passé.

Ce sont ensuite de nouveaux rappels de Pontchartrain, la menace formelle du châtiment si souvent annoncé au cas où les soumis-sions des armateurs ne seraient pas expédiées à Paris par retour du courrier, puis de nouvelles excuses de Lempereur, notamment en réponse à l'accusation d'avoir encore une fois laissé échapper le *Saint-Jean-Baptiste* rentré à Saint-Malo pour des réparations qui durèrent trois jours (1) ; enfin, Lempereur se vit forcé de prendre des mesures décisives. Il fit sommer par deux notaires les arma-teurs d'avoir à signer les soumissions ; l'acte (2) qui fut alors dressé nous fait connaître les propres termes de l'engagement imposé par le ministre :

« Nous, soussignés, armateurs et capitaines des vaisseaux le *Saint-Jean-Baptiste*, les *Ducs-du-Maine* et le *Saint-Pierre*, donnons notre parole d'honneur à M. Lempereur, comme ordonnateur de la marine, que les-dits vaisseaux et leurs cargaisons sont uniquement destinés pour Cadix, où lesdits vaisseaux iront directement en partant de Saint-Malo et reviendront pareillement en droiture en France avec leur même équipage, sans faire aucun autre voyage et sans que les corps desdits vaisseaux puissent être vendus sans la permission du Roi, et, en cas qu'ils aillent à la mer du Sud, et même ailleurs, nous nous soumettons à la confisca-

---

(1) Lempereur nie le fait ; mais, comme un document postérieur fixe le jour du départ du vaisseau au 3 décembre et non au 26 novembre, il y a lieu d'admettre que l'avis reçu par Pontchartrain (et dont il semble n'avoir pu obtenir confirmation) était bien réellement fondé.

(2) Arch. Nat. Marine, B³ 206, f. 188.

tion desdits vaisseaux et de leurs chargements, et, en outre, payer solidairement une somme de 100,000 piastres effectives pour chacun desdits
vaisseaux entre les mains du trésorier de la marine, dans six mois à
compter de ce jour, et à telles autres peines qu'il plaira à Sa Majesté à
nous imposer. »

Ce document fut lu à chacun des armateurs en sa maison
« devant les notaires gardes-notes royaux héréditaires établis à
Saint-Malo » et en présence de Lempereur ; les armateurs furent
invités à y apposer leur signature « à peine de désobéissance ».
Éon, « écuyer, conseiller, secrétaire du Roi, maison et couronne de
France », déclare « qu'il est toujours très soumis aux ordres du
Roi et à ceux qu'il plaît à Mgr de Pontchartrain lui donner, mais
qu'en cette occasion il supplie très humblement Sa Grandeur de
considérer qu'ayant déjà fait la soumission qu'on lui a demandée
avant le départ du navire le *Saint-Jean-Baptiste*, il espère qu'elle ne
trouvera pas mauvais qu'il s'excuse de faire de nouvelles soumissions, d'autant plus qu'un armateur n'est point maître d'engager
sa société, ni un capitaine qui est en mer. » Une déclaration conçue presque dans les mêmes termes fut faite par la dame de Beauséjour, armatrice des navires le *Grand* et le *Petit-Duc-du-Maine*, et
par du Derneuf Padet, armateur du *Saint-Pierre*.

Après ce refus catégorique des armateurs de consentir une nouvelle soumission, Lempereur vit nettement qu'il ne pouvait plus
compter sur l'indulgence du ministre ; il écrit (25 décembre)(1)
en expédiant à Pontchartrain l'acte dressé par les notaires : « Si je
ne puis éviter le châtiment dont je suis menacé, je n'ai qu'à me
préparer à le subir », et il ne trouve d'autre défaite que de rejeter
une partie de sa faute sur le lieutenant général de l'amirauté de
Saint-Malo, le vieux navigateur des mers du Sud, M. de Beauchesne,
qu'il sait très en faveur auprès de Pontchartrain.

On attend alors les effets des avertissements multipliés, des
accusations de vénalité, des menaces des peines les plus sévères ;
quel n'est pas notre étonnement à la lecture de la réponse du
ministre (4 janvier 1713, réponse à l'envoi de l'acte notarié) :
« Quoiqu'il y ait lieu de regarder dès à présent les réponses des

(1) Arch. Nat. Marine, B³ 206, f. 183.

armateurs comme une marque de leur désobéissance aux ordres qu'ils ont reçus. j'ai bien voulu n'en pas rendre compte au Roi pour leur laisser le temps de réfléchir à quoi ils s'exposent en refusant de donner ces soumissions, et s'ils font encore difficulté d'obéir, faites-le moi savoir afin que j'en rende compte au Roi (1). » Ainsi, on donnait du temps aux armateurs récalcitrants, et on ne faisait même pas allusion à un châtiment applicable à leur complice Lempereur.

Au cours des mois qui suivent, le même refrain revient régulièrement dans la correspondance de Pontchartrain : il s'étonne que les armateurs n'aient pas encore consenti la soumission ; Lempereur devra « continuer de les presser vivement ». Et Lempereur répond aussi invariablement : « Je les presserai », mais on ne voit pas qu'il soit jamais question de passer des paroles aux actes, sauf en ce qui concerne l'un des armateurs. Padet était particulièrement coupable, s'étant soustrait à la garde de l'archer placé sur son vaisseau. Dès le 28 décembre 1712, Pontchartrain ordonne (2) d'arrêter Padet et l'archer, nommé La Rue, qui s'était, croyait-on, laissé corrompre par l'armateur. Padet fut aussitôt appréhendé dans sa maison, mais « trouva moyen de s'échapper » ; quant à La Rue, Lempereur négligea d'abord de faire savoir au ministre qu'il l'avait fait arrêter, espérant sans doute que le ministre oublierait un aussi infime personnage ; sur une nouvelle injonction du ministre, on s'empara cependant de l'archer, qui fut enfermé au château de Saint-Malo. Padet ne fut pas oublié non plus ; on plaça dans sa maison une garnison d'un sergent et six hommes qui devaient être entretenus à ses frais, et qui, Pontchartrain y insiste, ne devaient pas être retirés tant que le fugitif n'aurait pas été rejoint ou ne se serait pas livré lui-même. La femme de Padet se plaint : l'entretien de ces hôtes rien moins qu'agréables est dispendieux. Pontchartrain estime toutefois qu'on la traite trop bien en ne lui imposant qu'une dépense journalière d'une pistole. Elle se met en mesure de vider la maison de ses meubles ; on lui enjoint de les remettre immédiatement en place. Pontchartrain pose la question de savoir « s'il ne conviendrait pas de la faire arrêter jusqu'à ce

(1) Arch. Nat. Marine, B² 234, p. 21.
(2) Arch. Nat. Marine, B² 231², p. 598.

que son mari se soit représenté (1) » ; à quoi Lempereur répond
fort justement : « Il ne s'agit ici ni de crime d'État ni de crime de
lèse-majesté, et ce n'en est point un à une femme de tâcher à sauver à son mari la prison et à sa famille la perte de son bien (2). »

Pendant ce temps, on ne savait où était le malheureux Padet, ou
plutôt Lempereur connaissait sa retraite : on le soupçonne du
moins de la connaître. Le ministre multiplie les questions, se voit
répondre que Padet est sûrement à Paris, — et Pontchartrain
s'empresse de donner des ordres au lieutenant de police d'Argenson de le faire arrêter (3), — ou bien que Padet a été vu dans les
environs de Saint-Malo et Lempereur était rendu responsable de
l'arrestation. Mais Padet était et resta introuvable.

Moins favorisé, l'archer La Rue était retenu au château de
Saint-Malo, probablement dans la tour que l'on appelle encore
aujourd'hui le vieux donjon, et qu'un plan manuscrit du château,
daté de 1725 (4), dénomme « vieux donjon pour des prisonniers ».
Il se trouvait fort mal entre ces sombres murs et ne se lassait pas
de supplier qu'on le remît en liberté, mais Pontchartrain demeurait inflexible : La Rue ne devait pas être relâché avant que Padet
se fût rendu. En vain, Lempereur s'entremet :

« Je puis vous dire qu'il mourra de faim en prison, le geôlier ne voulant plus le nourrir, et ce pauvre malheureux n'ayant touché un sol de
ses appointements depuis plus de quatre ans ; j'en ai d'ailleurs besoin
absolument pour les affaires du bureau, et je vous supplie de faire attention qu'il est puni, du reste, par trois mois de prison d'une faute invo-
lontaire (5). »

Pontchartrain est informé que, de sa propre autorité, Lempereur
a obligé le commandant du château à relâcher La Rue ; le ministre
ordonne la réincarcération de l'archer ; on lui répond d'abord que
La Rue est malade, qu'il séjourne à la campagne « pour tâcher à
se remettre », ensuite qu'il est parti pour Paris pour implorer lui-
même sa grâce auprès du ministre, ce qui ne saurait s'expliquer
que par ce fait que « la tête lui a tourné ». Toutefois, La Rue,

(1) 8 mars 1713. Arch. Nat. Marine, B² 234, p. 472.
(2) 12 mars 1713. Arch. Nat. Marine, B³ 212, f. 90.
(3) 22 février 1713. Arch. Nat. Marine, B² 234, p. 493.
(4) Par M. Garangeau. Bibl. Nat. Ge. D 1483.
(5) 12 mars 1713.

n'ayant pu mener à bien son projet de voyage, reparut et regagna volontairement sa prison. En raison de son obéissance et sans doute aussi des supplications réitérées de Lempereur, il fut enfin élargi le 21 juin 1713, près d'une demi-année après sa première incarcération ; « mais il faut, écrit Pontchartrain à Lempereur, que vous lui fassiez une vive réprimande sur la conduite qu'il a tenue, et que vous l'obligiez à déclarer où est le sieur Padet (1) ».

Il ressort de ce qui précède que Pontchartrain déploie un zèle notablement moins ardent au cours des premiers mois de 1713, dans la poursuite des armateurs (sauf un) ; il se borne à inviter Lempereur à « les presser » de signer la soumission une première fois repoussée. Soudain, il se rappela cependant qu'ils avaient déjà signé une autre soumission et que cette soumission lui donnait le moyen de les châtier, moins sévèrement d'ailleurs qu'ils ne l'eussent mérité à ses yeux. Il écrit, le 19 avril, à Lempereur (2) :

« Je suis surpris que vous n'ayez pas encore envoyé la réponse des armateurs aux sommations que vous avez dû leur faire; mais, comme ils ne peuvent avoir que de mauvaises raisons à dire, l'intention du Roi est que vous les fassiez assigner aussitôt que vous aurez reçu cette lettre devant les officiers de l'amirauté pour les faire condamner à payer la somme de 50,000 livres, à laquelle ils se sont soumis indépendamment des autres peines, si les navires n'étaient pas de retour dans six mois, ce terme étant prêt à expirer. Informez-moi fort exactement des diligences que vous ferez contre ces armateurs. »

D'où il suit, ce qui ne laisse pas d'être surprenant, que les ordres royaux définissant les obligations imposées aux armateurs n'étaient point exécutoires et ne pouvaient recevoir satisfaction qu'après un procès jugé par un tribunal. Du moins semble-t-il que la preuve dût être facile à faire, que les tribunaux, en l'espèce les sièges de l'amirauté, chargés de toutes les causes regardant la navigation et le commerce maritime, dussent prononcer rapidement un jugement immédiatement exécutoire. Pourtant, il en fut autrement ; on allait voir se multiplier les retards et les échappatoires inséparables de toute action judiciaire sous l'ancien

(1) Arch. Nat. Marine, B² 234², p. 592.
(2) Arch. Nat. Marine, B² 234², p. 111.

régime. Quiconque savait s'orienter dans le dédale de la procédure avait de grandes chances d'éluder ses engagements ou, tout au moins, de traîner les choses indéfiniment en longueur.

On objecta tout d'abord que le délai de six mois, après lequel l'amende devenait exigible, n'était pas encore écoulé; les indices que l'on croyait posséder sur un voyage des vaisseaux à la mer du Sud ne suffisaient point pour que l'on actionnât par anticipation les armateurs. Pontchartrain, qui était très impatient et ne donnait jamais un ordre une seule fois, écrit cependant le 26 avril à Lempereur pour lui recommander de faire poursuivre les armateurs « avec toute la vivacité possible (1). » Nouveau motif d'agir, il avait reçu une plainte de l'ambassadeur d'Espagne, le duc d'Osuna, qui demandait le châtiment des coupables; il serait à désirer que « cet exemple de sévérité pût arrêter de pareilles entreprises ». En même temps, le ministre avait appris que deux autres vaisseaux étaient partis de Saint-Malo avec ceux dont on connaît les noms, à destination de l'océan interdit. Lempereur, qui se fait l'interprète de l'objection ci-dessus indiquée, feint d'ailleurs d'apporter un grand zèle à l'exécution des mesures ordonnées par le ministre; il croit pouvoir assurer que si « en payant la somme portée par leur soumission les armateurs pouvaient espérer d'être déchargés des autres peines, ils payeraient comptant et de bonne grâce (2). » Il doit avouer qu'en effet un bâtiment, la frégate la *Bien-Aimée*, est partie le 30 octobre 1712 sous prétexte d'aller en Irlande et de là à Bayonne, en réalité pour se rendre à la mer du Sud, mais il n'a pu savoir le nom de l'armateur et s'excuse sur ce fait bien invraisemblable que cet armateur clandestin « a si bien couvert son jeu que personne n'en avait rien deviné jusqu'à ce qu'on a appris par les lettres de Cadix que le bâtiment était parti. »

Pontchartrain semble s'être contenté de cette excuse; mais il tient à l'illusion dont l'a bercé Lempereur, s'imagine que les armateurs des autres vaisseaux consentent à payer, et écrit que s'ils versent immédiatement 50.000 livres, il demandera peut-être à Sa Majesté de les exonérer de toute autre peine, « mais je doute fort qu'elle y consente, parce que ce serait pour ainsi dire vendre

(1) Arch. Nat. Marine, B² 284², p. 142.
(2) 30 avril 1713. Arch. Nat. Marine, B³ 212, f. 102.

des permissions pour un voyage que Sa Majesté défend (1). » Sans
doute les armateurs estimèrent-ils que la perspective d'une atténua-
tion de peine n'équivalait pas aux chances d'un bon procès ; il n'est
nulle part question d'un versement bénévole ; le 21 mai, Lempereur,
harcelé par les rappels du ministre, rapporte qu'il a remis les
soumissions des armateurs entre les mains du procureur du Roi
au siège de l'amirauté, et, le 11 juin, que les armateurs ont
été assignés ; dès que les délais seront expirés, il fera rendre un
jugement (2).

Mais alors commencèrent les difficultés et les complications
procédurières. Les armateurs déclarèrent d'abord que, n'ayant
reçu aucune nouvelle de leurs vaisseaux, ils avaient tout lieu de
les croire perdus ; Pontchartrain riposta en produisant un certificat du consul de France à Cadix prouvant que les vaisseaux
avaient passé par cette ville en route pour la mer du Sud ; les
raisons invoquées par les armateurs sont d'ailleurs « si ridicules »
qu'il est persuadé qu'on n'y aura point d'égard (3). Lempereur
jugeait différemment : « Comme je connais les juges, écrit-il,
je suis persuadé qu'ils ne débouteront jusqu'à ce qu'on ait des
nouvelles certaines que ces vaisseaux ont passé à la mer du
Sud (4). »

Aussi bien le jugement se fit-il attendre, si jamais il fut rendu.
Pontchartrain n'épargnait cependant pas les rappels adressés à
Lempereur ou au procureur du Roi de l'amirauté de Saint-Malo,
Grout, qui devait diriger le procès contre les marchands récalcitrants. Il serait fastidieux d'énumérer tous ses avis d'avoir à faire
toute la diligence possible, ou ses menaces contre les officiers de
l'amirauté « s'ils ne font pas leur devoir en cette occasion ». Nous
n'avons pas pu savoir si l'affaire fut réellement menée à bonne fin
devant l'amirauté de Saint-Malo, ou si elle fut portée ensuite

(1) 3 mai 1713, Arch. Nat. Marine, B² 234², p. 188.
(2) Lempereur semble avoir calculé les délais de façon assez fantaisiste : pour le
Saint-Jean-Baptiste et les deux Ducs-du-Maine, le délai de six mois expirait le 26 mai ;
pour le Saint-Pierre, le 17 janvier, si l'on compte à partir de la date de la soumission,
et au moins le 15 mai, si l'on prend pour point de départ le lendemain de la fuite de
Bréhat. Néanmoins, Lempereur écrit, le 18 juin, qu'il n'a pas encore fait assigner l'armateur fugitif du Saint-Pierre, Padet, parce que les délais n'expirent qu'à la fin
du mois.
(3) 21 juin 1713. Arch. Nat. Marine, B² 234², p. 592.
(4) 11 juin 1713. Arch. Nat. Marine, B³ 212, f. 121.

devant un tribunal d'appel, en l'espèce le parlement de Bretagne
siégeant à Rennes. Au début du mois de septembre 1713, il n'avait
été procédé à aucune mesure de fait, et les amendes n'étaient
point payées. Pourtant, on s'étonne de voir le 6 septembre, Pontchartrain écrire à Grout la lettre suivante (1) :

« Le sieur Éon ayant supplié le Roi de faire surseoir les poursuites
que vous faites contre lui à l'occasion du vaisseau le *Saint-Jean-Baptiste*,
qui a passé à la mer du Sud nonobstant la soumission que ce négociant a
donnée au contraire, Sa Majesté a bien voulu, par des considérations
particulières, entrer dans ses raisons, et elle m'a ordonné de vous écrire
de suspendre jusqu'à nouvel ordre toutes procédures à l'égard du sieur
Éon seulement, son intention étant que vous continuiez de presser le
jugement des autres contraventions des négociants de Saint-Malo qui
sont dans le même cas, en observant de tenir secret l'ordre que je vous
donne. »

Que s'était-il passé ? Quelles pouvaient-être, demandera-t-on, les
« considérations particulières » qui justifiaient un tel passe-droit ?
On ne risque point de se tromper en affirmant que la lettre suivante, adressée le 5 août 1713 par un négociant à Paris, Pierre du
Sault, au contrôleur général Desmaretz (2), explique en grande
partie cette énigme :

« La protection que vous voulez bien donner au commerce, et les
lettres que vous avez écrites, il y a un an, à M. de Pontchartrain, ont
animé les négociants de Saint-Malo d'envoyer divers de leurs vaisseaux à
la mer du Sud... J'ai pris la liberté de vous entretenir des avantages que
le royaume retirait de ces voyages, et que le sieur Éon, négociant de Saint-
Malo, aussi renommé par sa droiture que par son crédit dans les pays
étrangers, avait armé le vaisseau le *Saint-Jean-Baptiste*, capitaine Ville-
morin-Heurtault, chargé pour environ deux millions de marchandises,
dont une petite partie, absolument nécessaire à l'assortiment, est composée de marchandises étrangères, pour lesquelles il vous a plu de m'accorder le transit. Il se présenta des difficultés pour l'expédition du vaisseau, dont j'eus l'honneur de vous rendre compte dans le temps, et vous
me fîtes la grâce de me rassurer sur l'avenir, en ajoutant que le sieur
Éon se ressentirait, au retour de son vaisseau, de la protection que vous
voulez bien donner au commerce. Sur l'avis que j'en donnai au sieur Éon,

(1) Arch. Nat. Marine, B², 235, p. 503.
(2) Imprimé dans *Correspondance des Contrôleurs généraux des finances*, éd. de Boislisle,
t. III, n° 1500.

il n'hésita pas de signer une soumission de ne point aller à la mer du Sud, sous peine de confiscation du navire et cargaison, en outre 5o.ooo livres d'amende, avec la clause expresse de revenir en France six mois après la partance de Saint-Malo, lequel délai passé, l'armateur serait contraint au payement de l'amende entre les mains du trésorier de la marine... Ledit sieur Éon s'est reposé sur la foi de mes lettres ; mais il a été obligé de quitter ses affaires et d'abandonner sa maison, extrémité très dure pour des négociants de réputation dans le royaume et dans les pays étrangers, pour venir réclamer la protection dont je l'avais assuré, le commissaire ordonnateur de Saint-Malo ayant reçu ordre de M. de Pontchartrain de le faire contraindre au payement de l'amende.

J'ai l'honneur de vous représenter que ce négociant mérite une particulière attention ; il a fait, depuis dix ans, des entreprises qui l'ont rendu très recommandable à ses co-intéressés par la fidélité et le désintéressement qu'il a fait paraître, et il est frère de feu M. le président de la Baronnie... Il ne demande, pour toute grâce, que la liberté et le temps du retour de son vaisseau, pour supporter la même loi et la même peine qui pourra être imposée aux vaisseaux l'*Hermione*, la *Vierge-de-Grâce*, la *Marie-Angélique* et le *Dauphin*, arrivés du Sud le 28 du mois dernier, et celles que supporteront les trente-six navires qui doivent revenir du même voyage, tous lesquels quarante navires sont partis sans permission. Cette soumission, qu'il fait par surabondance, vous paraîtra sans doute raisonnable et digne de l'honneur de votre attention, puisqu'elle est faite dans la seule vue de ne prétendre aucune préférence ni prédilection dans le commerce, mais seulement de se procurer le repos et la tranquillité dont il a besoin, et pour se garantir de toute poursuite. »

On voit que c'est grâce à une haute protection qu'Éon avait obtenu un avantage refusé à ses compagnons d'infortune et que ce protecteur était le contrôleur général des finances. Nous ignorons pour quelle raison il avait obtenu cette faveur, mais nous avons déjà eu les preuves qu'il en avait longtemps joui (1). Du Sault raconte que Desmaretz avait promis son appui déjà au moment où le voyage en question fut projeté, et les documents que nous possédons confirment cette assertion. Ainsi, il obtint pour Du Sault le droit de transporter sur un vaisseau hambourgeois un lot de marchandises d'Amsterdam à Saint-Malo et, sans payer aucun droit, de les embarquer sur le *Saint-Jean-Baptiste* qui, affirmait-on alors, était destiné aux Indes Occidentales (2). Pontchartrain

---

(1) Voir plus haut, p. 665.
(2) Desmaretz à Pontchartrain, 13 mars 1712. Arch. Nat. Marine, B³ 209, f. 103. — Cette lettre est suivie d'une liste qui mérite, ce semble, d'être citée pour donner un

éleva une protestation : ce serait enfreindre les lois qui prohibaient tant le commerce avec la Hollande que la navigation de la mer du Sud. Néanmoins, bien qu'on dût ainsi déroger à deux ordonnances royales, il « prendrait volontiers les ordres du Roi », si son collègue le jugeait « absolument nécessaire (1). » Mais lorsque plus tard, où il n'y eut plus de doute sur la destination, Desmaretz demanda qu'on permît au navire d'appareiller, Pontchartrain s'était montré inflexible (2). Cependant, pas plus lui que son collègue ne put, même à cette époque de défense absolue, s'affranchir de la protection, cela ressort du fait qu'il permit au navire le *Chancelier* de « partir pour une destination dont Sa Majesté était informée (3) », et qui en réalité n'était autre que la mer du Sud (4).

Quelques mots doivent encore être ajoutés au sujet du malheureux Padet, qui persista à se tenir caché et refusa obstinément de se rendre. Il avait été, lui aussi, assigné en paiement de 50.000 livres pour avoir violé ses engagements. Probablement, il demeurait dans le voisinage de Saint-Malo et Lempereur devait être, d'une manière ou d'une autre, en relation avec le fugitif, car il déclare, le 9 juillet 1713, qu'il aurait depuis longtemps mis la main sur Padet si celui-ci n'avait craint d'être retenu en prison jusqu'au retour de son vaisseau (5). Pontchartrain estime « très extraordinaire que le sieur Padet prétende faire des conditions avec Sa

exemple des marchandises qu'on exportait à la mer du Sud. La voici : « 100 pièces tripes ; 30 balles presillas crudas y blancas ; 40,000 livres vares crudas, 20,000 blancas ; 100 pièces escalatilles ; 100 pièces asnacottes impériales ; 300 pièces asnacottes blanc et noir ; 50 douzaines bas d'estame ; 50 pièces olandillas ; 50 pièces caro de orco ; 200 douzaines couteaux sans gaînes ; 300 barracans todalana ; 50 pièces azuly y blanco ; 200 pièces poil de febre ; 150 colchones adamascados ; 300 pièces platilles ; 1000 douzaines rubans de fil ; 50 pièces picottes ; 50 pièces lamparillas ; 100 livres fil pour raccommoder les dentelles ; 100 livres fil ; 400 pièces stoupillas ; 10 balles bramantes crudo ; 50 pièces barracans de Bruxelles ; 1000 douzaines de couteaux ; 3 balles poivre ; 2 balles canelles ; 100 livres clous de girofle ; 1 baril bleuazur. »

(1) Pontchartrain à Desmaretz, 16 et 31 mars 1712. Arch. Nat., G⁷ 1697.
(2) A Desmaretz, 19 octobre 1712. Arch. Nat. Marine, B² 231², p. 98.
(3) Pontchartrain à de Beauchesne, 30 septembre 1712. Arch. Nat. Marine, B² 231¹, p. 382.
(4) Le *Chancelier* mit à la voile le 31 janvier 1713. Les armateurs étaient Du Moulin et de Laye ainsi que l'Italien Natale Stefanini. Ces noms, derrière lesquels il ne nous est point interdit de soupçonner une association entre la Compagnie de la mer du Sud et Danycan, expliqueraient peut-être la protection.
(5) Arch. Nat. Marine, B³ 212, f. 132.

Majesté pour le temps pendant lequel elle jugera à propos de le laisser en prison », mais, ayant reçu une supplique de la femme de Padet, il se laisse fléchir : « S'il se remet dans les prisons du château de Saint-Malo, Sa Majesté verra s'il convient de lui faire grâce. » Avisé, Padet se décida enfin, le 27 août, à se laisser arrêter. Il devait demeurer en prison « jusqu'à nouvel ordre » ; il demande sa mise en liberté, affirmant qu'il n'était point l'armateur du *Saint-Pierre* et qu'il n'avait pris aucune part à l'expédition de ce vaisseau ; Pontchartrain estime cette excuse « fort mal à propos », mais, ajoute le ministre, « lorsqu'il aura payé la somme de 50.000 livres et déclaré par l'ordre de qui ce navire est allé à la mer du Sud ou bien justifié qu'il n'a pas fait cette navigation, Sa Majesté verra s'il convient de lui accorder la liberté qu'il demande (1). » Rien ne permet de savoir si Padet satisfit réellement à l'une de ces conditions ; mais, le 20 décembre 1713, Pontchartrain écrivait à Le Gangneulx (2) : « Le Roi a bien voulu faire sortir le sieur Padet du château de Saint-Malo, mais Sa Majesté désire que vous retiriez la soumission de cet homme et une caution solvable de le représenter lorsque en sera requis », d'où l'on peut conclure, du moins, qu'après quatre mois de prison on n'avait pas pu obtenir le versement de l'amende.

Les négociants ci-dessus désignés et leurs vaisseaux ne sont plus mentionnés dans la correspondance de Pontchartrain à partir du commencement de l'année 1714. Le ministre, dont l'attention était constamment sollicitée par une foule d'affaires analogues, avait-il oublié nos armateurs ? C'est peu probable, et son silence ne semble pas prouver non plus qu'il ait réussi à infliger aux délinquants un châtiment à ses yeux mérité.

Ses soupçons au sujet de la destination des navires étaient d'ailleurs parfaitement bien fondés : tous les navires en question se rendirent à la mer du Sud. Les autorités firent une dernière tentative pour empêcher leurs voyages en renvoyant au consul de Cadix, Mirasol, l'ordre de les y retenir. Il semblerait que la circulaire générale aux consuls de France en Espagne, expédiée en janvier 1712, aurait dû rendre superflu un ordre pareil, mais Mirasol

---

(1) 18 octobre 1713. Arch. Nat. Marine, B² 235², p. 101.
(2) Arch. Nat. Marine, B² 235², p. 540.

avait déjà à plusieurs reprises encouru des reproches pour avoir
négligé ses devoirs. Afin qu'il ne pût se dérober cette fois, Pontchartrain lui écrit le 12 décembre 1712 (1), au sujet des vaisseaux en question, d'avoir à « empêcher absolument qu'ils partent,
jusqu'à ce que je vous aie fait savoir les intentions de Sa Majesté ».
Peu après, il se vit obligé d'expédier des injonctions plus sévères
et plus étendues et obtint du Roi l'ordre (25 janvier 1713) « d'arrêter *tous* les vaisseaux qu'il soupçonnera ou aura avis d'être
destinés pour la mer du Sud, de les faire entrer dans ledit port
de Cadix, de leur faire ôter leur gouvernail et les voiles et de les
mettre absolument hors d'état d'appareiller pour aucune navigation, et, au cas que les capitaines refusent d'obéir, veut Sa Majesté
qu'ils soient mis en prison et y soient détenus jusqu'à nouvel
ordre (2). » Et, pour que le consul pût faire exécuter ces ordres,
des instructions semblables étaient adressées en même temps à
quelques vaisseaux de guerre français stationnés à Cadix (3).

Le ministre ne trouva pas à Cadix un agent mieux disposé
ou plus obéissant que ceux de France. Le courrier de Pontchartrain est arrivé trop tard, prétend Mirasol ; les deux *Ducs-du-Maine*
avaient quitté Cadix le 9 janvier et le *Saint-Jean-Baptiste* les avait
suivis à quelques jours d'intervalle. C'est seulement le 20 janvier
que le consul signale ces départs, mais il ne réussit pas à convaincre son chef sur la lenteur de la poste ou la réalité des
obstacles qui l'auraient empêché de retenir les capitaines. Pontchartrain se déclare « fort étonné (4) » ; mais pour répondre aux
réclamations espagnoles au sujet du départ des trois navires, il
dut accepter les explications du consul ; celui-ci avait « mis tout
en usage pour y parvenir (à retenir les navires), mais il lui fut
impossible d'exécuter ce qui lui était prescrit ». On jugea même
convenable de produire ces prescriptions « pour faire connaître
combien on est attentif de ce côté-ci à ce qui concerne les intérêts
du Roi Catholique... », il serait à désirer « qu'on le fût autant

(1) Arch. Nat. Marine, B⁷ 91, p. 325.
(2) Ordre du Roi au sieur Mirasol, 25 janvier 1713. Arch. Nat. Marine, B² 233, 1713,
p. 9.
(3) Lettre du Roi à M. du Coudray Guymont pour faire entrer à Cadix les vaisseaux
le *Saint-Jean-Baptiste,* le *Duc-du-Maine,* et la *Marguerite,* 25 janvier 1713. Arch. Nat.
Marine, B² 233, 1713, p. 8.
(4) A Mirasol, 20 février 1713. Arch. Nat. Marine, B⁷ 95, p. 40.

en Espagne sur ce qui regarde ceux de la nation »; suit une longue liste des griefs français demeurés depuis longtemps en souffrance (1).

Toutefois au moment où ces récriminations réciproques s'échangeaient, la question du commerce de la mer du Sud était entrée en une phase nouvelle, qui fera le sujet d'une autre partie de cet ouvrage.

(1) Pontchartrain à don Felix Cornejo, secrétaire de l'ambassade d'Espagne, 1er mai 1713. Arch. Nat. Marine, B⁷ 95, p. 145.

CHAPITRE V

LE COMMERCE DES INDES A LA PAIX D'UTRECHT.

Les intérêts commerciaux cessent d'être l'objet principal des négociations. — Désir des Hollandais de participer aux avantages obtenus par les Anglais. — On se résout à convoquer un congrès général. — Mécontentement des Espagnols. — Opposition du comte de Bergheick. — Avantages commerciaux offerts aux Hollandais. — Instructions des négociateurs anglais et français. — Premières conférences tenues à Utrecht. — Offres de la France et réponses des alliés. — Le congrès est ajourné. — Nouvelles demandes des Anglais. — La France se contente d'être traitée comme la nation la plus favorisée en Espagne. — Négociations de Lexington à Madrid et de Monteleon à Londres. — Les Anglais obtiennent un équivalent pour la renonciation à l'affranchissement des droits à Cadix. — Le traité d'Asiento. — Le vaisseau de permission. — L'ancien ordre est rétabli pour le commerce des Indes. — Les traités d'Utrecht. — Conclusions.

Jamais la paix n'avait paru plus imminente que lorsque Mesnager, en octobre 1711, transmit à son roi la nouvelle de la convention conclue à Londres. Et pourtant il fallut encore plus d'une année de longues et délicates négociations avant qu'on pût arriver à un règlement définitif des démêlés dont l'Europe entière souhaitait ardemment de voir la fin. L'Angleterre avait obtenu l'acquiescement à toutes ses réclamations ; le moment était venu de songer à satisfaire les alliés de ce pays ou bien de les contraindre à des accommodements à l'égard d'exigences dorénavant impossibles à remplir. Louis XIV devait de plus remplir la tâche difficile de faire accepter à son alliée l'Espagne, les conditions que, de son côté, ce pays devait agréer comme un sacrifice fait dans l'intérêt de la paix. La question essentielle était le démembrement de la monarchie espagnole ; afin d'en conserver les parties principales, l'Espagne et les Indes, Philippe V devait renoncer à ses possessions en Italie et aux Pays-Bas. Il n'est point étonnant qu'un tel sacrifice de sa gloire de monarque et des avantages

de son peuple ait paru extrêmement pénible, et qu'encore à
la dernière minute, on allât tenter un effort suprême pour acheter
la paix à un prix moins onéreux. Mais comme l'Espagne et les
Indes étaient l'objet essentiel de la lutte, et que de leur occupation par un Bourbon ou par un Habsbourg dépendait l'équilibre
européen, la question entra en une phase nouvelle et inattendue,
tant par le décès de Joseph Ier, lequel rendait son frère, l'archiduc
Charles, héritier de l'Autriche et candidat au trône impérial, que
par les ravages de la mort dans la maison royale de France, qui
faisaient tenir le droit de Philippe V à la succession de la couronne
de France au fil fragile de la vie d'un enfant de deux ans. Si
nous rappelons encore les exigences des voisins de la France, la
Hollande, l'Empire germanique et la Savoie, réclamant des
« barrières » pour se mettre à l'abri du désir d'agrandissement de
Louis XIV, il est évident que la pacification imposait à la politique
européenne des tâches d'une telle grandeur que, comparativement
à elles, les intérêts du commerce et de la navigation vinrent à
jouer un rôle, sinon secondaire, du moins plus effacé.

Les premiers indices de cette évolution nous ont apparu pendant la dernière période des négociations à Londres. Dès que
les Anglais eurent obtenu pour leurs principales réclamations —
avantages et sûretés pour leur commerce en Espagne et en Amérique — l'acquiescement qu'ils recherchaient, ils eurent soin de
jeter un voile là-dessus, tant pour éviter de nouvelles discussions
au sujet d'une affaire qu'ils estimaient déjà réglée que pour se
donner l'apparence de travailler sans desseins intéressés à une
paix qui mettrait d'accord les intérêts de tous les alliés.

Mais, en dépit de toutes les mesures de précaution, la mission de
Mesnager et son résultat n'avaient pu être gardés secrets. Des
bruits, qui avaient couru, avaient suscité les soupçons des Hollandais : ils redoutaient extrêmement que l'Angleterre ne se fût
fait accorder séparément des avantages qui pourraient leur
échapper à eux ; aussi s'efforcèrent-ils par tous les moyens possibles de s'informer jusqu'à quel point l'Angleterre s'était engagée vis-à-vis de la France, mais ils furent éconduits avec l'assurance que les ministres d'Angleterre maintiendraient les traités
conclus. Ce ne fut qu'après que les préliminaires eurent déjà été

signés par Mesnager et les secrétaires d'État anglais qu'on jugea à
propos d'initier partiellement les Hollandais au secret ; — au
moins provisoirement, on ne trouva point nécessaire de tenir
compte du troisième des principaux intéressés, l'Empereur. On se
borna cependant à exposer aux Hollandais la convention faite à
l'usage des alliés ; l'autre convention, celle qui traitait des avantages de l'Angleterre, non seulement ne fut point exposée, mais
on nia même expressément son existence. Les Hollandais, qui
s'aperçurent avec un dépit extrême que la direction des négociations pour la paix leur échappait, ne se montrèrent nullement
contents du résultat obtenu sans leur concours : les offres de la
France étaient trop vagues ; on ne devait engager de pourparlers
officiels qu'après avoir établi une base solide pour la paix future.
Guillaume Buys, qui avait été envoyé à Londres pour combattre
par des représentations et des intrigues les résolutions prises,
déclara que l'article qui concernait le rétablissement du commerce
ne saurait contenter les Hollandais ; que ce qui était dit au sujet
de la succession d'Espagne était fort équivoque : c'était donner
pour rien la couronne d'Espagne. Pour masquer son jeu, Oxford
joua la franchise et lui avoua que l'Angleterre s'était fait accorder
quelques cessions de territoires dans l'Amérique du Nord qui ne
pourraient en rien intéresser la Hollande ; mais il se tut prudemment sur le traité d'Asiento et les franchises de douanes pour
l'exportation aux Indes. On alléchait les Hollandais par la promesse de consentir à tout ce qu'ils pourraient demander ; on
s'engageait à obtenir de la France des garanties pour leur commerce ; et, finalement, on opposa à leur résistance opiniâtre la
menace que l'Angleterre sortirait de la grande alliance et ferait
séparément la paix avec la France et l'Espagne. Sous ces pressions, les Hollandais durent enfin céder : le 21 novembre 1711, les
États-Généraux prirent une résolution, par laquelle ils se rallie-
rent à la proposition faite par l'Angleterre de convoquer un congrès général de paix dont les conférences s'ouvriraient à Utrecht
le 12 janvier de l'année suivante. L'Angleterre n'eut rien à objecter
à la condition qu'on posait que le roi d'Espagne et les électeurs de
Cologne et de Bavière n'auraient accès au congrès que lorsque
le sort de leurs pays aurait été décidé par les autres puissances.

Louis XIV lui-même qui appréhendait, et non sans raison, la résistance que pourraient opposer l'orgueil et l'opiniâtreté espagnols, donna son consentement.

Mais ce ne fut pas seulement cette restriction, monstrueuse à son avis à l'adresse d'un monarque souverain, qui allait paraître humiliante à Philippe V. Les avantages que s'était fait accorder l'Angleterre, c'était l'Espagne qui devait en payer les frais : aussi, Louis XIV eut-il beaucoup de peine à convaincre son petit-fils qu'il avait lui-même dû souffrir des sacrifices encore plus sensibles, et qu'il lui avait obtenu des conditions plus avantageuses que celles qui d'abord avaient été posées ; Philippe V accueillit avec un mécontentement extrême la nouvelle de la convention conclue à Londres en son nom. Il estimait avoir d'autant plus de sujet de se révolter que le plein pouvoir qu'il avait signé pour les négociations avait été outrepassé et qu'on n'avait aucunement tenu compte de la réserve qu'il y avait attachée, savoir qu'on soumettrait à son examen chaque clause à laquelle il n'avait pas donné son approbation formelle.

Dans le comte de Bergheick qui, à l'exclusion des autres, avait l'oreille du roi, Philippe avait trouvé un conseiller qui, avec son opposition croissante contre l'influence française, était d'autant plus dangereux pour cette influence qu'il était moins épris des préjugés espagnols. Bergheick était avant tout hostile à l'idée que sa patrie, les Pays-Bas, fût arrachée à la couronne d'Espagne et rendue un objet de marchandage entre les partis ennemis. Son activité diplomatique s'était exercée en Hollande ; l'accueil accommodant qu'il avait cru y rencontrer lui avait donné l'impression, à laquelle il demeurait obstinément attaché, que la paix devait être obtenue par des négociations poursuivies avec les Hollandais ; et que l'appel à l'Angleterre était une erreur que l'Espagne payerait cher.

Au début, il s'était cependant plié aux circonstances. Il avait dicté les conditions du plein pouvoir que Philippe V avait signé le 5 septembre, et déjà avant de connaître pleinement le résultat de la mission de Mesnager, il écrit à Torcy (1) :

(1) Le 19 octobre 1711. Aff. Et. Esp., Corr. pol. 209, f. 234.

« Le roi d'Espagne a remercié le roi son grand-père des soins que Sa Majesté a pris pour ses intérêts. J'ai bien cru que les Anglais n'entreraient pas dans le projet de M. Mesnager pour le commerce. Je comprends bien aussi qu'il ne convient pas de donner à connaître aux Anglais que le roi d'Espagne a trouvé quelque difficulté sur ce que le roi de France leur a fait proposer et accorder. Mais je trouve assez d'inconvénient au changement qu'on a apporté au lieu de la place qu'ils avaient demandée aux Indes, et je crois que le plus avantageux pour l'Espagne et la France serait de les faire entrer dans mon projet de Compagnie, où les quatre nations trouveraient également leur intérêt à l'exclusion de toutes les autres. »

Et lorsque Louis XIV, sous le sceau du secret, a rendu compte à son petit-fils du contenu entier des conventions conclues à Londres (1), les appréhensions de Bergheick ne sont point levées, mais il se borne encore à les exprimer en paroles et s'incline devant le fait accompli. Bonnac lui fit une visite à Madrid pour avoir son opinion sur les modifications que, sur la demande des Anglais, il avait fallu apporter aux conditions approuvées par l'Espagne : « Il me dit, écrit Bonnac à Louis XIV (2), qu'il ne fallait pas hésiter à les accepter, puisque Votre Majesté avait jugé à propos de les accorder, et qu'il fallait regarder cela comme une chose réglée et convenue. » Ce qui là-dedans lui paraissait le plus grave, c'était l'affranchissement des droits de Cadix accordé aux Anglais ; cela lui semblait « une chose très considérable et qui tirait après soi des conséquences fort étendues. » Les Hollandais n'en seraient pas plus tôt instruits qu'ils demanderaient le même privilège, et ce qu'on aurait accordé à l'ennemi, on ne saurait le refuser à l'allié, la France ; pour l'Espagne, il en résulterait que le roi se trouverait entièrement privé d'un revenu très considérable, et que ses sujets, qui ne pourraient plus trouver à débiter leurs manufactures, seraient ruinés. Bonnac objecta à ces paroles que le roi d'Espagne était libre de compenser cette perte redoutée par la mesure d'élever dans les Indes le droit qui, sous le nom d'alcabala, était perçu lorsque des marchandises passaient par achat en

(1) « Cet acte doit demeurer secret, car il ne faut pas avouer que je suis d'accord avec l'Angleterre, quoique personne ne puisse deshormais en douter ; ce qui doit être public, est le plan que j'ai donné pour le traité général de la paix. » Louis XIV à Bonnac, 21 octobre 1711. Aff. Et. Esp., Corr. pol. 211, f. 372.
(2) Le 2 novembre 1711. Aff. Et. Esp., Corr. pol. 210, f. 1.

deuxième main, et qu'il serait dans tous les cas malaisé de faire renoncer les Anglais à des avantages qu'on leur avait une fois accordés. La conversation se termina sur la déclaration de Bergheick que son opinion était que « le plus court serait de laisser les choses en Espagne et à Cadix dans l'état où elles étaient, et que, sans disputer en aucune manière aux Anglais ce qui leur avait été accordé, on devait leur proposer d'autres avantages équivalents et les déterminer, si on le pouvait, à les préférer. »

Le peu d'empressement des Hollandais à souscrire à cette proposition de paix, tout en provoquant en France les appréhensions les plus vives (1), rendait plus urgent que jamais la nécessité d'enlever tous les obstacles qui, au moins du côté espagnol, étaient susceptibles d'empêcher ou de ralentir l'œuvre de la paix. Torcy rappela à Bergheick les périls de la situation (2), et, dans le but d'ouvrir les yeux aux hommes d'État espagnols sur ces dangers, Louis XIV les fait ressortir davantage dans une lettre à Bonnac, où il dit (3) :

« Le comte de Bergheick a certainement le zèle et la capacité nécessaires pour un bon ministre, mais il est un peu trop entêté de ses projets. Le sien a toujours été de traiter la paix par le moyen des Hollandais. Il rapporte tout à cette première idée, sans réfléchir assez sur la conduite qu'ils ont tenue, non plus que sur la nécessité et sur l'utilité de prendre à présent une route différente. Puisqu'il faut conduire la négociation par la voie d'Angleterre, que l'on voit réellement le bon effet que ce changement a produit, il faut bien faire trouver aux Anglais un profit réel dans cette négociation. Si l'affranchissement des droits de Cadix n'était pas un avantage très considérable pour eux, le gouvernement présent d'Angleterre n'aurait jamais osé s'en contenter. Il y irait de la vie de ceux qui administrent lesdites affaires de ce royaume de faire une paix désavantageuse à la nation. Mais quelque profit que les Anglais puissent retirer de cet affranchissement, le Roi Catholique demeurant maître de l'Espagne et des Indes, sera certainement encore mieux traité que la nation anglaise, et personne de bon sens ne pourrait lui conseiller d'exposer sa couronne plutôt que d'accorder cette prérogative aux Anglais. »

(1) « Vous savez, écrit Torcy à Gaultier le 2 novembre 1711, que les Hollandais rejettent les propositions, qu'ils refusent d'entrer en conférence, qu'on ne parle à la Haye que de continuer la guerre plus vivement que jamais... » Aff. Et. Angl., Corr. pol. 234, f. 98.
(2) Le 2 novembre 1711. Aff. Et. Esp., Corr. pol. 209, f. 237.
(3) Le 18 novembre 1711. Aff. Et. Esp., Corr. pol. 210, f. 16.

Bergheick ne se laissa point convaincre ; son opposition alla plutôt croissant après qu'il eut été désigné comme représentant de l'Espagne au futur congrès de la paix, qualité en laquelle il dut patienter toute une année à Paris, avant d'être admis à participer aux délibérations. Il prédisait que l'Espagne aurait à se tenir « autant, et même plus sur ses gardes contre la France que contre les ennemis (1) », et Louis XIV le soupçonnait d'être d'intelligence avec les Hollandais, ce qui évidemment serait « un moyen sûr d'exciter la jalousie des Anglais et de changer leurs bonnes dispositions (2). »

Mais, même lorsque les Hollandais eurent enfin cédé aux sollicitations pressantes de l'Angleterre, il y eut lieu de craindre leur résistance lors du congrès qu'ils avaient dû consentir à convoquer malgré eux. En effet, ils s'opposèrent encore de toutes leurs forces à laisser à Philippe V l'Espagne et les Indes. Afin d'en prévenir les suites, on résolut en France de tenter de les rendre plus accommodants par l'offre d'avantages commerciaux. Et encore une fois — la dernière — on sortit à leur usage ce plan du commerce des Indes dont personne ne voulait, pas plus l'Espagne que l'Angleterre, mais auquel, en France, on tenait toujours comme au moyen le plus propre pour arranger une affaire qui constituait toujours un des principaux points de litige. On se berçait de l'espoir que les Hollandais qui, lors de la mission de Mesnager en Hollande en 1708, avaient témoigné que ce serait « une des conditions qui les engageraient à une conclusion de paix », allaient toujours préférer ce plan à la proposition qu'avait projetée Bergheick et qui n'était autre que de laisser le commerce des Indes dans l'ancien ordre.

Dans un mémoire, rédigé sans aucun doute par Mesnager (3) et qu'on transmit à l'Espagne, on trouve récapitulés tous les inconvénients de cet ancien ordre : les Espagnols eux-mêmes avaient reconnu « que la navigation et le commerce qui se faisaient de

---

(1) Bergheick au roi d'Espagne, 3 octobre 1711. Scelle, *op. cit.*, t. II, p. 526.
(2) Louis XIV à Bonnac, 23 novembre 1711. Aff. Et. Esp., Corr. pol. 210, f. 32.
(3) Observations sur le commerce de Castille dans lesquelles on propose une nouvelle forme qui puisse être à la satisfaction de la France, de l'Angleterre et de la Hollande. Aff. Et. Esp., Corr. pol. 217. f. 168. Ce mémoire traite en trois articles séparés le commerce de Castille, le commerce des Indes Occidentales et le commerce des Philippines à Acapulco. Nous ne nous occupons ici que du deuxième de ces articles.

Cadix à l'Amérique étaient opprimés de droits, d'un fret et d'avaries excessifs ; de commissions démesurées ; de frais sans exemple ; d'un intérêt considérable pour les deniers déboursés à cause de l'incertitude du départ des vaisseaux et de la longueur des voyages ; d'indults ordinaires et extraordinaires si déréglés que cela composait un capital égal à celui de la marchandise. Si on ajoutait à ces conditions celle de l'obligation où étaient les autres nations de confier aveuglement leur bien aux Espagnols, qui de temps en temps en avaient abusé, et de faire sortir d'Espagne les retours à main armée par la voie violente de la fraude, on devait se convaincre, qu'en voulant s'en tenir à cette ancienne pratique, toutes les nations de l'Europe éviteraient de faire échelle à Cadix et passeraient directement aux Indes Occidentales avec leurs marchandises, où sans doute elles seraient bien reçues des Pérouviens, à cause qu'ils auraient par cette voie leurs besoins à la moitié meilleur marché que par celle d'Espagne ». Il était par conséquent nécessaire de mettre le commerce des Indes sur un autre pied, de façon qu'à la fois les Hollandais en fussent contents et que le roi d'Espagne et ses sujets ne fussent point lésés dans leurs droits traditionnels : à cette fin, il n'y avait d'autre moyen à adopter que le plan de commerce de 1708.

En envoyant cette fois en Espagne ce plan, joint aux tarifs qui s'y rapportaient, et avec l'ordre pour Bonnac de s'employer à son adoption définitive, on avoua que les circonstances n'étaient plus les mêmes qu'au moment où on l'avait dressé. « La loi, écrit-on, n'est plus égale pour toutes les nations, attendu qu'il a été promis aux Anglais que les marchandises du cru et de la fabrique d'Angleterre seront exemptes de tous droits, et que le Roi demande la même exemption pour les toiles et le papier de France, en diminution d'une partie du dédommagement qui est dû à Sa Majesté pour les frais de la guerre ». Conséquemment, il serait opportun d'opérer certains changements, dont le principal serait qu'au lieu de faire de Cadix un port franc, on y ferait payer des droits d'entrée, et on exigerait le quart de ces droits pour la sortie des Indes. Grâce à cette modification, on gagnerait deux choses : le roi d'Espagne « y trouverait quelque avantage », et il serait plus facile de vérifier ce qui était passé aux Indes et consommé à

Cadix. Le roi d'Espagne avait le choix libre d'accepter ces modifications ou bien de maintenir le plan en son état primitif ; d'ailleurs, on était même disposé à acquiescer à « toute proposition qui servirait à régler ce commerce à la satisfaction de l'Europe et principalement à celle des Hollandais, qu'il était question de contenter ». Il serait bon que le roi d'Espagne exprimât d'avance sur tous ces points son avis, qui devait guider les négociateurs français chargés de sauvegarder ses intérêts à Utrecht.

Si l'on avait quelque espoir de succès pour ces propositions, cet espoir fut dès le début abattu par Bonnac. Il écrit au Roi (1) :

« Je ne dois pas cacher à Votre Majesté qu'il sera mieux, si cela est possible, que les propositions touchant le commerce viennent aux Espagnols en forme de demandes de la part des Hollandais que de leur être portées, sous quelque prétexte que ce soit, par les ministres de Votre Majesté. La prévention est si forte contre eux sur ce point, que je la juge insurmontable. Il paraîtra même à Votre Majesté que ces sortes de propositions ne pouvant être que très désagréables aux Espagnols, il est plus convenable qu'elles viennent directement des ennemis de l'Espagne que des ministres de Votre Majesté. »

Après avoir présenté l'affaire au roi d'Espagne, il n'en reçut aucune réponse ; on répondit enfin à ses appels réitérés qu'on donnerait des instructions à ce sujet aux plénipotentiaires espagnols (2).

Ces plénipotentiaires ne devaient cependant pas avoir accès au congrès. Aussi, Louis XIV eut-il besoin d'un nouveau plein pouvoir de son petit-fils, car celui qu'il avait envoyé pour traiter avec l'Angleterre eût été présentement contraire à ses intérêts, si on l'eût fait paraître. « Vous pouvez pourtant compter sur ma tendresse, écrit-il à Philippe V, que je ne ferai rien à votre préjudice (3). » Or, il était devenu de plus en plus évident que l'Espagne ne pourrait jamais être amenée à consentir à des modifications de l'ancien ordre pour le commerce des Indes. Aussi, pour éviter toute difficulté à ce sujet, dans le plein pouvoir soumis à la signature de Philippe V, on avait exclu tout ce qui avait trait

---

(1) Le 7 décembre 1711. Aff. Et. Esp., Corr. pol. 210, f. 114.
(2) Bonnac à Torcy, 14 décembre 1711. Aff. Et. Esp., Corr. pol. 210, f. 145.
(3) Louis XIV à Philippe V, 28 décembre 1711. Baudrillart, op. cit., t. I, p. 459.

à ce commerce, et Louis XIV affirmait qu'à cet égard il suivrait les intentions de son petit-fils et qu'il ne se servirait pas de son pouvoir pour faire accorder aux Hollandais aucun avantage particulier au-delà de ceux dont ils avaient joui sous le règne de Charles II (1).

Les instructions qui, à la fin de l'année 1711, furent délivrées aux plénipotentiaires, français aussi bien qu'anglais, montrent clairement que, comme nous l'avons signalé, les intérêts commerciaux n'occupaient plus le premier rang parmi les questions qui attendaient leur solution au futur congrès. Les mandataires anglais avaient certes l'ordre de s'employer à l'acceptation définitive des avantages spéciaux de l'Angleterre, c'est-à-dire l'Asiento et l'affranchissement des droits à Cadix ; ils devaient en outre maintenir la demande que Philippe V renonçât à l'Espagne et aux Indes, mais ce n'était qu'une mesure pour jeter de la poudre aux yeux des alliés. La contradiction entre cette demande et les préliminaires de Londres, on l'éludait tant bien que mal par la déclaration que ces préliminaires contenaient simplement les mots « quiconque resterait en Espagne », laissant par conséquent la question de la succession d'Espagne en suspens. Dans l'instruction très détaillée que Louis XIV signa le 30 décembre 1711 (2), on trouve à peine un mot sur le commerce des Indes. Il y est simplement dit que le roi d'Espagne « avait répondu aux questions que le Roi lui avait faites à cette occasion qu'il accorderait aux sujets des Provinces unies les mêmes conditions dont ils avaient joui sous le règne et jusqu'à la mort du feu roi Charles II, son prédécesseur, qu'il instruirait plus particulièrement de ses intentions ses plénipotentiaires, et qu'il priait le Roi de défendre aux siens de faire aucune proposition nouvelle à l'Angleterre ni à la Hollande sur le commerce de l'Espagne et des Indes avant l'arrivée de ceux d'Espagne aux conférences ».

Dans les derniers jours de janvier 1712, se réunirent à Utrecht les représentants de la France, de l'Angleterre et de la Hollande, tandis que ceux de l'Empereur se tenaient encore à l'écart. Les

---

(1) Louis XIV à Bonnac, 11 janvier 1712. Aff. Et. Esp., Corr. pol. 210, f. 204.
(2) Imprimée en son entier chez Weber, op. cit., p. 421-450.

plénipotentiaires français, le maréchal d'Huxelles, l'abbé de Polignac et Mesnager, se mirent incessamment en rapport avec les Anglais, l'évêque de Bristol et lord Strafford, pour convenir d'une conduite commune. Mais ils ne reçurent point l'accueil accommodant qu'ils attendaient, ce qui n'a rien d'étonnant, vu que les négociateurs anglais n'étaient point initiés aux plans secrets de leur gouvernement et se sentirent liés par la teneur littérale de leur instruction.

« Pour ce qui regarde le commerce, mandent les plénipotentiaires français, en rapportant cette première entrevue avec leurs collègues d'Angleterre (1), ils nous ont dit que les Hollandais avaient non seulement un soupçon, mais presque une certitude de l'accord fait avec l'Angleterre pour l'Asiento, mais qu'ils ne savaient point encore l'affranchissement des droits sur les marchandises anglaises qui passeraient aux Indes. Nous leur avons répondu que ce n'était pas assez que de le cacher aux Hollandais, mais qu'il était de l'intérêt de l'Angleterre que la Hollande n'obtînt pas le même avantage pour elle, et que cela les regardait principalement pour nous aider. Ils ont dit que la Hollande pouvait bien ne pas demander les mêmes franchises dans l'Amérique, mais d'autres choses équivalentes qui ne nuiraient pas à l'Angleterre. »

« De tout cela, conclut-on, nous conjecturâmes qu'il est fort à craindre que le gouvernement d'Angleterre, quelque désir et quelque besoin qu'il ait de la paix, n'ait résolu, pour ménager ses alliés et sa propre nation, de nous rendre bien cher la reconnaissance du Roi Catholique. »

La première conférence générale eut lieu le 29 janvier. Elle se termina par la demande présentée par les représentants des puissances alliées et qui signifiait aux Français de proposer par écrit les offres que leur roi était disposé à faire séparément à chacun d'eux; ce qui fut accepté, à la condition expresse que ceux-ci répondraient, également par écrit, en exposant chacun le détail de leurs prétentions. Les jours suivants furent employés à rédiger les propositions françaises et à délibérer avec les Anglais sur leur

(1) Les plénipotentiaires au Roi, 21 janvier 1712. Aff. Et. Holl., Corr. pol. 232, f. 65.

contenu. Nous ne risquerions guère de nous tromper en supposant qu'on ne manqua point de faire valoir cette ordonnance au sujet du commerce de la mer du Sud qu'on venait de décider et de se déclarer disposé à en confirmer le contenu devant les puissances étrangères. Mais, faute de communication de l'Espagne, on hésitait sur les concessions qu'on pourrait oser faire au nom de cette nation (1) ; à ceci vint encore s'ajouter la crainte des Anglais qu'en faisant intervenir les affaires d'Espagne dans les négociations, on ne dévoilât prématurément que la reconnaissance de Philippe V comme roi d'Espagne en était le fondement. Il fut donc convenu que dans l'article regardant l'Angleterre on exclurait tout ce qui avait rapport à l'Espagne, et que l'article relatif au commerce des Indes serait rédigé de façon à ce que les intérêts de l'Angleterre et de la Hollande parussent également ménagés (2). Cet article eut enfin la teneur suivante :

« A l'égard du commerce d'Espagne et des Indes espagnoles, le Roi s'engagera non seulement aux États-Généraux, mais encore à la Grande Bretagne et à toutes les autres puissances, en vertu du pouvoir qu'il en a, que ces commerces se feront précisément et en tout de la même manière qu'ils se faisaient sous le règne et jusques à la mort de Charles II, et promettra que les Français s'assujettiront, comme toutes les autres nations, aux anciennes lois et règlements faits par les rois prédécesseurs de Sa Majesté Catholique au sujet du commerce et de la navigation des Indes espagnoles (3). »

Rédigé en collaboration avec les Anglais, cet article ne suscita aucune résistance de la part des Hollandais ; leurs intérêts y semblaient sauvegardés, et ils n'avaient point encore pu poser d'exigences particulières, dominés qu'ils étaient par la crainte d'être surpassés par leurs concurrents anglais et ignorant les avantages que ceux-ci avaient su se faire accorder. D'autant plus vives furent la surprise et l'indignation que soulevèrent chez les

(1) Le 30 janvier 1712, les plénipotentiaires français écrivent à Louis XIV : « Nous allons bientôt avoir besoin du pouvoir que Votre Majesté attend du roi son petit-fils, car le commerce des Indes est le grand objet de cette République, et plus nous voyons ici de gens, plus nous reconnaissons que la crainte qu'elle a de ne pouvoir trouver assez de sécurité là-dessus est la principale cause de sa répugnance à laisser ce prince sur le trône. » Aff. Et. Holl., Corr. pol. 232, f. 107.

(2) Les plénipotentiaires au Roi, 3 février 1712. Ibid., f. 138.

(3) Actes... concernant la paix d'Utrecht, t. I, p. 310.

alliés les propositions françaises sur d'autres points où nous n'entrerons pas. Ce mécontentement éclate dans les réponses que remirent, le 5 mars, tous les alliés. L'Empereur exigea pour sa maison toute la monarchie d'Espagne ; les Hollandais réclamèrent leur barrière dans sa plus grande étendue, ainsi que le tarif de 1664 avec toutes les libertés de commerce qu'il avait comportées ; le Portugal demanda des cessions de territoires en Amérique et en Espagne ; la Savoie et l'Allemagne voulurent des barrières, etc. ; seuls, les Anglais se contentèrent en principe de ce qu'ils s'étaient déjà fait accorder à Londres, taisant toutefois leurs privilèges spéciaux et ne demandant qu'en termes généraux « une satisfaction juste et raisonnable » pour tous leurs alliés. Les négociateurs français ne voulurent point y voir une réponse à leurs propositions, mais de nouvelles exigences inadmissibles, et demandèrent un délai assez long pour y répondre. Lorsque la conférence se réunit de nouveau, le 30 mars, ils n'apportèrent encore aucune réponse écrite, et proposèrent qu'on passât à la discussion verbale des conditions de la paix. Et comme les autres s'y refusèrent, on se trouva en présence de presque les mêmes conflits qui jadis avaient fait échouer les négociations de Geertruidenberg ; la conférence fut donc ajournée pour un temps indéterminé.

En attendant, les décès du Grand Dauphin, du duc de Bourgogne et du duc de Bretagne, qui se suivirent en moins d'une année, avaient pour la troisième fois fait perdre à la France son héritier au trône ; et la succession de Philippe d'Anjou à la couronne de France, d'une possibilité éloignée, était devenue une presque vraisemblance. Nous rappelons que la proposition, provoquée par ce fait, de faire renoncer Philippe V à sa couronne d'Espagne contre l'espoir d'avoir en échange la succession de France, fut définitivement déclinée par sa résolution du 29 mai 1712 de demeurer fidèle à sa nouvelle patrie, quoi qu'il advînt.

Tandis que les négociations graves à ce sujet se poursuivaient à Londres, à Versailles et à Madrid, les négociateurs à Utrecht passaient leur temps à discuter des questions de moindre portée. Parmi celles-ci, était la question d'un traité de commerce entre l'Angleterre et la France, laquelle question fournit aux représentants de ces pays un prétexte précieux à de fréquentes entrevues, sans que ces entrevues pussent provoquer des soupçons ni des griefs de la part des autres. Le plan d'un pareil traité, présenté par les Anglais, ne contint cependant rien sur le commerce des Indes, « parce que l'on en était déjà convenu ». Mais, écrit Louis XIV à Bonnac (1), « mes plénipotentiaires prévoient qu'ils trouveront de grandes difficultés lorsqu'il sera question de convenir des sûretés à donner aux Hollandais pour le commerce des Indes, parce que le roi d'Espagne ne s'est point encore expliqué sur ce sujet ». Il fallait par conséquent s'efforcer d'obtenir de lui qu'il présentât un plan de ce commerce qui pût satisfaire les Hollandais ; mais, aussi bien de Bergheick de Paris que de Philippe V de Madrid, on eut la réponse que c'était là une chose impossible, tant que les Hollandais n'auraient pas fait connaître leurs intentions. En réalité, on soupçonnait que le refus du roi venait de ce qu'il n'aurait eu personne capable de rédiger un tel plan, et que, devant ses conseillers espagnols, il n'eût point voulu toucher au commerce des Indes, l'opinion générale en Espagne exigeant que ce commerce demeurât « sur le pied qu'il était établi sous le règne de Charles II (2) ». Aussi, Louis XIV jugea-t-il inutile de tenter d'obtenir une autre réponse de l'Espagne (3).

Mais, de leur côté, les Anglais commencèrent à faire des difficultés. Ils exigèrent que l'affranchissement du droit de douane de 15 % sur les marchandises du cru d'Angleterre fût valable, non seulement pour l'exportation aux Indes, mais généralement pour l'importation en Espagne. « Cette prétention, opine Louis XIV, est une extension aux articles signés à Londres, qui non seulement serait suspect, mais qui aurait encore des conséquences très dangereuses, parce que les Hollandais ne manqueraient pas de former la même demande et d'embarrasser encore le progrès de la négociation (4). »

Cependant, il ne suffisait pas de combattre de pareilles exigences, également funestes pour les intérêts commerciaux de la France, il

---

(1) Le 21 mars 1712. Aff. Et. Esp., Corr. pol. 213, f. 8.
(2) Bonnac à Louis XIV, 11 avril 1712. Aff. Et. Esp., Corr. pol. 213, f. 138.
(3) Louis XIV à Bonnac, 25 avril 1712. *Ibid.*, f. 125.
(4) Louis XIV aux plénipotentiaires, 14 avril 1712 (Aff. Et. Holl., Corr. pol 234, f. 84). Torcy à Mesnager, 25 août, et Mesnager à Torcy, septembre 1712. (*Ibid.*, 237, f. 54 et 178).

s'agissait d'acquérir pour elle des avantages en Espagne, à tout
le moins de lui assurer le droit d'y être traitée comme la nation
la plus favorisée. « Nos intérêts demandent que nous nous
unissons avec les Hollandais, l'Empire et les Anglais pour obtenir
des conditions raisonnables », écrit Mesnager à Torcy (1), et il
ajoute : « Ne pourrait-on point concerter sur cela quelque chose
avec M. de Bergheick qui pût être avantageux au roi d'Espagne et
à nous-mêmes? » Il présente lui-même un plan assez aventureux :
d'établir une ferme pour la perception des douanes espagnoles et
d'accorder cette ferme à la ville de Lyon et aux États de Languedoc,
« pour faire abondamment passer en franchise leurs manufactures par cette porte». Quant au commerce des Indes, il n'espère
qu'une diminution des droits sur les toiles et le papier de France ;
mais, à ce sujet, il serait nécessaire de s'entendre avec les plénipotentiaires d'Espagne : « autrement, dit-il, il faudra subir les ordres
qu'ils auront, qui nous seront bien préjudiciables s'ils sont sur
l'ancien pied, ou bien, pour nous délivrer de ce préjudice, il
faudra se lier avec les Anglais et les Hollandais (2) ». En France,
on jugea tout ce plan inacceptable : « On prétend suivre d'autres
vues pour l'avantage du commerce avec l'Espagne après la paix »,
déclare Torcy (3). On avait abandonné tout espoir d'arriver à
réformer l'ancien ordre du commerce des Indes ; le droit d'occuper le rang de nation la plus favorisée en Espagne resta le seul
possible à acquérir.

Il n'est point nécessaire pour le développement de notre sujet
que nous suivions les péripéties de la politique générale durant le
temps que resta encore réuni le congrès d'Utrecht, mais où les
conférences officielles ne servirent plus qu'à couvrir des discussions et des traités bien plus importants, engagés directement entre
les gouvernements intéressés. Nous rappellerons les événements
principaux qui précédèrent la conclusion définitive de la paix :
dans le discours de la reine Anne au parlement, le 17 juin, le gouvernement d'Angleterre avoua pour la première fois ouvertement

(1) Le 14 juin 1712. Aff. Et. Holl., Corr. pol. 235, f. 172.
(2) Mesnager à Torcy, 20 juin 1712. Aff. Et. Holl., Corr. poil. 235, f. 189.
(3) A Mesnager, 27 juin 1712. Aff. Et. Holl., Corr. pol. 235, f. 192. Cf. Mesnager à
Desmaretz, 4 juillet 1712. Ibid., 236, f. 29.

sa résolution de faire la paix ; la querelle au sujet du commandement des troupes alliées au Pays-Bas se termina par la séparation
des Anglais et la conclusion d'un armistice entre Ormond et Villars
le 16 juillet ; la victoire des Français à Denain, le 24 juillet, rompit
le courage des Hollandais et les convainquit de l'impossibilité de
poursuivre la guerre sans l'appui des Anglais ; Saint-John (élevé
au titre de lord Bolingbroke), envoyé, en août, en ambassade à
Paris, convint de la prolongation de l'armistice et des conditions
pour une paix séparée entre l'Angleterre et la France ; la principale de ces conditions fut remplie lorsque Philippe V se désista
solennellement de son droit de succession à la couronne de France,
et que les autres princes de la maison de Bourbon prononcèrent
une renonciation analogue relative à la succession d'Espagne ;
la résistance des Hollandais finit par être rompue sous la pression
exercée par l'Angleterre ; et les différends restants entre cette puissance et la France, les questions de la pêche à Terre-Neuve et du
traité de commerce, furent aplanis au commencement de l'année 1713, grâce à de mutuelles concessions.

Déjà avant que les grosses questions en litige eussent ainsi trouvé
leur solution, la question du commerce des Indes était réglée. Les
textes qui sont à notre disposition ne nous fournissent que des
renseignements succincts sur la façon dont fut réalisée l'entente
entre les différentes puissances ; de cette rareté même des documents, il est permis de conclure que cette entente fut obtenue sans
de trop grandes divergences d'opinions.

En Espagne, on se plaignit cependant de la dureté des conditions. Bien qu'on les eût déjà acceptées, on fit des difficultés, et
comme c'était l'usage dans la diplomatie du temps, on éleva de nouvelles prétentions afin de se soustraire aux engagements déjà contractés. Louis XIV, qui, avant tout, voulait maintenir les Anglais
de bonne humeur, répondit d'une façon évasive que la question
pourrait être reprise avec plus de succès, lorsque les plénipotentiaires espagnols seraient admis au congrès, ou bien qu'on pouvait
la résoudre par la voie de négociations directes entre l'Espagne et
l'Angleterre.

De telles négociations furent en effet engagées. Pour assister en
témoin de la part de l'Angleterre à l'acte solennel par lequel Phi-

lippe V, en présence des Cortès réunis, abdiqua ses droits au trône de France, lord Lexington fut, en octobre 1712, envoyé à Madrid. Il était en outre chargé de régler les questions du commerce. Immédiatement après son arrivée, il transmit les demandes anglaises (1). Elles exigeaient entre autres choses que « le commerce en général serait mis sur le même pied qu'il était au temps du roi Charles II », toutefois avec la modification que les Anglais obtiendraient l'Asiento et que « l'imposition que l'on mettait sur les marchandises du cru et de la manufacture de la Grande Bretagne, qui allaient aux Indes, et qui montaient à 15 %, serait levée dans les ports d'Espagne comme dans ceux des Indes ». D'ailleurs, le mandataire devait demander pour l'Angleterre les mêmes avantages qui étaient accordés aux Français.

On le voit, les Anglais avaient renoncé à une bonne part de leurs anciennes exigences : nous n'entendons plus parler d'un affranchissement complet des droits de douane pour l'exportation aux Indes ; encore moins est-il question d'étendre cet affranchissement aux marchandises qui trouveraient leur consommation en Espagne même. Néanmoins, Lexington rencontra sur ce point une résistance qu'il taxe d'inattendue (2). Peut-être que le mécontentement qu'il en témoigna, était destiné à dissimuler qu'il était en bonne voie pour obtenir en échange de cet avantage demandé un autre bien plus important.

En même temps, se poursuivirent à Londres des négociations sur le même sujet. Philippe V avait envoyé l'ordre à un de ses plénipotentiaires encore désœuvrés, le marquis de Monteleon, de s'y rendre de Paris. Il s'agissait encore de cet impôt de 15 % et il semble qu'on soit assez vite tombé d'accord (3). Les Anglais, en examinant l'affaire de plus près, avaient conclu qu'ils n'y gagneraient qu'un avantage assez douteux. Le droit d'être traités comme la nation la plus favorisée serait disputé et il ne pourrait être refusé ni aux Hollandais ni aux Français, et c'en serait fait de l'avantage de l'Angleterre. Alors, on gagnerait certainement davantage par la voie de la contrebande, et, pour la développer, le traité d'Asiento

(1) Copie d'un papier que le comte de Lexington mit dans les mains du roi par celles de don Joseph de Grimaldo, 19 octobre 1712. Aff. Et. Esp., Corr. pol. 216, f. 49.
(2) Bonnac à Louis XIV, 24 octobre 1712. Aff. Et. Esp., Corr. pol. 216, f. 56.
(3) Scelle, op. cit., t. II, p. 532.

offrirait à l'Angleterre un moyen que les autres nations n'auraient point à leur disposition.

Afin de seconder Lexington dans le règlement des détails de ce traité, l'Angleterre envoya à Madrid un agent spécial, Gilligan, particulièrement instruit du commerce des Espagnols, ayant longtemps habité l'Espagne. Il fut muni de recommandations de la part du gouvernement français, dans l'espoir qu'il allait « contribuer à avancer l'ouvrage (1) » ; mais la façon dont il s'y prit ne fut rien moins que compatible avec les intérêts de la France. Aussi eut-on le soin de cacher aux agents français la véritable portée des négociations menées entre les deux Anglais et les délégués espagnols, Grimaldo et le marquis de Bedmar. En février 1713, Bonnac put rapporter que le travail de la rédaction du traité d'Asiento était achevé, et qu'à la place de l'exemption des droits d'entrée et de sortie des marchandises du cru et de la fabrique d'Angleterre, on avait offert à l'Angleterre « de former un nouveau tarif pour le payement de ces droits ». L'ambassadeur de France, qui y flaira un danger pour son pays, se hâta de représenter au roi d'Espagne qu'on ne devait prendre aucune résolution à l'insu des ministres de France et sans leur concours, et que l'affaire, qui regardait également les Hollandais, devait être soumise au congrès d'Utrecht (2). Louis XIV approuva certes la prudence de son ministre, mais il l'avertit en même temps de ne point former sur ce sujet d'obstacle à la négociation, « car, dit-il, en vertu des traités que j'ai faits avec l'Espagne et de celui que je vais faire avec l'Angleterre, mes sujets doivent être traités dans l'une et dans l'autre royaume comme la nation la plus favorisée (3) ».

Une lettre ultérieure de Bonnac nous montre jusqu'à quel point on avait réussi à lui donner le change :

« Il y a déjà longtemps que les Anglais s'étaient désistés verbalement de l'exemption de 15 °/₀ promise par Mesnager, sous la promesse qu'on leur a donnée de suppléer à ces avantages par d'autres plus praticables et de la convenance de leur commerce, mais je ne vois pas jusqu'à cette heure qu'on ait trouvé rien pour y suppléer, et vraisemblablement les

(1) Torcy à Bonnac, 31 octobre 1712. Aff. Et. Esp., Corr. pol. 216, f. 39.
(2) Bonnac à Louis XIV, 20 février 1713. Aff. Et. Esp., Corr. pol. 220, f. 114.
(3) Louis XIV à Bonnac, 8 mars 1713. Aff. Et. Esp., Corr. pol. 221, f. 14.

Anglais seront obligés de se désister de cette prétention comme de la première ; au moins m'a-t-on assuré de bouche et par écrit... qu'on n'accorderait rien aux Anglais touchant le commerce qu'on n'accordât aussi à la nation française (1). »

Or, c'était justement ce qu'on venait de faire. Et la chose avait eu le temps d'être convenue tant à Madrid qu'à Londres, sans que la France en sût rien. Pourtant, le secret n'avait pu être gardé aussi complètement dans cette dernière ville qu'à Madrid. L'un des agents que la France avait, à cette époque, envoyé en Angleterre, M. Anisson, écrit le 21 avril 1713 (2) :

« M. le marquis de Monteleon est sur le point de se faire décharger des 15 °/₀ que M. Mesnager avait accordés aux Anglais... L'équivalent qu'on lui demande ici n'est pas à beaucoup près si à charge au roi d'Espagne que les 15 °/₀, mais cela fera quelque tort à notre commerce dans l'Amérique. J'ai fait ce que j'ai pu pour lui faire agréer d'autres équivalents par moi imaginés, mais on ne s'en contente pas ici. »

Quel était donc cet équivalent accepté par les Anglais ? Au traité d'Asiento qu'on signa à Madrid le 26 mars 1713, les négociateurs anglais avaient obtenu qu'on ajoutât un article additionnel, d'après lequel Sa Majesté Catholique, « en considération des pertes que d'autres Assentistes ont soutenues, et à condition expresse que ladite Compagnie (anglaise) ne fera aucun négoce défendu... et pour manifester à Sa Majesté Britannique à quel point elle souhaite de lui plaire », accordait à la Compagnie anglaise le droit d'envoyer annuellement, pendant toute cette période de trente ans que durerait le monopole de la Compagnie, un navire du port de 500 tonneaux « pour négocier aux Indes. » C'est ce qu'on appelait « le vaisseau de permission ». Certaines restrictions étaient pourtant stipulées pour la vente des marchandises que ce vaisseau transporterait en Amérique ; le roi d'Espagne, outre le

(1) Bonnac à Torcy, 24 avril 1713. Aff. Et. Esp., Corr. pol. 221, f. 267.
(2) Les sieurs Anisson et Fenellon avaient été envoyés en Angleterre « pour prendre des connaissances certaines sur le commerce d'Angleterre, sur les règlements, les usages et les maximes de cette nation à cet égard, et sur les changements et les nouveautés que les guerres ou l'intérêt propre de la nation anglaise y avaient introduits... des choses qu'on avait presque perdues de vue depuis plus de trente ans. » Leurs rapports serviraient « de principes et de fondement aux résolutions qu'il y avait à prendre sur le futur traité de commerce avec l'Angleterre. » Leur correspondance avec le Contrôleur général se trouve aux Arch. Nat., G⁷, vol. 1699.

quart des bénéfices qu'il s'était réservé sur les affaires de l'Asiento en général, devait toucher 5 °/₀ sur les bénéfices nets des autres trois quarts des marchandises de ce vaisseau : mais sur ces marchandises aucun droit ne serait perçu aux Indes.

On voit aisément quels avantages cette convention promettait à l'Angleterre. Une importation annuelle de 500 tonneaux exempts de douane ne semble certes pas une si grosse affaire, mais Lexington nous a bien indiqué le but des Anglais : le traité d'Asiento ouvrait l'accès pour le commerce secret de l'Angleterre avec les colonies espagnoles, et cet avantage, les Anglais le posséderaient seuls, « à l'exclusion de tout le monde (1). »

Ce qui paraît plus étrange, c'est que l'Espagne ait pu préférer une pareille mesure à celle d'accorder des allégements de douane. Toute la politique espagnole de cette époque est caractérisée par la plus grande complaisance à l'égard des Anglais, provenant beaucoup de la jalousie et de la rancune qu'on nourrissait contre la France, accusée d'avoir sacrifié les intérêts de l'Espagne. Peut-être se fiait-on à l'efficacité des précautions stipulées, et peut-être aussi ajoutait-on foi aux affirmations des Anglais promettant de garder une entière loyauté ; à cet égard, on ne pouvait rien espérer de la part de la France, l'expérience du commerce de la mer du Sud, même depuis qu'il était solennellement défendu, l'avait montré avec une pleine évidence. A quel degré on se trompait, l'avenir allait le montrer : les trente années de traite négrière accordées aux Anglais ne s'étaient pas encore écoulées, que déjà la contrebande anglaise qu'elle provoquait avait impliqué l'Espagne dans une nouvelle guerre avec la puissance qu'on avait, avec tant de crédulité, voulu favoriser.

Après avoir obtenu une position d'exception aussi considérable, l'Angleterre n'eut plus de raison pour rien modifier à l'ancien ordre du commerce des Indes, comme d'ailleurs on pouvait s'y attendre. Même la France avait trouvé bon, contre la promesse d'être traitée comme la nation la plus favorisée, de se contenter de voir rétablir ce commerce sur le pied sur lequel il se trouvait

(1) Lexington à Dartmouth, 20 octobre 1712. Scelle, *op. cit.*, t. II, p. 531.

avant l'avénement de Philippe V. Finalement, les Hollandais se
déclarèrent eux aussi disposés à faire la même concession aux
préjugés espagnols (1). Ils se plaignirent certes amèrement, lorsqu'ils eurent connaissance de la stipulation relative au vaisseau
de permission, demandant pour eux aussi un avantage analogue ;
mais les Espagnols les renvoyèrent, en déclarant que ce qui était
accordé aux Anglais n'était consenti qu'en échange d'autres privilèges reçus antérieurement ; ils pourraient eux-mêmes essayer de
déterminer les Anglais à un changement sur ce sujet, proposition
à laquelle les Anglais firent la réponse railleuse que si les Espagnols accordaient aux Hollandais un vaisseau de permission, il
faudrait en accorder deux aux Anglais (2).

*
* *

Dès que les principales questions en litige eurent ainsi, l'une
après l'autre, trouvé leur solution, il ne resta plus au commencement de l'année 1713 que quelques différends moins importants,
et lorsque ceux-ci à leur tour eurent été réglés, on put enfin procéder à la rédaction définitive et à la signature des traités qui
allaient décider du sort de l'Europe.

Laissant de côté toutes les autres questions, nous allons considérer les stipulations définitives touchant le commerce des Indes.

En même temps que le pacte d'Asiento, on signa à Madrid, le
27 mars 1713, un traité de paix préliminaire entre l'Espagne et
l'Angleterre. Dans les articles XI-XIV de cet acte (3), on trouve les
décisions relatives au commerce des Indes rédigées en principe
telles que les enregistrent les traités de paix définitifs.

La paix générale est datée du 11 avril 1713. Dans l'article VI du
traité conclu à ce moment entre la France et la Grande-Bretagne,
on lit :

(1) « Les Hollandais, en déclarant qu'ils étaient contents à exercer leur commerce en
Espagne et aux Indes comme du temps de Charles II, ne parurent pas éloignés de
donner des passeports aux plénipotentiaires du roi Catholique, si nous les deman-
dions. » Les plénipotentiaires français au Roi, 3 février 1713. Aff. Et. Holl., Corr. pol.
248, f. 48.

(2) Scelle, op. cit., t. II, p. 579.

(3) Traduction française : Aff. Et. Esp., Corr. pol. 221, f. 126. Le texte espagnol est
imprimé dans Alejandro del Castillo, Tratados de paz y de comercio. Madrid, 1843, p. 70-75.

« En outre Sa Majesté Très Chrétienne demeure d'accord et s'engage que son intention n'est pas de tâcher d'obtenir, ni même d'accepter à l'avenir, que, pour l'utilité de ses sujets, il soit rien changé ni innové dans l'Espagne, ni dans l'Amérique espagnole, tant en matière de commerce qu'en matière de navigation, aux usages pratiqués en ces pays sous le règne du feu roi d'Espagne Charles II, non plus que de procurer à ses sujets dans les susdits pays aucun avantage qui ne soit pas accordé de même dans toute son étendue aux autres peuples et nations lesquelles y négocient. »

Il est à remarquer que l'Angleterre ne contracte point d'obligation correspondante à celle par laquelle se liait la France. Par contre, le traité avec la Hollande, dont l'article XXXII répète, sous une forme un peu plus explicite, l'article cité plus haut, engage à un degré égal les deux États ; il stipule :

« Sa Majesté Très Chrétienne et lesdits Seigneurs États se promettent réciproquement que leurs sujets seront assujettis, comme toutes les autres nations, aux anciennes lois et règlements faits par les rois prédécesseurs de Sa Majesté Catholique au sujet dudit commerce et de ladite navigation. »

La paix entre l'Espagne et l'Angleterre fut conclue le 13 juillet 1713, celle entre l'Espagne et la Hollande le 26 juin 1714. L'article VIII du premier de ces traités et l'article XXXI du dernier ont essentiellement le même contenu. Le roi d'Espagne s'engagea vis-à-vis de l'une et de l'autre de ces puissances à rétablir la navigation et le commerce dans les Indes espagnoles sur le même pied que sous le règne du roi Charles II, c'est-à-dire que l'entrée et le commerce dans les Indes seraient absolument défendus à toutes les nations étrangères, et réservés uniquement aux Espagnols. Afin de supprimer en cette matière « tout sujet de soupçon et de méfiance », le roi d'Espagne s'engagea, « d'une manière toute particulière, de ne donner aucune licence ni permission en aucun temps, ni aux Français, ni à quelle nation que ce puisse être, sous quelque nom ou prétexte que ce soit, de naviguer, de trafiquer ou d'introduire des marchandises dans les pays de l'obéissance de la couronne d'Espagne en Amérique. » Dans les deux traités, on cite comme une exception à la règle générale, en faveur de l'Angleterre, le pacte d'Asiento. Tandis que la Hollande ne promettait qu'en termes généraux d'aider l'Espagne à veiller à ce que les traités fussent respectés, l'Angleterre promit plus nettement son secours pour conserver à l'Espagne ses possessions en Amérique. L'Espagne, de son côté, s'engageait à ne céder aucun territoire de ses colonies américaines, soit à la France, soit à aucune autre puissance.

La navigation et le commerce seraient libres entre les sujets de toutes les nations. La clause de la nation la plus favorisée, toutes les nations contractantes se l'accordaient l'une à l'autre.

*
* *

La grande œuvre de la paix était donc consommée — le fait que l'Empereur, abandonné de ses alliés, rompit à la dernière minute les négociations et ne put être amené à faire la paix qu'après une nouvelle campagne, est sans influence sur les questions que nous traitons.

Le résultat principal de la paix d'Utrecht est que Philippe V fut reconnu roi d'Espagne et des Indes. La France avait gagné le but pour lequel son roi avait engagé son honneur et pour lequel il avait imposé à son pays de si énormes sacrifices. Les ennemis de la France et de l'Espagne en revanche avaient obtenu l'assurance solennellement ratifiée que les couronnes des deux pays ne seraient jamais réunies sur une même tête. Ainsi, l'équilibre européen était sauf.

Les intérêts économiques qui avaient été l'un des objets de la guerre avaient, en principe, été réglés. Les richesses des Indes ne pourraient plus, réunies en une main, offrir à une puissance avide de conquête, le moyen d'opprimer les autres. Un partage équitable des avantages que l'accès de ces richesses était estimé constituer, fut ce qu'on avait cherché à établir, et c'est aussi ce qu'on avait établi du moins nominalement et momentanément. La vraie et seule condition pour y atteindre — la liberté du commerce et de la navigation — était trop éloignée de la conception de l'époque pour que l'idée même d'une pareille solution eût pu se présenter. La rivalité jalouse des puissances, en quête d'avantages exclusifs, provoqua des compromis dont les suites ont laissé des traces dans le développement économique jusqu'à nos jours.

En apparence, l'Espagne avait tiré le gros lot. Elle avait fait officiellement admettre le principe sur lequel se basait tout son système colonial : aucune navigation étrangère sur les côtes d'Amérique ; l'accès des Indes interdit à toutes les autres nations ; l'or du Nouveau Monde pour l'Espagne seule (1). Mais, dans son maintien aveugle de préjugés séculaires, l'Espagne ne voyait pas qu'elle travaillait ainsi à sa propre perte. Un exclusivisme, déjà en soi impossible à maintenir, était encore plus impossible pour un pays qui, tant à l'intérieur qu'à l'extérieur, manquait de force pour faire valoir ses lois. Le profit nominal de la paix d'Utrecht fut pour le domaine colonial d'Espagne la confirmation des principes, qui amenèrent sa ruine complète.

Nulle part, on n'avait mieux qu'en France reconnu les inconvénients de l'ordre légal en vigueur pour le commerce des Indes, et on avait fait des efforts sérieux pour y remédier. Il est vrai qu'on avait été poussé plutôt par des motifs intéressés que par le souci de la prospérité de l'Espagne. Les négociations au sujet d'un nouveau plan pour le commerce des Indes forment une chaîne ininterrompue depuis les premiers jours de l'entente franco-espagnole jusqu'à la signature de la paix d'Utrecht. Sous ce rapport, le résultat final fut un échec. Le but le plus important en cette question de la succession d'Espagne, Louis XIV avait dû l'acheter aux dépens d'intérêts moins graves. Sa persévérance dans la lutte contre des ennemis trop puissants lui avait pourtant valu *un béné-*

---

(1) Comme un exemple des inexactitudes que l'on rencontre parfois là où l'on n'aurait pas dû s'y attendre, je citerai le passage suivant d'un ouvrage nouvellement paru : *Histoire de l'expansion coloniale des peuples européens*, par Charles de Lannoy et Herman Vander Linden (Bruxelles, 1907), ouvrage qui a obtenu un prix du roi de Belgique. Le dernier de ces deux auteurs, qui y étudie le système colonial de l'Espagne, dit (p. 328) : « Le traité d'Utrecht assura pour quelque temps à l'Espagne la paisible possession de ses établissements d'outre-mer. Mais elle n'obtint cette sécurité qu'au prix d'un grand sacrifice : l'abandon de son système de monopole commercial. Elle dut autoriser la France à faire le commerce avec le Pérou et le Chili par le cap Horn... » C'est à tort que l'auteur cite M. Ottocar Weber comme source de cet énoncé. Il aurait mieux fait de se référer à Alfred Zimmermann, *Die europäischen Kolonien,* vol. I, Berlin, 1896, page 361, où le passage se retrouve presque mot à mot, malheureusement interprété d'une façon qui fait de cette citation le contraire de ce qu'a voulu l'auteur.

fice au point de vue commercial : l'exigence posée par la grande
alliance que la France seule fût exclue du Nouveau Monde avait
dû être abandonnée. Si le roi de France s'était vu forcé de prêter
la main au rétablissement d'un ordre dont il connaissait l'effet
pernicieux ; s'il avait dû promettre de renoncer à toute tentative
de le réformer ; s'il avait été contraint d'interdire le commerce si
fructueux de la mer du Sud, il eut au moins la satisfaction de
constater qu'il n'avait point placé ses sujets dans une plus mauvaise situation que celle de ses adversaires.

Pour les Hollandais, la paix comblait, dans l'espèce sinon en
totalité, deux de leurs principaux désirs : celui d'une barrière et
celui du tarif de douane avec la France. Très certainement ils auraient pu gagner davantage, si, lors des conférences de Geertruidenberg, ils n'avaient eu la maladresse de viser trop haut et de laisser
échapper une occasion qui n'allait plus revenir. De cette concurrence au sujet du commerce des Indes, ils sortaient les mains
vides. Sauf le droit d'être traités en Espagne comme la nation la
plus favorisée, ils n'avaient rien gagné ; ils pouvaient pourtant se
retirer sans trop de mécontentement, car dans le commerce américain ils n'avaient point de gros intérêts à sauvegarder ; comme
puissance coloniale, la Hollande avait atteint son maximum d'ex
pansion : il ne s'agissait plus pour elle, que de défendre ses possessions ; le temps des agrandissements était passé.

La puissance qui, en réalité, avait gagné le plus était indubitable-
ment l'Angleterre. Des acquisitions de territoires dans l'Amérique
du Nord et dans les Indes Occidentales étendaient et arrondissaient
ses possessions coloniales ; Gibraltar et Port-Mahon lui serviraient
de points d'appui pour le trafic dans la mer Méditerranée et le
Levant. A l'égard du commerce des Indes, l'Angleterre, à l'instar
des autres puissances, avait consenti sans résistance au rétablissement de l'ancien ordre ; mais, contrairement à celles-ci, elle avait
su se faire accorder une compensation de la plus grande importance. Le traité d'Asiento ne constituait guère en lui-même un
avantage bien considérable ; mais, avec la clause additionnelle que
nous avons mentionnée plus haut, il fournissait un prétexte, à
l'abri duquel le commerce des Indes pourrait avoir lieu et se développer. Il allait en effet rendre sous ce rapport le service attendu ;

et il ne se passa point beaucoup de temps que déjà l'Angleterre dominait seule le marché américain.

Dans les pages précédentes, employant l'expression du temps, nous avons parlé du « commerce des Indes » en général. Nous estimons cependant avoir laissé suffisamment entrevoir que, dans la plupart des cas, on pourrait y substituer celle de « commerce de la mer du Sud ». C'est ce commerce si fructueux, qui fut surtout l'objet de la jalousie des ennemis de la France ; et c'est à lui qu'ils entendirent mettre obstacle coûte que coûte ; enfin, c'est ce commerce, exercé par les Français, que l'Espagne considérait comme l'atteinte la plus grave à ses droits, c'est lui qui envenimait les rapports amicaux avec son alliée et qui, plus que tout autre chose, provoquait le souhait que le trafic transatlantique fût rétabli suivant les anciens principes. La traite négrière seulement, dans les mains des Anglais, allait pouvoir remplacer le commerce français de la mer du Sud comme centre du commerce des Indes.

Il ne nous reste qu'à examiner comment fut appliquée la paix d'Utrecht. Pour peu que les stipulations arrêtées au conseil des puissances eussent été observées, nous aurions touché à la fin de l'histoire du commerce français de la mer du Sud. Tel n'est cependant pas le cas. Dans une seconde partie de cet ouvrage, nous montrerons que ce trafic, loin d'avoir été réprimé, devint après la paix d'Utrecht plus animé que jamais. Après une courte expansion, nous le verrons frappé d'une interruption subite, puis reprendre de nouveau, pour enfin languir et dépérir, laissant à peine le souvenir d'une activité qui, une fois, joua un rôle dans la politique universelle.

ERRATUM

Page 55. ligne 6, — *Au lieu de :* (1598), *lire* (1578).

TABLE DES MATIÈRES

LIVRE DEUXIÈME

Le commerce de la mer du Sud et les grandes Compagnies de commerce.

LIVRE TROISIÈME

Le commerce de la mer du Sud et les rapports entre la France et l'Espagne.

LIVRE QUATRIÈME

Le commerce de la mer du Sud dans ses rapports avec la guerre de la Succession d'Espagne.

TABLE DES CARTES